LE ROBERT & Collins

DICTIONNAIRE
EASY ENGLISH

conception et direction de l'ouvrage

Martyn BACK

Adaptation

Lola BUSUTTIL

Marianne EBERSBERG

Frances ILLINGWORTH

direction artistique et coordination technique

Gonzague RAYNAUD

Maud LAHEURTE

maquette

Sophie COMPAGNE - Catherine VALAT

lecture-correction

Brigitte ORCEL

Anne-Marie LENTAIGNE

Établi à partir du texte du

Robert & Collins Junior Bilingue

par

Martyn BACK

Frances ILLINGWORTH

Laurence LARROCHE

Édition du Club France Loisirs, avec l'autorisation des éditions Le Robert.

Éditions France Loisirs,
123, boulevard de Grenelle, Paris
www.france-loisirs.com

ISBN : 2-7441-6474-7
N° éditeur : 39111
Dépôt légal : septembre 2003

Les marques déposées ®

Les termes qui constituent à notre connaissance une marque déposée ont été désignés comme tels. La présence ou l'absence de cette désignation ne peut toutefois être considérée comme ayant valeur juridique.

LE ROBERT & Collins

DICTIONNAIRE EASY ENGLISH

Apprendre l'anglais par l'exemple

sous la direction de

Martyn Back

ÉDITIONS
FRANCE
LOISIRS

AVANT-PROPOS

Un dictionnaire qui vous aide à vous exprimer en anglais

Vous avez des notions d'anglais. Mais vous manquez d'assurance. Vous êtes un peu "rouillé"....

Il vous manque du vocabulaire ; mais aussi de la grammaire de base, qui vous permettrait de construire des phrases sans vous tromper.

Le *Robert & Collins EASY ENGLISH* a été fait spécialement pour vous.

EASY ENGLISH est un dictionnaire d'un genre nouveau, fait pour les débutants et pour celles et ceux qui ont besoin de réviser les bases en anglais. Il vous montre non seulement la **traduction** des mots, mais aussi leur **fonctionnement** dans la phrase : formes irrégulières, comparatifs et superlatifs, emploi des majuscules, de l'article indéfini... sans oublier la prononciation des mots difficiles, expliquée ici pour la première fois de manière très claire.

Les dictionnaires bilingues classiques vous proposent des traductions "mot-à-mot", mais ne vous expliquent pas comment il faut **employer** les mots **en contexte**. EASY ENGLISH vous aidera à acquérir le vocabulaire essentiel en anglais, mais il vous aidera également à **mettre en pratique** ce vocabulaire et à **éviter l'erreur.**

Nous espérons qu'il saura vous aider à mieux maîtriser la langue anglaise, et que vous aurez, surtout, beaucoup de plaisir à le consulter.

Good luck!

Martyn J. Back
Directeur de l'ouvrage

SYMBOLES EMPLOYÉS DANS CE DICTIONNAIRE

▷	exemple
▶	structure ou locution figée
i	information importante
	prononciation
	attention ! faux ami ou piège
	anglais britannique et américain

L'ALPHABET PHONÉTIQUE

Chaque lettre de l'alphabet phonétique représente un **son**. Le son /f/ apparaît dans le mot « ra**ff**iné », mais aussi dans le mot « élé**ph**ant ». Le son /z/ apparaît dans le mot « **z**èbre » mais aussi dans le mot « ra**s**oir ».

Ces exemples montrent que les lettres **phonétiques** et les lettres de **l'orthographe** ne correspondent pas toujours.

Utiliser la phonétique est très important quand on cherche un mot, parce que la prononciation anglaise est souvent loin de ce que nous pouvons imaginer en lisant les mots.

Les signes phonétiques sont présentés sous la forme d'un tableau sur le rabat de la couverture, au début du dictionnaire.

VERBES IRRÉGULIERS

Dans la partie français-anglais de ce dictionnaire, le prétérit et le participe passé des verbes irréguliers sont indiqués entre parenthèses, par exemple buy (bought, bought) ; come (came, come).

Vous trouverez les formes de tous les verbes anglais présentés dans ce dictionnaire dans la CONJUGAISON ACTIVE au milieu de l'ouvrage.

A

FRANÇAIS — ANGLAIS

La lettre A se prononce /ei/ en anglais.
A rime avec day, stay et play.

à

1 ▷ Nous avons passé une semaine à York.
We spent a week in York.
▷ Mike est malade, il est à l'hôpital.
Mike's ill, he's in hospital.
▷ Pourquoi tu n'étais pas au travail aujourd'hui ?
Why weren't you at work today?

1 (pour parler du lieu où on est) in /ɪn/ ou at /æt/
ℹ *On dit par exemple : in Paris* (à Paris), *in bed* (au lit), *in hospital* (à l'hôpital), *in the countryside* (à la campagne).
ℹ *Mais on dit : at school, at home, at the swimming pool, at the supermarket, at the gym.*

2 ▷ Cet après-midi, on va au centre commercial.
This afternoon we're going to the shopping centre.
▷ Nous allons à Paris la semaine prochaine.
We're going to Paris next week.
▷ Je dois retourner au travail.
I have to go back to work.

2 (pour parler du lieu où on va) to /tuː/
Ne confondez pas in et to quand vous employez un verbe de mouvement. On ne dit pas 'we're going in Paris', par exemple.

3 ▷ Je serai devant le cinéma à cinq heures.
I'll be in front of the cinema at five.

3 (pour parler de l'heure) at

4 ▷ Au vingtième siècle.
In the twentieth century.

4 (pour parler d'une époque) in

5 ▷ J'ai un bleu au bras.
I've got a bruise on my arm.

5 (pour parler d'une partie du corps) on /ɒn/

6 ▷ Je travaille de neuf heures à cinq heures.
I work from nine to five.

6 ► de... à... : from... to...

Suite page suivante

7 ▷ Ces lunettes sont à moi.
These glasses are mine.
▷ Il est à toi, ce stylo ?
Is this pen yours?
▷ Je ne sais pas si les lunettes sont à elle.
I don't know if the glasses are hers.
▷ Je crois que cette montre est à Karim.
I think this watch is Karim's.

7 (pour dire que quelque chose appartient à quelqu'un) :
- avec le pronom personnel :
à moi : mine /maɪn/ **; à toi : yours** /jɔːz/ **; à lui : his** /hɪz/ **; à elle : hers** /hɜːz/ **; à nous : ours** /aʊəz/ **; à vous : yours** /jɔːz/ **; à eux, à elles : theirs** /ðeəz/**.**
- avec un nom de personne, on emploie le cas possessif (avec 's).

8 ▷ À qui sont ces gants ?
Whose gloves are these?

8 Pour demander **à qui** appartient quelque chose, on emploie **whose... ?** /huːz/

abandonner

1 ▷ Notre voisin a abandonné sa famille.
Our neighbour abandoned his family.

1 (en parlant d'une personne ou d'un lieu) **abandon** /ə'bændən/

2 ▷ C'est trop dur, j'abandonne !
It's too difficult, I give up!

2 (= renoncer) **give up** /gɪv 'ʌp/ (gave up /geɪv 'ʌp/, given up /ˌgɪvən 'ʌp/)

abattre

1 ▷ Les ouvriers vont abattre le chêne.
The workmen are going to cut the oak tree down.

1 (= abattre un arbre) **cut down** /kʌt 'daʊn/ (cut down, cut down)

2 ▷ Nous avons abattu le mur.
We knocked the wall down.

2 (= abattre un mur) **knock down** /nok 'daʊn/

3 ▷ Les terroristes ont abattu le ministre.
The terrorists shot the minister.

3 (= tuer quelqu'un) **shoot** /ʃuːt/ (shot, shot /ʃɒt/)

abeille

▷ Une abeille a piqué Élise au bras.
A bee stung Élise on the arm.

bee /biː/

abîmer

▷ N'abîme pas mes CD !
Don't damage my CDs!

damage /'dæmɪdʒ/
*Le deuxième **a** de **damage** se prononce comme un **i**. **Damage** rime avec **bridge**.*

abonné, abonnée

1 ▷ Je suis abonnée à trois magazines.
I subscribe to three magazines.

1 ► **être abonné à un** magazine : **subscribe** /səb'skraɪb/ **to a magazine**

2 ▷ Les abonnés ont droit à des réductions.
Subscribers are entitled to reductions.

2 ► **un abonné, une abonnée : a subscriber** /səb'skraɪbəʳ/.

abonnement

▷ Je dois renouveler mon abonnement.
I must renew my subscription.

(en parlant d'un magazine) **subscription** /səbˈskrɪpʃən/

s'abonner

▷ Je vais m'abonner à « Marianne ».
I'm going to take out a subscription to "Marianne".

► **s'abonner à** un magazine : take out a subscription /səbˈskrɪpʃən/ to a magazine (took out, taken out)

d'abord

▷ D'abord, nous allons sauvegarder le document.
First we're going to save the document.

first /fɜːst/

aboyer

▷ Les chiens ont aboyé toute la nuit.
The dogs barked all night.

bark /bɑːk/

abréviation

▷ « PC » est l'abréviation de « personal computer ».
PC is the abbreviation of personal computer.

abbreviation /əˌbriːvɪˈeɪʃən/

Attention à l'orthographe en anglais : il y a deux b.

abri

1 ▷ Nous avons finalement trouvé un abri sous un arbre.
We eventually found shelter under a tree.

1 (= refuge) **shelter** /ˈʃeltəʳ/

2 ▷ L'abri à vélos est derrière le gymnase.
The bicycle stand is behind the gym.

2 ► **abri à vélos** : bicycle stand /ˈbaɪsɪkl ˌstænd/ (pluriel : bicycle stands)

3 ▷ Vite, mettez-vous à l'abri !
Quick, take cover!

3 ► **se mettre à l'abri** : take cover /kʌvəʳ/ (took cover, taken cover)

4 ▷ Nous étions à l'abri de la pluie.
We were sheltered from the rain.

4 ► **être à l'abri de** quelque chose : be sheltered /ˈʃeltəd/ from something

abribus

▷ Je t'attendrai à l'abribus.
I'll wait for you at the bus shelter.

bus shelter /ˈbʌs ʃeltəʳ/ (pluriel : bus shelters)

abricot

▷ J'adore les abricots.
I love apricots.

apricot /ˈeɪprɪkɒt/

Le a de apricot se prononce comme le a de make.

s'abriter

▷ Nous ne savions pas où nous abriter de la pluie.
We didn't know where to shelter from the rain.

shelter /'ʃeltəʳ/
► **s'abriter de** quelque chose : shelter from something

abruti, abrutie

▷ Charles est un vrai abruti !
Charles is a real idiot!

idiot /'ɪdɪət/
Prononcez bien le t du mot anglais idiot.

absent, absente

▷ Olivia est absente aujourd'hui.
Olivia is absent today.

absent /'æbsənt/
Prononcez bien le t.

absolument

▷ Tu es d'accord ? – Absolument !
Do you agree? – Absolutely!
▷ C'est absolument incroyable.
It's absolutely unbelievable.

absolutely /ˌæbsə'luːtlɪ/
L'accent tonique sur la troisième syllabe -lute-.

absurde

▷ Tes arguments sont absurdes !
Your arguments are absurd!

absurd /əb'sɜːd/ (**plus absurde** more absurd, **le plus absurde** the most absurd)

abuser

1 ▷ N'abuse pas du café.
Don't drink too much coffee.

1 *Lorsque* **abuser de** *signifie* consommer trop de, *on utilise en anglais le verbe qui convient +* ***too much*** *ou* ***too many*** (**abuser des sucreries** = *eat **too many** sweets* ; **abuser de médicaments** = *take **too much** medicine*).

2 ▷ Vraiment, il abuse !
Really, he's going too far!

2 (= exagérer) **go too far** (went too far, gone too far)
Attention ! **Abuser** ne se traduit pas *par 'abuse'*

accélérateur

▷ Où se trouve l'accélérateur ?
Where is the accelerator?

accelerator /æk'seləreɪtəʳ/

accélérer

1 ▷ La route est droite ici, tu peux accélérer.
The road is straight here, you can accelerate.

1 (en voiture) **accelerate** /æk'seləreɪt/

2 ▷ Accélère, le train part dans dix minutes !
Hurry up, the train leaves in ten minutes!

2 (= se dépêcher) **hurry up** /ˌhʌrɪ ˈʌp/

ℹ *Le y de hurry devient ie à la troisième personne du singulier du présent de l'indicatif (hurries /ˈhʌrɪz/), au prétérit et au participe passé (hurried /ˈhʌrɪd/).*

accent

▷ Stéphane a un très bon accent en anglais.
Stéphane has a very good accent in English.
▷ Elle a l'accent anglais.
She has an English accent.
▷ Est-ce qu'il y a un accent sur le e ?
Is there an accent on the e?

accent /ˈæksənt/

ℹ *Remarquez : avoir l'accent anglais = to have an English accent.*

🔊 *Prononcez bien le t de accent en anglais.*

accepter

▷ Ils ont accepté notre offre.
They accepted our offer.
▷ Marc n'acceptera jamais de m'aider.
Marc will never agree to help me.

accept /ækˈsept/

► **accepter de** + infinitif **:** agree to + base verbale.

accident

▷ C'était un accident.
It was an accident.
▷ La sœur de Yann a eu un accident de voiture.
Yann's sister had a car accident.
▷ Le nombre d'accidents de la route est en hausse.
The number of road accidents is rising.

accident /ˈæksɪdənt/

► **accident de voiture :** car accident (pluriel : car accidents)
► **accident de la route :** road accident (pluriel : road accidents)

accompagner

1 ▷ Tu m'accompagnes jusqu'au village ?
Are you coming with me to the village?

1 (= venir avec) **come with** (came with, come with)

2 ▷ J'ai accompagné Charlotte à l'arrêt de bus.
I went with Charlotte to the bus stop.

2 (= aller avec) **go with** (went with, gone with)

3 ▷ Il accompagne la chanteuse au piano.
He accompanies the singer on the piano.

3 (en musique) **accompany** /əˈkʌmpənɪ/

ℹ *Remarquez que y devient ie à la troisième personne du singulier du présent de l'indicatif (accompanies /əˈkʌmpənɪz/), au prétérit et au participe passé (accompanied /əˈkʌmpənɪd/).*

accord

1 ▷ Les deux pays ont signé un accord.
The two countries signed an agreement.

1 (= accord écrit) **agreement** /əˈgriːmənt/

Suite page suivante

2 ▷ Il est d'accord avec moi.
He agrees with me.
▷ Je ne suis pas d'accord.
I don't agree.
▷ Samantha n'est pas d'accord avec Julien.
Samantha doesn't agree with Julien.
▷ Nous nous sommes mis d'accord.
We agreed.
▷ D'accord, je viens avec toi !
OK, I'm coming with you!

2 ► **être d'accord :** agree /ə'griː/

Attention !
N'employez pas *l'auxiliaire* **be** *avec* **agree**.
On ne dit pas *'I am not agree' !*

► **être d'accord avec** quelqu'un : agree with somebody

► **se mettre d'accord :** agree

► **d'accord ! :** OK !

accordéon

▷ L'accordéon est un instrument typiquement français.
The accordion is a typically French instrument.
▷ Pedro apprend à jouer de l'accordéon.
Pedro is learning to play the accordion.

accordion /ə'kɔːdɪən/

Attention à l'orthographe du mot anglais.

► **jouer de l'accordéon :** play the accordion

accorder

▷ Ils m'ont accordé deux jours de plus pour terminer.
They gave me two more days to finish.
▷ Tu peux m'accorder trois minutes ?
Can you give me three minutes?

(= donner) give /gɪv/ (gave /geɪv/, given /'gɪvən/)

► **accorder** quelque chose **à** quelqu'un (= donner) **:** give somebody something

accoucher

▷ Elle a accouché hier soir.
She had her baby last night.

have a baby /'beɪbɪ/ (had, had)

Remarquez l'emploi de l'adjectif possessif **her** *dans l'exemple.*

▷ Sandra a accouché d'un petit garçon.
Sandra gave birth to a little boy.

► **accoucher de :** give birth /bɜːθ/ to (gave birth, given birth)

accrocher

▷ Où vas-tu accrocher le tableau ?
Where are you going to hang the painting?

(= accrocher) hang /hæŋ/ (hung, hung /hʌŋ/)

accueil

1 ▷ Merci de votre accueil.
Thank you for your welcome.

1 (= manière d'accueillir quelqu'un) welcome /'welkəm/

2 ▷ Demandez à l'accueil si vous voulez des renseignements.
Ask at reception if you want some information.

2 (= endroit où on peut se renseigner) reception /rɪ'sepʃən/

Notez l'absence d'article dans l'expression **at reception** (= à l'accueil).

accueillant, accueillante

▻ Ce sont des gens très accueillants.
They are very welcoming people.

welcoming /'welkəmɪŋ/

accueillir

1 ▻ Helen est venue m'accueillir à l'aéroport.
Helen came to meet me at the airport.

2 ▻ On se connaissait à peine mais ils m'ont très bien accueilli.
We hardly knew each other but they made me feel very welcome.

1 (= chercher) meet /miːt/ (met, met /met/)

2 ► **bien accueillir** quelqu'un (= recevoir) : make somebody feel welcome /'welkəm/ (made, made)

accuser

▻ Ils ont accusé Louis d'avoir triché.
They accused Louis of cheating.

accuse /ə'kjuːz/

► **accuser** quelqu'un **de** + infinitif : accuse somebody **of** + **-ing**

achat

▻ Nous avons mis nos achats dans la voiture.
We put our shopping in the car.

▻ Nous irons faire des achats en ville.
We'll go shopping in town.

► **des achats :** shopping /'ʃɒpɪŋ/

► **faire des achats :** go shopping (went gone/been)

acheter

▻ Où est-ce que tu as acheté ton lecteur de DVD ?
Where did you buy your DVD player?

▻ Je vais lui acheter un livre pour son anniversaire.
I'm going to buy him a book for his birthday.

▻ Luc s'est acheté un nouveau tee-shirt.
Luc bought himself a new T-shirt.

▻ Je voudrais m'acheter un scooter.
I'd like to buy myself a scooter.

buy /baɪ/ (bought, bought /bɔːt/)

► **acheter** quelque chose **à** quelqu'un (en parlant d'un cadeau) : buy somebody something

► **s'acheter** quelque chose **:** buy oneself something

ℹ *Le pronom possessif fonctionne de la façon suivante en anglais (exemples au présent) : I buy **myself** something, he buys **himself** something, she buys **herself** something, you (singulier) buy **yourself** something, we buy **ourselves** something, you (pluriel) buy **yourselves** something, they buy **themselves** something.*

acide

▻ Cette orange est très acide.
This orange is very sour.

sour /'saʊəʳ/

ℹ ***Sour** est un adjectif. Le nom **acide** (= la substance chimique) se traduit par **acid**.*

acier

▷ Le professeur a expliqué comment l'acier est fabriqué.
The teacher explained how steel is made.

▷ Cette montre est en acier.
This watch is made of steel.

▷ Un portail en acier.
A steel gate.

▷ Ces couverts sont en acier inoxydable.
This cutlery is made of stainless steel.

steel /stiːl/

► **être en acier :** be made of steel

► **en acier :** steel

► **acier inoxydable :** stainless steel

acteur

▷ C'est mon acteur préféré.
He's my favourite actor.

actor /'æktəʳ/

actif, active

▷ Il est très actif pour son âge.
He's very active for his age.

active /'æktɪv/ (**plus actif** more active, **le plus actif** the most active)

action

1 ▷ Tu dois être responsable de tes actions.
You must be responsible for your actions.

2 ▷ Allez, fais une bonne action, aide-les !
Come on, do a good deed and help them!

3 ▷ J'ai acheté des actions.
I bought some shares.

1 (= ce qu'on fait) action /'ækʃən/

2 ► **faire une bonne action :** do a good deed /gʊd 'diːd/ (did, done)

3 (en parlant de la Bourse) share /ʃɛəʳ/

activité

▷ Il y aura beaucoup d'activités pendant notre séjour.
There will be a lot of activities during our stay.

activity /æk'tɪvɪtɪ/ (pluriel : activities /æk'tɪvɪtɪz/)

Attention : le y devient ie au pluriel.

actrice

▷ C'est une très bonne actrice.
She's a very good actress.

actress /'æktrəs/ (pluriel : actresses /'æktrəsɪz/)

actuel, actuelle

1 ▷ C'est un problème très actuel.
It's a very topical issue.

1 (en parlant d'un problème ou d'un sujet qui est important aujourd'hui) topical /'tɒpɪkəl/ (**plus actuel** more topical, **le plus actuel** the most topical)

2 ▷ À l'époque actuelle, il est important de connaître l'informatique.
Nowadays it's important to know about computing.

2 ► **à l'époque actuelle :** nowadays /'naʊədeɪz/

*Attention ! **Actuel** ne se traduit pas par 'actual'.*

actuellement

▷ Actuellement, j'habite à Courbevoie.
At present I live in Courbevoie.

at present /ət 'preznt/

*Attention ! **Actuellement** ne se traduit pas par 'actually'.*

adaptateur

▷ J'achèterai un adaptateur avant d'aller en Angleterre.
I'll buy an adaptor before going to England.

(prise électrique) adaptor /ə'dæptəʳ/

addition

1 ▷ Je me suis trompé en faisant l'addition.
I made a mistake when I was adding up.

2 ▷ L'addition, s'il vous plaît !
The bill, please!

1 ► **faire l'addition** (= calcul) **:** add up /'ædʌp/

2 ► **l'addition** (au restaurant) **:** the bill /bɪl/

admettre

▷ J'admets que j'ai eu tort.
I admit that I was wrong.

▷ Jean-Paul a été admis au club de sports.
Jean-Paul was admitted to the sports club.

admit /əd'mɪt/

Il y a deux t au gérondif (admitting), au prétérit et au participe passé (admitted).

► **être admis à :** be admitted to

admirer

▷ J'admire son courage.
I admire his courage.

admire /əd'maɪəʳ/

Le i de admire se prononce comme le i de like.

adolescent, adolescente

▷ Il n'y a pas beaucoup d'activités pour adolescents.
There aren't many activities for teenagers.

teenager /'tiːneɪdʒəʳ/

adopter

▷ Caro et Bruno ont adopté un petit Péruvien.
Caro and Bruno adopted a little Peruvian boy.

adopt /ə'dɒpt/

adorable

▷ La petite sœur de Sarah est adorable.
Sarah's little sister is adorable.

adorable /ə'dɔːrəbl/

L'accent tonique est sur la deuxième syllabe -dor-.

adorer

▷ J'adore les bandes dessinées.
I love comics.

love /lʌv/

adresse

▷ J'ai oublié l'adresse de Valérie.
I forgot Valérie's address.

address /ə'dres/ **(pluriel : addresses** /ə'dresɪz/ **)**

*Attention à l'orthographe du mot anglais, qui a deux **d**.*

▷ Quelle est ton adresse électronique ?
What's your e-mail address?

► **adresse électronique : e-mail address** /'iːmeɪl əˌdres/

E-mail *est la contraction de* ***electronic mail*** (courrier électronique).

adresser

1 ▷ La lettre ne m'était pas adressée.
The letter wasn't addressed to me.

2 ▷ Il ne nous a pas adressé la parole.
He didn't speak to us.

3 ▷ Adressez-vous au gardien.
Ask the caretaker.

1 (en parlant du courrier) **address** /ə'dres/

2 ► **adresser la parole à quelqu'un : speak** /spiːk/ **to somebody (spoke** /spəʊk/ **to, spoken** /'spəʊkən/ **to)**

3 ► **s'adresser à quelqu'un** (= demander des informations) **: ask** /ɑːsk/ **somebody**

adroit, adroite

▷ Hilary est très adroite.
Hilary is very skilful.

skilful /'skɪlfʊl/ **(plus adroit more skilful, le plus adroit the most skilful)**

adulte

1 ▷ C'est une bande dessinée pour adultes.
It's a cartoon for adults.

2 ▷ Notre chat n'est pas encore adulte.
Our cat isn't fully grown yet.

1 ► un **adulte**, une **adulte an adult** /'ædʌlt/

2 ► **adulte** (en parlant d'un animal) **: fully grown** /ˌfʊlɪ 'grəʊn/

aéroport

▷ Nous avons pris un taxi pour aller à l'aéroport.
We took a taxi to go to the airport.

airport /'ɛəpɔːt/

affaire

1 ▷ Six euros pour un pull ? Tu as fait une bonne affaire !
Six euros for a jumper? You got a bargain!

1 ► une **bonne affaire : a bargain** /'bɑːgən/

2 ▷ Range tes affaires !
Put your things away!

3 ▷ Qu'est-ce qu'il fait comme métier ? – Il est dans les affaires.
What's his job? – He's in business.

4 ▷ L'affaire du sang contaminé.
The contaminated blood scandal.

5 ▷ Occupe-toi de tes affaires !
Mind your own business!

2 ► **affaires** (= objets personnels) : things /θɪŋs/

3 ► **les affaires** (= le commerce) : business /'bɪznɪs/

4 (= scandale) scandal /'skændl/

5 ► **s'occuper de ses affaires :** mind one's own business

ℹ *L'adjectif possessif fonctionne de la façon suivante en anglais : I mind **my** own business, you mind **your** own business, he minds **his** own business, she minds **her** own business, we mind **our** own business, they mind **their** own business.*

affamé, affamée

▷ Les enfants étaient vraiment affamés.
The children were really starving.

starving /'stɑːvɪŋ/

affection

▷ Il ne sait pas exprimer son affection.
He doesn't know how to express his affection.

▷ Emmanuelle a beaucoup d'affection pour sa grand-mère.
Emmanuelle is very fond of her grandmother.

affection /ə'fekʃən/

► **avoir de l'affection pour** quelqu'un : be fond /fɒnd/ of somebody

affectueux, affectueuse

▷ Les chats ne sont pas des animaux très affectueux.
Cats aren't very affectionate animals.

affectionate /ə'fekʃənɪt/ (**plus affectueux** more affectionate, **le plus affectueux** the most affectionate)

affiche

▷ J'ai trop d'affiches dans ma chambre.
I have too many posters in my bedroom.

poster /'pəʊstəʳ/

afficher

▷ Les prix sont affichés en euros.
Prices are displayed in euros.

display /dɪs'pleɪ/

s'affoler

▷ Ne vous affolez pas, ce n'est pas grave !
Don't panic, it's nothing serious!

panic /'pænɪk/

ℹ *On ajoute un k au gérondif (**panicking** /'pænɪkɪŋ/), au prétérit et au participe passé (**panicked** /'pænɪkt/).*

affreux, affreuse

1 ▷ Ce bâtiment est affreux.
That building is hideous.

2 ▷ Il fait un temps affreux.
The weather's dreadful.

1 (= très laid) **hideous** /ˈhɪdɪəs/ (plus affreux more hideous, le plus affreux the most hideous)

2 (= très mauvais) **dreadful** /ˈdredfʊl/ (plus affreux more dreadful, le plus affreux the most dreadful)

affronter

▷ La France affrontera l'Angleterre en demi-finale.
France will play against England in the semifinal.

► **affronter** quelqu'un (en sport) : play against /əˈgenst/ somebody

afin de, afin que

▷ Je viendrai en voiture afin de gagner du temps.
I'll come in the car in order to save time.

▷ Il parlait lentement afin que nous comprenions.
He spoke slowly so that we would understand.

► **afin de :** in order to /ɪn ˈɔːdə tʊː/

► **afin que :** so that /ˈsəʊ ðæt/

africain, africaine

▷ J'aime bien la musique africaine.
I like African music.

▷ Elle a épousé un Africain.
She married an African.

African /ˈæfrɪkən/

ℹ *S'écrit toujours avec une majuscule, comme tous les adjectifs et noms de nationalité en anglais.*

Afrique

▷ Je m'intéresse beaucoup à l'Afrique.
I'm very interested in Africa.

▷ Ali voudrait retourner vivre en Afrique.
Ali would like to go back and live in Africa.

▷ Il va souvent en Afrique pour son travail.
He often goes to Africa for his work.

▷ Plusieurs élèves viennent d'Afrique du Nord.
Several pupils come from North Africa.

▷ Mike est né en Afrique du Sud.
Mike was born in South Africa.

Africa /ˈæfrɪkə/

ℹ *Ne prend jamais d'article.*

► **l'Afrique :** Africa

► **en Afrique** (= sur le continent) : in Africa

► **en Afrique** (= vers le continent) : to Africa

► **l'Afrique du Nord :** North Africa /nɔːθ ˈæfrɪkə/

► **l'Afrique du Sud :** South Africa /saʊθ ˈæfrɪkə/

agaçant, agaçante

▷ Arrête de poser des questions, c'est vraiment agaçant !
Stop asking questions, it's really irritating!

irritating /ˈɪrɪteɪtɪŋ/ (plus agaçant more irritating, le plus agaçant the most irritating)

agacer

▷ Cette émission m'agace, éteins la télé.
This programme is irritating me, turn off the TV.

irritate /'ɪrɪteɪt/

âge

▷ L'âge n'est pas important.
Age isn't important.

▷ Quel âge as-tu ?
How old are you?

▷ Elle a quel âge, ta sœur ?
How old is your sister?

age /eɪdʒ/

ℹ *Pour demander l'âge de quelqu'un, on utilise l'expression* ***how old...*** *+ le verbe* ***be****. Notez les différentes formes :*
How old are you? (Quel âge as-tu ? Quel âge avez-vous ?)
How old is he? (Quel âge a-t-il ?)
How old is she? (Quel âge a-t-elle ?)
How old are they? (Quel âge ont-ils ?)

âgé, âgée

1 ▷ Ma grand-mère est très âgée.
My grandmother is very old.

2 ▷ Les jumeaux sont âgés de dix-huit ans.
The twins are eighteen.

1 (= vieux) **old** /əʊld/ (plus âgé **older** /'əʊldə^r^/, le plus âgé **the oldest** /'əʊldɪst/)

2 *Pour dire l'âge de quelqu'un, on utilise le verbe* ***be*** *suivi du nombre d'années.*

ℹ *On peut ajouter ...years old : the twins are eighteen* ***years old****.*

agence

1 ▷ Thomas travaille dans une agence de publicité.
Thomas works in an advertising agency.

2 ▷ Je te conseille d'aller dans une agence de voyages.
I advise you to go to a travel agent's.

1 **agency** /'eɪdʒənsɪ/

2 *agence de voyages :* ***travel agent's*** /trævl'eɪdʒənts/

agenda

▷ Je vais noter ton adresse dans mon agenda.
I'm going to write your address in my diary.

diary /'daɪərɪ/ (pluriel : **diaries** /'daɪəriz/)

❗ Agenda *en français* **ne se traduit pas** *par le mot anglais* ***agenda****, qui signifie* planning.

agent (de police)

▷ Il y a un agent (de police) devant la mairie.
There's a policeman in front of the town hall.

policeman /pə'liːsmən/ (pluriel : **policemen** /pə'liːsmen/)

ℹ *Si l'agent est une femme, on dit* ***policewoman*** /pə'liːswʊmən/ (pluriel : ***policewomen*** /pə'liːswɪmɪn/).

s'aggraver

▻ Son cancer s'est aggravé.
His cancer has got worse.

get worse /'wɜːs/ (got worse, got worse)

Il y a deux t au gérondif : getting worse.

agile

▻ Les écureuils sont des animaux très agiles.
Squirrels are very agile animals.

agile /'ædʒaɪl/ (**plus agile** more agile, **le plus agile** the most agile)

Le i de agile se prononce comme le i de like.

agir

1 ▻ Réfléchis avant d'agir !
Think before you act!

2 ▻ De quoi s'agit-il ?
What is it about?

1 (= faire quelque chose) **act** /ækt/

2 **s'agir de** (= être au sujet de) : **be about** /bɪ ə'baʊt/

agité, agitée

1 ▻ C'est un enfant très agité.
He is a very restless child.

2 ▻ La mer est très agitée depuis hier.
The sea has been very rough since yesterday.

1 (en parlant d'une personne) : **restless** /'restləs/ (**plus agité** more restless, **le plus agité** the most restless)

2 (en parlant de la mer) : **rough** /rʌf/ (plus agité rougher /'rʌfəʳ/, le plus agité the roughest /'rʌfɪst/)

agiter

1 ▻ Bien agiter le flacon avant d'ouvrir.
Shake well before opening.

2 ▻ Samia agitait les bras pour attirer notre attention.
Samia was waving her arms to attract our attention.

3 ▻ Arrête de t'agiter, Ludovic !
Stop fidgeting, Ludovic!

1 (en parlant d'une bouteille) **shake** /ʃeɪk/ (shook /ʃʊk/, shaken /ʃeɪkən/)

2 (en parlant du bras) **wave** /weɪv/

Le a de wave se prononce comme le a de make.

3 ► **s'agiter** : **fidget** /'fɪdʒɪt/

agneau

▻ Il y avait trois agneaux dans le champ.
There were three lambs in the field.

▻ Hier soir nous avons mangé de l'agneau.
We had lamb last night.

lamb /læm/

Le b de lamb ne se prononce pas. Lamb rime avec ham et tram.

agrafe

▷ Je n'ai pas d'agrafes, tu peux m'en donner ?
I haven't got any staples, can you give me some?

staple /'steɪpl/

*Le **a** de **staple** se prononce comme le **a** de **make**.*

agrafer

1 ▷ Sophie a agrafé les deux feuilles de papier.
Sophie stapled together the two sheets of paper.

1 (= agrafer des papiers) **staple** /'steɪpl/ **together**

*Le **a** de **staple** se prononce comme le **a** de **make**.*

2 ▷ Je n'arrive pas à agrafer ma jupe.
I can't fasten my skirt.

2 (= agrafer un vêtement) **fasten** /'fɑːsn/

*Le **t** de **fasten** ne se prononce pas.*

agrafeuse

▷ Mon agrafeuse est cassée.
My stapler is broken.

stapler /'steɪpləʳ/

*Le **a** de **stapler** se prononce comme le **a** de **make**.*

agrandir

1 ▷ On voudrait agrandir la terrasse.
We'd like to make the terrace bigger.

1 (= agrandir un espace) **make bigger** /'bɪgəʳ/ (made bigger, made bigger)

2 ▷ Pouvez-vous agrandir cette photo ?
Can you enlarge this photograph?

2 (= agrandir une photo) **enlarge** /ɪn'lɑːdʒ/

3 ▷ Le trou s'est agrandi.
The hole has got bigger.

3 ► **s'agrandir** (en parlant d'une ouverture qui s'agrandit) **: get bigger** (got bigger, got bigger)

*Il y a deux **t** au gérondif : **getting bigger**.*

agréable

▷ J'ai passé un séjour très agréable en Angleterre.
I had a very nice stay in England.

▷ Il n'a pas été très agréable avec moi.
He wasn't very nice to me.

nice /naɪs/ (**plus agréable** nicer /'naɪsəʳ/, **le plus agréable** the nicest /'naɪsɪst/)

*Notez la préposition employée en anglais : agréable avec = nice **to**.*

agresser

▷ Un homme a agressé mon frère.
A man attacked my brother.

▷ Lin s'est fait agresser dans la rue.
Lin was attacked in the street.

attack /ə'tæk/

► **se faire agresser : be attacked** /ə'tækt/

agressif, agressive

▷ Ne sois pas si agressif !
Don't be so aggressive!

aggressive /ə'gresɪv/
(**plus agressif** more aggressive, **le plus agressif** the most aggressive)
Attention à l'orthographe du mot anglais !

agricole

▷ Ils exportent surtout des produits agricoles.
They export mostly agricultural products.

agricultural /ˌægrɪ'kʌltʃərəl/

agriculteur, agricultrice

▷ Les agriculteurs ont manifesté dans Paris.
Farmers demonstrated in Paris.
▷ Mon oncle est agriculteur.
My uncle is a farmer.

farmer /'fɑːmər/
*N'oubliez pas l'article devant le nom du métier lorsqu'il suit les verbes **be** ou **become**.*

agriculture

▷ L'agriculture est la principale activité de ce pays.
Agriculture is the main activity of this country.

agriculture /'ægrɪkʌltʃər/
*On dit aussi **farming** /'fɑːmɪŋ/.*

aide

▷ Est-ce que tu as besoin d'aide ?
Do you need help?
▷ Jean marche maintenant à l'aide d'une canne.
Jean can walk now with a stick.

help /help/

► **à l'aide de** (= en se servant de) : **with** /wɪð/

aider

▷ Paula a refusé de m'aider.
Paula refused to help me.
▷ Tu peux m'aider à faire la vaisselle ?
Can you help me to do the washing-up?

help /help/

► **aider** quelqu'un **à** + infinitif : **help** somebody **to** + base verbale

aïe

▷ Aïe ! Tu me fais mal !
Ouch! You're hurting me!

ouch! /aʊtʃ/

aigle

▷ Il reste peu d'aigles en Europe.
There aren't many eagles left in Europe.

eagle /'iːgl/

aigu, aiguë

▷ Sylvie a une voix très aiguë.
Sylvie has a very high-pitched voice.

(en parlant d'un son aigu ou d'une voix aiguë) **high-pitched** /haɪ'pɪtʃt/ (**plus aigu** more high-pitched, **le plus aigu** the most high-pitched)

aiguille

1 ▷ Est-ce que tu aurais du fil et une aiguille ?
Have you got a needle and thread?

2 ▷ La grande aiguille de ma montre est cassée.
The minute hand on my watch is broken.

1 (pour coudre ou tricoter) **needle** /'niːdl/

2 (= l'aiguille d'une montre) **hand** /hænd/

► la **grande aiguille :** the minute hand /'mɪnɪt hænd/

► la **petite aiguille :** the hour hand /'aʊə hænd/

ail

▷ Il y a trop d'ail dans cette sauce.
There's too much garlic in this sauce.

garlic /'gɑːlɪk/

aile

▷ L'oiseau a une aile cassée.
The bird has got a broken wing.

▷ J'étais assise près de l'aile de l'avion.
I was sitting near the wing of the plane.

wing /wɪŋ/

ailleurs

1 ▷ Je n'aime pas ce restaurant, allons ailleurs.
I don't like this restaurant, let's go somewhere else.

2 ▷ Je n'ai pas faim, et d'ailleurs je n'aime pas ça.
I'm not hungry, and besides I don't like it.

1 (= autre part) **somewhere else** /ˌsʌmwɛə'rels/

2 ► **d'ailleurs :** besides /bɪ'saɪdz/

aimable

▷ Merci, vous êtes très aimable.
Thank you, you're very kind.

▷ Madame Newman a été très aimable avec nous.
Mrs Newman was very kind to us.

kind /kaɪnd/ (**plus aimable** kinder /kaɪndəʳ/, **le plus aimable** the kindest /kaɪndɪst/)

► **être aimable avec** quelqu'un : be kind to somebody

aimant

▷ J'ai mis des aimants sur le frigo.
I put magnets on the fridge.

magnet /'mægnɪt/

Prononcez séparément le ***g*** *et le* ***n*** *en anglais : dites* ***mag*** + ***nit****.*

aimer

1 ▷ Est-ce que tu aimes le chocolat blanc ?
Do you like white chocolate?
▷ J'aime jouer aux échecs.
I like playing chess.

1 like /laɪk/
► **aimer faire** quelque chose : like doing something

2 ▷ La jupe bleue n'est pas mal, mais j'aime mieux la verte.
The blue skirt isn't bad, but I prefer the green one.

2 ► **aimer mieux** quelque chose : prefer something /prɪ'fɜːʳ/

ℹ *Il y a deux r au gérondif (**preferring** /prɪ'fɜːrɪŋ/), au prétérit et au participe passé (**preferred** /prɪ'fɜːd/).*

3 ▷ J'aimerais acheter des rollers.
I'd like to buy some roller-skates.
▷ Est-ce que tu aimerais venir aussi ?
Would you like to come too?

3 *Pour dire ce qu'on* aimerait faire *en anglais, on utilise l'expression **would like**, souvent contractée en **'d like** : **I'd like...**, **you'd like...**, Stéphane **would like**..., suivie de **to** + base verbale.*

4 ▷ Francesca aime encore Kevin.
Francesca still loves Kevin.

4 (quand on parle d'amour) love /lʌv/

aîné, aînée

1 ▷ C'est mon frère aîné.
He's my older brother.
▷ Comment s'appelle ta sœur aînée ?
What's your older sister called?

1 ► **frère aîné:** older brother /ˌəʊldə 'brʌðəʳ/
► **sœur aînée :** older sister /ˌəʊldə 'sɪstəʳ/

2 ▷ L'aînée a quinze ans.
The eldest is fifteen.

2 ► **l'aîné, l'aînée :** the eldest /'eldɪst/

ainsi

1 ▷ Vous devez faire ainsi.
You have to do it like this.

1 (= de cette façon) like this /laɪk 'ðɪs/

2 ▷ Faites l'exercice 21 ainsi que l'exercice 22.
Do exercise 21 as well as exercise 22.

2 ► **ainsi que :** as well as /əz 'wel əz/

air

1 ▷ L'air est très pollué à Paris.
The air is very polluted in Paris.

1 (= l'atmosphère) air /ɛəʳ/

2 ▷ J'ai oublié les paroles, mais je me souviens de l'air.
I've forgotten the words but I remember the tune.

2 (= l'air d'une chanson) tune /tjʊːn/

3 ▷ Tu as l'air content.
You look happy.

3 ► **avoir l'air** + adjectif **:** look /lʊk/ + adjectif

4 ▷ Elle a l'air d'une actrice.
She looks like an actress.

4 ► **avoir l'air de** + nom **:** look like /laik/ + nom

aise

▷ Je suis très à l'aise ici.
I'm very comfortable here.

▷ Charles se sentait mal à l'aise devant tous ces gens.
Charles felt uncomfortable in front of all those people.

► **à l'aise : comfortable** /ˈkʌmfətəbl/
(**plus à l'aise** more comfortable, **le plus à l'aise** the most comfortable)
► **mal à l'aise : uncomfortable** /ʌnˈkʌmfətəbl/
(**plus mal à l'aise** more uncomfortable, **le plus mal à l'aise** the most uncomfortable)

ajouter

▷ Ajouter du sel et du poivre et bien mélanger.
Add salt and pepper and mix well.

add /æd/

alarme

▷ Heureusement, l'alarme de la voiture s'est déclenchée.
Fortunately, the car alarm went off.

alarm /əˈlɑːm/

album

1 ▷ Montre-nous tes albums photos.
Show us your photo albums.

2 ▷ J'ai beaucoup d'albums de bandes dessinées.
I have a lot of comics.

1 ► **album photo : photo album** /ˈfəʊtəʊ ˌælbʌm/
(pluriel : photo albums)

2 ► **album de bandes dessinées : comic** /ˈkɒmɪk/

alcool

1 ▷ Je n'aime pas beaucoup l'alcool.
I don't really like alcohol.

2 ▷ Il faut toujours désinfecter avec de l'alcool.
You should always use surgical spirit as a disinfectant.

1 (en parlant du vin, du whisky, etc.) **alcohol** /ˈælkəhɒl/

2 (pour désinfecter) **surgical spirit** /ˌsɜːdʒɪkəl ˈspɪrɪt/

alcoolique

▷ C'est un alcoolique.
He's an alcoholic.

alcoholic /ˌælkəˈhɒlɪk/

alcoolisé, alcoolisée

▷ Il est interdit de vendre des boissons alcoolisées aux mineurs.
It's forbidden to sell alcoholic drinks to minors.

alcoholic /ˌælkəˈhɒlɪk/

alentours

▷ Il y a plusieurs magasins aux alentours du parc.
There are several shops around the park.

► **aux alentours de : around** /əˈraʊnd/

Algérie

▷ Il y a une émission sur l'Algérie.
There is a programme on Algeria.

▷ Mes grands-parents habitent en Algérie.
My grandparents live in Algeria.

▷ Il voudrait retourner en Algérie.
He'd like to go back to Algeria.

Algeria /æl'dʒiːrɪə/

ℹ *Ne prend jamais d'article.*

► **l'Algérie :** Algeria

► **en Algérie** (= dans le pays) **:** in Algeria

► **en Algérie** (= vers le pays) **:** to Algeria

algérien, algérienne

▷ C'est un chanteur algérien connu.
He's a famous Algerian singer.

▷ Il y a deux Algériens dans sa classe.
There are two Algerians in his class.

Algerian /æl'dʒiːrɪən/

ℹ *S'écrit toujours avec une majuscule, comme tous les adjectifs et noms de nationalité en anglais.*

algues

▷ Les rochers sont couverts d'algues.
The rocks are covered with seaweed.

seaweed /'siːwiːd/

ℹ *S'emploie toujours avec un verbe au singulier :* ***seaweed is used in cooking*** (les algues sont utilisées en cuisine).

aliment

▷ Le pain est un aliment très important en France.
Bread is a very important food in France.

food /fuːd/

alimentation

▷ Il y a un magasin d'alimentation au coin de la rue.
There's a grocer's on the corner of the street.

► **magasin d'alimentation :** grocer's /'grəʊsəz/

allée

1 ▷ Prenez la première allée à gauche.
Take the first path on the left.

2 ▷ Au cinéma, je m'assieds toujours près de l'allée.
At the cinema, I always sit near the aisle.

1 (= une allée dans un parc) **path** /pɑːθ/

2 (l'allée dans le cinéma) **aisle** /aɪl/

🔊 ***Aisle*** *rime avec* ***smile****.*

allégé, allégée

▷ J'achète généralement des yaourts allégés.
I usually buy low-fat yoghurts.

low-fat /ləʊ'fæt/

Allemagne

▷ L'Allemagne fait partie de la zone euro.
Germany is part of the euro area.

Germany /'dʒɜːmənɪ/

ℹ *Ne prend jamais d'article.*

► **l'Allemagne :** Germany

▷ Christine habite en Allemagne.
Christine lives in Germany.

▷ Mon mari a dû aller en Allemagne pour son travail.
My husband had to go to Germany for his work.

► **en Allemagne** (= dans le pays) : in Germany

► **en Allemagne** (= vers le pays) : to Germany

allemand, allemande

▷ Son copain est allemand.
Her boyfriend is German.

▷ Les Allemands aiment aller en vacances au Portugal.
The Germans like to go on holiday to Portugal.

▷ L'allemand est une langue difficile.
German is a difficult language.

German /'dʒɜːmən/

ℹ *S'écrit toujours avec une majuscule, comme tous les adjectifs et noms de nationalité en anglais.*

aller

1 ▷ Nous allons en vacances en mai.
We go on holiday in May.

▷ Est-ce que tu es déjà allé à Chambord ?
Have you ever been to Chambord?

▷ Marion est allée au Portugal trois fois.
Marion has been to Portugal three times.

2 ▷ Je vais très bien !
I'm very well!

▷ Comment vas-tu ?, Comment ça va ?
How are you?

▷ Comment vont tes parents ?
How are your parents?

3 ▷ Ce pantalon te va vraiment bien.
Those trousers really suit you.

4 ▷ Allez, dépêche-toi !
Come on, hurry up!

5 ▷ Je vais préparer le dîner.
I'm going to make dinner.

▷ Attention, tu vas tomber !
Be careful, you're going to fall!

6 ▷ Bon, c'est l'heure, je m'en vais.
OK, it's time, I'm leaving.

7 ▷ Le retour m'a semblé plus court que l'aller.
The return journey seemed shorter than the outward journey.

1 **go** /gəʊ/ (went /went/, gone /gɒn/)

ℹ *Pour demander si quelqu'un* est déjà allé quelque part, *ou pour dire qu'on* est déjà allé quelque part, *on emploie l'expression* ***have... been***.

2 *Pour parler de la santé, on emploie le verbe* ***be***.

ℹ *Notez l'expression utilisée pour demander si quelqu'un* va bien :
how are you? (comment vas-tu, comment allez-vous ?)
how is he? (comment va-t-il ?)
how is she? (comment va-t-elle?)
how are they? (comment vont-ils ?)

3 *(pour parler d'un vêtement qui va/ne va pas à quelqu'un)* **suit** /suːt/

🔊 ***Suit*** *rime avec* ***boot***.

4 ► **Allez ! :** come on!

5 *Quand* aller *sert à exprimer le futur, on emploie en anglais* **be** + **going to** + base verbale.

6 ► **s'en aller :** leave /liːv/ (left, left /left/)

7 (= trajet) **outward journey** /'aʊtwəd ˌdʒɜːnɪ/ (pluriel : outward journeys)

Suite page suivante

8 ▻ Un aller simple pour Meaux, s'il vous plaît.
A single to Meaux please.

8 (= billet de transport) single /'sɪŋgl/

aller-retour

▻ Je voudrais un aller-retour pour Bath, s'il vous plaît.
I'd like a return ticket to Bath, please.

(= billet de transport) return ticket /rɪ'tɜːn'tɪkɪt/

allergique

▻ Je suis allergique au lait.
I'm allergic to milk.

► **être allergique à** quelque chose : be allergic /ə'lɜːdʒɪk/ to something

allô

▻ Allô, Claire ? C'est Thomas.
Hello, Claire? It's Thomas.

hello /he'ləʊ/

allongé, allongée

▻ Ils étaient allongés dans l'herbe.
They were lying down on the grass.

(= couché) lying down /ˌlaɪɪŋ'daʊn/

s'allonger

▻ Allonge-toi si tu es fatigué.
Lie down if you're tired.

lie down /laɪ 'daun/ (lay down /leɪ 'daʊn/, lain down /leɪn 'daʊn/)

ℹ *Le gérondif s'écrit lying down.*

allumer

1 ▻ Allume la lumière, s'il te plaît.
Turn the light on please.

1 (= allumer une lumière ou un appareil électrique) turn on /tɜːn 'ɒn/

ℹ *On peut aussi dire switch on* /swɪtʃ 'ɒn/.

2 ▻ Si tu allumes le feu maintenant, il va faire trop chaud.
If you light the fire now, it's going to be too hot.
▻ Nous avons allumé un feu pour nous réchauffer.
We lit a fire to warm ourselves up.

2 (= allumer un feu) light /laɪt/ (lit, lit /lɪt/)

allumette

▻ Il va falloir racheter des allumettes.
We'll have to buy some more matches.

match /mætʃ/ (pluriel : matches /'mætʃɪz/)

allure

1 ▻ Elle a une drôle d'allure !
She looks strange !

1 ► **avoir une drôle d'allure** : look strange /'streɪndʒ/

2 ▷ Pierre conduit toujours à toute allure.
Pierre always drives at top speed.

2 ► **à toute allure :** at top speed /ət tɒp 'spiːd/

alors

1 ▷ Il fait beau, alors je vais aller faire du vélo.
The weather's nice, so I'm going to go for a bike ride.
▷ Alors, qu'est-ce qui se passe ?
So what's happening?

2 ▷ Anaïs n'est pas venue alors qu'elle avait promis !
Anaïs didn't come even though she had promised to!

1 (= par conséquent) so /səʊ/

2 ► **alors que :** even though /'iːvən ðəʊ/

Though rime avec so et go.

Alpes

▷ J'ai appris à skier dans les Alpes.
I learned to ski in the Alps.

► **les Alpes :** the Alps /ælps/

alphabet

▷ J'ai appris à dire l'alphabet en anglais.
I've learnt to say the alphabet in English.

alphabet /'ælfəbet/

Alphabet rime avec set et get.

alphabétique

▷ Classez les noms par ordre alphabétique.
Put the names in alphabetical order.

alphabetical /ˌælfə'betɪkəl/
► **par ordre alphabétique :** in alphabetical order

alpinisme

▷ L'alpinisme est un sport dangereux.
Mountaineering is a dangerous sport.

► **l'alpinisme :** mountaineering /ˌmaʊntɪ'nɪərɪŋ/

altitude

▷ Nous étions à une altitude de 3 000 mètres.
We were at an altitude of 3,000 metres.

altitude /'æltɪtjuːd/

amande

▷ J'ai acheté des amandes salées.
I bought some salted almonds.

almond /'ɑːmənd/

Le l de almond ne se prononce pas.

ambassade

▷ Où se trouve l'ambassade de France à Londres ?
Where is the French embassy in London?

embassy /'embəsɪ/
(pluriel : *embassies* /'embəsɪz/)

ambiance

▷ Il y avait une très bonne ambiance à la soirée.
There was a very good atmosphere at the party.
▷ Il y a de l'ambiance ici !
There's a great atmosphere here!

atmosphere /'ætməsfɪəʳ/
► **Il y a de l'ambiance :** there's a great atmosphere

ambulance

▷ Il a fallu appeler une ambulance.
We had to call an ambulance.

ambulance /'æmbjʊləns/

améliorer

1 ▷ Fatima s'entraîne pour améliorer son service au tennis.
Fatima is training to improve her service at tennis.
2 ▷ Ta prononciation en anglais s'est améliorée.
Your pronunciation in English has improved.

1 **improve** /ɪm'pruːv/
2 ► **s'améliorer :** improve

amende

▷ Il a eu une amende de soixante euros.
He got a sixty-euro fine.

fine /faɪn/

amener

▷ Tu peux amener un ami si tu veux.
You can bring a friend if you want.

bring /brɪŋ/ (brought, brought /brɔːt/)
Brought rime avec sort et caught.

amer, amère

▷ Ce café est vraiment amer.
This coffee is really bitter.

bitter /'bɪtə/ (**plus amer** more bitter, **le plus amer** the most bitter)

américain, américaine

▷ Les grands-parents d'Ariel sont américains.
Ariel's grandparents are American.
▷ J'ai rencontré un Américain dans le train.
I met an American on the train.

American /ə'merɪkən/
ℹ *S'écrit toujours avec une majuscule, comme tous les adjectifs et noms de nationalité en anglais.*

Amérique

▷ L'Amérique est un immense continent.
America is a huge continent.
▷ Isabelle a vécu en Amérique pendant deux ans.
Isabelle lived in America for two years.
▷ Mon frère va en Amérique pour faire un stage.
My brother is going to America to do a work placement.

America /əːmerɪkə/
ℹ *Ne prend jamais d'article.*
► **l'Amérique :** America
► **en Amérique** (= sur le continent) **:** in America
► **en Amérique** (= vers le continent) **:** to America

▷ Ils ont fait un grand voyage en Amérique du Nord.
They went on a long trip round North America.

▷ Cette musique vient d'Amérique du Sud.
This music comes from South America.

▷ J'ai lu un livre très intéressant sur l'Amérique centrale.
I read a very interesting book on Central America.

▷ Je voudrais aller en vacances en Amérique latine.
I'd like to go to Latin America on holiday.

► **l'Amérique du Nord :** North America /ˌnɔːθ əˈmerikə/

► **l'Amérique du Sud :** South America /ˌsaʊθ əˈmerɪkə/

► **l'Amérique centrale :** Central America /ˈsentrəl əˈmerɪkə/

► **l'Amérique latine :** Latin America /ˈlætɪn əˈmerɪkə/

ami, amie

1 ▷ Amandine est ma meilleure amie.
Amandine is my best friend.

2 ▷ Mon père a une nouvelle amie.
My father has got a new girlfriend.

3 ▷ Léo est son ami, ils ne sont pas mariés.
Léo is her boyfriend, they're not married.

1 (= camarade) **friend** /frend/

2 (= petite amie) **girlfriend** /ˈgɜːlfrend/

3 (= petit ami) **boyfriend** /ˈbɔɪfrend/

amitié

▷ L'amitié est une chose très importante.
Friendship is a very important thing.

▷ « Amitiés, Nicolas. »
"Kind regards, Nicolas."

friendship /ˈfrendʃɪp/

ℹ *À la fin d'une lettre en anglais, on met* ***kind regards***.

amour

▷ Toutes ses chansons parlent d'amour.
All his songs are about love.

▷ Le slogan disait « Faites l'amour, pas la guerre ».
The slogan said "Make love, not war".

love /lʌv/

► **faire l'amour :** make love (made love, made love)

amoureux, amoureuse

1 ▷ Fabrice est amoureux de Lucille.
Fabrice is in love with Lucille.

2 ▷ Il y a un couple d'amoureux sur le banc.
There's a couple of lovers on the bench.

1 ► **être amoureux de** quelqu'un **:** be in love /ɪn ˈlʌv/ with somebody

2 ► **des amoureux :** lovers /ˈlʌvəz/

ampoule

1 ▷ Je vais changer l'ampoule dans la salle de bains.
I'm going to change the bulb in the bathroom.

2 ▷ J'ai des ampoules aux pieds.
I've got blisters on my feet.

1 (électrique) **bulb** /bʌlb/

2 (aux pieds, aux mains) **blister** /ˈblɪstəʳ/

amusant, amusante

▷ Je ne trouve pas ses blagues très amusantes.
I don't find his jokes very funny.

funny /'fʌnɪ/
(plus amusant funnier /'fʌnɪəʳ/, le plus amusant the funniest /'fʌnɪɪst/)

s'amuser

1 ▷ On s'est bien amusés chez Mahmoud.
We had a great time at Mahmoud's place.

2 ▷ Arrêtez de vous amuser et travaillez !
Stop playing and work!

1 ► **bien s'amuser** : have a great time /greɪt taɪm/ (had, had)

2 (= jouer) **play** /pleɪ/

an

1 ▷ Nous habitons ici depuis trois ans.
We've lived here for three years.

2 ▷ Olivier a treize ans.
Olivier is thirteen.

1 **year** /jɪəʳ/

2 *Pour dire l'âge de quelqu'un, on utilise le verbe* **be** *suivi du nombre.*

ℹ *On peut ajouter ...years old :* ***Olivier is thirteen years old***.

ananas

▷ Cet ananas n'est pas mûr.
This pineapple isn't ripe.

pineapple /'paɪnæpl/

anchois

▷ Tu aimes les pizzas avec des anchois ?
Do you like pizzas with anchovies?

anchovy /'æntʃəvɪ/
(pluriel : anchovies /'æntʃəvɪz/)

ancien, ancienne

1 ▷ Cette broche est ancienne, elle appartenait à ma grand-mère.
This brooch is old, it belonged to my grandmother.

2 ▷ J'ai rencontré mon ancien prof de maths.
I met my old maths teacher.

1 (= vieux) **old** /əʊld/
(plus ancien older /'əʊldəʳ/, le plus ancien the oldest) /'əʊldɪst/)

2 (= d'avant) **old**

ℹ *Quand* ancien *signifie* d'avant, *on peut aussi le traduire par* ***former*** /'fɔːməʳ/

âne

▷ Il y a beaucoup d'ânes en Grèce.
There are a lot of donkeys in Greece.

(= animal) **donkey** /'dɒŋkɪ/

angine

▷ Je n'ai pas pu venir parce que j'avais une angine.
I couldn't come because I had a sore throat.

sore throat /sɔː 'θrəʊt/
► **avoir une angine** : have a sore throat (had, had)

anglais, anglaise

1 ▷ Je crois que la petite amie de Frédo est anglaise.
I think Frédo's girlfriend is English.

1 (adjectif) English /ˈɪŋglɪʃ/

ℹ *S'écrit toujours avec une majuscule, comme tous les adjectifs de nationalité en anglais.*

2 ▷ Yoshi parle très bien anglais.
Yoshi speaks English very well.

2 (= langue) English

3 ▷ Un Anglais et une Anglaise.
An Englishman and an Englishwoman.

▷ Nous avons un Anglais dans notre classe.
We've got an English boy in our class.

▷ Une Anglaise m'a envoyé un e-mail.
An English girl sent me an e-mail.

▷ Les Anglais aiment beaucoup le sud de la France.
The English love the south of France.

3 (= personne) Englishman /ˈɪŋglɪʃmən/ (pluriel : Englishmen /ˈɪŋglɪʃmen/), féminin Englishwoman /ˈɪŋglɪʃwʊmən/ (pluriel : Englishwomen /ˈɪŋglɪʃwɪmɪn/)

ℹ *Pour les jeunes Anglais, on dit **English boy** (pour un garçon) et **English girl** (pour une fille).*

► **Les Anglais :** the English

angle

▷ Elle s'est cognée contre l'angle du bureau.
She banged herself on the corner of the desk.

▷ Il y a une pharmacie à l'angle.
There's a chemist on the corner.

(angle de la rue, angle d'une table) corner /ˈkɔːnəʳ/

► **à l'angle** (en parlant de la rue) **:** on the corner

ℹ *En géométrie, angle se dit **angle** /ˈæŋgl/.*

Angleterre

▷ L'Angleterre est l'un des pays du Royaume-Uni.
England is one of the countries of the United Kingdom.

▷ J'ai passé trois semaines en Angleterre.
I spent three weeks in England.

▷ Quand irez-vous en Angleterre ?
When will you go to England?

England /ˈɪŋglənd/

ℹ *Ne prend jamais d'article.*

► **l'Angleterre :** England

► **en Angleterre** (= dans le pays) **:** in England

► **en Angleterre** (= vers le pays) **:** to England

angoissé, angoissée

▷ Benjamin est très angoissé en ce moment.
Benjamin is very anxious at the moment.

anxious /ˈæŋkʃəs/ (**plus angoissé** more anxious, **le plus angoissé** the most anxious)

animal

▷ J'adore les animaux.
I love animals.

▷ Est-ce que tu as des animaux domestiques ?
Do you have any pets?

animal /'ænɪməl/

► **animal domestique :** pet /pet/

animé, animée

1 ▷ Soho est un quartier très animé.
Soho is a very lively area.

2 ▷ J'adore les dessins animés.
I love cartoons.

1 (= plein de vie) **lively** /'laɪvlɪ/ (**plus animé** livelier /'laɪvlɪəʳ/, **le plus animé** the liveliest /'laɪvlɪɪst/)

Attention : le y *devient* ie *au comparatif et au superlatif.*

2 ► **dessin animé :** cartoon /kɑː'tuːn/

anneau

▷ La sœur de Marion a un anneau dans le nez.
Marion's sister has got a ring in her nose.

▷ Est-ce que tu as lu « Le Seigneur des Anneaux » ?
Have you read the "Lord of the Rings"?

ring /rɪŋ/

année

▷ Cette année, Clara a un nouveau prof d'anglais.
This year Clara has a new English teacher.

▷ L'année scolaire commence en septembre.
The school year starts in September.

▷ Bonne année !
Happy New Year!

year /jɪəʳ/

► **l'année scolaire :** the school year /skuːl jɪəʳ/

Pour souhaiter bonne année *à quelqu'un en anglais, on dit* **Happy New Year !** /ˌhæpɪ njuː 'jɪəʳ/.

anniversaire

1 ▷ Bon anniversaire, Kate!
Happy birthday, Kate!

2 ▷ C'est l'anniversaire de mariage de mes parents.
It's my parents' wedding anniversary.

1 (= l'anniversaire d'une personne) **birthday** /'bɜːθdeɪ/

2 (= l'anniversaire d'un mariage ou d'un événement) **anniversary** /ˌænɪ'vɜːsərɪ/ (pluriel : anniversaries /ˌænɪ'vɜːsərɪz/)

Remarquez que **anniversary** *est la traduction du deuxième sens seulement. Le sens le plus courant est traduit par* **birthday**.

annonce

▷ Tu as vu l'annonce pour l'appartement ?
Have you seen the advertisement for the flat?
▷ Lucas a trouvé son vélo dans les petites annonces.
Lucas found his bike in the classified advertisements.

(= annonce dans un journal) **advertisement** /əd'vɜːtɪsmənt/
► les **petites annonces :** the classified /'klæsɪfaɪd/ advertisements

annoncer

▷ Les résultats seront annoncés demain.
The results will be announced tomorrow.
▷ Il m'a annoncé son départ.
He told me he was leaving.

(= dire en public) **announce** /ə'naʊns/
► **annoncer** quelque chose à quelqu'un : tell /tel/ somebody something (told, told /təʊld/)

annuaire

▷ Je n'ai pas trouvé le numéro de Stéphane dans l'annuaire.
I couldn't find Stéphane's number in the phone book.

phone book /'fəʊnbʊk/ (pluriel : phone books)

annuler

▷ Le vol de 18 h 30 est annulé.
The 18.30 flight is cancelled.

cancel /'kænsəl/
i *Il y a deux l au gérondif* (*cancelling* /'kænsəlɪŋ/), au prétérit et au participe passé (*cancelled* /'kænsəld/).

anorak

▷ J'ai un nouvel anorak.
I have a new anorak.

anorak /'ænəræk/

antenne

▷ L'antenne de la radio est cassée.
The radio aerial is broken.
▷ Il y a une antenne parabolique sur le mur.
There's a satellite dish on the wall.

(de radio, de télévision) **aerial** /'ɛərɪəl/
► **antenne parabolique :** satellite dish /'sætəlaɪt dɪʃ/ (pluriel : satellite dishes) /dɪʃɪz/

antibiotique

▷ Le docteur m'a donné des antibiotiques.
The doctor gave me some antibiotics.
▷ Je suis sous antibiotiques depuis une semaine.
I've been on antibiotics for a week.

antibiotic /'æntɪbaɪ'ɒtɪk/
Le deuxième i de antibiotic se prononce comme le i de like.
► **être sous antibiotique :** be on antibiotics

antillais, antillaise

▷ Nous avons mangé dans un restaurant antillais.
We ate in a West Indian restaurant.
▷ Sandra a épousé un Antillais.
Sandra married a West Indian.

West Indian /west 'ɪndɪən/
ℹ *S'écrit toujours avec deux majuscules.*

Antilles

▷ Est-ce que tu aimerais aller aux Antilles ?
Would you like to go to the West Indies?

► **les Antilles :** the West Indies /west 'ɪndi:z/

antipathique

▷ La copine d'Hervé est vraiment antipathique.
Hervé's girlfriend is really unpleasant.

unpleasant /ʌn'pleznt/
🔊 *Le* ***ea*** *de* ***unpleasant*** *se prononce comme le* ***e*** *de* ***bed****.*

antivol

▷ N'oublie pas de mettre l'antivol sur ton vélo.
Don't forget to put the lock on your bike.

lock /lɒk/

août

▷ Il fait souvent très chaud en août.
It's often very hot in August.

▷ Nous partons le 15 août.
We're leaving on the fifteenth of August.

August /'ɔ:gəst/
ℹ *S'écrit toujours avec une majuscule, comme tous les noms de mois en anglais.*
ℹ *Notez l'emploi de* ***on*** *et* ***of*** *en anglais lorsqu'on dit la date.*
ℹ *On écrit* ***15 August****.*

apercevoir

1 ▷ J'ai aperçu le maire en ville.
I caught sight of the mayor in town.

2 ▷ Je ne m'étais pas aperçu de la différence.
I hadn't noticed the difference.
▷ Tu t'es aperçue que Simon n'était pas là ?
Did you notice that Simon wasn't there?

1 (= voir brièvement) **catch sight of** /kætʃ 'saɪt ɒv/ (caught sight of, caught sight of /kɔ:t 'saɪt ɒv/)

2 ► **s'apercevoir de** quelque chose : notice something /'nəʊtɪs/
► **s'apercevoir** que : notice that

apéritif

▷ Voulez-vous un apéritif ?
Would you like an aperitif?
▷ Venez prendre l'apéritif.
Come for drinks.

(= boisson) **aperitif** /ə'perəti:f/
ℹ *Quand il s'agit d'une invitation chez quelqu'un, on emploie plutôt le mot* ***drinks*** /drɪŋks/ *en anglais.*

aplati, aplatie

▷ Les gâteaux sont tout aplatis.
The cakes are completely flat.

flat /flæt/
(plus aplati flatter /flætəʳ/, **le plus aplati** the flattest /flætɪst/ **)**

apparaître

▷ Un aigle est apparu dans le ciel.
An eagle appeared in the sky.

appear /əˈpɪəʳ/

appareil

1 ▷ Eulalie a eu un appareil photo pour Noël.
Eulalie got a camera for Christmas.

2 ▷ Les robots ménagers sont des appareils très utiles.
Food processors are very useful appliances.

3 ▷ Bonjour ! Jérôme à l'appareil.
Hello! Jérôme speaking.

▷ Qui est à l'appareil ?
Who's speaking?

1 ► **appareil photo :** camera /ˈkæmərə/

2 (électrique) **appliance** /əˈplaɪəns/

3 *Pour dire son nom quand on parle au téléphone, on utilise l'expression ...**speaking** /ˈspiːkɪŋ/. Pour demander qui est à l'appareil, on dit **who's speaking?***

apparemment

▷ Apparemment, ils sont arrivés à l'heure.
Apparently they arrived on time.

apparently /əˈpærəntlɪ/

appartement

▷ Anne et Jean-François ont acheté un appartement en banlieue.
Anne and Jean-François have bought a flat in the suburbs.

flat /flæt/
*En anglais américain, on dit **apartment** /əˈpɑːtmənt/.*

appartenir à

▷ Cette voiture appartient à mon frère.
This car belongs to my brother.

▷ À qui appartient ce livre ?
Who does this book belong to?

► **appartenir à** quelqu'un **:** belong /bɪˈlɒŋ/ to somebody
*Remarquez la position de **who** et de **to** quand on pose une question : **who** does this book belong **to**?*

appel

▷ Il y a eu trois appels pour toi cet après-midi.
There were three calls for you this afternoon.

(= appel au téléphone) **call** /kɔːl/

appeler

1 ▷ Le dîner est prêt, appelle les enfants.
Dinner's ready, call the children.
▷ Nous allons appeler le bébé Thomas.
We'll call the baby Thomas.
▷ Tu peux m'appeler ce soir, je serai chez moi.
You can call me tonight, I'll be at home.
▷ Cet outil s'appelle un tournevis.
This tool is called a screwdriver.
▷ Comment ça s'appelle en anglais ?
What's this called in English?

2 ▷ Comment tu t'appelles ?
What's your name?
▷ Je m'appelle Gabriel.
My name's Gabriel.

1 call /kɔːl/

► **s'appeler** (pour dire le nom d'une chose) : be called /kɔːld/

2 ℹ *Notez bien les expressions anglaises pour demander le nom de quelqu'un (**what's your name ?**) et pour donner son nom (**my name is...**).*

appendicite

▷ Carole a eu une crise d'appendicite.
Carole had appendicitis.

appendicitis /əˌpendɪ'saɪtɪs/

🔊 *Attention à la prononciation de **appendicitis** !*

appétit

▷ Tu as bon appétit !
You have a good appetite!
▷ Bon appétit !
Bon appétit!

appetite /'æpɪtaɪt/

ℹ *Pour souhaiter* **bon appétit** *à quelqu'un en anglais, on utilise l'expression française.*

applaudir

1 ▷ Tout le monde l'a applaudi.
Everyone applauded.

2 ▷ Elles ont applaudi très fort.
They clapped very loudly.

1 ► **applaudir** quelqu'un : applaud somebody /ə'plɔːd/

2 (= taper dans les mains) clap /klæp/

ℹ *Il y a deux **p** au gérondif (**clapping** /'klæpɪŋ/), au prétérit et au participe passé (**clapped** /klæpt/).*

s'appliquer

▷ Je ne m'applique pas assez quand j'écris !
I don't make enough effort when I write!

make an effort /'efət/ (made, made)

apporter

1 ▷ Apporte-moi le journal, s'il te plaît.
Bring me the newspaper, please.

bring /brɪŋ/ ou **take** /teɪk/
1 ► **apporter** quelque chose **à quelqu'un** (lorsque le mouvement s'effectue vers la personne qui parle)
bring somebody something (**brought, brought** /brɔːt/).

2 ▷ Je lui ai apporté son petit-déjeuner au lit.
I took him his breakfast in bed.

2 ► **apporter** quelque chose **à** quelqu'un (lorsque le mouvement part de la personne qui parle)
take somebody something (**took** /tʊk/, **taken** /ˈteɪkən/).

apprécier

▷ Je n'apprécie pas beaucoup le beau-frère de Laure.
I don't like Laure's brother-in-law very much.

like /laɪk/

apprendre

1 ▷ J'apprends le russe.
I'm learning Russian.

▷ Marion aimerait apprendre à skier.
Marion would like to learn to ski.

1 (= étudier) **learn** /lɜːn/ (**learned** /lɜːnd/ *ou* **learnt** /lɜːnt/, **learned** *ou* **learnt**)
► **apprendre à faire** quelque chose : **learn to do** something

2 ▷ Pedro nous apprend l'espagnol.
Pedro is teaching us Spanish.

▷ Ma tante m'a appris à coudre.
My aunt taught me to sew.

2 (= enseigner) **teach** /tiːtʃ/ (**taught, taught** /tɔːt/)
► **apprendre à** quelqu'un **à faire** quelque chose : **teach** somebody **to do** something

3 ▷ Nous avons appris que tu étais malade.
We heard that you were ill.

3 (quand on parle d'une nouvelle) **hear** /hɪəʳ/ (**heard, heard** /hɜːd/)

approcher

1 ▷ Approchez vos chaises.
Move your chairs closer.

▷ Approche la lampe du fauteuil.
Move the lamp closer to the armchair.

1 ► **approcher** quelque chose : **move** something **closer** /kləʊsəʳ/

Le *s* de ***closer*** se prononce comme le *s* de ***sea***.

2 ▷ Approche-toi, je ne te vois pas très bien.
Come closer, I can't see you very well.

▷ Les bateaux s'approchaient de la côte.
The boats were coming closer to the coast.

2 ► **s'approcher** : **come closer** (**came closer, come closer**)

approuver

▷ Je n'approuve pas leur choix.
I don't approve of their choice.

approve of /əˈpruːv ɒv/
ℹ *N'oubliez pas la préposition **of** !*

appuyer

1 ▷ Appuie sur la sonnette.
Press the bell.

2 ▷ Ne vous appuyez pas sur le portail, la peinture est fraîche.
Don't lean on the gate, the paint is wet.

1 ► **appuyer sur** quelque chose (avec le doigt) : press something

2 ► **s'appuyer sur** quelque chose : lean on something (leaned /li:nd/ on *ou* leant /lent/ on, leaned on *ou* leant on)

après

1 ▷ Je viendrai chez toi après le travail.
I'll come to your house after work.

2 ▷ Je serai en réunion jusqu'à onze heures, mais téléphone-moi après.
I'll be in a meeting until eleven o'clock, but phone me afterwards.

3 ▷ Et après, qu'est-ce qui s'est passé ?
And then what happened?

4 ▷ D'après Isa, c'est un très bon film.
According to Isa, it's a very good film.
▷ D'après moi, c'est Bernard qui a raison.
In my opinion Bernard is right.

1 (= à la suite de) after /'ɑːftəʳ/

2 (= ensuite) afterwards /'ɑːftəwədz/

3 (dans un ordre, une suite) then /ðen/

4 ► **d'après... :** according to... /ə'kɔːdɪŋ tuː/

ℹ **D'après moi** *et* **d'après nous** *se traduisent par* ***in my opinion*** *et* ***in our opinion***.

après-demain

▷ Nous allons au théâtre après-demain.
We're going to the theatre the day after tomorrow.

the day after tomorrow /θə 'deɪ ɑːftə tə'mɒrəʊ/

après-midi

▷ Je viendrai dans l'après-midi.
I'll come in the afternoon.
▷ Je reviens mercredi après-midi.
I'll be back on Wednesday afternoon.
▷ À trois heures de l'après-midi.
At three in the afternoon ou at 3 p.m.

afternoon /ˌɑːftə'nuːn/

ℹ *Notez l'emploi de* ***on*** *en anglais lorsqu'on dit la date.*
Pour dire l'heure, on fait suivre le chiffre de ***in the afternoon*** *ou de* ***p.m.*** /piː'em/, *qui est l'abréviation de « post meridiem »* (après midi *en latin*).

arabe

1 ▷ C'est le pays arabe qui produit le plus de pétrole.
It's the Arab country that produces the most oil.
▷ Ma tante a épousé un Arabe.
My aunt married an Arab.

2 ▷ Suzanne apprend l'arabe.
Suzanne is learning Arabic.

1 Arab /'ærəb/

ℹ *S'écrit toujours avec une majuscule, comme tous les adjectifs et noms de nationalité en anglais.*

2 (= langue) Arabic /'ærəbɪk/

araignée

▻ Ben a peur des araignées.
Ben is scared of spiders.

spider /'spaɪdəʳ/

*Le i de **spider** se prononce comme le **i** de **like**.*

arbre

▻ Il y a beaucoup d'arbres dans le jardin.
There are a lot of trees in the garden.

▻ Ce sont les enfants qui ont décoré l'arbre de Noël.
The children decorated the Christmas tree.

tree /triː/

► **arbre de Noël : Christmas tree** /'krɪsməs triː/ (pluriel : Christmas trees)

arc

▻ Les Indiens chassaient avec des arcs et des flèches.
The Indians hunted with bows and arrows.

bow /bəʊ/

*Rime avec **go** et **Joe**.*

arc-en-ciel

▻ Regarde, un arc-en-ciel !
Look, a rainbow!

rainbow /'reɪnbəʊ/

*Rime avec **go** et **Joe**.*

architecte

▻ Ma mère est architecte.
My mother is an architect.

architect /'ɑːkɪtekt/

*N'oubliez pas l'article devant le nom du métier lorsqu'il suit les verbes **be** ou **become**.*

*Le **ch** de **architect** se prononce comme un **k**.*

architecture

▻ J'aime surtout l'architecture gothique.
I especially like Gothic architecture.

architecture /ˌɑːkɪ'tektʃəʳ/

*Le **ch** de **architecture** se prononce comme un **k**.*

arête

▻ Ce poisson est plein d'arêtes.
This fish is full of bones.

bone /bəʊn/

*i **Bone** veut aussi dire os.*

argent

1 ▻ Monsieur Perret gagne beaucoup d'argent.
Mr Perret earns a lot of money.

▻ Je donne sept euros d'argent de poche par semaine aux enfants.
I give the children seven euros pocket money a week.

1 ► **l'argent** (= les sous) **: money** /'mʌnɪ/

► **argent de poche : pocket money** /'pɒkɪt mʌnɪ/

Suite page suivante

2 ▷ L'argent est moins cher que l'or.
Silver is less expensive than gold.
▷ Ce bracelet est en argent.
This bracelet is made of silver.
▷ Mélanie a une belle bague en argent.
Mélanie has a beautiful silver ring.

2 (= métal) **silver** /'sɪlvəʳ/

► **être en argent :** be made of silver
► **en argent :** silver

argot

▷ C'est un mot d'argot.
It's a slang word.

slang /slæŋ/

arme

▷ La police a trouvé des armes chez lui.
The police found weapons in his house.

weapon /'wepən/

*Le **ea** de **weapon** se prononce comme le **e** de **bed**.*

armée

▷ Le frère de Raoul est dans l'armée.
Raoul's brother is in the army.

army /ɑːmɪ/ (pluriel : armies /ɑːmɪz/)

*Attention : le **y** devient **ie** au pluriel.*

armoire

1 ▷ Ton tee-shirt est dans l'armoire.
Your T-shirt is in the wardrobe.

1 (pour les vêtements) **wardrobe** /'wɔːdrəʊb/

2 ▷ J'ai une armoire pour les dossiers dans mon bureau.
I have a cupboard for files in my office.

2 (dans un bureau) **cupboard** /'kʌbəd/

*Attention à la prononciation de **cupboard** !*

arracher

1 ▷ Sonia a arraché trois pages de son agenda.
Sonia tore three pages out of her diary.

1 (= arracher une page ou une feuille) **tear out** (tore out, torn out)

***Tear** /tɛəʳ/ rime avec **there** et **fair**.*

2 ▷ Le jardinier a arraché les mauvaises herbes.
The gardener pulled out the weeds.
▷ Le dentiste m'a arraché une dent.
The dentist pulled out one of my teeth.

2 (= arracher des plantes ou une dent) **pull out** /pʊl 'aʊt/

3 ▷ J'ai vu le voleur arracher son sac à la dame.
I saw the thief snatch the lady's bag from her.

3 ► **arracher** quelque chose **à** quelqu'un **:** snatch /snætʃ/ something **from** somebody

arranger

1 ▷ Pas de problème, Guillaume a tout arrangé.
No problem, Guillaume has sorted everything out.

1 (= résoudre) **sort out** /sɔːt 'aʊt/

2 ▷ Ta montre est cassée ? Donne-la-moi, je vais l'arranger.
Is your watch broken? Give it to me, I'll fix it.

2 (= réparer) **fix** /fɪks/

3 ▷ Ça ne m'arrange pas de venir à six heures.
It doesn't suit me to come at six o'clock.

3 (= convenir) **suit** /suːt/

Suit rime avec boot.

4 ▷ Ne t'inquiète pas, tout va s'arranger.
Don't worry, everything will work out.

4 ► **s'arranger** (= se résoudre, s'améliorer) **:** work out /wɜːk 'aʊt/

arrêt

1 ▷ Je descends au prochain arrêt.
I'm getting off at the next stop.
▷ Où est l'arrêt d'autobus le plus proche ?
Where is the nearest bus stop?

1 (dans les transports) **stop** /stɒp/

► **arrêt d'autobus :** bus stop /'bʌs stɒp/ (pluriel : bus stops)

2 ▷ Le bébé pleure sans arrêt.
The baby cries constantly.

2 ► **sans arrêt** (= constamment) **:** constantly /'kɒnstəntlɪ/

arrêter

1 ▷ Arrêtez de vous agiter !
Stop fidgeting!

1 **stop** /stɒp/

► **arrêter de faire** quelque chose **:** stop doing something

Il y a deux p au gérondif (stopping /'stɒpɪŋ/*), au prétérit et au participe passé (stopped* /stɒpt/*).*

▷ La voiture s'est arrêtée devant la poste.
The car stopped in front of the post office.

► **s'arrêter :** stop

▷ Il s'est arrêté de rire quand il a vu ma tête.
He stopped laughing when he saw my face.

► **s'arrêter de faire** quelque chose **:** stop doing something

2 ▷ La police a arrêté le voleur.
The police arrested the thief.

2 (un coupable, un voleur) **arrest** /ə'rest/

arrière

▷ L'arrière de la voiture est abîmé.
The back of the car is damaged.

back /bæk/

▷ Asseyez-vous à l'arrière.
Sit in the back.

► **à l'arrière :** in the back

▷ Ne te penche pas en arrière, tu vas tomber.
Don't lean back, you'll fall.

► **se pencher en arrière :** lean back (leaned back *ou* leant back, leaned back *ou* leant back)

▷ J'ai dû revenir en arrière.
I had to go back.

► **revenir en arrière :** go back (went back, gone back)

▷ Le siège arrière est tout sale.
The back seat is all dirty.

► le siège **arrière :** the back seat /siːt/

arrivée

▷ Où se trouve le panneau des arrivées ?
Where is the arrivals board?

arrival /ə'raɪvəl/

arriver

1 ▷ Le train arrive à Fécamp à 15 h 30.
The train arrives at Fécamp at 3.30.

1 (en parlant de la destination) arrive /ə'raɪv/

2 ▷ J'arrive !
I'm coming!

2 (= approcher) come /kʌm/ (came /keɪm/, come)

3 ▷ Ses cheveux lui arrivent aux épaules.
His hair comes down to his shoulders.
▷ L'eau nous arrivait aux genoux.
The water came up to our knees.

3 *Pour parler de* **la hauteur atteinte**, *on utilise* ***come down to*** *ou* ***come up to*** *selon que la chose en question* descend *(come* ***down****) ou* monte *(come* ***up****).*

4 ▷ Qu'est-ce qui est arrivé ?
What happened?
▷ Je ne comprends pas ce qui m'arrive.
I don't understand what's happening to me.

4 (= se passer) happen /'hæpən/

5 ▷ Il m'arrive d'oublier de prendre mon petit-déjeuner.
Sometimes I forget to have breakfast.

5 *Pour parler de quelque chose qui se produit occasionnellement, on utilise le mot* ***sometimes*** /'sʌmtaɪmz/*, qui veut dire* parfois.

6 ▷ Julie est arrivée à les convaincre.
Julie managed to convince them.

6 ► **arriver à faire** quelque chose (= réussir à le faire) **:** manage /'mænɪdʒ/ to do something

▷ Je n'arrive pas à joindre le directeur.
I can't get in touch with the manager.

ℹ *À la forme négative du présent, on utilise* ***can't*** /kɑːnt/.

arroser

▷ N'oubliez pas d'arroser les plantes.
Don't forget to water the plants.

(= arroser une plante ou la terre) water /'wɔːtə^r/

art

▷ Nous sommes allés au musée d'art moderne.
We went to the museum of modern art.
▷ J'aimerais pratiquer un art martial.
I'd like to practise a martial art.

art /ɑːt/

🔊 *Prononcez bien le* ***t*** *du mot anglais* ***art****.*

artichaut

▷ On a mangé des artichauts avec de la vinaigrette.
We ate artichokes with vinaigrette.

artichoke /'ɑːtɪtʃəʊk/

article

1 ▷ Tu as lu l'article sur Grenoble ?
Have you read the article on Grenoble?

1 (= article dans un journal) article /'ɑːtɪkl/

2 ▷ Trois articles pour quatorze euros, ce n'est pas cher.
Three items for fourteen euros is not expensive.

2 (= marchandise) **item** /'aɪtəm/

artiste

▷ Picasso était un artiste très célèbre.
Picasso was a very famous artist.

artist /'ɑːtɪst/

ascenseur

▷ Prends l'ascenseur jusqu'au dixième étage.
Take the lift to the tenth floor.

lift /lɪft/
En anglais américain, on dit ***elevator*** /'elɪveɪtəʳ/.

asiatique

▷ Un livre de recettes asiatiques.
A book of Asian recipes.

▷ Le restaurant est tenu par des Asiatiques.
The restaurant is run by Asians.

Asian /'eɪʒən/
S'écrit toujours avec une majuscule, comme tous les adjectifs et noms de nationalité en anglais.
Attention à l'emploi du mot ***Asian*** *au Royaume-Uni : il désigne le plus souvent les personnes originaires de l'Inde, du Pakistan et du Bangladesh.*
Le ***a*** *initial se prononce comme la* ***a*** *de* ***make****.*

Asie

▷ Nous avons vu une émission sur l'Asie.
We saw a programme about Asia.

▷ J'ai travaillé pendant deux ans en Asie.
I worked in Asia for two years.
▷ J'aimerais aller en Asie.
I'd like to go to Asia.

Asia /'eɪʒə/
Ne prend jamais d'article.
► **l'Asie** : Asia
► **en Asie** (= sur le continent) : in Asia
► **en Asie** (= vers le continent) : to Asia
Le ***a*** *initial se prononce comme la* ***a*** *de* ***make****.*

aspect

1 ▷ L'aspect n'est pas important.
Appearance isn't important.
2 ▷ C'est un des aspects les plus intéressants de mon travail.
It's one of the most interesting aspects of my work.

1 (= apparence) **appearance** /ə'pɪərəns/
2 (= côté) **aspect** /'æspekt/
Prononcez bien le ***c*** *et le* ***t****.*

asperge

▻ Est-ce que tu aimes les asperges ?
Do you like asparagus?
▻ Ces asperges ne sont pas cuites.
This asparagus isn't cooked.

asparagus /ə'spærəgəs/
ℹ *S'emploie toujours avec un verbe au singulier : on dit par exemple* ***this asparagus is delicious*** (ces asperges sont délicieuses).

aspirateur

▻ Cet aspirateur ne marche pas bien.
This vacuum cleaner isn't working well.
▻ Je n'ai pas eu le temps de passer l'aspirateur.
I didn't have time to vacuum.

vacuum cleaner /'vækju:m ˌkli:nəʳ/ (pluriel : vacuum cleaners)
► **passer l'aspirateur :** vacuum /'vækju:m/

aspirine

▻ Tu as de l'aspirine ? J'ai mal à la tête.
Have you got some aspirin? I have a headache.

aspirin /'æsprɪn/
🔊 *Le premier* ***i*** *de* ***aspirin*** *ne se prononce pas.*

assaisonner

1 ▻ La sauce est bien assaisonnée.
The sauce is well seasoned.
2 ▻ Tu as oublié d'assaisonner la salade.
You forgot to dress the salad

1 (= assaisonner un rôti ou une sauce) **season** /'si:zn/
2 (= assaisonner de la salade) **dress** /dres/

assassiner

▻ Il a assassiné plusieurs personnes.
He murdered several people.

murder /'mɜ:dəʳ/
ℹ *Le verbe* ***assassinate*** *existe en anglais, mais on l'emploie seulement pour parler de l'assassinat de personnes célèbres.*

s'asseoir

▻ Asseyez-vous, s'il vous plaît.
Sit down, please.
▻ Les enfants se sont assis par terre.
The children sat down on the floor.

sit down /sɪt 'daʊn/ (sat down, sat down /sæt 'daʊn/)

assez

1 ▻ As-tu assez mangé ?
Have you eaten enough?
▻ Il est assez grand pour décider tout seul.
He's old enough to decide on his own.

1 (= suffisamment) **enough** /ɪ'nʌf/
ℹ *Notez la place de* ***enough****, qui est toujours placé après le verbe ou l'adjectif qu'il accompagne (par exemple* ***have you eaten enough?, you don't work enough, you're old enough, it isn't long enough****).*

▷ Il n'y a pas assez d'argent.
There isn't enough money.

► **assez de :** enough

*Notez qu'en anglais, il n'y a pas de préposition entre **enough** et le nom : **enough money** (assez d'argent), **enough people** (assez de personnes).*

▷ J'en ai assez !
I've had enough!

► **en avoir assez :** have had enough

2 ▷ Ce film est assez rigolo.
This film is quite funny.

2 (= plutôt) quite /kwaɪt/

assiette

▷ Mélanie a encore cassé une assiette !
Mélanie has broken a plate again!

plate /pleɪt/

assis, assise

▷ Elle était assise par terre.
She was sitting on the floor.

sitting /'sɪtɪŋ/

*Regardez aussi **s'asseoir**, plus haut.*

assister à

▷ Tout le monde doit assister à la réunion.
Everyone must attend the meeting.

attend /ə'tend/

Attention ! Assister à ne se traduit pas *par 'assist at'.*

assorti, assortie

▷ J'ai acheté une chemise bleue et une cravate assortie.
I bought a blue shirt and a matching tie.

(= qui va avec) matching /'mætʃɪŋ/

assurance

1 ▷ Pour des raisons de sécurité, l'assurance est obligatoire.
For security reasons, insurance is obligatory.

1 (contre les accidents) insurance /ɪn'ʃʊərəns/

*Le s se prononce comme le **sh** de **shop**.*

2 ▷ Elle manque d'assurance.
She lacks confidence.

2 (= confiance en soi) confidence /'kɒnfɪdəns/

athlète

▷ Tous les grands athlètes européens étaient là.
All the great European athletes were there.

athlete /'æθliːt/

athlétisme

▷ Les championnats du monde d'athlétisme.
The world athletics championships.

athletics /æθ'letɪks/

*S'emploie toujours avec un verbe au singulier : **athletics is my favourite sport**.*

atlas

▷ Je vais vérifier dans l'atlas.
I'll check in the atlas.

atlas /'ætləs/ (pluriel : atlases /'ætləsɪz/)

atomique

▷ Peu de pays possèdent la bombe atomique.
Few countries have the atomic bomb.

atomic /ə'tɒmɪk/

atroce

▷ J'ai une douleur atroce dans le pied.
I've got a terrible pain in my foot.

terrible /'terəbl/

attacher

1 ▷ Ils ont attaché le chien avec une corde.
They tied up the dog with a rope.

1 (= attacher un chien ou un prisonnier) **tie up** /taɪ ʌp/ (tied up, tied up /taɪd ʌp/)

ℹ *Le gérondif s'écrit **tying**.*

2 ▷ Attends, je dois attacher mes lacets.
Wait, I've got to tie my laces.

2 (= attacher ses lacets) **tie** (tied, tied)

ℹ *Le gérondif s'écrit **tying**.*

3 ▷ N'oublie pas d'attacher ta ceinture de sécurité.
Don't forget to fasten your seatbelt.

3 (= attacher une ceinture) **fasten** /fɑːsən/

*Le **t** de **fasten** ne se prononce pas.*

4 ▷ Adèle s'est beaucoup attachée à son poney.
Adèle became very attached to her pony.

4 ► **s'attacher à** (= avoir de l'affection) : **become attached** /ə'tætʃt/ **to** (became, become)

attaquer

1 ▷ Des voleurs nous ont attaqués.
We were attacked by thieves.

1 (= agresser) **attack** /ə'tæk/

2 ▷ Demain, j'attaque le nouveau projet.
Tomorrow, I'm starting work on the new project.

2 (= attaquer un travail) **start work** /wɜːk/ **on**

3 ▷ C'est injuste de s'attaquer aux enfants.
It's unfair to attack children.

3 ► **s'attaquer à** quelqu'un : **attack** somebody

atteindre

▷ Je n'arrive pas à atteindre le haut de l'étagère.
I can't reach the top of the shelf.

reach /riːtʃ/

*Faites bien la différence entre la prononciation de **reach** et **rich**.*

attendre

1 ▷ Attends-moi, j'arrive !
Wait for me, I'm coming !

1 (= attendre une personne ou un événement) **wait for** /'weɪt fɔːʳ/

▷ Sandrine a attendu qu'il l'appelle.
Sandrine waited for him to call.

► **attendre que** quelqu'un **fasse** quelque chose **:** wait for somebody to do something

Cette structure fonctionne aussi avec des choses : j'attends que la peinture sèche = *I'm waiting for the paint to dry.*

2 ▷ Attends, Loïc, j'ai presque fini.
Wait, Loïc, I've almost finished.

2 (sans complément) wait /weɪt/

3 ▷ Ma belle-sœur attend un bébé.
My sister-in-law is expecting a baby.

3 ► **attendre un bébé :** be expecting /eks'pektɪŋ/ a baby /'beɪbɪ/

4 ▷ Je ne m'attendais pas à gagner.
I didn't expect to win.

4 ► **s'attendre à faire** quelque chose **:** expect /eks'pekt/ to do something

attentat

▷ Il y a eu un attentat en Irlande.
There has been a terrorist attack in Ireland.

terrorist attack /'terərɪst ə,tæk/ (pluriel : terrorist attacks)

attention

1 ▷ Attention, tu vas tomber !
Watch out, you're going to fall!

1 (exclamation) watch out! /wɒtʃ 'aʊt/

2 ▷ Fais attention, ça glisse.
Be careful, it's slippery.

2 ► **faire attention** (= se méfier) **:** be careful /'kɛəfʊl/

3 ▷ Fais attention aux pickpockets.
Watch out for pickpockets.

3 ► **faire attention à** quelque chose (= se méfier) **:** watch out for something

4 ▷ Ne faites pas attention à lui, il boude.
Don't pay attention to him, he's sulking.

4 ► **faire attention à** (= remarquer) **:** pay attention /ə'tenʃən/ to (paid attention to, paid attention to)

atterrir

▷ L'avion a atterri dans le brouillard.
The plane landed in the fog.

land /lænd/

attirer

▷ Les choses sucrées attirent les guêpes.
Sweet things attract wasps.

attract /ə'trækt/

▷ J'essayais d'attirer l'attention de Luc, mais il ne m'a pas vu.
I tried to attract Luc's attention but he didn't see me.

► **attirer l'attention de** quelqu'un **:** attract somebody's attention /ə'tenʃən/

attitude

▷ Tu as eu une attitude ridicule !
Your attitude was ridiculous!

attitude /'ætɪtjuːd/

attraper

▷ Je n'ai pas réussi à attraper la balle.
I did'nt manage to catch the ball.

▷ Paul est absent parce qu'il a attrapé un rhume.
Paul is absent because he caught a cold.

catch /kætʃ/ (**caught, caught** /kɔːt/)

Caught rime avec sort et bought.

au

Regardez le mot **à**.
Pour 'au revoir', regardez entre **aujourd'hui** et **aussi**.

aube

▷ Nous partirons à l'aube.
We'll leave at dawn.

► **l'aube : dawn** /dɔːn/

Le aw de dawn se prononce comme le a de au.

aubergine

▷ La moussaka contient des aubergines.
Moussaka contains aubergines.

aubergine /'əʊbəʒiːn/

En anglais américain, on dit **eggplant** /'egplɑːnt/.

aucun, aucune

1 ▷ Il n'a aucune chance de gagner.
He has no chance of winning ou he doesn't have any chance of winning.

▷ Il n'y a aucune raison de s'inquiéter.
There's no reason to worry *ou* there isn't any reason to worry.

1 (= pas un, pas une) **no** *ou* **not any**.

Remarquez comment fonctionne la traduction **not any** *avec les auxiliaires* **have** *et* **be** *: he doesn't have any chance of winning ; there isn't any reason to worry.*

2 ▷ Aucun des élèves ne connaissait la réponse.
None of the pupils knew the answer.

▷ Combien de glaces as-tu mangé ? – Aucune !
How many ice creams did you eat ? – None!

2 (= pas une personne, pas une chose) **none** /nʌn/

augmentation

1 ▷ Il y a eu une augmentation du nombre de chômeurs cette année.
There has been an increase in the number of unemployed this year.

1 **increase** /'ɪnkriːs/

Remarquez la préposition utilisée en anglais : une augmentation de quelque chose = *an increase* ***in*** *something.*

2 ▷ Les camionneurs sont en grève, ils veulent une augmentation de salaire.
The lorry drivers are on strike, they want a pay rise.

2 ► **augmentation de salaire :** pay rise /'peɪraɪz/ (pluriel : pay rises)

augmenter

▷ Le prix de l'essence a augmenté de cinq centimes d'euro.
The price of petrol has increased by five cents of a euro.

increase /ɪn'kriːs/

ℹ *Remarquez la préposition utilisée en anglais :* augmenter de = *increase* ***by***.

aujourd'hui

▷ Aujourd'hui, c'est l'anniversaire de Cyril.
Today it's Cyril's birthday.

today /tə'deɪ/

au revoir

▷ Au revoir ! À bientôt !
Goodbye! See you soon!

goodbye /gʊd'baɪ/

aussi

1 ▷ Tu viens aussi à la soirée ?
Are you coming to the party too?

1 (= également) too /tuː/

ℹ *Remarquez la position de* ***too****, placé en fin de phrase.*

2 ▷ La Grande-Bretagne n'est pas aussi grande que la France.
Great Britain isn't as big as France.

2 *Dans les comparaisons, on utilise l'expression* **as** + adjectif + **as**.

Australie

▷ Samuel nous parle souvent de l'Australie.
Samuel often tells us about Australia.

Australia /ɒs'treɪlɪə/

ℹ *Ne prend jamais d'article.*

► **l'Australie :** Australia

▷ Les kangourous vivent en Australie.
Kangaroos live in Australia.

► **en Australie** (= dans le pays) **:** in Australia

▷ Ils vont en Australie pour voir leur fille.
They're going to Australia to see their daughter.

► **en Australie** (= vers le pays) **:** to Australia

australien, australienne

▷ Comment s'appelle la monnaie australienne ?
What's the Australian currency called?
▷ Il y avait des Australiens dans le car.
There were some Australians in the coach.

Australian /ɒs'treɪlɪən/

ℹ *S'écrit toujours avec une majuscule, comme tous les adjectifs et noms de nationalité en anglais.*

autant

1 ▷ Il n'y a pas autant de touristes que l'année dernière.
There aren't as many tourists as last year.

1 *Dans les comparaisons, on utilise l'expression* **as many** /'menɪ/ *+ nom +* **as**.

Suite page suivante

▷ J'ai autant de travail que l'année dernière.
I have as much work as last year.

*Avec un nom au singulier, on emploie **as much** mʌtʃ + nom + **as**.*

2 ▷ Je n'avais jamais vu autant de gens.
I had never seen so many people.

▷ Si j'avais su qu'il y avait autant de travail...
If I had known that there was so much work...

*2 Pour insister sur une grande quantité, on emploie l'expression **so many**, ou avec un nom au singulier **so much**.*

▷ Ne mange pas autant, tu vas être malade.
Don't eat so much, you're going to be sick.

*Avec un verbe, on emploie **so much**.*

auteur

▷ Nous étudions un texte écrit par un auteur américain.
We're studying a text written by an American author.

author /'ɔːθəʳ/

*Le **th** est celui de **thing**.*

autobus

▷ L'autobus s'arrête devant l'église.
The bus stops in front of the church.

▷ Beaucoup de gens vont au travail en autobus.
A lot of people go to work by bus.

bus /bʌs/ (pluriel : **buses** /'bʌsɪz/)

► **en autobus : by bus**

autocar

▷ À quelle heure part l'autocar pour Nice ?
What time does the coach to Nice leave?

coach /kəʊtʃ/ (pluriel : **coaches** /'kəʊtʃɪz/)

*En anglais américain, on dit **bus** /bʌs/ (pluriel : **buses** /'bʌsɪz/).*

▷ Nous sommes allés en Italie en autocar.
We went to Italy by coach.

► **en autocar : by coach**

*En anglais américain, on dit **by bus**.*

autocollant

▷ Il y a un autocollant gratuit dans chaque paquet de céréales.
There is a free sticker in each packet of cereal.

sticker /'stɪkəʳ/

automatique

▷ Je n'avais jamais conduit une voiture automatique avant.
I had never driven an automatic car before.

automatic /ɔːtə'mætɪk/

automne

▷ L'automne est arrivé !
Autumn has arrived!

autumn /'ɔːtəm/

*Le **n** de **autumn** ne se prononce pas.*

▷ J'aime beaucoup les bois en automne.
I love the woods in autumn ou I love the woods in the autumn.

En anglais américain, on dit **fall** /fɔːl/.

Fall rime avec **ball**.

► **en automne :** in autumn *ou* in the autumn.

En anglais américain, on dit **in the fall**.

automobiliste

▷ Gilles dit toujours que les autres automobilistes conduisent mal !
Gilles always says that the other drivers drive badly!

driver /'draɪvəʳ/

Le i est celui de **like**.

autorisation

▷ Il faut une autorisation spéciale pour prendre des photos.
You need special permission to take photographs.

permission /pə'mɪʃən/

autoriser

▷ Mes parents ne m'autorisaient pas à regarder la télé.
My parents didn't let me watch television.

► **autoriser** quelqu'un **à faire** quelque chose **:** let /let/ somebody do something (let, let)

autoroute

▷ Nous prenons toujours l'autoroute quand nous allons à Strasbourg.
We always take the motorway when we go to Strasbourg.

motorway /'məʊtəweɪ/

En anglais américain, on dit **freeway** /'friːweɪ/.

auto-stop

▷ Je suis habitué à faire de l'auto-stop.
I'm used to hitch-hiking.

▷ Nous avons pris un jeune homme en auto-stop.
We gave a young man a lift.

► **faire de l'auto-stop :** hitch-hike /'hɪtʃhaɪk/ (hitch-hiked, hitch-hiked /'hɪtʃhaɪkt/)

► **prendre** quelqu'un **en auto-stop :** give somebody a lift (gave, given)

autour de

▷ Il y a une clôture autour du jardin.
There is a fence around the garden.
▷ Nous arriverons autour de trois heures.
We'll arrive around three o'clock.

around /ə'raʊnd/

autre

1 ▷ L'autre film était mieux que celui-ci.
The other film was better than this one.

▷ Ce tee-shirt n'est pas mal, mais je préfère l'autre.
This T-shirt isn't bad, but I prefer the other one.

▷ Les autres musiciens sont déjà partis.
The other musicians have already left.

▷ J'étais toute seule, les autres avaient disparu.
I was alone, the others had disappeared.

1 *Quand* **l'autre** *est suivi d'un nom (dans cet exemple, le mot* **film***), la traduction est* the other... /'ʌðəʳ/.

ℹ *Quand il remplace le nom (dans cet exemple,* **l'autre** *veut dire* **l'autre tee-shirt***), la traduction est* *the other one*.

ℹ *Quand* **les autres** *est suivi d'un nom (dans cet exemple, le mot* **musiciens***), il se traduit par* *the other...*

ℹ *Quand* **les autres** *veut dire* les autres personnes, les autres voitures, *etc., on dit* *the others* *en anglais.*

2 ▷ Je pourrais avoir un autre café, s'il vous plaît ?
Could I have another coffee please?

▷ Ce thé était très bon, j'en voudrais un autre, s'il vous plaît.
This tea was very good, I'd like another one please.

▷ Il y a d'autres Français dans l'hôtel.
There are other French people in the hotel.

▷ Ce n'est pas la seule piscine, il y en a d'autres.
It isn't the only swimming pool, there are others.

2 *Quand* **un autre** *est suivi d'un nom (dans cet exemple, le mot* **glace** *est un nom), la traduction est* another... /ə'nʌðəʳ/.

ℹ *Quand* **un autre** *veut dire* un autre thé, un autre garçon, *etc., la traduction est* *another one*.

ℹ *Quand* **d'autres** *est suivi d'un nom (dans cet exemple, le mot* **Français***), on dit* *other...* *en anglais.*

ℹ *Quand* **d'autres** *veut dire* d'autres piscines, d'autres filles, *etc., il se traduit par* *others*.

autrefois

▷ Il me semble qu'autrefois, les enfants étaient plus polis.
It seems to me that in the past children were more polite.

in the past /pɑːst/

autrement

1 ▷ Je vais essayer autrement.
I'll try another way.

2 ▷ Arrête, autrement je m'en vais !
Stop it, otherwise I'm going!

1 (= d'une manière différente) another way /ə'nʌðə weɪ/

2 (= sinon) otherwise /'ʌðəwaɪz/

Autriche

▷ L'Autriche est voisine de l'Allemagne.
Austria is a neighbour of Germany.

▷ Mes cousins sont en Autriche depuis deux mois.
My cousins have been in Austria for two months.

Austria /'ɒstrɪə/

ℹ *Ne prend jamais d'article.*

► **l'Autriche :** Austria

► **en Autriche** (= dans le pays) **:** in Austria

▻ Je ne suis jamais allée en Autriche.
I have never been to Austria.

► **en Autriche** (= vers le pays) **:** to Austria

autrichien, autrichienne

▻ C'est un peintre autrichien.
He is an Austrian painter.
▻ Les Autrichiens parlent allemand.
The Austrians speak German.

Austrian /ˈɒstrɪən/
ℹ *S'écrit toujours avec une majuscule, comme tous les adjectifs et noms de nationalité en anglais.*

autruche

▻ Il y a plusieurs autruches au zoo.
There are several ostriches in the zoo.

ostrich /ˈɒstrɪtʃ/ (pluriel : ostriches /ˈɒstrɪtʃɪz/)

avalanche

▻ Deux skieurs sont morts dans une avalanche.
Two skiers died in an avalanche.

avalanche /ˈævəlɑːntʃ/ (pluriel : avalanches /ˈævəlɑːntʃɪz/)

avaler

1 ▻ Je crois que j'ai avalé une arête !
I think I've swallowed a bone!

1 (= faire descendre dans la bouche) **swallow** /ˈswɒləʊ/

2 ▻ Juliette n'a rien avalé depuis deux jours.
Juliette hasn't eaten anything for two days.

2 (= manger) **eat** /iːt/ (ate /eɪt/, eaten /ˈiːtn/)

avance

1 ▻ L'équipe de Craig avait de l'avance sur nous.
Craig's team was ahead of us.

1 ► **avoir de l'avance sur** quelqu'un (dans un concours ou une compétition) **:** be ahead /əˈhed/ of somebody

🔊 ***Lead** au sens d'avance rime avec **weed** et **need**.*

2 ▻ Je suis arrivée à la fête avec une demi-heure d'avance.
I arrived at the party half an hour early.

2 *Quand on parle d'avance sur un horaire prévu, on emploie l'adjectif **early** /ˈɜːlɪ/.*

▻ Je préfère arriver en avance.
I prefer to arrive early.
▻ Tu as vingt minutes d'avance *ou* tu es en avance de vingt minutes.
You're twenty minutes early.

► **avoir dix minutes d'avance** *ou* **être en avance de dix minutes :** be ten minutes early

▻ Nous réserverons les billets à l'avance.
We'll book the tickets in advance.

► **à l'avance :** in advance /ɪnədˈvɑːns/

avancer

1 ▷ Avance un peu, tu verras beaucoup mieux.
Move forward a bit, you'll be able to see better.

1 (= se déplacer en avant) **move forward** /ˈfɔːwəd/

2 ▷ Ma thèse avance bien.
My thesis is progressing nicely.

2 (= progresser) **progress** /ˈprəʊgres/

3 ▷ Ta montre avance.
Your watch is fast.

3 (en parlant d'une montre qui avance) **be fast** /fɑːst/

4 ▷ Avancez votre chaise, vous verrez mieux.
Move your chair forward, you'll see better.

4 (= avancer un objet) **move forward** /muːv ˈfɔːwəd/

5 ▷ Le directeur a avancé la date de la réunion.
The manager has brought the date of the meeting forward.

5 (= avancer une date) **bring forward** /brɪŋ ˈfɔːwəd/ (brought, brought /brɔːt/)

6 ▷ Si nous nous avançons, nous entendrons mieux.
If we move forward, we'll hear better.

6 ► **s'avancer :** move forward

avant

1 ▷ Pour une fois, j'ai fini mon travail avant tous les autres !
For once I've finished my work before everyone else!

1 **before** /bɪˈfɔːʳ/

2 ▷ Allons-y, mais avant, achetons quelque chose à manger.
Let's go, but first let's buy something to eat.

2 (= d'abord) **first** /fɜːst/

3 ▷ N'oublie pas de fermer le gaz avant de partir.
Don't forget to turn the gas off before you leave ou before leaving.

3 ► **avant de faire** quelque chose : before + sujet + présent de l'indicatif *ou* before + -ing

4 ▷ Je dois montrer quelque chose à Vincent avant qu'il ne parte.
I must show Vincent something before he leaves.

4 ► **avant que** + sujet + **ne** + subjonctif : before + sujet + présent de l'indicatif

5 ▷ L'avant de la voiture est abîmé.
The front of the car is damaged.

▷ Asseyez-vous à l'avant.
Sit in the front.

5 (= l'avant de quelque chose) **front** /frʌnt/
► **à l'avant :** in the front

6 ▷ Penche-toi en avant si tu veux la voir.
Lean forward if you want to see her.

6 ► **en avant :** forward /fɔːwəd/

7 ▷ Les sièges avant sont sales.
The front seats are dirty.

7 ► **siège avant :** front seat /frʌnt ˈsiːt/

avantage

▷ La vie à la campagne a des avantages et des inconvénients.
Life in the countryside has advantages and drawbacks.

advantage /ədˈvɑːntɪdʒ/
🔊 *Advantage rime avec bridge.*

avant-hier

▻ J'ai appelé François avant-hier mais il n'était pas chez lui.
I called François the day before yesterday but he wasn't at home.

the day before yesterday /ðə ˌdeɪ bɪˈfɔː ˈjestədeɪ/

avec

1 ▻ Martin est venu avec ses beaux-parents.
Martin came with his parents-in-law.
▻ Coupe la ficelle avec des ciseaux.
Cut the string with scissors.

2 ▻ Ils ont tous été très gentils avec moi.
They were all very nice to me.
▻ Sois gentille avec ta sœur !
Be nice to your sister!

1 *La traduction la plus courante de* **avec** *est* ***with*** /wɪð/.

2 *Attention ! Quand* **avec** *signifie* **envers**, *la traduction est parfois* ***to*** *: cela dépend de l'adjectif qui précède. Les exemples les plus courants sont* ***be nice*** /naɪs/ ***to somebody*** (être gentil avec quelqu'un) *et* ***be nasty*** /nɑːstɪ/ ***to somebody*** (être méchant avec quelqu'un).

avenir

▻ Comment est-ce que tu vois ton avenir ?
How do you see your future?

future /ˈfjuːtʃəʳ/

🔊 *La première syllabe se prononce comme le mot* ***few****, et la deuxième comme la fin du mot* ***teacher****.*

aventure

▻ Sophie a décrit ses aventures en Écosse.
Sophie described her adventures in Scotland.
▻ Nous sommes allés voir un film d'aventures.
We went to see an adventure film.

adventure /ədˈventʃəʳ/

► **film d'aventures : adventure film** (pluriel : **adventure films**)

avenue

▻ Les Wilson habitent sur une grande avenue.
The Wilsons live on a big avenue.

avenue /ˈævənjuː/

avertir

1 ▻ Personne ne m'a averti que la fête était annulée.
Nobody let me know that the party was cancelled.

2 ▻ Je t'avertis, si tu n'arrêtes pas je m'en vais !
I'm warning you, if you don't stop I'm going.

1 ► **avertir** quelqu'un **que...** (= informer) **: let somebody know** /nəʊ/ **that...** (**let... know, let... know**)

ℹ *Il y a deux* **t** *au gérondif* (***letting***).

ℹ *Remarquez la position du complément* (ici, ***me***), *entre* ***let*** *et* ***know****.*

2 (pour menacer) **: warn** /wɔːn/

aveugle

▷ Ma voisine est aveugle.
My neighbour is blind.

blind /blaɪnd/

🔊 *Le* ***i*** *de* ***blind*** *se prononce comme le* ***i*** *de* ***like****.*

avion

▷ J'aime bien regarder les avions décoller.
I like to watch planes take off.

▷ Sandra a pris l'avion pour venir ici.
Sandra took the plane to come here.

▷ Nous irons à Manchester en avion.
We'll go to Manchester by plane ou we'll fly to Manchester.

▷ « Par avion ».
"Airmail".

plane /pleɪn/

► **prendre un avion :** take a plane

ℹ *Pour dire en anglais* **aller quelque part en avion**, *on peut dire* ***go by plane*** *(****went, gone****) ou* ***fly*** /flaɪ/ *(****flew*** /fluː/*,* ***flown*** /fləʊn/*).*

ℹ *Pour dire en anglais qu'on envoie une lettre par avion, on indique* ***airmail*** /ˈɜəmeɪl/*.*

avis

1 ▷ Je ne t'ai pas demandé ton avis !
I didn't ask you for your opinion!

▷ À mon avis, c'est la faute de Caro.
In my opinion, it's Caro's fault.

▷ À ton avis, qui dit la vérité ?
In your opinion, who is telling the truth?

1 **opinion** /əˈpɪnjən/

► **à mon avis :** in my opinion
à ton avis : in your opinion

ℹ *De la même façon,* **à son avis** *se traduit par* ***in his opinion*** *ou* ***in her opinion*** *selon qu'il s'agit d'un homme ou d'une femme,* **à votre avis** *se traduit par* ***in your opinion*** *et* **à leur avis** *par* ***in their opinion****.*

2 ▷ Appelle-moi si tu changes d'avis.
Call me if you change your mind.

2 ► **changer d'avis :** change one's mind.

ℹ *L'adjectif possessif fonctionne de la façon suivante en anglais : I change* ***my*** *mind, you change* ***your*** *mind, he changes* ***his*** *mind, she changes* ***her*** *mind, we change* ***our*** *minds, they change* ***their*** *minds.*

avocat, avocate

▷ La femme de Léo est avocate.
Léo's wife is a lawyer.

(= la personne) **lawyer** /ˈlɔːjəʳ/

ℹ *N'oubliez pas l'article devant le nom du métier lorsqu'il suit les verbes* ***be*** *ou* ***become****.*

avocat

▻ Je prépare une salade d'avocat et de pamplemousse.
I'm preparing an avocado and grapefruit salad.

(= le fruit) **avocado** /ˌævəˈkɑːdəʊ/

avoir

1 ▻ J'ai un frère et une sœur.
I have one brother and one sister *ou* I've got one brother and one sister.

▻ Tania n'a pas d'ordinateur chez elle.
Tania doesn't have a computer at home *ou* Tania hasn't got a computer at home.

1 (= avoir, dans le sens de « posséder ») **have** /hæv/ (had, had /hæd/)

ℹ *Quand* **have** *signifie* posséder, *les Anglais remplacent souvent* **I have**, **you have**, **he has**, etc. *par* **I've got**, **you've got**, **he's got**, etc., *c'est-à-dire par la forme contractée de* **have** *suivie de* **got**.

ℹ *À la forme négative, cela donne* **I haven't got**, **you haven't got**, **he hasn't got**, *etc.*

2 ▻ Raoul avait un pantalon kaki et un T-shirt noir.
Raoul was wearing khaki trousers and a black T-shirt.

2 (= avoir dans le sens de « porter ») **wear** /weəʳ/ (wore /wɔːʳ/, worn /wɔːn/)

3 ▻ La prof de yoga a à peu près trente ans.
The yoga teacher is about thirty years old.

3 *Pour dire l'âge, on utilise le verbe* **be** (was, been)

4 ▻ Nous avons eu un rabais sur les places de concert.
We got a discount on the concert tickets.

4 (= avoir dans le sens d'« obtenir ») **get** (got, got)

5 ▻ Ma sœur a eu sa licence de maths.
My sister passed her maths degree.

5 (= avoir dans le sens de « réussir ») **pass** /pɑːs/

6 ▻ Nous avons acheté la maison en 1988.
We bought the house in 1988.
▻ J'ai vu ce film la semaine dernière.
I saw that film last week.

▻ J'ai décidé de faire plus de sport.
I have decided to do more sport.
▻ J'ai vu ce film trois fois.
I've seen that film three times.

6 *Lorsque* avoir *est* auxiliaire *et qu'il sert à former le* passé composé, *il y a deux traductions possibles en anglais :*
- *le* prétérit (we **bought** the house in 1988), *qui s'emploie lorsque l'action dont on parle est complètement terminée.*
- *le* present perfect, *qui décrit une action qui a encore des répercussions dans le présent.*

avortement

▻ L'avortement y est interdit.
Abortion is forbidden there.

abortion /əˈbɔːʃən/

avorter

▻ Elle a décidé d'avorter.
She decided to have an abortion.

have an abortion /əˈbɔːʃən/ (had, had)

avril

▷ Nous sommes allés en Angleterre en avril.
We went to England in April.

▷ Benji est né le trois avril.
Benji was born on the third of April.

April /ˈeɪprəl/

S'écrit toujours avec une majuscule, comme tous les noms de mois en anglais.

*Notez l'emploi de **on** et **of** en anglais lorsqu'on dit la date.*

*On écrit **3 April**.*

*Le **a** de **April** se prononce comme le **a** de **make**.*

B

FRANÇAIS — ANGLAIS

La lettre **B** se prononce /biː/ en anglais.
B rime avec free, knee et tea.

baby-sitter

▷ La nouvelle baby-sitter de Théo est très bien.
Théo's new babysitter is very good.

baby-sitter /beɪbɪ'sɪtəʳ/

baby-sitting

▷ Le baby-sitting est mieux payé qu'avant.
Babysitting is better paid than before.

▷ Je faisais du baby-sitting pour eux.
I baby-sat for them.

baby-sitting /beɪbɪ'sɪtɪŋ/

► **faire du baby-sitting :** baby-sit /beɪbɪ'sɪt/ (baby-sat, baby-sat /beɪbɪ'sæt/)

bac

▷ Le frère de Samir a eu son bac.
Samir's brother passed his baccalauréat.

▷ J'ai passé le bac en 1992.
I took the baccalauréat in 1992.

(= examen) **baccalauréat**

Se prononce comme en français.

► **passer le bac :** take the baccalauréat (took, taken)

baccalauréat

▷ Sophie a eu son baccalauréat.
Sophie passed her baccalauréat.

▷ Ivan va passer le baccalauréat cette année.
Ivan is going to take the baccalauréat this year.

baccalauréat

Se prononce comme en français.

► **passer le baccalauréat :** take the baccalauréat (took, taken)

badminton

▷ Romain joue au badminton tous les samedis.
Romain plays badminton every Saturday.

badminton /'bædmɪntən/

► **jouer au badminton :** play badminton

baffe

▷ Si tu continues, je te donne une baffe !
If you go on, I'll give you a slap!

slap /slæp/
ℹ *Baffe est familier, mais slap ne l'est pas.*

bagages

▷ Martin a beaucoup de bagages.
Martin has lots of luggage.

▷ Mes bagages sont lourds.
My luggage is heavy.

▷ Je n'ai pas encore fait mes bagages.
I haven't packed my bags yet.

luggage /'lʌgɪdʒ/
🔊 *Le a de luggage se prononce comme le i de big. Luggage rime avec bridge.*
ℹ *Luggage est un nom indénombrable : il ne se met pas au pluriel et s'emploie toujours avec un verbe au singulier.*

► **faire ses bagages :** pack /pæk/ one's bags
ℹ *L'adjectif possessif s'emploie de la façon suivante en anglais (exemples au présent) :*
*I pack **my** bags, you pack **your** bags, she packs **her** bags.*

bagarre

▷ Il y a eu une bagarre devant le pub.
There was a fight in front of the pub.

fight /faɪt/

se bagarrer

▷ Abdul et Rémi se bagarrent souvent.
Abdul and Rémi often fight.
▷ Abdul s'est bagarré avec Rémi.
Abdul fought with Rémi.

fight /faɪt/ (fought, fought /fɔːt/)

► **se bagarrer avec** quelqu'un **:** fight with somebody

bague

▷ Quelle jolie bague ! Elle est à toi ?
What a nice ring! Is it yours?

ring /rɪŋ/

baguette

▷ Une baguette et deux croissants, s'il vous plaît.
A baguette and two croissants, please.

baguette
🔊 *Se prononce comme en français.*

baie

▷ Notre hôtel est tout près de la baie.
Our hotel is very close to the bay.

(= partie de la côte) **bay** /beɪ/

se baigner

▷ Nous nous sommes baignés dans la rivière.
We went swimming in the river.

(dans la mer, dans un lac)
go swimming /'swɪmɪŋ/
(went, gone/been)

baignoire

▻ Il n'y a pas de baignoire, il y a seulement une douche.
There isn't a bath, there's only a shower.

bath /bɑːθ/

bâiller

▻ Tu bâilles beaucoup, tu es fatigué ?
You're yawning a lot, are you tired?

yawn /jɔːn/

Le aw de yawn se prononce comme le mot anglais or. Yawn rime avec born.

bain

▻ Un bain te fera du bien.
A bath will do you good.

▻ Tu devrais prendre un bain pour te détendre !
You should have a bath to relax!

bath /bɑːθ/

► **prendre un bain :** have a bath

baiser

▻ Donne-moi un baiser.
Give me a kiss.

(= bisou) **kiss** /kɪs/ (pluriel : kisses /ˈkɪsɪz/)

baisse

▻ C'est grâce à la baisse du nombre de chômeurs.
It's because of the fall in the number of unemployed.

fall /fɔːl/

Remarquez la préposition utilisée en anglais : une baisse de quelque chose = *a fall in something*

▻ Le nombre de membres est en baisse.
The number of members is falling.

► **être en baisse :** be falling

baisser

1 ▻ Pouvez-vous baisser la vitre, s'il vous plaît ?
Can you lower the window, please?

2 ▻ Peter ne veut pas baisser le son.
Peter doesn't want to turn the sound down.

3 ▻ Le prix des billets de cinéma a baissé.
The price of cinema tickets has fallen.

4 ▻ Barbara s'est baissée pour ramasser son livre.
Barbara bent down to pick her book up.

1 (= baisser une vitre, un store) **lower** /ˈəʊəʳ/

2 (= baisser le son, la télé, la radio) **turn down** /tɜːn ˈdaʊn/

3 (= diminuer) **fall** /fɔːl/ (fell /fel/, fallen /ˈfɔːlən/)

4 ► **se baisser :** bend down /bend ˈdaʊn/ (bent down, bent down /bent ˈdaʊn/)

bal

▻ Toute la famille est allée au bal du Quatorze Juillet.
All the family went to the fourteenth of July dance.

dance /dɑːns/

Pour un bal très chic où les gens mettent des habits de soirée, on peut aussi utiliser le mot ball /bɔːl/ *en anglais.*

balade

▷ Nous faisons une balade tous les après-midi.
We go for a walk every afternoon.

walk /wɔːk/
► **faire une balade :** go for a walk (went, gone/been)

se balader

▷ Nous allons nous balader ce matin.
We're going for a walk this morning.

go for a walk /wɔːk/ (went, gone/been)

baladeur

▷ Je voudrais un baladeur pour Noël.
I'd like a walkman® for Christmas.

walkman® /ˈwɔːkmən/
ℹ *Le ® indique que* ***walkman*** *est le nom d'une marque. Vous n'avez pas besoin d'écrire ce symbole.*

balai

▷ Je cherche un balai pour nettoyer ma chambre.
I'm looking for a broom to clean my bedroom.

broom /bruːm/

balance

▷ Cette balance ne marche pas, je ne pèse pas cinquante kilos !
These scales don't work, I don't weigh fifty kilos!

scales /skeɪlz/
ℹ ***Scales*** *est un nom pluriel : on dit par exemple* ***these scales are broken*** (= cette balance est cassée).

se balancer

▷ L'acrobate se balançait au-dessus de nos têtes.
The acrobat was swinging above our heads.

swing /swɪŋ/ (swung, swung /swʌŋ/)
ℹ *Notez que le verbe pronominal français* (se balancer) *ne correspond pas à un verbe pronominal en anglais.*

balançoire

▷ Il y a des balançoires dans le parc.
There are swings in the park.

swing /swɪŋ/

balayer

▷ Marie m'a demandé de balayer la cuisine.
Marie asked me to sweep the kitchen.

sweep /swiːp/ (swept, swept /swept/)

balcon

▷ J'ai beaucoup de plantes sur le balcon.
I have a lot of plants on my balcony.

balcony /ˈbælkənɪ/ (pluriel : balconies /ˈbælkənɪz/)

baleine

▷ Nous avons vu des baleines à la télévision.
We saw some whales on television.

whale /weɪl/
Whale rime avec *tail* et *nail*.

balle

1 ▷ John a passé la balle à Sean, qui a marqué un but.
John passed the ball to Sean, who scored a goal.

1 (= ballon) **ball** /bɔːl/

2 ▷ Il n'y avait pas de balles dans son fusil.
There weren't any bullets in his rifle.

2 (pour une arme) **bullet** /'bʊlɪt/

ballon

1 ▷ Passe-moi le ballon !
Pass me the ball!

▷ J'ai un nouveau ballon de foot.
I've got a new football.

▷ Où est ton ballon de rugby, David ?
Where is your rugby ball, David ?

▷ J'ai eu un ballon de basket pour mon anniversaire.
I got a basketball for my birthday.

1 (pour jouer) **ball** /bɔːl/

► **ballon de foot :** football /'fʊtbɔːl/

► **ballon de rugby :** rugby ball /'rʌgbɪ bɔːl/ (pluriel : rugby balls)

► **ballon de basket :** basketball /'bɑːskɪtbɔːl/

2 ▷ Léo avait décoré la salle avec des ballons pour la fête.
Léo had decorated the room with balloons for the party.

2 (pour décorer) **balloon** /bə'luːn/

banane

1 ▷ Un kilo de bananes, s'il vous plaît.
A kilo of bananas, please.

1 (= fruit) **banana** /bə'nɑːnə/

2 ▷ Quand je voyage, je mets mon argent dans une banane.
When I travel, I put my money in a bumbag.

2 (= sac qu'on porte à la taille) **bumbag** /'bʌmbæg/

banc

▷ Assieds-toi sur ce banc si tu es fatigué.
Sit on this bench if you are tired.

bench /bentʃ/
(pluriel : benches /'bentʃɪz/)

bande

1 ▷ Samedi, je vais au cinéma avec une bande de copines.
On Saturday I'm going to the cinema with a group of friends.

1 (= groupe) **group** /gruːp/

2 ▷ Le docteur a mis une bande autour de ma cheville.
The doctor put a bandage around my ankle.

2 (= pansement) **bandage** /'bændɪdʒ/
(pluriel : bandages /'bændɪdʒɪz/)

Suite page suivante

3 ▷ Dorothée a un pull bleu avec des bandes blanches.
Dorothée has got a blue pullover with white stripes.

3 (= raie) **stripe** /straɪp/

4 ▷ J'adore les bandes dessinées.
I love comic books.

4 ► **bande dessinée :** comic book /'kɒmɪkbʊk/ (pluriel : comic books)

bandeau

1 ▷ Lola porte un bandeau rose.
Lola is wearing a pink hairband.

1 (pour faire joli) **hairband** /'hɛəbænd/

2 ▷ Je porte un bandeau quand je joue au tennis.
I wear a headband when I play tennis.

2 (pour le sport) **headband** /'hedbænd/

bandit

▷ C'est un jeu vidéo avec des bandits et des policiers.
It's a video game with bandits and policemen.

bandit /'bændɪt/

*Le **t** du mot anglais **bandit** se prononce.*

banlieue

▷ Ce train dessert la banlieue de Paris.
This train serves the suburbs of Paris.

▷ Geoffrey habite en banlieue.
Geoffrey lives in the suburbs.

suburb /'sʌbɜːb/
► **la banlieue :** the suburbs
► **en banlieue** (= dans la banlieue) **:** in the suburbs

banque

▷ Djamila travaille dans une banque.
Djamila works in a bank.

bank /bæŋk/

banquette

▷ J'ai dormi sur la banquette arrière de la voiture.
I slept on the back seat of the car.

seat /siːt/

baptême

▷ Dimanche, c'est le baptême de mon petit-cousin.
On Sunday it's my little cousin's christening.

christening /'krɪsnɪŋ/

*Le **te** ne se prononce pas. On prononce **chris -ning**.*

bar

▷ On se retrouvera devant le bar.
We'll meet in front of the bar.

bar /bɑːʳ/

barbe

▷ Cyril avait une barbe quand je l'ai connu.
Cyril had a beard when I knew him.

beard /bɪəd/

barque

▻ Ces barques sont à louer.
These boats are for hire.
▻ On a fait de la barque sur la rivière.
We went boating on the river.

boat /bəʊt/

► faire de la barque : go boating (went, gone/been)

barrage

▻ Il y a un barrage sur la rivière.
There is a dam on the river.

(pour retenir l'eau) dam /dæm/

barre

▻ Je ne sais pas à quoi sert cette barre de fer.
I don't know what this iron bar is for.
▻ Les barres chocolatées ne sont pas chères en Angleterre.
Chocolate bars aren't expensive in Britain.

bar /bɑːʳ/
► barre chocolatée : chocolate bar (pluriel : chocolate bars)

barrer

▻ Barre ton nom si tu ne veux pas être sur la liste.
Cross out your name if you don't want to be on the list.

(= rayer) cross out /krɒs 'aʊt/
ℹ *Prétérit et participe passé :* crossed out /krɒst 'aʊt/.

barrette

▻ J'ai perdu ma barrette au cinéma.
I lost my hairslide at the cinema.

(pour les cheveux) hairslide /'hɛəslaɪd/

barrière

▻ Il y a une barrière autour du champ.
There is a fence around the field.

(pour empêcher les animaux de sortir d'un champ) fence /fens/ (pluriel : fences /'fensɪz/)

bas

▻ Je porte souvent des bas noirs.
I often wear black stockings.

(= les bas qu'on porte aux jambes) stockings /'stɒkɪŋz/

bas, basse

(= le contraire de haut)

1 ▻ Tu peux sauter par-dessus le mur, il est assez bas.
You can jump over the wall, it's quite low.
▻ Les prix sont bas ici.
Prices are low here.

1 (en parlant d'un mur, d'une altitude, d'un prix, d'une quantité) low /ləʊ/ (plus bas lower /'ləʊəʳ/, le plus bas the lowest /'ləʊɪst/)

2 ▻ Parle plus bas, Cécile dort encore.
Speak more quietly, Cécile is still sleeping.

2 (= doucement) quietly /'kwaɪətlɪ/

3 ▻ Le bas de mon pantalon est mouillé.
The bottom of my trousers is wet.

3 ► le bas : the bottom /'bɒtəm/

Suite page suivante

4 ▷ Je t'attendrai en bas de l'escalier.
I'll wait for you at the bottom of the stairs.

4 ► **en bas de :** at the bottom of

5 ▷ Le salon est en bas.
The living room is downstairs.

5 ► **en bas** (= à l'étage du dessous) **:** downstairs /ˌdaʊnˈstɛəz/

base

1 ▷ Je ne connais que le vocabulaire de base en anglais.
I only know the basic vocabulary in English.

1 ► **de base :** basic /ˈbeɪzɪk/

2 ▷ Le whisky est à base de malt.
Whisky is made from malt.

2 ► **à base de :** made from /frɒm/

3 ▷ J'ai trouvé l'information dans cette base de données.
I found the information in this database.

3 ► **base de données :** database /ˈdeɪtəbeɪz/

basilic

▷ C'est encore meilleur avec un peu de basilic.
It's even better with a bit of basil.

basil /ˈbæzl/

Attention à la prononciation !

basket

1 ▷ Le basket est mon sport préféré.
Basketball is my favourite sport.

1 **le basket** (= sport) **:** basketball /ˈbɑːskɪtbɔːl/

*Le mot anglais **basket** signifie **panier.***

▷ Zoé joue au basket dans notre équipe.
Zoé plays basketball in our school.

► **jouer au basket :** play basketball

2 ▷ Tes baskets sont super !
Your trainers are great!

2 ► **des baskets** (= des chaussures) **:** trainers /ˈtreɪnəz/

*En anglais américain, on dit aussi **sneakers** /ˈsniːkəz/.*

bassin

▷ Il y a un grand bassin au milieu du parc.
There is a big pond in the middle of the park.

(= lac) pond /pɒnd/

bataille

1 ▷ La France a gagné la bataille.
France won the battle.

1 (= combat militaire) battle /ˈbætl/

2 ▷ Nous avons fait une bataille de boules de neige.
We had a snowball fight.

2 ► **faire une bataille de boules de neige :** have a snowball fight /ˈsnəʊbɔːl faɪt/ (had, had)

bateau

▷ Le port est plein de vieux bateaux.
The harbour is full of old boats.
▷ Laura veut faire du bateau ce week-end.
Laura wants to go boating this weekend.

boat /bəʊt/

► **faire du bateau :** go boating /ˈbəʊtɪŋ/ (went, gone/been)

bâtiment

▷ Ce bâtiment est vraiment très laid.
That building is really very ugly.

building /ˈbɪldɪŋ/

*Le **u** ne se prononce pas.*

bâtir

▷ La nouvelle école a été bâtie en un an.
The new school was built in a year.

build /bɪld/ (built, built /bɪlt/)

*Le **u** ne se prononce pas. **Build** rime avec **killed**.*

bâton

▷ J'aime bien avoir un bâton quand je pars en randonnée.
I like to have a stick when I go hiking.

stick /stɪk/

batterie

▷ La batterie est mon instrument préféré.
The drums are my favourite instrument.

drums /drʌmz/

ℹ ***Drums** est un nom pluriel. On dit par exemple **my drums are broken** (ma batterie est cassée).*

▷ Paolo joue de la batterie.
Paolo plays the drums.

► **jouer de la batterie :** play the drums

battre

1 ▷ Je n'aime pas les gens qui battent les chiens.
I don't like people who beat dogs.
▷ L'équipe de Lucien nous a battus.
Lucien's team beat us.

1 (= frapper, vaincre) beat /biːt/ (beat, beaten /ˈbiːtən/)

2 ▷ Lucien et Marie se battent tout le temps !
Lucien and Marie fight all the time!
▷ Arrêtez de vous battre !
Stop fighting!

2 ► **se battre :** fight /faɪt/ (fought, fought /fɔːt/)

ℹ *Notez que le verbe pronominal français (se battre) ne correspond pas à un verbe pronominal en anglais.*

bavard, bavarde

▷ Rebecca est très bavarde.
Rebecca is very talkative.

talkative /ˈtɔːkətɪv/

*Le **l** de **talkative** ne se prononce pas.*

bavarder

▷ On a bavardé toute la soirée.
We chatted all evening.

chat /tʃæt/
ℹ *Il y a deux t au gérondif (chatting /'tʃætɪŋ/), au prétérit et au participe passé (chatted /'tʃætɪd/).*

bazar

▷ Quel bazar dans cette chambre !
What a mess in this bedroom!

(= désordre) **mess** /mes/

BD

▷ Tu peux me prêter tes BD ?
Can you lend me your comic books?

comic book /'kɒmɪk bʊk/
(pluriel : comic books)

beau, bel, belle

1 ▷ Ce tableau est très beau.
This painting is very beautiful.

1 (en parlant d'un objet, d'un bébé, d'une fille, d'une femme)
beautiful /'bjuːtɪfʊl/
(**plus beau** more beautiful, **le plus beau** the most beautiful)

2 ▷ Je trouve que Paul est vraiment beau.
I think Paul is really good-looking.

2 (en parlant d'un garçon, d'un homme)
good-looking /gʊd'lʊkɪŋ/
(**plus beau** better-looking, **le plus beau** the best-looking)

3 ▷ Il fait beau aujourd'hui.
The weather is nice today.

3 ► **il fait beau :** the weather /'weðəʳ/ is nice

beaucoup

▷ Jasmine travaille beaucoup.
Jasmine works a lot.

a lot /ə'lɒt/

▷ Tu ne manges pas beaucoup, tu es malade ?
You're not eating a lot, are you ill?

ℹ *On peut dire aussi you're not eating much.*

▷ Je me sens beaucoup mieux maintenant.
I feel a lot better now.

ℹ *On peut dire aussi I feel much better.*

▷ Il y a eu beaucoup de problèmes.
There were a lot of problems.

► **beaucoup de :** a lot of

▷ Merci beaucoup pour les fleurs.
Thank you very much for the flowers.

► **merci beaucoup :** thank you very much

beau-frère

▷ Nous sommes invités chez ma sœur et mon beau-frère.
We've been invited to my sister and brother-in-law's house.

(= le mari de la sœur ou le frère du mari ou de la femme)
brother-in-law /'brʌðəʳɪnlɔː/
(pluriel : brothers-in-law)

beau-père

1 ▷ La petite Marina habite avec sa mère et son beau-père.
Little Marina lives with her mother and her stepfather.

2 ▷ Marc s'entend très bien avec son beau-père.
Marc gets on well with his father-in-law.

1 (= le mari de la mère) **stepfather** /'stepfɑːðəʳ/

2 (= le père du mari ou de la femme) **father-in-law** /'fɑːðərɪnlɔː/ (pluriel : fathers-in-law)

beauté

▷ Cléopâtre était célèbre pour sa beauté.
Cleopatra was famous for her beauty.

beauty /'bjuːtɪ/

ℹ *Beauty rime avec duty.*

bébé

▷ Tom est encore un bébé.
Tom is still a baby.

baby /'beɪbɪ/ (pluriel : babies /'beɪbɪz/)

🔊 *Le a de baby se prononce comme le a de make.*

bec

▷ Le toucan a un long bec jaune.
The toucan has a long yellow beak.

beak /biːk/

bégayer

▷ C'est méchant de rire quand quelqu'un bégaye.
It's nasty to laugh when someone stammers.

stammer /'stæməʳ/

beige

▷ Marc portait un pantalon beige.
Marc was wearing beige trousers.

▷ Le beige ne me va pas.
Beige doesn't suit me.

beige /beɪʒ/

➤ **le beige** (= la couleur beige) : beige

beignet

▷ On a mangé des beignets chauds.
We ate some hot doughnuts.

doughnut /'dəʊnʌt/

🔊 *Dans ce mot, les lettres ough se prononcent comme le o de bone.*

belge

▷ J'adore les chocolats belges.
I love Belgian chocolates.

▷ Je connais plusieurs Belges.
I know several Belgians.

Belgian /'beldʒən/

ℹ *S'écrit toujours avec une majuscule, comme tous les adjectifs et noms de nationalité en anglais.*

Belgique

▻ La Belgique est une monarchie.
Belgium is a monarchy.

▻ Il n'y a pas de montagnes en Belgique.
There are no mountains in Belgium.

▻ Samantha est allée en Belgique pour son travail.
Samantha went to Belgium for her work.

Belgium /ˈbeldʒəm/

Ne prend jamais d'article.

► **la Belgique :** Belgium

► **en Belgique** (= dans le pays) in Belgium

► **en Belgique** (= vers le pays) to Belgium

bélier

▻ Samuel est bélier.
Samuel is Aries.

(= signe astrologique) **Aries** /ˈɛəriːz/

belle

Regardez le mot beau.

belle-mère

1 ▻ La petite Coralie habite avec son père et sa belle-mère.
Little Coralie lives with her father and her stepmother.

2 ▻ David ne s'entend pas bien avec sa belle-mère.
David doesn't get on well with his mother-in-law.

1 (= la femme du père)
stepmother /ˈstepmʌðəʳ/

2 (= la mère du mari ou de la femme)
mother-in-law /ˈmʌðərɪnlɔː/
(pluriel : mothers-in-law)

belle-sœur

▻ Nous sommes invités chez mon frère et ma belle-sœur.
We have been invited to my brother and sister-in-law's house.

(= la femme du frère ou la sœur du mari ou de la femme)
sister-in-law /ˈsɪstəʳɪnlɔː/
(pluriel : sisters-in-law)

béquilles

▻ J'ai dû utiliser des béquilles après l'opération.
I had to use crutches after the operation.

▻ Marcel doit marcher avec des béquilles.
Marcel has to walk on crutches.

crutches /ˈkrʌtʃɪz/

► **marcher avec des béquilles :** walk on crutches

berceau

▻ Le bébé dort dans son berceau.
The baby is sleeping in his cradle.

cradle /ˈkreɪdl/

Le a de cradle se prononce comme le a de make.

berge

▻ Bruno fait souvent du roller sur les berges de la Seine.
Bruno often roller-skates on the banks of the Seine.

(à côté d'une rivière) **bank** /bæŋk/

berger

▻ Il n'y a plus beaucoup de bergers.
There aren't many shepherds left.

shepherd /ˈʃepəd/
*Le **h** de **ph** ne se prononce pas.*

besoin

▻ J'ai besoin d'un nouveau maillot de bain pour aller à la plage.
I need a new swimming costume to go to the beach.

▻ Est-ce que tu as besoin de moi pour monter la tente ?
Do you need me to put the tent up?

► **avoir besoin de** quelque chose : **need** /niːd/ something

► **avoir besoin de** quelqu'un : **need** somebody

bête

1 ▻ Il y a beaucoup de bêtes sauvages dans cette région.
There are a lot of wild animals in this region.

2 ▻ Il est bête, il ne comprend rien.
He's stupid, he doesn't understand anything.

1 (= animal) **animal** /ˈænɪməl/

2 (adjectif = idiot) **stupid** /ˈstjuːpɪd/
(plus bête more stupid,
le plus bête the most stupid)

bêtise

1 ▻ Arrête de dire des bêtises !
Stop talking nonsense!

2 ▻ David et Lambert ont encore fait des bêtises.
David and Lambert have been naughty again.

1 ► **dire des bêtises :**
talk nonsense /ˈnɒnsəns/

2 ► **faire des bêtises :**
be naughty /ˈnɔːtɪ/

betterave

▻ J'ai fait une salade avec des betteraves et des endives.
I made a salad with beetroot and endives.

beetroot /ˈbiːtruːt/
*Le nom anglais **beetroot** est le plus souvent employé au singulier.*
*On dit par exemple **beetroot is red*** (les betteraves sont rouges).

beurk !

▻ Beurk ! je déteste les betteraves !
Yuck! I hate beetroot!

yuck! /jʌk/

beurre

▷ Il faut que j'aille acheter du beurre.
I have to go and buy some butter.

butter /'bʌtəʳ/

biberon

▷ Il a jeté son biberon par terre.
He threw his bottle on the floor.

bottle /'bɒtl/

Bible

▷ Elle lit beaucoup la Bible.
She reads the Bible a lot.

Bible /'baɪbl/

*Le **i** est celui de **like**.*

bibliothèque

1 ▷ J'aime bien travailler à la bibliothèque.
I like working in the library.

1 (= bâtiment) **library** /'laɪbrərɪ/ (pluriel : **libraries** /'laɪbrərɪz/)

2 ▷ Violaine a une bibliothèque avec des centaines de livres.
Violaine has a bookcase with hundreds of books.

2 (= meuble) **bookcase** /'bʊkkeɪs/

bicyclette

▷ Ma bicyclette est cassée.
My bicycle is broken.

▷ Tu vas toujours au travail à bicyclette ?
Do you always cycle to work?

▷ Emmanuel fait de la bicyclette tous les dimanches.
Emmanuel goes cycling every Sunday.

bicycle /'baɪsɪkl/

*On dit aussi **bike** /baɪk/.*

► **aller à bicyclette :** **cycle** /'saɪkl/

► **faire de la bicyclette :** **go cycling** /'saɪklɪŋ/ (went, gone / been)

bien

1 ▷ Bonjour ! Tu as bien dormi ?
Good morning! Did you sleep well?

▷ Je ne me sens pas bien, est-ce que tu aurais une aspirine ?
I don't feel well, have you got an aspirin?

1 (= de façon satisfaisante, en forme) **well** /wel/

*En français, **bien** peut venir entre l'auxiliaire et le participe passé. En anglais, **well** vient toujours à la fin.*

2 ▷ Tu as l'air bien gai aujourd'hui !
You look very cheerful today!

2 (= très) **very** /'verɪ/

3 ▷ Regarde bien la photo : est-ce que tu me reconnais ?
Look at the photograph carefully: do you recognize me?

3 (= avec attention) **carefully** /'kɛəfəlɪ/

4 ▷ Paul dit que cet auteur est très bien.
Paul says that this author is very good.

▷ Ton dessin est très bien.
Your drawing is very good.

▷ J'ai fini. – Très bien ! Maintenant, on peut partir.
I've finished. – Very good! Now we can leave.

4 (= bon) **good** /gʊd/

***Good** s'utilise aussi comme exclamation.*

5 ▷ Je trouve que la sœur d'Amélie est vraiment bien.
I think Amélie's sister is really pretty.

5 (= jolie, en parlant d'une fille, d'une femme) pretty /'prɪtɪ/

6 ▷ François est bien, mais je préfère Simon.
François is good-looking, but I prefer Simon.

6 (= beau, en parlant d'un garçon, d'un homme) good-looking /gʊd'lʊkɪŋ/

7 ▷ Vous êtes bien dans ce fauteuil ?
Are you comfortable in that armchair?

7 (= à l'aise) comfortable /'kʌmfətəbl/

*Attention à l'orthographe de **comfortable.***

8 ▷ Ce n'est pas bien de se moquer des gens.
It's not nice to laugh at people.

8 (= convenable, poli) nice /'naɪs/

9 ▷ Un bain chaud te fera du bien.
A hot bath will do you good.

9 ► **faire du bien à** quelqu'un (en parlant d'un bain, d'un voyage, etc.) : do somebody good (did, done)

10 ▷ Geoffroy travaille beaucoup bien qu'il soit malade.
Geoffroy works a lot although he is ill.

10 ► **bien que :** although /ɔːl'ðəʊ/

***Although** rime avec **go** et **low**.*

11 ▷ Je peux prendre du jus d'orange ? – Bien sûr, sers-toi !
Can I take some orange juice? – Of course, help yourself!

11 ► **bien sûr :** of course /əv 'kɔːs/

bientôt

▷ Gilles aura bientôt quarante ans.
Gilles will soon be forty.
▷ À bientôt, Stéphane !
See you soon, Stéphane!

soon /suːn/

► **à bientôt ! :** see you soon!

bienvenue

▷ Bienvenue à Paris, Kevin !
Welcome to Paris, Kevin!

welcome /'welkəm/

*Attention ! On ne dit pas 'welcome in' mais **welcome to,** par exemple **welcome to our house, welcome to the exhibition,** etc.*

bière

▷ Deux bières, s'il vous plaît !
Two beers, please!

beer /bɪəʳ/

bifteck

▷ On a mangé du bifteck pour dîner.
We ate steak for dinner.

steak /steɪk/

***Steak** rime avec **make**.*

bijou

▷ Anouchka porte toujours beaucoup de bijoux.
Anouchka always wears a lot of jewels.

▷ Dans ce magasin, ils vendent de très beaux bijoux.
In this shop, they sell beautiful jewellery.

jewel /ˈdʒuːələz/

ℹ *Pour parler des* **bijoux**, *on peut dire soit* ***jewels****, soit* ***jewellery*** /ˈdʒuːəlrɪ/.

ℹ ***Jewellery*** *s'emploie toujours avec un verbe au singulier. On dit par exemple :* ***this jewellery is beautiful*** (ces bijoux sont très beaux).

bijouterie

▷ Il y a une bijouterie au coin de la rue.
There is a jeweller's on the corner of the street.

(= magasin) **jeweller's** /ˈdʒuːələz/

bille

▷ Thomas a perdu une bille sous le fauteuil.
Thomas lost a marble under the armchair.
▷ Je jouais souvent aux billes quand j'étais petit.
I often played marbles when I was small.

marble /ˈmɑːbl/

► **jouer aux billes :** play marbles

billet

1 ▷ Je n'ai que des billets et pas de pièces.
I only have notes and no coins.
▷ Donne-moi un billet de dix euros.
Give me a ten-euro note.
2 ▷ Tu as acheté les billets pour le théâtre ?
Did you buy the tickets for the theatre?
▷ Les billets de train coûtent soixante euros.
The train tickets cost sixty euros.

1 (= billet de banque) **note** /nəʊt/

ℹ *Aux États-Unis, on dit* ***bill*** *: a* ***ten-dollar bill*** (un billet de dix dollars).

2 (= un billet pour le train, pour un spectacle) **ticket** /ˈtɪkɪt/

► **billet de train :** train ticket (pluriel : train tickets)

► **billet de cinéma :** cinema ticket (pluriel : cinema tickets)

biologie

▷ Anna a fait des études de biologie.
Anna studied biology.

biology /baɪˈɒlədʒɪ/

biologique

1 ▷ C'est dû à une réaction biologique.
It's a biological reaction.
2 ▷ Ils ne vendent que des produits biologiques.
They only sell organic products.

1 (relatif à la biologie) **biological** /ˌbaɪəˈlɒdʒɪkəl/

2 (aliments, produits ménagers) **organic** /ɔːˈgænɪk/

biscotte

▷ Au petit déjeuner, je mange des biscottes avec du beurre.
For breakfast I have toasted bread with butter.

toasted bread /ˌtəʊstɪd 'bred/
ℹ *C'est une traduction approximative : les biscottes ne sont pas très courantes en Grande-Bretagne. Il n'y a donc pas de mot exact.*

biscuit

▷ Nous avons pris du thé et des biscuits.
We had tea and biscuits.

biscuit /'bɪskɪt/
🔊 *La deuxième syllabe du mot anglais **biscuit** se prononce comme le mot **kit**.*

bise

▷ Les gens ne se font pas souvent la bise en Grande-Bretagne.
People don't often kiss each other on both cheeks in Britain.
▷ À bientôt, j'espère. Grosses bises, Wahid.
See you soon, I hope. Lots of love, Wahid.

► **faire la bise à** quelqu'un :
kiss /kɪs/ somebody on both cheeks

► **grosses bises** (dans une lettre) :
lots of love

bizarre

▷ C'est bizarre, il n'y a personne ici.
That's strange, there is nobody here.

strange /streɪndʒ/
(**plus bizarre** stranger,
le plus bizarre the strangest)

blague

▷ Pamela raconte toujours des blagues très drôles.
Pamela always tells very funny jokes.

▷ Les enfants ont fait une blague au prof.
The children played a joke on the teacher.

joke /dʒəʊk/
► **raconter une blague** :
tell a joke (told, told)
► **faire une blague à** quelqu'un :
play a joke on somebody

blanc, blanche

1 ▷ Je me suis acheté une écharpe blanche.
I bought myself a white scarf.

▷ Le blanc est une couleur qui va avec tout.
White is a colour that goes with everything.

2 ▷ Tu peux me donner une feuille blanche ?
Can you give me a blank sheet of paper?

3 ▷ Laisse un blanc là.
Leave a blank there.

4 ▷ Il te faut quatre blancs d'œuf pour cette recette.
You need four egg whites for this recipe.

1 (en parlant de la couleur) **white** /waɪt/ (**plus blanc** whiter /'waɪtə^r/, **le plus blanc** the whitest /'waɪtɪst/)
► **le blanc** (= la couleur blanche) :
white

2 (en parlant d'une feuille, d'un formulaire) **blank** /blæŋk/

3 ► **un blanc** (= un espace vide) :
a blank /blæŋk/

4 ► **blanc d'œuf** :
egg white /'egwaɪt/
(pluriel : egg whites)

blé

▷ Les agriculteurs cultivent surtout du blé ici.
Farmers often grow wheat here.

wheat /wiːt/

blessé

1 ▷ Nous avons trouvé un oiseau blessé sur la route.
We found an injured bird on the road.

2 ▷ Combien de blessés y a-t-il ?
How many casualties are there?

1 (quand on a mal) **injured** /ˈɪndʒəd/

2 ► **un blessé,** une **blessée :** a casualty /ˈkæʒjʊltɪ/ (pluriel : casualties /ˈkæʒjʊltiz/)

blesser

1 ▷ Léon a été blessé dans l'accident.
Léon was injured in the accident.

2 ▷ Ta remarque a blessé Carole.
Your remark hurt Carole.

3 ▷ Je me suis blessé avec le marteau.
I hurt myself with the hammer.
▷ Attention ! Tu vas te blesser !
Careful, you'll hurt yourself!

1 (= faire mal à) **injure** /ˈɪndʒəʳ/

2 (= vexer) **hurt** /hɜːt/ (hurt, hurt)

3 ► se **blesser :** hurt oneself

ℹ *Le pronom possessif fonctionne de la façon suivante en anglais* (exemples au prétérit) *: I hurt **myself,** you hurt **yourself,** he hurt **himself,** she hurt **herself,** we hurt **ourselves,** you hurt **yourselves,** they hurt **themselves**.*

blessure

▷ Ta blessure n'est pas très grave.
Your injury isn't very serious.

injury /ˈɪndʒərɪ/ (pluriel : injuries /ˈɪndʒərɪz/)

bleu, bleue

1 ▷ Karim portait un joli pull bleu.
Karim was wearing a nice blue jumper.
▷ Le bleu va bien avec tes yeux.
Blue goes well with your eyes.
▷ Les policiers portent un uniforme bleu marine.
Policemen wear navy blue uniforms.
▷ Le bleu ciel est ma couleur préférée.
Sky blue is my favourite colour.

2 ▷ Gégé a un bleu au bras.
Gégé has a bruise on his arm.

1 (en parlant de la couleur) **blue** /bluː/

► **le bleu** (= la couleur bleue) **:** blue

► **bleu marine :** navy blue /ˌneɪvɪ ˈbluː/

► **bleu ciel :** sky blue /skaɪ ˈbluː/

2 (quand on s'est fait mal) **bruise** /bruːz/

bloc

1 ▷ Un iceberg est un énorme bloc de glace.
An iceberg is a huge block of ice.

2 ▷ J'ai pris quelques notes sur un bloc.
I took some notes in a pad.

1 (= gros morceau) **block** /blɒk/

2 (pour écrire) **pad** /pæd/

blond, blonde

1 ▷ C'est une grande fille blonde.
She's a tall, fair-haired girl.

2 ▷ Jérémie a les cheveux blonds.
Jérémie has fair hair.

1 (en parlant d'une personne) **fair-haired** /fɛə'hɛəd/

2 (en parlant des cheveux) **fair** /fɛəʳ/

ℹ *On peut aussi dire* ***blond*** /blɒnd/ *dans les deux cas.*

bloqué, bloquée

1 ▷ La porte est bloquée.
The door's jammed.

2 ▷ La rue est bloquée parce qu'il y a une manifestation.
The street is blocked because there is a demonstration.

1 (en parlant d'une porte, d'un tiroir) **jammed** /dʒæmd/

2 (en parlant d'une rue, d'une route) **blocked** /blɒkt/

blouse

▷ Nous portions des blouses blanches pour les cours de chimie.
We used to wear white lab coats for chemistry classes.

(dans un laboratoire, un cours de chimie) **lab coat** /'læb kəʊt/ (pluriel : lab coats)

Attention ! Le mot anglais ***blouse*** *signifie* chemisier.

blouson

▷ J'aime beaucoup ce blouson en cuir marron.
I really like that brown leather jacket.

jacket /'dʒækɪt/

bocal

1 ▷ Je n'arrive pas à ouvrir le bocal.
I can't open the jar.

2 ▷ J'ai besoin d'un bocal pour mes poissons rouges.
I need a goldfish bowl.

1 **jar** /dʒɑːʳ/

2 (pour poissons) **goldfish bowl** (pluriel : goldfish bowls)

bœuf

▷ Qu'est-ce que tu prépares pour le dîner ? – Du bœuf avec des pommes de terre.
What are you cooking for dinner? – Beef with potatoes.

► **le bœuf** (= la viande) **:** **beef** /biːf/

ℹ Un bœuf (= l'animal) *se dit* ***an ox*** /ɒks/ (pluriel : ***oxen*** /'ɒksən/).

boire

▷ Qu'est-ce que tu veux boire?
What do you want to drink?

▷ On pourrait aller boire un verre quelque part.
We could go and have a drink somewhere.

drink /drɪŋk/ (drank /dræŋk/, drunk /drʌŋk/)

► **boire un verre :** **have a drink** (had, had)

bois

▻ Nous avons cherché des champignons dans le bois.
We looked for mushrooms in the wood.
▻ J'ai besoin de bois pour allumer un feu.
I need wood to light a fire.
▻ Cette sculpture est en bois.
This sculpture is made of wood.
▻ Une chaise en bois.
A wooden chair.

wood /wʊd/

► **être en bois :** be made of wood
► **en bois :** wooden /'wʊdn/

boisson

▻ Les boissons sont gratuites dans l'avion.
The drinks are free on the plane.
▻ Les boissons gazeuses sont souvent très sucrées.
Fizzy drinks are often very sweet.

drink /drɪŋk/

► **boisson gazeuse :** fizzy /'fɪzɪ/ drink (pluriel : fizzy drinks)

boîte

1 ▻ Qu'est-ce que tu as mis dans cette boîte ?
What did you put in that box?

1 (pour ranger des choses) **box** /bɒks/ (pluriel : boxes /'bɒksɪz/)

2 ▻ C'est la boîte de nuit la plus célèbre de Londres.
It's the most famous nightclub in London.
▻ Ils vont en boîte le samedi soir.
They go to a nightclub on Saturday evenings.

2 ► **boîte** (de nuit) **:** nightclub /'naɪtklʌb/
► **aller en boîte :** go to a nightclub (went, gone)

3 ▻ Il reste deux boîtes de conserve.
There are two cans left.

3 ► **boîte** (de conserve) **:** can /kæn/
ℹ *On dit aussi* ***tin*** /tɪn/.

▻ Je n'aime pas les haricots en boîte.
I don't like canned beans.

► **en boîte** (= en conserve) **:** canned /kænd/
ℹ *On dit aussi* ***tinned*** /tɪnd/.

4 ▻ Il y a une boîte aux lettres de l'autre côté de la rue.
There's a post box on the other side of the road.

4 ► **boîte aux lettres :** post box /'pəʊst bɒks/ (pluriel : post boxes /'pəʊst bɒksɪz/)
En anglais américain, on dit ***mailbox*** /'meɪlbɒks/

boiter

▻ Pourquoi tu boites ? Tu t'es fait mal ?
Why are you limping? Have you hurt yourself?

limp /lɪmp/

bol

1 ▷ Tu préfères une tasse ou un bol ?
Do you prefer a cup or a bowl?

1 (= coupe) **bowl** /bəʊl/

*Dans les pays anglo-saxons, le café et le chocolat ne se boivent jamais dans un bol mais toujours dans une tasse (a **cup** ou a **mug**).*

2 ▷ Suzanne a du bol, elle a gagné un voyage en Amérique.
Suzanne is lucky, she won a trip to America.

2 ► **avoir du bol** (sens familier) : be lucky /ˈlʌkɪ/

bombe

1 ▷ Une bombe a explosé dans le centre commercial.
A bomb exploded in the shopping centre.

1 (= explosif) **bomb** /bɒm/

*Le **b** final ne se prononce pas. **Bomb** rime avec **Tom.***

2 ▷ Du déodorant en bombe.
A deodorant spray.

2 *Pour traduire* en bombe (= en aérosol), *on utilise en anglais le nom* ***spray*** /spreɪ/, *précédé du nom du produit dont on parle.*

bon, bonne

1 ▷ Ce gâteau est vraiment bon !
This cake is really good!

▷ Ma prononciation en anglais n'est pas très bonne.
My pronunciation in English isn't very good.

▷ Boris est très bon en géographie.
Boris is very good at geography.

1 (= savoureux, compétent, de qualité) **good** /gʊd/

► **être bon en** quelque chose : be good at something

Remarquez la préposition utilisée en anglais : bon en = *good at*.

2 ▷ Tu as besoin d'un bon bain chaud.
You need a nice hot bath.

▷ Il fait bon ce matin.
The weather's nice this morning.

2 (= agréable) **nice** /naɪs/

► **il fait bon** : the weather's nice

3 ▷ Ma carte de bus n'est plus bonne.
My bus card isn't valid anymore.

3 (= valable) **valid** /ˈvælɪd/

4 ▷ Bravo, c'est la bonne réponse !
Well done, it's the right answer!

4 (= correct) **right** /raɪt/

5 ▷ Bon, on s'en va !
Right, we're leaving!

5 (exclamation) **right!** /raɪt/

6 ▷ Bonne chance !
Good luck!

▷ Bon anniversaire !
Happy Birthday!

6 *Quand on veut exprimer un souhait, la traduction anglaise varie. Reportez-vous au mot qui va avec* bon *(par exemple, pour* bonne année !, *regardez le mot* année*).*

bonbon

▷ Leurs enfants mangent trop de bonbons.
Their children eat too many sweets.

▷ Un paquet de bonbons à la fraise.
A packet of strawberry-flavoured sweets.

▷ Est-ce que tu aimes les bonbons à la menthe ?
Do you like mints?

sweet /swiːt/

En anglais américain, bonbons *se dit* ***candy*** /'kændɪ/.

Pour parler du parfum des bonbons (« bonbons au... » *ou* « bonbons à la... »), *on utilise en anglais le nom du parfum suivi de* ***-flavoured*** /'fleɪvəd/. *Ainsi,* des bonbons au café = ***coffee-flavoured sweets****. Il y a une exception :* des bonbons à la menthe = ***mints*** /mɪnts/.

bond

▷ Alain a fait un bond quand il l'a reconnue.
Alain jumped when he recognized her.

► **faire un bond : jump** /dʒʌmp/

bondé, bondée

▷ Le bus était bondé aujourd'hui !
The bus was crowded today!

(plein) **crowded** /'kraʊdɪd/ (**plus bondé** more crowded, **le plus bondé** the most crowded)

bonheur

▷ Le bonheur est parfois difficile à trouver.
Happiness is sometimes difficult to find.

happiness /'hæpɪnɪs/

bonhomme

▷ Il y a un bonhomme qui veut te parler.
There's a man that wants to talk to you.

▷ On a fait un bonhomme de neige.
We made a snowman.

man /mæn/

► **bonhomme de neige : snowman** /'snəʊmæn/ (pluriel : snowmen /'snəʊmen/)

bonjour

▷ Bonjour tout le monde !
Hello everybody!

▷ Bonjour ! Tu as bien dormi ?
Good morning! Did you sleep well?

▷ Samir ne m'a même pas dit bonjour !
Samir didn't even say hello to me!

La façon la plus générale de dire bonjour *est* ***hello!*** /he'ləʊ/.

Pour dire bonjour *le matin, on dit aussi* ***good morning!*** /gʊd 'mɔːnɪŋ/.

L'après-midi, on peut dire ***good afternoon!*** /ˌgʊd ɑːftə'nʊːn/.

► **dire bonjour à** quelqu'un **: say hello to** somebody (said hello, said hello)

bonnet

1 ▷ N'oublie pas ton bonnet, il fait froid dehors.
Don't forget your hat, it's cold outside.

2 ▷ Le bonnet de bain est obligatoire à la piscine.
It is obligatory to wear a bathing cap at the pool.

1 hat /hæt/

2 ► bonnet de bain : bathing cap /beɪðɪŋˈkæp/

bonsoir

▷ Bonsoir ! Comment ça va ?
Good evening! How are you?
▷ Bonsoir tout le monde, je rentre chez moi !
Good night everybody, I'm going home!
▷ J'ai oublié de dire bonsoir à Marc.
I forgot to say good evening to Marc ou I forgot to say good night to Marc.

(en arrivant, en rencontrant quelqu'un) good evening! /gʊd ˈiːvnɪŋ/
(en partant) good night! /gʊd ˈnaɪt/
► dire bonsoir à quelqu'un
(en arrivant, en rencontrant quelqu'un) :
say good evening to somebody
(en partant)
say good night to somebody
(said, said /sed/)

bord

1 ▷ Le bord de la table est abîmé.
The edge of the table is damaged.

2 ▷ Il y a du rouge à lèvres sur le bord du verre.
There's lipstick on the rim of the glass.

3 ▷ Nous avons vu un petit chien au bord de la route.
We saw a little dog at the side of the road.

4 ▷ Bob et sa famille ont une maison au bord de la mer.
Bob and his family have a house at the seaside.

5 ▷ Je vais me promener au bord du lac.
I'm going for a walk by the lake.

1 (de la table, d'un vêtement) edge /edʒ/

2 (d'un verre, d'une assiette) rim /rɪm/

3 ► au bord de la route : at the side /saɪd/ of the road /rəʊd/

4 ► au bord de la mer : at the seaside /ˈsiːsaɪd/

5 ► au bord du lac : by the lake /leɪk/

bosse

1 ▷ Je me suis fait une bosse sur le front.
I've got a bump on my forehead.
▷ Cette route a beaucoup de bosses.
This road has lots of bumps.

2 ▷ Combien de bosses un chameau a-t-il ?
How many humps has a camel got?

1 (sur le front, sur la route) bump /bʌmp/

2 (dans le dos) hump /hʌmp/

botte

▷ Où sont mes bottes noires ?
Where are my black boots?

boot /buːt/

Suite page suivante

▷ Il y avait une paire de bottes en caoutchouc devant la porte.
There was a pair of wellingtons in front of the door.

► **bottes en caoutchouc :** wellingtons /ˈwelɪŋtənz/

bouche

1 ▷ Ne parle pas la bouche pleine.
Don't speak with your mouth full.

2 ▷ On peut se retrouver devant la bouche de métro.
We can meet in front of the underground entrance.

1 mouth /maʊθ/

2 ► **bouche de métro :** underground entrance /ˈʌndəgraʊnd ˌentrəns/

bouché, bouchée

▷ L'évier est bouché.
The sink is blocked.

▷ J'ai le nez bouché.
My nose is blocked.

blocked /blɒkt/

Attention à la prononciation : une seule syllabe.

*Remarquez l'emploi de l'adjectif possessif en anglais : **my** nose is blocked, **your** nose is blocked, **his** ou **her** nose is blocked.*

bouchée

▷ Je peux prendre une bouchée de ton couscous ?
Can I have a mouthful of your couscous?

(= morceau de nourriture) mouthful /ˈmaʊθfʊl/

boucher

1 ▷ Je ne sais pas comment boucher ce trou.
I don't know how to fill in this hole.

2 ▷ L'évier s'est encore bouché.
The sink has got blocked again.

3 ▷ Bouche-toi les oreilles si tu ne veux pas entendre.
Put your hands over your ears if you don't want to hear.

1 (= boucher un trou, une fente) fill in /fɪl ˈɪn/

2 ► **se boucher** (en parlant d'un évier, d'un tuyau) **:** get blocked /blɒkt/ (got, got)

3 ► **se boucher les oreilles :** put one's **hands over** one's **ears** (put, put).

*Attention au prénom possessif : **I** put my hands over **my** ears, **he** puts his hands over **his** ears,* etc.

boucher, bouchère

▷ Le boucher m'a donné un gros steak.
The butcher gave me a big steak.

▷ La tante d'Erika est bouchère.
Erika's aunt is a butcher.

butcher /ˈbʊtʃəʳ/

*N'oubliez pas l'article devant le nom du métier lorsqu'il suit les verbes **be** ou **become**.*

▷ André est chez le boucher.
André is at the butcher's.
▷ Maman m'a envoyé chez le boucher.
Mum sent me to the butcher's.

► **chez le boucher** (= dans le magasin) : at the butcher's
► **chez le boucher** (= vers le magasin) : to the butcher's

boucherie

▷ Où est la boucherie ?
Where's the butcher's shop?

butcher's shop /ˈbʊtʃəz ʃɒp/ (pluriel : butcher's shops)

bouchon

1 ▷ Garde le bouchon, la bouteille de vin n'est pas finie.
Keep the cork, the bottle of wine isn't finished.
2 ▷ Il n'y a pas de bouchon sur cette bouteille d'eau minérale.
There is no cap on this bottle of mineral water.
3 ▷ Prenons l'autoroute pour éviter les bouchons.
Let's take the motorway to avoid the traffic jams.

1 (en liège) cork /kɔːk/
2 (d'une bouteille en plastique) cap /kæp/
3 (= embouteillage) traffic jam /ˈtræfɪk dʒæm/ (pluriel : traffic jams)

boucle

1 ▷ Mon frère a des boucles blondes.
My brother has blond curls.
2 ▷ Ma boucle de ceinture est cassée.
My belt buckle is broken.
3 ▷ Tim porte une petite boucle d'oreille.
Tim wears a little earring.

1 (de cheveux) curl /kɜːl/
2 (de ceinture) buckle /bʌkl/
3 ► **boucle d'oreille** : earring /ˈɪərɪŋ/

bouclé, bouclée

▷ Alimata a les cheveux bouclés.
Alimata has curly hair.

curly /ˈkɜːlɪ/

bouddhiste

▷ Un temple bouddhiste.
A Buddhist temple.

Buddhist /bʊdɪst/

ℹ *S'écrit toujours avec une majuscule, comme tous les adjectifs et noms de religion en anglais.*

bouder

▷ Arrête de bouder, tu n'es plus un bébé !
Stop sulking, you're not a baby any more!

sulk /sʌlk/

boue

▷ Le jean d'Arnaud est couvert de boue.
Arnaud's jeans are covered in mud.

mud /mʌd/

bouée

▷ Noémie nage avec une bouée.
Noémie swims with a rubber ring.

(pour aider un enfant à nager) **rubber ring** /ˌrʌbə ˈrɪŋ/ (pluriel : rubber rings)

bouger

▷ Qui a bougé ma radio ?
Who moved my radio?
▷ Ne bouge pas, je vais prendre une photo.
Don't move, I'm going to take a photograph.

move /muːv/

ℹ *La forme en -ing est moving.*

bougie

▷ Allez, tu dois souffler toutes les bougies sur ton gâteau !
Come on, you have to blow out all the candles on your cake!

candle /ˈkændl/

🔊 *Le a de candle se prononce comme le a de man et de hat.*

bouillir

▷ L'eau commence à bouillir.
The water is starting to boil.
▷ Déborah fait bouillir de l'eau pour le thé.
Déborah is boiling some water for tea.

boil /bɔɪl/

► **faire bouillir** quelque chose : boil something

boulanger, boulangère

▷ Habib veut être boulanger.
Habib wants to be a baker.
▷ La boulangère est une dame très sympathique.
The baker is a very nice lady.
▷ André est chez le boulanger.
André is at the baker's.
▷ Je vais chez le boulanger.
I'm going to the baker's.

baker /ˈbeɪkəʳ/

ℹ *N'oubliez pas l'article a devant le nom du métier lorsqu'il suit les verbes be ou become.*

► **chez le boulanger** (= dans le magasin) : at the baker's

► **chez le boulanger** (= vers le magasin) : to the baker's

boulangerie

▷ Est-ce qu'il y a une boulangerie dans le village ?
Is there a bakery in the village?

bakery /ˈbeɪkərɪ/ (pluriel : bakeries /ˈbeɪkərɪz/)

boule

1 ▷ Faire une boule avec la pâte puis l'étaler.
Make a ball with the dough and then roll it out.

2 ▷ Tu veux une boule de glace ou deux ?
Do you want one scoop of ice cream or two?

3 ▷ On joue aux boules sur la plage tous les après-midi.
We play boules on the beach every afternoon.

1 **ball** /bɔːl/

2 (= boule de glace) **scoop** /skuːp/

3 ► **jouer aux boules** (= jouer à la pétanque) : play boules /buːlz/

boulevard

▷ Quentin habite sur le boulevard Carnot.
Quentin lives on boulevard Carnot.

(= grande rue) boulevard /ˈbuːləvɑːd/

Le d du mot anglais **boulevard** se prononce.

boulot

1 ▷ Je ne peux pas sortir, j'ai trop de boulot.
I can't go out, I have too much work.

▷ Il va au boulot en bus.
He goes to work by bus.

2 ▷ Stéphanie a trouvé un boulot à la mairie.
Stéphanie found a job at the town hall.

1 (= travail, au sens familier) work /wɜːk/

► **aller au boulot :** go to work

2 (= poste, au sens familier) job /dʒɒb/

boum

1 ▷ Tu vas à la boum de Youssouf ?
Are you going to Youssouf's party?

2 ▷ Il y a eu un grand boum et tout a explosé.
There was a big bang and everything exploded.

1 ► une **boum** (= une soirée) **:** a party /ˈpɑːtɪ/ (pluriel : parties /ˈpɑːtɪz/)

2 ► un **boum** (= un bruit d'explosion ou de chute) **:** a bang /bæŋ/

bouquet

▷ Il m' a offert un beau bouquet de roses pour mon anniversaire.
He gave me a beautiful bunch of roses for my birthday.

bunch /bʌntʃ/ (pluriel : bunches /ˈbʌntʃɪz/)

Le mot **bouquet** *existe aussi en anglais, mais seulement pour les très gros bouquets de fleurs.*

bouquin

▷ Lis ce bouquin, il est super !
Read this book, it's great!

book /bʊk/

bourse

1 ▷ Fred a obtenu une bourse pour faire sa thèse.
Fred got a grant to do his thesis.

2 ▷ Il travaille à la Bourse de Paris.
He works at the Paris Stock Exchange.

1 (d'études) grant /grɑːnt/

2 ► **la Bourse :** the Stock Exchange /ˈstɒk ɪksˈtʃeɪndʒ/

bousculer

▷ Il m'a bousculé et il ne s'est même pas excusé !
He bumped into me and he didn't even apologise!

► **bousculer** quelqu'un (= lui rentrer dedans) **:** bump /bʌmp/ into somebody

boussole

▷ Nous avons retrouvé notre chemin grâce à la boussole.
We found our way thanks to the compass.

compass /ˈkʌmpəs/ (pluriel : compasses /ˈkʌmpəsɪz/)

Le o de compass se prononce comme le u de duck.

bout

▷ Le bout de la table est trop près de la porte.
The end of the table is too close to the door.
▷ L'arrêt de bus est au bout de la rue.
The bus stop is at the end of the street.
▷ Au bout de trois heures, tout le monde était fatigué.
After three hours, everybody was tired.

end /end/

► **au bout de** (dans l'espace) **:** at the end of

► **au bout de** (une période de temps) **:** after /ˈɑːftəʳ/

bouteille

▷ Nous recyclons les bouteilles vides.
We recycle empty bottles.

bottle /ˈbɒtl/

boutique

▷ Élodie a acheté sa montre dans une boutique à New York.
Élodie bought her watch in a shop in New York.

shop /ʃɒp/

bouton

1 ▷ J'ai perdu un bouton.
I've lost a button.
▷ Appuie sur le bouton de gauche.
Press the button on the left.

2 ▷ J'ai plein de boutons en ce moment.
I have a lot of spots at the moment.

1 (sur un vêtement, sur une radio, une télévision) **button** /ˈbʌtn/

2 (sur le visage, sur le corps) **spot** /spɒt/

boxe

▷ Serge aime bien regarder la boxe à la télévision.
Serge likes watching boxing on television.
▷ Nous sommes allés voir un match de boxe.
We went to see a boxing match.

► **la boxe :** boxing /ˈbɒksɪŋ/

► **match de boxe :** boxing match (pluriel : boxing matches /ˈmætʃɪz/)

bracelet

1 ▷ Samantha a un joli bracelet en argent.
Samantha has a pretty silver bracelet.

2 ▷ Le bracelet de ma montre est cassé.
The strap of my watch is broken.

1 (= bijou) **bracelet** /ˈbreɪslət/

2 (d'une montre) **strap** /stræp/

braguette

▷ Ta braguette est ouverte.
Your flies are undone.

flies /flaɪz/

Flies est un nom pluriel.
En anglais américain, on dit ***zipper*** /ˈzɪpəʳ/.

branche

▷ Il y avait des branches sur la route après la tempête.
There were branches on the road after the storm.

(d'un arbre) **branch** /brɑːntʃ/ (pluriel : **branches** /ˈbrɑːntʃɪz/)

branché, branchée

▷ Il y a beaucoup de bars branchés à Londres.
There are a lot of trendy bars in London.

trendy /ˈtrendɪ/ (plus branché **trendier** /ˈtrendɪəʳ/, le plus branché **the trendiest** /ˈtrendɪɪst/)

brancher

1 ▷ Peux-tu brancher le magnétoscope, s'il te plaît ?
Can you plug in the video, please?

1 (en parlant d'un appareil électrique) **plug** /plʌg/ **in**

*Il y a deux g au gérondif (**plugging** /ˈplʌgɪŋ/ **in**), au prétérit et au participe passé (**plugged** /plʌgd/ **in**).*

2 ▷ Nous ne sommes pas encore branchés sur Internet.
We're not connected to Internet yet.

2 ► **être branché sur Internet : be connected** /kəˈnektɪd/ **to Internet**

Remarquez la préposition en anglais : branché sur = connected **to**.

bras

▷ Matthieu a pris Anne par le bras.
Matthieu took Anne by the arm.

▷ Elle m'a serré dans ses bras avant de partir.
She hugged me before leaving.

arm /ɑːm/

► **serrer** quelqu'un **dans ses bras : hug** /hʌg/ somebody

*Il y a deux g au gérondif (**hugging** /ˈhʌgɪŋ/), au prétérit et au participe passé (**hugged** /hʌgd/).*

brasse

▷ Je ne sais nager que la brasse.
I can only do the breast-stroke.

breast-stroke /ˈbreststrəʊk/

► **nager la brasse : do the breast-stroke**

bravo

1 ▷ Les spectateurs criaient « bravo ! ».
The spectators shouted "bravo!".

1 (au spectacle) **bravo!** /brɑːˈvəʊ/

Suite page suivante

2 ▷ Bravo, tu as tout fini à temps.
Well done, you've finished everything on time.

2 (pour féliciter quelqu'un) **well done!** /wel 'dʌn/

Brésil

▷ Le Brésil est un pays immense.
Brazil is a huge country.

▷ Jean-Pierre a travaillé pendant deux mois au Brésil.
Jean-Pierre worked in Brazil for two months.

▷ Maud voudrait aller au Brésil cet hiver.
Maud would like to go to Brazil this winter.

Brazil /brə'zɪl/

ℹ *Ne prend jamais d'article.*

► **le Brésil :** Brazil

► **au Brésil** (= dans le pays) **:** in Brazil

► **au Brésil** (= vers le pays) **:** to Brazil

Bretagne

▷ Stan n'a jamais voulu quitter la Bretagne.
Stan has never wanted to leave Brittany.

▷ Il y a des paysages sauvages en Bretagne.
There are wild landscapes in Brittany.

▷ On pourrait aller en Bretagne pour le week-end.
We could go to Brittany for the weekend.

Brittany /'brɪtənɪ/

ℹ *Ne prend jamais d'article.*

► **la Bretagne :** Brittany

► **en Bretagne** (= dans la région) **:** in Brittany

► **en Bretagne** (= vers la région) **:** to Brittany

bretelle

1 ▷ J'ai vu une robe avec de fines bretelles qui te plaira sûrement.
I saw a dress with thin straps which I'm sure you'll like.

2 ▷ Peu de gens portent encore des bretelles.
Not many people wear braces.

1 (de robe, de soutien-gorge) **strap** /stræp/

2 ► **des bretelles** (pour tenir un pantalon) **:** braces /'breɪsɪz/

En anglais américain, on dit ***suspenders*** /səs'pendəʳs/

breton, bretonne

▷ Loïc est breton.
Loïc is Breton.

▷ Il y a beaucoup de Bretons qui travaillent à Paris.
There are a lot of Bretons who work in Paris.

Breton /'bretən/

ℹ *S'écrit toujours avec une majuscule, comme tous les adjectifs et noms de région en anglais.*

bricoler

▷ Martin a passé tout le week-end à bricoler.
Martin spent all weekend doing odd jobs.

do odd jobs /ɒd 'dʒɒbz/ (did, done)

brillant, brillante

▷ Leïla est une élève brillante.
Leïla is a brilliant pupil.

brilliant /ˈbrɪljənt/ (**plus brillant** more brilliant, **le plus brillant** the most brilliant)

briller

▷ Elle avait les yeux qui brillaient.
Her eyes were shining.
▷ J'ai utilisé un chiffon pour faire briller mes chaussures.
I used a cloth to polish my shoes.

shine /ʃaɪn/ (shone, shone /ʃɒn/)

► **faire briller** quelque chose : polish /pɒlɪʃ/ something

brioche

▷ J'aime manger de la brioche au petit déjeuner.
I like eating brioche for breakfast.

brioche /briˈɒʃ/

Les Anglo-Saxons ne mangent pas souvent de la brioche : c'est une spécialité française.

brique

1 ▷ Nous avons acheté des briques pour construire un mur dans le jardin.
We bought some bricks to build a wall in the garden.
▷ Ils construisent un mur en briques.
They are building a brick wall.
2 ▷ Achète deux briques de lait et du pain.
Buy two cartons of milk and some bread.

1 (pour la construction) **brick** /brɪk/

► **en briques :** brick

2 (de lait, de jus de fruit) **carton** /ˈkɑːtən/

briquet

▷ Tu peux me prêter ton briquet ?
Can you lend me your lighter?

lighter /ˈlaɪtəʳ/

britannique

1 ▷ Voici une photo de la famille royale britannique.
Here is a photo of the British royal family.
2 ▷ Un Britannique a gagné la course.
A Briton won the race.
3 ▷ Les Britanniques dînent souvent plus tôt que les Français.
The British often have dinner earlier than the French.

1 (adjectif) **British** /ˈbrɪtɪʃ/

2 ► **un Britannique :** a Briton /ˈbrɪtən/

3 ► **les Britanniques :** the British

Briton et British s'écrivent toujours avec une majuscule, comme tous les adjectifs et noms de nationalité en anglais.

broche

▷ Cette broche appartenait à mon arrière-grand-mère.
This brooch belonged to my great-grandmother.

(= bijou) **brooch** /brəʊtʃ/

Le oo de brooch se prononce comme le o de rope et le oa de boat.

brochette

▷ Nous avons commandé des brochettes au restaurant.
We ordered kebabs at the restaurant.

kebab /kə'bæb/

brochure

▷ Il y a des choses intéressantes dans cette brochure.
There are some interesting things in this brochure.

brochure /'brəʊʃə'/

brocolis

▷ Je n'aime pas beaucoup les brocolis.
I don't like broccoli much.

broccoli /'brɒkəlɪ/

Broccoli est un nom indénombrable : il ne se met pas au pluriel, et s'emploie toujours avec un verbe au singulier.

bronzé, bronzée

▷ Tu es très bronzée ! Tu es allée à la plage ?
You're very tanned! Have you been to the beach?

tanned /tænd/ (**plus bronzé** more tanned, **le plus bronzé** the most tanned)

Tanned rime avec hand.

bronzer

▷ Capucine bronze facilement.
Capucine tans easily.

tan /tæn/

Il y a deux n au gérondif (tanning /'tænɪŋ/), au prétérit et au participe passé (tanned /tænd/).

brosse

▷ Je vais nettoyer mes chaussures avec une brosse.
I'm going to clean my shoes with a brush.

▷ Qui a pris ma brosse à dents ?
Who took my toothbrush?

▷ J'ai besoin d'une nouvelle brosse (à cheveux).
I need a new hairbrush.

brush /brʌʃ/ (pluriel : brushes /'brʌʃɪz/)

► **brosse à dents :** toothbrush /'tʊːθbrʌʃ/ (pluriel : toothbrushes /'tuːθbrʌʃɪz/)

► **brosse (à cheveux) :** hairbrush /'hɛəbrʌʃ/ (pluriel : hairbrushes /'hɛəbrʌʃɪz/)

brosser

▷ Je vais brosser le chien même s'il n'aime pas ça !
I'm going to brush the dog even if he doesn't like it!
▷ N'oublie pas de te brosser les dents.
Don't forget to brush your teeth.
▷ Sylvie est en train de se brosser les cheveux.
Sylvie is brushing her hair.

brush /brʌʃ/

► **se brosser les dents :** brush one's teeth

ℹ *Remarquez l'emploi de l'adjectif possessif en anglais là où le français utilise* « les... » *: I brush* ***my*** *teeth, you brush* ***your*** *teeth, he brushes* ***his*** *teeth, she brushes* ***her*** *teeth, we brush* ***our*** *teeth, they brush* ***their*** *teeth.*

ℹ *De même pour* « se brosser les cheveux » *: I brush* ***my*** *hair, you brush* ***your*** *hair,* etc.

brouette

▷ Dan a mis toutes les feuilles mortes dans la brouette.
Dan put all the dead leaves in the wheelbarrow.

wheelbarrow /ˈwiːlbærəʊ/

brouillard

▷ Le brouillard est très épais aujourd'hui.
The fog is very thick today.
▷ Il y a du brouillard aujourd'hui.
It's foggy today.

fog /fɒg/

► **il y a du brouillard** : it's foggy /ˈfɒgɪ/

brouillon

▷ Je fais toujours un brouillon.
I always make a rough draft.
▷ Tu as vu mon cahier de brouillon ?
Have you seen my rough book?

rough draft /rʌf ˈdrɑːft/ (pluriel : rough drafts)

► **cahier de brouillon :** rough book /ˈrʌf bʊk/ (pluriel : rough books)

bruit

▷ J'ai entendu le bruit d'une porte qui s'ouvrait.
I heard the sound of a door opening.
Je ne peux pas travailler ici, il y a trop de bruit.
I can't work here, there's too much noise.

noise /nɔɪz/ *ou* **sound** /saʊnd/

ℹ *En anglais, on utilise* ***sound*** *pour les bruits en général (comme le bruit des pas ou le bruit du vent dans les arbres), et* ***noise*** *pour le bruit qui est trop fort ou qui nous dérange.*

brûlant, brûlante

▷ Attention, l'assiette est brûlante.
Be careful, the plate is very hot.

very hot /ˌverɪ ˈhɒt/

brûler

1 ▷ Jerry est en train de brûler des branches dans le jardin.
Jerry is burning branches in the garden.

2 ▷ Regarde, cette voiture a brûlé un feu rouge !
Look, that car went through a red light!

3 ▷ Tout l'immeuble a brûlé.
The whole building burnt down.

4 ▷ Ne touche pas ça, ça brûle !
Don't touch that, it's very hot!

1 ► **brûler** quelque chose : burn something /bɜːn/ (burnt, burnt /bɜːnt/)

2 ► **brûler un feu rouge :** go through /θruː/ a red light /red 'laɪt/ (went, gone)

3 ► **brûler** (= être détruit) burn down

4 ► **ça brûle** (= c'est très chaud) it's very hot

brume

▷ Je ne vois rien dans cette brume.
I can't see anything in this mist.

▷ Il y a de la brume ce matin.
It's misty this morning.

mist /mɪst/

► **il y a de la brume :** it's misty /'mɪstɪ/

brun, brune

1 ▷ Olivier a les cheveux bruns.
Olivier has dark hair.

2 ▷ C'est une petite dame brune.
She's a small, dark-haired lady.

1 (en parlant des cheveux, de la peau) dark /dɑːk/

2 (en parlant d'une personne) dark-haired /dɑːk'hɛəd/

brut

▷ Je gagne un salaire brut de 2 000 euros.
I earn a salary of 2,000 euros gross.

(en parlant d'un salaire, d'une somme) gross /grəʊs/

Bruxelles

▷ Bruxelles est la capitale de la Belgique.
Brussels is the capital of Belgium.

Brussels /'brʌslz/

bruyant, bruyante

▷ Les nouveaux voisins sont très bruyants.
The new neighbours are very noisy.

noisy /'nɔɪzɪ/ (**plus bruyant** noisier /'nɔɪzɪəʳ/, **le plus bruyant** the noisiest /'nɔɪzɪɪst/)

bûche

▷ Harry a mis une grosse bûche dans la cheminée.
Harry put a big log on the fire.

log /lɒg/

ℹ *Une* bûche de Noël *s'appelle* a Yule log */'juːl lɒg/ en anglais ; cette tradition est moins courante dans les pays anglo-saxons qu'en France.*

buée

▷ Il y a de la buée sur la vitre.
There's mist on the window.

mist /mɪst/

buffet

1 ▷ Il y avait un très bon buffet au mariage de Christine.
There was a very good buffet at Christine's wedding.

2 ▷ Les clés sont sur le buffet.
The keys are on the sideboard.

1 (= repas) **buffet** /ˈbʌfeɪ/

*Comme en français, le **t** de **buffet** ne se prononce pas.*

2 (= meuble) **sideboard** /ˈsaɪdbɔːd/

buisson

▷ Les enfants se sont cachés dans les buissons.
The children hid in the bushes.

bush /bʊʃ/ (pluriel : **bushes** /ˈbʊʃɪz/)

buissonnière

▷ Les enfants faisaient parfois l'école buissonnière.
The children sometimes played truant.

► **faire l'école buissonnière : play truant** /pleɪ ˈtrʊənt/

bulle

▷ Des bulles de savon flottaient dans l'air.
Soap bubbles were floating in the air.

bubble /ˈbʌbl/

bulletin

1 ▷ Tu as oublié de remplir le bulletin de commande.
You forgot to fill in the order form.

2 ▷ Mon bulletin n'est pas très bon ce trimestre.
My report isn't very good this term.

3 ▷ Je n'ai pas encore reçu mon bulletin de salaire.
I haven't had my payslip yet.

1 (= formulaire) **form** /fɔːm/

2 (= notes à l'école) **report** /rɪˈpɔːt/

3 ► **bulletin de salaire : payslip** /ˈpeɪslɪp/

bureau

1 ▷ Lucille travaille dans un bureau près de la gare.
Lucille works in an office near the station.

2 ▷ Ils vont transformer le grenier en bureau.
They're going to turn the attic into a study.

3 ▷ Le bureau est trop grand pour cette chambre.
The desk is too big for this bedroom.

4 ▷ Est-ce qu'il y a un bureau de tabac dans le village ?
Is there a tobacconist's in the village?

1 (= lieu où l'on travaille) **office** /ˈɒfɪs/

2 (= pièce dans une maison) **study** /ˈstʌdɪ/ (pluriel : **studies** /ˈstʌdɪz/)

3 (= meuble) **desk** /desk/

4 ► **bureau de tabac : tobacconist's** /təˈbækənɪsts/

bus

▷ Est-ce que le bus est déjà parti ?
Has the bus already left?

▷ Sandrine va au travail en bus.
Sandrine goes to work by bus.

bus /bʌs/ (pluriel : buses /ˈbʌsɪz/)

► **en bus :** by bus

but

1 ▷ Le premier but était fantastique.
The first goal was fantastic.

▷ Qui a marqué le but ?
Who scored the goal?

2 ▷ Le but de la visite était de rencontrer de jeunes Américains.
The aim of the visit was to meet young Americans.

1 (dans les sports) **goal** /gəʊl/

► **marquer un but :** score a goal

2 (= objectif) **aim** /eɪm/

C

FRANÇAIS — ANGLAIS

La lettre C se prononce /siː/ en anglais.
C rime avec free, knee et tea.

ça

1 ▻ Ça sent bon ici.
It smells nice here.
▻ Ça me fait rire de penser qu'ils ne se sont pas reconnus.
It makes me laugh to think that they didn't recognize each other.
▻ Ça dépend !
It depends!

1 Très souvent, ça se traduit par it /ɪt/.

2 ▻ Ça, c'est un gâteau au café. Tu en veux un morceau ?
This is a coffee cake. Do you want a piece?
▻ Qu'est-ce que c'est que ça, là-bas ?
What's that, over there?

2 Quand on désigne un objet ou une personne, ça peut se traduire par this /ðɪs/ *ou* that /ðæt/. *Si l'objet ou la personne est assez proche de soi, on dit* this. *Si l'objet ou la personne est plus éloigné, on dit* that.

▻ Ça y est, j'ai fini !
That's it, I've finished!
▻ On part lundi et on revient mercredi ? – Oui, c'est ça.
We're leaving on Monday and we're coming back on Wednesday? – Yes, that's right.

► **ça y est ! :** that's it! /ðæts 'ɪt/

► **c'est ça** (= c'est exact) **:** that's right /ˌðæts 'raɪt/

cabane

▻ Les enfants ont construit une cabane dans la forêt.
The children have built a hut in the forest.

hut /hʌt/

cabillaud

▷ Le cabillaud est mon poisson préféré.
Cod is my favourite fish.

cod /kɒd/

cabine

1 ▷ Les cabines de la piscine sont toutes occupées.
The swimming pool cubicles are all occupied.

2 ▷ Est-ce qu'il y a une cabine téléphonique dans cette rue ?
Is there a telephone box in this street?

3 ▷ Où sont les cabines d'essayage, s'il vous plaît ?
Where are the fitting rooms, please?

1 (à la piscine) **cubicle** /'kjuːbɪkəl/

2 ► **cabine téléphonique : telephone box** /'telɪfəʊn bɒks/ (pluriel : telephone boxes /'telɪfəʊn ˌbɒksɪz/)

ℹ *On peut aussi dire* ***phone box*** /'fəʊn bɒks/ (pluriel : ***phone boxes*** /'fəʊn ˌbɒksɪz/).

3 ► **cabine d'essayage : fitting room** /'fɪtɪŋ ruːm/ (pluriel : fitting rooms)

cabinet

▷ Où sont les cabinets, s'il vous plaît ?
Where is the toilet please?

► **les cabinets : the toilet** /'tɔɪlət/

câble

▷ Il y a le câble dans les chambres de l'hôtel.
There is cable TV in the hotel rooms.

cable /'keɪbl/
► **le câble** (= la télévision par câble) **: cable TV** /tiː'viː/

cacahuète

▷ Deux jus d'orange et un paquet de cacahuètes, s'il vous plaît.
Two orange juices and a packet of peanuts, please.

peanut /'piːnʌt/

cache-cache

▷ Ils ont joué à cache-cache pendant des heures.
They played hide-and-seek for hours.

► **jouer à cache-cache : play hide-and-seek** /ˌhaɪdən'siːk/

cacher

1 ▷ Où est-ce que je peux cacher les cadeaux ?
Where can I hide the presents?

2 ▷ Le chat s'est caché.
The cat is hiding.

1 **hide** /haɪd/ (hid /hɪd/, hidden /hɪdn/)
2 ► **se cacher : hide** (hid, hidden)

cachet

▷ Prends un cachet si tu as mal à la tête.
Take a tablet if you have a headache.

(= médicament) **tablet** /'tæblɪt/

cachette

▷ Sylviane fume en cachette.
Sylviane smokes in secret.

► **en cachette :** in secret /'si:krət/

caddie

▷ David a rempli le caddie de boîtes de conserve.
David filled the shopping trolley with cans.

shopping trolley /'ʃɒpɪŋ ˌtrɒlɪ/ (pluriel : shopping trolleys)

cadeau

▷ C'est un cadeau magnifique !
It's a lovely present!

▷ Nous voudrions faire un cadeau à la secrétaire.
We would like to give the secretary a present.

▷ Benoîte a eu beaucoup de cadeaux de Noël.
Benoîte got a lot of Christmas presents.

present /'preznt/

On peut aussi dire ***gift*** */gɪft/.*

► **faire un cadeau à** quelqu'un **:** give somebody a present (gave, given)

► **cadeau de Noël :** Christmas present /'krɪsməs ˌpreznt/ (pluriel : Christmas presents)

cadenas

▷ Je vais mettre un cadenas sur ma valise.
I'm going to put a padlock on my suitcase.

padlock /'pædlɒk/

cadre

▷ Je voudrais mettre cette photo dans un cadre.
I would like to put this photo in a frame.

(pour un tableau, une photo) frame /freɪm/

cafard

1 ▷ Il y a des cafards dans la cuisine.
There are cockroaches in the kitchen.

2 ▷ Jean a le cafard depuis qu'il est rentré de vacances.
Jean has been feeling down since he came back from holiday.

1 (= insecte) cockroach /'kɒkrəʊtʃ/ (pluriel : cockroaches /'kɒkrəʊtʃɪz/)

2 ► **avoir le cafard :** be feeling down /daʊn/

café

1 ▷ Un café et une limonade, s'il vous plaît.
One coffee and one lemonade, please.

▷ Je bois toujours du café au lait au petit déjeuner.
I always drink white coffee for breakfast.

▷ Un café crème et un verre d'eau, s'il vous plaît.
A white coffee and a glass of water, please.

▷ Je n'ai que du café instantané, ça ira ?
I only have instant coffee, will that do?

1 (= boisson) coffee /'kɒfɪ/

► **café au lait :** white /waɪt/ coffee (pluriel : white coffees)

► **café crème :** white /waɪt/ coffee

► **café instantané :** instant /'ɪnstənt/ coffee (pluriel : instant coffees)

Suite page suivante

▷ J'adore la glace au café.
I love coffee ice cream.

i *Pour dire* au café *(c'est-à-dire,* parfumé au café*), on emploie le mot* coffee *avant le nom.*

2 ▷ On s'est donné rendez-vous au café.
We arranged to meet at the café.

2 (= bar) café /ˈkæfeɪ/

cafétéria

▷ Je déjeune à la cafétéria tous les jours.
I have lunch at the cafeteria every day.

cafeteria /ˌkæfɪˈtɪərɪə/

i *Attention à l'orthographe du mot anglais* cafeteria *: il n'y a pas d'accents.*

cafetière

1 ▷ Nous avons une nouvelle cafetière électrique.
We have a new electric coffee-maker.

1 (pour faire le café) coffee-maker /ˈkɒfɪmeɪkəʳ/ (pluriel : coffee-makers)

2 ▷ C'est plus élégant de servir le café dans une cafetière.
It's more elegant to serve coffee in a coffeepot.

2 (pour servir le café) coffeepot /ˈkɒfɪpɒt/

cage

▷ Je n'aime pas voir les animaux dans des cages.
I don't like seeing animals in cages.

cage /keɪdʒ/

🔊 *Le* a *du mot anglais* cage *se prononce comme le* a *de* make.

cagoule

▷ Il fait très froid, n'oublie pas ta cagoule.
It's very cold, don't forget your balaclava.

balaclava /ˌbæləˈklɑːvə/

🔊 *L'accent tonique est sur la troisième syllabe* -cla-.

cahier

▷ J'ai un cahier où je note des expressions anglaises.
I have an exercise book where I write down English idioms.

exercise book /ˈeksəsaɪz ˌbʊk/ (pluriel : exercise books)

i *Attention : il y a un* s *dans le mot anglais* exercise *!*

▷ J'utilise simplement un cahier de brouillon.
I just use a roughbook.

► **cahier de brouillon :** roughbook /ˈrʌfbʊk/

caillou

▷ Je crois que j'ai un caillou dans ma chaussure.
I think I have a stone in my shoe.

stone /stəʊn/

caisse

1 ▷ J'ai besoin d'une grande caisse en carton.
I need a big cardboard box.

1 (= boîte) box /bɒks/ (pluriel : boxes /bɒksɪz/)

2 ▷ C'est la caisse pour moins de dix articles.
It's the check-out for less than ten items.
3 ▷ J'ai un compte à la caisse d'épargne.
I have an account at the savings bank.

2 (au supermarché) check-out /'tʃekaʊt/
3 ► **caisse d'épargne :** savings bank /'seɪvɪŋz ˌbæŋk/

caissier, caissière

▷ Le caissier m'a aidé à mettre les courses dans des sacs plastique.
The check-out assistant helped me to put the shopping in plastic bags.
▷ La mère de Bob est caissière au supermarché.
Bob's mother is a check-out assistant at the supermarket.

check-out assistant /'tʃekaʊt əˌsɪstənt/ (pluriel : check-out assistants)

ℹ *N'oubliez pas l'article* ***a*** *ou* ***an*** *devant le nom du métier lorsqu'il suit les verbes* ***be*** *ou* ***become****.*

calamar

▷ On a mangé des calamars farcis en entrée.
We had stuffed squid as a starter.

squid /'skwɪd/
ℹ Squid *s'emploie le plus souvent au singulier.*

calcul

1 ▷ Je ne suis pas très bon en calcul.
I'm not very good at sums.
2 ▷ Nous avons fait des calculs pour voir si nous avions assez d'argent.
We did some calculations to see if we had enough money.

1 ► **le calcul :** sums /sʌmz/
2 ► **faire des calculs :** do some calculations /ˌkælkjə'leɪʃənz/ (did, done)

calculatrice

▷ Les calculatrices sont interdites pendant l'examen.
Calculators are not allowed during the exam.

calculator /'kælkjəleɪtə^r/

calculer

▷ Calculons combien ça va coûter.
Let's calculate how much it's going to cost.

calculate /'kælkjəleɪt/
ℹ *On peut aussi dire* ***work out*** /wɜːk 'aʊt/ *: 'let's* ***work out*** *how much it's going to cost'.*

calculette

▷ Les calculettes sont interdites pendant l'examen.
Calculators are not allowed during the exam.

calculator /'kælkjəleɪtə^r/

caleçon

▷ Ce caleçon est beaucoup trop grand pour moi !
These boxer shorts are much too big for me!

(= sous-vêtement) boxer shorts /'bɒksə ʃɔːts/

Suite page suivante

▷ Je dois m'acheter un nouveau caleçon.
I must buy myself some new boxer shorts.

ℹ *Comme tous les vêtements qui ont deux jambes, **boxer shorts** est un nom pluriel : on dit par exemple **those boxer shorts are too small** (ce caleçon est trop petit).*

calendrier

▷ Le facteur nous a vendu un calendrier.
The postman sold us a calendar.

calendar /'kæləndəʳ/

câlin

▷ Mon chat aime beaucoup qu'on lui fasse des câlins.
My cat likes being stroked.

► **faire un câlin à** un animal : **stroke** /'strəʊk/ an animal.

calmant

▷ Prends un calmant, ça te soulagera.
Take a painkiller, it will ease the pain.

painkiller /'peɪnkɪləʳ/

calme

1 ▷ Cyril est très calme à l'école.
Cyril is very quiet at school.
▷ C'est une rue très calme.
It's a very quiet street.

2 ▷ J'aime le calme de la campagne.
I like the peace and quiet of the country.

3 ▷ Du calme ! Il y en a assez pour tout le monde !
Calm down! There is enough for everyone!

1 (en parlant d'une personne, d'un endroit) **quiet** /'kwaɪət/ (plus calme **quieter** /'kwaɪətəʳ/, le plus calme **the quietest** /'kwaɪətɪst/)

2 ► **le calme** (= le silence) : **peace and quiet** /ˌpiːsn'kwaɪət/

3 ► **du calme !** : **calm** /kaːm/ **down!**

🔊 *Le **l** de **calm** ne se prononce pas. **Calm** rime avec **farm**.*

calmement

▷ Si tu lui parles calmement, je suis sûr qu'il comprendra.
If you speak to him calmly, I'm sure he'll understand.

calmly /'kaːmlɪ/

🔊 *Le premier **l** de **calmly** ne se prononce pas, et le **a** est long. **Calm** rime avec **farm**.*

calmer

1 ▷ Personne n'a réussi à calmer Daphné.
Nobody managed to calm Daphné down.

2 ▷ Calme-toi, ce n'est pas grave !
Calm down, it doesn't matter!

3 ▷ Finalement la tempête s'est calmée.
In the end the storm died down.

1 ► **calmer** quelqu'un : **calm** /kaːm/ somebody **down**

🔊 *Le **l** de **calm** ne se prononce pas. **Calm** rime avec **farm**.*

2 ► **se calmer** (en parlant d'une personne) : **calm down** /kaːm 'daʊn/

3 ► **se calmer** (en parlant de la tempête, du vent) : **die down** /daɪ 'daʊn/

cambrioler

▷ La police a arrêté les hommes qui ont cambriolé la maison.
The police arrested the men who burgled the house.

▷ On s'est fait cambrioler.
We were burgled.

burgle /ˈbɜːgl/

► **se faire cambrioler :** be burgled

cambrioleur

▷ Les cambrioleurs ont pris notre télé.
The burglars took our TV.

burglar /ˈbɜːgləʳ/

camembert

▷ Tu préfères du camembert ou du gruyère ?
Do you prefer camembert or gruyère?

camembert /ˈkæməmbɛəʳ/

En anglais comme en français, le ***t*** *ne se prononce pas.*

caméra

▷ Regardez la caméra et souriez !
Look at the camera and smile!

camera /ˈkæmərə/

Le mot anglais ***camera*** *veut aussi dire* appareil photo.

▷ Il existe de très petites caméras vidéo de nos jours.
There are tiny video cameras nowadays.

► **caméra vidéo :** video /ˈvɪdɪəʊ/ camera (pluriel : video cameras)

Caméscope®

▷ Est-ce que tu vas emporter ton Caméscope® pour les vacances ?
Are you going to take your camcorder on holiday?

camcorder /ˈkæmˌkɔːdəʳ/

camion

▷ Il y a un énorme camion qui bloque la rue.
There's a huge lorry blocking the street.

lorry /ˈlɒrɪ/ (pluriel : lorries /ˈlɒrɪz/)

On dit aussi ***truck*** /trʌk/*, surtout en anglais américain.*

camionnette

▷ Nous avons loué une camionnette pour transporter les meubles.
We hired a van to transport the furniture.

van /væn/

camp

1 ▷ Cet été Thomas fait un camp en Auvergne.
This summer Thomas is going on a summer camp in Auvergne.

2 ▷ Il y a une émission sur les camps de concentration ce soir.
There's a programme about the concentration camps tonight.

1 ► **faire un camp** (pour les vacances) **:** go on a summer camp /'sʌmə kæmp/ (went, gone/been)

2 ► **camp de concentration :** concentration /kɒnsəntreɪʃən/ camp (pluriel : concentration camps)

campagne

1 ▷ Ils veulent vivre à la campagne.
They want to live in the country.

2 ▷ La campagne anglaise est très jolie.
The English countryside is very pretty.

3 ▷ La campagne électorale a commencé.
The election campaign has started.

1 ► **la campagne** (par opposition à la ville) **:** the country /'kʌntrɪ/

2 ► **la campagne** (= les paysages) **:** the countryside /'kʌntrɪsaɪd/

*Le **ou** de **country** et **countryside** se prononce comme le **u** de **duck**.*

3 ► **campagne électorale :** election campaign /ɪ'lekʃən kæm,peɪn/ (pluriel : election campaigns)

camper

▷ Manu et ses copains ont campé près de Tours.
Manu and his friends camped near Tours.

camp /kæmp/

*Prononcez bien le **m** et le **p**. Le **a** est celui de **apple**.*

camping

1 ▷ Le camping est interdit ici.
Camping is not allowed here.

2 ▷ J'aimerais faire du camping cet été.
I'd like to go camping this summer.

3 ▷ Savez-vous où est le camping ?
Do you know where the campsite is?

1 ► **le camping** (= le fait de camper) **:** camping /'kæmpɪŋ/

*Le **a** se prononce comme le **a** de **apple**.*

2 ► **faire du camping :** go camping (went, gone/been)

3 ► **un camping** (= un lieu où on campe) **:** a campsite /'kæmpsaɪt/

camping-car

▷ Il y avait beaucoup de camping-cars sur la route.
There were a lot of campers on the road.

camper /'kæmpəʳ/

Camping-Gaz®

▷ On a juste un petit Camping-Gaz®.
We just have a little camping stove.

camping stove /kæmpɪŋ 'stəʊv/ (pluriel : camping stoves)

Canada

▻ Le Canada est le deuxième plus grand pays du monde.
Canada is the second biggest country in the world.

▻ Il y a des paysages magnifiques au Canada.
There is some beautiful landscape in Canada.

▻ Ils sont allés au Canada pour chercher du travail.
They went to Canada to look for work.

Canada /ˈkænədə/

ℹ *Ne prend jamais d'article.*

► **le Canada :** Canada

► **au Canada** (= dans le pays) **:** in Canada

► **au Canada** (= vers le pays) **:** to Canada

canadien, canadienne

▻ David a des origines canadiennes.
David has Canadian origins.

▻ Les Canadiens ont un accent qui est différent du nôtre.
Canadians have an accent that is different from ours.

Canadian /kəˈneɪdɪən/

ℹ *S'écrit toujours avec une majuscule, comme tous les adjectifs et noms de nationalité en anglais.*

🔊 *Le deuxième* **a** *se prononce comme le* **a** *de* **make**.

canapé

▻ Ça ne me dérange pas de dormir sur le canapé.
I don't mind sleeping on the sofa.

(pour dormir) **sofa** /ˈsəʊfə/

ℹ Canapé-lit *se dit* **sofa-bed** /ˈsəʊfəbed/ *en anglais.*

canard

▻ J'ai donné du pain aux canards dans le parc.
I gave some bread to the ducks in the park.

(= oiseau) **duck** /dʌk/

cancer

▻ Le cancer est une maladie grave.
Cancer is a serious illness.

▻ Sa cousine a un cancer.
Her cousin has cancer.

▻ Le cancer du sein se guérit bien de nos jours.
Breast cancer can be cured easily these days.

► **le cancer :** cancer /ˈkænsəʳ/

ℹ *Attention : pas d'article en anglais.*

► **avoir un cancer :** have cancer

► **le cancer du sein :** breast /brest/ cancer

candidat, candidate

▻ Il y a beaucoup de candidats à cet examen.
There are many candidates for this exam.

candidate /ˈkændɪdət/

ℹ *Notez la préposition utilisée en anglais :* candidat **à** = candidate ***for***.

canette

▻ Est-ce que tu veux une canette de bière ?
Do you want a can of beer?

(= boîte métallique, en parlant de bière) **can** /kæn/

canne

1 ▷ Papy marche avec une canne.
Granddad walks with a stick.

2 ▷ Laurent m'a prêté sa canne à pêche.
Laurent lent me his fishing rod.

1 (pour s'appuyer) **stick** /stɪk/

2 ► **canne à pêche :** fishing rod /'fɪʃɪŋ rɒd/ (pluriel : fishing rods)

cannelle

▷ Il y a de la cannelle dans le crumble aux pommes.
There's cinnamon in the apple crumble.

cinnamon /'sɪnəmən/

canoë

▷ Le canoë est un sport très à la mode.
Canoeing is a very popular sport.

▷ J'ai fait du canoë pour la première fois de ma vie.
I went canoeing for the first time in my life.

(activité) **canoeing** /kə'nuːɪŋ/

Attention à la prononciation !

► **faire du canoë :** go canoeing.

canon

▷ Il y a des canons anciens à la Tour de Londres.
There are some very old cannons at the Tower of London.

(= arme ancienne) **cannon** /'kænən/

*Le dernier **n** se prononce, et l'accent tonique est sur la première syllabe **ca-**.*

cantine

▷ La cantine était presque vide aujourd'hui.
The canteen was almost empty today.

▷ Je mange à la cantine tous les jours.
I have lunch at the canteen every day.

(= salle où on mange) **canteen** /kæn'tiːn/

*La cantine à l'école se dit **dining hall*** /'daɪnɪŋ hɔːl/ (pluriel : dining halls)

caoutchouc

▷ Le caoutchouc est produit par un arbre.
Rubber is produced by a tree.

▷ Les semelles de mes chaussures sont en caoutchouc.
The soles of my shoes are made of rubber.

▷ Je mets des gants en caoutchouc pour faire la vaisselle.
I wear rubber gloves to do the dishes.

rubber /'rʌbəʳ/

► **être en caoutchouc :** be made of rubber

► **en caoutchouc :** rubber

*Ici, **rubber** est un adjectif. Il se met avant le nom.*

capable

▷ Elle est capable de nager très longtemps.
She is capable of swimming for a long time.

► **être capable de faire** quelque chose **:** be capable /'keɪpəbl/ of doing something

capitaine

▷ Qui est le capitaine de votre équipe de foot ?
Who's the captain of your football team?

▷ Son père était capitaine dans la Marine.
Her father was a captain in the Navy.

captain /'kæptɪn/

Attention à l'orthographe du mot anglais ***captain****.*

N'oubliez pas l'article ***a*** *ou* ***an*** *devant le nom du métier lorsqu'il suit les verbes* ***be*** *ou* ***become****.*

capitale

▷ Édimbourg est la capitale de l'Écosse.
Edinburgh is the capital of Scotland.

capital /'kæpɪtl/

Attention à l'orthographe du mot anglais ***capital*** *: il n'y a pas de* ***e*** *à la fin.*

capot

▷ Regarde sous le capot, il y a peut-être un problème.
Look under the bonnet, maybe there's a problem.

bonnet /'bɒnɪt/

En anglais américain, on dit ***hood*** /hʊd/.

caprice

▷ Sa fille a encore fait un caprice.
Her daughter threw a tantrum again.

► **faire un caprice :** throw a tantrum /θrəʊ a 'tæntrəm/ (threw /θruː/, thrown /θrəʊn/)

capuche

▷ Je voudrais une veste avec une capuche.
I'd like a jacket with a hood.

hood /hʊd/

car

▷ Nous avons pris le car pour aller à Bristol.
We took the coach to go to Bristol.

▷ Margot est allée en Italie en car.
Margot went to Italy by coach.

(= autobus) **coach** /kəʊtʃ/ (pluriel : coaches /'kəʊtʃɪz/)

Le mot anglais ***car*** *signifie voiture.*

► **en car :** by coach

En anglais américain, on ne dit pas ***coach*** *mais* ***bus*** /bʌs/.

caractère

▷ Mon frère a bon caractère.
My brother is good-tempered.

▷ Tu as vraiment mauvais caractère !
You're really bad-tempered!

► **avoir bon caractère :** be good-tempered /gʊd'tempəd/

► **avoir mauvais caractère :** be bad-tempered /bæd'tempəd/

carafe

▷ Une bouteille de vin et une carafe d'eau, s'il vous plaît.
A bottle of wine and a jug of water, please.

(pour l'eau) **jug** /dʒʌg/

caramel

1 ▷ Il y a du caramel sur le gâteau.
There's caramel on the cake.

2 ▷ J'ai acheté un paquet de caramels pour le voyage.
I bought a packet of toffees for the trip.

1 ► **du caramel** (= du sucre cuit) **:** caramel /ˈkærəməl/

2 ► **un caramel** (= un bonbon) **:** a toffee /ˈtɒfɪ/

caravane

▷ Ils ont acheté une grosse caravane pour partir en vacances.
They have bought a big caravan to go on holiday.

caravan /ˈkærəvæn/
L'accent tonique est sur la première syllabe ca, et le n final se prononce.

cardiaque

▷ Monsieur Lopez est très malade, il est cardiaque.
Mister Lopez is very ill, he has a heart condition.

► **être cardiaque :** have a heart condition /ˈhɑːt kənˌdɪʃən/ (had, had)

caresser

▷ Le chat ronronne quand on le caresse.
The cat purrs when you stroke him.

stroke /strəʊk/
i *Notez la forme en ing : stroking.*

carie

▷ Je crois que j'ai une carie.
I think I have a cavity.

► **avoir une carie :** have a cavity /ˈkævɪtɪ/ (had, had)

carnaval

▷ Peu de gens se déguisent pour le carnaval.
Few people dress up for the carnival.

carnival /ˈkɑːnɪvəl/
i *Attention à l'orthographe du mot anglais carnival.*

carnet

▷ J'ai un carnet où j'écris tous les mots anglais que j'apprends.
I have a notebook where I write all the English words that I learn.

(= pour écrire) notebook /ˈnəʊtbʊk/

▷ J'ai perdu mon carnet d'adresses !
I've lost my address book!

► **carnet d'adresses :** address book /əˈdres bʊk/ (pluriel : address books)

▷ Deux carnets de timbres, s'il vous plaît.
Two books of stamps, please.

► **carnet de timbres :** book of stamps /ˌbʊk əv ˈstæmps/ (pluriel : books of stamps)

▷ C'est moins cher si tu achètes un carnet de dix tickets.
It's cheaper if you buy a book of ten tickets.

► **carnet de tickets :** book of tickets /bʊk əvˈtɪkets/ (pluriel : books of tickets)

carotte

▷ Je voudrais un kilo de carottes s'il vous plaît.
I'd like a kilo of carrots please.

carrot /ˈkærət/
Attention à l'orthographe du mot anglais : il y a deux *r* et un seul *t*.

carré, carrée

▷ Je cherche un foulard carré.
I'm looking for a square scarf.
▷ Dessine un carré et un rond.
Draw a square and a circle.

square /skwɛəʳ/
*Square rime avec **hair** et **where**.*

carreau

1 ▷ Il y a des carreaux bleus sur le sol de la cuisine.
There are blue tiles on the kitchen floor.
2 ▷ Je me suis acheté un pantalon à carreaux.
I bought some checked trousers.

1 (au sol, sur les murs) **tile** /taɪl/
2 ► **à carreaux : checked** /tʃekt/

carrefour

▷ Il y a eu un accident au carrefour.
There was an accident at the crossroads.

crossroads /ˈkrɒsrəʊdz/
*Bien qu'il se termine par un s, le mot crossroads est singulier. On dit par exemple **this crossroads is very dangerous*** (ce carrefour est très dangereux).

carrelage

▷ Ils vont mettre du carrelage dans la cuisine.
They're going to put tiles in the kitchen.

tiles /taɪlz/
*Tiles est un pluriel : on dit par exemple **these tiles are expensive*** (ce carrelage est cher).

carrément

1 ▷ Je trouve le film carrément décevant.
I think the film is really disappointing.
2 ▷ Kevin m'a carrément dit que j'étais bête !
Kevin told me straight out that I was stupid!

1 (très) **really** /ˈrɪəli/
2 (avec le verbe **dire**) **straight out** /streɪtˈaʊt/

carte

1 ▷ Je vais envoyer une carte à Laura pour son anniversaire.
I'm going to send Laura a card for her birthday.
▷ On a passé la soirée à jouer aux cartes.
We spent the evening playing cards.
2 ▷ Je vais acheter une carte de la région.
I'll buy a map of the area.

1 (carte de vœux, carte à jouer) **card** /kɑːd/
► **jouer aux cartes : play cards**
2 (carte routière, carte d'une région) **map** /mæp/

Suite page suivante

3 ▷ Regarde la carte et choisis ce que tu veux manger.
Look at the menu and choose what you want to eat.

3 (dans un restaurant) **menu** /'menju:/

Le mot anglais ***menu*** *se prononce comme* ***men you****.*

4 ▷ Est-ce que vous acceptez les cartes bancaires ?
Do you accept bank cards?

4 ► **carte bancaire :** bank /bæŋk/ card (pluriel : bank cards)

5 ▷ Est-ce que vous avez une carte d'étudiant ?
Do you have a student card?

5 ► **carte d'étudiant :** student /'stju:dənt/ card (pluriel : student cards)

6 ▷ N'oublie pas d'emporter ta carte d'identité.
Don't forget to take your identity card.

6 ► **carte d'identité :** identity card /aɪ'dentɪtɪ ˌkɑ:d/ (pluriel : identity cards)

7 ▷ J'ai écrit plus de vingt cartes postales aujourd'hui.
I've written more than twenty postcards today.

7 ► **carte postale :** postcard /'pəʊstkɑ:d/

8 ▷ Où est-ce que je peux acheter une carte de téléphone ?
Where can I buy a phonecard?

8 ► **carte de téléphone :** phonecard /'fəʊnkɑ:d/

carton

1 ▷ Colle le poster sur ce bout de carton, ce sera plus solide.
Stick the poster on that piece of cardboard, it will be stronger.
▷ Est-ce que cette boîte est en carton ?
Is this box made of cardboard?
▷ J'ai fabriqué un cadre en carton.
I made a cardboard frame.

1 (= matériau) **cardboard** /'kɑ:dbɔ:d/

Le ***oar*** *de* ***cardboard*** *se prononce comme le* ***or*** *de* ***fork****.*

► **être en carton :** be made of cardboard

► **en carton :** cardboard

ℹ *Ici,* ***cardboard*** *est un adjectif. Il se met avant le nom.*

2 ▷ Nous avons tout mis dans des cartons avant de déménager.
We put everything in cardboard boxes before moving.

2 (= boîte) **cardboard box** (pluriel : cardboard boxes /'bɒksɪz/)

cartouche

▷ Je n'ai plus que des cartouches d'encre noire.
I only have cartridges with black ink.

(de fusil, d'encre) **cartridge** /'kɑ:trɪdʒ/

ℹ *Une* cartouche de cigarettes *se dit* ***a carton of cigarettes*** *en anglais.*

cas

1 ▷ C'est un cas particulier.
It's a special case.

1 (= situation) **case** /keɪs/

2 ▷ Prends ton parapluie au cas où il pleuvrait.
Take your umbrella in case it rains.

2 ► **au cas où** + conditionnel : in case + indicatif

3 ▷ Je ne sais pas ce que vous allez faire, mais moi en tout cas je pars !
I don't know what you're going to do, but I'm leaving anyway!

3 ► **en tout cas** : anyway /'enɪweɪ/

case

1 ▷ J'ai oublié de remplir la dernière case du questionnaire.
I forgot to fill in the last box of the questionnaire.

1 (dans un questionnaire) **box** /bɒks/ (pluriel : boxes /'bɒksɪz/)

ℹ *Notez la traduction de* remplir *dans ce cas : fill in.*

2 ▷ Tu sautes une case et tu marques un point.
You jump one square and you score a point.

2 (dans un jeu de société) **square** /skwɛəʳ/

casque

1 ▷ Il est fou de faire de la moto sans casque !
He's mad to ride a motorbike without a crash helmet!

1 (pour faire de la moto) **crash helmet** /'kræʃ ˌhelmɪt/ (pluriel : crash helmets)

2 ▷ Lou aime écouter de la musique avec un casque.
Lou likes listening to music with headphones.

2 (pour écouter de la musique) **headphones** /'hedfəʊnz/

ℹ ***Headphones*** *est un nom pluriel : on dit par exemple* ***the headphones don't work*** (le casque ne marche pas).

casquette

▷ Les casquettes de baseball sont à la mode.
Baseball caps are fashionable.

cap /kæp/

casse-pieds

▷ Qu'est-ce qu'il peut être casse-pieds des fois !
He can be such a pain in the neck sometimes!

► **être casse-pieds** : be a pain in the neck /'peɪn ɪn ðə 'nek/

casser

1 ▷ Attention, tu vas casser l'assiette !
Be careful, you're going to break the plate!

1 (= briser) **break** /breɪk/ (broke /brəʊk/, broken /brəʊkən/)

2 ▷ Ces verres se cassent facilement.
These glasses break easily.

▷ Roxane s'est cassé la jambe en skiant.
Roxane broke her leg skiing.

2 ► **se casser** : break (broke, broken)

► **se casser la jambe, se casser le bras** : break one's leg, break one's arm

ℹ *L'adjectif possessif s'emploie de la façon suivante en anglais* (exemples au prétérit) : *I broke* ***my*** *leg, you broke* ***your*** *leg, he broke* ***his*** *leg, she broke* ***her*** *leg.*

casserole

▷ Les oignons ont brûlé dans la casserole.
The onions burnt in the saucepan.

saucepan /ˈsɔːspən/

cassette

▷ Pendant le cours d'anglais, nous écoutons des cassettes.
During the English lesson, we listen to cassettes.

▷ J'ai besoin d'une cassette vidéo pour enregistrer le film.
I need a video tape to record the film.

cassette /kəˈset/

ℹ *On peut aussi dire* **tape** /teɪp/.

► **cassette vidéo :** video tape /ˈvɪdɪəʊ teɪp/ (pluriel : video tapes)

catalogue

▷ Quelqu'un a vu le catalogue de l'exposition ?
Has anybody seen the exhibition catalogue?

catalogue /ˈkætəlɒg/

catastrophe

▷ Quelle catastrophe ! J'ai perdu mes clés !
What a disaster! I've lost my keys!

disaster /dɪˈzɑːstəʳ/

catch

▷ Mon père adore regarder le catch à la télé.
My father loves watching wrestling on the TV.

► **le catch :** wrestling /ˈreslɪŋ/

🔊 *Le* **t** *ne se prononce pas.*

catégorie

▷ Il y a plusieurs catégories de modems.
There are several types of modems.

(= sorte) **type** /taɪp/

🔊 *Le* **y** *du mot anglais* **type** *se prononce comme le* **i** *de* **like**.

cathédrale

▷ La cathédrale de Salisbury est magnifique.
Salisbury cathedral is beautiful.

cathedral /kəˈθiːdrəl/

ℹ *Attention à l'orthographe du mot anglais* **cathedral**.

catholique

▷ La majorité des Irlandais sont catholiques.
Most Irish people are Catholics.

Catholic /ˈkæθəlɪk/

ℹ *S'écrit toujours avec une majuscule, comme tous les adjectifs et noms de religion en anglais.*

cauchemar

▷ Tout le voyage a été un véritable cauchemar.
The whole trip was a real nightmare.

▷ J'ai fait un cauchemar horrible la nuit dernière.
I had a horrible nightmare last night.

nightmare /ˈnaɪtmɛəʳ/

🔊 **Nightmare** *rime avec* **hair** *et* **where**.

► **faire un cauchemar :** have a nightmare (had, had)

cause

1 ▷ Personne ne connaît la cause de l'accident.
Nobody knows the cause of the accident.

2 ▷ À cause de toi, j'ai raté le bus !
Because of you, I missed the bus!

1 (= raison) **cause** /kɔːz/

Cause rime avec doors.

2 ► **à cause de :** because of /bɪ'kɒzəv/

caution

▷ J'ai versé une caution de cent euros.
I payed a deposit of one hundred euros.

(= somme versée, pour une location) **deposit** /dɪ'pɒzɪt/

cave

▷ Il fait noir dans la cave.
It's dark in the cellar.

(= pièce au sous-sol) **cellar** /'seləʳ/

CD

▷ J'ai offert un CD à Juliette pour son anniversaire.
I gave Juliette a CD for her birthday.

▷ Mon père a des centaines de CD de musique classique.
My father has hundreds of classical music CDs.

CD /siː'diː/

Attention à la prononciation !

*En anglais, on forme le pluriel de CD en ajoutant un s minuscule à la fin : **CDs** /siː'diːz/.*

CDD

▷ Mon CDD va être renouvelé.
My fixed-term contract is going to be renewed.

fixed-term contract /ˌfɪksd tɜːm'kɒntrækt/

CDI

▷ Je suis en CDI.
I'm on a permanent contract.

permanent contract /'pɜːmənənt 'kɒntrækt/

CD-ROM

▷ Ali a une encyclopédie sur CD-ROM, c'est vraiment bien.
Ali has got an encyclopedia on CD-ROM, it's really good.

CD-ROM /ˌsiːdiː'rɔm/

*En anglais, on forme le pluriel de **CD-ROM** en ajoutant un s minuscule a la fin : **CD-ROMs**.*

ce

1 ▷ Ce n'est pas vrai.
It's not true.

▷ C'est moi !
It's me!

2 ▷ Ce sont des roses.
They are roses.

3 ▷ Je ne sais pas ce que je dois faire.
I don't know what I have to do.

1 (= cela) **it** /ɪt/

2 (au pluriel) **they** /ðeɪ/

3 ► **ce que :** what /wɒt/

Suite page suivante

4 ▷ Personne ne comprend ce qui se passe.
Nobody understands what's happening.

4 ► **ce qui :** what /wɒt/

ce, cet, cette

1 ▷ Ce blouson est trop petit pour moi.
This jacket is too small for me.

2 ▷ Ça sera à votre droite après cette maison au bout de la rue.
It will be on your right after that house at the end of the street.

3 ▷ Cet après-midi, je vais faire des courses.
This afternoon I'm going shopping.

4 ▷ Il va faire froid cette nuit.
It's going to be cold tonight.

5 ▷ Je n'ai pas bien dormi cette nuit.
I didn't sleep well last night.

1 (pour désigner une chose ou une personne proche) this /ðɪs/

2 (pour désigner une chose ou une personne plus éloignée) that /ðæt/

3 (en parlant d'un jour, d'un moment de la journée à venir) this /ðɪs/

4 ► **cette nuit** (= la nuit qui vient) **:** tonight /tə'naɪt/

5 ► **cette nuit** (= la nuit passée) **:** last night /lɑːst 'naɪt/

céder

▷ Mon patron a finalement cédé.
My boss finally gave in.

give in /gɪv 'ɪn/ (gave in /geɪv 'ɪn/, given in /ˌgɪvən 'ɪn/)

cédille

▷ En français il n'y a jamais de cédille avant e ou i.
In French there is never a cedilla before e or i.

cedilla /sɪ'dɪlə/

ceinture

▷ Mets une ceinture si ton pantalon est trop grand.
Put a belt on if your trousers are too big.

▷ Attache ta ceinture de sécurité.
Fasten your seat belt.

belt /belt/

► **ceinture de sécurité :** seat belt /'siːt belt/ (pluriel : seat belts)

célèbre

▷ Matisse est un peintre très célèbre.
Matisse is a very famous painter.

famous /'feɪməs/ (**plus célèbre** more famous, **le plus célèbre** the most famous)

céleri

▷ Je déteste le céleri.
I hate celery.

celery /'selərɪ/

ℹ *Attention à l'orthographe du mot anglais* celery*.*

célibataire

▷ Mon frère est encore célibataire.
My brother is still single.

single /sɪŋgl/
Un célibataire se dit a ***single man*** *en anglais. Une célibataire se dit a* ***single woman****.*

celle, celle-ci, celle-là

Regardez celui, celui-ci, celui-là.

celles, celles-ci, celles-là

Regardez ceux, ceux-ci, ceux-là.

celtique

▷ J'aime beaucoup la musique celtique.
I really like Celtic music.

Celtic /'keltɪk/
S'écrit toujours avec une majuscule.
Les deux c *de* ***Celtic*** *se prononcent comme un* k.

celui, celle

▷ Le pull bleu est celui que je préfère.
The blue pull-over is the one I prefer.
▷ Cette fille est celle qui m'a indiqué le chemin.
That girl is the one who showed me the way.
▷ Cette télé n'est pas mal, mais celle que j'ai vue hier est encore mieux.
This TV isn't bad, but the one I saw yesterday is even better.

the one /ðə 'wɒn/

celui-ci, celle-ci

▷ Ce tee-shirt n'est pas mal, mais je préfère celui-ci.
That T-shirt isn't bad, but I prefer this one.

this one /'ðɪs wɒn/

celui-là, celle-là

▷ Je n'aime pas cette couleur. – Et celle-là ?
I don't like this colour. – What about that one?

that one /'ðæt wɒn/

cendre

▷ La cheminée est pleine de cendres.
The fireplace is full of ashes.

ash /æʃ/ (pluriel : **ashes** /'æʃɪz/)

censé, censée

▷ Tu étais censé être là à dix heures !
You were supposed to be there at ten!

► **être censé faire quelque chose : be supposed** /sə'pəʊzd/ **to do something**

cent

1 ▷ L'arrière-grand-mère de Lucien a cent ans.
Lucien's great-grandmother is a hundred years old.
▷ Il y a sept cent vingt habitants en hiver.
There are seven hundred and twenty inhabitants in winter.

1 a hundred /ə 'hʌndrəd/

Lorsque ***hundred*** *est associé à d'autres chiffres, il est suivi de* ***and****. Dans ce cas,* ***hundred*** *est invariable (il ne prend pas de* ***s****).*

2 ▷ Les prix ont augmenté de trois pour cent.
Prices have increased by three per cent.

2 ► **pour cent :** per cent /pə'sent/

centaine

▷ Il y avait une centaine de personnes en tout.
There were about a hundred people in all.
▷ Ahmed a des centaines de BD.
Ahmed has hundreds of comic books.

► **une centaine de... :** about a hundred... /əˌbaʊt ə 'hʌndrəd/
► **des centaines de... :** hundreds of... /'hʌndrədz əv/

centime

▷ Tu peux me prêter vingt centimes ?
Can you lend me twenty centimes?

centime
Se prononce comme en français.

centimètre

▷ Le format standard est de dix centimètres sur quinze.
The standard size is ten centimetres by fifteen.

centimetre /'sentɪmiːtəʳ/

Attention à l'orthographe du mot anglais ***centimetre*** *: il n'y a pas d'accent.*

centre

▷ L'exposition s'intitule « Voyage au centre de l'univers ».
The exhibition is called "Journey to the centre of the universe".
▷ Ils construisent un centre commercial près de la gare.
They're building a shopping centre near the station.

centre /'sentəʳ/

► **centre commercial :** shopping centre /'ʃɒpɪŋ ˌsentəʳ/ (pluriel : shopping centres)

En anglais américain, on dit ***shopping mall*** /'ʃɒpɪŋ mɔːl/.

▷ Les enfants vont au centre aéré le mercredi.
The children go to the day centre on Wednesday.

► **centre aéré :** day centre /'deɪ ˌsentəʳ/

centre-ville

▷ Le centre-ville est plein de rues piétonnes.
The town centre is full of pedestrian streets.
▷ Raïssa habite au centre-ville.
Raïssa lives in the town centre.
▷ Je vais au centre-ville faire des courses.
I'm going shopping to the town centre.

town centre /taʊn 'sentəʳ/

► **au centre-ville** (= dans le centre) : in the town centre
► **au centre-ville** (= vers le centre) : to the town centre

cependant

▷ C'est bien, cependant je crois qu'il manque quelque chose.
It's good, however, I think there's something missing.

however /haʊ'evəʳ/

cercle

▷ Fais un cercle avec ton compas.
Make a circle with your compasses.

circle /'sɜːkl/
ℹ *Attention à l'orthographe du mot anglais circle.*

▷ Je ne sais pas comment sortir de cette situation, c'est un cercle vicieux.
I don't know how to get out of this situation, it's a vicious circle.

► **cercle vicieux :** vicious /'vɪʃəs/ circle

céréales

▷ Je mange des céréales tous les matins.
I eat cereal every morning.

(qu'on mange au petit déjeuner)
cereal /'sɪərɪəl/
ℹ *Au sens de* céréales pour le petit déjeuner, *cereal est indénombrable : on dit par exemple* this cereal is very good (ces céréales sont très bonnes).

cerf

▷ Nous avons vu des cerfs dans la forêt.
We saw some stags in the forest.

stag /stæg/

cerf-volant

▷ Florian veut un cerf-volant pour son anniversaire.
Florian wants a kite for his birthday.
▷ Il n'y a pas assez de vent pour faire du cerf-volant.
There's not enough wind to fly a kite.

kite /kaɪt/

► **faire du cerf-volant :** fly /flaɪ/ a kite (flew /fluː/, flown /fləʊn/)

cerise

▷ Ce que j'aime dans ce gâteau, c'est la cerise sur le dessus !
What I like about this cake is the cherry on the top!

cherry /'tʃerɪ/ (pluriel : cherries /'tʃerɪz/)

certain, certaine, certains

1 ▷ Tu es certain que ton vélo a été volé ?
Are you sure that your bike has been stolen?
▷ Je suis certaine que c'était Andrew.
I'm sure that it was Andrew.
2 ▷ Certains voisins se plaignent du bruit.
Some neighbours complain about the noise.

1 (= sûr) **sure** /ʃʊəʳ/

2 ► **certains** (= quelques) **some** /sʌm/

certainement

▷ Charlotte ira certainement à la soirée chez Cyril.
Charlotte will probably go to the party at Cyril's house.

(= probablement) **probably** /'prɒbablɪ/

cerveau

▷ Nous avons regardé une émission sur le cerveau humain.
We watched a programme about the human brain.

brain /breɪn/

ces

1 ▷ Regarde ces photos : elles sont bien, non ?
Look at these photographs: they're good, aren't they?
2 ▷ Tu vois ces deux femmes là-bas ?
Can you see those two women over there?

1 (pour désigner des choses ou des personnes proches) **these** /ðiːz/

2 (pour désigner des choses ou des personnes éloignées) **those** /ðəʊz/

c'est-à-dire

▷ Ma famille, c'est-à-dire mes parents et mes grands-parents.
My family, that is my parents and my grandparents.

(pour donner une explication) **that is** /ðæt 'ɪz/

cet, cette

Regardez le mot **ce**.

ceux, celles

▷ Les boucles d'oreilles bleues sont celles que je préfère.
The blue earrings are the ones I prefer.
▷ Ces filles sont celles qui m'ont indiqué le chemin.
Those girls are the ones who showed me the way.
▷ Ces pulls ne sont pas mal, mais ceux que j'ai vus hier sont encore mieux.
These sweaters aren't bad, but the ones I saw yesterday are even better.

the ones /ðə 'wɒnz/

ceux-ci, celles-ci

▷ Je n'aime pas ces verres-là, ceux-ci sont plus jolis.
I don't like those glasses, these are nicer.
▷ Ces boucles d'oreilles ne sont pas mal, mais je préfère celles-ci.
Those earrings aren't bad, but I prefer these.

these /ðiːz/

ceux-là, celles-là

▷ Je n'aime pas ces pulls. – Et ceux-là ?
I don't like these sweaters. – What about those?

those /ðəʊz/

chacun, chacune

1 ▷ Ça fait dix euros chacun.
That's ten euros each.

2 ▷ Chacun doit apporter quelque chose à boire.
Everybody *ou* everyone must bring something to drink.

1 (= chaque personne) **each** /iːtʃ/

2 (= tout le monde) **everybody** /'evrɪbɒdɪ/ *ou* **everyone** /'evrɪwʌn/

chagrin

▷ J'ai eu beaucoup de chagrin en apprenant sa mort.
I was very upset when I heard about his death.

► **avoir du chagrin :** be upset /ʌp'set/

chaîne

1 ▷ Quelle jolie chaîne ! Elle est en or ?
What a pretty chain! Is it made of gold?

2 ▷ Est-ce qu'il y a un film sur une autre chaîne ?
Is there a film on another channel?

3 ▷ On m'a offert une super chaîne avec un magnétophone et un lecteur de CD.
I was given a great stereo with a tape recorder and a CD player.

4 ▷ Je vais devoir changer la chaîne de mon vélo.
I'll need to change my bicycle chain.

1 (= bijou) **chain** /tʃeɪn/

2 (de télévision) **channel** /'tʃænl/

3 (pour écouter de la musique) **stereo** /'sterɪəʊ/

4 ► **chaîne de vélo :** bicycle chain /'baɪsɪkəl tʃeɪn/ (pluriel : bicycle chains)

chaise

▷ Assieds-toi sur cette chaise.
Sit down on that chair.
▷ J'ai passé la journée dans une chaise longue.
I spent the day in a deckchair.

chair /tʃeəʳ/

► **chaise longue :** deckchair /'dektʃeəʳ/

chalet

▷ Tous les hivers, nous louons un chalet dans les Vosges.
Every winter we rent a chalet in the Vosges.

chalet /'ʃæleɪ/

Comme en français le **t** *ne se prononce pas.*

chaleur

▷ Cette chaleur est vraiment insupportable !
This heat is really unbearable!

heat /hiːt/

Prononcez bien le **h***, pour bien faire la différence entre* **heat** *et* **eat***.*

chambre

▷ Tu dormiras dans cette chambre.
You will sleep in this bedroom.

▷ Une chambre pour une personne, s'il vous plaît.
A single room, please.

▷ J'ai dormi dans la chambre d'amis.
I slept in the guest room.

(chez soi) **bedroom** /'bedruːm/

(dans un hôtel) **room** /ruːm/

► **chambre d'amis : guest room** /'gestruːm/ (pluriel : guest rooms)

chameau

▷ Les chameaux ont deux bosses.
Camels have two humps.

camel /'kæməl/

champ

▷ Je me suis promenée dans les champs avec Grégoire.
I went for a walk in the fields with Grégoire.

field /fiːld/

champagne

▷ On a ouvert une bouteille de champagne pour mon anniversaire.
We opened a bottle of champagne for my birthday.

champagne /ʃæm'peɪn/

En anglais, **champagne** *rime avec* **stain** *et* **lane***.*

champignon

▷ On peut utiliser ces champignons pour faire une omelette.
We can use these mushrooms to make an omelette.

mushroom /'mʌʃruːm/

champion, championne

▷ Muhammad Ali était un grand champion.
Muhammad Ali was a great champion.

▷ Qui est la championne du monde d'athlétisme ?
Who is the world athletics champion?

champion /'tʃæmpjən/

► **champion** *ou* **championne du monde : world** /wɜːld/ **champion** (pluriel : world champions)

▷ Il est champion d'Europe de saut en hauteur.
He's the European high jump champion.

► champion *ou* championne d'Europe : European /jʊərə'pɪən/ champion (pluriel : European champions)

championnat

▷ Cette année, notre équipe ne participe pas au championnat.
This year our team isn't taking part in the championship.

▷ Il a gagné le championnat du monde de judo.
He won the world judo championship.

▷ Le championnat d'Europe d'athlétisme est terminé.
The European athletics championship is finished.

championship /'tʃæmpjənʃɪp/

► championnat du monde : world /wɜːld/ championship

► championnat d'Europe : European /jʊərə'pɪən/ championship

chance

1 ▷ Tu vas à New York ? Tu as de la chance !
You're going to New York? You're lucky!

▷ Tu n'as pas eu de chance, mais ce sera mieux la prochaine fois.
You were unlucky, but it will be better next time.

▷ Bonne chance pour ton entretien !
Good luck for your interview!

2 ▷ Paola a des chances de gagner.
Paola stands a good chance of winning.

1 ► avoir de la chance : be lucky /'lʌkɪ/

► ne pas avoir de chance : be unlucky /ʌn'lʌkɪ/

► bonne chance ! : good luck! /gʊd 'lʌk/

2 ► avoir des chances de + infinitif : stand a good chance of + -ing (stood, stood)

changement

▷ Je vois qu'il y a eu des changements ici.
I see that there have been some changes here.

(= modification) change /tʃeɪndʒ/

changer

▷ Tu devrais changer le titre.
You should change the title.

▷ Je voudrais changer cent euros en livres.
I'd like to change a hundred euros into pounds.

▷ Je vais changer de chaussures.
I'm going to change my shoes.

change /tʃeɪndʒ/

ℹ *Notez la préposition utilisée en anglais :* changer en = *change* **into.**

ℹ Changer de *se traduit par* change + adjectif possessif *lorsqu'on parle de quelque chose que l'on possède ou que l'on porte sur soi. On dira par exemple :* ***they changed their car*** (ils ont changé de voiture).

Suite page suivante

▷ Tu veux changer de compartiment ?
Do you want to change compartments?

ℹ *Quand on parle d'un lieu, on emploie en anglais* change + nom au pluriel. *On dit par exemple :* ***Zoé wants to change schools*** (Zoé veut changer d'école).

▷ J'ai changé d'avis : je viens avec vous.
I've changed my mind: I'm coming with you.

► **changer d'avis :** change one's mind

ℹ *L'adjectif possessif s'emploie de la façon suivante en anglais (exemples au present perfect) : I've changed **my** mind, you've changed **your** mind, he's changed **his** mind, she's changed **her** mind, we've changed **our** mind, they've changed **their** mind.*

▷ Je vais me changer, je suis trempé !
I'm going to get changed, I'm soaked!

► **se changer** (= changer de vêtements) **:** get changed /tʃeɪndʒd/ (got changed, got changed)

chanson

▷ Chante-nous une chanson !
Sing us a song!

song /sɒŋ/

chant

▷ Serge prend des cours de chant.
Serge takes singing lessons.

► **le chant :** singing /'sɪŋɪŋ/

chanter

▷ Chante-nous quelque chose !
Sing us something!

sing /sɪŋ/ (sang /sæŋ/, sung /sʌŋ/)

chanteur, chanteuse

▷ Qui est ton chanteur préféré ?
Who is your favourite singer?

singer /'sɪŋəʳ/

chapeau

1 ▷ Les chapeaux reviennent à la mode.
Hats are coming back into fashion.

1 (que l'on porte sur la tête) hat /hæt/

2 ▷ Chapeau ! Ce que tu as fait était formidable !
Well done! What you did was great!

2 (pour féliciter quelqu'un) well done! /wel 'dʌn/

chapiteau

▷ Le cirque a monté un chapiteau sur la place.
The circus put up a big top on the square.

big top /bɪg 'tɒp/ (pluriel : big tops)

ℹ *Notez la traduction de* monter un chapiteau *:* ***put up a big top*** (put up, put up).

chapitre

▷ Le premier chapitre du livre n'est pas très intéressant.
The first chapter of the book isn't very interesting.

chapter /'tʃæptəʳ/

chaque

▷ Nous allons en vacances en Espagne chaque année.
We go on holiday to Spain every year.
▷ Je ne savais pas quelle chemise choisir, alors j'en ai pris une de chaque.
I didn't know which shirt to choose, so I took one of each.

every /'evrɪ/

► **un de chaque, une de chaque :** one of each /ˌwɒn əv 'iːtʃ/

charcuterie

1 ▷ Il y a une charcuterie près d'ici.
There's a butcher's shop near here.

2 ▷ J'ai commandé une assiette de charcuterie.
I ordered a plate of cold meat.

1 (= magasin) butcher's shop /'bʊtʃəz ʃɒp/ (pluriel : butcher's shops)

2 (= viandes) cold meat /kəʊld 'miːt/

charcutier, charcutière

▷ Je connais un très bon charcutier.
I know a very good butcher.
▷ Le père d'Hubert est charcutier.
Hubert's father is a butcher.

butcher /'bʊtʃəʳ/

ℹ *N'oubliez pas l'article* a *ou* an *devant le nom du métier lorsqu'il suit les verbes* be *ou* become.

charger

1 ▷ Chargez la voiture, c'est l'heure de partir.
Load the car, it's time to leave.

2 ▷ Noémie m'a chargé de téléphoner à Louis.
Noémie asked me to phone Louis.

1 ► **charger** quelque chose (= mettre un poids sur ou dans quelque chose) **:** load /ləʊd/ something

2 ► **charger** quelqu'un **de faire** quelque chose **:** ask /ɑːsk/ somebody to do something

charmant, charmante

▷ Je trouve Jean-Luc vraiment charmant.
I find Jean-Luc really charming.

charming /'tʃɑːmɪŋ/

charme

▷ Je trouve que Loïc a beaucoup de charme.
I think Loïc has a lot of charm.

► **avoir du charme :** have charm /tʃɑːm/ (had, had)

chasse

1 ▷ Les Verts sont contre la chasse.
The Greens are against hunting.

▷ Le père d'Estelle va à la chasse tous les dimanches.
Estelle's father goes hunting every Sunday.

2 ▷ La chasse d'eau ne marche pas bien.
The flush doesn't work properly.
▷ J'ai entendu quelqu'un tirer la chasse.
I heard somebody flushing the toilet.

1 (= fait de chasser) hunting /'hʌntɪŋ/
ℹ *Attention, pas d'article en anglais.*
► **aller à la chasse :** go hunting (went, gone/been)

2 ► **chasse d'eau :** flush /flʌʃ/
► **tirer la chasse (d'eau) :** flush the toilet /tɔɪlɪt/

chasser

▷ En Angleterre, ils chassent les renards avec des chiens.
In England, they hunt foxes with dogs.

(= chasser des animaux) hunt /hʌnt/

chasseur

▷ Nous avons rencontré un groupe de chasseurs dans la forêt.
We met a group of hunters in the forest.

hunter /'hʌntəʳ/

chat

▷ Ma grand-mère a quatre chats.
My grandmother has four cats.

cat /kæt/

châtaigne

▷ J'ai ramassé des châtaignes avec Madeleine.
I gathered chestnuts with Madeleine.

chestnut /'tʃesnʌt/
ℹ *Notez la traduction de* ramasser des châtaignes *:* ***gather*** /'gæðəʳ/ ***chestnuts.***

châtain

▷ Guillaume a les cheveux châtain *ou* Guillaume est châtain.
Guillaume has brown hair.

(cheveux) brown /braʊn/
► **être châtain :** have brown hair (had, had)

château

▷ Nous sommes allés au château de Blois.
We went to Blois castle.

castle /'kɑːsl/
ℹ *Mais attention : on dit* ***the palace of Versailles*** (= le château de Versailles).

chatouiller

▷ Jérôme déteste qu'on le chatouille.
Jérôme hates being tickled.

tickle /'tɪkl/

chaud, chaude

▷ Cette soupe est trop chaude !
This soup is too hot!

▷ Tu te sens mieux ? Tu as chaud maintenant ?
Are you feeling better? Are you warm now?

▷ J'ai chaud, j'enlève ma veste.
I'm hot, I'm taking my jacket off.

▷ Ah, au moins ici il fait chaud !
Ah, at least here it's warm!

▷ Il fait trop chaud, est-ce que tu peux ouvrir la fenêtre ?
It's too hot, can you open the window?

hot /hɒt/ (**plus chaud** hotter /'hɒtəʳ/, **le plus chaud** the hottest /'hɒtɪst/)

► **avoir chaud** (= se sentir bien) : be warm /wɔːm/

► **avoir chaud** (= ne pas se sentir bien) : be hot

► **il fait chaud** (= c'est agréable) : it's warm

► **il fait chaud** (= c'est désagréable) : it's hot

ℹ *En anglais il y a deux mots pour dire* chaud *:* ***warm*** (pour la chaleur douce ou agréable) et ***hot*** (pour la chaleur forte ou désagréable).

chauffage

▷ Le chauffage ne marche pas dans notre maison.
The heating doesn't work in our house.

▷ Le chauffage central ne marche pas.
The central heating doesn't work.

heating /'hiːtɪŋ/

► **chauffage central :** central heating /ˌsentrəl 'hiːtɪŋ/

chauffer

▷ On n'a qu'à faire un feu pour chauffer la pièce.
Let's make a fire to heat the room.

▷ Je vais faire chauffer de la soupe.
I'm going to heat up some soup.

▷ Viens te chauffer au soleil.
Come and warm yourself in the sun.

(= rendre chaud) **heat** /hiːt/

► **faire chauffer :** (en parlant d'un aliment) heat up

► **se chauffer** (= se réchauffer) : warm /wɔːm/ oneself

ℹ *Le pronom personnel réfléchi s'emploie de la façon suivante en anglais* (exemples au présent) *: I warm* ***myself****, you warm* ***yourself****, he warms* ***himself****, she warms* ***herself****, we warm* ***ourselves****, you warm* ***yourselves****, they warm* ***themselves****.*

chauffeur

▷ Demande au chauffeur d'éteindre la radio.
Ask the driver to turn off the radio.

▷ Les chauffeurs de camion sont en grève.
The lorry drivers are on strike.

(d'autobus, de camion, de taxi) **driver** /'draɪvəʳ/

► **chauffeur de camion :** lorry driver /'lɒrɪ ˌdraɪvəʳ/ (pluriel : lorry drivers)

Suite page suivante

▷ Le frère de Hakim est chauffeur de taxi.
Hakim's brother is a taxi driver.

► **chauffeur de taxi :** taxi driver /'tæksɪ ˌdraɪvəʳ/ (pluriel : taxi drivers)

ℹ *N'oubliez pas l'article* ***a*** *ou* ***an*** *devant le nom du métier lorsqu'il suit les verbes* ***be*** *ou* ***become****.*

chausser

▷ Je chausse du 37.
I take size 37 in shoes.
▷ Tu chausses du combien ?
What size shoes do you take?

► **chausser du... :** take size... in shoes

ℹ *Notez bien la forme de la question en anglais. Le mot* ***size*** /saɪz/ *signifie soit la taille, soit la pointure.* ***Shoes*** *se prononce* /ʃuːz/.

chaussette

▷ Toutes mes chaussettes ont des trous.
All my socks have got holes in them.

sock /sɒk/

chausson

1 ▷ À la maison, je porte toujours des chaussons.
At home, I always wear slippers.

2 ▷ Deux croissants et deux chaussons aux pommes, s'il vous plaît.
Two croissants and two apple turnovers, please.

1 (= chaussure d'intérieur) slipper /'slɪpəʳ/

2 ► **chausson aux pommes :** apple turnover /ˌæpl 'tɜːnəʊvəʳ/ (pluriel : apple turnovers)

chaussure

▷ Latifa a au moins dix paires de chaussures.
Latifa has got at least ten pairs of shoes.
▷ J'emporte mes chaussures de marche pour les vacances.
I'm taking my walking boots for the holidays.
▷ Tu peux louer des chaussures de ski pour la journée.
You can hire ski boots for the day.

shoe /ʃuː/

► **chaussures de marche :** walking boots /'wɔːkɪŋ buːts/

► **chaussures de ski :** ski boots /'skiː buːts/

chauve

▷ Le père de James est chauve.
James's father is bald.

bald /bɔːld/

chauve-souris

▷ Les chauves-souris sortent seulement la nuit.
Bats only come out at night.

bat /bæt/

chef

1 ▷ Qui est le chef ici ?
Who is the boss here?

1 (= celui ou celle qui commande) boss /bɒs/ (pluriel : bosses /'bɒsɪz/)

2 ▷ C'est un célèbre chef d'orchestre.
He is a famous conductor.

2 ► **chef d'orchestre :** conductor /kən'dʌktəʳ/

chef-d'œuvre

▷ Je trouve que ce film est un chef-d'œuvre.
I think this film is a masterpiece.

masterpiece /'mɑːstəpiːs/

chemin

1 ▷ Prenez le chemin à gauche après l'église.
Take the path on the left after the church.

1 (= sentier) path /pɑːθ/

2 ▷ Des touristes m'ont demandé leur chemin.
Some tourists asked me the way.

2 ► **demander son chemin à quelqu'un :** ask /ɑːsk/ somebody the way

Attention à la prononciation de ***asked*** *:* /ɑːskt/.

▷ Je vais vous montrer le chemin.
I'm going to show you the way.

► **montrer le chemin à quelqu'un :** show /ʃəʊ/ somebody the way

3 ▷ On s'est arrêtés en chemin pour acheter des cartes postales.
We stopped on the way to buy postcards.

3 ► **en chemin :** on the way /ɒn ðə 'weɪ/

cheminée

1 ▷ Il fait trop chaud près de la cheminée.
It's too hot near the fireplace.

1 (à l'intérieur) fireplace /'faɪəpleɪs/

2 ▷ Les cheminées de l'usine sont en briques.
The factory chimneys are made of brick.

2 (à l'extérieur) chimney /'tʃɪmnɪ/

chemise

1 ▷ Je n'aime pas beaucoup cette chemise à carreaux.
I don't really like that checked shirt.

1 (= vêtement) shirt /ʃɜːt/

2 ▷ J'ai mis toutes les photocopies dans une chemise.
I put all the photocopies in a folder.

2 (= dossier) folder /'fəʊldəʳ/

3 ▷ Cette chemise de nuit est trop épaisse.
This nightdress is too thick.

3 ► **chemise de nuit :** nightdress /'naɪtdres/ (pluriel : nightdresses /'naɪtdresɪz/)

chemisier

▷ Quelqu'un a vu mon chemisier bleu ?
Has anybody seen my blue blouse?

blouse /blaʊz/

Le mot anglais ***blouse*** *rime avec* ***cows***.

chêne

▷ Il y a un très vieux chêne dans le parc.
There is a very old oak in the park.

oak /əʊk/

On dit aussi ***oak tree*** (pluriel : ***oak trees***).

Suite page suivante

▷ Cette table est en chêne.
This table is made of oak.

▷ Nous voudrions une armoire en chêne pour la chambre.
We would like an oak wardrobe for the bedroom.

► **être en chêne :** be made of oak

► **en chêne :** oak

chenille

▷ Regarde, il y a une petite chenille dans la salade !
Look, there's a little caterpillar in the salad!

caterpillar /ˈkætəpɪləʳ/

chèque

▷ Est-ce que vous acceptez les chèques ?
Do you accept cheques?

▷ Renaud m'a fait un chèque de cinquante euros.
Renaud wrote me a cheque for fifty euros.

cheque /tʃek/

Il n'y pas d'accent dans le mot anglais cheque.

► **un chèque de... :** a cheque for...

En anglais américain, ce mot s'écrit check.

chéquier

▷ Je cherche mon chéquier.
I'm looking for my chequebook.

chequebook /ˈtʃekbʊk/

*En anglais américain, **checkbook**.*

cher, chère

1 ▷ Deux livres pour un café, c'est cher !
Two pounds for a coffee is expensive!

▷ Je me suis acheté un pull pas cher.
I bought myself a cheap pullover.

▷ Ça coûte cher d'aller au Mexique en avion.
It costs a lot to go to Mexico by plane.

2 ▷ Chère Barbara,...
Dear Barbara,...

1 (= qui coûte beaucoup d'argent) expensive /eksˈpensɪv/ (**plus cher** more expensive, **le plus cher** the most expensive)

► **pas cher, pas chère :** cheap /tʃiːp/

► **coûter cher :** cost /kɒst/ a lot (cost, cost)

2 (pour commencer une lettre) dear /dɪəʳ/

chercher

1 ▷ Je cherche mon stylo.
I'm looking for my pen.

2 ▷ Il faudra que je cherche le mot dans le dictionnaire.
I'll have to look up the word in the dictionary.

3 ▷ Va chercher le journal, il est sur la table.
Fetch the newspaper, it's on the table.

▷ Nous irons chercher Paul à l'aéroport.
We'll meet Paul at the airport.

1 (= essayer de trouver) : look /lʊk/ for somebody *ou* something

2 (= chercher dans un dictionnaire ou dans un annuaire) look up

3 ► **aller chercher** quelque chose : fetch /fetʃ/ something

► **aller chercher** quelqu'un : meet /miːt/ somebody (met, met /met/)

▷ Je viendrai te chercher à la gare.
I'll pick you up at the station.

► venir chercher quelqu'un : pick /pɪk/ somebody up

4 ▷ Ce bus a cherché à me doubler.
That bus tried to overtake me.

4 ► chercher à faire quelque chose : try /traɪ/ to do something (tried, tried /traɪd/)

cheval

▷ C'est un cheval très affectueux.
It's a very affectionate horse.

▷ Claire fait du cheval le dimanche.
Claire goes horse-riding on Sundays.

horse /hɔːs/

► faire du cheval : go horse-riding /ˈhɔːsraɪdɪŋ/ (went, gone/been)

chevet

▷ Mets le verre sur ma table de chevet, s'il te plaît.
Put the glass on my bedside table, please.

► table de chevet : bedside table /ˌbedsaɪd ˈteɪbl/ (pluriel : bedside tables).

cheveu, cheveux

▷ Il y a un cheveu sur mon assiette !
There's a hair on my plate!

▷ Mes cheveux sont sales !
My hair is dirty!

▷ Gilda a les cheveux roux.
Gilda has red hair.

hair /heəʳ/

► un cheveu : a hair.

i *Lorsqu'on parle des* cheveux, *on emploie le mot anglais* **hair**, *au singulier. On dit par exemple :* ***his hair is very long*** (ses cheveux sont très longs).

i *Remarquez l'absence d'article en anglais dans l'exemple à gauche.*

cheville

▷ Rodolphe s'est cassé la cheville.
Rodolphe broke his ankle.

ankle /ˈæŋkl/

chèvre

▷ J'adore le fromage de chèvre.
I love goat's cheese.

goat /gəʊt/

chewing-gum

▷ Tu veux un chewing-gum ?
Do you want a piece of gum?

▷ Mathilde a acheté des chewing-gums.
Mathilde bought some gum.

► un chewing-gum : a piece /piːs/ of gum /gʌm/

► du chewing-gum *ou* des chewing-gums : some gum

chez

1 ▷ Chez moi nous n'avons pas de télé.
At home we don't have a TV.

1 ► être chez moi, chez toi, chez nous, chez vous, chez eux (= être à la maison) : be at home /ət ˈhəʊm/

Suite page suivante

2 ▷ Est-ce que tu veux rentrer chez toi ?
Do you want to go home?

2 ► **aller** *ou* **rentrer chez moi, chez toi, chez nous, chez vous, chez eux** (= aller à la maison) : go home (went home, gone home)

3 ▷ Je vais manger chez Clarisse ce soir.
I'm going to eat at Clarisse's house tonight.
▷ Clara veut dormir chez Peter.
Clara wants to sleep at Peter's house.
▷ Pour aller chez David, tu tournes à gauche avant le garage.
To go to David's house, you turn left before the garage.

▷ Je viendrai chez toi vers trois heures.
I'll come to your place at around three o'clock.

3 *Pour parler de la maison de quelqu'un d'autre, on emploie l'expression* **at** + *cas possessif* + **house**.

ℹ *Quand* chez *suit un verbe qui exprime un déplacement, comme* venir, aller *ou* rentrer, *on emploie l'expression* **to** + *cas possessif* + **house**, *par exemple I'll come* **to your house**, *we went* **to Sonia's house**.
ℹ *On peut aussi employer le mot* **place** /pleɪs/ *au lieu de* **house** : *my* **place**, *David's* **place**.

4 ▷ Bénédicte est chez le coiffeur.
Bénédicte is at the hairdresser's.
▷ Anaïs doit aller chez le médecin.
Anaïs has to go to the doctor's.

4 *Pour parler d'un magasin, du médecin, du dentiste, on emploie le cas possessif* ('s).

chic

▷ Tu es très chic aujourd'hui, tu vas à une soirée ?
You're very smart today, are you going to a party?

(= élégant) **smart** /smɑːt/ (**plus chic** smarter /ˈsmɑːtəʳ/, **le plus chic** the smartest /ˈsmɑːtɪst/)

chien, chienne

▷ Le chien de Baptiste est très gentil.
Baptiste's dog is very friendly.

dog /dɒg/

chiffon

▷ Donne-moi un chiffon, je vais nettoyer la table.
Give me a cloth, I'm going to clean the table.

cloth /klɒθ/

chiffre

▷ Pense à un chiffre entre un et neuf.
Think of a number between one and nine.

number /ˈnʌmbəʳ/

chignon

▷ Ton chignon n'est pas droit.
Your bun isn't straight.
▷ Madame Delacroix porte un chignon.
Mrs Delacroix wears her hair in a bun.

bun /bʌn/

► **porter un chignon** : wear one's hair in a bun (wore, worn)

> *L'adjectif possessif s'emploie de la façon suivante en anglais* (exemples au présent) : *I wear **my** hair in a bun, you wear **your** hair in a bun, she wears **her** hair in a bun.*

chimie

▷ La chimie est ma matière préférée.
Chemistry is my favourite subject.

chemistry /'kemɪstrɪ/

*Le **ch** de **chemistry** se prononce comme un **k**.*

Chine

▷ La Chine est le pays le plus peuplé du monde.
China is the most populated country in the world.
▷ Nous avons passé trois semaines en Chine.
We spent three weeks in China.
▷ Si je vais en Chine, j'aimerais avoir un interprète.
If I go to China, I'd like to have an interpreter.

China /'tʃaɪnə/

Ne prend jamais d'article.

► **la Chine : China**

► **en Chine** (= dans le pays) **: in China**

► **en Chine** (= vers le pays) **: to China**

chinois, chinoise

▷ Il y a un bon restaurant chinois dans cette rue.
There's a good Chinese restaurant in this street.
▷ Une Chinoise nous a accueillis.
A Chinese woman welcomed us.
▷ Les Chinois mangent beaucoup de riz.
The Chinese eat a lot of rice.

Chinese /tʃaɪ'ni:z/

S'écrit toujours avec une majuscule, comme tous les adjectifs et noms de nationalité en anglais.

Pour dire **un Chinois, une Chinoise** *en anglais, on dit a Chinese man, a Chinese woman, a Chinese boy, a Chinese girl.*

► **les Chinois : the Chinese**

chips

▷ En Angleterre il y a des chips au vinaigre.
In England there are vinegar-flavoured crisps.

crisps /krɪsps/

*Attention : le mot anglais **chips** veut dire* frites *en Grande-Bretagne.*

*Aux États-Unis, on dit **chips**, comme en français, pour dire des chips, mais il faut bien prononcer le **ch*** (comme le **tch** de **match**) *pour faire la différence avec ships.*

chirurgien, chirurgienne

▷ Le chirurgien a dit que je devais me reposer.
The surgeon said I had to rest.
▷ Ophélie est chirurgienne.
Ophélie is a surgeon.

surgeon /'sɜ:dʒən/

*N'oubliez pas l'article **a** ou **an** devant le nom du métier lorsqu'il suit les verbes **be** ou **become**.*

choc

▷ J'ai eu un choc quand j'ai vu Cédric.
I got a shock when I saw Cédric.

shock /ʃɒk/

chocolat

1 ▷ J'adore le chocolat.
I love chocolate.
▷ Tu préfères le chocolat noir ou le chocolat au lait ?
Do you prefer dark chocolate or milk chocolate?
2 ▷ Un café et un chocolat chaud, s'il vous plaît.
One coffee and one hot chocolate, please.
3 ▷ Il y a de la crème au chocolat comme dessert.
There is chocolate cream for dessert.

1 (à manger) chocolate /'tʃɒklət/
► **chocolat noir :** dark chocolate
► **chocolat au lait :** milk chocolate
2 ► **chocolat chaud :** hot chocolate (pluriel : hot chocolates)
3 ► **au chocolat :** chocolate

choisir

▷ Je dois choisir un cadeau pour Aurélie.
I must choose a present for Aurélie.

choose /tʃuːz/ (chose /tʃəʊz/, chosen /'tʃəʊzn/)

choix

▷ Il n'y a pas beaucoup de choix ici.
There isn't much choice here.
▷ Tu n'as pas le choix : tu dois le faire.
You have no choice: you must do it.

choice /tʃɔɪs/
► **ne pas avoir le choix :** have no choice (had, had)

chômage

▷ Le chômage est en baisse.
Unemployment is falling.
▷ Kevin est au chômage.
Kevin is unemployed.

► **le chômage :** unemployment /ˌʌnɪm'plɔɪmənt/
► **être au chômage :** be unemployed /ˌʌnɪm'plɔɪd/

chômeur, chômeuse

▷ Le frère d'Ismaël est chômeur.
Ismaël's brother is unemployed.
▷ Combien y a-t-il de chômeurs en France ?
How many unemployed people are there in France?
▷ Ils veulent aider les chômeurs.
They want to help the unemployed.

► **être chômeur :** be unemployed /ˌʌnɪm'plɔɪd/
► **un chômeur :** an unemployed person (pluriel : unemployed people)
► **les chômeurs :** the unemployed

choquant, choquante

▷ Est-ce que tu trouves ça choquant ?
Do you find it shocking?

shocking /'ʃɒkɪŋ/ (plus choquant more shocking, le plus choquant the most shocking)

chorale

▷ Dorothée chante dans la chorale de l'école.
Dorothée sings in the school choir.

choir /'kwaɪəʳ/
🔊 *Choir rime avec* ***fire*** *et* ***hire****.*

chose

▷ J'ai beaucoup de choses à faire.
I have a lot of things to do.

thing /θɪŋ/

chou

1 ▷ Je n'aime pas beaucoup le chou.
I don't like cabbage very much.

2 ▷ Un kilo de choux de Bruxelles, s'il vous plaît.
A kilo of Brussels sprouts, please.

3 ▷ J'ai acheté des choux à la crème comme dessert.
I bought some cream-puffs for dessert.

1 (= légume) **cabbage** /'kæbɪdʒ/
🔊 *Cabbage rime avec* ***bridge****.*

2 ► **chou de Bruxelles :** Brussels sprout /ˌbrʌsl'spraʊt/ (pluriel : Brussels sprouts)

3 ► **chou à la crème :** cream-puff /'kriːmpʌf/

chouchou, chouchoute

▷ Antoine est le chouchou du prof.
Antoine is the teacher's pet.

► **le chouchou du prof :** the teacher's pet /ˌtiːtʃəz 'pet/

chouette

1 ▷ Les chouettes dorment pendant la journée.
Owls sleep during the day.

2 ▷ Ta montre est chouette ; elle est neuve ?
Your watch is great; is it new?

1 (= oiseau) **owl** /aʊl/

2 (= bien, beau) **great** /greɪt/

chou-fleur

▷ J'ai préparé du poisson et du chou-fleur pour dîner.
I have prepared fish and cauliflower for dinner.

cauliflower /'kɒlɪflaʊəʳ/

chrétien, chrétienne

▷ C'est une tradition chrétienne.
It's a Christian tradition.
▷ Je suis chrétien.
I'm a Christian.

Christian /'krɪstɪən/
ℹ *S'écrit toujours avec une majuscule, comme tous les adjectifs et noms de religion en anglais.*

chuchoter

▷ Judith m'a chuchoté quelque chose, mais je n'ai pas compris.
Judith whispered something to me, but I didn't understand.

► **chuchoter** quelque chose à quelqu'un **:** whisper /'wɪspəʳ/ something to somebody

chut !

▷ Chut ! Amélie dort encore !
Sh! Amélie is still asleep!

sh! /ʃ/
ℹ *On dit aussi* ***shush!*** /ʃʊʃ/

chute

▷ Après sa chute, Antoine a remis ses skis.
After his fall, Antoine put his skis back on.
▷ Il y a une très belle chute d'eau ici.
There is a very beautiful waterfall here.
▷ Nous sommes allés voir les chutes du Niagara.
We went to see Niagara Falls.

(quand on tombe) **fall** /fɔːl/

► **chute d'eau :** waterfall /ˈwɔːtəfɔːl/
ℹ *Dans les noms propres en anglais, on dit* ***Falls*** /fɔːlz/*, et on l'écrit avec une majuscule.*

cible

▷ Diane a raté la cible.
Diane missed the target.

target /ˈtɑːgɪt/
🔊 *Attention : le* ***g*** *de* ***target*** *se prononce comme le* ***g*** *de* ***go****.*

ciboulette

▷ J'ai un peu de ciboulette sur le balcon.
I have some chives on the balcony.

chives /ˈtʃaɪvz/
ℹ ***Chives*** *est un nom pluriel : on dit par exemple* ***chives are very good in salad*** (la ciboulette est très bonne dans la salade).

cicatrice

▷ Olivier a une cicatrice sur le front.
Olivier has got a scar on his forehead.

scar /skɑːʳ/

cidre

▷ Tu veux un verre de cidre ?
Do you want a glass of cider?

cider /ˈsaɪdəʳ/
ℹ *Attention à l'orthographe du mot anglais* ***cider****.*
🔊 *Le* ***i*** *se prononce comme le* ***i*** *de* ***like****.*

ciel

▷ Le ciel est très bleu aujourd'hui.
The sky is very blue today.

sky /skaɪ/
ℹ *Quand on parle du Ciel au sens de paradis, on dit* ***Heaven*** *en anglais.*

cigare

▷ Je n'aime pas l'odeur du cigare.
I don't like the smell of cigars.

cigar /sɪˈgɑːʳ/
ℹ *Attention à l'orthographe du mot anglais* ***cigar****.*
🔊 *L'accent tonique est sur la deuxième syllabe* ***-gar****.*

cigarette

▷ Je vais acheter des cigarettes.
I'm going to buy some cigarettes.

cigarette /ˌsɪɡəˈret/

ci-joint

▷ Veuillez trouver ci-joint les copies demandées.
Please find enclosed the copies requested.

enclosed /ɪnˈkləʊzd/

cil

▷ Je crois que j'ai un cil dans l'œil.
I think I have an eyelash in my eye.

eyelash /ˈaɪlæʃ/ (pluriel : eyelashes /ˈaɪlæʃɪz/)

cimetière

▷ J'habite en face du cimetière.
I live opposite the cemetery.

cemetery /ˈsemɪtrɪ/ (pluriel : cemeteries /ˈsemɪtrɪz/)

cinéma

1 ▷ Il y a trois cinémas dans la ville.
There are three cinemas in the town.
▷ Thomas va au cinéma toutes les semaines.
Thomas goes to the cinema every week.

2 ▷ Arrête de faire du cinéma !
Stop making a fuss!

1 **cinema** /ˈsɪnəmə/

*En anglais américain, on dit **movie theater** /ˈmuːvɪ ˈθɪətəʳ/ (pluriel : movie theaters) pour parler de la salle de cinéma.*

2 ► **faire du cinéma** (sens familier) : **make a fuss** (made, made)

cinq

1 ▷ Camille a cinq paires de tennis différentes.
Camille has five different pairs of trainers.

2 ▷ Nous partirons le cinq décembre.
We'll leave on the fifth of December.

1 **five** /faɪv/

2 ► **le cinq** (pour dire la date) **the fifth** /fɪfθ/

ℹ *Notez l'emploi de **on** et **of** en anglais lorsqu'on dit la date.*

ℹ *On écrit **5 December**.*

cinquante

▷ Il y avait environ cinquante personnes.
There were about fifty people there.
▷ Julien va avoir cinquante ans demain.
Julien is fifty years old tomorrow.
▷ C'était un groupe très connu dans les années cinquante.
They were a very well-known group in the fifties.

fifty /ˈfɪftɪ/

2 ► **les années cinquante** : **the fifties** /ˈfɪftɪz/

cinquième

▷ C'est la cinquième fois que je vois ce film.
That's the fifth time I've seen that film.

fifth /fɪfθ/

cintre

▷ Mets ta veste sur un cintre.
Put your jacket on a coat hanger.

(pour accrocher les vêtements) coat hanger /'kəʊthæŋəʳ/ (pluriel : coat hangers)

circuit

1 ▷ Nous avons fait un beau circuit dans la région des lacs.
We did a lovely tour in the Lake District.

2 ▷ Le circuit automobile du Mans est très célèbre.
Le Mans race circuit is very famous.

1 (= trajet) tour /tʊəʳ/

2 ► **circuit automobile :** race circuit /'reɪs ˌsɜːkɪt/ (pluriel : race circuits)

En anglais, circuit se prononce comme sir + kit.

circulation

▷ Il y a beaucoup de circulation dans cette rue.
There is a lot of traffic in this street.

(de voitures) traffic /'træfɪk/

Attention à l'orthographe du mot anglais traffic : il y a deux f.

circuler

1 ▷ Il est très difficile de circuler à Paris.
It's very difficult to drive in Paris.

2 ▷ Est-ce que les bus circulent le dimanche ?
Do buses run on Sundays?

3 ▷ Faites circuler le plat !
Pass the plate round!

1 (= conduire) drive /draɪv/ (drove /drəʊv/, driven /'drɪvn/)

2 (en parlant des transports en commun) run /rʌn/ (ran /ræn/, run)

3 ► **faire circuler** quelque chose : pass /pɑːs/ something round

cirer

▷ Je pense rarement à cirer mes chaussures.
I rarely think of polishing my shoes.

polish /'pɒlɪʃ/

cirque

▷ Luc et Justine sont allés au cirque hier.
Luc and Justine went to the circus yesterday.

(= spectacle) circus /'sɜːkəs/ (pluriel : circuses /'sɜːkəsɪz/)

ciseaux

▷ Ces ciseaux coupent mal.
These scissors don't cut very well.

▷ Tu peux me prêter une paire de ciseaux ?
Can you lend me a pair of scissors?

scissors /'sɪzəz/

Attention : On ne dit pas 'a scissors' !

► **une paire de ciseaux :** a pair of scissors

citation

▷ C'est une citation de Shakespeare.
It's a quotation from Shakespeare.

quotation /kwəʊ'teɪʃən/

ℹ *Notez la préposition employée en anglais : une citation **de** = a quotation **from**.*

cité

1 ▷ Les Dutoit habitent dans une cité en banlieue.
The Dutoits live in a housing estate in the suburbs.

2 ▷ J'ai habité pendant deux ans dans une cité universitaire.
I lived in the halls of residence for two years.

1 (= immeubles) **housing estate** /'haʊzɪŋ ɪ,steɪt/ (pluriel : housing estates)

2 ► **cité universitaire : halls of residence** /,hɔːlz əv 'rezɪdəns/

ℹ *Halls of residence est un pluriel : on dit par exemple **the halls of residence are on that street*** (la cité universitaire est dans cette rue).

citron

1 ▷ Deux citrons, s'il vous plaît.
Two lemons, please.

▷ Cette tarte au citron est délicieuse.
This lemon tart is delicious.

2 ▷ Il y a du citron vert dans cette recette.
There's lime in this recipe.

1 **lemon** /'lemən/

► **au citron : lemon**

2 ► **citron vert : lime** /laɪm/

citrouille

▷ Cette citrouille est énorme !
That pumpkin is huge!

pumpkin /'pʌmpkɪn/

civilisation

▷ La civilisation maya la passionne.
The Mayan civilization fascinates him.

civilization /,sɪvɪlaɪ'zeɪʃən/

ℹ *Attention à l'orthographe du mot anglais !*

🔊 *Le troisième **i** de **civilization** se prononce comme le **i** de **like**.*

clair, claire

1 ▷ C'est la pièce la plus claire de la maison.
It's the brightest room in the house.

2 ▷ Les couleurs claires sont à la mode.
Light colours are fashionable.

▷ Il portait des chaussettes bleu clair.
He was wearing light blue socks.

1 (en parlant de la lumière) **bright** /braɪt/ (plus clair **brighter** /'braɪtə^r^/, le plus clair **the brightest** /'braɪtɪst/)

2 (en parlant d'une couleur) **light** /laɪt/ (plus clair **lighter** /'laɪtə^r^/, le plus clair **the lightest** /'laɪtɪst/)

Suite page suivante

3 ▷ L'explication de Benjamin n'était pas très claire.
Benjamin's explanation wasn't very clear.

3 (= compréhensible) clear /klɪəʳ/ (plus clair clearer /'klɪərəʳ/, le plus clair the clearest /'klɪərɪst/)

claque

▷ J'ai failli lui donner une claque.
I nearly gave him a slap.

► **donner une claque à quelqu'un :** give /gɪv/ somebody a slap /slæp/ (gave /geɪv/, given /'gɪvən/)

claquer

1 ▷ L'élastique a claqué.
The rubber band snapped.

1 (= casser) snap /snæp/

ℹ *Il y a deux **p** au gérondif (**snapping** /'snæpɪŋ/), au prétérit et au participe passé (**snapped** /snæpt/).*

2 ▷ Il fait tellement froid qu'elle claque des dents.
It's so cold that her teeth are chattering.

2 Pour dire qu'**on claque des dents,** on emploie l'expression my/your/his/her/our/their teeth are chattering /'tʃætərɪŋ/.

3 ▷ C'est impoli de claquer des doigts pour appeler le serveur.
It's rude to snap your fingers to call the waiter.

3 ► **claquer des doigts :** snap one's fingers

ℹ *L'adjectif possessif s'utilise de la façon suivante en anglais* (exemples au présent) *:*
*I snap **my** fingers, you snap **your** fingers, he snaps **his** fingers, she snaps **her** fingers, we snap **our** fingers, they snap **their** fingers.*

4 ▷ Brice est parti en claquant la porte.
Brice slammed the door and left.

4 ► **claquer la porte :** slam /slæm/ the door /dɔːʳ/

ℹ ***Slam** prend deux **m** au gérondif (**slamming** /'slæmɪŋ/), au prétérit et au participe passé (**slammed** /slæmd/).*

clarinette

▷ J'ai oublié ma clarinette à la maison.
I left my clarinet at home.

clarinet /ˌklærɪ'net/

ℹ *Attention à l'orthographe du mot anglais.*

▷ Léon joue de la clarinette.
Léon plays the clarinet.

► **jouer de la clarinette :** play the clarinet

classe

1 ▷ Il y a vingt-cinq élèves dans ma classe.
There are twenty-five pupils in my class.

1 (= groupe d'élèves) class /klɑːs/ (pluriel : classes /'klɑːsɪz/)

2 ▷ La classe était vide quand nous sommes arrivés.
The classroom was empty when we arrived.

2 (= salle) classroom /'klɑːsruːm/

3 ▷ Tu es dans quelle classe ?
What form are you in?

3 (= année d'études) **form** /fɔːm/

4 ▷ Léo ne va pas en classe, il est malade.
Léo doesn't go to school, he's ill.

4 ► **aller en classe : go to school** /skuːl/ (went, gone/been)

5 ▷ Les enfants sortent de classe à trois heures.
The children finish school at three o'clock.

5 ► **sortir de classe : finish school**

classer

1 ▷ Il s'agit de les classer en trois catégories.
You have to classify them in three categories.

1 (= mettre en catégories) **classify** /'klæsɪfaɪ/

ℹ *Le y devient i à la troisième personne du présent (**classifies** /'klæsɪfaɪz/), au prétérit et au participe passé (**classified** /'klæsɪfaɪd/).*

2 ▷ Si tu classais tes papiers un peu mieux, tu les trouverais tout de suite !
If you filed your papers a bit better, you would find them straight away!

2 (= ranger) **file** /faɪl/

classeur

▷ Est-ce que quelqu'un a vu mon classeur vert ?
Has anybody seen my green folder?

folder /'fəʊldəʳ/

classique

▷ J'écoute surtout de la musique classique.
I mostly listen to classical music.

classical /'klæsɪkl/

clavier

1 ▷ Le clavier de mon ordinateur est très sale.
My computer keyboard is very dirty.

1 (en parlant d'un piano, d'un ordinateur) **keyboard** /'kiːbɔːd/

2 ▷ C'est la touche avec une étoile sur le clavier de ton téléphone.
It's the key with a star on your telephone keypad.

2 (en parlant d'un téléphone, d'une télécommande) **keypad** /'kiːpæd/

clé ou clef

▷ Lucas a perdu sa clé, il ne peut pas rentrer chez lui.
Lucas lost his key, he can't get into his house.

key /kiː/

🔊 ***Key** rime avec **me**, **bee** et **sea**.*

▷ Ce n'est pas la peine de fermer la porte à clé.
There's no point locking the door.

► **fermer quelque chose à clé : to lock** /lɒk/ **something.**

clémentine

▷ Deux kilos de clémentines, s'il vous plaît.
Two kilos of clementines, please.

clementine /'kleməntaɪn/

ℹ *Attention : le mot anglais **clementine** s'écrit sans accent.*

cliché

▷ Le film est plein de clichés sur les Anglais.
The film is full of clichés about the English.

(= idée reçue) **cliché** /'kliːʃeɪ/
On emploie le mot français en anglais.

client, cliente

1 ▷ Les autres clients se sont retournés quand Marion a crié dans le restaurant.
The other customers turned round when Marion shouted in the restaurant.

2 ▷ Les clients de l'hôtel se sont plaints.
The hotel guests complained.

1 (en parlant d'un magasin, d'un restaurant) **customer** /'kʌstəməʳ/

2 (en parlant d'un hôtel) **guest** /gest/
Le u de guest ne se prononce pas.

cligner

▷ Boris a un tic, il cligne tout le temps des yeux.
Boris has a nervous tic, he blinks all the time.

► **cligner des yeux : blink** /blɪŋk/

clignotant

▷ Le clignotant gauche ne marche pas.
The left indicator doesn't work.
▷ N'oublie pas de mettre ton clignotant.
Don't forget to indicate.

indicator /'ɪndɪkeɪtəʳ/

► **mettre son clignotant : indicate** /'ɪndɪkeɪt/

clignoter

▷ Il y a une petite lumière qui clignote, c'est normal ?
There's a little light that's flashing, is that normal?

flash /flæʃ/

climat

▷ Le climat français est plus doux que le climat anglais.
The French climate is milder than the English climate.

climate /'klaɪmɪt/

Le i du mot anglais climate se prononce comme le i de like.

climatisation

▷ Cécile voudrait une voiture avec la climatisation.
Cécile would like a car with air conditioning.

air conditioning /'ɛə kən,dɪʃənɪŋ/

clin d'œil

▷ Barry m'a fait un clin d'œil.
Barry winked at me.

► **faire un clin d'œil à quelqu'un : wink** /wɪŋk/ **at somebody**

clinique

▷ Aujourd'hui nous allons voir mamie à la clinique.
Today we're going to see granny at the hospital.

(= hôpital) **hospital** /'hɒspɪtəl/

clip

▷ Tu as vu le clip de Madonna ?
Have you seen Madonna's video?

video /'vɪdɪəʊ/

cliquer

▷ Si je clique ici, qu'est-ce qui se passe ?
If I click here, what happens?
▷ Clique deux fois sur cette icône.
Double-click on this icon.

click /klɪk/

► **cliquer deux fois :** double-click /ˌdʌbl'klɪk/

clochard, clocharde

▷ Des clochards dormaient dans la station de métro.
Some tramps were sleeping in the metro station.

tramp /træmp/

cloche

▷ J'aime bien le son des cloches de l'église.
I love the sound of church bells.

bell /bel/

clocher

1 ▷ Je vois le clocher de l'église de ma fenêtre.
I can see the church tower from my window.
2 ▷ Il y a quelque chose qui cloche.
There is something wrong.
▷ Qu'est-ce qui cloche ?
What's wrong?

1 ► **un clocher :** a church tower /tʃɜːtʃ 'taʊəʳ/ (pluriel : church towers)

2 *Notez les expressions qu'on emploie en anglais pour dire que quelque chose* cloche (= ne va pas comme il faut, *au sens familier*).

cloque

▷ Latifa s'est brûlée, elle a des cloques sur la main.
Latifa burned herself, she has blisters on her hand.

blister /'blɪstəʳ/

clôture

▷ Il y a une clôture tout autour du champ.
There is a fence all around the field.

(= barrière) **fence** /fens/

clou

1 ▷ Cet outil sert à arracher les clous.
This tool is for pulling nails out.
2 ▷ Il y a des clous de girofle dans ce plat.
There are cloves in this dish.

1 (= pointe) **nail** /neɪl/

2 ► **clou de girofle :** clove /kləʊv/

clouer

▷ Ils ont cloué des planches en travers de la fenêtre.
They nailed some planks across the window.

nail /neɪl/

clown

▷ Les clowns au cirque n'étaient pas très amusants.
The clowns at the circus weren't very funny.
▷ Arrête un peu de faire le clown !
Stop fooling around!

(au cirque) **clown** /klaʊn/

Le ow du mot anglais clown se prononce comme le ow de cow.

► **faire le clown : fool around** /fuːl əˈraʊnd/

club

▷ Tu viens au club de tennis samedi ?
Are you coming to the tennis club on Saturday?

club /klʌb/

coca

▷ J'ai commandé un coca, tu en veux un aussi ?
I've ordered a Coke, do you want one as well?

(= boisson) **Coke®** /kəʊk/

Le ® signifie que le mot anglais est le nom d'une marque. Vous n'avez pas besoin d'écrire ce symbole.

coccinelle

▷ Il y a beaucoup de coccinelles dans le jardin.
There are a lot of ladybirds in the garden.

(= insecte) **ladybird** /ˈleɪdɪbɜːd/

En anglais américain, on dit **ladybug** /leɪdɪbʌg/.

cocher

▷ Cocher une seule case par question.
Tick only one box per question.

tick /tɪk/

cochon

▷ Ils élèvent principalement des cochons.
They mainly raise pigs.

(= animal) **pig** /pɪg/

En anglais américain, on dit **hog** /hɒg/.

cochonneries

1 ▷ Jeanne mange trop de cochonneries.
Jeanne eats too much junk food.

2 ▷ Alex a fait des cochonneries partout avec ses peintures.
Alex made a mess everywhere with his paints.

1 (= mauvaise nourriture) **junk food** /ˈdʒʌnk fuːd/

2 ► **faire des cochonneries** (= faire des saletés) **: make a mess** /mes/ (made, made)

cocktail

▷ C'est un cocktail fait avec du whisky et du jus d'orange.
It's a cocktail made with whisky and orange juice.

(= boisson) **cocktail** /'kɒkteɪl/

coco

Regardez le mot **noix**.

code

▷ Tu connais le code pour entrer dans l'immeuble ?
Do you know the code to get into the building?

(= série de chiffres) **code** /kəʊd/

▷ Hussein a oublié son code confidentiel et il n'a pas pu retirer d'argent.
Hussein forgot his PIN number and couldn't withdraw any money.

► **code confidentiel** (d'une carte bancaire) : **PIN number** /'pɪnnʌmbə'/ (pluriel : **PIN numbers**)

ℹ *PIN est l'abréviation de* ***personal identification number*** (numéro d'identification personnel).

▷ Quel est le code postal de Marseille ?
What's the postcode for Marseille?

► **code postal** : **postcode** /'pəʊstkəʊd/

Aux États-Unis, on dit ***zipcode*** /'zɪpkəʊd/.

▷ Marc apprend le code de la route.
Marc is learning the highway code.

► **le code de la route** : **the highway** /'haɪweɪ/ **code**

cœur

1 ▷ C'est une pâtisserie en forme de cœur.
It's a cake in the shape of a heart.
▷ Le père de Sancho a des problèmes de cœur.
Sancho's father has heart problems.

1 (partie du corps, ou objet en forme de cœur) **heart** /hɑːt/

2 ▷ J'ai souvent mal au cœur quand je prends le bateau.
I often feel sick when I take the boat.

2 ► **avoir mal au cœur** (= avoir la nausée) : **feel sick** /sɪk/ (**felt, felt**)

3 ▷ Il faudrait que j'apprenne les verbes irréguliers par cœur.
I should learn the irregular verbs by heart.

3 ► **par cœur** : **by heart** /baɪ 'hɑːt/

coffre

▷ Les valises sont dans le coffre.
The suitcases are in the boot.

(de la voiture) **boot** /buːt/

Aux États-Unis, on dit ***trunk*** /trʌŋk/.

cogner

1 ▷ Je me suis cognée contre la table.
I banged into the table.

1 ► **se cogner contre** quelque chose : **bang** /bæŋ/ **into** something

ℹ *Notez la préposition employée en anglais :* se cogner contre = bang ***into***.

2 ▷ Peter s'est cogné la tête contre la chaise.
Peter banged his head on the chair.

▷ Je me suis cogné le genou contre la table.
I banged my knee on the table.

2 ► **se cogner la tête** *ou* **le genou** *etc.* **contre** quelque chose : **bang one's head** *ou* **one's knee** *etc* **on** something

ℹ *Notez la préposition **on** employée en anglais quand on se cogne une partie du corps contre quelque chose.*

ℹ *Notez l'adjectif possessif : I banged **my** head, you banged **your** head, he banged **his** head, she banged **her** head, we banged **our** heads, they banged **their** heads.*

coiffé, coiffée

▷ Tu es vraiment bien coiffée aujourd'hui.
Your hair looks really nice today.

▷ Romain était mal coiffé.
Romain's hair looked a mess.

ℹ *Pour dire que quelqu'un est bien coiffé, on dit par exemple : **his/her hair** /hεəʳ/ **looks nice*** (il/elle est bien coiffé(e)).

ℹ *Pour dire que quelqu'un est mal coiffé, on dit par exemple : **his/her hair looks a mess*** (il/elle est mal coiffé(e)).

coiffer

1 ▷ Viens ici, je vais te coiffer.
Come here, I'm going to comb your hair.

1 ► **coiffer quelqu'un** (= le peigner) : **comb** /kəʊm/ somebody's **hair** /hεəʳ/

🔊 *Le **b** de **comb** ne se prononce pas. **Comb** rime avec **home**.*

2 ▷ Qui vous coiffe d'habitude ?
Who usually does your hair?

2 ► **coiffer** quelqu'un (= s'occuper de ses cheveux) : **do** somebody**'s hair** (**did, done**)

3 ▷ Charlotte passe des heures à se coiffer avant de sortir.
Charlotte spends hours doing her hair before going out.

3 ► **se coiffer** (= arranger ses cheveux) : **do** one's **hair** (**did, done**)

ℹ *L'adjectif possessif s'emploie de la façon suivante en anglais* (exemples au présent) *: I do **my** hair, you do **your** hair, he does **his** hair, she does **her** hair, we do **our** hair, they do **their** hair.*

coiffeur, coiffeuse

▷ La coiffeuse m'a lavé les cheveux.
The hairdresser washed my hair.
▷ Erika est coiffeuse.
Erika is a hairdresser.

hairdresser /ˈhɛədresəʳ/

*Pour bien prononcer ce mot, décomposez-le : **hair-dress-er**.*

*N'oubliez pas l'article **a** ou **an** devant le nom du métier lorsqu'il suit les verbes **be** ou **become**.*

▷ André est chez le coiffeur.
André is at the hairdresser's.
▷ Je vais chez le coiffeur une fois par mois.
I go to the hairdresser's once a month.

► **chez le coiffeur** (= dans le magasin) : at the hairdresser's
► **chez le coiffeur** (= vers le magasin) : to the hairdresser's

coiffure

▷ J'adore ta nouvelle coiffure.
I love your new hairstyle.

hairstyle /ˈhɛəstaɪl/

coin

1 ▷ Les coins de mon livre sont abîmés.
The corners of my book are damaged.
2 ▷ Le magasin est au coin de la rue.
The shop is on the corner of the street.
3 ▷ Venez vous asseoir au coin du feu.
Come and sit down by the fire.
4 ▷ Est-ce qu'il y a un supermarché dans le coin ?
Is there a supermarket round here?

1 (= angle) **corner** /kɔːnəʳ/
2 ► **au coin de la rue** : on the corner of the street
3 ► **au coin du feu** : by the fire /ˌbaɪ ðə ˈfaɪəʳ/
4 ► **dans le coin** (= dans les environs) round here /raʊnd hɪəʳ/

coincé, coincée

▷ Le tiroir est coincé.
The drawer is stuck.
▷ Nous étions coincés dans l'ascenseur.
We were stuck in the lift.

(qui ne bouge pas, en parlant d'un tiroir, d'une porte, d'une personne) **stuck** /stʌk/

coincer

1 ▷ Nous avons coincé la porte avec un bout de bois.
We wedged the door with a piece of wood.
2 ▷ La porte de l'armoire coince.
The wardrobe door sticks.
3 ▷ Ma fermeture s'est coincée !
My zip is stuck!

1 (pour empêcher quelque chose de se fermer, de s'ouvrir, etc.) **wedge** /wedʒ/
2 (= être bloqué) **stick** /stɪk/ (stuck, stuck /stʌk/)
3 ► **se coincer** : be stuck /stʌk/

Suite page suivante

4 ▷ Renaud s'est coincé le doigt dans la portière.
Renaud caught his finger in the door.

4 ► **se coincer le doigt** *ou* **la main,** *etc.* **dans** quelque chose : **catch one's finger** *ou* **hand,** *etc* **in** something (caught, caught /kɔːt/)

ℹ *L'adjectif possessif s'emploie de la façon suivante en anglais* (exemples au prétérit) *:*
*I caught **my** hand, you caught **your** hand, he caught **his** hand, she caught **her** hand.*

col

▷ Le col de ton manteau est déchiré.
The collar of your coat is torn.

(d'un vêtement) **collar** /'kɒləʳ/

colère

▷ J'étais très en colère.
I was very angry.

▷ Ne te mets pas en colère, ce n'est pas ma faute !
Don't get angry, it's not my fault!

► **être en colère** : **be angry** /'æŋgrɪ/ (plus en colère **angrier** /'æŋgrɪəʳ/, le plus en colère **the angriest** /'æŋgrɪɪst/)

► **se mettre en colère** : **get angry** (got, got)

colis

▷ Il y a un colis pour toi.
There's a parcel for you.

parcel /'pɑːsəl/

🔊 *L'accent tonique est sur la première syllabe **par-**.*

collant, collante

1 ▷ Mes mains sont collantes, je vais les laver.
My hands are sticky, I'm going to wash them.

2 ▷ Il y a un trou dans mon collant, je vais le changer.
There's a hole in my tights, I'm going to change them.

1 (= poisseux) **sticky** /'stɪki/ (plus collant **stickier** /'stɪkɪəʳ/, le plus collant **the stickiest** /'stɪkɪɪst/)

2 (= vêtement) **tights** /taɪts/

ℹ *Comme pour tous les vêtements qui ont deux jambes, **tights** est un nom pluriel : on dit par exemple **these tights are too small*** (ce collant est trop petit).

*En anglais américain, on dit **pantyhose** /'pæntɪhəʊz/. **Pantyhose** est également pluriel : on dit par exemple **these pantyhose are too small** (ces collants sont trop petits).*

▷ C'est quatre euros pour trois paires de collants.
It's four euros for three pairs of tights.

► **un collant**, ► **une paire de collants** : a pair of tights (pluriel : pairs of tights)

En anglais américain, on dit ***a pair of pantyhose*** *(pluriel :* ***pairs of pantyhose****).*

colle

▷ Tu peux facilement réparer ça avec de la colle.
You can easily repair that with glue.

(= adhésif) **glue** /gluː/

collection

▷ Ils ont une belle collection de sculptures.
They have got a beautiful collection of sculptures.

▷ Nadège fait collection de vieilles cartes postales.
Nadège collects old postcards.

(de timbres, d'objets d'art, etc.) **collection** /kəˈlekʃən/

► **faire collection de** quelque chose : **collect** /kəˈlekt/ something

collectionner

▷ Gilles collectionne les timbres.
Gilles collects stamps.

collect /kəˈlekt/

collège

▷ On s'est connus au collège.
We met at school.

school /skuːl/

Les collèges et les lycées n'existent pas dans le monde anglophone. En Grande-Bretagne, les élèves vont à la ***secondary school*** */ˈsekəndərɪˌskuːl/ entre 11 ans et 16 ou 18 ans. Pour parler de votre collège en anglais, vous pouvez employer soit le mot* ***school*** *tout court, soit le mot* ***collège*** *que vous mettrez entre guillemets.*

collègue

▷ Je m'entends très bien avec tous mes collègues.
I get on very well with all my colleagues.

colleague /ˈkɒliːg/

Attention à l'orthographe du mot anglais.

coller

1 ▷ J'ai simplement collé cette photo sur un bout de carton.
I just stuck this photo on a piece of cardboard.

2 ▷ Ce timbre ne colle pas.
This stamp doesn't stick.

1 ► **coller** quelque chose (un timbre, du papier, etc.) : **stick** /stɪk/ something (stuck, stuck /stʌk/)

2 (= adhérer) **stick** (stuck, stuck)

Suite page suivante

3 ▷ J'ai les mains qui collent, je vais les laver.
My hands are sticky, I'm going to wash them.

3 (= être poisseux) be sticky /ˈstɪkɪ/

collier

▷ Jane a un joli collier en argent.
Jane has a pretty silver necklace.

(= bijou) necklace /ˈnekləs/

colline

▷ Nous sommes allés nous balader sur la colline.
We went for a walk up the hill.

hill /ˈhɪl/

colombe

▷ Kevin a vu une colombe dans le jardin.
Kevin saw a dove in the garden.

dove /dʌv/

*Le **o** de **dove** se prononce comme le **u** de **duck**.*

colonie

1 ▷ Le Nigeria est une ancienne colonie britannique.
Nigeria is a former British colony.

2 ▷ On s'est connus en colonie de vacances.
We met at summer camp.

▷ Michaël va en colonie de vacances en Camargue.
Michaël is going to summer camp in the Camargue.

1 colony /ˈkɒlənɪ/

2 ► **colonie de vacances :** summer camp /ˈsʌmə kæmp/

► **aller en colonie de vacances :** go to summer camp (went, gone/been)

colonne

1 ▷ C'est plus clair si tu les sépares en deux colonnes.
It's clearer if you separate them into two columns.

2 ▷ J'ai mal à la colonne vertébrale.
My spine hurts.

1 column /ˈkɒləm/

*Le **n** de **column** ne se prononce pas.*

2 ► **colonne vertébrale :** spine /spaɪn/

coloré, colorée

▷ Ses tableaux sont très colorés.
His paintings are very colourful.

(= aux couleurs vives) colourful /ˈkʌləfʊl/

colorier

▷ Tu devrais colorier ton dessin.
You should colour in your drawing.

colour in /ˌkʌlər ˈɪn/

coma

▷ Le mari de Lucile a eu un accident, il est dans le coma.
Lucile's husband had an accident, he's in a coma.

coma /ˈkəʊmə/

► **être dans le coma :** be in a coma

combien

1 ▻ C'est combien, un café ici ?
How much is a coffee here?
▻ Combien tu pèses ?
How much do you weigh?
▻ Ça fait combien ?
How much is it?

1 (en parlant d'un prix, d'une mesure) how much /haʊ 'mʌtʃ/

2 ▻ Je ne sais pas combien de beurre il y a dans ce gâteau.
I don't know how much butter there is in this cake.
▻ Combien de profs sont en grève ?
How many teachers are on strike?

2 Combien de... *se traduit par* ***how much*** *lorsque le nom qui suit est au singulier* (***butter*** dans notre exemple).

ℹ Combien de... *se traduit par* ***how many*** /haʊ'menɪ/ *lorsque le nom qui suit est au pluriel* (***teachers*** dans notre exemple).

3 ▻ Combien de temps ça prend de marcher jusqu'à l'arrêt de bus ?
How long does it take to walk to the bus stop?

3 ► **combien de temps :** how long /haʊ 'lɒŋ/

4 ▻ Tu chausses du combien ?
What size shoes do you take?

4 *Notez comment on demande la pointure de quelqu'un.*

combinaison

1 ▻ J'ai oublié la combinaison du cadenas !
I forgot the combination of the padlock!

1 (= suite de chiffres) combination /ˌkɔmbɪ'neɪʃən/

2 ▻ Je vais m'acheter une combinaison de ski.
Im' going to buy myself a ski-suit.

2 ► **combinaison de ski :** ski-suit /'skiːsuːt/

3 ▻ Heureusement qu'on a des combinaisons de plongée, l'eau est glaciale !
Thank goodness we have wet suits, the water is freezing!

3 ► **combinaison de plongée :** wet suit (pluriel : wet suits)

comédie

1 ▻ Ce film est une comédie très drôle.
This film is a very funny comedy.

1 (en parlant d'un film, d'une pièce de théâtre) comedy /'kɒmɪdɪ/ (pluriel : comedies /kɒmɪdɪz/)

2 ▻ "Cats" est une comédie musicale célèbre.
"Cats" is a well-known musical.

2 ► **comédie musicale :** musical /'mjuːzɪkəl/

comédien

▻ Gérard Depardieu est un comédien célèbre dans le monde entier.
Gérard Depardieu is a world famous actor.

(= acteur) actor /'æktəʳ/

⚠ *Attention : le mot anglais* ***comedian*** *ne signifie pas* comédien *mais* acteur comique.

comédienne

▷ Catherine Deneuve est une comédienne célèbre dans le monde entier.
Catherine Deneuve is a world famous actress.

(= actrice) actress /'æktrəs/ (pluriel : actresses /'æktrəsɪz/)

comique

1 ▷ C'est surtout un acteur comique.
He's mainly a comic actor.

2 ▷ La situation était plutôt comique !
The situation was rather funny!

1 (acteur, rôle, film) comic /'kɒmɪk/ (**plus comique** more comic, **le plus comique** the most comic)

2 (drôle) funny /fʌnɪ/ (**plus comique** funnier /fʌnɪəʳ/, **le plus comique** the funniest /fʌnɪɪst/)

commande

1 ▷ Votre commande sera livrée demain.
Your order will be delivered tomorrow.
▷ J'ai passé la commande par téléphone.
I placed the order by telephone.

2 ▷ Le pilote m'a montré les commandes de l'avion.
The pilot showed me the controls of the plane.

1 (= achat par correspondance) order /'ɔːdəʳ/
► **passer une commande :** place /pleɪs/ an order

2 ► **les commandes** (d'un avion, d'une machine) **:** the controls /kən'trəʊlz/

commander

1 ▷ Qu'est-ce que tu as commandé pour le dessert ?
What did you order for dessert?
▷ Sophie a commandé un jeu vidéo.
Sophie ordered a video game.

2 ▷ David a toujours aimé commander.
David has always liked to be in charge.

1 (au restaurant, par catalogue) order /'ɔːdəʳ/

Attention à la prononciation de ordered /'ɔːdəd/.

2 (= être le chef) be in charge /'tʃɑːdʒ/

comme

1 ▷ Arthur est comme moi, il n'aime pas le lait.
Arthur is like me, he doesn't like milk.

2 ▷ Comme on était en retard, on a couru.
As we were late, we ran.

3 ▷ Tiens la corde comme ça.
Hold the rope like this.
▷ Je n'ai jamais vu une maison comme ça.
I've never seen a house like that.

1 (pour comparer) like /laɪk/

2 (= puisque) as /æz/

3 ► **comme ça** (= de cette façon) **:** like this *ou* like that

ℹ *Si ce qu'on montre est près de soi, ou si c'est quelque chose qu'on est en train de faire soi-même, on dit like this* /laɪk 'ðɪs/.

ℹ *Si ce qu'on montre est un peu éloigné de soi, ou si c'est quelque chose qu'une autre personne est en train de faire, on dit like that* /laɪk 'ðæt/.

4 ▷ J'ai du mal à prononcer le "th" anglais comme il faut.
I have trouble pronouncing the "th" in English properly.

4 ► **faire** quelque chose **comme il faut** (= correctement) **:** do something properly /ˈprɒpəlɪ/

5 ▷ Tristan se conduit comme s'il était chez lui.
Tristan behaves as if he was at home.

5 ► **comme si :** as if /əz ˈɪf/

commencer

▷ Mike a commencé le livre hier et il l'a déjà fini !
Mike started the book yesterday and he's already finished it!

▷ Le spectacle commence à huit heures.
The show starts at eight o'clock.

start /stɑːt/

ℹ *Le verbe anglais* ***begin*** /bɪˈgɪn/ *signifie la même chose que* ***start****, mais il est irrégulier :* (***began*** /bɪˈgæn/, ***begun*** /bɪˈgʌn/).

▷ Emma commence à s'inquiéter.
Emma is starting to worry.

► **commencer à faire** quelque chose **:** start to do something

comment

1 ▷ Comment allons-nous décider ?
How are we going to decide?
▷ Martin m'a montré comment utiliser ce logiciel.
Martin showed me how to use this software.

1 (en parlant de la manière dont on fait quelque chose) how /haʊ/

2 ▷ Comment vas-tu ?
How are you?

2 Notez bien cette manière de demander **si quelqu'un va bien :** how are you? **(comment vas-tu ?),** how is he/she? **(comment va-t-il/elle ?),** how are they? **(comment vont-ils/elles?).**

3 ▷ Il est comment, le prof de tango ?
What is the tango teacher like?
▷ C'était comment, tes vacances ?
What were your holidays like?

3 *Pour demander* **comment est quelque chose** *ou* **quelqu'un,** *on emploie* ***what*** + ***be*** + *sujet* + ***like?*** *Regardez bien les exemples donnés à gauche.*

commentaire

▷ Capucine n'a pas arrêté de faire des commentaires.
Capucine didn't stop making comments.

(= remarque) comment /ˈkɒment/
► **faire des commentaires :** make comments (made, made)

commerçant, commerçante

▷ Les commerçants sont contre l'ouverture du supermarché.
The shopkeepers are against the opening of the supermarket.

(= personne qui tient un magasin) shopkeeper /ˈʃɒpkiːpəʳ/

Suite page suivante

▷ La mère de Kevin est commerçante.
Kevin's mother is a shopkeeper.

*N'oubliez pas l'article **a** ou **an** devant le nom du métier lorsqu'il suit les verbes **be** ou **become**.*

commerce

1 ▷ Il y a beaucoup de commerces dans notre quartier.
There are a lot of shops in our area.

1 (= magasin) shop /ʃɒp/

2 ▷ L'Europe fait du commerce avec les États-Unis.
Europe trades with the United States.

2 ► **faire du commerce avec :** trade /treɪd/ with

3 ▷ Roland veut aller dans une école de commerce.
Roland wants to go to a business school.

3 ► **école de commerce :** business school /'bɪznɪs skuːl/ (pluriel : business schools)

commode

1 ▷ Ce n'est pas commode d'habiter à l'autre bout de la ville.
It's not convenient to live at the other end of the town.

1 (= pratique) convenient /kən'viːnɪənt/

2 ▷ Les serviettes sont dans la commode.
The towels are in the chest of drawers.

2 ► **une commode** (= des tiroirs) **:** a chest of drawers /ˌtʃest əv 'drɔːz/ (pluriel : chests of drawers)

commun, commune

1 ▷ Il y a une salle de bains commune dans l'auberge de jeunesse.
There is a shared bathroom in the youth hostel.

1 (= partagé, en parlant d'une pièce, d'un jardin) shared /ʃeəd/

2 ▷ Ces deux événements n'ont rien en commun.
These two events have nothing in common.

2 ► **en commun** (pour comparer des choses ou des gens) **:** in common /ɪn 'kɒmən/

communauté

▷ Mon permis de conduire est valable dans toute la Communauté européenne.
My driving licence is valid throughout the European Community.

community /kə'mjuːnɪtɪ/
► **la Communauté européenne :** the European Community /jʊərəpiːən kə'mjuːnɪtɪ/

communion

▷ Sophie vient de faire sa communion.
Sophie has just made her communion.

communion /kə'mjuːnɪən/
► **faire sa communion :** make one's communion (made, made)

compagnie

1 ▷ Le samedi après-midi, je tiens compagnie à mes grands-parents.
On Saturday afternoon, I keep my grandparents company.

1 company /ˈkʌmpənɪ/
► **tenir compagnie à** quelqu'un **:** keep somebody company (kept, kept)

2 ▷ Samuel travaille pour une compagnie d'assurances.
Samuel works for an insurance company.

2 (= société) company (pluriel : companies /ˈkʌmpənɪz/)

ℹ *Attention : il n'y a pas de **g** dans le mot anglais **company** !*

3 ▷ Vous voyagez avec quelle compagnie aérienne ?
Which airline do you travel with?

3 ► **compagnie aérienne :** airline /ˈɛəlaɪn/

comparaison

▷ Pour demain je dois faire une comparaison entre deux produits.
For tomorrow I have to compare the two products.

comparison /kəmˈpærɪsn/
► **faire une comparaison entre... :** compare... /kəmˈpeəʳ/

▷ Tania mesure un mètre cinquante ; moi je suis une géante en comparaison !
Tania is one metre fifty tall; I'm a giant in comparison!

► **en comparaison :** in comparison /ɪn kəmˈpærɪsn/

comparé à

▷ Comparé à Juan, Clément est tout petit.
Compared with Juan, Clément is really small.

compared with /kəmˈpɛəd wɪð/

comparer

▷ On ne peut pas les comparer, ils sont très différents.
You can't compare them, they're very different.

compare /kəmˈpɛəʳ/

▷ Léo m'a comparée à sa sœur.
Léo compared me with his sister.

► **comparer à** *ou* **avec :** compare with

compartiment

▷ C'est dommage, nous ne sommes pas dans le même compartiment.
It's a shame, we aren't in the same compartment.

compartment /kəmˈpɑːtmənt/

ℹ *Attention : il n'y a pas de **i** dans le mot anglais **compartment**.*

▷ Tu es dans un compartiment fumeurs ou non-fumeurs ?
Are you in a smoking or non-smoking compartment?

► **compartiment fumeurs :** smoking /ˈsməʊkɪŋ/ compartment
► **compartiment non-fumeurs :** non-smoking compartment

compétence

▷ Je mets toujours une section "compétences" dans mon CV.
I always put a "skills" section in my CV.

skill /skɪl/

compétent, compétente

▷ C'est quelqu'un de très compétent.
He's very competent.

competent /'kɒmpɪtənt/

compétition

▷ Il y a une compétition d'athlétisme ce week-end.
There's an athletics competition this weekend.

▷ Qui participe à cette compétition ?
Who's taking part in this competition?

competition /ˌkɒmpɪ'tɪʃən/

ℹ *Attention : le mot anglais* ***competition*** *s'écrit sans accent.*

► **participer à une compétition :** take part in a competition (took, taken)

complet, complète

1 ▷ Cédric a une série complète de bandes dessinées.
Cédric has a complete series of comic books.

2 ▷ Malheureusement, le parking était complet.
Unfortunately, the car park was full.

3 ▷ Je préfère le pain complet.
I prefer brown bread.

1 (= sans rien qui manque) **complete** /kəm'pliːt/

2 (en parlant d'un hôtel, d'un train, d'un parking) **full** /fʊl/

3 (en parlant de pain, de pâtes, de farine) **brown** /braʊn/

complètement

▷ Mais il est complètement idiot !
But he's completely stupid!

completely /kəm'pliːtlɪ/

ℹ *Attention à l'orthographe !*

compléter

1 ▷ Je dois compléter ces dix phrases avec un verbe de mouvement.
I have to complete these ten sentences with a verb of movement.

2 ▷ Quelqu'un devra compléter la somme, il n'y a pas assez d'argent.
Somebody will have to make up the sum, there isn't enough money.

1 (= compléter quelque chose qui n'est pas terminé) **complete** /kəm'pliːt/

2 (= compléter une somme) **make up** (made, made)

compliment

▷ J'étais content, ma chef m'a fait un compliment.
I was happy, my boss paid me a compliment.

compliment /'kɒmplɪmənt/

► **faire un compliment à** quelqu'un **:** pay somebody a compliment (paid, paid)

compliqué, compliquée

▷ Finalement je ne vais pas le faire, c'est trop compliqué.
I'm not going to do it after all, it's too complicated!

complicated /'kɔmplɪkeɪtɪd/ (plus compliqué more complicated, le plus compliqué the most complicated)

comportement

▷ Je ne comprends pas leur comportement.
I don't understand their behaviour.

behaviour /bɪ'heɪvjəʳ/

se comporter

▷ Tu te comportes comme un enfant !
You behave like a child!

behave /bɪ'heɪv/

composer

1 ▷ Joël compose de la musique sur son ordinateur.
Joël composes music on his computer.

1 (= composer de la musique, une chanson) **compose** /kəm'pəʊz/

2 ▷ D'abord tu composes le numéro de l'opérateur, ensuite tu dis que tu veux la France.
First you dial the operator's number, then you say you want France.

2 (= composer un numéro de téléphone) **dial** /'daɪəl/

ℹ *Il y a deux l au gérondif (**dialling** /'daɪəlɪŋ/) au prétérit et au participe passé (**dialled** /'daɪəld/).*

3 ▷ Le groupe se compose de dix garçons et treize filles.
The group is made up of ten boys and thirteen girls.

3 ► **se composer de** quelque chose : **be made up of** something

composter

▷ En Angleterre on ne composte pas les billets de train.
In England you don't punch train tickets.

punch /pʌntʃ/

compote

▷ Il y a de la compote de pommes comme dessert.
There are stewed apples for dessert.
▷ Tu aimes cette compote de poires ?
Do you like these stewed pears?

ℹ *En anglais, on emploie **stewed** /stjuːd/ suivi du nom du fruit au pluriel.*

ℹ ***Stewed apples, stewed pears,** etc. sont des pluriels : on dit par exemple **these stewed apples are too sweet** (cette compote est trop sucrée).*

comprendre

1 ▷ Tu comprends ce que je veux dire ?
Do you understand what I mean?

1 (= saisir) **understand** /ˌʌndə'stænd/ (**understood, understood** /ˌʌndə'stʊd/)

Suite page suivante

▷ Oh pardon, j'ai mal compris.
Oh sorry, I misunderstood.

► **mal comprendre :** misunderstand /'mɪsʌndə'stænd/ (misunderstood, misunderstood /'mɪsʌndə'stʊd/)

2 ▷ Le livre comprend trois parties.
The book is made up of three parts.

2 (= se composer de) be made up of

comprimé

▷ Le médecin m'a dit de prendre deux comprimés le matin.
The doctor told me to take two tablets in the morning.

tablet /'tæblɪt/

compris, comprise

1 ▷ Est-ce que le petit déjeuner est compris dans le prix ?
Is breakfast included in the price?

2 ▷ Ça fait cinquante euros tout compris.
It's fifty euros all in.

3 ▷ Il y a dix joueurs y compris mon frère.
There are ten players including my brother.

1 ► **être compris dans** quelque chose (= être inclus dans) **:** be included /ɪn'kluːdɪd/ in something

2 ► **tout compris :** all in /ɔːl 'ɪn/

3 ► **y compris :** including /ɪn'kluːdɪŋ/

ℹ *Regardez aussi le mot* ***comprendre****.*

comptable

▷ Nous recherchons un nouveau comptable.
We're looking for a new accountant.
▷ Cécilia est comptable.
Cécilia is an accountant.

accountant /ə'kaʊntənt/

ℹ *N'oubliez pas l'article* ***a*** *ou* ***an*** *devant le nom du métier lorsqu'il suit les verbes* ***be*** *ou* ***become****.*

compte

1 ▷ On va faire les comptes pour voir si on a assez d'argent.
We're going to do the accounts to see if we have enough money.

2 ▷ Jane a un compte dans une caisse d'épargne.
Jane has an account in a savings bank.

3 ▷ Tu te rends compte de ce que tu as fait ?
Do you realize what you have done?
▷ Alice ne se rend pas compte qu'elle est trop agressive.
Alice doesn't realize that she is too aggressive.

1 ► **faire les comptes :** do the accounts /ə'kaʊnts/ (did, done)

2 (dans une banque) account /ə'kaʊnt/

3 ► **se rendre compte de** quelque chose **:** realize /'rɪəlaɪz/ something
► **se rendre compte que... :** realize that...

compter

1 ▷ Est-ce que tu as compté le nombre de tickets ?
Did you count the number of tickets?

1 (= calculer) count /kaʊnt/

2 ▷ Sacha et Dany comptent partir demain.
Sacha and Dany intend to leave tomorrow.

2 ► **compter faire** quelque chose (= avoir l'intention de faire) : intend /ɪn'tend/ to do something

3 ▷ Tu peux compter sur moi !
You can count on me!

3 ► **compter sur** quelqu'un : count on somebody

comptoir

▷ C'est moins cher de boire au comptoir.
It's less expensive to drink at the bar.

(dans un café) bar /bɑːʳ/

se concentrer

▷ Essaie de te concentrer !
Try to concentrate!

concentrate /'kɒnsəntreɪt/

concerner

▷ Le nouveau règlement nous concerne aussi.
The new rules concern us too.

concern /kən'sɜːʳ/

concert

▷ Il y a un concert en ville ce soir.
There's a concert in town tonight.
▷ Est-ce que le concert de rock était bien ?
Was the rock concert good?

concert /'kɒnsət/

► **concert de rock** : rock concert /'rɒk kɒnsət/

ℹ *On dit* ***a jazz concert*** (un concert de jazz), ***a classical music concert*** (un concert de musique classique).

concierge

▷ Demande au concierge s'il l'a vu sortir.
Ask the caretaker if he saw him go out.

caretaker /'kɛəˌteɪkəʳ/

conclusion

▷ Je ne sais pas quoi mettre dans la conclusion de mon rapport.
I don't know what to put in the conclusion of my report.

conclusion /kən'kluːʒən/

🔊 *Le **s** du mot anglais **conclusion** se prononce comme le **j** du mot français **jeune**.*

concombre

▷ Est-ce que tu aimes le concombre ?
Do you like cucumber?

cucumber /'kjuːkʌmbəʳ/

🔊 *Attention à la prononciation !*

concours

1 ▷ Il y a un concours pour entrer dans certaines écoles.
There is a competitive examination to get into some schools.

2 ▷ Paul a gagné une montre dans un concours à la radio.
Paul won a watch in a competition on the radio.

1 (pour entrer dans une école) **competitive examination** /kəmˌpetɪtɪv egˈzæmɪˈneɪʃən/ (pluriel : competitive examinations)

2 (= jeu) **competition** /kɒmpɪˈtɪʃən/

concret, concrète

▷ Donne-moi un exemple concret.
Give me a concrete example.

concrete /ˈkɒnkriːt/

*Concrete rime avec **beat** et **seat**.*

concurrence

▷ Il y a beaucoup de concurrence entre les magasins ici.
There is a lot of competition between the shops here.

competition /kɒmpɪˈtɪʃən/

*L'accent tonique est sur la troisième syllabe **-ti**.*

concurrent, concurrente

▷ L'entreprise a beaucoup de concurrents.
The company has a lot of competitors.

competitor /kəmˈpetɪtəʳ/

*L'accent tonique est sur la deuxième syllabe **-pe-**.*

condamner

▷ Le tribunal l'a condamné à un an de prison.
The court sentenced him to one year's imprisonment.

► **condamner** quelqu'un **à** quelque chose : **sentence** /ˈsentəns/ somebody **to** something

condition

1 ▷ Ils vivent dans des conditions atroces.
They live in terrible conditions.
▷ Je le ferai, mais à une condition : tu dois m'aider.
I'll do it, but on one condition: you must help me.

2 ▷ Je te le prête à condition que tu y fasses bien attention.
I'll lend it to you on condition that you're careful.
▷ Nous mangerons dehors à condition qu'il fasse beau.
We'll eat outside on condition that the weather is good.

1 **condition** /kənˈdɪʃən/

► **à une condition :** on one condition

2 **à condition que :** on condition that /ɒn kənˈdɪʃən ðæt/

conducteur, conductrice

▷ La conductrice de la voiture était ivre.
The driver of the car was drunk.

driver /ˈdraɪvəʳ/

conduire

1 ▷ En Angleterre, on conduit à gauche.
In England, they drive on the left.

1 (en parlant d'un véhicule) **drive** /draɪv/ (**drove** /drəʊv/, **driven** /ˈdrɪvən/)

2 ▷ Fred m'a conduit à la gare.
Fred took me to the station.

2 **conduire** quelqu'un **quelque part** (= l'emmener) **: take** /teɪk/ somebody somewhere (**took** /tʊk/, **taken** /ˈteɪkən/)

3 ▷ Tu t'es conduit comme un imbécile !
You behaved like an idiot!

3 ► **se conduire : behave** /bɪˈheɪv/

conduite

1 ▷ Je trouve sa conduite inacceptable.
I find his behaviour unacceptable.

1 (= comportement) **behaviour** /bɪˈheɪvjəʳ/

2 ▷ Sarah prend des leçons de conduite.
Sarah is taking driving lessons.

2 ► **leçon de conduite : driving lesson** /ˈdraɪvɪŋ lesn/ (pluriel : **driving lessons**)

cône

▷ Je voudrais un cône à la vanille, s'il vous plaît.
I'd like a vanilla cone, please.

cone /kəʊn/

conférence

▷ Il y a une conférence sur la Chine à la mairie.
There's a conference on China at the town hall.

(= réunion publique) **conference** /ˈkɒnfərəns/

ℹ *Attention : le mot anglais s'écrit sans accent.*

confettis

▷ Tout le monde a jeté des confettis sur les mariés.
Everybody threw confetti at the newly-weds.

confetti /kənˈfetɪ/

ℹ ***Confetti** est singulier. On dit par exemple : the **confetti** is blue and red* (les *confettis sont* bleus et rouges).

confiance

▷ Je te fais confiance *ou* j'ai confiance en toi.
I trust you.

► **faire confiance à** quelqu'un *ou* **avoir confiance en** quelqu'un **: trust** /trʌst/ somebody

confidence

▷ Davina a fait des confidences à Myriam.
Davina confided in Myriam.

► **faire des confidences à** quelqu'un **: confide** /kənˈfaɪd/ **in** somebody

confirmer

▻ Ils ont confirmé qu'il n'y aura pas de licenciements.
They confirmed that there wouldn't be any redundancies.

confirm /kən'fɜːm/

confiserie

1 ▻ Où as-tu acheté ces caramels ? – À la confiserie.
Where did you buy those toffees? – At the sweet shop.

2 ▻ Clémentine mange trop de confiseries.
Clémentine eats too many sweets.

1 (= magasin) **sweet shop** /'swiːtʃɒp/ (pluriel : sweet shops)

2 (= bonbon) : **sweet** /swiːt/

Aux États-Unis, bonbons *se dit* ***candy*** /'kændɪ/.

confisquer

▻ J'ai dû confisquer son téléphone portable à Manuel.
I had to confiscate Manuel's mobile phone.

confiscate /'kɒnfɪskeɪt/

confiture

▻ Je mange toujours du pain et de la confiture au petit déjeuner.
I always eat bread and jam for breakfast.

▻ Ma confiture préférée est la confiture d'abricots.
My favourite jam is apricot jam.

jam /dʒæm/

Aux États-Unis, on dit ***jelly*** /'dʒelɪ/.

Notez comment on parle du type de confiture : ***apricot jam*** (confiture d'abricots) ; ***strawberry jam*** (confiture de fraises) ; ***raspberry jam*** (confiture de framboises), *etc.*

confondre

▻ Ils se ressemblent tellement que je les confonds toujours.
They look so alike that I always get them mixed up.

▻ Je confonds toujours Marie avec sa sœur.
I always mistake Marie for her sister.

► **confondre** quelque chose : **get** something **mixed up** /mɪkst 'ʌp/ (got, got)

► **confondre... avec** : **mistake** /mɪs'teɪk/ **... for** (mistook /mɪs'tʊk/, mistaken /mɪs'teɪkən/)

confort

▻ Ils ne vont jamais en camping parce qu'ils aiment le confort.
They never go camping because they like comfort.

comfort /'kʌmfət/

Attention à l'orthographe du mot anglais ***comfort****.*

confortable

▻ L'hôtel était assez confortable.
The hotel was quite comfortable.

comfortable /'kʌmfətəbl/

*Attention à l'orthographe du mot anglais **comfortable**.*

*L'accent tonique tombe sur la première syllabe **com-***

congé

▻ Je serai en congé jusqu'à la fin du mois.
I'll be on holiday until the end of the month.

▻ Je vais prendre un jour de congé.
I'm going to take a day off.

▻ Hervé a deux semaines de congé.
Hervé has two weeks off.

holiday /hɒlɪdeɪ/

► **être en congé :** be on holiday

*En anglais américain, on dit **be on vacation** /və'keɪʃən/.*

► **jour de congé :** day off /deɪ 'ɒf/ (pluriel : days off)

► **semaine de congé :** week off /wiːk 'ɒf/ (pluriel : weeks off)

congélateur

▻ Le congélateur ne marche pas.
The freezer doesn't work.

▻ Est-ce que tu as mis le pain au congélateur ?
Did you put the bread in the freezer?

freezer /'friːzəʳ/

► **au congélateur :** in the freezer

congeler

▻ Tu ne dois pas congeler cette viande.
You mustn't freeze this meat.

▻ Je crois qu'il me reste du pain congelé dans le congélateur.
I think I still have some frozen bread in the freezer.

freeze /friːz/ (froze /frəʊz/, frozen /'frəʊzən/)

*Congelé se dit **frozen** en anglais : **frozen foods** ce sont des aliments congelés.*

connaissance

1 ▻ Justine a de bonnes connaissances en anglais.
Justine has a good knowledge of English.

2 ▻ Où as-tu fait la connaissance de Stuart ?
Where did you meet Stuart?

1 ► **avoir de bonnes connaissances en :** have a good knowledge /'nɒlɪdʒ/ of (had, had)

2 ► **faire la connaissance de quelqu'un :** meet /miːt/ somebody (met, met /met/)

connaître

1 ▻ Est-ce que vous connaissez Liam ?
Do you know Liam?

▻ Je connais un bon restaurant dans le quartier.
I know a good restaurant in the area.

1 (connaître une personne, un endroit, un mot) **know** /nəʊ/ (knew /njuː/, known /nəʊn/)

*Le **k** ne se prononce pas.*

Suite page suivante

2 ▷ Isabelle a connu Sébastien à Biarritz.
Isabelle met Sébastien in Biarritz.

3 ▷ Ils se sont connus il y a trois ans.
They met three years ago.

4 ▷ Demande à Sylvain, il s'y connaît en informatique.
Ask Sylvain, he knows all about computers.

2 (= rencontrer) **meet** /miːt/ (met, met /met/)

3 ► **se connaître** (= se rencontrer) : meet (met, met)

4 ► **s'y connaître en** quelque chose (être expert en) : know all about something

se connecter

▷ J'essaie de me connecter, mais il y a un problème.
I'm trying to log on, but there's a problem.

(sur Internet) **log on** /lɒg'ɒn/

connu, connue

▷ C'est une chanteuse très connue.
She's a very famous singer.

▷ Cette marque n'est pas très connue.
This brand isn't very well-known.

(= célèbre) **famous** /'feɪməs/
(plus connu more famous,
le plus connu the most famous)

ℹ *On peut également dire* ***well-known*** /wel'nəʊn/
(plus connu ***better-known***,
le plus connu ***the best-known***).

conscient, consciente

1 ▷ Le conducteur de la voiture était encore conscient.
The driver of the car was still conscious.

2 ▷ J'espère que tu es consciente de ce que tu as fait !
I hope you're aware of what you have done!

1 (= éveillé) **conscious** /'kɒnʃəs/

2 ► **être conscient de** quelque chose : be aware /ə'weəʳ/ of something

conseil

▷ Merci pour ce conseil !
Thanks for that piece of advice!

▷ Tes conseils ont été très utiles.
Your advice was very useful.

▷ Je vais te donner un conseil.
I'm going to give you some advice.

▷ Le médecin m'a donné des conseils.
The doctor gave me some advice.

▷ Demande conseil à Romain.
Ask Romain for advice.

► **un conseil** : a piece of advice /əd'vaɪs/

► **des conseils** : advice

ℹ *Le mot* ***advice*** *est un nom indénombrable : on ne le met pas au pluriel et il ne s'emploie pas avec l'article* ***an****. On dit par exemple* ***his advice wasn't very good*** (ses conseils n'étaient pas très bons).

► **donner des conseils à** quelqu'un : give somebody some advice (gave, given)

► **demander conseil à** quelqu'un : ask /ɑːsk/ somebody for advice.

conseiller

1 ▷ Pouvez-vous nous conseiller un bon restaurant ?
Can you recommend a good restaurant?

2 ▷ Je vous conseille de partir tout de suite.
I advise you to leave at once.

1 ► **conseiller** quelque chose : recommend /ˌrekə'mend/ something

2 ► **conseiller à** quelqu'un **de faire** quelque chose : advise /ad'vaɪz/ somebody to do something

conséquence

▷ L' accident a eu de graves conséquences.
The accident had serious consequences.

consequence /'kɒnsɪkwəns/

par conséquent

▷ L'avion était en retard et, par conséquent, ils ont raté la correspondance.
The plane was late and, consequently, they missed the connection.

consequently /'kɒnsɪkwəntlɪ/

conservatoire

▷ Le conservatoire (de théâtre) est dans la rue de Richelieu.
The drama school is in rue de Richelieu.

▷ Samantha veut aller au conservatoire (de musique).
Samantha wants to go to music school.

school /sku:l/

ℹ *Pour préciser de quel type de conservatoire il s'agit, on emploie en anglais* ***school*** *précédé du nom de la discipline* (***drama school*** pour le théâtre, ***music school*** pour la musique).

conserve

1 ▷ Je n'achète jamais de conserves.
I never buy tinned food.

1 ► **des conserves :** tinned food /tɪnd 'fu:d/

ℹ *On peut dire aussi* ***canned food*** /kænd 'fu:d/

2 ▷ Tu peux utiliser des tomates en conserve.
You can use tinned tomatoes.

2 ► **en conserve :** tinned /tɪnd/

ℹ *On peut aussi dire* ***canned*** /kænd/.

conserver

1 ▷ On ne peut pas conserver le lait très longtemps.
You can't keep milk for very long.

2 ▷ Ces sauces se conservent bien au congélateur.
These sauces keep well in the freezer.

1 (en parlant d'aliments) keep /ki:p/ (kept, kept /kept/)

2 ► **se conserver :** keep (kept, kept)

considérer

▷ Je considère que c'est à Franck de le lui dire.
I think that it's up to Franck to tell her.

► **considérer que** (= penser que) : think /θɪŋk/ that (thought /θɔːt/, thought /θɔːt/)

ℹ *On peut omettre le mot* **that**. *On dit par exemple* I think he is right (je considère qu'il a raison).

consigne

1 ▷ On pourrait laisser nos bagages à la consigne.
We could leave our luggage at the left-luggage office.

2 ▷ Je n'ai pas bien compris les consignes.
I didn't really understand the instructions.

1 (= bureau où l'on laisse ses bagages) left-luggage office /left 'lʌɡɪdʒ ˌɒfɪs/

2 ► **des consignes** (= des instructions) **:** instructions /ɪn'strʌkʃənz/

consister

▷ En quoi ça consiste ?
What does it consist of?

▷ Le jeu consiste à se débarrasser du maximum de cartes.
The game consists in getting rid of the maximum number of cards.

► **consister en quelque chose :** consist of /kən'sɪst əv/ something

► **consister à faire quelque chose :** consist in doing something

console de jeux

▷ Damien voudrait une console de jeux pour son anniversaire.
Damien would like a games console for his birthday.

games console /'ɡeɪmz ˌkɒnsəʊl/ (pluriel : games consoles)

🔊 *Ici, l'accent tonique est sur la première syllabe de* **console** *:* **con-**.

consoler

▷ Bénédicte pleurait, alors j'ai essayé de la consoler.
Bénédicte was crying, so I tried to console her.

console /kən'səʊl/

🔊 *Ici, l'accent tonique est sur la deuxième syllabe* **-sole**.

consommer

1 ▷ Cette voiture consomme beaucoup d'essence.
This car uses a lot of petrol.

2 ▷ Les Japonais consomment beaucoup de poisson.
The Japanese eat a lot of fish.

3 ▷ Il consomme trop de bière.
He drinks too much beer.

1 (en parlant d'énergie, d'essence) use /juːz/

2 (= manger) eat /iːt/ (ate /eɪt/, eaten /'iːtən/)

3 (= boire) drink /drɪŋk/ (drank /dræŋk/, drunk /drʌnk/)

constipé, constipée

▷ Chaque fois que je pars en voyage, je suis constipé.
Every time I go on a trip, I get constipated.

constipated /ˈkɒnstɪpeɪtɪd/

construction

▷ La construction de la nouvelle bibliothèque a commencé il y a un an.
The construction of the new library started a year ago.
▷ Le nouveau cinéma est encore en construction.
The new cinema is still under construction.

(= travaux) construction /kənˈstrʌkʃən/

► **en construction :** under construction

construire

▷ Les Préjean veulent construire un garage dans leur jardin.
The Préjeans want to build a garage in their garden.

build /bɪld/ (built, built /bɪlt/)

Le u de build ne se prononce pas. Build rime avec filled et built rime avec kilt.

consulat

▷ Où se trouve le consulat de France à New York ?
Where is the French Consulate in New York?

consulate /ˈkɒnsjʊlɪt/

contact

1 ▷ Gary a mis le contact mais le moteur n'a pas démarré.
Gary switched on the ignition but the engine didn't start.
▷ Tu peux couper le contact maintenant.
You can switch off the ignition now.
2 ▷ Nous ne sommes pas restés en contact, c'est dommage.
We didn't keep in touch, it's a shame.

1 ► **mettre le contact** (dans une voiture) **:** switch on the ignition /ɪɡˈnɪʃən/

► **couper le contact :** switch off the ignition

2 ► **rester en contact :** keep in touch /tʌtʃ/ (kept, kept)

contagieux, contagieuse

▷ J'espère que ce rhume n'est pas contagieux !
I hope this cold isn't contagious!

contagious /kənˈteɪdʒəs/

Le a de contagious se prononce comme le a de make.

conte

▷ Charles a un livre de contes africains.
Charles has got a book of African stories.
▷ Quand j'étais petite, j'adorais les contes de fées.
When I was small, I loved fairy tales.

story /ˈstɔːrɪ/ (pluriel : stories /ˈstɔːrɪz/)

► **conte de fées :** fairy tale /ˈfɛərɪ teɪl/ (pluriel : fairy tales)

contemporain, contemporaine

▷ Il y a une exposition d'art contemporain à la mairie.
There's an exhibition of contemporary art at the town hall.

contemporary /kən'tempərərɪ/

L'accent tonique est sur la syllabe -tem-.

contenir

1 ▷ Est-ce que tu sais ce que contient cette boîte ?
Do you know what this box contains?

2 ▷ Ce seau contient au moins dix litres.
This bucket holds at least ten litres.

1 (= renfermer) **contain** /kən'teɪn/

2 (en parlant de la capacité) **hold** /həʊld/ (held, held /held/)

content, contente

▷ Tu n'as pas l'air content, qu'est-ce qu'il y a ?
You don't look happy, what's the matter?

happy /hæpɪ/ (plus content happier /hæpɪəʳ/, le plus content the happiest /hæpɪɪst/)

*On peut aussi dire **pleased** /pliːzd/ (plus content **more pleased**, le plus content **the most pleased**).*

▷ Quentin est content de son nouveau travail.
Quentin is happy with his new job.

► **être content de** quelque chose : be happy with something

*On peut aussi dire **be pleased with something**.*

▷ Ta sœur a l'air très contente d'elle.
Your sister looks very pleased with herself.

▷ Je suis très contente d'aller à l'opéra.
I'm very pleased to be going to the opera.

► **être content de soi** : be pleased with oneself

► **être content de faire** quelque chose : be pleased to do something

*On peut aussi dire **be glad** /glæd/ **to do** something.*

contenu

▷ Le prix des timbres dépend du contenu du paquet.
The price of the stamps depends on the contents of the parcel.

(= le contenu d'une boîte, d'un paquet) **contents** /'kɒntents/

__Contents__ est pluriel : on dit par exemple __the contents weigh__ /weɪ/ __one kilo__ (le contenu pèse un kilo).

continent

▷ L'Afrique est un continent immense.
Africa is a huge continent.

continent /'kɒntɪnənt/

L'accent tonique est sur la première syllabe con-, et le t final se prononce.

continuellement

▷ Il a plu continuellement pendant une semaine !
It rained continuously for a week!

(= sans interruption) **continuously** /kən'tɪnjʊəslɪ/

continuer

1 ▷ J'ai continué mon exposé sans faire attention à lui.
I continued my presentation without paying attention to him.

2 ▷ Continue, c'est très bien.
Carry on, it's very good.

▷ Continuez jusqu'à l'église.
Carry on to the church.

3 ▷ Si tu continues à m'interrompre, je m'en vais !
If you carry on interrupting me, I'm leaving!

1 ► **continuer** quelque chose : **continue** /kən'tɪnjuː/ something

2 (= poursuivre ce que l'on faisait) **carry on** /kærɪ 'on/

ℹ *Le y de* ***carry*** /'kærɪ/ *devient* ***ie*** *à la troisième personne du singulier (****carries*** /'kærɪz/*), au prétérit et au participe passé (****carried*** /'kærɪd/*).*

3 ► **continuer à faire** quelque chose : **carry on doing** something

ℹ *On peut aussi dire* ***keep on doing*** *something (****kept, kept****).*

contour

▷ Le contour est flou.
The outline is fuzzy.

outline /'aʊtlaɪn/

contraire

▷ « Chaud » est le contraire de « froid ».
"Hot" is the opposite of "cold".

▷ Ça ne me dérange pas, au contraire.
I don't mind, quite the opposite.

opposite /'ɒpəzɪt/

🔊 ***Opposite*** *rime avec* ***hit*** *et* ***bit****.*

► **au contraire** (= pas du tout) : **quite the opposite**

contrairement à

▷ Contrairement à son frère, elle est très sympathique.
Unlike her brother, she is very nice.

unlike /ʌn'laɪk/

contrarier

▷ J'espère que je ne t'ai pas contrarié.
I hope I didn't annoy you.

annoy /ə'nɔɪ/

contrat

▷ Je n'ai pas encore reçu le contrat.
I haven't received the contract yet.

contract /'kɒntrækt/

Suite page suivante

▷ La plupart des employés sont en contrat à durée déterminée.
Most of the employees are on fixed-term contracts.
▷ Isabelle a obtenu un contrat à durée indéterminée.
Isabelle got a permanent contract.

► **contrat à durée déterminée :** fixed-term /ˈfɪkst tɛːm/ contract

► **contrat à durée indéterminée :** permanent /ˈpɛːmənənt/ contract

contravention

▷ Robert a encore eu une contravention.
Robert got another parking ticket.

► **avoir une contravention :** get a parking ticket /ˈpɑːkɪŋ ˌtɪkɪt/ (got, got)

contre

1 ▷ Ne t'appuie pas contre le mur, je viens de le peindre !
Don't lean against the wall, I've just painted it!
▷ Manchester United joue contre Lazio ce week-end.
Manchester United is playing against Lazio this weekend.
▷ Tu es d'accord avec notre décision ? – Non, je suis contre !
Do you agree with our decision? – No, I'm against it!

2 ▷ Kevin n'aime pas le poisson, mais par contre il adore les frites.
Kevin doesn't like fish, but on the other hand he loves chips.

1 against /əˈgenst/

► **je suis contre :** I'm against it

2 ► **par contre :** on the other hand /ˌɒn ðɪ ˈəðə hænd/

contredire

▷ Tu me contredis tout le temps !
You always contradict me!

contradict /ˌkɒntrəˈdɪkt/

contribuer à

▷ Vous pouvez aussi contribuer à la discussion.
You can also contribute to the conversation.

contribute /kənˈtrɪbjuːt/ to

contrôle

1 ▷ J'ai eu douze au contrôle de géo.
I got twelve in the geography test.

2 ▷ Il n'y a pas de contrôle des passeports à la frontière.
There is no passport control at the border.

1 (= interrogation) test /test/

2 ► **contrôle des passeports :** passport control /ˈpɑːspɔːt kənˌtrəʊl/

▷ La police peut faire des contrôles d'identité n'importe où.
The police can do identity checks anywhere.

► **contrôle d'identité** : identity check /aɪ'dentɪtɪ ˌtʃek/ (pluriel : identity checks)

contrôler

▷ Est-ce que tu as contrôlé le moteur ?
Did you check the engine?

▷ Nos billets n'ont pas été contrôlés.
Our tickets weren't checked.

(= vérifier) **check** /tʃek/

🔊 *Checked se prononce /tʃekt/*

contrôleur, contrôleuse

▷ Le contrôleur est venu dans notre compartiment.
The ticket inspector came into our compartment.

(dans le train, dans le métro) **ticket inspector** /'tɪkɪt ɪnˌspektəʳ/ (pluriel : ticket inspectors)

convaincre

▷ On a essayé de convaincre Lucie, mais ça n'a pas marché.
We tried to convince Lucie, but it didn't work.

▷ Je n'ai pas réussi à convaincre Fred de venir.
I didn't manage to persuade Fred to come.

convince /kən'vɪns/

► **convaincre** quelqu'un de faire quelque chose : **persuade** /pə'sweɪd/ somebody to do something

convenir

▷ Est-ce que l'heure te convient ?
Does the time suit you?

► **convenir à** quelqu'un : **suit** /suːt/ somebody

🔊 *Suit rime avec **boot** et **flute**.*

conversation

▷ Nous avons eu une conversation très intéressante.
We had a very interesting conversation.

conversation /ˌkɒnvə'seɪʃən/

convoquer

▷ Le directeur a convoqué Victorien dans son bureau.
The manager summoned Victorien into his office.

(pour un entretien) **summon** /'sʌmən/

coordonnées

▷ Je n'ai pas ses nouvelles coordonnées.
I haven't got his new address and phone number.

address /ə'dres/ **and phone number** /fəʊn 'nʌmbəʳ/

copain

1 ▻ Je suis parti en vacances avec des copains.
I went on holiday with some friends.

2 ▻ Hervé est le nouveau copain de Josie.
Hervé is Josie's new boyfriend.

1 (= ami) **friend** /frend/

2 (= petit ami) **boyfriend** /'bɔɪfrend/

copie

1 ▻ C'est l'heure de rendre les copies.
It's time to hand in the papers.

2 ▻ Je vais faire une copie de cet article.
I'm going to make a copy of this article.

1 (= devoir) **paper** /'peɪpəʳ/

2 (= copie d'un texte, d'une cassette) **copy** /'kɒpɪ/ (pluriel : copies /'kɒpɪz/)

copier

▻ J'ai essayé de copier ce dessin mais ce n'est pas très réussi.
I tried to copy this drawing but it's not very good.

▻ Judith a tout copié sur moi !
Judith copied everything from me!

copy /'kɒpɪ/

ℹ *Le y de* ***copy*** *devient* ***ie*** *à la troisième personne du singulier (****copies*** /'kɒpɪz/) *au prétérit et au participe passé (****copied*** /'kɒpɪd/).

► **copier sur** quelqu'un : **copy from** somebody

copieux, copieuse

▻ Les repas sont très copieux à l'hôtel.
Meals are very large at the hotel.

large /lɑːdʒ/ (**plus copieux** larger /'lɑːdʒəʳ/, **le plus copieux** the largest /'lɑːdʒɪst/)

copine

1 ▻ Anne est une copine de Judith.
Anne is a friend of Judith.

2 ▻ Lola est la nouvelle copine de Benoît.
Lola is Benoît's new girlfriend.

1 (= amie) **friend** /frend/

2 (= petite amie) **girlfriend** /'gɜːlfrend/

coq

▻ Le coq chante tous les matins à cinq heures.
The cockerel crows every morning at five o'clock.

cockerel /'kɒkrəl/

ℹ *Notez comment on dit* chanter *quand c'est le coq qui chante :* ***crow*** /krəʊ/.

coque

▻ Il y a des œufs à la coque pour le petit déjeuner.
There are boiled eggs for breakfast.

► **œuf à la coque : boiled egg** /bɔɪld 'eg/ (pluriel : boiled eggs)

coquelicot

▷ Il y a des coquelicots dans le jardin.
There are poppies in the garden.

poppy /ˈpɒpɪ/ (pluriel : poppies /ˈpɒpɪz/)

coquet, coquette

▷ Étienne est très coquet.
Étienne likes to look nice.

► être coquet : like to look nice /naɪs/

coquillage

1 ▷ On va ramasser des coquillages sur la plage.
We're going to collect shells on the beach.

2 ▷ J'aime les coquillages, surtout les huîtres.
I like shellfish, especially oysters.

1 (= coquille vide) shell /ʃel/

2 *Lorsqu'on parle des coquillages avec un animal dedans (par exemple, les huîtres), on dit* ***shellfish*** /ˈʃelfɪʃ/ (pluriel : ***shellfish***) *en anglais.*

coquille

1 ▷ Anna a cassé la coquille de l'œuf avec sa cuillère.
Anna broke the shell of the egg with her spoon.

2 ▷ J'adore les coquilles Saint-Jacques.
I love scallops.

1 (en parlant d'un œuf, d'un escargot, d'une noix) shell /ʃel/

2 ► coquille Saint-Jacques (= l'animal qu'on mange) : scallop /ˈskɒləp/

coquin, coquine

▷ Le petit frère de Clarisse est très coquin.
Clarisse's little brother is very mischievous.

(en parlant d'un enfant) mischievous /ˈmɪstʃɪvəs/ (plus coquin more mischievous, le plus coquin the most mischievous)

Coran

▷ C'est une citation du Coran.
It's a quotation from the Koran.

► le Coran : the Koran /kɒˈrɑːn/

Attention à l'orthographe du mot anglais.

corbeau

▷ Il y a des corbeaux dans l'arbre près de l'église.
There are some crows in the tree near the church.

crow /krəʊ/

Crow *rime avec* ***go*** *et* ***Joe***.

corbeille

▷ Il doit rester une orange ou deux dans la corbeille de fruits.
There must be an orange or two left in the fruit basket.

▷ Jette ça dans la corbeille à papier.
Throw this into the wastepaper basket.

(= panier) basket /ˈbɑːskɪt/

► corbeille à papier : wastepaper basket /weɪstˈpeɪpə ˌbɑːskɪt/ (pluriel : wastepaper baskets)

corde

1 ▷ La corde s'est cassée.
The rope broke.

2 ▷ Il faut que je remplace deux cordes de ma guitare.
I have to change two strings on my guitar.

1 rope /rəʊp/

2 (en parlant d'un instrument de musique) string /'strɪŋ/

cordonnerie

▷ Mes chaussures sont à la cordonnerie.
My shoes are at the cobbler's.

► la cordonnerie : the cobbler's /'kɒbləz/

cordonnier

▷ Le cordonnier va réparer mes chaussures.
The cobbler will repair my shoes.

▷ Marianne est chez le cordonnier.
Marianne is at the cobbler's.

▷ Ils m'ont envoyé chez le cordonnier.
They sent me to the cobbler's.

▷ Mon grand-père était cordonnier.
My grandfather was a cobbler.

cobbler /'kɒbləʳ/

► chez le cordonnier (= dans le magasin) : at the cobbler's /'kɒbləz/

► chez le cordonnier (= vers le magasin) : to the cobbler's

ℹ *N'oubliez pas l'article* **a** *ou* **an** *devant le nom du métier lorsqu'il suit les verbes* **be** *ou* ***become***.

corne

▷ Ces vaches ont de longues cornes.
These cows have long horns.

(= la corne d'un animal) horn /hɔːn/

cornet

1 ▷ Un cornet avec deux boules, s'il vous plaît.
A cone with two scoops, please.

2 ▷ Les cornets de frites valent un euro.
Bags of chips cost one euro.

1 (= cornet de glace) cone /kəʊn/

2 ► cornet de frites : bag of chips /tʃɪps/ (pluriel : bags of chips)

cornichon

▷ J'aime les cornichons avec le pâté.
I like gherkins with pâté.

gherkin /'gɜːkɪn/

corps

▷ Xavier a un corps très musclé.
Xavier has a very muscular body.

body /bɒdɪ/ (pluriel : bodies /'bɒdɪz/)

correct, correcte

1 ▷ Le calcul n'était pas correct, nous avons dû le refaire.
The calculation wasn't correct, we had to do it again.

1 (= exact) correct /kə'rekt/

2 ▷ Les repas sont corrects mais pas excellents.
The meals are acceptable but not excellent.

2 (= pas mal) acceptable /ək'septəbl/

correctement

1 ▷ Si tu ne parles pas correctement, personne ne te comprendra !
If you don't speak properly, nobody will understand you!

1 (= comme il faut) properly /'prɒpəlɪ/

2 ▷ On a mangé correctement pour cinq livres.
We ate reasonably well for five pounds.

2 (= pas mal) reasonably well /'riːznəblɪ wel/

correction

1 ▷ Les corrections de la prof ne sont pas claires.
The teacher's corrections aren't clear.

1 (= sur un texte, un devoir) correction /kə'rekʃən/

2 ▷ Ludovic a reçu une bonne correction.
Ludovic got a good hiding.

2 ► **recevoir une correction** (= être battu) : get a hiding /'haɪdɪŋ/ (got, got)

correspondance

▷ Dépêche-toi, nous allons rater la correspondance !
Hurry up, we're going to miss the connection!

(dans les transports) connection /kə'nekʃən/

correspondant, correspondante

▷ De notre correspondant à Alger.
From our correspondent in Algiers.

(en parlant d'un journaliste) correspondent /kɒrɪs'pɒndent/

correspondre

1 ▷ Un yard correspond à environ un mètre.
A yard corresponds to about a metre.

1 ► **correspondre à** quelque chose (= être équivalent) : correspond /ˌkɒrɪs'pɒnd/ to something

2 ▷ Alban correspond avec un garçon américain.
Alban writes to an American boy.

2 ► **correspondre avec** quelqu'un (= lui écrire) : write /raɪt/ to somebody (wrote /rəʊt/, written /'rɪtn/)

corriger

1 ▷ Tu as oublié de corriger cette faute.
You forgot to correct this mistake.

1 (= corriger une faute) correct /kə'rekt/

2 ▷ Corriger des copies prend beaucoup de temps.
Marking exam papers takes a long time.

2 (= corriger des copies) mark /mɑːk/

En anglais américain, on dit grade /'greɪd/.

corse, Corse

1 ▷ Jean-Marc a l'accent corse.
Jean-Marc has a Corsican accent.
▷ Il y a des Corses dans mon village.
There are some Corsicans in my village.

2 ▷ La Corse est une île magnifique.
Corsica is a beautiful island.
▷ Il y a des paysages magnifiques en Corse.
There are beautiful landscapes in Corsica.
▷ Nous avons décidé d'aller en Corse en août.
We've decided to go to Corsica in August.

1 (adjectif, personne) Corsican /kɔːsɪkən/

ℹ *S'écrit toujours avec une majuscule.*

2 ► **la Corse :** Corsica /'kɔːsɪkə/

ℹ *Ne prend jamais d'article.*

► **en Corse** (= dans la région) **:** in Corsica

► **en Corse** (= vers la région) **:** to Corsica

costaud

▷ Paul est très costaud.
Paul is very strong.

strong /strɒŋ/ (**plus costaud** stronger /'strɒŋgəʳ/, **le plus costaud** the strongest /'strɒŋgɪst/)

ℹ Costaud *est un mot familier, mais* strong *ne l'est pas.*

costume

1 ▷ Je dois porter un costume pour aller travailler.
I have to wear a suit to go to work.

2 ▷ Les acteurs portaient des costumes splendides.
The actors were wearing lovely costumes.

1 (pantalon et veste) suit /suːt/

🔊 *Suit rime avec boot et flute.*

2 (habit de théâtre, déguisement) costume /'kɒstjuːm/

🔊 *Attention à la prononciation !*

côte

1 ▷ Nous avons conduit le long de la côte.
We drove along the coast.

2 ▷ Je vous attendrai en haut de la côte.
I will wait for you at the top of the hill.

3 ▷ Moussa s'est cassé une côte.
Moussa broke a rib.

4 ▷ Il y a des côtes de porc pour dîner.
There are pork chops for dinner.

1 (= la côte au bord de la mer) coast /kəʊst/

2 (= la côte qu'on monte ou qu'on descend) hill /hɪl/

3 (= la partie du corps) rib /rɪb/

4 (= la côte de porc ou d'agneau) chop /tʃɒp/

côté

1 ▷ Les deux côtés de la feuille sont pleins.
Both sides of the sheet are full.
▷ Je t'attendrai de l'autre côté de la rue.
I'll wait for you on the other side of the street.

2 ▷ Le supermarché est à côté du stade.
The supermarket is next to the stadium.

1 side /saɪd/

► **de l'autre côté de :** on the other side of

2 ► **à côté de** (= près de) **:** next to /'nekst tuː/

3 ▷ À côté de sa sœur, Constance est minuscule !
Compared to her sister, Constance is tiny!

3 ► **à côté de** (= comparé à) : compared to /kəm'pεəd tu:/

4 ▷ Tu devrais mettre du chocolat de côté pour tout à l'heure.
You should put some chocolate aside for later.

4 ► **mettre** quelque chose **de côté** : put something aside /ə'saɪd/ (put, put)

côtelette

▷ Deux côtelettes d'agneau, s'il vous plaît.
Two lamb chops, please.

chop /tʃɒp/

coton

1 ▷ Le coton est agréable à porter en été.
Cotton is pleasant to wear in summer.

1 ► **le coton** (= le tissu) cotton /'kɒtn/

Attention à l'orthographe (deux ***t*** *en anglais).*

▷ Ce tee-shirt est en coton.
This T-shirt is made of cotton.

▷ Les chaussettes en coton sont plus chères.
Cotton socks are more expensive.

► **être en coton** : be made of cotton

► **en coton** : cotton

2 ▷ Vite, du coton ! Je saigne du nez !
Quick, some cotton wool! I've got a nosebleed!

2 ► **le coton** (pour nettoyer une blessure, etc.) cotton wool /ˌkɒtn 'wʊl/

coton-tige®

▷ Les cotons-tiges sont au-dessus du lavabo.
The cotton buds are above the sink.

cotton bud /'kɒtn bʌd/ (pluriel : cotton buds)

cou

▷ J'ai mal au cou.
My neck is aching.

neck /nek/

couche

1 ▷ Le gâteau est fait de trois couches de chocolat et de crème.
The cake is made of three layers of chocolate and cream.

1 (= épaisseur, en parlant d'un gâteau, de vêtements, de la neige) layer /'leɪəʳ/

▷ La couche d'ozone est plus mince qu'avant.
The ozone layer is thinner than before.

► **la couche d'ozone** : the ozone layer /'eʊzəʊn ˌleɪəʳ/

2 ▷ La première couche de peinture est sèche.
The first coat of paint is dry.

2 (en parlant de la peinture) coat /kəʊt/

3 ▷ Tu as changé la couche du bébé ?
Have you changed the baby's nappy?

3 (= couche pour bébé) nappy /'næpɪ/ (pluriel : nappies /'næpɪz/)

En anglais américain, on dit ***diaper*** /'daɪəpəʳ/

couché, couchée

1 ▷ Est-ce que les enfants sont déjà couchés ?
Are the children already in bed?

1 ► **être couché** (= être au lit) : be in bed /ɪn 'bed/

2 ▷ Louis était couché dans l'herbe.
Louis was lying down in the grass.

2 ► **être couché** (= être étendu) : be lying down /ˌlaɪɪŋ 'daʊn/

coucher

1 ▷ On ne sait pas où on va coucher ce soir.
We don't know where we're going to sleep tonight.

1 (= dormir) **sleep** /sliːp/ (slept, slept /slept/)

2 ▷ Je ne veux pas me coucher, je ne suis pas fatiguée !
I don't want to go to bed, I'm not tired!

2 ► **se coucher** (= aller au lit) : go to bed (went, gone)

3 ▷ J'ai envie de me coucher dans l'herbe.
I feel like lying down in the grass.

3 ► **se coucher** (= s'étendre) : lie down /laɪ 'daʊn/ (lay down /leɪ 'daʊn/ lain down /leɪn 'daʊn/)

4 ▷ Le soleil se couche tôt en hiver.
The sun sets early in winter.

4 ► **se coucher** (en parlant du soleil, de la lune) set /set/ (set, set)

5 ▷ Quel beau coucher de soleil !
What a beautiful sunset!

5 ► **coucher de soleil** : sunset /'sʌnset/

coucou

1 ▷ Coucou, c'est moi ! Comment ça va ?
Hello, it's me! How are you?

1 (= bonjour !) **hello!** /'heləʊ/

2 ▷ Il y a des coucous dans la forêt.
There are cuckoos in the forest.

2 (= oiseau) **cuckoo** /'kʊkuː/

coude

▷ Je me suis cogné le coude sur la table.
I banged my elbow on the table.

elbow /'elbəʊ/

Elbow rime avec go et Joe. Elbows rime avec rose et nose.

coudre

▷ Ma mère m'a appris à coudre.
My mother taught me to sew.

(= faire de la couture) **sew** /səʊ/ (sewed, sewn) /səʊn/

Le mot sew se prononce exactement comme le mot so. Sewed rime avec road, et sewn rime avec stone.

▷ Juan ne sait même pas coudre un bouton !
Juan can't even sew a button on!

► **coudre** quelque chose (en parlant d'un bouton par exemple) : sew /səʊ/ something on

couette

1 ▷ Cette couette n'est pas assez chaude.
This duvet isn't warm enough.

1 (sur le lit) **duvet** /ˈduːveɪ/

*En anglais comme en français, le **t** de **duvet** ne se prononce pas.*

2 ▷ Bérénice se fait des couettes.
Bérénice wears bunches.

2 ► **se faire des couettes : wear bunches** /ˈbʌntʃɪz/ (wore, worn)

couler

1 ▷ L'eau coule sur le mur.
The water is running down the wall.

1 (en parlant d'un liquide, des larmes) **run** /rʌn/ (ran /ræn/, run /rʌn/)

*Dans notre exemple, la traduction de **sur** est **down** car l'eau coule vers le bas.*

2 ▷ Ce stylo coule, prête-m'en un autre.
This pen leaks, lend me another one.

2 (en parlant d'un stylo) **leak** /liːk/

3 ▷ Noémie est enrhumée, elle a le nez qui coule.
Noémie has a cold, she has a runny nose.

3 ► **avoir le nez qui coule : have a runny nose** /ˌrʌnɪ ˈnəʊz/ (had, had)

4 ▷ Le bateau a coulé dans la tempête.
The boat sank in the storm.

4 (en parlant d'un bateau) **sink** /sɪŋk/ (sank /sæŋk/, sunk /sʌŋk/)

couleur

1 ▷ La couleur préférée de Guillaume est le rouge.
Guillaume's favourite colour is red.

▷ De quelle couleur est ta voiture ?
What colour is your car?

1 **colour**

*En anglais américain, on écrit **color**.*

► **de quelle couleur... ? : what colour...?**

2 ▷ C'est l'un des premiers films en couleur.
It's one of the first colour films.

2 ► **en couleur** (en parlant d'un film, d'une photo, d'un téléviseur) : **colour** /ˈkʌləʳ/

couloir

1 ▷ Attends-nous dans le couloir.
Wait for us in the corridor.

1 (dans une maison) **corridor** /ˈkɒrɪdɔːʳ/

2 ▷ Je préfère un siège près du couloir.
I prefer a seat near the aisle.

2 (dans le train, dans l'avion) **aisle** /aɪl/

***Aisle** rime avec **mile** et **while**.*

coup

1 ▷ Yann a donné un coup sur la tête de Marc.
Yann hit Marc on the head.

1 ► **donner un coup** *ou* **des coups à** quelqu'un **: hit** somebody (hit, hit)

2 ▷ Les garçons lui ont donné des coups de pied.
The boys kicked him.

2 ► **donner un coup de pied** *ou* **des coups de pied à** quelqu'un **: kick** /kɪk/ somebody

Suite page suivante

3 ▷ Pauline a voulu lui donner un coup de poing.
Pauline wanted to punch him.

3 ► **donner un coup** *ou* **des coups de poing à** quelqu'un : punch /pʌntʃ/ somebody

4 ▷ On a entendu un coup à la porte.
We heard a knock at the door.

4 (à la porte, sur une table) **knock** /nɒk/

5 ▷ On a bu un coup chez Sandrine.
We had a drink at Sandrine's place.

5 ► **boire un coup :** have a drink /drɪnk/ (had, had)

6 ▷ Bravo, tu as réussi du premier coup !
Well done, you managed first time!

6 ► **du premier coup :** first time /fɜːst 'taɪm/

7 ▷ Fabrice a tout avalé d'un seul coup.
Fabrice swallowed everything in one go.

7 ► **d'un seul coup** (= en une seule fois) **:** in one go /ˌɪn wʌn 'gəʊ/

8 ▷ Et tout à coup *ou* tout d'un coup, la lumière s'est éteinte.
And all of a sudden the light went off.

8 ► **tout à coup** *ou* **tout d'un coup :** all of a sudden /ˌɔːl əv ə 'sʌdn/

9 ▷ Vous avez entendu les coups de feu ?
Did you hear the shots?

9 ► **coup de feu :** shot /ʃɒt/

10 ▷ Je dois passer un coup de fil.
I have to make a phone call.

10 ► **passer un coup de fil :** make a phone call /'fəʊn kɔːl/ (made, made)

11 ▷ Je crois que j'ai pris un coup de soleil hier.
I think I caught the sun yesterday.

11 ► **prendre un coup de soleil :** catch the sun /ˌkætʃ ðə 'sʌn/ (caught, caught /kɔːt/)

coupable

1 ▷ Tout le monde pense que Cyril est coupable.
Everybody thinks that Cyril is guilty.
▷ Je me sens coupable.
I feel guilty.

1 (quand quelqu'un a fait quelque chose de mal) **guilty** /'gɪltɪ/

*Le **u** de **guilty** ne se prononce pas.*

2 ▷ La coupable a été arrêtée par la police.
The culprit was arrested by the police.

2 ► **le coupable** *ou* **la coupable** (= la personne qui a fait quelque chose de mal) **:** the culprit

coupe

1 ▷ Sam a des billets pour la coupe d'Europe de foot.
Sam has tickets for the European football cup.

1 (en parlant de sport) **cup** /kʌp/

2 ▷ Tu peux choisir un gâteau ou une coupe de glace.
You can choose a cake or an ice cream.

2 ► **coupe de glace :** ice cream /'aɪs kriːm/ (pluriel : ice creams)

3 ▷ Je n'ai bu qu'une coupe de champagne mais j'étais un peu soûle.
I only drank one glass of champagne but I was a bit drunk.

3 (= verre) **glass** /glɑːs/ (pluriel : glasses /'glɑːsɪz/)

4 ▷ Tu as une très jolie coupe de cheveux.
You have a very nice haircut.

4 ► **coupe de cheveux :** haircut /'hɛəkʌt/

couper

1 ▷ Je coupe le gâteau, qui veut un morceau ?
I'm cutting the cake, who wants a piece?
▷ Coupe la feuille en deux.
Cut the sheet in two.
▷ Couper le poulet en six morceaux.
Cut the chicken into six pieces.

1 (en parlant d'un aliment, de papier, d'un fil) **cut** /kʌt/ (cut, cut)
► **couper** quelque chose **en deux :** cut something **in two**
► **couper** quelque chose **en morceaux :** cut something **into pieces**

2 ▷ Il a fallu couper l'arbre parce que les racines étaient trop longues.
They had to cut the tree down because the roots were too long.

2 (en parlant d'un arbre) **cut down** (cut down, cut down)

3 ▷ Le téléphone est coupé à cause des orages.
The phone is cut off because of the storms.

3 (en parlant de l'eau, du téléphone) **cut off** (cut off, cut off)

4 ▷ Cette histoire m'a coupé l'appétit !
That story spoiled my appetite!

4 ► **couper l'appétit à** quelqu'un **:** spoil /spɔɪl/ somebody's **appetite** /'æpɪtaɪt/

5 ▷ Ce couteau ne coupe pas très bien.
This knife doesn't cut very well.

5 (en parlant d'un couteau, d'un instrument) **cut** (cut, cut)

6 ▷ Attention, tu vas te couper !
Be careful, you're going to cut yourself!
▷ Je me suis coupé sur un morceau de verre.
I cut myself on a piece of glass.

6 ► **se couper :** cut oneself (cut, cut)

ℹ *Le pronom personnel réfléchi s'emploie de la façon suivante en anglais (exemples au prétérit) : I cut* ***myself****, you cut* ***yourself****, he cut* ***himself****, she cut* ***herself****, we cut* ***ourselves****, you cut* ***yourselves****, they cut* ***themselves****.*

7 ▷ Caroline se coupe les cheveux elle-même.
Caroline cuts her hair herself.

7 ► **se couper les cheveux :** cut one's hair

ℹ *L'adjectif possessif s'emploie de la façon suivante en anglais (exemples au présent) : I cut* ***my*** *hair, you cut* ***your*** *hair, he cuts* ***his*** *hair, she cuts* ***her*** *hair, etc.*

8 ▷ Je dois me faire couper les cheveux.
I must have my hair cut.

8 ► **se faire couper les cheveux :** have one's **hair cut** (had, had)

ℹ *I have* ***my*** *hair cut, you have* ***your*** *hair cut, etc.*

couple

▷ Il y avait un jeune couple en face de nous dans le train.
There was a young couple opposite us on the train.

couple /'kʌpl/

🔊 *Le* ***ou*** *du mot anglais* ***couple*** *se prononce comme le* ***u*** *de* ***duck****.*

coupure

▷ Daniel a une petite coupure au doigt.
Daniel has got a little cut on his finger.
▷ Il y a des coupures de courant tout le temps.
There are power cuts all the time.

cut /kʌt/

► **coupure de courant :** power cut /'paʊə kʌt/ (pluriel : power cuts)

cour

1 ▷ Nous avons pris des photos dans la cour du château.
We took some photos in the courtyard of the castle.
2 ▷ La cour de récréation est vide.
The playground is empty.

1 (d'un bâtiment) courtyard /'kɔːtjɑːd/

2 ► **cour de récréation :** playground /'pleɪgraʊnd/

courage

1 ▷ Il faut du courage pour faire ça.
You need courage to do that.
2 ▷ Je t'admire, tu as beaucoup de courage.
I admire you, you're very brave.
3 ▷ Bon courage, Harry !
Good luck, Harry!

1 (= bravoure) courage /'kʌrɪdʒ/
Rime avec ***bridge.***

2 ► **avoir du courage :** be brave /breɪv/

3 ► **bon courage ! :** good luck! /gʊd 'lʌk/

courageux, courageuse

▷ Julie est très courageuse, elle n'a peur de rien.
Julie is very brave, she isn't afraid of anything.

brave /breɪv/ (**plus courageux** braver /'breɪvəʳ/, **le plus courageux** the bravest /'breɪvɪst/)

couramment

▷ Monsieur Lambert parle anglais couramment.
Mr Lambert speaks English fluently.

(quand on parle très bien une langue) fluently /'fluːəntlɪ/

courant, courante (adjectif)

▷ Ce mot n'est pas très courant.
This word isn't very common.

(= fréquent) common /'kɒmən/ (**plus courant** more common, **le plus courant** the most common)

courant (nom)

1 ▷ La casquette a été emportée par le courant.
The cap was carried along by the current.
2 ▷ Le courant électrique n'est pas le même en Angleterre qu'en France.
The electric current isn't the same in England as in France.

1 (= le courant d'une rivière) current /'kʌrənt/

2 ► **courant électrique :** electric current

3 ▷ Vous êtes au courant de ce qui est arrivé à Toshi ?
Do you know about what happened to Toshi?
▷ Je n'étais pas au courant.
I didn't know about it.

3 ► **être au courant de** quelque chose : know /nəʊ/ about something (knew /njuː/ about, known /nəʊn/ about)

ℹ *Pour l'expression* en courant, *regardez le mot* courir.

courbature

▷ J'ai des courbatures partout.
I'm stiff all over.

► **avoir des courbatures :** be stiff /stɪf/

coureur, coureuse

1 ▷ Les coureurs américains sont les meilleurs du monde.
American runners are the best in the world.

1 (= athlète) **runner** /ˈrʌnəʳ/
ℹ *Attention à l'orthographe* (deux *n*).

2 ▷ C'était un célèbre coureur automobile.
He was a famous racing driver.

2 ► **coureur automobile :** racing driver /ˈreɪsɪŋ ˌdraɪvəʳ/ (pluriel : racing drivers)

3 ▷ C'est un grand coureur cycliste.
He's a great racing cyclist.

3 ► **coureur cycliste :** racing cyclist /ˈreɪsɪŋ ˌsaɪklɪst/ (pluriel : racing cyclists)

courgette

▷ Un kilo de courgettes, s'il vous plaît.
A kilo of courgettes, please.

courgette /kɔːˈʒet/
En anglais américain, on dit **zucchini** /zuːˈkiːnɪ/ (pluriel : zucchini).

courir

▷ Mouloud court très vite.
Mouloud runs very fast.
▷ Ils sont partis en courant.
They ran off.
▷ Pam est entrée en courant.
Pam ran in.
▷ Le voleur est sorti en courant.
The thief ran out.
▷ Nous savons que nous courons un risque énorme.
We know that we run a huge risk.

run /rʌn/ (ran /ræn/, run /rʌn/)

ℹ *Pour dire que l'on fait quelque chose* en courant, *on emploie en anglais le verbe* **run** *suivi de la particule qui convient :* **run off** *pour indiquer que l'on s'éloigne,* **run in** *pour indiquer que l'on entre,* **run out** *pour indiquer que l'on sort.*

► **courir un risque :** run a risk

couronne

▷ Le roi portait une couronne en or.
The king wore a gold crown.

crown /kraʊn/

courrier

▷ Est-ce qu'il y a du courrier pour moi aujourd'hui ?
Is there any mail for me today?

▷ Nous avons le courrier électronique à la maison.
We have e-mail at home.

▷ Tu peux me l'envoyer par courrier électronique.
You can e-mail it to me.

mail /meɪl/

► **courrier électronique :** e-mail /ˈiːmeɪl/

ℹ *E-mail est la contraction de electronic mail.*

► **envoyer** quelque chose **par courrier électronique à** quelqu'un **:** e-mail something to somebody

cours

1 ▷ Le cours d'informatique commence à onze heures trente.
The computer class *ou* the computer lesson starts at eleven thirty.

2 ▷ Il suit des cours d'anglais.
He's doing an English course.

▷ Les enfants ont cours le samedi matin.
The children have classes *ou* the children have lessons on Saturday morning.

▷ Qui vous fait cours en allemand ?
Who takes you for German?

▷ Mélanie prend des cours particuliers de chinois.
Mélanie takes private Chinese lessons.

1 (= leçon) **class** /klɑːs/ (pluriel : classes /ˈklɑːsɪz/) *ou* **lesson** /ˈlesn/

2 (= ensemble de cours) course /kɔːs/

► **avoir cours** (= aller à l'école) **:** have classes *ou* have lessons (had, had)

► **faire le cours à** quelqu'un **de... :** take somebody for... (took, taken)

► **prendre des cours particuliers :** take private /ˈpraɪvɪt/ lessons (took, taken)

course

1 ▷ La course est un sport très difficile.
Running is a very difficult sport.

2 ▷ Il y a une course ce week-end à Chantilly.
There's a race this weekend in Chantilly.

3 ▷ Tu veux faire la course avec moi ?
Do you want to race me?

4 ▷ Je fais les courses deux fois par semaine.
I do the shopping twice a week.

1 ► **la course** (= la course à pied) **:** running /ˈrʌnɪŋ/

ℹ *Attention à l'orthographe (deux* **n***).*

2 ► **une course** (= une compétition) **:** a race /reɪs/

3 ► **faire la course avec** quelqu'un **:** race /reɪs/ somebody

4 ► **faire les courses** (= faire des achats) **:** do the shopping /ˈʃɒpɪŋ/ (did, done)

court, courte (adjectif)

▷ Les jupes courtes sont à la mode.
Short skirts are fashionable.

short /ʃɔːt/

▷ Il y a un festival de courts métrages cette semaine.
There's a festival of short films this week.

► **court métrage :** short film /fɪlm/ (pluriel : short films)

court (nom)

▷ Il y a des courts de tennis près de la piscine.
There are tennis courts near the swimming pool.

(= court de tennis, de squash ou de badminton) **court** /kɔːt/

*Le mot anglais **court** rime avec les mots anglais **short** et **thought**.*

couscous

▷ Nous avons mangé un excellent couscous dans ce restaurant.
We ate an excellent couscous in that restaurant.

couscous

Se prononce comme en français.

cousin, cousine

▷ Ma cousine s'appelle Danielle.
My cousin's name is Danielle.

cousin /kʌzn/

*Le **ou** du mot anglais **cousin** se prononce comme le **u** de **duck**.*

coussin

▷ Les coussins du canapé sont très confortables.
The sofa cushions are very comfortable.

cushion /'kʊʃən/

*Le **u** de **cushion** se prononce comme le **oo** de **book** et **look**.*

couteau

▷ Attention, ne te coupe pas avec ce couteau !
Be careful, don't cut yourself with that knife!

knife /naɪf/ (pluriel : **knives** /naɪvz/)

*Le **k** ne se prononce pas.*

coûter

1 ▷ Le repas a coûté dix euros.
The meal cost ten euros.

1 **cost** /kɒst/ (cost, cost)

2 ▷ Combien ça coûte ?
How much is it?

2 *Pour demander* **combien coûte quelque chose**, *il est plus courant de dire **how much is it?** que d'employer le verbe **cost**.*

3 ▷ Ces lunettes de soleil coûtent cher.
These sunglasses are expensive.

3 ► **coûter cher :** be expensive /ek'spensɪv/

coutume

▷ C'est une coutume anglaise très ancienne.
It's a very old English custom.

(= tradition) **custom** /'kʌstəm/

couture

1 ▷ Autrefois il y avait des cours de couture à l'école.
In the past there were sewing lessons at school.

1 ► **la couture** (quand on coud quelque chose) : **sewing** /'səʊɪŋ/

Sewing rime avec going.

2 ▷ La couture de ta veste est déchirée.
The seam of your jacket is torn.

2 ► **une couture** (= sur un tissu qu'on a cousu) : **a seam** /siːm/

couvercle

▷ Je n'arrive pas à enlever le couvercle du bocal.
I can't take the lid off the jar.

lid /lɪd/

couvert, couverte (adjectif)

1 ▷ Il y a une piscine couverte près d'ici.
There is a covered swimming pool near here.

1 (en parlant d'une piscine, d'un court de tennis) **covered** /'kʌvəd/

2 ▷ Mon pantalon est couvert de boue.
My trousers are covered in mud.

2 ► **couvert de... : covered in...**

3 ▷ Le ciel est couvert aujourd'hui.
The sky is overcast today.

3 (en parlant du ciel, du temps) **overcast** /ˌəʊvə'kɑːst/

couverts (nom)

▷ Pour le pique-nique on va utiliser les couverts en plastique.
For the picnic we're going to use the plastic knives and forks.

(pour manger) : **knives and forks** /ˌnaɪvz ən 'fɔːks/

*Le **k** de **knives** ne se prononce pas.*

couverture

1 ▷ Si tu as froid, prends cette couverture.
If you are cold, take this blanket.

1 (= couverture pour le lit) **blanket** /'blæŋkɪt/

2 ▷ La couverture du livre est abîmée.
The cover of the book is damaged.

2 (= couverture d'un cahier ou d'un livre) **cover** /'kʌvəʳ/

couvrir

1 ▷ Elle a couvert le bébé avec son manteau.
She covered the baby with her coat.

1 (pour protéger) **cover** /'kʌvəʳ/

2 ▷ Ils ont couvert les murs de graffitis.
They've covered the walls with graffiti.

2 ► **couvrir** quelque chose **de** (= le remplir) : **cover** something **with**

ℹ *Notez la préposition employée en anglais ici : couvrir de = cover **with**.*

3 ▷ Couvre-toi bien, il fait froid dehors.
Wrap up well, it's cold outside.

3 **se couvrir** (= s'habiller chaudement) : **wrap up** /ræp 'ʌp/

ℹ *Il y a deux **p** au gérondif (**wrapping up** /ræpɪŋ ʌp/), au prétérit et au participe passé (**wrapped up** /ræpt 'ʌp/).*

crabe

▷ J'ai attrapé un petit crabe sur la plage.
I caught a small crab on the beach.

crab /kræb/

cracher

▷ C'est dégoûtant de cracher par terre !
It's disgusting to spit on the floor!

spit /spɪt/ (spat, spat /spæt/)

craie

▷ On utilise plus souvent des feutres que de la craie.
We use felt-tips more often than chalk.

chalk /tʃɔːk/

*Le l de **chalk** ne se prononce pas. **Chalk** rime avec **fork**.*

cramer

▷ J'ai cramé le dîner !
I burnt the dinner!

▷ Oh non, le gâteau a cramé !
Oh no, the cake has burnt!

burn /bɜːn/

*Le prétérit et le participe passé de **burn** peuvent être soit **burned** /bɜːnd/, soit **burnt** /bɜːnt/.*

*Le mot français cramer est familier, mais le verbe anglais **burn** ne l'est pas.*

crampe

▷ J'ai une crampe à la jambe.
I have cramp in my leg.

► **avoir une crampe :** have cramp /kræmp/ (had, had)

*Notez la préposition employée en anglais : à la jambe = **in** my leg.*

crâne

▷ Nous avons trouvé un crâne de mouton dans le champ.
We found a sheep's skull in the field.

skull /skʌl/

crapaud

▷ Lucy a trouvé un crapaud au bord du ruisseau.
Lucy found a toad by the stream.

toad /təʊd/

craquer

1 ▷ Le parquet craque chez moi.
The floor creaks in my house.

2 ▷ La couture de mon pantalon a craqué.
The seam of my trousers split.

1 (= grincer) **creak** /kriːk/

2 (= se déchirer, en parlant d'une couture ou d'un tissu) **split** /splɪt/ (split, split)

Suite page suivante

3 ▷ Je travaille depuis sept heures ce matin, je craque !
I've been working since seven o'clock this morning, I've had enough!

3 ► **je craque !** (= je n'en peux plus) : I've had enough! /ɪ'nʌf/

4 ▷ Mélodie a craqué pour Nicolas.
Mélodie fell in love with Nicolas.

4 ► **craquer pour** quelqu'un/quelque chose : fall /fɔːl/ in love with somebody/something (fell /fel/, fallen /'fɔːlən/)

cravate

▷ C'est la première fois que je vois Fabien avec une cravate.
It's the first time I've seen Fabien with a tie.

tie /taɪ/

Tie rime avec fly et high.

crawl

▷ Erika nage vraiment bien le crawl.
Erika does the crawl really well.

crawl /krɔːl/
► **nager le crawl** : do the crawl

crayon

▷ Est-ce que c'est ton crayon ?
Is this your pencil?

(= crayon à papier) pencil /'pensl/
Attention : le mot crayon existe en anglais, mais il veut dire crayon de couleur.

▷ Je préfère écrire d'abord au crayon.
I prefer to write in pencil first.

► **écrire au crayon** : write /raɪt/ in pencil (wrote /raʊt/, written /'rɪtn/)
Notez la préposition employée en anglais : au crayon = *in pencil.*

▷ J'ai acheté des crayons de couleur pour les enfants.
I bought some crayons for the children.

► **crayon de couleur** : crayon /'kreɪən/

crèche

1 ▷ La petite sœur de Lola va à la crèche.
Lola's little sister goes to the crèche.

1 (= garderie) crèche /kreʃ/

2 ▷ Il y avait une crèche à l'église pour Noël.
There was a crib in the church for Christmas.

2 (= crèche de Noël) crib /krɪb/

crédit

1 ▷ La banque a refusé de leur donner un crédit.
The bank refused to give them a loan.

1 (= prêt) loan /ləʊn/

2 ▷ Nous avons acheté une voiture à crédit.
We bought a car on credit.

2 ► **acheter** quelque chose **à crédit** : buy /baɪ/ something on credit (bought, bought /bɔːt/)

créer

▷ Ça a créé pas mal de problèmes.
It created quite a lot of problems.

create /kriː'eɪt/

crème

▷ Ces gâteaux sont pleins de crème.
Those cakes are full of cream.
▷ Je me mets de la crème sur le visage tous les matins.
I put cream on my face every morning.
▷ Il y a beaucoup de crème fraîche dans cette recette.
There's a lot of crème fraîche in this recipe.

cream /kriːm/

► **crème fraîche :** crème fraîche

On emploie le mot français en anglais.

crêpe

▷ On va faire des crêpes cet après-midi.
We are going to make pancakes this afternoon.

pancake /'pænkeɪk/

crétin, crétine

▷ Quel crétin ! Il a oublié le plan à la maison !
What an idiot! He left the map at home!

idiot /'ɪdɪət/

creuser

1 ▷ J'ai creusé un trou dans le jardin pour y planter un arbre.
I dug a hole in the garden to plant a tree.

2 ▷ Les ouvriers creusent le trottoir.
The workmen are digging holes in the pavement.

1 (= creuser un trou ou une tranchée) **dig** /dɪg/ (dug, dug /dʌg/)

Il y a deux g au gérondif (digging /'dɪgɪŋ/).

2 (= creuser le sol ou la roche) **dig holes** /həʊlz/ **in**

creux, creuse

1 ▷ Le tronc de l'arbre est creux.
The tree trunk is hollow.

2 ▷ Il y a des creux et des bosses sur cette route.
There are hollows and bumps on this road.

3 ▷ J'ai un creux, quand est-ce qu'on mange ?
I'm feeling hungry, when are we eating?

4 ▷ Pat va venir parce qu'elle a un creux entre deux et trois.
Pat will come because she's free between two and three.

1 (adjectif = vide) **hollow** /'hɒləʊ/

2 ► **un creux** (= un trou) **:** a hollow

3 ► **avoir un creux** (= avoir faim) **:** feel hungry /'hʌŋgrɪ/ (felt, felt)

4 ► **avoir un creux** (= un moment libre) **:** be free /friː/

crevant, crevant

▷ Cette balade était crevante !
That walk was exhausting!

(en parlant de quelque chose ou de quelqu'un qui fatigue)
exhausting /eg'zɔːstɪŋ/
(**plus crevant** more exhausting, **le plus crevant** the most exhausting)

*Le mot français **crevant** est familier, mais le mot anglais **exhausting** ne l'est pas.*

crevé, crevée

1 ▷ Le pneu est crevé et nous n'avons pas de pneu de rechange.
The tyre is punctured and we don't have a spare.
▷ Karim a eu un pneu crevé sur l'autoroute.
Karim had a puncture on the motorway.

2 ▷ Flora était crevée, elle est allée se coucher.
Flora was exhausted, she went to bed.

1 (en parlant d'un pneu)
punctured /'pʌŋktʃəd/

► **avoir un pneu crevé :** have a puncture /'pʌŋktʃəʳ/ (had, had)

2 (= fatigué, au sens familier)
exhausted /ɪg'zɔːstɪd/
(**plus crevé** more exhausted, **le plus crevé** the most exhausted)

*Le mot français crevé au sens de fatigué est familier, mais le mot anglais **exhausted** ne l'est pas.*

crever

1 ▷ Noémie a crevé le ballon de Fabio.
Noémie burst Fabio's balloon.

2 ▷ Ce type de ballon crève facilement.
This type of balloon bursts very easily.

3 ▷ On a crevé sur l'autoroute.
We had a puncture on the motorway.

4 ▷ Je crève de faim ! Quand est-ce qu'on mange ?
I'm starving! When are we eating?

5 ▷ Nous crevions de chaud dans la voiture.
We were boiling hot in the car.

6 ▷ Paul a crevé de froid pendant ses vacances au Canada.
Paul was frozen stiff during his holidays in Canada.

1 (= faire exploser) burst /bɜːst/ (burst, burst)

2 (= exploser) burst /bɜːst/ (burst, burst)

3 (= avoir un pneu crevé) have a puncture /'pʌŋktʃəʳ/ (had, had)

4 ► **crever de faim** (= avoir très faim) **:** be starving /'stɑːvɪŋ/

5 ► **crever de chaud** (= avoir très chaud) **:** be boiling hot /ˌbɒɪlɪŋ 'hɒt/

6 ► **crever de froid** (= avoir très froid) **:** be frozen stiff /ˌfrəʊzn 'stɪf/

crevette

▷ Il y a des crevettes dans ce curry.
There are prawns in this curry.

prawn /prɔːn/

cri

▷ J'ai entendu des cris et je suis sortie pour voir ce qui se passait.
I heard shouts and I came out to see what was happening.

(d'une personne) **shout** /ʃaʊt/

crier

▷ Ne crie pas, je ne suis pas sourd !
Don't shout, I'm not deaf!
▷ Dan criait de douleur.
Dan was crying out in pain.

shout /ʃaʊt/

► **crier de douleur :** cry /kraɪ/ out in pain (cried, cried /kraɪd/)

crime

1 ▷ Le film raconte l'histoire d'un crime horrible.
The film tells the story of a horrible murder.
2 ▷ Il est arrivé en retard ? Eh bien, ce n'est pas un crime !
He was late? Well, it's not a crime!

1 (= meurtre) **murder** /mɜːdəʳ/

2 (= quelque chose de mal) **crime** /kraɪm/

*Le mot anglais **crime** rime avec **time**.*

criminel

▷ Le criminel s'est échappé après avoir tué le ministre.
The criminal escaped after killing the minister.

criminal /ˈkrɪmɪnəl/

ℹ *Attention à l'orthographe du mot anglais **criminal**.*

crinière

▷ Le cheval a une belle crinière blanche.
The horse has got a beautiful white mane.

mane /meɪn/

*Le **a** de **mane** se prononce comme le **a** de **make**.*

crise

1 ▷ Hubert a souvent des crises d'asthme.
Hubert often has asthma attacks.
2 ▷ Mon grand-père a eu une crise cardiaque.
My grandfather had a heart attack.
3 ▷ Il y a une crise économique au Japon.
There is an economic crisis in Japan.
4 ▷ J'ai piqué une crise quand ils m'ont dit qu'il manquait encore un document.
I threw a fit when they told me that another document was missing.

1 (= crise d'asthme ou d'appendicite) **attack** /əˈtæk/

2 ► **avoir une crise cardiaque :** have a heart attack /ˈhɑːt əˌtæk/ (had, had)

3 (= situation difficile) **crisis** /ˈkraɪsɪs/ (pluriel : crises /ˈkraɪsiːz/)

4 ► **piquer une crise :** throw /θrəʊ/ a fit (threw /θruː/, thrown /θrəʊn/)

crispé, crispée

▷ Ne sois pas si crispé, ce n'est pas difficile.
Don't be so tense, it isn't difficult.

(= nerveux) **tense** /tens/ (plus crispé **tenser** /'tensəʳ/, le plus crispé **tensest** /'tensɪst/)

cristal

▷ Le cristal se casse facilement.
Crystal breaks easily.

▷ Ce vase est en cristal.
This vase is made of crystal.

▷ On va sortir les verres en cristal.
We'll get the crystal glasses out.

crystal /'krɪstl/

ℹ *Attention à l'orthographe du mot anglais* ***crystal***.

► **être en cristal :** be made of crystal

► **en cristal :** crystal

critique

1 ▷ J'en ai marre de tes critiques !
I've had enough of your criticism!

▷ Je n'ai qu'une critique à faire.
I have only one criticism to make.

1 **criticism** /'krɪtɪsɪzəm/

► **faire une critique :** make a criticism
(made, made)

ℹ *Le mot* ***criticism*** *est toujours singulier. On dit par exemple* ***his criticism was very harsh*** (ses critiques étaient très dures).

2 ▷ Son dernier film a eu de très bonnes critiques.
His latest film has had very good reviews.

2 (= article de journal) **review** /rɪ'vjuː/

critiquer

▷ Arrête de nous critiquer et fais quelque chose !
Stop criticizing us and do something!

criticize /'krɪtɪsaɪz/

croche-pied

▷ Quentin m'a fait un croche-pied !
Quentin tripped me up.

► **faire un croche-pied à quelqu'un :** trip /trɪp/ somebody up

ℹ *Il y a deux* ***p*** *au gérondif* (***tripping*** /'trɪpɪŋ/), au prétérit et au participe passé (***tripped*** /trɪpt/).

crochet

▷ J'ai besoin d'un crochet pour suspendre le tableau.
I need a hook to hang up the painting.

(pour accrocher) **hook** /hʊk/

crocodile

▷ Il y a d'énormes crocodiles au zoo.
There are huge crocodiles at the zoo.

crocodile /'krɒkədaɪl/

🔊 *Le* ***i*** *du mot anglais* ***crocodile*** *se prononce comme le* ***i*** *de* ***like***. ***Crocodile*** *rime avec* ***mile*** *et* ***while***.

croire

1 ▷ Je ne te crois pas !
I don't believe you!

1 (= faire confiance à une personne, une histoire, etc.) **believe** /bɪ'liːv/

2 ▷ Je crois que le film est à huit heures.
I think the film is at eight o'clock.

▷ Tu crois que c'est vrai ?
Do you think it's true?

2 ► **croire que...** (= penser) **: think** /θɪŋk/ **that...** (thought, thought /θɔːt/)

*Le mot **that** est souvent omis, comme dans les exemples à gauche.*

3 ▷ Ils croient en Dieu.
They believe in God.

3 ► **croire en : believe in**

4 ▷ Tu te crois malin !
You think you are clever!

4 ► **se croire** + adjectif **: think** + pronom personnel + **be** + adjectif (thought, thought)

croiser

1 ▷ Il a croisé les bras.
He crossed his arms.

1 (en parlant des bras, des jambes) **cross** /krɒs/

2 ▷ J'ai croisé Alban dans la rue.
I passed Alban in the street.

2 (= rencontrer) **pass** /pɑːs/

3 ▷ On s'est croisées mais elle ne m'a pas reconnue.
We passed each other but she didn't recognize me.

3 ► **se croiser** (= se rencontrer) **: pass each other** /iːtʃ 'ʌðəʳ/

croisière

▷ Rémi et Isabelle sont partis en croisière aux Bahamas.
Rémi and Isabelle went on a cruise to the Bahamas.

cruise /kruːz/

*Cruise rime avec **lose**, **news** et **blues**.*

► **partir en croisière** (*ou* faire une croisière) **: go on a cruise** (went, gone/been)

croissant

▷ Je voudrais deux croissants, s'il vous plaît.
I'd like two croissants, please.

(= pâtisserie) **croissant**

Se prononce comme en français.

croix

▷ Mettez une croix en face de la bonne réponse.
Put a cross opposite the right answer.

cross /krɒs/ (pluriel : crosses /'krɒsɪz/)

croquant, croquante

▷ Cette pomme est très croquante.
This apple is very crunchy.

crunchy /'krʌntʃɪ/ (**plus croquant** crunchier /'krʌntʃɪəʳ/, **le plus croquant** the crunchiest /'krʌntʃɪɪst/)

croque-monsieur

▷ Suzie a fait des croque-monsieur pour le déjeuner.
Suzie made toasted ham and cheese sandwiches for lunch.

toasted ham and cheese sandwich (pluriel : sandwiches)

Prononciation : toasted /'təʊstɪd/ ; *sandwich* /sæmwɪdʒ/ ; *sandwiches* /'sæmwɪdʒɪz/.

croquer

1 ▷ Nathan s'est cassé une dent en croquant un bonbon.
Nathan broke a tooth crunching a sweet.

2 ▷ Ces pommes croquent, elles sont délicieuses.
These apples are crunchy, they're delicious.

3 ▷ Elle a croqué dans la pomme et a fait une grimace horrible.
She bit into the apple and made a horrible face.

1 (= mordre un bonbon ou un biscuit) **crunch** /krʌntʃ/

2 (= être croquant) **be crunchy** /'krʌntʃi/

3 ► **croquer dans** quelque chose : bite /baɪt/ into something (bit, bit /bɪt/)

croquette

1 ▷ Je vais faire des croquettes de poisson.
I'm going to make some fish croquettes.

2 ▷ N'oublie pas d'acheter des croquettes pour chats.
Don't forget to buy some dry cat food.

1 **croquette** /krə'ket/

2 ► **croquettes pour chats/croquettes pour chiens :** dry cat food/dry dog food

croquis

▷ Je fais un croquis, ça t'aidera à comprendre.
I'm making a sketch, it will help you to understand.

sketch /sketʃ/ (pluriel : sketches /sketʃɪz/)

crotte

▷ Il y a des crottes de brebis partout dans les champs.
There are sheep droppings everywhere in the fields.

▷ Il y a beaucoup de crottes de chien dans cette rue.
There is a lot of dog mess in this street.

ℹ *Le mot anglais le plus général pour les crottes d'animaux est **dropping*** /'drɒpɪŋ/.

ℹ *Mais pour les chiens on dit **dog mess*** /'dɒg mes/.

ℹ ***Dog mess** est indénombrable. L'expression ne peut pas être employée avec l'article **a**, et elle ne se met pas au pluriel.*

croustillant, croustillante

1 ▷ J'aime le bon pain croustillant.
I like good crusty bread.

1 (en parlant du pain) : **crusty** /'krʌstɪ/ (plus croustillant crustier /'krʌstɪəʳ/, le plus croustillant the crustiest /'krʌstɪɪst/)

2 ▷ Les frites étaient vraiment croustillantes.
The chips were really crispy.

2 (en parlant des frites, d'un biscuit, etc.) **crispy** /'krɪspɪ/ (plus croustillant **crispier** /'krɪspɪəʳ/, le plus croustillant **the crispiest** /'krɪspɪɪst/)

croûte

1 ▷ La croûte du pain est un peu brûlée.
The crust of the bread is a bit burnt.

1 (= la croûte du pain) **crust** /krʌst/

2 ▷ Elle mange même la croûte du fromage !
She even eats the rind of the cheese!

2 (= la croûte du fromage) **rind** /raɪnd/

Rind rime avec find et behind.

3 ▷ La plaie est sèche, maintenant il y a une croûte.
The wound is dry, now there's a scab.

3 (= la croûte sur une plaie) **scab** /skæb/

croûton

1 ▷ Est-ce que je peux avoir le croûton du pain ?
Can I have the end of the bread?

1 (= l'extrémité de la baguette) **end** /end/

2 ▷ Faire frire des croûtons pour accompagner la soupe à l'oignon.
Fry some croutons to go with the onion soup.

2 (= petit morceau de pain frit) **crouton** /'kru:tɒn/

ℹ *Il n'y a pas d'accent circonflexe dans le mot anglais crouton.*

croyant, croyante

▷ Mon grand-père est croyant.
My grandfather believes in God.

► être croyant : **believe** /bɪ'li:v/ **in God** /gɒd/

cru, crue

▷ Les Japonais mangent beaucoup de poisson cru.
The Japanese eat a lot of raw fish.

(= pas cuit) **raw** /rɔ:/

Raw rime avec door.

cruche

▷ Mets l'eau dans cette cruche.
Put the water in this jug.

(pour mettre de l'eau) **jug** /dʒʌg/

crudités

▷ Je n'aime pas les crudités.
I don't like raw vegetables.

raw vegetables /rɔ: 'vedʒtəblz/

Raw rime avec for et door.

crustacés

▷ Jean-Loup est allergique aux crustacés.
Jean-Loup is allergic to seafood.

(= les crustacés qu'on mange) **seafood** /'si:fu:d/

ℹ *Seafood ne se met pas au pluriel : on dit par exemple **this seafood is excellent** (ces crustacés sont excellents).*

cueillir

▷ Cet après-midi, on va cueillir des mûres.
This afternoon we're going to pick blackberries.

pick /pɪk/

cuillère ou cuiller

▷ Les cuillères sont dans le tiroir.
The spoons are in the drawer.

▷ Je dois prendre une cuillère de sirop tous les matins.
I have to take one spoonful of syrup every morning.

spoon /spuːn/

ℹ *Quand il s'agit du contenu d'une cuillère, on dit* ***spoonful*** /'spuːnfʊl/.

▷ Ces cuillères à café sont en argent.
These teaspoons are made of silver.

▷ Mets une cuillère à café de vanille dans la pâte.
Put one teaspoonful of vanilla in the dough.

► **cuillère à café :** teaspoon /'tiːspuːn/

ℹ *Quand il s'agit du contenu d'une cuillère à café, on dit* ***teaspoonful*** /'tiːspuːnfʊl/.

▷ Je n'ai pas de cuillère à soupe.
I haven't got a tablespoon.

▷ Il y a trois cuillères à soupe de farine dans la recette.
There are three tablespoonfuls of flour in the recipe.

► **cuillère à soupe :** tablespoon /'teɪblspuːn/

ℹ *Quand il s'agit du contenu d'une cuillère à soupe, on dit* ***tablespoonful*** /'teɪblspuːnfʊl/.

cuillerée

▷ Je dois prendre une cuillerée de sirop tous les matins.
I have to take one spoonful of syrup every morning.

spoonful /'spuːnfʊl/

cuir

▷ Le cuir est à la mode cette année.
Leather is fashionable this year.

leather /'leðəʳ/

🔊 *Le* ***ea*** *de* ***leather*** *se prononce comme le* ***e*** *de* ***bed***.

▷ Le blouson de Basile est en cuir.
Basile's jacket is made of leather.

▷ Camille porte une jupe en cuir.
Camille is wearing a leather skirt.

► **être en cuir :** be made of leather

► **en cuir :** leather

cuire

▷ Le ragoût est en train de cuire.
The stew is cooking.

▷ Cuire les légumes pendant dix minutes.
Cook the vegetables for ten minutes.

▷ D'abord tu fais cuire les oignons.
First you cook the onions.

cook /kʊk/

ℹ *Le verbe* ***cook*** *correspond au verbe français* **cuire** *et à l'expression* **faire cuire**.

cuisine

1 ▷ Joël est dans la cuisine.
Joël is in the kitchen.

2 ▷ La cuisine ne m'intéresse pas beaucoup.
I'm not really interested in cooking.

3 ▷ Mon père fait la cuisine le week-end.
My father cooks at weekends.

4 ▷ J'adore la cuisine indienne.
I love Indian food.

1 (= la pièce où on prépare les repas) **kitchen** /'kɪtʃɪn/

2 (= la préparation des repas) **cooking** /'kʊkɪŋ/

3 ► **faire la cuisine :** cook /kʊk/

4 (= la nourriture) **food** /fuːd/

cuisinier, cuisinière

1 ▷ Le cuisinier de la cantine est très gentil.
The cook in the canteen is very nice.
▷ Élodie est une excellente cuisinière.
Élodie is an excellent cook.

2 ▷ Vous avez une cuisinière à gaz ou électrique ?
Do you have a gas or an electric cooker?

1 (= personne qui fait la cuisine) **cook** /kʊk/

ℹ *N'oubliez pas l'article* ***a*** *ou* ***an*** *devant le nom du métier lorsqu'il suit les verbes* ***be*** *ou* ***become****.*

2 (= appareil ménager) **cooker** /'kʊkəʳ/

Attention : ***cooker*** *ne signifie pas* cuisinière *au sens de* personne qui fait la cuisine !

cuisse

1 ▷ J'ai pris un coup de soleil sur les cuisses.
I caught the sun on my thighs.

2 ▷ Tu préfères l'aile ou la cuisse ?
Do you prefer the wing or the leg?

1 (= la cuisse d'une personne) **thigh** /θaɪ/

🔊 ***Thigh*** *rime avec* ***tie****,* ***eye*** *et* ***goodbye****.*

2 (= la cuisse d'un animal) **leg** /leg/

cuit, cuite

▷ On peut manger les pommes crues ou cuites.
You can eat apples raw or cooked.
▷ Ces légumes sont trop cuits.
These vegetables are overcooked.
▷ Les courgettes n'étaient pas assez cuites.
The courgettes were undercooked.

(= pas cru) **cooked** /kʊkt/

► **trop cuit :** overcooked /ˌəʊvə'kʊkt/

► **pas assez cuit :** undercooked /ˌʌndə'kʊkt/

culot

▷ Son culot m'étonne toujours.
His nerve always surprises me.
▷ Douglas a du culot !
Douglas has got a nerve!

nerve /nɜːv/

ℹ ***Nerve*** *signifie aussi* nerf.

► **avoir du culot :** have a nerve (had, had

culotte

▷ On voit ta culotte sous ta jupe.
You can see your knickers under your skirt.

(= sous-vêtement) **knickers** /ˈnɪkəz/

ℹ *Knickers est un nom pluriel : on dit par exemple these knickers are too small* (cette culotte est trop petite).

🔊 *Le k de knickers n'est pas prononcé.*

cultivé, cultivée

▷ Stéphanie est très cultivée.
Stéphanie is very well-educated.

well-educated /welˈedjukeɪtɪd/
(plus cultivé better-educated, le plus cultivé the best-educated)

cultiver

▷ Dans cette région, les agriculteurs cultivent du blé.
In this region, farmers grow wheat.

(cultiver des céréales ou des légumes)
grow /grəʊ/ (grew /gruː/, grown /grəʊn/)

culture

1 ▷ Quelles sont les principales cultures dans cette région ?
What are the main crops in this region?

1 (= plantes cultivées) **crop** /krɒp/

2 ▷ C'est un magazine sur l'art et la culture.
It's a magazine about art and culture.
▷ Bastien a une bonne culture générale.
Bastien has good general knowledge.

2 (= le savoir, les connaissances)
culture /ˈkʌltʃəʳ/
► **culture générale :** general knowledge /ˌdʒenrəl ˈnɒlɪdʒ/

curé

▷ C'est le curé du village.
He is the village priest.

priest /priːst/

🔊 *Priest rime avec east.*

cure-dent

▷ Il y a une boîte de cure-dents sur la table.
There's a box of toothpicks on the table.

toothpick /ˈtuːθpɪk/

curieux, curieuse

1 ▷ Ne sois pas si curieuse !
Don't be so curious!

1 (= indiscret) **curious** /ˌkjʊərɪəs/
(plus curieux more curious, le plus curieux the most curious)

2 ▷ C'est curieux, je pensais que la porte était fermée.
That's strange, I thought the door was shut.

2 (= bizarre) **strange** /streɪndʒ/
(plus curieux stranger /ˈstreɪndʒəʳ/, le plus curieux the strangest /ˈstreɪndʒɪst/)

curiosité

▷ Sa curiosité énerve beaucoup de gens.
His curiosity irritates a lot of people.

(= indiscrétion) **curiosity** /ˌkjʊərɪ'ɒsɪtɪ/

curriculum vitae

▷ Je vais leur envoyer mon curriculum vitae.
I'm going to send them my curriculum vitae.

curriculum vitae /kə'rɪjʊlem vɪte/

En anglais américain, on dit ***résumé*** /'reɪzjuːmeɪ/

curry

▷ En Angleterre, il y a beaucoup de restaurants indiens qui servent des currys.
In England, there are a lot of Indian restaurants that serve curries.
Amandine a préparé un curry d'agneau ou de l'agneau au curry.
Amandine has prepared a lamb curry.

(= plat épicé) **curry** /'kʌrɪ/ (pluriel : **curries** /'kʌrɪz/)

Le ***u*** *de* ***curry*** *se prononce comme le* ***u*** *de duck.* ***Curry*** *rime avec* ***hurry****.*

curseur

▷ Ces touches servent à déplacer le curseur.
These keys are used for moving the cursor.

(le curseur sur l'écran de l'ordinateur) **cursor** /'kɜːsə^r/

cutter

▷ Tu peux me prêter ton cutter pour couper ce morceau de carton ?
Can you lend me your Stanley® knife to cut this piece of card?

Stanley® knife /'stænlɪ naɪf/ (pluriel : **Stanley® knives** /'stænlɪ naɪvz/)

Le ® signifie que ***Stanley*** *est le nom d'une marque. Vous n'avez pas besoin d'écrire ce symbole.*

CV

▷ Est-ce que tu peux m'aider à traduire mon CV en anglais ?
Can you help me translate my CV into English?

CV /siː'viː/

En anglais américain, on dit ***résumé*** /'reɪzjuːmeɪ/

cybercafé

▷ Gildas va au cybercafé parce qu'il n'a pas d'ordinateur chez lui.
Gildas goes to the cybercafé because he hasn't got a computer at home.

cybercafé /'saɪbəˌkæfeɪ/

Le ***y*** *du mot anglais* ***cybercafé*** *se prononce comme le* ***i*** *de* ***like****.*

cyclisme

▷ Le cyclisme est un sport très courant en France.

Cycling is a very common sport in France.

cycling /'saɪklɪŋ/

*Le y du mot anglais **cycling** se prononce comme le **i** de **like**.*

cycliste

▷ Nous avons doublé un groupe de cyclistes.

We overtook a group of cyclists.

cyclist /'saɪklɪst/

*Le y de **cyclist** se prononce comme le **i** de **like**.*

cyclone

▷ Il y a eu un cyclone pendant qu'ils étaient en vacances aux États-Unis.

There was a cyclone while they were on holiday in the United States.

cyclone /'saɪkləʊn/

*Le y du mot anglais **cyclone** se prononce comme le **i** de **like**.*

cygne

▷ Il y a des canards et des cygnes sur le lac.

There are ducks and swans on the lake.

swan /swɒn/

***Swan** rime avec **gone** et **John**.*

cylindre

▷ C'est un cylindre en verre avec des bulles à l'intérieur.

It's a glass cylinder with bubbles inside.

(= tube) **cylinder** /'sɪlɪndəʳ/

Attention à l'orthographe du mot anglais.

*Le y de **cylinder** se prononce comme le **i** de **big** et **will**.*

D

FRANÇAIS — ANGLAIS

La lettre D se prononce /diː/ en anglais.
D rime avec free, knee et tea.

d'abord

▷ D'abord, j'aimerais te dire que je suis très fâché.
First of all I'd like to tell you that I am very angry.

first of all /ˌfɜːst əv ˈɔːl/

daim

1 ▷ Nous avons vu des daims dans la forêt.
We saw some deer in the forest.

2 ▷ Je me suis acheté des chaussures en daim.
I bought myself some suede shoes.

1 (= animal) **deer** /dɪəʳ/

Deer est invariable au pluriel : one deer, two deer.

2 (= matière) **suede** /sweɪd/

► **en daim : suede**

dame

1 ▷ Une dame t'a demandé au téléphone ce matin.
A lady asked for you on the phone this morning.

2 ▷ Je joue souvent aux dames avec Lucie.
I often play draughts with Lucie.

1 (= femme) **lady** /ˈleɪdɪ/ (pluriel : ladies /ˈleɪdɪz/)

2 ► **jouer aux dames : play draughts** /drɑːfts/

Danemark

▷ Ils sont partis pour le Danemark ce matin.
They left for Denmark this morning.

▷ Martha voulait rester au Danemark.
Martha wanted to stay in Denmark.

Denmark /ˈdenmɑːk/

Ne prend jamais d'article.

► **le Danemark : Denmark**

► **au Danemark** (= dans le pays) **: in Denmark**

Suite page suivante

▷ J'aimerais bien aller au Danemark.
I'd like to go to Denmark.

► **au Danemark** (= vers le pays) : to Denmark

dangereux

▷ C'est dangereux de traverser la route ici.
It's dangerous to cross the road here.

dangerous /ˈdeɪndʒərəs/
(**plus dangereux** more dangerous, **le plus dangereux** the most dangerous)

danois, danoise

1 ▷ Notre voisine est danoise.
Our neighbour is Danish.
▷ Le danois est une langue scandinave.
Danish is a Scandinavian language.
▷ Les Danois sont souvent blonds.
The Danish are often fair-haired.

2 ▷ Il y avait un groupe de Danois à l'auberge de jeunesse.
There was a group of Danes at the youth hostel.

1 Danish /ˈdeɪnɪʃ/
i *S'écrit toujours avec une majuscule, comme tous les adjectifs de nationalité en anglais.*

► **les Danois :** the Danish

2 ► **un Danois, une Danoise :** a Dane /deɪn/

dans

1 ▷ Les agrafes sont dans le tiroir.
The staples are in the drawer.

2 ▷ Cédric a sauté dans l'eau.
Cédric jumped into the water.
▷ Nous sommes entrés dans un café parce qu'il pleuvait.
We went into a café because it was raining.

3 ▷ Le film commence dans cinq minutes.
The film starts in five minutes.

1 (en parlant d'un endroit, quand il n'y a pas de déplacement) in /ɪn/

2 (en parlant d'un endroit, quand il y a un déplacement) into /ˈɪntuː/

3 (en parlant d'un moment, d'un délai) in

danse

▷ La valse est une danse démodée.
The waltz is an old-fashioned dance.

▷ Clémence fait de la danse classique.
Clémence does ballet.

dance /dɑːns/
i *Attention à l'orthographe du mot anglais* ***dance****.*

► **la danse classique :** ballet /ˈbæleɪ/
Attention à la prononciation de ***ballet*** *en anglais : comme en français, le* ***t*** *ne se prononce pas.*

danser

▷ On a dansé toute la soirée.
We danced all evening.

dance /dɑːns/
i *Attention à l'orthographe du mot anglais* ***dance****.*

danseur, danseuse

▷ C'est une danseuse très connue.
She's a very well-known dancer.

▷ Lucas veut être danseur.
Lucas wants to be a dancer.

dancer /dɑːnsə^{r}/

ℹ *Attention à l'orthographe du mot anglais* ***dancer****.*

ℹ *N'oubliez pas l'article* ***a*** *ou* ***an*** *devant le nom du métier quand il suit les verbes* ***be*** *ou* ***become****.*

date

▷ Je ne me souviens plus de la date de la réunion.
I can't remember the date of the meeting.

▷ À quelle date devez-vous partir ?
When do you have to leave?

date /deɪt/

ℹ *Le mot anglais* ***date*** *rime avec* ***eight*** *et* ***state****.*

► **à que le date... ? :** when...? /wen/

dater

▷ La chapelle date du douzième siècle.
The chapel dates from the twelfth century.

► **dater de :** date from /deɪt frɒm/

ℹ *Notez la préposition employée en anglais : dater* de *=* date ***from****.*

datte

▷ Nous avons acheté des dattes fraîches au marché.
We bought some fresh dates at the market.

date /deɪt/

🔊 *Le mot anglais* ***date*** *rime avec* ***eight*** *et* ***state****.*

dauphin

▷ Des dauphins nageaient près du bateau.
Some dolphins were swimming near the boat.

dolphin /ˈdɒlfɪn/

davantage

▷ Tu devrais sortir davantage.
You should go out more.

▷ Ils vont construire davantage d'immeubles.
They are going to build more blocks of flats.

(= plus) **more** /mɔː^{r}/

► **davantage de... :** more...

de, des, du

1 ▷ J'aime beaucoup la nouvelle robe de Carla.
I really like Carla's new dress.

▷ Le collier du chien est en cuir.
The dog's collar is made of leather.

▷ La portière de la voiture était cassée.
The car door was broken.

1 *Quand on parle de quelque chose qui appartient à une* **personne** *ou à un* **animal***, on emploie le cas possessif (****'s****) en anglais.*

ℹ *S'il s'agit d'un* **objet** *ou d'un* **lieu***, on met souvent le nom de cet objet devant la chose qui lui appartient. Ainsi* ***the car door****,* ***the bedroom window****,* ***the kitchen floor****, etc.*

Suite page suivante

2 ▷ Une bouteille d'eau minérale, s'il vous plaît.
A bottle of mineral water, please.
▷ J'ai mangé deux paquets de biscuits cet après-midi.
I ate two packets of biscuits this afternoon.

2 *Quand on parle du* **contenu** *de quelque chose, on emploie* **of** /əv/.

3 ▷ L'avion de Londres arrive à trois heures.
The plane from London arrives at three o'clock.

3 *Quand on parle du* **lieu** *d'où vient quelqu'un ou quelque chose, on emploie* **from** /frəm/.

4 ▷ C'est un film de Blake Edwards.
It's a film by Blake Edwards.

4 *Quand on parle de l'***auteur** *d'un film, d'un livre, d'une chanson, etc., on emploie* **by** /baɪ/.

5 ▷ Marina a une fille de cinq ans.
Marina has a five-year-old daughter.
▷ Ils ont fait un voyage de trois semaines en Amérique du Sud.
They went on a three-week trip to South America.

5 *Quand on parle des* **dimensions**, *de* **l'âge**, *de la* **durée**, *etc., on met cette mesure devant le nom auquel elle se rapporte, avec des traits d'union entre les mots.*

6 ▷ Sandra sera en vacances du 8 au 25 juillet.
Sandra will be on holiday from 8 to 25 of July.
▷ J'ai fait le voyage de Paris à Rome en train.
I made the journey from Paris to Rome by train.

6 **de... à** *se traduit par* **from... to**, *qu'il s'agisse d'une distance, d'une durée, d'un nombre.*

7 ▷ Nous avons vu de belles sculptures à Florence.
We saw some beautiful sculptures in Florence.
▷ Voulez-vous du thé ?
Would you like some tea?
▷ Achète des timbres, je te rembourserai.
Buy some stamps, I'll pay you back.
▷ J'ai des amis à Toulouse.
I have friends in Toulouse.
▷ Il porte des lunettes de soleil.
He's wearing sunglasses.
▷ Ce sont des amis à moi.
They are friends of mine.

7 *Quand* **de** *est* **article**, *c'est-à-dire quand il est employé pour désigner un certain nombre de choses ou de personnes, ou une certaine quantité de quelque chose* (**de** *belles maisons,* **du** *poulet,* **des** *voitures, etc.), il peut se traduire par* **some** /sʌm/ *en anglais.*

ℹ *Quand on ne parle pas de la quantité,* **some** *n'est pas employé.*

ℹ *L'emploi de* **some** *est assez difficile à apprendre. Pour y arriver, observez comment* **some** *est employé dans les exemples que vous rencontrez.*

dé

1 ▷ C'est ton tour de lancer le dé.
It's your turn to throw the dice.

1 (pour jouer) **dice** /daɪs/

ℹ ***Dice*** *est invariable au pluriel :* ***one dice, two dice.***

2 ▷ Est-ce que tu aurais un dé à coudre ?
Have you got a thimble?

2 ► **dé à coudre : thimble** /ˈθɪmbl/

déballer

▷ Nous avons déballé nos affaires quand nous sommes arrivés à l'hôtel.
We unpacked our things when we arrived at the hotel.

unpack /ʌn'pæk/

débardeur

▷ J'aime beaucoup ton débardeur bleu.
I really like your blue singlet.

singlet /'sɪŋglɪt/

débarquer

1 ▷ Nous n'avons pas pu débarquer tout de suite, la porte de l'avion était coincée.
We couldn't disembark straight away, the plane door was jammed.

2 ▷ Ludo a débarqué chez nous à minuit !
Ludo turned up at our place at midnight!

1 (en parlant des passagers d'un avion ou d'un bateau) **disembark** /ˌdɪsem'bɑːk/

2 (= arriver, au sens familier) **turn up** /tɜːn 'ʌp/

débarras

1 ▷ Il y a un débarras sous l'escalier.
There's a cupboard under the stairs.

2 ▷ Il est parti ? Bon débarras !
He left? Good riddance!

1 (= placard) **cupboard** /'kʌbəd/

2 ► **bon débarras ! : good riddance!** /gʊd 'rɪdəns/

débarrasser

1 ▷ Débarrasse ma chambre de tout ce bazar !
Clear my bedroom of all this mess!
▷ C'est toujours moi qui débarrasse la table, ce n'est pas juste !
It's always me who clear the table, it's not fair!

2 ▷ Nous n'arrivions pas à nous débarrasser de Martial.
We couldn't get rid of Martial.
▷ Je vais me débarrasser de ce vieux manteau et en acheter un autre.
I'm going to get rid of this old coat and buy another one.

1 (enlever ce qui encombre) **clear** /klɪə'/

2 ► **se débarrasser de : get rid of** /get 'rɪd əv/ (got rid of, got rid of)

débat

▷ Il y a eu un débat après le film.
There was a debate after the film.

debate /dɪ'beɪt/

se débattre

▷ Les quatre garçons tenaient Terence, qui se débattait.
The four boys were holding Terence, who was struggling.

struggle /'strʌgl/

ℹ *Le e disparaît à la forme en -ing : struggling.*

débile

1 ▷ Ce film est complètement débile.
This film is completely stupid.

2 ▷ Quelle débile !
What an idiot!

1 (= idiot, au sens familier) **stupid** /'stjuːpɪd/ (**plus débile** more stupid, **le plus débile** the most stupid)

2 ► **un débile, une débile :** an idiot /'ɪdɪət/

débloquer

▷ C'est impossible de débloquer le tiroir.
It's impossible to unjam the drawer.

(en parlant de quelque chose qui était coincé) **unjam** /ʌn'dʒæm/

ℹ *Il y a deux m au gérondif (unjamming /ʌn'dʒæmɪŋ/), au prétérit et au participe passé (unjammed /ʌn'dʒæmd/).*

débordé, débordée

▷ Je suis débordée en ce moment.
I've got too much work at the moment.

► **être débordé** (de travail) **:** have too much work /wɜːk/ (had, had)

déboucher

1 ▷ Nous avons débouché une bouteille de champagne pour mon anniversaire.
We opened a bottle of champagne for my birthday.

2 ▷ J'essaie de déboucher le lavabo.
I'm trying to unblock the sink.

3 ▷ Cette rue débouche sur la place.
This street comes out onto the square.

1 (en parlant d'une bouteille) **open** /'əʊpən/

2 (en parlant d'un lavabo, d'un tuyau) **unblock** /ʌn'blɒk/

3 ► **déboucher sur** (en parlant d'une rue) **:** come out onto (came out, come out)

debout

1 ▷ Colin était debout près de la porte.
Colin was standing near the door.

▷ Nous sommes restés debout pendant tout le voyage.
We stood for the whole journey.

2 ▷ Il est onze heures et elle n'est pas encore debout !
It's eleven and she isn't up yet!

1 ► **être debout** (= ne pas être assis, en parlant d'une personne) be standing /'stændɪŋ/
► **rester debout :** stand /stænd/ (stood, stood /stʊd/)

2 ► **être debout** (= être sorti du lit) be up /ʌp/

▷ Allez, debout, c'est l'heure !
Come on, get up, it's time!

3 ▷ Mets la bouteille debout.
Stand the bottle up.

► **debout !** (pour dire à quelqu'un de se lever) : **get up!**

3 ► **mettre** quelque chose **debout :** stand something up (stood, stood)

débrancher

▷ Je vais débrancher l'ordinateur.
I'm going to unplug the computer.

unplug /ʌn'plʌg/

ℹ *Il y a deux g au gérondif (**unplugging** /ʌn'plʌgɪŋ/) au prétérit et au participe passé (**unplugged** /ʌn'plʌgd/).*

se débrouiller

▷ Non merci, je peux me débrouiller toute seule.
No thanks, I can manage by myself.

▷ Karine s'est débrouillée pour avoir des billets.
Karine managed to get some tickets.

manage /'mænɪdʒ/

*Le deuxième **a** de **manage** se prononce comme un **i**. **Manage** rime avec **bridge**.*

► **se débrouiller pour faire** quelque chose : **manage to do something**

début

▷ Le début du roman n'est pas très bon.
The beginning of the novel isn't very good.

▷ Au début de l'automne, il fait parfois chaud.
At the beginning of the autumn, it's sometimes warm.

▷ Au début, je n'aimais pas Denis.
At first, I didn't like Denis.

beginning /bɪ'gɪnɪŋ/

ℹ *On peut aussi dire **start** /stɑːt/.*

► **au début de : at the beginning of**

► **au début** (= d'abord) **: at first** /ət 'fɜːst/

débutant, débutante

▷ Elle enseigne l'anglais à des débutants.
She teaches English to beginners.

beginner /bɪ'gɪnəʳ/

déca

▷ Un déca, s'il vous plaît.
A decaf, please.

decaf /'diːkæf/

décalage

1 ▷ Il y a un décalage énorme entre ce qu'il dit et ce qu'il fait.
There's a huge gap between what he says and what he does.

1 (= différence) **gap** /'gæp/

Suite page suivante

2 ▷ Il y a un décalage horaire d'une heure entre Paris et Londres.
There's a time difference of one hour between Paris and London.

2 ► **décalage horaire :** time difference /'taɪm dɪfrəns/

décapsuleur

▷ Je ne trouve plus le décapsuleur.
I can't find the bottle opener.

bottle opener /'bɒtl əʊpnəʳ/

décembre

▷ En décembre il fait très froid ici.
In December it's very cold here.

▷ Nous partirons le vingt-six décembre.
We'll leave on the twenty-sixth of December.

December /dɪ'sembəʳ/

ℹ *S'écrit toujours avec une majuscule, comme tous les noms de mois en anglais.*

ℹ *Notez l'emploi de* **on** *et* **of** *en anglais quand on dit la date.*

ℹ *On écrit* **26 December**.

déception

▷ Ingrid ne peut pas venir. Quelle déception !
Ingrid can't come. What a disappointment!

disappointment /ˌdɪsə'pɔɪntmənt/

Attention : le mot anglais **deception** *signifie* tromperie.

décevant, décevante

▷ L'équipe de basket a eu des résultats décevants cette année.
The basketball team got disappointing results this year.

disappointing /ˌdɪsə'pɔɪntɪŋ/ (**plus décevant** more disappointing, **le plus décevant** the most disappointing)

décevoir

▷ Je ne veux pas te décevoir, mais...
I don't want to disappoint you, but...

disappoint /ˌdɪsə'pɔɪnt/

Le verbe anglais **deceive** *signifie* tromper.

décharger

▷ Aide-moi à décharger la voiture.
Help me to unload the car.

(= en parlant d'une voiture, de bagages) unload /ʌn'ləʊd/

se déchausser

▷ Il faut se déchausser avant d'entrer dans les maisons japonaises.

take one's shoes /ʃuːz/ off (took, taken)

You must take your shoes off before going into Japanese houses.

*L'adjectif possessif s'emploie de la façon suivante en anglais : I take **my** shoes off, you take **your** shoes off, he takes **his** shoes off, she takes **her** shoes off, we take **our** shoes off, they take **their** shoes off.*

déchirer

1 ▷ Attention, tu vas déchirer ton pantalon !
Be careful, you'll tear your trousers!

2 ▷ Je crois que j'ai déchiré la facture par erreur.
I think I tore up the bill by mistake.

1 (en parlant d'un vêtement) **tear** /tɛəʳ/ (tore /tɔːʳ/, torn /tɔːn/)

*Au sens de **déchirer**, **tear** rime avec **hair**.*

2 (en parlant d'un papier) **tear up** (tore up, torn up)

décidément

▷ Décidément, tu n'as pas de chance !
You're really unlucky!

really /ˈrɪəlɪ/

décider

1 ▷ Marc a décidé qu'on partirait tous ensemble.
Marc decided that we should all leave together.

2 ▷ Paul a décidé de peindre la cuisine.
Paul decided to paint the kitchen.

3 ▷ Décide-toi, je suis pressé !
Make up your mind, I'm in a hurry!

▷ Finalement, Ben s'est décidé à partir.
In the end, Ben made up his mind to leave.

▷ Je n'arrive pas à me décider.
I can't make up my mind.

1 **decide** /dɪˈsaɪd/

2 ► **décider de faire** quelque chose : **decide to do** something

3 ► **se décider : make up** one's **mind** /maɪnd/ (made up one's mind, made up one's mind)

► **se décider à faire** quelque chose : **make up one's mind to do** something

*L'adjectif possessif s'emploie de la façon suivante en anglais : I make up **my** mind, you make up **your** mind, he makes up **his** mind, she makes up **her** mind, we make up **our** minds, they make up **their** minds.*

décision

▷ C'est une décision très injuste.
It's a very unfair decision.

▷ Nous avons pris la décision ensemble.
We made the decision together.

decision /dɪˈsɪʒən/

► **prendre une décision : make a decision** (made, made)

déclarer

▷ Comme nous n'avons rien à déclarer, ça ne prendra pas beaucoup de temps à la douane.
As we don't have anything to declare, it won't take much time at customs.

declare /dɪ'klɛəʳ/

ℹ *Declare rime avec hair, bear et care.*

déclencher

1 ▷ Myriam a déclenché l'alarme du train par erreur.
Myriam set off the train alarm by mistake.

2 ▷ L'alarme de la voiture s'est déclenchée pendant la nuit.
The car alarm went off during the night.

1 (en parlant d'une alarme, d'une sonnerie) : **set off** /set 'ɒf/ (set off, set off)

2 ► **se déclencher** (en parlant d'une alarme, d'une sonnerie) : **go off** /gəʊ 'ɒf/ (went off /went 'ɒf/, gone off /gɒn 'ɒf/)

décodeur

▷ Le décodeur est sur la télé.
The decoder is on the TV.

decoder /dɪː'kəʊdəʳ/

décollage

▷ Le décollage a été retardé.
The takeoff was delayed.

(d'un avion) **takeoff** /'teɪkɒf/

décoller

1 ▷ L'avion décollera à trois heures cinq.
The plane will take off at five past three.

2 ▷ J'ai une méthode pour décoller les timbres sans les abîmer.
I know a way to unstick stamps without damaging them.

3 ▷ Le papier peint se décolle dans le couloir.
The wallpaper is coming off in the corridor.

1 (en parlant d'un avion) **take off** /teɪk 'ɒf/ (took off /tʊk 'ɒf/, taken off /'teɪkən 'ɒf/)

2 ► **décoller** quelque chose : **unstick** /ʌn'stɪk/ something (unstuck, unstuck /ʌn'stʌk/)

3 ► **se décoller** : **come off** /kʌm 'ɒf/ (came off /keɪm 'ɒf/, come off)

décolleté, décolletée

▷ La robe de Sarah est très décolletée.
Sarah's dress is very low-cut.

low-cut /ləʊ'kʌt/

décoloré, décolorée

1 ▷ Cédric porte toujours des jeans décolorés.
Cédric always wears faded jeans.

2 ▷ Ma sœur a les cheveux décolorés.
My sister has bleached hair.

1 (en parlant d'un tissu, d'un jean) **faded** /'feɪdɪd/

2 (en parlant des cheveux) **bleached** /bliːtʃt/

décongeler

▷ Les crevettes ont décongelé en deux heures.
The prawns defrosted in two hours.

defrost /diːˈfrɒst/

déconseiller

▷ Nos amis nous ont déconseillé ce camping.
Our friends advised us against this campsite.

▷ Je te déconseille d'aller voir ce film.
I advise you against going to see this film.

► **déconseiller** quelque chose **à** quelqu'un : **advise** /ədˈvaɪz/ somebody **against** something

► **déconseiller à** quelqu'un **de** + infinitif : **advise** somebody **against** + **-ing**

décontracté, décontractée

1 ▷ L'ambiance est très décontractée dans ce bar.
The atmosphere is very relaxed in this bar.
▷ Jules avait l'air très décontracté.
Jules looked very relaxed.

2 ▷ Le week-end, j'aime bien porter des vêtements décontractés.
At weekends, I like to wear casual clothes.

1 (en parlant de l'ambiance, d'une personne) **relaxed** /rɪˈlækst/
(**plus décontracté** more relaxed, **le plus décontracté** the most relaxed)

2 (en parlant des vêtements) **casual** /ˈkæʒjʊl/
(**plus décontracté** more casual, **le plus décontracté** the most casual)

décor

1 ▷ Les décors sont vraiment beaux dans ce film.
The sets are really beautiful in this film.

2 ▷ Le décor est magnifique dans ce restaurant.
The décor is beautiful in this restaurant.

1 (en parlant d'une pièce de théâtre, d'un film) **set** /set/

2 (en parlant du décor d'une maison, d'un restaurant) **décor** /ˈdeɪkɔːʳ/

décoration

▷ Nous sommes allés acheter des décorations de Noël.
We went to buy some Christmas decorations.

decoration /ˌdekəˈreɪʃən/

décorer

▷ Je n'aime pas la façon dont ils ont décoré leur maison.
I don't like the way they decorated their house.

▷ Le sapin de Noël est décoré de guirlandes.
The Christmas tree is decorated with tinsel.

decorate /ˈdekəreɪt/

ℹ *Notez la préposition employée en anglais : décorer* **de** *= decorate* **with**.

décortiquer

▷ Ces crevettes sont difficiles à décortiquer.
These prawns are difficult to shell.

(en parlant des crevettes ou des amandes) **shell** /ʃel/

découper

1 ▷ J'ai découpé un article pour toi, ça va t'intéresser.
I've cut out an article for you, you'll find it interesting.

2 ▷ Tu découpes le papier comme ça, puis tu le colles sur du carton.
You cut up the paper like this, then you stick it on some cardboard.

3 ▷ Qui va découper le poulet ?
Who is going to carve the chicken?

1 (dans un journal, un magazine) **cut out** /kʌt 'aʊt/ (cut out, cut out)

2 (en parlant du papier, du tissu) **cut up** /kʌt 'ʌp/ (cut up, cut up)

3 (en parlant d'un poulet ou d'un rôti) **carve** /kɑːv/

décourageant, décourageante

▷ Cyril ne fait aucun progrès, c'est vraiment décourageant !
Cyril isn't making any progress, it's very disheartening!

disheartening /dɪs'hɑːtnɪŋ/ (**plus décourageant** more disheartening, **le plus décourageant** the most disheartening)

décourager

1 ▷ Je ne veux pas te décourager, mais...
I don't want to discourage you, but...

2 ▷ Ne te décourage pas, essaie encore.
Don't lose heart, try again.

1 **discourage** /dɪs'kʌrɪdʒ/

Discourage rime avec bridge.

2 ► **se décourager :** lose heart /luːz 'hɑːt/ (lost heart, lost heart)

découverte

▷ C'est une découverte extraordinaire.
It's an extraordinary discovery.

▷ Des savants américains ont fait une découverte très importante.
Some American scientists have made a very important discovery.

discovery /dɪs'kʌvərɪ/ (pluriel : discoveries /dɪs'kʌvərɪz/)

► **faire une découverte :** make a discovery (made, made)

découvrir

▷ Une statue a été découverte au fond de l'océan.
A statue has been discovered at the bottom of the ocean.

▷ Il était trop tard quand j'ai découvert que j'avais perdu mon sac.
It was too late when I discovered that I had lost my bag.

(= trouver) **discover** /dɪs'kʌvəʳ/

*L'accent tonique est sur la deuxième syllabe **-co-**.*

décrire

▷ Décris-le, je le connais peut-être.
Describe him, perhaps I know him.

describe /dɪs'kraɪb/

*Le **i** de **describe** se prononce comme le **i** de **like**.*

décrocher

1 ▷ On va décrocher ce tableau.
We're going to take this painting down.

1 (en parlant de quelque chose qui était en hauteur) **take down** /teɪk 'daʊn/ (**took down** /tʊk 'daʊn/, **taken down** /ˌteɪkən 'daʊn/)

2 ▷ C'est toujours Martin qui décroche le téléphone.
It's always Martin who picks up the phone.

2 ► **décrocher le téléphone :** **pick up** /pɪk 'ʌp/ **the phone**

3 ▷ Les rideaux se sont encore décrochés.
The curtains have fallen down again.

3 ► **se décrocher** (en parlant de quelque chose qui était en hauteur) : **fall down** /fɔːl 'daʊn/ (**fell down**, **fallen down**)

déçu, déçue

▷ Tu n'es pas trop déçu, j'espère ?
You're not too disappointed, I hope?

disappointed /ˌdɪsə'pɔɪntɪd/ (**plus déçu** more disappointed, **le plus déçu** the most disappointed)

ℹ *Regardez aussi le verbe* ***décevoir****.*

dedans

1 ▷ Reste dedans, il fait trop froid dehors.
Stay inside, it's too cold outside.

1 (par opposition à « dehors ») **inside** /ɪn'saɪd/

2 ▷ Aïcha a apporté des gâteaux avec des amandes dedans.
Aïcha brought some cakes with almonds in them.
▷ C'est une boîte avec des bonbons dedans.
It's a box with sweets in it.

2 *Quand* ***dedans*** *reprend un nom qui précède, il se traduit par* **in it** *si ce nom est singulier et par* **in them** *si le nom est pluriel.*

dédicacé, dédicacée

▷ Hubert a des photos dédicacées de plusieurs footballeurs célèbres.
Hubert has got signed photographs of several famous football players.

signed /saɪnd/

🔊 ***Signed*** *rime avec* ***mind*** *et* ***find****.*

déduire

▷ N'oubliez pas de déduire le prix du billet de train.
Don't forget to deduct the price of the train ticket.
▷ Si on déduit le loyer du total, ce n'est pas très cher.
If you deduct the rent from the total, it's not very expensive.

(= soustraire) **deduct** /dɪ'dʌkt/

► **déduire** quelque chose **de** quelque chose : **deduct** something **from** something

défaire

1 ▷ Lulu a défait le nœud très soigneusement.
Lulu untied the knot very carefully.

1 (en parlant d'un nœud) : **untie** /ʌn'taɪ/

Suite page suivante

2 ▷ Je déferai ma valise plus tard.
I'll unpack my suitcase later.

3 ▷ Le nœud s'est défait.
The knot came undone.

2 (en parlant d'une valise, de ses bagages) **unpack** /ʌn'pæk/

3 ► **se défaire** (en parlant d'un nœud) : come undone /ʌn'dʌn/ (came undone, come undone)

défaut

1 ▷ Il y a un défaut dans ce tissu.
There's a defect in this material.

2 ▷ Tout le monde a des défauts.
Everybody has faults.

1 (en parlant d'un tissu, d'une machine) **defect** /'di:fekt/

2 (en parlant d'une personne) **fault** /fɔ:lt/

défendre

1 ▷ Pourquoi est-ce que tu le défends toujours ?
Why do you always defend him?

▷ Ne la laisse pas te critiquer, défends-toi !
Don't let her criticize you, defend yourself!

2 ▷ Christine m'a défendu d'ouvrir mon cadeau avant mardi.
Christine told me I mustn't open my present before Tuesday.

1 (= protéger, soutenir) **defend** /dɪ'fend/

► **se défendre :** defend /dɪ'fend/ oneself

*Note : I defend **myself**, he defends **himself**, she defends **herself**, you (singulier) defend **yourself**, you (pluriel) defend **yourselves**, we defend **ourselves**, they defend **themselves**.*

2 *Pour exprimer l'interdiction en anglais, on emploie souvent une expression avec **mustn't** /'mʌsnt/.*

défendu

▷ Ne fais pas ça, c'est défendu.
Don't do that, it's not allowed.

not allowed /nɒt ə'laʊd/

Allowed rime avec crowd et loud.

On dit aussi forbidden /fə'bɪdən/.

défense

1 ▷ Le gouvernement dépense beaucoup d'argent pour la défense.
The government spends a lot of money on defence.

2 ▷ Les chasseurs tuent les éléphants pour prendre leurs défenses.
The hunters kill the elephants to take their tusks.

3 ▷ Sylvia a pris la défense de Yann.
Sylvia stood up for Yann.

1 ► **la défense** (d'un pays par exemple) : defence /dɪ'fens/

2 (= dent d'éléphant) **tusk** /tʌsk/

3 ► **prendre la défense de quelqu'un :** stand up for somebody (stood up for, stood up for)

4 ▷ Il y avait un écriteau qui disait « défense de fumer ».
There was a notice that said "no smoking".
▷ Le panneau dit « défense d'entrer ».
The sign says "no entry".

4 ► **défense de fumer :** no smoking /nəʊ 'sməʊkɪŋ/

► **défense d'entrer :** no entry /nəʊ 'entrɪ/

défilé

1 ▷ Nous sommes allés voir le défilé du Quatorze Juillet.
We went to see the fourteenth of July parade.
2 ▷ Marine a été invitée à un défilé de mode.
Marine has been invited to a fashion show.

1 (= marche) parade /pə'reɪd/
Le mot anglais parade rime avec made et aid.

2 ► **défilé de mode :** fashion show /'fæʃn ʃəʊ/ (pluriel : fashion shows)

défiler

▷ Les militaires défilaient dans la rue.
The soldiers were marching in the street.

(en parlant de soldats ou de manifestants) march /mɑːtʃ/

définir

▷ C'est un mot qui est difficile à définir.
It's a word that is difficult to define.

define /dɪ'faɪn/

définitif, définitive

▷ Est-ce que c'est définitif ?
Is it permanent?

(= pour de bon) permanent /'pɜːmənənt/
L'accent tonique est sur la première syllabe per-, et le n et le t se prononcent.

définition

▷ Voici la définition que j'ai trouvée dans le dictionnaire.
Here is the definition I found in the dictionary.

definition /ˌdefɪ'nɪʃən/
L'accent tonique est sur la troisième syllabe -ni-.

définitivement

▷ Il est parti définitivement.
He left for good.

(= pour de bon) for good /fə 'gʊd/

défoncé, défoncée

▷ La portière était complètement défoncée.
The door was completely smashed in.

smashed in /smæʃt'in/

défoncer

▷ Les voleurs ont défoncé la porte.
The burglars smashed the door in.

(= défoncer une porte) smash in /smæʃ 'ɪn/

déformé, déformée

1 ▷ Ces chaussures sont déformées.
These shoes are stretched.

2 ▷ Le métal est déformé à cause de la chaleur.
The metal is bent because of the heat.

1 (en parlant de chaussures, de vêtements) **stretched** /stretʃt/

2 (en parlant d'une barre, d'un métal) **bent** /bent/

se défouler

1 ▷ Tu devrais faire du karaté pour te défouler.
You should do karate to let off steam.

1 (= dépenser son énergie) **let off steam** /ˌlet ɒf ˈstiːm/ (let off, let off)

2 ▷ Tu n'as pas besoin de te défouler sur moi !
You don't need to take it out on me!

2 ► **se défouler sur** quelqu'un : **take** /teɪk/ **it out on** somebody (took /tʊk/, taken /ˈteɪkən/)

se dégager

▷ Emmanuel s'est débattu et a réussi à se dégager.
Emmanuel struggled and managed to get free.

► **se dégager** (= se libérer) : **get free** /get ˈfriː/ (got free, got free /gɔt ˈfriː/)

dégâts

▷ Il y a eu des dégâts dans l'école après l'incendie.
There was some damage in the school after the fire.

damage /ˈdæmɪdʒ/

ℹ *Damage est indénombrable : il ne se met pas au pluriel et ne s'emploie pas avec l'article a. On dit par exemple* ***the damage is very serious*** (les dégâts sont très graves).

▷ Le tremblement de terre a fait beaucoup de dégâts.
The earthquake caused a lot of damage.

► **faire des dégâts :** cause /kɔːz/ damage

🔊 *Damage rime avec* ***bridge***.

se dégonfler

1 ▷ Le pneu s'est dégonflé.
The tyre has deflated.

2 ▷ Luigi s'est dégonflé au dernier moment.
Luigi chickened out at the last moment.

1 (en parlant d'un ballon, d'un pneu) **deflate** /diːˈfleit/

2 (= renoncer, au sens familier) **chicken out** /ˌtʃɪkɪn ˈaʊt/

dégouliner

1 ▷ Fais attention, la peinture dégouline sur tes chaussures !
Be careful, the paint is dripping on your shoes!

1 (en parlant de quelque chose qui tombe goutte à goutte) **drip** /drɪp/

ℹ *Il y a deux p au gérondif (****dripping*** /ˈdrɪpɪŋ/), *au prétérit et au participe passé (****dripped*** /drɪpt/).

2 ▷ Les larmes dégoulinaient sur sa figure.
The tears were trickling down her face.

2 (en parlant des larmes, du sang) **trickle** /ˈtrɪkl/

ℹ *Notez la préposition employée :* dégouliner sur = *trickle **down**.*

dégourdi, dégourdie

▷ Martha n'est pas très dégourdie.
Martha isn't very smart.

smart /smɑːt/
(plus dégourdi smarter /ˈsmɑːtəʳ/**, le plus dégourdi** the smartest /ˈsmɑːtɪst/**)**

dégoûtant, dégoûtante

▷ Il y avait des ordures partout, c'était dégoûtant !
There was rubbish everywhere, it was disgusting!

disgusting /dɪsˈgʌstɪŋ/
(plus dégoûtant more disgusting**, le plus dégoûtant** the most disgusting**)**

dégoûter

▷ Ça ne te dégoûte pas de manger ça ?
Doesn't it disgust you to eat that?

▷ J'étais vraiment dégoûté quand j'ai vu ça !
I was really disgusted when I saw that!

disgust /dɪsˈgʌst/

► **être dégoûté :** be disgusted /dɪsˈgʌstɪd/

🔊 *L'accent tonique est sur la deuxième syllabe* ***-gus-****.*

degré

▷ Il fait au moins trente degrés aujourd'hui.
It's at least thirty degrees today.

degree /dɪˈgriː/

dégueulasse

1 ▷ Le repas était vraiment dégueulasse.
The meal was really disgusting.

1 (= mauvais, sale) **disgusting** /dɪsˈgʌstɪŋ/
(plus dégueulasse more disgusting**, le plus dégueulasse** the most disgusting**)**

2 ▷ Tu es dégueulasse avec elle.
You're rotten to her.

2 (= injuste) **rotten** /ˈrɒtn/

ℹ *Notez la préposition employée en anglais :* dégueulasse avec quelqu'un = ***rotten to somebody.***

ℹ Dégueulasse *est un mot vulgaire, mais* ***disgusting*** *et* ***rotten*** *ne le sont pas.*

déguisement

▷ Lambert portait son déguisement de Batman.
Lambert was wearing his Batman costume.

(= des habits pour jouer) **costume** /ˈkɒstjuːm/

se déguiser

1 ▷ Est-ce que tu vas te déguiser pour la soirée de Cyril ?
Are you going to dress up for Cyril's party?
▷ Anne veut se déguiser en infirmière.
Anne wants to dress up as a nurse.

2 ▷ Les terroristes se sont déguisés pour tromper la police.
The burglars disguised themselves to deceive the police.

1 (pour s'amuser) **dress up** /dres 'ʌp/

► **se déguiser en... : dress up as...**

2 (= pour tromper quelqu'un) **disguise** /dɪs'gaɪz/ **oneself**

*Le pronom personnel réfléchi s'emploie de la façon suivante en anglais (exemples au prétérit) : I disguised **myself**, you disguised **yourself**, he disguised **himself**, she disguised **herself**, we disguised **ourselves**, you disguised **yourselves**, they disguised **themselves**.*

dehors

1 ▷ Est-ce qu'il fait froid dehors ?
Is it cold outside?

2 ▷ En dehors de Pat et Laurent, personne n'est venu.
Apart from Pat and Laurent, nobody came.

1 (= à l'extérieur) : **outside** /aʊt'saɪd/

2 ► **en dehors de** (= sauf) : **apart from** /ə'pɑːt frəm/

déjà

1 ▷ Tu as déjà fini ?
Have you already finished?

2 ▷ Est-ce que vous avez déjà mangé du poisson cru ?
Have you ever eaten raw fish?
▷ Es-tu déjà allé à Paris ?
Have you ever been to Paris?

1 (= déjà maintenant) **already** /ɔːl'redɪ/

2 *Quand on demande à quelqu'un s'il a déjà fait quelque chose dans sa vie, on emploie le mot **ever** 'evəʳ avec le « present perfect ».*

déjeuner

1 ▷ Le déjeuner est prêt !
Lunch is ready!

▷ À quelle heure est-ce que les Anglais prennent leur déjeuner ?
At what time do the English have lunch?

2 ▷ Nous déjeunerons à midi.
We'll have lunch at twelve o'clock.

1 ► **le déjeuner** (= le repas de midi) : **lunch** /lʌntʃ/ (pluriel : **lunches** /'lʌntʃɪz/)

► **prendre son déjeuner : have lunch** (had, had)

2 ► **déjeuner** (verbe = manger) : **have lunch** (had, had)

délai

1 ▷ Mon chef m'a donné un délai de deux semaines pour préparer le rapport annuel.
My boss gave me a time limit of two weeks to write the annual report.

1 (= temps accordé) **time limit** /ˈtaɪm lɪmɪt/

2 ▷ J'ai demandé un délai parce que je n'aurai pas fini à temps.
I've asked for an extension because I won't have finished in time.

2 (= temps supplémentaire) **extension** /ekˈstenʃən/
*Attention : **délai** ne se traduit pas par **delay**, qui signifie **retard**.*

délavé, délavée

▷ Les jeans délavés sont de nouveau à la mode.
Faded jeans are back in fashion.

(en parlant d'une couleur, d'un tissu) **faded** /ˈfeɪdɪd/

délégué, déléguée

▷ J'ai été délégué de classe pendant plusieurs années.
I was class representative for several years.

► **délégué de classe** *ou* **déléguée de classe :** class representative /ˌklɑːs reprɪˈzentətɪv/ (pluriel : class representatives)

délicat, délicate

1 ▷ La soie est un tissu délicat.
Silk is a delicate material.
▷ C'est une question délicate, je ne sais pas si je dois la poser.
It's a delicate question, I don't know if I should ask it.

1 (en parlant d'un tissu, de la santé, d'un problème, d'une question) **delicate** /ˈdelɪkət/
(**plus délicat** more delicate, **le plus délicat** the most delicate)
*Attention, le **a** de **delicate** se prononce comme le **e** du mot français **de**.*

2 ▷ Ne sois pas si délicat, mange-le !
Don't be so fussy, eat it!

2 (= difficile, en parlant d'une personne) **fussy** /ˈfʌsɪ/
(**plus délicat** fussier /fʌsɪəʳ/, **le plus délicat** the fussiest /fʌsɪɪst/)

délicieux, délicieuse

▷ Le repas était délicieux, merci.
The meal was delicious, thank you.

(en parlant de nourriture) **delicious** /dɪˈlɪʃəs/
(**plus délicieux** more delicious, **le plus délicieux** the most delicious)

délirer

1 ▷ Il est très malade, il délire.
He's very ill, he's delirious.

1 (en parlant d'un malade fiévreux) **be delirious** /dɪˈlɪrɪəs/

Suite page suivante

2 ▻ Tu délires ! Tu ne penses pas sérieusement que je vais faire ça ?
You're out of your mind! You don't seriously think I'm going to do that!

2 ► (= être fou) be out of one's mind /maɪnd/

délivrer

▻ Ils ont promis de délivrer les prisonniers bientôt.
They have promised to set the prisoners free soon.

(en parlant d'un prisonnier) set free /set 'friː/ (set free, set free)

Attention : **délivrer** *ne se traduit pas par* ***deliver****, qui signifie* **livrer**.

demain

▻ Demain c'est l'anniversaire de Rose.
Tomorrow is Rose's birthday.
▻ Je dois partir. À demain !
I must leave. See you tomorrow!

tomorrow /tə'mɒrəʊ/
► **à demain ! :** see you tomorrow!

demande

1 ▻ Je n'ai pas compris leur demande.
I didn't understand their request.

1 request /rɪ'kwest/

2 ▻ Lionel a fait une demande de bourse.
Lionel applied for a grant.

2 ► **faire une demande de... :** apply /ə'plaɪ/ for...

Le ***y*** *de* ***apply*** *devient* ***ie*** *à la troisième personne du singulier (****applies*** /ə'plaɪz/*), au prétérit et au participe passé (****applied*** /ə'plaɪd/*).*

demander

1 ▻ Quentin m'a demandé un CD.
Quentin asked me for a CD.

1 ► **demander** quelque chose **à** quelqu'un (= réclamer) **:** ask /ɑːsk/ somebody for something

2 ▻ Guillaume m'a demandé d'enregistrer l'émission sur Londres.
Guillaume asked me to record the programme on London.

2 ► **demander à** quelqu'un **de faire** quelque chose **:** ask somebody to do something

Notez la prononciation de ***asked*** *:* /ɑːskt/

3 ▻ Quelqu'un te demande au téléphone.
Somebody is asking for you on the phone.

3 ► **demander** quelqu'un (quand on veut le voir ou lui parler) **:** ask for somebody

4 ▻ Je me demande pourquoi il n'est pas venu.
I wonder why he didn't come.
▻ Je me demande si Céline a démissionné.
I wonder if Celine resigned.

4 ► **se demander... :** wonder... /'wʌndəʳ/

Le ***o*** *de* wonder *se prononce comme le* ***u*** *de* ***duck****.*

démanger

▷ Ça me démange !
It itches !
▷ Est-ce que ta piqûre de moustique te démange ?
Does your mosquito bite itch ?

► **ça me/le/la/les démange :** it itches /ɪt 'ɪtʃɪz/

se démaquiller

▷ Nous nous sommes démaquillés après la pièce de théâtre.
We took our make-up off after the play.
▷ Où est Sophie ? Elle se démaquille.
Where is Sophie? She's taking her make-up off.

take one's **make-up** /'meɪkʌp/ **off** (took off, taken off)

ℹ *L'adjectif possessif fonctionne de la façon suivante en anglais : I take* ***my*** *make-up off, you take* ***your*** *make-up off, he takes* ***his*** *make-up off, she takes* ***her*** *make-up off, we take* ***our*** *make-up off, they take* ***their*** *make-up off.*

démarrer

▷ La voiture a démarré sans aucun problème.
The car started without any problem.

start /stɑːt/

déménager

▷ Samir et sa famille vont déménager.
Samir and his family are going to move.

(= changer de maison) **move** /muːv/

ℹ *La forme en -ing s'écrit moving.*

ℹ *Le verbe move signifie aussi* bouger.

dément, démente

▷ Ils vendent ces vêtements à des prix déments.
They're selling those clothes at incredible prices.

(= incroyable) **incredible** /ɪn'kredɪbl/

demi

▷ Donne-moi juste un demi-verre de vin.
Give me just half a glass of wine.
▷ Un demi-litre de lait.
Half a litre of milk.
▷ Le vol dure deux heures et demie.
The flight lasts two and a half hours.
▷ Trois kilos et demi de pommes de terre, s'il vous plaît.
Three and a half kilos of potatoes, please.
▷ Le train arrive à deux heures et demie.
The train arrives at half past two.

ℹ *Pour dire la moitié de quelque chose en anglais, on emploie l'expression* half a... /hɑːf ə/.

🔊 *Le l de half n'est pas prononcé.*

ℹ *L'expression anglaise qui correspond au français* et demi, et demie *(en parlant d'une durée ou d'une mesure) est* and a half.

ℹ *En anglais,* ***and a half*** *vient juste après le chiffre (****two, three****) et avant le nom (****hours, kilos****).*

ℹ *Pour dire l'heure, on emploie* half past /hɑːf 'pɑːst/ *en anglais.*

Suite page suivante

▷ Je n'ai bu qu'un demi.
I only drank one glass of beer.

► **un demi** (de bière) **:** a glass of beer /ˌglɑːs əv ˈbɪəʳ/ (pluriel : glasses /ˈglɑːsɪz/ of beer)

Vous trouverez des mots qui commencent par **demi-** *(comme* **demi-heure** *et* **demi-tour***) à leur place alphabétique dans ce dictionnaire.*

demi-finale

▷ La demi-finale se jouera à Wembley.
The semifinal will be played at Wembley.

▷ Notre équipe est en demi-finale.
Our team is in the semifinals.

semifinal /ˌsemɪˈfaɪnəl/

► **être en demi-finale :** be in the semifinals

demi-frère

▷ Roland a une sœur et un demi-frère.
Roland has a sister and a half-brother.

half-brother /ˌhɑːfˈbrʌðəʳ/ (pluriel : half-brothers)

Le l de half n'est pas prononcé.

demi-heure

▷ Ça m'a pris une demi-heure.
It took me half an hour.

► **une demi-heure :** half an hour /ˌhɑːf ən ˈaʊəʳ/

Le l de half n'est pas prononcé.

▷ Il y a un bus toutes les demi-heures.
There's a bus every half-hour.

► **toutes les demi-heures :** every half-hour /ˌevrɪ hɑːf ˈaʊəʳ/

Le h de half est aspiré, mais celui de hour ne l'est pas. Entraînez-vous à bien prononcer half an hour!

demi-sœur

▷ Je m'entends très bien avec ma demi-sœur.
I get on very well with my half-sister.

half-sister /hɑːfˈsɪstəʳ/ (pluriel : half-sisters)

Le l de half n'est pas prononcé.

démissionner

▷ Tristan a démissionné.
Tristan resigned.

resign /rɪˈzaɪn/

Resign rime avec line et shine. Le s se prononce comme le z de zoo.

demi-tarif

▷ Un demi-tarif pour « Le Seigneur des anneaux », s'il vous plaît.
A half-price ticket for "Lord of the Rings", please.

(= un billet) half-price ticket /ˌhɑːfpraɪs ˈtɪkɪt/ (pluriel : half-price tickets)

Le l de half n'est pas prononcé.

demi-tour

▷ Quand nous avons vu que le parc était fermé, nous avons fait demi-tour.
When we saw that the park was closed, we turned back.

► **faire demi-tour** (= revenir) : turn back /tɜːn 'bæk/

démodé, démodée

▷ Ce genre de jupe est plutôt démodé.
This kind of skirt is rather old-fashioned.

old-fashioned /ˌəʊld'fæʃənd/ (**plus démodé** more old-fashioned, **le plus démodé** the most old-fashioned)

démolir

▷ Ils ont démoli le vieux cinéma.
They've demolished the old cinema.

(= démolir un bâtiment ou un mur) demolish /dɪ'mɒlɪʃ/

ℹ *L'accent tonique est sur la deuxième syllabe -mo-.*

démonter

1 ▷ Georges a dû démonter le vélo pour le réparer.
Georges had to take the bike to pieces to repair it.

2 ▷ On a démonté la tente en dix minutes.
We took the tent down in ten minutes.

1 (en parlant d'un appareil, d'un vélo) take to pieces /'piːsɪz/ (took to pieces, taken to pieces)

2 (en parlant d'une tente) take down (took down, taken down)

démontrer

▷ Si tu me démontres que c'est possible, je le ferai.
If you prove to me that it's possible, I'll do it.

(= prouver) prove /pruːv/

🔊 *Le o de prove se prononce comme le oo de too.*

démoralisé, démoralisée

▷ Suzie est démoralisée parce qu'elle ne fait pas beaucoup de progrès.
Suzie is demoralized because she isn't making much progress.

demoralized /dɪ'mɒrəlaɪzd/

ℹ *L'accent tonique est sur la deuxième syllabe -mo-.*

dénoncer

1 ▷ Qui l'a dénoncé ?
Who denounced him?

2 ▷ Finalement le coupable s'est dénoncé.
In the end the culprit gave himself up.

1 ► **dénoncer** quelqu'un : denounce somebody /dɪ'naʊns/

2 ► **se dénoncer** : give /gɪv/ oneself up (gave /geɪv/ up, given /'gɪvən/ up)

Suite page suivante

ℹ *Le pronom réfléchi fonctionne de la façon suivante en anglais (exemples au prétérit : I gave **myself** up, you gave **yourself** up, he gave **himself** up, she gave **herself** up, we gave **ourselves** up, you gave **yourselves** up, they gave **themselves** up).*

dent

▷ Olivier s'est cassé une dent.
Olivier broke a tooth.
▷ J'ai mal aux dents.
I've got toothache.

▷ Le dentiste m'a arraché une dent de sagesse.
The dentist took one of my wisdom teeth out.

tooth /tuːθ/ (pluriel : teeth /tiːθ/)

► **avoir mal aux dents :** have toothache /ˈtuːθeɪk/.

Toothache rime avec make et break.

► **dent de sagesse :** wisdom tooth /ˈwɪzdəm tuːθ/.

dentelle

▷ La robe de Domi a de la dentelle sur le devant.
Domi's dress has got lace on the front.

▷ On leur a offert une nappe en dentelle.
They were given a lace tablecloth.

lace /leɪs/

Le a de lace se prononce comme le a de make.

► **en dentelle :** lace

dentier

▷ Je ne savais pas qu'il portait un dentier.
I didn't know he wore dentures.

dentures /ˈdentʃəz/

ℹ *Dentures est pluriel : on dit par exemple his dentures are in the bathroom* (son dentier est dans la salle de bains).

dentifrice

▷ Zut, j'ai oublié le dentifrice !
Damn, I forgot the toothpaste!

toothpaste /ˈtuːθpeɪst/

Le a de toothpaste se prononce comme le a de make.

dentiste

▷ Le dentiste est très gentil.
The dentist is very kind.
▷ Marcel est chez le dentiste.
Marcel is at the dentist's.
▷ Je dois aller chez le dentiste.
I have to go to the dentist's.
▷ La femme de Gilbert est dentiste.
Gilbert's wife is a dentist.

dentist /ˈdentɪst/

► **chez le dentiste** (= dans son cabinet) **:** at the dentist's

► **chez le dentiste** (= vers son cabinet) **:** to the dentist's

ℹ *N'oubliez pas l'article a ou an devant le nom du métier quand il suit les verbes be ou become.*

déodorant

▷ J'ai oublié d''acheter du déodorant.
I forgot to buy deodorant.

deodorant /dɪ'əʊdərənt/

dépanner

1 ▷ Quelqu'un est venu dépanner la machine à laver.
Somebody came to repair the washing machine.

1 ► **dépanner** quelque chose (= le réparer) : **repair** /rɪ'peəʳ/ something

*On peut aussi dire **fix** /fɪks/ something.*

2 ▷ Un mécanicien est venu nous dépanner sur l'autoroute.
A mechanic came to repair our car on the motorway.

2 ► **dépanner** quelqu'un (= réparer sa voiture) : **repair** somebody's **car**

3 ▷ Est-ce que tu pourrais me dépanner ? J'ai oublié mon porte-monnaie.
Could you help me out? I've forgotten my purse.

3 ► **dépanner** quelqu'un (= l'aider) : **help** /help/ somebody **out**

départ

1 ▷ Le départ est prévu pour onze heures.
The departure is planned for eleven o'clock.

1 (en parlant d'un voyage) **departure** /dɪ'pɑːtʃəʳ/

2 ▷ Après le départ de Darren, tout le monde était triste.
After Darren left, everybody was sad.
▷ Je t'écrirai avant mon départ.
I will write to you before I leave.

2 *Quand on parle du départ de quelqu'un, on emploie généralement en anglais une expression avec le verbe **leave** /liːv/ (**left, left** /left/).*

3 ▷ Nous avons raté le départ de la course.
We missed the start of the race.

3 (en parlant d'une course) **start** /stɑːt/

4 ▷ Au départ, Laure pensait que ce serait facile.
At first, Laure thought that it would be easy.

4 ► **au départ** (= d'abord) : **at first** /ət 'fɜːst/

dépasser

1 ▷ C'était Luc dans la voiture qui nous a dépassés !
It was Luc in the car that passed us!

1 (= doubler en voiture ou à pied) **pass** /pɑːs/

*Pour une voiture, on peut aussi employer le mot **overtake** /ˌəʊvə'teɪk/ (**overtook** /ˌəʊvə'tʊk/, **overtaken** /ˌəʊvə'teɪkən/).*

2 ▷ Nous avons dépassé l'hôtel et nous avons dû faire demi-tour.
We passed the hotel and we had to turn back.

2 (= aller plus loin que) **pass** /pɑːs/

3 ▷ Mon frère me dépasse de dix centimètres.
My brother is ten centimetres taller than me.

3 *Pour dire que quelqu'un dépasse quelqu'un d'autre en taille, on emploie l'expression **be taller** /'tɔːlə/ **than**.*

Suite page suivante

4 ▷ Si ça dépasse dix euros, je ne l'achète pas.
If it costs more than ten euros, I'm not buying it.

4 *Pour dire qu'un prix dépasse un certain montant, on emploie l'expression* ***cost*** /kɒst/ ***more than*** (***cost, cost***).

5 ▷ L'exposé ne doit pas dépasser une demi-heure.
The presentation mustn't last longer than half an hour.

5 *Pour dire que quelque chose dépasse une certaine durée, on emploie l'expression* ***last longer*** /'lɒŋgə/ ***than***.

se dépêcher

▷ Je dois me dépêcher si je veux attraper le bus.
I must hurry if I want to catch the bus.

hurry /'hʌrɪ/

ℹ *Le* ***y*** *de* ***hurry*** *devient* ***ie*** *à la troisième personne du singulier (****hurries*** /'hʌrɪz/*), au prétérit et au participe passé (****hurried*** /'hʌrɪd/*).*

▷ Dépêche-toi, on est en retard !
Hurry up, we're late!

► **dépêche-toi ! :** hurry up!

dépendre

▷ Le prix dépendra du nombre de participants.
The price will depend on the number of people taking part.

► **dépendre de** quelque chose : **depend** /dɪ'pend/ **on** something

ℹ *Attention à la préposition :* **dépendre de** = *depend* ***on***.

▷ Est-ce que tu vas aller à la soirée ? – Ça dépend.
Are you going to go to the party? – It depends.

► **ça dépend :** it depends

dépense

▷ C'est une grosse dépense pour moi.
It's a big expense for me.

expense /ek'spens/

dépenser

1 ▷ J'ai dépensé beaucoup d'argent le mois dernier.
I spent a lot of money last month.

1 (= dépenser de l'argent) **spend** /spend/ (spent, spent /spent/)

2 ▷ Cette machine à laver dépense beaucoup d'électricité.
This washing machine uses a lot of electricity.

2 (= dépenser de l'énergie) **use** /juːz/

3 ▷ J'ai besoin de me dépenser après le travail.
I need to let off steam after work.

3 ► **se dépenser :** let off steam /ˌlet ɒf 'stiːm/ (let off steam, let off steam)

déplacé, déplacée

▷ C'était vraiment une remarque déplacée.
That was a very inappropriate remark.

(= qui ne convient pas) **inappropriate** /ˌɪnə'prəʊprɪət/

déplacer

1 ▷ Si on déplace les tables et les chaises, il y aura plus de place au milieu.
If we move the tables and the chairs, there will be more space in the middle.

2 ▷ Le monsieur s'est très gentiment déplacé.
The gentleman very kindly moved.

3 ▷ Rita se déplace souvent pour son travail.
Rita often travels for her work.

1 (= déplacer un objet) **move** /muːv/

2 ► **se déplacer** (= bouger) : **move**

3 ► **se déplacer** (= voyager) : **travel** /'trævl/

ℹ *En anglais britannique il y a deux **l** au gérondif (**travelling** /'trævlɪŋ/), au prétérit et au participe passé (**travelled** /'trævld/).*

déplaire

1 ▷ Leur attitude me déplaît.
I don't like their attitude.
▷ Ça lui a déplu.
He did'nt like it.

2 ▷ Ça ne me déplairait pas d'aller au Canada.
I wouldn't mind going to Canada.

1 *Pour dire que quelque chose nous déplaît en anglais, on emploie la forme négative de **like** /'laɪk/.*

2 *Pour dire que quelque chose ne nous déplairait pas en anglais, on emploie **wouldn't mind** /wʊdnt 'maɪnd/ + **-ing**.*

dépliant

▷ L'office du tourisme nous a envoyé des dépliants sur la région.
The tourist office sent us some brochures on the region.

brochure /'brəʊʃəʳ/

déplier

▷ La carte s'est envolée quand je l'ai dépliée.
The map blew away when I unfolded it.

unfold /ʌn'fəʊld/

déposer

1 ▷ Anita a déposé ses bagages dans le couloir.
Anita put her luggage down in the corridor.

2 ▷ Tu veux que je te dépose à la gare ?
Do you want me to drop you at the station?

3 ▷ Je dois déposer un chèque sur mon compte.
I have to deposit a cheque in my account.

1 (= poser) **put down** /pʊt 'daʊn/ (put down, put down)

2 ► **déposer** quelqu'un (en voiture) : **drop** /drɒp/ somebody

ℹ ***Drop** prend deux **p** au gérondif (**dropping** /'drɒpɪŋ/), au prétérit et au participe passé (**dropped** /drɒpt/).*

3 (en parlant d'un chèque) **deposit** /dɪ'pɒzɪt/

ℹ *Notez la préposition employée en anglais : sur un compte = **in** an account.*

Suite page suivante

dépression

1 ▷ La dépression est une maladie qui peut être grave.
Depression is an illness that can be serious.
▷ Ma collègue faisait de la dépression.
My colleague was suffering from depression.

2 ▷ La mère de David a fait une dépression nerveuse.
David's mother had a nervous breakdown.

1 ► **la dépression** (= maladie) : depression /dɪ'preʃən/

► **faire de la dépression** : suffer /'sʌfəʳ/ from depression

2 ► **faire une dépression nerveuse** : have a nervous breakdown /ˌnɜːvəs 'breɪkdaʊn/ (had, had)

déprimant, déprimante

▷ Ce temps est déprimant.
This weather is depressing.

depressing /dɪ'presɪŋ/
(**plus déprimant** more depressing, **le plus déprimant** the most depressing)

déprimé, déprimée

▷ Gabriel a l'air déprimé.
Gabriel looks depressed.

depressed /dɪ'prest/
(**plus déprimé** more depressed, **le plus déprimé** the most depressed)

déprimer

1 ▷ Joël déprime depuis que Christine l'a quitté.
Joël has been depressed since Christine left him.

2 ▷ Ce temps me déprime complètement.
This weather is really depressing me.

1 (= être démoralisé)
be depressed /dɪ'prest/

2 ► **déprimer** quelqu'un : depress somebody /dɪ'pres/

depuis

1 ▷ Nous sommes en vacances depuis vendredi.
We have been on holiday since Friday.
▷ J'habite ici depuis 1999.
I have lived here since 1999.
▷ Je suis malade depuis hier.
I've been ill since yesterday.

1 *Quand* **depuis** *est suivi d'un mot ou d'une expression qui exprime une date ou un moment donné dans le temps (par exemple* **depuis jeudi, depuis ce matin, depuis le mois dernier***), l'équivalent en anglais est* since sɪns (***since Thursday, since this morning, since last month***).

ℹ *Dans ces expressions avec* since*, en anglais on emploie le perfect (dans nos exemples* ***we have been, I have lived****) là où en français on emploie le présent* (**nous sommes, j'habite**).

▷ Depuis quand est-ce que tu le connais ?
How long have you known him?

► **depuis quand... ?** : how long...? /haʊ 'lɒŋ/

Notez encore l'emploi du perfect (dans notre exemple, **have known**) avec **how long?**

2 ▷ Nous habitons ici depuis deux ans.
We have lived here for two years.

2 *Quand* **depuis** *est suivi d'un mot ou d'une expression qui exprime une durée (par exemple* **depuis trois jours, depuis une heure, depuis trente ans**), *l'équivalent en anglais est* **for** (**for three days, for an hour, for thirty years**).

Dans ces expressions avec **for**, *en anglais on emploie le perfect (dans nos exemples* **we have lived, I have known**) *là où en français on emploie le présent* (**nous habitons, je connais**).

▷ Je connais Paul depuis trois mois.
I have known Paul for three months.

▷ Depuis combien de temps est-ce que tu la connais ?
How long have you known her?

▷ Depuis combien de temps habitez-vous à Londres ?
How long have you lived in London?

► **depuis combien de temps... ? :** how long...?

Notez encore l'emploi du perfect (dans notre exemple, **have known**) *avec* **how long?**

Pour former le perfect, on prend l'auxiliaire **have** *et on ajoute le participe passé du verbe qu'on veut employer. Par exemple, le present perfect du verbe* **walk** *est* **have walked** (*à la troisième personne :* **has walked**) *et le present perfect du verbe* **catch** *est* **have caught** (*à la troisième personne :* **has caught**).

déranger

1 ▷ Je ne veux pas vous déranger.
I don't want to disturb you.

1 (= gêner) **disturb** /dɪs'tɜːb/

2 ▷ Ça vous dérange si j'ouvre la fenêtre ?
Do you mind if I open the window?

2 *Dans les formules de politesse, on emploie une expression avec* **mind** /maɪnd/.

▷ Ça te dérangerait de t'arrêter au supermarché ?
Would you mind stopping at the supermarket?

Notez l'emploi du gérondif (**stopping**) *dans cet exemple.*

déraper

1 ▷ La voiture a dérapé.
The car skidded.

1 (en parlant d'une voiture) **skid** /skɪd/

Il y a deux d au gérondif (**skidding** /'skɪdɪŋ/), *au prétérit et au participe passé* (**skidded** /'skɪdɪd/).

Suite page suivante

2 ▷ J'ai dérapé sur le trottoir et je suis tombé.
I slipped on the pavement and I fell.

2 (en parlant d'une personne) slip /slɪp/

ℹ *Il y a deux* p *au gérondif* (*slipping* 'slɪpɪŋ), *au prétérit et au participe passé* (*slipped* slɪpt).

dermatologue

▷ Adeline est chez le dermatologue.
Adeline is at the dermatologist's.

▷ Léon va chez le dermatologue à cause de ses boutons.
Léon goes to the dermatologist's because of his spots.

▷ Je voudrais être dermatologue.
I'd like to be a dermatologist.

dermatologist /ˌdɜːmə'tɒlədʒɪst/
► **chez le dermatologue** (= dans son cabinet) **:** at the dermatologist's
► **chez le dermatologue** (= vers son cabinet) **:** to the dermatologist's

ℹ *N'oubliez pas l'article* a *ou* an *devant le nom du métier, quand il suit les verbes* be *ou* become.

dernier, dernière

1 ▷ C'est le dernier bonbon, tu le veux ?
It's the last sweet, do you want it?

2 ▷ Nous étions à Dijon lundi dernier.
We were in Dijon last Monday.
▷ Le mois dernier il a beaucoup plu.
Last month it rained a lot.

3 ▷ Ils habitent au dernier étage.
They live on the top floor.

4 ▷ Les couteaux sont dans le dernier tiroir.
The knives are in the bottom drawer.

5 ▷ Il n'y aura plus de yaourts, celui-ci est le dernier.
There won't be any more yoghurts, this one is the last one.

6 ▷ Ursula et Jack sont arrivés les derniers.
Ursula and Jack arrived last.

7 ▷ Corentin est arrivé en dernier.
Corentin came last.

1 (= après tous les autres) last /lɑːst/

2 (dans le temps) last

3 (= le plus haut) top /tɒp/

4 (= le plus bas) bottom /'bɒtəm/

5 ► **le dernier, la dernière :** the last one (pluriel : the last ones)

6 ► **le dernier, la dernière** (employé avec « arriver », « partir ») **:** last

7 ► **en dernier :** last

dernièrement

▷ Est-ce que tu as vu Adèle dernièrement ?
Have you seen Adèle recently?

recently /'riːsəntlɪ/

dérouler

1 ▷ Aide-moi à dérouler le tuyau d'arrosage.
Help me to unwind the hosepipe.

1 (= dérouler un tuyau, une corde, une bobine) **unwind** /ʌn'waɪnd/ (unwound, unwound /ʌn'waʊnd/)

Le i de unwind se prononce comme le i de like.

2 ▷ Le tapis est trop lourd, je n'arrive pas à le dérouler.
The carpet is too heavy, I can't unroll it.

2 (dérouler un tapis) **unroll** /ʌn'rəʊl/

3 ▷ L'histoire se déroule au Kansas.
The story takes place in Kansas.

3 ► **se dérouler** (= avoir lieu) : take place /teɪk 'pleɪs/ (took place /tʊk 'pleɪs/, taken place /ˌteɪkən 'pleɪs/)

derrière

1 ▷ Regarde derrière toi !
Look behind you!

1 ► **derrière** quelqu'un *ou* quelque chose : behind /bɪ'haɪnd/ somebody *ou* something

2 ▷ Tu ne m'as pas vu parce que j'étais derrière.
You couldn't see me because I was at the back.
▷ Assieds-toi derrière avec le bébé.
Sit at the back with the baby.

2 (= au fond, sur une photo, dans une classe, dans une voiture) **at the back** /ˌət θə 'bæk/

3 ▷ Il m'a pincé le derrière !
He pinched my bottom!

3 (= les fesses) : **bottom** /'bɒtəm/

des

Regardez le mot de.

dès

1 ▷ Tout le monde était prêt dès huit heures.
Everybody was ready by eight o'clock.

1 (suivi d'une heure) **by** /baɪ/

Ne confondez pas dès et des !

2 ▷ Dès le début, j'ai su que ça serait difficile.
From the start, I knew it would be difficult.

2 ► **dès le début** : from the start /ˌfrəm ðə 'stɑːt/

3 ▷ Téléphonez dès que vous arriverez.
Phone as soon as you arrive.
▷ Je le ferai dès que possible.
I'll do it as soon as possible.

3 ► **dès que** + futur : as soon as /əz 'suːn əz/ + présent
► **dès que possible** : as soon as possible

désagréable

▷ C'est très désagréable d'avoir des crampes.
It's very unpleasant to have cramp.
▷ Léa a été désagréable avec la vendeuse.
Léa was unpleasant to the saleswoman.

unpleasant /ʌn'pleznt/ (**plus désagréable** more unpleasant, **le plus désagréable** the most unpleasant)

Notez la préposition employée en anglais : désagréable avec = unpleasant to.

désastre

▷ Ils ont prévu de la pluie tout le week-end ! Quel désastre !
They have forecast rain all weekend! What a disaster!

disaster /dɪ'zɑːstəʳ/

descendre

1 ▷ L'ascenseur descend, on va le prendre.
The lift is coming down, we're going to take it.

▷ Tu peux descendre, s'il te plaît ? J'ai quelque chose à te dire.
Can you come downstairs, please? I've got something to tell you.

1 (= venir vers le bas, quand la personne qui parle est déjà en bas) **come down** /kʌm 'daʊn/ (came down /keɪm 'daʊn/, come down)

ℹ *Quand on est dans une maison, on dit* ***come downstairs*** /daʊn'stɛəz/ (*came downstairs, come downstairs*).

2 ▷ J'ai envie de descendre à Marseille.
I want to go down to Marseille.

▷ Est-ce que tu peux fermer les volets quand tu descendras ?
Can you shut the shutters when you go downstairs?

2 (= aller vers le bas, quand la personne qui parle est en haut) **go down** /gəʊ 'daʊn/ (went down /went 'daʊn/, gone down /gɒn 'daʊn/)

ℹ *Quand on est dans une maison, on dit* ***go downstairs*** /daʊn'stɛəz/ (*went, gone*).

3 ▷ On descend au prochain arrêt.
We get off at the next stop.

3 (en parlant du train, du métro, du bus) **get off** /get 'ɒf/ (got off, got off /gɒt 'ɒf/)

4 ▷ Descends du toit, tu vas te tuer !
Come down from the roof, you're going to kill yourself!

▷ Nous sommes descendus du train les premiers.
We got off the train first.

▷ Elle était très pâle quand elle est descendue de voiture.
She was very pale when she got out of the car.

4 ► **descendre de** (en parlant d'une échelle, d'un mur, d'un toit) **:** come down from (came down, come down)

► **descendre de** (en parlant d'un train, d'un bus, du métro) **:** get off /get 'ɒf/ (got off, got off /gɒt 'ɒf/)

► **descendre de voiture :** get out of the car (got out, got out)

5 ▷ Jean-Loup a descendu la pente à toute vitesse.
Jean-Loup went down the slope at full speed.

5 (= suivre vers le bas, en parlant d'une pente, d'une rue) **go down** (went down, gone down)

6 ▷ Est-ce que tu peux m'aider à descendre les valises ?
Can you help me to take the suitcases down?

6 ► **descendre** quelque chose (= porter quelque chose en bas) take /teik/ something down (took /tʊk/, taken /'teikən/)

descente

▷ La descente est très raide.
The slope is very steep.

(= pente) **slope** /sləʊp/

description

▷ Sa description du voyage était très drôle.
His description of the trip was very funny.

description /dɪsˈkrɪpʃən/

désert

▷ Ils ont passé trois jours dans le désert en Tunisie.
They spent three days in the desert in Tunisia.

desert /ˈdezət/

*L'accent est sur la première syllabe **-des-**.*

*Attention à ne pas confondre avec la prononciation de **dessert** (= dessert), où l'accent tonique est sur la deuxième syllabe **-ssert**.*

désert, déserte

▷ Les rues sont désertes à partir de onze heures.
The streets are deserted from eleven o'clock.

(= abandonné) **deserted** /dɪˈzɜːtɪd/

*L'accent est sur la deuxième syllabe **-ser-**.*

désespéré, désespérée

▷ Olivia était désespérée quand on lui a volé son portefeuille.
Olivia was desperate when she had her purse stolen.

desperate /ˈdesprət/
(plus désespéré more desperate, le plus désespéré the most desperate)

déshabiller

1 ▷ Thomas a déshabillé le bébé pour le laver.
Thomas undressed the baby to wash him.

2 ▷ Je n'aime pas me déshabiller devant les autres.
I don't like to undress in front of the others.

1 ► **déshabiller quelqu'un :** undress /ʌnˈdres/ somebody

2 ► **se déshabiller :** undress

désherber

▷ J'ai aidé Marianne à désherber le jardin.
I helped Marianne to weed the garden.

weed /wiːd/

désigner

1 ▷ La flèche désigne la sortie.
The arrow shows the exit.

2 ▷ Nous désignerons les gagnants demain.
We'll choose the winners tomorrow.

3 ▷ C'est un mot qui désigne un certain type d'oiseau.

1 (= montrer) **show** /ʃəʊ/ (showed, shown)

2 (= élire, nommer) **choose** /tʃuːz/ (chose /tʃəʊz/, chosen /ˈtʃəʊzən/)

3 (= s'appliquer à, en parlant d'un mot) **refer to** /rɪˈfɜː tuː/

Suite page suivante

It's a word that refers to a certain type of bird.

Il y a deux **r** *au gérondif (***referring** /rɪˈfɜːrɪŋ/*), au prétérit et au participe passé (***referred** /rɪˈfɜːd/*).*

désinfecter

▷ Tu devrais désinfecter ton doigt.
You should disinfect your finger.

disinfect /ˌdɪsɪnˈfekt/

Attention à l'orthographe du mot anglais.

désirer

▷ Je désire parler à Madame Kington, s'il vous plaît.
I would like to speak to Mrs Kington, please.

► **je désire... :** I would like... /aɪ wʊd laɪk/

Would like *est souvent contracté en* ***'d like****.*

désobéir

1 ▷ Mon petit frère a encore désobéi et il s'est fait gronder.
My little brother was disobedient again and he got told off.

2 ▷ Je n'ose pas lui désobéir.
I daren't disobey him.

1 (= être désobéissant) **be disobedient** /ˌdɪsəˈbiːdɪənt/

2 ► **désobéir à** quelqu'un **:** **disobey** /ˌdɪsəˈbeɪ/ somebody

désobéissant, désobéissante

▷ Lionel est très désobéissant.
Lionel is very disobedient.

disobedient /ˌdɪsəˈbiːdɪənt/ **(plus désobéissant** more disobedient**, le plus désobéissant** the most disobedient**)**

Le **e** *de* ***disobedient*** *se prononce comme le* **ee** *de* ***speed****.*

désolé, désolée

▷ Je suis désolé de vous déranger.
I'm sorry to disturb you.

▷ Désolé, c'est trop tard !
Sorry, it's too late!

sorry /ˈsɒrɪ/

désordonné, désordonnée

▷ C'est toujours désordonné chez eux.
It's always messy at their place.

▷ C'est quelqu'un de très désordonné.
He's very messy.

(pièce, personne) **messy** /ˈmesɪ/ **(plus désordonné** messier /ˈmesɪəʳ/**, le plus désordonné** the messiest /ˈmesɪɪst/**)**

désordre

1 ▷ Quel désordre dans cette chambre !
What a mess in this bedroom!

2 ▷ Désolé, ma chambre est un peu en désordre.
I'm sorry, my room's a bit untidy.

1 (dans une pièce ou une maison)
mess /mes/

2 ► **en désordre : untidy** /ʌn'taɪdɪ/

désormais

▷ Désormais, j'irai à la piscine à vélo.
From now on, I'll cycle to the pool.

from now on /ˌfrəm naʊ 'ɒn/

dessécher

▷ Le vent dessèche la peau.
The wind dries the skin.

dry /draɪ/

*Le **y** de **dry** devient **ie** à la troisième personne du singulier (**dries** /draɪz/), au prétérit et au participe passé (**dried** /draɪd/).*

dessert

▷ Qu'est-ce qu'il y a pour dessert ?
What is there for dessert?

▷ Le glace est mon dessert préféré.
Ice cream is my favourite dessert.

dessert /dɪ'zɜːt/

*Le **ss** du mot anglais **dessert** se prononce comme le **z** de **zoo**. L'accent tonique est sur la deuxième syllabe **-ssert**.*

*Attention à ne pas confondre avec la prononciation de **desert** /'dezət/ (= désert), où l'accent tonique est sur la première syllabe **des-**.*

dessin

▷ Il y a des dessins sur les murs.
There are drawings on the walls.

▷ Qui a fait ce dessin ? Il est très joli.
Who did this drawing? It's very nice.

▷ Lola regarde des dessins animés à la télé.
Lola is watching cartoons on TV.

drawing /'drɔːɪŋ/

► **faire un dessin : do a drawing**

► **dessin animé : cartoon** /kɑː'tuːn/

dessiner

▷ Aurélien dessine très bien.
Aurélien draws very well.

▷ Je ne sais pas dessiner les êtres humains.
I can't draw people.

draw /drɔː/
(**drew** /druː/, **drawn** /drɔːn/)

***Draw** rime avec **more**. **Drew** rime avec **two**. **Drawn** rime avec **corn**.*

dessous

1 ▷ Le journal est là et le programme de télévision est dessous.
The newspaper is over there and the TV guide is underneath.

1 **underneath** /ˌʌndə'niːθ/

Suite page suivante

2 ▷ Le dessous de la table était très sale.
The bottom of the table was very dirty.

2 ► **le dessous de** quelque chose : the bottom /ˈbɒtəm/ of something

3 ▷ Regarde ce tas de livres, ton agenda est en-dessous.
You see that pile of books, your diary is underneath.

3 ► **en-dessous** (= sous un objet) : underneath /ˌʌndəˈniːθ/

4 ▷ Les gens qui habitent en-dessous sont très sympas.
The people who live downstairs are very nice.

4 ► **en-dessous** (= à l'étage inférieur) : downstairs /daʊnˈstɛəz/

5 ▷ En-dessous de dix euros, ce n'est vraiment pas cher.
Below ten euros, it's really not expensive.

5 ► **en-dessous de :** below /bɪˈləʊ/

dessus

1 ▷ J'ai posté la lettre sans mettre l'adresse dessus.
I posted the letter without putting the address on it.

▷ Les chaises sont solides, tu peux poser les cartons dessus.
The chairs are strong, you can put the cardboard boxes on them.

1 *On emploie* ***on it*** /ɒn ɪt/ *si la chose concernée est un singulier ou* ***on them*** /ɒn ðəm/ *si c'est un pluriel.*

i *Quand on parle de la partie supérieure de quelque chose, on peut aussi dire* ***on top*** /ɒn ˈtɒp/ *en anglais, par exemple a tower with a light* ***on top*** (une tour avec une lumière dessus).

2 ▷ Le dessus de l'armoire est couvert de poussière.
The top of the cupboard is covered in dust.

2 ► **le dessus de** quelque chose : the top /tɒp/ of something

destination

▷ Quelle est votre destination ?
What is your destination?

▷ De quel quai part le train à destination de Durham ?
From which platform does the train to Durham leave?

destination /ˌdestɪˈneɪʃn/

► **à destination de :** (en parlant d'un train, d'un vol) to

détacher

1 ▷ Quelqu'un a détaché le chien et il s'est échappé.
Somebody untied the dog and he ran away.

1 (= détacher un prisonnier ou un animal) untie /ʌnˈtaɪ/

2 ▷ Ne détache pas ta ceinture de sécurité.
Don't unfasten your safety belt.

2 (= détacher une ceinture) unfasten /ʌnˈfɑːsn/

Le t de ***unfasten*** *n'est pas prononcé.*

3 ▷ Les chèques sont difficiles à détacher du chéquier.
The cheques are difficult to tear out of the chequebook.

3 (= détacher un chèque, un ticket ou un timbre) tear /tɛəʳ/ out (tore /tɔːʳ/ out, torn /tɔːn/ out)

Tear *rime avec* ***hair.***

détail

▷ Il y a un détail que je n'ai pas compris.
There's one detail that I didn't understand.
▷ Il nous a tout raconté en détail.
He told us everything in detail.

detail /'diːteɪl/

► **en détail :** in detail

déteindre

1 ▷ Mon jean a déteint, il est presque blanc maintenant.
My jeans have faded, they're almost white now.

2 ▷ La chemise rouge a déteint sur tous les autres vêtements !
The red has come out of the shirt onto all the other clothes!

1 (= perdre sa couleur) **fade** /feɪd/

2 *Pour dire qu'un vêtement a déteint sur un autre, on parle en anglais de la couleur plutôt que du vêtement, et on emploie le verbe* **come out**.

se détendre

▷ Détends-toi, le dentiste ne te fera pas mal.
Relax, the dentist won't hurt you.

(= se décontracter) **relax** /rɪ'læks/

L'accent tonique est sur la deuxième syllabe -**lax**.

détendu, détendue

▷ J'ai trouvé Karim très détendu.
I found Karim very relaxed.

(= décontracté) **relaxed** /rɪ'lækst/ (**plus détendu** more relaxed, **le plus détendu** the most relaxed)

L'accent tonique est sur la deuxième syllabe -**laxed**.

détester

▷ Je déteste le melon.
I hate melon.
▷ Ma mère déteste faire la cuisine.
My mother hates cooking.

hate /heɪt/

► **détester** + verbe **:** hate + -ing

détonation

▷ On a entendu une détonation et de la fumée est sortie de la voiture.
We heard a bang and some smoke came out of the car.

(= bruit) **bang** /bæŋ/

détour

▷ Nous avons dû faire un détour parce que la rue était bloquée.
We had to make a detour because the street was blocked.

detour /'diːtʊəʳ/

► **faire un détour :** make a detour (made, made)

ℹ *Pas d'accent sur le* e *du mot anglais* **detour**.

détourner

1 ▷ J'ai essayé de détourner l'attention de Lalia, mais ça n'a pas marché.
I tried to distract Lalia's attention but it didn't work.

2 ▷ N'essaie pas de détourner la conversation !
Don't try to change the subject!

1 ► **détourner l'attention de quelqu'un :** distract /dɪs'trækt/ somebody's attention

2 ► **détourner la conversation :** change the subject /ˌtʃeɪndʒ ðə 'sʌbdʒekt/

détraqué, détraquée

1 ▷ La radio est détraquée.
The radio is broken.

2 ▷ Ce mec est complètement détraqué !
That guy's completely crazy!

1 (en parlant d'une machine, d'un appareil) broken /'brəʊkən/

2 (= fou, au sens familier) crazy /'kreɪzɪ/

détritus

▷ Les rues sont pleines de détritus.
The streets are full of litter.

litter /'lɪtə'/

ℹ *Litter ne se met jamais au pluriel. On dit par exemple : this litter is a real problem* (ces détritus sont un vrai problème).

détruire

▷ La bombe a détruit tout l'immeuble.
The bomb destroyed the whole building.

destroy /dɪs'trɔɪ/

dette

▷ Jean-Pierre a beaucoup de dettes.
Jean-Pierre has a lot of debts.

debt /det/

🔊 *Le b de debt n'est pas prononcé : debt rime avec let et set.*

deux

▷ Saïd a deux VTT.
Saïd has two mountain bikes.

▷ Aujourd'hui c'est le deux avril.
Today is the second of April.

▷ Ivan est né le deux mars.
Ivan was born on the second of March.

▷ Les deux écoles sont dans le même village.
Both schools are in the same village.

▷ Je vais prendre les deux.
I'll take both.

two /tuː/

ℹ *Quand on dit la date, on emploie le mot second* /'sekənd/ *en anglais.*

ℹ *Notez l'emploi de on et of en anglais quand on dit la date.*

ℹ *On écrit 2 April, 2 March,* etc.

► **les deux :** both /bəʊθ/

▻ Nous sommes d'accord tous les deux.
Both of us agree.

▻ Vous allez partir toutes les deux ?
Are both of you going to leave?
▻ Ils sont venus tous les deux.
Both of them came.

► **tous les deux, toutes les deux :** (= nous deux) both of us (= vous deux) both of you (= eux deux, elles deux) both of them.

Remarquez la position de both of dans la phrase.

deuxième

▻ Son deuxième roman était meilleur.
His second novel was better.

second /'sekənd/

Le c du mot anglais second se prononce comme un k, et l'accent tonique est sur la première syllabe se-.

devant

1 ▻ On s'est garés devant la boulangerie.
We parked in front of the bakery.
▻ Il y avait dix personnes devant moi dans la file d'attente.
There were ten people in front of me in the queue.
▻ Ne dis pas ça devant Sabrina !
Don't say that in front of Sabrina!

1 (= situé devant un objet, un endroit ou une personne) in front of /ɪn 'frʌnt əv/

Front rime avec hunt.

2 ▻ Ils sont loin devant nous.
They're a long way ahead of us.

2 (= devant quelqu'un qui marche ou qui court) ahead of /ə'hed əv/

3 ▻ Les débutants doivent se mettre devant.
The beginners have to stand at the front.

3 (= à l'avant, sur une photo ou dans une salle) at the front /ˌət θə 'frʌnt/

4 ▻ Tu veux t'asseoir devant ?
Do you want to sit in the front?

4 (= à l'avant, en voiture) in the front /ˌɪn θə 'frʌnt/

développer

▻ Victor prend des cours pour apprendre à développer les photos.
Victor takes classes to learn how to develop photographs.
▻ Où est-ce que tu fais développer tes photos ?
Where do you have your photographs developed?

develop /dɪ'veləp/

Attention : develop ne prend jamais deux p (on écrit developing et developed).

► **faire développer des photos :** have photographs developed (had, had)

devenir

1 ▻ Personne ne sait comment ils sont devenus riches.
Nobody knows how they became rich.

1 (= se transformer) become /bɪ'kʌm/ (became /bɪ'keɪm/, become)

Suite page suivante

▷ Mélissa voudrait devenir chanteuse.
Mélissa would like to become a singer.

N'oubliez pas l'article **a** *ou* **an** *devant le nom du métier avec le verbe* **become**.

2 ▷ Elle est devenue toute rouge.
She went all red.
▷ Je vais devenir fou avec tout ce travail !
I'm going to go mad with all this work!

2 *Avec certains adjectifs, par exemple* rouge, pâle *ou* fou, *la traduction anglaise est* go /gəʊ/ + *adjectif* (went /went/, gone /gɒn/).

3 ▷ Tiens, bonjour ! Qu'est-ce que tu deviens ?
Oh, hello! How are you getting on?

3 ► **qu'est-ce que tu deviens ? :** how are you getting on? /ˌhaʊ ə juː getɪŋ ˈɒn/

deviner

▷ Devine qui m'a appelé !
Guess who called me!
▷ Lucie a deviné que je n'avais pas envie d'aller avec elle.
Lucie guessed that I didn't feel like going with her.

guess /ges/

Le **u** *de* **guess** *ne se prononce pas.*

Guessed *se prononce exactement comme* **guest** /gest/.

devinette

▷ Vous connaissez cette devinette ?
Do you know this riddle?
▷ On a joué aux devinettes dans la voiture.
We played at riddles in the car.

riddle /ˈrɪdl/

► **jouer aux devinettes :** play at riddles

dévisager

▷ Pourquoi est-ce qu'il me dévisage comme ça ?
Why is he staring at me like that?

► **dévisager quelqu'un :** stare /stɛəʳ/ at somebody

le devoir, les devoirs

1 ▷ On a un devoir sur table d'anglais la semaine prochaine.
We have an English test next week.

1 ► **devoir sur table :** test /test/

Pour dire dans quelle matière est le devoir, on place le nom de la matière avant **test** (**a geography test** = un devoir de géographie).

2 ▷ Les enfants n'ont pas de devoirs pour les vacances.
The children don't have any homework for the holidays.

2 ► **devoirs** (à faire à la maison) **:** homework /ˈhəʊmwɜːk/

Homework *est indénombrable : il ne se met jamais au pluriel, et* on ne dit pas *'a homework' ; on dit, par exemple,* **this homework is easy** (ces devoirs sont faciles).

▷ Cécile ne fait pas ses devoirs.

► **faire ses devoirs :** do one's homework

Cécile doesn't do her homework.

*L'adjectif possessif s'emploie de la façon suivante en anglais : I do **my** homework, you do **your** homework, he does **his** homework, she does **her** homework, we do **our** homework, they do **their** homework.*

devoir faire quelque chose

1 ▷ Je ne peux pas sortir, je dois travailler.
I can't go out, I have to work.

*1 Pour dire qu'on est obligé de faire quelque chose, on emploie l'expression **have to** /'hæftə/ (**had to, had to** /'hædtə/).*

2 ▷ Si tu veux la convaincre, tu dois être patient.
If you want to convince her, you must be patient.

*2 Pour dire que c'est bien ou utile de faire quelque chose, on emploie le mot **must** /mʌst/ suivi de la base verbale.*

3 ▷ Loïc devrait faire plus de sport.
Loïc should do more sport.

*3 Pour donner un conseil ou une opinion, on emploie le mot **should** /ʃʊd/ + base verbale.*

▷ Tu aurais dû le dire avant !
You should have said it before!

*Au passé on emploie **should have** + participe passé.*

*Le **l** de **should** n'est pas prononcé. **Should** rime avec **good**.*

4 ▷ Tu dois être contente de partir en vacances.
You must be glad to go on holiday.

*4 Pour dire que quelque chose est probable, au présent, on emploie **must** /mʌst/ + base verbale.*

*Attention : **must** et **should** ne sont jamais suivis du mot **to** !*

devoir (de l'argent)

▷ N'oublie pas que tu me dois cinq euros !
Don't forget that you owe me five euros!

owe /əʊ/

► **devoir quelque chose à** quelqu'un (en parlant d'argent) : owe /əʊ/ somebody something

*Owe rime avec **go**. Le prétérit **owed** rime avec **road**.*

dévorer

▷ Eulalie a dévoré le gâteau en dix minutes.
Eulalie devoured the cake in ten minutes.

(en parlant de nourriture, d'un livre)
devour /dɪ'vaʊəʳ/

diabète

▷ Mon grand-père a du diabète.
My grandfather has diabetes.

► **avoir du diabète :** have diabetes /ˌdaɪə'biːtiːz/ (had, had)

*Les deux **e** de **diabetes** se prononcent comme le **ee** de **week**.*

diable

▻ Petit diable !
Little devil!

devil /'devl/

dialogue

▻ Les dialogues du film sont très drôles.
The film's dialogues are very funny.

dialogue /'daɪəlɒg/

*Le **i** du mot anglais **dialogue** se prononce comme le **i** de **like**.*

diamant

▻ Béatrice a une bague avec un diamant.
Béatrice has a ring with a diamond.

▻ Le mannequin portait un collier de diamants.
The model wore a diamond necklace.

diamond /'daɪmənd/

*Le **i** de **diamond** se prononce comme le **i** de **like**.*

► **de diamants :** diamond

diapositive

▻ Lionel nous a montré des diapositives de ses vacances en Thaïlande.
Lionel showed us some slides of his holiday in Thailand.

slide /slaɪd/

diarrhée

▻ Plusieurs personnes ont eu la diarrhée pendant le voyage.
Several people had diarrhea during the trip.

► **avoir la diarrhée :** have diarrhea /ˌdaɪə'rɪə/ (had, had)

Notez qu'il n'y a pas d'article en anglais.

dictature

▻ Le pays était alors une dictature.
The country was a dictatorship at that time.

dictatorship /dɪk'teɪtəʃɪp/

Notez qu'il n'y a pas d'article en anglais.

dictée

▻ La dictée était vraiment difficile.
The dictation was really difficult.

▻ On a fait une dictée ce matin.
We did a dictation this morning.

dictation /dɪk'teɪʃən/

► **faire une dictée :** do a dictation (did, done)

dicter

▻ Le prof nous a dicté deux paragraphes.
The teacher dictated two paragraphs to us.

► **dicter** quelque chose à quelqu'un **:** dictate /dɪk'teɪt/ something to somebody

dictionnaire

▷ Regarde dans le dictionnaire.
Look in the dictionary.

dictionary /ˈdɪkʃənrɪ/
(pluriel : dictionaries /ˈdɪkʃənrɪz/)
ℹ *Un seul n en anglais !*

diesel

▷ Léo a mis vingt litres de diesel dans la voiture.
Léo put twenty litres of diesel in the car.

diesel /ˈdiːzəl/
🔊 *Le ie du mot anglais diesel se prononce comme le ee de week.*

diététique

▷ Ursula ne mange que des produits diététiques.
Ursula only eats health food.

► **produits diététiques :** health food /ˈhelθ fuːd/

Dieu

▷ Est-ce que tu crois en Dieu ?
Do you believe in God?

▷ Mon Dieu, quelle horreur !
My God, how awful!

God /gɒd/

► **mon Dieu ! :** my God!

différence

▷ Il y a une grosse différence entre les deux prix.
There's a big difference between the two prices.

difference /ˈdɪfrəns/

différent, différente

▷ Marcel et son frère sont très différents.
Marcel and his brother are very different.

▷ Le climat écossais est différent du climat anglais.
The Scottish climate is different from the English climate.

different /ˈdɪfrənt/

► **différent de :** different from

difficile

1 ▷ Est-ce que tu as trouvé le devoir sur table difficile ?
Did you think the test was difficult?

▷ Ce tiroir est difficile à ouvrir.
This drawer is difficult to open.

2 ▷ Ne sois pas si difficile, mange !
Don't be so fussy, eat!

1 (= compliqué) **difficult** /ˈdɪfɪkəlt/
(**plus difficile** more difficult, **le plus difficile** the most difficult)
► **difficile à... :** difficult to...

2 (en parlant de quelqu'un qui a des goûts particuliers) **fussy** /ˈfʌsɪ/
(**plus difficile** fussier /ˈfʌsɪəʳ/, **le plus difficile** the fussiest /ˈfʌsɪɪst/)

difficulté

▷ Nous avons eu des difficultés pour trouver l'adresse.
We had difficulty finding the address.

difficulty /'dɪfɪkəltɪ/
► **avoir des difficultés pour** + verbe : have difficulty + -ing

diffuser

▷ Le match est diffusé en direct.
The match is broadcast live.

(à la télévision, à la radio) **broadcast** /'brɔːdkɑːst/ (broadcast, broadcast)

digérer

1 ▷ C'est un plat qui est difficile à digérer.
It's a dish that's difficult to digest.

2 ▷ Je n'ai pas digéré ce qu'il m'a fait.
I haven't forgiven him for what he did to me.

1 (en parlant de nourriture) **digest** /daɪ'dʒest/

2 *Pour dire qu'on n'arrive pas à* **digérer** *ce que quelqu'un a fait, on emploie le verbe* ***forgive*** (pardonner)

digestif, digestive

1 ▷ Ce sont des comprimés pour les problèmes digestifs.
These are tablets for digestive problems.

2 ▷ Voulez-vous un digestif ?
Would you like a liqueur?

1 (adjectif = qui concerne la digestion) **digestive** /dɪ'dʒestɪv/

2 ► **un digestif** (= un alcool) : a liqueur /lɪ'kjʊəʳ/

digicode

▷ J'ai oublié le digicode, on ne peut pas entrer !
I've forgotten the door code, we can't go in!

door code /'dɔːkəʊd/ (pluriel : door codes)

diluer

▷ Marie dilue toujours son vin avec de l'eau.
Marie always dilutes her wine with water.

(en parlant d'un liquide, d'une boisson) **dilute** /daɪ'luːt/

dimanche

▷ Aujourd'hui c'est dimanche.
Today is Sunday.

Sunday /'sʌndeɪ/

ℹ *Comme tous les jours de la semaine en anglais,* ***Sunday*** *prend toujours une majuscule.*

▷ Nous partirons dimanche.
We'll leave on Sunday.

▷ Mes grands-parents sont venus dimanche.
My grandparents came on Sunday.

► **faire** quelque chose **dimanche :** do something on Sunday

▷ Le dimanche toute la famille va à l'église.
On Sundays all the family goes to church.

► **le dimanche** (= tous les dimanches) : on Sundays

dimensions

▷ Je ne connais pas les dimensions de la table.
I don't know the dimensions of the table.
▷ Nous allons prendre les dimensions de la pièce.
We're going to measure the room.

dimensions /daɪˈmenʃənz/

► **prendre les dimensions de quelque chose :** measure /ˈmeʒəʳ/ something

*Le **ea** de **measure** se prononce comme le **e** de **bed**.*

diminuer

1 ▷ Ils ont diminué le prix.
They have reduced the price.

2 ▷ Le nombre de naissances a diminué cette année.
The number of births has decreased this year.

3 ▷ Les températures vont encore diminuer.
Temperatures are going to fall again.

1 ► **diminuer** quelque chose (= le faire baisser) **:** reduce /rɪˈdjuːs/ something

2 ► **diminuer** (en parlant d'un nombre ou d'un volume qui diminue) **:** decrease /dɪˈkriːs/

3 ► **diminuer** (en parlant des prix ou des températures qui diminuent) **:** fall /fɔːl/ (fell /fel/, fallen /fɔːlən/)

diminution

▷ Il y a eu une diminution du nombre de chômeurs.
There has been a decrease in the number of unemployed.

(= baisse) **decrease** /ˈdiːkriːs/

Notez la préposition employée en anglais : une diminution **de** quelque chose = *a decrease **in** something.*

*Le **s** de **decrease** se prononce comme le **s** de **sea**.*

dinde

▷ À Noël, les Anglais mangent de la dinde farcie.
At Christmas, the English eat stuffed turkey.

turkey /ˈtɜːkɪ/

dîner

1 ▷ Le dîner est prêt.
Dinner is ready.
▷ À quelle heure est-ce que les Anglais prennent leur dîner ?
What time do the English have dinner?

2 ▷ Nous dînerons à huit heures.
We'll have dinner at eight o'clock.

1 ► **le dîner** (= le repas du soir) **:** dinner /ˈdɪnəʳ/

► **prendre son dîner :** have dinner (had, had)

2 (= manger) **have dinner** (had, had)

dingue

▷ Il est complètement dingue !
He's completely crazy!

crazy /ˈkreɪzɪ/ (**plus dingue** crazier /ˈkreɪzɪəʳ/, **le plus dingue** the craziest /ˈkreɪzɪɪst/)

dinosaure

▷ Il y a un squelette de dinosaure au musée.
There's a dinosaur skeleton in the museum.

dinosaur /'daɪnəsɔːʳ/

Le i de dinosaur se prononce comme le i de like.

diplôme

1 ▷ Est-ce qu'il faut des diplômes pour faire ce métier ?
Do you need qualifications to do this job?

2 ▷ Le frère de Fahrid a un diplôme d'ingénieur.
Fahrid's brother has got an engineering degree.

1 (en parlant des diplômes en général) **qualification** /ˌkwɒlɪfɪ'keɪʃən/

2 (en parlant d'un titre universitaire) **degree** /dɪ'griː/

dire

1 ▷ Pardon ? Qu'est-ce que tu as dit ?
Sorry? What did you say?
▷ Comment dit-on « soldat » en anglais ?
How do you say "soldat" in English?
▷ Clara m'a dit qu'elle n'était pas contente.
Clara said to me ou Clara told me that she wasn't happy.

2 ▷ Pierre a dit à ses enfants de se dépêcher.
Pierre told his children to hurry up.

3 ▷ Est-ce que ça te dit d'aller à la piscine ?
Do you feel like going to the swimming pool?
▷ Tu veux regarder le film ? – Non, ça ne me dit rien.
Do you want to watch the film? – No, I don't feel like it.

4 ▷ On dirait Paul.
It looks like Paul.
▷ On dirait qu'elle pleure.
It looks like she's crying.

5 ▷ On dirait de la cerise, mais je n'en suis pas sûre.
It tastes like cherry, but I'm not sure.

6 ▷ Tu entends cette musique ? On dirait de la musique écossaise.
Can you hear that music? It sounds like Scottish music.

7 ▷ Ça sent bon, qu'est-ce que c'est ? On dirait de la menthe.
That smells nice, what is it ? It smells like mint.

1 **say** /seɪ/ (said, said /sed/)

Said rime avec bed et head.

► **dire à** quelqu'un **que... :** say to somebody that... *ou* tell /tel/ somebody that... (told, told /təʊld/)

2 ► **dire à** quelqu'un **de faire** quelque chose **:** tell somebody to do something (told, told)

3 *Pour parler de ce qu'on a envie de faire, on emploie l'expression feel like /'fiːl laɪk/ + -ing.*

4 ► **on dirait...** (en parlant de ce qu'on voit) it looks like... /'lʊks laɪk/

5 ► **on dirait...** (en parlant d'un goût) **:** it tastes like... /'teɪsts laɪk/

6 ► **on dirait...** (en parlant d'un son ou d'une musique) **:** it sounds like... /'saʊndz laɪk/

7 ► **on dirait...** (en parlant d'une odeur) **:** it smells like /'smelz laɪk/

8 ▷ On dirait de la soie, c'est tellement doux.
It feels like silk, it's so soft.

8 ► **on dirait...** (en parlant de la sensation au toucher) : it feels like /ˈfiːlz laɪk/

direct, directe

1 ▷ Nous avons pris un vol direct pour Lomé.
We took a direct flight to Lomé.

2 ▷ Le concert a été diffusé en direct.
The concert was broadcast live.

1 (en parlant des transports) direct /dɪˈrekt/

2 ► **en direct :** live /laɪv/

Le i de l'adjectif live se prononce comme le i de like.

directement

1 ▷ Nous sommes rentrés à la maison directement.
We went straight home.
▷ Je vais directement à Paris, sans passer par Lille.
I'm going straight to Paris, without going through Lille.

2 ▷ Tu dois t'adresser directement à M. Ogier.
You have to ask Mr Ogier directly.

1 (= sans faire de détour) straight /streɪt/

Straight rime avec gate et late.

2 (= sans intermédiaire) directly /dɪˈrektlɪ/

directeur

1 ▷ Je voudrais parler au directeur du restaurant.
I would like to speak to the restaurant manager.

2 ▷ Le directeur a dit à tous les parents de venir.
The headmaster told all the parents to come.

1 (en parlant d'une entreprise, d'un magasin, ou d'un restaurant) manager /ˈmænɪdʒəʳ/

2 (en parlant d'une école) headmaster /hedˈmɑːstəʳ/

direction

1 ▷ Ils sont partis dans la mauvaise direction.
They went in the wrong direction.
▷ Dans quelle direction est-ce qu'il est parti ?
Which way did he go?

2 ▷ Prenez la direction Porte de Clignancourt.
Take the Porte de Clignancourt line.

1 (= sens) direction /dɪˈrekʃən/

► **dans quelle direction... ? :** which way...? /wɪtʃ ˈweɪ/

2 (dans le métro) line /laɪn/

directrice

1 ▷ La directrice du magasin est venue s'excuser.
The manager of the shop came to apologize.

2 ▷ La directrice a dit que tous les parents devaient venir.
The headmistress said that all the parents had to come.

1 (en parlant d'une entreprise, d'un magasin, d'un restaurant) manager /ˈmænɪdʒəʳ/

2 (en parlant d'une école) headmistress /hedˈmɪstrɪs/ (pluriel : headmistresses)

diriger

1 ▷ Monsieur Perry dirige le centre de loisirs.
Mr. Perry runs the leisure centre.

2 ▷ Clémence a appris à diriger un voilier.
Clémence learned to steer a sailing boat.

3 ▷ C'est très compliqué de diriger un avion.
It's very complicated to pilot a plane.

4 ▷ Il se dirigeait vers la porte mais Delphine l'a arrêté.
He was heading for the door but Delphine stopped him.

1 (en parlant d'une entreprise, d'un magasin) **run** /ræn/ (ran, run)

2 (en parlant d'un bateau, d'une voiture) **steer** /stɪəʳ/

3 (en parlant d'un avion) **pilot** /'paɪlət/

4 ► **se diriger vers :** head /hed/ for

discipline

▷ Apparemment, la discipline n'est pas très bonne dans cette école.
Apparently, discipline isn't very good in that school.

discipline /'dɪsɪplɪn/

*L'accent tonique est sur la première syllabe **dis-**.*

discothèque

1 ▷ Je l'ai emprunté à la discothèque de mon quartier.
I borrowed it from my local record library.

2 ▷ Et si on allait à la discothèque ce soir ?
How about going to a night club this evening ?

1 (= collection de disques) **record library** /'rekɔːd laɪbrərɪ/ (pluriel : record libraries)

2 (= salle de danse) **nightclub** /'naɪtklʌb/

discours

▷ M. Samiro a fait un très long discours.
Mr Samiro made a very long speech.

speech
(pluriel : speeches /'spiːtʃɪz/)
► **faire un discours :** make /meɪk/ a speech (made, made /meɪd/)

discret, discrète

▷ Moussa est très discret, il ne pose jamais de questions.
Moussa is very discreet, he never asks any questions.

discreet /dɪs'kriːt/
(**plus discret** more discreet, **le plus discret** the most discreet)

discrètement

▷ Est-ce que tu peux donner ce mot à Muriel discrètement ?
Can you give this note to Muriel discreetly?

discreetly /dɪs'kriːtlɪ/

discussion

▷ Nous avons eu une discussion très intéressante.
We had a very interesting discussion.

discussion /dɪs'kʌʃən/

*Le **ss** du mot anglais **discussion** se prononce comme le **sh** de **shirt**.*

discuter

▷ Chris a discuté avec Annabelle pendant longtemps.
Chris talked to Annabelle for a long time.

▷ Nous avons discuté de la fête.
We discussed the party.

► **discuter avec quelqu'un : talk** /tɔːk/ **to somebody**

*Le **l** de **talk** n'est pas prononcé.*

► **discuter de** quelque chose : **discuss** /dɪs'kʌs/ **something**

*On peut aussi dire **talk about something**, mais on ne dit pas 'discuss about something' !*

disparaître

▷ Mes lunettes ont disparu.
My glasses have disappeared.

disappear /ˌdɪsə'pɪəʳ/

*L'accent tonique est sur la dernière syllabe **-pear***

dispensé, dispensée

▷ Sophie est dispensée de gym aujourd'hui.
Sophie is excused from gym today.

► **être dispensé de** quelque chose : **be excused** /ek'skjuːzd/ **from something**

disponible

1 ▷ Est-ce que la salle de réunion est disponible entre deux heures et quatre heures ?
Is the meeting room available between two and four o'clock?

2 ▷ Désolée, je ne suis pas disponible ce soir.
Sorry, I'm not free tonight.

1 (= libre, en parlant d'une salle, d'une place) **available** /ə'veɪləbl/

2 (= libre, en parlant d'une personne) **free** /friː/

dispute

▷ Il y a souvent des disputes entre eux.
There are often arguments between them.

argument /'ɑːgjəmənt/

*Le mot anglais **argument** signifie aussi* argument.

se disputer

▷ Mes frères se disputent tout le temps.
My brothers argue all the time.

▷ Arrêtez de vous disputer !
Stop arguing!

argue /'ɑːgjuː/

disque

1 ▷ Romain a une énorme collection de disques.
Romain has a huge record collection.

2 ▷ On lui a offert un disque compact pour son anniversaire.
We gave him a compact disc for his birthday.

3 ▷ Le disque dur est presque plein.
The hard disk is almost full.

1 (= disque vinyl) **record** /'rekɔːd/

2 ► **disque compact :** compact disc (pluriel : compact discs)

ℹ *On dit aussi CD /siː'diː/.*

3 ► **disque dur :** hard disk /hɑːd dɪsk/ (pluriel : hard disks)

disquette

▷ Est-ce que tu peux me prêter une disquette vierge ?
Can you lend me a blank floppy disk?

floppy disk /'flɒpɪ dɪsk/ (pluriel : floppy disks)

dissertation

▷ Ma sœur a passé tout le week-end à préparer sa dissertation.
My sister spent the whole weekend preparing her essay.

▷ Au lycée, nous faisions régulièrement des dissertations.
At school, we had to write essays regularly.

essay /'eseɪ/

► **faire une dissertation :** write /raɪt/ an essay (wrote /rəʊt/, written /'rɪtn/)

dissipé, dissipée

▷ La prof a grondé Lucien parce qu'il était dissipé.
The teacher told Lucien off because he wasn't paying attention.

ℹ *Pour dire que quelqu'un est* **dissipé** *en anglais, on emploie l'expression* **pay attention** /ə'tenʃən/ *, au négatif.*

dissolvant

▷ Est-ce que tu as du dissolvant ? J'ai oublié le mien.
Have you got some nail polish remover? I forgot mine.

(pour les ongles) **nail polish remover** /'neɪl pɒlɪʃ rɪˌmuːvəʳ/

dissoudre

1 ▷ Tu dissous la poudre dans un verre d'eau et tu la bois lentement.
You dissolve the powder in a glass of water and you drink it slowly.

2 ▷ Cette poudre ne se dissout pas bien dans l'eau.
This powder doesn't dissolve properly in water.

1 (= faire fondre) **dissolve** /dɪ'zɒlv/

🔊 *Le* ss *de* **dissolve** *se prononce comme le* z *de* **zoo**.

2 ► **se dissoudre :** dissolve

distance

▷ La distance est indiquée sur la carte.
The distance is indicated on the map.

distance /'dɪstəns/

▻ À quelle distance de Paris est Orléans ?
How far from Paris is Orléans?

Pour demander la distance, on emploie l'expression How far? haʊ 'fɑː .

distingué, distinguée

▻ Je trouve qu'elle a l'air très distingué.
I think that she looks very distinguished.

distinguished /dɪs'tɪŋgwɪʃt/
(**plus distingué** more distinguished, **le plus distingué** the most distinguished)

distinguer

▻ J'ai du mal à le distinguer de son frère jumeau.
I have trouble telling him from his twin brother.

► **distinguer** quelqu'un *ou* quelque chose **de...** : **tell** /tel/ somebody *ou* something **from...**

distraire

1 ▻ J'essaie de distraire mon petit frère.
I try to entertain my little brother.

1 (= amuser) **entertain** /ˌentə'teɪn/

2 ▻ Aurélie travaille, ne la distrayez pas.
Aurélie is working, don't distract her.

2 (= dissiper) **distract** /dɪs'trækt/

3 ▻ Tu devrais te distraire, tu travailles trop.
You should have fun, you work too much.

3 ► **se distraire** (= s'amuser) : **have fun** /fʌn/ (had, had)

distrait, distraite

▻ Ludmilla est très distraite, elle ne sait jamais où elle met ses affaires.
Ludmilla is very absent-minded, she never knows where she puts her things.

absent-minded /ˌæbsənt'maɪndɪd/
(**plus distrait** more absent-minded, **le plus distrait** the most absent-minded)

distribuer

1 ▻ Est-ce que tu peux distribuer des formulaires à tous les participants ?
Can you distribute forms to all the participants?

1 ► **distribuer** quelque chose **à** quelqu'un : **distribute** /dɪs'trɪbjuːt/ something **to** somebody

2 ▻ C'est ton tour de distribuer les cartes.
It's your turn to deal.

2 ► **distribuer les cartes** : **deal** /diːl/ (dealt, dealt /delt/)

distributeur

1 ▻ J'ai envie de chocolat, je vais en prendre au distributeur.
I feel like some chocolate, I'm going to get some from the vending machine.

1 (= machine) **vending machine** /'vendɪŋ məˌʃiːn/
(pluriel : vending machines)

2 ▻ Le distributeur de boissons est en panne.
The drinks machine is out of order.

2 ► **distributeur de boissons** : **drinks machine** /'drɪŋks məʃiːn/
(pluriel : drinks machines)

Suite page suivante

3 ▷ Est-ce qu'on peut s'arrêter au distributeur automatique ?
Can we stop at the cashpoint?

3 ► **distributeur automatique** (pour prendre de l'argent) : cashpoint /'kæʃpɔɪnt/

divan

▷ Si tu ne te sens pas bien, allonge-toi un moment sur le divan.
If you don't feel well, lie on the sofa for a moment.

sofa /'səʊfə/

diviser

▷ Si on divise le total par quatre, on doit à peu près dix euros chacun.
If we divide the total by four, we owe about ten euros each.

divide /dɪ'vaɪd/
► **diviser... par...** : divide... by...

division

▷ Je n'arrive pas à faire cette division sans calculatrice.
I can't do this division without a calculator.

division /dɪ'vɪʒən/
► **faire une division** : do a division (did, done)

divorce

▷ Ils ne se revoient plus depuis leur divorce.
They don't see each other since their divorce.

divorce /dɪv'ɔːs/

divorcé, divorcée

▷ Les parents de Julie sont divorcés.
Julie's parents are divorced.

divorced /dɪ'vɔːst/

divorcer

▷ Julie et Marco ont divorcé l'année dernière.
Julie and Marco got divorced last year.

get divorced /dɪ'vɔːst/ (got divorced, got divorced)

dix

▷ Annie a dix cousins.
Annie has ten cousins.

▷ Aujourd'hui c'est le dix avril.
Today is the tenth of April.

▷ Quentin est né le dix décembre.
Quentin was born on the tenth of December.

ten /ten/

ℹ *Quand on dit la date, on emploie* ***tenth*** *en anglais.*

ℹ *Notez l'emploi de* ***on*** *et* ***of*** *en anglais quand on dit la date.*

ℹ *On écrit* ***10 April***, ***10 December****, etc.*

dix-huit

▷ Nous avons dix-huit invités.
We have eighteen guests.

eighteen /eɪ'tiːn/

▷ Aujourd'hui, c'est le dix-huit juillet.
Today is the eighteenth of July.
▷ Je suis allé à Paris le dix-huit mars.
I went to Paris on the eighteenth of March.

ℹ *Quand on dit la date, on emploie* ***eighteenth*** /eɪ'tiːnθ/ *en anglais.*
ℹ *Notez l'emploi de* ***on*** *et* ***of*** *en anglais quand on dit la date.*
ℹ *On écrit* ***18 July, 18 March****, etc.*

dixième

▷ Le dixième concurrent n'a eu que deux points.
The tenth candidate got only two points.

tenth /tenθ/

dix-neuf

▷ Il y a dix-neuf employés dans mon entreprise.
There are nineteen employees in my company.
▷ Aujourd'hui, c'est le dix-neuf novembre.
Today is the nineteenth of November.
▷ Nous allons en Grèce le dix-neuf mai.
We're going to Greece on the nineteenth of May.

nineteen /naɪn'tiːn/

ℹ *Quand on dit la date, on emploie* ***nineteenth*** /naɪn'tiːnθ/ *en anglais.*
ℹ *Notez l'emploi de* ***on*** *et* ***of*** *en anglais quand on dit la date.*
ℹ *On écrit* ***19 November, 19 May,*** *etc.*

dix-sept

▷ Il reste dix-sept bonbons.
There are seventeen sweets left.
▷ Aujourd'hui, c'est le dix-sept janvier.
Today is the seventeenth of January.
▷ Le dix-sept juin, nos amis anglais viennent nous rendre visite.
On the seventeenth of June, our English friends are coming to visit us.

seventeen /ˌsevn'tiːn/

ℹ *Quand on dit la date, on emploie* ***seventeenth*** /ˌsevn'tiːnθ/ *en anglais.*
ℹ *Notez l'emploi de* ***on*** *et* ***of*** *en anglais quand on dit la date.*
ℹ *On écrit* ***17 January, 17 June****, etc.*

dizaine

▷ Il y avait une dizaine de personnes à la réunion.
There were about ten people at the meeting.
▷ Elle doit avoir des dizaines de robes.
She must have dozens of dresses.

► **une dizaine de... :** about ten... /əˌbaʊt 'ten/
► **des dizaines de... :** dozens of... /'dʌznz əv/

docteur

▷ Le docteur a dit que je devais me reposer.
The doctor said that I should rest.
▷ Sandra est chez le docteur.
Sandra is at the doctor's.
▷ Je n'aime pas aller chez le docteur.
I don't like going to the doctor's.
▷ François est docteur.
François is a doctor.

doctor /'dɒktəʳ/

► **chez le docteur** (= dans son cabinet) **:** at the doctor's
► **chez le docteur** (= vers son cabinet) **:** to the doctor's

ℹ *N'oubliez pas l'article* ***a*** *ou* ***an*** *devant le nom du métier quand il suit les verbes* ***be*** *ou* ***become****.*

document

1 ▷ Il y a certains documents qu'on ne peut pas emprunter à la bibliothèque.
There are certain documents that you can't borrow from the library.

1 (= papier) document /ˈdɒkjʊmənt/

2 ▷ Sous quel nom est-ce que tu as enregistré le document ?
Under what name did you save the file?

2 (= fichier informatique) file /faɪl/

documentaire

▷ Est-ce que tu as vu le documentaire sur les dinosaures hier soir ?
Did you see the documentary on dinosaurs last night?

documentary /ˌdɒkjʊˈmentərɪ/ (pluriel : documentaries) /ˌdɒkjʊˈmentərɪz/

documentaliste

1 ▷ La documentaliste de l'école est très aimable.
The school librarian is very nice.

1 (= bibliothécaire d'une école) librarian /laɪˈbrɛərɪən/

2 ▷ Elle travaille comme documentaliste dans une banque.
She works as an archivist in a bank.

2 (dans une entreprise) archivist /ˈɑːkaɪvɪst/

doigt

1 ▷ Anita s'est tordu le doigt en jouant au volley.
Anita twisted her finger playing volley-ball.

1 (= partie de la main) finger /ˈfɪŋgəʳ/

2 ▷ J'ai des ampoules sur les doigts de pied.
I have blisters on my toes.

2 ► **doigt de pied :** toe /təʊ/

dominos

▷ Je joue souvent aux dominos avec ma grand-mère.
I often play dominoes with my grandmother.

dominoes /ˈdɒmɪnəʊz/
► **jouer aux dominos :** play dominoes

ℹ *Attention à l'orthographe.*

dommage

▷ L'excursion est annulée à cause de la pluie. – Quel dommage !
The trip is cancelled because of the rain – What a pity!

► **quel dommage ! :** what a pity! /ˌwɒt ə ˈpɪtɪ/

▷ C'est dommage que tu ne puisses pas venir avec nous.
It's a pity you can't come with us.

► **c'est dommage que... :** it's a pity... /ɪts ə ˈpɪtɪ/

donc

▷ Tu ne fais pas partie de l'équipe, donc tu ne peux pas venir.
You're not part of the team, so you can't come.

so /səʊ/

donner

1 ▷ Erika a donné des vieux disques à Malik.
Erika gave some old records to Malik.
▷ Donne-moi ça !
Give me that!

give /gɪv/ (gave /geɪv/, given /ˈgɪvən/)
► **donner** quelque chose **à** quelqu'un **:** give something to somebody *ou* give somebody something.

2 ▷ Est-ce que quelqu'un a donné à manger au chien ?
Did somebody feed the dog?

2 ► **donner à manger à** quelqu'un **:** feed /fiːd/ somebody (fed, fed /fed/)

3 ▷ Donne-moi à boire, s'il te plaît, j'ai très soif.
Give me a drink, please, I'm very thirsty.

3 ► **donner à boire à** quelqu'un **:** give somebody a drink (gave, given)

4 ▷ Cette promenade m'a donné faim.
That walk has made me hungry.
▷ Ça ne te donne pas soif de manger toutes ces cacahuètes ?
Doesn't eating all those peanuts make you thirsty?

4 ► **donner faim à** quelqu'un **:** make somebody hungry /ˈhʌŋgrɪ/ (made, made)
► **donner soif à** quelqu'un **:** make somebody thirsty /ˈθɜːstɪ/ (made, made)

5 ▷ Notre chambre donne sur la mer.
Our room overlooks the sea.

5 ► **donner sur** (= surplomber) **:** overlook /əʊvəˈlʊk/

ℹ *Pour des expressions comme « donner une claque à quelqu'un », « donner un coup à quelqu'un » etc., regardez* claque, coup, *etc.*

dont

1 ▷ C'est le garçon dont le frère est en prison.
He's the boy whose brother is in prison.

1 (en parlant de l'appartenance) whose /huːz/

2 ▷ Il y a douze personnes dans notre équipe, dont deux sont coréens.
There are twelve people in our team, two of whom are Korean.

2 (= parmi lesquels) of whom /əv ˈhuːm/

3 ▷ C'est la fille dont je te parlais hier.
She's the girl I told you about yesterday.
▷ La règle dont je me servais est cassée.
The ruler I used is broken.

3 *Quand* dont *introduit le complément du verbe, la traduction dépend du verbe. Par exemple,* parler à quelqu'un de *se traduit par* ***tell somebody about*** *; la traduction de* la fille dont je te parlais *est donc* ***the girl I told you about***.
Se servir de *se traduisant par* ***use****, la traduction de* la règle dont je me servais *est* ***the ruler I used***.

doré, dorée

▷ Le gâteau a une jolie couleur dorée.
The cake is a nice golden colour.

golden /ˈgəʊldən/

dorénavant

▷ Dorénavant, essayez d'arriver à l'heure !
From now on, try to arrive on time!

from now on /ˌfrəm naʊ ˈɒn/

dormir

▷ Est-ce que tu as bien dormi ?
Did you sleep well?

sleep /sliːp/
(slept, slept /slept/)

dortoir

▷ Il y a deux dortoirs dans l'auberge de jeunesse.
There are two dormitories in the youth hostel.

dormitory /ˈdɔːmɪtrɪ/
(pluriel : dormitories /ˈdɔːmɪtrɪz/)

dos

1 ▷ Marie s'est couchée sur le dos.
Marie lay down on her back.
▷ J'ai un gros bouton dans le dos.
I have a big spot on my back.
▷ André a des brûlures sur le dos de la main.
André has burns on the back of his hand.
▷ Écris ton adresse au dos de l'enveloppe.
Write your address on the back of the envelope.
2 ▷ Je ne t'avais pas reconnue de dos.
I didn't recognize you from behind.

1 **back** /bæk/

► **sur le dos de :** on the back of

► **au dos de :** on the back of

2 ► **de dos :** from behind /frəm bɪˈhaɪnd/

dose

▷ Elle a pris une grosse dose d'aspirine.
She took a big dose of aspirin.

(en parlant d'un médicament) **dose** /dəʊs/

Le s du mot anglais dose se prononce comme le s de sea.

dossard

▷ Pierre porte le dossard numéro trois.
Pierre is wearing number three.

number /ˈnʌmbəʳ/

En anglais, on parle du numéro (= number) inscrit sur le dossard plutôt que du dossard lui-même.

dossier

1 ▷ Ne t'appuie pas sur le dossier de la chaise, il est cassé.
Don't lean on the back of the chair, it's broken.

1 (= le dossier d'une chaise ou d'une banquette) **back** /bæk/

2 ▻ Samia a tout un dossier sur les problèmes d'environnement.
Samia has a whole file on environmental problems.

▻ Il met ses magazines dans des dossiers avec des étiquettes.
He puts his magazines in files with labels.

2 (= un classeur ou un ensemble de documents) **file** /faɪl/

*Le mot **file** s'emploie aussi pour désigner un dossier au sens informatique.*

*Le **i** de **file** se prononce comme le **i** de **like**.*

douane

▻ Il y avait une longue file de voitures à la douane.
There was a long line of cars at customs.

► **à la douane :** at customs /'kʌstəmz/

douanier, douanière

▻ Les douaniers nous ont demandé d'ouvrir le coffre de la voiture.
The customs officers asked us to open the car boot.

▻ Sylvain était douanier.
Sylvain was a customs officer.

customs officer /'kʌstəmz ˌɒfɪsəʳ/ (pluriel : customs officers)

*N'oubliez pas l'article **a** ou **an** devant le nom du métier quand il suit les verbes **be** ou **become**.*

double

1 ▻ Est-ce que tu peux me donner une feuille double ?
Can you give me a double sheet of paper?

▻ Nous voudrions une chambre double, s'il vous plaît.
We'd like a double room, please.

1 (en parlant de quelque chose qui est fait de deux parties, ou qui est deux fois plus grand) **double** /'dʌbl/

*Le **ou** du mot anglais **double** se prononce comme le **u** de **duck**.*

2 ▻ Le repas a coûté le double de ce que nous avions prévu.
The meal cost twice as much as what we had planned.

2 ► **le double de... :** twice as much /ˌtwaɪs əz 'mʌtʃ/ as...

3 ▻ Est-ce que tu as gardé un double du certificat ?
Did you keep a copy of the certificate?

3 (= deuxième exemplaire) **copy** /'kɒpɪ/ (pluriel : copies /'kɒpɪz/)

doubler

1 ▻ Cette voiture nous a doublés à plus de cent quarante à l'heure !
That car overtook us at more than one hundred and forty kilometres per hour!

1 (= dépasser) **overtake** /ˌəʊvə'teɪk/ (overtook /ˌəʊvə'tʊk/, overtaken /ˌəʊvə'teɪkən/)

Suite page suivante

2 ▷ En Angleterre, les films étrangers ne sont jamais doublés.
In Britain, foreign films are never dubbed.

2 (= doubler la voix des acteurs dans un film) **dub** /dʌb/

ℹ *Il y a deux* **b** *au gérondif* (***dubbing*** /dʌbɪŋ/), *au prétérit et au participe passé* (***dubbed*** /dʌbd/).

3 ▷ Le nombre de chômeurs a doublé en dix ans.
The number of unemployed has doubled in ten years.

3 (= être multiplié par deux) **double** /'dʌbl/

douce

Regardez le mot **doux**.

doucement

1 ▷ Parle doucement, le bébé dort.
Speak quietly, the baby is sleeping.

1 (= à voix basse) **quietly** /'kwaɪətlɪ/

2 ▷ Appuyez plus doucement sur les touches !
Press the keys more gently!

2 (= délicatement) **gently** /'dʒentlɪ/

3 ▷ Est-ce qu'on peut marcher plus doucement ?
Can we walk more slowly?

3 (= lentement) **slowly** /'sləʊlɪ/

douche

▷ Je vais prendre une douche.
I'm going to have a shower.

shower /'ʃaʊəʳ/

► **prendre une douche : have a shower** (had, had)

ℹ *On peut aussi dire* ***take a shower*** (***took, taken***).

se doucher

▷ Je me douche tous les matins.
I have a shower every morning.

have a shower /'ʃaʊəʳ/ (had, had)

ℹ *On peut aussi dire* ***take a shower*** (***took, taken***).

doué, douée

▷ Serge est un garçon très doué.
Serge is a very talented boy.

▷ Séréna est douée en anglais.
Séréna is good at English.

talented /'tæləntɪd/

► **être doué en... : be good** /gʊd/ **at...**

douillet, douillette

▷ Ne sois pas si douillet, ce n'est qu'une petite piqûre !
Don't be so soft, it's only a little injection!

(en parlant d'une personne) **soft** /sɒft/

douleur

▷ J'ai une douleur dans le dos.
I've got a pain in my back.

pain /peɪn/

douloureux, douloureuse

▷ Apparemment, c'est une opération assez douloureuse.
Apparently, it's quite a painful operation.

painful /'peɪnfʊl/
(plus douloureux more painful,
le plus douloureux the most painful)

doute

1 ▷ J'ai des doutes sur lui, je ne sais pas si je peux lui faire confiance.
I have doubts about him, I don't know if I can trust him.

2 ▷ Patrice viendra sans doute avec sa nouvelle copine.
Patrice will probably come with his new girlfriend.

1 **doubt** /daʊt/

Le b ne se prononce pas. Doubt rime avec out et about.

2 ► **sans doute : probably** /'prɒbəblɪ/

douter

1 ▷ Je doute que ça marche.
I doubt if it will work.

▷ Je doute qu'ils viennent.
I doubt if they'll come.

2 ▷ Isa se doutait de quelque chose, mais elle n'en était pas sûre.
Isa suspected something, but she wasn't sure.

▷ Je me doutais que ce serait difficile.
I suspected that it would be difficult.

1 ► **douter que** + subjonctif :
doubt /daʊt/ **if** + futur

Le b de doubt ne se prononce pas. Doubt rime avec out et about.

2 ► **se douter de** quelque chose :
suspect /sʌs'pekt/ something

► **se douter que : suspect that**

Douvres

▷ Nous prendrons le ferry à Douvres.
We'll take the ferry in Dover.

▷ Harry va à Douvres.
Harry is going to Dover.

Dover /'dəʊvəʳ/

doux, douce

1 ▷ Ce tissu est très doux.
This material is very soft.

2 ▷ La prof de yoga est très douce et très patiente.
The yoga teacher is very gentle and very patient.

1 (en parlant d'un tissu doux, de la peau douce) **soft** /sɒft/
(plus doux softer /'sɒftəʳ/,
le plus doux the softest /'sɒftɪst/)

2 (en parlant d'une personne douce)
gentle /'dʒentl/
(plus doux gentler /'dʒentləʳ/,
le plus doux the gentlest /'dʒentlɪst/)

Suite page suivante

3 ▷ Il fait doux aujourd'hui.
It's mild today.

3 ► **il fait doux :** it's mild /maɪld/
(**il fait plus doux** it's milder /'maɪldəʳ/)

douzaine

1 ▷ Une douzaine d'œufs, s'il vous plaît.
A dozen eggs, please.

2 ▷ Il y avait une douzaine de personnes à la réunion.
There were about twelve people at the meeting.

1 ► **une douzaine de...** (= douze exactement) **:** a dozen... /'dʌzn/

2 ► **une douzaine de...** (= environ douze) **:** about twelve... /twelv/

douze

▷ Mon arrière-grand-mère avait douze frères.
My great-grandmother had twelve brothers.

▷ Aujourd'hui c'est le douze avril.
Today is the twelfth of April.

▷ Lara est née le douze novembre.
Lara was born on the twelfth of November.

twelve /twelv/

ℹ *Quand on dit la date, on emploie* ***twelfth*** /twelfθ/ *en anglais.*

ℹ *Notez l'emploi de* ***on*** *et* ***of*** *en anglais quand on dit la date.*

ℹ *On écrit* ***12 April, 12 November****, etc.*

dragée

▷ Léna nous a donné des dragées après le baptême de son fils.
Léna gave us some sugared almonds after her son's christening.

sugared almond /ʃugəd 'ɑːmənd/
(pluriel : sugared almonds)

🔊 *Le* ***l*** *de* ***almond*** *ne se prononce pas.*

draguer

▷ Pierre a dragué Céline toute la soirée.
Pierre flirted with Céline all evening.

► **draguer** quelqu'un **:** flirt /flɛːt/ with somebody

drap

▷ Les draps à l'hôtel n'étaient pas très propres.
The sheets at the hotel weren't very clean.

(= drap de lit) sheet /ʃiːt/

drapeau

▷ S'il y a un drapeau à Buckingham Palace, ça veut dire que la reine est là.
If there is a flag at Buckingham Palace, it means that the Queen is there.

flag /flæg/

dresser

1 ▷ Nous avons essayé de dresser notre chien, mais il ne veut pas obéir !
We tried to train our dog, but he doesn't want to obey!

1 (= dresser un chien ou un animal de cirque) train /treɪn/

2 ▷ Carlos a dressé la tête quand il a entendu la voix de Carole.
Carlos raised his head when he heard Carole's voice.

2 ► **dresser la tête :** raise /reɪz/ one's **head**

ℹ *L'adjectif possessif fonctionne de la façon suivante en anglais : I raised **my** head, you raised **your** head, he raised **his** head, she raised **her** head, we raised **our** heads, they raised **their** heads.*

3 ▷ Le chien dresse les oreilles dès qu'il entend un bruit.
The dog pricks up its ears as soon as it hears a noise.

3 ► **dresser les oreilles :** prick /prɪk/ up its ears

4 ▷ Si tu te dresses sur la pointe des pieds, tu verras mieux.
If you stand on tiptoe, you'll see better.

4 ► **se dresser sur la pointe des pieds :** stand /stænd/ on tiptoe (stood, stood /stʊd/)

*Attention : dresser ne se traduit jamais par **dress**, qui veut dire habiller.*

drogue

▷ Le cannabis est une drogue.
Cannabis is a drug.
▷ La police a arrêté un garçon qui vendait de la drogue.
The police arrested a boy who was selling drugs.

drug /drʌg/

ℹ *Quand on parle de la drogue en général, on dit **drugs** en anglais.*

se droguer

▷ La sœur de mon copain se drogue.
My friend's sister takes drugs.

take drugs /drʌgz/ (took, taken)

droit

1 ▷ Vous avez le droit de marcher sur la pelouse.
You're allowed to walk on the grass.
▷ Nous n'avons pas le droit de faire ça.
We're no allowed to do that.

1 ► **avoir le droit de faire** quelque chose (= avoir la permission) : be allowed /ə'laʊd/ to do something

2 ▷ David a droit à une bourse.
David is entitled to a grant.

2 ► **avoir droit à** quelque chose : be entitled /ɪn'taɪtld/ to something

3 ▷ Cette carte te donne droit à un billet gratuit.
This card entitles you to a free ticket.

3 ► **donner droit à** quelqu'un **à** quelque chose : entitle /ɪn'taɪtl/ somebody to something

4 ▷ La sœur de Bertrand fait des études de droit.
Bertrand's sister is studying law.

4 ► **le droit** (= les lois) : law /lɔː/

*Law rime avec **bore** et **more**. Faites bien la distinction avec la prononciation de **low**, qui rime avec **Joe** et **so**.*

droit, droite

1 ▷ Ce trait n'est pas droit.
This line isn't straight.
▷ Il ne marche pas droit, il doit être soûl.
He isn't walking straight, he must be drunk.
▷ Tiens-toi droit quand tu écris.
Sit up straight when you're writing.
▷ La gare ? Vous tournez à gauche et après c'est tout droit.
The station? You turn left and then it's straight on.

2 ▷ J'ai mal à la main droite.
My right hand hurts.

1 (= non dévié, non penché)
straight /streɪt/
(plus droit straighter /'streɪtəʳ/, le plus droit the straightest /'streɪtɪst/)
► **se tenir droit** : sit up straight
► **tout droit** (pour indiquer le chemin) : straight on

2 (par opposition à « gauche ») **right** /raɪt/

droite

1 ▷ Muriel ne sait pas reconnaître sa droite de sa gauche.
Muriel can't tell her right from her left.
▷ Le théâtre est à droite après la station-service.
The theatre is on the right after the petrol station.
▷ Tournez à droite aux feux.
Turn right at the traffic lights.
▷ À droite du cinéma il y a un restaurant chinois.
To the right of the cinema there's a Chinese restaurant.
▷ Les couverts sont dans le tiroir de droite.
The knives and forks are in the right-hand drawer.

2 ▷ Beaucoup de gens ont voté pour la droite.
A lot of people voted for the right.
▷ Ils sont de droite.
They're right-wing.

1 (= le côté droit) **right** /raɪt/
► **à droite** (= situé à droite) : on the right
► **tourner à droite** : turn right
Attention ! On ne dit pas *'turn on the right' en anglais !*
► **à droite de** : to the right of
► **de droite** (= situé à droite) : right-hand /'raɪthænd/

2 ► **la droite** (en parlant de politique) : the right
► **de droite** (politiquement) : right-wing /raɪt'wɪŋ/

droitier, droitière

▷ Tu es droitier ou gaucher ?
Are you right-handed or left-handed?

► **être droitier** : be right-handed /raɪt'hændɪd/

drôle

▷ C'est un film très drôle.
It's a very funny film.
▷ C'est drôle, je pensais que j'avais fermé la porte.
That's funny, I thought I'd shut the door.
▷ Il a une drôle de tête.
He's got a funny face.

funny /ˈfʌni/
(plus drôle funnier /ˈfʌnɪəʳ/,
le plus drôle the funniest /ˈfʌnɪɪst/)

► un(e) drôle de + nom : a funny + nom

drôlement

▷ Yang était drôlement content de nous voir.
Yang was very happy to see us.

(= très) very /ˈverɪ/

du

Regardez le mot de.

dune

▷ La plage est juste après les dunes.
The beach is just after the dunes.

dune /djuːn/

dur, dure

1 ▷ Cette table est faite dans un bois très dur.
This table is made of very hard wood.

1 (en parlant d'un matériau ou d'un lit) hard /hɑːd/
(plus dur harder /ˈhɑːdəʳ/,
le plus dur the hardest /ˈhɑːdɪst/)

2 ▷ Le repas était bon, mais la viande était un peu dure.
The meal was good, but the meat was a bit tough.

2 (en parlant de viande) tough /tʌf/
(plus dur tougher /ˈtʌfəʳ/,
le plus dur the toughest /ˈtʌfɪst/)

Tough rime avec stuff.

3 ▷ Les questions étaient très dures.
The questions were really hard.

3 (= difficile) hard /hɑːd/
(plus dur harder /ˈhɑːdəʳ/,
le plus dur the hardest /ˈhɑːdɪst/)

4 ▷ Les parents de Francis sont très durs avec lui.
Francis's parents are really hard on him.

4 ► dur avec quelqu'un : hard on somebody

durée

▷ Est-ce que tu connais la durée du film ?
Do you know the length of the film?

length /leŋθ/

durer

1 ▷ Ce beau temps ne va pas durer.
This nice weather won't last.

1 (= continuer) last /lɑːst/

2 ▷ Le voyage en avion dure deux heures.
The plane trip takes two hours.

2 (= prendre) take /teɪk/ (took /tʊk/, taken /ˈteɪkən/)

duvet

▷ Il n'y a pas de couvertures, alors on doit emporter notre propre duvet.
There aren't any blankets, so we must take our own sleeping bags.

(= sac de couchage) **sleeping bag** /'sliːpɪŋ bæg/
(pluriel : sleeping bags)

Attention : le mot français **duvet** ne se traduit pas *par le mot anglais* ***duvet****, qui veut dire* **couette**.

DVD

▷ Lulu a eu un DVD pour son anniversaire.
Lulu got a DVD for her birthday.

▷ J'ai plus de cinquante DVD.
I have more than fifty DVDs.

DVD /ˌdiːviː'diː/

Attention à la prononciation !

En anglais, on forme le pluriel de ***DVD*** *en ajoutant un* **s** *minuscule à la fin :* ***DVDs*** /ˌdiːviː'diːz/.

dynamique

▷ Mes parents sont très dynamiques pour leur âge.
My parents are very dynamic for their age.

dynamic /daɪ'næmɪk/
(plus dynamique more dynamic, **le plus dynamique** the most dynamic**)**

Le **y** *de* ***dynamic*** *se prononce comme le* ***i*** *de* ***like****.*

dyslexique

▷ Ali est dyslexique, il a du mal à lire.
Ali is dyslexic, he has trouble reading.

dyslexic /dɪs'leksɪk/

FRANÇAIS

E

ANGLAIS

La lettre E se prononce /iː/ en anglais.
E rime avec free, knee et tea.

eau

▷ L'eau est bonne, on peut se baigner.
The water is nice, we can go swimming.

▷ Une bouteille d'eau minérale, s'il vous plaît.
A bottle of mineral water, please.

▷ Juste un verre d'eau du robinet, merci.
Just a glass of tap water, thank you.

▷ Je préfère de l'eau gazeuse.
I prefer sparkling water.

water /ˈwɔːtəʳ/

► **eau minérale :** mineral water /ˈmɪnərəl ˌwɔːtəʳ/

► **eau du robinet :** tap water /ˈtæp wɔːtəʳ/

► **eau gazeuse :** sparkling water /ˈspɑːklɪŋ wɔːtəʳ/

éblouir

▷ Les phares de la voiture nous ont éblouis.
The lights of the car dazzled us.

dazzle /ˈdæzl/

éboueur

▷ Est-ce que les éboueurs sont passés ?
Have the binmen been?

binman /ˈbɪnmæn/
(pluriel : binmen /ˈbɪnmen/)

Binman est un mot britannique. Aux États-Unis, on dit ***garbage man*** /ˈgɑːbɪdʒ mæn/ (pluriel : ***garbage men*** /ˈgɑːbɪdʒ men/).

s'ébouillanter

▷ J'ai failli m'ébouillanter avec la soupe.
I almost scalded myself with the soup.

scald /skɔːld/ **oneself**

Le pronom personnel réfléchi fonctionne de la façon suivante en anglais (exemples au prétérit) *: I scalded* ***myself****, you scalded* ***yourself****, he scalded* ***himself****, she scalded* ***herself****, we scalded* ***ourselves****, you scalded* ***yourselves****, they scalded* ***themselves****.*

ébouriffé, ébouriffée

▻ Alexis avait les cheveux tout ébouriffés.
Alexis's hair was in a mess.

▻ Tu es tout ébouriffée !
Your hair is in a mess!

(en parlant des cheveux) **in a mess** /ɪn ə 'mes/

ℹ **Être ébouriffé** *et* **avoir les cheveux ébouriffés** *se disent de la même manière en anglais, avec comme sujet* **hair** *(regardez les exemples à gauche).*

écaille

▻ Le poissonnier a gratté les écailles du poisson avec un couteau.
The fishmonger scraped the scales of the fish with a knife.

(d'un poisson) **scale** /skeɪl/

🔊 *Le* **a** *de* **scale** *se prononce comme le* **a** *de* **make***.*

écart

1 ▻ Il y a un gros écart entre la meilleure note et la plus mauvaise.
There is a big difference between the best mark and the worst.

2 ▻ Le camion a fait un écart pour éviter la moto.
The lorry swerved to avoid the motorbike.

1 (= différence) **difference** /'dɪfrəns/

2 ► **faire un écart** (en parlant d'un véhicule) **: swerve** /swɜːv/

écarter

1 ▻ Écartez les bras et redressez le dos.
Spread your arms and straighten your back.

2 ▻ Écarte ta chaise du feu, c'est dangereux.
Move your chair away from the fire, it's dangerous.

3 ▻ Les gens se sont écartés pour nous laisser passer.
People stepped back to let us through.

▻ Écarte-toi du chien, il peut te mordre !
Move away from the dog, he might bite you!

1 (en parlant des bras, des jambes) **spread** /spred/ (**spread, spread**)

🔊 **Spread** *rime avec* **bed***.*

2 ► **écarter** quelque chose **de : move** /muːv/ **something away from**

3 ► **s'écarter** (= s'éloigner) **: step** /step/ **back**

ℹ *Il y a deux* **p** *au gérondif (***stepping** /'stepɪŋ/*), au prétérit et au participe passé (***stepped** /stept/*).*

► **s'écarter de : move** /muːv/ **away from**

échafaudage

▻ La façade de la mairie est couverte d'échafaudages.
The front of the town hall is covered in scaffolding.

scaffolding /'skæfəldɪŋ/

ℹ **Scaffolding** *est indénombrable : il ne se met jamais au pluriel, et n'est jamais précédé de l'article indéfini* **a***.*

échalote

▷ J'ai mis beaucoup d'échalotes dans la sauce.
I put a lot of shallots in the sauce.

shallot /ʃə'lɒt/

échange

▷ Il y a eu un échange entre notre école et une école anglaise.
There was an exchange between our school and an English school.

▷ Je lui ai prêté un foulard et, en échange, elle m'a prêté sa casquette.
I lent her a scarf and in exchange she lent me her cap.

exchange /eks'tʃeɪndʒ/

► **en échange :** in exchange

échanger

▷ Martin a échangé des timbres contre un billet de cinéma.
Martin exchanged some stamps for a cinema ticket.

► **échanger** quelque chose : exchange something

ℹ *Notez bien la préposition employée en anglais :* échanger contre = *exchange* ***for***.

échantillon

▷ La vendeuse m'a donné trois échantillons gratuits.
The assistant gave me three free samples.

sample /sɑːmpl/

s'échapper

▷ Le chat s'est à nouveau échappé.
The cat has escaped again.

▷ Ils se sont échappés de la prison en hélicoptère.
They escaped from jail in a helicopter.

escape /ɛs'keɪp/

ℹ *Notez bien la préposition employée en anglais :* s'échapper de = *escape* ***from***.

écharde

▷ J'ai une écharde dans le pied.
I have a splinter in my foot.

splinter /'splɪntər/

écharpe

1 ▷ N'oublie pas ton écharpe, il fait froid dehors.
Don't forget your scarf, it's cold outside.

2 ▷ Leïla a le bras en écharpe, il doit être cassé.
Leïla has her arm in a sling, it must be broken.

1 (= cache-nez) **scarf** /skɑːf/ (pluriel : scarves /skɑːvz/)

2 ► **avoir le bras en écharpe :** have one's arm in a sling /slɪŋ/

ℹ *L'adjectif possessif fonctionne de la façon suivante en anglais : I have* ***my*** *arm in a sling, you have* ***your*** *arm in a sling, he has* ***his*** *arm in a sling, she has* ***her*** *arm in a sling.*

échec

▷ Il n'a pas été accepté ; c'est un grave échec pour lui.
He wasn't accepted; it's a serious failure for him.

(= manque de succès) failure /ˈfeɪljəʳ/

échecs

▷ Michaël a passé toute la soirée à jouer aux échecs.
Michaël spent all evening playing chess.

(= jeu) chess /tʃes/
► **jouer aux échecs :** play chess

échelle

1 ▷ Bérénice est tombée de l'échelle.
Bérénice fell off the ladder.

2 ▷ Quelle est l'échelle de cette carte ?
What's the scale of this map?

1 (pour monter) ladder /ˈlædəʳ/

2 (= l'échelle d'une carte, d'un plan) scale /skeɪl/

échiquier

▷ Amélie a un très bel échiquier en bois.
Amélie has got a beautiful wooden chessboard.

chessboard /ˈtʃesbɔːd/

écho

▷ Il y a de l'écho dans cette grotte.
There's an echo in this cave.

echo /ˈekəʊ/ (pluriel : echoes /ˈekəʊz/)

échouer

▷ Ils ont fait un gros effort mais ils ont échoué.
They made a big effort but they failed.

▷ Ludovic a échoué à son permis de conduire.
Ludovic failed his driving test.

(= ne pas réussir) fail /feɪl/

► **échouer à** quelque chose (en parlant d'un examen, du permis de conduire) **:** fail something

éclabousser

▷ Arrête de m'éclabousser !
Stop splashing me!

splash /splæʃ/

éclair

1 ▷ Il y a des éclairs dans le ciel.
There are flashes of lightning in the sky.

2 ▷ Tu peux m'acheter un éclair au café ?
Can you buy me a coffee éclair?

1 (= foudre) flash of lightning /ˈlaɪtnɪŋ/
(pluriel : flashes /ˈflæʃɪz/ of lightning)

2 (= gâteau) éclair

éclairage

▷ L'éclairage n'est pas très bon dans cette salle.
The lighting isn't very good in this room.

(= lumière artificielle) lighting /ˈlaɪtɪŋ/

éclaircie

▷ Il devrait y avoir des éclaircies cet après-midi.
There should be some sunny spells this afternoon.

sunny spell /ˈsʌnɪ spel/
(pluriel : sunny spells)

éclaircir

1 ▷ Tu pourrais peindre ta chambre en jaune pour l'éclaircir.
You could paint your bedroom yellow to brighten it up.

2 ▷ Ah, enfin le temps s'éclaircit !
Ah, at last the weather is clearing up!

1 ► **éclaircir** quelque chose (en parlant d'une pièce) **brighten** /ˈbraɪtn/ something **up**

2 ► **s'éclaircir** (en parlant du temps) : **clear up** /klɪəʳ ʌp/

éclairer

▷ La pièce est éclairée par plusieurs lampes.
The room is lit by several lamps.

(en parlant d'une lampe) **light** /laɪt/
(lit, lit /lɪt/)

éclat

1 ▷ Lionel s'est coupé avec un éclat de verre.
Lionel cut himself with a fragment of glass.

2 ▷ Nous avons entendu des éclats de rire dehors.
We heard roars of laughter outside.

3 ▷ La blague de Marie nous a fait rire aux éclats.
Marie's joke made us roar with laughter.

1 (= petit morceau) **fragment** /ˈfrægmənt/

2 ► **éclats de rire** : **roars** /rɔːz/ **of laughter** /ˈlɑːftəʳ/

3 ► **rire aux éclats** : **roar** /rɔː/ **with laughter** /ˈlɑːftəʳ/

Roar rime avec door. Le prétérit roared /rɔːd/ rime avec lord.

éclatant, éclatante

▷ Elle porte toujours des couleurs éclatantes.
She always wears bright colours.

bright /braɪt/
(plus éclatant brighter /braɪtəʳ/, le plus éclatant the brightest /ˈbraɪtɪst/)

éclater

1 ▷ Tout le monde a sursauté quand le ballon a éclaté.
Everybody jumped when the balloon burst.

2 ▷ Le verre va éclater si tu verses de l'eau brûlante dedans.
The glass will shatter if you pour boiling hot water into it.

3 ▷ La guerre a éclaté suite à l'assassinat du roi.
The war broke out after the assassination of the king.

1 (en parlant d'un ballon, d'un pneu) **burst** /bɜːst/ (burst, burst)

2 (en parlant du verre, d'un vase) **shatter** /ˈʃætəʳ/

3 (en parlant d'une guerre, d'un scandale) **break out** /breɪk aʊt/ (broke out /brəʊk/, broken out /brəʊkən/)

Suite page suivante

4 ▷ Sonia a éclaté de rire quand Cédric lui a raconté ce qui lui était arrivé.
Sonia burst out laughing when Cédric told her what had happened to him.

4 ► **éclater de rire :** burst out laughing /'bɜːst aʊt 'lɑːfɪŋ/ (burst out laughing, burst out laughing)

5 ▷ On s'est bien éclatés à la soirée de Hassan.
We had a great time at Hassan's party.

5 ► **s'éclater** (= s'amuser) **:** have a great /greɪt/ time (had, had)

éclipse

▷ Est-ce que vous avez vu l'éclipse hier soir ?
Did you see the eclipse last night?

eclipse /ɪ'klɪps/

ℹ *Pas d'accent sur le e en anglais.*

écœurant, écœurante

1 ▷ Ce gâteau est tellement sucré qu'il est écœurant.
This cake is so sweet that it's sickly.

1 (en parlant d'un aliment) sickly /'sɪklɪ/ (**plus écœurant** more sickly, **le plus écœurant** the most sickly)

2 ▷ La façon dont Suzanne a traité Matthieu est écœurante.
The way Suzanne treated Matthieu is disgusting.

2 (= injuste, révoltant) disgusting /dɪs'gʌstɪŋ/ (**plus écœurant** more disgusting, **le plus écœurant** the most disgusting)

écœurer

▷ Ça m'écœure.
It makes me feel sick.

► **écœurer** quelqu'un **:** make somebody feel sick /sɪk/ (made, made)

école

▷ L'école est tout près de l'église.
The school is very near the church.

school /skuːl/

▷ L'école maternelle et l'école primaire sont dans le même bâtiment.
The nursery school and the primary school are in the same building.

► **école maternelle :** nursery school /'nɜːsrɪ skuːl/ (pluriel : nursery schools)

► **école primaire :** primary school /'praɪmrɪ skuːl/ (pluriel : primary schools)

▷ Quel jour est-ce que l'école finit ?
What day does school finish?

► **l'école** (= les cours) **:** school /skuːl/

▷ Marek ira à l'école en septembre.
Marek will go to school next September.

► **aller à l'école :** go to school (went, gone/been)

écologique

1 ▷ Beaucoup de gens pensent que les problèmes écologiques sont très importants.
A lot of people think that ecological problems are very important.

1 (= qui est lié à l'environnement) ecological /ˌiːkə'lɒdʒɪkəl/

2 ▷ J'utilise des produits de nettoyage écologiques.
I use eco-friendly cleaning products.

2 (= qui respecte l'environnement) eco-friendly /ˈiːkəʊˌfrendlɪ/ (plus écologique more eco-friendly, le plus écologique the most eco-friendly)

écologiste

1 ▷ Les écologistes sont contre la construction de l'autoroute.
Environmentalists are against the building of the motorway.

1 (= défenseur de l'environnement) environmentalist /ɪnˌvaɪərənˈmentəlɪst/

ℹ *L'accent tonique principal est sur la quatrième syllabe **-men-**.*

2 ▷ Les écologistes ont eu beaucoup de voix aux élections.
The Greens got a lot of votes in the election.

2 (quand on parle de politique) Green /griːn/

économie

1 ▷ J'ai suivi des cours d'économie pendant quelques mois.
I took economics classes for a few months.

1 (= matière, science) economics /ˌiːkəˈnɒmɪks/

ℹ *Bien qu'il s'écrive avec un s, le mot **economics** est singulier : on dit par exemple **economics is his favourite subject*** (l'économie est sa matière préférée).

2 ▷ L'économie française va mieux.
The French economy is doing better.

2 (en parlant d'un pays) economy /ɪˈkɒnəmɪ/

3 ▷ Lucille a mis ses économies à la banque.
Lucille put her savings in the bank.

3 ► **économies** (= argent mis de côté) : savings /ˈseɪvɪŋz/

4 ▷ Nous faisons des économies pour payer les vacances.
We are saving up to pay for the holidays.

4 ► **faire des économies :** save up /seɪv ˈʌp/

économique

1 ▷ Le Japon a de gros problèmes économiques.
Japan has big economic problems.

1 (= lié à l'économie d'un pays) economic /ˌiːkəˈnɒmɪk/

2 ▷ C'est plus économique d'acheter un grand paquet.
It's more economical to buy a big packet.

2 (= meilleur marché) economical /ˌiːkəˈnɒmɪkəl/ (plus économique more economical, le plus économique the most economical)

économiser

1 ▷ Il faut économiser l'énergie.
We must save energy.

1 (en parlant d'argent, d'énergie, d'électricité qu'on n'utilise pas) save /seɪv/

Suite page suivante

2 ▻ Christian a réussi à économiser mille euros.
Christian managed to save up a thousand euros.
▻ Je voudrais économiser pour m'acheter un lecteur de CD.
I'd like to save up to buy a CD player.

2 (en parlant d'argent qu'on met de côté) **save up**

économiseur d'écran

▻ Il est super, ton économiseur d'écran ! Tu l'as trouvé sur Internet ?
Your screen saver is great! Did you find it on the Internet?

screen saver /'skriːn seɪvəʳ/ (pluriel : screen savers)

écorce

1 ▻ Daphné a écrit son nom avec un couteau sur l'écorce de l'arbre.
Daphné wrote her name with a knife on the bark of the tree.

1 (d'un arbre) **bark** /bɑːk/

2 ▻ Tu peux mettre un peu d'écorce d'orange dans la pâte.
You can put a bit of orange peel in the dough.

2 (d'un citron, d'une orange) **peel** /piːl/

écorcher

▻ Je suis tombé de vélo et je me suis écorché le genou.
I fell off my bike and I scratched my knee.
▻ Marco s'est écorché le bras.
Marco scratched his arm.

► **s'écorcher le genou, le bras,** *etc.* : **scratch** /skrætʃ/ **one's knee, one's arm,** *etc.*

ℹ *Le pronom personnel réfléchi fonctionne de la façon suivante en anglais (exemples au prétérit) : I scratched **my** knee, you scratched **your** knee, he scratched **his** knee, she scratched **her** knee, we scratched **our** knees, you scratched **your** knees, they scratched **their** knees.*

écossais, écossaise

1 ▻ Eulalie portait une jupe écossaise.
Eulalie was wearing a tartan skirt.

1 (= à carreaux) **tartan** /'tɑːtən/

2 ▻ Les îles écossaises sont très sauvages.
The Scottish islands are very wild.

2 (= d'Écosse) **Scottish** /'skɒtɪʃ/

ℹ *S'écrit toujours avec une majuscule, comme tous les adjectifs de région en anglais.*

3 ▻ Il y a trois Écossais qui travaillent ici.
There are three Scots who work here.

3 ► **Écossais, Écossaise** (= personne) **Scot** /skɒt/

Écosse

▷ L'Écosse fait partie de la Grande-Bretagne.
Scotland is part of Great Britain.

▷ Il ne fait pas toujours froid en Écosse.
It's not always cold in Scotland.

▷ Sabine doit aller en Écosse pour son travail.
Sabine has to go to Scotland for her work.

Scotland /ˈskɒtlənd/

Ne prend jamais d'article.

► **l'Écosse : Scotland**

► **en Écosse** (= dans la région) : in Scotland

► **en Écosse** (= vers la région) : to Scotland

écouter

▷ J'écoute cette émission de radio tous les dimanches.
I listen to this radio programme every Sunday.

▷ Je lui avais conseillé d'y aller, mais il ne m'a pas écoutée.
I had advised him to go, but he didn't listen to me.

▷ Bon, écoute, il faut partir maintenant.
Right, listen, we must leave now.

listen /ˈlɪsn/ **to**

N'oubliez pas la préposition ***to*** *quand il y a un complément d'objet (c'est-à-dire, quand on parle d'écouter quelque chose ou quelqu'un).*

Le ***t*** *de* ***listen*** *ne se prononce pas.*

Quand il n'y a pas de complément, on dit ***listen*** *tout court (par exemple,* ***I am listening*** *: j'écoute).*

écouteurs

▷ Mes écouteurs ne marchent plus.
My earphones aren't working any more.

(= casque) **earphones** /ˈɪəfəʊnz/

écran

1 ▷ L'écran de cette télé est immense !
This TV screen is huge!

2 ▷ N'oublie pas d'emporter de l'écran total pour la plage.
Don't forget to take some sunblock for the beach.

1 (d'un téléviseur, au cinéma, d'un ordinateur) **screen** /skriːn/

2 ► **écran total** (= crème) : **sunblock** /ˈsʌnblɒk/

écraser

1 ▷ Il faut écraser les canettes avant de les recycler.
You have to crush cans before recycling them.

2 ▷ Tu écrases les pommes de terre et tu les mélanges avec du beurre.
You mash the potatoes and you mix them with butter.

3 ▷ Tu n'as pas besoin d'écraser l'araignée, tu peux la mettre dehors.

1 (= aplatir) **crush** /krʌʃ/

2 (= réduire en purée) **mash** /mæʃ/

3 (en parlant d'une mouche ou d'une araignée) **squash** /skwɒʃ/

Suite page suivante

You don't need to squash the spider, you can put it outside.

*Le **a** de **squash** se prononce comme le **o** de **dog**.*

4 ▷ Je lui ai écrasé le pied en dansant.
I stood on his foot while we were dancing.

4 (en parlant du pied de quelqu'un) **stand** /stænd/ **on** (stood, stood /stʊd/)

5 ▷ Elle s'est fait écraser par une voiture.
She was run over by a car.

5 ► **se faire écraser** (par un véhicule) **:** be run over /rʌn 'əʊvəʳ/

6 ▷ L'avion s'est écrasé dans un champ.
The plane crashed in a field.

6 ► **s'écraser :** crash /kræʃ/

écrémé, écrémée

▷ Laura boit du lait écrémé.
Laura drinks skimmed milk.

skimmed /skɪmd/

écrire

1 ▷ N'oubliez pas d'écrire votre nom en haut.
Don't forget to write your name at the top.

▷ J'espère que tu m'écriras.
I hope that you'll write to me.

▷ Marc et Valérie s'écrivent tous les jours.
Marc and Valérie write to each other every day.

1 **write** /raɪt/ (wrote /rəʊt/, written /'rɪtn/)

► **écrire à** quelqu'un **:** write to somebody

► **s'écrire** (en parlant de deux personnes) **:** write to each other /iːtʃ 'ʌðəʳ/ (wrote, written)

2 ▷ Est-ce que tu sais écrire « through » ?
Do you know how to spell "through"?

▷ Comment est-ce que ça s'écrit ?
How do you spell it?

2 (= orthographier) **spell** /spel/

*Le prétérit et le participe passé peuvent être soit **spelled** /speld/, soit **spelt** /spelt/.*

*Pour demander comment s'orthographie un mot, on dit **how do you spell it?***

écrit, écrite

▷ L'épreuve écrite était plus facile que l'épreuve orale.
The written test was easier than the oral test.

written /'rɪtn/

*Attention : le **i** se prononce comme le **i** de **big**.*

écriteau

▷ Il y a un écriteau qui dit « interdit de fumer ».
There's a notice that says "no smoking".

notice /'nəʊtɪs/

*Le **i** est celui de **big**.*

écriture

▷ Son écriture est illisible.
His handwriting is illegible.

(= manière de former les lettres) **handwriting** /'hændraɪtɪŋ/

écrivain

▷ Qui est ton écrivain préféré ?
Who is your favourite writer?

writer /'wraɪtəʳ/

s'écrouler

▷ Une partie de l'immeuble s'est écroulée.
A part of the building collapsed.

collapse /kə'læps/

écureuil

▷ Nous avons donné des noisettes aux écureuils dans le parc.
We gave hazelnuts to the squirrels in the park.

squirrel /'skwɪrəl/

écurie

▷ Fanny est allée voir le cheval dans l'écurie.
Fanny went to see the horse in the stable.

stable /'steɪbl/

*Le **a** de **stable** se prononce comme le **a** de **make**.*

eczéma

▷ L'eczéma peut être provoqué par une allergie.
Eczema can be caused by an allergy.

▷ Étienne a de l'eczéma.
Étienne has eczema.

► **l'eczéma : eczema** /'eksɪmə/

Il n'y a pas d'article en anglais.

► **avoir de l'eczéma : have eczema** (had, had)

édredon

▷ J'ai trop chaud sous cet édredon.
I'm too hot under this eiderdown.

eiderdown /'aɪdədaʊn/

*Le **ei** de **eiderdown** se prononce comme le **i** de **like**.*

éducation

▷ L'éducation est quelque chose de très important.
Education is very important.

education /ˌedjʊ'keɪʃən/

éduqué, éduquée

▷ Les gens bien éduqués ne lisent pas pendant les repas.
Well brought-up people don't read during meals.

▷ Ce garçon est vraiment mal éduqué !
This boy is really badly brought up!

► **bien éduqué, bien éduquée : well brought up** /ˌwel brɔːt 'ʌp/

► **mal éduqué, mal éduquée : badly brought up** /ˌbædlɪ brɔːt 'ʌp/

effacer

1 ▷ Efface cette faute et réécris le mot.
Rub this mistake out and write the word again.

1 (avec une gomme) **rub** /rʌb/ **out**

*Il y a deux **b** au gérondif (**rubbing** /'rʌbɪŋ/), au prétérit et au participe passé (**rubbed** /rʌbd/).*

Suite page suivante

2 ▷ Est-ce que je peux effacer le tableau ?
Can I wipe the board?

2 (en parlant d'un tableau) **wipe** /waɪp/

3 ▷ Zut, j'ai effacé le mauvais fichier !
Damn, I've deleted the wrong file!

3 (en parlant d'un document informatique) **delete** /dɪ'liːt/

effectivement

▷ Effectivement, Sandra elle-même m'a dit que c'était vrai.
Yes, Sandra herself told me that it was true.

▷ Tu as fait une faute là. – Effectivement, tu as raison.
You made a mistake there. – Yes, you're right.

(= en effet) **yes** /jes/

Attention ! **effectivement** *ne se traduit pas par 'effectively', qui signifie* efficacement.

effet

1 ▷ Notre plaisanterie n'a pas eu l'effet que nous avions prévu.
Our joke didn't have the effect that we planned.

▷ L'aspirine ne m'a fait aucun effet.
The aspirin didn't have any effect on me.

▷ Les effets spéciaux sont impressionnants dans ce film.
The special effects are impressive in that film.

1 (= résultat) **effect** /ɪ'fekt/

► **faire de l'effet à** quelqu'un : **have an effect on** somebody

► **effets spéciaux** : **special effects** /ˌspeʃəl ɪ'fekts/

2 ▷ Tu as fait une faute là. – En effet, tu as raison.
You've made a mistake there. – Yes, you're right.

2 ► **en effet** (= oui) : **yes** /jes/

efficace

1 ▷ Bravo, tu as été très efficace !
Well done, you were very efficient!

1 (en parlant d'une personne) **efficient** /ɪ'fɪʃənt/
(**plus efficace** more efficient, **le plus efficace** the most efficient)

2 ▷ Ces cachets ne sont pas très efficaces.
Those tablets aren't very effective.

2 (en parlant d'un médicament, d'une mesure) **effective** /ɪ'fektɪv/
(**plus efficace** more effective, **le plus efficace** the most effective)

effondrer

▷ Tout l'immeuble s'est effondré.
The whole building collapsed.

collapse /kə'læps/

efforcer

▷ Mathilde s'efforce de travailler plus, mais elle n'arrive pas à se concentrer.

► **s'efforcer de** + infinitif : **try hard** /traɪ 'hɑːd/ **to** + base verbale

Mathilde tries hard to work more, but she can't concentrate.

Le y de try devient ie à la troisième personne du présent de l'indicatif (tries /traɪz/), au prétérit et au participe passé (tried /traɪd/).

effort

▷ Allez, fais un effort !
Come on, make an effort!

▷ Idriss fait des efforts pour bien prononcer.
Idriss tries hard to pronounce words properly.

effort /'efət/
► **faire un effort :** make an effort (made, made)
► **faire un effort** *ou* **faire des efforts pour** + infinitif : try /traɪ/ hard to + base verbale

Le y de try devient ie à la troisième personne du présent de l'indicatif (tries /traɪz/), au prétérit et au participe passé (tried /traɪd/).

effrayant, effrayante

▷ C'est effrayant tout ce que la science peut faire de nos jours.
It's frightening all that science can do these days.

frightening /'fraɪtnɪŋ/
(**plus effrayant** more frightening, **le plus effrayant** the most frightening)

effrayé, effrayée

▷ Ils avaient l'air vraiment effrayés.
They looked really frightened.

frightened /'fraɪtnd/
(**plus effrayé** more frightened, **le plus effrayé** the most frightened)

égal, égale

1 ▷ Les deux dimensions sont égales.
The two dimensions are equal.

1 (= pareil) equal /'iːkwəl/

2 ▷ Huit et cinq est égal à treize.
Eight and five equals thirteen.

2 ► **être égal à :** equal /'iːkwəl/

3 ▷ Tu veux aller au cinéma ou au théâtre ? – Ça m'est égal.
Do you want to go to the cinema or to the theatre? – I don't mind.

3 ► **ça m'est égal** (= je n'ai pas de préférence) **:** I don't mind /ˌaɪ dəʊnt' maɪnd/

4 ▷ Hervé dit des choses sur toi. – Ça m'est égal, on ne s'est jamais aimés de toute façon !
Hervé is saying things about you. – I don't care, we never liked each other anyway!

4 ► **ça m'est égal** (= je m'en fiche) **:** I don't care /ˌaɪ dəʊnt 'keə/

égaler

▷ Huit et cinq égalent treize.
Eight and five equals thirteen.

equal /'iːkwəl/

égalité

▷ Ils sont pour l'égalité des sexes.

They are in favour of sexual equality.

▷ Maintenant les deux équipes sont à égalité.

Now the two teams are equal.

equality /ɪ'kwɒlɪtɪ/

Le ***a*** *de* ***equality*** *se prononce comme le* ***o*** *de* ***dog***.

► **être à égalité** (en parlant de deux équipes, de deux concurrents) **:** be equal /'iːkwəl/

église

▷ Il y a une belle église tout près d'ici.

There's a beautiful church very near here.

▷ Sylvaine et sa famille vont à l'église tous les dimanches.

Sylvaine and her family go to church every Sunday.

church /tʃɜːtʃ/

(pluriel : churches /'tʃɜːtʃɪz/)

► **aller à l'église** (= aller à la messe) **:** go to church (went, gone/been)

égoïste

▷ Ne sois pas si égoïste, prête-moi ton livre !

Don't be so selfish, lend me your book!

selfish /'selfɪʃ/

(**plus égoïste** more selfish, **le plus égoïste** the most selfish)

égout

▷ L'égout est bouché.

The sewer is blocked.

sewer /sʊəʳ/

égoutter

▷ Bien égoutter les légumes.

Strain the vegetables properly.

strain /'streɪn/

égratigner

▷ Je me suis égratigné les jambes en marchant dans les ronces.

I scratched my legs walking in the brambles.

▷ Sophie s'est égratigné le bras.

Sophie scratched her arm.

► **s'égratigner les jambes, le bras,** *etc.* **:** scratch /skrætʃ/ one's legs, one's arm, *etc.*

ℹ *Notez que l'anglais emploie le possessif* (***my arm, your arm, his arm,*** etc.) *là où le français emploie l'article* (**le bras, les bras**).

égratignure

▷ Ce n'est rien de grave, juste une égratignure.

It's nothing serious, just a scratch.

scratch /'skrætʃ/

(pluriel : scratches /'skrætʃɪz/)

élargir

1 ▷ La rue Rousseau va être élargie.

The rue Rousseau is going to be widened.

1 (en parlant d'une rue, d'un trou) **widen** /'waɪdn/

2 ▷ J'espère que ce jean va s'élargir, il est trop serré.
I hope that these jeans are going to stretch, they're too tight.

2 ► **s'élargir** (en parlant d'un vêtement, de chaussures) : stretch /stretʃ/

3 ▷ La route s'élargit après ce tournant.
The road widens after this turning.

3 ► **s'élargir** (en parlant d'une rue, d'un trou) : widen /'waɪdn/

élastique

1 ▷ Ce tissu est élastique.
This material is elastic.

1 (= extensible) elastic /ɪ'læstɪk/ (**plus élastique** more elastic, **le plus élastique** the most elastic)

2 ▷ Sonia attache ses cheveux avec un élastique.
Sonia ties her hair up with an elastic band.

2 ► **un élastique :** an elastic band /ɪ,læstɪk 'bænd/ (pluriel : elastic bands)

Attention : on ne dit pas 'an elastic'.

3 ▷ Je n'oserais jamais faire du saut à l'élastique.
I'd never dare go bungee-jumping.

3 ► **faire du saut à l'élastique :** go bungee-jumping /'bʌndʒiː,dʒʌmpɪŋ/ (went, gone / been)

électeur, électrice

▷ Beaucoup d'électeurs n'ont pas encore décidé pour qui ils vont voter.
A lot of voters haven't decided yet who to vote for.

voter /vəʊtə^r/

élection

▷ Il s'est présenté aux élections.
He stood for election.

election /ɪ'lekʃən/
► **se présenter à une élection :** stand for an election (stood, stood).

électricien, électricienne

▷ L'électricien est venu réparer le radiateur.
The electrician came to repair the heater.
▷ Léa étudie pour devenir électricienne.
Léa is studying to become an electrician.

electrician /ɪlek'trɪʃən/

N'oubliez pas l'article ***a*** *ou* ***an*** *devant le nom du métier lorsqu'il suit les verbes* ***be*** *ou* ***become****.*

électricité

▷ Les ouvriers ont coupé l'électricité.
The workers cut off the electricity.

electricity /ɪlek'trɪsətɪ/

L'accent tonique est sur la troisième syllabe ***-tri-***

électrique

▷ Il y a le chauffage électrique dans la maison.
There's electric heating in the house.

electric /ɪ'lektrɪk/

L'accent tonique est sur la deuxième syllabe ***-lec-****.*

électrocuter

▷ Andreas a failli s'électrocuter avec un sèche-cheveux.
Andreas almost electrocuted himself with a hairdryer.

electrocute /ɪ'lektrəkjuːt/ **oneself**

ℹ *Le pronom personnel réfléchi fonctionne de la façon suivante en anglais (exemples au prétérit) : I electrocuted* ***myself****, you electrocuted* ***yourself****, he electrocuted* ***himself****, she electrocuted* ***herself****, we electrocuted* ***ourselves****, you electrocuted* ***yourselves****, they electrocuted* ***themselves****.*

électronique

1 ▷ Ce jeu électronique fait un bruit agaçant.
This electronic game makes an irritating noise.

2 ▷ Le copain de Priscilla fait des études d'électronique.
Priscilla's boyfriend is studying electronics.

1 (= en parlant d'un jeu, d'un composant, d'un microscope, etc.)
electronic /ɪlek'trɒnɪk/

2 ► **l'électronique** (= la science) :
electronics /ɪlek'trɒnɪks/

ℹ *Bien qu'il se termine par un* ***s****, le mot* ***electronics*** *est singulier. On dit par exemple* ***electronics is a fascinating subject*** (l'électronique est une matière passionnante).

élégant, élégante

▷ La femme de François est toujours très élégante.
Marc's wife is always very elegant.

elegant /'elɪgənt/
(plus élégant more elegant,
le plus élégant the most elegant)

Le ***t*** *se prononce en anglais.*

éléphant

▷ Les éléphants d'Asie sont plus petits que les éléphants d'Afrique.
Asian elephants are smaller than African elephants.

elephant /'elɪfənt/

Le ***t*** *se prononce en anglais.*

ℹ *Attention à l'orthographe : pas d'accent en anglais.*

élevage

▷ Il y a beaucoup d'élevages de moutons dans la région.
There are a lot of sheep farms in the region.

(= ferme) **farm** /fɑːm/

élevé, élevée

1 ▷ Cette colline n'est pas très élevée.
This hill isn't very high.
▷ La température est très élevée pour le mois de mars.
The temperature is very high for March.

1 (= haut) **high** /haɪ/
(plus élevé higher /ˈhaɪəʳ/, le plus élevé the highest /ˈhaɪɪst/)

2 ▷ C'est un garçon très bien élevé.
He's a very well-mannered boy.

2 ► **bien élevé, bien élevée :** **well-mannered** /welˈ mænəd/
(mieux élevé more well-mannered, le mieux élevé the most well-mannered)

3 ▷ Leur fille est très mal élevée.
Their daughter is very bad-mannered.

3 ► **mal élevé, mal élevée :** **bad-mannered** /bædˈ mænəd/
(plus mal élevé more bad-mannered, le plus mal élevé the most bad-mannered)

élève

▷ Claudie est la meilleure élève de la classe.
Claudie is the best student in the class.

student /ˈstjuːdənt/
Pour les élèves très jeunes, on peut aussi dire ***pupil*** /ˈpjuːpl/.

élever

1 ▷ Martin a été élevé en Angleterre.
Martin was brought up in England.

1 (en parlant de personnes) **bring up** /ˈbrɪŋ ʌp/
(brought up, brought up /brɔːt ʌp/)

2 ▷ Ils élèvent principalement des poules.
They mainly keep chickens.

2 (en parlant d'animaux) **keep** /kiːp/
(kept, kept /kept/)

éliminer

▷ Ils ont été éliminés en demi-finale.
They were eliminated in the semifinals.

(en parlant d'un jeu, d'une compétition) **eliminate** /ɪˈlɪmɪneɪt/
Le ***ate*** *de* ***eliminate*** *se prononce comme le mot* ***eight***. ***Eliminate*** *rime avec* ***gate***.

élire

▷ Demain nous élirons le président de la République.

elect /ɪˈlekt/

Suite page suivante

Tomorrow we'll elect the president of the Republic.

▷ Qui a été élu ?

Who was elected ?

L'accent tonique est sur la deuxième syllabe **-lect**.

elle

1 ▷ Elle habite près de la piscine.

She lives near the swimming pool.

▷ J'ai emmené ma chienne chez le vétérinaire ; elle va mieux maintenant.

I took my dog to the vet's ; she's better now.

1 Quand elle *est sujet, en parlant d'une personne ou d'un animal familier femelle, l'équivalent en anglais est* **she** /ʃiː/.

2 ▷ Quelle jolie robe ! – Elle était chère, mais je n'ai pas pu résister.

What a nice dress! – It was expensive, but I couldn't resist it.

▷ La panthère s'approche, puis soudain elle saute.

The panther comes closer, then it suddenly jumps.

2 Quand elle *est sujet, en parlant d'une chose ou d'un animal non familier, l'équivalent en anglais est* **it** /ɪt/.

3 ▷ J'ai acheté ce CD pour elle.

I bought this CD for her.

3 Quand elle *est complément, en parlant d'une personne ou d'un animal familier femelle, l'équivalent en anglais est* **her** /hɜːʳ/.

4 ▷ Le chat a attrapé une souris et s'est mis à jouer avec elle.

The cat caught a mouse and started playing with it.

4 Quand elle *est complément, en parlant d'une chose ou d'un animal non familier, l'équivalent en anglais est* **it**.

elle-même

1 ▷ Elle me l'a dit elle-même, alors ça doit être vrai !

She told me herself, so it must be true!

1 (en parlant d'une personne ou d'un animal familier femelle) **herself** /hɜː'self/

2 ▷ L'antenne est un peu tordue, mais la radio elle-même n'est pas abîmée.

The aerial is a bit bent, but the radio itself isn't damaged.

2 (en parlant d'une chose ou d'un animal non familier) **itself** /ɪt'self/

elles

1 ▷ Elles sont arrivées en même temps.

They arrived at the same time.

1 (quand elles est sujet) **they** /ðeɪ/

2 ▷ Ce cadeau est pour elles.

This present is for them.

2 (quand elles est complément) **them** /ðem/

elles-mêmes

▷ Elles l'ont fabriqué elles-mêmes.

They made it themselves.

themselves /ðəm'selvz/

éloigné, éloignée

1 ▷ Ils habitent dans un village éloigné.
They live in a remote village.

1 (= loin de tout) **remote** /rɪˈməʊt/ (plus éloigné more remote, le plus éloigné the most remote)

2 ▷ Est-ce que c'est très éloigné d'ici ?
Is it very far from here?

2 ► **éloigné de : far** /fɑːʳ/ **from** (plus éloigné de further /ˈfɜːðəʳ/ from, le plus éloigné de the furthest /ˈfɜːðɪst/ from)

éloigner

1 ▷ Éloigne tes affaires du feu.
Move your things away from the fire.

1 ► **éloigner** quelque chose : **move** /muːv/ something **away**

2 ▷ Ne t'éloigne pas, on part maintenant.
Don't go away, we're leaving now.

2 ► **s'éloigner : go away** (went away, gone away)

3 ▷ James s'est éloigné du feu parce qu'il avait trop chaud.
James moved away from the fire because he was too hot.

3 ► **s'éloigner de : move away from**

emballage

1 ▷ Quand le colis est arrivé, l'emballage était déchiré.
When the parcel arrived, the wrapping was torn.

1 (= papier) **wrapping** /ˈræpɪŋ/

*Le w de **wrapping** n'est pas prononcé.*

2 ▷ Le chemin était plein de détritus et d'emballages vides.
The path was covered in litter and empty cardboard boxes.

2 (= boîte, carton) **cardboard box** /ˌkɑːdbɔːd ˈbɒks/ (pluriel : cardboard boxes /ˌkɑːdbɔːd ˈbɒksɪz/)

emballer

▷ Marina a emballé le cadeau dans du joli papier.
Marina wrapped the present in some pretty paper.

(= envelopper) **wrap** /ræp/

*Il y a deux **p** au gérondif (**wrapping** /ˈræpɪŋ/), au prétérit et au participe passé (**wrapped** /ræpt/).*

*Le **w** de **wrap** n'est pas prononcé.*

embarquer

▷ Nous avons embarqué à trois heures.
We boarded at three o'clock.

(= monter dans un avion, dans un bateau) **board** /bɔːd/

***Board** rime avec **ford**.*

embarrassé, embarrassée

▷ Tania a eu l'air très embarrassé quand j'ai dit ça.
Tania looked very embarrassed when I said that.

embarrassed /ɪemˈbærəst/ (plus embarrassé more embarrassed, le plus embarrassé the most embarrassed)

embarrasser

1 ▷ Il m'a embarrassée en me posant cette question.
He embarrassed me by asking me that question.

2 ▷ Si mes affaires t'embarrassent, déplace-les.
If my things are in your way, move them.

1 (= mettre mal à l'aise) **embarrass** /ɪm'bærəs/

2 ► **embarrasser** quelqu'un (= encombrer) : be in somebody's way /weɪ/

embaucher

▷ Quentin a été embauché dans une agence de pub.
Quentin was hired by an advertising agency.

(pour un poste) **hire** /'haɪəʳ/

embêtant, embêtante

▷ C'est embêtant de devoir prendre le bus.
It's annoying to have to take the bus.

▷ Tu es vraiment embêtante avec tes questions !
You're really annoying with your questions!

(= agaçant) **annoying** /ə'nɔɪɪŋ/
(**plus embêtant** more annoying, **le plus embêtant** the most annoying)

embêtements

▷ J'ai eu plein d'embêtements dernièrement.
I've had lots of trouble recently.

trouble /'trʌbl/

*Le **ou** de **trouble** se prononce comme le **u** de **duck**. **Trouble** rime avec **bubble**.*

embêter

1 ▷ Arrête d'embêter Lucas !
Stop bothering Lucas!

▷ Ça m'embête de lui demander ça.
It bothers me to ask him that.

2 ▷ Je me suis embêtée à la soirée.
I got bored at the party.

1 (= agacer, gêner) **bother** /'bɒðəʳ/

2 ► **s'embêter** (= s'ennuyer) : get bored /'bɔːd/ (got bored, got bored)

emblème

▷ Quel est l'emblème de cette équipe de basket ?
What's the emblem of that basketball team?

emblem /'embləm/

Attention à l'orthographe.

embouteillage

▷ Nous sommes en retard à cause des embouteillages.
We're late because of the traffic jams.

traffic jam /'træfɪk ˌdʒæm/
(pluriel : traffic jams)

embranchement

▷ Tournez à droite à l'embranchement.
Turn right at the junction.

junction /'dʒʌŋkʃən/

embrasser

▷ Je n'ai pas osé l'embrasser.
I didn't dare kiss her.

▷ Dany et Paula se sont embrassés.
Dany and Paula kissed.

kiss /kɪs/

Kissed rime avec list.

► **s'embrasser :** kiss

embrouiller

▷ Je m'embrouille dans tous ces calculs !
I'm getting muddled up in all these calculations!

get muddled up /ˌmʌdld 'ʌp/
(got muddled up, got muddled up)

éméché, éméchée

▷ J'étais un peu éméché hier soir.
I was a bit tipsy last night.

tipsy /'tɪpsɪ/
(plus éméché tipsier, le plus éméché the tipsiest)

émigrer

▷ Ils ont émigré aux États-Unis.
They emigrated to the United States.

emigrate /'emɪgreɪt/

émission

▷ C'était une émission très intéressante.
It was a very interesting programme.

▷ Quelle est ton émission de télé préférée ?
What's your favourite TV programme?

▷ J'ai écouté l'émission de radio dont tu m'as parlé.
I listened to the radio programme you told me about.

programme /'prəʊgræm/

► **émission de télé :** TV programme
(pluriel : TV programmes)

► **émission de radio :** radio programme
(pluriel : radio programmes)

emmêlé, emmêlée

▷ La corde est tout emmêlée.
The string is all tangled up.

(en parlant des cheveux, d'une corde, d'un fil) **tangled up** /ˌt'ŋgld 'ʌp/

emménager

▷ Nous avons emménagé ici le mois dernier.
We moved in here last month.

move in /muːv 'ɪn/

Le o de move se prononce comme le oo de food.

emmener

▷ Est-ce que tu vas emmener ton petit frère avec toi ?
Are you going to take your little brother with you?

▷ Je peux t'emmener à la gare si tu veux.
I can take you to the station if you like.

take /teɪk/ (took /tʊk/, taken /'teɪkən/)

émouvant, émouvante

▷ J'ai trouvé la fin du film très émouvante.
I found the end of the film very moving.

moving /ˈmuːvɪŋ/
(plus émouvant more moving, le plus émouvant the most moving)

Le o de moving se prononce comme le oo de food.

émouvoir

▷ Ça m'a émue de voir ces photos.
It moved me to see those photographs.

move /muːv/

Le o de move se prononce comme le oo de food.

empêcher

1 ▷ On a voulu les empêcher de se battre, mais ils ne nous ont pas écoutés.
We wanted to prevent them from fighting, but they didn't listen to us.

2 ▷ Elle ne peut pas s'empêcher de s'inquiéter.
She can't help worrying.

1 ► **empêcher de** + infinitif : **prevent** /prɪˈvent/ **from** + **-ing**

L'accent tonique est sur la deuxième syllabe -vent.

2 *Quand on veut dire qu'on ne peut pas s'empêcher de faire quelque chose en anglais, on emploie l'expression can't* /kɑːnt/ *help + -ing.*

empester

1 ▷ Ça empeste dans cette pièce !
It stinks in this room!

2 ▷ Toute la maison empestait le poisson.
The whole house stank of fish.

1 (= sentir mauvais) **stink** /stɪŋk/ (stank /stæŋk/, stunk /stʌŋk/)

2 ► **empester le... ou la... : stink of...**

s'empiffrer

▷ Ne t'empiffre pas, on va bientôt dîner.
Don't stuff yourself, we're going to have dinner soon.

stuff /stʌf/ **oneself**

*Le pronom personnel réfléchi fonctionne de la façon suivante en anglais (exemples au présent) : I stuff **myself**, you stuff **yourself**, he stuffs **himself**, she stuffs **herself**, we stuff **ourselves**, you stuff **yourselves**, they stuff **themselves**.*

▷ On s'est empiffrés de gâteaux tout l'après-midi.
We stuffed ourselves with cakes all afternoon.

► **s'empiffrer de... : stuff oneself with...**

Stuffed se prononce /stʌft/.

empiler

▷ Ludovic a empilé les assiettes sales dans l'évier.
Ludovic piled up the dirty plates in the sink.

pile up /paɪl ˈʌp/

Le i du mot anglais pile se prononce comme le i de like.

empirer

▷ La situation au Nigeria a encore empiré.
The situation in Nigeria has got even worse.

get worse /wɜːs/
(got worse, got worse)

emplacement

1 ▷ On a cherché un emplacement libre pendant une demi-heure.
We looked for a parking space for half an hour.

1 (= place de parking) **parking space** /ˈpɑːkɪŋ ˌspeɪs/
(pluriel : parking spaces /ˈspeɪsɪz/)

2 ▷ Ils vont construire un centre commercial sur l'emplacement de l'ancienne usine.
They're going to build a shopping centre on the site of the old factory.

2 (= site) **site** /saɪt/
Le i du mot anglais site se prononce comme le i de like. Site rime avec light.

emploi

1 ▷ La sœur de Grégory a trouvé un emploi au supermarché.
Grégory's sister found a job at the supermarket.

1 (= travail) **job** /dʒɒb/

2 ▷ J'ai un emploi du temps très chargé cette semaine.
I have a very busy schedule this week.

2 ► **emploi du temps : schedule** /ˈʃedjuːl/

employé, employée

▷ L'entreprise a plusieurs centaines d'employés.
The company has several hundred employees.

employee /emˈplɔɪiː/
L'accent tonique est sur la deuxième syllabe -ploy-.

employer

1 ▷ Martin a employé un mot que je ne connaissais pas.
Martin used a word that I didn't know.

1 (= utiliser) **use** /juːz/

2 ▷ Personne ne veut l'employer parce qu'il n'a pas d'expérience.
Nobody wants to employ him because he hasn't got any experience.

2 (en parlant d'un travailleur) **employ** /ɪmˈplɔɪ/

employeur, employeuse

▷ J'ai changé d'employeur.
I have a new employer.

employer /emˈplɔɪəʳ/

empoisonner

▷ Les voleurs ont empoisonné le chien.
The burglars poisoned the dog.

poison /ˈpɔɪzn/
Le oi du mot anglais poison se prononce comme le oy de boy.

emporter

1 ▷ N'oublie pas d'emporter des sandwiches pour la randonnée.
Don't forget to take sandwiches for the hike.

1 (= prendre avec soi) **take** /teɪk/ (took /tʊk/, taken /'teɪkən/)

2 ▷ Le boucher vend aussi des plats à emporter.
The butcher also sells takeaway dishes.

2 ► **à emporter** (en parlant de nourriture) : takeaway /'teɪkəweɪ/
En anglais américain, on dit takeout /'teɪkaʊt/

3 ▷ Le vent a emporté le toit.
The wind blew the roof off.

3 (= arracher, en parlant du vent) **blow off** /bləʊ 'ɒf/ (blew off /blu: 'ɒf/, blown off /bləʊn 'ɒf/)

4 ▷ Ils ont été emportés par le courant.
They were carried along by the current.

4 (= entraîner) **carry** /'kærɪ/ **along**
Le y de carry devient ie à la troisième personne du présent de l'indicatif (carries /'kærɪz/), au prétérit et au participe passé (carried /'kærɪd/).

empreinte

1 ▷ Ils ont laissé des empreintes dans le sable.
They left footprints in the sand.

1 (= trace de pas) **footprint** /'fʊtprɪnt/

2 ▷ La police a pris ses empreintes digitales.
The police took his fingerprints.

2 ► **empreinte digitale** : fingerprint /'fɪŋgəprɪnt/

emprunt

▷ Ils ne peuvent pas rembourser l'emprunt.
They can't repay the loan.

loan /ləʊn/

▷ Nous avons fait un emprunt pour acheter une nouvelle voiture.
We took out a loan to buy a new car.

► **faire un emprunt** : take out a loan (took out, taken out)

emprunter

▷ Idriss m'a emprunté dix euros hier.
Idriss borrowed ten euros from me yesterday.

► **emprunter** quelque chose **à** quelqu'un : borrow /'bɒrəʊ/ something **from** somebody

ému, émue

▷ Monsieur Lambert était très ému quand nous lui avons donné son cadeau.
Mr Lambert was very moved when we gave him his present.

moved /mu:vd/
(plus ému more moved,
le plus ému the most moved)
Le o de moved se prononce comme le oo de food.

en

1 ▷ Lise et sa famille ont vécu en Amérique.
Lise and her family lived in America.
▷ Il fait très froid ici en hiver.
It's very cold here in winter.
▷ J'ai rencontré Samir en mars 2001.
I met Samir in March 2001.
▷ Tu crois que tu peux le faire en une heure ?
Do you think you can do it in an hour?
▷ Il était midi et Claire était encore en pyjama.
It was midday and Claire was still in her pyjamas.

1 (= dans) **in** /ɪn/

2 ▷ Nous allons en Espagne pour les vacances.
We're going to Spain for the holidays.
▷ Mes cousins viennent en France pour deux semaines.
My cousins are coming to France for two weeks.

2 ► **aller en** + nom de pays : **go to** + nom de pays
► **venir en** + nom de pays : **come to** + nom de pays
Attention ! Ne confondez pas ***in*** *et* ***to***. ***To*** *est employé avec les verbes de mouvement (****come****,* ***go****, etc.).*

3 ▷ On peut y aller en taxi ou en bus.
We can go there by taxi or by bus.

3 (en parlant d'un moyen de transport) **by** /baɪ/

4 ▷ Hervé est tombé en courant.
Hervé fell while he was running.
▷ Ce n'est pas poli de parler en mangeant.
It's bad manners to talk while you're eating.

4 ► **en** + gérondif (pour dire que deux choses se passent en même temps) : **while** /waɪl/ + **-ing**

5 ▷ Si le café est chaud, donne-m'en, s'il te plaît.
If the coffee is hot, give me some, please.
▷ Et des bonbons ? Tu en as ?
What about sweets? Do you have any?
▷ J'avais du chocolat, mais il n'en reste plus.
I had some chocolate, but there isn't any left.

5 (quand en indique quelque chose dont on parle) **some** /sʌm/ *ou* **any** /eni/.
On emploie généralement ***some*** *quand on sait que la chose dont on parle existe (premier exemple à gauche) et* ***any*** *quand on ignore si la chose existe (deuxième exemple) ou quand elle n'existe pas (troisième exemple).*

encadrer

▷ Annabelle a encadré une photo des chutes du Niagara.
Annabelle has framed a photograph of Niagara Falls.

(= mettre dans un cadre) **frame** /freɪm/

enceinte

1 ▷ Ma cousine est enceinte.
My cousin is pregnant.

1 (= qui attend un bébé) **pregnant** /'pregnənt/
Dites ***preg*** *+* ***nant****.*

Suite page suivante

▷ Elle n'avait que quinze ans quand elle est tombée enceinte.
She was only fifteen when she got pregnant.

► **tomber enceinte :** get pregnant (got pregnant, got pregnant)

2 ▷ Paul a une nouvelle chaîne avec des enceintes très puissantes.
Paul has a new hi-fi with very powerful speakers.

2 (= haut-parleur) **speaker** /ˈspiːkəʳ/

encercler

▷ La police a encerclé le quartier.
The police surrounded the area.

surround /səˈraʊnd/

*L'accent tonique est sur la deuxième syllabe **-round**.*

enchanté, enchantée

1 ▷ Tony et Raphaëlle sont enchantés de leurs vacances.
Tony and Raphaëlle are delighted with their holiday.

1 ► **être enchanté de** quelque chose **:** be delighted /dɪˈlaɪtɪd/ with something

2 ▷ Bonsoir, je m'appelle Béatrice. – Enchanté !
Good evening, my name's Béatrice. – Pleased to meet you!

2 *Quand on est présenté à quelqu'un, on dit **pleased** /pliːzd/ **to meet you!***

enchères

▷ Nous sommes allés à une vente aux enchères dimanche dernier.
We went to an auction last Sunday.

► **vente aux enchères :** auction /ˈɔːkʃən/

enclos

▷ Les agneaux étaient dans un enclos.
The lambs were in a pen.

(pour les animaux) **pen** /pen/

encombrer

1 ▷ Si mes affaires t'encombrent, déplace-les.
If my things are in your way, move them.

1 ► **encombrer** quelqu'un (= le gêner) **:** be in somebody's way /weɪ/

2 ▷ Les valises encombrent le couloir.
The suitcases are blocking the corridor.

2 (= bloquer, en parlant d'un couloir, d'une route) **block** /blɒk/

encore

1 ▷ Il est encore en retard !
He's late again!

1 (= de nouveau) **again** /əˈgen/

2 ▷ Est-ce que Paola est encore chez elle ?
Is Paola still at home?

2 (= toujours) **still** /stɪl/

3 ▷ Je voudrais encore de la glace, s'il te plaît.
I'd like some more ice cream, please.

3 (= plus de) **more** /mɔːʳ/

4 ▷ Tu veux encore un yaourt ?
Do you want another yoghurt?

4 ► **encore un...** *ou* **encore une... :** another... /əˈnʌðəʳ/

5 ▷ Elle est encore plus douée que son frère.
She's even more gifted than her brother.

5 (avec un comparatif) **even** /ˈiːvən/

6 ▷ C'est prêt ? – Pas encore !
Is it ready? Not yet!

▷ Les invités ne sont pas encore arrivés.
The guests haven't arrived yet.

6 ► **pas encore** : **not yet** /nɒt ˈjet/

ℹ *Notez la position de* ***yet*** *quand il est associé à* ***not*** *pour signifier* pas encore *: il est placé en fin de phrase.*

encourager

1 ▷ La prof d'anglais est sympa, elle nous encourage toujours.
The English teacher is nice, she always encourages us.

▷ Harry m'a encouragé à faire du judo.
Harry encouraged me to do judo.

1 (= donner du courage) **encourage** /enˈkʌrɪdʒ/

► **encourager** quelqu'un **à...** : **encourage** somebody **to...**

2 ▷ Les spectateurs nous encourageaient.
The spectators cheered us.

2 (en parlant d'une équipe, d'un sportif) **cheer** /tʃɪəʳ/

encre

▷ Il n'y a plus d'encre dans mon stylo.
There isn't any ink left in my pen.

▷ Est-ce que tu écris à l'encre ou au crayon ?
Do you write in ink or in pencil?

ink /ɪŋk/

► **écrire à l'encre** : **write** /raɪt/ **in ink** (**wrote** /rəʊt/, **written** /ˈrɪtn/)

encyclopédie

▷ Je vais regarder dans l'encyclopédie.
I'm going to look in the encyclopedia.

encyclopedia /ɪnˌsaɪkləˈpiːdɪə/

🔊 *Le deuxième* ***e*** *de* ***encyclopedia*** *se prononce comme le* ***ee*** *de* ***week****.*

endives

▷ Je n'aime pas les endives.
I don't like chicory.

▷ Ces endives sont amères.
This chicory is bitter.

chicory /ˈtʃɪkərɪ/

ℹ *Le mot* ***chicory*** *est indénombrable : il ne se met pas au pluriel, et ne s'emploie pas avec l'article indéfini* ***a****. On dit par exemple* ***this chicory is delicious*** (ces endives sont délicieuses).

endormi, endormie

▷ Tu crois qu'il est endormi ?
Do you think he's asleep?

(en parlant d'une personne ou d'un animal) **asleep** /əˈsliːp/

s'endormir

▷ J'ai mis du temps à m'endormir.
It took me a long time to fall asleep.

fall asleep /fɔːl əˈsliːp/ (**fell asleep** /fel/, **fallen asleep** /ˈfɔːlən/)

endroit

1 ▷ Essayons de trouver un endroit pour pique-niquer.
Let's try to find a place to have a picnic.

1 (= lieu) **place** /pleɪs/

Le ***a*** *de* ***place*** *se prononce comme le* ***a*** *de* ***make****.*

2 ▷ Mets ton pull à l'endroit.
Put your pullover on the right way round.

2 ► **à l'endroit** (= le bon côté devant) : **the right way round** /ˌraɪt weɪ 'raʊnd/

3 ▷ Si tu regardes le tableau à l'endroit, tu verras que la tête du personnage est là.
If you look at the painting the right way up, you'll see that the character's head is there.

3 ► **à l'endroit** (= le bon côté en haut) : **the right way up** /ˌraɪt weɪ 'ʌp/

énergie

▷ Je n'ai plus d'énergie, j'abandonne !
I have no energy left, I give up!

▷ Il faut économiser l'énergie.
We must save energy.

energy /'enədʒɪ/

L'accent tonique est sur la première syllabe ***en-****.*

énergique

▷ Sois un peu plus énergique !
Be a bit more energetic!

energetic /ˌenə'dʒetɪk/
(**plus énergique** more energetic,
le plus énergique the most energetic)

énervant, énervante

▷ Tu es vraiment énervante avec tes plaisanteries !
You're really irritating with your jokes!

irritating /'ɪrɪteɪtɪŋ/
(**plus énervant** more irritating,
le plus énervant the most irritating)

énerver

1 ▷ Il m'énerve avec son sourire idiot !
He's getting on my nerves with his stupid smile!

1 ► **énerver** quelqu'un (= l'irriter) : **get on** somebody's **nerves** /nɜːvz/ (got, got)

2 ▷ N'énerve pas le bébé juste avant qu'il aille au lit.
Don't excite the baby just before he goes to bed.

2 ► **énerver** quelqu'un (= l'exciter) : **excite** /ek'saɪt/ somebody

3 ▷ Julie s'énerve parce qu'elle ne comprend rien au mode d'emploi.
Julie is getting worked up because she can't understand the instructions.

3 ► **s'énerver** : **get worked up** /wɒːkt 'ʌp/
(got worked up, got worked up)

enfance

▷ J'ai passé toute mon enfance en Algérie.
I spent all my childhood in Algeria.

childhood /'tʃaɪldhʊd/

enfant

▷ Ils ont un enfant de deux ans.
They have a two-year-old child.

child /tʃaɪld/
(pluriel : **children** /'tʃɪldrən/)

▷ Les enfants sont partis.
The children have left.

*Le **i** de **child** est celui de **like**, mais le **i** de **children** est celui de **big**.*

enfer

1 ▷ Tu penses que l'enfer existe ?
Do you think hell exists?

1 **hell** /hel/

2 ▷ J'ai une idée d'enfer !
I have a great idea!

2 ► **d'enfer** (= génial) : **great** /greɪt/

enfermer

1 ▷ Sabine a enfermé son chien dans le garage.
Sabine shut her dog in the garage.

1 ► **enfermer... dans** (en parlant d'une personne ou d'un animal) : **shut** /ʃʌt/ **... in** (shut... in, shut... in)

2 ▷ Rupert s'est encore enfermé dans sa chambre !
Rupert has shut himself in his bedroom again!

2 ► **s'enfermer dans** : **shut oneself in**

Le pronom personnel réfléchi fonctionne de la façon suivante en anglais (exemples au prétérit): *I shut **myself** in, you shut **yourself** in, he shut **himself** in, she shut **herself** in, we shut **ourselves** in, you shut **yourselves** in, they shut **themselves** in.*

enfiler

▷ Il a enfilé son blouson.
He put his jacket on.

(= mettre, en parlant d'un vêtement) **put** /pʊt/ **on** (put on, put on)

enfin

1 ▷ Vous voilà enfin ! Où étiez-vous ?
Here you are at last! Where were you?

1 (= finalement) **at last** /ət 'lɑːst/

2 ▷ ... et enfin, je voudrais remercier mes parents.
... and finally, I would like to thank my parents.

2 (= en dernier) **finally** /'faɪnəlɪ/

*Le **i** de **finally** se prononce comme celui de **like**.*

enflé, enflée

▷ Ma cheville est enflée et elle me fait mal.
My ankle is swollen and it hurts.

swollen /'swəʊlən/
(plus enflé more swollen, le plus enflé the most swollen)

enfoncer

1 ▷ Les clous sont difficiles à enfoncer dans ce mur.
The nails are difficult to drive into the wall.

1 ► **enfoncer** quelque chose **dans** (en parlant de clous, de pieux) : **drive** /draɪv/ something **into** (drove /drəʊv/, driven /'drɪvn/)

Suite page suivante

2 ▷ Je me suis fait mal en essayant d'enfoncer une punaise dans le mur.
I hurt myself trying to stick a drawing pin into the wall.

2 ► **enfoncer** quelque chose **dans** (en parlant d'une aiguille, d'une punaise) **:** stick /stɪk/ something into (stuck, stuck /stʌk/)

3 ▷ Les voleurs ont enfoncé la porte.
The burglars broke down the door.

3 (= enfoncer une porte ou un mur) break down /breɪk 'daʊn/ (broke down /brəʊk 'daʊn/, broken down /'brəʊkən 'daʊn/)

4 ▷ Nous avons vu le bateau s'enfoncer dans l'eau.
We saw the boat sink into the water.

4 ► **s'enfoncer dans** (l'eau, la boue, la neige) **:** sink /sɪŋk/ into (sank /sæŋk/, sunk /sʌŋk/)

enfuir

▷ Ils ont réussi à s'enfuir.
They managed to run away.

▷ La police a arrêté les hommes qui se sont enfuis de la prison.
The police arrested the men who ran away from the prison.

run away /rʌn ə'weɪ/ (ran away /ræn ə'weɪ/, run away)

ℹ *Notez la préposition employée en anglais :* s'enfuir de = *run away* ***from***.

engin

▷ Il y avait des ouvriers et de gros engins au milieu de la route.
There were workers and big machines in the middle of the road.

(= machine, appareil) machine /mə'ʃiːn/

🔊 *L'accent tonique est sur la deuxième syllabe* ***-chine***.

ℹ *Le mot anglais* ***engine*** *signifie* ***moteur***.

engrais

▷ L'agriculture biologique utilise des engrais naturels.
Organic agriculture uses natural fertilizers.

fertilizer /'fɜːtɪlaɪzəʳ/

🔊 *L'accent tonique est sur la première syllabe* ***fer-***.

engueuler

1 ▷ Je ne sais pas pourquoi il l'a engueulée comme ça.
I don't know why he shouted at her like that.

▷ Je vais me faire engueuler si j'arrive encore en retard.
I'll get shouted at if I arrive late again.

1 shout /ʃaʊt/ at

► **se faire engueuler :** get shouted /'ʃaʊtɪd/ at (got shouted at, got shouted at)

2 ▷ Arrêtez de vous engueuler !
Stop fighting!

▷ Ils s'engueulent tout le temps.
They're always fighting.

2 ► **s'engueuler :** fight /faɪt/ (fought, fought /fɔːt/)

ℹ *Le mot* **engueuler** *est familier, mais les traductions anglaises données ici ne le sont pas.*

énigme

▷ Tous les jours il y a une énigme dans les pages jeux du journal.
Every day there's a riddle in the games pages of the newspaper.

(= devinette) **riddle** /'rɪdl/

enjamber

▷ Nous avons dû enjamber le chien pour rentrer dans le café.
We had to step over the dog to get into the café.

(en parlant d'un obstacle) **step over** /step/

ℹ *Il y a deux p au gérondif (**stepping** /'stepɪŋ/), au prétérit et au participe passé (**stepped** /stept/).*

enlacer

▷ Il a enlacé Nathalie et ils se sont mis à danser.
He put his arm round Nathalie and they started dancing.
▷ Ils se sont enlacés.
They put their arms round each other.

► **enlacer** quelqu'un : **put** one's **arm** /ɑːm/ **round** somebody (put, put)

ℹ *L'adjectif possessif fonctionne de la façon suivante en anglais* (exemples au prétérit) : I put ***my*** arm round..., you put ***your*** arm round..., he put ***his*** arm round..., she put ***her*** arm round..., we put ***our*** arms round..., they put ***their*** arms round...

enlèvement

▷ La police n'a pas trouvé les personnes responsables de l'enlèvement.
The police haven't found the people responsible for the kidnapping.

(= le fait de kidnapper quelqu'un) **kidnapping** /'kɪdnæpɪŋ/

enlever

1 ▷ Enlève tes affaires, elles m'encombrent.
Take your things away, they're in my way.

1 (= ôter) **take away** /ˌteɪk ə'weɪ/ (took away /tʊk ə'weɪ/, taken away /ˌteɪkən ə'weɪ/)

2 ▷ Je n'arrive pas à enlever cette tache.
I can't remove this stain.

2 (= effacer, faire disparaître) **remove** /ɪ'muːv/

3 ▷ Sacha m'a enlevé mon journal pendant que j'étais en train de lire !
Sacha took my newspaper away from me while I was reading!

3 ► **enlever** quelque chose **à** quelqu'un : **take** something **away from** somebody

4 ▷ Les terroristes ont enlevé la fille d'un homme politique.
The terrorists kidnapped a politician's daughter.

4 (= kidnapper) **kidnap** /'kɪdnæp/

ℹ *Il y a deux p au gérondif (**kidnapping** /'kɪdnæpɪŋ/), au prétérit et au participe passé (**kidnapped** /'kɪdnæpt/).*

ennemi, ennemie

▷ Il est devenu l'ennemi public numéro un.
He has become public enemy number one.

enemy /'enəmɪ/
(pluriel : enemies /'enəmɪz/)

Il n'y a qu'un n dans le mot anglais enemy.

ennui

▷ Isabelle a eu beaucoup d'ennuis dernièrement.
Isabelle has had lots of problems recently.

(= problème) **problem** /'prɒbləm/

ennuyer

1 ▷ Ça m'ennuie de devoir lui demander ça.
It bothers me to have to ask him that.

1 (= contrarier) **bother** /'bɒðə[r]/

2 ▷ Est-ce que ça t'ennuie si j'ouvre la fenêtre ?
Do you mind if I open the window?

2 *Pour demander la permission à quelqu'un de faire quelque chose, on emploie l'expression anglaise* ***do you mind...?*** /ˌduː juː 'maɪnd/.

3 ▷ Je me suis ennuyé toute la soirée.
I was bored all evening.

3 ► **s'ennuyer :** be bored /bɔːd/

ennuyeux, ennuyeuse

1 ▷ C'est l'homme le plus ennuyeux que je connaisse.
He's the most boring man I know.

1 (= rasoir) **boring** /'bɔːrɪŋ/
(**plus ennuyeux** more boring, **le plus ennuyeux** the most boring)

2 ▷ C'est ennuyeux que tes cousins ne puissent pas venir.
It's annoying that your cousins can't come.

2 (= contrariant) **annoying** /ə'nɔɪɪŋ/
(**plus ennuyeux** more annoying, **le plus ennuyeux** the most annoying)

énorme

▷ Il y a un énorme tas d'assiettes à laver.
There's an enormous pile of dishes to wash.

enormous /ɪ'nɔːməs/
(**plus énorme** more enormous, **le plus énorme** the most enormous)

Attention à la prononciation ! Le ***ou*** *de* ***enormous*** *se prononce comme le e du mot français* de.

énormément

1 ▷ Tout le monde l'admire énormément.
Everybody admires him enormously.

1 (= beaucoup) **enormously** /ɪ'nɔːməslɪ/

2 ▷ C'est une fille qui a énormément de problèmes.
She's a girl who has a lot of problems.
▷ Il faut énormément de patience pour faire ça.
You need a lot of patience to do this.

2 ► **énormément de :** a lot of /ə 'lɒt əv/

enquête

1 ▷ L'enquête de la police n'avance pas.
The police investigation isn't making any progress.

1 (= sur un crime, un vol) **investigation** /ɪnˌvestɪˈgeɪʃən/

2 ▷ Une jeune femme m'a arrêté dans la rue ; c'était pour une enquête.
A young woman stopped me in the street; it was for a survey.

2 (= sondage) **survey** /ˈsɜːveɪ/

enrager

▷ Il adore faire enrager sa petite sœur.
He loves to tease his little sister.

► **faire enrager** quelqu'un (= taquiner) : **tease** /tiːz/ somebody

enregistrer

1 ▷ J'ai enregistré le film d'hier soir pour Lenny.
I recorded last night's film for Lenny.

1 (en parlant de musique ou d'un film) **record** /rɪˈkɔːd/

*Quand **record** est un verbe, l'accent tonique est sur la deuxième syllabe **-cord**.*

2 ▷ Où doit-on enregistrer les bagages ?
Where must we check in the luggage?

2 (en parlant de bagages) **check in** /ˈtʃek ɪn/

enrhumé, enrhumée

▷ Ludmilla est enrhumée.
Ludmilla has a cold.

► **être enrhumé** : **have a cold** /kəʊld/ (had, had)

enrhumer

▷ Tu vas t'enrhumer si tu ne mets pas ton manteau.
You're going to catch a cold if you don't put your coat on.

catch /kætʃ/ **a cold** /kəʊld/ (caught, caught /kɔːt/)

s'enrichir

▷ Personne ne sait comment ils se sont enrichis.
Nobody knows how they became rich.

become rich /rɪtʃ/ (became, become)

enrichissant, enrichissante

▷ C'est très enrichissant de voyager.
Travelling is very enriching.

enriching /ɪnˈrɪtʃɪŋ/ (plus enrichissant more enriching, le plus enrichissant the most enriching)

enroué, enrouée

▷ Je suis enroué après avoir autant chanté.
I'm hoarse after singing so much.

hoarse /hɔːs/

__Hoarse__ et __horse__ se prononcent de la même façon.

enrouler

▷ Pierre a enroulé la corde autour du piquet.
Pierre wound the rope round the post.

wind /waɪnd/
(wound, wound /waʊnd/)

*Le **i** du verbe **wind** se prononce comme le **i** de **like**. Le verbe **wind** rime avec **find**, et **wound** rime avec **round**.*

enseignant, enseignante

▷ Les enseignants sont en grève aujourd'hui.
Teachers are on strike today.

▷ Quels diplômes faut-il pour devenir enseignant ?
What qualifications do you need to become a teacher?

teacher /'tiːtʃəʳ/

*N'oubliez pas l'article **a** ou **an** devant le nom du métier lorsqu'il suit les verbes **be** ou **become**.*

enseignement

1 ▷ L'enseignement est gratuit et obligatoire.
Education is free and compulsory.

2 ▷ Marina veut travailler dans l'enseignement.
Marina wants to work in teaching.

1 ► **l'enseignement** (= l'éducation) : **education** /ˌedjʊ'keɪʃən/

2 ► **l'enseignement** (= le métier d'enseignant) : **teaching** /'tiːtʃɪŋ/

enseigner

▷ Madame Moreau enseigne dans une école primaire.
Mrs Moreau teaches at a primary school.

▷ J'aimerais enseigner à de jeunes enfants.
I would like to teach young children.

teach /tiːtʃ/
(taught, taught /tɔːt/)

*__Taught__ rime avec le mot anglais **sport**.*

► **enseigner à** quelqu'un : **teach** somebody

ensemble

1 ▷ On peut y aller ensemble si tu veux.
We can go together if you want.

2 ▷ Dans l'ensemble, le film n'était pas mal.
On the whole, the film wasn't bad.

3 ▷ Julie portait un joli ensemble bleu.
Julie was wearing a nice blue outfit.

1 (= à plusieurs, en même temps) **together** /tə'geðəʳ/

2 ► **dans l'ensemble : on the whole** /ˌɒnðə'həʊl/

3 ► **un ensemble** (= des vêtements) : **an outfit** /'aʊtfɪt/

ensuite

▷ On pourrait aller au cinéma et ensuite au restaurant.
We could go to the cinema and then to the restaurant.

then /ðen/

entaille

▷ Je me suis fait une entaille au front.
I cut my forehead.

▷ Paul s'est fait une entaille au genou.
Paul cut his knee.

► se **faire une entaille au front** *ou* **au genou**, *etc.* : cut /kʌt/ one's forehead *ou* one's knee, *etc* (cut, cut)

ℹ *L'adjectif possessif fonctionne de la façon suivante en anglais* (exemples au prétérit) : *I cut* ***my*** *forehead, you cut* ***your*** *forehead, he cut* ***his*** *forehead, she cut* ***her*** *forehead.*

entamer

1 ▷ Qui a entamé le paquet de biscuits ?
Who opened the packet of biscuits?

1 (en parlant d'un paquet, d'une boîte de conserve, d'une bouteille) open /əʊpən/

2 ▷ Qui a entamé le pain ?
Who started the bread?

2 (en parlant d'un pain, d'un morceau de fromage) start /stɑːt/

entasser

▷ Pierre a entassé toutes ses affaires dans le placard.
Pierre piled all his things into the cupboard.

► **entasser** quelque chose **dans** : pile /paɪl/ something into

entendre

1 ▷ J'ai entendu un bruit dehors.
I heard a noise outside.

1 (en parlant d'une voix, d'un bruit, etc.) hear /hɪəʳ/ (heard, heard /hɜːd/)

🔊 ***Heard*** *rime avec* ***bird****.*

2 ▷ Je n'entends rien, parle plus fort !
I can't hear anything, speak louder!

▷ On entendait quelqu'un parler.
We could hear somebody talking.

▷ Est-ce que tu as entendu parler de ce film ?
Have you heard about this film?

▷ J'ai entendu dire qu'ils allaient construire un cinéma.
I heard that they were going to build a cinema.

2 *Quand il s'agit de la capacité à entendre, on emploie en anglais* ***can hear*** (au prétérit, ***could hear***).

ℹ *Notez l'emploi de la forme en* ***-ing*** *dans l'exemple à gauche.*

► **entendre parler de :** hear about (heard about, heard about)

► **entendre dire que... :** hear that...

3 ▷ Ils ne s'entendent pas du tout.
They don't get on at all.

▷ Marie s'entend bien avec son demi-frère.
Marie gets on well with her half-brother.

3 ► **s'entendre** *ou* **s'entendre bien** (en parlant de deux ou plusieurs personnes) **:** get on (got on, got on)

► **s'entendre** *ou* **s'entendre bien avec** quelqu'un **:** get on well with somebody (got on, got on)

enterrement

▷ Demain, c'est l'enterrement du grand-père de Jack.
Tomorrow is Jack's grandfather's funeral.

funeral /ˈfjuːnərəl/

enterrer

▷ Le chien enterre des os dans le jardin.
The dog buries bones in the garden.
▷ Où est-ce qu'il est enterré ?
Where is he buried?

bury /ˈberɪ/

ℹ *Le* ***y*** *de* ***bury*** *devient* ***ie*** *à la troisième personne du singulier du présent de l'indicatif (****buries*** /ˈberɪz/*), au prétérit et au participe passé (****buried*** /ˈberɪd/*).*

🔊 *Le* ***u*** *de* ***bury*** *se prononce comme le* ***e*** *de* ***bed****.* ***Bury*** *et* ***berry*** *se prononcent de la même façon.*

entêté, entêtée

▷ Camille est très entêtée, c'est impossible de lui faire changer d'avis.
Camille is very stubborn, it's impossible to get her to change her mind.

stubborn /ˈstʌbən/
(**plus entêté** more stubborn, **le plus entêté** the most stubborn)

enthousiaste

▷ Élie n'a pas eu l'air très enthousiaste quand j'ai proposé d'aller à la piscine.
Élie didn't look very enthusiastic when I suggested going to the swimming pool.

enthusiastic /ɪnˌθuːzɪˈæstɪk/
(**plus enthousiaste** more enthusiastic, **le plus enthousiaste** the most enthusiastic)

ℹ *Attention : il n'y a pas de* ***o*** *dans le mot anglais* ***enthusiastic****.*

entier, entière

1 ▷ À nous trois, nous avons mangé un poulet entier !
Between the three of us, we ate a whole chicken!

1 (= complet) **whole** /həʊl/

2 ▷ Il est célèbre dans le monde entier.
He's famous all over the world.

2 ► **dans le monde entier :** all over the world

3 ▷ Je n'ai jamais réussi à voir le film en entier.
I never managed to see the whole film.

3 ► **en entier :** whole

ℹ *Notez que* ***whole*** *est placé avant le nom.*

4 ▷ N'oublie pas d'acheter deux litres de lait entier.
Don't forget to buy two litres of full-fat milk.

4 (en parlant du lait) **full-fat** /fʊlˈfæt/

entièrement

▷ La maison a été entièrement détruite.
The house was entirely destroyed.

entirely /ɪnˈtaɪəlɪ/

entonnoir

▷ Kevin a rempli la bouteille avec un entonnoir.
Kevin filled the bottle with a funnel.

funnel /'fʌnl/

entorse

▷ Cécile s'est fait une entorse à la cheville.
Cécile sprained her ankle.
▷ Je crois que je me suis fait une entorse.
I think I've sprained my ankle.

► **se faire une entorse à la cheville : sprain** /spreɪn/ **one's ankle** /'æŋkl/

ℹ *L'adjectif possessif fonctionne de la façon suivante en anglais (exemples au prétérit) : I sprained* ***my*** *ankle, you sprained* ***your*** *ankle, he sprained* ***his*** *ankle, she sprained* ***her*** *ankle.*

entourer

1 ▷ Entourez la bonne réponse en rouge.
Circle the right answer in red.

2 ▷ Le mur qui entoure le jardin est en mauvais état.
The wall that surrounds the garden is in bad condition.
▷ J'ai entouré le sapin de Noël de cadeaux.
I surrounded the Christmas tree with presents.

1 (= mettre un trait autour de) **circle** /'sɜːkl/

2 (= être ou mettre quelque chose autour de) **surround** /sə'raʊnd/

ℹ *Notez la préposition employée en anglais :* entourer de = *surround* ***with***.

entracte

▷ Il y a un entracte au bout d'une heure.
There's an interval after one hour.

interval /'ɪntəvəl/
En anglais américain, on dit intermission /ˌɪntə'mɪʃən/

entraînement

1 ▷ Avec un peu d'entraînement, tu y arriveras facilement.
With a bit of practice, you'll manage easily.

2 ▷ Nous avons deux entraînements de rugby par semaine.
We have two rugby training sessions a week.

1 (= habitude) **practice** /'præktɪs/

2 (= séance) **training session** /'treɪnɪŋ ˌseʃən/ (pluriel : training sessions)

entraîner

1 ▷ C'est Monsieur Legrand qui nous entraîne le samedi.
It's Mr Legrand who trains us on Saturdays.

2 ▷ Nous devons nous entraîner plus si nous voulons battre l'équipe de Lens.
We must train more if we want to beat the Lens team.

1 (en sport) **train** /treɪn/

2 ► **s'entraîner** (en sport) **: train**

Suite page suivante

3 ▷ Je m'entraîne tous les soirs, mais je suis toujours aussi mauvais.
I practise every evening, but I'm still as bad.
▷ Entraîne-toi à rattraper le ballon.
Practise catching the ball.

3 ► **s'entraîner** (= s'habituer) : practise /'præktɪs/

Le i de practise se prononce comme le i de big.

► **s'entraîner à** + infinitif : practise + -ing

4 ▷ Le courant entraîne les branches mortes.
The current carries dead branches along.

4 (= emporter) carry /'kærɪ/ along

Le y de carry devient ie à la troisième personne du présent de l'indicatif (carries /'kærɪz/), au prétérit et au participe passé (carried /'kærɪd/).

entre

1 ▷ Luc est assis entre Gilles et Aïcha.
Luc is sitting between Gilles and Aïcha.
▷ Je les ai vus deux fois entre lundi et vendredi.
I saw them twice between Monday and Friday.

1 between /bɪ'twiːn/

2 ▷ Il y avait, entre autres, Mike et sa femme.
There were, among others, Mike and his wife.

2 ► **entre autres** (en parlant de personnes) : among others /əˌmʌŋ 'əðəz/

3 ▷ J'ai acheté, entre autres, du pain et du fromage.
I bought bread and cheese, among other things.

3 ► **entre autres** (en parlant de choses) : among other things /ə'mʌŋ 'əðə θɪŋz/

entrée

1 ▷ Pose ta valise dans l'entrée.
Put your suitcase down in the entrance.

1 (d'une maison, d'un bâtiment) entrance /'entrəns/

2 ▷ Simon m'a vendu son entrée au spectacle parce qu'il ne pouvait pas y aller.
Simon sold me his ticket to the show because he couldn't go.

2 (= billet) ticket /'tɪkɪt/

3 ▷ Je ne prendrai pas d'entrée, juste un plat principal.
I won't have a starter, just a main course.
▷ Qu'est-ce que vous prenez en entrée ?
What are you having as a starter?

3 (= premier plat) starter /'stɑːtə^r/

On peut aussi dire first course /fɜːst 'kɔːs/.

► **en entrée :** as a starter

entrepôt

▷ Les entrepôts du supermarché sont en face.
The supermarket warehouses are opposite.

warehouse /'wɛəhaʊs/

entreprise

▷ Les parents de Jeanne possèdent une entreprise.
Jeanne's parents own a company.

company /ˈkʌmpənɪ/
ℹ *On peut aussi dire* ***business*** /ˈbɪznɪs/ (pluriel : ***businesses*** /ˈbɪznɪsɪz/) ou ***firm*** /fɜːm/

entrer

1 ▷ Entrez, c'est ouvert !
Come in, it's open!
▷ Entre dans mon bureau, je vais te montrer mon ordinateur.
Come into my office, I'm going to show you my computer.

1 (= venir dedans) **come in** (came in, come in)
► **entrer dans :** come into

2 ▷ Entre d'abord, je t'en prie.
Go in first, please.
▷ Nous sommes entrés dans un café parce qu'il pleuvait.
We went into a café because it was raining.

2 (= aller dedans) **go in** (went in, gone in)
► **entrer dans :** go into

3 ▷ Sarah entre à l'université en octobre.
Sarah is going to university in October.

3 ► **entrer à** (en parlant d'une école, de l'université) **:** go to (went to, gone to)

4 ▷ On a tous réussi à entrer dans la voiture.
We all managed to get into the car.

4 ► **entrer dans** (= tenir dans) **:** get into (got into, got into)

5 ▷ La voiture est entrée dans un mur.
The car crashed into a wall.

5 ► **entrer dans** (= heurter) **:** crash /kræʃ/ into

entre-temps

▷ Céline était chez le coiffeur ; entre-temps je suis allé au supermarché.
Céline was at the hairdresser's; meanwhile I went to the supermarket.

meanwhile /ˈmiːnwaɪl/

entretenir

▷ Quand on a une voiture, il faut l'entretenir.
When you have a car, you have to maintain it.

(= s'occuper de) **maintain** /meɪnˈteɪn/

entretien

1 ▷ L'entretien de la voiture coûte cher.
The maintenance of the car is expensive.

1 (= soins) **maintenance** /ˈmeɪntɪnəns/

2 ▷ Lucas a eu un entretien avec le directeur.
Lucas had an interview with the manager.

2 (= réunion) **interview** /ˈɪntəvjuː/

énumérer

▷ Anita a énuméré tous les pays où elle a voyagé.
Anita listed all the countries she has travelled to.

list /lɪst/

envahir

▷ Les touristes envahissent le village chaque été.
Tourists invade the village every summer.

invade /ɪn'veɪd/

enveloppe

▷ N'oublie pas de mettre ton adresse au dos de l'enveloppe.
Don't forget to put your address on the back of the envelope.

envelope /'envələʊp/

ℹ *Attention : il n'y a qu'un **p** dans le mot anglais **envelope**.*

envelopper

▷ Le cadeau est enveloppé dans du joli papier.
The present is wrapped in some nice paper.

(= emballer) wrap /ræp/

ℹ *Il y a deux **p** au gérondif (**wrapping** /'ræpɪŋ/), au prétérit et au participe passé (**wrapped** /ræpt/).*

envers

1 ▷ Il y a quelque chose d'écrit sur l'envers de la feuille.
There's something written on the other side of the sheet.

1 ► **l'envers** (= l'autre côté) **:** the other side /ˌəðə 'saɪd/

2 ▷ Tu as mis ton tee-shirt à l'envers, normalement le motif est devant.
You've put your T-shirt on the wrong way round, normally the pattern is at the front.

2 ► **à l'envers** (= devant derrière) **:** the wrong way round /ˌrɒŋ weɪ 'raʊnd/

ℹ *On peut aussi dire **back to front** /ˌbæk tə 'frʌnt/.*

3 ▷ Les gens ont la tête en bas, l'image est à l'envers.
The people's heads are at the bottom, the picture is the wrong way up.

3 ► **à l'envers** (= avec le bas en haut) **:** the wrong way up /ˌrɒŋ weɪ 'ʌp/

ℹ *On peut aussi dire **upside down** /ˌʌpsaɪd 'daʊn/.*

4 ▷ Je crois que j'ai mis mes chaussettes à l'envers.
I think I've put my socks on inside out.

4 ► **à l'envers** (= avec l'extérieur à l'intérieur) **:** inside out /ˌɪnsaɪd 'aʊt/

envie

▷ J'ai envie d'une glace.
I feel like an ice cream.

▷ Parfois j'ai envie de le frapper !
Sometimes I feel like hitting him!

▷ David voulait m'emmener au cinéma, mais je n'avais pas envie.
David wanted to take me to the cinema, but I didn't feel like it.

► **avoir envie de** quelque chose **:** feel /fiːl/ like something (felt /felt/ like, felt like)

► **avoir envie de** + infinitif **:** feel like + -ing

ℹ *Notez l'emploi de **feel like it** lorsqu'on dit qu'on n'a pas envie, qu'on n'avait pas envie.*

envier

▷ Tu pars en vacances en Floride ? Je t'envie !
You're going on holiday to Florida? I envy you!

envy /'envɪ/
ℹ *Le y de **envy** devient **ie** à la troisième personne du singulier du présent de l'indicatif (**envies** /'envɪz/), au prétérit et au participe passé (**envied** /'envɪd/).*

environ

▷ Il y a environ cinq cents ouvriers dans l'usine.
There are about five hundred workers in the factory.

(= à peu près) **about** /ə'baʊt/

environs

▷ Ils habitent dans les environs de Reims.
They live near Reims.

► **dans les environs de :** near /nɪə'/

environnement

▷ Certains engrais sont mauvais pour l'environnement.
Some fertilizers are bad for the environment.

environment /ɪn'vaɪərənmənt/
ℹ *Attention à l'orthographe du mot anglais **environment**.*

envisager

▷ Ils envisagent d'acheter une caravane.
They are thinking of buying a caravan.

► **envisager de** + infinitif : be thinking /'θɪŋkɪŋ/ of + -ing

envoler

1 ▷ Les oiseaux se sont envolés dès qu'ils nous ont entendus.
The birds flew away as soon as they heard us.

1 (en parlant d'un oiseau) **fly** /flaɪ/ **away** (flew /fluː/ away, flown /fləʊn/ away)

2 ▷ La casquette de Yannick s'est envolée.
Yannick's baseball cap blew away.

2 (en parlant de papiers, d'un chapeau) **blow** /bləʊ/ **away** (blew /bluː/ away, blown /bləʊn/ away)

envoyer

1 ▷ Tu n'as pas oublié d'envoyer ma lettre ?
You haven't forgotten to send my letter?
▷ Muriel m'a envoyée acheter du pain.
Muriel sent me to buy some bread.

1 (en parlant du courrier ou d'une personne) **send** /send/ (sent, sent /sent/)

2 ▷ Envoie-moi le ballon.
Throw me the ball.

2 (= lancer) **throw** /θrəʊ/ (threw /θruː/, thrown /θrəʊn/)

épais, épaisse

▷ Ton pull n'est pas très épais, tu vas avoir froid.
Your pullover isn't very thick, you're going to be cold.

thick /θɪk/
(plus épais thicker /θɪkə'/, le plus épais the thickest /'θɪkɪst/)

épaisseur

1 ▷ Cela dépend de l'épaisseur du papier.
It depends on the thickness of the paper.

▷ Ce livre fait au moins dix centimètres d'épaisseur.
This book is at least ten centimetres thick.

2 ▷ Quand il fait très froid, je porte plusieurs épaisseurs de vêtements.
When it's very cold, I wear several layers of clothes.

1 (= grosseur) **thickness** /'θɪknəs/

Pour dire l'épaisseur de quelque chose en anglais, on emploie l'expression ***be... thick*** /θɪk/.

2 (= couche) **layer** /'leɪəʳ/

éparpillé, éparpillée

▷ Les papiers étaient éparpillés sur le bureau.
The papers were scattered over the desk.

scattered /'skætəd/

Notez la préposition employée en anglais : éparpillé sur = *scattered* ***over***.

épaule

▷ J'ai mal à l'épaule.
My shoulder hurts.

shoulder /'ʃəʊldəʳ/

Le ***ou*** *de* ***shoulder*** *se prononce comme le* ***o*** *de* ***hold***. ***Shoulder*** *rime avec* ***colder***.

épée

▷ C'est un art martial où on utilise une épée.
It's a martial art where you use a sword.

sword /sɔːd/

Le ***w*** *de* ***sword*** *ne se prononce pas.*

épeler

▷ Est-ce que vous pouvez épeler votre nom, s'il vous plaît ?
Can you spell your name, please?

spell /spel/

Le prétérit et le participe passé de ***spell*** *peuvent être soit* ***spelled*** /speld/, *soit* ***spelt*** /spelt/.

épice

▷ Il y a beaucoup d'épices dans cette recette.
There are a lot of spices in this recipe.

spice /'spaɪs/

épicé, épicée

▷ Ce curry est trop épicé.
This curry is too spicy.

spicy /'spaɪsɪ/
(plus épicé **spicier** /'spaɪsɪəʳ/,
le plus épicé **the spiciest** /'spaɪsɪɪst/)

épicerie

▷ Est-ce qu'il y a une épicerie par ici ?
Is there a grocery shop around here?

(= magasin) **grocery shop** /'grɒʊsərɪ ʃɒp/
(pluriel : **grocery shops**)

épicier, épicière

▷ L'épicier a choisi un melon pour moi.
The grocer chose a melon for me.

▷ Le père de Vincent est épicier depuis vingt ans.
Vincent's father has been a grocer for twenty years.

▷ Léa est encore chez l'épicier.
Léa is still at the grocer's.

▷ Ils m'ont envoyé chez l'épicier.
They sent me to the grocer's.

grocer /ˈɡrəʊsəʳ/

*N'oubliez pas l'article **a** ou **an** devant le nom du métier lorsqu'il suit les verbes **be** ou **become**.*

► **chez l'épicier** (= dans le magasin) : at the grocer's

► **chez l'épicier** (= vers le magasin) : to the grocer's

épidémie

▷ Il y a une épidémie de grippe dans toute la France.
There's a flu epidemic all over France.

epidemic /ˌepɪˈdemɪk/

*L'accent tonique est sur la troisième syllabe **-dem-**.*

épinards

▷ Il y avait encore des épinards au déjeuner.
There was spinach for lunch again.

▷ Les épinards sont bons pour la santé.
Spinach is good for you.

spinach /ˈspɪnɪtʃ/

*Le mot **spinach** ne se met pas au pluriel. On dit par exemple **this spinach is excellent*** (ces épinards sont excellents).

*Le **a** se prononce comme le **i** de **pig**.*

épine

▷ Ces roses sont pleines d'épines.
These roses are covered in thorns.

thorn /θɔːn/

épingle

▷ Il reste des épingles dans la robe que ma mère m'a faite.
There are pins left in the dress my mother made for me.

▷ Tu as perdu une épingle à cheveux.
You've lost a hairpin.

▷ Élodie a perdu un bouton, alors elle a mis une épingle à nourrice à la place.
Élodie lost a button, so she put a safety pin instead.

pin /pɪn/

► **épingle à cheveux** : hairpin /ˈhɛəpɪn/

► **épingle à nourrice** : safety pin /ˈseɪftɪ pɪn/ (pluriel : safety pins)

épisode

▷ J'ai raté le dernier épisode du feuilleton !
I missed the last episode of the series!

episode /ˈepɪsəʊd/

Attention à l'orthographe : pas d'accent en anglais.

*Le **s** est celui de **sea**.*

éplucher

▷ Est-ce que tu peux éplucher les pommes de terre ?
Can you peel the potatoes?

(en parlant des fruits et des légumes) **peel** /piːl/

épluchures

▷ Il y avait des épluchures par terre.
There were peelings on the floor.

peelings /ˈpiːlɪŋz/

éponge

1 ▷ Passe-moi l'éponge, je vais nettoyer la table.
Pass me the sponge, I'm going to clean the table.

1 (pour nettoyer) **sponge** /spʌndʒ/

*Le **o** de **sponge** se prononce comme le **u** de **duck**.*

2 ▷ Laurie portait un short en éponge.
Laurie was wearing towelling shorts.

2 ► **en éponge** (en parlant du tissu) : towelling /ˈtaʊəlɪŋ/

époque

▷ C'était une époque difficile.
It was a difficult time.

(= période) **time** /taɪm/

▷ À cette époque, les enfants n'avaient pas autant de liberté.
At that time, children didn't have as much freedom.

► **à cette époque :** at that time

▷ À l'époque, mes grands-parents vivaient à la campagne.
At the time, my grandparents lived in the country.

► **à l'époque :** at the time

épouser

▷ Mon père a épousé ma mère en 1965.
My father married my mother in 1965.

(= se marier avec) **marry** /ˈmærɪ/

*Le **y** de **marry** devient **ie** à la troisième personne du singulier du présent de l'indicatif (**marries** /ˈmærɪz/), au prétérit et au participe passé (**married** /ˈmærɪd/).*

épreuve

1 ▷ L'examen se compose de trois épreuves différentes.
The exam is made up of three different tests.

1 (à l'école ou à l'université) **test** /test/

▷ L'épreuve orale était plus facile que l'épreuve écrite.
The oral test was easier than the written test.

► **épreuve orale :** oral /ˈɔːrəl/ test (pluriel : oral tests)

► **épreuve écrite :** written /ˈrɪtn/ test (pluriel : written tests)

2 ▷ Leur équipe a été la meilleure dans toutes les épreuves.

2 (en sport) **event** /ɪˈvent/

Their team was the best in all the events.

*L'accent tonique est sur la deuxième syllabe **-vent**.*

épuisant, épuisante

▷ Cette randonnée était épuisante.
That hike was exhausting.

exhausting /eg'zɔːstɪŋ/
(plus épuisant more exhausting, le plus épuisant the most exhausting)

épuisé, épuisée

1 ▷ Je veux m'asseoir, je suis épuisé !
I want to sit down, I'm exhausted!

1 (= très fatigué) **exhausted** /eg'zɔːstɪd/
(plus épuisé more exhausted, le plus épuisé the most exhausted)

2 ▷ Les chaussures que je voulais étaient épuisées.
The shoes I wanted were sold out.

2 (en parlant d'un article dans un magasin) **sold out** /səʊld 'aʊt/

épuiser

▷ Ça m'épuise d'aller à la piscine.
It exhausts me going to the swimming pool.

exhaust /eg'zɔːst/

équateur

▷ Est-ce que le Japon est au nord de l'équateur ?
Is Japan north of the equator?

equator /ɪ'kweɪtəʳ/

équilibre

1 ▷ Déborah a perdu l'équilibre et elle est tombée.
Déborah lost her balance and she fell.

1 ► **perdre l'équilibre :**
lose /luːz/ one's balance /'bæləns/
(lost, lost /lɒst/)

2 ▷ Je suis arrivé à garder l'équilibre en m'appuyant sur Robert.
I managed to keep my balance by leaning on Robert.

2 ► **garder l'équilibre :**
keep /kiːp/ one's balance
(kept, kept /kept/)

*L'adjectif possessif fonctionne de la façon suivante en anglais : I keep **my** balance, you keep **your** balance, he keeps **his** balance, she keeps **her** balance, we keep **our** balance, they keep **their** balance.*

3 ▷ Le clown est en équilibre sur les épaules de l'autre.
The clown is balancing on the other one's shoulders.

3 ► **être en équilibre** (en parlant d'une personne) **:** balance /'bæləns/

4 ▷ La pile de livres est en équilibre sur la table.
The pile of books is balanced on the table.

4 ► **être en équilibre** (en parlant d'un objet) **:** be balanced /'bælənst/

équilibré, équilibrée

▷ Les repas de la cantine sont équilibrés.
The meals in the canteen are well-balanced.

(en parlant de l'alimentation)
well-balanced /wel'bælənst/
(plus équilibré more well-balanced, le plus équilibré the most well-balanced)

équipe

▷ Notre équipe a gagné tous les matchs cette saison.
Our team won all the matches this season.

team /tiːm/

équipement

▷ J'emporte mon équipement de ski en vacances.
I'm taking my ski equipment on holiday.

equipment /ɪ'kwɪpmənt/
ℹ *Attention à l'orthographe du mot anglais* ***equipment***.

équitation

▷ Charles fait de l'équitation tous les mercredis.
Charles goes horse-riding every Wednesday.

► **faire de l'équitation :** go horse-riding /'hɔːsraɪdɪŋ/ (went, gone/been)

équivaloir

▷ Un euro équivaut à soixante-cinq pence environ.
One euro is equivalent to about sixty-five pence.

► **équivaloir à :** be equivalent /ɪ'kwɪvələnt/ to

erreur

1 ▷ Il y a plusieurs erreurs dans les calculs.
There are several mistakes in the calculations.
▷ Tu as fait une erreur là.
You've made a mistake here.

2 ▷ J'ai emporté le parapluie de Malika par erreur.
I took Malika's umbrella by mistake.

1 (= faute) **mistake** /mɪs'teɪk/
► **faire une erreur :** make a mistake (made, made)

2 ► **par erreur :** by mistake /ˌbaɪ mɪs'teɪk/

escabeau

▷ Cyril est monté sur un escabeau pour atteindre l'étagère du haut.
Cyril climbed onto a stepladder to reach the top shelf.

stepladder /'stepˌlædəʳ/

escalade

▷ J'aimerais faire de l'escalade dans les Alpes.
I'd like to go rock-climbing in the Alps.

► **faire de l'escalade :** go rock-climbing /rɒk klaɪmɪŋ/ (went, gone/been)

*Le **b** de **climbing** n'est pas prononcé. **Climbing** rime avec **timing**.*

escalader

▷ Denis et Lambert ont escaladé le mur et se sont échappés.
Denis and Lambert climbed the wall and escaped.

climb /klaɪm/

*Le **b** de **climb** ne se prononce pas. **Climb** rime avec **time**.*

escalator

▷ Tu prends l'escalator et c'est au troisième étage.
You take the escalator and it's on the third floor.

escalator /'eskəleɪtəʳ/

*Le deuxième **a** de **escalator** se prononce comme le **a** de **make**.*

escale

▷ Nous avons pris un vol Paris-Montréal avec une escale à Londres.
We took a Paris-Montreal flight with a stop in London.

▷ C'est un vol sans escale.
It's a nonstop flight.

▷ L'avion fera escale à Rio.
The plane will stop over at Rio.

(= arrêt, en parlant d'un avion) **stop** /stɒp/

► **sans escale : nonstop** /nɒn'stɒp/

► **faire escale : stop over** /stɒp 'əʊvəʳ/

ℹ *Il y a deux **p** au gérondif (**stopping** /'stɒpɪŋ/ **over**), au prétérit et au participe passé (**stopped** /stɒpt/ **over**).*

escalier

▷ Barnabé a monté l'escalier à toute vitesse.
Barnabé went up the stairs at full speed.

▷ Prends l'escalier roulant, ça sera plus rapide.
Take the escalator, it will be quicker.

stairs /steəz/

ℹ ***Stairs** est pluriel : on dit par exemple **the stairs are dirty** (l'escalier est sale).*

► **escalier roulant** (*ou* **escalier mécanique**) **: escalator** /'eskəleɪtəʳ/

escalope

▷ Trois escalopes de veau, s'il vous plaît.
Three veal escalopes, please.

escalope /'eskələʊp/

escargot

▷ Certains Britanniques pensent que c'est dégoûtant de manger des escargots.
Some British people think that it's disgusting to eat snails.

snail /sneɪl/

esclavage

▷ Il était l'un des opposants principaux à l'esclavage.
He was one of the main opponents of slavery.

slavery /'sleɪvərɪ/

esclave

▷ Fais-le toi-même, je ne suis pas ton esclave !
Do it yourself, I'm not your slave!

slave /sleɪv/

escrime

▷ L'escrime est mon sport préféré.
Fencing is my favourite sport.
▷ Michaël fait de l'escrime chaque week-end.
Michaël does fencing every weekend.

► **l'escrime :** fencing /'fensɪŋ/

► **faire de l'escrime :** do fencing (did, done)

espace

▷ La Russie a envoyé une fusée dans l'espace.
Russia sent a rocket into space.
▷ Il n'y a pas assez d'espace ici.
There isn't enough space here.

space /speɪs/

espadrilles

▷ En été j'aime porter des espadrilles.
In summer I like to wear espadrilles.

espadrilles /'espədrɪlz/

*En anglais, **espadrilles** rime avec **pills**.*

Espagne

▷ L'Espagne et la France sont voisines.
Spain and France are neighbours.

▷ En Espagne les gens dînent tard.
In Spain people have dinner late.
▷ Nous allons régulièrement en Espagne.
We go to Spain regularly.

Spain /speɪn/

Ne prend jamais d'article.

► **l'Espagne :** Spain

► **en Espagne** (= dans le pays) **:** in Spain

► **en Espagne** (= vers le pays) **:** to Spain

espagnol, espagnole

1 ▷ Pablo est espagnol.
Pablo is Spanish.
▷ Je ne connais que quelques mots en espagnol.
I only know a few words in Spanish.
▷ Les Espagnols ont adopté l'euro.
The Spanish have adopted the euro.

2 ▷ J'ai rencontré une Espagnole dans le train.
I met a Spanish girl on the train.

1 Spanish /'spænɪʃ/

S'écrit toujours avec une majuscule, comme tous les adjectifs de nationalité en anglais.

► **les Espagnols :** the Spanish

2 ► **un Espagnol, une Espagnole :** a Spanish man/boy/woman/girl /'spænjəd/

espèce

1 ▷ Cet arbre n'est pas de la même espèce.
This tree is not the same species.

1 (= variété dans la nature) **species** /ˈspiːʃiːz/

*Le mot **species** est invariable au pluriel : on dit par exemple **there are many species of duck*** (il y a beaucoup d'espèces de canard).

2 ▷ C'est une espèce d'outil avec deux pointes.
It's a sort of tool with two points.

2 ► **une espèce de...** (pour décrire un objet) : **a sort** /sɔːt/ **of...**

3 ▷ Espèce d'imbécile !
You idiot!

3 *Pour insulter quelqu'un en anglais, on dit couramment **you...!** suivi d'un nom.*

4 ▷ Vous paierez par carte ou en espèces ?
Will you pay by card or in cash?

4 ► **en espèces** (= en argent liquide) : **in cash** /kæʃ/

espérer

▷ J'espère que vous allez bien.
I hope you're well.

hope /həʊp/

► **espérer que...** : **hope that...**

*Le mot **that** est le plus souvent omis, comme dans l'exemple.*

▷ Lise espère réussir son examen.
Lise hopes to pass her exam.

► **espérer** + infinitif : **hope to** + base verbale

espion, espionne

▷ James Bond est un espion anglais.
James Bond is an English spy.

spy /spaɪ/ (pluriel : **spies** /spaɪz/)

espionner

▷ Arrête de nous espionner !
Stop spying on us!

spy /spaɪ/ **on**

*Le **y** de **spy** devient **ie** à la troisième personne du singulier du présent de l'indicatif (**spies** /spaɪz/), au prétérit et au participe passé (**spied** /spaɪd/).*

espoir

▷ Il n'y a pas beaucoup d'espoir.
There isn't much hope.

hope /həʊp/

esquimau, Esquimau

1 ▷ Un esquimau à la vanille, s'il vous plaît.
A vanilla choc-ice, please.

1 (= glace) **choc-ice** /ˈtʃɒkˌaɪs/ (pluriel : **choc-ices**)

2 ▷ Les Esquimaux habitent dans l'Arctique.
Eskimos live in the Arctic.

2 ► **Esquimau** (= personne) : **Eskimo** /ˈeskɪməʊ/

essai

▷ Joël a réussi et pourtant c'était son premier essai.
Joël succeeded and yet it was his first try.

▷ J'ai fait trois essais mais je n'y suis pas arrivé.
I had three tries but I couldn't do it.

▷ La France a marqué un très bel essai.
France scored a beautiful try.

(= tentative) **try** /traɪ/
(pluriel : **tries** /traɪz/)

► **faire un essai : have a try** (had, had)

► **marquer un essai** (au rugby) **: score** /skɔːʳ/ **a try**

essayer

1 ▷ Pam a essayé une nouvelle teinture et maintenant elle a les cheveux orange !
Pam tried a new dye and now she has orange hair!

▷ J'ai essayé de convaincre Raïssa, mais elle n'a pas voulu m'écouter.
I tried to convince Raïssa, but she didn't want to listen to me.

2 ▷ Est-ce que je peux essayer ces deux jupes ?
Can I try these two skirts on?

▷ Essaie-le pour voir s'il te va.
Try it on to see if it fits you.

1 (en parlant d'une nouvelle chose, d'un nouveau restaurant, etc.) **try** /traɪ/

► **essayer de** + infinitif **: try to** + base verbale

2 (en parlant d'un vêtement) **try on**

ℹ *Le **y** de **try** devient **ie** à la troisième personne du singulier du présent de l'indicatif (**tries**), au prétérit et au participe passé (**tried**).*

essence

▷ Le prix de l'essence a encore augmenté.
The price of petrol has increased again.

▷ L'essence sans plomb n'est pas aussi mauvaise pour l'environnement.
Unleaded petrol isn't as bad for the environment.

▷ On va prendre de l'essence en chemin.
We're going to get petrol on the way.

(= carburant) **petrol** /'petrəl/

*En anglais américain, on dit **gas** /gæs/.*

► **essence sans plomb : unleaded** /ʌn'ledɪd/ **petrol**

► **prendre de l'essence : get petrol** (got, got)

essentiel, essentielle

1 ▷ Le prof a dit que ce n'était pas essentiel de faire cet exercice.
The teacher said that it wasn't essential to do this exercise.

2 ▷ L'essentiel c'est que vous ne soyez pas blessés.
The main thing is that you're not injured.

1 (= indispensable) **essential** /ɪ'senʃəl/

ℹ *Attention à l'orthographe.*

2 ► **l'essentiel** (= le plus important) **: the main thing** /ðə 'meɪn θɪŋ/

essoufflé, essoufflée

▷ Ludo était essoufflé quand il a atteint le sommet.

out of breath /ˌaʊ təv 'breθ/

Ludo was out of breath when he reached the summit.

Le **ea** de **breath** se prononce comme le **e** de **bed**.

essuie-glace

▷ L'essuie-glace arrière ne marche pas.
The back windscreen wiper isn't working.

windscreen wiper /ˈwɪndskriːn ˌwaɪpəʳ/ (pluriel : **windscreen wipers**)

essuyer

1 ▷ Passe-moi l'éponge, je vais essuyer la table.
Pass me the sponge, I'm going to wipe the table.

1 (= nettoyer) **wipe** /waɪp/

2 ▷ Donne-moi une serviette pour essuyer mes cheveux.
Give me a towel to dry my hair.

2 (= sécher) **dry** /draɪ/

Le **y** *de* **dry** *devient* **ie** *à la troisième personne du présent de l'indicatif (***dries** /draɪz/*), au prétérit et au participe passé (***dried** /draɪd/*).*

3 ▷ Je n'ai pas eu le temps de m'essuyer après mon bain.
I didn't have time to dry myself after my bath.

3 ► **s'essuyer** (= se sécher) : **dry** oneself

Le pronom personnel réfléchi fonctionne de la façon suivante en anglais (exemples au présent) : I dry ***myself,*** *you dry* ***yourself,*** *he dries* ***himself,*** *she dries* ***herself,*** *we dry* ***ourselves,*** *you dry* ***yourselves,*** *they dry* ***themselves.***

▷ Attends, je m'essuie les mains.
Wait, I'm drying my hands.

► **s'essuyer** + partie du corps : **dry** one's + partie du corps.

L'adjectif possessif fonctionne de la façon suivante en anglais : I dry ***my...,*** *you dry* ***your...,*** *he dries* ***his...,*** *she dries* ***her...,*** *we dry* ***our...,*** *they dry* ***their...***

4 ▷ Essuie-toi les pieds avant d'entrer.
Wipe your feet before coming in.

4 ► **s'essuyer les pieds** : **wipe** /waɪp/ one's **feet**

est

▷ Ils habitent dans l'est.
They live in the east.
▷ Mon village est à l'est de Joinville.
My village is east of Joinville.

(= la direction) **east** /iːst/

► **à l'est de...** : **east of...**

est-ce que

▷ Est-ce que tu le connais ?
Do you know him?
▷ Est-ce que James aime le café ?
Does James like coffee?

Employez la forme interrogative qui convient en anglais.

Pour la plupart des verbes : **do** *+ sujet + base verbale.*

Suite page suivante

▷ Est-ce que James est fatigué ?
Is James tired?
▷ Est-ce qu'ils sont sympas ?
Are they nice?
▷ Est-ce que vous pouvez le faire ?
Can you do it?
▷ Est-ce qu'ils iront ?
Will they go?
▷ Est-ce que tu as assez d'argent ?
Have you got enough money? *ou*
Do you have enough money?
▷ Est-ce qu'elle a éteint la lumière ?
Has she turned the light off?
▷ Est-ce qu'ils sont partis ?
Have they left?

i *Pour le verbe* **be** *et les modaux* (can, must, should, will, *etc.*) *:* **be/can/must,** *etc. + sujet.*

i *Dans les questions* **they are** *devient* **are they?, you can** *devient* **can you?,** *etc.*

i *Quand* **have** *signifie* posséder, *deux possibilités :* **have** *+ sujet +* **got** *ou* **do** *+ sujet +* **have.**

i *Quand* **have** *est auxiliaire :* **have** *+ sujet.*

estime

▷ J'ai beaucoup d'estime pour lui.
I have a lot of respect for him.

respect /rɪ'spekt/

L'accent tonique est sur la deuxième syllabe **-spect.** *Le* **c** *et le* **t** *se prononcent.*

estimer

▷ J'estime que tu as eu tort et que tu devrais t'excuser.
I consider that you were wrong and that you should apologize.

► **estimer que...** (= juger que) **:** **consider** /kən'sɪdəʳ/ **that...**

estomac

▷ Bruno a l'estomac fragile.
Bruno has a delicate stomach.

stomach /'stʌmək/

Le **ch** *de* **stomach** *se prononce comme un* **k.**

▷ J'ai mal à l'estomac.
I have a stomach ache.

► **avoir mal à l'estomac : have a stomach ache** /'stʌmək eɪk/

Ache *rime avec* **make.**

estrade

▷ Le bureau du prof est sur une estrade.
The teacher's desk is on a platform.

platform /'plætfɔːm/

L'accent tonique est sur la première syllabe **plat-.**

estragon

▷ C'est encore meilleur si tu ajoutes un peu d'estragon.
It's even better if you add a bit of tarragon.

tarragon /'tærəgən/

et

1 ▷ Lise et André sont partis les premiers.
Lise and André left first.

2 ▷ C'est une maison grande et claire.
It's a big, bright house.

3 ▷ Je me suis bien amusé, et toi ?
I had a good time, what about you?
▷ Et ce café, il est prêt ?
What about that coffee? Is it ready?

1 *Dans la plupart des cas,* et *se traduit par* **and**.

2 *Là où deux adjectifs épithètes sont reliés par* et *en français, il y a une virgule en anglais.*

3 *Lorsque* et *est employé en début de question, pour demander l'avis de quelqu'un ou des nouvelles de quelque chose, la traduction anglaise est* **what about...?** /ˈwɒt əbaʊt/.

étable

▷ Nous avons visité l'écurie et l'étable.
We visited the stable and the cowshed.

cowshed /ˈkaʊʃed/
Vient de ***cow*** (= vache) *et* ***shed*** (= hangar *ou* cabane).

établissement

▷ Le lycée Carnot est le plus grand établissement de la région.
Lycée Carnot is the biggest school in the region.

(= école) **school** /skuːl/

étage

▷ Ce grand magasin a cinq étages.
This department store has five floors.

▷ Mes amis habitent au troisième étage.
My friends live on the third floor.

(d'un bâtiment) **floor** /flɔːʳ/
Floor *rime avec* ***more****.*

Notez la préposition employée en anglais : au troisième étage = ***on*** *the third floor.*

étagère

1 ▷ Le sel est sur l'étagère du haut.
The salt is on the top shelf.

2 ▷ J'ai acheté une nouvelle étagère pour mettre toutes mes BD.
I bought a new set of shelves for my comics.

1 (= tablette) **shelf** /ʃelf/ (pluriel : shelves /ʃelvz/)

2 (= meuble) **set of shelves**

étalage

▷ L'étalage du marchand de légumes est magnifique.
The greengrocer's stall is beautiful.

(dans un marché) **stall** /stɔːl/
Stall *rime avec* ***ball*** *et* ***call****.*

étaler

1 ▻ Ludovic a étalé une demi-plaque de beurre sur son pain !
Ludovic spread half a pack of butter on his bread!

1 (en parlant du beurre, de la confiture, de la colle) **spread** /spred/ (spread, spread)

Spread rime avec red.

2 ▻ Tu étales la pâte, puis tu la recouvres de tranches de pomme.
You roll out the pastry, then you cover it with slices of apple.

2 (en parlant de la pâte à gâteaux) **roll** /rəʊl/ **out**

3 ▻ Pierre a étalé son journal sur ses genoux.
Pierre spread out his newspaper on his knees.

3 (en parlant d'un journal, d'une carte routière) **spread** /'spred/ **out** (spread out, spread out)

4 ▻ Il faut toujours qu'elle étale ses connaissances.
She always has to show off her knowledge.

4 (= montrer fièrement) **show off** /ʃəʊ 'ɒf/ (showed off /ʃəʊd 'ɒf/, shown off /ʃəʊn 'ɒf/)

étanche

▻ Heureusement, ma montre était étanche !
Fortunately, my watch was waterproof!

waterproof /'wɔːtəpruːf/

étang

▻ L'étang est gelé.
The pond is frozen.

pond /pɒnd/

Ne confondez pas a pond (un étang) et a pound (une livre).

étape

1 ▻ Nous allons faire ce travail en trois étapes.
We are going to do this work in three stages.

1 (= phase) **stage** /steɪdʒ/

2 ▻ Notre première étape sera Carcassonne.
Our first stop will be Carcassonne.

2 (= lieu où l'on s'arrête) **stop** /stɒp/

état

1 ▻ Il était dans un état lamentable.
He was in a terrible state.

1 (en parlant d'une personne) **state** /steɪt/

2 ▻ La petite annonce disait que la moto était en bon état.
The advertisement said that the motorbike was in good condition.

▻ Le toit est en mauvais état, Julien va le réparer.
The roof is in poor condition, Julien is going to repair it.

2 ► **en bon état :** in good condition /ˌgʊd kən'dɪʃn/

► **en mauvais état :** in poor condition /pɔː kən'dɪʃn/

3 ▻ Les retraites sont versées par l'État.
Pensions are paid by the state.

3 ► **État** (= pays, nation) **:** state

États-Unis

▷ Les États-Unis sont un pays très puissant.
The United States is a very powerful country.

► **les États-Unis :** the United States /juˌnaɪtɪd ˈsteɪts/

ℹ *Notez l'emploi du singulier : the United States is...*

▷ Aux États-Unis les gens fument moins qu'ici.
In the United States people smoke less than here.

▷ Tu es déjà allée aux États-Unis ?
Have you ever been to the United States?

► **aux États-Unis** (= dans le pays) : in the United States

► **aux États-Unis** (= vers le pays) : to the United States

été

▷ L'été sera chaud.
The summer will be hot.

summer /ˈsʌməʳ/

▷ C'est mieux de venir en été.
It's better to come in summer *ou* in the summer.

► **en été :** in summer *ou* in the summer

éteindre

1 ▷ Éteins la lumière, s'il te plaît.
Switch off the light, please.

1 (en parlant de la lumière, d'un appareil électrique) **switch** /swɪtʃ/ **off**

ℹ *On peut aussi dire turn /tɜːn/ off.*

2 ▷ Les pompiers ont réussi à éteindre le feu.
The firemen managed to put out the fire.

2 (en parlant d'un incendie, d'une bougie, d'une cigarette) **put** /pʊt/ **out** (put out, put out)

3 ▷ Tout d'un coup, les lumières se sont éteintes.
All of a sudden, the lights went out.

▷ La radio s'est éteinte au bout de dix minutes.
The radio went off after ten minutes.

3 ► **s'éteindre**
(en parlant d'une lampe, du feu, d'une bougie) : **go** /gəʊ/ **out**
(went /went/ out, gone /gɒn/ out)
(en parlant de la radio, de la télévision) **go off** (went off, gone off)

étendre

1 ▷ Céline a étendu une couverture par terre et s'est couchée dessus.
Céline spread a blanket out on the floor and lay down on it.

1 (= étaler) **spread** /spred/ **out** (spread out, spread out)

🔊 *Spread rime avec red.*

2 ▷ Il n'y a pas de place pour étendre ses jambes dans ce cinéma.
There isn't any room to stretch your legs in this cinema.

2 (en parlant des bras, des jambes) **stretch** /stretʃ/

3 ▷ J'ai oublié d'étendre le linge.
I forgot to hang out the washing.

3 ► **étendre le linge :** hang /hæŋ/ out the washing /ˈwɒʃɪŋ/ (hung /hʌŋ/ out, hung out)

Suite page suivante

4 ▷ Étends-toi deux minutes, tu te sentiras mieux.
Lie down for a couple a minutes, you'll feel better.

4 ► **s'étendre** (= s'allonger) : lie /laɪ/ down
(lay /leɪ/ down, lain /leɪn/ down)

ℹ *La forme en -ing est lying down.*

5 ▷ La plage s'étend sur plusieurs kilomètres.
The beach stretches over several kilometres.

5 ► **s'étendre** (en parlant d'une ville, d'un espace) : stretch /stretʃ/

ℹ *Notez la préposition employée en anglais :* s'étendre **sur** = *stretch* **over**.

étendu, étendue

1 ▷ La banlieue où nous habitons est très étendue.
The suburb where we live is very big.

1 (= vaste) big /bɪg/
(**plus étendu** bigger /bɪgəʳ/,
le plus étendu the biggest /ˈbɪgɪst/)

2 ▷ Allongez-vous, les bras étendus au-dessus de la tête.
Lie down with your arms stretched out above your head.

2 (en parlant des bras, des jambes) stretched out /stretʃt ˈaʊt/

3 ▷ Je les ai trouvés étendus dans l'herbe.
I found them lying down in the grass.

3 (= couché) lying down /laɪɪŋ ˈdaʊn/

éternuer

▷ Fatima n'arrête pas d'éternuer.
Fatima can't stop sneezing.

sneeze /sniːz/

étincelle

▷ L'incendie a été provoqué par une étincelle.
The fire was caused by a spark.

spark /spɑːk/

étiquette

1 ▷ C'est le classeur avec l'étiquette bleue.
It's the folder with the blue label.

1 (= étiquette qui porte une marque, un nom, etc.) label /ˈleɪbl/

2 ▷ Zut, j'ai oublié d'enlever l'étiquette sur le cadeau de Pierrot !
Damn, I forgot to remove the price tag on Pierrot's present!

2 (= étiquette qui porte le prix) price tag /ˈpraɪs tag/
(pluriel : price tags)

étirer

▷ N'étire pas l'élastique, tu vas le casser !
Don't stretch the elastic band, you're going to break it!

stretch /stretʃ/

▷ Le chat s'est étiré et a bâillé.
The cat stretched and yawned.

► **s'étirer** (en parlant d'une personne, d'un animal, d'un vêtement) : stretch

étoile

▷ Il y a beaucoup d'étoiles ce soir.
There are lots of stars tonight.

▷ Myriam a trouvé une étoile de mer sur la plage.
Myriam found a starfish on the beach.

star /stɑːʳ/

► **étoile de mer :** starfish /'stɑːfɪʃ/

étonnant, étonnante

▷ C'est étonnant que Saïd ne soit pas là.
It's surprising that Saïd isn't here.

surprising /sə'praɪzɪŋ/
(plus étonnant more surprising, le plus étonnant the most surprising)

étonné, étonnée

▷ Marcel a eu l'air étonné quand il m'a vue.
Marcel looked surprised when he saw me.

surprised /sə'praɪzd/
(plus étonné more surprised, le plus étonné the most surprised)

étonner

▷ Les progrès d'Aurore en anglais ont étonné tout le monde.
Aurore's progress in English surprised everybody.

▷ Ça m'étonne qu'Antonin ne soit pas là.
I'm surprised that Antonin isn't here.

surprise /sə'praɪz/

► **ça m'étonne que... :** I'm surprised that...

étouffer

1 ▷ Ne me serre pas comme ça, tu m'étouffes !
Don't squeeze me like that, you're suffocating me!

2 ▷ Qu'est-ce qu'il y a ? – J'ai de l'asthme, j'étouffe !
What's the matter? – I've got asthma, I'm suffocating!

3 ▷ On étouffe ici.
It's stifling in here.

4 ▷ Je me suis étouffé avec une arête.
I choked on a bone.

1 ► **étouffer** quelqu'un (= lui couper la respiration) **:** suffocate /'sʌfəkeɪt/ somebody

2 (= ne pas pouvoir respirer) suffocate

3 ► **on étouffe** (= il fait très chaud) **:** it's stifling /'staɪflɪŋ/

4 ► **s'étouffer** (en mangeant) **:** choke /tʃəʊk/

ℹ *Notez la préposition employée en anglais :* s'étouffer avec quelque chose = *choke **on** something.*

étourderie

▷ J'ai fait deux fautes d'étourderie dans ma dictée.
I made two careless mistakes in my dictation.

► **faute d'étourderie :** careless mistake /ˌkɛələs mɪ'steɪk/
(pluriel : careless mistakes)

étourdi, étourdie

▻ Céline est très étourdie, elle oublie tout le temps ses clés.
Céline is very absent-minded, she always forgets her keys.

absent-minded /æ'bsənt'maɪndɪd/
(**plus étourdi** more absent-minded, **le plus étourdi** the most absent-minded)

étrange

▻ Il y a une ambiance étrange ici.
There's a strange atmosphere here.

strange /streɪndʒ/
(**plus étrange** stranger /'streɪndʒəʳ/, **le plus étrange** the strangest /'streɪndʒɪst/)

étranger, étrangère

1 ▻ Il y a un groupe de touristes étrangers à l'hôtel.
There's a group of foreign tourists at the hotel.

1 (adjectif = qui vient d'un autre pays) **foreign** /'fɒrən/

*Le **gn** de **foreign** se prononce comme un **n** : le **g** ne se prononce pas.*

2 ▻ Les étrangers n'ont pas le droit de voter.
Foreigners are not allowed to vote.

2 ► **un étranger, une étrangère** (= une personne qui vient d'un autre pays) : a foreigner /'fɒrənəʳ/

*Le **gn** de **foreigner** se prononce comme un **n** : le **g** ne se prononce pas.*

3 ▻ Les parents de Dan ont vécu à l'étranger il y a longtemps.
Dan's parents lived abroad a long time ago.

3 ► **à l'étranger** : abroad /ə'brɔːd/

étrangler

1 ▻ Le criminel a étranglé sa victime.
The murderer strangled his victim.

1 (= tuer) **strangle** /'stræŋgl/

2 ▻ J'ai failli m'étrangler avec une arête.
I almost choked on a bone.

2 ► **s'étrangler** (par accident) : choke /tʃəʊk/

Notez la préposition employée en anglais : s'étrangler avec quelque chose = *choke **on** something.*

être

1 ▻ Le boulanger est sympa.
The baker is nice.
▻ Ils sont cassés.
They are broken.
▻ Qui étaient-elles ?
Who were they?

1 *La traduction la plus fréquente du verbe* être *est le verbe* **be** /biː/.

*Au présent : I **am** /æm/, he/she **is** /ɪz/, we/you/they **are** /ɑːʳ/. Au prétérit : I/he/she **was** /wɒz/, we/you/they **were** /wɜːʳ/. Au participe passé : **been** /biːn/.*

2 ▷ Mes cousins sont restés toute la journée.
My cousins stayed all day.
▷ Ils sont déjà partis.
They have already left.

3 ▷ Ils ne les considéraient même pas comme des êtres humains.
They didn't even think of them as human beings.

2 *Là où le verbe* être *sert d'auxiliaire dans le passé composé en français, on emploie soit un* prétérit, *soit un* present perfect *en anglais.*

3 ► **un être humain :** a human being /ˌhjuːmən ˈbiːɪŋ/ (pluriel : human beings)

étroit, étroite

▷ Ce chemin est trop étroit pour deux voitures.
This path is too narrow for two cars.

narrow /ˈnærəʊ/
(plus étroit narrower /ˈnærəʊəʳ/**, le plus étroit** the narrowest /ˈnærəʊɪst/**)**

étude

1 ▷ Ils ont fait une étude sur la violence dans les écoles.
They've done a study of violence in schools.

1 (= enquête) study /ˈstʌdɪ/ (pluriel : studies /ˈstʌdɪz/)

2 ▷ Il y a quatre salles d'étude dans l'école.
There are four study rooms in the school.

2 ► **salle d'étude** (*ou* étude) **:** study room /ˈstʌdɪ rʊːm/ (pluriel : study rooms)

3 ▷ Laïla n'a pas fait d'études.
Laïla didn't go to university.

3 ► **faire des études :** go to university /juːnɪˈvɜːsɪtɪ/ (went, gone/been)

La première syllabe de **university** *se prononce comme le mot* **you***.*

4 ▷ Le frère de Guy fait des études de droit.
Guy's brother is studying law.

4 ► **faire des études de... :** study /ˈstʌdɪ/

Le y *de* **study** *devient* **ie** *à la troisième personne du présent de l'indicatif (***studies** /ˈstʌdɪz/*), au prétérit et au participe passé (***studied** /ˈstʌdɪd/*).*

étudiant, étudiante

▷ Il y avait un groupe d'étudiants qui fêtaient la fin de l'année.
There was a group of students who were celebrating the end of the year.

student /ˈstjuːdənt/

étudier

▷ Laura étudie le russe.
Laura is studying Russian.

study /ˈstʌdɪ/

Le y *de* **study** *devient* **ie** *à la troisième personne du présent de l'indicatif (***studies** /ˈstʌdɪz/*), au prétérit et au participe passé (***studied** /ˈstʌdɪd/*).*

étui

▷ Mon père met ses cigarettes dans un étui.
My father puts his cigarettes in a case.

▷ J'ai perdu mon étui à lunettes.
I lost my glasses case.

(pour les lunettes, les cigarettes) case /keɪs/

► **étui à lunettes :** glasses case /'glɑːsɪz ˌkeɪs/ (pluriel : spectacle cases)

euro

▷ Je voudrais changer cent euros en livres.
I'd like to change a hundred euros into pounds.

euro /'jʊərəʊ/

*Attention à la prononciation (un peu comme **you** + **ro**).*

Europe

▷ Il y a beaucoup d'échanges entre l'Europe et l'Afrique.
There's a lot of trade between Europe and Africa.

▷ Miho voudrait vivre en Europe.
Miho would like to live in Europe.

▷ Beaucoup d'Américains viennent en Europe pour faire leurs études.
A lot of Americans come to Europe to study.

▷ Plusieurs pays d'Europe de l'Est souhaitent rentrer dans la Communauté européenne.
Several Eastern European countries want to join the European Community.

Europe /'jʊərʌp/

Ne prend jamais d'article.

► **l'Europe :** Europe

► **en Europe** (= dans le pays) **:** in Europe

► **en Europe** (= vers le pays) **:** to Europe

► **l'Europe de l'Est :** Eastern /'iːstən/ **Europe**

*Attention à la prononciation (un peu comme **you** + **rup**).*

européen, européenne

▷ J'ai un passeport européen.
I have a European passport.

▷ Les Européens ont un niveau de vie élevé.
Europeans have a high standard of living.

European /jʊərə'pɪən/

S'écrit toujours avec une majuscule, comme tous les adjectifs et substantifs de nationalité.

*Attention à la prononciation (un peu comme **you** + **rup** + **ian**).*

eux

1 ▷ Tu as acheté ces fleurs pour eux ?
Did you buy these flowers for them?

2 ▷ Nous avons dit oui, mais eux ont refusé.
We said yes, but they refused.

1 (lorsque **eux** est complément) them /ðem/

2 (lorsque **eux** est sujet) they /ðeɪ/

eux-mêmes

▷ Ils l'ont fabriqué eux-mêmes.
They made it themselves.

themselves /ðəm'selvz/

évacuer

▷ Les pompiers ont évacué les élèves.
The firemen evacuated the pupils.

evacuate /ɪ'vækjʊeɪt/

s'évader

▷ Deux prisonniers se sont évadés de la prison.
Two prisoners escaped from the prison.

escape /ɪs'keɪp/

évaluer

▷ J'ai du mal à évaluer la quantité de nourriture qu'il nous faut.
I find it difficult to evaluate the quantity of food we need.

evaluate /ɪ'væljʊeɪt/

s'évanouir

▷ J'ai failli m'évanouir quand j'ai vu tout ce sang.
I almost fainted when I saw all that blood.

(= se sentir mal) faint /feɪnt/

s'évaporer

▷ Toute l'eau s'est évaporée.
All the water has evaporated.

(= se transformer en vapeur) evaporate /ɪ'væpəreɪt/

événement

▷ La visite du ministre est un événement très important.
The minister's visit is a very important event.

event /ɪ'vent/

*L'accent tonique est sur la deuxième syllabe -**vent***

éventail

▷ Sarah a rapporté un éventail d'Espagne.
Sarah brought back a fan from Spain.

(pour faire de l'air) fan /fæn/

éventuellement

▷ On pourrait éventuellement prendre un taxi.
We could possibly take a taxi.
▷ Tu pourras nous aider ? Oui, éventuellement.
Will you be able to help us? Yes, possibly.

possibly /'pɒsəblɪ/

Attention Éventuellement n'est jamais traduit par *'eventually', qui signifie* finalement.

évidemment

▷ Tu crois que c'est vrai ? – Évidemment !
Do you think it's true? – Of course!

(= bien sûr) of course /əv' kɔːs/

évident, évidente

1 ▷ C'est évident qu'elle est coupable.
It's obvious that she's guilty.

1 (= clair) obvious /'ɒbvɪəs/ (plus évident more obvious, le plus évident the most obvious)

2 ▷ Cet exercice n'est pas évident.
This exercise is not easy.

2 ► pas évident (= pas facile) : not easy /nɒt 'iːzɪ/

Suite page suivante

Attention ! Ne traduisez pas le mot français **évident** *par le mot anglais 'evident' !*

évier

▷ L'évier est encore bouché.
The sink is blocked again.

sink /sɪŋk/

éviter

▷ Le camion a fait un écart pour éviter la moto.
The lorry swerved to avoid the motorbike.
▷ Évite de manger trop de chocolat.
Avoid eating too much chocolate.

avoid /ə'vɔɪd/

► **éviter de** + infinitif : avoid + -ing

évoluer

▷ La situation n'a pas évolué depuis le mois dernier.
The situation hasn't changed since last month.

(= changer) **change** /tʃeɪndʒ/

Attention ! Le verbe anglais 'evolve' ne correspond pas au sens le plus courant du mot français **évoluer** *!*

exact, exacte

1 ▷ Le résultat de l'addition est exact.
The result of the sum is correct.
▷ Oui, c'est exact.
Yes, that's correct.

1 (= correct, sans faute) **correct** /kə'rekt/

2 ▷ Est-ce que vous avez l'heure exacte ?
Do you have the exact time?

2 (= précis) **exact** /eg'zækt/

exactement

▷ Ces deux tee-shirts sont exactement pareils.
These two T-shirts are exactly the same.

exactly /eg'zæktlɪ/

exagérer

1 ▷ Elle exagère toujours.
She always exaggerates.

1 (= amplifier) **exaggerate** /eg'zædʒəreɪt/

Attention à l'orthographe du mot anglais.

2 ▷ Tu exagères ! Tu aurais pu au moins lui dire bonjour !
Really! You could at least have said hello to him!

2 *Quand on veut dire que quelqu'un* exagère, *c'est-à-dire qu'*il va trop loin, *qu'*il a du culot, *on dit simplement* ***really!*** /'rɪəlɪ/ *en anglais.*

examen

1 ▷ Benoît passe son examen de chimie demain.
Benoît is taking his chemistry exam tomorrow.

1 (= épreuve) **exam** /eg'zæm/

► **passer un examen :** take an exam (took, taken)

▷ Tu as réussi ton examen ?
Did you pass your exam?

*Faites bien la différence entre **take an exam** (passer un examen) et **pass an exam** (réussir un examen).*

2 ▷ Tout le monde doit passer un examen médical au début de l'année.
Everybody must have a medical examination at the beginning of the year.

2 ► **examen médical : medical examination** /'medɪkl egzæmɪˌneɪʃn/ (pluriel : medical examinations)

Notez la traduction de **passer** *dans ce cas :* **have** (*had, had*).

examiner

▷ Le docteur m'a examiné et a dit qu'il n'y avait pas de problème.
The doctor examined me and said that there was no problem.

examine /eg'zæmɪn/

*Le i de **examine** se prononce comme le i de **pig**.*

excellent, excellente

▷ Ce fromage est excellent !
This cheese is excellent!

excellent /'eksələnt/

Le t se prononce en anglais.

exception

▷ En général, je trouve ses films intéressants mais il y a des exceptions.
In general I find his films interesting but there are exceptions.
▷ Tu pourrais faire une exception pour moi !
You could make an exception for me!

exception /ek'sepʃən/

► **faire une exception : make an exception** (made, made)

exceptionnel, exceptionnelle

▷ C'est un garçon assez exceptionnel.
He's quite an exceptional boy.

exceptional /ek'sepʃənl/ (plus exceptionnel more exceptional, le plus exceptionnel the most exceptional)

*Attention : un seul **n**.*

exceptionnellement

▷ Cette fille est exceptionnellement intelligente.
This girl is exceptionally intelligent.

exceptionally /ek'sepʃənəlɪ/

*Attention : il n'y a qu'un **n** dans le mot anglais **exceptionally**.*

exciter

1 ▷ Arrête d'exciter ce chien, il va te mordre.
Stop getting that dog excited, he'll bite you.

1 ► **exciter** quelqu'un (= l'énerver) : **get somebody excited** /ek'saɪtɪd/ (got, got)

2 ▷ Ne t'excite pas trop, ce n'est pas encore sûr.
Don't get too excited, it's not certain yet.

2 ► **s'exciter** (= s'enthousiasmer) : **get excited** (got, got)

exclure

▷ Baptiste a été exclu de l'équipe de foot.
Baptiste was expelled from the football team.

(d'une équipe) **expel** /eks'pel/

ℹ *Il y a deux l au gérondif (expelling /eks'pelɪŋ/), au prétérit et au participe passé (expelled /eks'peld/).*

excursion

▷ L'excursion n'a duré qu'une demi-journée.
The excursion only lasted half a day.

▷ J'ai fait une excursion à la mer avec mes amis suisses.
I went on an excursion to the seaside with my Swiss friends.

excursion /eks'kɜːʃən/

ℹ *On peut aussi dire trip /trɪp/.*

► **faire une excursion :** go on an excursion (went, gone/been)

ℹ *On peut aussi dire go on a trip.*

excuse

1 ▷ Tu n'as aucune excuse !
You have no excuse!

2 ▷ Mélanie a dû faire des excuses à Daniel.
Mélanie had to apologize to Daniel.

1 (= prétexte) **excuse** /eks'kjuːs/

🔊 *Le s est celui de sea.*

2 ► **faire des excuses :** apologize /ə'pɒlədʒaɪz/

excuser

1 ▷ Pourquoi est-ce que je devrais l'excuser ?
Why should I forgive him?

2 ▷ Oh ! excusez-moi ! Je vous ai fait mal ?
Oh! I'm sorry! Did I hurt you?

3 ▷ Excusez-moi, est-ce que vous avez l'heure, s'il vous plaît ?
Excuse me, have you got the time, please?

4 ▷ Il a refusé de s'excuser.
He refused to apologize.
▷ Mouna s'est excusée d'être en retard.
Mouna apologized for being late.

1 (= pardonner, en parlant d'une personne ou d'une action) **forgive** /fə'gɪv/ (forgave /fə'geɪv/, forgiven /fə'gɪvn/)

2 ► **excusez-moi** (= je suis désolé) **:** I'm sorry /aɪm 'sɒrɪ/

3 ► **excusez-moi** (pour demander un renseignement) **:** excuse me /eks'kjuːz miː/

🔊 *Le s du verbe excuse se prononce comme le z de zoo.*

4 ► **s'excuser :** apologize /ə'pɒlədʒaɪz/

► **s'excuser de** + infinitif **:** apologize for + -ing

exemplaire

▷ J'ai un autre exemplaire de la facture.
I have another copy of the bill.

(= double) **copy** /'kɒpɪ/ (pluriel : copies /'kɒpɪz/)

exemple

▷ Peux-tu me donner un exemple ?
Can you give me an example?

▷ Les fauves, par exemple le lion, ...
The big cats, for example the lion, ...

example /eg'zɑːmpl/

ℹ *Attention : le mot anglais s'écrit avec un a.*

► **par exemple :** for example

ℹ *On peut aussi dire* **for instance** /fər'ɪnstəns/.

exercer

▷ Si tu veux t'améliorer, tu devrais t'exercer.
If you want to improve, you should practise.

▷ Anna s'exerce à rester sous l'eau.
Anna is practising staying under water.

practise /'præktɪs/

🔊 *Le* ***i*** *de* ***practise*** *se prononce comme le* ***i*** *de* ***big****, et le* ***s*** *est celui de* ***sea****.*

► **s'exercer à** + infinitif : practise + -ing

exercice

▷ Le premier exercice est très dur.
The first exercise is very hard.

▷ Le médecin m'a conseillé de faire de l'exercice.
The doctor advised me to do some exercise.

exercise /eksəsaɪz/

ℹ *Attention : le mot anglais s'écrit avec un s.*

► **faire de l'exercice :** do some exercise

exigeant, exigeante

▷ C'est un entraîneur très exigeant.
He's a very demanding trainer.

(= pointilleux) **demanding** /dɪ'mɑːndɪŋ/
(**plus exigeant** more demanding, **le plus exigeant** the most demanding)

exiger

▷ Ils exigent du jus d'orange frais au petit déjeuner.
They insist on fresh orange juice at breakfast.

▷ Marion a exigé que je lui fasse des excuses.
Marion insisted that I apologize to her.

(= réclamer) **insist** /ɪn'sɪst/ **on**

► **exiger que... :** insist that...

exister

1 ▷ Crois-tu que les ovnis existent ?
Do you believe that UFOs exist?

2 ▷ Il existe une exception.
There is one exception.

3 ▷ Il existe des téléphones avec courrier électronique.
There are phones with e-mail.

1 (= être réel) **exist** /eg'zɪst/

2 ► **il existe** + nom au singulier : there is /ðɛər 'iz/

3 ► **il existe** + nom au pluriel : there are /ðɛər'ɑː/

expédier

1 ▷ Je vais à la poste pour expédier ce paquet.
I'm going to the post office to send this parcel.

2 ▷ Il expédie toujours son travail.
He always does his work very fast.

1 (= envoyer) **send** /send/ (sent, sent /sent/)

2 ► **expédier** quelque chose (= le faire vite) : do something fast (did, done)

expérience

1 ▷ Il y a eu une explosion pendant l'expérience de chimie.
There was an explosion during the chemistry experiment.

2 ▷ C'est un chanteur qui a beaucoup d'expérience.
He's a singer who has a lot of experience.

1 (= essai scientifique) **experiment** /ek'sperɪmənt/

2 (= habitude, pratique) **experience** /ek'spɪərɪəns/

*Ne confondez pas **experiment** et **experience** en anglais !*

expert, experte

▷ Je te donne mon avis, mais je ne suis pas une experte.
I'll give you my opinion, but I'm not an expert.

expert /'ekspɜːt/

*L'accent tonique est sur la première syllabe **ex-**. Le **t** se prononce, et **expert** rime avec **hurt** et **dirt**.*

expirer

1 ▷ Inspirez ! Expirez !
Breathe in! Breathe out!

2 ▷ Mon passeport expire en juin.
My passport expires in June.

1 (= souffler) **breathe out** /briːð 'aʊt/

2 (= ne plus être valable) **expire** /ek'spaɪəʳ/

explication

1 ▷ Est-ce que tu as compris l'explication ?
Did you understand the explanation?

2 ▷ Denis et Béa ont eu une explication.
Denis and Béa had an argument.

1 (= éclaircissements) **explanation** /ˌekspləˈneɪʃən/

2 ► **avoir une explication** (= une dispute) : have an argument /'ɑːgjʊmənt/

expliquer

1 ▷ Tu peux m'expliquer pourquoi tu as fait ça ?
Can you explain to me why you did that?

2 ▷ Je ne me suis pas expliqué clairement.
I didn't explain myself clearly.

1 **explain** /ek'spleɪn/

*Notez qu'on dit **explain to somebody** : n'oubliez pas la préposition **to** !*

2 ► **s'expliquer** (= donner des précisions) : explain oneself

Le pronom personnel réfléchi fonctionne de la façon suivante en anglais : I explain ***myself****, you explain* ***yourself****, he explains* ***himself****, she explains* ***herself****, we explain* ***ourselves****, you explain* ***yourselves****, they explain* ***themselves****.*

exploit

▷ Sergio nous a raconté ses exploits en Angleterre.
Sergio told us about his exploits in England.

exploit /'eksplɔɪt/

Le ***oi*** *du mot anglais* ***exploit*** *se prononce comme le* ***oy*** *de* ***boy****.*

explorer

▷ Hier on a exploré le nord de la ville.
Yesterday we explored the north of the city.

explore /ek'splɔː/

exploser

▷ La bombe a explosé tout près du marché.
The bomb exploded very near the market.

explode /ek'spləʊd/

explosion

▷ Est-ce que vous avez entendu l'explosion ?
Did you hear the explosion?

explosion /ek'spləʊʒən/

exposition

▷ L'exposition Cézanne est magnifique.
The Cézanne exhibition is beautiful.

(= exposition de tableaux ou de photos) **exhibition** /ˌeksɪ'bɪʃən/

exprès

1 ▷ Je suis venu exprès pour te voir.
I came specially to see you.

2 ▷ Sammy dit qu'il ne l'a pas fait exprès.
Sammy says that he didn't do it on purpose.

1 (= spécialement) **specially** /'speʃəlɪ/

2 (= délibérément) **on purpose** /ɒn 'pɜːpəs/

expression

▷ C'est une expression que je ne connaissais pas.
It's an expression that I didn't know.

expression /ek'spreʃən/

exprimer

▷ Léo a du mal à exprimer ses sentiments.
Léo has difficulty expressing his feelings.

▷ Priscilla s'exprime très bien.
Priscilla expresses herself very well.

express /ek'spres/

► **s'exprimer** (= parler) : **express oneself**

Suite page suivante

*Le pronom personnel réfléchi fonctionne de la façon suivante en anglais : I express **myself**, you express **yourself**, he expresses **himself**, etc.*

expulser

1 ▷ Plusieurs familles ont été expulsées de cet immeuble.
Several families have been evicted from this building.

1 (= expulser quelqu'un d'un logement) evict /ɪ'vɪkt/

2 ▷ Matthieu a été expulsé du terrain parce qu'il a donné un coup de pied à un joueur.
Matthieu was sent off because he kicked a player.

2 ► **être expulsé du terrain** (en sport) **:** be sent off /sent 'ɒf/

extérieur

▷ L'extérieur de la maison n'est pas très bien entretenu.
The outside of the house isn't very well maintained.

► l'**extérieur** (= la partie qui est dehors) **:** the outside /aʊt'saɪd/

▷ Je vous attendrai à l'extérieur.
I'll wait for you outside.

► **à l'extérieur :** outside

▷ Vous pouvez fumer à l'extérieur du bâtiment, mais pas à l'intérieur.
You can smoke outside the building, but not inside.

► **à l'extérieur de :** outside

externe

▷ Les externes peuvent partir à trois heures.
Day pupils can leave at three.

(= élève) day pupil /'deɪ pjʊ:pl/ (pluriel : day pupils)

extrait

▷ Il nous a lu un extrait de « Hamlet ».
He read us a passage from "Hamlet".

(= passage) passage /'pæsɪdʒ/

Notez la préposition employée en anglais : un extrait de = *a passage* ***from***.

extraordinaire

▷ Il nous est arrivé quelque chose d'extraordinaire.
Something extraordinary happened to us.

extraordinary /ek'strɔ:dnri/

▷ Comment était le film ? – Pas extraordinaire.
What was the film like? – Not brilliant.

► **pas extraordinaire** (= pas terrible) **:** not brilliant /nɒt 'brɪljənt/

extraterrestre

▷ Tu crois que les extraterrestres existent ?
Do you think that aliens exist?

alien /'eɪlɪən/

Le a du mot anglais alien se prononce comme le a de baby.

On peut aussi dire extraterrestrial /ˌekstrətɪ'restrɪəl/.

extrême

1 ▷ Ils travaillent dans des conditions extrêmes.
They work in extreme conditions.

2 ▷ L'extrême droite a eu très peu de voix aux élections.
The far right got very few votes in the election.

▷ L'extrême gauche est moins puissante qu'avant.
The far left is less powerful than before.

▷ Luc a vécu plusieurs années en Extrême-Orient.
Luc lived in the Far East for several years.

1 (= très difficile) **extreme** /ek'striːm/

2 ► **l'extrême droite :** the far right /fɑː 'raɪt/

► **l'extrême gauche :** the far left /fɑː 'left/

► **l'Extrême-Orient :** the Far East /fɑːr'iːst/

extrêmement

▷ Quentin a été extrêmement déçu.
Quentin was extremely disappointed.

extremely /ek'striːmlɪ/

L'accent tonique est sur la deuxième syllabe -treme-.

F

FRANÇAIS — ANGLAIS

La lettre F se prononce /ef/ en anglais comme en français.

fabriquer

1 ▷ Cédric est en train de fabriquer un porte-clés.
Cédric is making a key ring.
▷ C'est une usine qui fabrique des chaussures.
It's a factory that manufactures shoes.

2 ▷ Qu'est-ce que tu fabriques ? C'est l'heure de partir !
What are you doing? It's time to leave!

1 (= faire ou construire) **make** /meɪk/ (made, made /meɪd/)

Quand on parle d'une usine, on peut aussi employer le verbe ***manufacture*** */ˌmænjʊˈfæktʃəʳ/.*

2 (= faire, au sens familier) **do** /duː/ (did /dɪd/, done /dʌn/)

fac

▷ Ils vont construire une nouvelle fac.
They're going to build a new university.

▷ Je suis allé en fac à Reims.
I went to Reims university.
▷ On s'est rencontrés en fac.
We met at university.

university /juːnɪˈvɜːsɪtɪ/ (pluriel : universities)

La première syllabe de ***university*** *se prononce comme le mot* ***you****.*

► **aller en fac :** go to university (went, gone/been)
► **être en fac :** be at university

façade

▷ On voudrait repeindre la façade.
We'd like to repaint the front of the house.

Pour parler de la façade d'une maison, on dit généralement ***the front of the house****. Pour la façade d'un immeuble, on dit* ***the front of the building****.*

face

1 ▷ On a déjà écouté les deux faces du disque.
We've already listened to both sides of the record.

1 (= le côté d'un disque) **side** /saɪd/

2 ▷ Il y a une boulangerie en face.
There's a bakery on the other side of the street.

2 ► **en face** (= de l'autre côté de la rue) **:** on the other side of the street

3 ▷ Rachid s'est assis en face de moi.
Rachid sat opposite me.

3 ► **en face de :** opposite /ˈɒpəzɪt/

Le i *de* ***opposite*** *se prononce comme le* i *de* ***pig***.

fâché, fâchée

▷ Lucille est fâchée parce que Marc lui a menti.
Lucille is angry because Marc lied to her.

(= pas content) **angry** /ˈæŋgrɪ/ (**plus fâché** angrier /ˈæŋgrɪəʳ/, **le plus fâché** the angriest /ˈæŋgrɪɪst/)

se fâcher

▷ Ne te fâche pas, je vais le réparer !
Don't get angry, I'm going to repair it!

(= se mettre en colère) **get angry** /ˈæŋgrɪ/ (got angry, got angry)

facile

▷ Cette recette est facile.
This recipe is easy.

▷ Son nouveau roman est très facile à lire.
His new novel is very easy to read.

easy /ˈiːzɪ/
(**plus facile** easier /ˈiːzɪəʳ/, **le plus facile** the easiest /ˈiːzɪɪst/)
► **facile à** + infinitif **:** easy to + base verbale

facilement

▷ Aurélien y est arrivé facilement.
Aurélien managed easily.

easily /ˈiːzɪlɪ/

façon

1 ▷ Il y a plusieurs façons de le faire.
There are several ways to do it.
▷ Il se comporte d'une façon bizarre.
He behaves in a strange way.
▷ De toute façon, ça m'est égal.
I don't care anyway.

1 (= manière, méthode) **way** /weɪ/
► **d'une façon... :** in a... way
► **de toute façon :** anyway /ˈenɪweɪ/

2 ▷ De quelle façon est-ce que tu vas le faire ?
How are you going to do it?

2 ► **de quelle façon... ? :** how...? /haʊ/

facteur

▷ Est-ce que le facteur est passé ?
Has the postman been?

(= employé de la poste) **postman** /'pəʊstmən/
(pluriel : postmen /'pəʊstmen/)

En anglais américain, on dit ***mailman*** /'meɪlmæn/ *(pluriel :* ***mailmen*** /'meɪlmen/*).*

facture

1 ▷ Est-ce que tu as payé la facture de téléphone ?
Have you paid the phone bill?

2 ▷ N'oublie pas de demander une facture.
Don't forget to ask for a receipt.

1 (pour le téléphone, le gaz, l'électricité) **bill** /bɪl/

2 (pour des achats) **receipt** /rɪ'siːt/

Le ***p*** *de* ***receipt*** *n'est pas prononcé.* ***Receipt*** *rime avec* ***eat****.*

facultatif, facultative

▷ Le cours de civilisation est facultatif.
The civilization class is optional.

optional /'ɒpʃənl/

fade

▷ Cette soupe est un peu fade.
This soup is a bit tasteless.

(en parlant de nourriture) **tasteless** /'teɪstləs/
(**plus fade** more tasteless, **le plus fade** the most tasteless)

faible

1 ▷ Je me sens faible aujourd'hui.
I feel weak today.

▷ Coralie est trop faible en maths pour faire une section scientifique.
Coralie is too weak in maths to do a science course.

2 ▷ Je crois que Suzie a un faible pour Pedro.
I think that Suzie has a soft spot for Pedro.

3 ▷ J'ai un faible pour le chocolat.
I have a weakness for chocolate.

1 (= pas fort) **weak** /wiːk/
(**plus faible** weaker /'wiːkə^r^/, **le plus faible** the weakest /'wiːkɪst/)

2 ► **avoir un faible pour quelqu'un :** have a soft spot /'sɒft spɒt/ for somebody (had, had)

3 ► **avoir un faible pour** quelque chose **:** have a weakness /'wiːknəs/ for something (had, had)

faillir

▷ J'ai failli rater le train.
I almost missed the train.

▷ Il a failli tomber.
He almost fell over.

Quand on veut dire qu'on a **failli** *faire quelque chose en anglais, on emploie une expression avec le mot* ***almost*** /'ɔːlməʊst/ *suivi du prétérit.*

faillite

▷ L'entreprise a finalement fait faillite.
The company eventually went bankrupt.

► **faire faillite :** go bankrupt /gəʊ'bæŋkrʌpt/ (went, gone)

faim

▷ J'ai faim ! Quand est-ce qu'on mange ?
I'm hungry! When are we eating?

▷ Cette promenade m'a donné faim.
This walk has made me hungry.

► **avoir faim :** be hungry /'hʌŋgrɪ/

► **donner faim à** quelqu'un **:** make somebody hungry (made, made)

fainéant, fainéante

1 ▷ Serge a toujours été un peu fainéant.
Serge has always been a bit lazy.

1 (adjectif = paresseux) lazy /'leɪzɪ/ (**plus fainéant** lazier /'leɪzɪəʳ/, **le plus fainéant** the laziest /'leɪzɪɪst/)

2 ▷ C'est une fainéante qui passe ses journées à regarder la télé.
She's a lazy girl who spends her days watching TV.

2 ► un **fainéant :** a lazy boy
► une **fainéante :** a lazy girl

ℹ *Pour des adultes, on dit* ***lazy man*** *et* ***lazy woman****.*

faire

1 ▷ J'ai beaucoup de choses à faire.
I have a lot of things to do.

▷ C'est fait !
It's done!

1 *Quand* faire *n'est pas synonyme de* fabriquer, construire *il se traduit généralement par* ***do*** /duː/ (***did*** /dɪd/, ***done*** /dʌn/).

2 ▷ J'ai fait un gâteau pour l'anniversaire de Simon.
I've made a cake for Simon's birthday.

2 *Quand* faire *signifie* fabriquer, *il se traduit généralement par* ***make*** /meɪk/ (***made, made*** /meɪd/).

3 ▷ Mon frère fait du violon.
My brother plays the violin.

3 *Quand on parle d'un instrument de musique, on emploie le verbe* ***play*** /pleɪ/.

4 ▷ La salle fait dix mètres de long.
The room is ten metres long.

▷ Ça fait combien ?
How much is it?

▷ Ça fait vingt euros.
That's twenty euros.

4 *Pour donner des mesures ou des prix, on emploie le verbe* ***be****.*

5 ▷ Le copain de Lucille fait vieux.
Lucille's boyfriend looks old.

5 (= paraître) look /lʊk/

6 ▷ Cyril nous a fait rire avec ses blagues.
Cyril made us laugh with his jokes.

6 ► **faire** + infinitif + complément de personne (= provoquer) : make + base verbale (made, made)

7 ▷ Ils se sont fait arrêter par la police.
They were arrested by the police.

7 ► **se faire** + infinitif : be + participe passé.

Attention ! Le verbe **faire** *a des traductions différentes selon les mots auquel il est associé. Regardez sous l'autre mot (par exemple, pour savoir comment on dit* **faire un cadeau**, *regardez sous* **cadeau**).

fait

1 ▷ C'est un fait.
It's a fact.
▷ Le fait qu'il se sente coupable ne change rien.
The fact that he feels guilty doesn't change anything.
▷ En fait, je pensais que Ludmila serait là.
In fact, I thought Ludmila would be here.

2 ▷ Au fait, est-ce que tu as vu Cyril récemment ?
By the way, have you seen Cyril recently?

1 (= chose réelle) **fact** /fækt/
► **en fait :** in fact

2 ► **au fait :** by the way /ˌbaɪ ðə ˈweɪ/

Regardez aussi le mot **faire**.

falaise

▷ Ne va pas sur la falaise, c'est dangereux.
Don't go on the cliff, it's dangerous.

cliff /klɪf/

falloir

1 ▷ Il faut du courage pour faire ça.
You need courage to do that.
▷ Il nous faut au moins cent euros.
We need at least a hundred euros.

2 ▷ Il faut deux heures pour aller jusqu'à Bayonne.
It takes two hours to go to Bayonne.
▷ Il m'a fallu une semaine pour repeindre toute la maison.
It took me a week to repaint the whole house.

3 ▷ Il faut réserver à l'avance.
You have to book in advance.
▷ Il faut qu'il parte tout de suite.
He has to leave straightaway.

4 ▷ Il ne faut pas t'inquiéter.
You mustn't worry.
▷ Il ne faut pas que nous oublions de fermer le gaz en partant.
We mustn't forget to turn the gas off when we go.

1 *Quand on veut dire qu'on a* **besoin de** *quelque chose, on emploie en anglais une expression avec le verbe* ***need*** /niːd/.

2 *Quand on veut parler du* **temps nécessaire** *pour faire quelque chose, on emploie en anglais une expression avec le verbe* ***take*** /teɪk/ (***took*** /tʊk/, ***taken*** /ˈteɪkən/).

3 *Quand on veut dire qu'on* **est obligé de faire** *quelque chose, on emploie l'expression* ***have to***, *suivie de la base verbale.*
Have to *se prononce* /ˈhæftuː/, *et* ***has to*** *se prononce* /ˈhæstuː/.

4 *Pour parler de quelque chose qu'il* **ne faut pas faire**, *on emploie l'expression* ***must not***, *généralement contractée en* ***mustn't*** /ˈmʌsnt/, *suivie de la base verbale.*

famille

▷ Les familles avec des enfants peuvent avoir une réduction.
Families with children can have a reduction.

family /ˈfæmɪlɪ/
(pluriel : families /ˈfæmɪlɪz/)

fan

▷ C'est un fan du Paris Saint-Germain.
He's a fan of Paris Saint-Germain.

fan /fæn/

fantastique

1 ▷ Tu as gagné des vacances gratuites ? C'est fantastique !
You've won a free holiday? That's fantastic!

1 (= super) **fantastic** /fænˈtæstɪk/

2 ▷ Raoul adore les films fantastiques.
Raoul loves fantasy films.

2 (en parlant de films ou de romans fantastiques) **fantasy** /ˈfæntəsɪ/

fantôme

▷ Les gens disent qu'il y a un fantôme dans ce château.
People say that there is a ghost in that castle.

ghost /gəʊst/

Le h de ghost ne se prononce pas.

farce

1 ▷ Nous avons voulu faire une farce à Nathalie.
We wanted to play a practical joke on Nathalie.

1 ► **faire une farce à** quelqu'un : play a practical joke /ˌpræktɪkl ˈdʒəʊk/ on somebody

2 ▷ Nous avons préparé de la farce pour la dinde.
We made some stuffing for the turkey.

2 (= la farce qu'on mange) **stuffing** /ˈstʌfɪŋ/

farci, farcie

▷ À Noël, les Anglais mangent de la dinde farcie.
At Christmas, the English eat stuffed turkey.

stuffed /stʌft/

Attention à la prononciation : c'est exactement comme si le mot s'écrivait 'stuft'.

farine

▷ Il faut deux cents grammes de farine.
You need two hundred grammes of flour.

flour /ˈflaʊəʳ/

La prononciation de flour est la même que celle de flower (= fleur).

fascinant, fascinante

▷ J'ai trouvé la visite guidée fascinante.
I found the guided tour fascinating.

fascinating /ˈfæsɪneɪtɪŋ/
(plus fascinant more fascinating, le plus fascinant the most fascinating)

fasciner

▷ L'histoire de l'Égypte me fascine.
The history of Egypt fascinates me.
▷ J'étais fasciné par sa voix.
I was fascinated by his voice.

fascinate /'fæsɪneɪt/

► **être fasciné par** quelque chose **:** be fascinated by something.

fast-food

▷ On pourrait aller dans un fast-food.
We could go to a fast-food restaurant.

(= restaurant) fast-food restaurant /'fɑːstfuːd ˌrestrɒnt/ (pluriel : fast-food restaurants)

fatigant, fatigante

▷ C'est un métier très fatigant.
It's a very tiring job.

tiring /'taɪərɪŋ/

fatigué, fatiguée

▷ Ma grand-mère est souvent fatiguée.
My grandmother is often tired.

tired /'taɪəd/ (**plus fatigué** more tired, **le plus fatigué** the most tired)

fatiguer

1 ▷ La randonnée nous a tous fatigués.
The hike made us all tired.

1 ► **fatiguer** quelqu'un **:** make somebody tired /'taɪəd/ (made, made)

2 ▷ Le travail sur écran me fatigue les yeux.
Working on screen strains my eyes.

2 (en parlant des yeux ou du cœur) strain /streɪn/

3 ▷ Le médecin a dit que je ne devais pas me fatiguer.
The doctor said that I shouldn't get tired.

3 ► **se fatiguer :** get tired /'taɪəd/ (got, got)

faut

Regardez le mot falloir.

faute

1 ▷ Il y a très peu de fautes d'anglais dans ton e-mail.
There are very few English mistakes in your e-mail.
▷ Tu as fait une faute là.
You've made a mistake there.
▷ Il y a des fautes d'orthographe dans cet article.
There are spelling mistakes in this article.

1 (= erreur) mistake /mɪs'teɪk/

► **faire une faute :** make a mistake (made, made)
► **faute d'orthographe :** spelling /'spelɪŋ/ mistake (pluriel : spelling mistakes)

2 ▷ Ce n'est pas ma faute !
It's not my fault!

2 (= la faute de quelqu'un, sa responsabilité) fault /fɔːlt/

fauteuil

1 ▷ Il y a deux fauteuils dans le salon.
There are two armchairs in the living room.

2 ▷ Les fauteuils du cinéma ne sont pas confortables.
The cinema seats aren't comfortable.

3 ▷ Il est en fauteuil roulant.
He's in a wheelchair.

1 (= un fauteuil dans une maison) armchair /'ɑːmtʃɛəʳ/

2 (= un fauteuil au théâtre ou au cinéma) seat /siːt/

3 ► **fauteuil roulant :** wheelchair /'wiːltʃəʳ/

fauve

▷ Tu as vu l'émission sur les fauves ?
Did you see the programme about big cats?

big cat /bɪg 'kæt/ (pluriel : big cats)

faux, fausse

1 ▷ Ton calcul est faux.
Your calculation is wrong.

2 ▷ Ce qu'il dit est complètement faux.
What he's saying is completely false.

3 ▷ Quelqu'un m'a donné un faux billet de dix euros.
Somebody gave me a forged ten-euro note.

4 ▷ La fausse fourrure est à la mode.
Fake fur is fashionable.

5 ▷ Je chante faux.
I sing out of tune.

1 (= inexact) wrong /rɒŋ/

2 (= pas vrai) false /fɒls/

3 (en parlant de faux billets ou d'une fausse signature) forged /fɔːdʒd/

4 (en parlant de bijoux, de marbre, de fourrure) fake /feɪk/

5 ► **chanter faux :** sing out of tune /sɪŋ aʊt əv 'tjuːn/ (sang /sæŋ/, sung /sʌŋ/)

fax

1 ▷ Domi m'a envoyé un fax.
Domi sent me a fax.

2 ▷ Nous avons un fax et une photocopieuse au bureau.
We have a fax machine and a photocopier in the office.

1 (= document) fax /fæks/ (pluriel : faxes /'fæksɪz/)

2 (= machine) fax machine (pluriel : fax machines)

faxer

▷ Tu peux me faxer la lettre si tu veux.
You can fax me the letter if you want.

fax /fæks/

félicitations

▷ Tu as eu ton permis ? Félicitations !
You got your driving licence? Congratulations!

congratulations /kən,grætjʊ'leɪʃənz/

féliciter

▷ Je vais appeler Marco pour le féliciter.
I'm going to call Marco to congratulate him.

congratulate /kən'grætjʊleɪt/

femelle

▷ Les femelles ont la tête noire et les mâles ont la tête blanche.
Females have a black head and males have a white head.
▷ C'est une souris femelle.
It's a female mouse.

female /ˈfiːmeɪl/
*Le premier **e** se prononce comme le **ee** de **week**, et le **a** est celui de **make**.*

féminin, féminine

1 ▷ Elle porte des vêtements très féminins.
She wears very feminine clothes.

1 (en parlant d'une fille, d'une femme, de vêtements) **feminine** /ˈfemɪnɪn/ (**plus féminin** more feminine, **le plus féminin** the most feminine)

2 ▷ Karine est abonnée à trois magazines féminins.
Karine subscribes to three women's magazines.

2 (en parlant de la presse féminine ou d'une équipe féminine) **women's** /ˈwɪmɪnz/

femme

1 ▷ Il y a plus de femmes que d'hommes dans cette association.
There are more women than men in this association.
▷ C'est une femme très brillante.
She's a very brilliant woman.

1 (= une personne de sexe féminin) **woman** /ˈwʊmən/ (pluriel : women /ˈwɪmɪn/)
*Attention à la prononciation du pluriel : le **o** et le **e** se prononcent comme le **i** de **big**. C'est comme si **women** s'écrivait 'wimin'.*

2 ▷ C'est la femme de monsieur Carré.
She's Mr Carré's wife.
▷ Qu'est-ce qu'elle fait comme métier ? – Elle est femme au foyer.
What's her job? – She's a housewife.

2 (= une épouse) **wife** /waɪf/ (pluriel : wives /waɪvz/)
► **femme au foyer :** housewife /ˈhaʊsˌwaɪf/ (pluriel : housewives /ˈhaʊsˌwaɪvz/)
*Notez l'emploi de l'article **a** : be **a** housewife.*

3 ▷ Il y a une nouvelle femme de ménage au bureau.
There's a new cleaner at the office.

3 ► **femme de ménage :** cleaner /ˈkliːnəʳ/

fenêtre

▷ J'ai regardé par la fenêtre et j'ai vu que les voisins partaient.
I looked out of the window and I saw that the neighbours were leaving.

window /ˈwɪndəʊ/
*Notez la préposition employée en anglais : regarder par la fenêtre = look **out of** the window.*

fente

1 ▷ Il y a une fente au plafond.
There's a crack in the ceiling.

1 (= fissure) **crack** /kræk/

Suite page suivante

2 ▷ Tu dois mettre la pièce dans la fente.
You have to put the coin in the slot.

2 (en parlant d'un distributeur ou d'une cabine téléphonique) **slot** /slɒt/

3 ▷ Elle portait une jupe avec une fente.
She was wearing a skirt with a slit.

3 (en parlant d'une jupe ou d'une robe) **slit** /slɪt/

fer

▷ Il y a du fer dans les épinards.
There is iron in spinach.

iron /ˈaɪən/

*Le r de **iron** ne se prononce pas. **Iron** rime avec le mot anglais **lion** et le nom anglais **Brian**.*

▷ Cette grille est en fer.
These railings are made of iron.

▷ Ils ont ouvert la porte avec une barre en fer.
They opened the door with an iron bar.

▷ Le fer à repasser ne marche plus.
The iron isn't working anymore.

► **être en fer :** be made of iron

► **en fer :** iron

► **fer à repasser :** iron

férié

▷ Le huit mai est un jour férié en France.
The eighth of May is a bank holiday in France.

▷ Demain est férié.
Tomorrow is a bank holiday.

► **jour férié :** bank holiday /bæŋk ˈhɒlɪdeɪ/ (pluriel : bank holidays)

*On dit aussi **public** /ˈpʌblɪk/ **holiday**.*

ferme

1 ▷ Ce matelas est ferme.
This mattress is firm.

1 (adjectif = un peu dur) **firm** /fɜːm/ (plus ferme firmer /fɜːməʳ/, le plus ferme the firmest /fɜːmɪst/)

2 ▷ Ils vivent dans une ferme en Dordogne.
They live in a farm in Dordogne.

2 ► **une ferme** (= une exploitation agricole) a **farm** /fɑːm/

fermé, fermée

▷ Tous les magasins sont fermés.
All the shops are closed.

closed /kləʊzd/

*On dit aussi **shut** /ʃʌt/.*

fermer

1 ▷ Ferme les yeux et pense à quelque chose d'agréable.
Close your eyes and think of something nice.

▷ J'ai fermé la porte parce qu'il y avait trop de bruit.
I closed the door because there was too much noise.

▷ Ce tiroir ne ferme pas bien.
This drawer doesn't close properly.

1 La traduction la plus courante de **fermer** *est* **close** /kləʊz/. *Le verbe* **shut** /ʃʌt/ (shut, shut) *est aussi employé.*

*Le **s** du verbe **close** se prononce comme un **z**.*

▻ La porte s'est fermée toute seule.
The door closed on its own.

2 ▻ Ferme ton manteau, il fait froid dehors.
Do your coat up, it's cold outside.

3 ▻ N'oubliez pas de fermer l'eau.
Don't forget to turn the water off.

► se fermer : close /kləʊz/

2 (= boutonner) do up /duː 'ʌp/ (did up /dɪd 'ʌp/, done up /dʌn 'ʌp/)

3 (= éteindre, couper) turn off /tɜːn 'ɒf/

fermeture

1 ▻ J'espère que nous arriverons avant la fermeture du magasin.
I hope we will arrive before the shop closes.

2 ▻ La fermeture éclair® est coincée.
The zip is jammed.

1 *Notez l'emploi du verbe **close** dans cet exemple.*

2 ► fermeture éclair® : zip /zɪp/

*En anglais américain, on dit **zipper** /'zɪpəʳ/.*

fermier, fermière

▻ Le fermier nous a vendu du lait.
The farmer sold us some milk.

▻ Mon grand-père était fermier.
My grandfather was a farmer.

(= agriculteur) farmer /'fɑːməʳ/

*N'oubliez pas l'article **a** ou **an** devant le nom du métier lorsqu'il suit les verbes **be** ou **become**.*

ferry

▻ Nous avons pris le ferry de Calais à Douvres.
We took the ferry from Calais to Dover.

ferry /'ferɪ/
(pluriel : ferries /'ferɪz/)

fesse

▻ Le médecin m'a fait une piqûre dans la fesse droite.
The doctor gave me an injection in my right buttock.

▻ Marie m'a dit que j'avais de grosses fesses.
Marie told me I've got a fat bottom.

buttock /'bʌtək/

► les fesses (= le derrière) : bottom /'bɒtəm/

fessée

▻ Mes parents me donnaient parfois des fessées.
Sometimes my parents smacked my bottom.

▻ Tu vas avoir une fessée !
I'm going to smack your bottom!

*Quand on parle de donner une fessée à quelqu'un en anglais, on emploie l'expression **smack** /smæk/ + possessif + **bottom** /'bɒtəm/.*

festival

▻ Il y a un festival de cinéma au mois de juin.
There is a cinema festival in June.

festival /'festɪvəl/

*L'accent tonique est sur la première syllabe **fes-**.*

fête

1 ▷ Est-ce que tu vas à la fête de John ?
Are you going to John's party?

▷ J'ai envie de faire une fête pour mon anniversaire.
I feel like having a party for my birthday.

1 (= soirée) **party** /ˈpɑːtɪ/ (pluriel : **parties** /ˈpɑːtɪz/)
► **faire une fête :** have a party

2 ▷ Aujourd'hui c'est la fête de Catherine.
Today is Catherine's saint's day.

2 (= jour du prénom) **saint's day** /ˈseɪnts deɪ/

Dans les pays anglophones, on ne souhaite pas leur fête aux gens.

3 ▷ Toute la famille était à la fête du village.
The whole family was at the village fair.

▷ La fête foraine se termine dimanche.
The funfair ends on Sunday.

3 (= kermesse) **fair** /fɛəʳ/
► **fête foraine :** funfair /ˈfʌnfɛəʳ/

4 ▷ Ils ont fait la fête toute la nuit.
They partied all night.

▷ J'aime faire la fête.
I love to party.

4 ► **faire la fête :** party /ˈpɑːtɪ/

*Le **y** du verbe **party** devient **ie** à la troisième personne du présent de l'indicatif (**parties** /ˈpɑːtɪz/), au prétérit et au participe passé (**partied** /ˈpɑːtɪd/).*

5 ▷ N'oublie pas la fête des Mères !
Don't forget Mother's Day!

▷ Dimanche, c'est la fête des Pères.
Sunday is Father's Day.

5 ► **la fête des Mères :** Mother's Day /ˈmʌðəz deɪ/
► **la fête des Pères :** Father's Day /ˈfɑːðəz deɪ/

*Notez l'absence de l'article **the** en anglais.*

fêter

▷ Nous avons fêté l'anniversaire de Joanne.
We celebrated Joanne's birthday.

(= fêter un événement) **celebrate** /ˈselɪbreɪt/

feu

1 ▷ Les pompiers ont réussi à éteindre le feu.
The firemen managed to put out the fire.

▷ Faisons un feu pour nous réchauffer.
Let's make a fire to warm ourselves up.

▷ Quelqu'un a mis le feu à l'immeuble.
Somebody set fire to the building.

▷ Les rideaux ont pris feu tout de suite.
The curtains caught fire straight away.

1 (= le feu qui brûle) **fire** /faɪəʳ/
► **faire un feu :** make a fire (made, made)
► **mettre le feu à :** set fire to (set, set)
► **prendre feu :** catch /kætʃ/ fire (caught, caught /kɔːt/)

2 ▷ Est-ce que vous avez du feu, s'il vous plaît ?
Have you got a light, please?

2 ► **du feu** (pour allumer une cigarette) **:** a light /laɪt/

3 ▷ Tournez à gauche au feu rouge.
Turn left at the traffic lights.

▷ La voiture ne s'est pas arrêtée aux feux.
The car didn't stop at the traffic lights.

3 ► **feu rouge** *ou* **feux :** traffic lights /ˈtræfɪk ˌlaɪts/

4 ▷ Je ne veux pas manquer le feu d'artifice du quatorze Juillet.
I don't want to miss the firework display on the fourteenth of July.

4 ► **feu d'artifice :** firework display /'faɪəwɜːk dɪsˌpleɪ/ (pluriel : firework displays)

ℹ *On dit aussi* ***fireworks*** /'faɪəwɜːks/

feuille

1 ▷ Les feuilles commencent à tomber.
The leaves are beginning to fall.

2 ▷ Est-ce que tu peux me donner une feuille de papier ?
Can you give me a sheet of paper?

1 (= une feuille sur un arbre) **leaf** /liːf/ (pluriel : leaves /liːvz/)

2 (= une feuille de papier) **sheet** /ʃiːt/

feuilleton

▷ Lionel ne rate jamais un épisode de son feuilleton préféré.
Lionel never misses an episode of his favourite serial.

serial /'sɪərɪəl/

feutre

▷ Est-ce que tu aurais un feutre rouge ?
Have you got a red felt-tip pen?

(= stylo) **felt-tip pen** /ˌfelttɪp 'pen/
(pluriel : felt-tip pens)

fève

1 ▷ Nous avons mangé des fèves en entrée.
We had broad beans as a starter.

2 ▷ La personne qui trouve la fève doit acheter une autre galette !
The person who finds the charm has to buy another 'galette'!

1 (= la fève qu'on mange) **broad bean** /brɔːd 'biːn/

2 (= la figurine de la galette des Rois) **charm** /tʃɑːm/

ℹ ***Charm*** *est une traduction approximative, car la tradition de la galette des Rois n'existe pas au Royaume-Uni.*

février

▷ Il fait souvent froid en février.
It's often cold in February.

▷ Stéphanie est née le trois février.
Stéphanie was born on the third of February.

February /'febrʊərɪ/

ℹ *S'écrit toujours avec une majuscule, comme tous les noms de mois en anglais.*

ℹ *Notez l'emploi de* ***on*** *et* ***of*** *en anglais lorsqu'on dit la date.*

ℹ *On écrit* ***3 February***.

fiable

▷ Jacques est très fiable.
Jacques is very reliable.

reliable /rɪ'laiəbl/

🔊 *Le* ***i*** *est celui de* ***like***.

fiancé

▷ Le fiancé d'Isabelle est très sympa.
Isabelle's fiancé is very nice.

fiancé
Se prononce comme en français.

fiancée

▷ Éric est venu avec sa fiancée.
Éric came with his fiancée.

fiancée
Se prononce comme en français.

ficelle

▷ As-tu un peu de ficelle ?
Have you got some string?

string /'strɪŋ/

fiche

▷ Charlotte a des fiches de vocabulaire.
Charlotte has some vocabulary cards.

(= carte) **card** /kɑːd/

ficher

1 ▷ Il n'a rien fichu pendant les vacances.
He didn't do anything during the holidays.

1 (= faire, sens familier) **do** /duː/ (did /dɪd/, done /dʌn/)

2 ▷ Où est-ce que tu as fichu le journal ?
Where did you put the newspaper?

2 (= mettre, sens familier) **put** /pʊt/ (put, put)

3 ▷ Elle lui a fichu une claque.
She gave him a slap.

3 (= donner, sens familier) **give** /gɪv/ (gave /geɪv/, given /'gɪvən/)

4 ▷ Arrêtez de vous ficher de moi !
Stop making fun of me!

4 ► **se ficher de** quelqu'un (= se moquer, sens familier) **:** make fun /fʌn/ of somebody (made fun of, made fun of)

5 ▷ Tu peux dire ce que tu veux, je m'en fiche !
You can say what you want, I don't care!

5 ► **je m'en fiche :** I don't care /ˌaɪ dəʊnt 'kɛəʳ/

fichier

▷ Je l'ai classé dans le fichier « Factures ».
I filed it in the "Invoices" file.

▷ Charles a effacé deux fichiers par erreur.
Charles deleted two files by mistake.

file /faɪl/

Le ***i*** *du mot anglais* ***file*** *se prononce comme le* ***i*** *de* ***like****.*

fier, fière

▷ Emmanuelle est très fière de sa nouvelle montre.
Emmanuelle is very proud of her new watch.

proud /praʊd/
(plus fier prouder /'praʊdəʳ/, le plus fier the proudest /'praʊdɪst/)

fièvre

▷ Je crois que j'ai de la fièvre.
I think I've got a temperature.

► **avoir de la fièvre :** have a temperature /'temprɪtʃəʳ/

▷ Cécile avait 39 de fièvre.
Cécile had a temperature of 39.

Quand on exprime la température du corps en parlant de la fièvre, en anglais, on emploie l'expression ***have a temperature of...***

Le mot ***fever*** /'fiːvəʳ/ *existe en anglais, mais il est moins courant que* ***temperature*** *quand on parle d'une personne qui a de la fièvre.*

figue

▷ Il y a des figues dans cette salade de fruits.
There are figs in this fruit salad.

fig /fɪg/

figure

▷ J'ai encore des boutons sur la figure !
I've got spots on my face again!

(= visage) **face** /feɪs/

figurer

1 ▷ Apparemment, mon nom ne figure pas sur la liste.
Apparently, my name doesn't appear on the list.

1 (= être mentionné) **appear** /ə'pɪəʳ/

2 ▷ Elle se figure que ça va être facile !
She thinks it's going to be easy!

2 ► **se figurer que...** (= croire que) : **think** /θɪŋk/ **that...** (**thought, thought** /θɔːt/)

Le mot ***that*** *est souvent omis, comme dans l'exemple à gauche.*

fil

1 ▷ J'ai besoin de fil pour coudre ce bouton.
I need some thread to sew this button on.

1 (= le fil pour coudre) **thread** /θred/

Thread *rime avec* ***bed***

2 ▷ Le fil du fer à repasser est tout emmêlé.
The cord of the iron is all tangled up.

2 (= le fil d'un appareil électrique) **cord** /kɔːd/

3 ▷ Le fil de fer de la clôture est rouillé.
The wire of the fence is rusty.

3 ► **fil de fer :** **wire** /'waɪəʳ/

file

1 ▷ Il y a une file de voitures devant la station-service.
There's a line of cars in front of the petrol station.

1 (= rangée) **line** /laɪn/

2 ▷ Nous sommes restés dans la file de droite.
We stayed in the right-hand lane.

2 (= la partie de la route) **lane** /leɪn/

Suite page suivante

3 ▷ Il y a une file d'attente d'au moins deux cents personnes !
There's a queue of at least two hundred people!

3 ► **file d'attente :** queue /kjuː/

Le mot anglais ***queue*** *rime avec* ***few*** *et* ***you****.*

En anglais américain on dit ***line*** */laɪn/.*

4 ▷ On a regardé deux films à la file.
We watched two films in a row.

4 ► **à la file :** in a row /ɪn ə 'rəʊ/

filer

1 ▷ La voiture filait à toute vitesse.
The car was going very fast.

1 (= aller vite) go very fast /fɑːst/

2 ▷ Il faut que je file !
I must go!

2 (= partir, sens familier) go /gəʊ/ (went /went/, gone /gɒn/)

3 ▷ Tu peux me filer un timbre ?
Can you give me a stamp?

3 (= donner, sens familier) : give /gɪv/ (gave /geɪv/, given /'gɪvən/)

filet

1 ▷ Ils pêchent avec d'immenses filets.
They fish with huge nets.

1 (= le filet pour pêcher) net /net/

2 ▷ Je vais prendre le filet de porc.
I'm going to have the pork fillet.

2 (= le filet de viande ou de poisson) fillet /'fɪlɪt/

Attention à l'orthographe et la prononciation du mot anglais ***fillet****. C'est comme si on disait* ***fill it****.*

fille

1 ▷ Sylvie est une fille bizarre.
Sylvie is a strange girl.

1 (par opposition à « garçon ») girl /gɜːl/

2 ▷ Ils ont un fils et deux filles.
They have one son and two daughters.

2 (= la fille de quelqu'un) daughter /'dɔːtə/

filleul

▷ Il fait souvent des cadeaux à son filleul.
He often gives presents to his godson.

godson /'gɒdsʌn/

filleule

▷ Mélissa est la filleule de ma mère.
Mélissa is my mother's goddaughter.

goddaughter /'gɒddɔːtə^r/

film

▷ Est-ce que vous avez vu son dernier film ?
Did you see his last film?

film /fɪlm/

On dit aussi ***movie*** */'muːvɪ/, surtout en anglais américain.*

filmer

▷ Ils sont en train de filmer un documentaire.
They're filming a documentary.

film /fɪlm/

fils

▷ Comment s'appelle votre fils ?
What's your son's name?

son /sʌn/

🔊 *Le mot anglais* ***son*** *se prononce de la même façon que* ***sun*** (= soleil).

filtre

▷ Zut, il n'y a plus de filtres à café !
Damn, there aren't any coffee filters left!

filter /'fɪltəʳ/

ℹ *Attention à l'orthographe.*

fin (nom)

▷ J'ai trouvé la fin du film très triste.
I found the end of the film very sad.
▷ Ils partiront fin septembre.
They will leave at the end of September.

(= conclusion) **end** /end/

ℹ *Lorsque fin est suivi directement d'un nom de mois, on emploie en anglais l'expression* ***at the end of.***

▷ On peut se retrouver en fin d'après-midi.
We can meet up at the end of the afternoon.

► **en fin de :** at the end of

▷ En fin de compte, c'était une réussite.
In the end, it was a success.

► **en fin de compte :** in the end

fin, fine (adjectif)

1 ▷ Il y a une fine couche de confiture dans le gâteau.
There's a thin layer of jam in the cake.

1 (= mince) **thin** /θɪn/
(plus fin thinner /'θɪnəʳ/, le plus fin the thinnest /'θɪnɪst/)

2 ▷ Elle a des cheveux très fins.
She's got very fine hair.

2 (= petit, en parlant de cheveux, du sable, etc.) **fine** /faɪn/
(plus fin finer /'faɪnəʳ/, le plus fin the finest /'faɪnɪst/)

3 ▷ Il n'est vraiment pas très fin !
He really isn't very clever!

3 (= intelligent) **clever** /'klevəʳ/
(plus fin cleverer /'klevərəʳ/, le plus fin the cleverest /'klevərɪst/)

finale

▷ Qui a gagné la finale du championnat ?
Who won the championship final?

(= match) **final** /'faɪnl/

🔊 *Le* ***i*** *de* ***final*** *se prononce comme le* ***i*** *de* ***like.***

▷ Notre équipe est en finale.
Our team is in the final.

► **être en finale :** be in the final

finalement

1 ▷ Qu'est-ce qui s'est passé finalement ?
What happened in the end?

1 (= à la fin) **in the end** /ˌɪn ðɪ 'end/

Suite page suivante

2 ▷ Finalement, ce n'est pas mal.
After all it's not bad.

2 (= après tout) after all /ˌɑːftər'ɔːl/

Attention ! Finalement ne se traduit pas par 'finally', qui signifie enfin.

finir

▷ Je n'ai pas encore fini mon rapport.
I haven't finished my report yet.

▷ La pièce de théâtre a fini à dix heures.
The play finished at ten o'clock.

▷ Si tu as fini de faire tes valises, est-ce que tu peux m'aider ?
If you have finished packing your bags, can you help me?

▷ Jérémie a fini par accepter.
Jérémie eventually accepted.

finish /'fɪnɪʃ/

Attention à la prononciation de finished : 'fɪnɪʃt .

► finir de + infinitif : finish + -ing

Pour dire en anglais qu'on finit par faire quelque chose, on emploie eventually ɪ'ventʃʊəlɪ avant le verbe.

Le mot eventually ne signifie pas « éventuellement ».

fissure

▷ Il y a des fissures dans les murs.
There are cracks in the walls.

crack /kræk/

fixer

1 ▷ Je ne sais pas comment fixer cette carte au mur.
I don't know how to hang this map on the wall.

2 ▷ J'ai fixé l'aile sur ma maquette d'avion.
I stuck the wing on my model plane.

3 ▷ On doit fixer une date pour la soirée.
We have to set a date for the party.

4 ▷ Pourquoi est-ce qu'il me fixe comme ça ?
Why is he staring at me like that?

1 (= accrocher) hang /hæŋ/ (hung, hung /hʌŋ/).

2 (= coller) stick /stɪk/ (stuck, stuck /stʌk/).

3 (= décider, établir) set /set/ (set, set)

4 (= regarder fixement) stare /stɛəʳ/ at

flacon

▷ À qui est ce flacon de parfum ?
Whose perfume bottle is this?

bottle /'bɒtl/

flamber

1 ▷ Le bois flambe dans la cheminée.
The wood is burning in the fireplace.

1 (= brûler) burn /bɜːn/

Le prétérit et le participe passé de burn peuvent être soit burned bɜːnd , soit burnt bɜːnt .

2 ▷ On pourrait faire flamber les crêpes.
We could flambé the pancakes.

2 (= faire flamber quelque chose qu'on mange) flambé /ˈflɒmbeɪ/ (flambéed, flambéed /ˈflɒmbeɪd/)

flamme

▷ Les flammes sont très hautes.
The flames are very high.

flame /fleɪm/

Attention à l'orthographe : un seul m en anglais.

▷ L'immeuble était en flammes.
The building was in flames.

► **en flammes :** in flames /ɪn ˈfleɪmz/

flan

▷ Il y a du flan comme dessert.
There's custard tart for dessert.

custard tart /ˌkʌstəd ˈtɑːt/

flanquer

▷ Amélie a flanqué une claque à Georges.
Amélie gave Georges a slap.

(= donner, au sens familier) give /gɪv/ (gave /geɪv/, given /ˈgɪvən/)

flaque

▷ Je me suis salie en marchant dans une flaque d'eau.
I got dirty when I stepped in a puddle of water.

puddle /ˈpʌdl/

flash

▷ Le flash n'a pas fonctionné.
The flash didn't work.

flash /flæʃ/ (pluriel : flashes /ˈflæʃɪz/)

flèche

▷ Ils utilisent des flèches empoisonnées pour chasser.
They use poisoned arrows to hunt.

arrow /ˈærəʊ/

▷ Suis la flèche et tu trouveras la sortie.
Follow the arrow and you'll find the exit.

Arrow rime avec go et Joe.

fléchette

▷ Les Anglais jouent parfois aux fléchettes dans les pubs.
The English sometimes play darts in pubs.

dart /dɑːt/

► **jouer aux fléchettes :** play darts

flemme

▷ J'ai la flemme de cuisiner.
I can't be bothered to cook.

▷ J'avais la flemme !
I couldn't be bothered!

Pour dire qu'on a la **flemme** *de faire quelque chose en anglais, on emploie l'expression* **can't be bothered** /ˌkɑːnt bɪ ˈbɒðəd/ + **to** + base verbale. *Au passé :* **couldn't be bothered** /ˌkʊdnt bɪ ˈbɒðəd/.

fleur

▷ Il y a de jolies fleurs bleues dans le jardin.
There are some pretty blue flowers in the garden.

▷ Les rosiers sont en fleurs.
The roses are in flower.

flower /ˈflaʊəʳ/

► **en fleur** *ou* **en fleurs** : in flower

Pour un arbre qui est en fleurs, on peut aussi dire **in blossom** /ˈblɒsəm/.

fleurir

▷ Les roses n'ont pas encore fleuri.
The roses haven't flowered yet.

flower /ˈflaʊəʳ/

fleuriste

▷ La fleuriste est très sympa.
The florist is very nice.

▷ Où est Luc ? – Chez le fleuriste.
Where's Luc? – At the florist's.

▷ J'ai couru chez le fleuriste.
I ran to the florist's.

▷ Ma sœur est fleuriste.
My sister is a florist.

florist /ˈflɒrɪst/

► **chez le fleuriste** (= dans le magasin) : at the florist's

► **chez le fleuriste** (= vers le magasin) : to the florist's

N'oubliez pas l'article **a** *ou* **an** *devant le nom du métier lorsqu'il suit les verbes* **be** *ou* **become**.

fleuve

▷ La Tamise est un fleuve immense.
The Thames is a huge river.

river /ˈrɪvəʳ/

En anglais, on ne fait pas de distinction entre un fleuve et une rivière ; tous deux se traduisent par **river**.

flic

▷ Il y avait des flics partout !
There were cops everywhere!

cop /kɒp/

Cop, *comme* **flic**, *est un mot familier.*

flipper

▷ Est-ce qu'il y a un flipper dans ce café ?
Is there a pinball machine in that café?

(= jeu) **pinball machine** /ˈpɪnbɔːl məʃiːn/

▷ Tu veux jouer au flipper avec moi?
Do you want to play pinball with me?

► **jouer au flipper :** play pinball.

flocon de neige

▷ Tu as un flocon de neige sur le nez.
You've got a snowflake on your nose.

snowflake /'snəʊfleɪk/

flotter

▷ Des feuilles mortes flottent sur la rivière.
Dead leaves are floating on the river.

(= flotter sur l eau ou dans l'air) float /fləʊt/

flou, floue

1 ▷ La photo est très floue.
The photograph is very blurred.

1 (en parlant d'une photographie) blurred /blɜːd/ **(plus flou** more blurred**, le plus flou** the most blurred**)**

Blurred rime avec third et bird.

2 ▷ J'ai des souvenirs assez flous de ce week-end.
My memories of the weekend are quite vague.

2 (en parlant d'un souvenir, d'une idée) vague /veɪg/ **(plus flou** vaguer /veɪgəʳ/**, le plus flou** the vaguest /veɪgəst/ **)**

fluo

▷ Pat porte des chaussettes fluo.
Pat is wearing fluorescent socks.

fluorescent /flʊə'resnt/

flûte

1 ▷ Gérard joue de la flûte dans un orchestre.
Gérard plays the flute in an orchestra.

1 (= flûte traversière) flute /fluːt/
► **jouer de la flûte** (= jouer de la flûte traversière) **:** play the flute

2 ▷ Aurélien joue bien de la flûte.
Aurélien plays the recorder well.

2 (= flûte à bec) recorder /rɪ'kɔːdəʳ/
► **jouer de la flûte** (= jouer de la flûte à bec) **:** play the recorder

3 ▷ Où sont les flûtes à champagne ?
Where are the champagne glasses?

3 ► **flûte à champagne :** champagne glass /ʃæm'peɪn glɑːs/ (pluriel : champagne glasses)

foie

▷ C'est mauvais pour le foie de manger trop de chocolat.
It's bad for the liver to eat too much chocolate.

liver /'lɪvəʳ/

Le i de liver se prononce comme le i de big.

foin

▷ Nous avons donné du foin au cheval.
We gave some hay to the horse.

hay /heɪ/

foire

▷ Est-ce que tu es allé à la foire du livre cette année ?
Have you been to the book fair this year?

fair /fɛəʳ/

fois

▷ C'est la première fois que je vois ça.
It's the first time I've seen this.

▷ C'est arrivé une fois seulement.
It happened only once.

▷ Pour une fois, tu pourrais me prêter ton vélo.
For once, you could lend me your bike.

▷ Appelle-moi une fois qu'il sera parti.
Call me once he has left.

▷ Je te l'ai déjà dit deux fois !
I've already told you twice!

▷ Quatre fois cinq égale vingt.
Four times five equals twenty.

▷ Ne parlez pas tous à la fois !
Don't all talk at the same time!

▷ Des fois je me dis qu'il est fou.
Sometimes I think he's mad.

time /taɪm/

► **une fois :** once /wʌns/

► **pour une fois :** for once /fə 'wʌns/

► **une fois que** + futur antérieur : once /wʌns/ + present perfect

► **deux fois :** twice /twaɪs/

ℹ *Au-delà de deux, on dit* ***three times*** (trois fois), ***four times*** (quatre fois), *etc.*

► **à la fois :** at the same time /ˌət ðə seɪm 'taɪm/

► **des fois** (= parfois) **:** sometimes /'sʌmtaɪmz/

folie

▷ Il veut partir tout seul ? C'est de la folie !
He wants to leave on his own? It's madness!

madness /'mædnɪs/

folklorique

▷ Il y a un festival de musique folklorique à Lorient.
There's a folk music festival in Lorient.

folk /fəʊk/

🔊 *Le* ***l*** *ne se prononce pas en anglais.* ***Folk*** *rime avec* ***joke****.*

folle

Regardez le mot fou.

foncé, foncée

▷ Les couleurs foncées me vont mieux que les couleurs claires.
Dark colours suit me better than light colours.

dark /dɑːk/
(plus foncé darker /'dɑːkəʳ/, le plus foncé the darkest /'dɑːkɪst/)

foncer

1 ▷ Il a foncé sur moi.
He charged at me.

1 (= se précipiter) charge /tʃɑːdʒ/

ℹ *Notez la préposition employée en anglais :* foncer sur = ***charge at****.*

2 ▷ Nous avons foncé pour essayer d'attraper le train.
We went fast to try and catch the train.

2 (= aller, rouler très vite) go fast /fɑːst/ (went, gone)

fonction

1 ▷ Cette montre a des fonctions intéressantes.
This watch has some interesting functions.

1 function /'fʌŋkʃən/

2 ▷ Le prix varie en fonction du poids.
The price varies according to the weight.

2 ► **en fonction de :** according to /ə'kɔːdɪŋ tuː/

fonctionnaire

▷ De nombreux fonctionnaires étaient en grève.
Many civil servants were on strike.

civil servant /sɪvəl'sɜːvənt/ (pluriel : civil servants)

fonctionner

▷ Ce réveil ne fonctionne pas.
This alarm clock doesn't work.

work /wɜːk/

fond

1 ▷ Son portefeuille est tombé au fond de l'eau.
His wallet fell to the bottom of the water.
▷ Ces poissons vivent au fond de la mer.
These fish live at the bottom of the sea.

1 (= la partie profonde) bottom /'bɒtəm/

ℹ *Faites bien la différence entre* ***at the bottom*** (quand on dit que quelque chose se situe au fond) *et* ***to the bottom*** (quand il y a un déplacement vers le fond).

2 ▷ Cédric s'assied toujours au fond de la classe.
Cédric always sits at the back of the classroom.
▷ Va au fond de la pièce !
Go to the back of the room!

2 (= l'arrière) back /bæk/

ℹ *Faites bien la différence entre* ***at the back*** (quand on dit que quelque chose se situe au fond) *et* ***to the back*** (quand il y a un déplacement vers le fond).

3 ▷ Au fond, il a peut-être raison.
In fact, maybe he's right.

3 ► **au fond** (= finalement) **:** in fact /ɪn 'fækt/

4 ▷ Ce fond de teint est trop foncé.
This foundation is too dark.

4 ► **fond de teint :** foundation /faʊn'deɪʃən/

fondre

1 ▷ La neige est en train de fondre.
The snow is melting.

1 (= se transformer en liquide) melt /melt/

2 ▷ Attends que le sucre fonde dans le café.
Wait for the the sugar to dissolve in the coffee.

2 (= se dissoudre) dissolve /dɪ'zɒlv/

🔊 *Le* ss *du mot anglais* ***dissolve*** *se prononce comme le* z *de* ***zoo***.

Suite page suivante

3 ▷ Cassandre a fondu en larmes .
Cassandre burst into tears.

3 ► **fondre en larmes :** burst /bɜːst/ into tears /'tɪəz/ (burst, burst)

fontaine

▷ On pourrait se retrouver dans le parc, près de la fontaine.
We could meet in the park, near the fountain.

fountain /'faʊntɪn/

*Attention à l'orthographe et la prononciation du mot **fountain**.*

foot

▷ Le foot est un sport passionnant.
Football is a fascinating sport.

football /'fʊtbɔːl/

Il n'y a pas d'abréviation anglaise équivalente à foot *; il faut employer le mot **football** en entier.*

▷ Karim joue au foot tous les samedis.
Karim plays football every Saturday.

► **jouer au foot :** play football

football

▷ Le football est un sport passionnant.
Football is a fascinating sport.
▷ Karim joue au football tous les samedis.
Karim plays football every Saturday.

football /'fʊtbɔːl/

► **jouer au football :** play football

footballeur, footballeuse

▷ Certains footballeurs gagnent des millions.
Some footballers earn millions.

footballer /'fʊtbɔːləʳ/

*On peut aussi dire **football player*** /'fʊtbɔːl ˌpleɪəʳ/ (pluriel : football players).

force

1 ▷ Il faut de la force pour faire ce métier.
You need strength to do this job.
▷ Robert a beaucoup de force.
Robert is very strong.

1 (= force physique) strength /streŋθ/
► **avoir de la force :** be strong /strɒŋ/

2 ▷ Il va se faire mal à force de faire l'imbécile.
He's going to hurt himself if he keeps fooling around.

2 *Pour dire que l'on refait quelque chose sans arrêt, on emploie une expression avec le verbe **keep** + **-ing**.*

forcément

1 ▷ Ça devait forcément arriver.
It was bound to happen.

1 *Pour dire que quelque chose est inévitable, on emploie l'expression **be bound to*** /'baʊnd tuː/ + base verbale.

2 ▷ Il faut avoir au moins seize ans. – Non, pas forcément.
You must be at least sixteen. – No, not necessarily.

2 ► **pas forcément :** not necessarily /ˌnɒt nesɪˈserəlɪ/

forcer

1 ▷ On a dû le forcer à s'excuser.
We had to force him to apologize.

1 ► **forcer** quelqu'un **à** + **infinitif :** force /fɔːs/ somebody **to** + base verbale

2 ▷ Les voleurs ont forcé la porte du musée.
The burglars forced open the gallery door.

2 (= enfoncer) force open

3 ▷ Je me suis forcé à manger ce truc dégoûtant.
I forced myself to eat that disgusting thing.
▷ Ne te force pas !
Don't force yourself!

3 ► **se forcer à** + infinitif : force oneself **to** + base verbale

ℹ *Le pronom personnel réfléchi fonctionne de la façon suivante* (exemples au prétérit) *: I forced **myself**, you forced **yourself**, he forced **himself**, she forced **herself**, we forced **ourselves**, you forced **yourselves**, they forced **themselves**.*

forêt

▷ C'est plus court de passer par la forêt.
It's shorter to go through the forest.

forest /ˈfɒrɪst/

format

1 ▷ Ce sac a un format idéal.
This bag is an ideal size.

1 (= taille) size /saɪz/

🔊 *Le **i** de **size** se prononce comme le **i** de **like**.*

2 ▷ Envoie-moi le document en format RTF.
Send me the document in RTF format.

2 (d'un livre ou d'un document informatique) format /ˈfɔːˈmæt/

🔊 *Le **t** du mot anglais **format** se prononce.*

formation

▷ Je vais suivre une formation en anglais commercial.
I'm going to take a course in business English.

(= stage) course /kɔːs/

forme

1 ▷ Ce vase a une drôle de forme.
This vase is a strange shape.
▷ Ça avait quelle forme ?
What shape was it?
▷ Lucie a un réveil en forme de grenouille.
Lucie has an alarm clock in the shape of a frog.

1 (= silhouette) shape /ʃeɪp/

ℹ *Notez qu'en anglais on emploie le verbe **be** avec **shape**, alors qu'en français on emploie le verbe* avoir *avec* forme.

► **en forme de :** in the shape of

Suite page suivante

2 ▷ On voit que Charles est en forme.
You can see that Charles is in good form.

2 ► **être en forme :** be in good form

formidable

▷ C'est une fille formidable.
She's a great girl.

(= génial) **great** /greɪt/

Great rime avec late et hate

formulaire

▷ Est-ce que tu as rempli le formulaire ?
Have you filled in the form?

form /fɔːm/

fort, forte

1 ▷ Il est très fort, il peut soulever cent kilos.
He's very strong, he can lift a hundred kilos.
▷ Ce piment est trop fort pour moi.
This chilli is too strong for me.

1 (= costaud, piquant) **strong** /strɒŋ/
(plus fort stronger /ˈstrɒŋgəʳ/, le plus fort the strongest /ˈstrɒŋgɪst/)

2 ▷ Latifa est forte en judo.
Latifa is good at judo.

2 ► **être fort en :** be good at /ˈgʊd æt/

3 ▷ Romain a une voix forte.
Romain has a loud voice.
▷ Vous parlez trop fort, vous allez réveiller le bébé !
You're speaking too loud, you're going to wake the baby up!

3 (= bruyant, bruyamment) **loud** /laʊd/
(plus fort louder /ˈlaʊdəʳ/, le plus fort the loudest /ˈlaʊdɪst/)

4 ▷ J'ai dû taper trop fort sur le clou.
I must have hit the nail too hard.

4 (adverbe = avec force) **hard** /hɑːd/

fortune

▷ Ils ont une immense fortune.
They have a huge fortune.
▷ Il a fait fortune en vendant des télés d'occasion.
He made his fortune by selling second-hand TVs.

fortune /ˈfɔːtʃuːn/

► **faire fortune :** make one's fortune (made, made)

ℹ *L'adjectif possessif fonctionne de la façon suivante en anglais* (exemples au prétérit) : *I made **my** fortune, you made **your** fortune, he made **his** fortune, she made **her** fortune, we made **our** fortune, they made **their** fortune.*

fossé

▷ La voiture s'est retrouvée dans le fossé.
The car ended up in the ditch.

ditch /dɪtʃ/
(pluriel : ditches /ˈdɪtʃɪz/)

fou, folle

1 ▷ Tu es fou ! Arrête !
You're mad! Stop it!

1 (= malade) **mad** /mæd/ (plus fou **madder** /'mædəʳ/, le plus fou **the maddest** /'mædɪst/)

ℹ *On peut aussi dire* ***crazy*** /'kreɪzɪ/ (***crazier*** /'kreɪzɪəʳ/, ***craziest*** /'kreɪzɪɪst/).

2 ▷ Ce chanteur a eu un succès fou.
This singer has had a tremendous success.

2 (= énorme) **tremendous** /trə'mendəs/

3 ▷ Élodie a encore perdu ses clés ; c'est fou !
Élodie has lost her keys again; it's incredible!

3 (= incroyable) **incredible** /ɪn'kredəbl/

foudre

▷ La mairie a été frappée par la foudre.
The town hall was struck by lightning.

lightning /'laɪtnɪŋ/

fouet

1 ▷ Le tigre a peur du fouet.
The tiger is frightened of the whip.

1 (= un fouet pour frapper) **whip** /wɪp/

2 ▷ C'est plus facile de mélanger les ingrédients avec un fouet électrique.
It's easier to mix the ingredients with an electric whisk.

2 (= un fouet pour faire la cuisine) **whisk** /wɪsk/

fouetter

1 ▷ Autrefois les criminels étaient parfois fouettés.
In the past criminals were sometimes whipped.

1 (= frapper) **whip** /wɪp/

🔊 *Il y a deux p au gérondif* (***whipping*** /'wɪpɪŋ/), au prétérit et au participe passé (***whipped*** /wɪpt/).

2 ▷ Fouette les œufs, puis ajoute-les à la pâte.
Whisk the eggs, then add them to the mixture.

2 (= battre des ingrédients) **whisk** /wɪsk/

fouiller

1 ▷ Ils ont été fouillés à la frontière.
They were searched at the frontier.

1 ► **fouiller quelqu'un :** search /sɜːtʃ/ somebody

2 ▷ Qui t'a permis de fouiller dans mes affaires ?
Who allowed you to go through my things?

2 ► **fouiller dans** quelque chose **:** go through /θruː/ something (went through, gone through)

foulard

▷ Je vais lui offrir un foulard.
I'm going to give her a scarf.

scarf /skɑːf/ (pluriel : scarves /skɑːvz/)

foule

▷ J'ai perdu mes copains dans la foule.
I lost my friends in the crowd.

crowd /kraʊd/

fouler

▷ Yacine s'est foulé la cheville en jouant au rugby.
Yacine sprained his ankle while playing rugby.

► **se fouler la cheville : sprain** /spreɪn/ one's **ankle** /'æŋkl/

L'adjectif possessif fonctionne de la façon suivante en anglais (exemples au prétérit) : *I sprained* ***my*** *ankle, you sprained* ***your*** *ankle, he sprained* ***his*** *ankle, she sprained* ***her*** *ankle.*

four

▷ Allume le four, puis prépare les ingrédients.
Switch the oven on, then prepare the ingredients.

oven /'ʌvn/

Le ***o*** *de* ***oven*** *se prononce comme le* ***u*** *de* ***duck****.*

▷ Je vais cuire ce poisson au four.
I'm going to cook this fish in the oven.

► **cuire** quelque chose **au four : cook** something **in the oven**

fourchette

▷ Il manque une fourchette.
There's one fork missing.

(pour manger) **fork** /fɔːk/

fourmi

1 ▷ Les fourmis sont attirées par les miettes.
The ants are attracted by the crumbs.

2 ▷ Je suis restée assise par terre trop longtemps, maintenant j'ai des fourmis dans les jambes.
I sat on the floor for too long, now I've got pins and needles.

1 (= insecte) **ant** /ænt/

2 ► **avoir des fourmis dans les jambes : have pins and needles** /ˌpɪnzn'nɪdlʒ/

Cette expression signifie littéralement avoir des épingles et des aiguilles.

fournir

▷ L'institut nous fournit les livres.
The institute provides us with books.

provide /prə'vaɪd/

► **fournir** quelque chose **à** quelqu'un **: provide** somebody **with** something

fourrure

▷ La fausse fourrure était à la mode l'hiver dernier.
Fake fur was fashionable last winter .

fur /fɜːʳ/

► **fausse fourrure : fake fur**

foutre

1 ▷ Il n'a rien foutu pendant les vacances.
He didn't do anything during the holidays.

1 (= faire, sens familier) **do** /duː/ (did /dɪd/, done /dʌn/)

2 ▷ Où est-ce que tu as foutu le journal ?
Where did you put the newspaper?

2 (= mettre, sens familier) **put** /pʊt/ (put, put)

3 ▷ Elle lui a foutu une claque.
She gave him a slap.

3 (= donner, sens familier) **give** /gɪv/ (gave /geɪv/, given /'gɪvən/)

4 ▷ Arrêtez de vous foutre de moi !
Stop making fun of me!

4 ► **se foutre de** quelqu'un (= se moquer, sens familier) : **make fun** /fʌn/ **of** somebody (made fun of, made fun of)

5 ▷ Tu peux dire ce que tu veux, je m'en fous !
You can say what you want, I don't care!

5 ► **je m'en fous :** **I don't care** /ˌaɪ dəʊnt 'keəʳ/

fragile

▷ Attention, ce vase est très fragile !
Be careful, that vase is very fragile!

fragile /'frædʒaɪl/ (plus fragile more fragile, le plus fragile the most fragile)

*Le i du mot anglais **fragile** se prononce comme le i de **like**.*

frais (nom)

1 ▷ N'oubliez pas les frais de transport.
Don't forget transport costs.

1 (= dépenses) ***costs*** /kɒsts/

2 ▷ Les frais de scolarité ont augmenté.
School fees have increased.

2 ► **frais de scolarité :** **school fees** /'skuːl fiːz/

frais, fraîche (adjectif)

1 ▷ Ce jus de fruit est meilleur quand il est frais.
This fruit juice is better when it's chilled.

1 (en parlant de quelque chose qu'on a mis au frais) **chilled** /tʃɪld/

2 ▷ Est-ce que vous voulez une boisson fraîche ?
Do you want a cold drink?

2 ► **boisson fraîche :** **cold drink** /ˌkəʊld 'drɪŋk/

3 ▷ Ces moules n'ont pas l'air très fraîches.
These mussels don't look very fresh.

3 (= récent, en parlant d'un aliment) **fresh** /freʃ/ (plus frais fresher /'freʃəʳ/, le plus frais the freshest /'freʃɪst/)

4 ▷ Il fait frais ce soir, je vais mettre un pull.
It's cold tonight, I'm going to put a pullover on.

4 ► **il fait frais** (= il fait trop froid) : **it's cold** /kəʊld/ (il fait plus frais it's colder /'kəʊldəʳ/)

5 ▷ Ah, enfin il fait plus frais !
Ah, at last it's cooler!

5 ► **il fait frais** (= c'est agréable) : **it's cool** /kuːl/ (il fait plus frais it's cooler /'kuːləʳ/)

6 ▷ Tu devrais mettre les restes au frais.
You should put the leftovers in a cool place.

6 ► **au frais :** **in a cool place** /ˌɪn ə kuːl 'pleɪs/

fraise

▷ Il y a des fraises dans la salade de fruits.
There are strawberries in the fruit salad.

▷ Tu veux de la glace à la fraise ?
Do you want some strawberry ice cream?

strawberry /ˈstrɔːbərɪ/
(pluriel : strawberries /ˈstrɔːbərɪz/)

framboise

▷ Les framboises ne sont pas encore mûres.
The raspberries aren't ripe yet.

▷ Lionel a préparé une tarte à la framboise.
Lionel has made a raspberry tart.

raspberry /ˈrɑːzbərɪ/
(pluriel : raspberries /ˈrɑːzbərɪz/)

*Le **p** ne se prononce pas. Dites **raz** + **bri**.*

franc

▷ Le franc a été remplacé par l'euro.
The franc was replaced by the euro.

(= monnaie) **franc** /fræŋk/

*En anglais, **franc** rime avec **bank**. Le **a** se prononce comme le **a** de **apple**.*

franc, franche

▷ C'est une fille très franche.
She's a very frank girl.

frank /fræŋk/
(plus franc franker /ˈfræŋkəʳ/ , le plus franc the frankest /ˈfræŋkɪst/)

français, française

1 ▷ La cuisine française est réputée.
French cooking is famous.

1 (adjectif) **French** /frentʃ/

S'écrit toujours avec une majuscule, comme tous les adjectifs de nationalité en anglais.

2 ▷ C'est un Français qui habite en Californie.
He's a Frenchman who lives in California.

▷ Une Française s'occupe de nos enfants.
A Frenchwoman looks after our children.

▷ Les Français aiment le vin.
The French like wine.

2 ► **un Français :** a Frenchman /ˈfrentʃmən/ (pluriel : Frenchmen /ˈfrentʃmen/)
► **une Française :** a Frenchwoman /ˈfrentʃwʊmən/ (pluriel : Frenchwomen /ˈfrentʃwɪmɪn/)
► **les Français :** the French

3 ▷ Je pense que tu parles très bien français.
I think you speak very good French.

3 (= langue) **French**

S'écrit avec une majuscule, comme tous les noms de langues en anglais.

France

▷ La France est réputée pour ses fromages.
France is famous for its cheeses.

France /frɑːns/

Ne prend jamais d'article.

► **la France :** France

▷ En France les gens dînent plus tard qu'en Angleterre.
In France people have dinner later than in Britain.

▷ Tu devrais venir en France.
You should come to France.

► **en France** (= dans le pays) **:** in France

► **en France** (= vers le pays) **:** to France

franchement

1 ▷ Dis-moi franchement ce que tu en penses.
Tell me frankly what you think of it.

1 (= sans mentir) **frankly** /ˈfræŋklɪ/

2 ▷ Franchement, tu exagères !
Honestly, you're going too far!

2 (pour dire qu'on est indigné) **honestly** /ˈɒnɪstlɪ/

Le h de honestly ne se prononce pas.

3 ▷ Ses blagues sont franchement mauvaises.
His jokes are really bad.

3 (= vraiment) **really** /ˈrɪəlɪ/

frange

▷ Tania coupe sa frange elle-même.
Tania cuts her fringe herself.

fringe /frɪndʒ/

frapper

1 ▷ Je l'ai vu frapper son chien.
I saw him hit his dog.

1 (= battre) **hit** /hɪt/ (hit, hit)

2 ▷ Quelqu'un a frappé, va ouvrir.
Somebody knocked at the door, go and open it.

2 (= cogner à la porte) **knock** /nɒk/ at the door

Le premier k de knock ne se prononce pas.

3 ▷ Lucien a frappé dans ses mains pour appeler son chien.
Lucien clapped his hands to call his dog.

3 ► **frapper dans ses mains :** clap /klæp/ one's hands

Il y a deux p au gérondif (clapping /klæpɪŋ/), au prétérit et au participe passé (clapped /klæpt/).

freezer

▷ Les glaçons sont dans le freezer.
The ice cubes are in the freezer compartment.

freezer compartment /ˈfriːzə kəmˌpɑːtmənt/

Freezer tout seul signifie congélateur en anglais.

frein

▷ Le mécanicien a dit que c'était un problème de freins.
The mechanic said that it was a problem with the brakes.

brake /breɪk/

Suite page suivante

▷ N'oublie pas de mettre le frein à main.
Don't forget to put the handbrake on.

► **frein à main :** handbrake /'hændbreɪk/

freiner

▷ Tout d'un coup, la voiture devant nous a freiné.
Suddenly, the car in front of us braked.

brake /breɪk/

fréquemment

▷ Nos cousins viennent fréquemment nous voir.
Our cousins frequently come to see us.

frequently /'friːkwəntlɪ/

fréquenter

▷ Est-ce que vous fréquentez beaucoup vos cousins ?
Do you see your cousins a lot?

(= voir souvent) see /siː/
(saw /sɔː/, seen /siːn/)

*Attention à la prononciation de **saw**, qui rime avec **more** et **or**.*

frère

▷ Je ne connais pas le frère de Djamila.
I don't know Djamila's brother.

brother /'brʌðəʳ/

*Le **o** de **brother** se prononce comme le **u** de **duck**.*

friandises

▷ Tu manges trop de friandises, c'est mauvais pour les dents.
You eat too many sweet things, it's bad for your teeth.

sweet things /'swiːt θɪŋz/

***Sweet things** signifie littéralement* choses sucrées.

fric

▷ Est-ce qu'il te reste du fric ?
Do you have any money left?

money /'mʌnɪ/

*Le **o** de **money** se prononce comme le **u** de **duck**. **Money** rime avec **funny**.*

ℹ *Fric est un mot familier, mais **money** ne l'est pas.*

frigo

▷ Les carottes sont dans le frigo.
The carrots are in the fridge.

fridge /frɪdʒ/

ℹ *Frigo est un mot familier, mais **fridge** ne l'est pas.*

frileux, frileuse

▷ Je vais mettre le chauffage, je sais que Mylène est frileuse.
I'm going to put the heating on, I know that Mylène feels the cold.

► **être frileux :** feel /fiːl/ the cold /kəʊld/ (felt, felt /felt/)

frimer

▷ Arrête de frimer avec ton nouveau portable !
Stop showing off with your new mobile!

show off /ʃəʊ 'ɒf/
(showed off /ʃəʊd 'ɒf/, shown off /ʃəʊn 'ɒf/)

ℹ Frimer est *un mot familier, mais* ***show off*** *ne l'est pas.*

fringues

▷ Julie a toujours des fringues incroyables.
Julie always has incredible clothes.

clothes /kləʊðz/

🔊 *Attention à la prononciation : une seule syllabe.*

ℹ Fringues *est un mot familier, mais* ***clothes*** *ne l'est pas.*

frire

▷ D'abord tu fais frire les oignons.
First you fry the onions.

► **faire frire : fry** /fraɪ/

🔊 *Le* ***y*** *de* ***fry*** *devient* ***ie*** *à la troisième personne du singulier du présent de l'indicatif (****fries*** /fraɪz/*), au prétérit et au participe passé (****fried*** /fraɪd/*).*

frisé, frisée

▷ J'aimerais avoir les cheveux frisés.
I'd like to have curly hair.

▷ Véro est frisée.
Véro has curly hair.

ℹ Avoir les cheveux frisés *et* être frisé *se traduisent de la même façon en anglais :* ***have curly hair*** /ˌkɜːlɪ 'heəʳ/ (had, had).

ℹ *Le comparatif de* ***curly*** *est* **curlier** /'kɜːlɪəʳ/ *et le superlatif est* **curliest** /'kɜːlɪɪst/.

frisson

▷ Simon a des frissons parce qu'il a la grippe.
Simon is shivering because he has flu.

► **avoir des frissons : shiver** /'ʃɪvəʳ/

🔊 *Le* ***i*** *de* ***shiver*** *se prononce comme le* ***i*** *de* ***pig****.*

frit, frite

▷ Tu préfères du poisson frit ou du poisson cuit au four ?
Do you prefer fried fish or fish cooked in the oven?

fried /fraɪd/

🔊 ***Fried*** *rime avec* ***side****.*

frites

▷ Je voudrais des frites avec mon steak.
I'd like some chips with my steak.

chips /tʃɪps/

🔊 *Faites bien la différence entre* ***chips*** *(****ch*** *de* ***church****) et* ***ships*** *(****sh*** *de* ***short****).*

Suite page suivante

En anglais américain on dit **fries** /fraɪz/.
Fries *rime avec* **wise** *et* **size**.

froid, froide

▷ Cette soupe est froide, c'est dégoûtant.
This soup is cold, it's disgusting.
▷ Je trouve le mari de Janine très froid.
I find Janine's husband very cold.
▷ Je peux te prêter un pull si tu as froid.
I can lend you a pullover if you're cold.
▷ Il fait vraiment froid ce soir.
It's really cold tonight.

cold /kəʊld/ (**plus froid** colder /ˈkəʊldəʳ/, **le plus froid** the coldest /ˈkəʊldɪst/)

► **avoir froid :** be cold (avoir plus froid be colder)

► **il fait froid :** it's cold (il fait plus froid it's colder)

froissé, froissée

▷ Mes vêtements étaient froissés quand je les ai sortis de la valise.
My clothes were crumpled when I took them out of the suitcase.

(= avec des plis) **crumpled** /ˈkrʌmpld/
(**plus froissé** more crumpled, **le plus froissé** the most crumpled)

fromage

▷ On peut choisir un dessert ou du fromage.
We can choose a dessert or some cheese.
▷ Je voudrais du fromage blanc avec du sucre.
I'd like some fromage frais with sugar.

cheese /tʃiːz/

► **fromage blanc :** fromage frais

C'est assez surprenant, mais fromage blanc *se dit bien* **fromage frais** *en anglais !*

froncer

▷ Pourquoi est-ce que tu fronces les sourcils ?
Why are you frowning?

► **froncer les sourcils :** frown /fraʊn/

front

▷ Martin a une cicatrice sur le front.
Martin has a scar on his forehead.

(= partie du visage) **forehead** /ˈfɒrɪd/

Attention à la prononciation.

frontière

▷ Il n'y a pas de contrôle des passeports à la frontière.
There is no passport control at the border.

border /ˈbɔːdəʳ/

On peut aussi dire **frontier** /ˈfrʌntɪəʳ/.

frotter

1 ▷ Mélanie frottait le bébé avec une serviette.
Mélanie was rubbing the baby with a towel.

1 (pour sécher, pour faire pénétrer la crème) **rub** /rʌb/

Il y a deux *b* au gérondif (*rubbing* /ˈrʌbɪŋ/), au prétérit et au participe passé (*rubbed* /rʌbd/).

2 ▷ Frotte bien la casserole, elle est sale.
Scrub the saucepan well, it's dirty.

2 (pour nettoyer) **scrub** /skrʌb/

Il y a deux *b* au gérondif (*scrubbing* /ˈskrʌbɪŋ/), au prétérit et au participe passé (*scrubbed* /skrʌbd/).

3 ▷ Le chat se frottait contre moi.
The cat rubbed itself against me.

3 ► **se frotter : rub oneself**

Le pronom personnel réfléchi fonctionne de la façon suivante en anglais (exemples au prétérit) : *I rubbed **myself**, you rubbed **yourself**, he rubbed **himself**, it rubbed **itself**, she rubbed **herself**, we rubbed **ourselves**, you rubbed **yourselves**, they rubbed **themselves**.*

4 ▷ Ne te frotte pas les yeux si tu viens de toucher du piment !
Don't rub your eyes if you've just touched some chilli!

4 ► **se frotter les yeux : rub one's eyes**

5 ▷ Marc se frottait les mains pour se réchauffer.
Marc was rubbing his hands to get warm.

5 ► **se frotter les mains : rub one's hands**

L'adjectif possessif fonctionne de la façon suivante en anglais (exemples au présent) : *I rub **my** eyes/hands, you rub **your** eyes/hands, he rubs **his** eyes/hands, she rubs **her** eyes/hands, we rub **our** eyes/hands, they rub **their** eyes/hands.*

fruit

1 ▷ Donne-moi un fruit, s'il te plaît.
Give me a piece of fruit, please.
▷ Je mange au moins deux fruits par jour.
I eat at least two pieces of fruit a day.
▷ Les fruits sont chers ici.
Fruit is expensive here.

1 **fruit** /fruːt/

En anglais, quand on parle de fruits qu'on achète ou qu'on va manger, on dit ***fruit****, mais dans ce cas le mot est indénombrable. Cela veut dire qu'il ne se met pas au pluriel et ne prend pas l'article* ***a***. Un fruit se dit *a* ***piece of fruit***.

2 ▷ Les fruits de mer sont très bons dans ce restaurant.
The seafood is very good in this restaurant.

2 ► **fruits de mer : seafood** /ˈsiːfuːd/

Seafood *est un nom indénombrable : il ne se met pas au pluriel, et s'emploie toujours avec un verbe au singulier.*

fugue

▻ Apparemment, Léo a fait une fugue.
Apparently, Léo ran away.

► **faire une fugue :** run away /ˌrʌn əˈweɪ/ (ran away /ˌræn əˈweɪ/, run away)

fuir

1 ▻ Ils ont essayé de fuir mais la police les a rattrapés.
They tried to run away but the police caught them.

2 ▻ Le robinet fuit toujours.
The tap is still leaking.

1 (= se sauver) run away /ˌrʌn əˈweɪ/ (ran away /ˌræn əˈweɪ/, run away)

2 (= couler) leak /liːk/

fuite

▻ Il y a une fuite quelque part : le plafond est mouillé.
There's a leak somewhere: the ceiling is wet.

(d'eau, de gaz) leak /liːk/

fumé, fumée

▻ Je vais prendre le saumon fumé en entrée.
I'm going to have the smoked salmon as a starter.

smoked /sməʊkt/

*Attention à la prononciation : la fin du mot se prononce **kt**.*

fumée

▻ Il y a trop de fumée dans ce bar.
There's too much smoke in this bar.

smoke /sməʊk/

fumer

▻ J'ai arrêté de fumer.
I've stopped smoking.

▻ Je fumais un paquet par jour.
I smoked a packet a day.

smoke /sməʊk/

*Attention à la prononciation de **smoked** /sməʊkt/ : la fin du mot se prononce **kt**.*

fumeur, fumeuse

▻ Il y de moins en moins de fumeurs en Grande-Bretagne.
There are fewer and fewer smokers in Great Britain.

smoker /ˈsməʊkəʳ/

furieux, furieuse

▻ Daniel était furieux quand je lui ai raconté.
Daniel was furious when I told him.

furious /ˈfjʊərɪəs/
(**plus furieux** more furious, **le plus furieux** the most furious)

*Attention à la prononciation : comme **few** + **ri** + **us**.*

fusée

▷ La fusée a explosé dans l'espace.
The rocket exploded in space.

rocket /'rɔkɪt/

*Le **e** de **rocket** se prononce comme le **i** de **pig**.*

fusil

1 ▷ Nous avons vu des chasseurs avec des fusils.
We saw some hunters with shotguns.

2 ▷ Le soldat a fait tomber son fusil par terre.
The soldier dropped his rifle on the ground.

1 (= fusil pour la chasse) **shotgun** /'ʃɒtgʌn/

2 (= fusil de guerre) **rifle** /'raɪfl/.

*Le **i** de **rifle** se prononce comme le **i** de **like**.*

futur, future

▷ Mon cousin nous a présenté sa future femme.
My cousin introduced us to his future wife.

▷ Ça arrivera peut-être dans le futur.
It might happen in the future.

future /'fjuːtʃəʳ/

*Attention à la prononciation : le début se prononce comme **few**, et la fin se prononce comme la fin de **teacher**.*

G

FRANÇAIS — ANGLAIS

La lettre G se prononce /dʒiː/ en anglais
G rime avec free, knee et tea.

gâcher

1 ▷ Tu as tout gâché !
You spoiled everything!

1 (= rendre moins agréable) spoil /spɔɪl/

Le prétérit et le participe passé peuvent être soit spoiled /spɔɪld/, soit spoilt /spɔɪlt/.

2 ▷ Tu as déjà gâché trois feuilles de papier !
You've already wasted three sheets of paper!

2 (= gaspiller) waste /weɪst/

Le a de waste est celui de make.

gâchis

▷ C'est du gâchis de laisser toute cette viande !
It's a waste to leave all that meat!
▷ Quel gâchis !
What a waste!

waste /weɪst/

gadget

▷ C'est un gadget très utile dans la cuisine.
It's a very useful gadget in the kitchen.

gadget /'gædʒɪt/

gaffe

1 ▷ Je crois que tu as fait une gaffe !
I think you put your foot in it!

1 ► **faire une gaffe :** put one's foot in it

*L'adjectif possessif fonctionne de la façon suivante en anglais (exemples au prétérit) : I put **my** foot in it, you put **your** foot in it, he put **his** foot in it, she put **her** foot in it, we put **our** foot in it, they put **their** foot in it.*

Suite page suivante

2 ▷ Fais gaffe, ça risque de tomber !
Watch out, it might fall!

2 ► **faire gaffe** (= faire attention, sens familier) **:** watch out /wɒtʃ 'aʊt/

gagner

1 ▷ À ton avis, qui va gagner ?
Who do you think will win?
▷ Arthur a gagné mille euros à la loterie.
Arthur won a thousand euros on the lottery.

2 ▷ Céline gagne plus d'argent que Stéphane.
Céline earns more money than Stéphane.
▷ Combien gagnez-vous ?
How much do you earn?

1 (= gagner en jouant) win /wɪn/ (won, won /wʌn/)

2 (= gagner en travaillant) earn /ɜːn/

Earn rime avec burn.

Ne confondez pas win et earn !

gai, gaie

▷ Tu as l'air bien gai aujourd'hui !
You look very cheerful today!

cheerful /'tʃɪəfʊl/
(plus gai more cheerful**, le plus gai** the most cheerful**)**

galant

▷ Sois galant, ouvre-lui la portière.
Be a gentleman, open the door for her.

► **être galant** (= poli avec les dames) **:** be a gentleman /'dʒentlmən/

galerie

1 ▷ Il y a une galerie d'art dans cette rue.
There's an art gallery in this street.

2 ▷ Je vais faire du shopping tous les samedis dans la galerie marchande.
I go shopping in the shopping mall every Saturday.

1 ► **galerie d'art :** art gallery /'ɑːt ˌgælərɪ/ (pluriel : art galleries)

2 ► **galerie marchande :** shopping mall /'ʃɒpɪŋ mæl/ (pluriel : shopping malls)

galet

▷ Pierre et Anaïs lancent des galets dans l'eau.
Pierre and Anaïs are throwing pebbles into the water.

pebble /'pebl/

galette

1 ▷ Nous avons mangé des galettes dans un restaurant breton.
We ate pancakes in a Breton restaurant.

2 ▷ Cette galette des Rois est excellente.
This 'galette des Rois' is excellent.

1 (= crêpe) pancake /'pænkeɪk/

2 *La tradition de la galette des Rois n'existe pas dans les pays anglophones, et l'expression ne se traduit pas.*

gallois, galloise

1 ▷ La petite amie de Ronan est galloise.
Ronan's girlfriend is Welsh.

1 (adjectif) Welsh /welʃ/

ℹ *S'écrit toujours avec une majuscule, comme tous les adjectifs de nationalité en anglais.*

2 ▷ Ian parle aussi gallois.
Ian speaks Welsh as well.

2 (= langue) Welsh

3 ▷ Un Gallois et une Galloise.
A Welshman and a Welshwoman.

▷ J'ai connu des Gallois à Londres.
I met some Welshmen in London.

3 (= personne) Welshman /'welʃmən/ (pluriel : Welshmen /'welʃmen/), féminin Welshwoman /'welʃwʊmən/ (pluriel : Welshwomen /'welʃwɪmɪn/)

ℹ *Pour les jeunes Gallois, on dit* Welshboy *(pour un garçon) et* Welshgirl *(pour une fille).*

► **Les Gallois :** the Welsh

galoper

▷ Les chevaux galopaient dans le champ.
The horses were galloping in the field.

gallop /'gæləp/

🔊 *Attention : il y a deux **l** à **gallop**.*

gamin, gamine

▷ Tous les gamins criaient et chantaient.
All the kids were shouting and singing.

kid /kɪd/

gant

1 ▷ J'ai pris les gants de Mathieu par erreur.
I took Mathieu's gloves by mistake.

1 glove /glʌv/

🔊 *Le **o** de **glove** se prononce comme le **u** de **duck**.*

2 ▷ Cette serviette et ce gant de toilette sont pour toi.
This towel and facecloth are for you.

2 ► **gant de toilette :** facecloth /'feɪsklɒθ/

garage

▷ Ils ont acheté une maison avec un garage.
They bought a house with a garage.

garage /'gærɑːʒ/

garagiste

▷ Le garagiste a dit qu'il ne pouvait pas réparer les freins.
The mechanic said that he couldn't repair the brakes.

(= mécanicien) mechanic /mɪ'kænɪk/

garantie

▷ Est-ce que tu as gardé la garantie du sèche-cheveux ?
Did you keep the guarantee for the hairdryer?

▷ La télé est encore sous garantie.
The TV is still under guarantee.

guarantee /ˌgærən'tiː/

Le u de guarantee ne se prononce pas.

► **être sous garantie :** be under guarantee

garantir

▷ L'ordinateur est garanti un an.
The computer is guaranteed for one year.

guarantee /ˌgærən'tiː/

*Notez l'emploi de la préposition **for**.*

garçon

1 ▷ Son fils est un garçon adorable.
Her son is a lovely boy.

2 ▷ Je vais appeler le garçon et commander un café.
I'm going to call the waiter and order a coffee.

1 (par opposition à « fille ») **boy** /bɔɪ/

2 (= serveur) **waiter** /'weɪtəʳ/

garde

▷ Il y a des gardes devant le palais de l'Élysée.
There are guards in front of the Élysée palace.

▷ Il doit toujours avoir un garde du corps avec lui.
He has to have a bodyguard with him all the time.

guard /gɑːd/

Le u ne se prononce pas.

► **garde du corps :** bodyguard /'bɒdɪgɑːd/

garder

1 ▷ Tu peux garder mon stylo, je n'en ai pas besoin.
You can keep my pen, I don't need it.

2 ▷ Étienne a dû garder son petit frère hier soir.
Étienne had to look after his little brother last night.

3 ▷ Le chien garde la maison.
The dog guards the house.

1 (= conserver, ne pas rendre) **keep** /kiːp/ (kept, kept /kept/)

2 (= s'occuper de) **look after** /lʊk 'ɑːftəʳ/

3 (= surveiller, monter la garde) **guard** /gɑːd/

Le u de guard ne se prononce pas.

garderie

▷ Éloïse laisse ses enfants à la garderie le mercredi.
Éloïse leaves her children at the day nursery on Wednesdays.

day nursery /ˌdeɪ 'nɜːsərɪ/ (pluriel : day nurseries)

gardien, gardienne

1 ▷ Il y a un gardien dans notre immeuble.
There's a caretaker in our building.

2 ▷ Le gardien de but a été formidable !
The goalkeeper was great!

1 (d'immeuble) **caretaker** /'keəʳˌteɪkəʳ/

2 ► **gardien de but :** goalkeeper /'gəʊlkiːpəʳ/

3 ▷ Le gardien de musée les a renseignés.
The museum attendant gave them some information.

3 ► **gardien de musée :** museum attendant /mjuːˈzɪəm əˌtendənt/ (pluriel : museum attendants)

4 ▷ Léon est gardien de nuit.
Léon is a night watchman.

4 ► **gardien de nuit :** night watchman /naɪt ˈwɒtʃmən/ (pluriel : night watchmen /naɪt ˈwɒtʃmen/)

5 ▷ Thierry a été gardien de prison pendant plusieurs années.
Thierry was a prison officer for a few years.

5 ► **gardien de prison :** prison officer /ˈprɪzn ˌɒfɪsəʳ/ (pluriel : prison officers)

ℹ *N'oubliez pas l'article **a** ou **an** devant le nom du métier lorsqu'il suit les verbes **be** ou **become**.*

gare

1 ▷ Tu peux m'emmener à la gare ?
Can you take me to the station?

1 (pour les trains) station /ˈsteɪʃən/

2 ▷ La gare routière est en plein centre-ville.
The bus station is right in the middle of town.

2 ► **gare routière :** bus station /ˈbʌs steɪʃən/

3 ▷ Gare à toi ! Je vais me fâcher !
Watch it! I'm going to get angry!

3 ► **gare à toi ! :** watch it! /ˈwɒtʃ ɪt/

garer

▷ Où as-tu garé la voiture ?
Where did you park the car?

▷ Nous n'avons pas trouvé de place pour nous garer.
We didn't find room to park.

park /pɑːk/

► **se garer :** park

gaspillage

▷ Tu as utilisé dix feuilles de papier ? Quel gaspillage !
You've used ten sheets of paper? What a waste!

waste /weɪst/

🔊 *Le **a** est celui de **make**.*

gaspiller

▷ Je n'aime pas les gens qui gaspillent la nourriture.
I don't like people who waste food.

waste /weɪst/

🔊 *Le **a** est celui de **make**.*

gâteau

1 ▷ Pour dessert il y a un gâteau au café.
For dessert there's a coffee cake.

1 (= pâtisserie) cake /keɪk/

2 ▷ Rowan a mangé tout le paquet de gâteaux !

2 (= biscuit) biscuit /ˈbɪskɪt/

Suite page suivante

Rowan has eaten the whole packet of biscuits!

En anglais américain, on dit cookie /'kʊkɪ/.

La deuxième syllabe du mot anglais se prononce comme le mot **kit**. **Biscuit** *rime avec* **fit** *et* **hit**.

gâter

▷ Ses grands-parents la gâtent.
Her grandparents spoil her.

(= être très gentil avec quelqu'un)
spoil /spɔɪl/

Le prétérit et le participe passé peuvent être soit **spoiled** /spɔɪld/, *soit* **spoilt** /spɔɪlt/.

gauche

▷ J'ai mal à la main gauche.
My left hand hurts.

▷ Le côté droit est plus abîmé que le côté gauche.
The right-hand side is more damaged than the left-hand side.

▷ La boulangerie est à gauche après la station-service.
The baker's is on the left after the petrol station.

▷ Tournez à gauche aux feux.
Turn left at the traffic lights.

▷ À gauche du cinéma il y a un restaurant chinois.
To the left of the cinema there's a Chinese restaurant.

▷ Les couverts sont dans le tiroir de gauche.
The cutlery is in the left-hand drawer.

▷ Beaucoup de gens ont voté pour la gauche.
A lot of people voted for the left.

▷ Ils sont de gauche.
They're left-wing.

left /left/

► **le côté gauche :** the left-hand side /ˌlefthænd 'saɪd/

► **à gauche** (= situé à gauche) **:** on the left

► **tourner à gauche :** turn left

Attention ! **On ne dit pas** *turn on the left en anglais !*

► **à gauche de :** to the left of

► **de gauche** (= quand on parle d'un objet situé à gauche) **:** left-hand /left'hænd/

► **la gauche** (en parlant de politique) **:** the left

► **de gauche** (politiquement) **:** left-wing /left'wɪŋ/

gaucher, gauchère

▷ Tu es droitier ou gaucher ?
Are you right-handed or left-handed?

left-handed /left'hændɪd/

gaufre

▷ Les gaufres belges sont délicieuses.
Belgian waffles are delicious.

waffle /'wɒfl/

Le **a** *de* **waffle** *se prononce comme le* **o** *de* **dog**.

gaufrette

▻ J'ai mangé tout un paquet de gaufrettes à la vanille.
I ate a whole packet of vanilla wafers.

wafer /ˈweɪfə/

Le a de wafer se prononce comme le a de make.

gaver

▻ Ne vous gavez pas de cacahuètes, on va dîner dans une minute.
Don't stuff yourselves with peanuts, we're going to have dinner in a minute.

► **se gaver de** quelque chose : stuff /stʌf/ oneself with something

Le pronom personnel réfléchi fonctionne de la façon suivante en anglais (exemples au présent) : *I stuff **myself**, you stuff **yourself**, he stuffs **himself**, she stuffs **herself**, we stuff **ourselves**, you stuff **yourselves**, they stuff **themselves**.*

gaz

▻ Ça sent le gaz. J'espère qu'il n'y a pas de fuite !
It smells of gas. I hope that there isn't a leak!

gas /gæs/
(pluriel : gases /ˈgæsɪz/)

gazeux, gazeuse

▻ Les boissons gazeuses sont souvent très sucrées.
Fizzy drinks are often very sweet.

► **boisson gazeuse :** fizzy drink /ˌfɪzɪ ˈdrɪŋk/ (pluriel : fizzy drinks)

gazon

▻ Il y a du gazon devant la maison.
There's a lawn in front of the house.

lawn /lɔːn/
► **du gazon :** a lawn

Le aw de lawn se prononce comme le or de morning.

▻ Mon père tondait le gazon.
My father was mowing the lawn.

► **tondre le gazon :** mow /məʊ/ the lawn (mowed /məʊd/, mown /məʊn/)

géant, géante

▻ Noël a un écran de télé géant.
Noël has got a giant TV screen.

▻ Ce garçon est un géant !
That boy is a giant!

giant /ˈdʒaɪənt/

Le i de giant se prononce comme le i de like.

gel

1 ▻ Il y a encore du gel sur les arbres.
There's still frost on the trees.

1 (= glace) **frost** /frɒst/

2 ▻ Je mets du gel sur mes cheveux tous les matins.
I put gel on my hair every morning.

2 (= produit cosmétique) **gel** /dʒel/

Suite page suivante

▷ N'oublie pas d'acheter du gel douche.
Don't forget to buy some shower gel.

► **gel douche :** shower gel /'ʃaʊə dʒel/

gelé, gelée

▷ Le lac est gelé, on peut patiner dessus.
The lake is frozen, you can skate on it.

▷ Je suis gelé, mets le chauffage !
I'm frozen, put the heating on!

frozen /'frəʊzn/

gelée

▷ Annabelle fait de la gelée avec les pommes du jardin.
Annabelle makes jelly with the apples from the garden.

► **la gelée** (qu'on mange) **:** jelly /'dʒelɪ/

geler

▷ La météo dit qu'il va geler cette nuit.
The weather forecast says that it's going to freeze tonight.

▷ Les tuyaux ont gelé pendant que nous étions en vacances.
The pipes froze while we were on holiday.

freeze /fri:z/
(froze /frəʊz/, frozen /'frəʊzn/)

gélule

▷ Je dois prendre une gélule tous les matins.
I have to take one capsule every morning.

capsule /'kæpsju:l/

gênant, gênante

▷ C'est gênant de lui demander ça.
It's embarrassing to ask him that.

(= embarrassant) embarrassing /ɪm'bærəsɪŋ/
(plus gênant more embarrassing, **le plus gênant** the most embarrassing**)**

▷ Je lui ai dit que ce n'était pas gênant.
I told him it wasn't a problem.

ℹ *Pour dire que quelque chose n'est pas gênant en anglais, on emploie l'expression **not a problem**.*

gencives

▷ Ce dentifrice est bon pour les gencives.
This toothpaste is good for your gums.

gums /gʌmz/

gendarme

▷ Voilà un gendarme, allons lui demander.
There's a policeman, let's go and ask him.

▷ Julien est gendarme.
Julien is a policeman.

policeman /pə'li:smən/
(pluriel : policemen /pə'li:smen/)

ℹ *N'oubliez pas l'article **a** ou **an** devant le nom du métier lorsqu'il suit les verbes **be** ou **become**.*

gendre

▷ Les Murat aiment beaucoup leur gendre.
The Murats like their son-in-law very much.

son-in-law /ˈsʌnɪnˌlɔː/
(pluriel : sons-in-law)

gêné, gênée

▷ Hubert avait l'air gêné.
Hubert looked embarrassed.

(= embarrassé) embarrassed /ɪmˈbærəst/
(plus gêné more embarrassed, le plus gêné the most embarrassed)

gêner

1 ▷ Je ne veux pas te gêner.
I don't want to bother you.

1 (= déranger) bother /ˈbɒðəʳ/

2 ▷ Est-ce que ça te gêne si j'ouvre la fenêtre ?
Do you mind if I open the window?
▷ Ça te gênerait de t'arrêter au supermarché ?
Would you mind stopping at the supermarket?

2 *Dans les formules de politesse, on emploie l'expression* do you mind ? /ˌduː juː ˈmaɪnd/ *ou* would you mind ? /ˌwʊd juː ˈmaɪnd/.

3 ▷ Ça me gêne de lui demander.
I'm embarrassed to ask him.

3 (= embarrasser) embarrass /ɪmˈbærəs/

général, générale

▷ Mon impression générale, c'est que le film était un peu lent.
My general impression is that the film was a bit slow.

general /ˈdʒenərəl/
(plus général more general, le plus général the most general)

▷ En général, j'arrive au travail vers neuf heures et quart.
Generally, I arrive at work around quarter past nine.

► **en général** (= d'habitude) : generally /ˈdʒenərəlɪ/

▷ Le général a donné l'ordre d'attaquer.
The general gave the order to attack.

► **un général** (dans l'armée) : a general /ˈdʒenərəl/

généralement

▷ Généralement, nous partons en vacances en août.
Generally, we go on holiday in August.

generally /ˈdʒenərəlɪ/

généraliste

▷ Est-ce que tu connais un bon généraliste dans le quartier ?
Do you know a good GP in the area?

(= médecin) GP /dʒiːˈpiː/

ℹ *GP est l'abréviation de general practitioner.*

génération

▷ Il y a trois générations différentes qui vivent dans la même maison.
There are three different generations who live in the same house.

generation /ˌdʒenəˈreɪʃən/

*Le **a** est celui de **make**, et l'accent tonique est sur la troisième syllabe **-ra-**.*

généreux, généreuse

▷ Amandine est une fille très généreuse.
Amandine is a very generous girl.

generous /ˈdʒenərəs/
(plus généreux more generous, **le plus généreux** the most generous**)**

*Le **ou** de **generous** se prononce comme le **e** du mot français **de**.*

génial, géniale

▷ Ce livre est génial !
This book is great!

(= super) **great** /greɪt/

*Le **ea** de **great** se prononce comme le **a** de **make**.*

genou

▷ Ali s'est fait mal au genou.
Ali hurt his knee.

knee /niː/

*Le **k** de **knee** ne se prononce pas.*

▷ Ne te mets pas à genoux, tu vas te salir.
Don't kneel down, you'll get dirty.

► **se mettre à genoux :** kneel down /niːl ˈdaʊn/

*Le prétérit et le participe passé de **kneel** peuvent être soit **kneeled** /niːld/, soit **knelt** /nelt/.*

▷ Viens t'asseoir sur mes genoux.
Come and sit on my knee.

► **sur les genoux** de quelqu'un **:** on somebody's knee

*On peut aussi dire **on** somebody's **lap** /læp/.*

genre

▷ Quel genre de musique est-ce que tu préfères ?
What kind of music do you prefer?

(= sorte, catégorie) **kind** /kaɪnd/

*On peut aussi dire **sort** /sɔːt/ ou **type** /taɪp/.*

▷ C'est un genre de vélo, mais avec une roue beaucoup plus grande que l'autre.
It's a kind of bike, but with one wheel much bigger than the other one.

► **un genre de...** (= une espèce de) **:** a kind of...

*On peut aussi dire **a sort of...** ou **a type of...***

gens

▷ Il y a des gens qui aiment ça.
There are people who like that.

people /ˈpiːpl/

gentil, gentille

▷ Mon frère est très gentil avec moi.
My brother is very nice to me.
▷ Tu n'as pas été gentil avec Hélène.
You weren't nice to Hélène.
▷ Sois gentille avec moi !
Be nice to me!

nice /naɪs/
(plus gentil **nicer** /'naɪsəʳ/, le plus gentil **the nicest** /'naɪsɪst/)

*On peut aussi dire **kind** /kaɪnd/ (**kinder** /'kaɪndəʳ/, **kindest** /'kaɪndɪst/).*

*Notez la préposition employée en anglais : gentil avec = **nice to** ou **kind to**.*

gentiment

▷ Ils m'ont très gentiment aidée.
They very kindly helped me.

kindly /'kaɪndlɪ/

*Le **i** est celui de **like**.*

géo

▷ La géo était ma matière préférée.
Geography was my favourite subject.

geography /dʒɪ'ɒgrəfɪ/

*L'accent tonique est sur le **o**.*

géographie

▷ Je ne suis pas très bon en géographie.
I'm not very good at geography.

geography /dʒɪ'ɒgrəfɪ/

*L'accent tonique est sur le **o**.*

géométrie

▷ J'ai toujours beaucoup aimé la géométrie.
I've always liked geometry.

geometry /dʒɪ'ɒmɪtrɪ/

*L'accent tonique est sur le **o**.*

gérer

▷ Son mari gère une agence de publicité.
Her husband manages an advertising agency.

manage /'mænɪdʒ/

*Le deuxième **a** de **manage** se prononce comme un **i**. Les mots **bridge** et **fridge** riment avec **manage**.*

geste

1 ▷ Leurs gestes sont maladroits.
Their movements are clumsy.
2 ▷ Raoul a fait un geste grossier.
Raoul made a rude gesture.

1 (= un mouvement en général) **movement** /'muːvmənt/

2 (= un geste pour dire quelque chose, pour attirer l'attention) **gesture** /'dʒestʃəʳ/

gestion

▷ Charlotte a fait des études de gestion.
Charlotte did management studies.

management /'mænɪdʒmənt/

gibier

▷ Il y a beaucoup de gibier dans cette région.
There is a lot of game in this region.

game /geɪm/

ℹ *Au sens de* **gibier**, *le mot* **game** *ne se met pas au pluriel et ne s'emploie pas avec l'article* **a**.

gifle

▷ Si tu continues, je vais te donner une gifle !
If you carry on, I'm going to give you a slap!

► **donner une gifle à** quelqu'un : give somebody **a slap** /slæp/ (gave, given)

gifler

▷ Laure a giflé Frédéric devant tout le monde.
Laure slapped Frédéric in front of everybody.

slap /slæp/

ℹ *Il y a deux* **p** *au gérondif* (**slapping** /slæpɪŋ/), *au prétérit et au participe passé* (**slapped** /slæpt/).

gigantesque

▷ À Hong Kong, il y a des immeubles gigantesques.
In Hong Kong, there are some huge buildings.

huge /hjuːdʒ/

gigot

▷ Ce gigot d'agneau est délicieux.
This leg of lamb is delicious.

▷ On a mangé du gigot.
We ate leg of lamb.

leg of lamb /ˌleg əv ˈlæm/

🔊 *Le* **b** *de* **lamb** *ne se prononce pas.* **Lamb** *rime avec* **ham**.

gilet

1 ▷ Mets un gilet par-dessus ta robe si tu as froid.
Put a cardigan over your dress if you're cold.

2 ▷ Il portait un costume avec un gilet rouge.
He was wearing a suit with a red waistcoat.

3 ▷ Le gilet de sauvetage est obligatoire.
It is obligatory to wear a life jacket.

1 (= pull ouvert devant) **cardigan** /ˈkɑːdɪgən/

2 (= vêtement sans manches) **waistcoat** /ˈweɪstkəʊt/

3 ► **gilet de sauvetage** : **life jacket** /laɪfˈdʒækɪt/

gingembre

▷ Il y a du gingembre dans cette recette.
There's some ginger in this recipe.

ginger /ˈdʒɪndʒəʳ/

girafe

▷ As-tu vu des girafes en Afrique ?
Did you see any giraffes in Africa?

giraffe /dʒɪˈrɑːf/

ℹ *Attention : le mot anglais prend deux* **f**.

girouette

▷ Il y a une girouette sur le clocher de l'église.
There's a weather vane on the church tower.

weather vane /'weðə veɪn/
(pluriel : weather vanes)

gitan, gitane

▷ J'ai vu une émission sur les gitans de Roumanie.
I saw a programme about Rumanian gipsies.

gipsy /'dʒɪpsɪ/
(pluriel : gipsies /'dʒɪpsɪz/)

gîte

▷ Nous avons loué un gîte dans les Vosges pour les vacances.
We've rented a gîte in the Vosges for the holidays.

(= gîte rural) **gîte**

Se prononce comme en français.

givre

▷ Les feuilles étaient couvertes de givre.
The leaves were covered in frost.

frost /frɒst/

glace

1 ▷ Il y a de la glace sur le pare-brise.
There's ice on the windscreen.

1 (= eau gelée) **ice** /aɪs/

2 ▷ J'adore la glace au chocolat.
I love chocolate ice cream.

2 (= crème glacée) **ice cream** /'aɪs kriːm/
(pluriel : ice creams)

3 ▷ Il y a deux glaces dans la salle de bains.
There are two mirrors in the bathroom.

3 (= miroir) **mirror** /'mɪrəʳ/

glacé, glacée

1 ▷ Nous avons patiné sur le lac glacé.
We skated on the frozen lake.

1 (= transformé en glace) **frozen** /'frəʊzn/

2 ▷ Il faut servir cet apéritif glacé.
You must serve this aperitif ice-cold.

2 (= très froid, en parlant d'une boisson) **ice-cold** /aɪs'kəʊld/

3 ▷ Mes mains sont glacées !
My hands are frozen!

3 (= très froid, en parlant d'une personne, des mains, des pieds) **frozen**

glacial, glaciale

▷ Il y a un vent glacial ce soir.
There's an icy wind tonight.

(= très froid) **icy** /'aɪsɪ/

glacier

▷ Les glaciers des Alpes sont très impressionnants.
The glaciers in the Alps are very impressive.

(= étendue de glace) **glacier** /'glæsɪəʳ/

glacière

▷ Est-ce qu'on emporte la glacière pour le pique-nique ?
Are we taking the cool box for the picnic?

cool box /ˈkuːl bɒks/
(pluriel : cool boxes /ˈkuːl bɒksɪz/)

glaçon

▷ Les glaçons sont dans le freezer.
The ice cubes are in the freezer compartment.

▷ Tu veux des glaçons dans ton jus d'orange ?
Do you want ice in your orange juice?

ice cube /ˈaɪs kjuːb/
(pluriel : ice cubes)

i *Comme le montre l'exemple à gauche, on dit aussi tout simplement* **ice** /aɪs/ *(c'est-à-dire, de la glace).*

glissant, glissante

▷ Fais attention, la route est glissante.
Be careful, the road is slippery.

slippery /ˈslɪpərɪ/
(plus glissant more slippery, le plus glissant the most slippery)

glisser

1 ▷ J'ai glissé et je suis tombée.
I slipped and fell.

1 (= déraper, en parlant d'une personne) **slip** /slɪp/

i *Il y a deux* **p** *au gérondif (***slipping*** /ˈslɪpɪŋ/), au prétérit et au participe passé (***slipped*** /slɪpt/).*

2 ▷ La voiture a glissé sur du verglas.
The car skidded on some black ice.

2 (= déraper, en parlant d'un véhicule) **skid** /skɪd/

i *Il y a deux* **d** *au gérondif (***skidding*** /ˈskɪdɪŋ/), au prétérit et au participe passé (***skidded*** /ˈskɪdɪd/).*

3 ▷ Attention, ça glisse !
Be careful, it's slippery!

3 (= être glissant) **be slippery** /ˈslɪpərɪ/

globalement

▷ L'entretien s'est globalement bien passé.
The interview went well on the whole.

on the whole /ˌɒn ðə ˈhəʊl/

globe

▷ Simon a un globe terrestre dans sa chambre.
Simon has a globe in his bedroom.

globe /gləʊb/
► **globe terrestre**
(= mappemonde) : globe

gluant, gluante

▷ Le riz est trop cuit, il est gluant.
The rice is overcooked, it's sticky.

sticky /ˈstɪkɪ/
(plus gluant stickier /ˈstɪkɪəʳ/, le plus gluant the stickiest /ˈstɪkɪɪst/)

goal

▻ Mehmet est goal dans notre équipe.
Mehmet is the goalkeeper in our team.

(= gardien de but) **goalkeeper** /'gəʊlkiːpəʳ/

*Attention ! Le mot anglais **goal** signifie* but.

gobelet

▻ Il faudra cent gobelets en plastique pour la fête.
We'll need a hundred plastic cups for the party.

(= verre en carton, en plastique) **cup** /kʌp/

goéland

▻ Il y avait des goélands qui volaient autour du bateau.
There were seagulls flying round the boat.

seagull /'siːgʌl/

goinfre

▻ Sally est une vraie goinfre !
Sally is really greedy!

► **être un goinfre** *ou* **être goinfre : be greedy** /'griːdɪ/

golf

1 ▻ Le golf n'est pas un sport très fatigant.
Golf isn't a very tiring sport.

▻ Hubert joue souvent au golf le samedi.
Hubert often plays golf on Saturdays.

2 ▻ Il y a un grand golf près de la plage.
There's a big golf course near the beach.

1 (= sport) **golf** /gɒlf/

► **jouer au golf : play golf**

2 (= terrain) **golf course** /'gɒlfkɔːs/
(pluriel : **golf courses** /'gɔlfkɔːsɪz/)

Attention à ne jamais traduire le sens de terrain *par **golf** tout court. Il faut dire **golf course**.*

golfe

▻ D'ici on voit tout le golfe.
From here we can see the whole gulf.

(= partie de la mer) **gulf**

gomme

▻ Tu peux me prêter ta gomme, s'il te plaît ?
Can you lend me your rubber, please?

(pour effacer) **rubber** /'rʌbəʳ/

*En anglais américain, on dit **eraser*** /ɪ'reɪzəʳ/.

gonflé, gonflée

▻ Il t'a demandé de l'argent ? Il est gonflé !
He asked you for money? He's got a nerve!

▻ Tu es gonflée, dis-donc !
You've got a nerve!

Pour dire que quelqu'un est gonflé (= culotté) *en anglais, on emploie l'expression **have** + **a nerve*** /nɜːv/.

gonfler

1 ▻ Avec une pompe, c'est très facile de gonfler ce matelas.
With a pump it's really quick to blow up this mattress.

1 (= envoyer de l'air dans) **blow up** /bləʊ 'ʌp/ (blew up /bluː 'ʌp/, blown up /bləʊn 'ʌp/)

2 ▻ La cheville de Sacha a commencé à gonfler.
Sacha's ankle started to swell.

2 (= enfler) **swell** (swelled /sweld/, swollen /'swəʊlən/)

gorge

1 ▻ Ma gorge me faisait mal, alors le médecin m'a donné des médicaments.
My throat hurt, so the doctor gave me some medicine.

▻ J'ai mal à la gorge depuis hier.
I've had a sore throat since yesterday.

1 (= fond de la bouche) **throat** /θrəʊt/

► **avoir mal à la gorge :** have a sore throat /sɔː 'θrəʊt/ (had, had)

2 ▻ Nous avons traversé des gorges et des vallées.
We went through gorges and valleys.

2 (= passage étroit) **gorge** /gɔːdʒ/

gorgée

▻ Je prendrai juste une gorgée de whisky.
I'll just have a mouthful of whisky.

mouthful /'maʊθfʊl/

gorille

▻ Les gorilles vivent dans la forêt africaine.
Gorillas live in the African forest.

gorilla /gə'rɪlə/

ℹ *L'accent tonique est sur la deuxième syllabe -ri-.*

goulot

▻ Le goulot de cette bouteille est très étroit.
The neck of this bottle is very narrow.

▻ Ne bois pas au goulot, c'est dégoûtant !
Don't drink out of the bottle, it's disgusting!

neck /nek/

► **boire au goulot :** drink /drɪŋk/ out of the bottle /bɒtl/ (drank /dræŋk/, drunk /drʌŋk/)

gourde

▻ Nous emportons toujours une gourde quand nous faisons une randonnée.
We always take a water bottle when we go on a hike.

(= bouteille) **water bottle** /'wɔːtə bɒtl/ (pluriel : water bottles)

gourmand, gourmande

▻ Élisa est gourmande, elle adore le chocolat.
Élisa is greedy, she loves chocolate.

greedy /griːdɪ/ (**plus gourmand** greedier /'griːdɪə'/, **le plus gourmand** the greediest /'griːdɪɪst/)

gousse d'ail

▷ Il faut deux gousses d'ail pour cette recette.
You need two cloves of garlic for this recipe.

clove of garlic /ˌkləʊv əv ˈgɑːlɪk/ (pluriel : cloves of garlic)

goût

1 ▷ Le sel améliore le goût.
Salt improves the taste.

2 ▷ Tu trouves que ça a bon goût ?
Do you think it tastes nice?

▷ Ça a vraiment mauvais goût.
It tastes really nasty.

▷ Cette tisane a un goût de citron.
This herbal tea tastes of lemon.

3 ▷ Cyril et Catherine ont du goût, leur maison est très jolie.
Cyril and Catherine have good taste, their house is very nice.

1 (= saveur) taste /teɪst/

ℹ *On dit aussi flavour* /ˈfleɪvəʳ/.

2 ► **avoir bon goût :** taste nice /naɪs/

► **avoir mauvais goût :** taste nasty /ˈnɑːstɪ/

► **avoir un goût de... :** taste of...

3 ► **avoir du goût** (= savoir ce qui est joli) **:** have good taste /gʊd ˈteɪst/

goûter

1 ▷ Goûte ça, je l'ai fait moi-même.
Taste this, I made it myself.

2 ▷ Je prends souvent un goûter vers cinq heures.
I often have an afternoon snack around five o'clock.

1 (= essayer) taste /teɪst/

2 (= repas de l'après-midi) afternoon snack /ˌɑːftənuːn ˈsnæk/ (pluriel : afternoon snacks)

goutte

▷ Des gouttes d'eau tombaient du toit.
Drops of water were falling from the roof.

drop /drɒp/

gouttière

▷ Les gouttières sont pleines de feuilles mortes.
The gutters are full of dead leaves.

(sous le toit) gutter /ˈgʌtəʳ/

gouvernement

▷ Le gouvernement a décidé d'augmenter les impôts.
The government has decided to increase taxes.

government /ˈgʌvənmənt/

ℹ *Attention à l'orthographe du mot government !*

grâce à

▷ Grâce à Manu, on a pu aller au concert sans payer.
Thanks to Manu, we could go to the concert without paying.

thanks to /ˈθæŋks tuː/

gradins

▷ Il y avait des milliers de spectateurs sur les gradins.
There were thousands of spectators on the terraces.

(dans un stade) **terraces** /'terəsɪz/

graffitis

▷ Les murs sont couverts de graffitis.
The walls are covered in graffiti.
▷ Ces graffitis sont très vilains.
That graffiti is very ugly.

graffiti /grə'fiːtɪ/

ℹ *En anglais,* ***graffiti*** *est un mot indénombrable : il ne se met pas au pluriel et ne s'emploie pas avec l'article indéfini* ***a****. On dit par exemple* ***graffiti is difficult to remove*** (les graffitis sont difficiles à enlever).

grain

1 ▷ J'ai des grains de sable entre les doigts de pied.
I have grains of sand between my toes.
2 ▷ Ne mets pas tous ces grains de raisin dans ta bouche, tu vas t'étouffer !
Don't put all those grapes in your mouth, you'll choke!
3 ▷ Je préfère acheter du café en grains.
I prefer to buy coffee beans.
4 ▷ J'ai plusieurs grains de beauté sur le dos.
I have several moles on my back.

1 (= grain de sable, de maïs, de blé) **grain** /greɪn/
2 ► **grain de raisin :** grape /greɪp/
3 ► **café en grains :** coffee beans /'kɒfɪ biːnz/
4 ► **grain de beauté :** mole /məʊl/

graine

▷ J'ai semé des graines de laitue.
I sowed some lettuce seeds.

seed /siːd/

graisse

▷ Il y avait beaucoup de graisse dans ce canard.
There was a lot of fat in that duck.

(dans ce qu'on mange, dans le corps) **fat** /fæt/

ℹ *Quand la graisse est liquide, on peut aussi dire* ***grease*** /griːs/.

grammaire

▷ La grammaire espagnole est plus compliquée que la grammaire anglaise.
Spanish grammar is more complicated than English grammar.

grammar /'græməʳ/

gramme

▷ Il faut à peu près cent grammes par personne.
You need about a hundred grammes per person.

gramme /græm/

En anglais américain, ce mot s'écrit ***gram****.*

grand, grande

1 ▷ Yacine est grand pour son âge.
Yacine is tall for his age.

1 (= haut, de grande taille) **tall** /tɔːl/ (plus grand **taller** /ˈtɔːləʳ/, le plus grand **the tallest** /ˈtɔːlɪst/)

2 ▷ C'est la plus grande pièce de la maison.
It's the biggest room in the house.

2 (= de grandes dimensions) **big** /bɪg/ (plus grand **bigger** /ˈbɪgəʳ/, le plus grand **the biggest** /ˈbɪgɪst/)

3 ▷ Je suis assez grand pour décider tout seul !
I'm old enough to decide on my own!

3 (= vieux) **old** /əʊld/ (plus grand **older** /ˈəʊldəʳ/, le plus grand **the oldest** /ˈəʊldɪst/)

4 ▷ Mon grand frère s'appelle Jean-Luc.
My big brother's name is Jean-Luc.

4 (avec frère, sœur) **big**

On peut aussi dire ***older****.*

5 ▷ Il y a eu un grand bruit et tout s'est écroulé.
There was a loud noise and everything collapsed.

5 (= fort, en parlant du bruit) **loud** /laʊd/ (plus grand **louder** /ˈlaʊdəʳ/, le plus grand **the loudest** /ˈlaʊdɪst/)

6 ▷ Mozart était un grand musicien.
Mozart was a great musician.

6 (= remarquable) **great** /greɪt/ (plus grand **greater** /ˈgreɪtəʳ/, le plus grand **the greatest** /ˈgreɪtɪst/)

grand-chose

▷ Tu n'as pas mangé grand-chose, tu es malade ?
You haven't eaten much, are you ill?

► **pas grand-chose :** not much /nɒt ˈmʌtʃ/

Grande-Bretagne

▷ La Grande-Bretagne comprend l'Angleterre, l'Écosse et le Pays de Galles.
Great Britain includes England, Scotland and Wales.

Great Britain /greɪt ˈbrɪtən/

Ne prend jamais d'article.

► **la Grande-Bretagne :** Great Britain

▷ Il y a beaucoup de Français en Grande-Bretagne.
There are a lot of French people in Great Britain.

► **en Grande-Bretagne** (= dans le pays) **:** in Great Britain

▷ Martine va souvent en Grande-Bretagne.
Martine often goes to Great Britain.

► **en Grande-Bretagne** (= vers le pays) **:** to Great Britain

On dit aussi ***Britain*** *tout court.*

grandeur

▷ C'est de la grandeur d'une pomme.
It's the size of an apple.

(= taille) **size** /saɪz/

Notez qu'on ne met pas de préposition avant ***the size of*** *en anglais.*

Suite page suivante

▷ Ils sont de la même grandeur.
They are the same size.

Notez qu'on ne met pas de préposition avant ***the same size*** *en anglais.*

grandir

▷ Si Thomas continue de grandir, ça va être un géant !
If Thomas keeps growing, he's going to be a giant!

grow /grəʊ/
(**grew** /gruː/, **grown** /grəʊn/)

grand-mère

▷ Quel âge a ta grand-mère ?
How old is your grandmother?

grandmother /ˈgrændmʌðəʳ/

grand-père

▷ Mon grand-père était chauffeur de taxi.
My grandfather was a taxi driver.

grandfather /ˈgrændfɑːðəʳ/

grands-parents

▷ Je vais chez mes grands-parents ce week-end.
I'm going to my grandparents' place this weekend.

grandparents /ˈgrændpɛərənts/

grange

▷ Le foin est dans la grange.
The hay is in the barn.

barn /bɑːn/

grappe de raisin

▷ Nicolas a cueilli trois grappes de raisin.
Nicolas picked three bunches of grapes.

bunch of grapes /ˌbʌntʃ əv ˈgreɪps/ (pluriel : **bunches of grapes** /ˌbʌntʃɪz əv ˈgreɪps/)

gras, grasse

1 ▷ Ce plat est trop gras.
This dish is too fatty.

1 (= plein de matière grasse) **fatty** /ˈfætɪ/ (**plus gras** fattier /ˈfætɪəʳ/, **le plus gras** the fattiest /ˈfætɪɪst/)

2 ▷ C'est un shampoing pour cheveux gras.
It's a shampoo for greasy hair.

2 (= huileux) **greasy** /ˈgriːsɪ/ (**plus gras** greasier /ˈgriːsɪəʳ/, **le plus gras** the greasiest /ˈgriːsɪɪst/)

3 ▷ Il y a beaucoup de gras dans ce jambon.
There's a lot of fat in this ham.

3 ► **le gras** (= la partie grasse de la viande) : **fat** /fæt/

4 ▷ La traduction apparaît en gras.
The translation is in bold.

4 ► **en gras** (= en caractères gras) : **in bold** /bəʊld/

gratin

▷ Il y avait un gratin de poisson, c'était délicieux.
There was a fish gratin, it was delicious.

(= plat) **gratin**
Se prononce comme en français.

gratte-ciel

▷ Il y a beaucoup de gratte-ciel dans mon quartier.
There are a lot of skyscrapers in my area.

skyscraper /ˈskaɪskreɪpəʳ/

gratter

1 ▷ Le chien grattait la terre avec sa patte.
The dog was scratching the ground with its paw.

2 ▷ Ça me gratte, ce doit être une piqûre de moustique.
It's itchy, it must be a mosquito bite.

3 ▷ Le chien se gratte parce qu'il a des puces.
The dog scratches itself because it has fleas.

▷ Ne te gratte pas le bras, tu vas te faire mal.
Don't scratch your arm, you'll hurt yourself.

▷ Le singe se grattait la tête.
The monkey was scratching its head.

1 (avec ses ongles, avec ses griffes) **scratch** /skrætʃ/

2 ► **ça me gratte :** it's itchy /ˈɪtʃɪ/

3 ► **se gratter :** scratch oneself

ℹ *Le pronom personnel réfléchi fonctionne de la façon suivante en anglais* (exemples au présent) *: I scratch **myself**, you scratch **yourself**, he scratches **himself**, she scratches **herself**, it scratches **itself**, we scratch **ourselves**, you scratch **yourselves**, they scratch **themselves**.*

► **se gratter le bras** *ou* **la jambe,** *etc.* **:** scratch one's arm *ou* one's leg, *etc.*

ℹ *L'adjectif possessif fonctionne de la façon suivante en anglais* (exemples au présent) *: I scratch **my** leg, you scratch **your** leg, he scratches **his** leg, she scratches **her** leg, it scratches **its** leg, we scratch **our** legs, they scratch **their** legs.*

gratuit, gratuite

▷ Bénédicte a eu des billets gratuits.
Bénédicte got some free tickets.

free /friː/

gratuitement

1 ▷ Il a fait le travail gratuitement.
He did the work for nothing.

2 ▷ Il nous a dit que nous pouvions entrer gratuitement.
He told us that we could go in free.

1 (= sans être payé) **for nothing** /fə ˈnʌθɪŋ/

2 (= sans payer) **free** /friː/

grave

1 ▷ Apparemment c'est une blessure grave.
Apparently it's a serious injury.

2 ▷ Je suis désolée ! – Ne vous inquiétez pas, ce n'est pas grave.
I'm sorry! – Don't worry, it doesn't matter.

1 (= préoccupant) **serious** /ˈsɪərɪəs/ (**plus grave** more serious, **le plus grave** the most serious)

2 *Pour dire que* quelque chose n'a pas d'importance, *on emploie l'expression* ***it doesn't matter*** /ɪt ˌdʌznt ˈmætəʳ/.

Suite page suivante

3 ▷ Karim a la voix très grave.
Karim has a very deep voice.

3 (= bas, en parlant de la voix ou d'un son) **deep** /diːp/
(plus grave **deeper** /'diːpəʳ/,
le plus grave **the deepest** /'diːpɪst/)

gravement

▷ Le grand-père de Luc est gravement malade.
Luc's grandfather is seriously ill.

seriously /'sɪərɪəslɪ/

graver

▷ Quelqu'un a gravé ses initiales dans le tronc de l'arbre.
Somebody engraved their initials in the trunk of the tree.

(= inscrire) **engrave** /ɪn'greɪv/

gravier

▷ Il y a du gravier dans l'allée.
There is gravel on the path.

gravel /'grævl/

gravillons

▷ Des gravillons ont cassé le pare-brise.
Some gravel broke the windscreen.

gravel /'grævl/

ℹ *Le mot **gravel** est indénombrable : il ne se met pas au pluriel, et ne prend pas l'article indéfini **a**. On dit par exemple **this gravel is very fine*** (ces gravillons sont très fins).

grec, grecque

▷ La cuisine grecque est très bonne.
Greek cuisine is very good.
▷ J'ai trouvé les Grecs très accueillants.
I found the Greeks very welcoming.
▷ Mélanie parle le grec.
Mélanie speaks Greek.

Greek /griːk/

ℹ *S'écrit toujours avec une majuscule, comme tous les adjectifs et noms de nationalité en anglais.*

Grèce

▷ La Grèce est un pays riche en histoire.
Greece is a country rich in history.

▷ Qu'est-ce que vous avez visité en Grèce ?
What did you visit in Greece?
▷ J'aimerais aller en Grèce.
I'd like to go to Greece.

Greece /griːs/

ℹ *Ne prend jamais d'article.*

► **la Grèce : Greece**

► **en Grèce** (= dans le pays) **: in Greece**

► **en Grèce** (= vers le pays) **: to Greece**

grêle

▷ La grêle cognait contre les vitres.
The hail was banging against the windows.

hail /heɪl/

grêler

▷ Il a grêlé toute l'après-midi.
It hailed all afternoon.

hail /heɪl/

grelotter

▷ Nous grelottions tous dans l'église.
We were all shivering in the church.

shiver /ˈʃɪvəʳ/

ℹ *Le i de shiver se prononce comme le i de sit.*

grenier

▷ Les Dutoit ont fait une chambre d'amis dans le grenier.
The Dutoits made a guest room in the attic.

attic /ˈætɪk/

grenouille

▷ Il y a plein de grenouilles dans l'étang.
There are lots of frogs in the pond.

frog /frɒg/

grève

▷ Il y a une grève aujourd'hui dans le métro.
There's a strike today on the underground.

▷ Les profs sont en grève depuis hier.
The teachers have been on strike since yesterday.

(= arrêt du travail) **strike** /straɪk/

► **être en grève :** be on strike

griffe

▷ Le chat a sorti ses griffes.
The cat showed its claws.

claw /klɔː/

► **sortir ses griffes** (en parlant d'un chat) **:** show its claws.

griffer

▷ Le chat a encore essayé de me griffer.
The cat tried to scratch me again.

scratch /skrætʃ/

grignoter

1 ▷ Il faut éviter de grignoter entre les repas.
You should avoid snacking between meals.

2 ▷ La souris grignotait un morceau de fromage.
The mouse was nibbling a piece of cheese.

1 (= manger un peu) **snack** /snæk/

2 ► **grignoter** quelque chose (= mordre dedans) **:** **nibble** /ˈnɪbl/ something

grillage

▻ Il y a du grillage autour du jardin.
There's a wire fence around the garden.

► **du grillage** (= une clôture) : a wire fence /ˌwaɪə ˈfens/

grille

▻ Lionel a escaladé la grille du parc.
Lionel climbed the park railings.

(= clôture) **railings** /ˈreɪlɪŋz/

ℹ *Railings est un nom pluriel : on dit par exemple the railings are rusty* (la grille est rouillée).

grille-pain

▻ Le grille-pain est cassé.
The toaster is broken.

toaster /ˈtəʊstəʳ/

griller

1 ▻ Tu vas griller le poisson ou le cuire au four ?
Are you going to grill the fish or cook it in the oven?

1 (= cuire, en parlant de la viande ou du poisson) **grill** /grɪl/

ℹ *La traduction est la même si on dit* faire griller *au lieu de* griller.

2 ▻ Je vais faire griller du pain pour le petit déjeuner.
I'm going to toast some bread for breakfast.

2 (en parlant du pain) **toast** /təʊst/

3 ▻ La voiture devant nous a grillé le feu rouge.
The car in front of us went through the red light.

3 ► **griller un feu rouge** : go through /θruː/ a red light /red ˈlaɪt/ (went, gone/been)

grillon

▻ Tu entends les grillons dans le champ ?
Can you hear the crickets in the field?

cricket /ˈkrɪkɪt/

grimace

▻ Le petit garçon nous faisait des grimaces derrière la vitre.
The little boy was making faces at us behind the window.

► **faire des grimaces à** quelqu'un : make faces /ˈfeɪsɪz/ at somebody (made faces, made faces)

grimper

1 ▻ Les prix ont encore grimpé ce mois-ci.
Prices have risen again this month.

1 (= augmenter) **rise** /raɪz/ (rose /rəʊs/, risen /ˈrɪzn/)

2 ▻ Cette côte est difficile à grimper.
This slope is difficult to climb.

▻ Laurent a grimpé sur le tabouret pour atteindre le placard.
Laurent climbed on the stool to reach the cupboard.

2 ► **grimper** quelque chose : climb /klaɪm/ something

► **grimper sur** quelque chose : climb on something

🔊 *Le b de climb ne se prononce pas. Climb rime avec time.*

grincer

▷ La porte grince, c'est très agaçant.
The door creaks, it's very irritating.

creak /kriːk/

grippe

▷ La grippe peut être une maladie grave.
Flu can be a serious illness.
▷ Matteo n'est pas venu au travail, il a la grippe.
Matteo didn't come to work, he's got flu.

flu /fluː/

► **avoir la grippe :** have flu (had, had)

gris, grise

▷ Je veux acheter une veste grise.
I want to buy a grey jacket.

grey /greɪ/

En anglais américain, ce mot s'écrit gray.

grogner

▷ Le chien a commencé à grogner quand nous nous sommes approchés.
The dog started growling when we came closer.

(= faire un bruit menaçant) growl /graʊl/

Le ow de growl se prononce comme dans brown et how.

gronder

▷ Les parents d'Adeline l'ont grondée.
Adeline's parents told her off.
▷ Je vais me faire gronder !
I'm going to get told off!

(= réprimander) tell off /tel 'ɒf/ (told off, told off /təʊld 'ɒf/)

► **se faire gronder :** get told off (got told off, got told off)

gros, grosse

1 ▷ Elle se trouve trop grosse.
She thinks she's too fat.

1 (= gras) fat /fæt/ (plus gros fatter /'fætəʳ/, le plus gros the fattest /'fætɪst/)

2 ▷ Emporte un gros pull, il fait froid là-bas.
Take a thick pullover, it's cold there.

2 (= épais) thick /θɪk/ (plus gros thicker /'θɪkəʳ/, le plus gros the thickest /'θɪkɪst/)

3 ▷ Tu as reçu un gros colis.
You've got a big parcel.
▷ J'ai un gros problème, il faut que tu m'aides.
I've got a big problem, you must help me.

3 (= grand) big /bɪg/ (plus gros bigger /'bɪgəʳ/, le plus gros the biggest /'bɪgɪst/)

4 ▷ Ça coûtera en gros dix euros par personne.
It will cost roughly ten euros per person.

4 ► **en gros** (= à peu près) **:** roughly /'ʌflɪ/

5 ▷ Ne dis pas ça, c'est un gros mot !
Don't say that, it's a swearword!
▷ Quentin dit toujours des gros mots.
Quentin always swears.

5 ► **gros mot :** swearword /'swɛəwɜːd/

► **dire des gros mots :** swear /swɛəʳ/ (swore /swɔːʳ/, sworn /swɔːn/)

groseille

▷ On a ramassé des groseilles pour faire une tarte.
We gathered some redcurrants to make a tart.

redcurrant /red'kʌrənt/

grosseur

▷ C'est de la grosseur d'une pomme.
It's the size of an apple.

▷ Ils sont de la même grosseur.
They are the same size.

(= taille) **size** /saɪz/

ℹ *Notez qu'on ne met pas de préposition avant **the size of**.*

ℹ *Notez qu'on ne met pas de préposition avant **the same size**.*

grossier, grossière

▷ Ne sois pas si grossière !
Don't be so rude!

(= vulgaire) **rude** /ruːd/
(plus grossier ruder /'ruːdər/, **le plus grossier** the rudest /'ruːdɪst/)

grossir

1 ▷ Oh non, j'ai encore grossi !
Oh no, I've put on weight again!

▷ J'ai grossi de deux kilos en une semaine.
I put on two kilos in a week.

2 ▷ Les pommes grossissent sur l'arbre.
The apples are getting bigger on the tree.

3 ▷ Ils utilisent un microscope pour grossir les objets.
They use a microscope to magnify objects.

1 (= prendre du poids) **put on weight** /weɪt/ (put on, put on)
► **grossir de... :** put on... (put on, put on)

2 (= grandir) **get bigger** /'bɪgər/ (got bigger, got bigger)

3 ► **grossir** quelque chose (= l'agrandir, en parlant d'une loupe, d'un microscope) : **magnify** /'mægnɪfaɪ/ something

🔊 *Le **y** de **magnify** devient **ie** à la troisième personne du singulier du présent de l'indicatif (**magnifies** /'mægnɪfaɪz/), au prétérit et au participe passé (**magnified** /'mægnɪfaɪd/).*

grotte

▷ Nous avons visité des grottes préhistoriques.
We visited some prehistoric caves.

cave /keɪv/

🔊 *Le **a** du mot anglais **cave** se prononce comme le **a** de **make**. **Cave** rime avec **Dave** et **wave**.*

groupe

1 ▷ Il y avait un groupe de jeunes devant le cinéma.
There was a group of youngsters in front of the cinema.

▷ On travaille souvent en groupe.
We often work in a group.

1 **group** /gruːp/

ℹ *Attention à l'orthographe : pas de **e** en anglais.*

► **en groupe :** in a group

2 ▷ Stan joue dans un groupe de rock.
Stan plays in a rock band.

2 (de musiciens) **band** /bænd/

grue

▷ Il y a des grues immenses derrière la place.
There are huge cranes behind the square.

crane /kreɪn/

Le ***a*** *de* ***crane*** *se prononce comme le* ***a*** *de* ***make****.* ***Crane*** *rime avec* ***Jane*** *et* ***stain****.*

guépard

▷ Le guépard est un animal extrêmement rapide.
The cheetah is an extremely fast animal.

cheetah /'tʃiːtə/

Cheetah *rime avec* ***heater*** *et* ***Peter****.*

guêpe

▷ Guillem s'est fait piquer par une guêpe.
Guillem was stung by a wasp.

wasp /wɒsp/

Le ***a*** *de* ***wasp*** *se prononce comme le* ***o*** *de* ***dog****.*

guérir

▷ Malika a guéri en une semaine.
Malika got better in a week.

▷ Je suis presque guéri.
I'm almost better.

(= aller mieux) **get better** /'betəʳ/ (got better, got better)

ℹ *On peut aussi dire* ***recover*** /rɪ'kʌvəʳ/.

► **être guéri :** be better

guerre

▷ On a vu des images de la guerre à la télé.
We saw pictures of the war on TV.

▷ Il est né au début de la Première Guerre mondiale.
He was born at the beginning of the First World War.

▷ Lucien est mort pendant la Seconde Guerre mondiale.
Lucien died during the Second World War.

war /wɔːʳ/

War *rime avec* ***more*** *et* ***door****.*

► **la Première Guerre mondiale :** the First World War /ˌfɜːst wɜːld'wɔːʳ/

► **la Seconde Guerre mondiale :** the Second World War /ˌsekənd wɜːld'wɔːʳ/

gueule

1 ▷ Le chien a pris l'os dans sa gueule.
The dog took the bone in its mouth.

2 ▷ Arrête de faire la gueule !
Stop sulking!

1 (= bouche d'un animal) **mouth** /maʊθ/

2 ► **faire la gueule :** sulk /sʌlk/

ℹ *Faire la gueule est un mot familier, mais* ***sulk*** *ne l'est pas.*

Suite page suivante

3 ▷ Paul me fait la gueule.
Paul isn't talking to me.
▷ Tu me fait la gueule ?
Aren't you talking to me?
4 ▷ Je me suis réveillé avec la gueule de bois.
I woke up with a hangover.

3 *Pour dire qu'on fait la gueule à quelqu'un, on emploie l'expression* ***not talking to****.*

4 ► **gueule de bois :** hangover /'hæŋəʊvə'/

gueuler

▷ Ne gueule pas, je ne suis pas sourd !
Don't shout, I'm not deaf!

(= crier) shout /ʃaʊt/
ℹ *Gueuler est un mot familier, mais* ***shout*** *ne l'est pas.*

guichet

1 ▷ Va demander au guichet.
Go and ask at the window.
2 ▷ Il y avait la queue au guichet du cinéma.
There was a queue at the cinema ticket office.
3 ▷ Est-ce qu'il y a un guichet automatique par ici ?
Is there a cashpoint around here?

1 (à la poste, à la banque) window /'wɪndəʊ/
2 (au cinéma, au théâtre) ticket office /'tɪkɪt ˌɒfɪs/
3 ► **guichet automatique** (pour retirer de l'argent) **:** cashpoint /'kæʃpɔɪnt/

guide

1 ▷ Le guide a expliqué comment le château a été détruit.
The guide explained how the castle was destroyed.
2 ▷ On a acheté un guide avant de partir pour l'Italie.
We bought a guidebook before leaving for Italy.

1 (= accompagnateur) guide /gaɪd/
🔊 ***Guide*** *rime avec* ***side****.*
2 (= livre) guidebook /'gaɪdbʊk/

guider

▷ Quelqu'un nous a guidés vers la sortie.
Somebody guided us towards the exit.

guide /gaɪd/
🔊 ***Guide*** *rime avec* ***side****.*

guidon

▷ J'adore faire du vélo sans tenir le guidon.
I love cycling without holding the handlebars.

handlebars /'hændlbɑːz/
ℹ ***Handlebars*** *est pluriel. On dit par exemple* ***the handlebars are broken*** (le guidon est cassé).

guillemets

▷ C'est un dialogue, il faut employer des guillemets.
It's a dialogue, you have to use quotation marks.

quotation marks /ˌkwəʊ'teɪʃən mɑːks/

▷ Le mot était entre guillemets.
The word was in quotation marks.

► **entre guillemets :** in quotation marks

guirlande

1 ▷ Les enfants ont fabriqué des guirlandes en papier.
The children made paper garlands.

1 (= fleurs, papier) **garland** /gɑːlənd/

2 ▷ Le sapin de Noël est couvert de guirlandes.
The Christmas tree is covered in tinsel.

2 (pour Noël) **tinsel** /'tɪnsəl/

ℹ *Tinsel est indénombrable : il ne se met pas au pluriel et ne s'emploie jamais avec l'article indéfini **a**. On dit par exemple **the tinsel is red*** (les guirlandes sont rouges).

guitare

▷ Serge a apporté sa guitare.
Serge brought his guitar.

guitar /gɪ'tɑː/

ℹ *Attention à l'orthographe : pas de **e** en anglais.*

▷ J'apprends à jouer de la guitare.
I'm learning to play the guitar.

► **jouer de la guitare :** play /pleɪ/ the guitar

gym

1 ▷ Nous avons gym le mardi matin.
We have PE on Tuesday mornings.

1 (à l'école) **PE** /'piː'iː/

ℹ ***PE** est l'abréviation de **physical education*** (éducation physique).

2 ▷ Annick fait de la gym à la maison.
Annick does exercises at home.

2 ► **faire de la gym :** do exercises /'eksəsaɪzɪz/ (did, done)

*Attention : le mot anglais **gym** signifie* gymnase.

gymnase

▷ Le gymnase est ouvert même le dimanche.
The gym is open even on Sundays.

gym /dʒɪm/

*Le mot anglais **gym** se prononce exactement comme le nom **Jim**.*

gymnastique

▷ Tu as regardé le championnat de gymnastique à la télé ?
Did you watch the gymnastics championship on TV?

gymnastics /dʒɪm'næstɪks/

gynécologue

▷ Je peux te conseiller un bon gynécologue.
I can recommend a good gynaecologist.

gynaecologist /gaɪnɪ'kɒlədʒɪst/

*En anglais américain, ce mot s'écrit **gynecologist**.*

Suite page suivante

▷ J'ai rendez-vous chez le gynécologue mardi.
I have an appointment at the gynaecologist's on Tuesday.

▷ Je dois aller chez le gynécologue tous les ans.
I have to go to the gynaecologist's every year.

▷ Sylvie est gynécologue.
Sylvie is a gynaecologist.

► **chez le gynécologue** (= dans son cabinet) : at the gynaecologist's

► **chez le gynécologue** (= vers son cabinet) : to the gynaecologist's

ℹ *N'oubliez pas l'article* **a** *ou* **an** *devant le nom du métier quand il suit les verbes* **be** *ou* **become**.

H

FRANÇAIS — ANGLAIS

La lettre H se prononce /eitʃ:/ en anglais
H rime avec le a de make suivi du ch de match.

habile

▷ Bastien est très habile, il fabrique beaucoup de choses lui-même.
Bastien is very skilful, he makes a lot of things himself.

skilful /'skɪlfʊl/
(plus habile more skilful,
le plus habile the most skilful)

habiller

1 ▷ Est-ce que tu peux habiller Julie ?
Can you dress Julie?

2 ▷ Je me suis habillé à toute vitesse.
I got dressed very quickly.

1 ► **habiller** quelqu'un : **dress** /dres/ somebody

2 ► **s'habiller** : **get dressed** /drest/ (got dressed, got dressed)

habit

1 ▷ Quel habit vas-tu mettre pour la soirée déguisée ?
What outfit are you going to wear for the fancy-dress party?

2 ▷ Mes habits d'hiver sont au grenier.
My winter clothes are in the attic.

1 (= une panoplie pour jouer, un déguisement) **outfit** /'aʊtfɪt/

2 ► **habits** (= vêtements) : **clothes** /kləʊðz/

Attention à la prononciation de ***clothes*** *: une seule syllabe !*

habitant, habitante

▷ Il y a vingt mille habitants dans cette ville.
There are twenty thousand inhabitants in this town.

(= une personne qui vit dans une ville ou dans un pays) **inhabitant** /ɪn'hæbɪtənt/

L'accent tonique est sur la deuxième syllabe ***-ha-****.*

habiter

▷ Où est-ce que tu habites ?
Where do you live?

(= vivre) **live** /lɪv/

🔊 *Le verbe* ***live*** *rime avec* ***give****. Ne pas confondre avec l'adjectif* ***live****, qui rime avec* ***drive****.*

habitude

1 ▷ C'est une mauvaise habitude que j'aimerais perdre.
It's a bad habit that I'd like to lose.

2 ▷ J'ai l'habitude de me lever tôt.
I'm used to getting up early.

3 ▷ D'habitude, Thomas arrive à l'heure.
Thomas usually arrives on time.

▷ Le feuilleton était moins intéressant que d'habitude.
The serial was less interesting than usual.

▷ Comme d'habitude, Roland était en retard.
As usual, Roland was late.

1 (= chose que l'on fait souvent) **habit** /'hæbɪt/

2 ► **avoir l'habitude de** + infinitif : **be used to** /'ju:st tu:/ + **-ing**

🔊 *Ici, le mot* ***used*** *se prononce comme s'il y avait un* ***t*** *à la fin.* ***Used*** *rime avec* ***boost****.*

3 ► **d'habitude :** usually /'ju:ʒʊəlɪ/

► **...que d'habitude :** ...than usual /ðən 'ju:ʒʊəl/

► **comme d'habitude :** as usual /əz 'ju:ʒʊəl/

habitué, habituée

▷ Lise est habituée à travailler en équipe.
Lise is used to working in a team.

► **être habitué à** + infinitif : **be used to** /'ju:st tu:/ + **-ing**

🔊 *Ici, le mot* ***used*** *se prononce comme s'il y avait un* ***t*** *à la fin.* ***Used*** *rime avec* ***boost****.*

habituer

▷ Christophe ne s'est pas habitué à son nouveau travail.
Christophe hasn't got used to his new job.

▷ Tu devrais t'habituer à faire plus d'exercice.
You should get used to doing more exercise.

► **s'habituer à** quelque chose **:** **get used** /ju:st/ **to something** (got used to, got used to)

► **s'habituer à** + infinitif : **get used** /ju:st/ **to** + **-ing** (got used to, got used to)

🔊 *Ici, le mot* ***used*** *se prononce comme s'il y avait un* ***t*** *à la fin.* ***Used*** *rime avec* ***boost****.*

hache

▷ J'ai besoin d'une hache pour couper du bois.
I need an axe to cut some wood.

axe /æks/

En anglais américain, ce mot s'écrit ***ax****.*

hacher

▷ D'abord, tu haches l'oignon, puis tu le fais frire.
First you chop the onion, then you fry it.

chop /tʃɒp/
ℹ *Il y a deux p au gérondif (chopping /'tʃɒpɪŋ/), au prétérit et au participe passé (chopped /tʃɒpt/).*

haie

1 ▷ Les garçons ont sauté par-dessus la haie.
The boys jumped over the hedge.

2 ▷ Le coureur est tombé sur la première haie.
The runner fell at the first hurdle.

1 (= la haie au bord d'un champ)
hedge /hedʒ/

2 (= l'obstacle dans une course)
hurdle /'hɜːdl/

haïr

▷ Je hais l'art contemporain.
I hate contemporary art.

hate /heɪt/
🔊 *Prononcez bien le h, pour faire la différence avec I ate...* (= j'ai mangé !).

haleine

▷ Ce spray vous donne l'haleine fraîche.
This spray gives you fresh breath.

breath /breθ/
🔊 *Le ea de breath se prononce comme le e de bed.*

▷ Notre chien a mauvaise haleine.
Our dog has bad breath.

▷ Léo et Clara étaient hors d'haleine quand ils sont arrivés.
Léo and Clara were out of breath when they arrived.

► **avoir mauvaise haleine :** have bad breath
► **hors d'haleine :** out of breath

hall

▷ Je t'attendrai dans le hall de l'hôtel.
I'll wait for you in the hotel lobby.

(= l'entrée d'un hôtel, d'un cinéma, ou d'un théâtre) **lobby** /'lɒbɪ/

haltère

▷ J'ai des haltères pour mon cours de gym.
I have some weights for my exercise class.

weight /weɪt/
🔊 *Weight se prononce exactement comme wait.*

▷ Georges fait des haltères pour rester en forme.
Georges does weight lifting to keep in good shape.

► **faire des haltères :** do weight lifting /'weɪt ˌlɪftɪŋ/ (did, done)

hamburger

▷ Je vais prendre un hamburger et des frites.
I'm going to have a hamburger and some chips.

hamburger /'hæmbɜːgəʳ/
🔊 *L'accent tonique est sur la première syllabe ham-.*

hamster

▷ Mon hamster s'appelle Titus.
My hamster's name is Titus.

hamster /ˈhæmstəʳ/

🔊 *L'accent tonique est sur la première syllabe* ***ham-***.

hanche

▷ Ma grand-mère a des problèmes avec sa hanche.
My grandmother has got problems with her hip.

hip /hɪp/

handball

▷ Le handball est mon sport préféré.
Handball is my favourite sport.

▷ Adrienne joue au handball le samedi.
Adrienne plays handball on Saturdays.

handball /ˈhændbɔːl/

🔊 *L'accent tonique est sur la première syllabe* ***hand-***.

► **jouer au handball :** play handball

handicapé, handicapée

1 ▷ Son frère est handicapé.
Her brother is disabled.

2 ▷ Les handicapés peuvent utiliser ces toilettes.
The disabled can use these toilets.

1 (= infirme) **disabled** /dɪsˈeɪbld/

2 ► **les handicapés :** the disabled

ℹ *Pour dire* **un handicapé, une handicapée** *en anglais, on emploie l'expression* ***a disabled person***.

hangar

▷ Le tracteur est dans ce hangar.
The tractor is in that shed.

shed /ʃed/

haricot

▷ Il y a de l'agneau et des haricots pour déjeuner.
There is lamb and beans for lunch.

▷ Les haricots blancs sont difficiles à digérer.
Haricot beans are difficult to digest.

▷ Il y a des haricots verts dans la salade.
There are green beans in the salad.

bean /biːn/

► **haricots blancs :** haricot beans /ˈhærɪkəʊ ˌbiːnz/

► **haricots verts :** green beans /ɡriːn ˈbiːnz/

harmonica

▷ Nous avons acheté un harmonica pour Simon.
We bought a harmonica for Simon.

▷ Hannah joue très bien de l'harmonica.
Hannah plays the harmonica very well.

harmonica /hɑːˈmɒnɪkə/

ℹ *On peut aussi dire* ***mouth organ*** /ˈmaʊθ ˌɔːɡən/ (pluriel : ***mouth organs***).

► **jouer de l'harmonica :** play the harmonica

hasard

1 ▷ Il n'a pas gagné parce qu'il est doué, c'était seulement le hasard.
He didn't win because he's good, it was just luck.

1 ► **le hasard** (= la chance) : luck /lʌk/

2 ▷ J'ai choisi une couleur au hasard.
I chose a colour at random.

2 ► **au hasard :** at random /ət 'rændəm/

3 ▷ Si par hasard tu vois Joe, dis-lui de m'appeler.
If by any chance you see Joe, tell him to call me.

3 ► **si par hasard... :** if by any chance... /ˌɪf baɪ enɪ 'tʃɑːns/

4 ▷ J'ai rencontré Matthieu par hasard au centre commercial.
I bumped into Matthieu at the shopping centre.

4 ► **rencontrer** quelqu'un **par hasard :** bump into somebody /bʌmp 'intuː/

hâte

▷ J'ai hâte de le revoir.
I can't wait to see him again.

► **avoir hâte de faire** quelque chose : can't wait to do something

hausse

▷ Il y a eu une hausse du prix de l'essence.
There was a rise in the price of petrol.

rise /raɪz/

ℹ *Notez la préposition utilisée en anglais :* une hausse de quelque chose = *a rise in something.*

▷ Les prix sont en hausse.
Prices are going up.

► être **en hausse :** be going up /ˌgəʊɪŋ 'ʌp/

haut, haute

1 ▷ L'étagère est trop haute pour moi.
The shelf is too high for me.
▷ L'oiseau vole haut dans le ciel.
The bird is flying high in the sky.

1 (quand on parle de quelque chose qui est haut) high /haɪ/
(plus haut higher /'haɪəʳ/,
le plus haut the highest /'haɪɪst/)

🔊 *High rime avec sky et dry.*

2 ▷ Le haut du mur est peint en bleu.
The top of the wall is painted blue.

2 ► **le haut de** quelque chose : the top /tɒp/ of something

3 ▷ Lisa nous attendait en haut de l'escalier.
Lisa was waiting for us at the top of the stairs.

3 ► **en haut de :** at the top of

4 ▷ Ce sont les voisins qui habitent en haut.
They're the neighbours who live upstairs.

4 ► **en haut** (= à l'étage du dessus) : upstairs /ʌp'stɛəz/

5 ▷ La tour Eiffel fait trois cents mètres de haut.
The Eiffel Tower is three hundred metres tall.

5 *Quand on veut dire la taille de quelque chose en anglais (une tour ou une montagne par exemple), on utilise l'expression* ***be*** *+* ***tall*** /tɔːl/.

6 ▷ Éloïse portait un joli haut blanc.
Éloïse was wearing a pretty white top.

6 ► **un haut** (= un chemisier ou un tee-shirt) : a top /tɒp/

hauteur

▷ Ils ont mesuré la hauteur du mur.
They measured the height of the wall.

▷ Le plafond fait trois mètres de hauteur.
The ceiling is three metres high.

▷ Quelle est la hauteur de cette tour ?
How high is this tower?

(= dimension) **height** /haɪt/

Height rime avec night et quite.

Quand on veut dire la hauteur de quelque chose en anglais (un plafond ou un toit, par exemple), on emploie l'expression be + high /haɪ/.

Pour demander la hauteur de quelque chose, on emploie l'expression how high?

haut-parleur

▷ Il y a deux haut-parleurs à l'arrière de la voiture.
There are two speakers in the back of the car.

speaker /'spiːkəʳ/

On peut aussi dire loudspeaker /ˌlaʊd'spiːkəʳ/.

hebdomadaire

▷ Nous sommes abonnés à deux hebdomadaires.
We subscribe to two weeklies.

(= magazine) **weekly** /'wiːklɪ/ (pluriel : weeklies /'wiːklɪz/)

héberger

▷ Des amis nous ont hébergés.
Some friends put us up.

► **héberger** quelqu'un (= loger quelqu'un temporairement) : **put** /pʊt/ somebody **up** (put up, put up)

hélas

▷ Hélas, nous n'avons pas pu avoir de billets.
Unfortunately we couldn't get any tickets.

unfortunately /ʌn'fɔːtʃənɪtlɪ/

L'accent tonique est sur la deuxième syllabe -for-.

hélice

▷ L'hélice du bateau était cassée.
The propeller of the boat was broken.

(d'un hélicoptère, d'un bateau) **propeller** /prə'peləʳ/

hélicoptère

▷ L'hélicoptère a atterri dans le champ.
The helicopter landed in the field.

helicopter /'helɪkɒptəʳ/

L'accent tonique est sur la première syllabe he-.

herbe

1 ▷ L'herbe est trop longue, tu devrais la couper.
The grass is too long, you should cut it.

1 (= gazon) **grass** /grɑːs/

2 ▷ Il y a des mauvaises herbes partout dans le jardin.
There are weeds everywhere in the garden.

2 ► **mauvaise herbe** : **weed** /wiːd/

3 ▷ Sylviane met toujours beaucoup d'herbes dans sa ratatouille.
Sylviane always puts a lot of herbs in her ratatouille.

3 ► **herbes** *ou* **fines herbes** (pour faire la cuisine) : **herbs** /hɜːbz/

héréditaire

▷ Il a une maladie héréditaire.
He has a hereditary disease.

hereditary /hɪ'redɪtrɪ/

L'accent tonique est sur la deuxième syllabe ***-re-****.*

hérisson

▷ Il y avait un hérisson mort sur la route.
There was a dead hedgehog on the road.

hedgehog /'hedʒhɒg/

hériter

▷ Mes parents ont hérité une maison de mes grands-parents.
My parents inherited a house from my grandparents.

► **hériter** quelque chose **de** quelqu'un : **inherit** /ɪn'herɪt/ something **from** somebody

héroïne

1 ▷ L'héroïne du livre est une avocate anglaise.
The heroine of the book is an English lawyer.

2 ▷ La police a trouvé deux kilos d'héroïne chez lui.
The police found two kilos of heroin at his home.

1 (= personnage principal) **heroine** /'herəʊɪn/

2 (= drogue) **heroin** /'herəʊɪn/

héros

▷ Le héros du film s'appelle Conan.
The hero of the film is called Conan.

hero /'hɪərəʊ/
(pluriel : **heroes** /'hiərəʊz/)

hésiter

▷ Serge a répondu oui sans hésiter.
Serge said yes without hesitating.

hesitate /'hezɪteɪt/

L'accent tonique est sur la première syllabe ***he-****.*

hétérosexuel, hétérosexuelle

▷ Les hétérosexuels et les homosexuels ont les mêmes droits en France.
Heterosexuals and homosexuals have the same rights in France.

heterosexual /ˌhetərə'seksjʊəl/

Le mot ***heterosexual*** *peut être un adjectif ou un nom.*

heure

1 ▷ Ça nous a pris trois heures.
It took us three hours.

1 (= période de 60 minutes) **hour** /'aʊəʳ/

Le ***h*** *du mot* ***hour*** *est muet.*

Suite page suivante

2 ▻ Vous avez l'heure, s'il vous plaît ?
Do you have the time, please?

2 ► **l'heure** (quand on parle d'un moment précis de la journée) **:** the time /taɪm/

► **c'est l'heure de... :** it's time to...

ℹ *Pour demander l'heure, on dit* ***what time is it?***

Attention ! On ne dit pas *'at what time...?' mais* ***what time...?***

ℹ *Pour dire l'heure exacte, on utilise l'expression* ***o'clock*** /ə'klɒk/.

ℹ *On peut omettre* ***o'clock****.*

ℹ *Pour dire l'heure jusqu'à la demie, on utilise le mot* ***past*** /pɑːst/.

▻ C'est l'heure de se lever !
It's time to get up!

▻ Quelle heure est-il ?
What time is it?

▻ À quelle heure partez-vous ?
What time are you leaving?

▻ Il est cinq heures.
It's five o'clock.

▻ Sara est arrivée à trois heures.
Sara arrived at three.

▻ Il est arrivé à huit heures vingt.
He arrived at twenty past eight.

▻ Je t'appellerai à sept heures et demie.
I'll call you at half past seven.

► **...et demie :** half past... /'hɑːf pɑːst/

▻ Il était une heure moins le quart.
It was a quarter to one.

ℹ *Pour dire l'heure après la demie, c'est-à-dire lorsqu'on utilise* moins *en français, on utilise* ***to*** *en anglais.*

3 ▻ Éric n'est jamais à l'heure.
Éric is never on time.

3 ► **à l'heure :** on time /ɒn 'taɪm/

4 ▻ Je déteste me lever de bonne heure.
I hate getting up early.

4 ► **de bonne heure :** early /'ɜːlɪ/

5 ▻ Je reviendrai tout à l'heure.
I'll come back later.

5 ► **tout à l'heure** (= plus tard) **:** later /'leɪtəʳ/

▻ À tout à l'heure !
See you later!

ℹ *Pour dire qu'on se reverra plus tard, on dit :* ***See you later!***

6 ▻ Bérénice a appelé tout à l'heure.
Bérénice called earlier.

6 ► **tout à l'heure** (= plus tôt) **:** earlier /'ɜːlɪəʳ/

heureusement

▻ Heureusement, il ne pleuvait pas.
Fortunately, it wasn't raining.

fortunately /'fɔːtʃənɪtlɪ/

heureux, heureuse

▻ Lionel n'a pas l'air heureux en ce moment.
Lionel doesn't look happy at the moment.

(= content) happy /'hæpɪ/
(**plus heureux** happier /'hæpɪəʳ/, **le plus heureux** the happiest /'hæpɪɪst/)

hibou

▻ Tu entends le hibou ?
Can you hear the owl?

owl /aʊl/

hideux, hideuse

▷ Cet immeuble est hideux !
That building is hideous!

hideous /'hɪdɪəs/
(plus hideux more hideous,
le plus hideux the most hideous)

Le i de hideous se prononce comme le i de sit.

hier

▷ Nous sommes allés au musée hier.
We went to the museum yesterday.

yesterday /'jestədeɪ/

hindou, hindoue

▷ Son père est hindou.
His father is a Hindu.

Hindu /'hɪndu:/

S'écrit toujours avec une majuscule, comme tous les adjectifs et noms de religion en anglais.

hippopotame

▷ Les hippopotames aiment la boue.
Hippopotamuses like mud.

hippopotamus /ˌhɪpə'pɒtəməs/
(pluriel : hippopotamuses /ˌhɪpə'pɒtəməsɪz/)

On dit aussi hippo /'hɪpəʊ/.

hirondelle

▷ Les hirondelles reviennent au printemps.
Swallows come back in the spring.

swallow /'swɒləʊ/

Le a de swallow se prononce comme un o. Swallow rime avec follow.

histoire

1 ▷ Annelise nous a raconté une histoire incroyable.
Annelise told us an incredible story.

1 (= une histoire qu'on raconte)
story /'stɔ:rɪ/
(pluriel : stories /'stɔ:rɪz/)

2 ▷ Fred connaît beaucoup d'histoires drôles.
Fred knows a lot of jokes.

2 ► **histoire drôle** : joke /dʒəʊk/

3 ▷ Arrête de faire des histoires !
Stop making a fuss!

3 ► **faire des histoires** (= faire des complications, faire des chichis) :
make a fuss /fʌs/ (made, made)

4 ▷ J'ai vu une émission sur l'histoire du Japon.
I saw a programme on the history of Japan.

4 ► **l'histoire** (= le passé) : history /'hɪstərɪ/

hiver

▷ Il peut faire très froid en hiver.
It can be very cold in winter.

winter /'wɪntəʳ/

hocher la tête

1 ▷ Il a hoché la tête pour montrer qu'il était d'accord.
He nodded to show that he agreed.

1 (pour dire oui) : **nod** /nɒd/

ℹ *Il a deux **d** au gérondif (**nodding** /'nɒdɪŋ/), au prétérit et au participe passé (**nodded** /'nɒdɪd/).*

2 ▷ Elle a hoché la tête pour montrer qu'elle n'était pas d'accord.
She shook her head to show that she didn't agree.

2 (pour dire non) **shake** /ʃeɪk/ **one's head** (shook /ʃʊk/, shaken /'ʃeɪkən/)

ℹ *L'adjectif possessif fonctionne de la façon suivante en anglais* (exemples au prétérit) *: I shook **my** head, you shook **your** head, he shook **his** head, she shook **her** head.*

hockey

▷ Il y a deux sortes de hockey : le hockey sur gazon et le hockey sur glace.
There are two sorts of hockey: field hockey and ice hockey.

▷ Je n'ai jamais joué au hockey.
I've never played hockey.

hockey /'hɒkɪ/

► **jouer au hockey :** play hockey

hollandais, hollandaise

1 ▷ Un touriste hollandais m'a demandé son chemin.
A Dutch tourist asked me the way.

1 (adjectif) **Dutch** /dʌtʃ/

ℹ *S'écrit toujours avec une majuscule, comme tous les adjectifs de nationalité en anglais.*

2 ▷ Mon frère sort avec une jeune Hollandaise.
My brother is going out with a Dutch girl.

2 (= personne) **Dutch man** /mæn/ (pluriel : Dutch men /men/), féminin **Dutch woman** /wʊmən/ (pluriel : Dutch women /wɪmɪn/).

▷ Les Hollandais aiment le football.
The Dutch like football.

► **Les Hollandais :** the Dutch

Hollande

▷ La Hollande est un pays très plat.
Holland is a very flat country.

▷ Sarah vit maintenant en Hollande.
Sarah lives in Holland now.

▷ Est-ce que tu es déjà allé en Hollande ?
Have you ever been to Holland?

Holland /'hɒlənd/

ℹ *Ne prend jamais d'article.*

► **la Hollande :** Holland

► **en Hollande** (= dans le pays) **:** in Holland

► **en Hollande** (= vers le pays) **:** to Holland

homard

▷ Nous avons mangé du homard en entrée.
We ate lobster for starters.

lobster /'lɒbstəʳ/

homéopathie

▷ L'homéopathie marche très bien.
Homeopathy works very well.

homeopathy /ˌhɒʊmɪ'ɒpəθɪ/

homme

▷ Un homme te cherchait tout à l'heure.
A man was looking for you earlier.
▷ C'est un puissant homme d'affaires.
He's a powerful business man.

man /mæn/
(pluriel : men /men/)
► **homme d'affaires :**
businessman (pluriel : businessmen)

homosexuel, homosexuelle

▷ Les couples homosexuels peuvent parfois adopter des enfants.
Homosexual couples can sometimes adopt children.

▷ Les homosexuels veulent avoir les mêmes droits que les hétérosexuels.
Homosexuals want to have the same rights as heterosexuals.

homosexual /ˌhəʊmə'seksjʊəl/

Le mot homosexual peut être un adjectif (comme dans le premier exemple) ou un nom (deuxième exemple).

On peut aussi dire gay /geɪ/ (adjectif et nom).

honnête

1 ▷ Sois honnête avec moi, est-ce que tu sais quelque chose ?
Be honest with me, do you know anything?

2 ▷ Le repas était honnête, mais pas formidable.
The meal was decent but not great.

1 (en parlant de quelqu'un qui est honnête) honest /'ɒnɪst/
(plus honnête more honest**, le plus honnête** the most honest**)**

Le h de honest est muet.

2 (= pas mal) decent /'diːsənt/

honte

1 ▷ Ils vont démolir cette belle maison, c'est une honte !
They're going to demolish that beautiful house, it's a disgrace!
▷ Les gens jettent leurs ordures ici ! Quelle honte !
People throw their rubbish here! What a disgrace!

2 ▷ Je n'aurais pas dû faire ça, j'ai honte.
I shouldn't have done that, I'm ashamed.

1 ► **c'est une honte ! :** it's a disgrace! /dɪs'greɪs/

► **quelle honte ! :** what a disgrace!

2 ► **avoir honte :** be ashamed /ə'ʃeɪmd/

Suite page suivante

▷ J'avais honte de ce que j'avais fait.
I was ashamed of what I had done.

Notez la préposition utilisée en anglais : avoir honte **de** quelque chose = *be ashamed **of** something.*

honteux, honteuse

▷ C'est honteux de traiter les gens comme ça !
It's disgraceful to treat people like that!

(= scandaleux) disgraceful /dɪsˈgreɪsfʊl/

hôpital

▷ L'hôpital est sur le boulevard Pereire.
The hospital is on boulevard Pereire.

▷ Martha est à l'hôpital, elle doit se faire opérer.
Martha is in hospital, she has to have an operation.

▷ Lise est à l'hôpital, elle rend visite à sa sœur qui est malade.
Lise is at the hospital, she's visiting her sister who is ill.

▷ Nous devons emmener Luc à l'hôpital parce qu'il a eu un accident.
We must take Luc to hospital because he has had an accident.

hospital /ˈhɒspɪtəl/

► **être à l'hôpital** (parce qu'on est malade) **:** be in hospital

► **être à l'hôpital** (pour visiter un malade) **:** be at the hospital

► **emmener** quelqu'un **à l'hôpital :** take somebody to hospital (took, taken)

hoquet

▷ Marina a eu le hoquet tout l'après-midi.
Marina had hiccups all afternoon.

► **avoir le hoquet :** have hiccups /ˈhɪkʌps/ (had, had)

horaire

1 ▷ Nous avons un horaire très lourd.
We've got a very heavy timetable.

2 ▷ Est-ce que tu as l'horaire des trains ?
Have you got the train timetable?

3 ▷ Ils ont des horaires flexibles dans cette entreprise.
They have flexible working hours in that company.

1 (= emploi du temps) timetable /ˈtaɪmteɪbl/

2 (= l'horaire des trains ou des bus) timetable

3 ► **les horaires** (= les heures de travail d'un employé) **:** working hours /ˈwɜːkɪŋ aʊəz/

*Le **h** de **hours** est muet.*

horizon

▷ Je vois un bateau à l'horizon.
I can see a boat on the horizon.

horizon /həˈraɪzn/

► **à l'horizon :** on the horizon

*Le **i** du mot anglais **horizon** se prononce comme le **i** de **like**.*

horizontal, horizontale

▷ Trace une ligne horizontale.
Draw a horizontal line.

horizonta /ˌhɒrɪ'zɒntl/

horloge

▷ Il y a une horloge dans la gare.
There's a clock in the station.

clock /klɒk/

horoscope

▷ Que dit ton horoscope cette semaine ?
What does your horoscope say this week?

horoscope /'hɒrəskəʊp/
L'accent tonique est sur la première syllabe ***ho-***.

horreur

1 ▷ J'ai horreur des épinards.
I hate spinach.

2 ▷ Il y avait une limace dans la salade. – Quelle horreur !
There was a slug in the salad. – How horrible!

3 ▷ Cédric adore les films d'horreur.
Cédric loves horror films.

1 ► **avoir horreur de** quelque chose : hate something /heɪt/

2 *Pour dire qu'on trouve quelque chose* horrible *ou* choquant *en anglais, on dit :* how horrible! /ˌhaʊ 'hɒrəbl/

3 ► **film d horreur :** horror film /'hɒrə fɪlm/ (pluriel : horror films)

horrible

▷ Elle portait un blouson en cuir vraiment horrible.
She was wearing a really horrible leather jacket.

horrible /'hɒrəbl/
(plus horrible more horrible, le plus horrible the most horrible)

hors-d'œuvre

▷ Je ne prendrai pas de hors-d'œuvre, juste un plat principal.
I won't have a starter, just a main course.

starter /stɑːtə'/

hors service

▷ Cet ascenseur est hors service, nous devons prendre l'escalier.
This lift is out of order, we have to take the stairs.

out of order /ˌaʊt əv 'ɔːdə/

hospitaliser

▷ Ma grand-mère a été hospitalisée hier.
My grandmother was taken to hospital yesterday.

► **être hospitalisé** *ou* **se faire hospitaliser :** be taken to hospital /'hɔspɪtəl/

hospitalité

▷ Encore merci pour votre hospitalité.
Thanks again for your hospitality.

hospitality /hɒspɪ'tælɪtɪ/

hôtel

1 ▷ Nous avons trouvé un hôtel bon marché près de la plage.
We found a cheap hotel near the beach.
▷ Nous avons dormi à l'hôtel quand nous étions en Espagne.
We slept in a hotel when we were in Spain.
2 ▷ L'hôtel de ville est juste à côté de la gare.
The town hall is just by the station.

1 (pour loger) hotel /həʊ'tel/

► **dormir à l'hôtel :** sleep in a hotel

2 ► **hôtel de ville :** town hall /taʊn 'hɔːl/

hôtesse

▷ Une hôtesse nous a aidés à trouver le stand.
A hostess helped us to find the stand.
▷ Il faut être en bonne santé pour être hôtesse de l'air.
You have to be in good health to be an air hostess.

hostess /'həʊstes/
(pluriel : hostesses /'həʊstesɪz/)

► **hôtesse de l'air :** air hostess /'ɛə ˌhəʊstes/
(pluriel : air hostesses /'ɛə ˌhəʊstesɪz/)

ℹ *N'oubliez pas l'article* ***a*** *ou* ***an*** *devant le nom du métier lorsqu'il suit les verbes* ***be*** *ou* ***become****.*

housse

▷ Il y a des housses sur les meubles pour les protéger.
There are covers on the furniture to protect it.
▷ La housse de couette bleue est dans le panier à linge.
The blue quilt cover is in the washing basket.

cover /'kʌvəʳ/

► **housse de couette :** duvet cover /'duːveɪ kʌvəʳ/ (pluriel : duvet covers)

hublot

1 ▷ Je voudrais un siège près du hublot.
I'd like a seat near the window.
2 ▷ J'ai regardé les autres bateaux par le hublot.
I looked at the other boats through the porthole.

1 (= la fenêtre d'un avion) window /'wɪndəʊ/

2 (= la fenêtre d'un bateau) porthole /'pɔːthəʊl/

huer

▷ Ils se sont fait huer par la foule.
They were booed by the crowd.

► **se faire huer :** be booed /buːd/

🔊 ***Booed*** *rime avec* ***food****.*

huile

▷ Ne mets pas trop d'huile dans la poêle.
Don't put too much oil in the frying pan.
▷ Je préfère l'huile d'olive à l'huile d'arachide.
I prefer olive oil to sunflower oil.

oil /ɔɪl/

ℹ *Pour dire de quelle sorte d'huile on parle, on place le nom du fruit ou de la graine avant le mot* ***oil*** *:* ***sunflower oil*** (huile de tournesol), ***walnut oil*** (huile de noix), *etc.*

▷ N'oublie pas d'emporter l'huile solaire.
Don't forget to take the suntan oil.

► **huile solaire :** suntan oil /ˈsʌntæn ɔɪl/

huit

▷ René a huit frères et sœurs.
René has eight brothers and sisters.

▷ Jenny n'a que huit ans.
Jenny is only eight years old.

▷ Aujourd'hui, c'est le huit mai.
Today is the eighth of May.

▷ Nous partons au Maroc le huit avril.
We're going to Morocco on the eighth of April.

eight /eɪt/

*Quand on dit la date, on utilise **the eighth** /eɪtθ/ en anglais.*

*Notez l'emploi de **on** et **of** en anglais lorsqu'on dit la date.*

*On écrit **8 May, 8 April,** etc.*

huitième

▷ C'est la huitième fois que je vais à Londres.
That's the eighth time I've been to London.

eighth /eɪtθ/

huître

▷ Deux douzaines d'huîtres, s'il vous plaît.
Two dozen oysters, please.

oyster /ˈɔɪstəʳ/

humain, humaine

▷ Dans le film, les extraterrestres ont attaqué les humains.
In the film, the aliens attacked the humans.

human /ˈhjuːmən/

***Human** peut être soit un adjectif, soit un nom.*

humeur

▷ J'étais de bonne humeur et puis il m'a énervée !
I was in a good mood and then he got on my nerves!

▷ Tu es de mauvaise humeur aujourd'hui, qu'est-ce qui se passe ?
You're in a bad mood today, what's going on?

mood /muːd/

► **être de bonne humeur :** be in a good mood

► **être de mauvaise humeur :** be in a bad mood

humide

▷ Utilise une éponge humide.
Use a damp sponge.

damp /dæmp/
(plus humide damper /ˈdæmpəʳ/, le plus humide the dampest /ˈdæmpɪst/)

humiliant, humiliante

▷ Ce que lui a dit Jenny était humiliant.
What Jenny said to him was humiliating.

humiliating /hjuːˈmɪlɪeɪtɪŋ/
(plus humiliant more humiliating, le plus humiliant the most humiliating)

*L'accent tonique est sur la deuxième syllabe **-mil-**.*

humour

▷ C'est un film plein d'humour.
It's a film full of humour.

▷ Heureusement que j'ai de l'humour !
Fortunately I have a sense of humour!

humour /'hjuːməʳ/

En anglais américain, ce mot s'écrit ***humor****.*

► **avoir de l'humour :** have a sense of humour

L'accent tonique est sur la première syllabe ***hu-****.*

hurlement

1 ▷ On a entendu des hurlements de douleur.
We heard screams of pain.

2 ▷ Les hurlements des loups nous ont fait peur.
The howls of the wolves frightened us.

1 (= le cri d'une personne) **scream** /skriːm/

2 (= le cri d'un chien ou d'un loup) **howl** /haʊl/

hurler

1 ▷ J'ai eu tellement peur que j'ai hurlé.
I was so frightened that I screamed.

2 ▷ Le chien a hurlé toute la nuit.
The dog howled all night.

3 ▷ Charlie nous a fait hurler de rire avec ses histoires.
Charlie made us roar with laughter with his stories.

1 (quand c'est une personne qui hurle) **scream** /skriːm/

2 (quand c'est un chien ou un loup qui hurle) **howl** /haʊl/

3 ► **hurler de rire :** roar with laughter /ˌrɔː wɪð 'lɑːftəʳ/

hydratant, hydratante

▷ Je te conseille cette crème hydratante, elle est très bien.
I recommend this moisturizing cream, it's very good.

moisturizing /'mɔɪstʃəraɪzɪŋ/

hygiénique

▷ Ne mange pas avec tes doigts, ce n'est pas hygiénique.
Don't eat with your fingers, it's not hygienic.

▷ Il n'y a plus de papier hygiénique dans les toilettes.
There's no more toilet paper in the toilet.

hygienic /haɪ'dʒiːnɪk/
(**plus hygiénique** more hygienic, **le plus hygiénique** the most hygienic)

► **papier hygiénique :** toilet paper /'tɔɪlət ˌpeɪpəʳ/

hymne

▷ L'hymne national britannique s'appelle « God Save The Queen ».
The British national anthem is called "God Save The Queen".

► **hymne national :** national anthem /ˌnæʃnəl 'ænθəm/

hyper

▻ Céline est hyper-sympa.
Céline is really nice.

(= très) **really** /'rɪəlɪ/

hypermarché

▻ Il y a un hypermarché dans le centre commercial.
There's a hypermarket in the shopping centre.

hypermarket /'haɪpəmɑːkɪt/

*Le y de **hypermarket** se prononce comme le i de **like**.*

hypocrite

1 ▻ Je la trouve très hypocrite.
I find her very hypocritical.

1 (adjectif = pas franc)
hypocritical /ˌhɪpə'krɪtɪkəl/
(plus hypocrite more hypocritical**, le plus hypocrite** the most hypocritical**)**

2 ▻ Ne lui fais pas confiance, c'est un hypocrite.
Don't trust him, he's a hypocrite.

2 ► **un hypocrite, une hypocrite :** a hypocrite /'hɪpəkrɪt/

*Le y de **hypocrite** se prononce comme le i de **sit**.*

hypothèse

▻ Je n'en suis pas sûr, c'est seulement une hypothèse.
I'm not sure, it's only a hypothesis.

hypothesis /ˌhaɪ'pɒθɪsɪs/
(pluriel : hypotheses /haɪ'pɒθɪsiːz/)

*Le y de **hypothesis** se prononce comme le i de **like**, et l'accent tonique est sur la deuxième syllabe **-po-**.*

I

FRANÇAIS — ANGLAIS

La lettre **I** se prononce /aɪ/ en anglais.
I rime avec my, fly et sky.

ici

1 ▷ Assieds-toi ici.
Sit down here.
▷ La poste n'est pas loin d'ici.
The post office is not far from here.

2 ▷ Je terminerai mon travail d'ici lundi.
I will finish my work by Monday.

3 ▷ Jusqu'ici, nous n'avons pas eu de problèmes.
Until now we haven't had any problems.

1 (= à cet endroit) **here** /hɪəʳ/

2 ► **d'ici...** (dans le temps) : **by...** /baɪ/

3 ► **jusqu'ici** (dans le temps) : **until now** /ənˈtɪl ˈnaʊ/

icône

▷ Cliquer sur l'icône qui se trouve en haut à droite de l'écran.
Click on the icon that is at the top right of the screen.

icon /aɪkɒn/

*Le **i** de **icon** se prononce comme le **i** de **like**.*

idéal, idéale

1 ▷ C'est l'endroit idéal pour un pique-nique.
It's the ideal place for a picnic.

2 ▷ L'idéal, ça serait que tu le fasses toi-même.
The best thing would be to do it yourself.

1 (= meilleur) **ideal** /aɪˈdɪəl/

*Le **i** de **ideal** se prononce comme le **i** de **like**.*

2 ► **l'idéal** (= la solution idéale) : **the best thing** /ðə ˈbest θɪŋ/

*Notez l'emploi de l'infinitif dans cet exemple (**to do it**) là où en français on emploie le subjonctif* (que tu le fasses).

idée

▷ C'est une très bonne idée !
That's a very good idea!

idea /aɪˈdɪə/

*Attention à la prononciation : **idea** rime avec **ear** et **near**.*

identique

▷ Les deux chapeaux sont identiques.
The two hats are identical.

identical /aɪ'dentɪkəl/
*L'accent tonique est sur la deuxième syllabe **-den-**.*

identité

▷ La police fait souvent des contrôles d'identité.
The police often do identity checks.

identity /aɪ'dentɪtɪ/
*L'accent tonique est sur la deuxième syllabe **-den-**.*

▷ J'ai oublié ma carte d'identité à la maison.
I've left my ID card at home.

► **carte d'identité :** ID card /aɪ'diː kɑːd/
En Grande-Bretagne, la carte d'identité n'est pas obligatoire.

idiot, idiote

1 ▷ C'est complètement idiot !
That's completely stupid!

1 (adjectif = bête) **stupid** /'stjuːpɪd/ (**plus idiot** more stupid, **le plus idiot** the most stupid)

2 ▷ C'est une idiote, ne fais pas attention à elle.
She's an idiot, don't pay attention to her.

2 (= personne bête) **idiot** /'ɪdɪət/
*En anglais, le mot **idiot** n'est jamais un adjectif.*

3 ▷ Arrête de faire l'idiot !
Stop fooling around!

3 ► **faire l'idiot :** fool around /fuːl ə'raʊnd/

idole

▷ Mandela est son idole.
Mandela is his idol.

idol /'aɪdl/
*Attention : le **i** de **idol** se prononce comme le **i** de **like**.*

ignorant, ignorante

▷ Steve est très ignorant.
Steve is very ignorant.

ignorant /'ɪgnərənt/
*Prononcez bien le **g** et le **n** en anglais : dites **ig-** + **-norant**.*

ignorer

1 ▷ Je lui ai dit bonjour, mais il m'a ignorée.
I said hello to him, but he ignored me.

1 (= faire semblant de ne pas voir) **ignore** /ɪg'nɔːʳ/
*Prononcez bien le **g** et le **n** en anglais : dites **ig-** + **-nore**.*

2 ▷ J'ignore pourquoi il m'a dit ça.
I don't know why he said that to me.

2 *Quand* **ignorer** *veut dire* ne pas savoir, *on le traduit par la forme négative du verbe* ***know*** (I don't know, he doesn't know, they don't know, etc.).

il

1 ▷ Tu as vu Martial ? - Oui, il arrive.
Have you seen Martial? - Yes, he's coming.

2 ▷ J'aime bien ce manteau, mais il est un peu long.
I like this coat, but it's a bit long.

3 ▷ Oh non, il pleut !
Oh no, it's raining!

Il neige aujourd'hui.
It's snowing today.

1 *Quand* il *est sujet, en parlant d'une personne ou d'un animal familier, il se traduit par* **he** /hiː/.

2 *Quand* il *est sujet, en parlant d'une chose ou d'un animal non familier, il se traduit par* **it** /ɪt/.

3 *Quand* il *est le sujet d'un verbe impersonnel,* il *se traduit généralement par* **it**.

ℹ *L'expression* il y a *est présentée plus loin, à sa place alphabétique.*

île

▷ Ils sont en vacances sur une île grecque.
They're on holiday on a Greek island.

island /ˈaɪlənd/

*Le **s** de **island** ne se prononce pas, et le **i** se prononce comme le **i** de **like**.*

illégal, illégale

▷ C'est illégal de voyager sans billet.
It's illegal to travel without a ticket.

illegal /ɪˈliːɡəl/

*Le **e** de **illegal** se prononce comme le **ee** de **week** et **meeting**.*

illisible

▷ L'écriture de Noémie est illisible.
Noémie's handwriting is illegible.

illegible /ɪˈledʒəbl/

*L'accent tonique est sur la deuxième syllabe **-le-**.*

illuminé, illuminée

▷ Les rues sont déjà illuminées pour la période de Noël.
The streets are already lit up for the Christmas period.

(= éclairé) **lit up** /lɪt ˈʌp/

illusion

▷ Ce n'est qu'une illusion d'optique.
It's just an optical illusion.

illusion /ɪˈluːʒən/

illustration

▷ Le livre est plein d'illustrations magnifiques.
The book is full of beautiful illustrations.

illustration /ˌɪləsˈtreɪʃən/

*L'accent tonique est sur la troisième syllabe **-tra-**.*

ils

▷ Ils se sont moqués de moi.
They laughed at me.

they /ðeɪ/

il y a, il y avait, il y aura

1 ▷ Il y a une pharmacie au coin de la rue.
There is a chemist's on the corner of the street.
▷ Il y a une tache sur ta chemise.
There's a stain on your shirt.
▷ Il y a beaucoup de pigeons sur la statue.
There are a lot of pigeons on the statue.
▷ Il y aura une soirée chez Laura samedi.
There will be a party at Laura's place on Saturday.
▷ Il y avait beaucoup de monde au concert.
There were a lot of people at the concert.

1 Pour désigner quelque chose, ou pour dire que quelque chose existe, on emploie les expressions **there is** ðɛər'ɪz *(si on parle d'une seule chose ou d'une seule personne), et* **there are** ðɛər'ɑː *(si on parle de plusieurs choses ou personnes).* ***There is*** *est souvent contracté en* ***there's*** ðɛəz .

ℹ *Pour mettre l'expression* ***there is/there are*** *à un autre temps que le présent, on modifie* ***is*** *et* ***are****. Au futur, cela donne* ***there will be*** (il y aura). *Au passé, cela donne* ***there was*** (singulier) *ou* ***there were*** (pluriel), *qui correspondent à* il y avait.

2 ▷ Il n'y a pas de lait, je vais en acheter.
There's no milk, I'm going to buy some.
▷ Il n'y a pas de filles dans mon groupe.
There are no girls in my group.

*2 Pour dire que quelque chose n'existe pas, qu'*il n'y en a pas, *on emploie* **there is no...** *(au singulier) et* **there are no...** *(au pluriel).*

3 ▷ Il n'y a plus de biscuits dans le placard.
There are no biscuits left in the cupboard.
▷ Zut ! Il n'y a plus de pain !
Damn, there's no bread left !

3 Pour dire que quelque chose n'existe plus, qu' il n'y en a plus, *on ajoute le mot* ***left***.

4 ▷ J'ai rencontré Samir il y a deux ans.
I met Samir two years ago.
▷ Ça s'est passé il y a une semaine.
It happened a week ago.

4 Quand on parle du temps écoulé depuis un événement (il y a cinq minutes, il y a deux ans...) *on emploie le mot* **ago** ə'gəʊ *en anglais. Notez que le verbe est au prétérit (dans notre exemple,* ***met*** *est le prétérit de* ***meet****).*

5 ▷ Il y a trois heures que j'attends.
I've been waiting for three hours.
▷ Il y a combien de temps que tu es là?
How long have you been there?

5 L'expression il y a... que *se traduit par le present perfect +* ***for*** *en anglais.*

ℹ *Pour demander* depuis combien de temps *on fait quelque chose, on emploie l'expression* ***how long*** *+ present perfect.*

image

1 ▷ Il y a une très belle image sur la couverture du livre.
There's a very nice picture on the front of the book.

1 (= une photo, un dessin, etc.)
picture /'pɪktʃəʳ/

2 ▷ Cet homme ne pense qu'à son image.
That man only thinks about his image.

2 (= l'apparence de quelqu'un)
image /'ɪmɪdʒ/

Attention ! Ne confondez pas ***picture*** *et* ***image*** *en anglais.*

imagination

▷ Dan a beaucoup d'imagination.
Dan has a lot of imagination.

imagination /ɪˌmædʒɪˈneɪʃən/

*Le second **a** du mot anglais **imagination** se prononce comme le **a** de **make**.*

imaginer

▷ Imagine que tu es sur une île déserte.
Imagine that you are on a desert island.

▷ Il s'imagine que ça va être facile.
He imagines that it's going to be easy.

imagine /ɪˈmædʒɪn/

► **s'imaginer que... :** imagine that...

imbécile

1 ▷ Espèce d'imbécile !
You idiot!

2 ▷ Arrête de faire l'imbécile !
Stop fooling around!

1 (= idiot) **idiot** /ˈɪdɪət/

2 ► **faire l'imbécile :** fool around /fuːl əˈraʊnd/

imitation

1 ▷ Youssouf fait de très bonnes imitations d'hommes politiques.
Youssouf does very good impersonations of politicians.

2 ▷ Ce n'est pas de l'or, c'est de l'imitation.
It's not gold, it's imitation.

1 (quand on imite une personne célèbre) **impersonation** /ɪmˌpɜːsəˈneɪʃən/

*Attention : il n'y a qu'un **n** au mot **impersonation**.*

2 (= une matière qui en imite une autre) **imitation** /ˌɪmɪˈteɪʃən/

imiter

1 ▷ Bill imite très bien son chef.
Bill imitates his boss very well.

2 ▷ Comme tu n'étais pas là, j'ai imité ta signature.
As you weren't there, I forged your signature.

3 ▷ C'est du métal qui imite l'or.
It's metal that looks like gold.

1 (= copier une personne) **imitate** /ˈɪmɪteɪt/

2 (= copier une signature) **forge** /fɔːdʒ/

3 (= ressembler à) **look like** /ˈlʊk laɪk/

immatriculation

▷ Est-ce que tu as eu le temps de voir l'immatriculation ?
Did you have time to see the registration number?

(= numéro d'immatriculation) **registration number** /redʒɪsˈtreɪʃənˈnʌmbəʳ/

*En anglais américain, on dit **license** /ˈlaɪsəns/ **number**.*

immédiatement

▷ Rends-moi ça immédiatement !
Give that back to me immediately!

immediately /ɪ'miːdɪətlɪ/
L'accent tonique est sur la deuxième syllabe (-me-).

immense

▷ Le nouvel hypermarché est immense.
The new hypermarket is huge.

huge /hjuːdʒ/
On peut aussi dire ***immense*** /ɪ'mens/ *en anglais, mais c'est moins courant que* ***huge****.*

immeuble

1 ▷ Les immeubles de Chicago sont immenses.
The buildings in Chicago are huge.

2 ▷ Karine habite dans un immeuble en banlieue.
Karine lives in a block of flats in the suburbs.

1 (= bâtiment en général) **building** /'bɪldɪŋ/
Attention ! Le ***u*** *ne se prononce pas.*

2 (= appartements) **block of flats** /blɒk əv 'flæts/
(pluriel : blocks of flats)

immigré, immigrée

▷ Le magasin appartient à une famille d'immigrés.
The shop belongs to a family of immigrants.

immigrant /'ɪmɪgrənt/

immobile

▷ Le serpent était parfaitement immobile.
The snake was perfectly still.

▷ Voyons si tu peux rester immobile pendant une minute.
Let's see if you can keep still for a minute.

still /stɪl/

► **rester immobile : keep still** /kiːp 'stɪl/
(kept still, kept still /kept 'stɪl/)

impair

▷ Les numéros impairs sont du côté gauche de la rue.
Odd numbers are on the left-hand side of the street.

(en parlant d'un numéro ou d'un nombre) **odd** /ɒd/

impasse

▷ Fais demi-tour, c'est une impasse.
Turn back, it's a dead end.

dead end /ded 'end/
(pluriel : dead ends)

impatient, impatiente

▷ Ne sois pas si impatient !
Don't be so impatient!

impatient /ɪm'peɪʃənt/
(**plus impatient** more impatient, **le plus impatient** the most impatient)

impeccable

1 ▷ Raphaël est toujours impeccable.
Raphaël is always impeccable.

2 ▷ Alors on se retrouve mardi ? – Impeccable !
So we're meeting on Tuesday? – Great!

1 (= très soigné) **impeccable** /ɪm'pekəbl/

2 (= super) **great** /greɪt/

imper

▷ Mets ton imper, il pleut.
Put your raincoat on, it's raining.

raincoat /'reɪnkəʊt/

imperméable

1 ▷ Emporte ton imperméable, il va pleuvoir.
Take your raincoat, it's going to rain.

2 ▷ Ce tissu est imperméable.
This material is waterproof.

1 (= vêtement) **raincoat** /'reɪnkəʊt/

2 (adjectif = étanche) **waterproof** /'wɔːtəpruːf/

impertinent, impertinente

▷ Leur fille a été très impertinente avec tout le monde.
Their daughter was rude to everybody.

rude /ruːd/
(plus impertinent ruder /'ruːdəʳ/**, le plus impertinent** the rudest /'ruːdɪst/**)**

ℹ *Notez la préposition employée en anglais :* impertinent **avec** quelqu'un = *rude* ***to*** *somebody.*

s'impliquer

▷ Fanny s'est beaucoup impliquée dans ce projet.
Fanny got very involved in the project.

► **s'impliquer dans : get involved** /ɪn'vɒlvd/ **in** (got, got)

impoli, impolie

▷ Elle a été très impolie avec moi.
She was very rude to me.

rude /ruːd/
(plus impoli ruder /'ruːdəʳ/**, le plus impoli** the rudest /'ruːdɪst/**)**

ℹ *Notez la préposition employée en anglais :* impoli **avec** quelqu'un = *rude* ***to*** *somebody.*

importance

▷ Ça a beaucoup d'importance pour moi.
It's very important to me.

► **avoir de l'importance : be important** /ɪm'pɔːtənt/

ℹ *Notez la préposition employée en anglais :* avoir de l'importance **pour** quelqu'un = *be important* ***to*** *somebody.*

Suite page suivante

▷ Ne t'inquiète pas, ça n'a pas d'importance.
Don't worry, it doesn't matter.

► **ça n'a pas d'importance** (= ce n'est pas grave) **:** it doesn't matter /ɪt ˌdʌznt ˈmætəʳ/

important, importante

1 ▷ C'est important de bien prononcer le « h ».
It's important to pronounce the "h" well.
▷ À mon avis, ce n'est pas important.
In my opinion, it's not important.

1 (en parlant de quelque chose ou de quelqu'un qui compte beaucoup) important /ɪmˈpɔːtənt/ (**plus important** more important, **le plus important** the most important)

2 ▷ Il y a une différence importante entre les deux pays.
There's a big difference between the two countries.

▷ Marseille est une ville très importante.
Marseille is a very big city.

2 (en parlant de quelque chose qui est gros, qui est de taille importante) big /bɪg/ (**plus important** bigger /ˈbɪgəʳ/, **le plus important** the biggest /ˈbɪgɪst/)

Attention ! Ne confondez pas ces deux sens du mot **important** *en français. Ils ont chacun une traduction différente en anglais.*

impossible

▷ Tu peux le faire pour mardi ? – Non, c'est impossible.
Can you do it for Tuesday? – No, it's impossible.

impossible /ɪmˈpɒsəbl/

L'accent tonique est sur la deuxième syllabe ***-poss-****.*

impôts

▷ Ils ont oublié de payer leurs impôts.
They forgot to pay their income tax.

(= la taxe sur le revenu) income tax /ˈɪŋkʌm tæks/

Income tax *ne se met pas au pluriel : on dit, par exemple,* ***income tax is higher in this country*** (les impôts sont plus élevés dans ce pays).

impression

1 ▷ Ça m'a fait une impression bizarre.
It made a strange impression on me.

1 ► **faire une impression à quelqu'un :** make an impression /ɪmˈpreʃən/ on somebody (made, made)

2 ▷ J'ai l'impression qu'il ne dit pas la vérité.
I have a feeling that he isn't telling the truth.

2 ► **avoir l'impression que... :** have a feeling /ˈfiːlɪŋ/ that...

impressionnant

▷ J'ai vu leur spectacle, c'était très impressionnant.
I saw their show, it was very impressive.

(= qui fait beaucoup d'effet)
impressive /ɪm'presɪv/
(**plus impressionnant** more impressive, **le plus impressionnant** the most impressive)

impressionner

1 ▷ Je suis impressionné par son talent.
I'm impressed by his talent.

2 ▷ Ça l'a beaucoup impressionnée de voir cet accident.
It upset her a lot to see that accident.

1 (= faire beaucoup d'effet)
impress /ɪm'pres/

2 (= bouleverser) **upset** /ʌp'set/
(upset, upset)

imprimante

▷ Hocine a une imprimante laser.
Hocine has got a laser printer.

printer /'prɪntəʳ/

imprimé, imprimée

1 ▷ Lalia portait une jolie robe imprimée.
Lalia was wearing a pretty printed dress.

2 ▷ Il y avait encore des imprimés au courrier ce matin.
There were leaflets in the mail again this morning.

1 (adjectif = avec des motifs)
printed /'prɪntɪd/

2 ► **un imprimé** (= une brochure) **:**
a **leaflet** /'liːflət/

imprimer

▷ Est-ce que tu peux imprimer ce document, s'il te plaît ?
Can you print this document, please?

print /prɪnt/

inattendu, inattendue

▷ La décision du directeur était très inattendue.
The manager's decision was very unexpected.

unexpected /ˌʌneks'pektɪd/
(**plus inattendu** more unexpected, **le plus inattendu** the most unexpected)

inattention

▷ Basile a fait plusieurs fautes d'inattention.
Basile made several careless mistakes.

► **faute d'inattention :** **careless mistake** /ˌkɛələs mɪs'teɪk/
(pluriel : careless mistakes)

inaugurer

1 ▷ Le nouveau musée a été inauguré par le maire.
The new museum was opened by the mayor.

2 ▷ La statue a été inaugurée samedi dernier.
The statue was unveiled last Saturday.

1 (= inaugurer un bâtiment) **open** /'əʊpən/

2 (= inaugurer une statue) **unveil** /ʌn'veɪl/

incapable

1 ▷ Il est incapable de faire cuire un œuf.
He's incapable of cooking an egg.

1 ► **être incapable de** + infinitif : be incapable /ɪn'keɪpəbl/ of + -ing

Le a de incapable se prononce comme le a de make.

2 ▷ Tu es un incapable !
You're useless!
▷ Ce sont des incapables!
They're useless!

2 **être un** *ou* **une incapable :** be useless /'juːsləs/

Le premier s de useless se prononce comme le s de sea.

incendie

▷ Il y a eu un incendie au stade.
There was a fire at the stadium.

fire /faɪəʳ/

incident

▷ Le match s'est déroulé sans incident.
The match took place without incident.

incident /'ɪnsɪdənt/

Attention à la prononciation : les deux premières lettres se prononcent comme le mot anglais in.

incolore

▷ Sophie porte du vernis à ongles incolore.
Sophie wears clear nail varnish.

(en parlant de vernis ou de verre incolore) clear /'klɪəʳ/

Pour un liquide, on dit colourless /'kʌləls/.

incompréhensible

▷ Ce que disait Brian était incompréhensible.
What Brian said was incomprehensible.

incomprehensible /ɪnˌkɒmprɪ'hensəbl/

L'accent tonique est sur la quatrième syllabe -non-.

inconnu, inconnue

1 ▷ C'est un roman d'un écrivain inconnu.
It's a novel by an unknown writer.

1 (= qui n'est pas connu) unknown /ʌn'nəʊn/

Le k de unknown ne se prononce pas.

2 ▷ Un inconnu m'a demandé mon nom dans la rue.
A stranger asked me my name in the street.

2 ► un **inconnu,** une **inconnue :** a stranger /'streɪndʒəʳ/

inconscient, inconsciente

1 ▷ Tu es complètement inconsciente !
You're very thoughtless!

1 (= qui ne réfléchit pas) **thoughtless** /'θɔːtləs/ (**plus inconscient** more thoughtless, **le plus inconscient** the most thoughtless)

2 ▷ Nous l'avons trouvé inconscient en bas de l'escalier.
We found him unconscious at the bottom of the stairs.
▷ C'était une réaction inconsciente.
It was an unconscious reaction.

2 (= pas conscient) **unconscious** /ʌn'kɒnʃəs/

inconvénient

▷ L'inconvénient, c'est que ça coûte cher.
The drawback is that it's expensive.

(= problème) **drawback** /'drɔːbæk/

Attention ! Le mot anglais ***inconvenient*** *est un adjectif qui veut dire* pas pratique.

incorrect, incorrecte

▷ Au bout de deux réponses incorrectes, tu es éliminé.
After two incorrect answers, you're eliminated.

(= faux) **incorrect** /ˌɪnkə'rekt/

Le ***i*** *est celui de* ***by***.

incroyable

▷ Noëlle nous a raconté une histoire incroyable.
Noëlle told us an incredible story.

incredible /ɪn'kredəbl/ (**plus incroyable** more incredible, **le plus incroyable** the most incredible)

Inde

▷ L'Inde est un de mes pays préférés.
India is one of my favourite countries.

India /'ɪndɪə/

Ne prend jamais d'article.

▷ Ma tante habite en Inde.
My aunt lives in India.
▷ Je pars en Inde le mois prochain.
I'm going to India next month.

► **l'Inde : India**
► **en Inde** (= dans le pays) **:** in India
► **en Inde** (= vers le pays) **:** to India

indépendant, indépendante

▷ Julien est très indépendant.
Julien is very independent.

independent /ˌɪndɪ'pendənt/ (**plus indépendant** more independent, **le plus indépendant** the most independent)

Attention à l'orthographe du mot anglais.

index

1 ▷ Il y a un index à la fin du catalogue.
There's an index at the end of the catalogue.

1 (= liste alphabétique) **index** /ˈɪndeks/ (pluriel : indexes /ˈɪndeksɪz/)

2 ▷ Ariel porte une bague à l'index.
Ariel wears a ring on his index finger.

2 (= doigt) **index finger** /ˈɪndeks ˌfɪŋgəʳ/

ℹ *Notez la préposition employée :* à l'index = **on** my/your/his, etc. index finger.

indication

▷ Les indications du prof n'étaient pas très claires.
The teacher's instructions were not very clear.

(= recommandation) **instruction** /ɪnˈstrʌkʃən/

indice

▷ Plusieurs indices montrent qu'il était ici ce matin.
Several clues show that he was here this morning.

(= signe) **clue** /kluː/

🔊 *Rime avec* **do** *et* **you**.

Indien, Indienne

▷ Les enfants ont joué aux cow-boys et aux Indiens.
The children played cowboys and Indians.

▷ Il ne reste pas beaucoup d'Indiens aux États-Unis.
There aren't many Native Americans left in the United States.

▷ Mon copain Ramesh est indien.
My friend Ramesh is Indian.

ℹ *Quand on parle de westerns ou de jeux, on dit* **Indian** /ˈɪndɪən/ *pour désigner les Indiens du Nord de l'Amérique.*

ℹ *Quand on parle des* **Indiens d'Amérique** *d'aujourd'hui, on dit* **Native American** /ˌneɪtɪv əˈmerɪkən/.

ℹ *Pour quelqu'un qui vient de l'Inde, on dit* **Indian**.

ℹ *N'oubliez pas les majuscules en anglais !*

indifférent, indifférente

▷ Sylvain a toujours l'air indifférent, rien ne l'intéresse.
Sylvain always looks indifferent, he isn't interested in anything.

(= froid) **indifferent** /ɪnˈdɪfərənt/ (**plus indifférent** more indifferent, **le plus indifférent** the most indifferent)

🔊 *L'accent tonique est sur la deuxième syllabe* **-diff-**.

indigestion

▷ J'ai eu une indigestion.
I had indigestion.

indigestion /ˌɪndɪˈdʒestʃən/

ℹ *Notez l'absence d'article en anglais :* avoir une indigestion = **have indigestion**.

indiquer

1 ▻ Un monsieur nous a indiqué la pharmacie la plus proche.
A man told us where the nearest chemist's was.
▻ Est-ce que vous pouvez m'indiquer la poste ?
Can you tell me where the post office is?

2 ▻ L'horloge indique midi et demie.
The clock says half past twelve.

3 ▻ Elle m'a indiqué le directeur du doigt.
She pointed to the manager.

1 *Pour parler de quelqu'un qui indique le chemin, ou pour demander son chemin, on emploie en anglais une expression avec* ***tell*** /tel/ (***told, told*** /təʊld/).

2 (= dire, en parlant d'une horloge, d'une pancarte) **say** /seɪ/ (said, said /sed/)

3 ► **indiquer du doigt :** point to /'pɔɪnt tuː/

indispensable

▻ C'est indispensable d'avoir un ordinateur.
It's essential to have a computer.

essential /ɪ'senʃəl/

individu

▻ Il y a un individu louche qui a essayé d'entrer dans l'immeuble.
A shady individual tried to get into the building.

individual /ˌɪndɪ'vɪdjʊəl/

individuel, individuelle

1 ▻ J'achète de la soupe en sachets individuels.
I buy soup in individual packets.

2 ▻ Il y a un supplément pour les chambres individuelles.
There's an additional charge for single rooms.

3 ▻ Chaque chambre a une douche individuelle.
Each room has a private shower.

1 (= pour une personne) **individual** /ˌɪndɪ'vɪdjʊəl/

2 ► **chambre individuelle :** single room /ˌsɪŋgl 'ruːm/ (pluriel : single rooms)

3 (= privé) **private** /'praɪvɪt/

Le ***ate*** *de* ***private*** *se prononce comme le mot* ***it***.

indulgent, indulgente

▻ Ils sont trop indulgents avec leur fille.
They are too lenient with their daughter.

lenient /'liːnɪənt/ (**plus indulgent** more lenient, **le plus indulgent** the most lenient)

Le premier ***e*** *se prononce comme le* ***ee*** *de* ***week***.

industrie

▻ Quelle est la principale industrie de la région ?
What's the main industry in the region?

industry /'ɪndʌstrɪ/ (pluriel : industries /'ɪndʌstrɪz/)

industriel, industrielle

▷ C'est une région très industrielle.
It's a very industrial region.

(= qui concerne l'industrie, où il y a des industries) **industrial** /ɪn'dʌstrɪəl/ (**plus industriel** more industrial, **le plus industriel** the most industrial)

inévitable

▷ Ça devait arriver, c'était inévitable.
It had to happen, it was inevitable.

inevitable /ɪn'evɪtəbl/

L'accent tonique est sur la deuxième syllabe ***-ev-***.

inexplicable

▷ L'absence de Marc est inexplicable.
Marc's absence is inexplicable.

inexplicable /ˌɪneks'plɪkəbl/

L'accent tonique est sur la troisième syllabe ***-pli-***.

infarctus

▷ Le grand-père de Robin a eu un infarctus.
Robin's grandfather had a coronary.

coronary /'kɒrənrɪ/ (pluriel : coronaries /'kɒrənrɪz/)

infect, infecte

▷ Ce sandwich est infect !
This sandwich is revolting!

(= très mauvais, en parlant d'un goût ou d'une odeur) **revolting** /rɪ'vɒltɪŋ/ (**plus infect** more revolting, **le plus infect** the most revolting)

s'infecter

▷ La blessure s'est infectée.
The injury became infected.

become infected /ɪn'fektɪd/ (became, become)

infection

▷ Il a une infection, il faut qu'il prenne des antibiotiques.
He has an infection, he must take antibiotics.

infection /ɪn'fekʃən/

inférieur, inférieure

1 ▷ Jérémie se sent inférieur à sa sœur.
Jérémie feels inferior to his sister.

1 (= moins doué ou de moins bonne qualité) **inferior** /ɪn'fɪərɪə^r/

Notez la préposition employée en anglais : inférieur à = inferior ***to***.

2 ▷ Le nombre de gagnants est inférieur à celui de l'année dernière.
The number of winners is lower than last year.

2 (= plus réduit, plus petit) **lower** /'ləʊə^r/

Notez la préposition employée en anglais : inférieur à = lower ***than***.

infernal, infernale

▷ Le fils de Peter et Margaret a été infernal !
Peter and Margaret's son was unbearable!

(= insupportable, en parlant d'un enfant) **unbearable** /ʌn'bɛərəbl/

infini, infinie

▷ Sylvia a une patience infinie.
Sylvia has infinite patience.

infinite /'ɪnfɪnɪt/

L'accent tonique est sur la première syllabe ***in-****.*

infirme

▷ La mère de Malika est infirme.
Malika's mother is disabled.

▷ Ces sièges sont réservés aux infirmes.
These seats are reserved for the disabled.

(= handicapé) **disabled** /dɪs'eɪbld/

► **les infirmes :** the disabled

infirmerie

▷ Paul est allé à l'infirmerie pour demander de l'aspirine.
Paul went to the sickroom to ask for some aspirin.

(= l'infirmerie dans une école) **sickroom** /'sɪkruːm/

infirmier, infirmière

▷ L'infirmière a pris ma température.
The nurse took my temperature.

▷ Quand j'étais jeune, je voulais être infirmier.
When I was young I wanted to be a nurse.

nurse /nɜːs/

N'oubliez pas l'article ***a*** *ou* ***an*** *devant le nom du métier lorsqu'il suit les verbes* ***be*** *ou* ***become****.*

influence

▷ Elle a eu une mauvaise influence sur lui.
She was a bad influence on him.

influence /'ɪnflʊəns/

influencer

▷ Je ne veux pas t'influencer, mais je pense que tu as tort.
I don't want to influence you, but I think you are wrong.

influence /'ɪnflʊəns/

informaticien, informaticienne

▷ Les informaticiens trouvent facilement du travail.
Computer programmer find work easily.

▷ Lalia est informaticienne.
Lalia is a computer programmer.

computer programmer /'prəʊgræməʳ/
(pluriel : computer programmer)

N'oubliez pas l'article ***a*** *ou* ***an*** *devant le nom du métier lorsqu'il suit les verbes* ***be*** *ou* ***become****.*

information

1 ▷ Il m'a donné une information très intéressante.
He gave me a very interesting piece of information.

▷ Ces informations sont très utiles.
This information is very useful.

1 ► **une information** (= renseignement) **:** a piece of information /piːs əv ɪnfə'meɪʃən/

ℹ *Le mot* information *est indénombrable en anglais. Il ne se met pas au pluriel, et* on ne dit pas *'an information' mais* ***a piece of information****.*

2 ▷ Nous regardons les informations tous les soirs.
We watch the news every evening.

2 ► **les informations** (= les actualités) **:** the news /njuːz/

ℹ *Bien qu'il ait un* s*, le mot* ***news*** *est singulier. On dit par exemple* ***the news is at eight*** (les informations sont à huit heures). *N'employez* jamais *un verbe au pluriel avec le mot* ***news****.*

informatique

▷ Domi veut faire des études d'informatique.
Domi wants to study computing.

▷ Rémi travaille dans un magasin d'informatique.
Rémi works in a computer store.

computing /kəm'pjuːtɪŋ/

Le ***u*** *de* ***computing*** *et* ***computer*** *se prononce comme le mot* ***you****.*

► **magasin d'informatique :** computer store /kəm'pjuːtə stɔːʳ/

informer

▷ J'ai préféré ne pas l'informer de cet incident.
I preferred not to inform him of this incident.

inform /ɪn'fɔːm/

infos

▷ Est-ce que tu as regardé les infos hier soir ?
Did you watch the news last night?

▷ Les infos sont à quelle heure ?
What time is the news?

► **les infos** (= les actualités) **:** the news /njuːz/

ℹ *Bien qu'il ait un* s*, le mot* ***news*** *est singulier. On dit par exemple* ***the news is at eight*** (les infos passent à huit heures). *N'employez* jamais *un verbe au pluriel avec le mot* ***news****.*

infusion

▷ Qui veut une infusion ?
Who wants a herbal tea?

herbal tea /ˌhɜbəl tiː/

ingénieur

▷ Le mari de Sabine est ingénieur.

Sabine's husband is an engineer.

▷ Céline aimerait devenir ingénieur.

Céline would like to become an engineer.

engineer /ˌendʒɪˈnɪəʳ/

*N'oubliez pas l'article **a** ou **an** devant le nom du métier lorsqu'il suit les verbes **be** ou **become**.*

ingrédient

▷ Vérifie que tu as tous les ingrédients avant de commencer.

Check that you have all the ingredients before starting.

ingredient /ɪnˈgriːdɪənt/

*Le premier **e** se prononce comme le **ee** de **week**.*

initiales

▷ Tu n'as pas besoin de signer, mets simplement tes initiales.

You don't need to sign, just put your initials.

initials /ɪˈnɪʃəlz/

initiation

▷ Je fais un stage d'initiation au chinois.

I'm doing an introductory course in Chinese.

► **stage d'initiation** *ou* **cours d'initiation :** introductory course /ˌɪntrəˈdʌktərɪ kɔːs/ (pluriel : introductory courses /kɔːsɪz/)

injurier

▷ Il a été arrêté pour avoir injurié un policier.

He was arrested for insulting a police officer.

insult /ɪnˈsʌlt/

*Attention ! Le verbe anglais **injure** signifie* blesser.

*L'accent tonique est sur la deuxième syllabe **-sult**.*

injuste

▷ Ce que tu as dit à Marine était injuste.

What you said to Marine was unfair.

unfair /ʌnˈfɛəʳ/

(**plus injuste** more unfair, **le plus injuste** the most unfair)

innocent, innocente

▷ Tout le monde savait que Justin était innocent.

Everybody knew that Justin was innocent.

innocent /ˈɪnəsənt/

*L'accent tonique est sur la première syllabe **inn-**.*

inoffensif, inoffensive

▷ Elle aboie beaucoup, mais elle est inoffensive.

She barks a lot, but she's harmless.

harmless /ˈhɑːmləs/

(**plus inoffensif** more harmless, **le plus inoffensif** the most harmless)

inondation

▷ Il y a eu des inondations dans la région.
There were floods in the region.

► **une inondation :** a flood /flʌd/
🔊 *Flood rime avec mud et bud.*

inonder

▷ Qui a encore inondé la salle de bains ?
Who flooded the bathroom again?

► **inonder** quelque chose **:** flood /flʌd/ something
🔊 *Flood rime avec mud et bud.*

inoubliable

▷ Nous avons passé des vacances inoubliables en Écosse.
We had an unforgettable holiday in Scotland.

unforgettable /ˈʌnfəˈgetəbl/
🔊 *L'accent tonique principal est sur la troisième syllabe -gett-.*

inquiet, inquiète

▷ Ils ne sont pas rentrés, je suis inquiète.
They haven't come back, I'm worried.

worried /ˈwʌrɪd/
(plus inquiet more worried, **le plus inquiet** the most worried**)**

inquiétant, inquiétante

▷ Ces nouvelles sont inquiétantes.
This news is worrying.

worrying /ˈwʌrɪɪŋ/
(plus inquiétant more worrying, **le plus inquiétant** the most worrying**)**

inquiéter

▷ Ça m'inquiète qu'il ne soit pas arrivé.
It worries me that he hasn't arrived.

worry /ˈwʌrɪ/
ℹ *Le y de worry devient ie à la troisième personne du singulier du présent de l'indicatif (worries /ˈwʌrɪz/), au prétérit et au participe passé (worried /ˈwʌrɪd/).*

▷ Ne t'inquiète pas, c'est normal.
Don't worry, it's normal.

► **s'inquiéter :** worry /ˈwʌrɪ/

inscription

1 ▷ Les inscriptions au cours intensif d'été se terminent vendredi.
Registration for the summer crash course finishes on Friday.

1 (= l'inscription à un cours ou une école) registration /ˌredʒɪˈstreɪʃən/

2 ▷ L'inscription au club coûte trente euros.
Enrolment at the club costs thirty euros.

2 (= l'inscription à un club) enrolment /ɪnˈrəʊlmənt/

3 ▷ Le mur est couvert d'inscriptions.
The wall is covered in writing.

3 ► **inscriptions** (= choses écrites) **:** writing /ˈraɪtɪŋ/

s'inscrire

1 ▷ Il faut que j'aille m'inscrire à la fac cet après-midi.
I have to go and register at the university this afternoon.

1 (à la fac, dans une école) : **register** /'redʒɪstəʳ/

2 ▷ Combien ça coûte de s'inscrire au club de sport ?
How much does it cost to join the sports club?

2 ► **s'inscrire à un club :** join /dʒɔɪn/ a club

insecte

▷ Il y avait des insectes partout dans l'herbe.
There were insects everywhere in the grass.

insect /'ɪnsekt/

inséparable

▷ Lise et Jean-Charles sont inséparables.
Lise and Jean-Charles are inseparable.

inseparable /ɪn'seprəbl/

L'accent tonique est sur la deuxième syllabe ***-se-****.*

insérer

▷ Insérer la disquette sans forcer.
Insert the floppy disk without forcing it.

insert /ɪn'sɜːʳt/

insigne

▷ Alain porte l'insigne de l'équipe de foot sur son pull.
Alain wears the emblem of the football team on his pullover.

emblem /'embləm/

insister

1 ▷ N'insiste pas, j'ai dit non !
Don't insist, I said no!

1 (= répéter) **insist** /ɪn'sɪst/

2 ▷ Ça ne répond pas. – Insiste !
There's no answer. – Keep trying!

2 (= s'obstiner au téléphone, en frappant à la porte, etc.) **keep trying** /kiːp 'traɪɪŋ/
(kept trying, kept trying /kept 'traɪɪŋ/)

3 ▷ Sandra a insisté sur ce point en particulier.
Sandra stressed this point in particular.

3 ► **insister sur** quelque chose : **stress** /stres/ something

insolation

▷ Ne reste pas au soleil, tu vas attraper une insolation.
Don't stay in the sun, you're going to get sunstroke.

► **attraper une insolation :** get **sunstroke** /'sʌnstrəʊk/ (got, got)

insolent, insolente

▷ Étienne a été insolent avec Mme Becker.
Étienne was rude to Mrs Becker.

rude /ruːd/
ℹ *Notez la préposition employée en anglais :* insolent avec quelqu'un = *rude* ***to*** *somebody.*

insomnie

▷ J'ai quelquefois des insomnies.
I sometimes suffer from insomnia.

► **avoir des insomnies :** suffer from insomnia /ɪn'sɒmnɪə/

inspecteur, inspectrice

▷ Un inspecteur va venir dans ma classe demain.
An inspector is going to come into my classroom tomorrow.

inspector /ɪn'spektəʳ/

inspirer

1 ▷ Inspirez ! Expirez !
Breathe in! Breathe out!

2 ▷ Le sujet du film ne m'inspire pas vraiment.
I don't find the subject of the film very inspiring.

1 (= aspirer de l'air) **breathe in** /briːð 'ɪn/

2 *Pour dire que quelque chose nous inspire (ou ne nous inspire pas) en anglais, on emploie l'expression* ***find*** *something* ***inspiring*** /ɪn'spaɪərɪŋ/ (***found, found***).

installer

1 ▷ Quelqu'un est venu installer l'ordinateur.
Somebody came to install the computer.

2 ▷ Ils se sont installés à Nîmes.
They settled in Nîmes.

3 ▷ Installe-toi dans le canapé.
Sit on the sofa.

1 (= mettre en service) **: install** /ɪn'stɔːl/

2 ► **s'installer** (= déménager) **:** settle /'setl/

3 ► **s'installer** (= s'asseoir) **:** sit /sɪt/ (sat, sat /sæt/)

instant

▷ Pendant un instant, j'ai cru que c'était Sophie.
For a moment, I thought it was Sophie.

▷ Un instant, j'arrive !
Just a moment, I'm coming!

moment /'məʊmənt/

► **un instant ! :** just a moment!

instituteur, institutrice

▷ Damien a un nouvel instituteur.
Damien has a new primary school teacher.

▷ Laurie est institutrice.
Laurie is a primary school teacher.

primary school teacher /'praɪmərɪ skuːl ˌtiːtʃəʳ/
(pluriel : primary school teachers)

ℹ *N'oubliez pas l'article* ***a*** *ou* ***an*** *devant le nom du métier lorsqu'il suit les verbes* ***be*** *ou* ***become****.*

instruction

▻ Si tu suis mes instructions, tu n'auras pas de problèmes.
If you follow my instructions, you won't have any trouble.

(= ordre ou conseil) **instruction** /ɪn'strʌkʃən/

s'instruire

▻ Avec ce jeu, on s'amuse et on s'instruit en même temps.
With this game, you play and you learn at the same time.

learn /lɜːn/
(learnt, learnt /lɜːnt/)
🔊 *Learn rime avec turn.*

instrument

▻ Est-ce que tu joues d'un instrument de musique ?
Do you play a musical instrument?

instrument /'ɪnstrʌmənt/

insuffisant, insuffisante

1 ▻ La quantité de farine est insuffisante.
The quantity of flour is insufficient.

2 ▻ Le prof a dit que mes résultats étaient insuffisants.
The teacher said that my results were not good enough.

1 (= pas assez grand) **insufficient** /ˌɪnsə'fɪʃənt/

2 (en parlant des résultats scolaires) **not good enough** /nɒt 'gʊd ɪnʌf/

insulter

▻ Qui a insulté l'autre le premier ?
Who insulted the other first?

insult /ɪn'sʌlt/

🔊 *L'accent tonique est sur la deuxième syllabe -sult.*

▻ Elles se sont insultées pendant une demi-heure.
They insulted each other for half an hour.

► **s'insulter :** insult /ɪn'sʌlt/ each other

insupportable

▻ Ce bruit est insupportable !
That noise is unbearable!

unbearable /ʌn'bɛərəbl/
(plus insupportable more unbearable, le plus insupportable the most unbearable)

intelligent, intelligente

▻ Lucie est très intelligente.
Lucie is very intelligent.

▻ Il croit qu'il est plus intelligent que moi.

intelligent /ɪn'telɪdʒənt/
(plus intelligent more intelligent, le plus intelligent the most intelligent)

Suite page suivante

He thinks he's more intelligent than me.

ℹ *On peut aussi dire* ***clever*** /klevəʳ/ **(plus intelligent** cleverer /'klevərəʳ/, **le plus intelligent** the cleverest /'klevərɪst/**).**

intention

▻ Quelles sont ses intentions ?
What are his intentions?

▻ Qu'est-ce que tu as l'intention de faire ?
What do you intend to do?

intention /ɪn'tenʃən/

► **avoir l'intention de** + infinitif : intend /ɪn'tend/ to + base verbale

interclasse

▻ On a un interclasse d'un quart d'heure.
We have a break of a quarter of an hour.

break /breɪk/

🔊 ***Break*** *rime avec* ***make****.*

interdire

1 ▻ Stéphanie m'a interdit d'entrer dans la cuisine.
Stéphanie said I mustn't go into the kitchen.

▻ Je t'interdis de me parler comme ça !
You mustn't speak to me like that!

2 ▻ Cette pub a été interdite en Angleterre.
This advertisement was banned in England.

1 *Pour exprimer l'interdiction en anglais, on emploie souvent une expression avec* ***mustn't*** /'mʌsnt/.

2 *Quand l'interdiction est officielle, on emploie le verbe* ***ban*** /bæn/.

ℹ *Il y a deux* ***n*** *au gérondif (****banning*** /bænɪŋ/*), au prétérit et au participe passé (****banned*** /bænd/*).*

interdit, interdite

▻ Il est interdit de fumer dans les bureaux.
It's forbidden to smoke in the offices.

(= défendu) **forbidden** /fə'bɪdn/

ℹ *On peut aussi dire* ***smoking isn't allowed*** /ə'laʊd/ ***in the office****.*

intéressant, intéressante

1 ▻ J'ai trouvé le débat après le film très intéressant.
I found the debate after the film very interesting.

2 ▻ C'est vendu à un prix très intéressant.
It's sold at a very attractive price.

1 (= passionnant) **interesting** /'ɪntərestɪŋ/
(plus intéressant more interesting, **le plus intéressant** the most interesting**)**

2 (= avantageux) **attractive** /ə'træktɪv/
(plus intéressant more attractive, **le plus intéressant** the most attractive**)**

intéresser

▻ La politique ne m'intéresse pas.
I'm not interested in politics.

ℹ *Pour dire que* quelque chose nous intéresse (*ou* ne nous intéresse pas), *on emploie en anglais l'expression* ***be interested*** /ˈɪntərestɪd/ ***in*** *something.*

▻ Thomas s'intéresse beaucoup aux animaux.
Thomas is very interested in animals.

► **s'intéresser à** quelque chose **:** be interested in something

intérêt

1 ▻ Ce film est sans intérêt.
This film is uninteresting.

2 ▻ Tu as intérêt à te taire !
You'd better shut up!

3 ▻ Les taux d'intérêt sont très élevés en ce moment.
Interest rates are very high at the moment.

1 ► **sans intérêt :** uninteresting /ʌnˈɪntərestɪŋ/

2 ► **tu as intérêt à... :** you'd better... /juːd ˈbetəʳ/

3 (= l'intérêt qu'on paie sur un emprunt, ou l'intérêt que paie la banque) interest

intérieur

▻ L'intérieur de la maison est plus joli que l'extérieur.
The inside of the house is nicer than the outside.

▻ Je vous attendrai à l'intérieur.
I'll wait for you inside.

▻ Vous ne pouvez pas fumer à l'intérieur du bâtiment.
You can't smoke inside the building.

► **l'intérieur** (= la partie qui est dedans) **:** the inside /ɪnˈsaɪd/

► **à l'intérieur :** inside

► **à l'intérieur de :** inside

intermédiaire

▻ J'ai connu Jean par l'intermédiaire de Maya.
I got to know Jean through Maya.

► **par l'intermédiaire de :** through /θruː/

internat

▻ Les parents de Jonathan veulent l'envoyer dans un internat.
Jonathan's parents want to send him to a boarding school.

(= école) boarding school /ˈbɔːdɪŋ skuːl/ (pluriel : boarding schools)

🔊 *Le* ***oar*** *de* ***boarding*** *se prononce comme le mot anglais* ***or****.*

international, internationale

▻ L'équipe de Marseille participe au championnat international.
The Marseille team is taking part in the international championship.

international /ˌɪntəˈnæʃnəl/

🔊 *L'accent tonique principal est sur la troisième syllabe* ***-na-****.*

interne

▷ Les internes n'ont pas le droit de sortir après dix-huit heures.
Boarders aren't allowed to go out after six o'clock.

(= l'élève qui dort à l'école) **boarder** /'bɔːdəʳ/

Le ***oar*** *de* ***boarder*** *se prononce comme le mot anglais* ***or****.* ***Boarder*** *rime avec* ***order****.*

Internet

▷ L'internet est très utile pour chercher des informations.
The Internet is very useful for looking for information.
▷ Je me suis connecté à l'internet pour réserver des places pour le concert.
I logged on to Internet to book seats for the concert.

Internet /'ɪntəˌnet/

► **se connecter à l'internet :** log on /lɒg 'ɒn/ to Internet.

interphone

▷ J'ai appuyé sur le bouton de l'interphone, mais personne n'a répondu.
I pressed the button on the entry phone but nobody answered.

entry phone /'entrɪ fəʊn/ (pluriel : entry phones)

interpréter

1 ▷ Il y a plusieurs façons d'interpréter ce texte.
There are several ways to interpret this text.

1 (= comprendre) **interpret** /ɪn'tɜːprɪt/

L'accent tonique est sur la deuxième syllabe ***-ter-****.*

2 ▷ Le pianiste a interprété un morceau de Mozart.
The pianist played a piece by Mozart.

2 (= jouer de la musique ou jouer un rôle) **play** /pleɪ/.

3 ▷ La chanteuse a interprété des chansons anciennes.
The singer sang some old songs.

3 (= chanter) **sing** /sɪŋ/ (sang /sæŋ/, sung /sʌŋ/).

interro, interrogation écrite

▷ On a une interro d'anglais mardi.
We've got an English test on Tuesday.

test /test/

interroger

1 ▷ Le prof nous interroge régulièrement.
The teacher tests us regularly.

1 (= tester les connaissances) **test** /test/

2 ▷ La police a interrogé plusieurs personnes.
The police questioned several people.

2 (= poser des questions) **question** /'kwestʃən/

interrompre

▻ Ne m'interromps pas sans arrêt !
Don't interrupt me all the time!

(= couper une conversation)
interrupt /ˌɪntəˈrʌpt/

interrupteur

▻ L'interrupteur est à gauche de la porte.
The switch is to the left of the door.

switch /swɪtʃ/
(pluriel : switches /ˈswɪtʃɪz/)

intervenir

▻ Serge a dû intervenir et les séparer.
Serge had to intervene and separate them.

(= agir) intervene /ˌɪntəˈviːn/

interview

▻ Avez-vous vu l'interview du Premier ministre hier soir ?
Did you see the Prime Minister's interview last night?

► **une interview :** an interview /ˈɪntəvjuː/

L'accent tonique est sur la première syllabe ***in-****.*

interviewer

▻ La journaliste a interviewé des agriculteurs.
The journalist interviewed some farmers.

► **interviewer** quelqu'un **:** interview /ˈɪntəvjuː/ somebody

L'accent tonique est sur la première syllabe ***in-****.*

intime

▻ Elle m'a dit des choses très intimes.
She told me some very personal things.
▻ Julie et Nathan sont amis intimes.
Julie and Nathan are close friends.

personal /ˈpɜːsənəl/

► **ami intime :** close friend /kləʊs ˈfrend/ (pluriel : close friends)

intimider

▻ Le mari de Charlotte m'intimide.
Charlotte's husband intimidates me.

intimidate /ɪnˈtɪmɪdeɪt/

L'accent tonique est sur la deuxième syllabe ***-ti-****.*

intituler

1 ▻ Comment est-ce que tu vas intituler ton exposé ?
What are you going to call your presentation?

1 (= appeler) call /kɔːl/

2 ▻ Le chapitre s'intitule « Londres ».
The chapter is entitled "London".

2 ► **s'intituler :** be entitled /enˈtaɪtld/

intoxication alimentaire

▷ Julien a attrapé une intoxication alimentaire.
Julien got food poisoning.

food poisoning /ˈfuːd pɔɪznɪŋ/
ℹ *Notez qu'on n'emploie pas d'article devant* ***food poisoning****.*

introduction

▷ Je n'ai écrit que l'introduction de mon exposé.
I've only written the introduction of my presentation.

introduction /ˌɪntrəˈdʌkʃən/
🔊 *Le* ***u*** *du mot anglais* ***introduction*** *se prononce comme le* ***u*** *de* ***duck****.*

inutile

1 ▷ Le grenier est plein d'objets inutiles.
The attic is full of useless objects.

1 (= qui ne sert à rien) **useless** /ˈjuːsləs/
(plus inutile more useless, le plus inutile the most useless)
🔊 *Le premier* ***s*** *de* ***useless*** *se prononce comme le* ***s*** *de* ***sea****.*

2 ▷ Ces précautions sont inutiles.
These precautions are unnecessary.

2 (= qui n'est pas nécessaire) **unnecessary** /ʌnˈnesɪsərɪ/
(plus inutile more unnecessary, le plus inutile the most unnecessary)

3 ▷ Inutile d'insister, j'ai dit non !
It's no use insisting, I said no!

3 ► **inutile de** + infinitif : it's no use + -ing
🔊 *Le* ***s*** *de* ***no use*** *se prononce comme le* ***s*** *de* ***sea****.*

invalide

▷ La grand-mère de Pierrot est invalide.
Pierrot's grandmother is disabled.
▷ Ces sièges sont réservés aux invalides.
These seats are reserved for the disabled.

(= qui est handicapé) **disabled** /dɪsˈeɪbld/
► **les invalides :** the disabled

invasion

▷ En été, il y a une invasion de touristes sur les plages.
In summer there's an invasion of tourists on the beaches.

invasion /ɪnˈveɪʒən/
🔊 *Le* ***a*** *du mot anglais* ***invasion*** *se prononce comme le* ***a*** *de* ***make****.*

inventer

▷ Qui a inventé le téléphone ?
Who invented the telephone?

invent /ɪnˈvent/

invention

▷ Ce gadget est une drôle d'invention !
This gadget is a strange invention!

invention /ɪnˈvenʃən/

inverse

1 ▷ Non, c'est l'inverse.
No, it's the opposite.

2 ▷ Ils arrivaient en sens inverse.
They were coming the other way.

3 ▷ Il faut tourner dans le sens inverse des aiguilles d'une montre.
You must turn anticlockwise.

1 ► **l'inverse :** the opposite /ˈɒpəzɪt/

2 ► **en sens inverse :** the other way /ˌθɪ ʌðə ˈweɪ/

3 ► **dans le sens inverse des aiguilles d'une montre :** anticlockwise /ˌæntɪˈklɒkwaɪz/

En anglais américain, on dit counterclockwise /ˌkaʊntəˈklɒkwaɪz/

inverser

▷ Il suffit d'inverser l'ordre des mots.
You just have to reverse the order of the words.

reverse /rɪˈvɜːs/

L'accent tonique est sur la deuxième syllabe -verse.

investir

▷ Ils ont investi tout leur argent dans le magasin de leur fils.
They invested all their money in their son's shop.

(= placer de l'argent) invest /ɪnˈvest/

L'accent tonique est sur la deuxième syllabe -vest.

investissement

▷ C'est un investissement sûr.
It's a safe investment.

investment /ɪnˈvestmənt/

Attention à l'orthographe du mot anglais.

L'accent tonique est sur la deuxième syllabe -vest-.

invisible

▷ La tache est invisible.
The stain is invisible.

invisible /ɪnˈvɪzəbl/

L'accent tonique est sur la deuxième syllabe -vis-.

invitation

▷ Est-ce que tu as reçu une invitation pour la soirée de Michaël ?
Did you receive an invitation for Michaël's party?

invitation /ˌɪnvɪˈteɪʃən/

L'accent tonique est sur la troisième syllabe -ta-.

invité

▷ Nous avions huit invités hier soir.
We had eight guests last night.

(= personne qu'on a invitée) guest /gest/

Le u de guest ne se prononce pas.

inviter

1 ▷ Est-ce que tu as invité Bertrand aussi ?
Have you invited Bertrand as well?

2 ▷ Mon père nous a invités au restaurant samedi dernier.
My father took us to a restaurant last Saturday.

3 ▷ Qu'est-ce que tu veux boire ? Je t'invite !
What do you want to drink? It's on me!

1 (= demander à quelqu'un de venir) **invite** /ɪn'vaɪt/

2 (= emmener quelqu'un au restaurant) **take** /teɪk/ (took /tʊk/, taken /'teɪkən/)

3 ► **je t'invite !** *ou* **je vous invite !** (= c'est moi qui paie !) **:** it's on me! /ɪts ɒn 'miː/

invraisemblable

▷ Lucas nous a raconté une histoire invraisemblable.
Lucas told us an incredible story.

(= incroyable) **incredible** /ɪn'kredəbl/
(**plus invraisemblable** more incredible, **le plus invraisemblable** the most incredible)

irlandais, irlandaise

1 ▷ La campagne irlandaise est très jolie.
The Irish countryside is very pretty.

2 ▷ Il y a un Irlandais qui habite à côté de chez nous.
There's an Irishman who lives near us.

▷ Une Irlandaise me donne des cours.
An Irishwoman is giving me classes.

▷ Que sais-tu sur les Irlandais ?
What do you know about the Irish?

1 (adjectif) **Irish** /'aɪrɪʃ/
ℹ *S'écrit toujours avec une majuscule, comme tous les adjectifs de nationalité en anglais.*

2 ► **un Irlandais :** an Irishman /'aɪrɪʃmən/ (pluriel : Irishmen /'aɪrɪʃmen/)
► **une Irlandaise :** an Irishwoman /'aɪrɪʃwʊmən/ (pluriel : Irishwomen /'aɪrɪʃwɪmɪn/)
► **les Irlandais :** the Irish

Irlande

▷ L'Irlande est une île magnifique.
Ireland is a beautiful island.

▷ Ils vivent en Irlande depuis trois ans.
They've lived in Ireland for three years.

▷ Beaucoup de Français vont en Irlande en vacances.
A lot of French people go to Ireland on holiday.

▷ L'Irlande du Nord fait partie du Royaume-Uni.
Northern Ireland is part of the United Kingdom.

Ireland /'aɪələnd/
ℹ *Ne prend jamais d'article.*
► **l'Irlande :** Ireland
► **en Irlande** (= dans le pays) **:** in Ireland
► **en Irlande** (= vers le pays) **:** to Ireland
► **l'Irlande du Nord :** Northern Ireland /ˌnɔːðən 'aɪələnd/

ironique

▷ Il nous regardait avec un sourire ironique.
He was watching us with an ironic smile.

ironic /aɪ'rɒnɪk/
(**plus ironique** more ironic,
le plus ironique the most ironic)

*Le premier **i** de **ironic** se prononce comme le **i** de **like**.*

irrégulier, irrégulière

1 ▷ Votre travail est trop irrégulier.
Your work is too uneven.

2 ▷ Son pouls est irrégulier.
His pulse is irregular.

1 (en parlant du travail, des résultats)
uneven /ʌn'iːvən/
(**plus irrégulier** more uneven,
le plus irrégulier the most uneven)

2 (en parlant d'un rythme)
irregular /ɪ'regjʊlə^r/
(**plus irrégulier** more irregular,
le plus irrégulier the most irregular)

irriter

▷ Il m'irrite avec ses plaisanteries idiotes.
He irritates me with his stupid jokes.

irritate /'ɪrɪteɪt/

isolé, isolée

▷ Christelle et sa famille vivent dans une ferme isolée.
Christelle and her family live on an isolated farm.

▷ C'était un incident isolé.
It was an isolated incident.

(= éloigné, seul) **isolated** /'aɪsəleɪtɪd/
(**plus isolé** more isolated,
le plus isolé the most isolated)

*Le **i** de **isolated** se prononce comme le **i** de **like**, et le **s** comme le **s** de **sea**.*

issue de secours

▷ Il y a deux issues de secours dans l'avion.
There are two emergency exits in the plane.

emergency exit /ɪ'mɜːdʒənsɪ ˌegzɪt/ (pluriel : emergency exits)

Italie

▷ L'Italie est l'un des pays les plus visités du monde.
Italy is one of the most visited countries in the world.

▷ Notre séjour en Italie s'est très bien passé.
Our stay in Italy went very well.

▷ Marc compte aller en Italie en juillet.
Marc intends to go to Italy in July.

Italy /'ɪtəlɪ/

i *Ne prend jamais d'article.*

► **l'Italie :** Italy

► **en Italie** (= dans le pays) **:** in Italy

► **en Italie** (= vers le pays) **:** to Italy

italien, italienne

▻ Sienne est l'une des plus belles villes italiennes.
Siena is one of the most beautiful Italian cities.
▻ Il y avait beaucoup d'Italiens dans le train.
There were a lot of Italians in the train.
▻ Ludo est bon en italien.
Ludo is good at Italian.

Italian /ɪ'tæljən/
ℹ *S'écrit toujours avec une majuscule, comme tous les adjectifs et noms de nationalité en anglais.*

italique

▻ Traduisez les mots en italique.
Translate the words in italics.

► **en italique :** in italics /ɪn ɪ'tælɪks/

itinéraire

▻ Nous avons pris un itinéraire plus court que d'habitude.
We took a shorter route than usual.

route /ruːt/

ivoire

▻ L'ivoire vient des défenses d'éléphant.
Ivory comes from elephants' tusks.

▻ Les touches du piano sont en ivoire.
The piano keys are made of ivory.
▻ C'est un bracelet ancien en ivoire.
It's an old ivory bracelet.

ivory /'aɪvərɪ/
*Le **i** de **ivory** se prononce comme le **i** de **like**.*

► **être en ivoire :** be made of ivory
► **en ivoire :** ivory

ivre

▻ Je pense que Marc était un peu ivre.
I think Marc was a bit drunk.

drunk /drʌŋk/
ℹ ***Drunk*** *est un adjectif* (= ivre) *et un nom* (= ivrogne).

ivrogne

▻ Ce bar est plein d'ivrognes.
That bar is full of drunks.

drunk /drʌŋk/
ℹ ***Drunk*** *est un adjectif* (= ivre) *et un nom* (= ivrogne).

J

FRANÇAIS — ANGLAIS

La lettre J se prononce /dʒei/ en anglais
J rime avec day, stay et play.

jalousie

▻ Il y a beaucoup de jalousie entre elle et sa sœur.
There's a lot of jealousy between her and her sister.

jealousy /ˈdʒeləsɪ/

*L'accent tonique est sur la première syllabe **jea-**. Le **ea** se prononce comme le **e** de **bed**.*

jaloux, jalouse

▻ Elle dit ça parce qu'elle est jalouse.
She's saying that because she's jealous.

▻ Lionel est jaloux de son petit frère.
Lionel is jealous of his little brother.

jealous /ˈdʒeləs/
(plus jaloux more jealous, le plus jaloux the most jealous)

*Notez la préposition employée en anglais : jaloux de = **jealous of**.*

*Le **ea** se prononce comme le **e** de **bed**.*

jamais

1 ▻ Je n'ai jamais rencontré les parents de Suzie.
I've never met Suzie's parents.

▻ On ne s'est plus jamais revus.
We never saw each other again.

2 ▻ C'est la plus belle ville que j'aie jamais vue.
It's the most beautiful city that I have ever seen.

1 *Quand la phrase a une valeur négative, on emploie **never** /ˈnevəʳ/.*

► **plus jamais : never... again** /əˈgen/

2 *Quand la phrase n'a pas de valeur négative, on emploie **ever** /ˈevəʳ/.*

jambe

▻ Grégory s'est fait mal à la jambe quand il est tombé.
Gregory hurt his leg when he fell over.

leg /leg/

*Notez l'emploi du possessif (**my leg, your leg, his leg,** etc.) avec les parties du corps.*

jambon

▷ Un sandwich au jambon, s'il vous plaît.
A ham sandwich, please.

ham /hæm/

*Prononcez bien le **h** de **ham**.*

janvier

▷ En janvier, il fait très froid ici.
In January it's very cold here.

▷ Nous partirons le vingt-six janvier.
We'll leave on the twenty-sixth of January.

January /'dʒænjʊərɪ/

S'écrit toujours avec une majuscule, comme tous les noms de mois en anglais.

*Notez l'emploi de **on** et **of** en anglais quand on dit la date.*

*On écrit **26 January**.*

Japon

▷ Ma mère revient du Japon aujourd'hui.
My mother is coming back from Japan today.

▷ Ils ont vécu au Japon pendant dix ans.
They lived in Japan for ten years.

▷ Nous sommes passés par Amsterdam pour aller au Japon.
We went via Amsterdam to go to Japan.

Japan /dʒə'pæn/

*Attention à l'orthographe du mot anglais **Japan** (**-pan** et non **-pon**).*

Ne prend jamais d'article.

► **le Japon : Japan** /dʒə'pæn/

*L'accent tonique est sur la deuxième syllabe **-pan**.*

► **au Japon** (= dans le pays) **: in Japan**

► **au Japon** (= vers le pays) **: to Japan**

japonais, japonaise

▷ J'adore la cuisine japonaise.
I love Japanese cuisine.

▷ Un groupe de Japonais visitait l'église en même temps que nous.
A group of Japanese were visiting the church at the same time as us.

▷ Il faut savoir le japonais pour travailler dans cette société.
You must know Japanese to work in this company.

Japanese /ˌdʒæpə'niːz/

*Attention à l'orthographe du mot anglais **Japan** (**-pan** et non **-pon**).*

S'écrit toujours avec une majuscule, comme tous les adjectifs et noms de nationalité en anglais.

*Pour dire **un Japonais, une Japonaise**, vous pouvez dire soit **a Japanese**, soit **a Japanese boy/man/girl/woman**.*

*L'accent tonique est sur la troisième syllabe **-nese**.*

jardin

▷ Léon est dans le jardin.
Léon is in the garden.

▷ J'ai emmené les enfants au jardin public.
I took the children to the park.

garden /gɑːdn/

► **jardin public : park** /pɑːk/

jardinage

▷ J'ai fait un peu de jardinage ce week-end.
I did a bit of gardening this weekend.

gardening /ˈgɑːdnɪŋ/

jardinier, jardinière

▷ Jenny et Sam ont un jardinier.
Jenny and Sam have got a gardener.
▷ Marc est jardinier.
Marc is a gardener.

(= personne qui travaille dans les jardins) gardener /ˈgɑːdnəʳ/

ℹ *N'oubliez pas l'article **a** ou **an** devant le nom du métier lorsqu'il suit les verbes **be** ou **become**.*

jaune

1 ▷ Passe-moi le surligneur jaune.
Pass me the yellow highlighter.

1 (= couleur) yellow /ˈjeləʊ/

2 ▷ Le jaune est une couleur gaie.
Yellow is a cheerful colour.

2 ► **le jaune** (= la couleur jaune) **:** yellow

ℹ *Remarquez qu'il n'y a pas d'article en anglais.*

3 ▷ J'ai besoin de trois jaunes d'œufs pour cette recette.
I need three egg yolks for this recipe.

3 ► **jaune d'œuf :** egg yolk /ˈeg jəʊk/ (pluriel : egg yolks)

🔊 *Le **l** de **yolk** ne se prononce pas. **Yolk** rime avec **spoke** et **oak**.*

Javel

▷ L'eau de Javel a laissé une marque blanche sur mon jean.
The bleach left a white mark on my jeans.

► **eau de Javel :** bleach /bliːtʃ/

jazz

▷ J'écoute souvent du jazz.
I often listen to jazz.

jazz /dʒæz/

je

▷ Je préfère le chocolat noir.
I prefer dark chocolate.
▷ J'étais sûr que c'était elle.
I was sure that it was her.

I /aɪ/

ℹ *Toujours majuscule en anglais !*

jean

▷ Ce jean est trop petit pour moi.
These jeans are too small for me.
▷ Je vais m'acheter un nouveau jean.
I'm going to buy myself a new pair of jeans.

jeans /dʒiːnz/

ℹ ***Jeans** est un nom pluriel, comme **trousers, pants, swimming trunks** et **shorts**. Il s'emploie avec un verbe au pluriel.*

ℹ *Un jean se dit **a pair of jeans**.*

jet d'eau

▷ Les jets d'eau dans le jardin public ne marchent pas.
The fountains in the park aren't working.

(= fontaine) : **fountain** /'faʊntɪn/
🔊 *Le* **ain** *de* **fountain** *se prononce comme le mot* **in**.

jetable

▷ Est-ce que tu as essayé les lentilles jetables ?
Have you tried disposable lenses?

disposable /dɪs'pəʊzəbl/
🔊 *L'accent tonique est sur la deuxième syllabe* **-po-**.

jetée

▷ On s'est promenés sur la jetée.
We went for a walk on the pier.

pier /pɪəʳ/
🔊 **Pier** *rime avec* **ear** *et* **here**.

jeter

1 ▷ Bill a jeté la balle contre le mur.
Bill threw the ball against the wall.
▷ Jette-moi la balle.
Throw the ball to me.
▷ Ils m'ont jeté des cailloux.
They threw stones at me.

1 (= lancer) **throw** /θrəʊ/ (threw /θruː/, thrown /θrəʊn/)
ℹ *Pour dire* jeter quelque chose à quelqu'un, *on emploie en anglais la préposition* **to** *si l'autre personne est censée rattraper la chose, et* **at** *s'il s'agit d'une agression.*

2 ▷ Je vais jeter ces vieilles affaires.
I'm going to throw these old things away.

2 ► **jeter** quelque chose (= le mettre à la poubelle) : **throw something away** (threw, thrown)

3 ▷ Qui sera le premier à se jeter à l'eau ?
Who'll be the first to jump into the water ?

3 ► **se jeter à l'eau** : **jump** /dʒʌmp/ **into the water**

▷ J'ai décidé de me jeter à l'eau et je lui ai tout dit.
I decided to take the plunge and I told him everything.

ℹ *Quand* se jeter à l'eau *signifie* oser faire quelque chose, *la traduction est* ***take the plunge*** /teɪk ðə 'plʌndʒ/ (***took*** /tʊk/, ***taken*** /'teɪkən/).

4 ▷ Le voleur s'est jeté sur moi.
The thief grabbed me.

4 ► **se jeter sur** (= saisir avec violence) : **grab** /græbd/
ℹ *Il y a deux* **b** *au gérondif* (***grabbing*** /græbɪŋ/), au prétérit et au participe passé (***grabbed*** /græbd/).

jeton

▷ Tu as encore des jetons pour la machine à sous ?
Do you still have tokens for the slot machine?

(pour les jeux) **token** /'təʊkən/

jeu

1 ▷ Nous avons inventé un nouveau jeu.
We've invented a new game.
▷ On pourrait faire un jeu.
We could play a game.
▷ Tu connais ce jeu de cartes ?
Do you know this card game?
▷ Mathias passe ses journées à jouer à des jeux électroniques.
Mathias spends his days playing computer games.
▷ Les jeux Olympiques ont lieu tous les quatre ans.
The Olympic Games take place every four years.
▷ C'est mon jeu de société préféré.
It's my favourite board game.
▷ C'est un jeu vidéo avec des extraterrestres.
It's a video game with aliens.

2 ▷ Il nous faut un jeu de cinquante-deux cartes.
We need a pack of fifty-two cards.

3 ▷ Tu peux garder un jeu de clés.
You can keep one set of keys.

4 ▷ J'en ai assez de tes jeux de mots idiots !
I've had enough of your stupid puns!

1 (pour jouer) game /geɪm/
► **faire un jeu :** play a game
► **jeu de cartes :** card game /'kɑːd geɪm/ (pluriel : card games)
► **jeu électronique :** computer game /kʌm'pjuːtə geɪm/ (pluriel : computer games)
► **les jeux Olympiques :** the Olympic Games /əˌlɪmpɪk 'geɪmz/
► **jeu de société :** board game /'bɔːd geɪm/ (pluriel : board games)
► **jeu vidéo :** video game /'vɪdɪəʊ geɪm/ (pluriel : video games)

2 (= paquet de cartes) pack /pæk/

3 (= ensemble de clés) set /set/

4 ► **jeu de mots :** pun /pʌn/

jeudi

▷ Aujourd'hui, c'est jeudi.
Today is Thursday.
▷ Nous partirons jeudi.
We'll leave on Thursday.
▷ Mes parents sont venus jeudi.
My parents came on Thursday.
▷ Le jeudi, Sandra va à son cours de piano.
On Thursdays Sandra goes to her piano lesson.

Thursday /'θɜːzdeɪ/
ℹ *S'écrit avec une majuscule, comme tous les jours de la semaine en anglais.*
(= jeudi prochain ou jeudi dernier) on Thursday
► **le jeudi** (= tous les jeudis) **:** on Thursdays

jeune

1 ▷ Quand elle était jeune, ma grand-mère aimait danser.
When she was young, my grandmother liked dancing.

2 ▷ Trois jeunes sont venus demander si tu étais là.
Three boys came to ask if you were here.

1 (= qui n'est pas âgé) young /jʌŋ/
(**plus jeune** younger /'jʌŋgəʳ/, **le plus jeune** the youngest /'jʌŋgɪst/)
🔊 *Le* ou *de* young *se prononce comme le* u *de* duck

2 ► **un jeune** (= un garçon) **:** a boy /bɔɪ/

Suite page suivante

3 ▷ Quelqu'un a appelé pour toi. – C'était une jeune ou une dame ?
Somebody called for you. – Was it a girl or a lady?

3 ► **une jeune :** a girl /gɜːl/

4 ▷ Les jeunes aujourd'hui savent tous utiliser Internet.
Young people today all know how to use Internet.

4 ► **les jeunes** (= les jeunes en général) **:** young people /jʌŋ 'piːpl/

jeunesse

▷ Dans sa jeunesse, mon père a beaucoup voyagé.
In his youth, my father travelled a lot.

youth /juːθ/

Le ou de youth se prononce comme le oo de food.

jogging

1 ▷ Le jogging est un sport que tout le monde peut pratiquer.
Jogging is a sport that everybody can do.
▷ Christian fait du jogging avec sa copine.
Christian goes jogging with his girlfriend.

2 ▷ Ludmila a un jogging tout neuf.
Ludmila has a brand new tracksuit.

1 ► **le jogging** (= le sport) **:** jogging /'dʒɒgɪŋ/

ℹ *Notez qu'il n'y a pas d'article en anglais.*

► **faire du jogging :** go jogging (went, gone/been)

2 (= survêtement) tracksuit /'træksuːt/

joie

▷ Philippe était fou de joie de la revoir.
Philippe was thrilled to see her again.

► **fou de joie** *ou* **folle de joie :** thrilled /θrɪld/

Thrilled rime avec build.

joindre

▷ Je n'arrive pas à joindre Stéphanie, elle doit être en vacances.
I can't contact Stéphanie, she must be on holiday.

► **joindre** quelqu'un (= lui parler au téléphone) **:** contact /'kɒntækt/ somebody

joli, jolie

▷ C'est une très jolie fille.
She's a very pretty girl.
▷ Ils ont un très joli appartement.
They've got a lovely flat.
▷ Quelle jolie voiture !
What a nice car!

pretty, lovely, nice

ℹ *Pretty /'prɪtɪ/ s'emploie par exemple pour une jolie fille, de jolies fleurs, une jolie robe. Employez lovely /'lʌvlɪ/ ou nice /naɪs/ dans d'autres contextes.*

(plus joli prettier /'prɪtɪəʳ/ /lovelier /'lʌvlɪəʳ/ /nicer /naɪsəʳ/, **le plus joli** the prettiest /'prɪtɪɪst/ /the loveliest /'lʌvlɪɪst/ /the nicest /naɪsɪst/ *)*

jongler

▷ Jérémie sait jongler avec quatre balles.
Jérémie can juggle with four balls.

juggle /'dʒʌgl/

jongleur, jongleuse

▷ Il y a des jongleurs devant la cathédrale.
There are jugglers in front of the cathedral.

▷ La cousine de Maïté est jongleuse dans un cirque.
Maïté's cousin is a juggler in a circus.

juggler /'dʒʌgləʳ/

ℹ *N'oubliez pas l'article* ***a*** *ou* ***an*** *devant le nom du métier lorsqu'il suit les verbes* ***be*** *ou* ***become****.*

jonquille

▷ Il y a des jonquilles partout.
There are daffodils everywhere.

daffodil /'dæfədɪl/

🔊 *L'accent tonique est sur la première syllabe* ***da-****.*

joue

▷ Le bébé a de jolies joues roses.
The baby has got lovely pink cheeks.

cheek /tʃiːk/

jouer

1 ▷ Viens jouer avec nous !
Come and play with us!

▷ Cette actrice jouait dans « Titanic ».
This actress played in "Titanic".

▷ Jérôme joue au foot dans l'équipe du village.
Jérôme plays football in the village team.

▷ Est-ce que tu sais jouer de la guitare ?
Can you play the guitar?

1 (= s'amuser, tenir un rôle, interpréter) **play** /pleɪ/

► **jouer à** (en parlant d'un sport) : **play**

► **jouer de** (en parlant d'un instrument de musique) : **play**

2 ▷ Monsieur Bertrand joue souvent au casino.
Mr Bertrand often gambles at the casino.

2 (= jouer dans des jeux d'argent) **gamble** /'gæmbl/

joueur, joueuse

▷ C'est un jeu pour quatre joueurs.
It's a game for four players.

player /pleiəʳ/

jouet

▷ La chambre de mon petit frère est remplie de jouets.
My little brother's bedroom is full of toys.

toy /tɔɪ/

jour

1 ▷ Le voyage en train dure deux jours.
The train journey takes two days.

▷ Quel jour sommes-nous ?
What day is it today?

1 (= durée de vingt-quatre heures) **day** /deɪ/

ℹ *Pour demander la date, on dit* ***what day is it today?***

Suite page suivante

▷ Isa va à la piscine tous les jours.
Isa goes to the swimming pool every day.
▷ Un jour, il comprendra qu'il a tort.
One day he'll understand that he's wrong.
▷ Nous avons passé le nouvel an chez Catherine.
We spent New Year's Day at Catherine's.

► **tous les jours :** every day /ˌevrɪ ˈdeɪ/
► **un jour :** one day /wʌn ˈdeɪ/
► **le jour de l'an :** New Year's Day /ˌnjuː jɪəz ˈdeɪ/

Attention : majuscules en anglais. Remarquez l'emploi de **on** *ici.*

2 ▷ Le jour entre dans la chambre.
The light comes into the bedroom.
▷ Il fait jour déjà.
It's already light.

2 (= la lumière) **light** /laɪt/
► **faire jour :** be light /laɪt/

3 ▷ Cette liste n'est pas à jour.
This list isn't up to date.
▷ Je dois mettre mon journal à jour.
I must update my diary.

3 ► **être à jour :** be up to date /ˌʌp tə ˈdeɪt/
► **mettre** quelque chose **à jour :** update /ʌpˈdeɪt/ something

journal

1 ▷ Anne achète le journal tous les jours.
Anne buys the newspaper every day.

1 (= quotidien) **newspaper** /ˈnjuːzˌpeɪpəʳ/

2 ▷ Est-ce que tu tiens un journal ?
Do you keep a diary?

2 (= journal intime) **diary** /ˈdaɪərɪ/ (pluriel : diaries /ˈdaɪərɪz/)

Le ***i*** *de* ***diary*** *se prononce comme le* ***i*** *de* ***like****.*

3 ▷ Ils ne manquent jamais le journal de vingt heures.
They never miss the eight o'clock news.

3 (= informations à la télévision ou à la radio) **news** /njuːz/

Bien qu'il ait un ***s****, le mot* ***news*** *est singulier. On dit par exemple* ***the news is at eight*** (le journal est à huit heures). **N'employez jamais** *un verbe au pluriel avec le mot* ***news****.*

journaliste

▷ Les journalistes posaient des questions au Premier ministre.
The journalists were asking the Prime Minister some questions.
▷ Quentin veut devenir journaliste.
Quentin wants to become a journalist.

journalist /ˈdʒɜːnəlɪst/

Le ***our*** *de* ***journalist*** *se prononce comme le* ***ir*** *de* ***bird*** *et le* ***ur*** *de* ***turn****.*

N'oubliez pas l'article ***a*** *ou* ***an*** *devant le nom du métier lorsqu'il suit les verbes* ***be*** *ou* ***become****.*

journée

▷ On a passé une journée très agréable.
We had a very nice day.

day /deɪ/

▻ Je t'appellerai dans la journée.
I'll call you during the day.

▻ Elle passe toute la journée au téléphone.
She spends all day on the telephone.

► **dans la journée :** during /'djʊərɪŋ/ the day

► **toute la journée :** all /ɔːl/ day

joyeux, joyeuse

1 ▻ Tu as l'air bien joyeux aujourd'hui !
You look very cheerful today!

2 ▻ Joyeux anniversaire !
Happy birthday!

▻ Joyeux Noël !
Happy Christmas!

1 (= gai) cheerful /'tʃɪəfʊl/ (**plus joyeux** more cheerful, **le plus joyeux** the most cheerful)

2 *Pour souhaiter à quelqu'un un joyeux anniversaire ou de joyeuses fêtes, on emploie le mot* ***happy*** /'hæpɪ/.

judo

▻ Le judo est un sport japonais.
Judo is a Japanese sport.

▻ Miloud fait du judo tous les jeudis.
Miloud does judo every Thursday.

judo /'dʒuːdəʊ/

► **le judo :** judo

► **faire du judo :** do judo (did, done)

juge

▻ Le juge a décidé que le voleur irait en prison.
The judge decided that the thief would go to prison.

judge /dʒʌdʒ/

ℹ *Attention à l'orthographe du mot anglais* ***judge***.

juger

1 ▻ Tu ne devrais pas juger les gens aussi vite.
You shouldn't judge people so quickly.

2 ▻ Elle a jugé que deux kilos suffiraient pour nous tous.
She decided that two kilos would be enough for all of us.

1 (= avoir une opinion) judge /dʒʌdʒ/

ℹ *Attention à l'orthographe du mot anglais* ***judge***.

2 ► **juger que... :** decide /dɪ'saɪd/ that...

juif, juive

1 ▻ Paul ne mange pas de porc parce qu'il est juif.
Paul doesn't eat pork because he's Jewish.

2 ▻ Beaucoup de juifs émigrèrent aux États-Unis.
A lot of Jews emigrated to the United States.

1 (adjectif = de religion juive) Jewish /'dʒuːɪʃ/

2 (= personne de religion juive) Jew /dʒuː/

ℹ *En anglais il y a toujours une majuscule aux mots qui se rapportent à la religion.*

juillet

▷ Nous allons en Grèce en juillet.
We're going to Greece in July.

▷ Qu'est-ce que vous faites le 14 Juillet ?
What are you doing on the fourteenth of July?

July /dʒə'laɪ/

ℹ *S'écrit toujours avec une majuscule, comme tous les noms de mois en anglais.*

ℹ *Notez l'emploi de **on** et **of** en anglais lorsqu'on dit la date.*

ℹ *On écrit **14 July**.*

juin

▷ Les cours de salsa finissent en juin.
The salsa classes finish in June.

▷ Nous partons le 15 juin.
We're leaving on the fifteenth of June.

June /dʒuːn/

ℹ *S'écrit toujours avec une majuscule, comme tous les noms de mois en anglais.*

ℹ *Notez l'emploi de **on** et **of** en anglais lorsqu'on dit la date.*

ℹ *On écrit **15 June**.*

jumeau, jumelle

▷ Ma cousine a eu des jumeaux.
My cousin had twins.

▷ C'est Charles, mon frère jumeau.
This is Charles, my twin brother.

▷ La sœur jumelle d'Ève est secrétaire.
Ève's twin sister is a secretary.

twin /twɪn/

► **jumeaux, jumelles** (= personnes) : twins

► **frère jumeau** : twin brother /twɪn 'brʌðəʳ/ (pluriel : twin brothers)

► **sœur jumelle** : twin sister /twɪn 'sɪstəʳ/ (pluriel : twin sisters)

jumelles

▷ Nous avons regardé les bateaux avec nos jumelles.
We looked at the boats with our binoculars.

(pour regarder loin) **binoculars** /bɪ'nɒkjʊləz/

🔊 *L'accent tonique est sur la deuxième syllabe **-noc-**.*

jument

▷ Il y a une jument et un poulain dans le champ.
There's a mare and a colt in the field.

mare /mɛəʳ/

🔊 *Rime avec **hair** et **where**.*

jungle

▷ Ces oiseaux vivent dans la jungle.
These birds live in the jungle.

jungle /'dʒʌŋgl/

🔊 *Attention à la prononciation du mot anglais **jungle** : il a deux syllabes **jun-** + **-gle**.*

jupe

▷ Sonia a une jolie jupe rouge.
Sonia has got a pretty red skirt.

skirt /skɜːt/

jurer

▷ Je te jure que c'est vrai !
I swear it's true!

swear /swɛəʳ/ (**swore** /swɔːʳ/, **sworn** /swɔːn/)

Swear rime avec hair et where.

jus

▷ Ces oranges donnent beaucoup de jus.
These oranges give a lot of juice.

▷ Il y a du vin et du jus de fruit.
There is wine and fruit juice.

▷ Ils prennent du jus d'orange le matin.
They have orange juice in the morning.

juice /dʒuːs/

Juice rime avec goose et mousse.

► **jus de fruit : fruit juice** /ˈfruːt dʒuːs/ (pluriel : fruit juices)

► **jus d'orange : orange juice** /ˈɒrɪndʒ dʒuːs/

De même, apple juice (jus de pomme), *grape juice* (jus de raisin), *etc.*

jusque

1 ▷ Allez jusqu'à l'église et tournez à droite.
Go up to the church and turn right.
▷ Ne va pas jusqu'au bord.
Don't go up to the edge.

2 ▷ Jusqu'où est-ce que je dois aller ?
How far do I have to go?

3 ▷ J'ai habité là jusqu'en 2001.
I lived there until 2001.
▷ Jusqu'ici il n'y a pas eu de problèmes.
Until now there haven't been any problems.
▷ Marche jusqu'à ce que tu voies un grand immeuble en briques.
Walk until you see a tall brick building.

1 ► **jusqu'à** (dans l'espace) **: up to** /ˈʌp tuː/

2 ► **jusqu'où... ? : how far...?** /haʊ ˈfɑː/

3 *Quand on parle d'un moment donné dans le temps, on emploie le mot until* /ʌnˈtɪl/.

► **jusqu'ici** (= jusqu'à maintenant) **: until now** /ʌntɪl ˈnaʊ/

► **jusqu'à ce que : until**

juste

1 ▷ Ce n'est pas juste ! Je n'ai rien fait !
It isn't fair! I haven't done anything!

2 ▷ Est-ce que mon calcul est juste ?
Is my calculation right?

3 ▷ Ce jean est un peu juste.
These jeans are a bit tight.

4 ▷ 200 euros, c'est trop juste.
200 euros isn't enough.
▷ Trois heures pour faire ce travail, c'est un peu juste.
Three hours isn't really enough to do this work.

1 (= équitable) **fair** /fɛəʳ/ (plus juste **fairer** /ˈfɛərəʳ/, le plus juste **the fairest** /ˈfɛərɪst/)

2 (= exact) **right** /raɪt/

3 (= étroit) **tight** /taɪt/ (plus juste **tighter** /ˈtaɪtəʳ/, le plus juste **the tightest** /ˈtaɪtɪst/)

4 *Quand juste signifie pas assez, on peut le traduire par l'expression not enough* /nɒt ɪˈnʌf/.

Suite page suivante

5 ▷ Corinne chante juste.
Corinne sings in tune.

5 ► **chanter juste :** sing in tune /sɪŋ ɪn 'tjuːn/ (sang /sæŋ/, sung /sʌŋ/)

6 ▷ On est arrivés juste quand le film commençait.
We arrived just when the film was starting.

6 (= presque à l'instant) just /dʒʌst/

7 ▷ Je veux juste te parler deux minutes.
I just want to talk to you for two minutes.
▷ C'est juste un petit cadeau pour te dire merci.
It's just a little present to say thank you.

7 (= seulement) just /dʒʌst/

ℹ *Quand* ***just*** *signifie* seulement, *il se met généralement avant le verbe, sauf avec le verbe* ***be*** *et les modaux.*

8 ▷ Qu'est-ce qu'elle a dit au juste ?
What did she say exactly?

8 ► **au juste :** exactly /eg'zæktlɪ/

justement

1 ▷ J'étais justement en train de lui parler de toi.
I was just talking to him about you.

1 (= précisément) just /dʒʌst/

2 ▷ Justement, je ne voulais pas l'inquiéter encore plus.
That's just it, I didn't want to worry him any more.

2 (= à plus forte raison) that's just it /θæts dʒʌst'ɪt/

de justesse

▷ On a évité le camion de justesse.
We only just avoided the lorry.

only just /ˌəʊnlɪ 'dʒʌst/

ℹ *Notez la place de* ***only just****, entre le sujet et le verbe.*

justifier

▷ Tu dois justifier ce que tu dis.
You must justify what you're saying.

justify /'dʒʌstɪfaɪ/

ℹ *Le* ***y*** *de* ***justify*** *devient* ***ie*** *à la troisième personne du singulier du présent de l'indicatif* (justifies /'dʒʌstɪfaɪz/), **au prétérit et au participe passé** (justified /'dʒʌstɪfaɪd/).

▷ N'essaie pas de te justifier !
Don't try to justify yourself!
▷ Ils essayaient de se justifier en disant qu'ils n'étaient pas au courant.
They tried to justify themselves by saying they didn't know about it.

► **se justifier :** justify /'dʒʌstɪfaɪ/ oneself

ℹ *Le pronom personnel réfléchi fonctionne de la façon suivante en anglais : I justify* ***myself****, you justify* ***yourself****, he justifies* ***himself****, she justifies* ***herself****, we justify* ***ourselves****, you justify* ***yourselves****, they justify* ***themselves****.*

FRANÇAIS

K

ANGLAIS

La lettre K se prononce /kei/ en anglais.
K rime avec day, stay et play.

kaki

▷ Les pantalons kaki sont à la mode cet été.
Khaki trousers are fashionable this summer.

khaki /ˈkɑːkɪ/

Attention à l'orthographe du mot anglais ***khaki***

kangourou

▷ Est-ce que tu as vu des kangourous quand tu étais en Australie ?
Did you see any kangaroos when you were in Australia?

kangaroo /ˌkæŋgəˈruː/

Attention à l'orthographe du mot anglais ***kangaroo***

karaoké

▷ Il y a parfois du karaoké dans les pubs.
There is sometimes karaoke in pubs.

karaoke /ˌkærɪˈəʊkɪ/

En anglais, ***karaoke*** *se prononce comme s'il s'écrivait* karioki.

karaté

▷ Le karaté est un art martial japonais.
Karate is a Japanese martial art.
▷ Bob fait du karaté tous les mercredis.
Bob does karate every Wednesday.

karate /kəˈrɑːtɪ/

► **le karaté :** karate
► **faire du karaté :** do karate (did, done)

kayak

▷ Le kayak est un sport à la mode.
Canoeing is a popular sport.
▷ J'ai fait du kayak pour la première fois.
I went canoeing for the first time.

canoe /kəˈnuː/

► **le kayak :** canoeing /kəˈnuːɪŋ/
► **faire du kayak :** go canoeing

kermesse

▷ La kermesse de l'école a eu beaucoup de succès.
The school fête was a great success.

(= fête) **fête** /feɪt/

*Attention, il y a un accent circonflexe au mot **fête**, comme en français.*

*Le mot anglais **fête** rime avec **gate** et **eight**.*

ketchup

▷ Est-ce que je peux avoir du ketchup avec mes frites ?
Can I have some ketchup with my chips?

ketchup /ˈketʃʌp/

kilo

▷ Un kilo de carottes, s'il vous plaît.
A kilo of carrots, please.

kilo /ˈkiːləʊ/

*Bien que le système métrique soit utilisé au Royaume-Uni, il est toujours plus courant de compter en livres (**pounds**) qu'en kilos.*

kilomètre

▷ Le village est à trois kilomètres d'ici.
The village is three kilometres from here.

kilometre /kɪˈlɒmɪtəʳ/

*Bien que le système métrique soit utilisé au Royaume-Uni, il est toujours plus courant de compter en **miles**.*
*1 **mile** = 1,6 km environ.*

kiosque

▷ J'ai acheté un magazine au kiosque à journaux.
I bought a magazine at the newspaper stand.

▷ On peut se retrouver dans le parc, devant le kiosque à musique.
We can meet in the park, in front of the bandstand.

► **kiosque à journaux :**
newspaper stand /ˈnjuːzpeɪpə stænd/ (pluriel : newspaper stands)
► **kiosque à musique :**
bandstand /ˈbændstænd/

kiwi

▷ Les kiwis sont pleins de vitamine C.
Kiwi fruits are full of vitamin C.

(= fruit) **kiwi fruit** /ˈkiːwiː fruːt/ (pluriel : kiwi fruits)

klaxon®

▷ Où est le klaxon dans cette voiture ?
Where's the horn in this car?

horn /hɔːn/

klaxonner

▷ Il y a des gens qui klaxonnent tout le temps.
There are people who hoot their horns all the time.

▷ Je lui ai dit de klaxonner.
I told him to hoot his horn.

hoot /huːt/ one's horn /hɔːn/

*L'adjectif possessif fonctionne de la façon suivante en anglais : I hoot **my** horn, you hoot **your** horn, he hoots **his** horn, she hoots **her** horn, we hoot **our** horns, they hoot **their** horns.*

kleenex®

▷ Tu as un kleenex, s'il te plaît ? J'ai le nez qui coule.
Do you have a tissue, please? I've got a runny nose.

tissue /ˈtɪʃuː/

*Attention à la prononciation. Le **ss** se prononce comme le **sh** de **shop**.*

FRANÇAIS

L

ANGLAIS

La lettre **L** se prononce **/el/** en anglais
comme en français.

la ou l'

Seul le pronom personnel la *est traité ici. Pour l'article défini, allez à l'entrée* le.

1 ▷ C'est la copine de Frédéric. Tu la connais ?
She's Frédéric's girlfriend. Do you know her?
▷ Ma chienne est malade, je l'emmène chez le vétérinaire.
My dog is ill, I'm taking her to the vet.

1 *Quand* la *représente une fille, une femme, ou un animal familier femelle, il se traduit par* **her** /hɜːʳ/.

2 ▷ Si cette cassette te plaît, tu peux la garder.
If you like this cassette, you can keep it.
▷ Une guêpe ! Tue-la !
A wasp! Kill it!

2 *Quand* la *représente une chose ou un animal non familier, il se traduit par* **it** /ɪt/.

là

1 ▷ Ta montre est là, sur la cheminée.
Your watch is there, on the mantelpiece.

1 (= à cet endroit-là) **there** /ðɛəʳ/

2 ▷ C'est là que nous travaillons.
That's where we work.

2 ► **c'est là que... : that's where...** /ðæts wɛəʳ/

3 ▷ Je suis là si tu as besoin de moi.
I'm here if you need me.

3 (= ici) **here** /hɪəʳ/

4 ▷ Tu préfères cette couleur-là ?
Do you prefer that colour?

▷ Ces gens-là sont venus nous voir hier.
Those people came to see us yesterday.

4 *Quand* là *est relié à un nom par un tiret et que ce nom est singulier, la traduction est* ***that*** /ðæt/.
Pour le pluriel, on dit ***those*** /ðəʊz/.

là-bas

▻ Sylvain est là-bas, au bout de la rue.
Sylvain is over there, at the end of the street.

over there /ˌəʊvə ˈðɛəʳ/

laboratoire

▻ Je vais chercher les résultats au laboratoire.
I'm going to fetch the results from the laboratory.

laboratory /ləˈbɒrətərɪ/ (pluriel : **laboratories** /ləˈbɒrətərɪz/)

L'accent tonique est sur la deuxième syllabe ***-bo-***.

labyrinthe

▻ Il y a un labyrinthe dans le parc du château.
There's a maze in the grounds of the castle.

maze /meɪz/

Maze *rime avec* ***days***.

lac

▻ Le lac était complètement gelé.
The lake was completely frozen.

lake /leɪk/

lacet

▻ Tes lacets sont défaits.
Your laces are undone.

(= lacet de chaussure) **lace** /leɪs/

Le ***a*** *de* ***lace*** *se prononce comme le* ***a*** *de* ***make***.

lâche

▻ Aurélien est lâche, il n'a rien fait pour m'aider.
Aurélien is a coward, he did nothing to help me.

► **être lâche** *ou* **être un lâche :** be a coward /ˈkaʊəd/

lâcher

1 ▻ Ne me lâche pas, je vais tomber !
Don't let go of me, I'm going to fall!

1 (= arrêter de tenir) **let go of** /let ˈgəʊ əv/ (let go of, let go of)

ℹ ***Let*** *prend deux* ***t*** *au gérondif (****letting****).*

2 ▻ Marianne a lâché le verre et il s'est cassé.
Marianne dropped the glass and it broke.

2 (= laisser tomber) **drop** /drɒp/

ℹ *Il y a deux* ***p*** *au gérondif (****dropping*** /ˈdrɒpɪŋ/*), au prétérit et au participe passé (****dropped*** /drɒpt/*).*

3 ▻ J'espère que la corde ne va pas lâcher.
I hope the rope won't break.

3 (= se casser) **break** /breɪk/ (broke /brəʊk/, broken /ˈbrəʊkən/)

là-dedans

▻ Tes affaires sont là-dedans.
Your things are in there.

(= dans cet endroit) **in there** /ɪn ˈðɛəʳ/

là-dessous

▻ Je l'ai trouvé là-dessous.
I found it under there.

(= sous cette chose) **under there** /ˌʌndə ˈðɛəʳ/

là-dessus

▷ Monte là-dessus, tu verras mieux.
Climb on there, you will see better.

(= sur cette chose) **on there** /ɒn ˈðɛəʳ/

là-haut

1 ▷ Tu vois le livre, là-haut sur l'étagère ?
Can you see the book, up there on the shelf?
2 ▷ Olivier est là-haut, il travaille à l'ordinateur.
Olivier is upstairs, he's working on the computer.

1 (= en hauteur) **up there** /ʌp ˈðɛəʳ/
2 (= à l'étage) **upstairs** /ʌpˈstɛəz/

laid, laide

▷ Ce tableau est vraiment laid.
This painting is really ugly.

ugly /ˈʌglɪ/
(**plus laid** uglier /ʌglɪəʳ/,
le plus laid the ugliest /ʌglɪɪst/)

laine

▷ Je suis allergique à la laine.
I'm allergic to wool.
▷ Est-ce que ce pull est en laine ?
Is this pullover made of wool?
▷ Les chaussettes en laine sont très chaudes.
Woollen socks are very warm.

wool /wʊl/
► **être en laine :** be made of wool
► **en laine :** woollen /ˈwʊlən/

laisse

▷ Le chien a cassé sa laisse.
The dog broke its lead.

lead /liːd/
*Au sens de laisse, **lead** rime avec **seed**.*

laisser

1 ▷ Je dois vous laisser, j'ai une réunion.
I must leave you, I have a meeting.
▷ Je t'ai laissé de la soupe dans le frigo.
I've left you some soup in the fridge.
2 ▷ Les parents d'Anaïs la laissent faire tout ce qu'elle veut.
Anaïs's parents let her do whatever she wants.

1 (= abandonner ou mettre de côté) **leave** /liːv/ (left, left /left/)
2 ► **laisser** quelqu'un + infinitif (au sens d'autoriser) : let /let/ somebody + base verbale (let, let)

lait

1 ▷ Je bois du lait tous les matins.
I drink milk every morning.
2 ▷ Je n'ai plus de lait démaquillant.
I haven't got any cleansing milk left.
3 ▷ Mets ce lait solaire, sinon tu attraperas un coup de soleil.
Put this sun lotion on, otherwise you'll get sunburned.

1 (= le lait qu'on boit) **milk** /mɪlk/
2 ► **lait démaquillant :** cleansing milk /ˈklenzɪŋ mɪlk/
3 ► **lait solaire :** sun lotion /ˈsʌn ləʊʃən/

laitue

▷ Guillaume a planté des laitues dans le jardin.
Guillaume planted some lettuces in the garden.

lettuce /'letɪs/ (pluriel : lettuces /'letɪsɪz/)

Le u *de* lettuce *se prononce comme le* i *de* pig*.* Lettuce *rime avec* this *et* miss*.*

lame

▷ Attention, ce couteau a une lame très pointue.
Be careful, this knife has a very sharp blade.

(= la lame d'un couteau ou d'un rasoir) **blade** /bleɪd/

lampadaire

▷ La voiture est rentrée dans un lampadaire.
The car crashed into a street lamp.

(dans la rue) **street lamp** /'striːt læmp/ (pluriel : street lamps)

lampe

▷ Est-ce que tu as éteint la lampe dans le couloir ?
Did you switch off the lamp in the corridor?

▷ Ma lampe de chevet ne marche plus.
My bedside lamp doesn't work any more.

▷ Sébastien a utilisé sa lampe de poche pour trouver ses clés.
Sébastien used his torch to find his keys.

lamp /læmp/

Attention, pas de e *en anglais.*

► **lampe de chevet : bedside lamp** /'bedsaɪd læmp/ (pluriel : bedside lamps)

► **lampe de poche : torch** /tɔːtʃ/ (pluriel : torches /'tɔːtʃɪz/)

En anglais américain on dit **flashlight** /'flæʃlaɪt/

lancer

▷ Lance-moi la balle !
Throw the ball to me!

▷ Ils lui ont lancé des cailloux.
They threw stones at him.

(= jeter) **throw** /θrəʊ/ (threw /θruː/, thrown /θrəʊn/)

Pour dire lancer quelque chose à quelqu'un, *on emploie en anglais la préposition* to *si l'autre personne est censée rattraper la chose, et* at *s'il s'agit d'une agression.*

landau

▷ Il y avait un bébé dans son landau devant le supermarché.
There was a baby in its pram in front of the supermarket.

pram /præm/

langouste

▷ Nous avons mangé de la langouste au restaurant.
We ate lobster in the restaurant.

lobster /'lɒbstəʳ/

langue

1 ▷ Pour bien prononcer ce mot, il faut que la langue touche le palais.
To pronounce this word well, your tongue must touch the roof of your mouth.
▷ Mon petit frère me tire tout le temps la langue.
My little brother sticks his tongue out at me all the time.
▷ Les filles nous on tiré la langue.
The girls stuck their tongues out at us.

1 (= la partie de la bouche) **tongue** /tʌŋ/

► **tirer la langue à** quelqu'un : **stick** one's **tongue out at** somebody (**stuck**, **stuck**)

ℹ *L'adjectif possessif fonctionne de la façon suivante en anglais* (exemples au prétérit) : *I stuck **my** tongue out, you stuck **your** tongue out, he stuck **his** tongue out, she stuck **her** tongue out, we stuck **our** tongues out, they stuck **their** tongues out.*

▷ Tu donnes ta langue au chat ?
Do you give up?

► **donner sa langue au chat** : **give up** /gɪv 'ʌp/ (**gave up** /geɪv 'ʌp/, **given up** /ˌgɪvən 'ʌp/)

2 ▷ Laetitia parle quatre langues.
Laetitia speaks four languages.
▷ Il faut parler au moins deux langues étrangères pour ce poste.
You have to speak at least two foreign languages for this post.
▷ L'anglais est sa langue maternelle.
English is his mother tongue.

2 (= la langue qu'on parle) **language** /'læŋgwɪdʒ/

► **langue étrangère** : **foreign** /'fɒrən/ **language** (pluriel : **foreign languages**)

► **langue maternelle** : **mother tongue** /'mʌðə tʌŋ/

lapin

▷ Nous avons mangé du lapin à déjeuner.
We ate rabbit for lunch.

rabbit /'ræbɪt/

laque

▷ J'ai mis de la laque sur mes cheveux.
I put hairspray on my hair.

(pour les cheveux) **hairspray** /'hɛəspreɪ/

laquelle

Regardez le mot **lequel**.

large

1 ▷ La rue n'est pas très large, il n'y a pas assez de place pour deux voitures.
The street isn't very wide, there isn't enough room for two cars.

1 (= grand) **wide** /waɪd/ (**plus large** wider /'waɪdəʳ/, **le plus large** the widest /'waɪdɪst/)

Ne confondez pas ***wide*** (= large) *avec le mot anglais* ***large*** (= grand).

Suite page suivante

2 ▷ Matthieu a les épaules larges.
Matthieu has got broad shoulders.

2 (en parlant des parties du corps)
broad /brɔːd/
(plus large broader /ˈbrɔːdəʳ/,
le plus large the broadest /ˈbrɔːdɪst/)

3 ▷ Le salon fait six mètres de large.
The living room is six metres wide.

3 *Quand on veut parler de la largeur exacte de quelque chose, on emploie l'expression* ***be... wide.***

largement

▷ Ne te presse pas, tu as largement le temps.
Don't hurry, you have plenty of time.

▷ Il y en a largement assez pour tout le monde.
There's more than enough for everybody.

► **avoir largement le temps :** have plenty of time /ˈplentɪ əv ˌtaɪm/ (had, had)

► **largement assez :** more than enough /ˈmɔː ðən ɪˌnʌf/

largeur

▷ Nous avons mesuré la largeur du bureau.
We measured the width of the study.

▷ La rivière fait trente mètres de largeur.
The river is thirty metres wide.

▷ Quelle est la largeur de la table ?
How wide is the table?

(= dimension) **width** /wɪdθ/

ℹ *Quand on veut parler de la largeur exacte de quelque chose, on emploie l'expression* ***be... wide*** /waɪd/.

ℹ *Pour demander la largeur de quelque chose, on dit* ***how wide*** /haʊ ˈwaɪd/ ***...?***

larme

▷ Les larmes coulaient sur les joues d'Amélie.
Tears were running down Amélie's cheeks.

tear /tɪəʳ/

🔊 *Rime avec* ***here*** *et* ***beer.***

🔊 *Le mot* ***tear*** /tɛəʳ/, *qui rime avec* ***hair*** *et* ***where,*** *veut dire* déchirer *ou* déchirure.

▷ J'avais les larmes aux yeux à la fin du film.
I had tears in my eyes at the end of the film.

► **avoir les larmes aux yeux :** have tears in one's eyes (had, had)

ℹ *L'adjectif possessif fonctionne de la façon suivante en anglais (exemples au prétérit) : I had tears in* ***my*** *eyes, you had tears in* ***your*** *eyes, he had tears in* ***his*** *eyes, she had tears in* ***her*** *eyes, we had tears in* ***our*** *eyes, they had tears in* ***their*** *eyes.*

▷ On l'a trouvé en larmes à l'entrée du centre commercial.
We found him in tears at the entrance of the shopping centre.

► **en larmes :** in tears

lasagnes

▷ Thomas a fait des lasagnes pour dîner !
Thomas has made some lasagna for dinner.
▷ J'adore les lasagnes.
I love lasagna.

lasagna /lə'zænjə/
*Lasagna ne se met pas au pluriel : on dit par exemple **this lasagna is delicious*** (ces lasagnes sont délicieuses).

latin

▷ Nous apprenions le latin à l'école.
We learnt Latin at school.

(= langue) **Latin** /'lætɪn/
***Latin** s'écrit toujours avec une majuscule en anglais, comme tous les noms de langues.*

lavabo

▷ Il y a deux lavabos dans la salle de bains.
There are two washbasins in the bathroom.

washbasin /'wɒʃbeɪsn/
*Le premier **a** se prononce comme le **o** de **dog**, et le deuxième comme le **a** de **make**.*

lavande

▷ Il y a de la lavande dans le jardin.
There is lavender in the garden.

lavender /'lævɪndəʳ/
*L'accent tonique est sur la première syllabe **la-**.*

lave-linge

▷ Notre lave-linge est tombé en panne.
Our washing machine has broken down.

washing machine /'wɒʃɪŋ məʃiːn/ (pluriel : washing machines)

laver

▷ Nos voisins lavent leur voiture tous les dimanches.
Our neighbours wash their car every Sunday.

(= nettoyer) **wash** /wɒʃ/

▷ Je n'ai pas eu le temps de me laver.
I didn't have time to wash.
▷ N'oublie pas de te laver les mains.
Don't forget to wash your hands.
▷ Je me suis lavé les cheveux avant de sortir.
I washed my hair before going out.

► **se laver** : wash

Quand on parle de **se laver** *une partie du corps en anglais, on emploie l'expression **wash one's** hands, **wash** one's face, **wash** one's feet, etc.*

*L'adjectif possessif fonctionne de la façon suivante en anglais (exemples au présent) : I wash **my** hands, you wash **your** hands, he washes **his** hands, she washes **her** hands, we wash **our** hands, they wash **their** hands.*

laverie

▻ Est-ce qu'il y a une laverie près d'ici ?
Is there a launderette near here?

launderette /lɔːn'dret/
En anglais américain on dit ***Laundromat®*** /'lɔːndrəmæt/.

lave-vaisselle

▻ C'est très pratique d'avoir un lave-vaisselle.
It's very handy to have a dishwasher.

dishwasher /'dɪʃwɒʃəʳ/

le, la, les (article)

1 ▻ Le boulanger prend sa retraite.
The baker is retiring.

▻ La voisine du dessus fait beaucoup de bruit.
The upstairs neighbour makes a lot of noise.

▻ Les vacances sont presque finies.
The holidays are almost finished.

▻ J'adore le chocolat.
I love chocolate.

▻ Le chocolat que j'ai acheté n'est pas très bon.
The chocolate I bought isn't very good.

▻ Les gens sont parfois méchants.
People are sometimes nasty.

▻ Les gens à la fête étaient sympas.
The people at the party were nice.

1 (pour parler d'une chose ou d'une personne précise) **the** (/ðə/ avant consonne, /ðiː/ avant voyelle)

Les noms anglais n'ont pas de genre (c'est-à-dire, ils ne sont ni masculins, ni féminins). Le mot ***the*** *correspond à* ***le, la*** *et* ***les****.*

Quand on parle d'une chose ou d'une personne **en général**, *on ne met pas d'article en anglais. Quand on parle de quelque chose* **en particulier**, *on met l'article* ***the****. Pour mieux comprendre cette différence, comparez les exemples donnés à gauche.*

2 ▻ Ferme les yeux, c'est une surprise !
Close your eyes, it's a surprise!

▻ Il m'a serré la main.
He shook my hand.

▻ Le lapin s'est fait mal à la patte.
The rabbit has hurt its leg.

2 *Avec les parties du corps, là où le français emploie* **le** *ou* **la** *ou* **les***, l'anglais emploie l'adjectif possessif (****my, your, his, her, its, our, their****).*

Seul l'article défini **le** *est traité ici. Pour le pronom* **le***, allez à l'entrée suivante.*

le, l' (pronom)

1 ▻ C'est le frère de Hocine. Tu le connais ?
He's Hocine's brother. Do you know him?

▻ Mon chien est malade, je l'emmène chez le vétérinaire.
My dog is ill, I'm taking him to the vet's.

1 *Quand* **le** *représente un garçon, un homme, ou un animal familier, il se traduit par* **him** /hɪm/.

2 ▻ Si tu aimes ce stylo, tu peux le garder.
If you like this pen you can keep it.

▻ Un crapaud ! Attrape-le !
A toad! Catch it!

2 *Quand* **le** *représente une chose ou un animal non familier, il se traduit par* **it** /ɪt/.

Seul le pronom **le** *est traité ici. Pour l'article défini* **le***, allez à l'entrée précédente.*

lécher

▷ Le chien m'a léché la figure.
The dog licked my face.

lick /lɪk/

lèche-vitrines

▷ Mercredi j'ai fait du lèche-vitrines avec une copine.
On Wednesday I went window-shopping with a friend.

► **faire du lèche-vitrines : go window-shopping** /ˈwɪndəʊʃɒpɪŋ/ (went, gone/been)

leçon

▷ Kenji prend des leçons de violon.
Kenji is taking violin lessons.

(= cours, devoirs) **lesson** /ˈlesn/

ℹ *Notez que* leçon de violon = ***violin lesson***. *De même,* leçon d'anglais = ***English lesson***, *etc.*

lecteur, lectrice

1 ▷ Ce livre est pour les jeunes lecteurs.
This book is for young readers.

2 ▷ Mon lecteur de CD ne marche pas.
My CD player isn't working.

3 ▷ Le lecteur « C » ne fonctionne pas.
Drive 'C' isn't working.

▷ Est-ce qu'il y a un lecteur de CD-ROM sur ton ordinateur ?
Is there a CD-ROM drive on your computer?

1 (= personne qui lit) **reader** /riːdəʳ/

2 ► **lecteur de CD : CD player** /siːˈdiː pleɪəʳ/

3 ► **lecteur** (sur un ordinateur) **: drive** /draɪv/

► **lecteur de CD-ROM : CD-ROM drive** /ˌsiːdiːˈrɒm draɪv/ (pluriel : CD-ROM drives)

lecture

1 ▷ Je n'ai jamais été très intéressé par la lecture.
I've never been very interested in reading.

2 ▷ J'emporte toujours de la lecture en vacances.
I always take something to read on holiday.

1 (= le fait de lire) **reading** /ˈriːdɪŋ/

⚠ *Attention ! Le mot anglais* ***lecture*** *signifie* « conférence » *ou* « cours ».

2 ► **de la lecture** (= des livres) **: something to read** /riːd/

légal, légale

▷ Est-ce que c'est légal de faire ça ?
Is it legal to do that?

legal /ˈliːgəl/

🔊 *Le* ***e*** *de* ***legal*** *se prononce comme le* ***ee*** *de* ***week***.

léger, légère

1 ▷ Emporte des vêtements légers, il va faire chaud.
Take some light clothes, it's going to be hot.

1 (= qui ne pèse pas beaucoup, qui est fin) **light** /laɪt/ (plus léger lighter /ˈlaɪtəʳ/, le plus léger the lightest /ˈlaɪtɪst/)

Suite page suivante

2 ▷ Il y a une légère différence.
There's a slight difference.

2 (= pas très fort , en parlant d'une différence, d'un accent, etc.) **slight** /slaɪt/ (**plus léger** slighter /'slaɪtəʳ/, **le plus léger** the slightest /'slaɪtɪst/)

légèrement

▷ Celui-ci est légèrement plus grand que l'autre.
This one is slightly bigger than the other one.

(= un peu) **slightly** /'slaɪtlɪ/

légume

▷ Tu devrais manger plus de légumes.
You should eat more vegetables.

vegetable /'vedʒtəbl/

L'accent tonique est sur la première syllabe ***veg-****.*

lendemain

▷ Jules est arrivé le lendemain.
Jules arrived the next day.

▷ Le lendemain de la fête on est allés à la plage.
The day after the party we went to the beach.

▷ Elle m'a téléphoné le lendemain matin.
She phoned me the next morning.

► **le lendemain :** the next day /ðə nekst 'deɪ/

► **le lendemain de... :** the day after... /ðə deɪ 'ɑːftəʳ/

► **le lendemain matin :** the next morning /ðə nekst 'mɔːnɪŋ/

De même, le lendemain soir = ***the next evening*** /ðə nekst 'iːvnɪŋ/.

lent, lente

▷ Ce film est un peu lent.
This film is a bit slow.

slow /sləʊ/
(**plus lent** slower /'sləʊəʳ/,
le plus lent the slowest /'sləʊɪst/)

lentement

▷ Tu marches trop lentement.
You're walking too slowly.

slowly /'sləʊlɪ/

lentilles

1 ▷ J'ai préparé des lentilles avec des saucisses.
I prepared lentils with sausages.

1 (= les lentilles qu'on mange) **lentils** /'lentlz/

2 ▷ Rachel porte des lentilles de contact.
Rachel wears contact lenses.

2 ► **lentilles de contact :** contact lenses /'kɒntækt ˌlenzɪz/

léopard

▷ Les léopards sont des animaux très rapides.
Leopards are very fast animals.

leopard /'lepəd/

Le ***o*** *de* ***leopard*** *ne se prononce pas.*

lequel, laquelle

1 ▷ Lequel est-ce que tu préfères ?
Which one do you prefer?

1 (quand il y a un choix) **which one** /wɪtʃ 'wʌn/

▷ Je ne sais pas laquelle des deux maisons ils vont acheter.
I don't know which of the two houses they're going to buy.

► **lequel des..., laquelle des... :** which /wɪtʃ/ of...

2 ▷ C'est la fille avec laquelle sort Sammy.
She's the girl Sammy is going out with.
▷ Ce sont les amies avec lesquelles je suis partie en vacances.
They're the friends I went on holiday with.

2 *Quand* lequel *suit une préposition (dans les exemples à gauche,* avec *et* pour *sont des prépositions), l'équivalent anglais le plus courant se forme de la manière suivante :* sujet (***the friends***) + complément d'objet (***I***) + verbe (***went***) + préposition (***with***).

les (pronom)

▷ Carole et Pierre m'ont invité. – Je ne savais pas que tu les connaissais.
Carole et Pierre have invited me. – I didn't know you knew them.

them /ðem/

ℹ *Seul le pronom* les *est traité ici. Pour l'article défini, allez à l'entrée* ***le***.

lesquels, lesquelles

Regardez les mots lequel, laquelle.

lessive

1 ▷ Il y a de la lessive dans le placard.
There is some washing powder in the cupboard.

1 (= poudre) washing powder /ˈwɒʃɪŋ ˌpaʊdəʳ/ (pluriel : washing powders)

ℹ *S'il s'agit de liquide, on dit* ***washing liquid*** /ˈwɒʃɪŋˌlɪkwɪd/.

2 ▷ Est-ce que tu as fait la lessive ?
Have you done the washing?
▷ La lessive est en train de sécher.
The washing is drying.

2 (= le linge qu'on lave) washing /ˈwɒʃɪŋ/

lettre

▷ Les lettres ne sont pas dans le même ordre sur le clavier anglais.
The letters aren't in the same order on the English keyboard.
▷ Bruno m'a écrit une lettre le mois dernier.
Bruno wrote me a letter last month.

letter /ˈletəʳ/

leur, leurs

1 ▷ C'est leur voiture.
This is their car.
▷ Leurs enfants sont très gentils.
Their children are very nice.

1 ► **leur** *ou* **leurs** (= possessif) **:** their /ðɛəʳ/

Suite page suivante

2 ▷ Notre maison n'est pas mal, mais je préfère la leur.
Our house isn't bad, but I prefer theirs.

2 ► **le leur** *ou* **la leur** *ou* **les leurs : theirs** /ðεəz/

3 ▷ Est-ce que tu leur as écrit ?
Did you write to them?

3 ► **leur** (= à eux) : **to them** /tə ðəm/

lever

1 ▷ Le douanier m'a fait lever les bras pour me fouiller.
The customs officer made me raise my arms to search me.

1 (= monter, en parlant des bras, de la main, de la tête) **raise** /reɪz/

2 ▷ Lève tes pieds, je passe l'aspirateur.
Lift your feet, I'm vacuuming.

2 (= soulever) **lift** /lɪft/

3 ▷ Tout le monde s'est levé pour applaudir à la fin du spectacle.
Everybody stood up to clap at the end of the show.

3 ► **se lever** (= se mettre debout) : **stand up** /stænd 'ʌp/
(stood up, stood up /stu:d 'ʌp/)

4 ▷ Il est onze heures, lève-toi !
It's eleven o'clock, get up!

4 ► **se lever** (= sortir du lit) : **get up** /get 'ʌp/
(got up, got up /gɒt 'ʌp/)

5 ▷ Le soleil se lève très tôt.
The sun rises very early.

5 ► **se lever** (en parlant du soleil) : **rise** /raɪz/
(rose /rəʊz/, risen /'rɪzn/)

6 ▷ Le jour se lève.
Day is breaking.

6 ► **se lever** (en parlant du jour) : **break** /breɪk/
(broke /brəʊk/, broken /'brəʊkən/)

levier

▷ Le levier de vitesse est bloqué.
The gear lever is jammed.

lever /'li:vəʳ/

Le premier **e** *du mot anglais* **lever** *se prononce comme le* **ee** *de* **week**

lèvre

▷ Qu'est-ce que tu as sur les lèvres ?
What have you got on your lips?

lip /lɪp/

*Notez l'emploi du possessif avec les parties du corps (***your lips*** dans l'exemple à gauche).*

lézard

▷ Il y a des lézards dans notre jardin.
There are lizards in our garden.

lizard /'lɪzəd/

libellule

▷ Regarde cette libellule sur l'eau.
Look at that dragonfly on the water.

dragonfly /'drægənflaɪ/
(pluriel : dragonflies /'drægənflaɪz/)

libérer

1 ▷ Ils ont finalement libéré les otages.
They finally released the hostages.

2 ▷ Le prisonnier a réussi à se libérer.
The prisoner managed to get away.
▷ Je vais voir si je peux me libérer.
I'm going to see if I can get away.

1 (= relâcher) release /rɪ'liːs/

Le *s* se prononce comme le *s* de *sea*.

2 ► **se libérer :** get away /get ə'weɪ/
(got away, got away /gɒt ə'weɪ/)

liberté

▷ Ses parents lui laissent beaucoup de liberté.
His parents give him a lot of freedom.
▷ Nous avons visité la Statue de la Liberté à New York.
We visited the Statue of Liberty in New York.
▷ Il a passé un an en prison, mais il est maintenant en liberté.
He spent a year in prison, but now he is free.
▷ Les animaux sont en liberté dans ce parc.
The animals roam free in the park.

freedom /'friːdəm/

Le mot ***liberty*** /'lɪbətɪ/ *existe en anglais, mais il est moins courant que* ***freedom***.

► **être en liberté** (en parlant d'une personne) **:** be free /friː/

► **être en liberté** (en parlant d'un animal sauvage) **:** roam free /rəʊm 'friː/

librairie

▷ Il y a une nouvelle librairie près de chez moi.
There's a new bookshop near my home.

bookshop /'bʊkʃɒp/

Attention ! Le mot anglais ***library*** *signifie* bibliothèque.

libre

▷ Tu peux faire ce que tu veux, tu es libre.
You can do what you want, you're free.
▷ Est-ce que tu es libre ce soir ?
Are you free tonight?

free /friː/
(plus libre freer /'frɪə^r/, le plus libre the freest /'frɪɪst/)

licence

▷ La sœur d'Emmanuel a une licence de maths.
Emmanuel's sister has got a degree in maths.

(= diplôme) degree /dɪ'griː/

Notez la préposition employée en anglais : une licence de = *a degree in*.

licencier

▷ Ils ont licencié trois cents personnes.
They made three hundred people redundant.
▷ Le copain de Samantha a été licencié.
Samantha's boyfriend was made redundant.

► **licencier** quelqu'un **:** make somebody redundant (made, made)

► **être licencié :** be made redundant /rɪ'dʌndənt/

lié, liée

▷ Les deux incidents ne sont pas liés.
The two incidents are not linked.

linked /lɪŋkt/
Regardez aussi le verbe **lier**, *plus bas.*

lien

▷ Il n'y aucun lien entre ces deux histoires.
There is no link between these two stories.

(= relation) **link** /lɪŋk/

lier

1 ▷ Aucun indice ne nous permettait de lier les deux événements.
No clue allowed us to link the two events.

2 ▷ On a lié conversation dans le train.
We struck up a conversation on the train.

1 (= établir un lien) **link** /lɪŋk/

2 ► **lier conversation : strike up a conversation** /straɪk ʌp ə ˌkɒnvəˈseɪʃən/
(struck, struck /strʌk/)
Regardez aussi **lié**, *plus haut.*

lierre

▷ Le lierre pousse très vite.
Ivy grows very quickly.

ivy /ˈaɪvɪ/
Le ***i*** *de* ***ivy*** *se prononce comme le* ***i*** *de* ***like****.*

lieu

1 ▷ Ce bar est un lieu très populaire.
This bar is a very popular place.

2 ▷ Tu peux utiliser une tasse au lieu d'un bol.
You can use a cup instead of a bowl.
▷ Aide-moi au lieu de regarder la télé !
Help me instead of watching TV!

3 ▷ Le match aura lieu samedi.
The match will take place on Saturday.
▷ Quand est-ce que ça a eu lieu ?
When did it take place?

1 (= endroit) **place** /pleɪs/

2 ► **au lieu de : instead of** /ɪnˈsted əv/
► **au lieu de** + infinitif **: instead of + -ing**

3 ► **avoir lieu** (= se passer) **: take place** /teɪk ˈpleɪs/
(took place /tʊk ˈpleɪs/, taken place /ˌteɪkən ˈpleɪs/)

lièvre

▷ Nous avons vu un lièvre courir dans le champ.
We saw a hare running in the field.

hare /hɛəʳ/
Hare *rime avec* ***there*** *et* ***fair****.*

light

1 ▷ Il mange des yaourts light pour maigrir.
He eats low-fat yogurts to lose weight.

1 *En parlant de choses qui n'ont pas beaucoup de matières grasses, on dit* ***low-fat*** /ləʊˈfæt/.

2 ▷ Je voudrais une limonade light s'il vous plaît.
I'd like a diet lemonade please.

2 *En parlant de choses qui n'ont pas beaucoup de sucre, on emploie le mot* **diet** /'daɪət/ *comme adjectif.*
Le mot français **light** *est d'origine anglaise, mais il ne se traduit pas par* **light**, *qui signifie* léger.

ligne

1 ▷ La première ligne du texte est illisible.
The first line of the text is illegible.
▷ On s'est tous mis en ligne pour commencer le jeu.
We all lined up to start the game.

1 (= trait, rangée, mots) **line** /laɪn/
► **se mettre en ligne : line up** /laɪn 'ʌp/

2 ▷ Il y a deux vols par jour sur la ligne Londres-Biarritz.
There are two flights a day on the London-Biarritz route.

2 (= service aérien) **route** /ruːt/

3 ▷ Les lignes de banlieue ne fonctionnent pas très bien en ce moment.
Suburban lines aren't working very well at the moment.

3 (service de chemin de fer ou de métro) **line** /laɪn/

4 ▷ Pour aller au centre, tu dois prendre la ligne 20.
To go to the centre, you have to take the number 20 bus.

4 *En anglais, quand on parle d'une ligne d'autobus, on emploie le mot* **bus** /bʌs/

limace

▷ Les limaces ont mangé les laitues.
The slugs have eaten the lettuces.

slug /slʌg/

limitation de vitesse

▷ La limitation de vitesse est à 80.
The speed limit is 80.

speed limit /'spiːd lɪmɪt/ (pluriel : **speed limits**)

limite

1 ▷ Il y a une limite de trois places par personne.
There's a limit of three seats per person.

1 (= maximum ou minimum) **limit** /lɪmɪt/

2 ▷ La limite entre les deux quartiers est ici.
The boundary between the two districts is here.

2 (= frontière) **boundary** /'baʊndərɪ/
(pluriel : **boundaries** /'baʊndərɪz/)

3 ▷ À la limite, on pourrait prendre un taxi.
If it comes to it, we could take a taxi.

3 ► **à la limite** (= s'il le faut vraiment) **: if it comes to it** /ɪf ɪt 'kʌmz tuː ɪt/

limonade

▷ Deux limonades, s'il vous plaît.
Two lemonades, please.

lemonade /ˌleməˈneɪd/
ℹ *Attention à l'orthographe du mot anglais.*

lin

▷ Le lin est très agréable à porter en été.
Linen is very nice to wear in the summer.

▷ Je me suis acheté une veste en lin.
I bought myself a linen jacket.

linen /ˈlɪnɪn/

► **en lin :** linen

linge

1 ▷ Est-ce que tu veux étendre le linge ?
Can you hand the washing out?

2 ▷ On doit emporter notre propre linge au chalet.
We have to take our own linen to the chalet.

1 (= lessive) **washing** /ˈwɒʃɪŋ/

2 (= draps, torchons, etc.) **linen** /ˈlɪnɪn/

lion

▷ Dominique a photographié des lions au Kenya.
Dominique took some photographs of lions in Kenya.

lion /ˈlaɪən/
🔊 *Attention à la prononciation : le* ***i*** *se prononce comme le* ***i*** *de* ***like***.

liquide

1 ▷ Achète du savon liquide.
Buy some liquid soap.

2 ▷ Il n'y a presque plus de liquide vaisselle.
There's hardly any washing-up liquid left.

3 ▷ Je n'avais pas de liquide pour payer le pain.
I didn't have any cash to pay for the bread.

1 (adjectif = non solide) **liquid** /ˈlɪkwɪd/

2 ► **liquide vaisselle :** washing-up liquid /ˌwɒʃɪŋˈʌp lɪkwɪd/

3 (= de l'argent liquide) **cash** /kæʃ/

lire

▷ David lisait le journal quand je suis arrivée.
David was reading the newspaper when I arrived.

read /riːd/
(read /red/, read /red/)
🔊 *Le prétérit et le participe passé se prononcent exactement comme le mot* ***red***.

lisse

▷ Paula a la peau très lisse.
Paula has very smooth skin.

smooth /smuːð/
(plus lisse smoother /ˈsmuːðəʳ/, le plus lisse the smoothest /ˈsmuːðɪst/)

liste

▷ Zut, j'ai perdu la liste des courses !
Damn, I've lost the shopping list!

list /lɪst/
ℹ *Attention : pas de* ***e*** *en anglais.*

▻ Fais une liste, sinon tu vas oublier quelque chose.
Make a list, otherwise you'll to forget something.

▻ Raphaël est sur liste d'attente pour le vol Paris-New York.
Raphaël is on a waiting list for the Paris-New York flight.

► **faire une liste :** make a list (made, made)

► **liste d'attente :** waiting list /ˈweɪtɪŋ lɪst/

lit

▻ Ce lit est très dur.
This bed is very hard.

▻ Je voudrais une chambre avec un lit de deux personnes et un lit d'une personne.
I'd like a bedroom with a double bed and a single bed.

▻ Il est midi et Caroline est encore au lit !
It's midday and Caroline is still in bed!

▻ À quelle heure est-ce que tu vas au lit d'habitude ?
What time do you usually go to bed?

▻ Je n'ai même pas eu le temps de faire mon lit.
I didn't even have time to make my bed.

bed /bed/

► **lit de deux personnes :** double bed /dʌbl ˌbed/ (pluriel : double beds)

► **lit d'une personne :** single bed /ˌsɪŋgl ˈbed/ (pluriel : single beds)

► **être au lit :** be in bed

► **aller au lit :** go to bed (went to bed, gone to bed)

► **faire son lit :** make one's bed (made, made)

ℹ *L'adjectif possessif fonctionne de la façon suivante en anglais : I make **my** bed, you make **your** bed, he makes **his** bed, she makes **her** bed, we make **our** beds, they make **their** beds.*

litre

▻ J'ai emporté un litre d'eau pour la randonnée.
I took a litre of water for the hike.

litre /ˈliːtəʳ/

*En anglais américain, on écrit **liter**.*

*__Litre__ rime avec le prénom anglais **Peter**.*

littérature

▻ Je m'intéresse surtout à la littérature du dix-neuvième siècle.
I'm especially interested in nineteenth-century literature.

literature /ˈlɪtrɪtʃəʳ/

ℹ *Attention à l'orthographe du mot anglais.*

*L'accent tonique est sur la première syllabe **lit-**.*

livre

1 ▷ Tu as lu ce livre ? Il est génial.
Have you read this book? It's great.
▷ Quelqu'un a vu mon livre d'anglais ?
Has anybody seen my English book?

1 (= un livre qu'on lit) **book** /bʊk/
*Pour dire sur quelle matière scolaire porte un livre, on place le nom de la matière devant **book**. Autre exemple : **my French book** (mon livre de français).*

▷ Les livres de classe pèsent très lourd.
Schoolbooks are very heavy.

► **livre de classe :** schoolbook /ˈskuːlbʊk/

▷ Ma mère a beaucoup de livres de cuisine.
My mother has a lot of cookbooks.

► **livre de cuisine :** cookbook /ˈkʊkbʊk/

▷ Je n'achète que des livres de poche, c'est moins cher.
I only buy paperbacks, it's less expensive.

► **livre de poche :** paperback /ˈpeɪpəbæk/

2 ▷ Une livre vaut environ un euro et demi.
A pound is worth about one and a half euros.

2 (= la livre, la monnaie) **pound** /paʊnd/

livrer

▷ Le facteur nous a livré un colis.
The postman delivered a parcel to us.

► **livrer** quelque chose **à** quelqu'un : deliver /dɪlˈɪvəʳ/ something to somebody

▷ Anaïs s'est fait livrer des vêtements.
Anaïs had some clothes delivered.

► **se faire livrer** quelque chose : have something delivered (had, had)

livret

1 ▷ J'ai perdu mon livret de caisse d'épargne.
I've lost my savings book.

1 ► **livret de caisse d'épargne :** savings book /ˈseɪvɪŋz bʊk/ (pluriel : savings books)

2 ▷ Vous avez besoin de votre livret de famille pour obtenir un passeport.
You need your family record book to get a passport.

2 ► **livret de famille :** family record book /ˌfæmɪlɪ ˈrekɔːd bʊk/
Cette traduction est approximative car les livrets de famille n'existent pas au Royaume-Uni.

3 ▷ Natacha a un très bon livret scolaire.
Natacha has got a very good school report.

3 ► **livret scolaire :** school report /ˈskuːl rɪˌpɔːt/ (pluriel : school reports)

locataire

▷ Les locataires du troisième étage sont très sympas.
The tenants on the third floor are very nice.

tenant /ˈtenənt/

location

▷ Combien coûte la location des skis ?
How much does ski hire cost?

(= emprunt de skis, d'une voiture) **hire** /ˈhaɪəʳ/

En anglais américain on dit **rental** /'rentəl/.

Attention ! Le mot anglais **location** *signifie* lieu.

locomotive

▷ La locomotive est tombée en panne dix minutes après le départ.
The locomotive broke down ten minutes after departure.

locomotive /ˌləʊkə'məʊtɪv/

L'accent tonique principal est sur la troisième syllabe **-mo-**.

logement

1 ▷ C'est difficile de trouver un logement.
It's difficult to find accommodation.

▷ Les logements sont chers ici.
Accomodation is expensive here.
▷ Nous cherchons un nouveau logement.
We're looking for new accommodation.

2 ▷ Ils ont un logement de soixante mètres carrés.
They have a sixty square metre flat.

1 (= endroit où vivre en général) **accommodation** /əˌkɒmə'deɪʃən/

Accommodation *est non dénombrable en anglais britannique. Il* **ne se met pas au pluriel**, *et il* **ne s'emploie pas avec l'article indéfini** ***an***.

2 (= appartement) **flat** /flæt/

En anglais américain on dit **apartment** /ə'pɑːrtmənt/.

loger

1 ▷ Quand nous allons en vacances, nous logeons à l'hôtel.
When we go on holiday, we stay in hotels.

2 ▷ Nous pouvons loger trois personnes.
We can put three people up.

1 (= habiter temporairement) **stay** /steɪ/

2 ► **loger quelqu'un** (= accueillir quelqu'un chez soi) : **put** somebody **up** (put, put)

logiciel

▷ Ce logiciel est très bien pour travailler sur des photos.
This piece of software is very good for working on photographs.
▷ Ces logiciels ne sont pas très efficaces.
This software isn't very efficient.
▷ Ils vendent des logiciels.
They sell software.

► **un logiciel : a piece** /piːs/ **of software** /'sɒftweəʳ/

Software *est indénombrable. Il* **ne se met pas au pluriel**, *et il* **ne s'emploie pas avec l'article indéfini** ***a***. *On dit par exemple* ***software is expensive*** (les logiciels sont chers), *et* ***I need some new software*** (j'ai besoin d'un nouveau logiciel *ou* j'ai besoin de nouveaux logiciels).

logique (adjectif)

▷ Cet argument est très logique.
That argument is very logical.

logical /ˈlɒdʒɪkəl/

ℹ *Logical est un adjectif. Le nom qui correspond est logic* /ˈlɒdʒɪk/ (= la logique).

loi

▷ Le Parlement a voté une nouvelle loi.
Parliament has voted for a new law.

law /lɔː/

🔊 *Ne confondez pas la prononciation de law, qui rime avec more, et low, qui rime avec go. Le pluriel, laws, rime avec doors.*

loin

1 ▷ Est-ce que c'est loin ?
Is it far?
▷ Ce n'est pas loin.
It's not far.
▷ 200 kilomètres ? C'est loin !
200 kilometres? That's a long way!
▷ La piscine n'est pas loin d'ici.
The swimming pool isn't far from here.
▷ Les autres sont encore loin derrière.
The others are still far behind.
▷ Élise est loin devant.
Élise is far ahead.

2 ▷ Les vacances sont encore loin.
The holidays are still a long way off.

3 ▷ Je vois mal de loin.
I can't see well from a distance.

4 ▷ Thomas est de loin le plus doué.
Thomas is by far the most gifted.

1 (= loin dans l'espace) **far** /fɑːʳ/ (plus loin **farther** /ˈfɑːðəʳ/ ou **further** /ˈfɜːðəʳ/, le plus loin **the farthest** /ˈfɑːðɪst/ ou **the furthest** /ˈfɜːðɪst/)

Notez qu'on ne dit pas 'that's far', mais that's a long way /ə lɒŋ ˈweɪ/.

► **pas loin de :** not far from

► **loin derrière :** far behind /fɑː bɪˈhaɪnd/

ℹ *On peut aussi dire a long way behind.*

► **loin devant :** far ahead /əˈhed/

ℹ *On peut aussi dire a long way ahead.*

2 (= loin dans l'avenir) **a long way off**

3 ► **de loin** (= depuis une certaine distance) **:** from a distance /ˌfrəm ə ˈdɪstəns/

4 ► **de loin** (= de beaucoup) **:** by far /baɪ ˈfɑːʳ/

loisirs

1 ▷ Qu'est-ce que tu fais pendant tes loisirs ?
What do you do in your spare time?

2 ▷ Ce centre propose des loisirs très variés.
This centre offers very varied leisure activities.

1 (= temps libre) **spare time** /ˌspɛə ˈtaɪm/

2 (= activités) **leisure activities** /ˈleʒəʳ ækˈtɪvɪtɪz/

Londres

▷ Je vais à Londres pour Pâques.
I'm going to London for Easter.

London /ˈlʌndən/

long, longue

▷ Ce jean est un peu long pour toi.
These jeans are a bit long for you.

▷ La pièce fait dix mètres de long.
The room is ten metres long.

▷ Il y a des arbres le long de la rivière.
There are trees along the river.

long /lɒŋ/
(plus long **longer** /'lɒŋgəʳ/, le plus long **the longest** /'lɒŋgɪst/)

ℹ *Quand on veut préciser la longueur de quelque chose en anglais, on emploie l'expression* ***be... long***

► **le long de : along** /ə'lɒŋ/

longtemps

▷ J'ai dû attendre longtemps.
I had to wait a long time.
▷ Ça a pris longtemps.
It took a long time.
▷ Sonia a été malade pendant longtemps.
Sonia was ill for a long time.
▷ Il y a longtemps que je connais Cédric.
I've known Cédric for a long time.

▷ Il y a longtemps que Martin a fini.
Martin finished a long time ago.

▷ J'habite ici depuis longtemps.
I've lived here for a long time.
▷ Terry a terminé ce travail depuis longtemps.
Terry finished this work a long time ago.

a long time /ə lɒŋ 'taɪm/

► **pendant longtemps : for a long time**

► **il y a longtemps que** + présent : present perfect + **for a long time**

► **il y a longtemps que** + passé composé : prétérit + **a long time ago** /ə'gəʊ/

► présent + **depuis longtemps :** present perfect + **for a long time**

► passé composé + **depuis longtemps :** prétérit + **a long time ago**

longueur

▷ Nous avons mesuré la longueur de la pièce.
We measured the length of the room.
▷ La pièce fait dix mètres de longueur.
The room is ten metres long.

▷ Quelle est la longueur de la table ?
How long is the table?

(= dimension) **length** /leŋθ/

ℹ *Pour préciser la longueur de quelque chose, on emploie l'expression* ***be... long*** /lɒŋ/.

ℹ *Pour demander la longueur de quelque chose, on dit* ***how long*** /haʊ 'lɒŋ/ ***is...?***

lot

▷ C'est Lucile qui a gagné le plus beau lot.
Lucile won the nicest prize.
▷ Rachid a gagné le gros lot.
Rachid won the jackpot.

(= prix) **prize** /praɪz/

► **le gros lot : the jackpot** /'dʒækpɒt/

loterie

1 ▷ Les commerçants ont donné des lots pour la loterie de l'école.
Shopkeepers gave prizes for the school raffle.

2 ▷ On peut gagner des millions à la loterie nationale britannique.
You can win millions on the British national lottery.

1 (= une loterie dans une kermesse) raffle /'ræfl/

2 ► **la loterie nationale :** the national lottery /'lɒtərɪ/

ℹ *Attention à l'orthographe du mot anglais* ***lottery***.

lotion

▷ Cette lotion est bonne pour la peau.
This lotion is good for the skin.

▷ Ta lotion après-rasage sent bon.
Your aftershave lotion smells nice.

lotion /'ləʊʃən/

► **lotion après-rasage :** aftershave lotion /ˌɑːftəʃeɪv 'ləʊʃən/

lotissement

▷ Sandra habite dans un lotissement en banlieue.
Sandra lives on a housing estate in the suburbs.

(= un ensemble de maisons) housing estate /ˌhaʊzɪŋ e'steɪt/ (pluriel : housing estates)

ℹ *Notez la préposition employée en anglais :* dans un lotissement = ***on*** *a housing estate*.

loto

▷ Apparemment, ils ont gagné un million au loto.
Apparently, they've won a million on the lottery.

► **le loto :** the lottery /'lɒtərɪ/

ℹ *Notez la préposition employée en anglais :* au loto = ***on*** *the lottery*.

louche

1 ▷ J'ai laissé tomber la louche dans la casserole.
I dropped the ladle into the saucepan.

2 ▷ Il y a un homme louche qui cherche Roland.
There's a suspicious-looking man looking for Roland.

3 ▷ Je trouve ce bar un peu louche.
I find this bar a bit seedy.

1 (= ustensile de cuisine) ladle /'leɪdl/

🔊 *Le* ***a*** *de* ***ladle*** *se prononce comme le* ***a*** *de* ***make***.

2 (en parlant d'une personne qui a l'air louche) suspicious-looking /sə'spɪʃəs ˌlʊkɪŋ/ (**plus louche** more suspicious-looking, **le plus louche** the most suspicious-looking)

3 (en parlant d'un endroit louche) seedy /'siːdɪ/ (**plus louche** seedier /'siːdɪəʳ/, **le plus louche** the seediest /'siːdɪɪst/)

loucher

▷ Il louche.
He has a squint.

(= avoir un problème aux yeux) **have a squint** /skwɪnt/ (had, had)

louer

1 ▷ On pourrait louer une villa pour les vacances.
We could rent a villa for the holidays.

1 (= prendre en location, en parlant d'un logement) **rent** /rent/

2 ▷ J'ai loué un vélo pour la semaine.
I hired a bike for the week.

2 (= prendre en location, en parlant d'un vélo, d'une voiture, de skis) **hire** /ˈhaɪəʳ/

3 ▷ Nous louons notre maison de campagne pendant l'hiver.
We rent out our house in the country during the winter.

3 (= donner en location, en parlant d'un logement) **rent out**

loup

▷ Il y a encore des loups en Roumanie.
There are still wolves in Romania.

wolf /wʊlf/
(pluriel : wolves /wʊlvz/)

*Le **o** de **wolf** se prononce comme le **oo** de **look** et **book**.*

loupe

▷ Ma grand-mère a besoin d'une loupe pour lire le journal.
My grandmother needs a magnifying glass to read the paper.

▷ On a regardé l'insecte à la loupe.
We looked at the insect through a magnifying glass.

magnifying glass /ˈmægnɪfaɪɪŋ ˌglɑːs/
(pluriel : magnifying glasses)

Notez la préposition employée en anglais : à la loupe = ***through a** magnifying glass.*

louper

1 ▷ Dépêchez-vous, vous allez louper le train !
Hurry up, you're going to miss the train!

1 (= manquer, en parlant du train, d'un rendez-vous, d'une balle) **miss** /mɪs/

2 ▷ J'ai loupé ma tarte au citron.
I made a mess of my lemon tart.

2 (= mal faire, en parlant d'un gâteau ou d'un dessin) **make a mess** /mes/ **of** (made, made)

3 ▷ Jonathan dit qu'il a loupé son examen.
Jonathan says that he's failed his exam.

3 (= rater, en parlant d'un examen) **fail** /feɪl/

4 ▷ On se loupe à chaque fois qu'il vient à Paris.
We miss each other every time he comes to Paris.

4 ► **se louper** (= ne pas se voir) : **miss each other** /iːtʃ ˈʌðəʳ/

lourd, lourde

1 ▷ Ta valise est vraiment lourde !
Your suitcase is really heavy!
▷ Ça pèse lourd !
It's heavy!
2 ▷ Arrête, tu es vraiment lourd !
Stop it, you're really not funny!
3 ▷ Il fait lourd aujourd'hui.
The weather is close today.

1 (= qui pèse beaucoup) heavy /'hevɪ/
(plus lourd heavier /'hevɪəʳ/, le plus lourd the heaviest /'hevɪɪst/)

2 (= agaçant) not funny /nɒt 'fʌnɪ/

3 ► il fait lourd : the weather /'weðəʳ/ is close /kləʊs/

loyer

▷ As-tu payé ton loyer ce mois-ci ?
Have you paid your rent this month?

rent /rent/

luge

▷ Mes parents ont acheté une luge pour Didier.
My parents bought a sledge for Didier.
▷ On a fait de la luge chez mon cousin.
We went sledging at my cousin's place.

sledge /sledʒ/

► faire de la luge : go sledging /'sledʒɪŋ/ (went, gone/been)

lui

1 ▷ Christelle m'avait déjà parlé de lui.
Christelle had already spoken to me about him.
▷ Mon chien est malade, j'ai acheté ce médicament pour lui.
My dog is ill, I bought this medicine for him.

1 *Quand* **lui** *vient après une préposition ou une conjonction, en parlant d'une personne ou d'un animal familier mâle, il se traduit par* ***him*** /hɪm/.

2 ▷ Le chat a attrapé un rat et s'est mis à jouer avec lui.
The cat caught a rat and started playing with it.

2 *Quand* **lui** *vient après une préposition ou une conjonction, en parlant d'un animal non familier, il se traduit par* ***it*** /ɪt/.

3 ▷ Raoul était là mais je ne lui ai pas parlé.
Raoul was there but I didn't talk to him.

3 *Quand* **lui** *est complément d'objet indirect, en parlant d'une personne ou d'un animal familier mâle, l'équivalent anglais est* ***to him*** /tə hɪm/.

4 ▷ J'ai vu Mélanie hier. – Et tu lui as parlé ?
I saw Mélanie yesterday. – And did you talk to her?

4 *Quand* **lui** *est complément d'objet indirect, en parlant d'une personne ou d'un animal familier femelle, l'équivalent anglais est* ***to her*** /tə hɜːʳ/.

5 ▷ Le chien avait l'air perdu, alors on lui a parlé gentiment.
The dog looked lost, so we talked to it kindly.

5 *Quand* **lui** *est complément d'objet indirect, en parlant d'un animal inconnu, l'équivalent anglais est* ***to it*** /tuː ɪt/.

6 ▷ C'est lui qui me l'a dit.
He told me.

6 *Notez que l'équivalent de l'expression* **c'est lui qui...** *ou* **c'est lui que...** *est tout simplement* ***he*** /hiː/ ...

7 ▷ Elle a accepté mais lui a refusé.
She accepted but he refused.

7 *quand* **lui** *est sujet (c'est-à-dire, quand* **lui** *signifie* **il**), *l'équivalent anglais est* ***he***.

lui-même

1 ▷ C'est Jean-Paul lui-même qui me l'a dit.
It was Jean-Paul himself who told me.

2 ▷ L'antenne est un peu tordue, mais le poste lui-même n'est pas abîmé.
The aerial is a bit bent, but the radio itself isn't damaged.

1 (en parlant d'une personne ou d'un animal familier mâle) **himself** /hɪm'self/

2 (en parlant d'une chose ou d'un animal non familier) **itself** /ɪt'self/

lumière

▷ Il y a beaucoup de lumière dans ce bureau.
There's a lot of light in this office.

▷ Éteins la lumière, s'il te plaît.
Turn the light off, please.

light /laɪt/

lundi

▷ Aujourd'hui c'est lundi.
Today is Monday.

▷ Nous partirons lundi.
We'll leave on Monday.

▷ Mes grands-parents sont venus lundi.
My grandparents came on Monday.

▷ Le lundi j'ai un cours de violon.
On Mondays I have a violin lesson.

Monday /'mʌndeɪ/

ℹ *S'écrit avec une majuscule, comme tous les jours de la semaine en anglais.*

(= lundi prochain, lundi dernier) ***on Monday***

► **le lundi** (= tous les lundis) **:** on Mondays

lune

▷ On voyait très bien la lune hier soir.
You could see the moon really well last night.

▷ Nous allons au Maroc pour notre lune de miel.
We're going to Morocco for our honeymoon.

moon /muːn/

► **lune de miel :** honeymoon /'hʌnɪmuːn/

lunette, lunettes

1 ▷ Mon oncle a une lunette pour regarder les étoiles.
My uncle has a telescope to look at the stars.

2 ▷ Martial doit porter des lunettes.
Martial has to wear glasses.

▷ À qui sont ces lunettes de soleil ?
Whose sunglasses are these?

1 (= longue-vue) **telescope** /'telɪskəʊp/

2 ► **lunettes :** glasses /glɑːsɪz/

► **lunettes de soleil :** sunglasses /'sʌnˌglɑːsɪz/

luxe

▷ Ils sont habitués au luxe.
They are used to luxury.

luxury /'lʌkʃərɪ/

Suite page suivante

▷ Il y a plusieurs hôtels de luxe dans ce quartier.
There are several luxury hotels in this area.

► **de luxe :** luxury

luxueux, luxueuse

▷ L'hôtel était très luxueux.
The hotel was very luxurious.

luxurious /lʌg'zjʊərɪəs/

L'accent tonique est sur la deuxième syllabe.

lycée

▷ C'est là que j'allais au lycée.
That's where I went to secondary school.

▷ Paul n'était pas dans le même lycée.
Paul didn't go to the same school.

▷ Tu es au lycée ou au collège ?
Are you at the 'lycée' or the 'collège'?

secondary school /'sekəndərɪ skuːl/ (pluriel : secondary schools)

Les collèges et les lycées n'existent pas dans le monde anglophone. En Grande-Bretagne, les élèves vont à la ***secondary school*** *entre 11 ans et 16 ou 18 ans. Pour parler de lycée en anglais, vous pouvez employer soit le mot* ***school*** *tout court, soit le mot* ***lycée*** *que vous mettrez entre guillemets.*

Aux États-Unis, l'équivalent du lycée est la ***high school*** /'haɪ skuːl/ (pluriel : high schools).

M

FRANÇAIS — ANGLAIS

La lettre M se prononce /em/ en anglais comme en français.

ma

▷ Ma sœur s'appelle Rosalie.
My sister's name is Rosalie.

my /maɪ/

My correspond à mon, ma, et mes.

mâcher

▷ Mâche avant d'avaler !
Chew before you swallow!

chew /tʃuː/

*Notez la prononciation du prétérit et du participe passé **chewed** /tʃuːd/, qui rime avec **food**.*

machin

▷ Qu'est-ce que c'est que ce machin ?
What's that thing?

(= objet) **thing** /θɪŋ/

machinalement

▷ J'ai fait ça machinalement.
I did it automatically.

automatically /ɔːtə'mætɪklɪ/

*L'accent tonique est sur la troisième syllabe **-ma-**.*

machine

▷ C'est une machine qui sert à couper le papier.
It's a machine that's used for cutting paper.

▷ Tu as mis la machine à laver en marche ?
Did you turn the washing machine on?

▷ Cédric a gagné cinquante euros aux machines à sous.
Cédric won fifty euros on the slot machines.

machine /mə'ʃiːn/

*L'accent tonique est sur la deuxième syllabe **-chine**.*

► **machine à laver : washing machine** /'wɒʃɪŋ məʃiːn/
(pluriel : washing machines)

► **machine à sous : slot machine** /'slɒt məʃiːn/
(pluriel : slot machines)

mâchoire

▷ Laurent lui a donné un coup sur la mâchoire.
Laurent hit him on the jaw.

jaw /dʒɔː/
*Jaw rime avec **more** et **saw**.*

maçon

▷ Le maçon a fini de construire le mur.
The bricklayer has finished building the wall.
▷ Sylvain est maçon comme son père.
Sylvain is a bricklayer like his father.

bricklayer /ˈbrɪkˌleɪəʳ/
*N'oubliez pas l'article **a** ou **an** devant le nom du métier lorsqu'il suit les verbes **be** ou **become**.*

madame

1 ▷ Bonjour madame, je voudrais un kilo de pommes, s'il vous plaît.
Hello, I'd like a kilo of apples, please.
▷ Madame, je peux sortir un instant ?
Miss, can I go out for a moment?
2 ▷ Madame Collins est venue nous chercher à la gare.
Mrs Collins picked us up from the station.

1 *Quand on s'adresse directement à quelqu'un, il n'y a pas d'équivalent de* **madame** *en anglais, sauf si on s'adresse à son professeur : dans ce cas, on dit **Miss** /mɪs/.*
2 *Quand on parle de quelqu'un en l'appelant par son nom de famille,* **madame** *se traduit par **Mrs** /ˈmɪsɪz/.*
*Attention, on n'emploie jamais le mot **Mrs** tout seul.*

Mademoiselle

1 ▷ Bonjour mademoiselle, je voudrais un kilo de pommes, s'il vous plaît.
Hello, I'd like a kilo of apples, please.
▷ Mademoiselle, je peux sortir une minute ?
Miss, can I go out for a minute?
2 ▷ Mademoiselle Barker est venue nous chercher à l'aéroport.
Miss Barker picked us up from the airport.

1 *Quand on s'adresse directement à quelqu'un, il n'y a pas d'équivalent de* **mademoiselle** *en anglais, sauf si on s'adresse à son professeur : dans ce cas, on dit **Miss** /mɪs/.*
2 *Quand on parle de quelqu'un en l'appelant par son nom de famille,* **mademoiselle** *se traduit par **Miss**.*

magasin

▷ Il n'y a pas de magasins près de l'hôtel.
There are no shops near the hotel.

shop /ʃɒp/
*En anglais américain, on dit le plus souvent **store** /stɔːʳ/.*

▷ Hier j'ai fait les magasins avec Judith.
Yesterday I went shopping with Judith.
▷ On peut tout trouver dans les grands magasins.
You can find everything in department stores.

► **faire les magasins :** go shopping /ˈʃɒpɪŋ/ (went, gone)
► **grand magasin :** department store /dɪˈpɑːtmənt stɔːʳ/ (pluriel : department stores)

magazine

▷ J'ai lu ça dans un magazine.
I read it in a magazine.

magazine /ˌmægəˈziːn/

Maghreb

▷ La France a beaucoup de relations avec le Maghreb.
France has many ties with North Africa.
▷ J'ai passé plusieurs années au Maghreb.
I spent several years in North Africa.
▷ J'ai voyagé plusieurs fois au Maghreb.
I've travelled to North Africa several times.

North Africa /nɔːʳθ'æfrɪkə/

ℹ *Ne prend jamais d'article.*

► **le Maghreb :** North Africa
► **au Maghreb** (= dans la région) : in North Africa
► **au Maghreb** (= vers la région) : to North Africa

maghrébin, maghrébine

▷ Nabila est d'origine maghrébine.
Nabila has North African origins.
▷ Beaucoup de Maghrébins ont participé à la manifestation.
A lot of North Africans took part in the demonstration.

North African /nɔːθ'æfrɪkən/

ℹ *N'oubliez pas les majuscules en anglais.*

magicien, magicienne

▷ C'est un magicien très célèbre.
He's a famous magician.
▷ Pour devenir magicien, il faut être très habile.
To become a magician, you have to be very skilful.

magician /mə'dʒɪʃən/

🔊 *L'accent tonique est sur la deuxième syllabe **-gi-**. Le **g** se prononce comme le **g** de **gin**.*

ℹ *N'oubliez pas l'article **a** ou **an** devant le nom du métier lorsqu'il suit les verbes **be** ou **become**.*

magie

▷ Comment est-ce qu'il a deviné ? C'est de la magie !
How did he guess? It's magic!

magic /'mædʒɪk/
► **la magie :** magic

magique

▷ Elle dit qu'elle a des pouvoirs magiques.
She says that she has magic powers.

(= surnaturel) magic /'mædʒɪk/.

magnétique

▷ J'ai une carte magnétique pour entrer dans mon bureau.
I have a magnetic card to get into my office.

magnetic /mæg'netɪk/

🔊 *Dans le mot anglais **magnetic**, le **g** et le **n** se prononcent séparément : dites **mag** + **netic**.*

magnétophone

▻ Mon magnétophone ne marche plus.
My tape recorder doesn't work any more.

tape recorder /ˈteɪp rɪˌkɔːdəʳ/
(pluriel : tape recorders)

magnétoscope

▻ Nous nous sommes acheté un magnétoscope.
We bought ourselves a video recorder.

video /ˈvɪdɪəʊ/
ℹ *On peut aussi dire* ***video recorder*** /ˈvɪdɪəʊ rɪˌkɔːdəʳ/.
(pluriel : ***video recorders***)

magnifique

▻ Ce garçon a des yeux magnifiques.
That boy has got beautiful eyes.

beautiful /ˈbjuːtɪfʊl/
ℹ *Le mot anglais* ***magnificent*** *signifie la même chose, mais* ***beautiful*** *est plus courant.*

mai

▻ Il fait souvent doux en mai.
It's often mild in May.

▻ Stéphanie est née le trois mai.
Stéphanie was born on the third of May.

May /meɪ/
ℹ *S'écrit toujours avec une majuscule, comme tous les noms de mois en anglais.*
ℹ *Notez l'emploi de* ***on*** *et* ***of*** *en anglais lorsqu'on dit la date.*
ℹ *On écrit* *3 May.*

maigre

1 ▻ Sandra est très maigre.
Sandra is very thin.

2 ▻ Damien mange des yaourts maigres.
Damien eats low-fat yogurts.

1 (= très mince) **thin** /θɪn/
(plus maigre thinner /ˈθɪnəʳ/**, le plus maigre** the thinnest /ˈθɪnɪst/**)**

2 (en parlant du yaourt ou du fromage) **low-fat** /ləʊ ˈfæt/

maigrir

▻ Si tu veux maigrir, fais du sport !
If you want to lose weight, do some sport!
▻ Laïla a déjà maigri de trois kilos.
Laïla has already lost three kilos.

lose weight /weɪt/
(lost, lost)
► **maigrir de :** lose (lost, lost)

mail

▻ Je t'enverrai un mail pour t'avertir.
I'll send you an e-mail to warn you.

e-mail /ˈiːmeɪl/
ℹ ***E-mail*** *est la contraction de* ***electronic mail*** (= courrier électronique).

maillot

1 ▷ Stéphane est fier de son maillot du Paris St-Germain.
Stéphane is proud of his Paris St-Germain shirt.

2 ▷ Qui porte le maillot jaune ?
Who is wearing the yellow jersey?

3 ▷ Mélissa a un joli maillot de bain.
Mélissa has a nice swimsuit.

4 ▷ Christophe a oublié son maillot de bain.
Christophe has forgotten his swimming trunks.

1 (= tee-shirt de foot) **shirt** /ʃɜːt/

2 (= tee-shirt de cyclisme) **jersey** /ˈdʒɜːzɪ/

3 ► **maillot de bain** (de femme) : **swimsuit** /ˈswɪmsuːt/

4 ► **maillot de bain** (d'homme) : **swimming trunks** /ˈswɪmɪŋ trʌnks/

ℹ *Swimming trunks est un nom* **pluriel**, *comme* ***trousers, pants, jeans*** *et* ***shorts****. Il s'emploie avec un verbe au pluriel.*

main

▷ Tes mains sont glacées.
Your hands are frozen.

▷ Je les ai vus ensemble, ils se tenaient par la main !
I saw them together, they were holding hands!

▷ Jérôme m'a donné un coup de main pour déplacer l'armoire.
Jérôme gave me a hand to move the wardrobe.

▷ Ce pull est fait à la main.
This pullover is hand-made.

hand /hænd/

► **se tenir par la main : hold hands** /həʊld ˈhændz/ (**held hands** /held ˈhændz/, **held hands**)

► **donner un coup de main à** quelqu'un : **give** somebody **a hand** (**gave, given**)

► **fait à la main** *ou* **fait main** : **hand-made** /hændˈmeɪd/

maintenant

▷ Et maintenant, qu'est-ce que tu vas faire ?
And now what are you going to do?

▷ Maintenant que j'ai un peu d'argent, j'aimerais aller en Angleterre.
Now that I've got a bit of money, I'd like to go to England.

now /naʊ/

► **maintenant que... : now that...** /ˈnaʊ ðət/

maintenir

▷ Jean maintient que ce n'est pas de sa faute.
Jean maintains that it's not his fault.

► **maintenir que...** (= dire, soutenir) : **maintain** /meɪnˈteɪn/ **that...**

maire

▷ Le maire a inauguré le nouveau cinéma.
The mayor opened the new cinema.

mayor /mɛəʳ/

🔊 ***Mayor*** *rime avec* ***hair*** *et* ***where****.*

mairie

▷ L'office du tourisme est dans la mairie.
The tourist office is in the town hall.

town hall /taʊn 'hɔːl/
(pluriel : town halls)

*Pour les grandes villes, on dit **city hall*** /ˌsɪtɪ'hɔːl/ (pluriel : ***city halls***)

mais

▷ Je savais la réponse mais je n'ai pas osé la dire.
I knew the answer but I didn't dare to say it.

but /bʌt/

maïs

1 ▷ Les agriculteurs de cette région cultivent du maïs.
The farmers in this region grow maize.

2 ▷ Il y avait une salade avec du maïs et des poivrons.
There was a salad with sweetcorn and peppers.

1 (= plante) **maize** /meɪz/

*En anglais américain, on dit **corn**.*

2 (= grains en boîte) **sweetcorn** /'swiːtkɔːn/

maison

1 ▷ La maison de Laetitia est magnifique.
Laetitia's house is beautiful.

▷ Les Robert ont une maison de campagne.
The Roberts have a house in the country.

2 ▷ Je suis resté à la maison hier.
I stayed at home yesterday.

▷ Je rentre à la maison.
I'm going home.

3 ▷ Le grand-père de Mathilde est dans une maison de retraite.
Mathilde's grandfather is in an old people's home.

1 (= bâtiment) **house** /haʊs/
(pluriel : houses /'haʊzɪz/)

► **maison de campagne :** house in the country /'kʌntrɪ/

2 ► **à la maison** (= dans la maison) **:** at home /ət 'həʊm/

► **à la maison** (= vers la maison) **:** home /həʊm/

3 ► **maison de retraite :** old people's home /əʊld 'piːplz həʊm/
(pluriel : old people's homes)

maître

1 ▷ Ce chien est perdu, où est son maître ?
This dog is lost, where is its master?

2 ▷ Ma petite sœur adore son maître.
My little sister loves her teacher.

3 ▷ Le maître nageur nous a dit de ne pas plonger.
The pool attendant told us not to dive.

4 ▷ Hubert prend des cours avec un maître nageur.
Hubert takes lessons with a swimming instructor.

1 (= propriétaire d'un animal) **master** /mɑːstəʳ/

2 (= instituteur) **teacher** /'tiːtʃəʳ/

3 ► **maître nageur** (qui surveille la piscine) **:** pool attendant /'puːl ə'tendənt/ (pluriel : pool attendants)

4 ► **maître nageur** (qui enseigne la natation) **:** swimming instructor /'swɪmɪŋ ɪnˌstrʌktəʳ/
(pluriel : swimming instructors)

▷ Julie voulait être maître nageur.
Julie wanted to be a swimming instructor.

ℹ *N'oubliez pas l'article* **a** *ou* **an** *devant le nom du métier lorsqu'il suit les verbes* **be** *ou* **become**.

maîtresse

▷ Catherine est maîtresse de maternelle.
Catherine is a nursery school teacher.

(= institutrice) **teacher** /ˈtiːtʃəʳ/

ℹ *N'oubliez pas l'article* **a** *ou* **an** *devant le nom du métier lorsqu'il suit les verbes* **be** *ou* **become**.

maîtrise

▷ Paloma a une maîtrise d'histoire.
Paloma has a masters in history.

(= diplôme) **masters** /ˈmɑːstəz/

ℹ *Cette traduction est approximative car la maîtrise n'existe pas dans le système éducatif anglophone.*

majeur, majeure

1 ▷ Tu pourras t'acheter une voiture quand tu seras majeur.
You can buy yourself a car when you come of age.
▷ Ceux qui sont majeurs n'ont pas besoin de la permission des parents.
Those who are of age don't need their parents' permission.

2 ▷ La majeure partie des acteurs du film étaient là.
The majority of the actors in the film were there.

3 ▷ Judith porte une bague au majeur.
Judith wears a ring on her middle finger.

1 ► **être majeur** (= devenir majeur) **:** come of age /kʌm əv ˈeɪdʒ/ (came of age, come of age)

► **être majeur** (= avoir dix-huit ans ou plus) **:** be of age

2 ► **la majeure partie de... :** the majority of... /məˈdʒɒrɪtɪ/

3 ► **majeur** (= doigt) **:** middle finger /ˌmɪdl ˈfɪŋgəʳ/

majorité

▷ La majorité des gens est d'accord.
The majority of people agree.

majority /məˈdʒɒrɪtɪ/

ℹ ***Majority*** *signifie aussi* la majorité *au sens de* l'âge où on est majeur.

majuscule

▷ Il a tout écrit en majuscules.
He wrote everything in capitals.
▷ C'est un N majuscule.
It's a capital N.

(= lettre) **capital** /ˈkæpɪtl/

Suite page suivante

▷ N'oublie pas de mettre une majuscule à « English ».
Don't forget to write "English" with a capital.

► **mettre une majuscule à** quelque chose : **write** /raɪt/ something **with a capital** (**wrote** /rəʊt/, **written** /'rɪtn/)

mal

1 ▷ Tu as mal écrit mon nom.
You haven't written my name properly.
▷ La porte est mal fermée.
The door isn't properly closed.

1 *Quand* **mal** *est adverbe et veut dire* pas comme il faut, *on le traduit généralement par l'expression* ***not... properly*** /'prɒpəlɪ/.

2 ▷ C'est mal ce que tu as fait !
What you did is wrong!

2 *Quand* **mal** *est adjectif et veut dire* pas bien moralement, *on le traduit par* ***wrong*** /rɒŋ/.

3 ▷ Ils ne savent pas ce que c'est que le bien et le mal.
They don't know what good and evil are.

3 ► **le mal** (= la méchanceté) : **evil** /'iːvl/

4 ▷ Tu as mal ?
Does it hurt?
▷ J'ai mal au bras.
My arm hurts.

4 *Pour dire qu'on a mal en anglais, on emploie le verbe* ***hurt*** /hɜːt/ (**hurt, hurt**).

ℹ *Pour certaines parties du corps, il existe un mot anglais particulier pour désigner la douleur :*

▷ J'ai mal au dos depuis quelques jours.
I've had a backache for a few days.
▷ Mélodie avait mal à la tête.
Mélodie had a headache.
▷ J'ai mal aux dents.
I've got toothache.

► **avoir mal au dos : have backache**

► **avoir mal à la tête : have a headache**

► **avoir mal aux dents : have toothache**

🔊 *Notez la prononciation de* **-ache**, *qui rime avec* **cake**.

▷ J'ai mal au cœur en voiture.
I feel sick in the car.

► **avoir mal au cœur : feel sick** /fiːl sɪk/ (**felt, felt** /felt/)

5 ▷ Je lui ai fait mal au bras.
I hurt his arm.
▷ Ne lui faites pas de mal !
Don't hurt him!
▷ Dounia s'est fait mal au genou.
Dounia hurt her knee.

5 ► **faire mal à : hurt**

► **faire du mal à** quelqu'un : **hurt** somebody

► **se faire mal à : hurt**

ℹ *Notez l'emploi du possessif (**her** knee) pour les parties du corps en anglais.*

6 ▷ Nous avons eu du mal à déplacer le piano.
We had trouble moving the piano.

6 ► **avoir du mal à** + infinitif : **have trouble** /'trʌbl/ + **-ing**

7 ▷ Barnabé dit toujours du mal des gens.
Barnabé always says nasty things about people.

7 ► **dire du mal de** quelqu'un : **say nasty things** /ˌnɑːstɪ 'θɪŋs/ **about** somebody

8 ▷ Comment était le film ? – Pas mal.
What was the film like? – Not bad.

8 ► **pas mal** (= pas mauvais) **:** not bad /nɒt 'bæd/

9 ▷ Daniel ne chante pas mal.
Daniel sings quite well.

9 ► **pas mal** (= assez bien) **:** quite well /kwaɪt 'wel/

10 ▷ Ils gagnent pas mal d'argent.
They earn quite a lot of money.

10 ► **pas mal de :** quite a lot of /kwaɪt ə 'lɒt əv/

malade

1 ▷ Ahmed n'est pas venu travailler aujourd'hui parce qu'il est malade.
Ahmed didn't come to work today because he's ill.

1 ► **être malade** (= être souffrant) **:** be ill /ɪl/ (**plus malade** more ill, **le plus malade** the most ill)

2 ▷ J'ai été malade sur le bateau.
I was sick on the boat.

2 ► **être malade** (= vomir) **:** be sick /sɪk/

3 ▷ Il veut plonger de là ? Il est malade !
He wants to dive from there? He's crazy!

3 (= fou) crazy /'kreɪzɪ/ (**plus malade** crazier /'kreɪʒɪəʳ/, **le plus malade** the craziest /'kreɪʒɪɪst/)

4 ▷ Les infirmiers s'occupent bien des malades.
The nurses look after the patients well.

4 ► **un malade :** a patient /'peɪʃənt/

maladie

▷ C'est une maladie très grave.
It's a very serious illness.

illness /'ɪlnəs/

maladroit, maladroite

▷ Laure est maladroite, elle casse tout.
Laure is clumsy, she breaks everything.

clumsy /klʌmzɪ/ (**plus maladroit** clumsier /'klʌmzɪəʳ/, **le plus maladroit** the clumsiest /'klʌmzɪɪst/)

malaise

▷ J'ai eu un malaise pendant la réunion.
I felt faint during the meeting.

► **avoir un malaise :** feel faint /feɪnt/ (felt, felt)

mâle

▷ J'ai un nouveau chat. – Un mâle ou une femelle ?
I've got a new cat. – A male or a female?

male /meɪl/

*Le **a** de **male** se prononce comme le **a** de **make**. **Male** rime avec **tail** et **nail**.*

malentendu

▷ Ne te fâche pas, c'est juste un malentendu.
Don't get angry, it's just a misunderstanding.

misunderstanding /ˌmɪsʌndə'stændɪŋ/

malgré

▷ Ils sont partis malgré la pluie.
They left in spite of the rain.

in spite of /ɪn 'spaɪt əv/
ℹ *On peut aussi dire* ***despite*** /dɪs'paɪt/.

malheur

1 ▷ Leur maison a brûlé. – Quel malheur !
Their house burned down. – What a tragedy!

1 (= catastrophe) **tragedy** /'trædʒɪdɪ/
(pluriel : tragedies /'trædʒɪdɪz/)

2 ▷ J'espère qu'il ne leur est pas arrivé de malheur.
I hope they haven't had an accident.

2 (= accident) **accident** /'æksɪdənt/

3 ▷ Tu me portes malheur !
You bring me bad luck!

3 ► **porter malheur à** quelqu'un : **bring** /brɪŋ/ somebody **bad luck** /bæd 'lʌk/ (brought /brɔːt/, brought)

malheureusement

▷ Malheureusement, mes cousins n'ont pas pu venir.
Unfortunately, my cousins couldn't come.

unfortunately /ʌn'fɔːtʃənətlɪ/
🔊 *L'accent tonique est sur la deuxième syllabe* ***-for-***.

malheureux, malheureuse

▷ Alexandra avait l'air malheureux.
Alexandra looked unhappy.

(= triste) **unhappy** /ʌn'hæpɪ/
(**plus malheureux** more unhappy, **le plus malheureux** the most unhappy)

malhonnête

▷ Robert est malhonnête, il ne veut pas rembourser ce qu'il a emprunté.
Robert is dishonest, he doesn't want to repay what he borrowed.

dishonest /dɪs'ɒnɪst/
(**plus malhonnête** more dishonest, **le plus malhonnête** the most dishonest)
🔊 *Pour bien prononcer ce mot, découpez-le :* ***dis*** *+* ***honest****. Le* ***h*** *ne se prononce pas.*

malin, maligne

1 ▷ Il est malin, il trouvera un moyen.
He's clever, he'll find a way.

1 (= rusé, intelligent) **clever** /'klevəʳ/
(**plus malin** cleverer /'klevərəʳ/, **le plus malin** the cleverest /'klevərɪst/)

2 ▷ Arrête de faire le malin !
Stop showing off!

2 ► **faire le malin** *ou* **faire la maligne :** **show off** /ʃəʊ 'ɒf/

malle

▷ Ils sont partis en voyage avec plusieurs malles.
They went on a trip with several trunks.

(= valise) **trunk** /trʌŋk/

mallette

▷ Un homme a oublié sa mallette sur le banc.
A man left his briefcase on the bench.

(= porte-documents) **briefcase** /'bri:fkeɪs/

maman

▷ La maman de Suzanne est malade.
Suzanne's mum is ill.

mum /mʌm/
En anglais américain on dit ***mom*** /mɒm/.

mamie

▷ La mamie de Loïc a soixante ans.
Loïc's granny is sixty years old.

granny /'grænɪ/

manche

1 ▷ Tu as taché ta manche.
You've stained your sleeve.
▷ Tu aurais moins chaud avec une chemise à manches courtes.
You'd be less hot with a short-sleeved shirt.
▷ Anne porte un tee-shirt à manches longues.
Anne is wearing a long-sleeved T-shirt.
▷ J'aime bien ce tee-shirt sans manches.
I like this sleeveless T-shirt.
2 ▷ Simon a gagné la première manche.
Simon won the first round.
3 ▷ On a pris le ferry pour traverser la Manche.
We took the ferry to cross the Channel.
4 ▷ Le manche de la casserole est très chaud.
The saucepan handle is very hot.

1 ► **une manche** (= la manche d'un vêtement) **:** **a sleeve** /sli:v/
► **à manches courtes :** short-sleeved /ʃɔ:t'sli:vd/
► **à manches longues :** long-sleeved /lɒŋ'sli:vd/
► **sans manches :** sleeveless /'sli:vləs/

2 (= la partie d'un jeu) **round** /raʊnd/

3 ► **la Manche** (= la mer) **:** the Channel /'tʃænl/

4 ► **un manche** (= le manche d'un objet) **:** **a handle** /'hændl/

mandarine

▷ Ces mandarines sont délicieuses.
These satsumas are delicious.

satsuma /ˌsæt'su:mə/

manège

▷ Les enfants ont fait un tour de manège.
The children had a ride on the merry-go-round.

(pour les enfants) **merry-go-round** /'merɪgəʊraʊnd/
► **faire un tour de manège :** have a ride /raɪd/ on a merry-go-round (had, had).

manger

▷ On a bien mangé au restaurant.
We ate well at the restaurant.

eat /i:t/ (ate /eɪt/, eaten /'i:tən/)

Suite page suivante

▷ Est-ce que tu as donné à manger au chien ?
Did you feed the dog?

► **donner à manger à :** feed /fiːd/ (fed, fed /fed/)

mangue

▷ Est-ce que ces mangues sont mûres ?
Are these mangoes ripe?

mango /'mæŋgəʊ/ (pluriel : mangoes)

manie

▷ Il a la manie de laisser toutes les lumières allumées.
He has a habit of leaving all the lights on.

habit /hæbɪt/

manière

1 ▷ Il y a plusieurs manières de faire ça.
There are several ways of doing this.
▷ Il se comporte d'une manière bizarre.
He behaves in a strange way.

2 ▷ Je n'aime pas ses manières.
I don't like his manners.

1 (= façon) way /weɪ/

ℹ *Notez la préposition employée en anglais :* d'une manière... : ***in*** *a... way.*

2 ► **manières** (= attitude) **:** manners /'mænəz/

manifestation

▷ Il y avait une manifestation d'étudiants dans les rues.
There was a student demonstration in the streets.

(= marche) demonstration /ˌdemən'streɪʃən/

mannequin

1 ▷ Le mannequin dans la vitrine était très réaliste.
The dummy in the window was very realistic.

2 ▷ Les mannequins les plus célèbres gagnent beaucoup d'argent.
The most famous models earn a lot of money.
▷ Pedro veut être mannequin.
Pedro wants to be a model.

1 (= statue) dummy /'dʌmɪ/ (pluriel : dummies /dʌmɪz/)

2 (= personne) model /'mɒdl/

ℹ *N'oubliez pas l'article* ***a*** *ou* ***an*** *devant le nom du métier lorsqu'il suit les verbes* ***be*** *ou* ***become****.*

manque

▷ Notre plus gros problème, c'est le manque de temps.
Our biggest problem is lack of time.

lack /læk/

manquer

1 ▷ Chris a manqué son train.
Chris missed his train.

2 ▷ Eulalie manque d'initiative.
Eulalie lacks initiative.

1 (= rater) miss /mɪs/

2 ► **manquer de** quelque chose (en parlant d'une qualité) **:** lack /læk/

3 ▷ On va manquer de boissons.
We're going to be short of drinks.

3 ► **manquer de** quelque chose (en parlant d'argent, de nourriture, etc.) : be short of /ʃɔːt əv/ something

4 ▷ Il manque une assiette.
There's a plate missing.
▷ Il manque trois fourchettes.
There are three forks missing.

4 *Pour dire qu'il* **manque quelque chose** *en anglais, on emploie l'expression* ***there's*** *ou* ***there are... missing*** /ˈmɪsɪŋ/

ℹ *On emploie* ***there's*** *si le nom qui suit est au singulier, et* ***there are*** *s'il est au pluriel.*

5 ▷ Tu me manques !
I miss you!
▷ Il m'a dit que tu lui as beaucoup manqué.
He told me that he missed you a lot.

5 *Attention à la place du sujet et du complément dans la phrase anglaise lorsqu'on dit que quelqu'un nous manque.*

manteau

▷ Mets ton manteau, il fait froid.
Put your coat on, it's cold.

coat /kəʊt/

manuel, manuelle

1 ▷ Bruno préférerait faire un métier manuel.
Bruno would prefer to do a manual job.

1 (adjectif = non intellectuel) manual /ˈmænjʊəl/

2 ▷ J'ai perdu le manuel du magnétoscope.
I lost the video manual.

2 ► **un manuel** (= un mode d'emploi) **:** a manual

3 ▷ L'école nous prête des manuels scolaires.
The school lends us textbooks.

3 ► **un manuel scolaire :** a textbook /ˈtekstbʊk/

maquette

▷ Ce n'est pas la taille normale, c'est une maquette.
It's not the normal size, it's a model.

(= modèle réduit) model /ˈmɒdl/

▷ Samuel fait des maquettes d'avion.
Samuel makes model aeroplanes.

► **maquette d'avion :** model aeroplane /ˌmɒdl ˈɛərəpleɪn/ (pluriel : model aeroplanes)

maquillage

▷ Ce maquillage a l'air très naturel.
This make-up looks very natural.

make-up /ˈmeɪkʌp/

se maquiller

1 ▷ Élodie est en train de se maquiller.
Élodie is putting on make-up.

1 (= mettre du maquillage) put on make-up /ˈmeɪkʌp/ (put on, put on)

2 ▷ Je ne me maquille pas souvent.
I don't wear make-up often.

2 (= porter du maquillage) wear /wɛəʳ/ make-up (wore /wɔːʳ/, worn /wɔːn/)

marbre

▷ Le marbre est un matériau de luxe.
Marble is a luxury material.

▷ L'escalier est en marbre.
The stairs are made of marble.

▷ Ils ont une salle de bains en marbre.
They have got a marble bathroom.

marble /'mɑːbl/

► **être en marbre :** be made of marble

► **en marbre :** marble

marchand, marchande

1 ▷ Le marchand ne m'a pas vu entrer dans le magasin.
The shopkeeper didn't see me come into the shop.

2 ▷ Les marchands ont posé leurs produits sur des tables.
The stallholders have put their products on tables.

3 ▷ Je vais chez le marchand de journaux.
I'm going to the newsagent's.

4 ▷ La marchande de fruits et légumes est très aimable.
The greengrocer is very friendly.

1 (dans un magasin) **shopkeeper** /'ʃɒpkiːpəʳ/

2 (sur un marché) **stallholder** /'stɔːlhəʊldəʳ/

3 ► **marchand de journaux :** newsagent /'njuːz eɪdʒənt/

4 ► **marchand de fruits et légumes :** greengrocer /'griːngrəʊsəʳ/

marche

1 ▷ La marche est bonne pour la santé.
Walking is good for your health.

▷ Fabien et Linda aiment faire de la marche.
Fabien and Linda like to go walking.

2 ▷ Attention, la dernière marche est plus haute.
Be careful, the last step is higher.

3 ▷ La machine à laver est en marche.
The washing machine is on.

4 ▷ Le moteur est en marche, tu peux démarrer.
The engine is running, you can start.

5 ▷ Qui a mis la radio en marche ?
Who switched the radio on?

6 ▷ D'abord mets le moteur en marche.
First start the engine.

7 ▷ Fais marche arrière, il n'y a pas de place libre.
Reverse, there aren't any free spaces.

1 ► **la marche** (= la randonnée) **:** walking /'wɔːkɪŋ/

Le l ne se prononce pas.

► **faire de la marche :** go walking (went, gone)

2 (= la marche d'un escalier) **step** /step/

3 ► **être en marche** (en parlant d'un appareil) **:** be on /ɒn/

4 ► **être en marche** (en parlant d'un moteur) **:** be running /'rʌnɪŋ/

5 ► **mettre en marche** (en parlant d'un appareil) **:** switch on /swɪtʃ 'ɒn/

6 ► **mettre en marche** (en parlant d'un moteur) **:** start /stɑːt/

7 ► **faire marche arrière** (en voiture) **:** reverse /rɪ'vɜːs/

marché

1 ▷ Je préfère acheter le poisson au marché.
I prefer to buy fish at the market.

1 **market** /'mɑːkɪt/

2 ▷ Ces fleurs sont bon marché.
These flowers are cheap.

2 ► **bon marché :** cheap /tʃiːp/ (meilleur marché cheaper /tʃiːpəʳ/, le meilleur marché the cheapest /'tʃiːpɪst/)

marcher

1 ▷ On a marché jusqu'au village.
We walked as far as the village.

1 (= aller à pied) **walk** /wɔːk/

*Attention à la prononciation : le **al** de **walk** se prononce comme le mot anglais **or**. **Walk** rime avec **fork**.*

2 ▷ Oh non, j'ai marché dans une crotte !
Oh no, I've stepped in some dog mess!

2 ► **marcher dans** quelque chose : **step** /step/ **in** something

*Il y a deux **p** au gérondif (**stepping** /'stepɪŋ/), au prétérit et au participe passé (**stepped** /stept/).*

3 ▷ L'ordinateur de Jackie ne marche pas très bien.
Jackie's computer doesn't work very well.

3 (= fonctionner) **work** /wɜːk/

4 ▷ Tu me fais marcher !
You're pulling my leg!

4 ► **faire marcher** quelqu'un (= taquiner quelqu'un) : **pull** somebody**'s leg**

mardi

▷ Aujourd'hui c'est mardi.
Today is Tuesday.

Tuesday /'tjuːzdeɪ/

S'écrit toujours avec une majuscule, comme tous les jours de la semaine en anglais.

▷ Nous partirons mardi.
We'll leave on Tuesday.
▷ Mes grands-parents sont venus mardi.
My grandparents came on Tuesday.

(= mardi prochain, mardi dernier) **on Tuesday**

▷ Le mardi Sandra va à son cours de piano.
On Tuesdays Sandra goes to her piano lesson.

► **le mardi** (= tous les mardis) : **on Tuesdays**

mare

▷ Il y a une mare avec des canards à côté de l'église.
There's a pond with ducks by the church.

pond /pɒnd/

marée

▷ La marée monte ou descend ?
Is the tide coming in or going out?

(= mouvement de la mer) **tide** /taɪd/

Notez la traduction de monter *et* descendre *quand on parle de la marée **come in** et **go out**.*

Suite page suivante

▻ Nous pourrons ramasser des coquillages à marée basse.
We'll be able to collect shells at low tide.
▻ À marée haute, la route est sous l'eau.
At high tide, the road is under water.

► **à marée basse :** at low tide /ləʊ 'taɪd/

► **à marée haute :** at high tide /haɪ 'taɪd/

margarine

▻ Je préfère la margarine au beurre.
I prefer margarine to butter.

margarine /ˌmɑːdʒə'riːn/

*Le **g** du mot anglais **margarine** se prononce comme le **J** de **Jack**.*

marge

▻ N'oublie pas de laisser une marge pour les corrections.
Don't forget to leave a margin for corrections.

margin /'mɑːdʒɪn/

*Le **g** de **margin** se prononce comme le **J** de **Jack**.*

marguerite

▻ J'ai planté des marguerites dans le jardin.
I planted some daisies in the garden.

daisy /'deɪzɪ/
(pluriel : daisies /'deɪzɪz/)

mari

▻ Le mari de Solange est très drôle.
Solange's husband is very funny.

husband /hʌsbənd/

mariage

▻ Lucas nous a invités à son mariage.
Lucas invited us to his wedding.

(= fête, cérémonie) **wedding** /'wedɪŋ/

marié, mariée

1 ▻ Ils vivent ensemble mais ils ne sont pas mariés.
They live together but they aren't married.
2 ▻ Le marié est arrivé en retard à l'église.
The groom arrived late in church.
3 ▻ Le père de la mariée a fait un discours.
The bride's father made a speech.
4 ▻ Les mariés ont reçu beaucoup de cadeaux.
The bride and groom got a lot of presents.

1 ► **être marié :** be married /'mærɪd/

2 ► **le marié :** the groom /gruːm/

3 ► **la mariée :** the bride /braɪd/

4 ► **les mariés :** the bride and groom

se marier

▻ Ils se marieront cet été.
They will get married this summer.
▻ Céline va se marier avec Anthony.
Céline is going to marry Anthony.

get married /'mærɪd/
(got married, got married)

► **se marier avec** quelqu'un : marry /'mærɪ/ somebody

*Le y de **marry** devient **ie** à la troisième personne du singulier du présent de l'indicatif (**marries** /'mærɪz/), au prétérit et au participe passé (**married** /'mærɪd/).*

marin

▷ Il y avait un groupe de marins dans le bar.
There was a group of sailors in the bar.

sailor /'seɪləʳ/

*Le **or** de **sailor** se prononce comme le* e *du mot français* de.

marine

▷ Mon grand frère est dans la marine.
My big brother is in the navy.

► **la marine :** the navy /'neɪvɪ/

marionnette

▷ Il y avait un spectacle de marionnettes dans le parc.
There was a puppet show in the park.

puppet /'pʌpɪt/

marmelade

▷ La marmelade d'oranges est très courante en Grande-Bretagne.
Orange marmalade is very common in Britain.

► **marmelade d'oranges :** orange marmalade /ˌɒrɪndʒ 'mɑːməleɪd/

*Le mot anglais **marmalade** ne s'applique qu'aux confitures faites avec des oranges, des citrons ou des pamplemousses.*

*Attention : le mot anglais s'écrit avec trois **a**.*

marmite

▷ Il reste de la soupe dans la grande marmite.
There's some soup left in the big pot.

pot /pɒt/

*Il faut bien prononcer le **t** en anglais.*

Maroc

▷ Le Maroc est un pays passionnant.
Morocco is a fascinating country.

▷ La famille de Lalia vit au Maroc.
Lalia's family lives in Morocco.

▷ Nous sommes allés au Maroc en ferry.
We went to Morocco by ferry.

Morocco /mə'rɒkəʊ/

Ne prend jamais d'article.

► **le Maroc :** Morocco /mə'rɒkəʊ/

► **au Maroc** (= dans le pays) **:** in Morocco

► **au Maroc** (= vers le pays) **:** to Morocco

marocain, marocaine

▷ Ce restaurant marocain fait d'excellents couscous.
This Moroccan restaurant makes excellent couscous.
▷ Beaucoup de Marocains parlent français.
Lots of Moroccans speak French.

Moroccan /mə'rɒkən/
ℹ *S'écrit toujours avec une majuscule, comme tous les adjectifs et noms de nationalité en anglais.*

marque

1 ▷ Fais une marque sur tes CDs pour montrer que ce sont les tiens.
Make a mark on your CDs to show that they're yours.
2 ▷ C'est une marque de jean célèbre.
It's a famous make of jeans.

1 (= trace) **mark** /mɑːk/
2 (= nom de produit) **make** /meɪk/
ℹ *Pour la nourriture et les cigarettes, on dit* ***brand*** /brænd/.

marquer

1 ▷ Marque ton adresse sur ce papier.
Write your address on this piece of paper.
2 ▷ Nous avons marqué deux points.
We scored two points.

1 (= écrire) **write** /raɪt/ (wrote /rəʊt/, written /'rɪtn/)
2 (en parlant d'un score) **score** /skɔːʳ/

marqueur

▷ Prête-moi ton marqueur noir.
Lend me your black marker pen.

(= feutre) **marker pen** /'mɑːkə pen/ (pluriel : marker pens)

marraine

▷ Julie est ma marraine.
Julie is my godmother.

godmother /'gɒdmʌðəʳ/

marrant, marrante

▷ Ton frère est très marrant.
Your brother is very funny.

funny /'fʌnɪ/
(**plus marrant** funnier /fʌnɪəʳ/, **le plus marrant** the funniest /'fʌnɪɪst/)

marre

▷ Tu n'en as pas marre de cette musique ?
Aren't you fed up with this music?

▷ J'en ai marre d'attendre.
I'm fed up with waiting.

► **en avoir marre de** quelque chose : **be fed up** /fed 'ʌp/ **with** something
► **en avoir marre de** + infinitif : **be fed up with + -ing**

se marrer

1 ▷ Ils se sont marrés quand ils l'ont vu.
They laughed when they saw him.
2 ▷ On s'est bien marrés à la fête de Sylvain.
We had fun at Sylvain's party.

1 (= rire) **laugh** /lɑːf/

2 (= s'amuser) **have fun** /fʌn/

marron

1 ▷ Elle portait une robe marron.
She was wearing a brown dress.
▷ Le marron est une couleur triste.
Brown is a sad colour.
2 ▷ Nous avons acheté des marrons chauds dans la rue.
We bought some roast chestnuts in the street.

1 (adjectif = couleur) **brown** /braʊn/
► **le marron :** brown
ℹ *Attention : pas d'article en anglais.*

2 ► **un marron** (= une châtaigne) **:** a chestnut /'tʃesnut/
► **marrons chauds :** roast chestnuts

mars

▷ Nous allons déménager en mars.
We're going to move house in March.

▷ Mireille est née le quinze mars.
Mireille was born on the fifteenth of March.

March /mɑːtʃ/
ℹ *S'écrit toujours avec une majuscule, comme tous les noms de mois en anglais.*
ℹ *Notez l'emploi de **on** et **of** en anglais lorsqu'on dit la date.*
ℹ *On écrit **15 March**.*

marteau

▷ Je dois acheter un marteau et des clous.
I must buy a hammer and some nails.

hammer /'hæməʳ/

Martien

▷ Il y a des gens qui croient aux Martiens.
There are people who believe in Martians.

Martian /'mɑːʃən/
ℹ *S'écrit toujours avec une majuscule.*

masque

▷ Philippe portait un masque de Zorro.
Philippe was wearing a Zorro mask.

mask /mɑːsk/

massacre

1 ▷ Il y a eu un terrible massacre.
There has been a terrible massacre.
2 ▷ Regarde ce que tu as fait ! Quel massacre !
Look what you've done! What a mess!

1 (= tuerie) **massacre** /'mæsəkəʳ/

2 (= gâchis) **mess** /mes/

massacrer

▷ Les soldats ont massacré une famille entière.
The soldiers massacred a whole family.

(= tuer) **massacre** /'mæsəkəʳ/

massage

▷ Les massages me font beaucoup de bien.
Massages do me a lot of good.

▷ Fais-moi un massage.
Give me a massage.

massage /'mæsɑːʒ/
Se prononce comme en français. Le pluriel se prononce /'mæsɑːʒɪz/

► **faire un massage à** quelqu'un : **give** somebody **a massage** (gave, given)

masse

1 ▷ Il y a une masse de choses à faire.
There are a lot of things to do.

2 ▷ Ils sont venus en masse.
They came en masse.

1 ► **une masse de** (= beaucoup de) : **a lot of** /ə 'lɒt əv/

2 ► **en masse** : **en masse**
On emploie l'expression française en anglais.

masser

▷ Elle m'a massé la nuque.
She massaged my neck.

massage /'mæsɑːʒ/
*Se prononce comme le mot **massage** en français.*

mat, mate

1 ▷ Pedro bronze vite parce qu'il a la peau mate.
Pedro tans easily because he has dark skin.

2 ▷ Vous voulez vos photos en mat ou en brillant ?
Do you want your photos in matt or gloss?

1 (en parlant de la peau) : **dark** /dɑːk/ (plus mat **darker** /'dɑːkəʳ/, le plus mat **the darkest** /'dɑːkɪst/)

2 (en parlant de papier) **matt** /mæt/

match

▷ Ce n'était pas un très bon match.
It wasn't a very good match.

▷ Lyon et Strasbourg ont fait match nul.
Lyon and Strasbourg drew.

match /mætʃ/
(pluriel en anglais : **matches** /'mætʃɪz/)

► **faire match nul** : **draw** /drɔː/ (**drew** /druː/, **drawn** /drɔːn/)

matelas

▷ Ce matelas est très confortable.
This mattress is very comfortable.

▷ As-tu un matelas pneumatique ?
Have you got an air bed?

mattress /'mætrəs/
(pluriel : **mattresses** /'mætrəsɪz/)

► **matelas pneumatique** : **air bed** /'ɛəbed/ (pluriel : **air beds**)

matériel

▷ Ils vendent du matériel de camping.
They sell camping equipment.

equipment /ɪ'kwɪpmənt/
Attention à l'orthographe du mot anglais.

maternelle

▻ Dimitri est encore à la maternelle.
Dimitri is still at nursery school.

nursery school /ˈnɜːsrɪ skuːl/ (pluriel : nursery schools)

mathématiques

▻ Je n'aime pas beaucoup les mathématiques.
I don't like mathematics much.

mathematics /ˌmæθəˈmætɪks/

ℹ *Mathematics est un nom singulier : on dit par exemple* ***mathematics is a difficult subject****.*

maths

▻ Raoul est très bon en maths.
Raoul is very good at maths.

maths /mæθs/

ℹ *Maths est un nom singulier : on dit par exemple* ***maths is easy****.*

En anglais américain on dit ***math*** /mæθ/.

matière

1 ▻ L'anglais était ma matière préférée.
English was my favourite subject.

2 ▻ Ce yaourt contient 40 % de matières grasses.
This yoghurt contains 40% fat.

1 (= sujet que l'on étudie) **subject** /ˈsʌbdʒekt/

2 ► **matières grasses : fat** /fæt/

matin

▻ Le matin est le moment de la journée que je préfère.
Morning is the time of day I prefer.

▻ Viens demain matin.
Come tomorrow morning.

▻ Nous sommes arrivés samedi matin.
We arrived on Wednesday morning.

▻ Le facteur passe tous les matins.
The postman comes every morning.

▻ Tu veux que je vienne le matin ?
Do you want me to come in the morning?

▻ À trois heures du matin.
At three in the morning ou at 3 a.m.

morning /ˈmɔːnɪŋ/

ℹ *Notez l'emploi de* ***on*** *en anglais lorsqu'on dit la date.*

► **tous les matins : every** /ˈevrɪ/ **morning**

► **le matin** (= dans la matinée) **: in the morning**

ℹ *Pour dire l'heure, on fait suivre le chiffre de* ***in the morning*** *ou de* ***a.m.*** /eɪˈem/*, qui est l'abréviation de* ***ante meridiem*** *("avant midi" en latin).*

matinée

▻ J'ai passé la matinée à faire le ménage.
I spent the morning doing the housework.

morning /ˈmɔːnɪŋ/

Suite page suivante

▷ Je t'appellerai dans la matinée.
I'll call you this morning.

▷ Le plombier vient demain dans la matinée.
The plumber is coming tomorrow morning.

▷ Le dimanche, je fais la grasse matinée.
On Sundays I have a lie-in.

► **dans la matinée :** this morning

► **demain dans la matinée :** tomorrow /təˈmɒrəʊ/ morning

► **faire la grasse matinée :** have a lie-in /laɪ ˈɪn/ (had, had)

mauvais, mauvaise

1 ▷ Ce sandwich est vraiment mauvais.
This sandwich is really bad.

▷ Je suis mauvais en maths.
I'm bad at maths.

▷ Il a fait mauvais toute la semaine.
The weather has been bad all week.

2 ▷ C'était la mauvaise réponse.
It was the wrong answer.

1 (= pas bon) bad /bæd/ (**plus mauvais** worse /wɜːs/, **le plus mauvais** the worst /wɜːst/)

► **être mauvais en... :** be bad at...

► **faire mauvais** (en parlant du temps) **:** be bad

2 (= incorrect) wrong /rɒŋ/

mauve

▷ Sophie portait un foulard mauve.
Sophie was wearing a mauve scarf.

▷ Le mauve te va bien.
Mauve suits you.

mauve /məʊv/

► **le mauve :** mauve

Attention : pas d'article en anglais.

maximum

▷ Le maximum est cent euros.
The maximum is a hundred euros.

▷ Quelle est la vitesse maximum autorisée ?
What's the maximum speed allowed?

maximum /ˈmæksɪməm/

L'accent tonique est sur la première syllabe ***max-****.*

mayonnaise

▷ En entrée il y avait des œufs durs avec de la mayonnaise.
As a starter there were boiled eggs with mayonnaise.

mayonnaise /ˌmeɪəˈneɪz/

Le premier ***a*** *du mot anglais se prononce comme le* ***e*** *de* ***bed****.*

me ou m'

1 ▷ Est-ce que tu m'entends ?
Can you hear me?

2 ▷ David m'a prêté des chaises pour la fête.
David lent me some chairs for the party.

▷ Robert me l'a montré.
Robert showed it to me.

1 (complément d'objet direct) me /miː/

2 *En fonction du verbe employé, le complément d'objet direct* me *est traduit soit par* ***me****, soit par* ***to me****.*

3 ▷ Je me gratte parce que j'ai des piqûres de moustique.
I'm scratching myself because I have mosquito bites.

3 Le pronom réfléchi **me** *est parfois traduit par* ***myself*** /maɪ'self/ *(notamment si l'action est vraiment effectuée sur soi).*

4 ▷ Je me suis trompé.
I made a mistake.
▷ Je me lève à sept heures.
I get up at seven.

4 Mais, quand le verbe n'est pas vraiment réfléchi, c'est-à-dire s'il n'y a pas d'action effectuée sur soi, le pronom **me** *n'est souvent pas traduit.*

mec

1 ▷ Ce mec est vraiment idiot !
This guy is really stupid!

1 (= garçon, homme) **guy** /gaɪ/

ℹ *Guy, comme* **mec**, *est un mot familier.*

2 ▷ Vous connaissez le nouveau mec d'Élodie ?
Do you know Élodie's new boyfriend?

2 (= copain) **boyfriend** /'bɔɪfrend/

mécanicien, mécanicienne

▷ Le mécanicien du garage a dit que la panne n'était pas grave.
The garage mechanic said that the breakdown wasn't serious.
▷ Le cousin de Julie est mécanicien.
Julie's cousin is a mechanic.

(qui répare les voitures) **mechanic** /mɪ'kænɪk/

🔊 *Le* ***ch*** *se prononce comme un* ***k***.

ℹ *N'oubliez pas l'article* ***a*** *ou* ***an*** *devant le nom du métier lorsqu'il suit les verbes* ***be*** *ou* ***become***.

mécanique

▷ Ludovic fait des études de mécanique.
Ludovic is studying mechanical engineering.

(= matière, technique) **mechanical engineering** /mɪ'kænɪkəl ˌendʒɪ'nɪərɪŋ/

méchamment

▷ Déborah m'a répondu méchamment.
Déborah answered me nastily.

nastily /'nɑːstɪlɪ/

méchant, méchante

1 ▷ Aurélien est méchant avec sa sœur.
Aurélien is nasty to his sister.

1 (= désagréable) **nasty** /nɑːstɪ/ (**plus méchant** nastier /'nɑːstɪəʳ/, **le plus méchant** the nastiest /'nɑːstɪɪst/)

ℹ *Notez la préposition employée en anglais : méchant avec = nasty* ***to***.

2 ▷ Ils ont deux gros chiens méchants.
They've got two big fierce dogs.

2 (féroce, en parlant d'un animal) **fierce** /fɪəs/ (**plus méchant** fiercer /'fɪəsəʳ/, **le plus méchant** the fiercest /'fɪəsɪst/)

mèches

▷ Joan s'est fait faire des mèches.
Joan has had highlights put in.

(= mèches colorées) **highlights** /'haɪlaɪts/

► **se faire faire des mèches : have highlights put in** (had, had)

ℹ Une mèche *au sens de* touffe de cheveux *se dit* ***a lock of hair*** /ˌlɒk əv 'hɛəʳ/ *en anglais.*

médaille

1 ▷ Les Français ont remporté la médaille d'or.
The French won the gold medal.

2 ▷ Saskia porte une médaille en or autour du cou.
Saskia wears a gold medallion round her neck.

1 (= décoration, prix) **medal** /'medl/

2 (= bijou) **medallion** /mɪ'dæljən/

médecin

▷ Le médecin a dit que je devais me reposer.
The doctor said that I should rest.

▷ Les études sont très longues pour devenir médecin.
It takes many years of study to become a doctor.

doctor /'dɒktəʳ/

🔊 *Le* ***or*** *de* ***doctor*** *se prononce comme le e du mot français* de.

ℹ *N'oubliez pas l'article* **a** *ou* **an** *devant le nom du métier lorsqu'il suit les verbes* ***be*** *ou* ***become****.*

médecine

▷ Loïc fait des études de médecine.
Loïc studies medicine.

medicine /'medsn/

ℹ *Attention à l'orthographe du mot anglais.*

ℹ ***Medicine*** *signifie aussi* médicament.

médias

▷ Les médias ont de plus en plus de pouvoir.
The media has more and more power.

media /mi:dɪə/

ℹ *Le mot* ***media*** *est indénombrable : on ne le met pas au pluriel et il ne s'emploie pas avec l'article* ***an****. On dit par exemple* ***the media*** (les médias).

médicament

▷ Jean-Jacques prend des médicaments pour l'estomac.
Jean-Jacques takes medicine for his stomach.

medicine /'medsn/

ℹ *Le mot anglais* ***medicine*** *s'emploie le plus souvent au singulier, comme dans l'exemple à gauche.*

ℹ ***Medicine*** *signifie aussi* médecine.

médiéval

▷ Nous avons visité une ville médiévale.
We visited a medieval city.

medieval /ˌmedɪ'iːvəl/

médire

▷ Arrête de médire !
Stop criticizing!
▷ Elle n'arrête pas de médire de ses collègues.
She doesn't stop criticizing her colleagues.

criticize /'krɪtɪsaɪz/

► **médire de** quelqu'un : criticize somebody

Méditerranée

▷ C'est plus facile de nager dans la Méditerranée que dans l'océan.
It's easier to swim in the Mediterranean than in the ocean.

► la **Méditerranée :** the Mediterranean /ˌmedɪtə'reɪnɪən/

L'accent tonique principal est sur la quatrième syllabe ***-ra-***

méduse

▷ Il y avait des méduses mortes sur la plage.
There were some dead jellyfish on the beach.

jellyfish /'dʒelɪfɪʃ/

ℹ *Le pluriel de* ***jellyfish*** *est invariable : one* ***jellyfish****, two* ***jellyfish****.*

se méfier

1 ▷ Méfie-toi, ça glisse.
Be careful, it's slippery.
2 ▷ Je me méfie de lui, je crois qu'il est malhonnête.
I don't trust him, I think he's dishonest.

1 (= faire attention) **be careful** /'kɛəfʊl/

2 *Pour dire qu'on ne fait pas confiance à quelqu'un, on emploie en anglais la forme négative du verbe* ***trust*** /trʌst/.

mégot

▷ Il y avait plein de mégots par terre.
There were lots of cigarette butts on the ground.

cigarette butt /sɪgə'ret bʌt/ (pluriel : cigarette butts)

meilleur, meilleure

1 ▷ Paul est meilleur que moi en natation.
Paul is better than me at swimming.
2 ▷ Latifa a toujours été la meilleure élève de la classe.
Latifa has always been the best pupil in the class.
3 ▷ Il fait meilleur qu'hier.
The weather's better than yesterday.

1 (= plus doué, plus savoureux, etc.) **better** /'betəʳ/

2 ► **le meilleur** *ou* **la meilleure :** the best /best/

3 ► **il fait meilleur :** the weather's better

mélange

▷ C'est un mélange d'eau et de lait.
It's a mixture of water and milk.

mixture /'mɪkstʃəʳ/

mélanger

1 ▷ Bien mélanger les ingrédients.
Mix the ingredients well.
2 ▷ Ma grand-mère mélange les dates.
My grandmother confuses dates.

1 (= combiner) **mix** /mɪks/

2 ► **mélanger** des choses (= les confondre) **:** confuse things

se mêler

1 ▷ Ne te mêle pas des affaires des autres !
Don't interfere in other people's business!
2 ▷ Mêle-toi de ce qui te regarde !
Mind your own business!

1 ► **se mêler de** quelque chose **:** interfere /ˌɪntəˈfɪəʳ/ in something

2 *Pour dire à quelqu'un de s'occuper de ses affaires, on emploie l'expression* ***mind your own business!*** /ˌmaɪnd jər əʊn ˈbɪznɪs/.

mélodie

▷ Je ne me souviens plus de la mélodie.
I can't remember the tune.

tune /tjuːn/

melon

▷ Ce melon est délicieux.
This melon is delicious.

melon /ˈmelən/

Le ***e*** *du mot anglais* ***melon*** *se prononce comme le* ***e*** *de* ***bed****.*

membre

▷ Tous les membres du club étaient là.
All the members of the club were there.

member /ˈmembəʳ/

même

1 ▷ Les deux sont de la même couleur.
They are both the same colour.
▷ Tu crois que c'est la même ?
Do you think it's the same one?
▷ Je ne crois pas que ce soient les mêmes.
I don't think they are the same ones.
▷ J'ai le même tee-shirt que toi.
I've got the same T-shirt as you.
2 ▷ Même Sarah est venue à la soirée.
Even Sarah came to the party.
▷ Rupert n'a même pas voulu me parler.
Rupert didn't even want to talk to me.

1 (= identique) **same** /seɪm/

► **le même** *ou* **la même :** the same one

► **les mêmes :** the same ones

► **le même** *ou* **la même... que :** the same... as

2 (= y compris) **even** /ˈiːvən/

► **même pas... :** not even...

mémé

▷ La mémé de Claire a soixante ans.
Claire's granny is sixty years old.

granny /ˈgrænɪ/
(pluriel : grannies /ˈgrænɪz/)

mémoire

▷ Je n'ai pas une très bonne mémoire.
I haven't got a very good memory.
▷ Lionel a de la mémoire.
Lionel has a good memory.

(= la mémoire d'une personne, d'un ordinateur) **memory** /'memərɪ/
► **avoir de la mémoire :** have a good memory

menacer

▷ L'homme m'a menacé avec un couteau.
The man threatened me with a knife.

threaten /'θretn/
Le ***ea*** *de* ***threaten*** *se prononce comme le* ***e*** *de* ***bed****.*

ménage

▷ C'est presque toujours moi qui fais le ménage.
It's nearly always me that does the housework.

► **faire le ménage :** do the housework /'haʊswɜːk/

mendiant, mendiante

▷ J'ai donné de l'argent à un mendiant.
I gave some money to a beggar.

beggar /'begəʳ/

mendier

▷ Il y a des gens qui mendient dans le métro.
There are people who beg on the underground.

beg /beg/
Il y a deux ***g*** *au gérondif (****begging*** /'begɪŋ/*), au prétérit et au participe passé (****begged*** /begd/*).*

mener

▷ Marseille mène deux à un.
Marseille is leading two to one.
▷ Ce chemin mène à la rivière.
This path leads to the river.

lead /liːd/ (led, led /led/)
► **mener à** (= déboucher sur) **:** lead to

mensonge

▷ Je ne te crois pas, c'est un mensonge !
I don't believe you, it's a lie!
▷ Arrête de dire des mensonges.
Stop telling lies.

lie /laɪ/
► **dire des mensonges :** tell lies /'laɪz/ (told, told)

mentalité

▷ Il a une mentalité d'enfant de cinq ans.
He has the mentality of a five-year-old child.

mentality /men'tælɪtɪ/ (pluriel : mentalities /men'tælɪtɪz/)

menteur, menteuse

▷ Méfie-toi d'elle, c'est une menteuse.
Don't trust her, she's a liar.

liar /'laɪəʳ/
Liar *rime avec* ***fire*** *et* ***higher****.*

menthe

▷ J'ai planté de la menthe dans le jardin.
I planted some mint in the garden.
▷ C'est du dentifrice à la menthe.
It's mint toothpaste.
▷ Je prends des bonbons à la menthe pour le voyage.
I'm taking some mints for the journey.

mint /mɪnt/

► **à la menthe :** mint

► **un bonbon à la menthe :** a mint

mentir

▷ Je sais que tu mens.
I know that you're lying.

▷ Thierry m'a menti.
Thierry lied to me.

lie /laɪ/

ℹ *Le **ie** de **lie** devient **y** à la forme en **-ing** (**lying** /ˈlaɪɪŋ/).*

► **mentir à** quelqu'un **:** lie to somebody

menton

▷ Tu as de la tomate sur le menton.
You've got some tomato on your chin.

chin /tʃɪn/

🔊 *Prononcez bien le **ch** (comme le **tch** de **match**).*

menu

▷ Passe-moi le menu, s'il te plaît.
Pass me the menu, please.

menu /ˈmenjuː/

🔊 *Se prononce comme **men you**.*

menuisier

▷ Le menuisier est venu réparer l'escalier.
The joiner came to repair the stairs.
▷ Le père de Bérénice est menuisier.
Bérénice's father is a joiner.

joiner /ˈdʒɔɪnəʳ/

ℹ *N'oubliez pas l'article **a** ou **an** devant le nom du métier lorsqu'il suit les verbes **be** ou **become**.*

méprisant, méprisante

▷ Je le trouve vraiment méprisant.
I find him really contemptuous.

contemptuous /kənˈtemptjʊəs/
(**plus méprisant** more contemptuous, **le plus méprisant** the most contemptuous)

mer

▷ La mer est calme aujourd'hui.
The sea is calm today.
▷ Nous allons à la mer chaque été.
We go to the seaside every summer.

sea /siː/

► **la mer** (= la côte) **:** the seaside /ˈsiːsaɪd/

merci

▷ Merci, c'était très bon.
Thank you, it was very good.

thank you /'θæŋk juː/

*On peut aussi dire **thanks** /θæŋks/ si on s'adresse à quelqu'un qu'on connaît bien.*

▷ Merci beaucoup pour le cadeau.
Thank you very much for the present.

► **merci beaucoup :** thank you very much

*On peut aussi dire **thanks very much** si on s'adresse à quelqu'un qu'on connaît bien.*

▷ Merci de m'avoir aidée.
Thank you for helping me.

▷ Merci d'être venu.
Thank you for coming.

► **merci de** + infinitif passé : thank you for + -ing

*On peut aussi dire **thanks for** + **-ing** si on s'adresse à quelqu'un qu'on connaît bien.*

▷ Reprends du gâteau. – Non merci, je n'ai plus faim.
Have some more cake. – No thank you, I'm not hungry anymore.

► **non merci :** no thank you

*On peut aussi dire **no thanks** si on s'adresse à quelqu'un qu'on connaît bien.*

▷ Tu veux du chocolat ? – Oui, merci.
Do you want some chocolate? – Yes, please.

► **oui, merci :** yes, please /jes 'pliːz/

mercredi

▷ Aujourd'hui c'est mercredi.
Today is Wednesday.

Wednesday /'wenzdeɪ/

*Comme tous les jours de la semaine en anglais, **Wednesday** prend toujours une majuscule.*

▷ Nous partirons mercredi.
We'll leave on Wednesday.

▷ Peter est venu mercredi.
Peter came on Wednesday.

(= mercredi prochain *ou* mercredi dernier) on Wednesday

▷ Le mercredi, Sandra va à son cours de tennis.
On Wednesdays Sandra goes to her tennis lesson.

► **le mercredi** (= tous les mercredis) **:** on Wednesdays

mère

▷ La mère de Thibauld est infirmière.
Thibauld's mother is a nurse.

mother /'mʌðəʳ/

mériter

▷ Je crois que j'ai bien mérité ces vacances !
I think I deserved this holiday!

deserve /dɪ'zɜːv/

*Le **s** du mot **deserve** se prononce comme le **z** de **zoo**.*

merveilleux

▷ Il y a des paysages merveilleux en Irlande.
There are some marvellous landscapes in Ireland.

marvellous /'mɑːvələs/

mes

▻ Mes parents sont tous les deux médecins.
My parents are both doctors.

my /maɪ/
My correspond à **mon**, **ma** *et* **mes**.

mesdames

▻ Bonjour mesdames, comment allez-vous ?
Hello, how are you?

Quand on s'adresse directement à quelqu'un, il n'y a pas d'équivalent de **mesdames** *en anglais.*

mesdemoiselles

▻ Bonjour mesdemoiselles, comment allez-vous ?
Hello, how are you?

Quand on s'adresse directement à quelqu'un, il n'y a pas d'équivalent de **mesdemoiselles** *en anglais.*

message

▻ Quand je suis rentré, il y avait un message sur le répondeur.
When I came back, there was a message on the answering machine.

message /'mesɪdʒ/
Le **a** *de* **message** *se prononce comme le* **i** *de* **big**. **Message** *rime avec* **bridge**.

messe

▻ La messe commence à dix heures.
Mass starts at ten o'clock.

▻ Mes grands-parents vont à la messe tous les dimanches.
My grandparents go to mass every Sunday.

mass /mæs/
(pluriel : masses /'mæsɪz/)
► **aller à la messe :** go to mass (went, gone/been)

messieurs

1 ▻ Bonjour messieurs, comment allez-vous ?
Hello, how are you?

2 ▻ Il y a deux messieurs qui t'attendent.
There are two gentlemen waiting for you.

1 *Quand on s'adresse directement à quelqu'un, il n'y a pas d'équivalent de* **messieurs** *en anglais.*

2 (= hommes) **gentlemen** /'dʒentlmen/

mesurer

1 ▻ David mesure un mètre quatre-vingts.
David is one metre eighty tall.
ou
David is six feet tall.

1 *Pour donner la taille d'une chose ou d'une personne, on emploie en anglais l'expression* **be... tall** /tɔːl/.
*Au Royaume-Uni, le système métrique est officiellement employé mais la taille des gens se donne généralement en pieds (***feet*** /fiːt/) et pouces (***inches*** /'ɪntʃɪz/).*
A foot = environ 30 centimètres ; ***an inch*** = environ 2,5 centimètres.

▷ Combien est-ce que tu mesures ?
How tall are you?

*Pour demander combien mesure quelqu'un, on dit **how tall** /haʊ 'tɔːl/ **are you?**, **how tall is he?**, etc.*

2 ▷ On va mesurer la pièce pour voir si le canapé rentre.
We're going to measure the room to see if the sofa fits.

2 (= prendre les dimensions de) **measure** /'meʒəʳ/

métal

▷ Le plomb est un métal très lourd.
Lead is a very heavy metal.

▷ Ces chaises sont en métal.
These chairs are made of metal.

▷ Ce sont des tasses en métal.
These are metal cups.

metal /'metl/

► **être en métal :** be made /meɪd/ of metal

► **en métal :** metal

métallique

▷ Ils l'ont frappé avec une barre métallique.
They hit him with a metal bar.

(= en métal) **metal** /'metl/

météo

▷ Que dit la météo pour demain ?
What does the weather forecast say for tomorrow?

► **la météo** (= le bulletin météorologique) **:** the weather forecast /'weðə fɔːˌkɑːst/

méthode

▷ Ses méthodes sont très intéressantes.
His methods are very interesting.

(= moyen) **method** /'meθəd/

*Le **th** est celui de **thing**.*

métier

▷ Quel métier faites-vous ?
What job do you do?

job /dʒɒb/

mètre

▷ Il y a deux mètres d'eau ici.
There are two metres of water here.

metre /'miːtəʳ/

*En anglais, **metre** rime avec **heater** et **litre**.*

▷ La cuisine fait quinze mètres carrés.
The kitchen measures fifteen square metres.

► **mètre carré :** square metre /ˌskwɛə 'miːtəʳ/ (pluriel : square metres)

*Aux États-Unis, on écrit **meter**.*

métro

▷ On prend le métro ou le bus ?
Are we taking the underground or the bus?

underground /'ʌndəgraʊnd/

*Aux États-Unis, on dit **subway** /'sʌbweɪ/.*

metteur en scène

▻ C'est un metteur en scène très connu en France.
He's a very well-known director in France.
▻ Il est à la fois comédien et metteur en scène.
He is both an actor and a director.

director /daɪrektəʳ/
N'oubliez pas l'article ***a*** *ou* ***an*** *devant le nom du métier lorsqu'il suit les verbes* ***be*** *ou* ***become****.*

mettre

1 ▻ Mets tes affaires sur le lit.
Put your things on the bed.

1 (= poser, placer) **put** /pʊt/ (put, put)

2 ▻ J'ai mis mes lunettes de soleil.
I put my sunglasses on.

2 (= mettre sur soi, en parlant d'un vêtement, de lunettes, de maquillage) **put on** (put on, put on)

3 ▻ Est-ce que tu mets souvent ta veste noire ?
Do you often wear your black jacket?

3 (= porter) **wear** /wɛəʳ/ (wore /wɔːʳ/, worn /wɔːn/)

4 ▻ Lucie a mis deux heures pour faire son CV.
Lucie took two hours to do her CV.

4 (pour parler du temps qu'il faut pour faire quelque chose) **take** /teɪk/ (took /tʊk/, taken /ˈteɪkən/)

5 ▻ Je peux mettre la radio ?
Can I put the radio on?

5 (= allumer) **put on** (put on, put on)

6 ▻ Matthew s'est mis au premier rang pour mieux entendre.
Matthew sat in the first row to hear better.

6 ► **se mettre** (= s'asseoir) **: sit** /sɪt/ (sat, sat /sæt/)

7 ▻ Mets-toi près de la porte pour l'empêcher de sortir.
Stand near the door to prevent him from going out.

7 ► **se mettre** (= se tenir debout) **: stand** /stænd/ (stood, stood /stʊd/)

8 ▻ Il s'est mis à pleuvoir dès qu'on est sortis.
It started raining as soon as we went out.

8 ► **se mettre à** + infinitif : **start** /stɑːt/ + **-ing**

meuble

▻ C'est un meuble très ancien.
It's a very old piece of furniture.
▻ Les meubles seront livrés demain.
The furniture will be delivered tomorrow.
▻ Il y a des meubles dans le garage.
There's some furniture in the garage.

► **un meuble : a piece of furniture** /ˈfɜːnɪtʃəʳ/
► **des meubles : furniture**
Le mot ***furniture*** *est indénombrable : il ne se met pas au pluriel, et ne s'emploie pas avec l'article* ***a****. On dit par exemple* ***this furniture is very heavy*** (ces meubles sont très lourds).

meurtre

▻ Il y a eu un meurtre hier soir.
There was a murder last night.

murder /ˈmɜːdəʳ/

meurtrier, meurtrière

▷ La police cherche le meurtrier.
The police are looking for the murderer.

murderer /'mɜːdərəʳ/

mexicain, mexicaine

▷ Nous sommes allés voir un groupe de musiciens mexicains.
We went to see a group of Mexican musicians.
▷ Il y a beaucoup de Mexicains qui vivent aux États-Unis.
There are a lot of Mexicans who live in the United States.

Mexican /'meksɪkən/
ℹ *S'écrit toujours avec une majuscule, comme tous les adjectifs et noms de nationalité en anglais.*

Mexique

▷ Le Mexique produit du pétrole.
Mexico produces oil.
▷ Il y a des ruines incas au Mexique.
There are Inca ruins in Mexico.
▷ Ils sont allés au Mexique.
They went to Mexico.

Mexico /'meksɪkəʊ/
ℹ *Ne prend jamais d'article.*
► **le Mexique :** Mexico
► **au Mexique** (= dans le pays) **:** in Mexico
► **au Mexique** (= vers le pays) **:** to Mexico
ℹ *En anglais, la ville de* Mexico *s'appelle* ***Mexico City***.

miauler

▷ Je ne sais pas pourquoi le chat miaule comme ça.
I don't know why the cat is miaowing like that.

miaow /miː'aʊ/

micro

▷ Parle dans le micro, on n'entend rien !
Speak into the microphone, we can't hear anything!

(= microphone) **microphone** /'maɪkrəfəʊn/
ℹ *Notez la préposition employée : parler* dans *un microphone = speak* ***into*** *a microphone.*

microbe

▷ Tu vas me passer tous tes microbes si tu continues à tousser comme ça !
You're going to give me all your germs if you carry on coughing like that!

germ /dʒɜːm/
🔊 *Le* ***g*** *de* ***germ*** *se prononce comme le* ***j*** *de* ***Jack***. ***Germ*** *rime avec* ***firm***.

micro-ondes

▷ J'utilise très souvent le micro-ondes.
I often use the microwave.

microwave /'maɪkrɒʊweɪv/

microscope

▷ Le microscope du laboratoire est cassé.
The laboratory microscope is broken.

▷ Nous avons observé l'insecte au microscope.
We examined the insect under a microscope.

microscope /'maɪkrəskəʊp/

🔊 *Le* **i** *de* **microscope** *se prononce comme le* **i** *de* **like**.

► **au microscope :** under a microscope

midi

1 ▷ Il est midi et demie.
It's half past twelve.
▷ Il est midi.
It's twelve o'clock.
2 ▷ À midi je vais généralement au restaurant avec mes collègues.
At lunchtime I usually go to the restaurant with my colleagues.
3 ▷ Est-ce que vous connaissez le Midi ?
Do you know the south of France?

1 (pour dire l'heure) **twelve** /twelv/

ℹ *Quand il est midi pile, on peut aussi dire* **midday** /mɪd'deɪ/.

2 *Quand* midi *veut dire* l'heure du déjeuner, *on le traduit par* **lunchtime** /'lʌntʃtaɪm/.

3 ► **le Midi** (de la France) **:** the south of France /saʊθ əv 'frɑːns/

miel

▷ Pour le petit-déjeuner, il y avait du pain grillé, du beurre et du miel.
For breakfast there was toast, butter and honey.

honey /'hʌnɪ/

🔊 *Le* **o** *de* **honey** *se prononce comme le* **u** *de* **duck**.

mien, mienne

▷ Ses parents sont plus jeunes que les miens.
His parents are younger than mine.
▷ Tu ne trouves pas tes lunettes de soleil ? Prends les miennes.
You can't find your sunglasses ? Take mine.

► **le mien** *ou* **la mienne** *ou* **les miens** *ou* **les miennes :** mine /maɪn/

miette

▷ Il y a plein de miettes sous la table.
There are lots of crumbs under the table.

(= miette de pain) **crumb** /krʌm/

🔊 *Le* **b** *de* **crumb** *ne se prononce pas.* **Crumb** *rime avec* **Mum** *et* **drum**.

mieux

1 ▷ Tu te sens mieux ?
Are you feeling better?

▷ Ce CD est mieux que le précédent.
This CD is better than the previous one.

1 (= plus en forme, de meilleure qualité, de façon plus satisfaisante) **better** /'betəʳ/

► **mieux que :** better than

2 ▷ Je trouve que Michaël est mieux que son frère.
I think Michaël is better-looking than his brother.

2 (= plus séduisant) **better-looking** /betə 'lʊkɪŋ/

3 ▷ Celle-ci est la mieux de toutes.
This one is the best of all.

3 ► **le mieux** *ou* **la mieux :** the best /best/

4 ▷ C'est Amélie qui chante le mieux.
Amélie is the one who sings best.

4 ► **le mieux** (après un verbe) **:** best

5 ▷ Tu ferais mieux de te dépêcher.
You had better hurry up.

5 *Pour donner un conseil à quelqu'un, on emploie en anglais* ***had better*** *+ base verbale.*

6 ▷ Les choses vont de mieux en mieux.
Things are going better and better.

6 ► **de mieux en mieux :** better and better /ˌbetərən'betəʳ/

mignon, mignonne

▷ Ce petit chien est vraiment mignon.
That little dog is really cute.

(= joli, séduisant) **cute** /kjuːt/ **(plus mignon** cuter /'kjuːtəʳ/, **le plus mignon** the cutest /'kjuːtɪst/**)**

migraine

▷ J'ai la migraine depuis ce matin.
I've had a headache since this morning.

► **avoir la migraine** (= avoir mal à la tête) **:** have a headache /'hedeɪk/

Headache *rime avec* ***lake.***

milieu

1 ▷ Le milieu de la piscine est ici.
The middle of the swimming pool is here.
▷ Je préfère celui du milieu.
I prefer the one in the middle.
▷ Mets-toi au milieu, tu verras mieux.
Sit in the middle, you'll see better.
▷ Rachid s'est mis à danser au milieu de la chambre.
Rachid started dancing in the middle of the room.

1 (= centre) **middle** /'mɪdl/

► **... du milieu :** ... in the middle

► **au milieu :** in the middle

► **au milieu de :** in the middle of

2 ▷ Clémentine vient d'un milieu riche.
Clémentine comes from a rich background.

2 (= origine familiale) **background** /'bækgraʊnd/

militaire

1 ▷ Les militaires défilaient dans la rue.
The soldiers were marching in the street.

1 ► **un militaire** (= un soldat) **:** a soldier /'səʊldʒəʳ/

2 ▷ L'intervention militaire n'est pas nécessaire.
Military intervention is not necessary.

2 (adjectif = relatif à l'armée) **military** /'mɪlɪtərɪ/

Attention ! Le mot ***military*** *est seulement adjectif en anglais.*

mille

▷ Il y avait plus de mille spectateurs.
There were more than a thousand spectators.
▷ Ça vaut deux mille euros.
It costs two thousand euros.

▷ Je suis allé en Angleterre en deux mille un.
I went to England in two thousand and one.

a thousand /'θaʊzənd/

Thousand ne prend jamais de s quand il veut dire mille : deux mille *se dit* ***two thousand***, trois mille ***three thousand***, etc.

Quand ***thousand*** *est suivi d'un chiffre de 1 à 99, il faut employer* ***and***.

milliard

▷ Ça vaut un milliard de dollars.
It costs a billion dollars.
▷ Il y a plus de cinq milliards de personnes dans le monde.
There are more than five billion people in the world.

▷ Il y a des milliards d'insectes dans ce champ.
There are billions of insects in this field.

► **un milliard : a billion** /'bɪljən/

Quand ***billion*** *est précédé d'un chiffre, il ne prend pas de* ***s***.

Remarquez l'absence de préposition en anglais : cinq milliards de... = ***five billion...***

► **des milliards de... : billions of...**

millier

▷ Il y avait un millier de personnes dans le stade.
There were about a thousand people in the stadium.
▷ Des milliers de gens ont téléphoné.
Thousands of people phoned.

► **un millier de... : about a thousand...** /ə,baʊt ə 'θaʊzənd/

► **des milliers de... : thousands of...** /θaʊzəndz əv/

millimètre

▷ Le métal fait deux millimètres d'épaisseur.
The metal is two millimetres thick.

millimetre /'mɪlɪ,miːtəʳ/

Aux États-Unis, on écrit ***millimeter***.

million

▷ Ils ont gagné un million au Loto.
They won a million on the Lottery.
▷ La France a presque soixante millions d'habitants.
France has almost sixty million inhabitants.

▷ Il y a des millions de fleurs dans ce champ !
There are millions of flowers in this field!

► **un million : a million** /'mɪljən/

Quand ***million*** *est précédé d'un multiple, il ne prend pas de* ***s***.

Remarquez l'absence de préposition en anglais : soixante millions de... = ***sixty million...***

► **des millions de... : millions of...**

mimer

▷ Tu mimes un titre de film et on essaie de deviner, d'accord ?

mime /maɪm/

You mime a film title and we try to guess, OK?

Le mot anglais ***mime*** *rime avec* ***time****.*

mince

1 ▷ Sylviane est très mince.
Sylviane is very slim.

2 ▷ Coupe-moi une tranche mince.
Cut me a thin slice.

3 ▷ Mince, j'ai oublié le lait !
Damn, I forgot the milk!

1 (= svelte) **slim** /slɪm/
(plus mince slimmer /ˈslɪməʳ/**, le plus mince** the slimmest /ˈslɪmɪst/**)**

2 (= fin) **thin** /θɪn/
(plus mince thinner /ˈθɪnəʳ/**, le plus mince** the thinnest /ˈθɪnɪst/**)**

3 ► **mince ! : damn!** /dæm/

Le mot ***damn*** *est très familier.*

mine

1 ▷ La mine de mon crayon est cassée.
The lead of my pencil is broken.

2 ▷ Le travail dans les mines était très dur.
Work in the mines was very hard.

3 ▷ Tu as bonne mine aujourd'hui.
You look well today.

▷ Sébastien a mauvaise mine, peut-être qu'il a la grippe.
Sébastien doesn't look well, perhaps he has flu.

1 (= bout d'un crayon) **lead** /led/

Lead *au sens de mine de crayon rime avec* ***bed****.*

2 (d'où on extrait les métaux, le charbon) **mine** /maɪn/

Le ***i*** *de* ***mine*** *se prononce comme le* ***i*** *de* ***like****.*

3 ► **avoir bonne mine** (= avoir l'air en bonne santé) **: look well** /lʊk wel/

Pour dire le contraire, on emploie la forme négative de ***look well****.*

mineur, mineure

1 ▷ Les mineurs n'ont pas le droit d'acheter d'alcool.
Minors aren't allowed to buy alcohol.

2 ▷ Quand on est mineur, il faut l'autorisation des parents.
When you're under age, you need your parents' permission.

3 ▷ Les mineurs sont en grève.
The miners are on strike.

1 ► **un mineur** *ou* **une mineure** (= une jeune personne) **: a minor** /ˈmaɪnəʳ/

2 ► **être mineur** (avoir moins de 18 ans) **: be under age** /ˌʌndərˈeɪdʒ/

3 ► **un mineur** (= une personne qui travaille dans une mine) **: a miner** /ˈmaɪnəʳ/.

minimum

▷ Le minimum est cent euros.
The minimum is a hundred euros.

minimum /ˈmɪnɪməm/

ministre

▻ La ministre de l'Éducation est très jeune.
The Education minister is very young.

minister /'mɪnɪstəʳ/

En anglais américain, on dit ***secretary*** /'sekrətərɪ/.

▻ Le Premier ministre a parlé à la télé.
The Prime Minister's spoke on TV.

► **Premier ministre :** Prime Minister /ˌpraɪm 'mɪnɪstəʳ/ (pluriel : Prime Ministers)

Minitel®

▻ Regarde sur le Minitel, ça y sera certainement.
Look on Minitel, it will probably be there.

Minitel

Le Minitel *n'existe pas au Royaume-Uni. Si vous voulez expliquer en anglais ce que c'est que le Minitel, vous pouvez dire que c'est un* ***Viewdata service***.

minuit

▻ Les filles sont rentrées après minuit.
The girls came back after midnight.

▻ Il est minuit vingt.
It's twenty past midnight.

midnight /'mɪdnaɪt/

minuscule

1 ▻ Ton écriture est minuscule, je n'y vois rien.
Your handwriting is tiny, I can't see anything.

1 (= tout petit) **tiny** /'taɪnɪ/ (**plus minuscule** tinier /'taɪnɪəʳ/, **le plus minuscule** the tiniest /'taɪnɪɪst/)

Le ***i*** *de* ***tiny*** *se prononce comme le* ***i*** *de* ***like***.

2 ▻ Je mets un A majuscule ou un A minuscule ?
Do I put a capital A or a small A?

▻ L'adresse électronique est tout en minuscules.
The e-mail address is all in small letters.

2 (par opposition à majuscule) **small** /smɔːl/

► **une minuscule :** a small letter /smɔːl 'letəʳ/

minute

▻ Le documentaire dure quarante minutes.
The documentary lasts forty minutes.

minute /'mɪnɪt/

La deuxième syllabe du mot anglais ***minute*** *se prononce exactement comme le mot* ***it***. ***Minute*** *rime avec* ***win it***.

▻ Une minute, j'arrive !
Just a minute, I'm coming!

► **une minute !** (pour faire patienter quelqu'un) **:** just a minute!

miracle

▻ Personne n'a été blessé, c'est un miracle.
Nobody was injured, it's a miracle.

miracle /'mɪrəkl/

miroir

▷ Le miroir de la salle de bains est très sale.
The mirror in the bathroom is very dirty.

mirror /ˈmɪrəʳ/

La deuxième syllabe se prononce comme le e *du mot français* de.

mise en scène

▷ J'ai beaucoup aimé la mise en scène.
I really liked the production.

production /prəˈdʌkʃən/

misère

▷ Ils ont vécu dans la misère.
They lived in poverty.

(= pauvreté) **poverty** /ˈpɒvətɪ/

mi-temps

1 ▷ La seconde mi-temps était plus intéressante que la première.
The second half was more interesting than the first.

2 ▷ On se retrouvera à la mi-temps.
We'll meet up at half-time.

3 ▷ Sylviane travaille à mi-temps.
Sylviane works part-time.

1 (= moitié d'un match) **half** /hɑːf/ (pluriel : **halves** /hɑːvz/)

Le l *ne se prononce pas.*

2 (= repos) **half-time** /hɑːfˈtaɪm/

3 ► **travailler à mi-temps :** work /wɜːk/ **part-time** /pɑːtˈtaɪm/

mixte

▷ Certaines écoles anglaises ne sont pas mixtes.
Some British schools aren't coeducational.

(en parlant d'une école) **coeducational** /ˌkəʊedjʊˈkeɪʃənl/

mobylette

▷ C'est plus rapide en mobylette qu'en métro.
It's much faster by moped than by metro.

moped /ˈməʊped/

moche

▷ Ce bâtiment est vraiment moche.
That building is really ugly.

ugly /ˈʌglɪ/
(plus moche **uglier** /ʌglɪəʳ/,
le plus moche **the ugliest** /ˈʌglɪɪst/)

ℹ *Moche est familier, mais* ugly *ne l'est pas.*

mode

▷ Je ne suis pas spécialement la mode.
I don't especially follow fashion.

▷ Le rose est à la mode.
Pink is fashionable.

fashion /ˈfæʃən/
► **la mode :** fashion
► **à la mode :** fashionable /ˈfæʃnəbl/

mode d'emploi

▷ Le mode d'emploi est en anglais.
The instructions are in English.

instructions /ɪnstrʌkʃəns/

Attention : pluriel en anglais.

modèle

▷ Ce modèle est plus petit que la vraie statue.
This model is smaller than the real statue.

model /'mɒdl/

L'accent tonique est sur la première syllabe ***mo-****.*

moderne

▷ Je préfère les meubles modernes.
I prefer modern furniture.

modern /'mɒdən/
(**plus moderne** more modern, **le plus moderne** the most modern)

modeste

▷ Tu es trop modeste !
You're too modest!

modest /'mɒdɪst/
(**plus modeste** more modest, **le plus modeste** the most modest)

modifier

▷ Tu devrais modifier un peu l'introduction.
You should change the introduction a bit.

change /tʃeɪndʒ/

Le ***a*** *de* ***change*** *se prononce comme le* ***a*** *de* ***make****.*

moi

1 ▷ Ces cadeaux sont pour moi ?
Are these presents for me?

2 ▷ Moi je trouve que ce n'est pas juste.
I think it isn't fair.
▷ Qui veut du café ? – Moi !
Who wants some coffee? – Me!

1 *Quand* **moi** *est complément, il se traduit par* ***me*** /miː/.

2 *Quand* **moi** *est sujet, il ne se traduit pas quand il sert à insister, mais il se traduit par* ***me*** *quand il s'agit d'une réponse à une question.*

moi-même

▷ Puisque tu ne veux pas m'aider, je vais le faire moi-même.
Since you don't want to help me, I'm going to do it myself.

myself /maɪ'self/

moineau

▷ Ces miettes sont pour les moineaux.
These crumbs are for the sparrows.

sparrow /'spærəʊ/

moins

1 ▷ J'aime moins celui-ci.
I like this one less.
▷ Adrien est moins sympa que son frère.
Adrien is less friendly than his brother.

1 (avec un verbe, un adjectif, un adverbe) less /les/
► **moins que** : less than

2 ▷ C'est la personne la moins timide que je connaisse !
She's the least shy person I know!
▷ C'est celui qui travaille le moins.
He's the one who works the least.

2 ► **le moins...** *ou* **la moins...** : the least... /liːst/

3 ▷ Il y a moins d'élèves cette année.
There are fewer students this year.

3 ► **moins de** + nom au pluriel : fewer /'fjuːəʳ/

4 ▷ Tu devrais boire moins de café.
You should drink less coffee.

4 ► **moins de** + nom au singulier : less /les/

5 ▷ Ça coûte moins de dix euros.
It costs less than ten euros.

5 ► **moins de** + prix, dimension, etc. : less than

6 ▷ Il y a trois profs de moins que l'année dernière.
There are three fewer teachers than last year.
▷ Celui-ci coûte un euro de moins que celui-là.
This one costs one euro less than that one.
▷ Yann a un an de moins que moi.
Yann is a year younger than me.

6 *Quand* **de moins** *s'applique à un nom pluriel, il se traduit par* ***fewer*** /'fjuːəʳ/.
ℹ *Remarquez l'ordre des mots dans la phrase anglaise :* ***fewer*** *vient avant le nom.*
ℹ *Quand* **de moins** *s'applique à un prix, il se traduit par* ***less***.
ℹ *Quand* **de moins** *s'applique à l'âge, on emploie le comparatif* ***younger*** /jʌŋgəʳ/.

7 ▷ Moins on mange, moins on a envie de manger.
The less you eat, the less you feel like eating.
▷ Moins tu feras d'exercice, plus tu auras de problèmes.
The less exercise you do, the more problems you'll have.

7 ► **moins... moins...** : the less... the less...
► **moins... plus...** : the less... the more...

8 ▷ Il fait au moins trente degrés.
It's at least thirty degrees.

8 ► **au moins** : at least /ət 'liːst/

9 ▷ Alban devrait venir, à moins qu'il ait changé d'avis.
Alban should come, unless he has changed his mind.

9 ► **à moins que** : unless /ʌn'les/

10 ▷ Douze moins cinq égale sept.
Twelve minus five equals seven.
▷ Il faisait moins cinq degrés.
It was minus five degrees.

10 (dans une opération, avant une température) minus /'maɪnəs/

11 ▷ Il est huit heures moins dix.
It's ten to eight.

11 (pour dire l'heure) to /tuː/
ℹ *N'oubliez pas que l'ordre des chiffres est inversé en anglais par rapport au français quand on dit l'heure.*

mois

▻ Adèle aura trente ans dans deux mois.
Adèle will be thirty in two months.

▻ Je suis beaucoup sorti au mois de mars.
I went out a lot in March.

month /mʌnθ/

Le o de month se prononce comme le u de duck.

► **au mois de** + nom du mois : in + nom du mois

moitié

▻ Il y a plus d'olives sur cette moitié.
There are more olives on this half.

▻ Sarah est à moitié française, à moitié australienne.
Sarah is half French, half Australian.

▻ La moitié des joueurs étaient là.
Half the players were there.

▻ Tu veux faire moitié-moitié ?
Do you want to go halves?

half /hɑːf/
(pluriel : halves /hɑːvz/)

Le l de half et halves ne se prononce pas.

► **la moitié de... :** half...

► **faire moitié-moitié :** go halves (went, gone)

molle

Regardez le mot mou.

mollet

▻ J'ai trop marché, j'ai mal aux mollets.
I've walked too much, my calves hurt.

calf /kɑːf/
(pluriel : calves /kɑːvz/)

Le l de calf et calves ne se prononce pas.

moment

1 ▻ J'ai passé un moment avec eux.
I spent some time with them.
▻ Ça fait un moment que j'attends.
I've been waiting for some time.

1 ► **un moment** (= un peu de temps) **:** some time /sʌm 'taɪm/

2 ▻ Un moment, j'arrive !
Just a moment, I'm coming!

2 ► **un moment !** (pour faire patienter quelqu'un) **:** just a moment! /dʒʌst ə 'məʊmənt/

3 ▻ C'est le bon moment pour lui parler.
It's the right time to speak to him.
▻ Lise est arrivée juste à ce moment-là.
Lise arrived just at that time.

3 (= heure, occasion) **time** /taɪm/

► **à ce moment-là :** at that time /ət ðæt 'taɪm/

4 ▻ Il est parti au moment où j'allais lui poser une question.
He left just as I was going to ask him a question.

4 ► **au moment où... :** just as... /'dʒʌst əz/

5 ▻ Nicolas ne va pas très bien en ce moment.
Nicolas isn't very well at the moment.

5 ► **en ce moment :** at the moment /ət ðə 'məʊmənt/

6 ▷ Par moments je me demande pourquoi je fais ça.
Sometimes I wonder why I'm doing this.

6 ► **par moments :** sometimes /'sʌmtaɪmz/

7 ▷ Pour le moment tout le monde est content.
For the moment everybody is happy.

7 ► **pour le moment :** for the moment /fə ðə 'məʊmənt/

mon

▷ Mon vélo est cassé.
My bike is broken.

my /maɪ/

ℹ *My correspond à* mon, ma, *et* mes.

monde

1 ▷ Il ne reste plus beaucoup d'éléphants dans le monde.
There aren't many elephants left in the world.

1 (= Terre) world /wɜːld/

🔊 *Attention : la prononciation est différente de celle de* word /wɜːd/.

▷ C'est le coureur le plus rapide du monde.
He's the fastest runner in the world.

► **... du monde :** ... in the world

2 ▷ Il y avait beaucoup de monde à la fête.
There were a lot of people at the party.

2 (= gens) people /'piːpl/

mondial, mondiale

1 ▷ L'équipe a participé à un tournoi mondial.
The team took part in a world tournament.

1 (en parlant d'une guerre, d'une compétition, de la population) world /wɜːld/

2 ▷ C'est un phénomène mondial.
It's a worldwide phenomenon.

2 (= qui s'étend au monde entier) worldwide /wɜːld'waɪd/

moniteur, monitrice

1 ▷ Est-ce que les moniteurs étaient sympas au camp ?
Were the supervisors friendly at the camp?

1 (en colonie de vacances, en camp) supervisor /'suːpəvaɪzəʳ/

2 ▷ Le moniteur de ski est très sympa !
The ski instructor is very nice!

2 (= enseignant) instructor /ɪn'strʌktəʳ/

monnaie

1 ▷ La monnaie britannique est la livre.
The British currency is the pound.

1 (= argent d'un pays) currency /'kʌrənsɪ/
(pluriel : currencies /'kʌrənsɪz/)

2 ▷ Est-ce que tu as de la monnaie ?
Have you got some change?

2 (= pièces) change /tʃeɪndʒ/

▷ Passe-moi le billet, je vais faire de la monnaie.
Pass me the note, I'm going to get some change.

► **faire de la monnaie :** get some change (got, got)

▷ Vous avez la monnaie de cinquante euros ?
Do you have change for fifty euros?

ℹ *Notez la préposition employée en anglais :* la monnaie de = *change for.*

monotone

▷ Les cours de grammaire sont un peu monotones.
The grammar classes are a bit monotonous.

monotonous /mə'nɒtənəs/ (**plus monotone** more monotonous, **le plus monotone** the most monotonous)

L'accent tonique est sur la deuxième syllabe *-no-*.

monsieur

1 ▷ Bonjour monsieur, je voudrais un kilo de pommes, s'il vous plaît.
Hello, I'd like a kilo of apples, please.

1 Quand on s'adresse directement à quelqu'un, il n'y a pas d'équivalent couramment employé de **monsieur** *en anglais.*

2 ▷ Monsieur Collins est venu nous chercher à la gare.
Mr Collins picked us up from the station.

2 Quand on parle de quelqu'un en l'appelant par son nom de famille, **Monsieur** *se traduit par* Mr /'mɪstə^r^/.

3 ▷ Ce monsieur dit qu'il te connaît.
This gentleman says that he knows you.

3 (= homme) **gentleman** /'dʒentlmən/ (pluriel : gentlemen /'dʒentlmən/)

monstre

▷ J'ai rêvé d'un monstre horrible qui me poursuivait.
I dreamt about a horrible monster that was chasing me.

monster /'mɒnstə^r^/

montagne

1 ▷ Cette montagne est très haute.
That mountain is very high.

1 (= sommet) **mountain** /'maʊntɪn/

Mountain rime avec tin et chin.

▷ J'aimerais vivre à la montagne.
I'd like to live in the mountains.

► **à la montagne :** in the mountains

2 ▷ J'ai eu peur sur les montagnes russes.
I was scared on the roller-coaster.

2 ► **montagnes russes :** roller-coaster /'rəʊlə,kəʊstə/

Attention : roller-coaster est singulier.

monter

1 ▷ Je me suis endormie pendant que l'avion montait.
I fell asleep while the plane was going up.

▷ Est-ce que tu peux fermer les volets quand tu monteras ?
Can you shut the shutters when you go upstairs?

1 (= aller vers le haut) **go up** (went up, gone up)

(dans une maison) **go upstairs** /ʌp'stɛəz/

2 ▷ L'ascenseur monte, on va le prendre.
The lift is coming up, we're going to take it.

2 (= venir vers le haut) **come up** (came up, come up)

▷ Tu peux monter, s'il te plaît ? J'ai quelque chose à te dire.
Can you come upstairs, please? I have something to tell you.

(dans une maison) **come upstairs** /ʌp'stɛəz/

3 ▷ Ils sont montés à la station Saint-Paul.
They got on at Saint-Paul station.
▷ Il est monté en voiture et a démarré.
He got in and started the engine.

3 (en parlant du train, du métro, du bus) **get on** (got on, got on)
► **monter en voiture** : **get in** (got in, got in)

4 ▷ La route monte après le tournant.
The road goes up after the turning.

4 (en parlant d'une route, d'un chemin) **go up** (went up, gone up)

5 ▷ Ne restez pas sur la plage, la marée monte.
Don't stay on the beach, the tide is coming in.

5 (en parlant de la marée) **come in** (came in, come in)

6 ▷ Monte sur le mur, tu verras mieux.
Climb onto the wall, you'll see better.

6 ► **monter sur** quelque chose (= grimper sur) : **climb** /klaɪm/ **onto something**

*Le **b** de **climb** n'est pas prononcé. **Climb** rime avec **time**.*

7 ▷ Clémence est montée sur son vélo et elle est partie.
Clémence got on her bike and left.

7 ► **monter sur** (en parlant d'un vélo, d'un cheval) : **get on** (got on, got on)

8 ▷ Jean-Loup a monté la pente à toute vitesse.
Jean-Loup went up the slope at full speed.

8 (= suivre vers le haut, en parlant d'une pente, d'une rue) **go up** (went up, gone up)

9 ▷ Est-ce que tu peux m'aider à monter les valises ?
Can you help me to take the suitcases up?

9 (= porter en haut) **take up** (took up, taken up)

10 ▷ Tu peux monter le son, s'il te plaît ?
Can you turn the sound up, please?

10 (= augmenter) **turn up**

11 ▷ On a monté la tente en vingt minutes.
We put the tent up in twenty minutes.

11 (= monter une tente) **put up** (put up, put up)

12 ▷ Cette armoire est difficile à monter.
This wardrobe is difficult to assemble.

12 (= monter un meuble en kit) **assemble** /ə'sembl/

montre

▷ Ma montre retarde.
My watch is slow.

watch /wɒtʃ/ (pluriel : **watches** /'wɒtʃɪz/)

*Le **a** de **watch** se prononce comme le **o** de **dog**.*

montrer

▷ Le marin nous a montré comment faire des nœuds.
The sailor showed us how to tie knots.

show /ʃəʊ/ (**showed** /ʃəʊd/, **shown** /ʃəʊn/)

Suite page suivante

▷ Montre-le-moi.
Show it to me.
▷ Montre ta nouvelle voiture à Steve.
Show Steve your new car.

► **montrer** quelque chose **à** quelqu'un **:** show something **to** somebody *ou* **show** somebody something

monument

▷ Nous avons visité les monuments de Londres.
We visited London's monuments.

monument /'mɒnjʊmənt/
Prononcez bien le ***n*** *et le* ***t*** *en anglais.*

se moquer

▷ Tous mes copains se sont moqués de moi.
All my friends laughed at me.

► **se moquer de** quelqu'un **:** **laugh at** /lɑːf/ somebody
Notez la prononciation du prétérit et du participe passé ***laughed*** *:* /lɑːft/*, qui rime avec* ***raft****.*

moquette

▷ J'ai de la moquette grise dans ma chambre.
I have grey carpet in my bedroom.

carpet /'kɑːpɪt/

moral

▷ Je vois que tu as le moral, Pierre !
I see that you're in good spirits, Pierre!
▷ Adeline n'a pas le moral en ce moment.
Adeline is feeling down at the moment.

► **avoir le moral :** be in good spirits /ɪn gʊd 'spɪrɪts/
► **ne pas avoir le moral :** feel down /fiːl 'daʊn/ (felt, felt /felt/)

morceau

▷ Tu veux un morceau de fromage ?
Do you want a piece of cheese?
▷ Je vais vous jouer un morceau de Bach.
I'm going to play a piece by Bach.
▷ Antoine prend trois morceaux de sucre dans son café !
Antoine takes three lumps of sugar in his coffee!

piece /piːs/
Attention à la prononciation du pluriel ***pieces*** *:* /'piːsɪz/*.*

► **morceau de sucre :** lump of sugar /lʌmp əv 'ʃʊgəʳ/ (pluriel : lumps of sugar)

mordre

▷ Un chien l'a mordu à la jambe.
A dog bit him on the leg.
▷ Fabrice s'est cassé une dent en mordant dans une pomme.
Fabrice broke a tooth biting into an apple.

bite /baɪt/
(bit /bɪt/, bitten /'bɪtən/)
► **mordre dans** quelque chose **:** bite into something

mort, morte

1 ▷ Il ne bougeait plus, on a cru qu'il était mort.

1 (= sans vie) **dead** /ded/

He wasn't moving, we thought he was dead.

🔊 *Le* **ea** *de* **dead** *se prononce comme le* **e** *de* **bed**.

2 ▷ On était morts de rire !
We were in stitches!

2 ► **mort de rire :** in stitches /ˈstɪtʃɪz/

3 ▷ Je suis morte de faim.
I'm starving.

3 ► **mort de faim :** starving /ˈstɑːvɪŋ/

4 ▷ Christine était morte de peur.
Christine was frightened to death.

4 ► **mort de peur :** frightened to death /ˌfraɪtnd tə ˈdəθ/

mort

▷ Samir n'est plus pareil depuis la mort de son père.
Samir hasn't been the same since his father's death.

death /deθ/

🔊 *Le* **ea** *de* **death** *se prononce comme le* **e** *de* **bed**.

mortel, mortelle

▷ Il y a beaucoup d'accidents mortels sur la route.
There are a lot of fatal accidents on the road.

(= qui tue) fatal /ˈfeɪtl/

🔊 *Le premier* **a** *de* **fatal** *se prononce comme le* **a** *de* **make**.

Le mot anglais **mortal** *veut dire* qui n'est pas immortel.

mosquée

▷ La mosquée est près de notre immeuble.
The mosque is near our building.

mosque /mɒsk/

mot

1 ▷ Que veut dire ce mot ?
What does this word mean?

1 (= terme, parole) word /wɜːd/

2 ▷ Il y avait un mot sur la porte.
There was a note on the door.

2 (= message) note /nəʊt/

3 ▷ J'ai oublié mon mot de passe.
I've forgotten my pass word.

3 ► **mot de passe :** password /ˈpɑːswɜːd/

4 ▷ Je fais des mots croisés dans le bus.
I do crosswords on the bus.

4 ► **les mots croisés** (c'est-à-dire, une grille de mots croisés) **:** the crossword /ˈkrɒswɜːd/

moteur

▷ Le mécanicien a sorti le moteur pour le réparer.
The mechanic took the engine out to repair it.

engine /ˈendʒɪn/

🔊 *Le* **i** *de* **engine** *se prononce comme le* **i** *de* **big**. **Engine** *rime avec* **win**.

motif

▷ Le tissu avait un très joli motif.
The material had a very pretty pattern.

pattern /ˈpætən/

Suite page suivante

▷ Caroline portait une robe bleue à motifs.
Caroline was wearing a blue patterned dress.

► **à motifs :** patterned /'pætənd/

motivé, motivée

▷ Je ne suis pas très motivé en ce moment.
I'm not very motivated at the moment.

motivated /'məʊtɪveɪtɪd/

moto

▷ La moto nous a doublés.
The motorbike overtook us.

▷ Mon frère fait de la moto.
My brother rides a motorbike.

motorbike /'məʊtəbaɪk/

► **faire de la moto :** ride /raɪd/ a motorbike
(rode /rəʊd/, ridden /'rɪdən/)

mou, molle

▷ Ce lit est trop mou.
This bed is too soft.

(= moelleux) soft /sɒft/
(**plus mou** softer /sɒftə'/, **le plus mou** the softest /'sɒftɪst/)

mouche

▷ Il y a des mouches partout parce qu'il fait chaud.
There are flies everywhere because it's hot.

fly /flaɪ/
(pluriel : flies /flaɪz/)

se moucher

▷ Tu pourrais être plus discret quand tu te mouches.
You could be a bit more discreet when you blow your nose.

blow /bləʊ/ one's nose /nəʊz/
(blew, blown)

ℹ *L'adjectif possessif fonctionne de la façon suivante en anglais : I blow **my** nose, you blow **your** nose, he blows **his** nose, she blows **her** nose, we blow **our** noses, they blow **their** noses.*

mouchoir

▷ J'ai prêté un mouchoir à Mathias.
I lent Mathias a handkerchief.

(en tissu) handkerchief /'hæŋkətʃɪf/ (pluriel : handkerchieves)

ℹ *On dit aussi **hanky*** /'hæŋkɪ/
(pluriel : ***hankies*** /'hæŋkɪz/)

▷ Est-ce que tu as un mouchoir en papier ?
Have you got a tissue?

► **mouchoir en papier :** tissue /'tɪʃuː/

🔊 *Le **ss** de **tissue** se prononce comme le **sh** de **shop**.*

moue

▷ Helen a fait la moue quand j'ai proposé d'aller au cinéma.
Helen pulled a face when I suggested we go to the cinema.

► **faire la moue** (quand on est déçu) **:** pull a face /pʊl ə 'feɪs/

mouette

▷ Une mouette s'est posée près de nous.
A seagull landed near us.

seagull /'siːgʌl/

moufles

▷ Les moufles, c'est moins pratique que les gants.
Mittens are less practical than gloves.

mittens /'mɪtnz/

mouillé, mouillée

▷ Je n'aime pas sortir avec les cheveux mouillés.
I don't like to go out with wet hair.

wet /wet/
(**plus mouillé** wetter /wetəʳ/, **le plus mouillé** the wettest /'wetɪst/)

mouiller

1 ▷ Attention, tu vas mouiller tes chaussures.
Be careful, you're going to get your shoes wet.

1 ► **mouiller** quelque chose (par accident) **:** get something wet /wet/ (got, got)

2 ▷ Mouille l'éponge et frotte doucement.
Dampen the sponge and rub gently.

2 (volontairement) dampen /'dæmpən/

3 ▷ J'emporte un parapluie, je déteste me mouiller.
I'm taking an umbrella, I hate getting wet.

3 ► **se mouiller :** get wet (got, got)

4 ▷ Elle nage sans se mouiller les cheveux.
She swims without getting her hair wet.

4 ► **se mouiller** quelque chose **:** get something wet (got, got)

moulant, moulante

▷ Nathalie porte un pantalon moulant.
Nathalie is wearing tight trousers.

tight /taɪt/
(**plus moulant** tighter /'taɪtəʳ/, **le plus moulant** the tightest /'taɪtɪst/)

moule

1 ▷ Ils ont utilisé un moule pour faire la statue.
They used a mould to make the statue.

1 ► **un moule** (pour fabriquer des objets) **:** a mould /məʊld/

Mould rime avec cold.

2 ▷ Ce moule à gâteau est trop petit.
This cake tin is too small.

2 ► **un moule à gâteau :** a cake tin /'keɪk tɪn/ (pluriel : cake tins)

3 ▷ Il y avait plusieurs moules qui n'étaient pas fraîches.
There were several mussels that weren't fresh.

3 ► **une moule** (= un coquillage) **:** a mussel /'mʌsl/

moulin

1 ▷ Ils habitent dans un vieux moulin.
They live in an old mill.

1 (= moulin à eau) **mill** /mɪl/

2 ▷ Il y a beaucoup de moulins à vent en Hollande.
There are a lot of windmills in Holland.

2 ► **moulin à vent : windmill** /'wɪnmɪl/

3 ▷ Le moulin à poivre est cassé.
The pepper grinder is broken.

3 ► **moulin à poivre : pepper grinder** /'pepə graɪndə[r]/

mourir

1 ▷ La grand-mère de Sylvie est morte hier.
Sylvie's grandmother died yesterday.

1 **die** /daɪ/

Notez la prononciation du prétérit et du participe passé ***died*** *: daɪd , qui rime avec* ***side****.*

▷ De quoi est-ce qu'il est mort ?
What did he die of?

► **mourir de** quelque chose **: die of** something

2 ▷ Les prisonniers sont morts de faim.
The prisoners starved.

▷ Quand est-ce qu'on mange ? Je meurs de faim !
When are we eating? I'm starving!

2 ► **mourir de faim : starve** /stɑːv/

3 ▷ Je meurs de soif !
I'm dying of thirst!

3 ► **mourir de soif : die of thirst** /θɜːst/

mousse

1 ▷ Ce matelas n'est qu'un gros morceau de mousse.
This mattress is just a big piece of foam.

1 (= matière) **foam** /fəʊm/

▷ Il n'y a plus de mousse à raser.
There's no shaving foam left.

► **mousse à raser : shaving foam** /'ʃeɪvɪŋ fəʊm/

2 ▷ J'adore la mousse au chocolat.
I love chocolate mousse.

2 (= la mousse qu'on mange) **mousse** /muːs/

mousseux

▷ On a bu du mousseux pour fêter ça.
We drank sparkling wine to celebrate.

(= vin) **sparkling wine** /ˌspɑːklɪŋ 'waɪn/

moustache

1 ▷ Denis se laisse pousser la moustache.
Denis is growing a moustache.

1 (d'un homme) **moustache** /məs'tɑːʃ/

2 ▷ Les moustaches du chat sont très douces.
The cat's whiskers are very soft.

2 ► **moustaches** (d'un animal) **: whiskers** /'wɪskəz/

moustique

▷ Je me suis fait piquer par un moustique.
I got bitten by a mosquito.

mosquito /mɒs'kiːtəʊ/

L'accent tonique est sur la deuxième syllabe ***-qui-****.*

moutarde

▷ J'ai mis trop de moutarde.
I've put too much mustard on.

mustard /'mʌstəd/

mouton

1 ▷ Un troupeau de moutons traversait la route.
A flock of sheep was crossing the road.

2 ▷ Nous avons mangé du mouton avec des haricots.
We ate mutton with beans.

1 (= animal) **sheep** /ʃiːp/

ℹ *Sheep est invariable au pluriel : one sheep, two sheep.*

2 (= viande) **mutton** /'mʌtn/

mouvement

▷ Joachim a fait un mouvement soudain.
Joachim made a sudden movement.

movement /'muːvmənt/

🔊 *Le o de movement se prononce comme le oo de too et soon.*

moyen, moyenne

▷ Marie est de taille moyenne.
Marie is of average height.
▷ Je suis moyen en anglais.
I'm average at English.

average /'ævrɪdʒ/

🔊 *Le deuxième a de average se prononce comme le i de big. Average rime avec bridge.*

moyen

1 ▷ Stéphane a trouvé un moyen pour avoir des billets gratuits.
Stéphane found a way of getting free tickets.

2 ▷ Ils n'ont pas les moyens d'acheter une voiture neuve.
They can't afford a new car.
▷ As-tu les moyens d'acheter ça ?
Can you afford that?

1 (= méthode) **way** /weɪ/

ℹ *Notez la structure anglaise : a way of + -ing.*

2 *Quand on parle des moyens qu'on a d'acheter quelque chose en anglais, on emploie l'expression can afford...* /ə'fɔːd/ *(au négatif, can't afford... ; au prétérit couldn't afford...) + complément.*

moyenne

1 ▷ Ce n'est pas le maximum, c'est juste une moyenne.
It's not the maximum, it's just an average.

2 ▷ Je suis content, j'ai eu la moyenne en géo.
I'm pleased, I got fifty percent in geography.

1 (= chiffre ou note intermédiaire) **average** /'ævrɪdʒ/

🔊 *Rime avec bridge.*

2 ► **avoir la moyenne : get fifty per cent** /ˌfɪftɪ pə'sənt/ (got, got)

Moyen-Orient

▷ Le Moyen-Orient me fascine.
The Middle East fascinates me.

► **le Moyen-Orient : the Middle East** /mɪdl 'iːst/

Suite page suivante

▷ Jean-Pierre a travaillé deux ans au Moyen-Orient.
Jean-Pierre worked in the Middle East for two years.
▷ Beaucoup de touristes ont peur d'aller au Moyen-Orient.
A lot of tourists are afraid to go to the Middle East.

► **au Moyen-Orient** (= dans la région) **:** in the Middle East

► **au Moyen-Orient** (= vers la région) **:** to the Middle East

muet, muette

1 ▷ Le fils de Nathalie est muet.
Nathalie's son is mute.
2 ▷ Nous avons vu un film muet au ciné-club.
We saw a silent film at the cinema club.

1 (personne) **mute** /mjuːt/

2 (film, cinéma) **silent** /'saɪlənt/

multiplication

▷ Ta multiplication est fausse.
Your multiplication is wrong.

multiplication /ˌmʌltɪplɪ'keɪʃən/

multiplier

▷ Sept multiplié par huit égale cinquante-six.
Seven multiplied by eight equals fifty-six.

multiply /'mʌltɪplaɪ/

ℹ *Le* y *de* ***multiply*** *devient* ***ie*** *à la troisième personne du présent de l'indicatif (****multiplies*** /'mʌltɪplaɪz/*), au prétérit et au participe passé (****multiplied*** /'mʌltɪplaɪd/*).*

mur

▷ Il y a un haut mur autour du jardin.
There's a high wall around the garden.

(= cloison) **wall** /wɔːl/

mûr, mûre (adjectif)

1 ▷ Choisis un melon mûr.
Choose a ripe melon.

1 (en parlant d'un fruit ou d'un légume) **ripe** /raɪp/
(**plus mûr** riper /raɪpəʳ/,
le plus mûr the ripest /'raɪpɪst/)

2 ▷ Elle n'est pas très mûre pour son âge.
She isn't very mature for her age.

2 (en parlant d'une personne)
mature /mə'tjʊəʳ/
(**plus mûr** more mature,
le plus mûr the most mature)

mûre (nom)

▷ Nous avons ramassé des mûres pour faire de la confiture.
We gathered blackberries to make jam.

blackberry /'blækbərɪ/
(pluriel : blackberries /'blækbərɪz/)

mûrir

▷ Attends que les pêches mûrissent.
Wait for the peaches to ripen.

(en parlant d'un fruit) **ripen** /ˈraɪpən/

*Le **i** de **ripen** se prononce comme le **i** de **like**.*

muscade

▷ J'ai ajouté un peu de muscade pour donner plus de goût.
I added a bit of nutmeg to give it more taste.

(noix de muscade) **nutmeg** /nʌtmeg/

musclé, musclée

▷ Lucas a des mollets très musclés.
Lucas has very muscular calves.

muscular /ˈmʌskjʊləʳ/
(plus musclé more muscular, le plus musclé the most muscular)

*Le premier **u** de **muscular** se prononce comme le **u** de **duck**.*

musculation

▷ Thierry fait de la musculation.
Thierry does bodybuilding.

► **faire de la musculation :** do bodybuilding /ˈbɒdɪbɪldɪŋ/ (did, done).

museau

▷ Le chien poussait la balle avec son museau.
The dog was pushing the ball with its muzzle.

Le museau du chien ou de la vache *se dit **muzzle*** /ˈmʌzl/. Pour un cochon, *on dit **snout*** /snaʊt/.

musée

▷ Nous avons visité le musée d'art moderne.
We visited the modern art gallery.
▷ Le musée d'histoire naturelle est très intéressant.
The natural history museum is very interesting.

*Pour les musées d'art, on dit **gallery*** /ˈgælərɪ/ (pluriel : ***galleries*** /ˈgælərɪz/), *tandis que pour les sciences et les techniques on dit **museum*** /mjuːˈzɪəm/.

musicien, musicienne

▷ Ce sont d'excellents musiciens.
They're excellent musicians.

musician /mjuːˈzɪʃən/

musique

▷ On a écouté de la musique toute la soirée.
We listened to music all evening.
▷ Je n'aime pas tellement la musique classique.
I don't really like classical music.

music /ˈmjuːzɪk/

► **musique classique :** classical music /ˌklæsɪkl ˈmjuːzɪk/

musulman, musulmane

▻ Hakim ne peut pas manger de porc parce qu'il est musulman.
Hakim can't eat pork because he's Muslim.

▻ Il y a beaucoup de musulmans dans mon quartier.
There are a lot of Muslims in my area.

Muslim /'mʊzlɪm/

ℹ *Le mot* ***Muslim*** *s'écrit toujours avec une majuscule.*

myope

▻ Cécile porte des lunettes parce qu'elle est myope.
Cécile wears glasses because she's short-sighted.

short-sighted /'ʃɔːtsaɪtɪd/
(plus myope more short-sighted, le plus myope the most short-sighted)

myrtille

▻ Cette tarte aux myrtilles est délicieuse.
This bilberry tart is delicious.

bilberry /'bɪlbərɪ/
(pluriel : bilberries /'bɪlbərɪz/)

mystère

▻ Personne ne sait où il est, c'est un mystère.
Nobody knows where he is, it's a mystery.

mystery /'mɪstərɪ/
(pluriel : mysteries /'mɪstərɪz/)

FRANÇAIS

N

ANGLAIS

La lettre N se prononce /en/ en anglais, comme en français.

nage

1 ▷ La nage est un sport que tout le monde peut pratiquer.
Swimming is a sport that everybody can do.

2 ▷ Ma nage préférée est le crawl.
My favourite stroke is the crawl.

3 ▷ Ils étaient en nage quand ils sont arrivés en haut de la côte.
They were dripping with sweat when they got to the top of the hill.

1 (= natation) **swimming** /'swɪmɪŋ/

2 (= style) **stroke** /strəʊk/

3 ► **être en nage : be dripping with sweat** /'drɪpɪŋ wɪð swet/

Sweat rime avec get.

nager

1 ▷ Loïc nage très bien.
Loïc swims really well.

2 ▷ Sabine a maigri, elle nage dans son jean.
Sabine has lost weight, her jeans are too big for her.

1 (dans l'eau) **swim** /swɪm/ (**swam** /swæm/, **swum** /swʌm/)

Il y a deux m au gérondif (swimming /'swɪmɪŋ/).

2 *Pour dire qu'on* **nage dans ses vêtements** *en anglais, on dit simplement que le vêtement en question est trop grand (too big /tuː 'bɪg/).*

naïf, naïve

▷ Lambert est vraiment naïf, il croit tout ce qu'on lui dit.
Lambert is really naïve, he believes everything people tell him.

naïve /naɪ'iːv/ (**plus naïf more naïve, le plus naïf the most naïve**)

Attention : un seul mot anglais naïve (pas de masculin ni de féminin).

nain, naine

▻ Comment s'appelaient les sept nains de Blanche-Neige ?
What were Snow White's seven dwarves called?

(= personne toute petite) **dwarf** /dwɔːf/ (pluriel : dwarves /dwɔːvz/)

naissance

▻ Est-ce que tu donnes ta date de naissance sur ton CV ?
Do you give your date of birth on your CV?

birth /bɜːθ/

naître

▻ Chloé est née au Canada, mais elle vit en France.
Chloé was born in Canada but she lives in France.
▻ Où es-tu né ?
Where were you born?

be born /bɔːn/

Notez bien : je suis né ***I was born*** ; il est né ***he was born*** ; elle est née ***she was born*** ; nous sommes né(e)s ***we were born*** ; vous êtes né(e)s ***you were born*** ; ils sont nés/elles sont nées ***they were born***.

nappe

▻ La nappe est toute tachée.
The tablecloth is all stained.

(sur la table) **tablecloth** /'teɪblklɒθ/

natation

▻ La natation est un sport que tout le monde peut pratiquer.
Swimming is a sport that everybody can do.
▻ Je fais de la natation le mercredi.
I swim on Wednesdays.

swimming /'swɪmɪŋ/

► **faire de la natation :** swim /swɪm/ (swam /swæm/, swum /swʌm/)

national, nationale

1 ▻ Ludovic a été sélectionné pour l'équipe nationale.
Ludovic was selected for the national team.
2 ▻ On va prendre la nationale plutôt que l'autoroute.
We're going to take the A road instead of the motorway.

1 (= du pays) **national** /'næʃənl/

2 ► **une nationale** *ou* **une route nationale :** an A road /'eɪrəʊd/ (pluriel : A roads)

En anglais américain on dit ***state highway*** /steɪt 'haɪweɪ/ *(pluriel :* ***state highways****).*

nationalité

▷ Mourad est de nationalité française.
Mourad has French nationality.
▷ De quelle nationalité sont-ils ?
What nationality are they?

nationality /ˌnæʃəˈnælɪtɪ/
(pluriel : nationalities /ˌnæʃəˈnælɪtɪz/)

natte

▷ Monique porte des nattes.
Monique wears plaits.

(= tresse) **plait** /plæt/
Plait rime avec cat (le i ne se prononce pas).

▷ Parfois, je me fais des nattes.
Sometimes I plait my hair.

► se **faire des nattes :** plait one's hair
*L'adjectif possessif fonctionne de la façon suivante en anglais : I plait **my** hair, you plait **your** hair, he plaits **his** hair, she plaits **her** hair, we plait **our** hair, they plait **their** hair.*

nature

1 ▷ Ces couleurs n'existent pas dans la nature.
These colours don't exist in nature.

1 ► **la nature** (= le monde naturel) : nature /ˈneɪtʃəʳ/

2 ▷ Je n'aime pas vivre en ville, la nature me manque.
I don't like living in the city, I miss the countryside.

2 ► **la nature** (= la campagne) : the countryside /ˈkʌntrɪsaɪd/

3 ▷ Tu veux un yaourt nature ou un yaourt aux fruits ?
Do you want a natural yoghurt or a fruit yoghurt?

3 (adjectif : en parlant d'un yaourt) natural /ˈnætʃrəl/

4 ▷ Annelise prend son thé nature.
Annelise has her tea without milk.

4 (en parlant du thé) without milk /wɪðaʊt mɪlk/

naturel, naturelle

▷ Est-ce que c'est ta couleur de cheveux naturelle ?
Is that your natural hair colour?

natural /ˈnætʃrəl/
(**plus naturel** more natural, **le plus naturel** the most natural)

nausée

1 ▷ C'est un médicament contre la nausée.
It's a medicine for nausea.

1 ► **la nausée :** nausea /ˈnɔːzɪə/

2 ▷ J'ai la nausée, je veux rentrer.
I feel sick, I want to go home.

2 ► **avoir la nausée :** feel sick /sɪk/ (felt sick, felt sick)

navet

1 ▷ Il y a des navets dans la soupe.
There are turnips in the soup.

2 ▷ Ce film est un navet.
This film is rubbish.

1 (= légume) **turnip** /'tɜːnɪp/

2 *Pour dire qu'un film est très mauvais, on peut employer l'adjectif familier* ***rubbish*** /'rʌbɪʃ/.

navette

1 ▷ Nous avons pris la navette pour l'aéroport.
We took the shuttle to the airport.

2 ▷ Je fais la navette entre Paris et Orléans.
I commute between Paris and Orléans.

1 (= autobus) **shuttle** /'ʃʌtl/

2 ► **faire la navette** (pour son travail) **:** **commute** /kə'mjuːt/

naviguer

▷ Louis passe des heures à naviguer sur Internet.
Louis spends hours surfing the Web.

► **naviguer sur Internet :** **surf** /sɜːf/ **the Web** /web/

Le verbe ***navigate*** *existe en anglais, mais il est seulement employé pour la navigation en bateau.*

navré, navrée

▷ Je suis vraiment navrée.
I'm really sorry.

sorry /'sɒrɪ/

ne ou n'

1 ▷ Je ne sais pas.
I don't know.

2 ▷ Tu n'es pas très sympa.
You aren't very nice.
▷ Il n'a pas pu le faire.
He couldn't do it.

▷ Je ne peux pas venir.
I can't come.

3 ▷ Je n'ai que du café instantané.
I only have instant coffee.

1 *En général, on forme le négatif en anglais à partir de l'auxiliaire* **do** *suivi de* **not** *(souvent contracté en* ***n't****).*

2 *Après le verbe* ***be*** *ou un modal (****can, might, should,*** etc.), on ajoute ***not*** *(****is not, cannot, might not, should not****...), souvent contracté (****isn't, can't, mightn't, shouldn't****...).*

Pour ne *en corrélation avec* aucun, jamais, pas, personne, plus, rien, *regardez ces mots.*

3 ► **ne... que** (= seulement) **:** **only** /'əʊnlɪ/

né, née

Regardez le mot **naître**.

nécessaire

▷ Ne prends pas ton sac, ce n'est pas nécessaire.
Don't take your bag, it's not necessary.

necessary /'nesɪsərɪ/

nectarine

▷ Un kilo de nectarines, s'il vous plaît.
A kilo of nectarines, please.

nectarine /'nektəriːn/

néerlandais, néerlandaise

1 ▷ L'ancienne monnaie néerlandaise était le florin.
The former Dutch currency was the florin.

1 Dutch /dʌtʃ/
S'écrit toujours avec une majuscule, comme tous les adjectifs de nationalité en anglais.

2 ▷ On a parlé à un Néerlandais dans l'avion.
We spoke to a Dutchman on the plane.

▷ Éric s'est marié avec une Néerlandaise.
Éric married a Dutchwoman.

▷ Les Néerlandais ont gagné trois à un.
The Dutch won three-one.

2 ► **un Néerlandais :**
a Dutchman /'dʌtʃmən/
(pluriel : Dutchmen /'dʌtʃmen/)
► **une Néerlandaise :**
a Dutchwoman /'dʌtʃwʊmən/
(pluriel : Dutchwomen /'dʌtʃwɪmɪn/)
► **les Néerlandais :** the Dutch

3 ▷ La langue maternelle de Mark est le néerlandais.
Mark's native language is Dutch.

3 ► **le néerlandais** (= langue) **:**
Dutch

négatif, négative

1 ▷ Ne sois pas si négatif !
Don't be so negative!

1 (adjectif = contraire de positif)
negative /'negətɪv/
(**plus négatif** more negative,
le plus négatif the most negative)

2 ▷ Je voulais un autre exemplaire des photos, mais j'ai perdu les négatifs.
I wanted another copy of the photos, but I've lost the negatives.

2 ► **un négatif** (= photo) **:**
a negative

neige

1 ▷ La neige commence à fondre.
The snow is starting to melt.

1 snow /snəʊ/

2 ▷ Yannick a de la chance, il va à la neige en février.
Yannick is lucky, he's going skiing in February.

2 ► **aller à la neige** (= au ski) **:** go skiing /'skiːɪŋ/ (went, gone/been)

neiger

▷ Regardez ! Il neige !
Look! It's snowing!
▷ Il neige souvent ici.
It often snows here.

snow /snəʊ/
► **il neige** (en ce moment) **:**
it's snowing /'snəʊɪŋ/

néon

▷ Le soir, les néons de Piccadilly Circus s'allument.
In the evening, the neon lights of Piccadilly Circus come on.

(= enseigne lumineuse) neon light /ˌnɪɒn 'laɪt/ (pluriel : neon lights)

néo-zélandais, néo-zélandaise

1 ▷ Wellington est la capitale néo-zélandaise.
Wellington is the capital of New Zealand.

▷ Mathilda est néo-zélandaise.
Mathilda is from New Zealand.

2 ▷ Je trouve les Néo-Zélandais très sympathiques.
I find New Zealanders very nice.

1 (adjectif = qui appartient à la Nouvelle-Zélande) of New Zealand /njuː 'ziːlənd/
(= originaire de Nouvelle-Zélande) from New Zealand

2 ► **un(e) Néo-Zélandais(e)** (= personne) : a New Zealander /njuː 'ziːləndəʳ/

nerf

1 ▷ C'est une inflammation du nerf.
It's an inflammation of the nerve.

2 ▷ Il y a beaucoup de nerfs dans cette viande.
There is a lot of gristle in this meat.

1 (dans le corps) nerve /nɜːv/

2 ► **nerfs** (dans la viande) : gristle /'grɪsl/

ℹ *Le mot* ***gristle*** *ne se met jamais au pluriel.*

nerveux, nerveuse

1 ▷ C'est un garçon très nerveux.
He's a very highly-strung boy.

2 ▷ Je suis toujours nerveuse avant un entretien.
I'm always nervous before an interview.

1 (= émotif de nature) highly-strung /ˌhaɪlɪ'strʌŋ/ (**plus nerveux** more highly-strung, **le plus nerveux** the most highly-strung)

2 (= inquiet) nervous /'nɜːvəs/ (**plus nerveux** more nervous, **le plus nerveux** the most nervous)

n'est-ce pas

▷ Elle est gentille, n'est-ce pas ?
She's nice, isn't she?

▷ Vous êtes d'accord, n'est-ce pas ?
You agree, don't you?

▷ Tu viendras, n'est-ce pas ?
You will come, won't you?

ℹ *La traduction de* n'est-ce pas *varie selon la phrase anglaise, mais le principe est toujours le même : on prend l'auxiliaire ou le modal (dans les trois exemples à gauche,* ***be, do*** *et* ***will****) et on le met à la forme interro-négative.*

net, nette

1 ▷ L'image n'est pas très nette.
The picture isn't very clear.

2 ▷ Ces draps ne sont pas très nets.
These sheets aren't very clean.

3 ▷ Il s'est arrêté net quand il m'a vue.
He stopped dead when he saw me.

1 (= clair, évident) clear /klɪəʳ/ (**plus clair** clearer /'klɪərəʳ/, **le plus clair** the clearest /'klɪərɪst/)

2 (= propre) clean /kliːn/ (**plus net** cleaner /'kliːnəʳ/, **le plus net** the cleanest /'kliːnɪst/)

3 ► **s'arrêter net** : stop dead /stɒp 'ded/

Stop prend deux p au gérondif (stopping /'stɒpɪŋ/), au prétérit et au participe passé (stopped /stɒpt/).

4 ▷ Je gagne un salaire net de 1 500 euros.
I earn a salary of 1,500 euros net.

4 (en parlant d'un salaire, d'une somme) **net** /net/

nettement

▷ Bruno est nettement plus sympa que son frère.
Bruno is much nicer than his brother.

(= beaucoup) **much** /mʌtʃ/

nettoyer

▷ Tu devrais nettoyer tes chaussures.
You should clean your shoes.

clean /kliːn/

neuf, neuve

▷ Lucie a un manteau neuf.
Lucie has got a new coat.

▷ L'écran est tout neuf.
The screen is brand new.

▷ Alors, quoi de neuf ?
So, what's new?

new /njuː/
(plus neuf newer /'njuːəʳ/,
le plus neuf the newest /'njuːɪst/)
► **tout neuf :** brand new /bræn 'njuː/
► **quoi de neuf ? :** what's new? /wɒts 'njuː/

neuf

1 ▷ Il reste neuf jours avant les vacances.
There are nine days left before the holidays.

2 ▷ Nous partirons le neuf septembre.
We'll leave on the ninth of September.

1 **nine** /naɪn/

2 *Quand on dit la date, on emploie* **ninth** /naɪnθ/ *en anglais.*

Notez l'emploi de **on** *et* **of** *en anglais lorsqu'on dit la date.*

On écrit **9 September**.

neutre

▷ La Suisse est un pays neutre.
Switzerland is a neutral country.

neutral /'njuːtrəl/
(plus neutre more neutral,
le plus neutre the most neutral)

neuvième

▷ C'est le neuvième match que gagne leur équipe.
It's the ninth match that their team has won.

ninth /naɪnθ/

Le i de **ninth** *se prononce comme le* **i** *de* **like**.

neveu

▷ Anthony est le neveu de Steve.
Anthony is Steve's nephew.

nephew /'nefjuː/

Dites **nef** + **you**.

nez

▻ Je n'aime pas mon nez.
I don't like my nose.

nose /nəʊz/

ni... ni

▻ Je ne connais ni sa sœur ni son frère.
I know neither his sister nor his brother.

▻ Elle n'est ni grande ni petite.
She's neither tall nor small.

neither... nor /ˈnaɪðəʳ... nɔːʳ/

niche

▻ Le chien ne veut pas rentrer dans sa niche.
The dog doesn't want to go back to its kennel.

(pour un chien) **kennel** /kenl/

nid

▻ Le pauvre oiseau est tombé de son nid.
The poor bird fell out of its nest.

nest /nest/

nièce

▻ La nièce de madame Garand est chanteuse d'opéra.
Mrs Garand's niece is an opera singer.

niece /niːs/

*Niece rime avec **peace** et **geese**.*

n'importe

1 ▻ Tu as fait ça n'importe comment !
You've done this any old how!

2 ▻ Prends n'importe lequel, ça m'est égal.
Take any of them, I don't mind.

3 ▻ Tu peux aller n'importe où, tout le monde te dira la même chose.
You can go anywhere, everybody will tell you the same thing.

4 ▻ Achète n'importe quelle marque.
Buy any brand.

5 ▻ N'importe qui pourrait faire ça.
Anybody could do that.

6 ▻ Raconte-lui n'importe quoi, mais ne lui dis pas la vérité !
Tell him anything, but don't tell him the truth!

7 ▻ Je crois que tu lui plais. – N'importe quoi !
I think he likes you. – Rubbish!

1 ► **n'importe comment** (= mal) : **any old how** /ˈenɪ əʊld haʊ/

2 ► **n'importe lequel, n'importe laquelle** : **any of them** /ˈenɪ əv ðəm/

*S'il n'y a que deux objets ou personnes, on dit **either of them** /ˈaɪðər əv ðəm/.*

3 ► **n'importe où** : **anywhere** /ˈenɪwɛəʳ/

4 ► **n'importe quel, n'importe quelle** : **any** /ˈenɪ/

5 ► **n'importe qui** : **anybody** /ˈenɪbɒdɪ/

6 ► **n'importe quoi** : **anything** /ˈenɪθɪŋ/

7 *Pour exprimer son mépris pour ce que vient de dire l'autre personne, on peut dire **rubbish!** /ˈrʌbɪʃ/.*

niveau

1 ▷ C'est juste au-dessus du niveau de la mer.
It's just above sea level.

2 ▷ Suzie a un bon niveau en anglais.
Suzie is good at English.

1 **level** /'levl/

2 ► **avoir un bon niveau en... :** be good at... /'gʊd ət/

noce

1 ▷ Tu t'es bien amusé à la noce ?
Did you have a good time at the wedding?

2 ▷ Dimanche, on a fêté les noces d'argent de mes parents.
On Sunday we celebrated my parents' silver wedding.

1 (= fête) **wedding** /'wedɪŋ/

2 ► **noces d'argent :** silver wedding /ˌsɪlvə 'wedɪŋ/

ℹ *De même, noces d'or = gold wedding.*

Noël

▷ Qu'est-ce que tu as eu pour Noël ?
What did you get for Christmas?

▷ Joyeux Noël tout le monde !
Merry Christmas everybody!

Christmas /'krɪsməs/

🔊 *Le t ne se prononce pas.*

► **Joyeux Noël ! :** Merry Christmas! /ˌmerɪ 'krɪsməs/

ℹ *On peut aussi dire Happy Christmas!* /ˌhæpɪ 'krɪsməs/.

nœud

1 ▷ Le nœud n'était pas assez serré.
The knot wasn't tight enough.

2 ▷ Marielle avait un nœud dans les cheveux.
Marielle had a bow in her hair.

▷ J'ai dû porter un nœud papillon.
I had to wear a bow tie.

1 (= lien) **knot** /nɒt/

🔊 *Le k de knot ne se prononce pas.*

2 (pour faire joli) **bow** /bəʊ/

🔊 *Au sens de nœud, bow rime avec go et Joe.*

► **nœud papillon :** bow tie /bəʊ 'taɪ/ (pluriel : bow ties)

noir, noire

1 ▷ Ce pantalon noir te va bien.
Those black trousers suit you.

2 ▷ Il fait noir dans ta chambre.
It's dark in your bedroom.

3 ▷ Ma grand-mère ne porte que du noir.
My grandmother only wears black.

4 ▷ Ma petite sœur a peur du noir.
My little sister is afraid of the dark.

5 ▷ Julien prend des photos en noir et blanc.
Julien takes black and white photographs.

1 (= couleur) **black** /blæk/

2 ► **il fait noir :** it's dark /dɑːk/

3 ► **le noir** (= la couleur noire) **:** black

ℹ *Remarquez qu'il n'y a pas d'article en anglais.*

4 ► **le noir** (= l'obscurité) **:** the dark /dɑːk/

5 ► **en noir et blanc :** black and white /ˌblækn'waɪt/

Suite page suivante

6 ▷ Les Noirs et les Blancs en Afrique.
Black people and white people in Africa.

6 ► **un Noir, une Noire** (= une personne) : a black person /'blæk ˌpɜːsn/
(pluriel : black people /'blæk ˌpiːpl/)

noisette

1 ▷ Est-ce qu'il y a des noisettes dans ce chocolat ?
Are there hazelnuts in this chocolate?

1 (= fruit) **hazelnut** /'heɪzlnʌt/

2 ▷ Monique a les yeux noisette.
Monique has got hazel eyes.

2 (= couleur) **hazel** /'heɪzl/

*Le **a** se prononce comme le **a** de **make**.*

noix

1 ▷ J'ai acheté un mélange de noix et de noisettes.
I bought a mixture of walnuts and hazelnuts.

1 (= fruit) **walnut** /'wɔːlnʌt/

2 ▷ Roxane a dit qu'elle apporterait un gâteau à la noix de coco.
Roxane said she would bring a coconut cake.

2 ► **noix de coco :** coconut /'kəʊkənʌt/

3 ▷ Ces noix de cajou sont trop salées.
These cashew nuts are too salty.

3 ► **noix de cajou :** cashew nut /kæʃuː'nʌt/

***Cashew** rime avec **shoe**.*

nom

▷ Rodolphe, c'est un drôle de nom pour un chien !
Rodolphe is a funny name for a dog!

▷ Quel est ton nom ?
What's your name?

name /neɪm/

▷ Je la connais de nom seulement.
I know her by name only.

► **connaître** quelqu'un **de nom :** know /nəʊ/ somebody by name

▷ Ils m'ont demandé mon nom de famille.
They asked for my last name.

► **nom de famille :** last name /lɑːst 'neɪm/

*On dit aussi **surname** /'sɜː'neɪm/.*

▷ Quel est le nom de jeune fille de votre mère ?
What's your mother's maiden name?

► **nom de jeune fille :** maiden name /'meɪdn neɪm/

nombre

▷ Choisis un nombre au hasard.
Choose a number at random.

number /'nʌmbəʳ/

nombreux, nombreuses

1 ▷ Il y a eu de nombreux accidents ici.
There have been a lot of accidents here.

1 ► **de nombreux...** (= beaucoup de) : a lot of... /ə 'lɒt əv/

2 ▷ Ils sont trop nombreux pour s'asseoir autour de la table.
There are too many of them to sit round the table.

▷ Nous étions plus nombreux que l'année dernière.
There were more of us than last year.

▷ Les mineurs sont moins nombreux qu'avant.
There are fewer miners than before.
▷ Vous étiez nombreux ?
Were there many of you?

2 Pour exprimer l'idée qu'il y a un grand nombre de personnes dans un endroit, on utilise l'expression **there are/there were** *suivie du mot qui exprime la quantité* (**many**, **more**, **fewer**, etc.).

i *Notez l'emploi de* **of** *avant le pronom personnel (too many* **of** *them, more* **of** *us, etc.).*

i *Dans les questions,* **there are** *et* **there were** *deviennent* **are there...?** *et* **were there...?**

nombril

▷ Sarah a un anneau dans le nombril.
Sarah has a ring in her navel.

navel /'neɪvəl/

Le **a** *se prononce comme le* **a** *de* **make**.

nommer

▷ Charles a été nommé directeur.
Charles was appointed manager.

(= désigner à un poste) **appoint** /ə'pɔɪnt/

L'accent tonique est sur la deuxième syllabe **-point**.

non

1 ▷ Tu as faim ? - Non, pas encore.
Are you hungry? - No, not yet.

2 ▷ Tu aimes ça ? Moi non.
Do you like it? I don't.
▷ Moi je suis prête, mais lui non.
I'm ready, but he isn't.
▷ Ils m'ont demandé si je pouvais le faire, j'ai dit que non.
They asked me if I could do it, I said I couldn't.

3 ▷ Tu viens ou non ?
Are you coming or not?

4 ▷ C'est joli, non ?
It's nice, isn't it?
▷ Elle chante bien, non ?
She sings well, doesn't she?

5 ▷ Ambre n'est pas venue non plus.
Ambre didn't come either.
▷ Je ne veux pas ! – Lui non plus !
I don't want to! – Neither does he!
▷ Je n'ai pas soif. – Moi non plus.
I'm not thirsty. – Neither am I.

1 (pour refuser) **no** /nəʊ/

2 Quand non *remplace une proposition, on traduit en anglais en reprenant l'auxiliaire ou le modal correspondant et en le mettant à la forme négative.*

3 ► **...ou non ? : ...or not?** /ɔː 'nɒt/

4 Quand non ? *équivaut à* n'est-ce pas ?, *la traduction varie selon la phrase anglaise, mais le principe est toujours le même : on prend l'auxiliaire ou le modal et on le met à la forme interro-négative.*

5 ► **non plus : either** /'aɪðə^r/

i *Quand* non plus *vient après un pronom personnel, la traduction est* **neither** /'naɪðə^r/ + auxiliaire + pronom.

non-fumeurs

▷ Nous voudrions une table non-fumeurs.
We'd like a non-smoking table.

(pour parler d'un endroit où on ne fume pas) **non-smoking** /ˌnɒn ˈsməʊkɪŋ/

nord

▷ Le nord est dans cette direction.
The north is in this direction.
▷ Ils habitent dans le Nord.
They live in the north.
▷ Mon village est au nord de Joinville.
My village is north of Joinville.

north /nɔːθ/

► **au nord de... :** north of...

normal, normale

1 ▷ Est-ce que c'est normal que ça soit ouvert ?
It is normal that it's open?
2 ▷ Il n'y a pas de lumière dans la maison, ce n'est pas normal.
There's no light in the house, there's something wrong.
3 ▷ Ah non ! Ce n'est pas normal !
No! It's not fair!
4 ▷ C'est normal de vouloir réussir dans la vie.
It's natural to want to succeed in life.

1 (= sans incidents) **normal** /ˈnɔːməl/

2 ► **ce n'est pas normal** (= il y a un problème) **:** there's something wrong /ðɛəz ˌsʌmθɪŋ ˈrɒŋ/

3 ► **ce n'est pas normal** (= ce n'est pas juste) **:** it's not fair /ɪts nɒt ˈfɛəʳ/

4 (= compréhensible) **natural** /ˈnætʃrəl/
(**plus normal** more natural,
le plus normal the most natural)

normalement

1 ▷ Normalement, je me couche à onze heures.
Normally I go to bed at eleven.
2 ▷ Normalement, on devrait arriver vers sept heures.
If all goes well we should arrive around seven.

1 (= d'habitude) **normally** /ˈnɔːməlɪ/

2 (= s'il n'y a pas de problème) **if all goes well** /ɪf ˌɔːl gəʊz ˈwel/

Norvège

▷ La Norvège ne fait pas partie de l'Union européenne.
Norway isn't part of the European Union.

▷ Nous avons vu des fjords magnifiques en Norvège.
We saw some beautiful fjords in Norway.
▷ Simone est allée en Norvège pour voir son fils.
Simone went to Norway to see her son.

Norway /ˈnɔːweɪ/

ℹ *Ne prend jamais d'article.*

► **la Norvège :** Norway

► **en Norvège** (= dans le pays) **:** in Norway

► **en Norvège** (= vers le pays) **:** to Norway

norvégien, norvégienne

▷ Monika est norvégienne.
Monika is Norwegian.
▷ Aurélie sort avec un Norvégien.
Aurélie is going out with a Norwegian.

Norwegian /nɔːˈwiːdʒən/
S'écrit toujours avec une majuscule, comme tous les adjectifs et noms de nationalité en anglais.
*Le **e** se prononce comme le **ee** de **week**.*

nos

▷ Nos trois enfants habitent à l'étranger.
Our three children live abroad.

our /ˈaʊəʳ/
***Our** rime avec **flower**.*

notamment

▷ J'ai beaucoup aimé le livre, notamment le début.
I really liked the book, in particular the beginning.

in particular /ɪn pəˈtɪkjʊləʳ/

note

1 ▷ J'avais toujours de mauvaises notes en français.
I always got bad marks in French.

1 (à l'école) **mark** /mɑːk/
*En anglais américain on dit **grade** greɪd .*

2 ▷ Nous avons demandé la note et nous avons quitté l'hôtel.
We asked for the bill and we left the hotel.

2 (= facture) **bill** /bɪl/
*En anglais américain on dit **check** tʃek .*

3 ▷ Avant de jouer, il faut savoir lire les notes.
Before playing, you have to know how to read the notes.

3 (= note de musique) **note** /nəʊt/

4 ▷ Tu prends des notes, j'espère ?
You're taking notes, I hope?

4 ► **prendre des notes : take notes** (took, taken)

noter

1 ▷ Note l'adresse sur ce bout de papier.
Write the address down on this piece of paper.

1 (= écrire) **write down** /raɪt daʊn/ (wrote down /rəʊt daʊn/, written down /ˈrɪtən daʊn/)

2 ▷ Les devoirs sont notés sur vingt.
The tests are marked out of twenty.

2 (= mettre une note à un devoir) **mark** /mɑːk/

notre

▷ Notre voyage en Cornouailles s'est bien passé.
Our trip to Cornwall went well.

our /ˈaʊəʳ/
***Our** rime avec **flower**.*

le nôtre, la nôtre, les nôtres

▷ Leur maison est plus grande, mais la nôtre est plus près du métro.
Their house is bigger than ours and nearer to the metro.
▷ Je crois que ces places sont les nôtres.
I think these seats are ours.

ours /ˈaʊəz/

Ours rime avec flowers.

nouer

▷ Alix a mal noué sa cravate.
Alix hasn't tied his tie properly.

tie /taɪ/

Le ie de tie devient y au gérondif (tying).

nouilles

▷ Encore des nouilles ? On pourrait manger autre chose pour changer !
Pasta again? We could eat something else for a change!

▷ Tu aimes les nouilles chinoises ?
Do you like Chinese noodles?

(= pâtes) **pasta** /ˈpæstə/

Pasta est indénombrable : il ne se met pas au pluriel et on ne dit pas 'a pasta'. On dit par exemple this pasta is delicious (= ces nouilles sont délicieuses).

S'il s'agit de nouilles chinoises, on dit noodles /ˈnuːdlz/. *Noodles est pluriel.*

nourrir

1 ▷ Ils ont plusieurs chiens à nourrir.
They have several dogs to feed.

2 ▷ Il refuse de se nourrir.
He refuses to eat.
▷ Emily ne se nourrit que de chips et de chocolat.
Emily eats only crisps and chocolate.

1 (= donner à manger à) **feed** /fiːd/ (fed, fed /fed/)

2 ► **se nourrir** : eat /iːt/ (ate /eɪt/, eaten /ˈiːtən/)
► **se nourrir de** quelque chose : eat something (ate, eaten)

nourriture

▷ Nous n'avons pas préparé assez de nourriture.
We haven't prepared enough food.

food /fuːd/

Le oo de food se prononce comme le oo de soon et too.

nous

1 ▷ Nous avons décidé d'accepter.
We decided to accept.

2 ▷ Ne nous attends pas.
Don't wait for us.
▷ Nicolas nous a donné son vieux canapé.
Nicolas gave us his old sofa.
▷ Robert nous l'a montré.
Robert showed it to us.

1 (quand nous est sujet) **we** /wiː/

2 (complément) **us** /ʌs/

3 ▷ Nous nous sommes fait mal en jouant au foot.
We hurt ourselves playing football.
▷ Nous nous sommes trompés.
We made a mistake.
▷ Nous nous levons à sept heures.
We get up at seven.

3 *Le pronom réfléchi* nous *est parfois traduit par* **ourselves** /ˌaʊəˈselvz/ *(surtout si l'action est vraiment effectuée sur soi). Mais dans certains cas, il faut utiliser une expression particulière où le pronom réfléchi* nous *n'a pas d'équivalent.*

nous-mêmes

▷ Nous pourrions lui parler nous-mêmes.
We could speak to him ourselves.

ourselves /ˌaʊəˈselvz/

nouveau, nouvel, nouvelle

1 ▷ Nous avons une nouvelle secrétaire.
We have a new secretary.
▷ Ce sera bientôt le nouvel an.
It will soon be New Year.
2 ▷ Le chien s'est de nouveau échappé.
The dog has escaped again.

1 new /njuː/

► **le nouvel an :** New Year /njuːˈjɪəʳ/

2 ► **de nouveau :** again /əˈgen/

nouvelle

1 ▷ C'est Cédric qui nous a annoncé la nouvelle.
It was Cédric who told us the news.
▷ C'est une bonne nouvelle.
That's good news.
▷ Les nouvelles sont plutôt bonnes.
The news is quite good.
2 ▷ Je préfère écouter les nouvelles à la radio.
I prefer to listen to the news on the radio.
3 ▷ Est-ce que tu as des nouvelles de Charlotte ?
Have you heard from Charlotte?
4 ▷ J'aime beaucoup les nouvelles d'Edgar Poe.
I really like Edgar Poe's short stories.

1 (= événement) news /njuːz/

ℹ ***News*** *est indénombrable : il n'est jamais précédé de l'article* **a** *et il est toujours suivi d'un verbe au singulier.* Une nouvelle *se dit soit* ***a piece of news,*** *soit* ***some news.***

2 ► **les nouvelles** (= le journal) **:** the news

3 ► **avoir des nouvelles de** quelqu'un **:** have heard /hɜːd/ from somebody

4 (= roman court) short story /ʃɔːtˈstɔːrɪ/ (pluriel : short stories)

novembre

▷ Nous allons déménager en novembre.
We're going to move house in November.
▷ Mireille est née le quinze novembre.
Mireille was born on the fifteenth of November.

November /nəʊˈvembəʳ/

ℹ *S'écrit toujours avec une majuscule, comme tous les noms de mois en anglais.*

ℹ *Notez l'emploi de* **on** *et* **of** *en anglais lorsqu'on dit la date.*

ℹ *On écrit* ***15 November.***

noyau

▷ Il reste des noyaux d'olives dans la pizza.
There are some olive stones left in the pizza.

(d'un fruit) stone /stəʊn/

se noyer

▷ Quelqu'un s'est noyé hier à Biarritz.
Somebody drowned yesterday in Biarritz.

drown /draʊn/
*Le **ow** se prononce comme le **ou** de **house**. **Drown** rime avec **town**.*

nu, nue

1 ▷ Ça me gêne d'être nue devant le médecin.
It embarrasses me to be naked in front of the doctor.
▷ Je dors généralement tout nu.
I usually sleep stark naked.

2 ▷ Les enfants couraient pieds nus sur la plage.
The children were running barefoot on the beach.

1 **naked** /'neɪkɪd/
► **tout nu :** stark naked /stɑːk 'neɪkɪd/

2 ► **pieds nus :** barefoot /'bɛəfʊt/

nuage

▷ Regarde ces nuages noirs, il va y avoir un orage.
Look at those black clouds, there's going to be a thunderstorm.

cloud /klaʊd/

nucléaire

▷ Il y a une centrale nucléaire près de chez eux.
There's a nuclear power station near their house.

nuclear /'njuːklɪəʳ/
*Le **nu** de **nuclear** se prononce comme le mot **new**.*

nuit

1 ▷ On a passé la nuit à jouer de la guitare et à chanter.
We spent the night playing the guitar and singing.
▷ J'ai entendu du bruit cette nuit.
I heard some noise last night.
▷ J'espère que tu dormiras mieux cette nuit.
I hope you'll sleep better tonight.
▷ Le père d'Agathe travaille la nuit.
Agathe's father works at night.
▷ Bonne nuit tout le monde !
Goodnight everybody!

2 ▷ Il fait déjà nuit.
It's already dark.

1 (= période où il fait noir) **night** /naɪt/
► **cette nuit** (= la nuit dernière) **:** last night /lɑːst 'naɪt/
► **cette nuit** (= la nuit prochaine) **:** tonight /tə'naɪt/
► **la nuit** (= pendant la nuit) **:** at night
► **bonne nuit ! :** goodnight! /gʊd'naɪt/

2 ► **il fait nuit** (= la nuit est déjà tombée) **:** it's dark /dɑːk/

nul, nulle

1 ▷ Cette chanson est nulle.
This song is rubbish.

2 ▷ Je suis nul en maths.
I'm useless at maths.

1 (= très mauvais) **rubbish** /'rʌbɪʃ/

2 ► **être nul en... :** be useless /'juːsləs/ at...

nulle part

▷ Où es-tu allé ? – Nulle part !
Where have you been? – Nowhere!

▷ Je ne trouve mes lunettes nulle part.
I can't find my glasses anywhere.

nowhere /ˈnəʊwɛəʳ/

► **ne... nulle part :** not... anywhere /ˈenɪweəʳ/

numérique

▷ C'est un appareil photo numérique.
It's a digital camera.

digital /ˈdɪdʒɪtəl/

Le g se prononce comme le J de Jackson.

numéro

1 ▷ Je joue toujours les mêmes numéros au loto.
I always play the same numbers on the lottery.

▷ Je vais noter ton numéro de téléphone.
I'm going to write your phone number down.

1 (= chiffre) number /ˈnʌmbəʳ/

► **numéro de téléphone :** phone number /ˈfəʊn nʌmbəʳ/ (pluriel : phone numbers)

2 ▷ Le premier numéro du magazine était super.
The first issue of the magazine was great.

2 (= exemplaire) issue /ˈɪʃuː/

Dites 'ishou'.

3 ▷ J'ai adoré le numéro de magie.
I loved the magic act.

3 (= numéro dans un spectacle) act /ækt/

nuque

▷ J'ai mal à la nuque.
The back of my neck hurts.

*En anglais, on emploie l'expression **the back of** my/your/his/her **neck** pour parler de la nuque.*

O

FRANÇAIS — ANGLAIS

La lettre O se prononce /əʊ/ en anglais.
O rime avec go, Joe et no.

obéir

▷ Mon petit frère n'obéit jamais à ma grand-mère.
My little brother never obeys my grandmother.
▷ Natacha refuse d'obéir.
Natacha refuses to do as she's told.
▷ J'ai obéi.
I did as I was told.

► **obéir à** quelqu'un : obey /ə'beɪ/ somebody

ℹ *Quand* **obéir** *n'est suivi de rien, il se traduit par* ***do as*** *one* ***is told*** /təʊld/.

ℹ *Le pronom personnel fonctionne de la façon suivante en anglais : I do as* ***I****'m told, you do as* ***you****'re told, he does as* ***he****'s told, she does as* ***she****'s told, we do as* ***we****'re told, they do as* ***they****'re told.*

obéissant, obéissante

▷ Ce petit garçon n'est pas très obéissant.
That little boy isn't very obedient.

obedient /ə'biːdɪənt/
(**plus obéissant** more obedient,
le plus obéissant the most obedient)

🔊 *Le premier* ***e*** *se prononce comme le* ***ee*** *de* ***week****, et l'accent est sur la deuxième syllabe* ***-be-****.*

obèse

1 ▷ Tu vas devenir obèse si tu continues à manger comme ça !
You're going to become obese if you keep eating like that!
2 ▷ Il y a de plus en plus d'obèses en France.
There are more and more obese people in France.

1 **obese** /ə'biːs/

🔊 ***Obese*** *rime avec* ***peace****.*

2 ► **un obèse, une obèse** : an obese person (pluriel : obese people)

objet

▷ Attention, ces objets sont fragiles.
Be careful, these objects are fragile.
▷ Je suis allé aux objets trouvés, mais mon portefeuille n'y était pas.
I went to the lost property office but my wallet wasn't there.

object /'ɒbdʒekt/
N'oubliez pas le c de object.

► **objets trouvés** (= bureau) : lost property office /lɒst 'prɒpətɪ ɒfɪs/

obligatoire

▷ La visite médicale est obligatoire.
The medical examination is compulsory.

compulsory /kəm'pʌlsərɪ/
L'accent tonique est sur la deuxième syllabe -pul-.

obliger

▷ Ils m'ont obligé à leur donner des sous.
They forced me to give them some money.

▷ Tu n'es pas obligé de venir.
You don't have to come.

► **obliger** quelqu'un **à** + infinitif : force /fɔːs/ somebody to + base verbale
► **être obligé de** + infinitif : have to + base verbale (prétérit : had to)

obscur, obscure

▷ Cette pièce est trop obscure.
This room is too dark.

(= foncé) **dark** /dɑːk/
(plus obscure darker /'dɑːkəʳ/, le plus obscur the darkest /'dɑːkɪst/)

obscurité

▷ Les chats voient bien dans l'obscurité.
Cats can see well in the dark.

► **l'obscurité** : the dark /'dɑːk/

observation

▷ Les observations du prof sont dans la marge.
The teacher's comments are in the margin.
▷ Personne n'a fait d'observations sur les résultats.
Nobody made any comments on the results.

(= remarque) **comment** /'kɒment/

► **faire des observations sur** quelque chose : make comments on something (made, made)

observer

1 ▷ On a observé un échantillon au microscope.
We examined a sample under a microscope.
2 ▷ Pourquoi est-ce qu'il nous observe comme ça ?
Why is he watching us like that?

1 (= examiner) **examine** /eg'zæmɪn/

2 (= regarder avec attention) **watch** /wɒtʃ/

obstacle

1 ▷ Je ne vois pas d'obstacle à son projet.
I can't see any obstacle to his plan.

1 (= problème, chose qui empêche de passer) **obstacle** /'ɒbstəkl/

2 ▷ Le cheval a refusé de sauter par-dessus l'obstacle.
The horse refused to jump over the fence.

2 (= un obstacle dans les courses de chevaux) **fence** /fens/

obtenir

▷ Tu n'obtiendras rien si tu ne dis rien !
You won't get anything if you don't say anything!

get /get/ (got, got /gɒt/)

occasion

1 ▷ Tu as manqué une bonne occasion.
You've missed a good opportunity.
▷ Je n'ai pas eu l'occasion de lui parler.
I didn't have the opportunity to talk to him.

1 (= possibilité) **opportunity** /ˌɒpə'tjuːnɪtɪ/ (pluriel : opportunities)
► **avoir l'occasion de** + infinitif : have the opportunity to + base verbale

2 ▷ C'est une robe que je garde pour les grandes occasions.
It's a dress I keep for special occasions.

2 (= événement) **occasion** /ə'keɪʒən/
ℹ *Notez la traduction de* **grande occasion** *: en anglais, on dit* ***special occasion***.

3 ▷ Ludmila a acheté un blouson en cuir d'occasion.
Ludmila bought a secondhand leather jacket.

3 ► **d'occasion :** secondhand /ˌsekənd'hænd/

occupation

▷ La lecture est mon occupation préférée.
Reading is my favourite pastime.

(= passe-temps) **pastime** /'pɑːstaɪm/

occupé, occupée

1 ▷ Désolée, je suis occupée, je ne peux pas vous parler.
Sorry, I'm busy, I can't talk to you.

1 (quand on a beaucoup à faire) **busy** /'bɪzɪ/ (**plus occupé** busier /'bɪzɪə^r^/, **le plus occupé** the busiest /'bɪzɪɪst/)
🔊 *Le* ***u*** *de* ***busy*** *se prononce comme le* ***i*** *de* ***big***.

2 ▷ Les toilettes sont occupées.
The toilets are engaged.

2 (en parlant des toilettes ou du téléphone) **engaged** /ɪn'geɪdʒd/
En anglais américain on dit ***busy*** /'bɪzɪ/

▷ Ça sonne occupé.
It's engaged.

► **sonner occupé :** be engaged

3 ▷ Est-ce que cette place est occupée ?
Is this seat taken?

3 (en parlant d'une place) **taken** /'teɪkən/

4 ▷ La région est occupée par un groupe de rebelles.
The region is occupied by a group of rebels.

4 (= envahi) **occupied** /'ɒkjʊpaɪd/

occuper

1 ▷ Ils occupent le nord du pays.
They're occupying the north of the country.

1 (= occuper militairement) **occupy** /ˈɒkjʊpaɪ/

ℹ *Le y de* **occupy** *devient* **ie** *à la troisième personne du singulier du présent de l'indicatif (***occupies*** /ˈɒkjʊpaɪz/), au prétérit et au participe passé (***occupied*** /ˈɒkjʊpaɪd/).*

2 ▷ Ça occupe trop de place.
It takes up too much room.

2 (= prendre de la place ou du temps) **take up** /teɪk ˈʌp/ (took up /tʊk ˈʌp/, taken up /ˌteɪkən ˈʌp/)

3 ▷ Sandra a un travail qui l'occupe beaucoup.
Sandra has a job which keeps her very busy.

3 (= donner une activité à) **keep busy** /kiːp ˈbiːzɪ/ (kept, kept /kept/)

4 ▷ Il faut que je m'occupe, sinon je ne me sens pas bien.
I must keep myself busy, otherwise I don't feel good.

4 ► **s'occuper** (= s'activer) : **keep oneself busy** (kept, kept)

ℹ *Le pronom personnel réfléchi fonctionne de la façon suivante en anglais : I keep* ***myself*** *busy, you keep* ***yourself*** *busy, he keeps* ***himself*** *busy,* etc.

5 ▷ Je m'en occuperai demain.
I'll take care of it tomorrow.

5 ► **s'occuper de** quelque chose (une tâche ou un dossier, par exemple) : **take care** /teɪk ˈkɛəʳ/ **of something** (took care /tʊk ˈkɛəʳ/ of, taken care /ˌteɪkən ˈkɛəʳ/ of)

6 ▷ Occupe-toi de tes affaires !
Mind your own business!

6 *Pour dire à quelqu'un de* **ne pas se mêler de quelque chose**, *on emploie en anglais l'expression* ***mind your own business!*** /ˌmaɪnd jər əʊn ˈbɪznɪs/.

7 ▷ Qui s'occupe des réclamations ici ?
Who is in charge of complaints here?

7 ► **s'occuper de** quelque chose (= en être responsable) : **be in charge** /ɪn ˈtʃɑːdʒ/ **of something**

8 ▷ Adrien s'occupe très bien de sa petite sœur.
Adrien looks after his little sister very well.

8 ► **s'occuper de** quelqu'un (= le surveiller ou le soigner) : **look after** /lʊk ˈɑːftəʳ/ **somebody**

océan

▷ Il a traversé l'océan seul sur son bateau.
He crossed the ocean alone in his boat.
▷ Nous voulons aller en vacances au bord de l'océan Atlantique.
We want to go on holiday by the Atlantic Ocean.
▷ C'est une île de l'océan Pacifique.
It's an island in the Pacific Ocean.

ocean /ˈəʊʃən/

► **l'océan Atlantique** : **the Atlantic Ocean** /ətˌlæntɪk ˈəʊʃən/

► **l'océan Pacifique** : **the Pacific Ocean** /pəˌsɪfɪk ˈəʊʃən/

octobre

▷ Nous allons déménager en octobre.
We're going to move house in October.

▷ Mireille est née le quinze octobre.
Mireille was born on the fifteenth of October.

October /ɒk'təʊbəʳ/

ℹ *S'écrit toujours avec une majuscule, comme tous les noms de mois en anglais.*

ℹ *Notez l'emploi de **on** et **of** en anglais lorsqu'on dit la date.*

ℹ *On écrit **15 October**.*

oculiste

▷ L'oculiste a dit que je devais porter des lunettes.
The eye specialist said that I should wear glasses.

▷ Mon oncle est oculiste.
My uncle is an eye specialist.

▷ André est encore chez l'oculiste.
André is still at the eye specialist's.

▷ Je dois aller chez l'oculiste.
I have to go to the eye specialist's.

eye specialist /'aɪ ˌspeʃəlɪst/ (pluriel : eye specialists)

ℹ *N'oubliez pas l'article **a** ou **an** devant le nom du métier lorsqu'il suit les verbes **be** ou **become**.*

► **chez l'oculiste** (= dans son cabinet) **:** at the eye specialist's

► **chez l'oculiste** (= vers son cabinet) **:** to the eye specialist's

odeur

▷ Il y a une mauvaise odeur ici.
There's a bad smell here.

smell /smel/

odieux, odieuse

▷ Camille a été odieuse avec Raoul.
Camille was horrible to Raoul.

(= très désagréable) **horrible** /'hɒrəbl/ (**plus odieux** more horrible, **le plus odieux** the most horrible)

ℹ *Notez la préposition utilisée en anglais :* odieux avec quelqu'un = *horrible **to** somebody.*

œil

1 ▷ Martial a les yeux bleus.
Martial has got blue eyes.

2 ▷ Est-ce que tu pourrais jeter un coup d'œil à mon CV ?
Could you have a look at my CV?

1 **eye** /aɪ/

🔊 *Rime avec **my**, **tie**, **high**.*

2 ► **jeter un coup d'œil à :** have a look /lʊk/ at (had, had)

œuf

▷ Achète une douzaine d'œufs.
Buy a dozen eggs.

▷ La dame nous a servi des œufs brouillés au petit déjeuner.
The lady served us scrambled eggs for breakfast.

egg /eg/

► **œufs brouillés :** scrambled eggs /ˌskræmbld 'egz/

Suite page suivante

▷ Tu préfères un œuf à la coque ou un œuf au plat ?
Do you prefer a boiled egg or a fried egg?

▷ Nous avons emporté des œufs durs et des sandwiches.
We took hard-boiled eggs and sandwiches.

▷ J'ai offert un œuf de Pâques à mon neveu.
I gave my nephew an Easter egg.

► **œuf à la coque :** boiled egg /ˌbɔɪld 'eg/ (pluriel : boiled eggs)
► **œuf au plat :** fried egg /ˌfraɪd 'eg/ (pluriel : fried eggs)
► **œuf dur :** hard-boiled egg /ˌhɑːdbɔɪld 'eg/ (pluriel : hard-boiled eggs)
► **œuf de Pâques :** Easter egg /'iːstəreg/ (pluriel : Easter eggs)

office du tourisme

▷ J'ai trouvé cette carte à l'office du tourisme.
I found this map at the tourist office.

tourist office /'tʊərɪst ˌɒfɪs/

officiel, officielle

▷ Ce document a l'air officiel.
This document looks official.

official /ə'fɪʃəl/

officier

▷ Tous les officiers ont défilé dans la rue.
All the officers marched in the street.

▷ Mon cousin est officier dans la marine.
My cousin is an officer in the navy.

officer /'ɒfɪsəʳ/

ℹ *N'oubliez pas l'article* ***a*** *ou* ***an*** *devant le nom du métier lorsqu'il suit les verbes* ***be*** *ou* ***become****.*

offre

▷ C'est une offre intéressante.
It's an interesting offer.

▷ Il y a une offre spéciale sur le chocolat.
There's a special offer on chocolate.

▷ Regarde les offres d'emploi dans le journal.
Look at the job advertisements in the paper.

offer /'ɒfəʳ/

► **offre spéciale :** special offer /ˌspeʃəl 'ɒfəʳ/ (pluriel : special offers)
► **offres d'emploi** (= petite annonce) **:** job advertisements /'dʒɒb ədˌvɜːtɪsmənts/

offrir

1 ▷ On pourrait offrir un CD à Kamal pour son anniversaire.
We could give Kamal a CD for his birthday.

1 ► **offrir** quelque chose **à** quelqu'un (= lui faire un cadeau) **:** give /gɪv/ somebody something (gave /geɪv/, given /'gɪvn/)

2 ▷ Je t'offre un verre.
I'll buy you a drink.

2 ► **offrir** quelque chose **à** quelqu'un (=payer) **:** buy /baɪ/ somebody something (bought, bought /bɔːt/)

oie

▷ Une oie sauvage est venue dans notre jardin.
A wild goose came into our garden.

goose /guːs/ (pluriel : geese /giːs/)

▻ Tu as vu les oies dans la cour de la ferme ?
Did you see the geese in the farmyard?

*Le s de **goose** et **geese** se prononce comme le s de **sea**.*

oignon

▻ Ne mets pas d'oignon dans la salade, je n'aime pas ça.
Don't put any onion in the salad, I don't like it.

onion /ˈʌnjən/

*Le premier o de **onion** se prononce comme le u de **duck**.*

oiseau

▻ Un oiseau s'est posé juste au-dessus de nous.
A bird landed just above us.

▻ Un oiseau de proie planait haut dans le ciel.
A bird of prey was gliding high in the sky.

bird /bɜːd/

► **oiseau de proie :** bird of prey /ˌbɜːd əv ˈpreɪ/ (pluriel : birds of prey)

OK

▻ OK, j'arrive !
OK, I'm coming!

OK /əʊˈkeɪ/

olive

▻ Je préfère les olives noires aux olives vertes.
I prefer black olives to green olives.

olive /ˈɒlɪv/

*Le i de **olive** se prononce comme le i de **big**.*

olympique

▻ La ville se prépare pour les jeux Olympiques.
The city is preparing for the Olympic Games.

► **les jeux Olympiques :** the Olympic Games /əˌlɪmpɪk ˈɡeɪmz/

ombre

1 ▻ Regarde, le chien a peur de son ombre !
Look, the dog is frightened of its own shadow!

2 ▻ Restons à l'ombre, il fait trop chaud.
Let's stay in the shade, it's too hot.

3 ▻ J'ai acheté de l'ombre à paupières bleue.
I bought some blue eye shadow.

1 (= ombre projetée) **shadow** /ˈʃædəʊ/

2 ► **à l'ombre :** in the shade /ʃeɪd/

3 ► **ombre à paupières :** eye shadow /ˈaɪʃædəʊ/

omelette

▻ Je vais te faire une omelette aux champignons.
I'm going to make a mushroom omelette for you.

omelette /ˈɒmlɪt/

*En anglais, **omelette** rime avec **hit**.*

on

1 ▻ On m'a demandé de venir à huit heures.
I was asked to come at eight o'clock.

1 *Quand* on *représente une personne indéterminée, la façon la plus courante de le traduire en anglais est d'utiliser une tournure passive avec* **be** + participe passé.

Suite page suivante

2 ▷ En Grande-Bretagne, on dîne tôt.
In Britain people have dinner early.

3 ▷ C'est plus facile de voyager quand on n'a pas d'enfants.
It's easier to travel when you don't have children.

4 ▷ On s'est bien amusés chez Sébastien.
We had a great time at Sébastien's.

2 Quand **on** *signifie* **les gens**, *il se traduit généralement par* **people** /'piːpl/.

3 Quand **on** *a un sens très général, il se traduit généralement par* **you** /juː/.

4 Quand **on** *signifie* **nous**, *il se traduit généralement par* **we** /wiː/.

oncle

▷ L'oncle de Sybille est chauffeur de taxi.
Sybille's uncle is a taxi driver.

uncle /'ʌŋkl/

ongle

▷ Christiane a les ongles très longs.
Christiane has very long nails.

▷ Je vais me faire les ongles avant de sortir.
I'm going to do my nails before going out.

nail /neɪl/

► **se faire les ongles :** do one's nails (did, done)

ℹ *L'adjectif possessif fonctionne de la façon suivante en anglais : I do* ***my*** *nails, you do* ***your*** *nails, he does* ***his*** *nails, she does* ***her*** *nails, we do* ***our*** *nails, they do* ***their*** *nails.*

onze

▷ Il y a onze joueurs dans chaque équipe.
There are eleven players in each team.

▷ Aujourd'hui, c'est le onze juin.
Today is the eleventh of June.

▷ On se verra le onze juillet.
We'll see each other on the eleventh of July.

eleven /ɪ'levn/

ℹ *Quand on dit la date, on emploie* ***eleventh*** /ɪ'levnθ/ *en anglais.*

ℹ *Notez l'emploi de* **on** *et* **of** *en anglais lorsqu'on dit la date.*

ℹ *On écrit* ***11 June****.*

onzième

▷ Je ne connaissais pas la réponse à la onzième question.
I didn't know the answer to the eleventh question.

eleventh /ɪ'levnθ/

opéra

▷ Je ne suis jamais allé à l'opéra.
I've never been to the opera.

opera /'ɒpərə/

opération

1 ▷ L'opération a duré deux heures.
The operation lasted two hours.

1 (= intervention chirurgicale) **operation** /ˌɒpə'reɪʃən/

2 ▷ Le résultat de l'opération est faux.
The result of the calculation is wrong.

2 (= calcul) **calculation** /ˌkælkjʊˈleɪʃən/

opérer

▷ Lucien s'est fait opérer hier.
Lucien had an operation yesterday.

▷ Jean-Pierre s'est fait opérer du cœur.
Jean-Pierre had an operation on his heart.

► **se faire opérer : have an operation** /ˌɒpəˈreɪʃən/ (had, had)

► **se faire opérer de... : have an operation on...**

opinion

▷ Personne ne t'a demandé ton opinion !
Nobody asked for your opinion!

opinion /əˈpɪnjən/

opposé, opposée

▷ Il venait en sens opposé.
He was coming in the opposite direction.

(= inverse) **opposite** /ˈɒpəzɪt/

Opposite rime avec hit.

opticien, opticienne

▷ L'opticien a dit que mes lunettes étaient rayées.
The optician said that my glasses were scratched.

▷ Je suis resté une heure chez l'opticien.
I stayed for an hour at the optician's.

▷ Claire est allée chez l'opticien pour récupérer ses lunettes.
Claire went to the optician's to collect her glasses.

▷ Ma grand-mère était opticienne.
My grandmother was an optician.

optician /ɒpˈtɪʃən/

► **chez l'opticien** (= dans le magasin) **: at the optician's**

► **chez l'opticien** (= vers le magasin) **: to the optician's**

N'oubliez pas l'article a ou an devant le nom du métier lorsqu'il suit les verbes be ou become.

optimiste

1 ▷ Tu pourrais être un peu plus optimiste !
You could be a bit more optimistic!

1 (adjectif) **optimistic** /ˌɒptɪˈmɪstɪk/
(**plus optimiste** more optimistic, **le plus optimiste** the most optimistic)

2 ▷ C'est une grande optimiste.
She's a great optimist.

2 ► **un** *ou* **une optimiste : an optimist** /ˈɒptɪmɪst/

Optimist n'est pas un adjectif.

option

▷ J'ai choisi civilisation comme option.
I chose civilization as an optional subject.

(= matière) **optional subject** /ˌɒpʃənl ˈsʌbdʒekt/
(pluriel : optional subjects)

or

▷ L'or coûte cher.
Gold is expensive.
▷ Est-ce que ton bracelet est en or ?
Is your bracelet made of gold?
▷ Alexis m'a offert des boucles d'oreille en or.
Alexis gave me some gold earrings.

(= métal) gold /gəʊld/

► **être en or :** be made of gold

► **en or :** gold

orage

▷ Il y a eu un orage terrible hier soir.
There was a terrible thunderstorm last night.

thunderstorm /ˈθʌndəstɔːm/

oral

▷ Jean-Yves a eu la meilleure note à l'oral.
Jean-Yves got the best mark for oral work.

► **l'oral** (en parlant d'un examen oral) : oral work /ˈɔːrəl wɜːk/

orange

1 ▷ Tu veux une orange ?
Do you want an orange?
▷ Le jus d'orange est bon pour la santé.
Orange juice is good for you.

1 (= fruit) orange /ˈɒrɪndʒ/

Le a de orange se prononce comme le i de big, et l'accent tonique est sur la première syllabe o-.

Attention à la prononciation du pluriel oranges : /ˈɒrɪndʒiz/.

2 ▷ L'orange est une couleur gaie.
Orange is a cheerful colour.

2 ► **l'orange** (= la couleur orange) **:** orange /ˈɒrɪndʒ/

Notez qu'il n'y a pas d'article en anglais.

3 ▷ Le ballon de basket est orange.
The basketball is orange.
▷ Le feu était orange.
The traffic light was amber.

3 (= de couleur orange) orange /ˈɒrɪndʒ/

Mais on dit amber /ˈæmbəʳ/ quand il s'agit des feux de signalisation.

orangeade

▷ Une orangeade et un café, s'il vous plaît.
One orangeade and one coffee, please.

orangeade /ˈɒrɪndʒeɪd/

Le premier a se prononce comme le i de big, et le deuxième comme le a de make.

orchestre

▷ L'orchestre était excellent.
The orchestra was excellent.
▷ Il y a un super orchestre de jazz à la fête.
There's a great jazz band at the fair.

On dit orchestra /ˈɔːkɪstrə/ pour les orchestres classiques et de bal, et band /bænd/ pour les orchestres de jazz.

ordinaire

▷ Prends du vin ordinaire, ça suffira.
Buy some ordinary wine, it'll be enough.

(= de qualité courante) **ordinary** /'ɒːdənrɪ/

ordinateur

▷ Steve a acheté un ordinateur d'occasion.
Steve bought a second-hand computer.

computer /kəm'pjuːtəʳ/

L'accent tonique est sur la deuxième syllabe ***-pu-****.*

ordonnance

▷ J'ai perdu l'ordonnance.
I've lost the prescription.

▷ Le médecin m'a fait une ordonnance.
The doctor gave me a prescription.

prescription /prɪs'krɪpʃən/

► **faire une ordonnance à** quelqu'un **:** **give** /gɪv/ somebody a prescription
(**gave** /geɪv/, **given** /'gɪvn/)

ordonné, ordonnée

▷ Sylvian est un garçon très ordonné.
Sylvian is a very tidy boy.

(= qui range bien) **tidy** /'taɪdɪ/
(**plus ordonné** tidier /'taɪdɪəʳ/,
le plus ordonné tidiest /'taɪdɪɪst/)

ordonner

▷ Je leur ai ordonné de se calmer.
I ordered them to calm down.

► **ordonner à** quelqu'un **de** + infinitif : **order** /'ɔːdəʳ/ somebody **to** + base verbale

ordre

▷ Elle aime donner des ordres aux gens.
She likes giving people orders.

▷ Dans quel ordre est-ce que tu as classé les documents ?
In what order have you filed the documents?

▷ Les chanteurs sont classés par ordre alphabétique.
Singers are filed in alphabetical order.

▷ J'ai passé la journée à mettre de l'ordre dans mes affaires.
I spent the day tidying my things up.

order /'ɔːdəʳ/

► **par ordre alphabétique :** in alphabetical /ˌælfəb'etɪkəl/ order

► **mettre de l'ordre dans** quelque chose **:** **tidy** /'taɪdɪ/ something **up**

ℹ *Le* ***y*** *de* ***tidy*** *devient* ***ie*** *à la troisième personne du singulier du présent de l'indicatif (****tidies*** */'taɪdɪz/), au prétérit et au participe passé (****tidied*** */'taɪdɪd/).*

ordures

▷ Il y a des gens qui jettent leurs ordures dans la rue !
There are people who throw their rubbish out on the street!
▷ Il y avait des ordures partout.
There was rubbish everywhere.

(= déchets) **rubbish** /'rʌbɪʃ/

Rubbish est un nom indénombrable : il ne se met pas au pluriel, et on ne dit pas 'a rubbish'. Par exemple : ***the rubbish is in a bin bag*** (= les ordures sont dans un sac poubelle).

En anglais américain, on dit ***trash*** /træʃ/ *ou* ***garbage*** /'gɑːbɪdʒ/.

oreille

▷ Ce vent froid me fait mal aux oreilles.
This cold wind hurts my ears.

ear /ɪəʳ/

Ne confondez pas avec ***hear*** /hɪəʳ/ (= entendre).

oreiller

▷ L'oreiller est trop mou.
The pillow is too soft.

pillow /'pɪləʊ/

organisé, organisée

▷ Capucine n'est pas du tout organisée.
Capucine isn't at all well-organized.

(= méthodique) **well-organized** /wel'ɔːgənaɪzd/
(**plus organisé** better-organized, **le plus organisé** the best-organized)

organiser

▷ Alex organise une fête samedi.
Alex is organizing a party on Saturday.
▷ Tu pourrais t'organiser un peu mieux !
You could organize yourself a bit better!
▷ Il va falloir qu'elles s'organisent.
They'll have to organize themselves.

(= préparer) **organize** /'ɔːgənaɪz/

► **s'organiser** (= organiser ses activités) **:** **organize** oneself

Le pronom personnel réfléchi fonctionne de la façon suivante en anglais : I organize ***myself****, you organize* ***yourself****, he organizes* ***himself****, she organizes* ***herself****, we organize* ***ourselves****, you organize* ***yourselves****, they organize* ***themselves****.*

organisme

1 ▷ C'est un organisme qui aide les pays pauvres.
It's an organization that helps poor countries.
2 ▷ Fumer est mauvais pour l'organisme.
Smoking is bad for your body.

1 (= association) **organization** /ˌɔːgənaɪ'zeɪʃən/
2 (= corps) **body** /'bɒdɪ/

orgue

▷ L'orgue de la cathédrale est magnifique.
The cathedral organ is beautiful.

organ /'ɔːgən/

orgueilleux, orgueilleuse

▷ Sabine est très orgueilleuse.
Sabine is very proud.

proud /praʊd/
(**plus orgueilleux** prouder /'praʊdəʳ/, **le plus orgueilleux** the proudest /'praʊdɪst/)

orientation

▷ Tu as le sens de l'orientation !
You have a good sense of direction!

▷ Je n'ai aucun sens de l'orientation.
I have no sense of direction.

► **avoir le sens de l'orientation :** have a good sense of direction /dɪ'rekʃən/.

s'orienter

▷ Je n'arrive pas à m'orienter dans cette ville.
I can't find my bearings in this city.

► **s'orienter** (= se repérer) **:** find /faɪnd/ one's bearings /'bɛərɪŋz/ (found, found /faʊnd/)

ℹ *L'adjectif possessif fonctionne de la façon suivante en anglais : I find **my** bearings, you find **your** bearings, he finds **his** bearings, etc.*

original, originale

▷ Cette musique est très originale.
This music is very original.

▷ Garde l'original du document sur toi.
Keep the original of the document on you.

original /ə'rɪdʒɪnl/

origine

1 ▷ Personne ne connaît l'origine de ce mot.
Nobody knows the origin of this word.

▷ Ils sont d'origine danoise.
They are of Danish origin.

1 (= provenance) **origin** /'ɒrɪdʒɪn/

► **d'origine** + adjectif de nationalité : of + adjectif de nationalité + origin

2 ▷ À l'origine, on devait rester quatre jours.
Originally, we were supposed to stay for four days.

2 ► **à l'origine** (= au départ) **:** originally /ə'rɪdʒənəlɪ/

orphelin, orpheline

1 ▷ Kamal est orphelin.
Kamal is an orphan.

1 ► **être orphelin :** be an orphan /'ɔːfən/

ℹ *Notez la présence de l'article **an** en anglais.*

Suite page suivante

2 ▷ Ils ont adopté une orpheline.
They adopted an orphan.

2 ► **un orphelin, une orpheline :** an orphan

orteil

▷ Je me suis cassé un orteil.
I broke a toe.

▷ Mon gros orteil est gonflé.
My big toe is swollen.

▷ Louise s'est cogné le petit orteil contre le pied du lit.
Louise banged her little toe against the foot of the bed.

toe /təʊ/

► **gros orteil :** big toe /bɪg 'təʊ/

► **petit orteil :** little toe /ˌlɪtl 'təʊ/

ortie

▷ Il y a beaucoup d'orties par ici.
There are a lot of nettles round here.

nettle /'netl/

orthographe

▷ Érica est nulle en orthographe.
Érica is useless at spelling.

spelling /'spelɪŋ/

os

▷ Le chien a enterré un os dans le jardin.
The dog buried a bone in the garden.

bone /bəʊn/

oser

▷ Je n'ose pas leur en parler.
I don't dare to speak to them about it.

dare /dɛəʳ/

► **oser** + infinitif : dare to + base verbale

ôter

▷ Tu peux ôter ton manteau maintenant.
You can take your coat off now.

▷ Ôte tes pieds de la table !
Take your feet off the table!

(= enlever) take off /teɪk 'ɒf/
(took off /tʊk 'ɒf/, taken off /ˌteɪkən 'ɒf/)

ou

1 ▷ Tu veux le bleu ou le vert ?
Do you want the blue one or the green one?

▷ Arrête ou je crie !
Stop it or I'll scream!

▷ Je peux venir lundi ou bien mardi.
I can come on Monday or on Tuesday.

2 ▷ Ou tu viens ou tu restes, tu ne peux pas faire les deux !
Either you come or you stay, you can't do both!

1 (pour exprimer un choix, une menace) or /ɔːʳ/

► **ou bien :** or

2 ► **ou... ou :** either... /'aɪðəʳ/ or

où

▷ Où étais-tu ?
Where were you?
▷ Je ne sais pas où ils habitent.
I don't know where they live.
▷ La plage où nous nous baignons est tout près.
The beach where we go swimming is very near.
▷ Tu te souviens du jour où on s'est rencontrés ?
Do you remember the day we met?
▷ On va acheter une nouvelle maison. – Où ça ?
We're going to buy a new house. – Where?
▷ D'où vient cette carte postale ?
Where does this postcard come from?

where /wɛəʳ/

ℹ *S'il s'agit d'un moment et non d'un lieu, où ne se traduit pas.*

► **où ça ? :** where?

► **d'où... ? :** where... from?

oublier

1 ▷ J'ai oublié son nom.
I forgot his name.
▷ N'oublie pas de fermer la porte à clé.
Don't forget to lock the door.
2 ▷ Lionel a oublié son blouson dans le train.
Lionel left his jacket on the train.

1 (= ne pas se souvenir de) forget /fə'get/ (forgot /fə'gɒt/, forgotten /fə'gɒtn/)

2 (= laisser) leave /liːv/ (left, left /left/)

ouest

▷ L'ouest est dans cette direction.
The west is in this direction.
▷ Ils habitent dans l'Ouest.
They live in the west.
▷ Mon village est à l'ouest de Lunéville.
My village is west of Lunéville.

► **l'ouest :** the west /west/

► **dans l'Ouest :** in the west

► **à l'ouest de... :** west of...

oui

▷ Tu veux du riz ? – Oui, s'il te plaît.
Do you want some rice? – Yes, please.
▷ Je pense que oui.
I think so.

yes /jes/

ℹ *Notez l'expression* ***I think so*** /aɪ 'θɪŋk səʊ/.

ouragan

▷ L'ouragan a détruit le toit de plusieurs maisons.
The hurricane destroyed the roofs of several houses.

hurricane /'hʌrɪkən/

ours

▷ Les ours aiment le miel.
Bears like honey.

bear /bɛəʳ/

🔊 ***Bear*** *rime avec* ***hair*** *et* ***where****.*

outil

▷ Sylvain a prêté ses outils au voisin.
Sylvain lent his tools to the neighbour.

tool /tuːl/

ouvert, ouverte

▷ Est-ce que le musée est ouvert le mardi ?
Is the museum open on Tuesdays?

▷ Elle est beaucoup plus ouverte depuis qu'elle a vécu à l'étranger.
She's a lot more open since she lived abroad.

open /ˈəʊpən/

ouverture

▷ Il y a une ouverture sur le côté de la boîte.
There's an opening on the side of the box.

▷ Les heures d'ouverture sont affichées sur la porte.
Opening hours are displayed on the door.

opening /ˈəʊpnɪŋ/

► **heures d'ouverture :** opening hours /ˈəʊpnɪŋ ˌaʊəz/

ouvre-boîtes

▷ Cet ouvre-boîtes ne marche pas.
This can opener doesn't work.

can opener /ˈkæn ˌəʊpənəʳ/
(pluriel : can openers)

ouvre-bouteilles

▷ Où est-ce que tu ranges l'ouvre-bouteilles ?
Where do you keep the bottle opener?

bottle opener /ˈbɒtl əʊpənəʳ/
(pluriel : bottle openers)

ouvrier, ouvrière

▷ Les ouvriers sont en grève.
The workers are on strike.

worker /ˈwɜːkəʳ/

Ne confondez pas la prononciation de ***worker*** *et* ***walker*** /ˈwɔːkəʳ/.

ouvrir

1 ▷ Ouvre la fenêtre, il fait chaud.
Open the window, it's hot.

2 ▷ J'ai ouvert le robinet, mais l'eau ne coule pas.
I turned the tap on but the water isn't running.

3 ▷ Tout d'un coup, la porte s'est ouverte.
All of a sudden, the door opened.

4 ▷ Léa s'est ouvert le front.
Léa cut her forehead.

1 *La traduction la plus courante de* ouvrir *est* ***open*** /ˈəʊpən/.

2 *Quand on parle d'un robinet ou d'un radiateur, on dit* ***turn on*** /tɜːn ˈɒn/.

3 ► **s'ouvrir :** open /ˈəʊpən/

4 *Quand* s'ouvrir *signifie* blesser, *on utilise en anglais le verbe* ***cut*** /kʌt/ (cut, cut).

ovale

▷ Apporte-moi un plat ovale.
Bring me an oval dish.

oval /ˈəʊvəl/

L'accent tonique est sur la première syllabe ***o-***.

oxygène

▷ On ne peut pas vivre sans oxygène.
You can't live without oxygen.

oxygen /ˈɒksɪdʒən/

ozone

▷ La couche d'ozone devient de plus en plus mince.
The ozone layer is becoming thinner and thinner.

ozone /ˈəʊzəʊn/

L'accent tonique est sur la première syllabe o-.

P

FRANÇAIS — ANGLAIS

La lettre P se prononce /piː/ en anglais.
P rime avec free, knee et tea.

Pacifique

Regardez le mot océan.

pagaille

▷ Quelle pagaille ! J'espère que tu vas ranger !
What a mess! I hope you're going to tidy up!

(= désordre) **mess** /mes/

page

▷ Le livre fait trois cents pages.
The book is three hundred pages long.

page /peɪdʒ/

*Le **a** de **page** se prononce comme le **a** de **make**.*

paillasson

▷ Je laisserai la clé sous le paillasson.
I'll leave the key under the doormat.

doormat /'dɔːmæt/

paille

▷ Tu as de la paille dans les cheveux.
You have straw in your hair.

▷ J'aime bien boire avec une paille.
I like drinking through a straw.

straw /strɔː/

► **la paille :** straw

Straw rime avec more et door.

► **une paille :** a straw

Notez la préposition utilisée en anglais : avec une paille = ***through** a straw.*

paillettes

1 ▷ Il y a des paillettes dans cette ombre à paupières.
There is glitter in this eye shadow.

1 (= poudre d'or) **glitter** /'glɪtəʳ/

ℹ *Glitter est indénombrable : il ne se met pas au pluriel et ne s'emploie jamais avec l'article a.*

2 ▷ La chanteuse portait une robe à paillettes.
The singer wore a glittery dress

2 ► **à paillettes** (en parlant d'un vêtement) : **glittery** /'glɪtərɪ/

pain

▷ Il ne reste plus de pain, je vais en acheter.
There isn't any bread left, I'm going to buy some.

► **le pain : bread** /bred/

ℹ *Attention ! on ne dit pas 'a bread'. Un pain se dit **a loaf** /ləʊf/ (pluriel : **loaves** /ləʊvz/).*

▷ Je préfère le pain complet.
I prefer wholemeal bread.

► **pain complet : wholemeal bread** /ˌhəʊlmiːl 'bred/

▷ Il y avait des biscuits et du pain d'épices.
There were biscuits and gingerbread.

► **pain d'épices : gingerbread** /'dʒɪndʒəbred/

▷ Tu prends du pain grillé au petit déjeuner ?
Do you have toast for breakfast?

► **pain grillé : toast** /təʊst/

▷ Les Britanniques mangent surtout du pain de mie.
The British mostly eat sandwich bread.

► **pain de mie : sandwich bread** /'sæmwɪdʒ ˌbred/

pair

▷ Les numéros pairs sont de ce côté de la rue.
Even numbers are on this side of the street.

(en parlant d'un chiffre, d'un numéro) **even** /'iːvən/

🔊 *Le premier **e** de **even** se prononce comme le **ee** de **week**.*

paire

▷ Il a au moins vingt paires de chaussettes !
He's got at least twenty pairs of socks!

pair /pɛəʳ/

paix

1 ▷ Il y a eu une manifestation pour la paix.
There was a demonstration for peace.

1 **peace** /piːs/

2 ▷ Fiche-moi la paix !
Leave me alone!

2 ► **ficher la paix à** quelqu'un : **leave** somebody **alone** /ə'ləʊn/ (left, left)

palais

1 ▷ Nous avons visité le palais de la reine.
We visited the Queen's palace.

1 (= château) **palace** /'pælɪs/

2 ▷ Le concert aura lieu au palais des sports.
The concert will take place at the sports stadium.

2 ► **palais des sports :** sports stadium /ˈspɔːts ˌsteɪdɪəm/ (pluriel : sports stadiums)

3 ▷ Je me suis brûlé le palais avec du café.
I burnt my palate with some coffee.

3 (= le palais dans la bouche) palate /ˈpælɪt/

pâle

▷ Tu es pâle ; tu ne te sens pas bien ?
You're pale; aren't you feeling well?

pale /peɪl/ (**plus pâle** paler /ˈpeɪləʳ/, **le plus pâle** the palest /ˈpeɪlɪst/)

Le a de pale se prononce comme le a de make.

▷ Sylvain est devenu tout pâle.
Sylvain went all pale.

► **devenir pâle :** go pale (went, gone)

palier

▷ J'ai rencontré le voisin sur le palier.
I met the neighbour on the landing.

landing /ˈlændɪŋ/

pâlir

▷ Tout d'un coup Georgina a pâli.
All of a sudden Georgina went pale.

go pale /ˈpeɪl/ (went, gone)

Le a de pale se prononce comme le a de make.

palme

▷ On nage beaucoup plus vite avec des palmes.
You can swim a lot faster with flippers.

(pour nager) flipper /ˈflɪpəʳ/

palmier

▷ Il y a des palmiers partout en Floride.
There are palm trees everywhere in Florida.

(= arbre) palm tree /ˈpɑːmtriː/ (pluriel : palm trees)

Le l de palm ne se prononce pas. Palm rime avec arm.

pamplemousse

▷ Il y avait des céréales et un demi-pamplemousse au petit déjeuner.
There was cereal and half a grapefruit for breakfast.

grapefruit /ˈgreɪpfruːt/

Grapefruit rime avec boot.

panaché

▷ Je prendrai un panaché, s'il vous plaît.
I'll have a shandy, please.

(= une bière avec de la limonade) shandy /ˈʃændɪ/ (pluriel : shandies /ˈʃændɪz/)

pancarte

▷ Il y avait une pancarte qui disait « Fermé ».
There was a sign that said "Closed".

sign /saɪn/
Sign rime avec wine.

pané, panée

▷ Le poisson pané n'était pas bon du tout.
The fish in breadcrumbs wasn't good at all.

in breadcrumbs /'bredkrʌmz/
Breadcrumbs signifie chapelure.
Le deuxième b ne se prononce pas.

panier

▷ Est-ce que tu peux mettre les courses dans le panier ?
Can you put the shopping into the basket?

▷ Emmanuel a marqué un panier magnifique.
Emmanuel scored a beautiful basket.

basket /'bɑːskɪt/
Attention ! Le mot anglais basket ne signifie pas basket !

► **marquer un panier** (au basket) : score /skɔːʳ/ a basket

paniquer

▷ Ne paniquez pas, j'ai appelé la police !
Don't panic, I've called the police!

panic /'pænɪk/
Le c de panic devient ck au gérondif (*panicking* /'pænɪkɪŋ/), *au prétérit et au participe passé* (*panicked* /'pænɪkt/).

panne

1 ▷ La machine à laver est en panne.
The washing machine has broken down.
▷ On est tombés en panne sur l'autoroute.
We broke down on the motorway.

1 *Pour dire que quelque chose* est en panne, *ou que quelque chose* tombe en panne, *on emploie l'expression break down* /breɪk 'daʊn/ (broke down /brəʊk 'daʊn/, broken down /ˌbrəʊkən 'daʊn/).

2 ▷ Ils sont tombés en panne d'essence.
They ran out of petrol.

2 ► **tomber en panne d'essence** : run out of petrol /ˌrʌn aʊt əv 'petrəl/ (ran out, run out)

3 ▷ Il y a eu une panne de courant pendant l'orage.
There was a power cut during the thunderstorm.

3 ► **panne de courant** *ou* **panne d'électricité** : power cut /'paʊə kʌt/ (pluriel : power cuts)

panneau

1 ▷ On a raté le panneau « Toulouse ».
We missed the "Toulouse" sign.

1 (= pancarte, direction sur la route)
sign /saɪn/
Sign rime avec wine.

2 ▷ Les résultats sont sur le panneau d'affichage.
The results are on the notice board.

2 ► **panneau d'affichage** : notice board /'nəʊtɪsˌbɔːd/ (pluriel : notice boards)

panoplie

▷ Rémi a eu une panoplie de cow-boy pour Noël.
Rémi got a cowboy outfit for Christmas.

outfit /ˈaʊtfɪt/

pansement

▷ Est-ce que tu as des pansements ? Je me suis fait mal au pied.
Have you got some plasters? I've hurt my foot.

(= sparadrap) **plaster** /ˈplɑːstəʳ/

En anglais américain on dit ***Band-Aid***® /ˈbændeɪd/.

pantalon

▷ Laetitia a un nouveau pantalon.
Laetitia's got some new trousers.
▷ Je n'aime pas ce pantalon – il est trop court.
I don't like these trousers – they are too short.

trousers /ˈtraʊzəz/

Trousers est un nom pluriel, *comme* ***swimming trunks, pants, jeans*** *et* ***shorts***. *Il s'emploie avec un verbe au pluriel.*

En anglais américain on dit ***pants*** /pænts/.

panthère

▷ Nous avons vu des panthères au zoo.
We saw panthers at the zoo.

panther /ˈpænθəʳ/

Le ***th*** *de* ***panther*** *se prononce comme le* ***th*** *de* ***thing***.

pantoufles

▷ J'ai mis mes pantoufles et je suis descendu préparer le petit déjeuner.
I put my slippers on and I went down to prepare breakfast.

slippers /ˈslɪpəz/

paon

▷ Il y a de magnifiques paons dans le parc.
There are some beautiful peacocks in the park.

peacock /ˈpiːkɒk/

papa

▷ Le papa de Ludovic est agriculteur.
Ludovic's dad is a farmer.

dad /dæd/

pape

▷ Le Pape a fait un voyage au Mexique.
The Pope went on a trip to Mexico.

pope /pəʊp/

papeterie

▷ La papeterie est près de la mairie.
The stationer's is near the town hall.

(= magasin) **stationer's** /ˈsteɪʃənəz/

papier

1 ▷ Je dois acheter du papier pour l'imprimante.
I must buy some paper for the printer.
▷ Cet éventail est en papier.
This fan is made of paper.
▷ Je mettrai une nappe en papier.
I'll put a paper tablecloth on.
▷ Je vais l'emballer dans du papier alu.
I'm going to wrap it in foil.
▷ Ce papier cadeau est très joli.
This wrapping paper is very nice.
▷ Il n'y a plus de papier toilette.
There isn't any toilet paper left.
▷ Utilise du papier journal pour boucher le trou.
Use some newspaper to fill in the hole.
▷ Elle m'a écrit sur du papier à lettres bleu.
She wrote to me on blue writing paper.
▷ Ce papier peint est affreux.
This wallpaper is horrible.

2 ▷ Passe-moi un papier, je vais noter l'adresse.
Pass me a piece of paper, I'm going to write the address down.

3 ▷ Le policier voulait voir nos papiers.
The policeman wanted to see our papers.

1 (= la matière) paper /ˈpeɪpəʳ/
► **être en papier :** be made /meɪd/ of paper
► **en papier :** paper
► **papier alu :** foil /fɔɪl/
► **papier cadeau :** wrapping paper /ˈræpɪŋ, peɪpəʳ/
► **papier toilette :** toilet paper /ˈtɔɪlɪt ˌpeɪpəʳ/
► **papier journal :** newspaper /ˈnjuːzˌpeɪpəʳ/
► **papier à lettres :** writing paper /ˈraɪtɪŋ ˌpeɪpəʳ/
► **papier peint :** wallpaper /ˈwɔːlpeɪpəʳ/

2 (= morceau de papier) piece /piːs/ of paper
(pluriel : pieces /ˈpiːsɪz/ of paper)

3 ► **papiers** (d'identité) **:** papers /ˈpeɪpəz/

papillon

▷ Quel joli papillon !
What a pretty butterfly!

butterfly /ˈbʌtəflaɪ/
(pluriel : butterflies /ˈbʌtəflaɪz/)

papoter

▷ On a papoté pendant une heure au téléphone.
We chatted on the phone for an hour.

chat /tʃæt/

Pâques

▷ Nous sommes allés en Normandie à Pâques.
We went to Normandy at Easter.

Easter /ˈiːstəʳ/

paquet

1 ▷ Achète deux paquets de café.
Buy two packets of coffee.

2 ▷ Lydie a reçu un paquet du Canada.
Lydie got a parcel from Canada.

1 (= emballage) packet /ˈpækɪt/

2 (= colis) parcel /ˈpɑːsəl/

par

1 ▷ Ce roman a été écrit par Victor Hugo.
This novel was written by Victor Hugo.

1 (= complément d'agent) **by** /baɪ/

2 ▷ Vous êtes venus par la rue du Moulin ?
Did you come by rue du Moulin?

2 (= en passant par) **by**

3 ▷ On a dû passer par la forêt.
We had to go through the forest.

3 (= à travers) **through** /θruː/

4 ▷ C'est plus rapide par Asnières.
It's quicker via Asnières.

4 (avant un nom de ville ou de pays) **via** /'vaɪə/

5 ▷ Ils voyagent souvent par bateau.
They often travel by boat.
▷ Est-ce que je peux payer par chèque ?
Can I pay by cheque?

5 (pour indiquer le moyen par lequel on fait quelque chose) **by**

6 ▷ Il a fait ça par jalousie.
He did that out of jealousy.

6 (pour indiquer le motif d'une action) **out of** /'aʊt əv/

7 ▷ Ils gagnent deux mille euros par mois.
They earn two thousand euros a month.

7 (= chaque) **a** /ə/

8 ▷ Il n'y a pas de magasins par ici.
There aren't any shops round here.

8 ► **par ici** (= dans ce coin) **: round here** /raʊnd 'hɪəʳ/

9 ▷ Passez par ici, c'est plus court.
Come this way, it's shorter.

9 ► **par ici** (= par ce chemin) **: this way** /ðɪs weɪ/

10 ▷ C'est quelque part par là.
It's somewhere round there.

10 ► **par là** (= dans ce coin) **: round there** /raʊnd 'ðεəʳ/

11 ▷ On est passés par là.
We came that way.

11 ► **par là** (= par ce chemin) **: that way** /ðæt weɪ/

parachute

▷ Le parachute ne s'est pas ouvert.
The parachute didn't open.

parachute /'pærəʃuːt/
*Le **u** de **parachute** se prononce comme le **oo** de **too**.*

paradis

▷ La plage, les palmiers : c'est le paradis !
The beach, the palm trees: it's paradise!

paradise /'pærədaɪs/
*Le **i** de **paradise** se prononce comme le **i** de **like**, et le **s** comme le **s** de **sea**.*

paragraphe

▷ Le troisième paragraphe est très compliqué.
The third paragraph is very complicated.

paragraph /'pærəgrɑːf/
*L'accent tonique est sur la première syllabe **pa-**.*

paraître

1 ▷ Ça paraît simple, mais en fait c'est assez difficile.
It seems easy, but in fact it's quite difficult.

1 (= sembler) **seem** /siːm/

Suite page suivante

▷ Il paraît que Lise sort avec Matthieu.
Apparently Lise is going out with Matthieu.

► **il paraît que... :** apparently... /ə'pærəntlɪ/

2 ▷ Le dernier tome vient de paraître.
The latest volume has just come out.

2 (en parlant d'un livre) come out /kʌm aʊt/ (came /keɪm/) out, come out

parallèle

▷ Les deux rues sont parallèles.
The two streets are parallel.
▷ L'avenue est parallèle à la rivière.
The avenue is parallel to the river.

parallel /'pærəlel/

ℹ *Attention à l'orthographe !*

ℹ *Notez la préposition utilisée en anglais :* parallèle à = *parallel* ***to***.

paralysé, paralysée

▷ Elle est paralysée depuis l'accident.
She has been paralyzed since the accident.

paralyzed /'pærəlaɪzd/

parapluie

▷ Zut, j'ai laissé mon parapluie dans le train !
Damn, I've left my umbrella on the train!

umbrella /ʌm'brelə/

parasol

▷ On va avoir besoin d'un parasol parce qu'il fait très chaud.
We'll need a parasol because it's very hot.

parasol /'pærəsɒl/

parc

1 ▷ Barnabé promène son chien dans le parc tous les soirs.
Barnabé walks his dog in the park every evening.

1 (= jardin public) park /pɑːk/

2 ▷ Le parc du château est fermé en hiver.
The palace grounds are closed in winter.

2 (= jardin privé) grounds /graʊndz/

ℹ *Grounds est un nom pluriel : on dit par exemple the grounds are beautiful* (le parc est beau).

3 ▷ On s'est bien amusés au parc d'attractions.
We had fun at the amusement park.

3 ► **parc d'attractions :** amusement park /ə'mjuːzmənt ˌpɑːk/ (pluriel : amusement parks)

parce que

▷ Léna est absente parce qu'elle a la grippe.
Léna is absent because she has flu.

because /bɪ'kɒz/

parcmètre

▷ Tu as de la monnaie pour le parcmètre ?
Do you have change for the parking meter?

parking meter /'pɑːkɪŋ ˌmiːtəʳ/ (pluriel : parking meters)

parcours

1 ▷ Le bus suit un parcours compliqué.
The bus follows a complicated route.

2 ▷ On a fait le parcours en deux heures.
We did the journey in two hours.

3 ▷ Il y a un parcours de golf près d'ici.
There is a golf course near here.

1 (= itinéraire) route /ruːt/

2 (= voyage) journey /ˈdʒɜːnɪ/

3 ► **parcours de golf :** golf course /ˈgɒlf kɔːs/ (pluriel : golf courses)

par-derrière

1 ▷ On va passer par-derrière pour qu'ils ne nous voient pas.
We're going to go round the back so that they don't see us.

2 ▷ Elle critique les gens par-derrière.
She criticizes people behind their backs.

1 (= derrière quelque chose) round the back /ˌraʊnd ðə ˈbæk/

2 (= sournoisement) behind /bɪˈhaɪnd/ somebody's back /bæk/

ℹ *L'adjectif possessif fonctionne de la façon suivante en anglais : behind **my** back, behind **your** back, behind **his** back, behind **her** back, behind **our** backs, behind **your** backs, behind **their** backs.*

par-dessous

▷ Passez par-dessous la clôture.
Go underneath the fence.

underneath /ˌʌndəˈniːθ/

par-dessus

▷ Il est passé par-dessus la grille.
He went over the railings.

► **par-dessus** quelque chose **:** over /ˈəʊvəʳ/ something

pardon

1 ▷ Pardon, je ne vous avais pas vu.
Sorry, I didn't see you.

2 ▷ Pardon ? Vous pouvez répéter ?
Pardon? Can you say that again?

3 ▷ Il devrait te demander pardon.
He should apologize to you.

1 (pour s'excuser) sorry /ˈsɒrɪ/

2 (quand on a mal entendu) pardon? /ˈpɑːdən/

ℹ *On peut aussi dire sorry?*

3 ► **demander pardon à quelqu'un :** apologize /əˈpɒlədʒaɪz/ to somebody

pardonner

▷ Je ne te pardonnerai jamais !
I will never forgive you!

forgive /fəˈgɪv/ (forgave /fəˈgeɪv/, forgiven /fəˈgɪvn/)

Suite page suivante

▷ Elle ne m'a jamais pardonné ce que j'avais dit.
She has never forgiven me for what I said.
▷ Tu me pardonnes de m'être moqué de toi ?
Do you forgive me for making fun of you?

Notez l'emploi de la préposition ***for*** *en anglais.*

pare-brise

▷ Le pare-brise est tout sale.
The windscreen is very dirty.

windscreen /ˈwɪndskriːn/
En anglais américain on dit ***windshield*** /ˈwɪndʃiːld/.

pare-chocs

▷ Seul le pare-chocs a été touché.
Only the bumper has been hit.

bumper /ˈbʌmpəʳ/

pareil, pareille

▷ Nos téléphones portables sont pareils.
Our mobile phones are the same.
▷ Ta méthode marche bien, je vais faire pareil.
Your method works well, I'm going to do the same.
▷ Ta jupe est pareille à la mienne.
Your skirt is the same as mine.

the same /ðə ˈseɪm/

Notez la préposition utilisée en anglais : pareil à = *the same* ***as***.

parent

1 ▷ Les parents de Karim sont Algériens.
Karim's parents are Algerian.
2 ▷ Tous les parents de la mariée étaient là.
All the bride's relatives were there.

1 ► **parents** (= père et mère) : parents /ˈpɛərənts/
2 (= membre de la famille) **relative** /ˈrelətɪv/

parenthèse

▷ La date est entre parenthèses.
The date is in brackets.

► **entre parenthèses :** in brackets /ˈbrækɪts/

paresseux, paresseuse

▷ Tu es vraiment paresseuse ! Lève-toi !
You're really lazy! Get up!

lazy /ˈleɪzɪ/
(**plus paresseux** lazier /ˈleɪzɪəʳ/, **le plus paresseux** the laziest /ˈleɪzɪɪst/)

parfait, parfaite

▷ Thomas se croit parfait.
Thomas thinks he's perfect.

perfect /ˈpɜːfekt/
(**plus parfait** more perfect, **le plus parfait** the most perfect)

parfois

▷ Luc travaille parfois le week-end.
Luc sometimes works at weekends.

sometimes /ˈsʌmtaɪmz/

parfum

1 ▻ J'ai offert du parfum à ma mère pour Noël.
I bought my mother some perfume for Christmas.

2 ▻ Ces roses ont un parfum merveilleux.
These roses have a marvellous scent.

3 ▻ Tu veux une glace à quel parfum ?
What flavour ice cream do you want?

1 (= eau de toilette) **perfume** /ˈpɜːfjuːm/

2 (d'une fleur, d'un fruit) **scent** /sent/

3 (= goût de glace) **flavour** /ˈfleɪvəʳ/

pari

▻ Ludovic a gagné son pari.
Ludovic won his bet.

▻ Ils ont fait un pari et Annabelle a perdu.
They made a bet and Annabelle lost.

bet /bet/

► **faire un pari :** make /ˌmeɪk/ a bet (made, made /ˌmeɪd/)

parier

▻ On a parié dix euros.
We bet ten euros.

▻ Je parie qu'elle va encore arriver en retard.
I bet she's going to be late again.

bet /bet/ (bet, bet)

ℹ *Il y a deux t au gérondif (betting).*

Paris

▻ J'habite à Paris depuis quatre ans.
I've lived in Paris for four years.

▻ Pierre va à Paris mardi.
Pierre is going to Paris on Tuesday.

Paris /ˈpærɪs/

En anglais, Paris rime avec kiss.

parisien, parisienne

▻ Mes amies parisiennes sont venues me voir.
My Parisian friends came to see me.

▻ C'est un vrai Parisien.
He's a real Parisian.

Parisian /pæˈrɪzɪən/

ℹ *Notez la majuscule.*

parking

▻ Le parking est plein.
The car park is full.

car park /ˈkɑːpɑːk/ (pluriel : car parks)

En anglais américain on dit parking lot /ˈpɑːʳkɪŋ lɒt/ (pluriel : parking lots).

parlement

▻ Le Parlement britannique se trouve à Westminster.
The British parliament is in Westminster.

parliament /pɑːʳləmənt/

parler

1 ▷ Tu devrais parler à Marielle.
You should speak to Marielle.
▷ J'ai parlé à Mathilde de mon problème.
I spoke to Mathilde about my problem.

1 (= s'exprimer) speak /spiːk/ (spoke /spəʊk/, spoken /'spəʊkən/)

*On peut aussi dire **talk** /tɔːk/.*

2 ▷ On a parlé pendant une heure au téléphone.
We talked for an hour on the phone.
▷ On peut en parler si tu veux.
We can talk about it if you want.

2 (= discuter) talk /tɔːk/

*Le **l** de **talk** ne se prononce pas. **Talk** rime avec **fork**.*

3 ▷ C'est un livre qui parle de la guerre.
It's a book about war.

3 ► **parler de** quelque chose (= avoir pour sujet) **:** be about /ə'baʊt/ something

4 ▷ Ian parle très bien français.
Ian speaks French very well.

4 ► **parler une langue :** speak /spiːk/ a language (spoke /spəʊk/, spoken /'spəʊkən/)

5 ▷ Ils ne se parlent plus.
They don't talk to each other any more.

5 ► **se parler :** talk to each other /iːtʃ 'ʌðəʳ/

parmi

▷ Il y a plusieurs femmes parmi les candidats.
There are several women among the candidates.

among /ə'mʌŋ/

*Le **o** de **among** se prononce comme le **u** de **duck**.*

parole

1 ▷ Tu connais les paroles de cette chanson ?
Do you know the words of this song?

1 (= mot) word /wɜːd/

2 ▷ Il tient toujours parole.
He always keeps his word.

2 ► **tenir parole :** keep /kiːp/ one's word (kept, kept)

*L'adjectif possessif fonctionne de la façon suivante en anglais : I keep **my** word, you keep **your** word, he keeps **his** word, she keeps **her** word, we keep **our** word, they keep **their** word.*

3 ▷ Arrête de me couper la parole !
Stop interrupting me!

3 ► **couper la parole à quelqu'un :** interrupt somebody /ˌɪntə'rʌpt/

4 ▷ Le prof a donné la parole à Djamel.
The teacher let Djamel speak.

4 ► **donner la parole à quelqu'un :** let somebody speak /'spiːk/ (let, let)

5 ▷ Cyril a pris la parole pour dire qu'il n'était pas d'accord.
Cyril spoke to say he didn't agree.

5 ► **prendre la parole :** speak /spiːk/ (spoke /spəʊk/, spoken /'spəʊkən/)

parquet

▷ Le parquet est vraiment sale.
The wooden floor is really dirty.

wooden floor /ˌwʊdn ˈflɔːʳ/

parrain

▷ Je vais en vacances avec mon parrain.
I'm going on holiday with my godfather.

godfather /ˈgɒdfɑːðəʳ/

part

1 ▷ Il reste deux parts de gâteau.
There are two pieces of cake left.

1 (= morceau) **piece** /piːs/

2 ▷ Chacun doit payer sa part.
Everyone must pay their share.

2 (dans un partage) **share** /ʃɛəʳ/

3 ▷ J'ai traité ce cas à part.
I treated this case separately.

3 ► **à part** (= séparément) : separately /ˈseprətlɪ/

4 ▷ Qui est venu à part Charlie ?
Who came apart from Charlie?

4 ► **à part** (= en dehors de) : apart from /əˈpɑːt frɒm/

5 ▷ Donne-lui ce mot de ma part.
Give her this note from me.

5 ► **de la part de** (= au nom de) : from /frɒm/

6 ▷ C'est de la part de qui ?
Who's calling?

6 *Pour demander qui est au téléphone, on dit who's calling?* /huːz ˈkɔːlɪŋ/.

7 ▷ Les personnes qui ont pris part à l'enquête recevront un livre.
The people who took part in the survey will get a book.

7 ► **prendre part à** : take part in /teɪk ˈpɑːt ɪn/ (took /tʊk/, taken /ˈteɪkən/)

partager

▷ J'ai partagé l'argent entre tous.
I shared the money between everybody.
▷ J'ai dû partager une chambre avec mon frère.
I had to share a bedroom with my brother.
▷ On s'est partagé le travail.
We shared the work.

share /ʃɛəʳ/
Share rime avec hair et where.
Le e disparaît au gérondif : sharing.

► **se partager** quelque chose : share something

parti

▷ Chaque parti a un candidat.
Each party has a candidate.

(= organisation politique) **party** /ˈpɑːtɪ/ (pluriel : parties /ˈpɑːtɪz/)

participer

1 ▷ Est-ce que tu veux participer au concours ?
Do you want to take part in the competition?

1 ► **participer à** (= prendre part à) : take part in /teɪk ˈpɑːt ɪn/ (took /ˈtʊk/, taken /ˈteɪkən/)

2 ▷ Qui veut participer au cadeau ?
Who wants to contribute to the present?

2 ► **participer à** (financièrement) : contribute to /kənˈtrɪbjuːt tuː/

particulier, particulière

1 ▷ C'est un cas très particulier.
It's a very special case.

2 ▷ Est-ce que tu pensais à un problème particulier ?
Were you thinking of a particular problem?

▷ C'est vrai, en particulier en France.
It's true, in particular in France.

3 ▷ Jérôme a des habitudes assez particulières.
Jérôme has some rather odd habits.

1 (= exceptionnel) **special** /'speʃəl/

2 (= précis) **particular** /pə'tɪkjʊləʳ/

► **en particulier :** in particular

3 (= bizarre) **odd** /ɒd/

particulièrement

▷ Raïssa a été particulièrement désagréable.
Raïssa was particularly unpleasant.

▷ Tu as aimé le film ? – Pas particulièrement.
Did you like the film? – Not particularly.

particularly /pə'tɪkjʊləlɪ/

L'accent tonique est sur la deuxième syllabe ***-ti-****.*

► **pas particulièrement :** not particularly

partie

1 ▷ Vous voulez faire une autre partie ?
Do you want to have another game?

2 ▷ La première partie du film est un peu lente.
The first part of the film is a bit slow.

3 ▷ Ce jardin fait partie du musée.
This garden is part of the museum.

4 ▷ Je fais partie du club de voile.
I belong to the sailing club.

5 ▷ C'est en partie de ma faute.
It's partly my fault.

1 (= jeu) **game** /geɪm/

Notez la traduction de faire une partie *:* ***have*** *a game.*

2 (= section, élément) **part** /pɑːt/

3 ► **faire partie de** (= être une partie de) **:** be part of

4 ► **faire partie de** (= être membre de) **:** belong /bɪ'lɒŋ/ to

5 ► **en partie :** partly /'pɑːtlɪ/

partir

1 ▷ Je dois partir, il est tard.
I must leave, it's late.

▷ On est partis de la maison à huit heures.
We left the house at eight.

2 ▷ Cédric part en Espagne en août.
Cédric is going to Spain in August.

3 ▷ Le moteur ne veut pas partir.
The engine doesn't want to start.

4 ▷ La tache a fini par partir.
The stain came out eventually.

5 ▷ Je serai libre à partir de mardi.
I'll be free from Tuesday.

1 (= s'en aller) **leave** /liːv/ (left, left /left/).

► **partir de** + lieu **:** leave

2 ► **partir à** *ou* **partir en** + lieu **:** go to

3 (= démarrer, en parlant d'une machine, d'un moteur) **start** /stɑːt/

4 (= disparaître, en parlant d'une tache) **come out** /kʌm 'aʊt/ (came out /keɪm 'aʊt/, come out)

5 ► **à partir de :** from /frɒm/

partout

▷ On t'a cherché partout !
We've looked for you everywhere!

everywhere /'evrɪwɛəʳ/

pas

1 ▷ Raoul fait de grands pas.
Raoul takes big steps.

1 (= enjambée) **step** /step/
ℹ *Notez la traduction de* faire un pas *:* ***take*** /teɪk/ *a step* (***took*** /tʊk/, ***taken*** /'teɪkən/).

2 ▷ On entendait des pas dans la nuit.
We could hear footsteps in the night.

2 (= bruit) **footstep** /'fʊtstep/

3 ▷ Je ne suis pas content.
I'm not happy.
▷ Peter n'a pas de frères et sœurs.
Peter doesn't have any brothers and sisters.
▷ Sabine ne viendra pas à la soirée.
Sabine won't come to the party.
▷ Je t'avais dit de ne pas jouer avec ça !
I told you not to play with this!

3 *Pour mettre un verbe à la forme négative en anglais, on emploie* ***not*** /nɒt/*, ou sa forme abrégée* ***-n't****, après l'auxiliaire correspondant au verbe* (***be, do, will***).
ℹ *Notez que la contraction de* ***will not*** *est* ***won't*** /wəʊnt/.
ℹ *Avant un infinitif, la traduction est* ***not****. Notez l'ordre des mots dans la phrase anglaise :* ***not*** + ***to*** + verbe.

4 ▷ Tu viens ou pas ?
Are you coming or not?
▷ Qui veut faire la vaisselle ? – Pas moi !
Who wants to do the dishes? – Not me!
▷ Ça te dérange ? – Non, pas du tout.
Do you mind? – No, not at all.
▷ Je n'aime pas du tout ce tableau.
I don't like this painting at all.

4 (employé sans ne) **not** /nɒt/

► **pas du tout :** not at all /nɒt ət 'ɔːl/
ℹ *Notez bien l'ordre des mots dans l'exemple à gauche. Comparez avec l'ordre des mots en français.*

passable

▷ Le prof a dit que mon devoir était passable.
The teacher said that my test was average.

(= moyen) **average** /'ævərɪdʒ/
🔊 ***Average*** *rime avec* ***bridge****.*

passage

1 ▷ Il y a un passage difficile dans ce morceau.
There's a difficult passage in this piece.

1 (= partie d'un morceau, d'un texte, etc.) **passage** /'pæsɪdʒ/
🔊 ***Passage*** *rime avec* ***bridge****.*

2 ▷ On pourrait s'arrêter à Lascaux au passage.
We could stop at Lascaux on the way.

2 ► **au passage** (= en route) **:** on the way /ɒn ðə 'weɪ/

3 ▷ Je traverse toujours aux passages cloutés.
I always cross at pedestrian crossings.

3 ► **passage clouté** *ou* **passage piétons :** pedestrian crossing /pɪˌdestrɪən 'krɒsɪŋ/ (pluriel : pedestrian crossings)

Suite page suivante

4 ▷ On a dû s'arrêter à un passage à niveau.
We had to stop at a level crossing.

4 ► **passage à niveau :** level crossing /ˌlevl ˈkrɒsɪŋ/ (pluriel : level crossings)

5 ▷ Prenez le passage souterrain.
Take the subway.

5 ► **passage souterrain :** subway /ˈsʌbweɪ/

6 ▷ Nous sommes seulement de passage à Paris.
We're just passing through Paris.

6 ► **être de passage :** be passing through /pɑːsɪŋˈθruː/

passager

▷ Tous les passagers sont descendus.
All the passengers got off.

passenger /ˈpæsɪndʒəʳ/

passant

▷ Plusieurs passants se sont arrêtés pour regarder.
Several passers-by stopped to watch.

(= une personne dans la rue) passer-by /ˌpɑːsəˈbaɪ/ (pluriel : passers-by)

passe

▷ Quelle belle passe !
What a beautiful pass!
▷ Luc a fait une passe à Nouredine.
Luc passed to Nouredine.

(dans les jeux de ballon) pass /pɑːs/ (pluriel : passes /ˈpɑːsɪz/)
► **faire une passe à** quelqu'un **:** pass to somebody

passé, passée

▷ Ça a commencé l'année passée.
It started last year.
▷ Ne pense pas au passé.
Don't think about the past.

(= dernier, écoulé) past /pɑːst/

► **le passé** (= ce qui est fini) **:** the past

passeport

▷ Tu dois présenter ton passeport à la douane.
You must show your passport at customs.

passport /ˈpɑːspɔːt/
ℹ *Attention à l'orthographe !*

passer

1 ▷ J'ai vu passer Lise et sa fille.
I saw Lise and her daughter go past.

1 (= aller d'un endroit à l'autre) go past /gəʊ ˈpɑːst/ (went, gone)

2 ▷ Je passe toujours par le jardin public.
I always go through the park.
▷ Par où êtes-vous passés ?
Which way did you go?
▷ Passe par-dessus la clôture.
Go over the fence.

2 *Quand* passer *est suivi d'une préposition comme* par, sur, par-dessous, etc.*, la traduction anglaise est* ***go*** /gəʊ/ (***went*** /went/, ***gone*** /gɒn/).

3 ▷ Je passerai ce soir si tu veux.
I'll call in tonight if you want.

3 (= faire une visite rapide) call in /kɔːl ˈɪn/

4 ▷ Le facteur n'est pas encore passé.
The postman hasn't been yet.

4 ► **être passé** (en parlant du facteur) **:** have been /ˈbiːn/

5 ▷ Laissez-moi passer !
Let me through!

5 ► **laisser passer** quelqu'un **:** let somebody through /θruː/ (let, let)

6 ▷ Le temps est passé très vite.
Time went by very quickly.

6 (en parlant du temps qui passe) go by /gəʊ ˈbaɪ/ (went by /went ˈbaɪ/, gone by /gɒn ˈbaɪ/)

7 ▷ Sacha passera en cinquième en septembre.
Sacha will move up to the second year in September.

7 (= aller dans la classe supérieure, la division supérieure, etc.) move up /muːv ˈʌp/

8 ▷ Ce film est déjà passé à la télé.
This film has already been on TV.

8 ► **passer à la télé :** be on TV

9 ▷ Ce n'est qu'un mal de tête, ça passera.
It's only a headache, it'll pass.

9 (en parlant d'une douleur) pass /pɑːs/

10 ▷ Personne ne nous a arrêtés quand nous avons passé la frontière.
Nobody stopped us when we crossed the border.

10 (en parlant d'une frontière) cross /krɒs/

11 ▷ Passe-moi un bonbon, s'il te plaît.
Give me a sweet, please.

11 (= donner) give /gɪv/ (gave /geɪv/, given /ˈgɪvn/)

12 ▷ Tu peux me passer Érika ?
Can you put Érika on?
▷ Je vous passe mon père.
I'll put my father on.

12 *Quand on parle de* passer quelqu'un *au téléphone, on utilise l'expression* ***put*** /pʊt/ *somebody* ***on*** (put on, put on).

13 ▷ Passe la balle !
Pass the ball!

13 (en parlant d'un ballon) pass /pɑːs/

14 ▷ La sœur de Fouad a passé son permis de conduire.
Fouad's sister took her driving test.

14 (en parlant d'un examen, du permis de conduire) take /teɪk/ (took /tʊk/, taken /ˈteɪkən/)

Attention ! ***pass an exam*** *veut dire* réussir un examen.

15 ▷ On a passé l'après-midi à discuter.
We spent the afternoon talking.

15 (en parlant d'une période de temps) spend /spend/ (spent, spent /spent/)

16 ▷ Qu'est-ce qui s'est passé ?
What happened?
▷ Qu'est-ce qui se passe ? Il y a un problème ?
What's the matter? Is there a problem?

16 ► **se passer** (= se produire) **:** happen /ˈhæpən/

Quand on s'inquiète d'une situation, on dit ***what's the matter?*** /ˌwɒts ðə ˈmætəʳ/.

17 ▷ Comment se sont passées tes vacances ?
How did your holidays go?
▷ Ça s'est très bien passé.
It went very well.

17 ► **se passer** (= se dérouler) **:** go /gəʊ/ (went /went/, gone /gɒn/)

18 ▷ Tu devras te passer de douche pendant quelque temps.
You'll have to do without a shower for a while.

18 ► **se passer de** quelque chose **:** do without /wɪðˈaʊt/ something (did, done)

passe-temps

▷ Quel est ton passe-temps préféré ?
What's your favourite pastime?

pastime /'pɑːstaɪm/

On peut aussi dire ***hobby*** /'hɒbɪ/ (pluriel : ***hobbies*** /'hɒbɪz/)

passion

▷ Aurélien a une passion pour les motos.
Aurélien has a passion for motorbikes.

passion /'pæʃən/

passionnant, passionnante

▷ J'ai trouvé ce livre passionnant.
I found this book fascinating.

fascinating /'fæsɪneɪtɪŋ/
(plus passionnant more fascinating, **le plus passionnant** the most fascinating**)**

passoire

1 ▷ Où est la passoire ? J'en ai besoin pour les pommes de terre.
Where's the colander? I need it for the potatoes.

2 ▷ Je vais acheter une passoire à thé.
I'm going to buy a tea strainer.

1 (pour les légumes) **colander** /'kʌləndəʳ/

2 ► **passoire à thé :** tea strainer /'tiː ˌstreɪnəʳ/ (pluriel : tea strainers)

pastèque

▷ On a mangé de la pastèque en dessert.
We had watermelon for dessert.

watermelon /'wɔːtəmelən/

pastille

▷ Je voudrais des pastilles pour la gorge, s'il vous plaît.
I'd like some throat lozenges, please.

(= médicament) **lozenge** /'lɒzɪndʒ/

Le ***e*** *de* ***lozenge*** *se prononce comme le* ***i*** *de* ***big****.*

patate

▷ Il y a du poulet et des patates pour le déjeuner.
There's chicken and potatoes for lunch.

potato /pə'teɪtəʊ/
(pluriel : potatoes /pə'teɪtəʊz/)

L'accent tonique est sur la deuxième syllabe ***-ta-****.*

pâte

1 ▷ La pâte est trop liquide.
The mixture is too liquid.

2 ▷ Je ne sais pas si la pâte est assez cuite.
I don't know whether the pastry is cooked enough.

3 ▷ C'est du poisson recouvert de pâte et frit.
It's fish covered in batter and fried.

1 (= mélange pour gâteaux) **mixture** /'mɪkstʃəʳ/

2 (= croûte d'une tarte) **pastry** /'peɪstrɪ/

3 (pour friture) **batter** /'bætəʳ/

4 ▷ Madame Roberts a fait des pâtes au fromage.
Mrs Roberts made pasta with cheese.

4 ► **pâtes** (= nouilles) **:** pasta /'pæstə/

Pasta ne se met pas au pluriel : on dit par exemple this pasta is delicious (ces pâtes sont délicieuses).

5 ▷ Mon petit frère adore jouer avec la pâte à modeler.
My little brother loves playing with modelling clay.

5 ► **pâte à modeler :** modelling clay /'mɒdlɪŋ ˌkleɪ/

pâté

1 ▷ J'ai mangé un sandwich au pâté.
I ate a pâté sandwich.

1 (= charcuterie) pâté /'pæteɪ/

2 ▷ On a fait trois fois le tour du pâté de maisons mais on ne l'a pas trouvé.
We went round the block three times but we didn't find him.

2 ► **pâté de maisons :** block /blɒk/

patiemment

▷ Le prof a patiemment expliqué l'exercice.
The teacher patiently explained the exercise.

patiently /'peɪʃəntlɪ/

patience

▷ Tu n'as aucune patience !
You have no patience!

patience /'peɪʃəns/

Le a de patience se prononce comme le a de make.

patient, patiente

▷ Sois patient, ça sera bientôt ton tour.
Be patient, it will soon be your turn.

patient /'peɪʃənt/
(plus patient more patient**, le plus patient** the most patient**)**

Le a de patient se prononce comme le a de make.

patin

▷ Un de mes patins est cassé.
One of my skates is broken.
▷ Djamila a des patins à roulettes.
Djamila has got some roller skates.
▷ Tu sais faire du patin à roulettes ?
Can you roller-skate?

(pour glisser ou rouler) skate /skeɪt/

► **patins à roulettes :** roller skates /'rəʊləskeɪts/

► **faire du patin à roulettes :** roller-skate /'rəʊləskeɪt/

Le e final du verbe roller-skate disparaît au gérondif : roller-skating.

patinage

▷ Mélodie fait du patinage artistique.
Mélodie does figure skating.

skating /ˈskeɪtɪŋ/
► **patinage artistique :** figure skating /ˈfɪgə ˌskeɪtɪŋ/

patinoire

▷ Tu viens avec nous à la patinoire ?
Are you coming with us to the ice rink?

ice rink /ˈaɪs rɪŋk/
(pluriel : ice rinks)

ℹ *On peut aussi dire* ***skating rink*** /ˈskeɪtɪŋ rɪŋk/ (pluriel : ***skating rinks***)

pâtisserie

1 ▷ Est-ce qu'il y a une bonne pâtisserie dans ce quartier ?
Is there a good cake shop in this area?

2 ▷ Tu manges trop de pâtisseries.
You eat too many cakes.

1 (= magasin) **cake shop** /ˈkeɪk ʃɒp/
(pluriel : cake shops)

2 (= gâteau) **cake** /keɪk/

patron, patronne

1 ▷ Le patron du bar est venu voir ce qui se passait.
The bar owner came to see what was happening.

2 ▷ Le patron et les ouvriers ont discuté pendant une heure.
The boss and the workers talked for an hour.

1 (= propriétaire) **owner** /ˈəʊnəʳ/

2 (= employeur) **boss** /bɒs/

patte

▷ Le chat a une patte cassée.
The cat has got a broken leg.

(= jambe d'un animal) **leg** /leg/

ℹ *En anglais on dit* ***leg*** *pour la jambe d'une personne et la patte d'un animal.*

paume

▷ Il cachait quelque chose dans la paume de sa main.
He was hiding something in the palm of his hand.

(= le creux de la main) **palm** /pɑːm/

🔊 *Le* ***l*** *de* ***palm*** *ne se prononce pas.* ***Palm*** *rime avec* ***arm****.*

paupière

▷ Mes paupières sont vraiment lourdes !
My eyelids are really heavy!

eyelid /ˈaɪlɪd/

pause

▷ On a pris un café pendant la pause.
We had a coffee during the break.

(= repos) **break** /breɪk/

🔊 ***Break*** *rime avec* ***make****.*

▷ Bon, faisons une pause !
Right, let's have a break!

► **faire une pause :** have a break (had, had)

pauvre

▷ Ce sont des gens très pauvres.
They're very poor people.
▷ Pauvre Jean, il s'est fait voler son vélo !
Poor Jean, someone stole his bicycle!
▷ La pauvre, elle a dû avoir très peur !
Poor thing, she must have been very scared!

poor /pɔːʳ/
(**plus pauvre** poorer /'pɔːrəʳ/, **le plus pauvre** the poorest /'pɔːrɪst/)

► **le pauvre !** *ou* **la pauvre ! :** poor thing! /pɔː 'θɪŋ/
(pluriel : poor things!)

pauvreté

▷ Il y a beaucoup de pauvreté là-bas.
There's a lot of poverty over there.

poverty /'pɒvətɪ/
Le r de poverty ne se prononce pas et l'accent tonique est sur la première syllabe po-.

pavillon

▷ Ils habitent dans un pavillon en banlieue.
They live in a house in the suburbs.

(= maison) house /'haʊs/
(pluriel : houses /'haʊzɪz/)
Au pluriel, le s se prononce comme un z.

payant, payante

▷ Est-ce que le concert est payant ?
Do you have to pay for the concert?

Pour dire que quelque chose est payant en anglais, on emploie l'expression you have to pay.

payer

1 ▷ C'est Sandrine qui a payé les places.
It was Sandrine who paid for the tickets.
▷ Je vais payer le vin.
I'll pay for the wine.
2 ▷ J'ai payé ce livre dix euros.
I paid ten euros for this book.
▷ Inès est mieux payée que son mari.
Inès is better paid than her husband.
3 ▷ Viens avec moi, je te paie un café.
Come with me, I'll buy you a coffee.

1 (= acheter) pay for /'peɪ fɔːʳ/
(paid for, paid for /'peɪd fɔːʳ/)
Notez bien : payer quelque chose = *pay **for** something.*

2 (= payer une somme ou payer une personne) pay /peɪ/
(paid, paid /peɪd/)
Notez bien : payer quelqu'un = *pay somebody.*

3 ► **payer** quelque chose **à** quelqu'un **:** buy /baɪ/ somebody something (bought, bought /bɔːt/)

pays

▷ Malika voudrait vivre dans un autre pays.
Malika would like to live in another country.

country /'kʌntrɪ/ (pluriel : countries /'kʌntrɪz/)

paysage

▷ Quel beau paysage !
What a beautiful landscape!

landscape /ˈlændskeɪp/

paysan, paysanne

▷ Les paysans français ne sont pas contents.
French farmers are not happy.

(= agriculteur) **farmer** /ˈfɑːməʳ/

Pays-Bas

▷ Les Pays-Bas sont en demi-finale.
The Netherlands are in the semifinals.
▷ On voit des champs de fleurs aux Pays-Bas.
You can see fields of flowers in the Netherlands.
▷ Quentin et sa famille sont allés aux Pays-Bas.
Quentin and his family went to the Netherlands.

► **les Pays-Bas :** the Netherlands /ˈneðələndz/
► **aux Pays-Bas** (= dans le pays) **:** in the Netherlands
► **aux Pays-Bas** (= vers le pays) **:** to the Netherlands

pays de Galles

▷ Le pays de Galles fait partie de la Grande-Bretagne.
Wales is part of Great Britain.

▷ Mon cousin vit au pays de Galles.
My cousin lives in Wales.
▷ Nous allons au pays de Galles.
We're going to Wales.

Wales /weɪlz/

Ne prend jamais d'article.

► **le pays de Galles :** Wales
► **au pays de Galles** (= dans la région) **:** in Wales
► **au pays de Galles** (= vers la région) **:** to Wales

PCV

▷ Comment fait-on pour appeler en PCV ?
How do you make a reverse-charge call?

► **appeler en PCV :** make a reverse-charge call /rɪvɜːs tʃɑːdʒ kɔːl/

En anglais américain on dit ***collect call*** /kəˈlekt kɔːl/.

PDG

▷ Son mari est PDG d'une grande entreprise.
Her husband is a managing director of a big company.

managing director /mænɪdʒɪŋ daɪˈrektər/

N'oubliez pas l'article ***a*** *ou* ***an*** *devant le nom du métier lorsqu'il suit les verbes* ***be*** *ou* ***become****.*

En anglais américain on dit ***CEO*** /siː iː əʊ/.

péage

1 ▷ On ne paie pas de péage sur les autoroutes britanniques.
You don't pay tolls on British motorways.

2 ▷ Le péage est juste après Bayonne.
The tollgate is just after Bayonne.

1 (= somme d'argent) **toll** /tɒl/

2 (= endroit où on paie) **tollgate** /'tɒlgeɪt/

peau

1 ▷ Sophie a une jolie peau.
Sophie has nice skin.

2 ▷ Les jupes en peau sont à la mode.
Leather skirts are fashionable.

1 (d'une personne, d'un fruit, d'un légume) **skin** /skɪn/

2 ► **en peau** (= en cuir) **:** leather /'leðə^r/

pêche

1 ▷ Cette pêche est délicieuse.
This peach is delicious.

2 ▷ Marc lit un magazine sur la pêche.
Marc is reading a magazine about fishing.
▷ Je vais souvent à la pêche avec mon père.
I often go fishing with my father.

3 ▷ J'ai la pêche aujourd'hui !
I'm feeling great today!

1 (= fruit) **peach** /piːtʃ/ (pluriel : peaches /'piːtʃɪz/)

2 (pour attraper des poissons) **fishing** /'fɪʃɪŋ/
► **aller à la pêche :** go fishing (went, gone/been)

3 ► **avoir la pêche** (= être en forme) **:** feel great /greɪt/ (felt, felt)

pêcher

1 ▷ J'ai appris à pêcher avec mon grand-père.
I learned to fish with my grandfather.

2 ▷ Karim a pêché trois truites.
Karim caught three trout.

3 ▷ Ils pêchent le thon dans cette région.
They fish for tuna in this region.

1 (= essayer d'attraper des poissons) **fish** /fɪʃ/

2 ► **pêcher** quelque chose (= l'attraper) **:** catch /kætʃ/ something (caught, caught /kɔːt/)

3 ► **pêcher** quelque chose (= essayer de l'attraper) **:** fish /fɪʃ/ for something

pêcheur

1 ▷ Il y avait des pêcheurs au bord de la rivière.
There were some anglers by the river.

2 ▷ Les pêcheurs rapportent des crabes et des homards.
The fishermen bring back crabs and lobsters.

1 (= pêcheur d'eau douce) **angler** /'æŋglə^r/

2 (= pêcheur en mer) **fisherman** /'fɪʃəmən/ (pluriel : fishermen /'fɪʃəmen/)

pédale

▷ La pédale gauche de mon vélo est cassée.
The left pedal on my bike is broken.

pedal /'pedl/

pédaler

▻ Allez, pédale plus vite !
Come on, pedal faster!

pedal /'pedl/

Il y a deux l au gérondif (pedalling /'pedlɪŋ/), au prétérit et au participe passé (pedalled /'pedld/).

peigne

▻ Qui a laissé des cheveux sur mon peigne ?
Who left hair on my comb?

comb /kəʊm/

Le b de comb ne se prononce pas. Comb rime avec home.

peigner

1 ▻ Cécile ne veut pas que sa mère la peigne.
Cécile doesn't want her mother to comb her hair.

2 ▻ Je me suis lavé et peigné en deux minutes.
I washed and combed my hair in two minutes.

1 ► **peigner** quelqu'un : comb /kəʊm/ somebody's hair /hɛəʳ/

2 ► se **peigner** : comb one's hair

*L'adjectif possessif fonctionne de la façon suivante en anglais : I comb **my** hair, you comb **your** hair, he combs **his** hair, she combs **her** hair, we comb **our** hair, they comb **their** hair.*

Le b final de comb ne se prononce pas. Comb rime avec home.

peignoir

1 ▻ Karine était encore en peignoir quand je suis arrivée.
Karine was still in her dressing gown when I arrived.

2 ▻ Sèche-toi, mets ton peignoir et descends.
Dry yourself, put your bathrobe on and come downstairs.

1 (= robe de chambre) **dressing gown** /'dresɪŋ gaʊn/
(pluriel : dressing gowns)

2 (= peignoir en éponge) **bathrobe** /'bɑːθrəʊb/

peindre

▻ Émile peint très bien.
Émile paints very well.

paint /peɪnt/

peine

1 ▻ Sarah a eu beaucoup de peine quand son chien est mort.
Sarah was very sad when her dog died.

▻ Je crois que tu lui as fait de la peine.
I think you've upset him.

2 ▻ Est-ce que ça vaut la peine d'aller voir ce film ?
Is it worth going to see this film?

1 ► **avoir de la peine :** be sad /'sæd/

► **faire de la peine à** quelqu'un **:** upset /ʌp'set/ somebody
(upset, upset)

2 ► **valoir la peine de** + infinitif : be worth /wɜːθ/ + -ing

3 ▷ Tu veux que je t'aide ? – Non, ce n'est pas la peine.
Do you want me to help you? – No, it's OK.

3 *Pour dire à quelqu'un de ne pas se déranger, on emploie l'expression **it's OK*** /əʊ'keɪ/.

4 ▷ Ce n'est pas la peine de se presser.
There's no point hurrying up.

4 ► **ce n'est pas la peine de** + infinitif (= ce n'est pas nécessaire) : there's no point /ðɛəz nəʊ 'pɔɪnt/ + -ing

5 ▷ Elle a à peine mangé, elle doit être malade.
She hardly ate anything, she must be ill.

5 ► **à peine** (= presque pas) : hardly /'hɑːdlɪ/

6 ▷ La peine de mort existe dans plusieurs États américains.
The death penalty exists in several American states.

6 ► **peine de mort** : death penalty /deθ'penəltɪ/ (pluriel : death penalties)

peintre

▷ C'est un peintre assez connu dans son pays.
He's a well-known painter in his country.

painter /'peɪntəʳ/
ℹ *N'oubliez pas l'article **a** ou **an** devant le nom du métier lorsqu'il suit les verbes **be** ou **become**.*

▷ Un ami qui est peintre a repeint toute la maison.
A friend who is a painter repainted the whole house.

peinture

1 ▷ Cette peinture est du dix-septième siècle.
This painting is from the seventeenth century.

1 (= tableau) painting /'peɪntɪŋ/

2 ▷ Je voudrais une boîte de peinture pour mon anniversaire.
I'd like a box of paints for my birthday.

2 (= substance) paint /peɪnt/

3 ▷ Je fais souvent de la peinture.
I often paint.

3 ► **faire de la peinture** : paint /peɪnt/

peler

1 ▷ Benoît mange les pêches sans les peler.
Benoît eats peaches without peeling them.

1 (= enlever la peau de) peel /piːl/

2 ▷ J'ai le nez qui pèle.
My nose is peeling.

2 (après un coup de soleil) peel
ℹ *Notez la structure de la phrase anglaise.*

pelle

▷ L'ouvrier enlève le sable avec une pelle.
The worker removes the sand with a shovel.

(= outil) shovel /'ʃʌvl/
🔊 *Le **o** de **shovel** se prononce comme le **u** de **duck**.*

pellicule

1 ▷ J'ai utilisé six pellicules pendant les vacances !
I used six rolls of film during the holidays!

2 ▷ Il a des pellicules.
He's got dandruff.

1 (= rouleau d'appareil photo) roll of film /ˌrəʊl əv 'fɪlm/ (pluriel : rolls of film)

2 ► **avoir des pellicules** (dans les cheveux) : have dandruff /'dændrəf/

pelouse

▷ Monsieur Hébert tond sa pelouse tous les samedis.
Mr Hébert mows his lawn every Saturday.

lawn /lɔːn/

Le aw de lawn se prononce comme le mot anglais or.

peluche

1 ▷ Le lit d'Estelle est couvert de peluches.
Estelle's bed is covered in cuddly toys.
▷ Ce canard en peluche est adorable !
This cuddly duck is adorable!

2 ▷ J'ai cet ours en peluche depuis des années.
I've had this teddy bear for years.

1 (= jouet) cuddly toy /ˌkʌdlɪ 'tɔɪ/ (pluriel : cuddly toys)

2 ► **ours en peluche** : teddy bear /'tedɪ bɛəʳ/ (pluriel : teddy bears)

pencher

1 ▷ Il a penché le verre pour servir la bière.
He tilted the glass to serve the beer.

2 ▷ Cet arbre penche, on dirait qu'il va tomber.
This tree is leaning, it looks like it's going to fall.

3 ▷ Ne te penche pas trop, c'est dangereux.
Don't lean over too far, it's dangerous.

4 ▷ Loïc s'est penché pour ramasser son crayon.
Loïc bent down to pick up his pencil.

1 (= incliner, en parlant d'un objet) tilt /tɪlt/

2 (= être incliné) lean /liːn/

Le prétérit et le participe passé du verbe lean peuvent être soit leaned /liːnd/, soit leant /lent/.

3 ► **se pencher** (= s'incliner) : lean over /liːn 'əʊvəʳ/

4 ► **se pencher** (= se baisser) : bend down /bend 'daʊn/ (bent down, bent down /bent 'daʊn/)

pendant

1 ▷ Il a rencontré Adeline pendant les vacances.
He met Adeline during the holidays.

2 ▷ Nous sommes restés à Chester pendant trois jours.
We stayed in Chester for three days.

1 *Quand* **pendant** *est suivi du nom d'une activité ou d'un événement* (**pendant la réunion, pendant le festival,** *etc.*) *il se traduit par* during /'djʊərɪŋ/.

2 *Quand* **pendant** *est suivi d'une expression de durée* (**pendant deux semaines, pendant une heure,** *etc.*) *il se traduit par* for /fɔːʳ/.

3 ▷ J'irai à la bibliothèque pendant que tu fais les courses.
I'll go to the library while you do the shopping.

3 ► **pendant que :** while /waɪl/

penderie

▷ J'ai trop de vêtements dans ma penderie.
I have too many clothes in my wardrobe.

wardrobe /'wɔːdrəʊb/

pendre

1 ▷ Ta veste pend au portemanteau.
Your jacket is hanging on the coat rack.

1 (= être accroché) hang /hæng/ (hung, hung /hʌŋ/)

ℹ *Notez la préposition utilisée en anglais :* pendre à = *hang **on**.*

2 ▷ Le voisin s'est pendu.
The neighbour hanged himself.

2 ► se **pendre** (= se suicider) : hang /hæŋ/ oneself (hanged, hanged /hæŋd/)

ℹ *Notez que le verbe **hang** au sens de tuer a un prétérit et un participe passé réguliers (**hanged**), tandis que dans tous les autres sens il a un prétérit et un participe passé irréguliers (**hung**).*

pendule

▷ Cette pendule ne marche pas.
This clock doesn't work.

clock /klɒk/

pénible

1 ▷ C'est un métier très pénible.
It's a very hard job.

1 (= fatigant) hard /hɑːd/ (plus pénible harder /'hɑːdə'/, le plus pénible the hardest /'hɑːdɪst/)

2 ▷ Tu es vraiment pénible !
You're a real nuisance!

2 ► **être pénible** (en parlant d'une personne) **:** be a nuisance /'njuːsns/

🔊 *La première syllabe de **nuisance** se prononce exactement comme le mot **new**.*

penser

▷ Je pense que c'est possible.
I think that it's possible.
ou I think it's possible.
▷ Je pense que oui.
I think so.

▷ Je pense que non.
I don't think so.
▷ Nous pensons partir demain.
We're thinking of leaving tomorrow.

think /θɪŋk/ (thought, thought /θɔːt/)

ℹ *On peut dire en anglais soit **think that...**, soit simplement **think...** (par exemple, I **think** it's possible, I don't **think** it's true).*

ℹ *Notez qu'on n'utilise pas **yes** et **no** pour traduire* penser que oui *et* penser que non.

► **penser** + infinitif (= envisager) : think of + -ing

Suite page suivante

▷ Je pense souvent à Samir.
I often think of Samir.
▷ Je n'avais pas pensé à cette possibilité.
I hadn't thought of that possibility.

► **penser à :** think of

pension

▷ Leur fils est en pension à Reims.
Their son is at boarding school in Reims.

► **être en pension :** be at boarding school /bɪ æt ˈbɔːʳdɪŋ skuːl/

▷ On est restés dans une pension de famille pendant quelques jours.
We stayed at a guesthouse for a few days.

► **pension de famille :** guesthouse /ˈgesthaʊs/ (pluriel : guesthouses /ˈgesthaʊsɪz/)

pente

▷ On a eu du mal à monter la pente.
We had trouble going up the slope.

(= montée) slope /sləʊp/

▷ La route est en pente.
The road is sloping.

► **être en pente :** be sloping /ˈsləʊpɪŋ/

Pentecôte

▷ Qu'est-ce que vous faites pour la Pentecôte ?
What are you doing for Whitsun?

► **la Pentecôte :** Whitsun /ˈwɪtsən/

pépin

1 ▷ Ces mandarines sont pleines de pépins.
These satsumas are full of pips.

1 (= graine) pip /pɪp/

2 ▷ On a eu un pépin avec la voiture, c'est pour ça qu'on est en retard.
We had a problem with the car, that's why we're late.

2 (= ennui) problem /ˈprɒbləm/

percer

1 ▷ Est-ce que tu as les oreilles percées ?
Have you got pierced ears?

1 (= perforer) pierce /pɪəs/

2 ▷ On va percer un trou dans le mur.
We're going to make a hole in the wall.

2 ► **percer un trou :** make a hole /həʊl/ (made, made)

perceuse

▷ Nous avons emprunté la perceuse du voisin.
We borrowed the neighbour's drill.

drill /drɪl/

percussion

▷ Alex joue de plusieurs instruments de percussion.
Alex plays several percussion instruments.

► **instrument de percussion :** percussion instrument /pəˈkʌʃən ˈɪnstrəmənt/

perdre

1 ▷ Je suis sûr qu'ils vont perdre.
I'm sure they will lose.

2 ▷ J'ai perdu mon portefeuille.
I lost my wallet.

3 ▷ On a perdu du temps pour rien.
We wasted time for nothing.

4 ▷ C'est facile de se perdre dans Londres.
It's easy to get lost in London.

1 (= être vaincu) lose /luːz/ (lost, lost /lɒst/)

2 ► **perdre** quelque chose **:** lose /luːz/ something (lost, lost /lɒst/)

3 ► **perdre du temps :** waste time /weɪst ˈtaɪm/

4 ► **se perdre** (= s'égarer) **:** get lost /get ˈlɒst/ (got lost, got lost /gɒt ˈlɒst/)

père

▷ Comment s'appelle ton père ?
What's your father's name?

▷ Elle croit encore au père Noël !
She still believes in Father Christmas!

father /ˈfɑːðəʳ/

► **le père Noël :** Father Christmas /ˌfɑːðə ˈkrɪsməs/

Il n'y a jamais d'article devant le nom ***Father Christmas****.*

En anglais américain on dit ***Santa Claus*** /ˈsæntə klɔːz/.

périmé, périmée

▷ Apparemment, ma carte était périmée.
Apparently, my card was out of date.

(= plus valable) out of date /ˌaʊt əv ˈdeɪt/

période

▷ C'est une période difficile pour elle.
It's a difficult period for her.

period /ˈpɪərɪəd/

perle

1 ▷ Claire a fait un collier avec des perles en verre.
Claire made a necklace with glass beads.

2 ▷ Ma mère a un beau collier de perles.
My mother has a beautiful pearl necklace.

1 (= bille) bead /biːd/

2 (= perle d'huître) pearl /pɜːl/

permanent, permanente

▻ L'entrée pour l'exposition permanente coûte six euros.
Admission to the permanent exhibition costs six euros.

permanent /'pɜːmənənt/

permettre

1 ▻ J'espère que ses parents lui permettront d'aller à la soirée.
I hope his parents will allow him to go to the party.
▻ Ce n'est pas permis.
It's not allowed.

1 ► **permettre à** quelqu'un **de** + infinitif (= autoriser) **:** allow /ə'laʊ/ somebody to + base verbale

2 ▻ Ses études lui ont permis de trouver un bon poste.
His studies enabled him to find a good job.

2 ► **permettre à** quelqu'un **de** + infinitif (quand le sujet est une chose) **:** enable /ɪ'neɪbl/ somebody to + base verbale

3 ▻ Ils peuvent se permettre d'aller en vacances aux Antilles.
They can afford to go on holiday to the West Indies.
▻ Je ne peux pas me le permettre en ce moment.
I can't afford it at the moment.

3 *Pour parler des moyens financiers de quelqu'un en anglais, on utilise le verbe* ***afford*** /ə'fɔːd/ *avec l'auxiliaire modal* ***can****.*

permis

▻ Il faut un permis pour pêcher ici.
You need a licence to fish here.

(= document) **licence** /'laɪsəns/

▻ J'ai perdu mon permis de conduire.
I've lost my driving licence.

► **permis de conduire**
(= document) **:** driving licence /'draɪvɪŋ ˌlaɪsəns/

En anglais américain on dit ***driver's*** /'draɪvəʳs/ ***license****.*

▻ Il me tarde de passer mon permis de conduire.
I'm looking forward to taking my driving test.

► **passer son permis de conduire :** take one's driving test /'draɪvɪŋ test/ (took, taken)

ℹ *Dans certains cas, on dit* ***permit*** /'pɜːmɪt/ *au lieu de* ***licence****. Par exemple,* ***work permit*** = permis de travail ; ***residence permit*** = permis de séjour.

ℹ *Pour* ce n'est pas permis*, regardez le mot* permettre*, page précédente.*

permission

▻ C'est moi qui lui ai donné la permission.
I gave him permission.

(= autorisation) **permission** /pə'mɪʃən/

▷ Elle ne m'a même pas demandé la permission !
She didn't even ask for my permission!

► **donner la permission à** quelqu'un **de faire** quelque chose : **give** somebody **permission** to do something (**gave, given**).

► **demander la permission à** quelqu'un **de faire** quelque chose : **ask for** somebody's **permission to** do something.

perpendiculaire à

▷ C'est une rue perpendiculaire à celle-ci.
It's a street perpendicular to this one.

perpendicular to /ˌpɜːpən'dɪkjʊlə tuː/

perroquet

▷ Sandrine a un perroquet vert.
Sandrine has got a green parrot.

parrot /'pærət/

perruque

▷ Alain a mis une perruque rousse pour la fête.
Alain put on a red wig for the party.

wig /wɪg/

persil

▷ Il y a trop de persil dans cette salade.
There's too much parsley in this salad.

parsley /'pɑːslɪ/

persister

▷ Il persiste à prononcer « hungry » et « angry » de la même manière.
He keeps pronouncing "hungry" and "angry" in the same way.

► **persister à faire** quelque chose : **keep** /kiːp/ **doing** something (**kept, kept** /kept/).

personnage

▷ Le personnage principal du film est un docteur.
The main character in the film is a doctor.

(dans un livre, un film, une pièce) character /'kærɪktə^r/

personnalité

▷ Elle a beaucoup de personnalité.
She has a lot of personality.

personality /ˌpɜːsə'nælɪtɪ/
Attention à l'orthographe !

personne

1 ▷ Une seule personne est venue.
Only one person came.
▷ Plusieurs personnes sont parties avant la fin.
Several people left before the end.
▷ C'est gratuit pour les personnes âgées.
It's free for elderly people.

1 (= être humain) person /ˈpɜːsn/ (pluriel : people /ˈpiːpl/)

► **personne âgée :** elderly person /ˈeldəlɪ ˌpɜːsn/ (pluriel : elderly people /ˈeldəlɪ ˌpiːpl/)

2 ▷ Les enfants doivent être accompagnés d'une grande personne.
Children must be accompanied by an adult.

2 ► **grande personne :** adult /ˈædʌlt/

3 ▷ Personne n'a voulu m'aider.
Nobody wanted to help me.
▷ Il n'y avait personne dans la salle.
There was nobody in the room.
▷ Je ne connais personne ici.
I don't know anybody here.

3 (= aucun) nobody /ˈnəʊbədɪ/

ℹ *Quand* personne *est complément, la traduction est* ***not… anybody*** /ˈenɪbɒdɪ/.

personnel, personnelle

1 ▷ C'est un problème personnel.
It's a personal problem.

1 (= privé) personal /ˈpɜːsnl/

ℹ *Attention à l'orthographe de ce mot : un seul* ***n*** *!*

2 ▷ L'entreprise n'a pas assez de personnel.
The company doesn't have enough staff.

2 ► **le personnel** (= les employés) **:** the staff /stɑːf/

personnellement

▷ Personnellement, je préférerais mardi.
Personally, I'd prefer Tuesday.

personally /ˈpɜːsnəlɪ/

🔊 *Attention à l'orthographe de ce mot : un seul* ***n*** *!*

persuader

▷ On l'a persuadée de venir au cinéma avec nous.
We persuaded her to come to the cinema with us.

► **persuader** quelqu'un **de** + infinitif : persuade /pəˈsweɪd/ somebody to + base verbale

peser

1 ▷ Le médecin m'a pesé et mesuré.
The doctor weighed and measured me.
▷ Sabrina pèse cinquante-cinq kilos.
Sabrina weighs fifty-five kilos.

1 weigh /weɪ/

🔊 ***Weigh*** *rime avec* ***day***. ***Weighed*** *rime avec* ***made***.

▷ Italo se pèse tous les matins.
Italo weighs himself every morning.

► se **peser** : weigh oneself

ℹ *Le pronom personnel réfléchi fonctionne de la façon suivante en anglais : I weigh **myself**, you weigh **yourself**, he weighs **himself**, she weighs **herself**, we weigh **ourselves**, you weigh **yourselves**, they weigh **themselves**.*

2 ▷ Cette valise ne pèse pas trop lourd.
This case isn't too heavy.

2 ► **peser lourd** : be heavy /bɪ ˈhevɪ/

pessimiste

1 ▷ Ne sois pas si pessimiste !
Don't be so pessimistic!

1 (adjectif) pessimistic /ˌpesɪˈmɪstɪk/ (**plus pessimiste** more pessimistic, **le plus pessimiste** the most pessimistic)

2 ▷ C'est une pessimiste, elle voit des problèmes partout.
She's a pessimist, she sees problems everywhere.

2 ► **un** *ou* **une pessimiste** : a pessimist /ˈpesɪmɪst/

ℹ *Pessimist n'est pas un adjectif.*

pétale

▷ Les fleurs perdent leurs pétales.
The flowers are losing their petals.

petal /ˈpetl/

pétard

▷ Ils lançaient des pétards dans la rue.
They were letting off firecrackers in the street.

(= feu d'artifice) firecracker /ˈfaɪəkrækəʳ/

ℹ *Notez la traduction de lancer dans ce cas : let off* /let ˈɒf/ (let off, let off).

péter

1 ▷ Qui a pété ? !
Who farted?!

1 (= avoir des gaz) fart /fɑːt/

ℹ *Fart est un mot vulgaire.*

2 ▷ Tous les ballons ont pété.
All the balloons burst.

2 (= exploser) burst /bɜːst/ (burst, burst)

3 ▷ La corde a pété et tout s'est écroulé.
The rope snapped and everything collapsed.

3 (= casser) snap /snæp/

ℹ *Il y a deux p au gérondif (snapping* /ˈsnæpɪŋ/*), au prétérit et au participe passé (snapped* /snæpt/*).*

pétillant, pétillante

▷ Je n'aime pas l'eau pétillante.
I don't like sparkling water.

sparkling /ˈspɑːklɪŋ/

petit, petite

1 ▷ Lucas est petit pour son âge.
Lucas is small for his age.
▷ C'est un joli petit parc.
It's a pretty little park.

1 (= de taille réduite) **small** /smɔːl/ (**plus petit** smaller /ˈsmɔːləʳ/, **le plus petit** the smallest /ˈsmɔːlɪst/)

ℹ *On peut aussi dire* ***little*** /ˈlɪtl/.

2 ▷ Quand j'étais petite, je jouais à la poupée.
When I was little, I played with dolls.

2 (= jeune) **little**

ℹ *On peut aussi dire* ***small***.

3 ▷ Ma petite sœur s'appelle Barbara.
My little sister's name is Barbara.

3 (= plus jeune) **little**

4 ▷ Cette cour est pour les petits.
This playground is for the juniors.

4 ► **les petits** (= élèves des petites classes) **:** the juniors /ˈdʒuːnɪəz/

5 ▷ La chatte a eu des petits.
The cat had kittens.

5 *Pour parler d'un jeune animal, il faut utiliser le mot qui correspond à chaque espèce. Pour les chats :* ***kitten*** /ˈkɪtn/ *; pour les chiens :* ***puppy*** /ˈpʌpɪ/ (pluriel : ***puppies*** /ˈpʌpɪz/), etc.

6 ▷ Je m'y suis habitué petit à petit.
I got used to it little by little.

6 ► **petit à petit :** little by little /ˌlɪtl baɪˈlɪtl/

7 ▷ On a mangé des crêpes au petit déjeuner.
We had pancakes for breakfast.

7 ► **petit déjeuner :** breakfast /ˈbrekfəst/

ℹ *Notez la préposition en anglais :* au petit déjeuner = ***for*** *breakfast.*

8 ▷ Il y a des petits pois avec le steak.
There are peas with the steak.

8 ► **petits pois :** peas /piːz/

petite-fille

▷ La petite-fille de madame Haudouin a le même âge que moi.
Mrs Haudouin's grand-daughter is the same age as me.

grand-daughter /ˈgrændɔːtəʳ/ (pluriel : grand-daughters)

petit-fils

▷ Mes voisins gardent souvent leur petit-fils.
My neighbours often look after their grandson.

grandson /ˈgrænsʌn/

petits-enfants

▷ M. et Mme Parker passent beaucoup de temps avec leurs petits-enfants.
Mr and Mrs Parker spend a lot of time with their grandchildren.

grandchildren /ˈgræntʃɪldrən/

pétrole

▷ Le pays produit moins de pétrole qu'avant.
The country produces less oil than before.

oil /ɔɪl/

peu

1 ▷ Elle mange peu, c'est pour ça qu'elle est mince.
She doesn't eat much, that's why she's thin.
▷ Il pleut assez peu dans cette région.
It doesn't rain very much in this region.
▷ Sébastien parle très peu.
Sébastien speaks very little.

1 (= pas beaucoup) not much /nɒt 'mʌtʃ/
► assez peu : not very much /nɒt ˌverɪ 'mʌtʃ/
► très peu : very little /ˌverɪ 'lɪtl/

2 ▷ Je les vois peu.
I don't see them very often.

2 (= pas souvent) not very often /nɒt ˌverɪ 'ɒfən/

3 ▷ Ils ont peu d'argent mais ils se débrouillent.
They don't have much money but they manage.
▷ Peu de gens savent que ça existe.
Not many people know that it exists.

3 ► peu de + nom singulier : not much + nom singulier
► peu de + nom pluriel : not many /nɒt 'menɪ/ + nom pluriel

4 ▷ Il faut à peu près une heure.
It takes about an hour.

4 ► à peu près : about /ə'baʊt/

5 ▷ Je m'y suis habituée peu à peu.
I got used to it little by little.

5 ► peu à peu : little by little /ˌlɪtl baɪ 'lɪtl/

6 ▷ Mange un peu avant de partir.
Eat a little before you go.
▷ Elle est un peu bizarre.
She's a little strange.

6 ► un peu : a little /ə 'lɪtl/

ℹ *On peut aussi dire* ***a bit*** /ə 'bɪt/*, qui est une expression plus familière.*

7 ▷ Il reste un peu de lait.
There's a little milk left.

7 ► un peu de + nom : a little /ə 'lɪtl/ + nom

ℹ *On peut aussi dire* ***a bit of*** /ə 'bɪt əv/ *+ nom, qui est une expression plus familière.*

8 ▷ Je voudrais un petit peu de gâteau.
I'd like a little bit of cake.

8 ► un petit peu de : a little bit of

peur

1 ▷ C'est la peur qui lui a fait faire ça.
It was fear that made him do that.

1 ► la peur : fear /fɪəʳ/

2 ▷ N'aie pas peur, ce n'est rien.
Don't be afraid, it's nothing.

2 ► avoir peur : be afraid /ə'freɪd/

ℹ *On peut aussi dire* ***be frightened*** /'fraɪtnd/ *ou* ***be scared*** /'skɛəd/.

▷ Aurélien a peur des chiens.
Aurélien is afraid of dogs.

► avoir peur de : be afraid of

ℹ *On peut aussi dire* ***be frightened of*** *ou* ***be scared of.***

Suite page suivante

3 ▷ Je ne t'avais pas vu, tu m'as fait peur !
I didn't see you, you scared me!

3 ► **faire peur à** quelqu'un : scare somebody

ℹ *On peut aussi dire* ***frighten*** *somebody.*

peut-être

▷ Tu vas aller à la fête ? – Peut-être.
Are you going to go to the party? – Maybe.

▷ Ils sont peut-être déjà arrivés.
Maybe they've already arrived.

▷ Peut-être qu'il est sympa.
Maybe he's nice.

maybe /'meɪbiː/

ℹ *On peut aussi dire* ***perhaps*** /pə'hæps/.

ℹ ***Maybe*** *et* ***perhaps*** *sont toujours placés en tête de phrase ou de proposition.*

► **peut-être que...** : maybe... *ou* perhaps...

phare

1 ▷ Ici les phares des voitures sont jaunes.
Here car headlights are yellow.

2 ▷ Nous avons marché jusqu'au phare.
We walked as far as the lighthouse.

1 (sur une voiture) **headlight** /'hedlaɪt/

2 (pour les bateaux) **lighthouse** /'laɪthaʊs/

pharmacie

▷ Où est la pharmacie la plus proche ?
Where is the nearest chemist's?

(= magasin) **chemist's** /'kemɪsts/

En anglais américain on dit ***drugstore*** /'drʌgstɔːʳ/.

pharmacien, pharmacienne

▷ La pharmacienne a désinfecté ma plaie.
The chemist disinfected my wound.

▷ Il faut faire beaucoup d'études pour devenir pharmacien.
You have to study a lot to become a chemist.

chemist /'kemɪst/

ℹ *En anglais américain on dit* ***pharmacist*** /'fɑːrməsɪst/.

ℹ *N'oubliez pas l'article* ***a*** *ou* ***an*** *devant le nom du métier lorsqu'il suit les verbes* ***be*** *ou* ***become***.

philosophe

▷ John Locke est un philosophe anglais.
John Locke is an English philosopher.

philosopher /fɪ'lɒsəfəʳ/

philosophie

▷ Je m'intéresse beaucoup à la philosophie.
I'm very interested in philosophy.

philosophy /fɪ'lɒsəfɪ/

phoque

▷ Nous avons vu des phoques en Écosse.
We saw seals in Scotland.

seal /siːl/

photo

1 ▷ Montre-moi les photos de tes vacances.
Show me your holiday photos.
▷ Est-ce que vous avez fait des photos ?
Did you take any photos?

▷ Est-ce que vous pouvez nous prendre en photo ?
Can you take a photo of us?

2 ▷ Lucie prend des cours de photo.
Lucie takes photography classes.

1 (= image) photo /ˈfəʊtəʊ/

► **faire une photo** *ou* **prendre une photo :** take /teɪk/ a photo (took /tʊk/, taken /ˈteɪkən/)

► **prendre** quelqu'un **en photo :** take a photo of somebody

2 (= activité) photography /fəˈtɒgrəfɪ/

Dans le mot ***photography****, l'accent tonique est sur la deuxième syllabe* ***-to-****.*

photocopie

▷ Cette photocopie n'est pas très claire.
This photocopy isn't very clear.

photocopy /ˈfəʊtəˌkɒpɪ/ (pluriel : photocopies /ˈfəʊtəˌkɒpɪz/)

L'accent tonique est sur la première syllabe ***pho-****.*

photocopier

▷ Tu peux me photocopier l'article ?
Can you photocopy the article for me?

photocopy /ˈfəʊtəˌkɒpɪ/

L'accent tonique est sur la première syllabe ***pho-****.*

photocopieuse

▷ La photocopieuse est encore en panne.
The photocopier has broken down again.

photocopier /ˈfəʊtəˌkɒpɪəʳ/

L'accent tonique est sur la première syllabe ***pho-****.*

photographe

▷ C'est le photographe qui a pris les photos du mariage.
That's the photographer that took the wedding photos.

(= personne qui prend des photos) photographer /fəˈtɒgrəfəʳ/

L'accent tonique est sur la deuxième syllabe ***-to-****.*

photographie

▷ J'aimerais faire un stage de photographie cet été.
I'd like to do a photography course this summer.

(= activité) photography /fəˈtɒgrəfɪ/

L'accent tonique est sur la deuxième syllabe ***-to-****.*

photographier

▷ On a tous photographié la cathédrale.
We all took a photo of the cathedral.

take a photo /ˌteɪk ə ˈfəʊtəʊ/ of (took /tʊk/, taken /ˈteɪkən/)

photomaton®

▷ Ce photomaton ne fait que des photos en noir et blanc.
This photo booth only does black and white photos.

photo booth /ˈfəʊtəʊ buːð/

phrase

▷ Il manque le verbe dans cette phrase.
The verb is missing from this sentence.

sentence /ˈsentəns/

physique

1 ▷ Lalia a toujours aimé la physique.
Lalia has always liked physics.

1 (= matière) **physics** /ˈfɪzɪks/
L'accent tonique est sur la première syllabe phys-.

2 ▷ Ce garçon a un physique impressionnant.
That boy has an impressive physique.

2 (= corps) **physique** /fɪˈziːk/
L'accent tonique est sur la deuxième syllabe -sique.

pianiste

▷ La pianiste portait une longue robe noire.
The pianist was wearing a long black dress.

pianist /ˈpɪənɪst/

piano

▷ J'aime beaucoup le son du piano.
I like the sound of the piano very much.

▷ Clémence joue très bien du piano.
Clémence plays the piano very well.

▷ Il n'y a pas assez de place pour un piano à queue.
There isn't enough room for a grand piano.

piano /pɪˈænəʊ/
L'accent tonique est sur le a.

► **jouer du piano :** play /pleɪ/ the piano

► **piano à queue :** grand piano /ˌgrænd pɪˈænəʊ/ (pluriel : grand pianos)

pic

1 ▷ C'est le plus haut pic des Pyrénées.
It's the highest peak in the Pyrenees.

1 (= sommet) **peak** /piːk/

2 ▷ Tu tombes à pic, j'avais besoin de ton aide.
You've come just at the right moment, I needed your help.

2 **tomber à pic** (= au bon moment) **:** come just at the right moment

pièce

1 ▷ Le salon est la plus grande pièce de la maison.
The living room is the biggest room in the house.

1 (dans une maison) **room** /ruːm/

2 ▷ Est-ce que tu as des pièces pour le distributeur de boissons ?
Do you have coins for the drinks machine?

2 (= monnaie) **coin** /kɔɪn/

3 ▷ Le garagiste a changé une pièce dans le moteur.
The mechanic changed a part in the engine.

3 (= composant) **part** /pɑːt/

4 ▷ J'ai vu une très bonne pièce de théâtre hier.
I saw a very good play yesterday.

4 ► **pièce de théâtre : play** /pleɪ/

pied

1 ▷ Esther a de grands pieds.
Esther has got big feet.
▷ On vous attendra au pied de la colline.
We'll wait for you at the foot of the hill.

1 (= le pied d'une personne, d'un escalier, d'un lit, d'une colline) **foot** /fʊt/
(pluriel : feet /fiːt/)

2 ▷ Les pieds de la table sont tordus.
The table legs are bent.

2 (= le pied d'une table) **leg** /leg/

3 ▷ Je vais au travail à pied avec Lise.
I walk to work with Lise.

3 ► **aller à pied : walk** /wɔːk/

4 ▷ Samuel a donné un coup de pied à Hubert.
Samuel kicked Hubert.

4 ► **donner un coup de pied à** quelqu'un *ou* **dans** quelque chose : **kick** /kɪk/ somebody *ou* something

piège

▷ Attention, c'est un piège !
Be careful, it's a trap!

trap /træp/

pierre

▷ Nous avons ramassé des pierres sur le chemin.
We picked some stones up off the road.
▷ La mairie est en pierre.
The town hall is made of stone.
▷ Il y a un mur en pierre autour du champ.
There's a stone wall around the field.

stone /stəʊn/

► **être en pierre : be made** /meɪd/ **of stone**

► **en pierre : stone**

piéton, piétonne

▷ Il y a un passage souterrain pour les piétons.
There's a subway for pedestrians.
▷ La rue Lecourbe est désormais piétonne.
Rue Lecourbe is a pedestrian street now.

pedestrian /pɪ'destrɪən/

pigeon

▷ La vieille dame donnait du pain aux pigeons.
The old lady was giving bread to the pigeons.

pigeon /'pɪdʒɪn/

La fin de ce mot se prononce comme le mot in *en anglais.*

pile

1 ▷ Je dois changer les piles de la radio.
I have to change the batteries on the radio.

1 (= pile électrique) **battery** /'bætərɪ/ (pluriel : batteries /'bætərɪz/)

Suite page suivante

2 ▷ Cette pile de livres va s'écrouler.
That pile of books is going to collapse.

2 (= tas) pile /paɪl/

3 ▷ D'accord, on parie trois euros. Pile ou face ?
OK, le'ts bet three euros. Heads or tails?

3 ► **pile ou face ? :** heads or tails? /ˌhedz ɔː 'teɪlz/

4 ▷ Il est trois heures pile.
It's exactly three o'clock.

4 (= exactement, en disant l'heure) exactly /eg'zæktlɪ/

5 ▷ Tu es pile à l'heure.
You're right on time.

5 ► **être pile à l'heure :** be right on time /'raɪt ɒn taɪm/

pilote

1 ▷ Le pilote m'a montré les commandes.
The pilot showed me the controls.

1 (= pilote d'avion ou de bateau) pilot /'paɪlət/

2 ▷ C'est un célèbre pilote automobile.
He's a famous racing driver.

2 ► **pilote automobile :** racing driver /'reɪsɪŋ ˌdraɪvəʳ/ (pluriel : racing drivers)

pilule

▷ Je dois prendre trois sortes différentes de pilules.
I have to take three different kinds of pills.

▷ Karine prend la pilule.
Karine is on the pill.

pill /pɪl/

► **prendre la pilule** (= contraceptif) **:** be on the pill

piment

▷ Il y a trop de piment dans ce plat.
There's too much chilli in this dish.

chilli /'tʃɪlɪ/

pimenté, pimentée

▷ Je n'aime pas les plats trop pimentés.
I don't like dishes that are too spicy.

spicy /spaɪsɪ/
(**plus pimenté** spicier /'spaɪsɪəʳ/, **le plus pimenté** the spiciest /'spaɪsɪɪst/)

pin

1 ▷ Il y a beaucoup de pins dans les Landes.
There are a lot of pine trees in the Landes.

1 (= arbre) pine tree /paɪn triː/ (pluriel : pine trees)

2 ▷ Nous avons acheté une armoire en pin.
We bought a pine wardrobe.

2 (= bois) pine /paɪn/

pince

1 ▷ Ils ont coupé le fil de fer avec une pince.
They cut the wire with some pliers.

1 (= outil) pliers /'plaɪəz/

ℹ *Pliers est un nom pluriel : on dit par exemple these pliers are mine* (cette pince est à moi).

2 ▷ Tu peux me prêter ta pince à épiler ?
Can you lend me your tweezers?

2 ► **pince à épiler :** tweezers /'twiːzəz/

ℹ *Tweezers est un nom pluriel : on dit par exemple these tweezers are mine (cette pince à épiler est à moi).*

3 ▷ Je ne trouve pas les pinces à linge.
I can't find the clothes pegs.

3 ► **pince à linge :** clothes peg /'kləʊðz peg/ (pluriel : clothes pegs)

pinceau

▷ J'ai besoin d'un plus gros pinceau pour peindre le ciel.
I need a bigger paintbrush to paint the sky.

paintbrush /'peɪntbrʌʃ/ (pluriel : paintbrushes /'peɪntbrʌʃɪz/)

pincée

▷ Mets juste une pincée de sel dans la sauce.
Put just a pinch of salt in the sauce.

pinch /pɪntʃ/ (pluriel : pinches /pɪntʃɪz/)

pincer

1 ▷ Benjamin m'a pincé !
Benjamin pinched me!

1 (= serrer la peau) pinch /pɪntʃ/

2 ▷ Je me suis pincé le doigt dans la portière, ça fait vraiment mal.
I caught my finger in the car door, it really hurts.

2 ► **se pincer le doigt :** catch /kætʃ/ one's finger (caught, caught /kɔːt/)

ℹ *L'adjectif possessif fonctionne de la façon suivante en anglais (exemples au prétérit) : I caught **my** finger, you caught **your** finger, he caught **his** finger, she caught **her** finger.*

pingouin

▷ Les pingouins marchent d'une drôle de façon.
Penguins walk in a funny way.

(= manchot) penguin /'peŋgwɪn/

ping-pong

▷ Aïcha participe à des compétitions de ping-pong.
Aïcha takes part in table tennis competitions.
▷ On pourrait jouer au ping-pong.
We could play table tennis.

table tennis /'teɪbl ˌtenɪs/

ℹ *On peut aussi dire ping-pong /'pɪŋpɒŋ/ en anglais.*

► **jouer au ping-pong :** play /pleɪ/ table tennis

ℹ *On peut aussi dire play ping-pong.*

pion, pionne

▷ Je joue avec les pions blancs.
I'm playing with the white draughts.

(au jeu de dames) draught /drɑːft/

ℹ *Aux échecs, on dit pawn /pɔːn/.*

pipe

▷ Le tabac que mon grand-père met dans sa pipe sent très bon.
The tobacco that my grandfather puts in his pipe smells very nice.
▷ Le patron du café fume la pipe.
The café owner smokes a pipe.

pipe /paɪp/

Le i se prononce comme le i de like.

► **fumer la pipe :** smoke /sməʊk/ a pipe

pipi

▷ On peut s'arrêter ? Je veux faire pipi.
Can we stop? I want to have a pee.

► **faire pipi :** have a pee /'piː/ (had, had)

Cette expression est familière.

piquant, piquante

▷ Cette sauce est trop piquante.
This sauce is too hot.

(= épicé) **hot** /hɒt/
(plus piquant hotter /'hɒtəʳ/, le plus piquant the hottest /'hɒtɪst/)

*Le mot anglais **hot** signifie* chaud *et* piquant.

pique-nique

▷ Dimanche, s'il fait beau, on fera un pique-nique.
On Sunday, if the weather's nice, we'll have a picnic.

picnic /'pɪknɪk/
► **faire un pique-nique :** have a picnic (had, had)

pique-niquer

▷ Cherchons un endroit pour pique-niquer.
Let's look for a place to have a picnic.

have a picnic /'pɪknɪk/ (had, had)

piquer

1 ▷ Cette moutarde pique !
This mustard is hot!

1 (= être épicé) **be hot** /'hɒt/

2 ▷ J'ai les yeux qui piquent.
My eyes are stinging.
▷ Ça pique !
That stings!
▷ Jérémie s'est fait piquer par une guêpe.
Jérémie got stung by a wasp.

2 (en parlant des yeux ou de la peau) **sting** /stɪŋ/ (stang, stung)

► **se faire piquer** (par une guêpe ou une abeille) **:** get stung /'stʌŋ/ (got, got)

3 ▷ Je me fais toujours piquer par les moustiques.
I always get bitten by mosquitoes.

3 ► **se faire piquer** (par un moustique) **:** get bitten /'bɪtn/ (got, got)

4 ▷ Isabelle m'a piqué avec une aiguille !
Isabelle pricked me with a needle!

4 (= blesser avec un objet pointu) **prick** /prɪk/

▷ Aïe ! Je me suis piqué avec l'aiguille !
Ouch! I've pricked myself with the needle!

► **se piquer** (= se faire mal) **:** prick /prɪk/ oneself

ℹ *Le pronom personnel réfléchi fonctionne de la façon suivante en anglais (exemples au prétérit) : I pricked* ***myself****, you pricked* ***yourself****, he pricked* ***himself****, she pricked* ***herself****, etc.*

5 ▷ Quelqu'un m'a piqué mon stylo !
Somebody pinched my pen!

5 (= voler) pinch /pɪntʃ/

ℹ *Dans ce sens, le verbe* ***pinch*** *est familier.*

piqûre

1 ▷ Les piqûres de moustique ne sont pas dangereuses.
Mosquito bites aren't dangerous.

1 (de moustique, d'insecte) bite /baɪt/

ℹ *Le verbe* ***bite*** *signifie aussi mordre.*

2 ▷ Les piqûres de guêpe peuvent être très douloureuses.
Wasp stings can be very painful.

2 (de guêpe, d'abeille) sting /stɪŋ/

3 ▷ Le médecin m'a fait une piqûre dans l'épaule.
The doctor gave me an injection in my shoulder.

3 ► **faire une piqûre à quelqu'un :** give somebody an injection /ɪn'dʒekʃən/ (gave, given)

pire

1 ▷ Il est encore pire que son frère !
He's even worse than his brother!

▷ Ils ne s'entendent pas du tout, c'est de pire en pire.
They don't get on at all, it's getting worse and worse.

1 (= plus mauvais) worse /wɜːs/

► **c'est de pire en pire :** it's getting worse and worse

2 ▷ C'est les pires vacances que j'aie jamais passées.
That was the worst holiday I have ever had.

▷ Le pire c'est que Jérémie n'est pas au courant.
The worst of it is that Jérémie doesn't know about it.

2 ► **le pire, la pire, les pires :** the worst /'wɜːst/

► **le pire c'est... :** the worst of it is...

piscine

▷ Tu viens à la piscine avec nous ?
Are you coming to the swimming pool with us?

swimming pool /'swɪmɪŋ puːl/ (pluriel : swimming pools)

pistache

▷ J'ai acheté des pistaches salées pour l'apéritif.
I bought some salted pistachios for the aperitif.

▷ Une glace à la pistache, s'il vous plaît.
A pistachio ice cream, please.

pistachio /pɪs'tæʃɪəʊ/

🔊 *L'accent tonique est sur la deuxième syllabe* ***-ta-****.*

piste

1 ▷ La piste noire est la plus difficile.
The black slope is the most difficult one.

2 ▷ Adèle s'entraîne à courir sur la piste du stade.
Adèle practises running on the stadium track.

3 ▷ L'avion a dû attendre un quart d'heure sur la piste.
The plane had to wait for a quarter of an hour on the runway.

▷ Le pilote a manqué la piste d'atterrissage.
The pilot missed the landing strip.

4 ▷ Reste sur la piste cyclable.
Stay on the cycle path.

5 ▷ Il n'y avait personne sur la piste de danse.
There was nobody on the dance floor.

1 (= parcours de ski) **slope** /sləʊp/

2 (pour l'athlétisme ou la course automobile) **track** /træk/

3 (dans un aéroport) **runway** /'rʌnweɪ/

► **piste d'atterrissage :** landing strip /'lændɪŋ strɪp/ (pluriel : landing strips)

4 ► **piste cyclable :** cycle path /'saɪkl pɑːθ/ (pluriel : cycle paths)

5 ► **piste de danse :** dance floor /'dɑːns flɔːʳ/ (pluriel : dance floors)

pistolet

▷ Le cambrioleur avait un pistolet.
The burglar had a gun.

gun /gʌn/

pitié

▷ J'ai eu pitié de lui et je lui ai donné de l'argent.
I felt sorry for him and I gave him some money.

▷ Ces pauvres enfants me font pitié.
I feel sorry for these poor children.

ℹ *Pour parler de la pitié qu'on ressent pour quelqu'un en anglais, on utilise l'expression **feel sorry for** /fiːl 'sɒrɪ fɔːʳ/ **somebody** (**felt, felt** /felt/).*

pizza

▷ Je voudrais une pizza aux champignons.
I'd like a mushroom pizza.

pizza /'piːtsə/

pizzeria

▷ Il y a une très bonne pizzeria près du métro.
There's a very good pizzeria near the metro.

pizzeria /ˌpiːtsə'rɪə/

placard

▷ L'aspirateur est dans le placard.
The vacuum cleaner is in the cupboard.

cupboard /'kʌbəd/

*Attention à la prononciation ! Le **p** ne se prononce pas et le **-oar-** se prononce comme le **e** du mot français **je**.*

place

1 ▷ Il y a une belle statue sur la place.
There's a beautiful statue in the square.

2 ▷ Est-ce que cette place est libre ?
Is this seat free?

1 (= esplanade) **square** /skwɛəʳ/

2 (= siège) **seat** /siːt/

3 ▷ On a fini par trouver une place de parking.
We eventually found a parking space.

3 ► **place de parking :** parking space /ˈpɑːkɪŋ ˌspeɪs/ (pluriel : parking spaces /ˈspeɪsɪs/)

4 ▷ On a eu deux places gratuites.
We got two free tickets.

4 (= billet de spectacle) ticket /ˈtɪkɪt/

5 ▷ Qui a changé mes CD de place ?
Who moved my CDs?

▷ Remets ce livre à sa place !
Put that book back!

5 ► **changer** quelque chose **de place :** move /muːv/ something
► **remettre** quelque chose **à sa place :** put /pʊt/ something back (put, put)

6 ▷ Il n'y a pas assez de place pour tout le monde dans la voiture.
There isn't enough room for everybody in the car.

6 (= espace) room /ruːm/

7 ▷ J'ai rapporté la radio et j'ai pris un baladeur à la place.
I took the radio back and I bought a personal stereo instead.

7 ► **à la place** (= en remplacement) **:** instead /ɪnˈsted/

8 ▷ À ta place, je dirais non.
If I were you, I would say no.

8 ► **à ta place** (= si j'étais toi) **:** if I were you /ɪf ˌaɪ wə ˈjuː/

ℹ *De même, à sa place se dit **if I were him** ou **if I were her**.*

placer

1 ▷ Ce n'est pas bon de placer les plantes près du radiateur.
It's not good to put the plants near the heater.

1 (= mettre) put /pʊt/ (put, put)

2 ▷ Vous pouvez vous placer comme vous voulez autour de la table.
You can sit where you want around the table.

2 ► **se placer** (= s'asseoir) **:** sit /sɪt/ (sat, sat /sæt/)

3 ▷ Jim et Robert se sont placés près de la porte pour empêcher les gens d'entrer.
Jim and Robert stood by the door to prevent people from coming in.

3 ► **se placer** (= se mettre debout) **:** stand /stænd/ (stood, stood /stʊd/)

plafond

▷ Le plafond est très haut.
The ceiling is very high.

ceiling /ˈsiːlɪŋ/

🔊 *Le **ei** de **ceiling** se prononce comme le **ee** de **week**.*

plage

1 ▷ La plage est à cinq minutes d'ici.
The beach is five minutes from here.

1 (au bord de la mer) beach /biːtʃ/

2 ▷ Mets les vestes sur la plage arrière.
Put the jackets on the back shelf.

2 ► **plage arrière** (d'une voiture) **:** back shelf /bæk ˈʃelf/

plaie

1 ▷ La plaie s'est infectée.
The wound became infected.

2 ▷ Quelle plaie, ce garçon !
That boy is such a pain!

1 (= blessure) **wound** /wuːnd/

*Le **ou** de **wound** se prononce comme le **oo** de **soon**.*

2 (= personne ou chose pénible) **pain** /peɪn/

plaindre

1 ▷ Je la plains, elle n'a vraiment pas de chance.
I feel sorry for her, she's very unlucky.

2 ▷ Arrête de te plaindre !
Stop complaining!

▷ Astrid se plaint souvent de son chef.
Astrid often complains about her boss.

1 ► **plaindre** quelqu'un (= avoir pitié) : **feel sorry for** /fiːl 'sɒrɪ fɔːʳ/ somebody (felt, felt /felt/)

2 ► **se plaindre** : **complain** /kəm'pleɪn/

Notez les prépositions utilisées en anglais : se plaindre **de** quelque chose = *complain **about** something* ; se plaindre à quelqu'un = *complain **to** somebody.*

plaine

▷ Le village est au milieu d'une plaine.
The village is in the middle of a plain.

plain /pleɪn/

plaire

1 ▷ Je pense que tu lui plais.
I think he likes you.

2 ▷ Tu t'es plu en Écosse ?
Did you like it in Scotland?

3 ▷ Prête-moi ton stylo, s'il te plaît.
Lend me your pen, please.

1 *En anglais on emploie l'équivalent du verbe aimer (**like** /laɪk/), par exemple **I like her*** (elle me plaît).

2 ► **se plaire** (dans un endroit) : **like it**

3 ► **s'il te plaît** *ou* **s'il vous plaît** : **please** /pliːz/

plaisanter

▷ Je crois qu'il plaisantait quand il a dit qu'il n'allait pas payer.
I think he was joking when he said he wasn't going to pay.

▷ Deux cents euros ? Tu plaisantes !
Two hundred euros? You must be joking!

be joking /'dʒəʊkɪŋ/

► **tu plaisantes !** (quand on ne croit pas quelqu'un) : **you must be joking!**

plaisanterie

▷ Je n'ai pas trouvé sa plaisanterie très drôle.
I didn't find his joke very funny.

joke /dʒəʊk/

▷ Siri a fait une plaisanterie que personne n'a comprise.
Siri made a joke that nobody understood.

► **faire une plaisanterie :** make /meɪk/ a joke (made, made /meɪd/)

plaisir

1 ▷ Ça me fait plaisir que tu puisses venir.
I'm pleased that you can come.

1 ► **ça me fait plaisir :** I'm pleased /pliːzd/

De même : ça te fait plaisir = *you're pleased* ; ça lui fait plaisir = *he's pleased*, etc.

2 ▷ Je fais de la natation pour le plaisir.
I swim for fun.

2 ► **pour le plaisir :** for fun /fə 'fʌn/

plan

1 ▷ Sur le plan de la maison, on voit les dimensions des pièces.
On the plan of the house, you can see the dimensions of the rooms.

1 (= dessin d'architecte) plan /plæn/

2 ▷ On devrait acheter un plan de la ville, sinon on va se perdre.
We should buy a map of the city, otherwise we're going to get lost.

2 (= carte) map /mæp/

3 ▷ J'ai un super plan pour avoir des places moins chères.
I have a great idea to get cheaper tickets.

3 (= idée) idea /aɪ'dɪə/

Idea rime avec *ear*.

planche

1 ▷ Ils ont construit une cabane avec des vieilles planches.
They built a hut with some old planks.

1 (= bout de bois) plank /plæŋk/

2 ▷ La planche à repasser est très lourde.
The ironing board is very heavy.

2 ► **planche à repasser :** ironing board /'aɪənɪŋ ˌbɔːd/ (pluriel : ironing boards)

3 ▷ Luc a une planche de surf bleue et blanche.
Luc has got a blue and white surfboard.

3 ► **planche de surf :** surfboard /'sɜːfbɔːd/

4 ▷ C'est difficile de rester debout sur une planche à voile.
It's difficult to stay standing on a windsurfing board.

4 ► **planche à voile** (= la planche elle-même) **:** windsurfing board /'wɪndsɜːfɪŋ ˌbɔːd/ (pluriel : windsurfing boards)

▷ Lise fait de la planche à voile à Biarritz.
Lise goes windsurfing in Biarritz.

► **faire de la planche à voile :** go windsurfing /'wɪndsɜːfɪŋ/ (went, gone / been)

plancher

▷ Ma mère cire le plancher une fois par mois.
My mother polishes the floor once a month.

floor /flɔːʳ/

planer

▷ L'aigle planait dans le ciel.
The eagle was gliding in the sky.

(= flotter dans l'air) glide /glaɪd/

planète

▷ Aziz connaît le nom de toutes les planètes en anglais.
Aziz knows the names of all the planets in English.

planet /'plænɪt/

▷ Ils ont voyagé sur toute la planète.
They travelled all over the world.

► **la planète** (= la Terre) **:** the world /wɜːld/

planning

▷ J'ai un planning très chargé toute cette semaine.
I have a very busy schedule this week.

schedule /ʃedjuːl/

En anglais américain on prononce : skedʒuːl .

planquer

▷ Je ne sais pas où il a planqué mon livre.
I don't know where he's hidden my book.

(= cacher) hide /haɪd/ (hid /hɪd/, hidden /'hɪdn/)

▷ Planquez-vous, elle arrive !
Hide, she's coming!

► **se planquer :** hide (hid, hidden)

plante

1 ▷ C'est une plante qui pousse très vite.
It's a plant that grows very fast.

1 (= végétal) plant /plɑːnt/

2 ▷ J'ai mal à la plante des pieds.
The soles of my feet hurt.

2 ► **la plante des pieds :** the sole /səʊl/ of my/your/his/her feet

planter

1 ▷ Thierry a planté des arbres dans le jardin.
Thierry planted some trees in the garden.

1 (= planter des arbres, des fleurs, etc.) plant /plɑːnt/

2 ▷ J'ai aidé Simon en plantant des clous.
I helped Simon by hammering in some nails.

2 (= planter un clou) hammer /'hæməʳ/ in

3 ▷ Les piquets de la tente sont difficiles à planter.
The tent pegs are difficult to drive in.

3 (planter un piquet ou un pieu) drive /'draɪv/ in (drove /'drəʊv/, driven /'drɪvn/)

4 ▷ Zut, je me suis encore planté !
Damn, I got it wrong again!

4 ► **se planter** (= se tromper) **:** get it wrong /'rɒŋ/ (got, got)

5 ▷ Romy s'est planté une épine dans le doigt.
Romy got a thorn stuck in her finger.

5 ► **se planter** quelque chose **dans le doigt** *ou* **dans le pied :** get something stuck /'stʌk/ in my/your/his/her finger *ou* foot

plaque

1 ▷ Les murs du musée sont couverts de plaques de métal.
The walls of the gallery are covered in metal sheets.

1 (= plaque de métal ou de verre) sheet /ʃiːt/

2 ▷ Bénédicte a mangé toute la plaque de chocolat !
Bénédicte ate the whole bar of chocolate!

2 (= plaque de chocolat) bar /bɑːʳ/

3 ▷ Je croyais que j'avais acheté deux plaques de beurre.
I thought I had bought two packs of butter.

3 (= plaque de beurre) pack /pæk/

4 ▷ Est-ce que tu as vu la plaque d'immatriculation de la voiture ?
Did you see the car number plate?

4 ► **plaque d'immatriculation :** number plate /'nʌmbə ˌpleɪt/ (pluriel : number plates)

En anglais américain on dit ***license plate*** /'laɪsəns pleɪt/ (pluriel : license plates).

plaqué

▷ C'est en or ? – Non, c'est en plaqué or.
Is it gold? – No, it's gold-plated.

► **en plaqué or :** gold-plated /gəʊld'pleɪtɪd/

plaquette

1 ▷ Bénédicte a mangé toute la plaquette de chocolat !
Bénédicte ate the whole bar of chocolate!

1 (= plaquette de chocolat) bar /bɑːʳ/

2 ▷ Je croyais que j'avais acheté deux plaquettes de beurre.
I thought I had bought two packs of butter.

2 (= plaquette de beurre) pack /pæk/

plastique

▷ C'est du plastique très dur.
It's very hard plastic.
▷ Cette chaise est en plastique.
This chair is made of plastic.
▷ Je préférerais des lunettes en plastique.
I'd prefer plastic glasses.

plastic /'plæstɪk/

► **être en plastique :** be made of plastic
► **en plastique :** plastic

plat, plate

1 ▷ La surface n'est pas tout à fait plate.
The surface isn't quite flat.

1 (= sans bosses) flat /flæt/ (**plus plat** flatter /'flætəʳ/, **le plus plat** the flattest /'flætɪst/)

Suite page suivante

▷ Mets la carte à plat sur la table.
Lay the map down flat on the table.

▷ Les quatre pneus étaient à plat.
The four tyres were flat.

► **mettre** quelque chose **à plat :** lay /leɪ/ something down flat (laid, laid /leɪd/)

► **être à plat** (= dégonflé) **:** be flat

2 ▷ Mets la viande dans le plat blanc.
Put the meat in the white dish.
▷ La ratatouille est un de mes plats préférés.
Ratatouille is one of my favourite dishes.

2 (= assiette, nourriture) dish /dɪʃ/ (pluriel : dishes /ˈdɪʃɪz/)

3 ▷ Comme plat principal, je prendrai le poisson.
As a main course, I'll have the fish.

3 ► **plat principal** (au restaurant) **:** main course /meɪn ˈkɔːs/

platane

▷ Il y a des platanes tout au long de la route.
There are plane trees all along the road.

plane tree /ˈpleɪn triː/ (pluriel : plane trees)

plateau

1 ▷ À l'hôtel, on nous a servi le petit déjeuner au lit, sur un plateau.
At the hotel, they served us breakfast in bed, on a tray.

1 (pour servir) tray /treɪ/

2 ▷ Après, il y a soit de la tarte, soit un plateau de fromages.
Afterwards, there is either tart or a cheeseboard.

2 ► **plateau de fromages :** cheeseboard /ˈtʃiːzbɔːd/

3 ▷ Nous avons mangé un excellent plateau de fruits de mer.
We ate an excellent seafood platter.

3 ► **plateau de fruits de mer :** seafood platter /ˈsiːfuːd ˌplætəʳ/ (pluriel : seafood platters)

platine

▷ J'ai acheté une nouvelle platine laser.
I bought a new CD player.

► **platine laser :** CD player /siːˈdiː ˌpleɪəʳ/ (pluriel : CD players)

plâtre

1 ▷ Le plâtre n'est pas encore sec.
The plaster isn't dry yet.

1 (= matériau) plaster /ˈplɑːstəʳ/

2 ▷ Tous ses copains ont signé sur son plâtre.
All his friends signed his plaster cast.

2 (= moulage autour d'un membre cassé) plaster cast /ˈplɑːstə kɑːst/ (pluriel : plaster casts)

plein, pleine

1 ▷ Le placard est plein, on va mettre le reste dans le garage.
The cupboard is full, we're going to put the rest in the garage.

1 (= rempli) full /fʊl/

▷ Ses e-mails sont pleins de fautes.
His e-mails are full of mistakes.

▷ Mon pantalon est plein de boue.
My trousers are covered in mud.

Quand plein de *signifie* rempli de, *il se traduit par* ***full of***.

Quand plein de *signifie* couvert de, *il se traduit par* ***covered in*** /'kʌvəd ɪn/.

2 ▷ On s'est arrêtés pour faire le plein.
We stopped to fill up.

2 ► **faire le plein :** fill up /fɪl 'ʌp/

3 ▷ Suzie a plein de copains anglais.
Suzie has lots of English friends.

3 ► **plein de** (= beaucoup de) **:** lots of /'lɒts əv/

4 ▷ Il a frappé à la porte en pleine nuit.
He knocked on the door in the middle of the night.

4 ► **en plein...** (+ nuit, hiver, été, réunion, etc.) **:** in the middle /'mɪdl/ of the...

▷ Nous avons été à un concert en plein air.
We went to an open-air concert.

► **en plein air :** open-air /'əʊpən eəʳ/

▷ Ils ont cambriolé la maison en plein jour.
They burgled the house in broad daylight.

► **en plein jour :** in broad daylight /brɔːd 'deɪlaɪt/

▷ Il y a une tache en plein milieu de la nappe.
There's a stain right in the middle of the tablecloth.

► **en plein milieu :** right /raɪt/ in the middle

pleurer

▷ Ne pleure pas, ce n'est pas grave.
Don't cry, it doesn't matter.

cry /kraɪ/

Le ***y*** *de* ***cry*** *devient* ***ie*** *à la troisième personne du singulier du présent de l'indicatif (****cries*** /kraɪz/*), au prétérit et au participe passé (****cried*** /kraɪd/*).*

▷ Ils ont pleuré de joie quand ils se sont vus.
They cried for joy when they saw each other.

► **pleurer de joie :** cry for joy /dʒɔɪ/

pleuvoir

▷ Il pleut, cours chercher le linge !
It's raining, run and fetch the washing!

▷ Il a plu pendant toutes les vacances.
It rained for the whole holiday.

rain /reɪn/

► **il pleut** (en ce moment) **:** it's raining

pli

▷ Ma robe est pleine de plis.
My dress is full of creases.

(= froissure) crease /kriːs/

Le pluriel ***creases*** *se prononce* /'kriːsɪz/.

pliant, pliante

▷ Thomas dormira sur le lit pliant.
Thomas will sleep on the folding bed.

folding /'fəʊldɪŋ/

plier

1 ▷ Aide-moi à plier les draps.
Help me to fold the sheets.

1 (= mettre en plusieurs épaisseurs) fold /fəʊld/

Suite page suivante

2 ▷ Plie les genoux ou tu vas te faire mal au dos.
Bend your knees or you'll hurt your back.

3 ▷ On était pliés de rire !
We were doubled up with laughter!

2 (en parlant d'une partie du corps) **bend** /bend/ (bent, bent /bent/)

3 ► **plié de rire :** doubled up with laughter /ˌdʌbld ʌp wɪð ˈlɑːftəʳ/

plissé, plissée

▷ Les filles portent un uniforme avec une jupe plissée.
The girls wear a uniform with a pleated skirt.

(en parlant d'un vêtement) **pleated** /ˈpliːtɪd/

plomb

1 ▷ Le plomb est un métal très lourd.
Lead is a very heavy metal.

1 (= métal) **lead** /led/

Ne pas confondre la prononciation de ce mot avec celle du verbe ***lead*** /liːd/*, qui signifie entre autres* mener.

▷ Les gouttières sont en plomb.
The gutters are made of lead.

▷ Les ouvriers ont posé des tuyaux en plomb.
The workmen laid some lead pipes.

► **être en plomb :** be made /ˈmeɪd/ of lead

► **en plomb :** lead /led/

2 ▷ Les plombs ont encore sauté.
The fuses have blown again.

2 (= fusible) **fuse** /fjuːz/

plombage

▷ J'ai perdu mon plombage.
I lost my filling.

(sur une dent) **filling** /ˈfɪlɪŋ/

plombier

▷ Le plombier a dit que la fuite n'était pas grave.
The plumber said that the leak wasn't serious.

▷ Le voisin de Béatrix est plombier.
Béatrix's neighbour is a plumber.

plumber /ˈplʌməʳ/

Le ***b*** *de* ***plumber*** *ne se prononce pas.* ***Plumber*** *rime avec* ***summer****.*

N'oubliez pas l'article ***a*** *ou* ***an*** *devant le nom du métier lorsqu'il suit les verbes* ***be*** *ou* ***become****.*

plongée

▷ Éric a fait de la plongée pendant ses vacances.
Éric went diving during his holidays.

► **faire de la plongée :** go diving /ˈdaɪvɪŋ/ (went, gone / been)

plongeoir

▷ Ce plongeoir est trop haut pour moi.
This diving board is too high for me.

diving board /ˈdaɪvɪŋ ˌbɔːd/ (pluriel : diving boards)

plonger

▷ Hélène a plongé du rocher.
Hélène dived off the rock.

dive /daɪv/

ℹ *Notez la préposition employée en anglais :* plonger de = *dive off.*

pluie

▷ La pluie est bonne pour les cultures.
The rain is good for the crops.

rain /reɪn/

plume

▷ J'ai trouvé une belle plume dans la forêt.
I found a beautiful feather in the forest.

(= plume d'oiseau) **feather** /ˈfeðəʳ/

plumer

▷ Je ne sais pas comment plumer un poulet.
I don't know how to pluck a chicken.

pluck /plʌk/

plupart

▷ La plupart de mes collègues sont sympas.
Most of my colleagues are nice.
▷ La plupart des gens n'aiment pas ça.
Most people don't like that.
▷ La plupart du temps ça se passe bien.
Most of the time it goes well.

► **la plupart de :** most of /ˈməʊst əv/
► **la plupart des gens :** most people /ˈməʊst ˌpiːpl/
► **la plupart du temps :** most of the time /ˈməʊst əv ðə taɪm/

pluriel

▷ Quel est le pluriel de « knife » ?
What's the plural of "knife"?
▷ Cet adjectif est au pluriel.
This adjective is in the plural.

plural /ˈpluːrəl/

► **au pluriel :** in the plural

plus

1 ▷ Je travaille plus que Lucille.
I work more than Lucille.

1 (avec un verbe) **more** /mɔːʳ/

2 ▷ Ce pull est plus cher que l'autre.
This jumper is more expensive than the other one.
▷ Je l'ai trouvé plus déprimé qu'avant.
I found him more depressed than before.

2 *Quand un adjectif ou un adverbe a plus de deux syllabes, le comparatif se forme avec* more.

ℹ *Quand un adjectif ou un adverbe courts finissent par* ing, ed, s *ou* ly, *le comparatif se forme aussi avec* more.

3 ▷ Marchez plus vite !
Walk faster!
▷ Anne est plus jolie que sa sœur.
Anne is prettier than her sister.

3 *Quand l'adjectif ou l'adverbe ont une ou deux syllabes, le comparatif se forme généralement avec la terminaison* -er.

ℹ *Le* y *final se transforme en* i.

Suite page suivante

4 ▷ C'est Jean qui mange le plus.
It's Jean who eats the most.

4 ► **le plus** (avec un verbe) **:** the most /məʊst/

5 ▷ C'est le plus agréable.
He's the most pleasant.

▷ C'est le film le plus ennuyeux que j'aie jamais vu !
It's the most boring film I've ever seen!

5 *Quand un adjectif ou un adverbe a plus de deux syllabes, le superlatif se forme avec* ***the most****.*

ℹ *Quand un adjectif ou un adverbe courts finissent par* ***ing****,* ***ed****,* ***s*** *ou* ***ly****, le superlatif se forme aussi avec* ***the most****.*

6 ▷ Suzanne est la plus sympa de tous.
Suzanne is the nicest of all.

▷ C'est le garçon le plus bête que je connaisse.
He's the silliest boy I know.

6 *Quand l'adjectif ou l'adverbe ont une ou deux syllabes, le superlatif se forme généralement avec la terminaison* ***-est****.*

ℹ *Le* ***y*** *final se transforme en* ***i****.*

7 ▷ Il nous faut plus d'argent.
We need more money.

▷ Il y avait plus de cent personnes.
There were more than a hundred people.

7 ► **plus de** (= davantage de) **:** more /mɔːʳ/

► **plus de** + prix, dimension, etc. **:** more than

8 ▷ Il y a trois profs de plus que l'année dernière.
There are three more teachers than last year.

8 ► **de plus** (= supplémentaire) **:** more /mɔːʳ/

9 ▷ Elle travaille de plus en plus.
She works more and more.

▷ C'est de plus en plus difficile.
It's more and more difficult.

▷ Je trouve ça de plus en plus facile.
I find it easier and easier.

9 ► **de plus en plus** (avec un verbe, un adjectif ou un adverbe de plus de deux syllabes) **:** more and more /ˌmɔːr ən ˈmɔːʳ/

ℹ *Quand l'adjectif ou l'adverbe ont une ou deux syllabes, on utilise le comparatif en* ***-er****.*

10 ▷ Tu mens et en plus tu trouves ça drôle !
You lie and on top of that you find it funny!

10 ► **en plus** (= par-dessus le marché) **:** on top of that

11 ▷ Plus je mange, plus j'ai envie de manger.
The more I eat, the more I feel like eating.

▷ Plus tu réfléchiras, moins tu y arriveras.
The more you think, the less you'll manage to do it.

11 ► **plus... plus :** the more... the more...

► **plus... moins :** the more... the less...

12 ▷ Je ne veux plus le voir.
I don't want to see him any more.

12 ► **ne... plus :** not... any more

13 ▷ Tu ne veux plus de gâteau ?
Don't you want any more cake?

▷ Il n'y a plus de lait.
There isn't any milk left.

▷ Il n'y a plus de tasses.
There aren't any cups left.

13 ► **ne... plus de** (= pas d'autre...) **:** not... any more

► **il n'y a plus de** + nom au singulier **:** there isn't any... left

► **il n'y a plus de** + nom au pluriel **:** there aren't any... left

14 ▷ Dix plus trois égale treize.
Ten plus three equals thirteen.

14 (dans une opération) plus /plʌs/

🔊 *Le* ***u*** *de* ***plus*** *se prononce comme le* ***u*** *de* ***duck****.*

plusieurs

▷ Jérémie a plusieurs copains anglais.
Jérémie has several English friends.

▷ On était plusieurs.
There were several of us.

several /'sevrəl/

ℹ *Notez dans le dernier exemple la construction* ***there were several of us*** *qui signifie* on était plusieurs *ou* nous étions plusieurs. *De même, pour dire* vous étiez plusieurs, *on dira* ***there were several of you*** *et pour dire* ils/elles étaient plusieurs, ***there were several of them***.

plutôt

1 ▷ Viens plutôt mardi.
Come Tuesday instead.

▷ Aide-moi plutôt que de me regarder !
Help me instead of watching me!

2 ▷ C'est un ami, ou plutôt une connaissance.
He's a friend, or rather an acquaintance.

3 ▷ C'est plutôt agréable.
It's quite nice.

1 (= à la place) **instead** /ɪn'sted/

► **plutôt que de** + infinitif : instead of + -ing

2 ► **ou plutôt** (pour rectifier ce qu'on vient de dire) : **or rather** /'rɑːðəʳ/

3 (= assez) **quite** /kwaɪt/

pneu

▷ On a dû utiliser le pneu de rechange.
We had to use the spare tyre.

tyre /'taɪər/

En anglais américain on écrit ***tire***.

poche

▷ J'ai regardé dans toutes mes poches.
I looked in all my pockets.

(dans un vêtement) **pocket** /'pɒkɪt/

poêle

1 ▷ Mets un peu plus d'huile dans la poêle.
Put a bit more oil in the frying pan.

2 ▷ Il n'y a plus de bois dans le poêle.
There isn't any wood left in the stove.

1 ► **une poêle** (à frire) : **a frying pan** /'fraɪɪŋ ˌpæn/
(pluriel : frying pans)

2 ► **un poêle** (= un radiateur) : **a stove** /stəʊv/

poème

▷ Je connais ce poème par cœur.
I know this poem by heart.

poem /'pəʊɪm/

poésie

1 ▷ J'aime particulièrement la poésie du dix-neuvième siècle.
I particularly like nineteenth-century poetry.

2 ▷ C'est une jolie poésie de Prévert.
It's a nice poem by Prévert.

1 ► **la poésie** (= les œuvres) **:** poetry /'pəʊɪtrɪ/

2 ► **une poésie** (= un poème) **:** a poem /'pəʊɪm/

poète

▷ Qui est ton poète préféré ?
Who's your favourite poet?

poet /'pəʊɪt/

poids

1 ▷ Barbara parle tout le temps de ses problèmes de poids.
Barbara is always talking about her weight problems.

▷ J'ai encore pris du poids.
I've put on weight again.

▷ Elle a perdu beaucoup de poids.
She's lost a lot of weight.

2 ▷ Il y a beaucoup de poids lourds sur l'autoroute.
There are a lot of heavy goods vehicles on the motorway.

1 (= masse) weight /weɪt/

Weight rime avec late.

► **prendre du poids :** put on weight (put on weight, put on weight)

► **perdre du poids :** lose /luːs/ weight (lost, lost /lɒst/)

2 ► **poids lourd** (= camion) **:** heavy goods vehicle /ˌhevɪ 'gʊdz ˌviːɪkl/ (pluriel : heavy goods vehicles)

poignarder

▷ Le ministre a été poignardé dans la rue.
The minister was stabbed in the street.

stab /stæb/

i *Il y a deux b au gérondif (stabbing /'stæbɪŋ/), au prétérit et au participe passé (stabbed /stæbd/).*

poignée

1 ▷ La poignée de la porte est coincée.
The door handle is jammed.

2 ▷ Je n'ai mangé qu'une poignée de cacahuètes.
I only ate a handful of peanuts.

1 (= la poignée d'une porte, d'une valise, etc.) handle /'hændl/

2 (= contenu d'une main) handful /'hændfʊl/

poignet

1 ▷ Aurélie s'est cassé le poignet.
Aurélie broke her wrist.

2 ▷ Les poignets de ta chemise sont sales.
The cuffs of your shirt are dirty.

1 (= partie du bras) wrist /rɪst/

2 (= partie d'un vêtement) cuff /kʌf/

poil

▷ Il y a des poils de chat partout sur le canapé.
There are cat hairs all over the sofa.

(sur le corps des gens ou des animaux) **hair** /hɛəʳ/

ℹ *En anglais, on utilise le même mot,* **hair**, *pour* **poil** *et pour* **cheveu**.

poilu, poilue

▷ Il a les bras très poilus.
He has very hairy arms.

hairy /'hɛərɪ/ (plus poilu **hairier** /'hɛərɪəʳ/, le plus poilu **the hairiest** /'hɛərɪɪst/)

poinçonner

▷ Le contrôleur a poinçonné nos billets.
The ticket inspector punched our tickets.

(= faire un trou dans un billet) **punch** /pʌntʃ/

poing

▷ Il s'est mis à taper du poing sur la table.
He started banging his fists on the table.

fist /fɪst/

point

1 ▷ Tu as oublié le point sur le i.
You've forgotten the dot on the i.
▷ C'est la fin de la phrase, mets un point.
It's the end of the sentence, put a full stop.

1 (= marque) **dot** /dɒt/

(en fin de phrase) **full stop** /fʊl 'stɒp/

En anglais américain on dit **period** /'pɪərɪəd/.

2 ▷ L'équipe de Mons a marqué cinquante points.
The Mons team scored fifty points.

2 (dans un score) **point** /pɔɪnt/

3 ▷ J'enlève deux points pour chaque faute d'orthographe.
I take off two marks for each spelling mistake.

3 (dans un devoir) **mark** /mɑːk/

4 ▷ Le docteur m'a fait trois points.
The doctor gave me three stitches.

4 (= point de suture) **stitch** /stɪtʃ/ (pluriel : **stitches** /'stɪtʃɪz/)

ℹ *Notez la traduction de* **faire des points à quelqu'un** *:* ***give somebody stitches*** (***gave, given***).

5 ▷ On était sur le point de partir quand Luc a appelé.
We were about to leave when Luc called.

5 ► **être sur le point de + infinitif** : **be about** /ə'baʊt/ **to + -ing**

6 ▷ On a beaucoup de points communs.
We have a lot of things in common.

6 ► **avoir des points communs** : **have things in common** /'kɒmən/

7 ▷ Il y a trois points d'exclamation pour exprimer la surprise.
There are three exclamation marks to express surprise.

7 ► **point d'exclamation** : **exclamation mark** /ˌekskləˈmeɪʃən mɑːk/ (pluriel : **exclamation marks**)

Suite page suivante

8 ▷ Tu as oublié le point d'interrogation.
You've forgotten the question mark.

8 ► **point d'interrogation :** question mark /'kwestʃən mɑːk/ (pluriel : question marks)

9 ▷ La grammaire est son point faible.
Grammar is his weak point.

▷ Louise a plusieurs points forts.
Louise has several strong points.

9 ► **point faible :** weak point /'wiːk pɔɪnt/ (pluriel : weak points)

► **point fort :** strong point /'strɒŋ pɔɪnt/ (pluriel : strong points)

10 ▷ C'est mon point de vue.
That's my point of view.

10 ► **point de vue** (= opinion) **:** point of view /ˌpɔɪnt əv' vjuː/ (pluriel : points of view)

11 ▷ Du point de vue des résultats, c'est moyen.
As far as results are concerned, it's average.

11 ► **du point de vue de... :** as far as... is *ou* are concerned /kən'sɜːnd/

pointe

1 ▷ Raoul s'est piqué avec la pointe du couteau.
Raoul pricked himself with the tip of the knife.

1 (= bout) tip /tɪp/

2 ▷ Ils sont entrés sur la pointe des pieds.
They tiptoed in.

2 ► **entrer sur la pointe des pieds :** tiptoe /'tɪptəʊ/ in

ℹ *De même, sortir sur la pointe des pieds : tiptoe out.*

pointillé

▷ Écrivez votre nom sur le pointillé.
Write your name on the dotted line.

(= série de points) dotted line /ˌdɒtɪd 'laɪn/

pointu, pointue

1 ▷ Le toit de la maison est pointu.
The roof of the house is pointed.

1 (= en forme de pointe) pointed /'pɔɪntɪd/

2 ▷ Attention avec ce bâton, il est pointu.
Be careful with that stick, it's sharp.

2 (en parlant de quelque chose qui peut faire mal) sharp /ʃɑːp/ (**plus pointu** sharper /'ʃɑːpəʳ/, **le plus pointu** the sharpest /'ʃɑːpɪst/)

pointure

▷ Les pointures sont différentes en Grande-Bretagne.
Shoe sizes are different in Britain.

▷ Quelle est ta pointure ?
What size do you take?

shoe size /'ʃuː saɪz/ (pluriel : shoe sizes /'ʃuː saɪzɪz/)

ℹ *Pour demander à quelqu'un du combien il chausse, on dit what size /saɪz/ do you take?*

poire

▷ Cette poire était délicieuse.
That pear was delicious.
▷ Une glace à la poire, s'il vous plaît.
A pear ice cream, please.

(= fruit) pear /pɛəʳ/

Pear rime avec hair.

poireau

▷ J'espère qu'il n'y a pas de poireaux dans la soupe.
I hope there aren't any leeks in the soup.

leek /liːk/

i *Ne pas confondre avec leak, qui se prononce de la même façon mais qui signifie* fuite.

pois

▷ J'aime bien ce foulard à pois.
I like that spotted scarf.

► **à pois :** spotted /ˈspɒtɪd/

pois chiches

▷ Il y a des pois chiches dans le couscous.
There are chickpeas in the couscous.

chickpeas /ˈtʃɪkpiːz/

poison

▷ Les voleurs ont mis du poison dans la nourriture du chien.
The burglars put poison in the dog's food.

poison /ˈpɔɪzn/

Le oi du mot anglais poison se prononce comme le oy de boy.

poisson

1 ▷ On mange du poisson une fois par semaine.
We eat fish once a week.
▷ Mon père a attrapé deux gros poissons.
My father caught two big fish.
▷ Mathias a plus de vingt poissons rouges.
Mathias has more than twenty goldfish.

1 fish /fɪʃ/

i *Le pluriel est invariable : two fish.*

► **poisson rouge :** goldfish /ˈgəʊldfɪʃ/

i *Le pluriel de goldfish est invariable : twenty goldfish.*

2 ▷ Poisson d'avril !
April fool!

2 *Le premier avril, en Grande-Bretagne on dit April fool!* /ˌeɪprəl ˈfuːl/.

poissonnerie

▷ La poissonnerie est fermée le lundi.
The fish shop is closed on Mondays.

fish shop /ˈfɪʃ ʃɒp/
(pluriel : fish shops)

poitrine

▷ Quentin a une cicatrice sur la poitrine.
Quentin has a scar on his chest.

chest /tʃest/

poivre

▷ Le poivre me fait éternuer.
Pepper makes me sneeze.

pepper /'pepəʳ/

poivron

▷ Il y a des poivrons rouges et des poivrons verts dans cette recette.
There are red peppers and green peppers in this recipe.

pepper /'pepəʳ/

ℹ *Notez que* **poivron** *et* **poivre** *se disent de la même façon en anglais.*

pôle

▷ Ils ont fini par atteindre le pôle Nord.
They finally reached the North Pole.

► **le pôle Nord :** the North Pole /nɔːθ 'pəʊl/

ℹ *S'écrit avec deux majuscules.*

▷ Personne n'habite au pôle Sud sauf les scientifiques.
Nobody lives at the South Pole except scientists.

► **le pôle Sud :** the South Pole /saʊθ 'pəʊl/

ℹ *S'écrit avec deux majuscules.*

poli, polie

1 ▷ Il est toujours très poli avec tout le monde.
He's always very polite with everybody.

1 (= bien élevé) **polite** /pə'laɪt/ (**plus poli** more polite, **le plus poli** the most polite)

ℹ *Notez la préposition utilisée en anglais :* poli avec quelqu'un = *polite* ***to*** *somebody.*

2 ▷ Ce n'est pas poli de regarder les gens comme ça.
It's rude to look at people like that.

2 ► **pas poli :** rude /ruːd/

police

▷ La police est arrivée tout de suite.
The police arrived straight away.

police /pə'liːs/

ℹ ***Police*** *est un nom pluriel : on dit par exemple* ***the police are efficient*** (la police est efficace).

policier

1 ▷ Il y avait des policiers partout.
There were police officers everywhere.

1 (= gendarme) **police officer** /pə'liːs ˌɒfɪsəʳ/ (pluriel : police officers)

ℹ *Si on veut distinguer les hommes des femmes, on peut dire* ***policeman*** /pə'liːsmən/ (pluriel : ***policemen*** /pə'liːsmen/) pour un homme et ***policewoman*** /pə'liːsˌwʊmən/ (pluriel : ***policewomen*** /pə'liːswɪmɪn/) pour une femme.

2 ▷ C'est un très bon film policier.
It's a very good detective film.

2 (adjectif : en parlant d'un film ou d'un roman) detective /dɪ'tektɪv/

poliment

▷ Le garçon a répondu très poliment.
The boy answered very politely.

politely /pə'laɪtlɪ/

politique

1 ▷ Je ne m'intéresse pas à la politique.
I'm not interested in politics.

1 (= affaires publiques) politics /'pɒlɪtɪks/

ℹ *Politics est un nom singulier. On dit par exemple politics is interesting* (la politique est intéressante).

2 ▷ Certains ne sont pas d'accord avec la politique européenne du gouvernement.
Some people don't agree with the government's European policy.

2 (= mesures) policy /'pɒlɪsɪ/ (pluriel : policies /'pɒlɪsɪz/)

3 ▷ C'est un problème politique.
It's a political problem.

3 (adjectif = qui se rapporte à la politique) political /pə'lɪtɪkəl/

pollution

▷ La pollution est un grand problème dans les villes.
Pollution is a big problem in cities.

pollution /pə'lu:ʃən/

Pologne

▷ La Pologne est un pays très intéressant.
Poland is a very interesting country.

Poland /'pəʊlənd/

ℹ *Ne prend jamais d'article.*

► **la Pologne :** Poland

▷ Le président est en visite officielle en Pologne.
The President is on an official visit in Poland.

▷ Ils sont passés par l'Allemagne pour aller en Pologne.
They went through Germany to go to Poland.

► **en Pologne** (= dans le pays) **:** in Poland

► **en Pologne** (= vers le pays) **:** to Poland

polonais, polonaise

1 ▷ C'est un grand réalisateur de cinéma polonais.
He's a great Polish cinema director.

1 (adjectif) Polish /'pəʊlɪʃ/

ℹ *S'écrit toujours avec une majuscule, comme tous les adjectifs de nationalité en anglais.*

2 ▷ Les Polonais ont voté en faveur de cette mesure.
The Poles voted in favour of the measure.

2 (= personne) Pole /pəʊl/

pommade

▷ Cette pommade te fera du bien.
This ointment will do you good.

ointment /'ɔɪntmənt/

pomme

▷ Nous avons ramassé des pommes dans le jardin.
We picked some apples in the garden.

(= fruit) apple /'æpl/

pomme de terre

▷ On va manger des pommes de terre bouillies avec la viande.
We're going to eat boiled potatoes with the meat.

potato /pə'teɪtəʊ/ (pluriel : potatoes)

pompe

1 ▷ Ma pompe à vélo ne marche plus.
My bicycle pump doesn't work any more.

2 ▷ Baptiste fait cinquante pompes tous les matins.
Baptiste does fifty press-ups every morning.

1 (pour aspirer ou souffler) pump /pʌmp/

2 ► **faire des pompes :** do press-ups /'presʌps/ (did, done)

pompier

▷ Jean-Luc rêve de devenir pompier.
Jean-Luc dreams of becoming a fireman.

fireman /'faɪəmən/ (pluriel : firemen /'faɪəmen/).

ℹ *N'oubliez pas l'article **a** ou **an** devant le nom du métier lorsqu'il suit les verbes **be** ou **become**.*

▷ Les pompiers sont arrivés tout de suite.
The fire brigade arrived straight away.

► **les pompiers :** the fire brigade /'faɪə brɪ,geɪd/

*En anglais américain on dit **fire department*** /'faɪəʳ dɪ,pɑːtmənt/.

pompon

▷ Mélanie a un bonnet avec un pompon.
Mélanie's got a hat with a pompom.

pompom /'pɒmpɒm/

ℹ *Attention à l'orthographe.*

pondre

▷ La poule pond un œuf tous les matins.
The hen lays one egg every morning.

(= faire des œufs) lay /leɪ/ (laid, laid /leɪd/)

poney

▷ Les poneys galopaient dans le champ.
The ponies were galloping in the field.

pony /'pəʊnɪ/ (pluriel : ponies /'pəʊnɪz/)

ℹ *Attention à l'orthographe.*

▷ Sarah fait du poney le samedi.
Sarah goes pony-riding on Saturdays.

► **faire du poney :** go pony-riding /'pəʊnɪ,raɪdɪŋ/ (went, gone / been)

pont

1 ▷ L'école est de l'autre côté du pont.
The school is on the other side of the bridge.

2 ▷ Est-ce que vous faites le pont pour l'Ascension ?
Are you having a long weekend for Ascension Day?

1 (sur une rivière) **bridge** /brɪdʒ/

2 ► **faire le pont :** have a long weekend /lɒŋ ˈwɪkend/ (had, had)

pop-corn

▷ J'adore manger du pop-corn quand je vais au cinéma.
I love eating popcorn when I go to the cinema.

popcorn /ˈpɒpkɔːn/

ℹ *Le mot anglais s'écrit sans trait d'union.*

populaire

1 ▷ Cette chanson est très populaire chez les jeunes.
This song is very popular with young people.

1 (= qui a du succès) **popular** /ˈpɒpjʊləʳ/
(**plus populaire** more popular, **le plus populaire** the most popular)

ℹ *Notez la préposition utilisée en anglais :* populaire chez = *popular **with**.*

2 ▷ C'est un quartier populaire.
It's a working-class area.

2 (= ouvrier) **working-class** /ˌwɜːkɪŋ ˈklɑːs/
(**plus populaire** more working-class, **le plus populaire** the most working-class)

porc

1 ▷ Mes parents élèvent des porcs.
My parents breed pigs.

2 ▷ Les musulmans ne mangent pas de porc.
Muslims don't eat pork.

1 (= animal) **pig** /pɪg/

2 (= viande) **pork** /pɔːk/

porcelaine

▷ La porcelaine est très fragile.
China is very fragile.

▷ Est-ce que c'est en porcelaine ?
Is it made of china?

▷ Ma grand-mère a beaucoup d'objets en porcelaine dans son salon.
My grandmother has a lot of china objects in her living room.

china /ˈtʃaɪnə/

ℹ *On dit aussi **porcelain** /ˈpɔːsəlɪn/.*

► **être en porcelaine :** be made /meɪd/ of china

► **en porcelaine :** china

port

1 ▷ Nous allons souvent au port regarder les bateaux.
We often go to the harbour to look at the boats.

1 (= bassin) **harbour** /ˈhɑːbəʳ/

Suite page suivante

2 ▷ Marseille est un grand port.
Marseille is a big port.

2 (= ville) **port** /pɔːt/

portable

1 ▷ Benoît travaille sur son portable quand nous sommes en vacances.
Benoît works on his laptop when we are on holiday.

1 (= ordinateur) **laptop** /ˈlæptɒp/

2 ▷ Je t'appellerai sur ton portable.
I'll call you on your mobile.

2 (= téléphone) **mobile** /ˈməʊbaɪl/

*Le i de **mobile** se prononce comme le i de **like**.*

*En anglais américain on dit **cellphone** /sel fəʊn/.*

portail

▷ Le portail était ouvert, alors je suis entré.
The gate was open, so I went in.

gate /geɪt/

porte

1 ▷ Ferme la porte à clé.
Lock the door.

▷ La porte d'entrée est restée ouverte.
The front door stayed open.

1 (d'une maison, d'une voiture, du frigo) **door** /dɔːʳ/
► **porte d'entrée :** front door /frʌnt ˈdɔːʳ/

2 ▷ Elle a fini par le mettre à la porte.
She ended up throwing him out.

2 ► **mettre** quelqu'un **à la porte :** throw /θrəʊ/ somebody out (threw /θruː/, thrown /θrəʊn/)

3 ▷ Nous devons aller à la porte d'embarquement numéro trois.
We have to go to departure gate number three.

3 ► **porte d'embarquement :** departure gate /dɪˈpɑːtʃə geɪt/ (pluriel : departure gates)

porte-bagages

▷ Mon vélo n'a pas de porte-bagages.
My bike hasn't got a luggage rack.

luggage rack /ˈlʌgɪdʒ ræk/ (pluriel : luggage racks)

porte-bonheur

▷ Alix porte toujours une médaille, c'est son porte-bonheur.
Alix always wears a medallion, it's her lucky charm.

lucky charm /ˌlʌkɪ ˈtʃɑːm/ (pluriel : lucky charms)

porte-clés

▷ Tarek a un porte-clés en forme de pyramide.
Tarek has a pyramid-shaped key ring.

key ring /ˈkiːrɪŋ/ (pluriel : key rings)

portefeuille

▷ Lucie n'a jamais retrouvé son portefeuille.
Lucie never found her wallet.

(= porte-monnaie) wallet /'wɒlɪt/

Le a de wallet se prononce comme le o de dog.

portemanteau

1 ▷ Accroche ta veste au portemanteau.
Hang your jacket on the coat rack.

1 (sur le mur) coat rack /'kəʊt ræk/ (pluriel : coat racks)

2 ▷ Ce portemanteau prend trop de place dans le couloir.
This coat stand takes up too much space in the corridor.

2 (= sur pied) coat stand /'kəʊt stænd/ (pluriel : coat stands)

porte-monnaie

▷ Prends mon porte-monnaie, mais ne le perds pas.
Take my purse, but don't lose it.

purse /pɜːs/

porter

1 ▷ J'arrive à peine à porter cette valise.
I can hardly carry this suitcase.

1 (= transporter) carry /'kærɪ/

Le y de carry devient ie à la troisième personne du singulier du présent de l'indicatif (carries /'karɪz/), au prétérit et au participe passé (carried /'kærɪd/).

2 ▷ Aziz portait un jean noir.
Aziz was wearing black jeans.

2 (en parlant d'un vêtement, de maquillage) wear /wɛəʳ/ (wore /wɔːʳ/, worn /wɔːn/)

3 ▷ Porte-lui ce plateau.
Take him this tray.

3 (= apporter) take /teɪk/ (took /tʊk/, taken /'teɪkən/)

4 ▷ Le texte porte sur l'histoire de l'Angleterre.
The text is about English history.

4 ► **porter sur** quelque chose (= avoir pour thème) **:** be about /ə'baʊt/ something

5 ▷ Laure se porte très bien maintenant.
Laure is very well now.

5 ► **se porter bien** (= aller bien) **:** be well /wel/

portière

▷ La portière est mal fermée.
The door isn't closed properly.

(de la voiture) door /dɔːʳ/

En anglais, on emploie le même mot, door, pour la porte et la portière.

portillon

▷ Siméon est passé par-dessus le portillon parce qu'il n'avait pas de ticket.
Siméon went over the barrier because he didn't have a ticket.

(dans le métro) barrier /'bærɪəʳ/

portion

▷ Ils servent toujours des portions très copieuses.
They always serve very big portions.

portion /'pɔːʃən/

portrait

▷ Benoît a fait de beaux portraits de ses amis.
Benoît painted beautiful portraits of his friends.

(= peinture, dessin, photo) **portrait** /'pɔːtrɪt/

ℹ *Notez la traduction de* faire *dans ce cas :* ***paint*** (= peindre) *; s'il s'agissait d'un dessin on dirait* ***draw*** (= dessiner), *et d'une photo* ***take*** (= prendre).

portugais, portugaise

1 ▷ La cuisine portugaise est délicieuse.
Portuguese cooking is delicious.
▷ C'est un Portugais qui a remporté le mille mètres.
It was a Portuguese who won the thousand metres.
▷ Les Portugais mangent beaucoup de poisson.
The Portuguese eat a lot of fish.

1 **Portuguese** /ˌpɔːtjʊ'giːz/

ℹ *S'écrit toujours avec une majuscule, comme tous les adjectifs et noms de nationalité en anglais.*

ℹ *Quand on parle d'une personne, on peut dire aussi* ***a Portuguese man, a Portuguese woman, a Portuguese boy, a Portuguese girl.***

2 ▷ Le portugais est une langue proche de l'espagnol.
Portuguese is a language that is close to Spanish.

2 (= langue) **Portuguese**

ℹ *S'écrit avec une majuscule, comme tous les noms de langues en anglais.*

Portugal

▷ Le Portugal est un pays magnifique.
Portugal is a beautiful country.

▷ Sarah est au Portugal.
Sarah is in Portugal.
▷ Tu es déjà allé au Portugal ?
Have you ever been to Portugal?

Portugal /'pɔːtjʊgəl/

ℹ *Ne prend jamais d'article.*

► **le Portugal :** Portugal

► **au Portugal** (= dans le pays) **:** in Portugal

► **au Portugal** (= vers le pays) **:** to Portugal

poser

1 ▷ Pose tes valises là.
Put your suitcases there.

1 (= placer) **put** /pʊt/ (put, put)

2 ▷ Tu me poses une question difficile !
You're asking me a difficult question!

2 ► **poser une question à quelqu'un :** ask /ɑːsk/ somebody a question /'kwestjən/

3 ▷ Quelqu'un est venu poser de la moquette dans les chambres.
Somebody came to lay carpet in the bedrooms.

3 (= installer, en parlant du carrelage ou de la moquette) **lay** /leɪ/ (laid, laid /leɪd/)

4 ▷ Sylvie nous a demandé de poser pour la photo.
Sylvie asked us to pose for the photograph.

4 (= prendre la pose) **pose** /pəʊz/

5 ▷ L'avion s'est posé à Birmingham au lieu de Leeds.
The plane landed in Birmingham instead of Leeds.

5 ► se **poser** (= atterrir) : **land** /lænd/

position

▷ J'ai dormi dans une position bizarre, maintenant j'ai mal au cou.
I slept in a strange position, now my neck hurts.
▷ On est en troisième position dans le championnat.
We're in third position in the championship.

(= situation, posture) **position** /pə'zɪʃən/

▷ Qui est arrivé en première position ?
Who came first?

► **arriver en première position :** come first /'fɜːst/ (came first, come first)

▷ Sophie est arrivée en dernière position.
Sophie came last.

► **arriver en dernière position :** come last /'lɑːst/ (came last, come last)

possibilité

▷ Il y a plusieurs possibilités.
There are several possibilities.
▷ Vous avez la possibilité d'y aller demain.
You can go tomorrow.

possibility /ˌpɒsə'bɪlɪtɪ/ (pluriel : possibilities)

ℹ *Pour exprimer la possibilité en anglais, on utilise souvent l'auxiliaire modal* ***can***.

possible

▷ Je ne crois pas que ce soit possible.
I don't think it's possible.

possible /'pɒsəbl/

▷ Viens si possible un peu plus tôt.
Come a bit earlier if possible.

► **si possible :** if possible /ɪf pɒsɪbl/

▷ Apporte le plus de disques possible.
Bring as many discs as possible.
▷ Il faut boire le plus d'eau possible avant de faire du sport.
You should drink as much water as possible before doing sport.
▷ Prends le moins de vêtements possible.
Take as few clothes as possible.
▷ Emporte le moins d'argent possible sur toi.
Bring as little money as possible.

ℹ *Pour dire* le plus de ... possible, *on utilise l'expression* ***as many*** /æz menɪ/ *+ nom +* ***as possible***.

ℹ *Avec un nom au singulier on emploie* ***as much*** /æz mʌtʃ/ *+ nom +* ***as possible***.

ℹ *Pour dire* le moins de ... possible, *on utilise l'expression* ***as few*** /æz fjuː/ *+ nom +* ***as possible***.

ℹ *Avec un nom au singulier on emploie* ***as little*** /æz lɪtl/ *+ nom +* ***as possible***.

Suite page suivante

▷ C'est pas possible ! J'ai encore oublié ma clé !
I don't believe it! I've forgotten my key again!

► **c'est pas possible !** (pour exprimer l'étonnement ou l'agacement) : I don't believe it! /aɪ dəʊnt bɪ'liːv ɪt/

poste

1 ▷ La poste est fermée le samedi après-midi.
The post office is closed on Saturday afternoon.

1 ► **la poste** (= l'endroit où on achète des timbres) : the post office /'pəʊst ɒfɪs/

2 ▷ N'envoie jamais d'argent par la poste.
Never send money by post.

2 ► **par la poste** (= par courrier) by post /pəʊst/

En anglais américain on dit ***mail*** /meɪl/.

▷ Tu peux mettre cette lettre à la poste pour moi ?
Can you post this letter for me?

► **mettre** quelque chose **à la poste :** post something

3 ▷ La femme de Pascal a un très bon poste.
Pascal's wife has got a very good job.

3 ► **un poste** (= un emploi) **:** a job /dʒɒb/

4 ▷ Ils réparent les postes de télé.
They repair television sets.

4 ► **poste de télé :** television set /'telɪˌvɪʒən set/

5. ▷ Mon poste de radio ne marche pas.
My radio isn't working.

5 ► **poste de radio :** radio /'reɪdɪəʊ/

6 ▷ Ils l'ont emmené au poste de police.
They took him to the police station.

6 ► **poste de police :** police station /pə'liːs ˌsteɪʃən/

poster (verbe)

▷ Donne-moi ta lettre, je vais la poster.
Give me your letter, I'll post it.

(= mettre dans la boîte aux lettres) post /pəʊst/

En anglais américain on dit ***mail*** /meɪl/.

poster (nom)

▷ Les murs sont couverts de posters.
The walls are covered in posters.

(= affiche) poster /'pəʊstəʳ/

pot

1 ▷ Ma mère garde les pots vides pour y mettre de la confiture.
My mother keeps empty jars to put jam in.

1 (= récipient en verre) jar /dʒɑːʳ/

2 ▷ Tu peux mettre la plante dans un pot ou directement dans le sol.
You can put the plant in a pot or directly in the ground.

2 (= récipient en terre ou en céramique) pot /pɒt/

▷ On pourrait lui offrir un pot de fleurs.
We could give her a potted plant.

► **pot de fleurs** (= ensemble pot et fleurs) **:** potted plant /ˌpɒtɪd 'plɑːnt/
(pluriel : potted plants)

3 ▻ Tu veux boire un pot ?
Do you want to have a drink?

3 ► **boire un pot** *ou* **prendre un pot :** have a drink /ˈdrɪŋk/ (had, had)

4 ▻ Tu as vraiment eu du pot !
You were really lucky!

4 ► **avoir du pot** (= avoir de la chance) **:** be lucky /ˈlʌkɪ/

5 ▻ Le pot d'échappement est rouillé.
The exhaust pipe is rusty.

5 ► **pot d'échappement :** exhaust pipe /egˈzɔːst paɪp/ (pluriel : exhaust pipes).

En anglais américain on dit ***tail*** /teɪl/ ***pipe*** (pluriel : tail pipes).

potable

▻ L'eau dans le train n'est pas potable.
The water on the train isn't drinkable.

▻ Il n'y a pas d'eau potable ici.
There is no drinking water here.

(= bon à boire) drinkable /ˈdrɪŋkəbl/

► **eau potable :** drinking water /ˈdrɪŋkɪŋ ˌwɔːtəʳ/

potage

▻ Il y a du potage à la tomate en entrée.
There is tomato soup as a starter.

soup /suːp/

En anglais, on emploie le même mot, ***soup****, pour la soupe et le potage.*

poteau

1 ▻ La voiture est rentrée dans un poteau électrique.
The car crashed into an electricity pole.

1 ► **poteau électrique :** electricity pole /ɪlekˈtrɪsətɪ ˌpəʊl/ (pluriel : electricity poles)

2 ▻ Nous n'avons pas vu le poteau indicateur.
We didn't see the signpost.

2 ► **poteau indicateur :** signpost /ˈsaɪnpəʊst/

poterie

▻ C'est une poterie très ancienne.
It's a very old piece of pottery.

▻ Cette région est célèbre pour ses poteries.
This region is famous for its pottery.

► **une poterie** (= un objet en terre) **:** a piece of pottery /ˌpiːs əv ˈpɒtərɪ/

► **des poteries** (= des objets) **:** pottery /ˈpɒtərɪ/

Pottery *est un nom indénombrable : il ne se met pas au pluriel et ne prend pas d'article.*

potiron

▻ Clarisse a fait de la soupe au potiron.
Clarisse made some pumpkin soup.

pumpkin /pʌmpkɪn/

pou

▷ Ma petite sœur a des poux.
My little sister has got lice.

louse /laʊs/
(pluriel : lice /laɪs/)

poubelle

▷ La poubelle est pleine.
The dustbin is full.

dustbin /'dʌstbɪn/
En anglais américain on dit ***trashcan*** /'træʃkæn/ *ou* ***garbage can*** /'gɑːbɪdʒ kæn/ (pluriel : garbage cans).

▷ Jette ça à la poubelle.
Throw this in the dustbin.

► **jeter** quelque chose **à la poubelle :** throw /θrəʊ/ something in the dustbin
(threw /θruː/, thrown /θrəʊn/)

pouce

▷ Lambert s'est cassé le pouce en jouant au volley.
Lambert broke his thumb playing volley-ball.

(= doigt) thumb /θʌm/
Le ***b*** *de* ***thumb*** *ne se prononce pas.* ***Thumb*** *rime avec* ***Mum*** *et* ***come***.

poudre

▷ C'est une poudre que tu prends avec de l'eau.
It's a powder that you take with water.

powder /'paʊdə^r/

poulain

▷ La jument et son poulain nous regardaient.
The mare and her colt were looking at us.

(= jeune cheval) colt /kɒlt/

poule

▷ Les poules pondent des œufs tous les matins.
The hens lay eggs every morning.

hen /hen/

poulet

▷ J'aime bien le poulet avec des frites.
I like chicken with chips.

chicken /'tʃɪkɪn/

pouls

▷ Le médecin a pris mon pouls.
The doctor took my pulse.

pulse /pʌls/
► **prendre le pouls de** quelqu'un **:** take somebody's pulse (took, taken)

poumon

▷ Paul a une infection dans les poumons.
Paul has an infection in his lungs.

lung /lʌŋ/

poupée

▷ C'est une poupée qui parle et qui pleure.
It's a doll that talks and cries.
▷ Elle est petite, elle joue encore à la poupée.
She's small, she still plays with dolls.

(= jouet) doll /dɒl/

► **jouer à la poupée :** play /pleɪ/ with dolls

pour

1 ▷ C'est pour moi ?
Is it for me?
▷ Nous partons demain pour Londres.
We're leaving for London tomorrow.
▷ Ils sont partis pour une semaine.
They left for a week.

1 *La traduction la plus courante de* pour *est* ***for*** *(* /fɔːʳ/ *ou* /fəʳ/ *), notamment pour exprimer l'attribution, la destination, la durée.*

2 ▷ Anaïs a poussé pour ouvrir la porte.
Anaïs pushed to open the door.

2 ► **pour** + infinitif : to + base verbale

3 ▷ J'ai acheté une carte pour ne pas me perdre.
I bought a map so as not to get lost.

3 ► **pour ne pas** + infinitif : so as not to /ˌsəʊ əz ˈnɒt tuː/ + base verbale

4 ▷ Il a fait ça pour que tu le remarques.
He did that so that you would notice him.

4 ► **pour que :** so that /səʊ ˈðæt/

5 ▷ C'est pour ça que je suis fâchée.
That's why I'm angry.

5 ► **c'est pour ça que... :** that's why... /ðæts waɪ/

6 ▷ Je propose qu'on aille au cinéma. Qui est pour ?
I suggest we go to the cinema. Who's in favour?

6 ► **être pour** (= être d'accord) **:** be in favour /ˈfeɪvəʳ/

pourboire

▷ D'habitude je laisse un pourboire.
I usually leave a tip.

tip /tɪp/

pourquoi

▷ Pourquoi tu ne veux pas venir ?
Why don't you want to come?
▷ Je ne comprends pas pourquoi.
I don't understand why.
▷ Ça te dit de venir ? – Pourquoi pas !
Do you feel like coming? – Why not!

why /waɪ/

► **pourquoi pas :** why not /waɪ ˈnɒt/

pourri, pourrie

▷ Le bois était pourri, c'est pour ça que la maison s'est effondrée.
The wood was rotten, that's why the house collapsed.
▷ Quel temps pourri !
What rotten weather!

rotten /ˈrɒtn/
(**plus pourri** more rotten, **le plus pourri** the most rotten)

poursuivre

▷ Sylvain poursuivait Benoît dans la cour.
Sylvain was chasing Benoît in the playground.

(= courir après) chase /tʃeɪs/

pourtant

▷ Le travail avait l'air intéressant, et pourtant elle l'a refusé.
The work looked interesting, and yet she turned it down.

(= malgré tout) yet /jet/

pourvu que

1 ▷ Je viendrai pourvu qu'il y ait encore des métros.
I'll come provided that there are still metros running.

1 (= à condition que) provided that /prəˈvaɪdɪd ðæt/

ℹ *On peut aussi dire as long as /əz ˈlɒŋ əz/.*

2 ▷ Pourvu qu'il reste encore des places !
Let's hope that there are still seats left!

2 (= espérons que) let's hope that /lets həʊp ðæt/

pousser

1 ▷ Ne me pousse pas !
Don't push me!

1 (= appuyer sur) push /pʊʃ/

2 ▷ Les parents de Marina l'ont poussée à se marier.
Marina's parents pushed her into getting married.

2 ► **pousser** quelqu'un **à** + infinitif : push somebody into + -ing

ℹ *Notez la préposition utilisée en anglais : pousser à = push **into**.*

3 ▷ Matthieu a poussé un cri.
Matthieu cried out.

3 ► **pousser un cri :** cry out /kraɪ ˈaʊt/ (cried, cried /kraɪd/)

4 ▷ Il a dit « d'accord » et il a poussé un grand soupir.
He said "OK" and heaved a big sigh.

4 ► **pousser un soupir :** heave /hiːv/ a sigh /saɪ/

5 ▷ Cette plante pousse bien.
This plant is growing well.
▷ Je fais pousser de la menthe sur mon balcon.
I grow mint on my balcony.
▷ Tu te laisses pousser les cheveux ?
Are you letting your hair grow?

5 (= grandir) grow /grəʊ/ (grew /gruː/, grown /grəʊn/)

► **faire pousser** (une plante) : grow

► se **laisser pousser les cheveux :** let one's hair grow (let, let)

ℹ *L'adjectif possessif fonctionne de la façon suivante en anglais : I let **my** hair grow, you let **your** hair grow, he lets **his** hair grow, she lets **her** hair grow, we let **our** hair grow, they let **their** hair grow.*

poussette

▷ La petite fille s'est endormie dans sa poussette.
The little girl fell asleep in her pushchair.

pushchair /'pʊʃtʃɛəʳ/

En anglais américain on dit **stroller** /'strəʊlər/.

poussière

▷ Il y a beaucoup de poussière dans cette pièce.
There's a lot of dust in this room.

▷ Je ne fais jamais la poussière dans ma chambre.
I never dust my bedroom.

dust /dʌst/

► **faire la poussière : dust**

poussin

▷ Ces petits poussins sont très mignons.
These little chicks are very cute.

(= jeune poulet) **chick** /tʃɪk/

pouvoir

1 ▷ Est-ce que tu peux m'aider ?
Can you help me?

▷ Est-ce que je pourrais vous parler, s'il vous plaît ?
Could I speak to you, please?

▷ Je ne pourrai pas venir demain.
I won't be able to come tomorrow.

▷ Tu aurais pu m'en parler d'abord !
You could have told me about it first!

2 ▷ Il se peut qu'elle vienne demain.
She may come tomorrow.

3 ▷ Cette randonnée était difficile, je n'en peux plus !
That hike was difficult, I'm exhausted!

1 Pouvoir *est presque toujours traduit par l'auxiliaire modal* **can** /kæn/.

i *Au conditionnel et au prétérit,* **can** *devient* **could** /kʊd/.

i *Au futur, il faut employer* **be able to**.

i *Pour le conditionnel passé, on utilise* **could have** *+ participe passé en anglais.*

2 *Pour dire que quelque chose va peut-être arriver, on emploie en anglais le modal* **may**.

3 *Pour dire qu'on n'en peut plus, qu'on est épuisé, on emploie l'expression* **be exhausted** /eg'zɔːstɪd/.

prairie

▷ Nous avons cueilli des fleurs dans la prairie.
We picked some flowers in the meadow.

meadow /'medəʊ/

Le **ea** *de* **meadow** *se prononce comme le* **e** *de* **bed**.

pratique

1 ▷ Je peux aller à pied au travail, c'est très pratique.
I can walk to work, it's very convenient.

1 (= commode) : **convenient** /kən'viːnɪənt/
(plus pratique more convenient**, le plus pratique** the most convenient**)**

Suite page suivante

2 ▷ C'est un ustensile de cuisine bien pratique.
It's a very handy kitchen utensil.

2 (= utile, en parlant d'un outil ou d'une machine) **handy** /'hændɪ/ (**plus pratique** handier /'hændɪəʳ/, **le plus pratique** the handiest /'hændɪɪst/)

pratiquement

▷ Azzedine a pratiquement tout mangé.
Azzedine ate practically everything.

(= presque) **practically** /'præktɪklɪ/

pratiquer

▷ Quels sports est-ce que tu pratiques ?
Which sports do you do?

(= pratiquer un sport) **do** /duː/ (did /dɪd/, done /dʌn/)

pré

▷ Nous avons fait un pique-nique dans le pré.
We had a picnic in the meadow.

meadow /'medəʊ/

Le ***ea*** *de* ***meadow*** *se prononce comme le* ***e*** *de* ***bed****.*

préau

▷ Les enfants jouent sous le préau quand il pleut.
The children play in the covered playground when it rains.

covered playground /ˌkʌvəd 'pleɪgraʊnd/

Notez bien : sous le préau = *in the covered playground.*

précaution

1 ▷ Vous devriez prendre des précautions et réserver avant de partir.
You should take precautions and book before leaving.

2 ▷ Thomas a ouvert la porte avec précaution.
Thomas opened the door with caution.

1 (= mesure préventive) **precaution** /prɪ'kɔːʃən/

2 (= prudence) **caution** /'kɔːʃən/

précédent, précédente

▷ L'année précédente nous étions allés en Italie.
The previous year we'd been to Italy.

previous /'priːvɪəs/

précieux, précieuse

▷ C'est un bijou très précieux.
It's a very precious jewel.

precious /'preʃəs/ (**plus précieux** more precious, **le plus précieux** the most precious)

se précipiter

▷ Aurélie s'est précipitée dans la maison.
Aurélie rushed into the house.
▷ Tout le monde s'est précipité sur lui pour lui demander son autographe.
Everybody rushed at him to ask him for his autograph.
▷ Marc s'est précipité vers sa mère.
Marc rushed towards his mother.

rush /rʌʃ/.

Notez les prépositions utilisées en anglais : se précipiter **dans** = *rush* ***into*** ; se précipiter **sur** = *rush* ***at*** ; se précipiter **vers** = *rush* ***towards*** /təˈwɔːdz/.

précis, précise

1 ▷ Je voudrais une réponse précise.
I'd like a precise answer.

2 ▷ Cette balance n'est pas très précise.
These scales aren't very accurate.

3 ▷ Je n'ai pas de raison précise, j'ai juste envie de le faire.
I don't have any particular reason, I just feel like doing it.

1 (= détaillé) **precise** /prɪˈsaɪs/ (**plus précis** more precise, **le plus précis** the most precise)

2 (= fiable) **accurate** /ˈækjʊrɪt/ (**plus précis** more accurate, **le plus précis** the most accurate)

3 (= particulier) **particular** /pəˈtɪkjʊləʳ/

préciser

▷ Céline n'a pas précisé à quelle heure on devait venir.
Céline didn't specify what time we should come.

(= dire clairement) **specify** /ˈspesɪfaɪ/

Le y de ***specify*** *devient* ***ie*** *à la troisième personne du singulier du présent de l'indicatif* (***specifies*** /ˈspesɪfaɪz/), *au prétérit et au participe passé* (***specified*** /ˈspesɪfaɪd/).

Attention ! Le mot ***precise*** *n'est jamais un verbe en anglais !*

prédire

▷ Je ne peux pas prédire l'avenir !
I can't predict the future!
▷ Elle m'a prédit beaucoup de bonheur.
She predicted a lot of happiness for me.

predict /prɪˈdɪkt/

► **prédire** quelque chose **à** quelqu'un **:** **predict** something **for** somebody

préface

▷ Il faut toujours lire la préface d'un dictionnaire.
You should always read the preface of a dictionary.

preface /ˈprefɪs/

préféré, préférée

▷ Qui est ton chanteur préféré ?
Who's your favourite singer?

favourite /ˈfeɪvərɪt/

préférence

▷ Est-ce que tu as une préférence ?
Do you have a preference?
▷ Soyez là de préférence avant huit heures.
Be there preferably before eight o'clock.

preference /ˈprefərəns/
► **de préférence :** preferably /ˈprefərəblɪ/

préférer

▷ Je préfère le théâtre au cinéma.
I prefer theatre to cinema.

prefer /prɪˈfɜːʳ/
ℹ *Prefer prend deux r au gérondif (preferring prɪˈfɜːrɪŋ), au prétérit et au participe passé (preferred prɪˈfɜːd).*

préhistorique

▷ Ils ont découvert le squelette d'un animal préhistorique.
They have found the skeleton of a prehistoric animal.

prehistoric /ˌpriːhɪsˈtɒrɪk/
🔊 *L'accent tonique est sur la troisième syllabe -to-.*

préjugé

▷ Tu dois le traiter sans aucun préjugé.
You must treat him without any prejudice.
▷ Ils ont des préjugés.
They are prejudiced.

prejudice /ˈpredʒʊdɪs/
► **avoir des préjugés :** *be prejudiced* /ˈpredʒʊdɪst/

premier, première

1 ▷ J'ai seulement eu le temps de lire les premières pages.
I only had time to read the first pages.

1 (= qui vient d'abord) **first** /fɜːst/

2 ▷ On est partis les premiers.
We left first.

2 ► **partir le premier :** leave first (left, left)
ℹ *De même,* arriver le premier = *arrive first.*

3 ▷ Les invités sont toujours servis en premier.
Guests are always served first.

3 ► **en premier** (= avant les autres) **:** first

4 ▷ Qu'est-ce que vous faites le premier de l'an ?
What are you doing on New Year's Day?

4 ► **le premier de l'an :** New Year's Day /ˌnjuː jɪəz ˈdeɪ/

prendre

1 ▷ Prends mon stylo, j'en ai un autre.
Take my pen, I've got another one.
▷ Tu prends le train pour aller à Bristol ?
Are you taking the train to Bristol?
▷ Ça nous a pris trois heures.
It took us three hours.

1 La traduction la plus courante de prendre *est take /teɪk/ (took /tʊk/, taken /'teɪkən/), mais attention aux autres traductions présentées plus bas.*

2 ▷ Nous avons pris le thé.
We had tea.

2 (= manger, boire) have /hæv/ (had, had)

3 ▷ Prends une baguette et deux croissants.
Buy a baguette and two croissants.

3 (= acheter) buy /baɪ/ (bought, bought /bɔːt/)

4 ▷ Tu me prends pour un imbécile ?
Do you think I'm an idiot?

4 ► **prendre** + sujet + pour... (= considérer comme...) : think /θɪŋk/ + sujet + be... (thought, thought /θɔːt/)

5 ▷ Il m'a prise pour ma sœur.
He mistook me for my sister.

5 ► **prendre** + sujet + pour... (= se tromper) : mistake /mɪs'teɪk/ somebody for... (mistook /mɪs'tʊk/, mistaken /mɪs'teɪkən/)

6 ▷ Adam se prend pour un grand intellectuel.
Adam thinks he's a great intellectual.
▷ Pour qui elle se prend ?
Who does she think she is?

6 ► **se prendre pour... :** think /θɪŋk/ + sujet + be (thought, thought /θɔːt/)

7. ▷ Je ne sais pas comment m'y prendre.
I don't know how to go about it.

7 ► **s'y prendre** (= faire quelque chose) **:** go about it /ˌgəʊ ə'baʊt ɪt/ (went, gone)

prénom

▷ Quel est ton prénom ?
What's your first name?

first name /fɜːst 'neɪm/ (pluriel : first names)

préoccuper

1 ▷ On dirait que quelque chose te préoccupe.
It looks like something is worrying you.

1 (= inquiéter) worry /'wʌrɪ/

ℹ *Le y de worry devient ie à la troisième personne du singulier du présent de l'indicatif (worries /'wʌrɪz/), au prétérit et au participe passé (worried /'wʌrɪd/).*

2 ▷ Martial ne se préoccupe pas beaucoup de nous.
Martial doesn't think about us very much.

2 ► **se préoccuper de** (= penser à) **:** think about /'θɪŋk əˌbaʊt/ (thought, thought /θɔːt/)

préparer

1 ▷ Je vais préparer le dîner.
I'm going to prepare dinner.

1 prepare /prɪ'pɛəʳ/

Suite page suivante

2 ▷ Prépare-toi vite, on est en retard !
Get ready quick, we're late!

3 ▷ On se préparait à manger quand Raphaël est arrivé.
We were about to eat when Raphaël arrived.

2 ► **se préparer** (= s'habiller, se maquiller, etc.) **:** get ready /get 'redɪ/ (got ready, got ready /gɒt 'redɪ/)

3 ► **se préparer à** + infinitif (= être sur le point de) **:** be about to /ə'baʊt tuː/ + base verbale

près

▷ J'habite tout près.
I live very near.

near /nɪəʳ/
(plus près nearer /'nɪərəʳ/**, le plus près** the nearest /'nɪərɪst/**)**

ℹ *On peut aussi dire* ***close*** /kləʊs/ **(plus près** ***closer*** /'kləʊsəʳ/**, le plus près** ***the closest*** /'kləsɪst/**).**

▷ La station de métro est près de la mairie.
The metro station is near the town hall.

► **près de :** near /nɪəʳ/

ℹ *On peut aussi dire close to.*

présent, présente

1 ▷ Le passé, le présent et le futur.
The past, the present and the future.

2 ▷ Tout le monde était présent.
Everybody was present.

3 ▷ On peut partir à présent.
We can go now.

1 ► **le présent :** the present /'preznt/

2 ► **être présent :** be present

3 ► **à présent :** now /naʊ/

présentateur, présentatrice

1 ▷ Le présentateur a remercié la chanteuse.
The host thanked the singer.

2 ▷ Le présentateur a fait un résumé des nouvelles.
The newscaster summed up the news.

1 (dans un jeu ou une émission de variétés) host /həʊst/

2 (aux informations) newscaster /'njuːzkɑːstəʳ/

présentation

1 ▷ J'ai trouvé ta présentation très intéressante.
I found your presentation very interesting.

2 ▷ Bon, je vais faire les présentations.
OK, I'm going to make the introductions.

1 (= exposé, manière de présenter) presentation /ˌprezən'teɪʃən/

2 ► **faire les présentations :** make the introductions /ˌɪntrə'dʌkʃənz/ (made, made)

présenter

1 ▷ Je lui ai présenté Sandrine.
I introduced Sandrine to him.

1 ► **présenter** quelqu'un **à** quelqu'un (= annoncer son nom) **:** introduce /ˌɪntrə'djuːs/ somebody to somebody

▷ Je vous présente ma sœur, Amélie.
This is my sister, Amélie.
▷ Je vous présente mes parents.
These are my parents.

Pour présenter quelqu'un en anglais, on dit ***this is...*** *ou* ***these are...*** *selon qu'il s'agit d'une ou plusieurs personnes.*

2 ▷ Tu dois présenter ton passeport à la douane.
You must show your passport at customs.

2 (= montrer) show /ʃəʊ/ (showed /ʃəʊd/, shown /ʃəʊn/)

3 ▷ Je n'aime pas le journaliste qui présente les informations.
I don't like the journalist who reads the news.

3 (à la télé, à la radio, en parlant des informations) read /riːd/ (read, read /red/)

4 ▷ Loïc est entré et s'est présenté.
Loïc came in and introduced himself.
▷ Je vous laisse vous présenter.
I'll let you introduce yourself.
▷ Je me présente : je m'appelle Steve.
Let me introduce myself: my name is Steve.

4 ► **se présenter** (= annoncer son nom) **:** introduce /ˌɪntrəˈdjuːs/ oneself

Le pronom personnel réfléchi fonctionne de la façon suivante en anglais : I introduce ***myself,*** *you introduce* ***yourself,*** *he introduces* ***himself,*** *she introduces* ***herself,*** *we introduce* ***ourselves,*** *you introduce* ***yourselves,*** *they introduce* ***themselves.***

5 ▷ Le frère de Mourad se présente au bac en juin.
Mourad's brother is taking the baccalauréat in June.
▷ Tu vas te présenter au concours ?
Are you going to enter the competition?

5 ► **se présenter à** (un examen) **:** take /teɪk/ (took /tʊk/, taken /ˈteɪkən/)
► **se présenter à** (un concours) **:** enter /ˈentəʳ/

préservatif

▷ Il faut prendre ses précautions et utiliser un préservatif.
You must take precautions and use a condom.

condom /ˈkɒndəm/

président, présidente

▷ Le président de la République a fait un discours.
The President of the Republic made a speech.

president /ˈprezɪdənt/
► **le président de la République :** the President of the Republic

presque

1 ▷ J'ai presque fini.
I've almost finished.

1 (= pas tout à fait) almost /ˈɔːlməʊst/

On peut aussi dire ***nearly*** /ˈnɪəlɪ/.

2 ▷ Marine n'a presque pas dormi.
Marine hardly slept.
▷ Il ne reste presque pas de pain.
There's hardly any bread left.
▷ Je ne les vois presque plus.
I hardly see them any more.

2 ► **presque pas :** hardly /ˈhɑːdlɪ/

presse

▷ La presse a critiqué la décision.
The press has criticized the decision.

(= journaux) press /pres/

pressé, pressée

1 ▷ Tu es pressé ? Tu ne peux pas rester ?
Are you in a hurry? Can't you stay?

▷ Leïla est pressée de rentrer chez elle.
Leïla is in a hurry to go home.

2 ▷ Est-ce que tu peux m'aider ? – C'est pressé ?
Can you help me? – Is it urgent?

3 ▷ Un citron pressé, s'il vous plaît.
A lemon juice, please.

1 ► **être pressé :** be in a hurry /ɪn ə 'hʌrɪ/

► **être pressé de** + infinitif : be in a hurry to + base verbale

2 (= urgent) urgent /'ɜːdʒənt/ (**plus pressé** more urgent, **le plus pressé** the most urgent)

3 ► **un citron pressé :** a lemon juice /'lemən dʒuːs/

presser

1 ▷ Je presse deux oranges tous les matins.
I squeeze two oranges every morning.

2 ▷ Ce n'est pas la peine de se presser, le film commence à neuf heures.
There's no point hurrying, the film starts at nine.

1 (= presser des fruits, une éponge) squeeze /skwiːz/

2 ► **se presser :** hurry /'hʌrɪ/

i *Le y de **hurry** devient **ie** à la troisième personne du singulier du présent de l'indicatif (**hurries** 'hʌrɪz), au prétérit et au participe passé (**hurried** 'hʌrɪd).*

pressing

▷ J'ai apporté ma veste au pressing.
I took my jacket to the dry-cleaner's.

(= magasin) dry cleaner's /draɪ'kliːnəz/

pression

▷ Deux pressions, s'il vous plaît.
Two draught beers, please.

(= bière à la pression) draught beer /drɑːft bɪər/ (pluriel : draught beers)

*En anglais américain on écrit **draft beer.***

prêt, prête

▷ Tu es prêt ? C'est l'heure de partir.
Are you ready? It's time to leave.

ready /'redɪ/

__Ready__ rime avec __teddy__.

prêt

▷ Ils ont demandé un prêt.
They asked for a loan.

(= chose ou somme prêtée) loan /ləʊn/

prétentieux, prétentieuse

▷ Sonia est vraiment prétentieuse.
Sonia is really pretentious.

pretentious /prɪ'tenʃəs/
(plus prétentieux more pretentious, **le plus prétentieux** the most pretentious**)**

prêter

▷ Tu peux me prêter dix euros ?
Can you lend me ten euros?

► **prêter** quelque chose **à** quelqu'un **:** lend /lend/ somebody something (lent, lent /lent/)

prétexte

▷ Il n'est pas vraiment malade, c'est seulement un prétexte.
He's not really ill, it's just a pretext.
▷ Charlotte est sortie sous prétexte de promener le chien.
Charlotte went out on the pretext of walking the dog.

pretext /'priːtekst/

ℹ *On peut aussi dire* ***excuse*** /eks'kjuːs/.

► **sous prétexte de** + infinitif : on the pretext of + -ing

prêtre

▷ Je connais bien le prêtre.
I know the priest well.
▷ Xavier voudrait être prêtre.
Xavier would like to be a priest.

priest /priːst/

ℹ *N'oubliez pas l'article* ***a*** *ou* ***an*** *devant le nom du métier lorsqu'il suit les verbes* ***be*** *ou* ***become****.*

preuve

▷ Tu dis ça, mais tu n'as pas de preuves.
You say this, but you don't have any proof.
▷ Donne-moi des preuves.
Give me some proof.

proof /pruːf/

ℹ *Au sens de* preuve, ***proof*** *est un nom indénombrable : il ne se met pas au pluriel et ne s'emploie pas avec l'article indéfini* ***a****. On dit par exemple* ***the proof is insufficient*** (les preuves sont insuffisantes) *et* ***I need proof*** (j'ai besoin d'une preuve).

prévenir

1 ▷ Heureusement, Michaël nous a prévenus qu'il y avait une grève.
Fortunately, Michaël warned us that there was a strike.

2 ▷ Personne ne nous a prévenus que la réunion était annulée.
Nobody informed us that the meeting was cancelled.

1 (= avertir) **warn** /wɔːn/

2 (= informer) **inform** /ɪn'fɔːm/

Suite page suivante

3 ▷ Va prévenir le médecin, vite !
Go and call the doctor, quick!

3 (= appeler le médecin ou la police) **call** /kɔːl/

prévisions météo

▷ Quelles sont les prévisions météo pour demain ?
What is the weather forecast for tomorrow?

weather forecast /weðəʳ 'fɔːʳkɑːst/

ℹ *Weather forecast est un nom singulier. On dit par exemple the weather forecast is bad for tomorrow* (les prévisions météo sont mauvaises pour demain).

prévoir

1 ▷ Personne n'a prévu ce problème.
Nobody has foreseen this problem.

1 (= prédire) **foresee** /fɔː'siː/ (foresaw /fɔː'sɔː/, foreseen /fɔː'siːn/)

2 ▷ Un orage est prévu pour ce soir.
A thunderstorm is forecast for tonight.

2 (en parlant de la météo) **forecast** /'fɔːkɑːst/ (forecast, forecast)

3 ▷ Qu'est-ce que vous avez prévu pour ce week-end ?
What have you planned for this weekend?
▷ Caro est arrivée plus tôt que prévu.
Caro arrived earlier than planned.
▷ Tout s'est passé comme prévu.
Everything went as planned.
▷ On avait prévu de pique-niquer, mais il s'est mis à pleuvoir.
We had planned to have a picnic, but it started raining.

3 (= projeter) **plan** /plæn/

ℹ *Il y a deux n à la troisième personne du singulier du présent de l'indicatif (planning /plænɪŋ/), au prétérit et au participe passé (planned /plænd/).*

► **comme prévu :** as planned /æz 'plænd/

► **prévoir de** + infinitif **:** plan to + base verbale

4 ▷ Prévoyez cinquante euros par jour.
Allow fifty euros a day.

4 (= préparer) **allow** /ə'laʊ/

prier

1 ▷ Isabelle prie tous les soirs avant de se coucher.
Isabelle prays every night before going to bed.

1 (= faire une prière) **pray** /preɪ/

2 ▷ Merci. – Je t'en prie.
Thank you. – You're welcome.

2 ► **je t'en prie** *ou* **je vous en prie :** you're welcome /jʊə 'welkəm/

prière

▷ Je ne sais pas cette prière en anglais.
I don't know this prayer in English.
▷ Alice fait sa prière tous les soirs.
Alice says her prayers every night.

prayer /prɛəʳ/

► **faire sa prière :** say one's prayers (said, said)

*L'adjectif possessif fonctionne de la façon suivante en anglais : I say **my** prayers, you say **your** prayers, he says **his** prayers, she says **her** prayers, we say **our** prayers, they say **their** prayers.*

primaire

▻ C'est plus difficile au collège qu'à l'école primaire.
It's more difficult at secondary school than at primary school.

▻ Elle enseigne dans le primaire.
She teaches at primary school.

► **l'école primaire, le primaire :** primary school /'praɪmərɪ ˌskuːl/

► **dans le primaire :** at primary school

principal, principale

1 ▻ Le foot est leur activité principale.
Football is their main activity.

1 (= le plus important) main /meɪn/

2 ▻ Le principal, c'est que tu ne sois pas blessé.
The most important thing is that you're not hurt.

2 ► **le principal** (= l'essentiel) **:** the most important /ɪm'pɔːtənt/ thing

3 ▻ Le principal a convoqué Anouar dans son bureau.
The headmaster summoned Anouar into his office.

▻ Comment s'appelle la principale ?
What's the headmistress' name?

3 ► **un principal** (= un directeur d'école) **:** a headmaster /hed'mɑstəʳ/

► **une principale** (= une directrice d'école) **:** a headmistress /hed'mɪstrɪs/ (pluriel : headmistresses)

principalement

▻ Je fais principalement de la natation.
I mainly go swimming.

mainly /'meɪnlɪ/

principe

1 ▻ C'est une fille qui a des principes.
She's a girl who has got principles.

1 (= règle, loi) principle /'prɪnsəpl/

2 ▻ En principe, je devrais venir avec Luc.
In principle, I should come with Luc.

2 ► **en principe** (= théoriquement) **:** in principle

3 ▻ En principe, je me couche à neuf heures.
Usually, I go to bed at nine o'clock.

3 ► **en principe** (= normalement) **:** usually /'juːʒʊəlɪ/

printemps

▻ Le printemps est ma saison préférée.
Spring is my favourite season.

spring /sprɪŋ/

Suite page suivante

▷ Je n'ai que quelques jours de vacances au printemps.
I only have a few days holiday in the spring.

► **au printemps :** in spring *ou* in the spring

priorité

1 ▷ Il donne la priorité aux problèmes des jeunes.
He gives priority to the problems of young people.

2 ▷ Qui a la priorité aux ronds-points ?
Who has right of way at roundabouts?

1 (= ce qui est important) priority /praɪˈɒrɪtɪ/

2 (sur la route) right of way /ˌraɪt əv ˈweɪ/

pris, prise

1 ▷ Est-ce que ce siège est pris ?
Is this seat taken?

2 ▷ Lundi je ne peux pas, je suis pris.
I can't on Monday, I'm busy.

1 (= occupé par quelqu'un d'autre) taken /ˈteɪkən/

2 (= qui a beaucoup à faire) busy /ˈbɪzɪ/ (**plus pris** busier /ˈbɪzɪəʳ/, **le plus pris** the busiest /ˈbɪzɪɪst/)

ℹ *Regardez aussi le mot* ***prendre.***

prise

1 ▷ Ne joue pas avec la prise, c'est dangereux !
Don't play with the plug, it's dangerous!

2 ▷ Branche l'aspirateur sur cette prise.
Plug the vacuum cleaner into this socket.

3 ▷ Le médecin m'a fait une prise de sang.
The doctor took a blood sample from me.

1 (au bout d'un fil électrique) plug /plʌg/

2 (au mur) socket /ˈsɒkɪt/

ℹ *Notez la préposition utilisée en anglais :* brancher quelque chose sur une prise = *plug something* ***into*** *a socket.*

3 ► **faire une prise de sang à quelqu'un :** take a blood sample /ˈblʌd ˌsɑːmpl/ from somebody (took, taken)

prison

▷ Émile habite près de la prison.
Émile lives near the prison.

▷ Le frère de Carmen est en prison.
Carmen's brother is in prison.

prison /ˈprɪzn/

ℹ *On peut aussi dire* ***jail*** /dʒeɪl/*, mais c'est moins courant que* ***prison*** *en anglais.*

► **être en prison :** be in prison

prisonnier, prisonnière

▷ Deux prisonniers se sont évadés.
Two prisoners escaped.

prisoner /ˈprɪznəʳ/

🔊 *Attention : le mot anglais n'a qu'un seul* ***n.***

privé, privée

▷ Nous avions une chambre avec salle de bains privée.
We had a room with a private bathroom.

private /'praɪvɪt/

priver

▷ Les médecins m'ont privé de sucreries.
The doctors didn't allow me any sweets.

▷ Les parents de Marc l'ont privé de sorties.
Marc's parents didn't allow him to go out.

Pour dire qu'on interdit quelque chose à quelqu'un, on emploie en anglais une phrase négative avec **allow** /ə'laʊ/.

prix

1 ▷ Les prix sont bas ici.
Prices are low here.

2 ▷ Romain a gagné le premier prix.
Romain won the first prize.

3 ▷ Annelise veut à tout prix être hôtesse de l'air.
Annelise wants to be an air hostess at all costs.

4 ▷ Cette robe est hors de prix !
This dress is outrageously expensive!

1 (= coût) **price** /praɪs/

2 (= lot ou récompense) **prize** /praɪz/

3 ► **à tout prix :** at all costs /æt 'ɔːl kɒsts/

4 ► **hors de prix :** outrageously expensive /aʊt'reɪdʒəslɪ ek'spensɪv/

probable

▷ Tu crois qu'il sera là ? – C'est probable.
Do you think that he'll be there? – Probably.

probable /'prɒbəbl/
► **c'est probable :** probably /'prɒbəblɪ/

probablement

▷ Ils sont probablement partis.
They've probably left.

probably /'prɒbəblɪ/

problème

▷ Mylène a eu beaucoup de problèmes.
Mylène had a lot of problems.

▷ Tu peux m'aider ? – Pas de problème !
Can you help me? – No problem!

problem /'prɒbləm/

► **pas de problème ! :** no problem!

procès

▷ Le procès a duré plusieurs semaines.
The trial lasted several weeks.

▷ Monsieur Lenoir a gagné son procès.
Mr Lenoir won his case.

▷ Je pense qu'il va perdre son procès.
I think he will lose his case.

(au tribunal) **trial** /'traɪəl/

Le i de **trial** *se prononce comme le i de* **like**.

► **gagner son procès :** win /wɪn/ one's case /keɪs/ (won, won /wʌn/)

► **perdre son procès :** lose /luːz/ one's case (lost, lost /lɒst/)

Suite page suivante

▷ Ils ont fait un procès à leurs voisins.
They took their neighbours to court.

► **faire un procès à** quelqu'un : take /teɪk/ somebody to court /kɔːt/ (took /tʊk/, taken /'teɪkən/)

prochain, prochaine

1 ▷ On descend à la prochaine station.
We're getting off at the next station.
▷ Nous avons une autre réunion la semaine prochaine.
We have another meeting next week.

2 ▷ Bon, je m'en vais. À la prochaine !
Right, I'm going. See you!

1 next /nekst/

2 ► **à la prochaine ! :** see you! /'siː juː/

proche

▷ Anne et Valérie sont très proches.
Anne and Valérie are very close.

close /kləʊs/
(**plus proche** closer /'kləʊsəʳ/, **le plus proche** the closest /'kləʊsɪst/)

Le s de l'adjectif close se prononce comme le s de sea.

Proche-Orient

▷ As-tu vu l'émission sur le Proche-Orient ?
Did you see the programme on the Near East?
▷ Alexis travaille au Proche-Orient comme journaliste.
Alexis works in the Near East as a journalist.
▷ Je prévois de faire un grand voyage au Proche-Orient l'été prochain.
I'm planning to go on a trip to the Near East next summer.

► **le Proche-Orient :** the Near East /nɪər 'iːst/
► **au Proche-Orient** (= dans la région) **:** in the Near East
► **au Proche-Orient** (= vers la région) **:** to the Near East

procurer

▷ Je peux vous procurer des billets si vous voulez.
I can get tickets for you if you want.
▷ Où est-ce que tu t'es procuré ça ?
Where did you get this?

► **procurer** quelque chose **à** quelqu'un **:** get /get/ something for somebody (got, got /gɒt/)
► **se procurer** quelque chose **:** get something (got, got)

produire

▷ Cette région produit du vin.
This region produces wine.

produce /prə'djuːs/

produit

1 ▷ Certains produits sont plus chers ici.
Some products are more expensive here.

1 product /'prɒdʌkt/

2 ▷ Elles utilisent beaucoup de produits de beauté.
They use a lot of cosmetics.

3 ▷ C'est un produit d'entretien efficace.
It's an efficient cleaning product.

2 ► **produit de beauté :** cosmetic /kɒz'metɪk/

3 ► **produit d'entretien :** cleaning product /'kliːnɪŋ ˌprɒdʌkt/ (pluriel : cleaning products)

prof

1 ▷ J'aime bien le prof de salsa.
I like the salsa teacher.

2 ▷ Flo est prof à la fac.
Flo is a lecturer at university.

1 teacher /'tiːtʃəʳ/

2 (à l'université) lecturer /'lektʃərəʳ/

ℹ *N'oubliez pas l'article* ***a*** *ou* ***an*** *devant le nom du métier lorsqu'il suit les verbes* ***be*** *ou* ***become****.*

professeur

1 ▷ Les professeurs sont en grève.
Teachers are on strike.

▷ Camille aimerait être professeur.
Camille would like to be a teacher.

2 ▷ La sœur de Lambert est professeur de fac.
Lambert's sister is a university lecturer.

1 teacher /'tiːtʃəʳ/

ℹ *N'oubliez pas l'article* ***a*** *ou* ***an*** *devant le nom du métier lorsqu'il suit le verbe* ***be*** *ou* ***become****.*

2 (à l'université) lecturer /'lektʃərəʳ/

profession

▷ Quelle est votre profession ?
What is your occupation?

occupation /ˌɒkjʊ'peɪʃən/

professionnel, professionnelle

▷ Les footballeurs professionnels gagnent beaucoup d'argent.
Professional footballers earn a lot of money.

▷ On a besoin d'un professionnel pour réparer ça.
We need a professional to repair this.

professional /prə'feʃənl/

ℹ *Attention à l'orthographe.*

► **un professionnel, une professionnelle :** a professional

profil

▷ Lise a un joli profil.
Lise has a nice profile.

▷ Je te voyais de profil.
I could see you in profile.

profile /'prəʊfaɪl/

► **de profil :** in profile

profiter de

1 ▷ On a bien profité des vacances.
We made the most of the holidays.
▷ Profites-en !
Make the most of it!

2 ▷ J'ai profité de l'occasion pour lui parler.
I took advantage of the opportunity to talk to him.
▷ Ils ont profité de ma gentillesse.
They took advantage of my kindness.

1 (= tirer le meilleur parti de) make the most /məʊst/ of (made, made)

2 (= utiliser) take advantage /əd'vɑːntɪdʒ/ of (took, taken)

Advantage rime avec bridge.

profond, profonde

▷ L'eau est trop profonde, c'est dangereux.
The water is too deep, it's dangerous.
▷ Le puits est profond de dix mètres.
The well is ten metres deep.

deep /diːp/
(**plus profond** deeper /'diːpəʳ/, **le plus profond** the deepest /'diːpɪst/)

Notez comment on emploie le mot deep pour donner la profondeur de quelque chose.

profondeur

▷ La profondeur du lac varie.
The depth of the lake varies.
▷ Quelle est la profondeur de l'étang ?
How deep is the pond?
▷ L'eau a deux mètres de profondeur ici.
The water is two metres deep here.

depth /depθ/

Pour demander **la profondeur de quelque chose**, *on utilise l'expression how deep...?* /haʊ 'diːp/.

Notez comment on emploie le mot deep pour donner la profondeur de quelque chose.

programme

1 ▷ Je veux acheter le programme du concert.
I want to buy the concert programme.
▷ Ce programme te permet de faire du dessin avec ton ordinateur.
This programme enables you to draw with your computer.

2 ▷ Quelqu'un a vu le programme de télé ?
Has anybody seen the TV guide?

3 ▷ Le programme de français est dur cette année.
The French syllabus is hard this year.
▷ Est-ce que Molière est au programme ?
Is Molière on the syllabus?

1 (= spectacles, activités programmées, programme d'ordinateur) programme /'prəʊgræm/

2 (= brochure de télévision ou de radio) guide /gaɪd/

Guide rime avec side.

3 (= choses à étudier dans une matière) syllabus /'sɪləbəs/

Notez la préposition en anglais : **au programme** = *on the syllabus.*

programmer

1 ▻ J'apprends à programmer dans mon cours d'informatique.
I'm learning to programme on my computer course.

2 ▻ Tu as pensé à programmer le magnétoscope ?
Did you remember to set the video?

1 (= avec un ordinateur) **programme** /'prəʊgræm/

2 (= régler un magnétoscope) **set** /set/ (set, set)

progrès

▻ Bob a fait des progrès en anglais.
Bob has made progress in English.

▻ C'est un progrès par rapport à la dernière fois.
It's better than last time.

progress /'prəʊgres/

► **faire des progrès :** make progress (made, made)

► **c'est un progrès :** it's better /'betəʳ/

ℹ *Le mot* ***progress*** *est indénombrable : il ne se met pas au pluriel et ne prend pas d'article indéfini. On dit par exemple* ***the progress that we made*** (les progrès que nous avons faits).

progresser

▻ J'ai l'impression de ne pas progresser en anglais.
I have the impression that I'm not making progress in English.

make progress /'prəʊgres/ (made, made)

projecteur

1 ▻ J'ai besoin d'un projecteur pour te montrer mes diapositives.
I need a projector to show you my slides.

2 ▻ Les projecteurs se sont éteints et les spectateurs sont partis.
The spotlights went out and the spectators left.

1 (= appareil pour montrer des diapos ou des films) **projector** /prə'dʒektəʳ/

2 (= lumière) **spotlight** /'spɒtlaɪt/

projet

▻ Vous avez des projets pour les vacances ?
Do you have plans for the holidays?

▻ Olivia est toujours en train de faire des projets.
Olivia is always making plans.

(= intention) **plan** /plæn/

► **faire des projets :** make plans (made, made)

prolonger

▻ On aurait aimé prolonger nos vacances.
We would have liked to extend our holidays.

extend /ek'stend/

promenade

1 ▷ On a fait une promenade au bord de la rivière.
We went for a walk by the river.

1 ► **faire une promenade** (à pied) **:** go for a walk /wɔːk/ (went, gone / been)

2 ▷ Tu veux faire une promenade en voiture ?
Do you want to go for a drive?

2 ► **faire une promenade en voiture :** go for a drive /draɪv/ (went, gone / been)

3 ▷ Je fais une promenade à vélo ce matin.
I'm going for a bike ride this morning.

3 ► **faire une promenade à vélo :** go for a bike ride /'baɪk raɪd/ (went, gone / been)

promener

1 ▷ Je promène souvent ma petite sœur.
I often take my little sister for a walk.

1 ► **promener** quelqu'un **:** take somebody for a walk /wɔːk/ (took, taken)

2 ▷ Qui va promener le chien ?
Who's going to walk the dog?

2 ► **promener le chien :** walk the dog

3 ▷ On pourrait se promener dans la campagne.
We could go for a walk in the countryside.

3 ► **se promener** (à pied) **:** go for a walk (went, gone / been)

*Notez la prononciation de **walk** : le **l** ne se prononce pas, et **walk** rime avec **fork**.*

4 ▷ Ils se promènent en voiture tous les dimanches.
They go for a drive every Sunday.

4 ► **se promener en voiture :** go for a drive /draɪv/ (went, gone / been)

5 ▷ Sylvaine est partie se promener à vélo.
Sylvaine went for a bike ride.

5 ► **se promener à vélo :** go for a bike ride /'baɪk ˌraɪd/ (went, gone / been)

promesse

▷ Tu fais des promesses mais tu ne les tiens jamais !
You make promises but you never keep them!

promise /'prɒmɪs/

*Le **i** se prononce comme le **i** de **big**, et le **s** comme le **s** de **sea**.*

promettre

▷ Nathan a promis de nous aider.
Nathan promised to help us.
▷ Je te promets de faire un effort.
I promise to make an effort.

promise /'prɒmɪs/

*Le **i** se prononce comme le **i** de **big**, et le **s** comme le **s** de **sea**.*

prononcer

▷ Je n'arrive pas à prononcer ce mot.
I can't pronounce this word.

▷ Comment ça se prononce ?
How is it pronounced?

pronounce /prə'naʊns/

► **se prononcer** (= être prononcé) **:** be pronounced /prə'naʊnst/

ℹ *Attention à l'orthographe du mot anglais* ***pronounce****.*

prononciation

▷ La prononciation anglaise est assez difficile.
English pronunciation is quite difficult.

pronunciation /prəˌnʌnsɪ'eɪʃən/
ℹ *Attention à l'orthographe du mot anglais* ***pronunciation****.*

propos

1 ▷ À propos, qu'est-ce qu'il devient ?
By the way, how is he?

2 ▷ Je voulais te voir à propos des vacances.
I wanted to see you about the holidays.

1 ► **à propos** (= au fait) **:** by the way /baɪ ðə weɪ/

2 ► **à propos de** (= au sujet de) **:** about /əbaʊt/

proposer

1 ▷ Qu'est-ce que tu proposes ?
What do you suggest?

2 ▷ Samia m'a proposé son stylo parce que le mien ne marchait pas.
Samia offered me her pen because mine wasn't working.

1 (= suggérer) **suggest** /sə'dʒest/

2 (= offrir) **offer** /'ɒfəʳ/

proposition

1 ▷ J'ai une proposition à faire.
I have a suggestion to make.

2 ▷ C'est une proposition intéressante, tu ne peux pas la refuser.
It's an interesting offer, you can't refuse it.

1 (= suggestion) **suggestion** /sə'dʒestʃən/

2 (= offre) **offer** /'ɒfəʳ/

propre

1 ▷ Vérifie que la table est propre.
Check that the table is clean.

2 ▷ Vous devez apporter votre propre repas.
You must bring your own meal.

3 ▷ Au sens propre, ça veut dire...
In the literal sense, it means...

1 (= pas sale) **clean** /kliːn/
(plus propre cleaner /'kliːnəʳ/**, le plus propre** the cleanest /'kliːnɪst/**)**

2 (= à soi) **own** /əʊn/

3 ► **au sens propre :** in the literal sense /ɪn ðə 'lɪtərəl sens/

propriétaire

▷ Où est le propriétaire de ce chien ?
Where's the owner of this dog?

owner /'əʊnəʳ/

prospectus

▷ Il y a toujours plein de prospectus dans ma boîte aux lettres.
There are always lots of leaflets in my letter box.

leaflet /'liːflət/

protéger

▷ Karim protège toujours sa petite sœur.
Karim always protects his little sister.

protect /prəˈtekt/
L'accent tonique est sur la deuxième syllabe -tect.

protester

▷ Ne proteste pas, fais-le !
Don't protest, do it!

protest /prəˈtest/
L'accent tonique est sur la deuxième syllabe -test.

prouver

▷ Tu dois prouver ce que tu dis.
You must prove what you say.

prove /pruːv/
Le o de prove se prononce comme le oo de soon.

proverbe

▷ C'est un vieux proverbe anglais.
It's an old English proverb.

proverb /ˈprɒvɜːb/

province

▷ Il y a des différences entre Paris et la province.
There are differences between Paris and the provinces.
▷ Les parents de Georgina veulent aller vivre en province.
Georgina's parents want to go and live in the provinces.

► **la province** (= régions hors de Paris) the provinces /ˈprɒvɪnsɪz/
► **en province :** in the provinces

proviseur

▷ Le proviseur est venu dans notre classe.
The headmaster came into our classroom.

ℹ *On dit* headmaster /hedˈmɑːstəʳ/ *si le proviseur est un homme, et* headmistress /hedˈmɪstrɪs/ *si c'est une femme.*

provision

1 ▷ Bérénice a une provision de bonbons dans son tiroir.
Bérénice has a supply of sweets in her drawer.
2 ▷ Nous avons fait nos provisions au supermarché.
We went shopping at the supermarket.

1 (= stock) **supply** /səˈplaɪ/ (pluriel : supplies /səˈplaɪz/)

2 ► **faire ses provisions** (= acheter de la nourriture) : go shopping /ˈʃɒpɪŋ/ (went, gone / been)

provisoire

▷ Tu dormiras sur le canapé, mais c'est provisoire.
You'll sleep on the sofa, but it's temporary.

temporary /ˈtempərərɪ/

provoquer

1 ▷ La tempête a provoqué des accidents.
The storm caused some accidents.

2 ▷ C'est Benjamin qui m'a provoqué !
It was Benjamin who provoked me!

1 (= causer) **cause** /kɔːz/

Le ***au*** *de* ***cause*** *se prononce comme le mot anglais* ***or****.*

2 (= inciter) **provoke** /prə'vəʊk/

prudemment

▷ Léna a traversé la route très prudemment.
Léna crossed the road very cautiously.
▷ Conduisez prudemment.
Drive carefully.

La traduction la plus courante de **prudemment** *est* ***cautiously*** /'kɔːʃəslɪ/, *mais avec le verbe* ***drive*** *on emploie* ***carefully*** /'kɛəfəlɪ/.

prudent, prudente

▷ Sois prudent, regarde avant de traverser.
Be careful, look before you cross.

careful /'kɛəfʊl/
(plus prudent more careful**, le plus prudent** the most careful**)**

prune

▷ J'ai fait de la confiture avec les prunes du jardin.
I made jam with plums from the garden.

plum /plʌm/

Attention ! Le mot anglais ***prune*** *existe, mais il signifie* **pruneau.**

pruneau

▷ Il y a des pruneaux dans ce gâteau.
There are prunes in this cake.

prune /pruːn/

Attention ! Le mot anglais ***prune*** *ne signifie pas* **prune.**

psychanalyste

▷ Je lui ai conseillé d'aller voir un psychanalyste.
I advised him to go and see a psychoanalyst.
▷ Son frère est psychanalyste.
Her brother is a psychoanalyst.

psychoanalyst /ˌsaɪkəʊ'ænəlɪst/

Le ***psy*** *de* ***psychoanalyst*** *se prononce comme le* ***si*** *de* ***side*** *(le* ***p*** *ne se prononce pas).*

N'oubliez pas l'article ***a*** *ou* ***an*** *devant le nom du métier lorsqu'il suit les verbes* ***be*** *ou* ***become****.*

psychiatre

▷ Martin a été chez le psychiatre pendant plusieurs années.
Martin saw a psychiatrist for several years.

psychiatrist /saɪ'kaɪatrɪst/

Le ***psy*** *de* ***psychiatrist*** *se prononce comme le* ***si*** *de* ***side*** *(le* ***p*** *ne se prononce pas).*

Suite page suivante

▷ Yves est psychiatre à l'hôpital St Paul.
Yves is a psychiatrist at the St Paul hospital.

ℹ *N'oubliez pas l'article **a** ou **an** devant le nom du métier lorsqu'il suit les verbes **be** ou **become**.*

psychologique

▷ C'est une réaction psychologique courante.
It's a common psychological reaction.

psychological /saɪkə'lɒdʒɪkəl/

🔊 *Le **psy** de **psychological** se prononce comme le **si** de **side** (le **p** ne se prononce pas).*

psychologue

▷ Tu devrais aller voir un psychologue.
You should go and see a psychologist.
▷ Charlotte est psychologue pour enfants.
Charlotte is a child psychologist.

psychologist /saɪ'kɒlədʒɪst/

🔊 *Le **psy** de **psychologist** se prononce comme le **si** de **side** (le **p** ne se prononce pas).*

ℹ *N'oubliez pas l'article **a** ou **an** devant le nom du métier lorsqu'il suit les verbes **be** ou **become**.*

pub

1 ▷ Le père de Gwendoline travaille dans la pub.
Gwendoline's father works in advertising.
▷ Ils font beaucoup de pub pour ce spectacle à la radio.
They're advertising this show a lot on the radio.
2 ▷ La musique dans cette pub est super.
The music in this ad is great.

1 ► **la pub** (= l'activité de la publicité) advertising /'ædvətaɪzɪŋ/
► **faire de la pub pour** quelque chose : advertise /'ædvətaɪz/ something

2 ► **une pub** (= une annonce) an ad /æd/

*Attention ! En anglais, **a pub** est un endroit où on prend un verre !*

public, publique

1 ▷ Il est interdit de fumer dans les endroits publics.
Smoking isn't allowed in public places.
2 ▷ La plupart des gens vont dans une école publique.
Most people go to a state school.

1 (= qui appartient à tous) public /'pʌblɪk/

2 (= géré par l'État, en parlant d'une école) state /steɪt/

*Attention à ne pas dire **public school** dans ce contexte, car c'est un faux ami : au Royaume-Uni, les **public schools** sont des écoles privées !*

3 ▻ Le public a applaudi.
The audience clapped.

3 ► **le public** (= les spectateurs) the audience /'ɔːdɪəns/

publicité

1 ▻ Le père de Gwendoline travaille dans la publicité.
Gwendoline's father works in advertising.

▻ Ils font beaucoup de publicité pour ce spectacle à la radio.
They're advertising this show a lot on the radio.

2 ▻ La musique dans cette publicité est super.
The music in this ad is great.

1 ► **la publicité** (= l'activité, le métier) advertising /'ædvətaɪzɪŋ/
► **faire de la publicité pour** quelque chose **:** advertise /'ædvətaɪz/ something

2 (= annonce) ad /æd/

puce

1 ▻ Le chien a des puces.
The dog has got fleas.

2 ▻ Cette carte fonctionne avec une puce.
This card works with a chip.

1 (= insecte) flea /fliː/

2 (= puce électronique) chip /tʃɪp/

puer

▻ Ce fromage pue !
This cheese stinks!

▻ Ça pue l'ail.
It stinks of garlic.

stink /stɪŋk/
(stank /stæŋk/, stunk /stʌŋk/)
► **puer** quelque chose **:** stink of something

puis

▻ Vous tournez à gauche, puis à droite.
You turn left, then right.

then /ðen/

puisque

▻ Puisque tu n'es pas pressé, tu pourrais faire la vaisselle.
Since you're not in a hurry, you could do the dishes.

since /sɪns/

ℹ *Since signifie aussi* **depuis.**

puissant, puissante

▻ Cette moto a un moteur très puissant.
This motorbike has a very powerful engine.

powerful /'paʊəfʊl/
(**plus puissant** more powerful, **le plus puissant** the most powerful)

puits

▻ Le puits est très profond.
The well is very deep.

well /wel/

pull

▷ J'ai froid, tu peux me prêter ton pull ?
I'm cold, can you lend me your pullover?

pullover /'pʊləʊvəʳ/

En anglais britannique on dit aussi ***jumper*** /'dʒʌmpər/ *et en anglais américain* ***sweater*** /'swetəʳ/.

punaise

▷ J'ai accroché le poster avec quatre punaises.
I put the poster up with four drawing pins.

(= clou) **drawing pin** /'drɔːɪŋ pɪn/
(pluriel : drawing pins)

punir

▷ J'ai puni Guénolé.
I punished Guénolé.

punish /'pʌnɪʃ/

Le ***u*** *est celui de* ***duck***.

punition

▷ Son prof lui a donné une punition.
His teacher gave him a punishment.

punishment /'pʌnɪʃmənt/

Le ***u*** *est celui de* ***duck***.

pur, pure

▷ L'air est très pur ici.
The air is very pure here.

pure /pjʊəʳ/
(plus pur purer /'pjʊərəʳ/, le plus pur the purest /'pjʊərɪst/)

purée

1 ▷ Je vais mettre de la purée de tomates dans la sauce.
I'm going to put some tomato purée in the sauce.

2 ▷ J'aimerais de la purée avec mon poisson.
I'd like some mashed potato with my fish.

1 (= purée de fruits ou de tout légume sauf la pomme de terre) **purée** /'pjʊəreɪ/

2 (= pommes de terre écrasées) **mashed potato** /ˌmæʃt pə'teɪtəʊ/

puzzle

▷ Ça m'a pris une journée de faire ce puzzle.
It took me a day to do this jigsaw.

jigsaw /'dʒɪgsɔː/

P.-V.

▷ Mon frère a eu un P.-V.
My brother got a parking ticket.

parking ticket /'pɑːkɪŋ ˌtɪkɪt/
(pluriel : parking tickets)

pyjama

▷ J'ai dû dormir en tee-shirt parce que j'avais oublié mon pyjama.

pyjamas /pɪ'dʒɑːməz/

I had to sleep in a T-shirt because I'd forgotten my pyjamas.

▷ Lucille était encore en pyjama.
Lucille was still in her pyjamas.

*Le mot **pyjamas** est un nom pluriel : on dit par exemple **these pyjamas are nice*** (ce pyjama est joli).

► **en pyjama :** in my/your/his/her/our/their pyjamas

pylône

▷ La voiture est rentrée dans un pylône.
The car crashed into a pylon.

pylon /ˈpaɪlən/

*Le y de **pylon** se prononce comme le **i** de **like**.*

pyramide

▷ Est-ce que tu as vu la pyramide du Louvre ?
Have you seen the Louvre pyramid?

pyramid /ˈpɪrəmɪd/

*Le y de **pyramid** se prononce comme le **i** de **big**.*

Pyrénées

▷ Nous avons passé nos vacances dans les Pyrénées.
We spent our holidays in the Pyrenees.

► **Les Pyrénées :** the Pyrenees /pɪrəˈniːz/

***Pyrenees** rime avec **knees**.*

Q

FRANÇAIS — ANGLAIS

La lettre Q se prononce /kjuː/ en anglais.
Q rime avec stew, few et you.

quai

1 ▷ Le train part du quai douze.
The train leaves from platform twelve.

2 ▷ On voit les bateaux depuis le quai.
You can see the boats from the quay.

1 (dans une gare) **platform** /ˈplætfɔːm/

2 (dans un port) **quay** /kiː/

La prononciation de ***quay*** *est la même que celle de* ***key***. ***Quay*** *rime avec* ***tea*** *et* ***see***.

qualité

▷ La qualité est plus importante que la quantité.
Quality is more important than quantity.

▷ C'est un produit de bonne qualité.
It's a good quality product.

▷ C'est vraiment de mauvaise qualité.
It's really poor quality.

quality /ˈkwɒlɪtɪ/
(pluriel : qualities /ˈkwɒlɪtɪz/)

► **de bonne qualité :** good quality.

► **de mauvaise qualité :** poor quality.

quand

▷ Quand est-ce que vous partez ?
When are you leaving?

▷ Quand tu auras terminé ce livre, je t'en prêterai un autre.
When you finish this book, I'll lend you another one.

when /wen/

Attention : là où le français emploie le futur avec **quand***, l'anglais emploie le présent avec* **when**.

quand même

▷ On m'a conseillé de ne pas y aller, mais j'irai quand même.
I was told not to go, but I'll go anyway.

(= de toute façon) **anyway** /ˈenɪweɪ/

quantité

▷ La quantité est moins importante que la qualité.
Quantity is less important than quality.
▷ On a acheté une grande quantité de boissons.
We bought a lot of drinks.

quantity /ˈkwɒntɪtɪ/
(pluriel : quantities /ˈkwɒntɪtɪz/)
► **une grande quantité de :** a lot of /ə ˈlɒt əv/

quarante

▷ Il y a quarante parfums différents.
There are forty differents flavours.
▷ Mathieu a quarante ans.
Mathieu is forty years old.

forty /ˈfɔːtɪ/

quart

▷ Un quart de cinquante, ça fait combien ?
How much is a quarter of fifty?
▷ Ça me prendra un quart d'heure.
It will take me a quarter of an hour.
▷ Julie est revenue trois quarts d'heure plus tard.
Julie came back three quarters of an hour later.

▷ Il est cinq heures moins le quart.
It's a quarter to five.
▷ Le rendez-vous est à deux heures et quart.
The meeting is at a quarter past two.

quarter /ˈkwɔːtəʳ/
► **un quart d'heure :** a quarter of an hour /əˌkwɔːtər əv ən ˈaʊəʳ/
► **trois quarts d'heure :** three quarters of an hour /θriː ˌkwɔːtəz əv ən ˈaʊəʳ/
► **...moins le quart :** a quarter to... /ə ˌkwɔːtə tuː/
► **...et quart :** a quarter past... /ə ˌkwɔːtə pɑːst/

quartier

1 ▷ C'est un quartier très calme.
It's a very quiet area.
2 ▷ Tu veux un quartier d'orange ?
Do you want a piece of orange?

1 (= partie d'une ville) **area** /ˈɛərɪə/
2 (= morceau d'orange) **piece** /piːs/

quatorze

▷ On doit répondre aux quatorze questions.
We have to answer the fourteen questions.
▷ Jean-Marc a quatorze ans.
Jean-Marc is fourteen years old.
▷ C'est quand ton anniversaire ? – Le quatorze décembre.
When is your birthday? – On the fourteenth of December.

fourteen /fɔːˈtiːn/

ℹ *Quand on dit la date, on utilise **fourteenth** /fɔːˈtiːnθ/ en anglais.*
ℹ *Notez l'emploi de **on** et **of** en anglais lorsqu'on dit la date.*
ℹ *On écrit **14 December**.*

quatre

▷ J'ai quatre paires de tennis.
I've got four pairs of trainers.
▷ Le fils de Thomas a quatre ans.
Thomas's son is four years old.

four /fɔːʳ/
ℹ *Quand on dit la date, on utilise **fourth** /fɔːθ/ en anglais.*

▷ Nous partons le quatre juin.
We're leaving on the fourth of June.

*Notez l'emploi de **on** et **of** en anglais lorsqu'on dit la date.*
*On écrit **4 June**.*

▷ Le bébé marche à quatre pattes.
The baby walks on all fours.

► **à quatre pattes :** on all fours /ɒn 'ɔːl 'fɔːz/

quatre-quatre

▷ Ils ont traversé le désert en quatre-quatre.
They crossed the desert in a four-wheel drive.

(véhicule) **four-wheel drive** /fɔːwiː'l 'draɪv/

quatre-vingt ou quatre-vingts

▷ Ça coûte quatre-vingts euros.
It costs eighty euros.
▷ C'était en dix-neuf cent quatre-vingt-deux.
It was in nineteen eighty-two.

eighty /'eɪtɪ/

quatre-vingt-dix

▷ La grand-mère de Sylvie a quatre-vingt-dix ans.
Sylvie's grandmother is ninety years old.

ninety /'naɪntɪ/

quatrième

1 ▷ C'est la quatrième fois que je t'appelle.
It's the fourth time I've called you.
2 ▷ Les Pérez habitent au quatrième.
The Pérezes live on the fourth floor.
3 ▷ J'ai commencé à faire du latin en quatrième.
I started to do Latin in the third year.

1 (pour compter) **fourth** /fɔːθ/
2 (= quatrième étage) **fourth floor** /fɔːθ 'flɔː/
3 *La classe scolaire qui correspond à la quatrième au Royaume-Uni s'appelle* **third year** /'θɜːd jɪəʳ/. *La classe scolaire qui correspond à la quatrième aux États-Unis s'appelle* **ninth grade** /naɪnθ'greɪd/.

que

1 ▷ Tu crois qu'il sera là ?
Do you think that he'll be there?

1 (introduit un complément) **that** /ðæt/
*Il est courant d'omettre **that** (**do you think he'll be there?**).*

2 ▷ Lise voulait que je l'aide.
Lise wanted me to help her.
▷ J'aimerais que Cyril vienne aussi.
I'd like Cyril to come as well.

2 *Notez la structure anglaise utilisée pour exprimer la volonté ou le souhait (dans les exemples donnés ici,* **vouloir que...** *et* **j'aimerais que...***).*

3 ▷ C'est un garçon que je connais.
He's a boy I know.

3 *Le pronom relatif* **que** *s'appliquant à une personne n'est généralement pas traduit en anglais.*

Suite page suivante

4 ▷ La robe que Sarah a choisie est rouge.
The dress Sarah chose is red.

4 Le pronom relatif **que** *s'appliquant à une chose n'est généralement pas traduit en anglais. Sinon, on peut dire* ***that*** /ðæt/ *ou* ***which*** /wɪtʃ/ *(****the dress that*** *ou* ***which Sarah chose****).*

5 ▷ Que tu es bête !
You're so silly!

5 Dans les exclamations, on met ***so*** *devant l'adjectif en anglais.*

6 ▷ Que s'est-il passé ?
What happened?

6 (interrogatif) **what** /wɒt/

Québec

▷ Le Québec est une province canadienne.
Quebec is a Canadian province.

▷ Cécile a passé deux mois au Québec.
Cécile spent two months in Quebec.

▷ J'aimerais aller au Québec un jour.
I'd like to go to Quebec one day.

Quebec /kwɪ'bek/

ℹ *Ne prend jamais d'article.*

► **le Québec :** Quebec

► **au Québec** (= dans la province) **:** in Quebec

► **au Québec** (= vers la province) **:** to Quebec

québécois, québécoise

1 ▷ Il travaille pour le gouvernement québécois.
He works for the government of Quebec.

▷ J'ai une amie québécoise.
I have a friend from Quebec.

2 ▷ Les Québécois parlent français.
The Québecois speak French.

1 (adjectif = qui appartient au Québec) **of Quebec** /kwɪ'bek/ (= originaire du Québec) **from Quebec**

2 (= personne) **Québecois** /ˌkebek'wɑː/

quel, quelle

1 ▷ Quelle couleur est-ce que tu préfères ?
Which colour do you prefer?

2 ▷ Quel imbécile !
What an idiot!

▷ Quelle belle maison !
What a beautiful house!

1 (dans les choix) **which** /wɪtʃ/

2 (dans les exclamations) **what** /wɒt/

quelque chose

▷ Viens ici, j'ai quelque chose à te dire.
Come here, I've got something to tell you.

▷ Je cherche quelque chose de plus grand.
I'm looking for something bigger.

something /'sʌmθɪŋ/

quelquefois

▷ Tu le vois ? – Quelquefois.
Do you see him? – Sometimes.

sometimes /'sʌmtaɪmz/

quelque part

▷ Ces lunettes doivent bien être quelque part !
Those glasses must be somewhere!

somewhere /'sʌmwɛəʳ/

quelques

▷ On a eu quelques problèmes au début.
We had a few problems at the beginning.

a few /ə 'fjuː/

quelques-uns

▷ Il en restait quelques-uns.
There were some left.

some /sʌm/

quelqu'un

▷ Quelqu'un va venir réparer le toit.
Somebody is going to come and repair the roof.

somebody /'sʌmbədɪ/

ℹ *On peut aussi dire* ***someone*** /'sʌmwʌn/.

▷ C'est quelqu'un de très patient.
She's a very patient person.

► quelqu'un **de** + adjectif :
a + adjectif + person

qu'est-ce que

▷ Qu'est-ce que tu veux ?
What do you want?

what /wɒt/

qu'est-ce qui

▷ Qu'est-ce qui s'est passé ?
What happened?

what /wɒt/

question

▷ Il m'a posé une question gênante.
He asked me an embarrassing question.
▷ C'est une question de temps.
It's a question of time.

(= demande, problème) question /'kwestʃən/

questionnaire

▷ Est-ce que tu as rempli le questionnaire ?
Have you filled in the questionnaire?

questionnaire /ˌkwestʃə'nɛəʳ/

queue

1 ▷ Le chien essaie de se mordre la queue.
The dog is trying to bite its tail.

1 (d'un animal, d'un avion) tail /teɪl/

2 ▷ Attention, la queue de la casserole est brûlante.
Be careful, the handle of the pan is very hot.

2 (d'une poêle, d'une casserole) handle /'hændl/

3 ▷ Tu peux laver les cerises sans enlever les queues.
You can wash the cherries without removing the stalks.

3 (d'un fruit) stalk /stɔːk/

Suite page suivante

4 ▷ Il y a une queue d'une centaine de personnes.
There's a queue of about a hundred people.

4 (= file d'attente) **queue** /kjuː/

*En anglais, **queue** rime avec **you**.*

*En anglais américain, on dit **line** /laɪn/.*

▷ Les gens font la queue pour prendre le bus.
People queue up to take the bus.

► **faire la queue :** queue up

*En anglais américain, on dit **line up**.*

5 ▷ Lambert a une queue de cheval.
Lambert has a ponytail.

5 ► **queue de cheval** (= cheveux) **:** ponytail /'pəʊnɪteɪl/

qui

1 ▷ Qui a dit que c'était fini ?
Who said it was finished?
▷ Je ne sais pas qui c'était.
I don't know who it was.
▷ Qui est-ce que tu vas inviter ?
Who are you going to invite?
▷ De qui est-ce que vous parlez ?
Who are you talking about?
▷ La fille qui m'a parlé est ma cousine.
The girl who spoke to me is my cousin.

1 (quand il s'agit d'une personne) **who** /huː/

2 ▷ Les bonbons qui sont sur la table sont pour toi.
The sweets that are on the table are for you.

2 (quand il s'agit d'une chose) **that** /ðæt/

*On peut aussi dire **which** /wɪtʃ/.*

quiche

▷ Cette quiche est délicieuse.
This quiche is delicious.

quiche /kiːʃ/

quincaillerie

▷ Va à la quincaillerie acheter des clous.
Go to the hardware shop and buy some nails.

(= magasin) **hardware shop** /'hɑːdwɛə ʃɒp/
(pluriel : hardware shops)

quinze

▷ Il y a quinze joueurs dans une équipe de rugby.
There are fifteen players in a rugby team.
▷ Madeleine a quinze ans.
Madeleine is fifteen years old.

fifteen /fɪf'tiːn/

▷ Le concert est dans quinze jours.
The concert is in two weeks.

► **quinze jours** (= deux semaines) **:** two weeks /tuː 'wiːks/

▷ Nous partons le quinze juin.
We're leaving on the fifteenth of June.

*Quand on dit la date, on utilise **fifteenth** /fɪf'tiːnθ/ en anglais.*

*Notez l'emploi de **on** et **of** en anglais lorsqu'on dit la date.*

*On écrit **15 June**.*

quitter

▷ Monsieur Harris a quitté sa femme.
Mr Harris has left his wife.

▷ Ne quittez pas s'il vous plaît, je vais voir s'il est là.
Hold the line please, I'll go and see if he's here.

leave /liːv/ (left, left /left/)

► **ne quittez pas** (au téléphone) : hold the line /həʊld ðə 'laɪn/

quoi

1 ▷ Quoi ? Qu'est-ce que tu as dit ?
What? What did you say?
▷ Je ne sais pas quoi lui offrir.
I don't know what to give him.

2 ▷ Quoi que tu dises, je la trouve sympa.
Whatever you say, I think she's nice.

3 ▷ Merci ! – Il n'y a pas de quoi !
Thank you! – Don't mention it!

1 (pour poser une question directe ou indirecte) **what** /wɒt/

2 ► **quoi que...** : whatever... /wɒt'evəʳ/

3 ► **il n'y a pas de quoi** (en réponse à un remerciement) : don't mention it /dəʊnt 'menʃən ɪt/

quoique

▷ Elle est généreuse quoiqu'elle n'ait pas beaucoup d'argent.
She's generous although she hasn't got much money.

although /ɔːl'ðəʊ/

Attention à la prononciation : l'accent tonique est sur la deuxième syllabe ***-though****.* ***Although*** *rime avec* ***go****.*

R

FRANÇAIS — ANGLAIS

La lettre R se prononce /ɑːʳ/ en anglais.
R rime avec star, bar et far.

rabais

▷ Il nous a fait un rabais de dix pour cent.
He gave us a ten per cent discount.

discount /ˈdɪskaʊnt/
► **faire un rabais à** quelqu'un : **give** somebody **a discount** (gave, given)

raccompagner

1 ▷ Je peux te raccompagner si tu veux.
I can take you back if you want.

2 ▷ Charlotte nous a raccompagnées en voiture.
Charlotte drove us back.

1 ► **raccompagner** quelqu'un : **take** /teɪk/ somebody **back** (took /tʊk/, taken /ˈteɪkən/)

2 ► **raccompagner** quelqu'un **en voiture** : **drive** /draɪv/ somebody **back** (drove /drəʊv/, driven /ˈdrɪvən/)

raccourci

▷ On a pris un raccourci pour aller chez toi.
We took a shortcut to come to your house.

shortcut /ˈʃɔːtkʌt/

raccourcir

1 ▷ Cette jupe est trop longue, je vais la raccourcir.
This skirt is too long, I'm going to shorten it.

2 ▷ Les jours raccourcissent.
The days are getting shorter.

1 ► **raccourcir** quelque chose (= le couper) : **shorten** /ˈʃɔːtən/ something

2 ► **raccourcir** (= devenir plus court) : **get shorter** /ˈʃɔːtəʳ/ (got, got)

raccrocher

▷ Alain a raccroché dès qu'il a entendu la voix de Karine.
Alain hung up as soon as he heard Karine's voice.
▷ Elle m'a raccroché au nez !
She hung up on me!

(au téléphone) **hang up** /hæŋ 'ʌp/ (hung up, hung up /hʌŋ 'ʌp/).

► **raccrocher au nez à** quelqu'un : **hang up on** somebody (hung up on, hung up on).

race

1 ▷ De quelle race est ton chien ?
What breed is your dog?
2 ▷ Il y a des gens de races différentes ici.
There are people of different races here.

1 (pour les animaux) **breed** /briːd/

2 (pour les gens) **race** /reɪs/

Le a de race est celui de make.

racine

▷ L'arbre a des racines immenses.
The tree has huge roots.

root /ruːt/

racisme

▷ Ce soir il y a une émission sur le racisme en Angleterre.
There's a programme on racism in England this evening.

racism /'reɪsɪzəm/

Le a de racism est celui de make.

raciste

▷ Charles a fait une remarque raciste.
Charles made a racist remark.

racist /'reɪsɪst/
(plus raciste more racist, le plus raciste the most racist)

Le a de racist est celui de make.

racler

▷ Ne racle pas la poêle, tu vas l'abîmer.
Don't scrape the frying pan, you'll damage it.

(= gratter) **scrape** /skreɪp/

Le a de scrape est celui de make.

raconter

1 ▷ Imad raconte des blagues très drôles.
Imad tells very funny jokes.
2 ▷ Raconte-nous tes vacances !
Tell us about your holidays!

1 (= raconter une histoire ou une blague) **tell** /tel/ (told, told /təʊld/)

2 *Quand* raconter *signifie* décrire, *il se traduit par* **tell** + **about**.

radiateur

▷ On s'est assis près du radiateur.
We sat near the heater.

heater /'hiːtəʳ/

On peut aussi dire **radiator** /'reɪdɪeɪtəʳ/ *pour les radiateurs à eau ou à gaz.*

radin, radine

▷ Il est radin, il achète toujours des cadeaux bon marché.
He's stingy, he always buys cheap presents.
▷ Ton cousin est un vrai radin !
Your cousin is really stingy!

► **être radin** *ou* **être un radin :** be stingy /ˈstɪndʒɪ/
(plus radin stingier /ˈstɪndʒɪəʳ/, le plus radin the stingiest /ˈstɪndʒɪɪst/)

Le g de stingy se prononce comme le J de Jack.

radio

1 ▷ Ma radio ne marche pas.
My radio isn't working.
▷ Samantha l'a entendu à la radio.
Samantha heard it on the radio.
2 ▷ Quelle radio est-ce que tu écoutes ?
Which radio station do you listen to?
3 ▷ On voit bien l'os cassé sur la radio.
You can see the broken bone well on the X-ray.
▷ Rachid a dû passer une radio pour son dos.
Rachid had to have an X-ray for his back.

1 (= appareil) radio /ˈreɪdɪəʊ/

► **à la radio :** on the radio

2 (= station) radio station /ˈreɪdɪəʊ ˌsteɪʃən/
(pluriel : radio stations)

3 (= examen médical) X-ray /ˈeksreɪ/

X rime avec sex et necks.

► **passer une radio :** have an X-ray (had, had)

radio-réveil

▷ Il y avait un radio-réveil dans la chambre d'hôtel.
There was a clock-radio in the hotel room.

clock-radio /ˈklɒk ˌreɪdɪəʊ/
(pluriel : clock-radios)

Le a de radio est celui de make.

radis

▷ J'aime les radis avec du sel et du beurre.
I like radishes with salt and butter.

radish /ˈrædɪʃ/
(pluriel : radishes /ˈrædɪʃɪz/)

Le a de radish est celui de bad.

rafraîchir

1 ▷ Mets la limonade au frigo pour la rafraîchir.
Put the lemonade in the fridge to cool it.
2 ▷ Cette douche m'a rafraîchi.
That shower cooled me down.
3 ▷ Je vais me rafraîchir avant le dîner.
I'm going to freshen up before dinner.

1 ► **rafraîchir** quelque chose (en parlant d'une boisson) **:** cool /kuːl/ something

2 ► **rafraîchir** quelqu'un **:** cool somebody down

3 ► **se rafraîchir** (= se laver) **:** freshen up /ˌfreʃn ˈʌp/

ragoût

▷ Pascale fait un délicieux ragoût d'agneau.
Pascale makes a delicious lamb stew.

stew /stjuː/

Stew rime avec you.

raide

1 ▷ Je suis un peu raide, il faudrait que je fasse du sport.
I'm a bit stiff, I should do some sport.

1 (= pas souple, en parlant d'une personne) **stiff** /stɪf/ (**plus raide** stiffer /ˈstɪfəʳ/, **le plus raide** the stiffest /ˈstɪfɪst/)

2 ▷ Louis a les cheveux très raides.
Louis has got very straight hair.

2 (en parlant des cheveux) **straight** /streɪt/ (**plus raide** straighter /ˈstreɪtəʳ/, **le plus raide** the straightest /ˈstreɪtɪst/)

3 ▷ Cette pente est vraiment raide !
This slope is really steep!

3 (= très incliné) **steep** /stiːp/ (**plus raide** steeper /ˈstiːpəʳ/, **le plus raide** the steepest /ˈstiːpɪst/)

raie

1 ▷ Marc a choisi un pull avec des raies bleues et blanches.
Marc chose a pullover with blue and white stripes.

1 (= rayure) **stripe** /straɪp/

Le i de stripe se prononce comme le i de like.

2 ▷ Nadège a une raie sur le côté.
Nadège has a side parting.

2 (dans les cheveux) : **parting** /ˈpɑːtɪŋ/

► **une raie sur le côté** (dans les cheveux) : a side /ˈsaɪd/ parting

► **une raie au milieu** : a middle /ˈmɪdl/ parting

rail

▷ C'est dangereux de marcher sur les rails.
It's dangerous to walk on the rails.

rail /reɪl/

raisin

1 ▷ Tu préfères du raisin blanc ou du noir ?
Do you prefer white or black grapes?
▷ Je vais acheter du raisin.
I'm going to buy some grapes.

1 (= fruit) **grapes** /greɪps/

Grapes est pluriel : on dit par exemple these grapes are delicious (ce raisin est délicieux).

Le a de grapes est celui de make.

2 ▷ Il y a trop de raisins secs dans ce gâteau.
There are too many raisins in this cake.

2 ► **raisin sec** : raisin /ˈreɪzən/

raison

1 ▷ Il n'y a pas de raison de leur dire.
There's no reason to tell them.

1 (= motif) **reason** /ˈriːzn/

2 ▷ Pour une fois, tu as raison !
For once, you're right!

2 ► **avoir raison :** be right /'raɪt/

raisonnable

1 ▷ Samir n'est pas très raisonnable pour son âge.
Samir isn't very sensible for his age.

1 (= qui a du bon sens) sensible /'sensəbl/
(**plus raisonnable** more sensible, **le plus raisonnable** the most sensible)

2 ▷ C'est un salaire raisonnable.
It's a reasonable salary.

2 (= acceptable) reasonable /'riːznəbl/
(**plus raisonnable** more reasonable, **le plus raisonnable** the most reasonable)

raisonnement

▷ Je ne comprends pas ton raisonnement.
I don't understand your reasoning.

(= arguments) reasoning /'riːznɪŋ/

rajouter

▷ Rajoute un peu de sel.
Add a bit of salt.

add /æd/

ralentir

▷ La voiture n'a pas ralenti.
The car didn't slow down.

slow down /sləʊ 'daʊn/

râler

▷ Arrête de râler !
Stop moaning!

moan /məʊn/

Moan rime avec bone.

rallonge

▷ J'ai besoin d'une rallonge pour brancher mon ordinateur.
I need an extension lead to plug in my computer.

(= rallonge électrique) extension lead /eks'tenʃən liːd/

rallonger

1 ▷ On a rallongé nos vacances de trois jours.
We extended our holidays by three days.

1 (en parlant d'une durée) extend /ek'stend/

Notez la préposition utilisée en anglais : rallonger **de** = *extend **by**.*

2 ▷ Ma mère a rallongé ma jupe.
My mother let my skirt down.

2 (en parlant d'un vêtement) let down /let 'daʊn/
(let down, let down)

rallumer

▷ J'ai froid, est-ce que je peux rallumer le chauffage ?
I'm cold, can I turn the heating on again?

► **rallumer** quelque chose : **turn** something **on again** /tɜːn 'ɒn əˌgen/

ramasser

1 ▷ Est-ce que tu pourrais ramasser la gomme qui est sous tes pieds ?
Can you pick up the rubber by your feet?

2 ▷ On est allés ramasser des champignons dans la forêt.
We went to gather mushrooms in the forest.

3 ▷ Le prof va ramasser les copies.
The teacher is going to collect the papers.

1 (= prendre quelque chose qui est tombé) **pick up** /pɪk 'ʌp/

Picked se prononce pɪkt

2 (= cueillir) **gather** /'gæðəʳ/

3 (= rassembler, en parlant des copies) **collect** /kə'lekt/

rame

1 ▷ Paul a laissé tomber la rame dans l'eau.
Paul dropped the oar in the water.

2 ▷ La rame de métro est passée sans s'arrêter.
The underground train went past without stopping.

1 (= aviron) **oar** /ɔːʳ/

*Rime avec **door**.*

2 ► **rame de métro** : **underground train** /'ʌndəgraʊnd treɪn/ (pluriel : underground trains)

ramener

1 ▷ Sébastien a ramené un copain pour dîner.
Sébastien brought back a friend for dinner.

2 ▷ Luc nous a ramenés à la gare.
Luc took us back to the station.

1 (= amener avec soi) **bring back** /brɪŋ 'bæk/ (brought, brought /brɔːt/)

2 (= emmener ailleurs) **take back** /teɪk 'bæk/ (took /'tʊk/, taken /'teɪkən/)

ramer

▷ J'ai appris à ramer sur le lac.
I learned to row on the lake.

(sur un bateau) **row** /rəʊ/

*Au sens de ramer, **row** rime avec **go** et **Joe**.*

se ramollir

▷ Laisse le beurre se ramollir.
Let the butter go soft.

(en parlant d'un aliment) **go soft** /sɒft/ (went soft, gone soft)

rampe

1 ▷ Tiens bien la rampe, les marches sont glissantes.
Hold the banister, the steps are slippery.

1 (= main courante d'un escalier) **banister** /'bænɪstəʳ/

2 ▷ Il y a une rampe d'accès pour les personnes en fauteuils roulants.
There is an access ramp for people in wheelchairs.

2 (= plan incliné) **ramp** /ræmp/

ramper

▷ On a dû ramper sous la clôture.
We had to crawl under the fence.

(= avancer sur le ventre) **crawl** /krɔːl/

*Crawl rime avec **ball** et **fall**.*

randonnée

1 ▷ J'aime beaucoup la randonnée.
I love hiking.

2 ▷ Hier on a fait une longue randonnée.
Yesterday we went on a long hike.

3 ▷ Rose fait de la randonnée dans un club.
Rose goes hiking with a club.

1 ► **la randonnée : hiking** /'haɪkɪŋ/

2 ► **une randonnée : a hike** /haɪk/

Notez la traduction de faire une randonnée *: **go on** a hike* (went, gone/been).

3 ► **faire de la randonnée : go hiking** /'haɪkɪŋ/ (went, gone / been)

rang

1 ▷ On a des places au premier rang.
We have seats in the front row.

2 ▷ Je demande d'abord aux élèves de se mettre en rang.
I first ask the pupils to line up.

1 (= rangée) **row** /rəʊ/

*Au sens de rang, **row** rime avec **Joe** et **go**.*

2 ► **se mettre en rang : line up** /laɪn 'ʌp/

rangé, rangée (adjectif)

▷ Ma chambre est bien rangée.
My bedroom is tidy.
▷ Ce bureau n'est pas bien rangé.
This office is untidy.

*Pour dire qu'un endroit est bien rangé, on emploie le mot **tidy** /'taɪdɪ/. Pour dire le contraire, on emploie le mot **untidy** /ʌn'taɪdɪ/*

rangée (nom)

▷ Il y avait au moins dix rangées de CD.
There were at least ten rows of CDs.

row /rəʊ/

*Au sens de rangée, **row** rime avec **Joe** et **go**.*

rangement

▷ J'ai fait du rangement dans ma chambre.
I tidied up in my bedroom.

► **faire du rangement : tidy up** /ˌtaɪdɪ 'ʌp/

Suite page suivante

*Le y de **tidy** devient **ie** à la troisième personne du singulier du présent de l'indicatif (**tidies** /'taɪdiːz/), au prétérit et au participe passé (**tidied** /'taɪdiːd/).*

ranger

1 ▷ Je n'ai pas rangé ma chambre depuis des mois.
I haven't tidied up my bedroom for months.

1 (= mettre de l'ordre dans) **tidy up** /ˌtaɪdɪ 'ʌp/

*Le y de **tidy** devient **ie** à la troisième personne du singulier du présent de l'indicatif (**tidies** /'taɪdɪz/), au prétérit et au participe passé (**tidied** /'taɪdɪd/).*

2 ▷ Tu ranges mes affaires et je ne retrouve rien !
You put my things away and I can't find anything!

2 (= mettre à sa place) **put away** /put ə'weɪ/ (put away, put away)

râpé, râpée

▷ Il y a deux cents grammes de fromage râpé dans la recette.
There are two hundred grammes of grated cheese in the recipe.

(= coupé très fin) **grated** /'greɪtɪd/

*Le **a** est celui de **make**.*

rapide

1 ▷ On a pris un repas rapide avant de partir.
We had a quick meal before leaving.

1 (= qui prend peu de temps) **quick** /kwɪk/ (**plus rapide** quicker /'kwɪkəʳ/, **le plus rapide** the quickest /'kwɪkɪst/)

2 ▷ C'est un coureur très rapide.
He's a very fast runner.

2 (en parlant d'un athlète, d'une voiture) **fast** /fɑːst/
(**plus rapide** faster /'fɑːstəʳ/, **le plus rapide** the fastest /'fɑːstɪst/)

rappeler

1 ▷ Il n'est pas là ? Tant pis, je le rappellerai.
He isn't in? Never mind, I'll call him back.

1 (= appeler) **call back** /kɔːl 'bæk/

2 ▷ Rappelle-moi d'acheter du pain.
Remind me to buy bread.

▷ Ça me rappelle mes vacances en Espagne.
It reminds me of my holidays in Spain.

2 ► **rappeler à** quelqu'un **de faire** quelque chose : **remind** /rɪ'maɪnd/ somebody **to do** something
► **rappeler** quelque chose **à** quelqu'un : **remind** somebody **of** something.

3 ▷ Je ne me rappelle plus son nom.
I don't remember his name.

3 ► **se rappeler** quelque chose : **remember** /rɪ'membəʳ/ something

rapport

1 ▷ Il n'y aucun rapport entre les deux.
There is no connection between the two.

1 (= lien) **connection** /kə'nekʃən/

2 ▷ Andrea et Sabine ont de bons rapports avec leur mère.
Andrea and Sabine have a good relationship with their mother.

2 *Quand on parle des relations personnelles, on emploie le mot* ***relationship*** /rɪ'leɪʃənʃɪp/ *au singulier.*

3 ▷ Les jeunes commencent à avoir des rapports sexuels de plus en plus tôt.
Young people start having sex earlier and earlier.

3 ► **avoir des rapports sexuels :** have sex /'seks/ (had, had)

4 ▷ Sue est grande par rapport à sa sœur.
Sue is tall compared with her sister.

4 ► **par rapport à** (= comparé à) **:** compared with /kəm'pɛəd wɪð/

rapporter

1 ▷ Nous avons rapporté des souvenirs de Grèce.
We brought back some souvenirs from Greece.

1 ► **rapporter** quelque chose (= l'apporter avec soi) **:** bring /'brɪŋ/ something back (brought, brought /'brɔːt/)

2 ▷ Je vais rapporter cette jupe au magasin, elle a un défaut.
I'm going to take this skirt back to the shop, it's got a defect.

2 ► **rapporter** quelque chose (= l'emporter, le rendre) **:** take /teɪk/ something back (took /'tʊk/, taken /'teɪkən/)

3 ▷ Ce n'est pas bien de rapporter.
It's not nice to tell tales.

3 ► **rapporter** (= dénoncer quelqu'un) **:** tell tales /tel 'teɪlz/ (told, told /təʊld/)

rapprocher

1 ▷ Rapproche ton fauteuil de la lampe.
Bring your armchair closer to the lamp.

1 ► **rapprocher** quelque chose (= le mettre plus près) **:** bring /brɪŋ/ something closer /'kləʊsə^r^/ (brought, brought /'brɔːt/)

2 ▷ Le bateau se rapprochait lentement de la côte.
The boat was slowly getting closer to the coast.

2 ► **se rapprocher** (= se mettre plus près) **:** get closer /'kləʊsə^r^/ (got, got)

ℹ *Notez la préposition utilisée en anglais :* se rapprocher **de** = *get closer* ***to***.

raquette

1 ▷ J'ai besoin d'une nouvelle raquette de tennis.
I need a new tennis racket.

1 (pour jouer au tennis, au squash, au badminton) **racket** /'rækɪt/

2 ▷ N'oublie pas d'emporter les raquettes de ping-pong.
Don't forget the ping-pong bats.

2 (pour jouer au ping-pong) **bat** /bæt/

rare

▷ Mathilde collectionne les timbres rares.
Mathilde collects rare stamps.

rare /rɛəʳ/
(plus rare rarer /ˈrɛərəʳ/
le plus rare the rarest /ˈrɛərɪst/)

*Rare rime avec **hair**.*

rarement

▷ Nous allons rarement au cinéma.
We rarely go to the cinema.

rarely /ˈrɛəlɪ/

se raser

▷ Je ne me rase pas le week-end.
I don't shave at the weekend.

▷ Elle est folle, elle veut se raser la tête !
She's mad, she wants to shave her head!

shave /ʃeɪv/

*Le verbe **se raser** ne se traduit pas par un verbe pronominal en anglais.*

*L'adjectif possessif fonctionne de la façon suivante en anglais : I shave **my** head, you shave **your** head, he shaves **his** head, she shaves **her** head, etc.*

rasoir

1 ▷ Est-ce que tu as un rasoir jetable ?
Have you got a disposable razor?

▷ J'utilise un rasoir électrique.
I use an electric shaver.

2 ▷ La conférence était vraiment rasoir !
The conference was really boring!

1 ► **un rasoir** (pour se raser) **:** a razor /ˈreɪzəʳ/

► **un rasoir électrique :** an electric shaver /ɪˌlektrɪk ˈʃeɪvəʳ/

2 ► **rasoir** (adjectif = ennuyeux) **:** boring /ˈbɔːrɪŋ/
(plus rasoir more boring,
le plus rasoir the most boring)

se rassembler

▷ Ils se sont rassemblés devant l'entrée du théâtre.
They gathered in front of the entrance to the theatre.

gather /ˈgæðəʳ/

se rasseoir

▷ Vous pouvez vous rasseoir.
You can sit down again

sit down again /sɪt ˈdaʊn əˌgen/
(sat, sat)

rassurer

1 ▷ J'ai essayé de rassurer Charlotte.
I tried to reassure Charlotte.

2 ▷ Rassure-toi, je ferai attention.
Don't worry, I'll be careful.

1 **reassure** /ˌriːəˈʃʊəʳ/

2 *Pour dire à quelqu'un de ne pas s'inquiéter, on dit **don't worry** /dəʊnt ˈwʌrɪ/.*

rat

▷ J'ai vu un énorme rat noir !
I saw a huge black rat!

(= animal) **rat** /ræt/

râteau

▷ Est-ce que tu aurais un râteau pour enlever les feuilles ?
Do you have a rake to remove the leaves?

rake /reɪk/

rater

1 ▷ Dépêche-toi, on va rater le train !
Hurry up, we're going to miss the train!

2 ▷ J'ai raté le gâteau.
I made a mess of the cake.

3 ▷ Rachid a encore raté son permis de conduire.
Rachid failed his driving test again

1 (= manquer) **miss** /mɪs/

2 (= mal faire) **make** /meɪk/ **a mess of** (made, made /meɪd/)

3 (en parlant d'un examen) **fail** /feɪl/

rattrapage

▷ Il y a des cours de rattrapage en anglais le mardi.
There are remedial classes in English on Tuesdays.

► **cours de rattrapage :** remedial class /rɪ'miːdɪəl klɑːs/
(pluriel : remedial classes)

rattraper

1 ▷ Heureusement que j'ai rattrapé le vase avant qu'il ne se casse !
Fortunately I caught the vase before it broke!

2 ▷ Je pars, vous pouvez me rattraper.
I'm leaving, you can catch me up.

3 ▷ Il faut d'abord que je rattrape mon retard en grammaire.
I must first catch up in grammar.

1 (= saisir) **catch** /kætʃ/ (caught, caught /kɔːt/)

2 ► **rattraper** quelqu'un (= le rejoindre) **catch** somebody **up** (caught, caught)

3 ► **rattraper son retard** (dans une matière) **:** **catch up** (caught up, caught up)

rature

▷ Sa lettre était pleine de ratures.
His letter was full of deletions.

deletion /dɪ'liːʃən/

Le deuxième **e** *se prononce comme le* **ee** *de* ***week***.

rayé, rayée

1 ▷ Adam portait une cravate rayée.
Adam was wearing a striped tie.

2 ▷ Mes lunettes sont rayées.
My glasses are scratched.

1 (= avec des bandes) **striped** /straɪpt/

2 (= éraflé) **scratched** /skrætʃt/

rayon

1 ▷ Enfin un rayon de soleil !
At last a ray of sunshine!

1 (= lumière) **ray** /reɪ/
► **rayon de soleil :** ray of sunshine /ˈsʌnʃaɪn/

2 ▷ Le vendeur nous a envoyés au rayon disques.
The sales assistant sent us to the record department.

2 (= partie d'un magasin) **department** /dɪˈpɑːtmənt/

rayure

1 ▷ Il portait une chemise avec des rayures très fines.
He was wearing a shirt with very thin stripes.
▷ Loïc portait un pull à rayures.
Loïc was wearing a striped pullover.

1 (= bande) **stripe** /straɪp/
► **à rayures :** striped /straɪpt/

2 ▷ Il y a une grande rayure sur la portière.
There's a big scratch on the door.

2 (= éraflure) **scratch** /skrætʃ/ (pluriel : scratches /skrætʃɪz/)

réaction

▷ Je n'ai pas compris sa réaction.
I didn't understand his reaction.

reaction /riːˈækʃən/

réagir

▷ Pourquoi tu as réagi si violemment ?
Why did you react so violently?

react /riːˈækt/

réalisateur, réalisatrice

▷ Qui est le réalisateur de ce film ?
Who is the director of this film?

director /daɪˈrektəʳ/

réaliser

1 ▷ Tout d'un coup j'ai réalisé que c'était impossible.
All of a sudden I realized that it was impossible.

1 (= se rendre compte) **realize** /ˈrɪəlaɪz/

2 ▷ Qui a réalisé ce film ?
Who made this film?

2 (= faire) **make** /meɪk/, (made, made /meɪd/)

réalité

▷ Parfois la réalité est dure à accepter.
Sometimes reality is hard to accept.
▷ Ça a l'air difficile, mais en réalité ça ne l'est pas.
It looks difficult, but in reality it isn't.

► **la réalité :** reality /rɪˈælɪtɪ/
► **en réalité :** in reality

rebondir

▷ Le ballon a rebondi contre le mur.
The ball bounced off the wall.

bounce /baʊns/

ℹ *Notez bien la préposition utilisée en anglais :* rebondir **contre** = *bounce* ***off***.

rebord

▷ C'est dangereux de mettre des pots de fleurs sur le rebord de la fenêtre.
It's dangerous to put flower pots on the windowsill.

► **le rebord de la fenêtre :** the windowsill /'wɪndəʊsɪl/

récemment

▷ Je ne l'ai pas vu récemment.
I haven't seen him recently.

recently /'riːsntlɪ/

récent, récente

▷ C'est un changement récent.
It's a recent change.

recent /'riːsnt/
(**plus récent** more recent, **le plus récent** the most recent)

réception

▷ On doit laisser les clés de la chambre à la réception.
You must leave the room keys at reception.

(= bureau d'information) reception /rɪ'sepʃən/

recette

▷ Cette recette est très facile à suivre.
This recipe is very easy to follow.

recipe /'resɪpɪ/
Trois syllabes : re + ci + pe.

recevoir

1 ▷ Est-ce que tu as reçu ton cadeau ?
Did you receive your present?

1 (en parlant d'une lettre, d'un cadeau) receive /rɪ'siːv/
On peut aussi dire get /get/ (got, got /gɒt/).

2 ▷ Alex a reçu un coup sur la tête en essayant de les séparer.
Alex got hit on the head trying to separate them.

2 ► **recevoir un coup :** get hit /hɪt/ (got, got)

3 ▷ David a reçu un coup de pied pendant le match.
David got kicked during the match.

3 ► **recevoir un coup de pied :** get kicked /kɪkt/ (got, got)

4 ▷ Les Smith nous ont très bien reçus.
The Smiths made us feel very welcome.

4 ► **bien recevoir** quelqu'un **:** make somebody feel welcome /'welkʌm/ (made, made)

Pour ***être reçu à un examen****, regarder le mot* ***reçu****, plus loin.*

de rechange

▷ Heureusement, nous avions une roue de rechange.
Fortunately, we had a spare wheel.
▷ Emporte des habits de rechange au cas où il pleuvrait.
Take some spare clothes in case it rains.

spare /spɛəʳ/
Spare rime avec hair.

recharger

▷ Il faut que je recharge mon portable.
I must recharge my mobile.

(= recharger une batterie) **recharge** /riːˈtʃɑːdʒ/

réchauffer

1 ▷ On pourrait juste réchauffer des restes.
We could just reheat some leftovers.

1 (en parlant de nourriture) **reheat** /rɪˈhiːt/

2 ▷ Bois ça, ça te réchauffera.
Drink this, it will warm you up.

2 (en parlant d'une personne) **warm up** /wɔːm ˈʌp/

3 ▷ Sacha courait pour se réchauffer.
Sacha was running to warm himself up.
▷ Ils essayaient de se réchauffer.
They were trying to warm themselves up.

3 ► **se réchauffer** (soi-même) : **warm** oneself **up**

ℹ *Le pronom personnel réfléchi fonctionne de la façon suivante en anglais : I warm **myself** up, you warm **yourself** up, he warms **himself** up, she warms **herself** up, we warm **ourselves** up, you warm **yourselves** up, they warm **themselves** up.*

4 ▷ Le temps se réchauffe enfin !
The weather is getting warmer at last!

4 ► **se réchauffer** (= devenir plus chaud) : **get warmer** /ˈwɔːməʳ/ (got warmer, got warmer)

recherche

1 ▷ La sœur de Malek fait de la recherche en physique.
Malek's sister does research in physics.

1 ► **la recherche** (= activité scientifique) : **research** /rɪˈsɜːtʃ/

2 ▷ La police a fait des recherches mais n'a pas retrouvé l'enfant.
The police made some investigations but didn't find the child.

2 ► **faire des recherches** (= faire une enquête) : **make investigations** /ɪnˌvestɪˈgeɪʃənz/ (made, made)

3 ▷ Je dois aller faire des recherches à la bibliothèque.
I must go and do some research at the library.

3 ► **faire des recherches** (pour un travail) : **do research** (did, did)

rechercher

1 ▷ Loïc veut rechercher son vrai père.
Loïc wants to search for his real father.

1 (en parlant d'un objet ou d'une personne qu'on a perdu) **search for** /ˈsɜːtʃ fɔːʳ/

2 ▷ Apparemment il est recherché par la police.
Apparently he's wanted by the police.

2 ► **recherché** (en parlant d'un criminel) : **wanted** /ˈwɒntɪd/

récipient

▷ Utilise n'importe quel récipient.
Use any container.

container /kən'teɪnəʳ/

récitation

▷ Autrefois, on apprenait plus de récitations à l'école.
In the past, people had to learn more texts at school.

(= texte) **text** /tekst/

réciter

▷ Samuel peut réciter des dizaines de poèmes de William Blake.
Samuel can recite dozens of poems by William Blake.

recite /rɪ'saɪt/

*Le **i** est celui de **like**.*

réclamation

▷ Nous avons fait une réclamation parce que la chambre d'hôtel était sale.
We made a complaint because the hotel room was dirty.

(= plainte) **complaint** /kəm'pleɪnt/

réclamer

▷ Cet enfant a réclamé sa mère toute la soirée.
That child asked for his mother all evening.

▷ J'ai réclamé mon livre à Sandra mais elle n'a pas voulu me le rendre.
I asked Sandra for my book but she didn't want to give it back to me.

(= demander) **ask for** /'ɑːsk fɔːʳ/

*Attention à la prononciation de **asked** :* ɑːskt .

► **réclamer** quelque chose à quelqu'un : **ask** somebody **for** something

récolte

▷ La récolte est très bonne cette année.
The harvest is very good this year.

harvest /'hɑːvɪst/

récolter

▷ Nous avons aidé notre voisin à récolter les pommes de terre.
We helped our neighbour to harvest the potatoes.

(= ramasser) **harvest** /'hɑːvɪst/

en recommandé

▷ C'est plus sûr si tu l'envoies en recommandé.
It's safer if you send it registered.

registered /'redʒɪstəʳd/

recommander

1 ▷ Aïcha a recommandé un bon restaurant.
Aïcha recommended a good restaurant.

2 ▷ Le médecin a recommandé à Paul de se reposer.
The doctor advised Paul to rest.

1 (= conseiller) **recommend** /ˌrekə'mend/

2 ► **recommander à** quelqu'un **de** + infinitif : **advise** /əd'vaɪz/ somebody **to** + base verbale

recommencer

1 ▷ L'école recommence en septembre.
School starts again in September.

2 ▷ Ne recommence pas ou je me fâche !
Don't do it again or I'll get angry!

1 (= reprendre) **start again** /stɑːt ə'gen/

2 (= faire la même chose) **do it again**

récompenser

▷ Les meilleurs élèves ont été récompensés.
The best pupils were rewarded.

reward /rɪ'wɔːd/

Le ***ar*** *de* ***reward*** *se prononce comme le mot anglais* ***or****.* ***Reward*** *rime avec* ***lord****.*

se réconcilier

▷ Gilles et Mathieu se sont réconciliés.
Gilles et Mathieu made up.

make up /meɪk 'ʌp/
(made up, made up /meɪd 'ʌp/)

reconnaître

1 ▷ Oh ! pardon, je ne t'ai pas reconnu !
Oh! sorry, I didn't recognize you!

2 ▷ Reconnais que tu as eu tort.
Admit that you were wrong.

1 (= identifier) **recognize** /'rekəgnaɪz/

2 (= admettre) **admit** /əd'mɪt/

Il y a deux ***t*** *au gérondif (****admitting*** /əd'mɪtɪŋ/*), au prétérit et au participe passé (****admitted*** /əd'mɪtɪd/*).*

recopier

▷ Si je recopie les verbes irréguliers, je m'en souviendrai mieux.
If I copy out the irregular verbs, I'll remember them better.

copy out /ˌkɒpɪ 'aʊt/

Le ***y*** *de* ***copy*** *devient* ***ie*** *à la troisième personne du singulier du présent de l'indicatif (****copies*** /'kɒpɪz/*), au prétérit et au participe passé (****copied*** /'kɒpɪd/*).*

record

▷ L'athlète allemande a battu le record de saut en hauteur.
The German athlete broke the record for the high jump.

record /'rekɔːd/

Notez la traduction de battre un record *:* ***break*** /breɪk/ *a record (****broke*** /brəʊk/*,* ***broken*** /'brəʊkən/*).*

recouvert de

▷ Le mur est recouvert de lierre.
The wall is covered in ivy.

covered in /'kʌvəd ɪn/
Notez la préposition utilisée en anglais : recouvert **de** = *covered* ***in***.

récréation

▷ Il y a une récréation le matin et une l'après-midi.
There's one break in the morning and one in the afternoon.

break /breɪk/
Break *rime avec* ***make****.*
En anglais américain on dit ***recess*** /'riːses/

rectangle

▷ La boîte a la forme d'un rectangle.
The box is in the shape of a rectangle.

rectangle /'rektæŋgl/
Trois syllabes : ***rec*** *+* ***tan*** *+* ***gle****.*

rectifier

▷ Il n'y a que deux ou trois petites choses à rectifier.
There are just two or three little things to correct.

correct /kə'rekt/
L'accent tonique est sur la deuxième syllabe ***-rect****.*

reçu, reçue

1 ▷ Nicolas a été reçu à son examen.
Nicolas passed his exam.

2 ▷ Est-ce que tu as gardé le reçu ?
Did you keep the receipt?

1 ► **être reçu** (à un examen) : **pass** /pɑːs/

2 ► **un reçu** (= une preuve d'achat) : a **receipt** /rɪ'siːt/
Attention à la prononciation : le ***p*** *ne se prononce pas, et* ***receipt*** *rime avec* ***eat****.*

reculer

1 ▷ Recule, tu es trop près pour la photo.
Move back, you're too close for the photograph.

2 ▷ La voiture a reculé pour nous laisser passer.
The car reversed to let us pass.

3 ▷ Recule un peu ta chaise.
Move your chair back a bit.

1 ► **reculer** (= s'éloigner) : **move back** /muːv 'bæk/

2 ► **reculer** (en voiture) : **reverse** /rɪ'vɜːs/

3 ► **reculer** quelque chose (= le mettre plus loin) : **move** something **back**

à reculons

▷ Les danseurs marchaient à reculons.
The dancers were walking backwards.

(= en arrière) **backwards** /'bækwədz/

récupérer

1 ▷ Si tu ne réclames pas ton livre, tu ne le récupéreras jamais.
If you don't ask for your book, you'll never get it back.

1 ► **récupérer** quelque chose (= le retrouver) : **get** /get/ **something back** (got, got /gɒt/)

2 ▷ J'irai récupérer les enfants à six heures.
I'll go and collect the children at six o'clock.

2 ► **récupérer** quelqu'un (= aller le chercher) : **collect** /kə'lekt/ **somebody**

3 ▷ Ça va mieux ? Tu as récupéré ?
Are you better? Have you recovered?

3 ► **récupérer** (= se remettre d'une maladie, de la fatigue) : **recover** /rɪ'kʌvəʳ/

recycler

▷ J'espère que tu recycles les bouteilles en plastique.
I hope you recycle plastic bottles.

recycle /ˌriː'saɪkl/

*Le y de **recycle** se prononce comme le **i** de **like**.*

rédaction

▷ Sabine a eu une bonne note pour sa rédaction.
Sabine got a good mark for her essay.

(= devoir de français) **essay** /'eseɪ/

rédiger

▷ Le rapport de Philippe est vraiment mal rédigé.
Philippe's report is very badly written.

write /raɪt/
(wrote /rəʊt/, written /'rɪtn/)

redoubler

▷ Beaucoup de parents ne veulent pas que leur enfant redouble.
A lot of parents don't want their children to repeat a year.

(= refaire une année) **repeat a year** /rɪ'piːt ə jɪəʳ/

redresser

1 ▷ Je portais un appareil pour redresser mes dents.
I wore a brace to straighten my teeth.

1 (= remettre droit quelque chose de tordu) **straighten** /'streɪtən/

2 ▷ Idriss a redressé la tête quand on est entrés.
Idriss looked up when we came in.

2 ► **redresser la tête** : **look up** /lʊk 'ʌp/

3 ▷ Redresse-toi, tu es presque couché sur la table !
Sit up straight, you're almost lying on the table!

3 ► **se redresser** (quand on est assis) : **sit up straight** /ˌsɪt ʌp 'streɪt/ (sat, sat)

4 ▷ Ma grand-mère a du mal à se redresser après s'être penchée.
My grandmother has trouble straightening up after bending down.

4 ► **se redresser** (quand on est debout) : **straighten up** /ˌstreɪtən 'ʌp/

réduction

▷ Est-ce que tu as eu une réduction sur les billets ?
Did you get a discount on the tickets?

(= rabais) **discount** /'dɪskaʊnt/

refaire

1 ▷ Si tu refais ça, je ne te parle plus !
If you do that again, I'm not talking to you any more!

2 ▷ Le toit de la maison a été refait.
The roof of the house has been redone.

1 (= recommencer) **do again** /duː əˈgen/ (**did** /dɪd/, **done** /dʌn/)

2 (= réparer) **redo** /riːˈduː/ (**redid** /riːˈdɪd/, **redone** /riːˈdʌn/)

réfléchir

1 ▷ Réfléchis avant de parler !
Think before you speak!

2 ▷ Le blanc réfléchit la lumière du soleil.
White reflects sunlight.

1 ► **réfléchir** (= penser) : **think** /θɪŋk/ (**thought, thought** /θɔːt/)

2 ► **réfléchir** quelque chose : **reflect** /rɪˈflekt/ something

refléter

▷ La mer reflète la couleur du ciel.
The sea reflects the colour of the sky.

reflect /rɪˈflekt/

réflexe

1 ▷ Il faut avoir de bons réflexes pour conduire.
You need good reflexes to drive.

2 ▷ Mon premier réflexe a été d'appeler mon père.
My first reaction was to call my father.

1 (= mouvement) **reflex** /ˈriːfleks/ (pluriel : **reflexes** /ˈriːfleksɪz/)

2 (= réaction) **reaction** /riːˈækʃən/

réflexion

▷ Suzie a fait une réflexion sur ma façon de parler.
Suzie made a comment about the way I speak.

(= remarque) **comment** /ˈkɒment/

refrain

▷ Je ne connais que le refrain de cette chanson.
I only know the chorus of this song.

(= couplet que l'on répète) **chorus** /ˈkɔːrəs/

*Le **ch** se prononce comme un **k**.*

réfrigérateur

▷ Qui a oublié de mettre le beurre au réfrigérateur ?
Who forgot to put the butter in the fridge?

fridge /frɪdʒ/

refroidir

1 ▷ Attends que la soupe refroidisse.
Wait for the soup to cool down.

2 ▷ Mangez ou ça va refroidir.
Eat or it'll get cold.

1 (en parlant de quelque chose qui était trop chaud) **cool down** /kuːl ˈdaʊn/

2 (= devenir trop froid) **get cold** /get ˈkəʊld/ (**got cold, got cold** /gɒt ˈkəʊld/)

Suite page suivante

3 ▷ Le temps s'est encore refroidi.
The weather has got cooler again.

3 ► **se refroidir** (en parlant du temps) : get cooler /get 'kuːləʳ/ (got cooler, got cooler /gɒt 'kuːləʳ/)

réfugié, réfugiée

▷ J'ai écouté une émission sur les réfugiés croates en France.
I listened to a programme about Croatian refugees in France.

refugee /ˌrefjʊ'dʒiː/

refuser

1 ▷ Quentin a refusé de nous aider.
Quentin refused to help us.

1 ► **refuser de faire** quelque chose : refuse /rɪ'fjuːz/ to do something

2 ▷ Anaïs voulait aller au conservatoire, mais elle a été refusée.
Anaïs wanted to go to music school, but she was turned down.

2 ► **être refusé** (à une école ou pour un poste) : be turned down /tɜːnd 'daʊn/

se régaler

▷ Ce repas était délicieux, je me suis vraiment régalé.
That meal was delicious, I really enjoyed it.

ℹ *Pour dire qu'on se régale en anglais, on emploie le verbe* ***enjoy*** /en'dʒɔɪ/ + complément d'objet.

regard

▷ Toby m'a lancé un regard furieux.
Toby gave me a furious look.

(= expression, coup d'œil) look /lʊk/
► **lancer un regard à** quelqu'un : give somebody a look (gave, given)

regarder

1 ▷ Regarde ce bel arc-en-ciel !
Look at that beautiful rainbow!

1 ► **regarder** quelque chose (quand il s'agit de quelque chose qui ne bouge pas) : look at /'lʊk ət/ something

N'oubliez pas la préposition ***at*** *!*

2 ▷ Est-ce que tu regardes souvent la télévision ?
Do you often watch television?

2 ► **regarder** quelque chose *(quand il s'agit de quelque chose qui bouge ou une image animée)* : watch /wɒtʃ/ something

Attention ! Ne confondez pas ***look at*** *et* ***watch*** *!*

3 ▷ Est-ce que tu as regardé dans les pages jaunes ?
Did you look in the yellow pages?

3 ► **regarder** (= chercher) look /lʊk/

4 ▷ Ils se sont regardés et ils ont éclaté de rire.
They looked at each other and burst out laughing.

4 ► **se regarder** (l'un l'autre) : look at each other /iːtʃ 'ʌðəʳ/

5 ▷ Je me suis regardée dans la glace et j'ai vu que j'avais un gros bouton sur le front.
I looked at myself in the mirror and I saw that I had a big spot on my forehead.
▷ Regarde-toi! Tu es couvert de boue!
Look at yourself! You're covered in mud!

5 ► **se regarder** (soi-même) **:** look at oneself

*Le pronom personnel réfléchi fonctionne de la façon suivante en anglais : I look at **myself**, you look at **yourself**, he looks at **himself**, she looks at **herself**, we look at **ourselves**, you look at **yourselves**, they look at **themselves**.*

régime

▷ Paul est au régime, il veut maigrir.
Paul is on a diet, he wants to lose weight.

diet /'daɪət/
► **être au régime :** be on a diet

*Le **i** de **diet** se prononce comme le **i** de **like**.*

région

1 ▷ Nous avons visité une région de montagne.
We visited a mountain region.

1 region /'riːdʒən/

*Le **e** de **region** se prononce comme le **ee** de **week**.*

2 ▷ Ils habitent dans la région parisienne.
They live in the Paris area.

2 ► **la région parisienne :** the Paris area /ðə 'pærɪs ˌɛərɪə/

règle

1 ▷ Utilise une règle pour tracer les traits.
Use a ruler to draw the lines.

1 (= instrument pour tracer des traits) ruler /'ruːləʳ/

2 ▷ C'est un jeu facile ; je vais t'expliquer les règles.
It's an easy game; I'm going to explain the rules to you.

2 (= loi) rule /ruːl/

3 ▷ Je vais bientôt avoir mes règles.
My period is due soon.

3 ► **règles** (= menstruation) period /'pɪərɪəd/

*Notez bien que le mot **règles** est traduit par un singulier.*

► **avoir ses règles :** be having /bɪ 'hævɪŋ/ a period

règlement

▷ Le règlement dit qu'il est interdit de fumer dans le bâtiment.
The rules say that it's forbidden to smoke in the building.

(= lois) rules /ruːlz/

*Notez bien que le mot **règlement** est traduit par un pluriel.*

régler

1 ▷ Lucien a rapidement réglé le problème.
Lucien solved the problem quickly.

1 (= résoudre) solve /sɒlv/

Suite page suivante

2 ▷ Peux-tu régler le son, je n'entends rien.
Can you adjust the sound, I can't hear anything.

2 (= mettre au point, moduler) **adjust** /ə'dʒʌst/

réglisse

▷ J'adore les bonbons à la réglisse.
I love liquorice sweets.

liquorice /'lɪkərɪs/

regretter

1 ▷ Je regrette, je ne peux pas t'aider.
I'm sorry, I can't help you.

2 ▷ Personne ne l'a regrettée quand elle est partie.
Nobody missed her when she left.

1 *Quand on veut exprimer son regret en anglais, on dit* ***I'm sorry*** /aɪm 'sɒrɪ/.

2 (en parlant d'une personne ou d'un endroit qui nous manque) **miss** /mɪs/

Le prétérit ***missed*** *se prononce* /mɪst/.

régulier, régulière

▷ Les bus ne sont pas très réguliers.
Buses aren't very regular.

(dans le temps, dans l'espace) **regular** /'regjʊlə^r/
(**plus régulier** more regular, **le plus régulier** the most regular)

régulièrement

▷ Jean-Loup vient régulièrement nous voir.
Jean-Loup comes to see us regularly.

regularly /'regjʊləlɪ/

rein

1 ▷ Mon oncle s'est fait opérer d'un rein.
My uncle had a kidney operation.

2 ▷ J'ai mal aux reins.
I've got backache.

1 (= organe) **kidney** /'kɪdnɪ/

2 ► **avoir mal aux reins** (= au dos) **:** have backache /'bækeɪk/

Backache *rime avec* ***make***.

reine

▷ La reine d'Angleterre habite au palais de Buckingham.
The queen of England lives in Buckingham Palace.

queen /kwiːn/

rejoindre

1 ▷ Rejoins-nous après le film.
Meet us after the film.

2 ▷ Pascal a couru tellement vite qu'il nous a rejoints.
Pascal ran so fast that he caught up with us.

1 (= se joindre à) **meet** /miːt/ (met, met /met/)

2 (= rattraper) **catch up with** /kætʃ 'ʌp wɪð/ (caught, caught /kɔːt/)

relation

1 ▷ Il n'y aucune relation entre les deux idées.
There is no connection between the two ideas.

1 (= lien) connection /kə'nekʃən/

2 ▷ Ils ont de très bonnes relations.
They have a very good relationship.

2 ► **relations** (= rapports personnels) : relationship /rɪ'leɪʃənʃɪp/

3 ▷ Les jeunes commencent à avoir des relations sexuelles de plus en plus tôt.
Young people start having sex earlier and earlier.

3 ► **relations sexuelles** : sex /seks/

se relayer

▷ On s'est relayés pour aller la voir à l'hôpital.
We took it in turns to go and see her in hospital.

► **se relayer pour** + infinitif : take it in turns /ˌteɪk ɪt ɪn 'tɜːnz/ to + base verbale
(took /tʊk/, taken /'teɪkən/)

relever

1 ▷ Relève tes manches pour ne pas les salir.
Roll up your sleeves so as not to get them dirty.

1 (en parlant des manches ou du bas de son pantalon) roll up /rəʊl 'ʌp/

2 ▷ Anna a dû relever sa jupe pour passer par-dessus la clôture.
Anna had to lift up her skirt to get over the fence.

2 (en parlant d'une jupe) lift up /lɪft 'ʌp/

3 ▷ Le prof va relever les copies dans cinq minutes.
The teacher is going to collect the papers in five minutes.

3 (= ramasser) collect /kə'lekt/

4 ▷ Patricia s'est relevée très vite.
Patricia got up very quickly.

4 ► **se relever** (= se remettre debout) : get up /get 'ʌp/
(got up, got up /gɒt 'ʌp/)

relier

▷ C'est la route qui relie les deux villages.
That's the road that links the two villages.

(= réunir, mettre en relation) link /lɪŋk/

religion

▷ Pour lui la religion est très importante.
For him religion is very important.

religion /rɪ'lɪdʒən/
► **la religion** : religion

relire

1 ▷ Est-ce que tu pourrais relire mon CV pour voir s'il y a des fautes ?
Could you read through my CV to see if there are any mistakes?

1 (= lire pour corriger) read through /riːd 'θruː/
(read /red/, read /red/)

Suite page suivante

2 ▷ Je suis en train de relire mon roman préféré.
I'm re-reading my favourite novel.

2 (= lire à nouveau) **re-read** /rɪ'riːd/ (re-read /rɪ'red/, re-read /rɪ'red/)

remarquable

▷ Fatima a fait des progrès remarquables en tennis.
Fatima has made some remarkable progress in tennis.

remarkable /rɪ'mɑːkəbl/ (**plus remarquable** more remarkable, **le plus remarquable** the most remarkable)

remarque

1 ▷ Tes remarques m'ont été très utiles.
Your remarks were very useful to me.

1 (= commentaire) **remark** /rɪ'mɑːk/

ℹ *On peut aussi dire* ***comment*** /'kɒment/.

2 ▷ Il me fait sans arrêt des remarques !
He's always criticizing me!

2 ► **faire des remarques à quelqu'un** (= le critiquer) : criticize /'krɪtɪsaɪz/ somebody

remarquer

1 ▷ Je n'avais pas remarqué qu'Aurélie s'était teint les cheveux.
I hadn't noticed that Aurélie had dyed her hair.

1 (= se rendre compte de) **notice** /'nəʊtɪs/

2 ▷ Ce n'est pas un problème, remarque !
It's not a problem, mind you!

2 ► **remarque** (en fin ou en début de phrase) : mind you /maɪnd 'juː/

rembourser

▷ Bob a oublié de me rembourser.
Bob forgot to pay me back.
▷ Ils n'arrivent pas à rembourser leur emprunt.
They can't pay back their loan.

pay back /peɪ 'bæk/ (paid, paid /peɪd/)

remède

▷ C'est un remède très efficace.
It's a very efficient cure.

cure /kjʊəʳ/

remercier

▷ Il aurait pu nous remercier !
He could have thanked us!
▷ C'est très gentil, je vous remercie.
That's very kind, thank you.

(= dire merci à) **thank** /θæŋk/

► **je vous remercie** *ou* **je te remercie** : thank you /'θæŋk juː/

remettre

1 ▷ Remets ce livre sur l'étagère.
Put this book back on the shelf.

1 (= replacer) **put back** /pʊt 'bæk/ (put, put)

2 ▷ Je remets ma veste, j'ai froid.
I'm putting my jacket back on, I'm cold.

2 (= se remettre dessus, en parlant d'un vêtement) **put back on** (put, put)

3 ▷ Je n'ai pas envie de remettre le même jean.
I don't want to wear the same jeans again.

3 (= porter de nouveau) **wear** /wɛəʳ/ **again** (wore /wɔːʳ/, worn /wɔːn/)

4 ▷ Tu peux remettre la radio si tu veux.
You can put the radio back on if you want.

4 (= remettre en marche) **put back on** (put, put)

5 ▷ Je lui ai remis une photocopie de mon passeport.
I gave him a photocopy of my passport.

5 ► **remettre** quelque chose **à** quelqu'un : **give** /gɪv/ somebody something (gave /geɪv/, given /'gɪvn/)

6 ▷ La réunion a été remise à lundi.
The meeting was postponed until Monday.

6 (= reporter) **postpone** /pəʊst'pəʊn/

ℹ *Notez la préposition utilisée en anglais :* remettre à = *postpone **until**.*

7 ▷ Je ne sais pas si Bruno va se remettre de son accident.
I don't know if Bruno is going to recover from his accident.

7 ► **se remettre de** quelque chose : recover /rɪ'kʌvəʳ/ from something

8 ▷ Elle s'est remise à pleurer dès qu'il est parti.
She started crying again as soon as he left.

8 ► **se remettre à** + infinitif : start + -ing + again

remonter

1 ▷ On est remontés jusqu'en haut de la colline.
We went back up to the top of the hill.

1 ► **remonter** (= aller vers le haut) : **go back up** /gəʊ bæk 'ʌp/ (went /'went/, gone /'gɒn/)

2 ▷ L'ascenseur remonte.
The lift is coming back up.

2 ► **remonter** (= venir vers le haut) : **come back up** /kʌm bæk 'ʌp/ (came /'keɪm/, come /kʌm/)

3 ▷ Jean-Loup a remonté la pente.
Jean-Loup went back up the slope.

3 ► **remonter** quelque chose (en parlant d'une pente, d'une rue) : **go back up** (went, gone)

4 ▷ N'oublie pas de remonter la pendule.
Don't forget to wind the clock up.

4 ► **remonter** quelque chose (en parlant d'une montre, d'une horloge) : **wind** /waɪnd/ something **up** (wound, wound /'waʊnd/)

remords

▷ Lucas a eu des remords quand il a vu qu'Isabelle était triste.
Lucas was sorry when he saw that Isabelle was sad.

► **avoir des remords** : **be sorry** /'sɒrɪ/

remorquer

▷ Le garagiste a remorqué la voiture.
The mechanic towed the car.

tow /təʊ/

Tow rime avec Joe et go. Towed rime avec road.

remplaçant, remplaçante

1 ▷ On a eu une remplaçante parce que la prof d'anglais était malade.
We had a supply teacher because the English teacher was ill.

2 ▷ Le docteur n'était pas là, c'est son remplaçant qui m'a examiné.
The doctor wasn't there, it was his replacement who examined me.

1 (= professeur) **supply teacher** /sə'plaɪ tiːtʃəʳ/ (pluriel : supply teachers)

2 (= médecin ou autre profession) **replacement** /rɪ'pleɪsmənt/

remplacer

1 ▷ Tu peux me remplacer deux minutes ?
Can you take over from me for two minutes?

2 ▷ Je vais remplacer l'ampoule.
I'm going to replace the bulb.

1 (= prendre le relais de) **take over from** /teɪk 'əʊvə frɒm/ (took /'tʊk/, taken /'teɪkən/)

2 (= changer) **replace** /rɪ'pleɪs/

rempli, remplie

▷ La bouteille est remplie.
The bottle is full.

▷ Ce CV est rempli de fautes !
This CV is full of mistakes!

(= plein) **full** /fʊl/

Notez la préposition utilisée en anglais : rempli de = *full of.*

remplir

1 ▷ Ne remplis pas le verre.
Don't fill the glass.

▷ Remplissez la casserole d'eau froide.
Fill the pan with cold water.

2 ▷ Est-ce que tu as rempli le questionnaire ?
Have you filled in the questionnaire?

1 (= combler) **fill** /fɪl/

Notez la préposition utilisée en anglais : remplir de = *fill with.*

2 (en parlant d'un formulaire) **fill in**

remporter

▷ L'équipe de Dijon a remporté la compétition.
The Dijon team won the competition.

win /wɪn/ (won, won /wʌn/)

remuer

1 ▷ Arrête de remuer !
Stop fidgeting!

2 ▷ Ajoutez le lait et remuez bien.
Add the milk and stir well.

1 ► **remuer** (= s'agiter) : **fidget** /'fɪdʒɪt/

2 ► **remuer** quelque chose (en parlant d'un liquide) : **stir** /stɜːʳ/ something

Il y a deux r au prétérit et au participe passé (stirred /stɜːd/).

3 ▷ Est-ce que quelqu'un a remué la salade ?
Has anybody tossed the salad?

3 ► **remuer une salade :** toss /tɒs/ a salad

4 ▷ Le chien remue la queue quand il est content.
The dog wags its tail when it's happy.

4 ► **remuer la queue** (en parlant d'un chien) **:** wag its tail /wæg ɪts 'teɪl/

renard

▷ Un renard a traversé la route juste devant la voiture.
A fox crossed the road just in front of the car.

fox /fɒks/ (pluriel : foxes /'fɒksɪz/)

rencontrer

▷ J'ai rencontré Alex l'année dernière.
I met Alex last year.

▷ Aïda et Léo se sont rencontrés en Espagne.
Aïda and Léo met in Spain.

(= faire la connaissance de) meet /miːt/ (met, met /met/)

► **se rencontrer :** meet /miːt/ (met, met /met/)

rendez-vous

1 ▷ Cyril a manqué son rendez-vous chez l'oculiste.
Cyril missed his appointment at the eye specialist's.

▷ Christelle est absente parce qu'elle a rendez-vous chez le docteur.
Christelle is absent because she has an appointment at the doctor's.

▷ J'ai pris rendez-vous chez le dentiste pour lundi.
I made an appointment at the dentist's for Monday.

1 (= rendez-vous chez le médecin, le dentiste, le coiffeur) appointment /ə'pɔɪntmənt/

► **avoir rendez-vous :** have an appointment (had, had)

► **prendre rendez-vous :** make /meɪk/ an appointment (made, made /meɪd/)

2 ▷ J'ai rendez-vous avec Pierre à 15 heures.
I'm meeting Pierre at 3 o'clock.

▷ Avec qui as-tu rendez-vous ce soir ?
Who are you meeting this evening?

▷ J'ai donné rendez-vous à Sylvain à neuf heures.
I arranged to meet Sylvain at nine o'clock.

2 *Quand il s'agit d'un rendez-vous avec un ami, on emploie le verbe* ***meet*** /miːt/.

N'employez pas ***appointment*** *dans ce contexte !*

► **donner rendez-vous à quelqu'un :** arrange /ə'reɪndʒ/ to meet somebody

3 ▷ Mathias est nerveux parce que c'est son premier rendez-vous avec Aurélie.
Mathias is nervous because it's his first date with Aurélie.

3 *Quand il s'agit d'un rendez-vous d'amoureux,* **rendez-vous** *se traduit par* ***date*** /deɪt/.

rendre

1 ▷ Est-ce que tu peux me rendre le CD que je t'ai prêté ?
Can you give me back the CD that I lent you?

1 ► **rendre** quelque chose **à** quelqu'un **:** give /gɪv/ something back to somebody (gave /'geɪv/, given /'gɪvn/)

Suite page suivante

2 ▷ Vous devez rendre les copies maintenant.
You must hand the papers in now.

2 ► **rendre** quelque chose (en parlant de copies) : **hand** /'hænd/ something **in**

3 ▷ Ça me rend triste !
It makes me sad!

3 *Au sens de* faire devenir, **rendre** *se traduit par* ***make*** /meɪk/ (***made, made*** /meɪd/).

4 ▷ Le pauvre Jean-Luc a rendu sur le bateau.
Poor Jean-Luc was sick on the boat.

4 ► **rendre** (= vomir) : **be sick** /'sɪk/

renifler

▷ Quelqu'un à côté de moi a reniflé pendant tout le spectacle.
Somebody next to me sniffed throughout the whole show.

sniff /snɪf/

renoncer

▷ Non, c'est trop dur, je renonce !
No, it's too difficult, I give up!

(= abandonner) **give up** /gɪv 'ʌp/ (**gave up** /geɪv 'ʌp/, **given up** /gɪvn 'ʌp/)

rénover

▷ Ils vont rénover la mairie.
They're going to renovate the town hall.

renovate /'renəveɪt/

renseignement

▷ Ces renseignements sont très utiles.
This information is very useful.

▷ On a demandé des renseignements à l'office de tourisme.
We asked for some information at the tourist office.

▷ Quelqu'un m'a demandé un renseignement dans la rue.
Someone asked me for some information in the street.

▷ Quel est le numéro des renseignements ?
What's the number for directory inquiries?

ℹ *Le mot* **renseignement** *se traduit par* ***information*** /ˌɪnfə'meɪʃən/, *mais attention ! En anglais,* ***information*** *est un mot indénombrable : il* **ne se met pas au pluriel**, *et il* **ne s'emploie jamais** *avec l'article* ***an***.

ℹ *Notez l'emploi de* ***some information*** *pour traduire* **un renseignement** *ou* **des renseignements**.

► **renseignements téléphoniques : directory inquiries** /dɪˌrektərɪ ɪn'kwaɪəriːz/

se renseigner

▷ Je vais me renseigner sur les horaires de train.
I'm going to ask for some information on train timetables.

(= demander des renseignements) **ask** /ɑːsk/ **for some information** /ˌɪnfə'meɪʃən/

rentrée

▷ La rentrée est le 6 septembre.
The start of the school year is on 6 September.

► **la rentrée :** the start /stɑːt/ of the school year /skuːl ˈjɪəʳ/

rentrer

1 ▷ Rentrez, il fait froid dehors.
Come in, it's cold outside.

▷ Ils sont rentrés dans le salon.
They came into the living room.

1 ► **rentrer** (= venir dedans) **:** come in /kʌm ˈɪn/ (came in /keɪm ˈɪn/, come in)

► **rentrer dans** (= venir dans) **:** come into (came into, come into)

2 ▷ Rentrons vite, il commence à pleuvoir.
Let's go in quick, it's starting to rain.

▷ On est rentrés dans un bar pour boire un verre.
We went into a bar to have a drink.

▷ Tu crois qu'on va tous rentrer dans la voiture?
Do you think we'll all get into the car?

▷ Je ne rentre plus dans ce jean.
I can't get into these jeans any more.

2 ► **rentrer** (= aller dedans) **:** go in /gəʊ ˈɪn/ (went in /went ˈɪn/, gone in /gɒn ˈɪn/)

► **rentrer dans** (= aller dans) **:** go into

► **rentrer dans** (= tenir dans un espace ou mettre un vêtement) **:** get into (got, got)

3 ▷ Je suis fatigué, je rentre.
I'm tired, I'm going home.

▷ Tu veux rentrer ?
Do you want to go home?

3 ► **rentrer** (= aller chez soi) **:** go home /gəʊ ˈhəʊm/ (went home /went ˈhəʊm/, gone home /gɒn ˈhəʊm/)

4 ▷ J'étais déjà au lit quand Caroline est rentrée.
I was already in bed when Caroline got home.

4 ► **rentrer** (= arriver chez soi) **:** get home /get ˈhəʊm/ (got home, got home /gɒt ˈhəʊm/)

5 ▷ La voiture est rentrée dans un arbre.
The car crashed into a tree.

5 ► **rentrer dans** quelque chose (= heurter) **:** crash /kræʃ/ into something

6 ▷ Je vais rentrer le linge, il commence à pleuvoir.
I'm going to bring the washing in, it's starting to rain.

6 ► **rentrer** quelque chose (= le mettre à l'intérieur) **:** bring /brɪŋ/ something in (brought, brought /ˈbrɔːt/)

renverser

1 ▷ Attention, ne renverse pas la bouteille.
Be careful, don't knock the bottle over.

1 (= faire tomber) knock over /nɒk ˈəʊvəʳ/

Le k de knock ne se prononce pas.

2 ▷ Benoît a renversé son café.
Benoît spilled his coffee.

2 (= répandre) spill /spɪl/ (spilled, spilt)

3 ▷ Madame Rainier s'est fait renverser par une voiture.
Mrs Rainier was run over by a car.

3 ► **se faire renverser** (en parlant d'un piéton) **:** be run over /rʌn ˈəʊvəʳ/

renvoyer

1 ▷ Matthieu a été renvoyé du lycée.
Matthieu was expelled from the school.

1 (= expulser définitivement) **expel** /ek'spel/

*Il y a deux **l** au gérondif (**expelling** /ek'spelɪŋ/), au prétérit et au participe passé (**expelled** /ek'speld/).*

2 ▷ Anne a été renvoyée trois jours.
Anne was suspended for three days.

2 (= expulser provisoirement) **suspend** /səs'pend/

3 ▷ Renvoie-moi la balle !
Throw the ball back to me!

3 (= lancer) **throw back** /θrəʊ 'bæk/ (**threw** /θruː/, **thrown** /θrəʊn/)

réparer

▷ Quelqu'un est venu réparer la télé.
Somebody came to repair the TV.
▷ Il faut que je fasse réparer ma machine à laver.
I must get my washing machine repaired.

repair /rɪ'pɛəʳ/

► **faire réparer** quelque chose : **get something repaired**

repartir

▷ On est repartis après une pause d'une heure.
We set off again after a one-hour break.

(= reprendre la route) **set off again** /set 'ɒf ə,gen/ (**set off again, set off again**)

répartir

▷ Nous allons répartir le travail entre trois équipes.
We're going to share out the work between three teams.

(= partager) **share out** /ʃɛər 'aʊt/

*Attention à la prononciation de **shared** : /ʃɛəd/.*

repas

▷ Les repas de l'hôtel sont excellents.
The hotel meals are excellent.
▷ Nous prenons nos repas dans la cuisine.
We have our meals in the kitchen.

meal /miːl/

Notez la traduction de **prendre** un repas : ***have a meal*** (**had, had**)

repassage

▷ Je déteste faire le repassage.
I hate doing the ironing.

ironing /'aɪənɪŋ/

*Le **r** ne se prononce pas.*

repasser

1 ▷ Je vais repasser ma chemise.
I'm going to iron my shirt.

1 ► **repasser** quelque chose (avec un fer à repasser) **iron** /'aɪən/ **something**

*Le **r** ne se prononce pas.*

2 ▷ Pierre a dû repasser son permis de conduire.
Pierre had to retake his driving test.

2 ► **repasser** quelque chose (en parlant d'un examen ou du permis de conduire) : **retake** /riːˈteɪk/ something (retook /riːˈtʊk/, retaken /riːˈteɪkən/)

3 ▷ J'ai vu repasser Lise et Marine.
I saw Lise and Marine go past again.

3 ► **repasser** (= aller de nouveau d'un lieu à un autre) : **go past again** /gəʊ ˈpɑːst əˌgen/ (went /ˈwent/, gone /ˈgɒn/)

4 ▷ Marc a dit qu'il repasserait ce soir.
Marc said he would come back tonight.

4 ► **repasser** (= revenir) : **come back** /kʌm ˈbæk/ (came back /keɪm ˈbæk/, come back)

repeindre

▷ Rémi repeint la maison avec un copain.
Rémi is repainting the house with a friend.

repaint /riːˈpeɪnt/

repérer

1 ▷ Ils sont sur la plage, essaie de les repérer.
They're on the beach, try and spot them.

1 (= trouver, remarquer) **spot** /spɒt/

ℹ *Il y a deux* ***t*** *au gérondif* (spotting /ˈspɒtɪŋ/), *au prétérit et au participe passé* (spotted /ˈspɒtɪd/).

2 ▷ On devrait repérer le village sur la carte avant de partir.
We should locate the village on the map before leaving.

2 (= situer) **locate** /ləʊˈkeɪt/

répéter

1 ▷ Tu peux répéter, s'il te plaît ? Je n'ai pas compris.
Can you repeat that, please? I didn't understand.

1 ► **répéter** quelque chose (= redire la même chose) : **repeat** /rɪˈpiːt/ something

2 ▷ On répète tous les mardis.
We rehearse every Tuesday.

2 (= s'entraîner) **rehearse** /rɪˈhɜːs/

🔊 ***Rehearse*** *rime avec* ***nurse****.*

répétition

1 ▷ Il y a trop de répétitions dans ton CV.
There is too much repetition in your CV.

1 (= mot ou phrase répétée) **repetition** /ˌrepɪˈtɪʃən/

ℹ *Le mot anglais* ***repetition*** *est généralement employé au singulier, comme dans l'exemple à gauche.*

2 ▷ N'oublie pas que la répétition est à six heures.
Don't forget that the rehearsal is at six.

2 (= séance d'entraînement pour le théâtre) **rehearsal** /rɪˈhɜːsəl/

🔊 *Dans le mot* ***rehearsal****,* ***-hear-*** *se prononce exactement comme le mot* ***her****.*

répondeur

▷ Il y a trois messages sur le répondeur.
There are three messages on the answering machine.

answering machine /ˈɑːnsərɪŋ məʃiːn/
(pluriel : answering machines)

Le w ne se prononce pas.

répondre

▷ J'ai posé une question à Pascal mais il ne m'a pas répondu.
I asked Pascal a question but he didn't answer me.
▷ Je ne veux pas répondre à cette question.
I don't want to answer that question.
▷ Ça ne répond pas, ils doivent être déjà partis.
There's no answer, they must have left already.

answer /ˈɑːnsəʳ/

Le w de answer ne se prononce pas. Answer rime avec dancer.

► **répondre à :** answer

► **ça ne répond pas :** there's no answer

Attention à la prononciation de answered : /ˈɑːnsəd/.

réponse

▷ Ce n'était pas la bonne réponse.
It wasn't the right answer.

answer /ˈɑːnsəʳ/

Le w de answer ne se prononce pas.

reportage

▷ Vous avez vu le reportage sur le Tour de France ?
Did you see the report on the Tour de France?

(= émission) **report** /rɪˈpɔːt/

Report rime avec bought et caught.

reporter

▷ La réunion est reportée à mardi.
The meeting is postponed until Tuesday.

(= remettre à plus tard) **postpone** /pəʊstˈpəʊn/

Notez la préposition utilisée en anglais : reporter à = postpone **until**.

repos

▷ Le médecin a dit que Christophe avait besoin de repos.
The doctor said that Christophe needed rest.

(= détente) **rest** /rest/

se reposer

▷ Tu devrais te reposer avant de partir.
You should rest before leaving.

rest /rest/

reprendre

1 ▷ Reprends du gâteau si tu veux.
Have some more cake if you want.

1 **Reprendre** *au sens de* prendre encore *se traduit par* **have some more...** (**had, had**).

2 ▷ Ils ont repris leur conversation.
They resumed their conversation.

2 ► **reprendre** quelque chose (= poursuivre) : **resume** /rɪ'zjuːm/ something

3 ▷ Quand est-ce que vous reprenez le travail ?
When do you go back to work?

3 ► **reprendre le travail** : **go back to work** (went, went)

4 ▷ Le prof nous reprend patiemment.
The teacher corrects us patiently.

4 ► **reprendre** quelqu'un (= le corriger) : **correct** /kə'rekt/ somebody

5 ▷ Les cours reprennent le 6 septembre.
School starts again on 6 September.

5 ► **reprendre** (= recommencer) : **start again** /stɑːt ə'gen/

représentant, représentante

▷ On devrait choisir un représentant pour parler au directeur.
We should choose a representative to talk to the manager.

(= délégué) **representative** /ˌreprɪ'zentətɪv/

représentation

▷ La représentation commence à huit heures.
The performance starts at eight o'clock.

(= pièce de théâtre) **performance** /pə'fɔːməns/

L'accent tonique est sur la deuxième syllabe ***-for-****.*

représenter

▷ Que représente ce tableau ?
What does this painting represent?

▷ Mme Lebrun représentera l'ensemble des employés.
Mrs Lebrun will represent all the employees.

represent /ˌreprɪ'zent/

L'accent tonique est sur la dernière syllabe ***-sent****.*

reproche

▷ Ce n'est pas un reproche !
It's not a criticism!

▷ Daniel me fait tout le temps des reproches.
Daniel criticizes me all the time.

criticism /'krɪtɪsɪzəm/

► **faire des reproches à** quelqu'un : **criticize** /'krɪtɪsaɪz/ somebody

reprocher

▷ Il m'a reproché d'arriver toujours en retard.
He criticized me for always arriving late.

► **reprocher à** quelqu'un **de** + infinitif : **criticize** /'krɪtɪsaɪz/ somebody **for** + **-ing**

reptile

▷ Il y a un bâtiment spécial pour les reptiles au zoo.
There's a special building for reptiles at the zoo.

reptile /'reptaɪl/

Le ***i*** *du mot anglais se prononce comme le* ***i*** *de* ***like****.*

réputation

▷ Ce restaurant a une très bonne réputation.
This restaurant has a very good reputation.

reputation /ˌrepjʊˈteɪʃən/
L'accent tonique est sur la troisième syllabe ***-ta-****.*

réputé, réputée

▷ C'est un écrivain très réputé.
He's a very famous writer.

famous /ˈfeɪməs/
(**plus réputé** more famous, **le plus réputé** the most famous)
Le ***a*** *se prononce comme le* ***a*** *de* ***make****, et le* ***ou*** *comme le* ***e*** *du mot français* ***de****.*

requin

▷ Il y a des requins près de cette plage.
There are sharks near this beach.

shark /ʃɑːk/

réserve

▷ Nous avons une réserve de bougies en cas de coupure de courant.
We have a stock of candles in case there's a power cut.

(= provision) **stock** /stɒk/

réserver

1 ▷ Les billets sont moins chers si tu réserves en avance.
The tickets are cheaper if you book in advance.

2 ▷ On te réservera une place à côté de nous.
We'll keep a seat for you next to us.

1 (= retenir à l'avance) **book** /bʊk/
On peut aussi dire ***reserve*** /rɪˈzɜːv/.

2 (= garder) **keep** /kiːp/
(kept, kept /kept/)

résistant, résistante

1 ▷ Célia est très résistante, elle n'est jamais malade.
Célia is very tough, she's never ill.

2 ▷ Ce tissu est très résistant.
This material is very hard-wearing.

1 (en parlant d'une personne) **tough** /tʌf/ (**plus résistant** tougher /ˈtʌfəʳ/, **le plus résistant** the toughest /ˈtʌfɪst/)
Tough *rime avec* ***stuff****.*

2 (en parlant d'un matériau) **hard-wearing** /hɑːd ˈwɛərɪŋ/
(**plus résistant** more hard-wearing, **le plus résistant** the most hard-wearing)

résister à

▷ Je n'ai pas pu résister à la tentation, j'en ai acheté quatre !
I couldn't resist the temptation, I bought four of them!

(= ne pas céder à) **resist** /rɪˈzɪst/
Notez l'absence de préposition en anglais (on ne dit pas *'resist to'*).

résoudre

▷ Je n'ai pas encore résolu ce problème.
I haven't solved this problem yet.

solve /sɒlv/

respecter

▷ Il ne respecte personne.
He doesn't respect anyone.

(en parlant d'une personne) respect /rɪ'spekt/

respiration

▷ Linda a retenu sa respiration avant de plonger.
Linda held her breath before diving.

(= souffle) breath /breθ/

Le ea de breath se prononce comme le e de bed.

respirer

▷ Mon grand-père a du mal à respirer.
My grandfather has trouble breathing.

breathe /briːð/

Le ea de breathe se prononce comme le ee de week et see.

responsabilité

▷ Catherine a beaucoup de responsabilités dans son travail.
Catherine has a lot of responsibilities in her job.

responsibility /rɪsˌpɒnsɪ'bɪlɪtɪ/ (pluriel : responsibilities /rɪsˌpɒnsɪ'bɪlɪtɪz/)

responsable

1 ▷ Chaque équipe est responsable d'une partie du travail.
Each team is responsible for a part of the work.

2 ▷ Le responsable sera puni.
The person responsible will be punished.
▷ On cherche les responsables.
We're looking for the people responsible.

3 ▷ Je voudrais parler au responsable.
I'd like to speak to the person in charge.

1 ► **responsable de :** responsible /rɪ'spɒnsəbl/ for

Attention à l'orthographe.

2 ► **le responsable** *ou* **la responsable** (= la personne coupable) **:** the person /'pɜːsn/ responsible (pluriel : the people /piːpl/ responsible)

3 ► **le responsable** *ou* **la responsable** (= la personne qui dirige) **:** the person in charge /ɪn 'tʃɑːdʒ/ (pluriel : the people in charge)

ressemblant, ressemblante

▷ Ce portrait est très ressemblant.
This portrait is a very good likeness.

► **être ressemblant :** be a good likeness /gʊd 'laɪknəs/

ressembler

1 ▷ Joël ressemble à sa mère.
Joël looks like his mother.

2 ▷ Les deux frères ne se ressemblent pas beaucoup.
The two brothers don't look very much alike.

1 ► **ressembler à** quelqu'un : look like /'lʊk laɪk/ somebody

2 ► **se ressembler** : look alike /lʊk ə'laɪk/

ressort

▷ Il y a un ressort cassé dans le canapé.
There's a broken spring in the sofa.

(= pièce de métal) spring /sprɪŋ/

ressortir

1 ▷ Lucas est ressorti pour me parler.
Lucas came back out to talk to me.

2 ▷ Il est tard, je n'ai pas envie de ressortir.
It's late, I don't feel like going back out.

3 ▷ La photo ressortira mieux sur fond noir.
The photo will stand out better against a black background.

1 (= venir dehors) come back out /kʌm bæk 'aʊt/ (came back out /keɪm bæk 'aʊt/, come back out)

2 (= aller dehors) go back out /gəʊ bæk 'aʊt/ (went back out /went bæk 'aʊt/, gone back out /gɒn bæk 'aʊt/)

3 (= se détacher) stand out /stænd'aʊt/ (stood out, stood out /stʊd'aʊt/)

restaurant

▷ Jean nous a conseillé un restaurant indien.
Jean recommended an Indian restaurant.

restaurant /'restərɒnt/

reste

1 ▷ Le reste de la famille viendra plus tard.
The rest of the family will come later.

2 ▷ On a mangé des restes au dîner.
We ate leftovers for dinner.

1 ► **le reste** (= la partie restante) : the rest /rest/

2 ► **restes** (de nourriture) : leftovers /'leftəʊvəz/

rester

1 ▷ Reste avec moi.
Stay with me.

2 ▷ Vous pouvez emporter la nourriture qui reste.
You can take the food that's left.
▷ Il reste du gâteau, qui en veut ?
There is some cake left, who wants some?
▷ Il reste trois euros.
There are three euros left.

1 (dans un endroit, dans une position) stay /steɪ/

2 (= subsister) be left /left/

ℹ *Pour traduire la tournure impersonnelle* il reste, *on emploie en anglais* ***there is*** *(ou* ***there are****)* ***... left****.*

▷ Est-ce qu'il reste des pommes ?
Are there any apples left?
▷ Est-ce qu'il reste du fromage ?
Is there any cheese left?
▷ Il nous reste cinquante euros.
We have fifty euros left.

i ***There is*** + nom au singulier. ***There are*** + nom au pluriel.
i *À l'interrogatif,* ***is there?*** *(+ singulier) ou* ***are there?*** *(+ pluriel).*
i *Lorsqu'il y a un complément d'objet indirect* (**nous** *dans notre exemple), on emploie en anglais* ***have... left*** (**had, had**).

résultat

▷ Nous avons eu de très bons résultats.
We had very good results.

result /rɪ'zʌlt/
L'accent tonique est sur la deuxième syllabe ***-sult.***

résumé

▷ Je n'ai lu que le résumé de l'article.
I only read the summary of the article.

summary /'sʌmərɪ/
(pluriel : summaries /'sʌmərɪz/)

résumer

▷ C'est un film qui est difficile à résumer.
It's a film that's difficult to sum up.
▷ Il a résumé le texte en quelques phrases.
He summed up the text in a few sentences.

sum up /sʌm 'ʌp/
i *Il y a deux* ***m*** *au gérondif* (summing up /ˌsʌmɪŋ 'ʌp/)*, au prétérit et au participe passé* (summed up /sʌmd 'ʌp/).
Attention ! Le verbe anglais ***resume*** ***ne signifie pas*** résumer *mais* reprendre.

retard

▷ Le train avait du retard.
The train was late.
▷ Vous avez une demi-heure de retard.
You're half an hour late.
▷ Charles arrive toujours en retard.
Charles always arrives late.

► **avoir du retard :** be late /leɪt/

► **en retard :** late /leɪt/

retarder

1 ▷ Les Chaumet ont dû retarder leur départ de deux jours.
The Chaumets had to delay their departure by two days.

2 ▷ Je crois que ta montre retarde.
I think your watch is slow.
▷ L'horloge retarde de trois minutes.
The clock is three minutes slow.

1 ► **retarder** quelque chose (= le remettre à plus tard) **:** delay /dɪ'leɪ/ something

2 ► **retarder** (en parlant d'une montre) **:** be slow /sləʊ/

retenir

1 ▷ Lambert allait sauter, mais on l'a retenu.
Lambert was going to jump, but we held him back.

1 (= maintenir) **hold back** /həʊld 'bæk/ (held, held /held/)

2 ▷ Est-ce que cette table est retenue ?
Is this table reserved?

2 (= réserver) **reserve** /rɪ'zɜːv/

3 ▷ J'ai du mal à retenir les verbes irréguliers.
I have trouble remembering irregular verbs.

3 (= se rappeler) **remember** /rɪ'membəʳ/

4 ▷ Lydie peut retenir son souffle pendant vingt secondes.
Lydie can hold her breath for twenty seconds.

4 ► **retenir son souffle :** **hold one's breath** /breθ/ (held, held)

*L'adjectif possessif fonctionne de la façon suivante en anglais : I hold **my** breath, you hold **your** breath, he holds **his** breath, she holds **her** breath.*

retenue

▷ Le prof a donné deux heures de retenue à Raphaëlle.
The teacher gave Raphaëlle two hours' detention.

(= colle) **detention** /dɪ'tenʃən/

*L'accent tonique est sur la deuxième syllabe **-ten-**.*

retirer

1 ▷ Tu peux retirer ton manteau, il fait chaud.
You can take your coat off, it's hot.

1 (= enlever, en parlant d'un vêtement, de gants, d'un chapeau) **take off** /teɪk 'ɒf/ (took /tʊk/, taken /'teɪkən/)

2 ▷ J'ai retiré les allumettes à mon petit frère.
I took the matches away from my little brother.

2 ► **retirer** quelque chose **à** quelqu'un **:** **take** something **away from** somebody (took, taken)

3 ▷ Siri s'est brûlée en retirant le plat du four.
Siri burnt herself while she was taking the dish out of the oven.

3 ► **retirer** quelque chose (= le sortir) **take** something **out** (took, taken)

4 ▷ Je vais retirer de l'argent à la banque.
I'm going to withdraw some money at the bank.

4 (en parlant d'argent) **withdraw** /wɪθ'drɔː/ (withdrew /wɪθ'druː/, withdrawn /wɪθ'drɔːn/)

retomber

▷ Le ballon est retombé sur le toit.
The ball landed on the roof.

(= atterrir) **land** /lænd/

retour

1 ▷ Le retour m'a semblé plus court que l'aller.
The return journey seemed shorter than the outward journey.

1 (= trajet) **return journey** /rɪˌtɜːn 'dʒɜːnɪ/

2 ▷ C'est Maria qui a conduit au retour.
It was Maria who drove on the way back.

3 ▷ Appelle-moi à ton retour.
Call me when you get back.
▷ À notre retour nous avons trouvé la maison ouverte.
When we got back we found the house open.

4 ▷ Mes voisins ne sont pas encore de retour de vacances.
My neighbours aren't back from holiday yet.

2 ► **au retour :** on the way back /ˌɒn ðə weɪ ˈbæk/

3 *Pour parler du moment où l'on rentre, on emploie en anglais* ***when*** + pronom sujet + ***get back****, au présent ou au passé selon le sens de la phrase.*

4 ► **être de retour :** be back

retourner

1 ▷ Retourne les pommes de terre pour qu'elles cuisent des deux côtés.
Turn the potatoes over so that they cook on both sides.

2 ▷ Christian retourne en Italie chaque été.
Christian goes back to Italy every summer.

3 ▷ Ne te retourne pas, il est juste derrière toi !
Don't turn round, he's just behind you!

1 ► **retourner** quelque chose (= le mettre de l'autre côté) **:** turn /tɜːn/ something over /ˈəʊvəʳ/

2 ► **retourner** (= repartir) **:** go back /gəʊ ˈbæk/ (went back /went ˈbæk/, gone back /gɒn ˈbæk/)

3 ► **se retourner** (= faire volte-face) **:** turn round /tɜːn ˈraʊnd/

retraite

▷ Mes parents sont à la retraite.
My parents are retired.
▷ Michel veut prendre sa retraite à cinquante ans.
Michel wants to retire at fifty.

► **être à la retraite :** be retired /rɪˈtaɪəd/
► **prendre sa retraite :** retire /rɪˈtaɪəʳ/

Le ***i*** *de* ***retire*** *est celui de* ***like****.*

rétrécir

▷ Oh non, mon pull a rétréci au lavage !
Oh no, my pullover has shrunk in the wash!

(en parlant d'un vêtement) shrink /ʃrɪŋk/
(shrank /ʃræŋk/, shrunk /ʃrʌŋk/)

retrousser

1 ▷ Sébastien a retroussé ses manches.
Sébastien rolled his sleeves up.

2 ▷ Coralie a dû retrousser sa jupe pour monter sur la moto.
Coralie had to hitch up her skirt to get on the motorbike.

1 (en parlant des manches ou d'un pantalon) roll up /rəʊl ʌp/

2 (en parlant d'une jupe ou d'une robe) hitch up /hɪtʃ ˈʌp/

retrouver

1 ▷ Emmanuelle n'a jamais retrouvé son porte-monnaie.
Emmanuelle never found her purse.

2 ▷ Allez-y, je vous retrouverai au restaurant.
Go on, I'll meet you at the restaurant.

3 ▷ On peut se retrouver devant le cinéma si tu veux.
We can meet in front of the cinema if you want.

4 ▷ On s'est perdus et on s'est retrouvés au milieu de la forêt.
We got lost and we ended up in the middle of the forest.

1 (= trouver quelque chose qu'on avait égaré) find /faɪnd/ (found, found /faʊnd/)

2 (= rejoindre quelqu'un) meet /miːt/ (met, met /met/)

3 ► **se retrouver** (= se rejoindre) **:** meet /miːt/ (met, met /met/)

4 ► **se retrouver** (= finir) **:** end up /end 'ʌp/

rétroviseur

1 ▷ Le rétroviseur est trop haut, on ne voit rien.
The wing mirror is too high, you can't see anything.

2 ▷ Quentin nous regardait dans le rétroviseur.
Quentin was watching us in the rear-view mirror.

1 (sur le côté) wing mirror /'wɪŋ ˌmɪrəʳ/ (pluriel : wing mirrors)

2 (au milieu) rear-view mirror /'rɪəvjuː 'mɪrəʳ/

réunion

▷ Fanny est à une réunion pour son travail.
Fanny is at a meeting for her work.

meeting /'miːtɪŋ/

se réunir

▷ Mes amis et moi nous réunissons tous les mercredis après-midi.
My friends and I meet every Wednesday afternoon.

(= se retrouver) meet /miːt/ (met, met /met/)

réussi, réussie

▷ Merci pour la soirée, c'était très réussi.
Thank you for the party, it was very good.

(adjectif = bien) good /gʊd/ (**plus réussi** better /'betəʳ/, **le plus réussi** the best /best/)

réussir

1 ▷ Pour réussir dans la vie, il faut travailler.
To succeed in life, you must work.

2 ▷ Est-ce que tu as réussi à le convaincre ?
Did you manage to convince him?

3 ▷ Le fils d'Angèle a réussi à son examen.
Angèle's son passed his exam.

1 (= avoir du succès) succeed /sək'siːd/

2 ► **réussir à** + infinitif **:** manage /'mænɪdʒ/ to + base verbale

Manage rime avec ***bridge****.*

3 ► **réussir un examen** *ou* **réussir à un examen :** pass /pɑːs/ an exam

Attention à la prononciation de ***passed*** *:* /pɑːst/.

réussite

▷ La fête était une grande réussite.
The party was a big success.

success /sʌk'ses/

L'accent tonique est sur la deuxième syllabe ***-cess****.*

revanche

1 ▷ Puisque tu as gagné la première partie, maintenant on va faire la revanche.
Since you won the first game, now we're going to have a return game.

2 ▷ Émile veut prendre sa revanche sur Mathieu.
Émile wants to take his revenge on Mathieu.

▷ Ils vont prendre leur revanche.
They're going to take their revenge.

1 (= deuxième partie) **return game** /rɪ'tɜːn ˌgeɪm/

2 ► **prendre sa revanche sur** quelqu'un : **take** one's **revenge** /rɪ'vendʒ/ **on** somebody

L'adjectif possessif fonctionne de la façon suivante en anglais : I take ***my*** *revenge, you take* ***your*** *revenge, he takes* ***his*** *revenge, she takes* ***her*** *revenge, we take* ***our*** *revenge, they take* ***their*** *revenge.*

rêve

▷ J'ai fait un rêve merveilleux.
I had a marvellous dream.

dream /driːm/

Notez la traduction de faire un rêve *:* ***have*** *a dream.*

réveil

▷ Le réveil a sonné à sept heures.
The alarm clock rang at seven o'clock.

▷ J'ai mis le réveil à huit heures.
I set the alarm for eight o'clock.

(= horloge) **alarm clock** /ə'lɑːm klɒk/ (pluriel : alarm clocks)

On peut aussi dire simplement ***alarm****.*

► **mettre le réveil à** + heure : **set** /set/ **the alarm for** + heure (set, set)

réveiller

1 ▷ Les cloches de l'église m'ont réveillé.
The church bells woke me up.

2 ▷ Jean-Charles s'est réveillé de mauvaise humeur.
Jean-Charles woke up in a bad mood.

1 ► **réveiller** quelqu'un : **wake** /weɪk/ somebody **up** (woke /'wəʊk/, woken /'wəʊkən/)

2 ► **se réveiller** : **wake up** /weɪk 'ʌp/ (woke up /wəʊk 'ʌp/, woken up /ˌwəʊkən 'ʌp/)

réveillon

▷ Le réveillon du nouvel an était très sympa.
The New Year's Eve party was very nice.
▷ On a fêté le réveillon de Noël chez mes grands-parents.
We had our Christmas Eve party at my grandparents' house.
▷ On a mangé du foie gras pour le réveillon de Noël.
We ate foie gras for Christmas Eve dinner.

ℹ *Si on parle de la soirée, on dit en anglais* ***Christmas Eve party*** /ˌkrɪsməs 'iːv ˌpɑːtɪ/ *s'il s'agit de Noël, et* ***New Year's Eve party*** /ˌnjuː jɪəz 'iːv ˌpɑːtɪ/ *s'il s'agit du nouvel an.*

ℹ *Pour parler du repas, on dit soit* ***Christmas Eve dinner*** /'dɪnəʳ/*, soit* ***New Year's Eve dinner****.*

revendre

▷ Sacha a revendu son vélo pour s'acheter une console de jeux.
Sacha sold his bike to buy a games console.

sell /sel/
(sold, sold /səʊld/)

revenir

1 ▷ Notre chien n'est jamais revenu.
Our dog never came back.
▷ Reviens nous voir bientôt.
Come back and see us soon.

2 ▷ Ça revient cher d'aller à l'hôtel.
It's expensive to go to hotels.

1 (= venir de nouveau) **come back** /kʌm 'bæk/
(came back /keɪm 'bæk/, come back)

2 ► **revenir cher :** be expensive /ek'spensɪv/

rêver

▷ J'ai rêvé que tu te mariais !
I dreamt that you were getting married!

dream /driːm/

ℹ *Le prétérit et le participe passé peuvent être soit* dreamed /driːmd/*, soit* dreamt /dremt/.

▷ Je rêve souvent de cet endroit.
I often dream about this place.

► **rêver de :** dream about

réverbère

▷ La voiture est rentrée dans un réverbère.
The car crashed into a street lamp.

street lamp /'striːt ˌlæmp/
(pluriel : street lamps)

réviser

▷ On pourrait réviser notre anglais ensemble.
We could revise our English together.

revise /rɪ'vaɪz/

🔊 *Le* ***i*** *de* ***revise*** *est celui de* ***like****.*

revoir

1 ▷ Est-ce que tu as revu Lulu depuis la dernière fois ?
Have you seen Lulu again since last time?

1 (= rencontrer de nouveau) **see again** /siː/ (saw /'sɔː/, seen /'siːn/)

▷ Aurélie et Benoît se sont revus.
Aurélie and Benoît have seen each other again.

► **se revoir :** see each other /iːtʃ ˈʌðəʳ/ again (saw, seen)

2 ▷ Je dois revoir les temps du passé en anglais.
I have to revise the past tenses in English.

2 (= réviser) **revise** /rɪˈvaɪz/

*Le **i** de **revise** est celui de **like**.*

*En anglais américain, on dit **review** /rɪˈvjuː/.*

3 ▷ Au revoir ! À bientôt !
Goodbye! See you soon!

3 ► **au revoir :** goodbye /gʊdˈbaɪ/

revolver

▷ La police a trouvé un revolver sur lui.
The police found a revolver on him.

revolver /rɪˈvɒlvəʳ/

*L'accent tonique est sur la deuxième syllabe **-vol-**.*

revue

▷ Dimitri est abonné à une revue d'architecture.
Dimitri subscribes to an architecture magazine.

(= magazine) **magazine** /ˌmægəˈziːn/

*L'accent tonique est sur la troisième syllabe **-zine**.*

rez-de-chaussée

▷ Leur appartement est au rez-de-chaussée.
Their flat is on the ground floor.

ground floor /graʊnd ˈflɔːʳ/

Notez la préposition utilisée en anglais : au rez-de-chaussée = ***on** the ground floor.*

*En anglais américain, on dit **first** /fɜːst/ **floor**.*

se rhabiller

▷ On s'est rhabillés à toute vitesse.
We put our clothes back on very quickly.
▷ Rhabillez-vous ! On s'en va.
Put your clothes back on! We're leaving.

put one's **clothes** /ˈkləʊðz/ **back on** (put, put)

*L'adjectif possessif fonctionne de la façon suivante en anglais : I put **my** clothes back on, you put **your** clothes back on, he puts **his** clothes back on, she puts **her** clothes back on, we put **our** clothes back on, they put **their** clothes back on.*

rhinocéros

▷ Nous avons vu des rhinocéros en Afrique.
We saw rhinos in Africa.

rhino /ˈraɪnəʊ/

*Le **i** de **rhino** se prononce comme le **i** de **like**.*

*On dit aussi **rhinoceros** /raɪnˈɒsərəs/.*

rhum

▷ Est-ce que tu aimes le rhum ?
Do you like rum?

rum /rʌm/
ℹ *Attention à l'orthographe du mot anglais.*

rhumatismes

▷ J'ai des rhumatismes au genou.
I have rheumatism in my knee.

rheumatism /ˈruːmətɪzəm/
ℹ ***Rheumatism*** *est un nom singulier : on dit par exemple* ***his rheumatism is painful*** (ses rhumatismes sont douloureux).

rhume

▷ Mets une veste, sinon tu vas attraper un rhume.
Put a jacket on, otherwise you'll catch a cold.
▷ Élodie a le rhume des foins.
Élodie has hay fever.

cold /kəʊld/

► **rhume des foins :** hay fever /ˈheɪ ˌfiːvə/

ricaner

▷ Arrêtez de ricaner ! Ce n'est pas drôle !
Stop giggling! It's not funny!

(= rire bêtement) **giggle** /ˈgɪgl/

riche

▷ La famille de Luc est très riche.
Luc's family is very rich.

▷ Les riches devraient payer plus d'impôts.
The rich should pay more tax.

(= qui a beaucoup d'argent) **rich** /rɪtʃ/ (**plus riche** richer /ˈrɪtʃəʳ/, **le plus riche** the richest /ˈrɪtʃɪst/)

► **les riches :** the rich

ride

▷ Je commence à avoir des rides.
I'm beginning to get wrinkles.

wrinkle /ˈrɪŋkl/
🔊 *Le* ***w*** *de* ***wrinkle*** *ne se prononce pas.*

ridé, ridée

▷ Gilbert a le front ridé.
Gilbert's forehead is wrinkled.

wrinkled /ˈrɪŋkld/

🔊 *Le* ***w*** *de* ***wrinkled*** *ne se prononce pas.*

rideau

▷ Le chat a déchiré les rideaux avec ses griffes.
The cat tore the curtains with its claws.

curtain /ˈkɜːtn/

ridicule

▷ Benjamin a l'air ridicule avec cette coupe de cheveux !
Benjamin looks ridiculous with that haircut!

ridiculous /rɪˈdɪkjʊləs/
(**plus ridicule** more ridiculous, **le plus ridicule** the most ridiculous)

rien

1 ▷ Qu'est-ce que tu fais ? – Rien.
What are you doing? – Nothing.
▷ Il n'y a rien de nouveau.
There's nothing new.
▷ Je n'ai rien compris.
I didn't understand anything.
▷ Tu ne veux rien manger ?
Don't you want to eat anything?
▷ Tu as mal ? – Non, ce n'est rien.
Does it hurt? – No, it's nothing.

2 ▷ Il ne veut pas venir ? Ça ne fait rien, on n'a pas besoin de lui.
He doesn't want to come? It doesn't matter, we don't need him.

3 ▷ Merci. – De rien !
Thank you. – You're welcome!

1 **nothing** /ˈnʌθɪŋ/

► **rien de** + adjectif : **nothing** + adjectif

ℹ *Pour traduire* ne + rien + verbe, *on emploie l'expression* ***not*** + verbe + ***anything****. Le mot* ***not*** *est très souvent contracté en* ***-n't****.*

► **ce n'est rien** (= ce n'est pas grave) : **it's nothing**

2 ► **ça ne fait rien** (= tant pis) : **it doesn't matter** /ɪt ˌdʌznt ˈmætəʳ/

3 ► **de rien** (en réponse à merci) : **you're welcome** /jɔː ˈwelkəm/

rigoler

▷ J'ai tellement rigolé que j'avais mal aux côtes.
I laughed so much that my ribs hurt.
▷ Il rigole tout le temps.
He laughs all the time.

(= rire) **laugh** /lɑːf/

🔊 ***Laugh*** *rime avec* ***staff****.*

🔊 ***Laughed*** *rime avec* ***raft****.*

rigolo, rigolote

▷ Linda raconte des blagues très rigolotes.
Linda tells very funny jokes.

(= drôle) **funny** /ˈfʌnɪ/
(plus rigolo **funnier** /ˈfʌnɪəʳ/,
le plus rigolo **the funniest** /ˈfʌnɪɪst/)

rimer

▷ « Bread » rime avec « head ».
"Bread" rhymes with "head".

(en parlant de mots ou de vers) **rhyme** /raɪm/

🔊 ***Rhyme*** *rime avec* ***time****.*

rincer

▷ Rince bien les assiettes.
Rinse the plates well.

rinse /rɪns/

🔊 ***Rinsed*** *se prononce* /rɪnst/.

rire

1 ▷ Tu vas rire quand je te raconterai ce qui s'est passé.
You'll laugh when I tell you what happened.

2 ▷ Annie a un rire contagieux.
Annie has an infectious laugh.

1 (verbe) **laugh** /lɑːf/

🔊 *Le prétérit et participe passé* ***laughed*** *rime avec* ***raft****.*

2 ► **un rire** : **a laugh** /lɑːf/

Suite page suivante

3 ▷ On entendait des rires dans la salle.
We could hear laughter in the room.

3 ► **des rires :** laughter /ˈlɑːftəʳ/
Laughter rime avec after.

4 ▷ Ils ont tous les deux éclaté de rire en même temps.
They both burst out laughing at the same time.

4 ► **éclater de rire :** burst out laughing /bɜːʳst aʊt lɑːfɪŋ/ (burst out, burst out)

5 ▷ Je ne sais pas pourquoi, j'ai tout à coup eu le fou rire.
I don't know why, I suddenly got the giggles.

5 ► **avoir le fou rire :** get the giggles /get ðəˈgɪg lz/ (got, got /gɒt/)

risque

▷ Ne le fais pas, il y a trop de risques.
Don't do it, there are too many risks.

risk /rɪsk/

risqué, risquée

▷ N'y va pas, c'est trop risqué.
Don't go, it's too risky.

risky /ˈrɪskɪ/
(**plus risqué** riskier /ˈrɪskɪəʳ/,
le plus risqué the riskiest /ˈrɪskɪɪst/)

risquer

1 ▷ Le père de Jérôme a risqué sa vie pour le sauver.
Jérôme's father risked his life to save him.

1 (= mettre en danger) risk /rɪsk/

2 ▷ Ça risque de la décourager.
It might discourage her.

2 *Pour dire que quelque chose* **risque d'arriver**, *en anglais, on emploie l'auxiliaire modal* ***might*** /maɪt/.

rive

▷ Il y a une piste cyclable sur la rive.
There's a cycle path on the bank.

(d'une rivière) bank /bæŋk/
ℹ *Pour la rive d'un lac, on dit* ***shore*** /ʃɔːʳ/.

rivière

▷ La rivière est très sale.
The river is very dirty.

river /ˈrɪvəʳ/

riz

▷ On pourrait faire du riz avec le poisson.
We could do some rice with the fish.
▷ Il y a du riz au lait pour dessert.
There's rice pudding for dessert.

rice /raɪs/

► **riz au lait :** rice pudding /ˌraɪs ˈpʊdɪŋ/

robe

▷ Annelise porte une robe rouge.
Annelise is wearing a red dress.
▷ Loïc était encore en robe de chambre.
Loïc was still in his dressing gown.

dress /dres/
(pluriel : dresses /ˈdresɪz/)
► **robe de chambre :** dressing gown /ˈdresɪŋ ˌgaʊn/
(pluriel : dressing gowns)

▷ Samedi nous allons choisir ma robe de mariée.
On Saturday we're going to choose my wedding dress.

▷ Est-ce que tu vas porter une robe du soir pour la fête ?
Are you going to wear an evening dress for the party?

► **robe de mariée :** wedding dress /ˈwedɪŋ ˌdres/ (pluriel : wedding dresses)

► **robe du soir :** evening dress /ˈiːvnɪŋ ˌdres/ (pluriel : evening dresses)

robinet

▷ Le robinet d'eau chaude ne marche pas.
The hot water tap isn't working.

tap /tæp/

En anglais américain, on dit ***faucet*** /ˈfɔːsɪt/.

robot

1 ▷ C'est un jeu vidéo avec des robots qu'il faut détruire.
It's a video game with robots that you have to destroy.

2 ▷ Les robots ménagers sont très pratiques.
Food processors are very handy.

1 robot /ˈrəʊbɒt/

*Le premier **o** se prononce comme le **o** de **go**, et on prononce le **t**.*

2 ► **robot ménager :** food processor /ˈfuːd ˌprəʊsesəʳ/ (pluriel : food processors)

rocher

▷ Pierre-Jean a plongé depuis un rocher.
Pierre-Jean dived from a rock.

(= grosse pierre) rock /rɒk/

rock

▷ Lise a des places pour un concert de rock.
Lise has got tickets for a rock concert.

(= musique) rock /rɒk/

rôder

▷ Il y a une bande de garçons qui rôdent autour de l'immeuble.
There's a gang of boys hanging around the building.

hang around /hæŋ əˈraʊnd/ (hung around, hung around /hʌŋ əˈraʊnd/)

roi

▷ Le roi d'Espagne a rencontré le président français la semaine dernière.
The king of Spain met the French president last week.

king /kɪŋ/

rôle

1 ▷ Il joue le rôle du détective.
He plays the part of the detective.

1 (dans un film, une pièce) part /pɑːt/

Suite page suivante

2 ▷ Le rôle du chef d'orchestre est essentiel.
The role of the conductor is essential.

2 (= fonction, travail) role /rəʊl/

roller

▷ Sabrina m'a prêté ses nouveaux rollers.
Sabrina lent me her new roller skates.

▷ On fait du roller chaque vendredi.
We go roller-skating every Friday.

► **rollers :** roller skates /'rəʊləskeɪts/

► **faire du roller :** go roller-skating /'rəʊləskeɪtɪŋ/ (went, gone / been)

roman

▷ Son dernier roman est très réussi.
His last novel is very good.

(= livre) novel /'nɒvəl/

▷ Loïc ne lit que des romans d'aventures.
Loïc only reads adventure stories.

► **roman d'aventures :** adventure story /əd'ventʃə ˌstɔːrɪ/ (pluriel : adventure stories /ˌstɔːrɪz/)

▷ Mon père adore les romans policiers.
My father loves detective novels.

► **roman policier :** detective novel /dɪ'tektɪv ˌnɒvəl/ (pluriel : detective novels)

romantique

▷ Il m'a offert des roses. – Qu'est-ce qu'il est romantique !
He gave me some roses. – He's so romantic!

romantic /rəʊ'mæntɪk/ (**plus romantique** more romantic, **le plus romantique** the most romantic)

rompre

▷ Ils ont rompu au bout d'un mois seulement.
They split up after only one month.

(= se séparer) split up /splɪt 'ʌp/ (split up, split up)

rond, ronde

1 ▷ La table de la salle à manger est ronde.
The dining room table is round.

1 (= circulaire) round /raʊnd/

2 ▷ J'étais plus ronde avant.
I was plumper before.

2 (= enrobé) plump /plʌmp/ (**plus rond** plumper /'plʌmpəʳ/, **le plus rond** the plumpest /'plʌmpɪst/)

3 ▷ Commence par dessiner un rond.
Start by drawing a circle.

▷ Nous sommes tous assis en rond.
We all sat in a circle.

3 ► **un rond** (= un cercle) **:** a circle /'sɜːkl/

► **en rond :** in a circle

rondelle

▷ Tu peux me couper quelques rondelles de saucisson ?
Can you cut me a few slices of sausage?

slice /slaɪs/ (pluriel : slices /'slaɪsɪz/)

rond-point

▷ Qui a la priorité aux ronds-points ?
Who has right of way at roundabouts?

roundabout /'raʊndəbaʊt/
En anglais américain, on dit ***traffic circle*** /'træfɪk sɜːkl/ (pluriel : traffic circles).

ronfler

▷ Je ne veux pas dormir dans la même chambre que Christophe, il ronfle !
I don't want to sleep in the same room as Christophe, he snores!

(en dormant) **snore** /snɔːʳ/

ronger

1 ▷ Le chien est en train de ronger son os.
The dog is gnawing his bone.

1 (en parlant d'un chien, d'une souris) **gnaw** /nɔː/
Le ***g*** *de* ***gnaw*** *ne se prononce pas.* ***Gnaw*** *rime avec* ***or****.*

2 ▷ Arrête de te ronger les ongles !
Stop biting your nails!

▷ Vincent se ronge les ongles.
Vincent bites his nails.

2 ► **se ronger les ongles :** bite /baɪt/ one's nails /neɪlz/ (bit /bɪt/, bitten /bɪtn/)
L'adjectif possessif fonctionne de la façon suivante en anglais : I bite ***my*** *nails, you bite* ***your*** *nails, he bites* ***his*** *nails, she bites* ***her*** *nails, we bite* ***our*** *nails, they bite* ***their*** *nails.*

ronronner

▷ Le chat ronronne quand on le caresse.
The cat purrs when you stroke him.

purr /pɜːʳ/
Purr *rime avec* ***her****.* ***Purred*** *rime avec* ***bird****.*

rose

1 ▷ Le bébé portait un tee-shirt rose.
The baby was wearing a pink T-shirt.
▷ Je n'aime pas le rose.
I don't like pink.

1 (= couleur) **pink** /pɪŋk/
► **le rose :** pink
Notez qu'il n'y a pas d'article en anglais.

2 ▷ Ces roses sentent bon.
Those roses smell nice.

2 ► **une rose** (= une fleur) **:** a rose /rəʊz/
Roses *se prononce* /'rəʊzɪz/.

rosée

▷ Il y a encore de la rosée sur les feuilles.
There is still dew on the leaves.

dew /djuː/
Dew *rime avec* ***you****.*

roter

▷ Je ne supporte pas les gens qui rotent !
I can't stand people that burp!

burp /bɜːp/
🔊 *Burped se prononce* bɜːpt.

rôti

▷ J'aime beaucoup le poulet rôti.
I love roast chicken.
▷ Il y a du rôti de bœuf pour dîner.
There's roast beef for dinner.

(= cuit au four) **roast** /rəʊst/

► **du rôti de bœuf :** roast beef /rəʊst 'biːf/

roue

▷ La roue de mon vélo est cassée.
The wheel of my bike is broken.
▷ J'ai eu vraiment peur sur la grande roue.
I was really scared on the big wheel.

wheel /wiːl/

► **la grande roue** (à la fête foraine) **:** the big wheel /bɪg 'wiːl/

rouge

1 ▷ Cette écharpe rouge te va très bien.
That red scarf really suits you.
▷ Le rouge est ma couleur préférée.
Red is my favourite colour.
2 ▷ J'aime bien mettre du rouge à lèvres.
I like wearing lipstick.

1 (= couleur) **red** /red/

► **le rouge :** red
ℹ *Notez qu'il n'y a pas d'article en anglais.*

2 ► **rouge à lèvres :** lipstick /'lɪpstɪk/

rougeole

▷ Adeline est au lit, elle a la rougeole.
Adeline is in bed, she's got measles.

► **la rougeole :** measles /'miːzlz/
ℹ *Malgré le **s** à la fin, ce mot est singulier. On dit par exemple **measles is quite a common disease*** (la rougeole est une maladie assez courante).

rougir

1 ▷ Lydie a rougi quand Victor lui a souri.
Lydie blushed when Victor smiled at her.
2 ▷ D'abord je rougis, puis je pèle.
First I go red, then I peel.

1 (= rougir de honte) **blush** /blʌʃ/
🔊 *Blushed se prononce* blʌʃt.

2 (= rougir après un coup de soleil ou parce qu'on a chaud) **go red** /gəʊ 'red/ (went red /went 'red/, gone red /gɒn 'red/)

rouillé, rouillée

▷ Mon vélo est tout rouillé.
My bike is all rusty.

rusty /'rʌstɪ/
(plus rouillé rustier /'rʌstɪəʳ/, le plus rouillé the rustiest /'rʌstɪɪst/)

rouleau

1 ▷ C'est le dernier rouleau de papier toilette.
It's the last roll of toilet paper.

1 (= rouleau de papier, de pellicule) roll /rəʊl/

2 ▷ As-tu un rouleau à pâtisserie ?
Have you got a rolling pin?

2 ► **rouleau à pâtisserie :** rolling pin /ˈrəʊlɪŋ pɪn/ (pluriel : rolling pins)

roulement

1 ▷ On a un roulement pour la vaisselle.
We have a rota for washing up.

1 (= tour de rôle) rota /ˈrəʊtə/

2 ▷ On a entendu un roulement de tonnerre.
We heard a rumble of thunder.

2 ► **roulement de tonnerre :** rumble of thunder /ˌrʌmbl əv ˈθʌndəʳ/

rouler

1 ▷ Les voitures roulent trop vite dans le village.
Cars drive too fast through the village.

1 (= avancer, en parlant d'un véhicule) drive /draɪv/ (drove /drəʊv/, driven /ˈdrɪvn/)

2 ▷ La moto roulait à au moins cent cinquante.
The motorbike was doing at least a hundred and fifty.

2 ► **rouler à** + vitesse **:** do + vitesse.

3 ▷ Le ballon a roulé dans la pente.
The ball rolled down the slope.

3 (= en parlant d'un objet rond) roll /rəʊl/

ℹ *Notez la préposition utilisée en anglais :* rouler ***dans*** une pente = *roll* ***down*** *a slope.*

4 ▷ On va rouler le tapis.
We're going to roll up the rug.

4 (= mettre en rouleau) roll up /rəʊl ˈʌp/

roulette

1 ▷ Le piano est sur roulettes.
The piano is on casters.

1 (= petite roue) caster /ˈkɑːstəʳ/

2 ▷ J'ai peur de la roulette du dentiste.
I'm scared of the dentist's drill.

2 (= instrument dentaire) drill /drɪl/

3 ▷ Le père de Lucas joue parfois à la roulette.
Lucas's father sometimes plays roulette.

3 (au casino) roulette /ruːˈlet/

rouspéter

▷ Arrête de rouspéter !
Stop moaning!

moan /məʊn/

🔊 ***Moan*** *rime avec* ***bone.***

route

1 ▷ Fais attention en traversant la route.
Be careful when you cross the road.

1 (= voie de circulation) road /rəʊd/

2 ▷ Je ne sais pas quelle route prendre.
I don't know which way to go.

2 (= itinéraire) way /weɪ/

Suite page suivante

▷ Ils ont pris une autre route.
They went another way.
▷ On s'est arrêtés plusieurs fois en route.
We stopped several times on the way.
▷ Allez, en route !
Come on, let's go!

ℹ Notez l'emploi de *go* avec *way* dans les exemples.

► **en route** (= sur le chemin) : on the way /ɒn ðə 'weɪ/

► **en route !** (= allons-y !) : let's go! /lets 'gəʊ/

3 ▷ Il y a au moins trois heures de route.
It's at least a three-hour journey.

3 (= trajet) journey /'dʒɜːnɪ/

4 ▷ La tondeuse est difficile à mettre en route.
The lawnmower is difficult to start.

4 ► **mettre en route** (en parlant d'une machine, d'un moteur) : start /stɑːt/

roux, rousse

1 ▷ Arnaud, c'est le garçon roux là-bas.
Arnaud is the red-haired boy over there.

1 (en parlant d'une personne) red-haired /red'hɛəd/

ℹ *Si la couleur est plus claire, on dit* ***ginger-haired*** /ˌdʒɪndʒə'hɛəd/.

2 ▷ Cécile aimerait avoir les cheveux roux.
Cécile would like to have red hair.

2 (en parlant des cheveux) red /red/

ℹ *Si la couleur est plus claire, on dit* ***ginger*** /'dʒɪndʒəʳ/.

royal, royale

▷ La famille royale anglaise est très célèbre.
The English royal family is very famous.

royal /'rɔɪəl/

royaume

▷ Autrefois, la France était un royaume.
Before, France was a kingdom.

kingdom /'kɪŋdəm/

Royaume-Uni

▷ L'Écosse fait partie du Royaume-Uni.
Scotland is part of the United Kingdom.

► **Le Royaume-Uni** : the United Kingdom /juːˌnaɪtɪd 'kɪŋdəm/

ℹ *On dit aussi* ***the UK*** /juː'keɪ/ *(dites* ***you kei****).*

ruban

▷ Béatrice porte un ruban noir dans ses cheveux.
Béatrice wears a black ribbon in her hair.

ribbon /'rɪbən/

rubéole

▷ La fille d'Anne est absente, elle a la rubéole.
Anne's daughter is absent, she's got German measles.

► **la rubéole** : German measles /ˌdʒɜːmən 'miːzlz/

Malgré le s à la fin, ce mot est singulier. On dit par exemple ***German measles is rarely dangerous*** (la rubéole est rarement dangereuse).

rubis

▷ Ce sont de vrais rubis ?
Are those real rubies?

ruby /ˈruːbɪ/
(pluriel : rubies /ˈruːbɪz/)

ruche

▷ Notre voisin a des ruches dans son jardin.
Our neighbour has got beehives in his garden.

beehive /ˈbiːhaɪv/

rue

▷ Prenez la deuxième rue à droite.
Take the second street on the right.

street /striːt/

ruer

▷ Le cheval a rué et Antoine est tombé.
The horse kicked and Antoine fell off.

(= donner un coup de pied) **kick** /kɪk/

rugby

▷ Le rugby est un sport assez violent.
Rugby is quite a violent sport.

▷ Marc joue au rugby depuis plusieurs années.
Marc has been playing rugby for several years.

rugby /ˈrʌgbɪ/

Attention ! En anglais, le u de rugby se prononce comme le u de duck.

► **jouer au rugby :** play rugby

rugbyman

▷ Aurélien veut devenir rugbyman professionnel.
Aurélien wants to become a professional rugby player.

rugby player /ˈrʌgbɪ ˌpleɪəʳ/
(pluriel : rugby players)

Le mot rugbyman n'existe pas en anglais.

rugir

▷ Le lion a rugi quand on s'est approchés de sa cage.
The lion roared when we got closer to its cage.

roar /rɔːʳ/

Roar rime avec more et door. Roared rime avec lord.

rugueux, rugueuse

▷ L'écorce de l'arbre est rugueuse.
The bark of the tree is rough.

rough /rʌf/
(**plus rugueux** rougher /ˈrʌfəʳ/, **le plus rugueux** the roughest /ˈrʌfɪst/)

Rough rime avec puff et stuff.

ruine

▷ Nous avons visité les ruines romaines.
We visited the Roman ruins.

▷ L'église du village est en ruines.
The village church is in ruins.

ruin /'ruːɪn/

► **en ruines :** in ruins /'ruːɪnz/

ruiné, ruinée

▷ L'entreprise sera ruinée si elle perd le procès.
The company will be ruined if it loses the court case.

(= sans argent) **ruined** /'ruːɪnd/

Ruined rime avec wind (au sens de vent).

ruisseau

▷ On a enlevé nos chaussures pour traverser le ruisseau.
We took our shoes off to cross the stream.

stream /striːm/

rumeur

▷ N'écoute pas les rumeurs.
Don't listen to rumours.

(= bruit qui court) **rumour** /'ruːməʳ/

Le -our de rumour se prononce comme le e du mot français de.

rusé, rusée

▷ Le renard est un animal très rusé.
The fox is a very clever animal.

clever /'klevəʳ/
(plus rusé clever**er** /'klevərəʳ/,
le plus rusé the clever**est** /'klevərɪst/)

russe

▷ Connais-tu un bon restaurant russe ?
Do you know a good Russian restaurant?

▷ Les Russes sont très bons en athlétisme.
The Russians are very good at athletics.

▷ Adeline apprend le russe.
Adeline is learning Russian.

Russian /'rʌʃən/

S'écrit toujours avec une majuscule, comme tous les adjectifs et noms de nationalité en anglais.

Le u est celui de duck.

Russie

▷ La Russie est un pays immense.
Russia is a huge country.

▷ Mes grands-parents sont nés en Russie.
My grandparents were born in Russia.

▷ J'aimerais aller en Russie un jour.
I'd like to go to Russia one day.

Russia /'rʌʃə/

Ne prend jamais d'article.

► **la Russie :** Russia

► **en Russie** (= dans le pays) **:** in Russia

► **en Russie** (= vers le pays) **:** to Russia

Le u est celui de duck.

rythme

1 ▷ Le rythme de ce morceau est très lent.
The rhythm of this piece is very slow.

1 (d'une musique) **rhythm** /ˈrɪðəm/

Attention à l'orthographe du mot anglais.

*Le **th** se prononce comme le **th** de **the** et **them**.*

2 ▷ Chacun travaille à son propre rythme.
Everyone works at his own pace.

2 (= allure à laquelle on fait quelque chose) **pace** /peɪs/

S

FRANÇAIS — ANGLAIS

La lettre **S** se prononce **/es/** en anglais, comme en français.

sa

▷ Hubert est fier de sa moto.
Hubert is proud of his motorbike.
▷ Aline est aussi sympa que sa sœur.
Aline is as nice as her sister.

En anglais, l'adjectif possessif varie en fonction du sexe du possesseur et non du genre de la chose possédée : quand le possesseur est masculin, son, sa *et* ses *se traduisent par* **his** /hɪz/ *; quand le possesseur est féminin,* son, sa *et* ses *se traduisent par* **her** /hɜːʳ/.

sable

▷ J'aime bien marcher sur le sable.
I like walking in the sand.

sand /sænd/

sac

▷ J'ai mis mes affaires dans un sac pour aller à la piscine.
I put my things in a bag to go to the swimming pool.
▷ Emportez un sac de couchage chacun.
Take a sleeping bag each.

▷ Ton sac à dos est très lourd.
Your backpack is very heavy.
▷ Élodie a perdu son sac à main.
Élodie has lost her handbag.

bag /bæg/

► **sac de couchage :** sleeping bag /ˈsliːpɪŋ ˌbæg/ (pluriel : sleeping bags)
► **sac à dos :** backpack /ˈbækpæk/

► **sac à main :** handbag /ˈhændbæg/

sachet

1 ▻ Lucien a acheté un sachet de bonbons.
Lucien bought a bag of sweets.
▻ J'utilise un sachet de thé par personne.
I use one teabag per person.
2 ▻ Il y a six sachets de soupe dans chaque boîte.
There are six sachets of soup in each box.

1 (= petit sac) **bag** /bæg/

► **sachet de thé :** teabag /'tiːbæg/

2 (= dose individuelle de soupe, de sucre, etc.) **sachet** /'sæʃeɪ/

sacrifice

▻ Les parents de Mourad ont fait beaucoup de sacrifices pour lui.
Mourad's parents have made a lot of sacrifices for him.

sacrifice /'sækrɪfaɪs/

sacrifier

1 ▻ Ses parents se sont sacrifiés pour elle.
Her parents made sacrifices for her.

2 ▻ Je sais que mes parents se sacrifient pour moi.
I know that my parents make sacrifices for me.

1 (= renoncer à) **give up** /gɪv 'ʌp/ (gave up /geɪv 'ʌp/, given up /ˌgɪvn 'ʌp/)

2 ► **se sacrifier :** make sacrifices /meɪk 'sækrɪfaɪsɪz/ (made, made /meɪd/)

sage

▻ J'ai gardé mon neveu et il a été très sage.
I looked after my nephew and he was very good.

(= obéissant) **good** /gʊd/

ℹ *Pour le comparatif et le superlatif, on emploie l'adjectif* ***well-behaved*** /ˌwelbɪ'heɪvd/ : plus sage = ***better behaved*** /ˌbetə bɪ'heɪvd/, le plus sage = ***the best behaved*** /ˌbest bɪ'heɪvd/.

sage-femme

▻ Philippine est sage-femme dans une clinique privée.
Philippine is a midwife in a private clinic.

midwife /'mɪdwaɪf/ (pluriel : midwives /'mɪdwaɪvz/)

ℹ *N'oubliez pas l'article* ***a*** *ou* ***an*** *devant le nom du métier après les verbes* ***be*** *ou* ***become****.*

saignant, saignante

▻ Un steak saignant s'il vous plaît.
A rare steak please.

(steak) **rare** /reə^r^/ (plus saignant rarer /'reərə^r^/, le plus saignant the rarest /'reərɪst/)

🔊 ***Rare*** *rime avec* ***hair****.*

saigner

▷ Emmanuelle s'est coupée, elle saigne.
Emmanuelle cut herself, she's bleeding.
▷ Je saigne souvent du nez.
I often have a nosebleed.

bleed /bliːd/ (bled, bled /bled/)

► **saigner du nez :** have a nosebleed /ˈnəʊzbliːd/

sain, saine

1 ▷ L'air de la mer est plus sain que celui de la ville.
The sea air is healthier than the city air.

1 (= bon pour la santé) **healthy** /ˈhelθɪ/
(plus sain healthier /ˈhelθɪəʳ/, le plus sain the healthiest /ˈhelθɪɪst/)

2 ▷ Tout le monde est arrivé sain et sauf.
Everybody arrived safe and sound.

2 ► **sain et sauf :** safe and sound /ˌseɪf ən ˈsaʊnd/

saison

▷ L'automne est ma saison préférée.
Autumn is my favourite season.

season /ˈsiːzn/

salade

1 ▷ Achète une salade et des oignons.
Buy a lettuce and some onions.

1 (= laitue) **lettuce** /ˈletɪs/
(pluriel : lettuces /ˈletɪzɪz/)

Lettuce rime avec kiss.

2 ▷ Il y avait un buffet avec des salades et des quiches.
There was a buffet with salads and quiches.
▷ Alice a fait une salade de betteraves.
Alice made a beetroot salad.
▷ J'adore la salade de fruits.
I love fruit salad.

2 (= plat) **salad** /ˈsæləd/

► **salade de fruits :** fruit salad /fruːt ˈsæləd/

saladier

▷ Est-ce que tu as un grand saladier pour mettre les pommes de terre ?
Do you have a big salad bowl to put the potatoes in?

salad bowl /ˈsæləd bəʊl/
(pluriel : salad bowls)

salaire

▷ Marc est informaticien, il a un bon salaire.
Marc is a computer programmer, he earns a good salary.

salary /ˈsælərɪ/
(pluriel : salaries /ˈsælərɪz/)

salarié, salariée

▷ Tiffany est salariée dans une agence de publicité.
Tiffany is a salaried employee in an advertising agency.
▷ C'est une entreprise de dix salariés.
There are ten salaried employees in the company.

salaried employee /ˌsælərɪd ɪm'plɔɪiː/
(pluriel : salaried employees)

sale

1 ▷ Ton pantalon est tout sale, qu'est-ce qui t'est arrivé ?
Your trousers are all dirty, what happened to you?

1 (= pas propre) dirty /'dɜːtɪ/
(plus sale dirtier /'dɜːtɪəʳ/, le plus sale the dirtiest /'dɜːtɪɪst/)

2 ▷ Mon tee-shirt préféré est au sale.
My favourite T-shirt is in the wash.

2 ► au sale (= à la lessive) : in the wash /ɪn ðə 'wɒʃ/

salé, salée

1 ▷ Cette sauce est trop salée.
This sauce is too salty.

1 (= qui contient du sel, qui a un goût de sel) salty /'sɒltɪ/
(plus salé saltier /'sɒltɪəʳ/,
le plus salé the saltiest /'sɒltɪɪst/)

2 ▷ Tu veux des cacahuètes salées ?
Do you want some salted peanuts?

2 (= où on a ajouté du sel) salted /'sɒltɪd/

3 ▷ Lucas n'aime que les choses salées.
Lucas only likes savoury things.

3 (par opposition à sucré) savoury /'seɪvərɪ/

saleté

1 ▷ J'ai une saleté dans l'œil, ça me fait mal.
I have some dirt in my eye, it hurts.

1 ► une saleté (= une impureté) : some dirt /dɜːt/

2 ▷ Attention avec ces peintures, tu vas faire des saletés.
Be careful with those paints, you're going to make a mess.

2 ► faire des saletés : make /meɪk/ a mess (made, made /meɪd/)

salir

1 ▷ J'ai sali mon nouveau tee-shirt !
I've got my new T-shirt dirty!

1 ► salir quelque chose : get something dirty /'dɜːtɪ/ (got, got)

2 ▷ Je me suis sali en jouant au rugby.
I got dirty playing rugby.

2 ► se salir : get dirty (got, got)

salissant, salissante

1 ▷ Le blanc est très salissant.
White shows the dirt a lot.

1 ► être salissant (= se salir facilement) : show the dirt /ʃəʊ ðə 'dɜːt/

2 ▷ Sébastien ne veut pas faire ce travail parce que c'est salissant.
Sébastien doesn't want to do this job because it's dirty.

2 (en parlant d'un travail) dirty /ˈdɜːtɪ/ (plus salissant dirtier /dɜːtɪəʳ/, le plus salissant the dirtiest /ˈdɜːtɪɪst/)

salive

▷ Le bébé a de la salive sur le menton.
The baby has some saliva on his chin.

saliva /səˈlaɪvə/

*Le **i** se prononce comme le **i** de **like**, et l'accent tonique est sur la deuxième syllabe **-li-**.*

salle

1 ▷ On a visité toutes les salles du musée.
We visited all the rooms in the museum.

▷ J'ai rencontré Sylvain dans la salle d'attente du dentiste.
I met Sylvain in the dentist's waiting room.

▷ Nathalie passe des heures dans la salle de bains.
Nathalie spends hours in the bathroom.

▷ La salle de classe a été changée.
The classroom has been changed.

▷ On mange dans la salle à manger quand il y a des invités.
We eat in the dining room when there are guests.

1 (= pièce) room /ruːm/

► **salle d'attente :** waiting room /ˈweɪtɪŋ ruːm/ (pluriel : waiting rooms)

► **salle de bains :** bathroom /ˈbɑːθruːm/

► **salle de classe :** classroom /ˈklɑːsruːm/

► **salle à manger :** dining room /ˈdaɪnɪŋ ruːm/

2 ▷ Karine est encore en salle d'opération.
Karine is still in the operating theatre.

2 ► **salle d'opération :** operating theatre /ˈɒpəreɪtɪŋ ˌθɪətəʳ/ (pluriel : operating theatres)

3 ▷ Il y avait plus de cinq cents spectateurs dans la salle.
There were more than five hundred spectators in the auditorium.

3 (= salle pour les spectacles) auditorium /ˌɔːdɪˈtɔːrɪəm/

4 ▷ Où est la salle d'embarquement pour le vol 332 ?
Where is the departure lounge for flight 332?

4 ► **salle d'embarquement :** departure lounge /dɪˈpɑːtʃə laʊndʒ/

salon

1 ▷ Ils ont un très grand salon et une petite cuisine.
They have a very big living room and a small kitchen.

1 (dans une maison) living room /ˈlɪvɪŋ ruːm/

2 ▷ Tu vas au Salon du livre ce week-end ?
Are you going to the book fair this weekend?

2 (= exposition) fair /fɛəʳ/

Suite page suivante

3 ▷ Eugénie travaille dans un salon de beauté.
Eugénie works in a beauty salon.

▷ Étienne a travaillé dans un salon de coiffure.
Étienne worked in a hairdressing salon.

3 ► **salon de beauté :** beauty salon /ˈbjuːtɪ ˌsælɒn/ (pluriel : beauty salons)

► **salon de coiffure :** hairdressing salon /ˈhɛədresɪŋ ˌsælɒn/ (pluriel : hairdressing salons)

4 ▷ Aurélie m'a emmenée dans un salon de thé très élégant.
Aurélie took me to a very elegant tearoom.

4 ► **salon de thé :** tearoom /ˈtiːruːm/

salopette

▷ Les salopettes ne sont plus à la mode.
Dungarees aren't fashionable any more.

▷ Ma mère m'a acheté une salopette.
My mother bought me some dungarees.

(= pantalon à bretelles) dungarees /ˌdʌŋgəˈriːz/

ℹ *Dungarees est un nom pluriel : on dit par exemple these dungarees are too big* (cette salopette est trop grande).

saluer

1 ▷ Simon a salué tout le monde en entrant.
Simon greeted everybody when he came in.

1 (= dire bonjour à) greet /griːt/

2 ▷ Émilie m'a salué de la main dans la rue.
Émilie waved at me in the street.

2 ► **saluer** quelqu'un **de la main :** wave /weɪv/ at somebody

3 ▷ Les acteurs sont venus saluer le public.
The actors came to bow to the audience.

3 ► **saluer le public** (à la fin d'un spectacle) **:** bow /baʊ/ to the audience

🔊 *Au sens de saluer, bow rime avec how et now.*

salut !

1 ▷ Salut ! Ça va ?
Hi! How are you?

1 (= bonjour) hi! /haɪ/

2 ▷ Bon, je m'en vais, salut tout le monde !
Right, I'm going, bye everybody!

2 (= au revoir) bye! /baɪ/

samedi

▷ Aujourd'hui c'est samedi.
Today is Saturday.

Saturday /ˈsætədeɪ/

ℹ *Comme tous les jours de la semaine, Saturday s'écrit toujours avec une majuscule.*

▷ Nous partirons samedi.
We'll leave on Saturday.

▷ Mes grands-parents sont venus samedi.
My grandparents came on Saturday.

(= samedi prochain, samedi dernier) on Saturday

▷ Le samedi Sandra va à son cours de piano.
On Saturdays Sandra goes to her piano lesson.

► **le samedi** (= tous les samedis) **:** on Saturdays

sandale

▷ En été je préfère porter des sandales.
In summer I prefer wearing sandals.

sandal /'sændl/

sandwich

▷ On va préparer des sandwiches pour le pique-nique.
We're going to prepare sandwiches for the picnic.
▷ Lucas a choisi un sandwich au pâté.
Lucas chose a pâté sandwich.

sandwich /'sæmwɪdʒ/ (pluriel : sandwiches /'sæmwɪdʒɪz/)

ℹ *Notez l'ordre des mots quand on dit à quoi est le sandwich.*

sang

▷ Tu as du sang sur le genou.
You have blood on your knee.

blood /blʌd/

🔊 *Le* ***oo*** *de* ***blood*** *se prononce comme le* ***u*** *de* ***duck****.* ***Blood*** *rime avec* ***mud*** *et* ***bud****.*

sanglot

▷ On entendait des sanglots qui venaient du salon.
We could hear sobs coming from the living room.
▷ Tout d'un coup Émilie a éclaté en sanglots.
All of a sudden Émilie burst into tears.

sob /sɒb/

► **éclater en sanglots :** burst into tears /'bɜːst ˌɪntə 'tɪəz/ (burst, burst)

sangloter

▷ Le pauvre Jérémie sanglotait dans un coin.
Poor Jérémie was sobbing in a corner.

sob /sɒb/

ℹ *Il y a deux* ***b*** *au gérondif (****sobbing*** /'sɒbɪŋ/), *au prétérit et au participe passé (****sobbed*** /sɒbd/).

sans

▷ Anaïs ne va nulle part sans son parapluie.
Anaïs doesn't go anywhere without her umbrella.
▷ Ils sont partis sans dire au revoir.
They left without saying goodbye.

without /wɪð'aʊt/

► **sans** + infinitif **:** without + -ing

sans-abri

▷ Il y a de plus en plus de sans-abri.
There are more and more homeless people.

homeless person /'həʊmlɪs ˌpɜːsn/ (pluriel : homeless people /piːpl/)

santé

1 ▷ La santé est plus importante que tout.
Health is more important than anything.

▷ Mes grands-parents sont en bonne santé.
My grandparents are in good health.

2 ▷ Le tabac est mauvais pour la santé.
Tobacco is bad for you.

▷ Le lait est bon pour la santé.
Milk is good for you.

3 ▷ Santé !
Cheers!

1 health /helθ/

► **en bonne santé :** in good health /ˌɪn gʊd ˈhelθ/

2 ► **mauvais pour la santé :** bad for you /ˈbæd fɔː ˌjuː/

► **bon pour la santé :** good for you /ˈgʊd fɔː ˌjuː/

3 *En anglais, quand on trinque, on dit* ***cheers!*** /tʃɪəz/.

saoul, saoule

Regardez le mot soûl.

se saouler

Regardez le mot soûler.

sapin

1 ▷ Nous avons traversé une forêt de sapins.
We crossed a forest of fir trees.

▷ Le sapin de Noël est magnifique.
The Christmas tree is beautiful.

2 ▷ La table du salon est en sapin.
The living room table is made of fir.

1 (= arbre) fir tree /ˈfɜː triː/
(pluriel : fir trees)

► **sapin de Noël :** Christmas tree /ˈkrɪsməs ˌtriː/
(pluriel : Christmas trees)

2 (= bois) fir /fɜːʳ/

sardine

▷ Il ne reste plus qu'une boîte de sardines.
There's only one tin of sardines left.

(= poisson) sardine /sɑːˈdiːn/

L'accent tonique est sur la deuxième syllabe ***-dine***. ***Sardine*** *rime avec* ***been***.

satisfait, satisfaite

▷ Muriel est revenue très satisfaite de son entretien.
Muriel came back very satisfied with her interview.

satisfied /ˈsætɪsfaɪd/
(**plus satisfait** more satisfied, **le plus satisfait** the most satisfied)

Notez la préposition utilisée en anglais : satisfait **de** = satisfied ***with***.

sauce

▷ Il y a trop de crème dans cette sauce.
There's too much cream in this sauce.

sauce /sɔːs/

Sauce *rime avec* ***horse***.

▷ J'adore les pâtes à la sauce tomate.
I love pasta with tomato sauce.

► **sauce tomate :** tomato sauce /tə͵mɑːtəʊ 'sɔːs/

saucisse

▷ Pour dîner, il y a des saucisses et de la purée.
For dinner there are sausages and mashed potatoes.

sausage /'sɒsɪdʒ/

Sausage rime avec bridge.

Le pluriel sausages se prononce /'sɒsɪdʒɪz/.

saucisson

▷ Coupe-moi deux rondelles de saucisson.
Cut me two slices of sausage.

sausage /'sɒsɪdʒ/

Le saucisson n'est pas une spécialité anglaise, et la traduction est la même pour saucisse et saucisson.

sauf

▷ Tout le monde est venu, sauf Romane.
Everybody came, except Romane.

(= excepté) **except** /ek'sept/

saumon

▷ Ce saumon fumé est excellent.
This smoked salmon is excellent.

salmon /'sæmən/

Le l de salmon ne se prononce pas.

saut

▷ Michaël a fait un saut quand je suis entré.
Michaël jumped when I came in.
▷ Alex est bon en saut en hauteur.
Alex is good at the high jump.
▷ Élise fait du saut en longueur.
Élise does the long jump.
▷ Le saut à la perche est un sport difficile.
Pole vaulting is a difficult sport.
▷ As-tu déjà fait du saut à l'élastique ?
Have you ever been bungee-jumping?

► **faire un saut :** jump /dʒʌmp/

► **saut en hauteur :** high jump /'haɪ dʒʌmp/

► **saut en longueur :** long jump /'lɒŋ dʒʌmp/

► **saut à la perche :** pole vaulting /'pəʊl ͵vɔːltɪŋ/

► **faire du saut à l'élastique :** go bungee-jumping /'bʌndʒɪ͵dʒʌmpɪŋ/ (went, gone / been)

sauté, sautée

▷ J'aime beaucoup les pommes de terre sautées.
I love sautéed potatoes.

(= cuit à feu vif) **sautéed** /'səʊteɪd/

saute-mouton

▷ Ivan et Jeanne jouent à saute-mouton.
Ivan and Jeanne are playing leapfrog.

► **jouer à saute-mouton :** play leapfrog /'liːpfrɒg/

Regardez aussi sauter, *ci-dessous.*

sauter

1 ▷ Nathan a sauté du mur et s'est foulé la cheville.
Nathan jumped off the wall and sprained his ankle.

1 (= faire un bond) **jump** /dʒʌmp/
ℹ *Notez la préposition utilisée en anglais :* sauter **de** = jump *off.*

2 ▷ L'homme a sauté sur Natacha pour lui voler son sac.
The man pounced on Natacha to steal her bag.

2 ► **sauter sur** quelqu'un : **pounce** /paʊns/ **on** somebody

3 ▷ Tout l'immeuble a sauté.
The whole building blew up.

▷ Les terroristes ont fait sauter l'immeuble.
The terrorists blew up the building.

3 (= exploser) **blow up** /bləʊ 'ʌp/ (**blew up** /bluː 'ʌp/, **blown up** /bləʊn 'ʌp/)
► **faire sauter** quelque chose : **blow** something **up**

4 ▷ Tu as sauté une ligne.
You've skipped a line.

4 (= oublier, ignorer) **skip** /skɪp/
ℹ *Il y a deux* **p** *au gérondif (**skipping** /'skɪpɪŋ/), au prétérit et au participe passé (**skipped** /skɪpt/).*

sauterelle

▷ Hubert a réussi à attraper une sauterelle.
Hubert managed to catch a grasshopper.

grasshopper /'grɑːshɒpəʳ/

sauvage

1 ▷ Nous avons vu des animaux sauvages au Kenya.
We saw wild animals in Kenya.

1 (= à l'état naturel) **wild** /waɪld/ (**plus sauvage** wilder /'waɪldəʳ/, **le plus sauvage** the wildest /'waɪldɪst/)

2 ▷ Karine n'est pas timide, elle est sauvage.
Karine isn't shy, she's unsociable.

2 (= farouche, en parlant d'une personne) **unsociable** /ʌn'səʊʃəbl/ (**plus sauvage** more unsociable, **le plus sauvage** the most unsociable)

sauvegarder

▷ N'oublie pas de sauvegarder sur disquette.
Don't forget to save on a floppy disk.

save /seɪv/

sauver

1 ▷ Loïc a plongé pour sauver son petit frère qui allait se noyer.
Loïc dived to rescue his little brother who was going to drown.

1 (= aider quelqu'un qui est en danger) **rescue** /'reskjuː/

2 ▷ Le voleur s'est sauvé dès qu'il a vu la police.
The thief ran away as soon as he saw the police.

2 ► **se sauver** (= s'échapper) : **run away** /ˌrʌn ə'weɪ/ (**ran away** /ˌræn ə'weɪ/, **run away**)

savant, savante

1 ▷ Bénédicte se croit très savante.
Bénédicte thinks she's very knowledgeable.

1 (adjectif = qui sait beaucoup de choses) **knowledgeable** /'nɒlɪdʒəbl/
(**plus savant** more knowledgeable, **le plus savant** the most knowledgeable)

2 ▷ Les savants cherchent un vaccin contre le sida.
Scientists are looking for a vaccine against AIDS.

2 ► **un savant** (= scientifique) **:** a scientist /'saɪəntɪst/

savoir

1 ▷ Est-ce que tu sais comment il s'appelle ?
Do you know what his name is?
▷ Quel âge a-t-elle ? – Je n'en sais rien.
How old is she? – I don't know.

1 **know** /nəʊ/
(knew /njuː/, known /nəʊn/)
► **je n'en sais rien :** I don't know /ˌaɪ dəʊnt 'nəʊ/

*Le **k** de **know** ne se prononce pas.*

2 ▷ Rachel ne sait pas parler espagnol.
Rachel can't speak spanish.
▷ Est-ce que tu sais utiliser un ordinateur ?
Can you use a computer?

2 *Pour dire qu'on* sait faire *quelque chose en anglais, on emploie le modal **can** /kæn/ + base verbale. Pour dire qu'on* ne sait pas faire *quelque chose, on emploie **can't** /kɑːnt/ + base verbale.*

savon

1 ▷ Je n'aime pas le gel douche, je préfère le savon.
I don't like shower gel, I prefer soap.

1 (= produit) **soap** /səʊp/

2 ▷ Il y a deux savons dans ce paquet.
There are two bars of soap in this packet.

2 (= morceau) **bar of soap** /ˌbɑːr əv 'səʊp/ (pluriel : bars of soap)

saxophone

▷ Le saxophone est surtout utilisé pour le jazz.
The saxophone is used especially for jazz.

saxophone /'sæksəfəʊn/

*L'accent tonique est sur la première syllabe **sax-**.*

▷ Clémence joue du saxophone.
Clémence plays the saxophone.

► **jouer du saxophone :** play the saxophone

scandale

1 ▷ C'est un scandale !
It's outrageous!

1 *Pour exprimer son indignation en anglais, on emploie l'adjectif **outrageous** /aʊt'reɪdʒəs/.*

▷ Les révélations du ministre ont fait scandale.
The minister's revelations caused a scandal.

► **faire scandale :** cause /kɔːz/ a scandal

2 ▷ Pierre a fait un scandale parce qu'il y avait un cheveu dans sa soupe.
Pierre made a fuss because there was a hair in his soup.

2 ► **faire un scandale** (= se plaindre) **:** make /meɪk/ a fuss /'fʌs/ (made, made /meɪd/)

un scanner

1 ▻ J'ai acheté le scanner en même temps que l'ordinateur.
I bought the scanner at the same time as the computer.

2 ▻ Fabien attend les résultats du scanner.
Fabien is waiting for the results of the scan.

1 (en parlant de l'appareil) **scanner** /skænəʳ/

2 (en parlant du test) **scan** /skæn/

scanner

▻ J'ai scanné quelques photos pour toi.
I scanned some photos for you.

scan /skæn/

scène

1 ▻ Nicolas avait peur quand il est monté sur scène.
Nicolas was scared when he went on the stage.

2 ▻ On a répété la première scène de la pièce.
We rehearsed the first scene of the play.

1 (= estrade) **stage** /steɪdʒ/

2 (= partie d'une pièce de théâtre) **scene** /siːn/

Scene rime avec been.

schéma

▻ Tu comprendras mieux avec un schéma.
You'll understand better with a diagram.

diagram /'daɪəgræm/

scie

▻ Est-ce que tu as une scie chez toi ?
Do you have a saw at home?

saw /sɔː/

Saw est aussi le prétérit du verbe see.

Saw rime avec door.

science

▻ Sylvie a une passion pour les sciences.
Sylvie has a passion for science.

science /'saɪəns/

Le i de science se prononce comme le i de like.

Science s'emploie le plus souvent au singulier en anglais.

▻ J'ai toujours beaucoup aimé les sciences naturelles.
I've always really liked biology.

► **sciences naturelles** (= matière) : **biology** /baɪ'ɒlədʒɪ/

Le i de biology se prononce comme le i de like.

science-fiction

▻ Laurent adore les films de science-fiction.
Laurent loves science fiction films.

science fiction /ˌsaɪəns 'fɪkʃən/

Le i de science se prononce comme le i de like.

On emploie aussi souvent l'abréviation sci-fi /'saɪfaɪ/.

scientifique

1 ▷ Ce n'est pas une méthode très scientifique.
It's not a very scientific method.

2 ▷ Les scientifiques américains ont fait une découverte importante.
American scientists have made an important discovery.

1 (adjectif = qui se rapporte à la science) **scientific** /ˌsaɪən'tɪfɪk/

2 (= personne) **scientist** /'saɪəntɪst/

Le premier i de scientific et scientist se prononce comme le i de like.

scier

▷ J'ai scié les pieds de la table.
I sawed the table legs.

saw /sɔː/

Saw est aussi le prétérit du verbe see.

Saw rime avec door. Sawed rime avec lord.

scolaire

1 ▷ Les vacances scolaires commencent le 29 juin.
The school holidays start on 29 June.

2 ▷ Le niveau scolaire de Martial n'est pas très bon.
Martial's academic level isn't very good.

1 (= qui se rapporte à l'école) **school** /skuːl/

2 (= qui se rapporte aux résultats) **academic** /ˌækə'demɪk/

scooter

▷ Chantal s'est acheté un scooter.
Chantal has bought herself a scooter.

scooter /'skuːtə^r/

En anglais, scooter signifie aussi trottinette.

score

▷ Est-ce que quelqu'un connaît le score ?
Does anybody know the score?

score /skɔː^r/

scotch®

▷ Lise a fermé l'enveloppe avec du scotch®.
Lise closed the envelope with sellotape®.

(= ruban adhésif) **sellotape®** /'seləteɪp/

En anglais américain on dit Scotch® tape /'skɒtʃ teɪp/.

scout

▷ On a rencontré un groupe de scouts dans la forêt.
We met a group of scouts in the forest.

scout /skaʊt/

Le ou de scout se prononce comme le ou de pound. Scout rime avec out et about.

sculpter

1 ▷ Capucine apprend à sculpter le bois.
Capucine is learning to carve wood.

1 (en parlant du bois) **carve** /kɑːv/

Suite page suivante

2 ▷ Il y a des fleurs sculptées dans la pierre.
There are flowers sculpted in the stone.

2 (en parlant de la pierre) **sculpt** /skʌlpt/

sculpture

▷ Les sculptures de Rodin sont magnifiques.
Rodin's sculptures are beautiful.

sculpture /ˈskʌlptʃəʳ/

Le premier ***u*** *du mot anglais* ***sculpture*** *se prononce comme le* ***u*** *de* ***duck****.*

SDF

▷ Un SDF mendiait devant la station de métro.
A homeless person was begging in front of the underground station.

homeless person /ˈhəʊmləs ˌpɜːsn/ (pluriel : **homeless people** /ˈhəʊmləs ˌpiːpl/)

se ou s'

1 ▷ Benoît se gratte parce qu'il des piqûres de moustique.
Benoît is scratching himself because he has mosquito bites.
▷ Maria s'est coupée avec un couteau.
Maria cut herself with a knife.
▷ Le prof s'est trompé.
The teacher made a mistake.
▷ Arielle se lève à sept heures.
Arielle gets up at seven.

2 ▷ Ils ne se parlent plus.
They don't speak to each other anymore.

1 *Quand l'action est vraiment effectuée sur soi, le pronom réfléchi* se *est parfois traduit par* ***himself*** /hɪmˈself/ *s'il s'agit d'un homme,* ***herself*** /hɜːˈself/ *s'il s'agit d'une femme, et* ***themselves*** *s'il s'agit de plusieurs personnes.*

Mais, quand le verbe n'est pas vraiment réfléchi, c'est-à-dire s'il n'y a pas d'action effectuée sur soi, le pronom se *n'est souvent pas traduit.*

2 (réciproque) **each other** /iːtʃ ˈʌðəʳ/

séance

▷ Nous irons à la séance de huit heures.
We'll go to the eight o'clock showing.

(= projection d'un film) **showing** /ˈʃəʊɪŋ/

seau

▷ Est-ce que tu aurais un seau ?
Do you have a bucket?

bucket /ˈbʌkɪt/

sec, sèche

▷ Attention, la peinture n'est pas sèche !
Be careful, the paint isn't dry!

(= pas mouillé) **dry** /draɪ/
(plus sec **drier** /ˈdraɪəʳ/,
le plus sec **the driest** /ˈdraɪɪst/)

sèche-cheveux

▷ Tu peux brancher ton sèche-cheveux là.
You can plug in your hairdryer there.

hairdryer /ˈhɛədraɪəʳ/

sécher

1 ▷ Sèche les assiettes avant de les mettre dans le placard.
Dry the plates before putting them into the cupboard.
▷ Le linge n'a pas séché.
The washing hasn't dried.
▷ J'ai mis le linge à sécher sur le balcon.
I put the washing out to dry on the balcony.
▷ Sèche-toi bien après ton bain.
Dry yourself well after your bath.
▷ Les enfants se séchaient sur la plage.
The children were drying themselves on the beach.
▷ Je voudrais une serviette pour me sécher les mains.
I'd like a towel to dry my hands with.
▷ Les plantes ont séché parce qu'on ne les a pas arrosées.
The plants dried out because we didn't water them.

2 ▷ Loïc a séché le cours de maths.
Loïc skipped the maths lesson.

1 (= rendre sec, devenir sec) **dry** /draɪ/

*Le **y** de **dry** devient **ie** à la troisième personne du singulier du présent de l'indicatif (**dries** /draɪz/), au prétérit et au participe passé (**dried** /draɪd/).*

► **mettre le linge à sécher : put the washing** /'wɒʃɪŋ/ **out to dry** (put, put)

► **se sécher : dry** /draɪ/ **oneself**

*Le pronom personnel réfléchi fonctionne de la façon suivante en anglais : I dry **myself,** you dry **yourself,** he dries **himself,** she dries **herself,** we dry **ourselves,** you dry **yourselves,** they dry **themselves**.*

► **se sécher** + partie du corps : **dry** + adjectif possessif + partie du corps

Quand **sécher** *signifie* **se déshydrater**, *cela se traduit par **dry out** /draɪ 'aʊt/*

2 (= manquer, en parlant de l'école) **skip** /skɪp/

*Il y a deux **p** au gérondif (**skipping** /'skɪpɪŋ/), au prétérit et au participe passé (**skipped** /skɪpt/).*

sécheresse

▷ Les agriculteurs sont inquiets à cause de la sécheresse.
Farmers are worried because of the drought.

(= absence de pluie) **drought** /draʊt/

Drought rime avec about.

séchoir

▷ Le séchoir prend trop de place.
The tumbledryer takes up too much room.

(= machine) **tumbledryer** /tʌmbəldraɪəʳ/

second, seconde

1 ▷ L'équipe française a terminé seconde.
The French team finished second.

1 (= deuxième) **second** /'sekənd/

Suite page suivante

2 ▷ Manu et sa famille habitent au second.
Manu and his family live on the second floor.

2 (= deuxième étage) second floor /ˌsekənd 'flɔːʳ/

ℹ *Regardez aussi* seconde, *plus bas.*

secondaire

▷ Teresa enseigne dans le secondaire.
Teresa teaches at secondary school.

► **le secondaire** (= le collège et le lycée) **:** secondary school /'sekəndərɪ ˌskuːl/

seconde

▷ Ça va me prendre deux secondes.
It will take me two seconds.

(= unité de temps) second /'sekənd/

secouer

1 ▷ Est-ce que tu peux m'aider à secouer le tapis ?
Can you help me shake the rug?

2 ▷ Secoue-toi, fainéant !
Get moving, you lazy thing!

1 (= agiter) shake /ʃeɪk/ (shook /ʃʊk/, shaken /'ʃeɪkən/)

2 ► **se secouer** (= se bouger) **:** get moving /get 'muːvɪŋ/ (got moving, got moving /gɒt 'muːvɪŋ/)

secours

▷ On a entendu quelqu'un qui appelait au secours.
We heard somebody who was shouting for help.

▷ Au secours ! Au secours !
Help! Help!

► **appeler au secours** *ou* **crier au secours :** shout for help /ʃaʊt fə 'help/

secret, secrète

▷ Ils se rencontrent dans un endroit secret.
They meet in a secret place.

▷ Ne le répète à personne, c'est un secret.
Don't tell anybody, it's a secret.

(= caché) secret /'siːkrət/ (**plus secret** more secret, **le plus secret** the most secret)

► **un secret :** a secret

secrétaire

▷ La secrétaire est très gentille.
The secretary is very nice.

▷ Alice est secrétaire comme sa mère.
Alice is a secretary like her mother.

(= métier) secretary /'sekrətrɪ/

ℹ *N'oubliez pas l'article* a *ou* an *devant le nom du métier lorsqu'il suit les verbes* be *ou* become.

secte

▷ J'ai vu une émission sur les sectes au Japon.
I saw a programme on sects in Japan.

sect /sekt/

section

▷ Noémie ne sait pas si elle veut choisir une section littéraire ou scientifique.
Noémie doesn't know whether she wants to choose a literary or a scientific option.

(au lycée) option /ˈɒpʃən/

sécurité

1 ▷ Il y a des problèmes de sécurité dans ce quartier.
There are security problems in this area.

1 (= absence de criminalité) security /sɪˈkjʊərɪtɪ/

2 ▷ Je me sentais en sécurité avec Joël.
I felt safe with Joël.

2 ► **en sécurité :** safe /seɪf/ (**plus en sécurité** safer /ˈseɪfəʳ/, **le plus en sécurité** the safest /ˈseɪfɪst/)

3 ▷ Le système de Sécurité sociale est différent en France et en Grande-Bretagne.
The social security system is different in France and in Great-Britain.

3 ► **la Sécurité sociale :** social /ˈsəʊʃəl/ security

sein

1 ▷ Priscilla a eu un cancer du sein.
Priscilla had breast cancer.

1 breast /brest/
Breast rime avec rest.

2 ▷ Je n'ai donné le sein que pendant un mois.
I only breast-fed for a month.

2 ► **donner le sein à** (= allaiter) **:** breast-feed /ˈbrestfiːd/ (breast-fed, breast-fed /ˈbrestfed/)

seize

▷ Il y a seize élèves dans la classe.
There are sixteen pupils in the class.
▷ Mon neveu Sylvain a seize ans.
My nephew Sylvain is sixteen years old.
▷ Le concert aura lieu le seize janvier.
The concert will take place on the sixteenth of January.

sixteen /sɪksˈtiːn/

ℹ *Quand on dit la date, on utilise sixteenth /sɪksˈtiːnθ/ en anglais.*
ℹ *Notez l'emploi de on et of en anglais lorsqu'on dit la date.*
ℹ *On écrit 16 January.*

séjour

1 ▷ Merci beaucoup, nous avons passé un séjour très agréable.
Thank you very much, we had a very pleasant stay.

1 (= visite) stay /steɪ/

2 ▷ Bénédicte va faire un séjour linguistique en Irlande cet été.
Bénédicte is going on a language study holiday in Ireland this summer.

2 ► **séjour linguistique :** language study holiday /ˈlæŋgwɪdʒ ˌstʌdɪ ˌhɒlɪdeɪ/ (pluriel : language study holidays)

sel

▷ Il n'y a pas assez de sel dans la soupe.
There isn't enough salt in the soup.

salt /sɒlt/
Le a se prononce comme le o de dog.

self-service

▷ On a mangé dans un self-service sur l'autoroute.
We ate in a self-service restaurant on the motorway.

(= restaurant) **self-service restaurant** /ˌself sɜːvɪs 'restərɒnt/ (pluriel : self-service restaurants)

selle

▷ La selle de ce vélo est très dure.
The saddle on this bike is very hard.

saddle /'sædl/

selon

▷ Le prix change selon la période de l'année.
The price changes according to the time of year.
▷ Selon les journaux, c'est le ministre qui est responsable.
According to the newspapers, the minister is responsible.
▷ Selon moi, ce n'est pas vrai.
In my opinion, it isn't true.

according to /ə'kɔːdɪŋ tuː/
Exception : à la première personne, on dit in my opinion /ɪn maɪ ə'pɪnjən/.

semaine

▷ J'ai vu Suzanne la semaine dernière.
I saw Suzanne last week.
▷ Jean-Charles est toujours très occupé en semaine.
Jean-Charles is always very busy during the week.

week /wiːk/
► **en semaine :** during /'djʊərɪŋ/ the week

sembler

1 ▷ Capucine semblait calme, mais je pense qu'elle était inquiète.
Capucine seemed calm, but I think she was worried.
2 ▷ Il me semble que je vous connais.
I think I know you.

1 (= avoir l'air) **seem** /siːm/
2 ► **il me semble que... :** I think... /aɪ 'θɪŋk/

semelle

▷ Les semelles de ces sandales sont en cuir.
The soles of these sandals are made of leather.

(de chaussures) **sole** /səʊl/

semer

▷ J'ai semé des graines mais les oiseaux les ont mangées.
I sowed some seeds but the birds ate them.

sow /səʊ/

Le participe passé de **sow** *peut être soit* **sowed** /səʊd/, *soit* **sown** /səʊn/.

Sow *et* **so** *se prononcent de la même façon.* **Sowed** *rime avec* **road**, *et* **sown** *rime avec* **bone**.

sens

1 ▷ Je crois qu'on va dans le mauvais sens.
I think we're going in the wrong direction.

2 ▷ Ce jeu se joue dans le sens des aiguilles d'une montre.
This game is played clockwise.

3 ▷ Quel est le sens de ce mot ?
What's the meaning of this word?

4 ▷ Camille n'a aucun sens de l'humour.
Camille has no sense of humour.

5 ▷ Patrice est plein de bon sens.
Patrice has lots of common sense.

6 ▷ Je n'avais pas vu le sens interdit.
I didn't see the one-way street.

7 ▷ La rue est en sens unique.
The street is one-way.

1 (= direction) **direction** /dɪ'rekʃən/

2 ► **dans le sens des aiguilles d'une montre :** clockwise /'klɒkwaɪz/
► **dans le sens inverse des aiguilles d'une montre :** anticlockwise /æntɪ'klɒkwaɪz/

En anglais américain on dit **counterclockwise** /kaʊntə'klɒkwaɪz/.

3 (= signification) **meaning** /'miːnɪŋ/

4 (= notion instinctive) **sense** /sens/

5 ► **bon sens :** common sense /ˌkɒmən 'sens/

6 ► **sens interdit :** one-way street /wʌn weɪ striːt/

7 ► **sens unique :** one-way

sensation

1 ▷ C'est une sensation bizarre d'être suspendu dans les airs.
It's a strange feeling to be hanging in the air.

2 ▷ La nouvelle a fait sensation dans le village.
The news caused a sensation in the village.

1 (= impression) **feeling** /'fiːlɪŋ/

On peut aussi dire **sensation** /sen'seɪʃən/.

2 ► **faire sensation :** cause /kɔːz/ a sensation

Cause *rime avec* **yours** *et* **doors**.

sensible

▷ Marine est quelqu'un de très sensible.
Marine is a very sensitive person.

(= émotif) **sensitive** /'sensɪtɪv/
(plus sensible more sensitive, **le plus sensible** the most sensitive**)**

Attention ! L'adjectif anglais **sensible** *ne signifie pas* sensible *mais* raisonnable.

sentier

▷ Prenez ce sentier à gauche.
Take this footpath on the left.

footpath /'fʊtpɑːθ/

sentiment

▷ Lucas n'aime pas parler de ses sentiments.
Lucas doesn't like talking about his feelings.

(= émotion) **feeling** /'fiːlɪŋ/

sentimental, sentimentale

▷ Ce film est trop sentimental.
This film is too sentimental.

sentimental /ˌsentɪ'mentl/
(plus sentimental more sentimental, le plus sentimental the most sentimental)

sentir

1 ▷ Est-ce que tu sens cette odeur bizarre ?
Can you smell that strange smell?

1 (= percevoir par le nez) **smell** /smel/

*Le prétérit et le participe passé peuvent être soit **smelled** /smeld/, soit **smelt** /smelt/.*

2 ▷ Miam-miam, ça sent bon !
Yum, it smells good!
▷ Ça sent la menthe.
It smells of mint.

2 (= avoir une odeur) **smell** /smel/

*Notez l'emploi de **of** en anglais.*

3 ▷ J'ai senti une main dans mon dos.
I felt a hand on my back.
▷ J'ai senti que Matthieu n'était pas content.
I felt that Matthieu wasn't happy.
▷ Je sens qu'il va y avoir des problèmes.
I have a feeling that there are going to be problems.
▷ Comment tu te sens ?
How are you feeling?
▷ Je me sens mal tout d'un coup.
I feel ill all of a sudden.
▷ Élodie s'est sentie mal, on a dû appeler un médecin.
Élodie felt faint, we had to call a doctor.

3 (= percevoir par le toucher) **feel** /fiːl/ (felt, felt /felt/)
► **sentir que** (= avoir l'impression) : feel /fiːl/ that
► **sentir que** (= pressentir) : have a feeling /hæv ə 'fiːlɪŋ/ that (had, had)
► **se sentir** (= se porter) : feel /fiːl/
► **se sentir mal** (= malade) : feel ill /fiːl 'ɪl/
► **se sentir mal** (= s'évanouir) : feel faint /fiːl 'feɪnt/

séparer

1 ▷ Séparez les blancs des jaunes.
Separate the whites from the yolks.
▷ Jeanne et Étienne se sont séparés.
Jeanne and Étienne have split up.

1 (= mettre à part) **separate** /'sepəreɪt/
► **se séparer** (= cesser de vivre ensemble) : split up /splɪt ʌp/

2 ▷ Le bureau est séparé en deux par un écran.
The office is divided in two by a screen.

2 (= diviser) **divide** /dɪ'vaɪd/

sept

▻ Le voyage en train dure sept heures.
The train journey takes seven hours.
▻ Le bébé est né le sept mars.
The baby was born on the seventh of March.

seven /'sevn/

Notez l'emploi de ***on*** *et* ***of*** *quand on dit la date.*

On écrit ***7 March****.*

septembre

▻ Nous allons déménager en septembre.
We're going to move in September.
▻ Mireille est née le quinze septembre.
Mireille was born on the fifteenth of September.

September /sep'tembəʳ/

S'écrit toujours avec une majuscule.

Notez l'emploi de ***on*** *et* ***of*** *en anglais lorsqu'on dit la date.*

On écrit ***15 September****.*

septième

▻ Le septième jour, nous avons visité Florence.
On the seventh day, we visited Florence.

seventh /'sevnθ/

série

▻ J'ai eu une série de problèmes.
I had a series of problems.
▻ Alexandra regarde toutes les séries américaines.
Alexandra watches all the American series.

series /'sɪərɪz/

Series *est invariable au pluriel : one* ***series****, two* ***series****.*

Attention ! Le mot 'serie' n'existe pas en anglais !

sérieusement

1 ▻ Tu ne parles pas sérieusement ?
You're not talking seriously?

1 (= sans plaisanter) **seriously** /'sɪərɪəslɪ/

2 ▻ Le nouveau stagiaire fait son travail sérieusement.
The new trainee does his work conscientiously.

2 (= consciencieusement) **conscientiously** /ˌkɒnʃɪ'enʃəslɪ/

sérieux, sérieuse

1 ▻ Étienne avait l'air très sérieux.
Étienne looked very serious.

1 (= qui ne plaisante pas) **serious** /'seərɪəs/ (**plus sérieux** more serious, **le plus sérieux** the most serious)

2 ▻ Caro est une étudiante sérieuse.
Caro is a conscientious student.

2 (= consciencieux) **conscientious** /ˌkɒnʃɪ'enʃəs/ (**plus sérieux** more conscientious, **le plus sérieux** the most conscientious)

3 ▻ On a parlé de choses sérieuses.
We talked about serious things.

3 (= important) **serious** /'sɪərɪəs/

4 ▻ Au début, je ne l'ai pas prise au sérieux.
At first, I didn't take her seriously.

4 ► **prendre au sérieux : take seriously** /teɪk sɪərɪəslɪ/ (**took** /tʊk/, **taken** /'teikən/)

seringue

▷ Toutes les seringues sont stérilisées.
All the syringes are sterilized.

syringe /sɪ'rɪndʒ/
Le y se prononce comme le i de big.

séropositif, séropositive

▷ Le nombre de séropositifs dans le monde continue d'augmenter.
The number of people who are HIV-positive in the world is still increasing.

person who is HIV-positive /eɪtʃ aɪ viː pɒsɪtɪv/

serpent

▷ Lionel a vu un serpent dans l'herbe.
Lionel saw a snake in the grass.

snake /sneɪk/

serré, serrée

1 ▷ Ma jupe est très serrée, j'ai trop mangé !
My skirt is very tight, I've eaten too much!

1 (= étroit) **tight** /taɪt/
(plus serré **tighter** /'taɪtəʳ/, le plus serré **the tightest** /'taɪtɪst/)

2 ▷ On était serrés comme des sardines.
We were packed like sardines.

2 (= collés les uns contre les autres) **packed** /pækt/

serrer

1 ▷ Je serrais la lettre dans ma main parce que j'avais peur de la perdre.
I was clutching the letter because I was afraid I would lose it.

1 (= tenir pressé) **clutch** /klʌtʃ/

2 ▷ Ahmed m'a serrée dans ses bras en me disant au revoir.
Ahmed hugged me while he was saying goodbye to me.

2 ► **serrer** quelqu'un **dans ses bras : hug** /hʌg/ **somebody**
Il y a deux g au gérondif (hugging /'hʌgɪŋ/), au prétérit et au participe passé (hugged /hʌgd/).

3 ▷ Ce jean me serre.
These jeans are too tight for me.

3 (= être trop étroit pour) **be too tight** /taɪt/ **for**

4 ▷ Serre bien tes lacets.
Tighten your laces well.

4 (= tirer sur) **tighten** /'taɪtn/

5 ▷ Serrez-vous un peu, sinon on ne rentrera pas tous.
Squeeze up a bit, otherwise we won't all get in.

5 ► **se serrer** (= se comprimer) **: squeeze up** /skwiːz 'ʌp/

6 ▷ On s'est serré la main.
We shook hands.

6 ► **se serrer la main : shake hands** /ʃeɪk 'hændz/
(**shook** /'ʃʊk/, **shaken** /'ʃeɪkn/)

serrure

▻ On a dû changer les serrures après le cambriolage.
We had to change the locks after the burglary.

lock /lɒk/

serveur, serveuse

1 ▻ Demande au serveur de nous apporter du pain.
Ask the waiter to bring us some bread.

2 ▻ Le serveur du pub n'était pas très aimable.
The pub barman wasn't very nice.

1 (dans un restaurant)
► **serveur :** waiter /ˈweɪtəʳ/
► **serveuse :** waitress /ˈweɪtrəs/ (pluriel : waitresses /ˈweɪtrəsɪz/)

2 (dans un pub)
► **serveur :** barman /ˈbɑːmən/ (pluriel : barmen /ˈbɑːmen/)
► **serveuse :** barmaid /ˈbɑːmeɪd/

serviable

▻ Aïcha est très serviable.
Aïcha is very helpful.

helpful /ˈhelpfʊl/ (plus serviable more helpful, le plus serviable the most helpful)

service

1 ▻ Est-ce que je peux te demander un service ?
Can I ask you a favour?
▻ Isabelle m'a rendu un grand service.
Isabelle did me a big favour.

2 ▻ On m'a dit de demander au service des réclamations.
I was told to ask the complaints department.

3 ▻ Est-ce que le service est compris ?
Is service included?

4 ▻ Nathalie a un joli service à café.
Nathalie has a nice coffee set.

1 (= aide) **favour** /ˈfeɪvəʳ/
► **rendre service à** quelqu'un **:** do somebody a favour (did, done)

2 (dans une société, une administration) **department** /dɪˈpɑːtmənt/

3 (au restaurant) **service** /ˈsɜːvɪs/

4 (= vaisselle) **set** /set/

serviette

1 ▻ Il manque les petites cuillères et les serviettes.
The teaspoons and the napkins are missing.

2 ▻ Les serviettes sont changées tous les jours à l'hôtel.
The towels are changed every day at the hotel.

3 ▻ Est-ce que tu peux me passer une serviette hygiénique ?
Can you pass me a sanitary towel?

1 (= serviette de table) **napkin** /ˈnæpkɪn/

2 (= serviette de toilette) **towel** /ˈtaʊəl/

3 ► **serviette hygiénique :** sanitary towel /ˈsænɪtərɪ ˌtaʊəl/ (pluriel : sanitary towels)

servir

1 ▻ Une dame blonde nous a servis.
A fair-haired lady served us.

1 (à table, dans un magasin) serve /sɜːv/

2 ▻ À quoi sert cet outil ?
What is this tool used for?

2 ► **servir à** quelque chose (en parlant d'un objet) **:** be used /ˈjuːzd/ for something

3. ▻ Ça ne sert à rien de pleurer.
It's no use crying.

3 ► **ça ne sert à rien de +** infinitif **:** it's no use /ɪts nəʊ ˈjuːs/ + -ing

4 ▻ Cette pièce sert de bureau.
This room is used as an office.

4 ► **servir de :** be used as /ˈjuːzd æz/

5 ▻ Vas-y, sers-toi.
Go on, help yourself.
▻ Servez-vous les enfants !
Help yourselves, children!

5 ► **se servir** (à table) **:** help /help/ oneself

6 ▻ Tu sais te servir d'un arc ?
Do you know how to use a bow?

6 ► **se servir de** quelque chose **:** use /juːz/ something

ses

▻ Claude s'entend bien avec ses voisins.
Claude gets on well with his neighbours.
▻ J'ai vu Anne et ses enfants.
I saw Anne and her children.

ℹ *En anglais, l'adjectif possessif varie en fonction du sexe du possesseur et non de la chose possédée : quand le possesseur est masculin,* **son, sa** *et* **ses** *se traduisent par* his /hɪz/ *; quand le possesseur est féminin,* **son, sa** *et* **ses** *se traduisent par* her /hɜːʳ/.

set

1 ▻ Qui a gagné le premier set ?
Who won the first set?

1 (au tennis) set /set/

2 ▻ On lui a offert des sets de table.
She was given some tablemats.

2 ► **set de table :** tablemat /ˈteɪblmæt/

seuil

▻ Ne reste pas sur le seuil de la porte, entre !
Don't stay on the doorstep, come in!

(= entrée) doorstep /ˈdɔːstep/

seul, seule

1 ▻ Nous étions seuls dans le restaurant.
We were alone in the restaurant.

1 (= sans personne d'autre) alone /əˈləʊn/

2 ▻ Nathan se sent très seul.
Nathan feels very lonely.

2 (= solitaire) lonely /ˈləʊnlɪ/ (**plus seul** lonelier /ˈləʊnlɪəʳ/, **le plus seul** the loneliest /ˈləʊnlɪɪst/)

3 ▻ J'ai un seul ami : il s'appelle Rachid.
I've got only one friend: his name is Rachid.

3 ► **un seul...** *ou* **une seule... :** only one... /ˌəʊnlɪ ˈwʌn/

4 ▷ Claire a fixé ces étagères toute seule.
Claire put the shelves up by herself.
▷ Je l'ai fait tout seul.
I did it myself.

4 ► **tout seul :** by myself / yourself / by himself / by herself / by ourselves / by yourselves / by themselves.

seulement

▷ On a seulement cinq jours de vacances.
We only have five days holiday.
▷ Si seulement tu m'en avais parlé avant !
If only you had told me before!

(= uniquement) **only** /'əʊnlɪ/

► **si seulement... :** if only... /ɪf 'əʊnlɪ/

sévère

▷ Mon patron est très sévère.
My boss is very strict.

strict /strɪkt/
(**plus sévère** stricter /'strɪktəʳ/, **le plus sévère** the strictest /'strɪktɪst/)

sexe

▷ Ils ne veulent pas connaître le sexe de leur bébé.
They don't want to know their baby's sex.

sex /seks/
(pluriel : sexes /'seksɪz/)

shampoing ou shampooing

▷ J'ai oublié d'acheter du shampoing.
I forgot to buy shampoo.
▷ La coiffeuse m'a d'abord fait un shampoing.
The hairdresser gave me a shampoo first.

shampoo /ʃæm'pu:/

► **faire un shampoing à quelqu'un :** give somebody a shampoo (gave, given)

short

▷ Je n'aime pas ce short, il est trop petit.
I don't like these shorts, they are too small.
▷ Je vais acheter un nouveau short.
I'm going to buy some new shorts.

shorts /ʃɔ:ts/

ℹ *Shorts est un nom pluriel, comme trousers, jeans, et swimming trunks. Il s'emploie avec un verbe au pluriel.*

si

1 ▷ On pourrait faire un pique-nique s'il fait beau.
We could have a picnic if the weather's good.

1 (pour exprimer une hypothèse) **if** /ɪf/

2 ▷ Je ne sais pas si Amélie sera là.
I don't know if Amélie will be there.

2 (dans les interrogations indirectes) **if**

ℹ *On peut aussi dire **whether** /'weðəʳ/.*

3 ▷ Tu n'es pas contente ? – Si !
Aren't you happy? – Yes I am!

3 (= oui) **yes** /jes/

ℹ *Notez qu'en anglais, on peut reprendre le sujet et l'auxiliaire après **yes**.*

4 ▷ Arthur est si malade qu'il ne peut pas se lever.
Arthur is so ill he can't get up.

4 (= tellement, avec un attribut ou un adverbe) **so** /səʊ/

Suite page suivante

5 ▷ C'est un si beau tableau !
It's such a beautiful painting!

5 (= tellement, avec un épithète)
such /sʌtʃ/

sida

▷ J'ai lu un article terrifiant sur le sida.
I read a frightening article on AIDS.

AIDS /eɪdz/
ℹ *AIDS est l'abréviation de Acquired Immune Deficiency Syndrome.*

siècle

▷ C'est un des plus grands artistes du vingtième siècle.
He is one of the greatest artists of the twentieth century.
▷ Il a vécu au seizième siècle.
He lived in the sixteenth century.

century /ˈsentjʊrɪ/
(pluriel : centuries /ˈsentjʊrɪz/)

ℹ *Notez la préposition in et l'article dans le deuxième exemple.*

siège

▷ Est-ce que ce siège est libre ?
Is this seat free?

(= chaise, fauteuil) seat /siːt/

sien, sienne

1 ▷ Damien dit que ce CD est le sien.
Damien says that this CD is his.

1 ► **le sien** *ou* **la sienne** *ou* **les siens** *ou* **les siennes** (si le possesseur est du sexe masculin) **:** his /hɪz/

2 ▷ Sophie aime bien mon vernis à ongles, mais elle préfère le sien.
Sophie likes my nail varnish, but she prefers hers.

2 ► **le sien** *ou* **la sienne** *ou* **les siens** *ou* **les siennes** (si le possesseur est du sexe féminin) **:** hers /hɜːz/

sieste

▷ Où est Lionel ? – Il fait la sieste.
Where's Lionel? – He's having a nap.

► **faire la sieste :** have a nap /næp/ (had, had)

sifflement

▷ Tu entends le sifflement du vent ?
Can you hear the whistling of the wind?
▷ J'ai entendu un sifflement : c'était Benoîte qui appelait son chien.
I heard a whistle: it was Benoîte calling her dog.

whistling /ˈwɪslɪŋ/

► **un sifflement :** a whistle /ˈwɪsl/

🔈 *Le t de whistle et whistling ne se prononce pas.*

siffler

1 ▷ Sylvian sifflait, il avait l'air heureux.
Sylvian was whistling, he looked happy.
▷ Siffle Médor, il va revenir.
Whistle for Médor, he'll come back.

1 whistle /ˈwɪsl/

► **siffler un chien :** whistle for a dog

Le t de whistle ne se prononce pas.

2 ▷ Les acteurs se sont fait siffler.
The actors got booed.

2 ► **se faire siffler** (= huer) **:** get booed /buːd/ (got, got)

sifflet

▷ Le berger se sert d'un sifflet pour appeler son chien.
The shepherd uses a whistle to call his dog.

▷ L'arbitre a donné un coup de sifflet.
The referee blew the whistle.

whistle /'wɪsl/

Le t de whistle ne se prononce pas.

► **donner un coup de sifflet :** blow the whistle /bləʊ ðə 'wɪsl/ (blew /bluː/, blown /bləʊn/)

signal

▷ Je donnerai le signal du début de la course.
I'll give the signal for the start of the race.

▷ Quelqu'un a tiré le signal d'alarme.
Somebody pulled the alarm.

signal /'sɪgnəl/

Prononcez bien le g et le n : dites sig + nal.

► **signal d'alarme :** alarm /ə'lɑːm/

signaler

1 ▷ Bruno m'a signalé qu'il y avait une faute au début de mon CV.
Bruno pointed out to me that there was a mistake in the beginning of my CV.

2 ▷ Nous avons signalé le vol à la police.
We reported the theft to the police.

1 (= faire remarquer) point out /pɔɪnt 'aʊt/

2 (= déclarer à la police) report /rɪ'pɔːt/

signature

▷ Ta signature est illisible.
Your signature is illegible.

signature /'sɪgnətʃəʳ/

Prononcez bien le g et le n.

signe

▷ Elle sourit, c'est bon signe.
She's smiling, it's a good sign.

sign /saɪn/

Sign rime avec wine.

signer

▷ Signez en bas du formulaire.
Sign at the bottom of the form.

(= écrire son nom) sign /saɪn/

Sign rime avec wine. Le prétérit et participe passé signed rime avec mind et find.

signification

▷ Quelle est la signification de ce mot ?
What's the meaning of this word?

meaning /'miːnɪŋ/

signifier

▷ Que signifie ce mot ?
What does this word mean?
▷ Qu'est-ce que ça signifie ?
What does it mean?

mean /miːn/
(meant, meant /ment/)
N'oubliez pas l'auxiliaire **do** *dans la question.* On ne dit pas *'what means...?'.*

silence

▷ Les manifestants ont défilé en silence.
The demonstrators marched in silence.

silence /'saɪləns/
Le **i** *est celui de* **like**.

silencieux, silencieuse

▷ Les élèves sont restés silencieux.
The pupils stayed quiet.

(qui ne fait pas de bruit) **quiet** /'kwaɪət/ (plus silencieux quieter /'kwaɪətəʳ/, le plus silencieux the quietest /'kwaɪətɪst/)
Attention à la prononciation de **quiet**, *différente de celle de* **quite** (**quiet** a deux syllabes).

silhouette

▷ On ne voyait que des silhouettes dans le brouillard.
We could only see shapes in the fog.

(= vague forme) **shape** /ʃeɪp/

s'il te plaît, s'il vous plaît

▷ Ouvre la porte, s'il te plaît.
Open the door, please.
▷ Un kilo de pommes, s'il vous plaît.
A kilo of apples, please.

please /pliːz/

simple

▷ Les règles du jeu sont très simples.
The rules of the game are very simple.

simple /'sɪmpl/
(plus simple simpler /'sɪmplə/, le plus simple the simplest /'sɪmplɪst/)

simplement

1 ▷ Leur maison est meublée très simplement.
Their house is very simply furnished.
2 ▷ Je voudrais simplement que tu m'aides.
I would just like you to help me.

1 (= sans complication) **simply** /'sɪmplɪ/
2 (= seulement) **just** /dʒʌst/

sincère

▷ Nathalie souriait, mais ce n'était pas sincère.
Nathalie was smiling, but it wasn't sincere.

sincere /sɪn'sɪəʳ/
(plus sincère more sincere, le plus sincère the most sincere)

L'accent tonique est sur la deuxième syllabe **-cere**. **Sincere** *rime avec* **ear**.

singe

1 ▷ Il est interdit de donner des cacahuètes aux singes.
You're not allowed to give peanuts to the monkeys.

2 ▷ Arrête de faire le singe et travaille !
Stop fooling around and work!

1 monkey /'mʌŋkɪ/

La deuxième syllabe se prononce comme le mot français **qui**.

2 ► **faire le singe :** fool around /fuːl ə'raʊnd/

singulier

▷ Le singulier et le pluriel sont les mêmes.
The singular and the plural are the same.

▷ Cet adjectif est au singulier.
This adjective is in the singular.

singular /'sɪŋgjələʳ/

► **au singulier :** in the singular

sinistre

▷ Ils habitent dans un quartier sinistre.
They live in a horrible area.

horrible /'hɒrəbl/

sinon

▷ Appelle Charlie, sinon il sera fâché.
Call Charlie, otherwise he'll be angry.

(= autrement) otherwise /'ʌðəwaɪz/

sirène

▷ Tu as entendu la sirène des pompiers ?
Did you hear the fire siren?

(= alarme) siren /'saɪərən/

ℹ *Au sens de* femme avec une queue de poisson, **sirène** *se traduit par* **mermaid** /'mɜːmeɪd/.

sirop

▷ J'ai un très bon sirop contre la toux si tu veux.
I have some very good cough syrup if you want.

syrup /'sɪrəp/

ℹ *Attention à l'orthographe.*

site

1 ▷ La ville est dans un très beau site.
The town is in a beautiful setting.

2 ▷ Nous avons visité plusieurs sites archéologiques.
We visited several archeological sites.

3 ▷ Il y a plein de sites touristiques dans cette région.
There are lots of tourist spots in this region.

1 (= décor) setting /'setɪŋ/

2 ► **site archéologique :** archeological site /ˌɑːkɪə'lɒdʒɪkəl ˌsaɪt/ (pluriel : archeological sites)

3 ► **site touristique :** tourist spot /'tʊərɪst ˌspɒt/ (pluriel : tourist spots)

situation

▷ La situation est compliquée.
The situation is complicated.

(= circonstances) **situation** /ˌsɪtjʊˈeɪʃən/

situé, située

▷ Le château est situé sur une colline.
The castle is situated on a hill.

situated /ˈsɪtjʊeɪtɪd/

six

▷ Mon fils a six ans.
My son is six years old.

▷ Les cours reprennent le six septembre.
Classes start again on the sixth of September.

six /sɪks/

ℹ *Quand on dit la date, on emploie* **sixth** /sɪksθ/ *en anglais.*

ℹ *Notez l'emploi de* **on** *et* **of** *en anglais lorsqu'on dit la date.*

ℹ *On écrit* **6 September**.

sixième

1 ▷ Le sixième morceau du CD est mon préféré.
The sixth track on the CD is my favourite.

2 ▷ Ils habitent au sixième sans ascenseur.
They live on the sixth floor without a lift.

1 **sixth** /sɪksθ/

2 (= sixième étage) **sixth floor** /sɪksθ ˈflɔːʳ/

skate-board

▷ Hakim fait du skate-board tous les jours.
Hakim goes skateboarding every day.

skateboard /ˈskeɪtbɔːd/

► **faire du skate-board :** go skateboarding /ˈskeɪtbɔːdɪŋ/ (went, gone / been)

sketch

▷ Il y avait un sketch particulièrement drôle.
There was a particularly funny sketch.

sketch /sketʃ/
(pluriel : sketches /ˈsketʃɪz/)

ski

▷ On pourra louer des skis là-bas.
We'll be able to hire skis there.

▷ Le ski est mon sport préféré.
Skiing is my favorite sport.

▷ J'ai appris à faire du ski dans les Alpes.
I learned to ski in the Alps.

▷ Élisabeth va au ski en janvier.
Élisabeth is going skiing in January.

▷ Je préfère le ski de fond au ski de descente.
I prefer cross-country skiing to downhill skiing.

(= planche) **ski** /skiː/

► **le ski :** skiing /ˈskiːɪŋ/

► **faire du ski :** ski /skiː/

► **aller au ski :** go skiing /skiːɪŋ/ (went, gone / been)

► **ski de fond :** cross-country skiing /ˌkrɒskʌntrɪ ˈskiːɪŋ/

skier

▻ Est-ce que tu sais skier ?
Can you ski?
▻ On a skié toute la semaine.
We skied all week.

ski /ski:/
*Prétérit et participe passé : **skied** /ski:d/.*
***Skied** rime avec **feed**.*

slip

1 ▻ On voit son slip sous sa jupe.
You can see her knickers under her skirt.

1 (= sous-vêtement féminin) **knickers** /'nɪkəz/
*Le **k** initial ne se prononce pas.*

2 ▻ Ludovic préfère porter un slip.
Ludovic prefers wearing briefs.

2 (= sous-vêtement masculin) **briefs** /bri:fs/

3 ▻ Andrew porte un slip de bain bleu.
Andrew is wearing blue swimming trunks.

3 ► **slip de bain : swimming trunks** /'swɪmɪŋ ˌtrʌŋks/
***Knickers**, **briefs** et **swimming trunks** sont des noms pluriels : on dit par exemple **these swimming trunks are too big** (ce slip de bain est trop grand).*

smoking

▻ Il faut y aller en smoking.
You have to go in a dinner jacket.

dinner jacket /'dɪnə ˌdʒækɪt/
*En anglais américain, on dit **tuxedo** /tʌk'si:dəʊ/.*

sociable

▻ Nathalie est quelqu'un de très sociable.
Nathalie is a very sociable person.

sociable /'səʊʃəbəl/ (plus sociable **more sociable**, le plus sociable **the most sociable**)

socialiste

▻ Nous avons voté pour le parti socialiste.
We voted for the socialist party.

socialist /'səʊʃəlɪst/

société

1 ▻ Sa femme travaille pour une grosse société.
His wife works for a big company.

1 (= entreprise) **company** /'kʌmpənɪ/
(pluriel : **companies** /'kʌmpənɪz/)

2 ▻ Nous vivons dans une société multiculturelle.
We live in a multicultural society.

2 (= civilisation) **society** /sə'saɪətɪ/
(pluriel : **societies** /sə'saɪətɪz/)

socquettes

▻ Trois paires de socquettes pour dix euros, ce n'est pas cher.
Three pairs of ankle socks for ten euros, that's cheap.

ankle socks /'æŋklˌsɒks/

sœur

▷ Ma sœur s'appelle Camille.
My sister's name is Camille.

sister /'sɪstəʳ/

sofa

▷ Tu pourras dormir sur le sofa.
You can sleep on the sofa.

sofa /'səʊfə/

soi-disant

▷ Édouard est soi-disant malade.
Édouard is supposedly ill.

(utilisé comme adverbe)
supposedly /sə'pəʊzɪdlɪ/

soie

▷ La soie est un tissu agréable à porter.
Silk is a material that's pleasant to wear.

▷ Ce foulard est en soie.
This scarf is made of silk.

▷ Laure a un pyjama en soie rouge.
Laura has got some red silk pyjamas.

silk /sɪlk/

► **être en soie :** be made /meɪd/ of silk

► **en soie :** silk

soif

▷ Tu as soif ? Tu veux de l'eau ?
Are you thirsty? Would you like some water?

▷ Cette promenade m'a donné soif.
That walk made me thirsty.

► **avoir soif :** be thirsty /'θɜːstɪ/

► **donner soif à** quelqu'un **:** make /meɪk/ somebody thirsty (made, made /meɪd/)

soigné, soignée

▷ Le travail de Cyril est toujours très soigné.
Cyril's work is always very neat.

(= fait ou tenu avec soin) neat /niːt/
(plus soigné neater /'niːtəʳ/**,**
le plus soigné the neatest /'niːtɪst/**)**

soigner

1 ▷ Le docteur qui me soigne est très gentil.
The doctor who treats me is very nice.

1 (= s'occuper de) treat /triːt/

2 ▷ Tu devrais soigner la présentation.
You should take care over presentation.

2 (= être attentif à) take care over /teɪk 'kɛə ˌəʊvəʳ/ (took /tʊk/, taken /'teɪkən/)

3 ▷ J'espère que tu te soignes pour ce rhume.
I hope you're taking something for that cold.

3 ► **se soigner** (= prendre des médicaments) **:** take something /'teɪk ˌsʌmθɪŋ/ (took, taken)

soigneux, soigneuse

▷ Marc n'est pas soigneux, il écrit n'importe comment.
Marc isn't careful, he writes any old how.

(= qui s'applique, qui est propre)
careful /ˈkɛəfʊl/
(plus soigneux more careful,
le plus soigneux the most careful)

soin

1 ▷ Léa classe ses notes avec soin.
Léa carefully files her notes.

2 ▷ Les soins médicaux sont gratuits ici.
Medical care is free here.

1 ► **avec soin : carefully** /ˈkɛəfəlɪ/

2 ► **soins** (= traitement) **: care** /kɛəʳ/

soir

▷ J'y suis allé un soir de la semaine dernière.
I went there one evening last week.

▷ Nous sommes arrivés samedi soir.
We arrived on Saturday evening.

▷ Le soir je suis trop fatigué pour lire.
In the evening I'm too tired to read.

▷ Qu'est-ce que tu as fait hier soir ?
What did you do last night?

▷ À huit heures du soir.
At eight in the evening ou at 8 p.m.

evening /ˈiːvnɪŋ/

ℹ *Notez l'emploi de* **on** *en anglais lorsqu'on dit la date.*

► **le soir : in the evening**

► **hier soir : last night** /lɑːst ˈnaɪt/

ℹ *Pour dire l'heure, on fait suivre le chiffre de* ***in the evening*** *ou de* ***p.m.****, qui est l'abréviation de* post meridiem *(*après-midi *en latin).*

soirée

1 ▷ On a passé la soirée à raconter des blagues.
We spent the evening telling jokes.

▷ Bonne soirée !
Have a nice evening!

2 ▷ La soirée chez Patricia était très réussie.
The party at Patricia was very good.

1 (= partie de la journée) evening /ˈiːvnɪŋ/

2 (= fête) party /ˈpɑːtɪ/
(pluriel : parties /ˈpɑːtɪz/)

soit

▷ Soit tu viens tout de suite, soit tu restes.
Either you come straight away, or you stay.

► **soit... soit : either** /aɪðəʳ/ **... or** /ɔːʳ/

soixante

▷ Il y avait soixante personnes dans le car.
There were sixty people on the coach.

▷ Ma mère a soixante ans.
My mother is sixty years old.

sixty /ˈsɪkstɪ/

Suite page suivante

▷ Sylvie est née dans les années soixante.
Sylvie was born in the sixties.

► **les années soixante :** the sixties /ˈsɪkstɪz/

soixante-dix

▷ La vitesse est limitée à soixante-dix.
The speed limit is seventy.
▷ Le grand-père de Steph a soixante-dix ans.
Steph's grandfather is seventy years old.
▷ Elle est née dans les années soixante-dix.
She was born in the seventies.

seventy /ˈsevntɪ/

► **les années soixante-dix :** the seventies /ˈsevntɪz/

soja

▷ Les végétariens mangent du soja pour remplacer la viande.
Vegetarians eat soya to replace meat.

soya /ˈsɔɪə/

ℹ *Attention à l'orthographe.*

sol

1 ▷ Il n'a pas plu depuis longtemps, le sol est très sec.
It hasn't rained for a long time, the ground is very dry.

1 (à l'extérieur) ground /graʊnd/

2 ▷ J'étais en train de laver le sol de la cuisine.
I was cleaning the kitchen floor.

2 (à l'intérieur) floor /flɔːʳ/

solaire

1 ▷ Il y a des panneaux solaires sur le toit de cette maison.
There are solar panels on the roof of this house.

1 solar /ˈsəʊləʳ/

2 ▷ N'oublie pas de mettre de la crème solaire.
Don't forget to put sun cream on.

2 ► **crème solaire :** sun cream /ˈsʌnkriːm/

soldat

▷ Les soldats défilent ici le Quatorze Juillet.
Soldiers march here on the fourteenth of July.

soldier /ˈsəʊldʒəʳ/

solde

1 ▷ J'ai acheté ce tee-shirt en solde.
I bought this T-shirt in the sales.
▷ La jupe était en solde.
The skirt was reduced.

1 ► **acheter** quelque chose **en solde :** buy /baɪ/ something in the sales /seɪlz/ (bought, bought /bɔːt/)
► **être en solde :** be reduced /rɪˈdjuːst/

2 ▷ Les soldes commencent en juin.
The sales start in June.
▷ On pourrait faire les soldes samedi.
We could go to the sales on Saturday.

2 ► **les soldes :** the sales /ˈseɪlz/
► **faire les soldes :** go to the sales (went, gone/been)

soleil

▷ Ah, enfin, le soleil sort !
Ah, at last the sun is coming out!
▷ Il y a du soleil aujourd'hui.
It's sunny today.
▷ Ne reste pas trop au soleil.
Don't stay in the sun too much.
▷ Tu vas attraper un coup de soleil.
You're going to get sunburn.

sun /sʌn/

► **il y a du soleil :** it's sunny /'sʌnɪ/
► **au soleil :** in the sun

► **attraper un coup de soleil :** get sunburn /'sʌnbɜːn/ (got, got)

solfège

▷ Capucine apprend le solfège et la guitare.
Capucine is learning music theory and guitar.

(= règles de la musique) **music theory** /'mjuːzɪk ˌθɪərɪ/

solide

▷ Ce tissu est très solide, il ne se déchirera pas.
This material is very strong, it won't tear.
▷ Mon grand-père n'a pas le cœur très solide.
My grandfather hasn't got a very strong heart.

(= fort) **strong** /strɒŋ/
(**plus solide** stronger /'strɒŋgəʳ/, **le plus solide** the strongest /'strɒŋgɪst/)

solution

▷ Est-ce que tu as trouvé la solution du problème ?
Did you find the solution to the problem?

solution /sə'luːʃən/

ℹ *Notez la préposition utilisée en anglais :* la solution de = *the solution **to**.*

sombre

▷ Cette pièce est très sombre.
This room is very dark.

(= obscur, foncé) **dark** /dɑːk/
(**plus sombre** darker /'dɑːkəʳ/, **le plus sombre** the darkest /'dɑːkɪst/)

somme

1 ▷ Mille euros, c'est une grosse somme.
A thousand euros is a big sum.
2 ▷ Lucie a fait la somme de toutes les dépenses.
Lucie added up all the expenses.

1 (= somme d'argent) **sum** /sʌm/

2 ► **faire la somme de :** add up /æd 'ʌp/

sommeil

▷ J'ai sommeil, je vais me coucher.
I'm sleepy, I'm going to bed.

► **avoir sommeil :** be sleepy /'sliːpɪ/

sommet

▷ On a presque atteint le sommet.
We've almost reached the summit.

(d'une montagne) **summit** /'sʌmɪt/

somnambule

▷ J'ai trouvé Michaël en pyjama sur le balcon : il est somnambule !
I found Michaël in his pyjamas on the balcony: he sleepwalks!

► être somnambule : sleepwalk /'sliːpwɔːk/

Le deuxième l ne se prononce pas.

somnifère

▷ Jacques prend des somnifères.
Jacques takes sleeping pills.

sleeping pill /'sliːpɪŋ ˌpɪl/ (pluriel : sleeping pills)

son

1 ▷ Ce piano a un très beau son.
This piano has a beautiful sound.

2 ▷ Patrice va venir avec son frère.
Patrice is going to come with his brother.
▷ Charlotte arrive ! Où est son cadeau ?
Charlotte is coming! Where's her present?

1 ► un son : a sound /saʊnd/

2 (adjectif possessif) his ou her

En anglais, l'adjectif possessif varie en fonction du sexe du possesseur et non de la chose possédée. Quand le possesseur est masculin, son, sa *et* ses *se traduisent par* **his** /hɪz/ *; quand le possesseur est féminin,* son, sa *et* ses *se traduisent par* **her** /hɜːʳ/.

sonner

1 ▷ Les cloches sonnent.
The bells are ringing.

2 ▷ Je me suis réveillé en sursaut quand le réveil a sonné.
I woke up with a jump when the alarm went off.

3 ▷ J'ai sonné plusieurs fois, mais il n'y avait personne.
I rang the doorbell several times, but there was nobody there.

1 (en parlant des cloches, du téléphone) ring /rɪŋ/ (rang /ræŋ/, rung /rʌŋ/)

2 (en parlant du réveil) go off /gəʊ 'ɒf/ (went off /went 'ɒf/, gone off /gɒn 'ɒf/)

3 (= actionner la sonnette) ring the doorbell /rɪŋ ðə 'dɔːbel/ (rang /ræŋ/, rung /rʌŋ/)

sonnerie

1 ▷ Tu n'as pas entendu la sonnerie du téléphone ?
Didn't you hear the phone?

2 ▷ Les élèves sont toujours prêts à partir avant la sonnerie.
The pupils are always ready to leave before the bell.

1 *Quand on parle de la sonnerie du téléphone, on dit simplement* **the phone** /fəʊn/.

2 *Pour la sonnerie à l'école, on emploie le mot* **bell** /bel/.

sonnette

▷ La sonnette ne marche pas, il faut frapper.
The doorbell doesn't work, you have to knock.

doorbell /'dɔːbel/

sorbet

▷ Comme dessert, il y a du sorbet à la poire.
For dessert there's some pear sorbet.

sorbet /'sɔːbeɪ/

sorcière

▷ Julia s'est déguisée en sorcière pour Halloween.
Julia disguised herself as a witch for Halloween.

witch /wɪtʃ/
(pluriel : witches /'wɪtʃɪz/)

sort

▷ On a tiré au sort pour savoir qui ferait la vaisselle.
We drew lots to decide who would do the dishes.

► **tirer au sort :** draw lots /drɔː 'lɒts/ (drew /druː/, drawn /drɔːn/)

sorte

▷ Il y a plusieurs sortes de desserts.
There are several kinds of dessert.

▷ C'est une sorte d'écharpe très large.
It's a kind of very wide scarf.

(= type, genre) kind /kaɪnd/

ℹ *On peut aussi dire sort /sɔːt/.*

► **une sorte de** (= une espèce de) **:** a kind of

ℹ *On peut aussi dire a sort of.*

sortie

▷ Où est la sortie ?
Where is the exit?

(= endroit par où on sort) exit /'eksɪt/

sortir

1 ▷ Sors te promener avec nous !
Come out and walk with us!
▷ J'ai vu Caro sortir de chez Fahrid.
I saw Caro come out of Fahrid's house.

1 ► **sortir** (= venir dehors) **:** come out /kʌm 'aʊt/ (came out /keɪm 'aʊt/, come out)
► **sortir de :** come out of

2 ▷ Sors si tu veux, moi je reste ici.
Go out if you like, I'm staying here.
▷ Il est sorti de la salle avant la fin du spectacle.
He went out of the theatre before the end of the show.
▷ Lise sort avec Charles.
Lise is going out with Charles.

2 ► **sortir** (= aller dehors) **:** go out /gəʊ 'aʊt/ (went out /went 'aʊt/, gone out /gɒn 'aʊt/)
► **sortir de :** go out of
► **sortir avec** quelqu'un **:** go out with /gəʊ 'aʊt wɪð/ somebody

3 ▷ Est-ce que Lalia est là ? – Non, elle est sortie.
Is Lalia in? – No, she's out.

3 ► **être sorti :** be out /aʊt/

4 ▷ À quelle heure est-ce que vous sortez du travail ?
What time do you finish work?

4 ► **sortir de** (+ école, travail) **:** finish /'fɪnɪʃ/

5 ▷ Son dernier film vient de sortir.
His last film has just come out.

5 ► **sortir** (= être publié ou montré pour la première fois) **:** come out

Suite page suivante

6 ▷ Sors ton vélo du garage.
Take your bike out of the garage.

6 ► **sortir** quelque chose (= le mettre dehors) take /teɪk/ something out (took out /tʊk 'aʊt/, taken out /ˌteɪkən 'aʊt/)

7 ▷ Ne t'inquiète pas, on va s'en sortir.
Don't worry, we'll manage.

7 ► **s'en sortir** (= réussir) : manage /'mænɪdʒ/

sottise

1 ▷ J'ai dit une sottise ?
Did I say something silly?

▷ Arrête de dire des sottises !
Stop saying silly things!

1 ► **dire une sottise :** say something silly /seɪ ˌsʌmθɪŋ 'sɪlɪ/ (said, said /sed/)

► **dire des sottises :** say silly things /seɪ ˌsɪlɪ 'θɪŋz/ (said, said /sed/)

2 ▷ Zut, j'ai fait une sottise.
Damn, I've done something silly.

▷ Mon petit frère adore faire des sottises.
My little brother loves being naughty.

2 ► **faire une sottise :** do something silly /duː ˌsʌmθɪŋ 'sɪlɪ/ (did /dɪd/, done /dʌn/)

► **faire des sottises** (en parlant d'un enfant) **:** be naughty /'nɔːtɪ/

sou

▷ Tu as des sous pour acheter une glace ?
Have you got some money to buy an ice cream?

▷ Je n'ai plus de sous.
J haven't got any money left.

► **des sous** (= de l'argent) **:** money /'mʌnɪ/

souci

▷ La mère de Jean a bien des soucis.
Jean's mother has a lot of worries.

▷ Ne te fais pas de souci.
Don't worry.

(= inquiétude) worry /'wʌrɪ/ (pluriel : worries /'wʌrɪz/)

► **se faire du souci :** worry /'wʌrɪ/

ℹ *Le y de worry devient ie à la troisième personne du singulier du présent de l'indicatif (worries /'wʌrɪz/), au prétérit et au participe passé (worried /'wʌrɪd/).*

soucoupe

▷ Je ne trouve pas la soucoupe pour cette tasse.
I can't find the saucer for this cup.

saucer /'sɔːsəʳ/

Le au se prononce comme le mot anglais or.

▷ Tu crois aux soucoupes volantes ?
Do you believe in flying saucers?

► **soucoupe volante :** flying saucer /ˌflaɪɪŋ 'sɔːsəʳ/ (pluriel : flying saucers)

soudain

▷ Soudain, je me suis souvenu que j'avais un rendez-vous à 4 heures.
I suddenly remembered I had a meeting at 4 o'clock.

suddenly /'sʌdnlɪ/

souffle

1 ▷ Éric est un athlète, il a du souffle.
Éric is an athlete, he has good lungs.

2 ▷ On était à bout de souffle quand on est arrivés en haut de la côte.
We were out of breath when we got to the top of the hill.

▷ Clarisse peut retenir son souffle pendant vingt secondes.
Clarisse can hold her breath for twenty seconds.

▷ Je m'entraîne à retenir mon souffle dans l'eau.
I'm practising holding my breath under water.

1 ► **avoir du souffle :** have good lungs /gʊd 'lʌŋz/

2 ► **être à bout de souffle :** be out of breath /ˌaʊt əv 'breθ/

► **retenir son souffle :** hold /həʊld/ one's breath (held, held /held/)

ℹ *Le pronom personnel fonctionne de la façon suivante en anglais : I hold **my** breath, you hold **your** breath, he holds **his** breath, she holds **her** breath,* etc.

souffler

1 ▷ Le vent souffle fort aujourd'hui.
The wind is blowing hard today.

2 ▷ Isabelle a soufflé toutes les bougies d'un seul coup.
Isabelle blew all the candles out in one go.

1 ► **souffler** (en parlant du vent, d'une personne) **:** blow /bləʊ/ (blew /bluː/, blown /bləʊn/)

2 ► **souffler une bougie :** blow a candle out (blew, blown)

souffrir

▷ Karim a beaucoup souffert après son accident.
Karim suffered a lot after his accident.

suffer /'sʌfəʳ/

souhait

▷ Atchoum ! – À tes souhaits !
Atishoo! – Bless you!

► **à tes souhaits !** *ou* **à vos souhaits !** (quand on éternue) **:** bless you! /'bles juː/

souhaiter

▷ Nos voisins nous ont souhaité la bonne année.
Our neighbours wished us a happy New Year.

► **souhaiter** quelque chose à quelqu'un **:** wish /wɪʃ/ somebody something

soûl, soûle

▷ Ignore-la, elle est complètement soûle.
Ignore her, she's completely drunk.

drunk /drʌŋk/

soulager

▷ Le médecin lui a fait une piqûre pour soulager la douleur.
The doctor gave him an injection to relieve the pain.

▷ Je suis soulagé de savoir qu'ils vont bien.
I'm relieved to know they're well.

relieve /rɪ'liːv/

Le ie se prononce comme le ee de week.

► **être soulagé :** be relieved /rɪ'liːvd/

se soûler

▷ Raphaël s'est soûlé à la fête.
Raphaël got drunk at the party.

get drunk /get 'drʌŋk/ (got drunk, got drunk /gɒt 'drʌŋk/)

soulever

▷ Aide-moi à soulever le canapé.
Help me to lift the sofa.

lift /lɪft/

soulier

▷ Sophie a mis ses souliers neufs.
Sophie put her new shoes on.

shoe /ʃuː/

souligner

▷ Je souligne les mots que je ne connais pas.
I underline the words that I don't know.

underline /ˌʌndə'laɪn/

soupçonner

▷ Tout le monde soupçonne Matthieu.
Everybody suspects Matthieu.

▷ Je soupçonne Amandine d'avoir menti.
I suspect Amandine of lying.

suspect /səs'pekt/

► **soupçonner** quelqu'un **de** + infinitif : suspect somebody of + -ing

soupe

▷ Cette soupe aux légumes est très bonne.
This vegetable soup is very good.

soup /suːp/

soupir

▷ Bruno a poussé un grand soupir quand je lui ai demandé de m'aider.
Bruno heaved a big sigh when I asked him to help me.

sigh /saɪ/

► **pousser un soupir :** heave /hiːv/ a sigh

Sigh rime avec buy, lie et fly.

soupirer

▷ Alex soupire tout le temps.
Alex sighs all the time.

sigh /saɪ/

*Sigh rime avec **buy, lie** et **fly**.*

*Le prétérit, **sighed**, se prononce exactement comme le mot **side**.*

souple

1 ▷ Sophie est plus souple depuis qu'elle fait du yoga.
Sophie is more supple since she's been doing yoga.

2 ▷ C'est un cuir très souple.
It's very soft leather.

1 (= pas raide, en parlant d'une personne) **supple** /ˈsʌpl/
(**plus souple** more supple, **le plus souple** the most supple)

2 (= doux, en parlant des cheveux, du cuir, du linge) **soft** /sɒft/
(**plus souple** softer /ˈsɒftəʳ/, **le plus souple** the softest /ˈsɒftɪst/)

source

1 ▷ On est allés chercher de l'eau à la source.
We went to get water from the spring.

2 ▷ Quelle est la source du problème ?
What is the source of the problem?

1 (= eau) **spring** /sprɪŋ/

2 (= origine) **source** /sɔːs/

sourcil

▷ Ma mère se teint les cheveux et les sourcils.
My mother dyes her hair and her eyebrows.

eyebrow /ˈaɪbraʊ/

*Eyebrow rime avec **now**.*

sourd, sourde

▷ Ne crie pas, je ne suis pas sourde !
Don't shout, I'm not deaf!

▷ Il y a des sous-titres pour les sourds.
There are subtitles for deaf people.

deaf /def/

*Le **ea** de **deaf** se prononce comme le **e** de **bed**.*

► **les sourds :** deaf people /ˈdef ˌpiːpl/

sourire

1 ▷ Coralie a un beau sourire.
Coralie has a beautiful smile.

▷ Allez, fais-moi un sourire !
Come on, give me a smile!

2 ▷ Le prof ne sourit pas souvent.
The teacher doesn't smile very often.

1 (= mouvement de la bouche) **smile** /smaɪl/

► **faire un sourire à** quelqu'un : give somebody a smile (gave, given)

2 (= faire un sourire) **smile** /smaɪl/

souris

▷ Je ne peux pas utiliser mon ordinateur parce que la souris ne marche pas.
I can't use my computer because the mouse doesn't work.
▷ Le chat court après les souris.
The cat chases mice.

mouse /maʊs/
(pluriel : mice /maɪs/)

sous

1 ▷ Ta serviette est tombée sous ta chaise.
Your napkin has fallen under your chair.

2 ▷ Carole est sous antibiotiques.
Carole is on antibiotics.

1 (= au-dessous de) **under** /'ʌndəʳ/

2 (en parlant de médicaments) **on** /ɒn/

sous-marin

▷ Nous avons visité un sous-marin à Toulon.
We visited a submarine in Toulon.

submarine /ˌsʌbmə'riːn/

sous-sol

▷ On a transformé le sous-sol en chambre.
We converted the basement into a bedroom.

(d'une maison) **basement** /'beɪsmənt/

sous-titre

▷ Je préfère les films avec des sous-titres.
I prefer films with subtitles.

subtitle /'sʌbˌtaɪtl/

sous-titré, sous-titrée

▷ Le film est en version originale sous-titrée.
The film is subtitled in the original version.

subtitled /'sʌbtaɪtəld/

soustraction

▷ Ma fille apprend à faire les soustractions.
My daughter is learning to do subtractions.

subtraction /səb'trækʃən/

soustraire

▷ Tu dois soustraire le prix du repas du total.
You have to subtract the price of the meal from the total.

► **soustraire** quelque chose **de... :** subtract /səb'trækt/ something from...

sous-vêtements

▷ Où est le rayon sous-vêtements ?
Where is the underwear department?
▷ Je dois acheter des sous-vêtements chauds.
I must buy some warm underwear.

underwear /'ʌndəwɛəʳ/

ℹ *Underwear est indénombrable : il ne se met pas au pluriel, et ne s'emploie jamais avec l'article an. On dit par exemple this underwear is made of silk* (ces sous-vêtements sont en soie).

soutenir

1 ▷ Personne ne m'a soutenue quand je me suis plainte au patron.
Nobody supported me when I complained to the boss.

1 (= appuyer physiquement ou moralement) **support** /sə'pɔːt/

2 ▷ Simon soutient que ce n'est pas sa faute.
Simon says that it isn't his fault.

2 (= dire, prétendre) **say** /seɪ/ (said, said /sed/)

souterrain, souterraine

1 ▷ Nous nous sommes garés dans un parking souterrain.
We parked in an underground car park.

1 ► **souterrain** (adjectif = qui est en sous-sol) **: underground** /'ʌndəgraʊnd/

2 ▷ Il y a un souterrain sous le château.
There's an underground passage under the castle.

2 ► un **souterrain** (= une galerie) **:** an **underground passage** /'pæsɪdʒ/ (pluriel : underground passages /'pæsɪdʒɪz/)

3 ▷ Il faut passer par le souterrain pour arriver à la bibliothèque.
You have to go through the subway to get to the library.

3 ► un souterrain (= un passage pour piétons) a **subway** /'sʌbweɪ/

soutien-gorge

▷ Je me suis acheté un nouveau soutien-gorge.
I bought myself a new bra.

bra /brɑː/

souvenir

1 ▷ J'ai de très bons souvenirs de mon séjour en Écosse.
I have very good memories of my stay in Scotland.

1 (= impression du passé) **memory** /'memərɪ/ (pluriel : memories /'memərɪz/)

2 ▷ Mes parents m'ont rapporté un souvenir du Maroc.
My parents brought me back a souvenir from Morocco.

2 (= objet touristique) **souvenir** /ˌsuːvə'nɪəʳ/

3 ▷ Tu te souviens de Rémi ?
Do you remember Rémi?

3 ► **se souvenir de : remember** /rɪ'membəʳ/

Suite page suivante

▷ Je ne me souviens pas de l'avoir rencontré.
I don't remember meeting him.

► **se souvenir de** + infinitif : remember + -ing

souvent

▷ Je vais souvent voir mes grands-parents.
I often go and see my grandparents.

▷ Il est souvent en retard.
He's often late.

often /'ɒfən/

*Remarquez la position de **often** dans la phrase, entre le sujet et le verbe.*

*Exception : avec le verbe **be** et les modaux, **often** vient après.*

spaghettis

▷ On a mangé des spaghettis à la tomate.
We ate spaghetti with tomato sauce.
▷ Achète des spaghettis.
Buy some spaghetti.

spaghetti /spə'getɪ/

*En anglais, **spaghetti** est indénombrable : il ne se met pas au pluriel et ne prend jamais l'article **a**. On dit par exemple **this sphaghetti is delicious*** (ces spaghettis sont délicieux).

sparadrap

▷ Jerry a mis du sparadrap sur son doigt.
Jerry put a plaster on his finger.

► **du sparadrap :** a plaster /'plɑːstəʳ/

*En anglais américain on dit **Band-Aid**®* /bænd 'eɪd/.

spatial, spatiale

▷ La navette spatiale est revenue sur Terre.
The space shuttle came back to Earth.

space /speɪs/

*Ici, **space** est employé comme adjectif.*

spécial, spéciale

1 ▷ Je n'ai rien fait de spécial hier.
I didn't do anything special yesterday.

2 ▷ Jean-Yves est un peu spécial, mais il est gentil.
Jean-Yves is a bit odd, but he's nice.

1 (= exceptionnel) **special** /'speʃəl/

2 (= bizarre) **odd** /ɒd/

*Ne confondez pas les deux sens en anglais : **special** ne signifie jamais* spécial *au sens de* bizarre.

spécialement

1 ▷ Éric est venu spécialement pour nous voir.
Éric came specially to see us.

2 ▷ L'exposition t'a plu ? – Pas spécialement.
Did you like the exhibition? – Not particularly.

1 (= exprès) **specially** /'speʃəlɪ/

2 ► **pas spécialement :** not particularly /nɒt pə'tɪkjʊləlɪ/

spécialiste

▷ On va appeler un spécialiste pour réparer l'ordinateur.
We're going to call a specialist to repair the computer.

specialist /'speʃəlɪst/

spécialité

▷ Quelles sont les spécialités de la région ?
What are the specialities of the region?

speciality /ˌspeʃɪ'ælɪtɪ/
(pluriel : specialities /ˌspeʃɪ'ælɪtɪz/)

spectacle

▷ J'ai vu un spectacle formidable hier.
I saw a great show yesterday.

(= théâtre, chanson, etc.) show /ʃəʊ/

spectateur, spectatrice

1 ▷ Un spectateur a posé une question au chanteur.
A member of the audience asked the singer a question.

▷ Les spectateurs ont beaucoup applaudi.
The audience applauded a lot.

2 ▷ Les spectateurs faisaient beaucoup de bruit à chaque fois qu'on marquait un point.
The spectators made a lot of noise every time they scored a point.

1 (au spectacle) member of the audience /'membər əv ðiː 'ɔːdɪəns/
► **les spectateurs :** the audience /'ɔːdɪəns/

2 (d'un événement sportif) spectator /spek'teɪtə^r/
Le a est celui de make.

sphère

▷ La Terre est une sphère.
The Earth is a sphere.

sphere /sfɪə^r/
Sphere rime avec ear.

spirale

▷ On voyait monter une spirale de fumée.
We could see a spiral of smoke going up.

spiral /'spaɪərəl/
Le i de spiral se prononce comme le i de like.

splendide

▷ Le paysage est splendide.
The landscape is very beautiful.

(= très beau) very beautiful /bjuːtɪfʊl/
Le mot splendid existe en anglais, mais il est démodé.

spontané, spontanée

▷ J'aime bien Christelle parce qu'elle est très spontanée.
I like Christelle because she's very spontaneous.

spontaneous /spɒn'teɪnɪəs/
(**plus spontané** more spontaneous, **le plus spontané** the most spontaneous)

sport

▷ Je préfère les sports d'équipe.
I prefer team sports.

▷ Tu devrais faire du sport.
You should do some sport.

▷ Est-ce que tu pratiques un sport ?
Do you play a sport?

sport /spɔːt/

🔊 *N'oubliez pas de prononcer le **t** en anglais.*

► **faire du sport :** do some sport

► **pratiquer un sport :** play a sport

sportif, sportive

1 ▷ Aurélie n'est pas très sportive.
Aurélie isn't very fond of sports.

2 ▷ Les footballeurs sont les sportifs les mieux payés.
Football players are the best-paid sportsmen.

1 ► **sportif, sportive** (adjectif = qui aime le sport) fond of sports /fɒnd əv 'spɔːts/

2 ► un **sportif :** a sportsman /'spɔːtsmən/
(pluriel : sportsmen /'spɔːtsmen/)

► une **sportive :** a sportswoman /'spɔːtswʊmən/
(pluriel : sportswomen /'spɔːtswɪmɪn/)

spot

1 ▷ La chambre de Martial est éclairée par des spots.
Martial's bedroom is lit by spotlights.

2 ▷ Il y a un spot publicitaire toutes les dix minutes.
There's a commercial every ten minutes.

1 (= lampe) **spotlight** /'spɒtlaɪt/

2 ► **spot publicitaire :** commercial /kə'mɜːʃəl/

square

▷ Les enfants jouent dans le square.
The children are playing in the public garden.

public garden /ˌpʌblɪk 'gɑːdn/
(pluriel : public gardens)

squash

▷ Le squash est un sport très énergique.
Squash is a very energetic sport.

▷ Pascal joue au squash avec Denis.
Pascal plays squash with Denis.

squash /skwɒʃ/

► **jouer au squash :** play /pleɪ/ squash

squelette

▷ Il y a un squelette de dinosaure au musée.
There's a dinosaur skeleton in the museum.

skeleton /'skelɪtən/

stable

▷ Je ne crois pas que cette pile de livres soit très stable.
I don't think that pile of books is very stable.

stable /'steɪbl/
(**plus stable** more stable,
le plus stable the most stable)

🔊 *Le **a** est celui de **make**.*

stade

▷ Nous sommes allés voir un match de foot dans le nouveau stade.
We went to see a football match in the new stadium.

(= terrain de sport) **stadium** /ˈsteɪdɪəm/

*Le **a** est celui de **make**.*

stage

1 ▷ Fred fait un stage dans un grand magasin.
Fred is doing a work placement in a department store.

2 ▷ Cyril fait un stage d'informatique de trois mois.
Cyril is doing a three-month computing course.

1 (en entreprise) **work placement** /ˈwɜːk ˌpleɪsmənt/ (pluriel : work placements)

2 (= cours) **course** /kɔːs/

*Attention ! Le mot anglais **stage** signifie scène ou étape.*

stagiaire

▷ Je m'entends bien avec la nouvelle stagiaire.
I get on well with the new trainee.

trainee /treɪˈniː/

stand

▷ J'ai passé beaucoup de temps au stand de la Jamaïque.
I spent a long time at the Jamaican stand.

(dans une fête, dans une foire) **stand** /stænd/

standard

▷ Appelle le standard et demande à parler à Madame Lancel.
Call the switchboard and ask to speak to Mrs Lancel.

(téléphonique) **switchboard** /ˈswitʃbɔːd/

*Rime avec **lord**.*

star

▷ Toutes les grandes stars sont à Cannes.
All the big stars are in Cannes.

star /stɑːʳ/

station

1 ▷ L'hôtel est près de la station Vauxhall.
The hotel is near Vauxhall station.

2 ▷ Quelle est ta station de radio préférée ?
What's your favourite radio station?

3 ▷ Bérénice va toujours à la même station de sports d'hiver.
Bérénice always goes to the same ski resort.

4 ▷ Il y a une station de taxis tout près.
There's a taxi rank nearby.

1 (= station de métro) **station** /ˈsteɪʃən/

2 ► **station de radio :** radio station /ˈreɪdɪəʊ ˌsteɪʃən/ (pluriel : radio stations)

3 ► **station de sports d'hiver :** ski resort /ˈskiː rɪˌzɔːt/ (pluriel : ski resorts)

4 ► **station de taxis :** taxi rank /ˈtæksɪ ræŋk/

stationner

▷ Tu ne peux pas stationner ici.
You can't park here.

park /pɑːk/

station-service

▷ Où est la station-service la plus proche ?
Where is the nearest petrol station?

petrol station /ˈpetrəl ˌsteɪʃən/ (pluriel : petrol stations)

En anglais américain, on dit ***gas station*** /ˈgæs ˌsteɪʃən/.

statue

▷ Il y a une statue de Napoléon sur la place.
There's a statue of Napoleon in the square.

statue /ˈstætjuː/

Prononcez ***stat*** *+* ***you****.*

steak

▷ Mon plat préféré, c'est le steak frites.
My favourite dish is steak and chips.

▷ Tu veux un steak haché ?
Do you want a hamburger?

steak /steɪk/

Steak *rime avec* ***make****.*

► **un steak haché :** a hamburger /ˈhæmbɜːgəʳ/

stop

1 ▷ La voiture ne s'est pas arrêtée au stop.
The car didn't stop at the stop sign.

2 ▷ Nous avons fait du stop en Angleterre.
We hitchhiked in England.

▷ Nous irons au Portugal en stop.
We'll hitchhike to Portugal.

1 ► un **stop** (= un panneau) **:** a stop sign /ˈstɒp saɪn/ (pluriel : stop signs)

Sign *rime avec* ***wine****.*

2 ► **faire du stop, aller en stop :** hitchhike /ˈhɪtʃhaɪk/

store

▷ Baisse le store, il y a trop de soleil.
Lower the blind, there's too much sun.

blind /blaɪnd/

Attention ! Le mot anglais ***store*** *signifie* **magasin**.

stress

▷ C'est à cause du stress.
It's because of stress.

stress /stres/

stressant, stressante

▷ C'était très stressant.
It was very stressful.

stressful /ˈstresfʊl/ (**plus stressant** more stressful, **le plus stressant** the most stressful)

stressé, stressée

▷ Nabila est très stressée en ce moment.
Nabila is very stressed at the moment.

stressed /strest/
(plus stressé more stressed,
le plus stressé the most stressed)

strict, stricte

▷ Le règlement est très strict.
The rules are very strict.

(= sévère) **strict** /strɪkt/
(plus strict stricter /strɪktəʳ/,
le plus strict the strictest /str'ɪktɪst/)

studio

1 ▷ Le frère de Samir habite dans un studio.
Samir's brother lives in a studio flat.

1 (= appartement) **studio flat** /'stju:dɪəʊ flæt/
(pluriel : studio flats)

En anglais américain on dit ***studio apartment*** /a'pɑ:tmənt/ (pluriel : studio apartments).

2 ▷ Nous avons été invités à visiter les studios de télévision.
We were invited to visit the TV studios.

2 (= lieu où on filme) **studio** /'stju:dɪəʊ/

stupéfait, stupéfaite

▷ Aurélie était stupéfaite de voir Luc à cet endroit.
Aurélie was amazed to see Luc there.

amazed /ə'meɪzd/
(plus stupéfait more amazed,
le plus stupéfait the most amazed)

stupide

▷ Arrête de raconter des blagues stupides !
Stop telling stupid jokes!

stupid /'stju:pɪd/
(plus stupide more stupid,
le plus stupide the most stupid)

style

▷ Je n'aime pas son style.
I don't like his style.

style /staɪl/

Style *rime avec* ***while*** *et* ***smile****.*

stylo

▷ Tu peux me prêter ton stylo rouge ?
Can you lend me your red pen?
▷ Je préfère écrire avec un stylo plume.
I prefer to write with an ink pen.

pen /pen/

stylo plume : ink pen /ɪŋk pen/

subtil, subtile

▷ Il y a une différence subtile entre les deux.
There's a subtle difference between the two.

subtle /'sʌtl/
(plus subtil subtler /'sʌtləʳ/**,**
le plus subtil the subtlest /'sʌtlɪst/**)**

*Le **b** ne se prononce pas en anglais.*

succès

▷ Sa nouvelle chanson a beaucoup de succès.
His new song is a great success.

success /sək'ses/
► **avoir du succès :** be a success

*On peut aussi dire **be successful*** /bɪ sək'sesfʊl/.

sucer

▷ Elle suce encore son pouce.
She still sucks her thumb.

suck /sʌk/

sucette

▷ J'ai acheté des sucettes pour tout le monde.
I bought lollipops for everybody.

lollipop /'lɒlɪpɒp/

sucre

▷ Est-ce que vous prenez du sucre dans votre café ?
Do you take sugar in your coffee?
▷ Achète du sucre en morceaux.
Buy some lump sugar.
▷ Il te faudra cent grammes de sucre en poudre.
You'll need a hundred grammes of granulated sugar.

sugar /'ʃʊgəʳ/

*Le **s** se prononce comme le **sh** de **shop**.*

► **sucre en morceaux :** lump sugar /'lʌmp ʃʊgəʳ/
► **sucre en poudre :** granulated sugar /ˌgrænjʊleɪtɪd 'ʃʊgəʳ/

sucré, sucrée

1 ▷ Ce gâteau est trop sucré pour moi.
This cake is too sweet for me.

1 (= qui contient du sucre) **sweet** /swiːt/ **(plus sucré** sweeter /swiːtəʳ/**,**
le plus sucré the sweetest /'swiːtɪst/**)**

2 ▷ Suzanne aime le lait concentré sucré.
Suzanne likes sweetened condensed milk.

2 (= où on a ajouté du sucre) **sweetened** /'swiːtnd/

sucreries

▷ Cyril mange trop de sucreries.
Cyril eats too many sweet things.

sweet things /swiːt θɪŋs/

sud

▷ Le sud est dans cette direction.
The south is in this direction.
▷ Ils habitent dans le Sud.
They live in the south.

► **le sud :** the south /saʊθ/
► **dans le Sud :** in the south

▷ Mon village est au sud de Joinville.
My village is south of Joinville.

► **au sud de... :** south of...

Suède

▷ Ils sont partis pour la Suède hier.
They left for Sweden yesterday.

▷ Le père de Lucas travaille en Suède.
Lucas's father works in Sweden.

▷ Ma sœur veut aller en Suède avec des copains.
My sister wants to go to Sweden with some friends.

Sweden /ˈswiːdən/

Ne prend jamais d'article.

► **la Suède :** Sweden

► **en Suède** (= dans le pays) **:** in Sweden

► **en Suède** (= vers le pays) **:** to Sweden

suédois, suédoise

▷ C'est un grand écrivain suédois.
He's a great Swedish writer.

▷ Est-ce que tu parles suédois ?
Do you speak swedish?

▷ Sylvain a rencontré une Suédoise.
Sylvain has met a Swedish girl.

▷ Les Suédois sont souvent blonds.
The Swedish are often fair-haired.

Swedish /ˈswiːdɪʃ/

S'écrit toujours avec une majuscule, comme tous les adjectifs de nationalité en anglais.

Pour dire **un Suédois, une Suédoise**, *on emploie l'expression* ***a Swedish man*** (ou ***boy***) ***, a Swedish woman*** (ou ***girl***).

suer

▷ J'ai beaucoup sué en montant la côte.
I sweated a lot when I was going up the hill.

(= transpirer) **sweat** /swet/

Attention ! Le ***ea*** *de* ***sweat*** *se prononce comme le* ***e*** *de* ***bed***. ***Sweat*** *rime avec* ***get***.

suffire

1 ▷ Je ne sais pas si deux bouteilles suffiront.
I don't know whether two bottles will be enough.

▷ Dix euros, ça te suffit ?
Is ten euros enough for you?

2 ▷ Ça suffit maintenant ! Tu es pénible !
That's enough now! You're being a nuisance!

3 ▷ Il suffit de téléphoner et de réserver.
All you have to do is phone and book.

1 (= être suffisant) **be enough** /ɪˈnʌf/

Notez la préposition utilisée en anglais : suffire à *quelqu'un* = be enough **for** *somebody.*

2 ► **ça suffit !** (quand on est agacé) **:** that's enough!

3 ► **il suffit de** + infinitif **:** all you have to do is + base verbale

suffisamment

▷ J'ai suffisamment mangé, merci.
I've eaten enough, thank you.

▷ Il fait suffisamment chaud maintenant.
It's warm enough now.

enough /ɪˈnʌf/

Notez que ***enough*** *vient toujours après le verbe, l'adjectif ou l'adverbe.*

Enough *rime avec* ***stuff***.

Suite page suivante

▷ Est-ce qu'il y a suffisamment de nourriture pour tout le monde ?
Is there enough food for everybody?

► **suffisamment de** + nom : enough + nom

suffisant, suffisante

▷ Deux kilos, c'est suffisant.
Two kilos is enough.

(= assez) **enough** /ɪ'nʌf/

Enough rime avec stuff.

suggérer

▷ Est-ce que quelqu'un a quelque chose à suggérer ?
Does anybody have anything to suggest?

suggest /sə'dʒest/

suggestion

▷ Ce n'était qu'une suggestion.
It was only a suggestion.

suggestion /sə'dʒestʃən/

se suicider

▷ Le prisonnier s'est suicidé en prison.
The prisoner committed suicide in prison.

commit suicide /kəˌmɪt 'sʊɪsaɪd/

ℹ *Commit prend deux t au gérondif (committing /kə'mɪtɪŋ/), au prétérit et au participe passé (committed /kə'mɪtɪd/).*

suisse, Suisse

1 ▷ J'aime les montagnes suisses.
I like the Swiss mountains.

1 (adjectif) **Swiss** /swɪs/

ℹ *S'écrit toujours avec une majuscule, comme tous les adjectifs de nationalité en anglais.*

2 ▷ Certains Suisses parlent français.
Some Swiss people speak French.

2 (= personne) **Swiss person** (pluriel : Swiss people)

ℹ *Pour dire un Suisse, une Suisse, on peut aussi employer l'expression a Swiss man/boy/woman/girl.*

3 ▷ L'allemand est l'une des langues officielles de la Suisse.
German is one of the official languages of Switzerland.

3 (= pays) **Switzerland** /'swɪtsələnd/

ℹ *Ne prend jamais d'article.*

► **la Suisse** : Switzerland

▷ Mes parents vivaient en Suisse.
My parents lived in Switzerland.

► **en Suisse** (= dans le pays) : in Switzerland

▷ Nous irons en Suisse en train.
We'll go to Switzerland by train.

► **en Suisse** (= vers le pays) : to Switzerland

suite

1 ▷ Je te raconterai la suite de l'histoire demain.
I'll tell you the rest of the story tomorrow.

1 (= reste) **rest** /rest/

2 ▷ Je reviens tout de suite.
I'm coming back straight away.

2 ► **tout de suite :** straight away /streɪt ə'weɪ/

suivant, suivante

1 ▷ La solution est à la page suivante.
The solution is on the next page.

2 ▷ On décidera suivant le temps qu'il fera.
We'll decide depending on the weather.

1 (= qui vient après) **next** /nekst/

2 (= en fonction de) **depending on** /dɪ'pendɪŋ ɒn/

suivre

1 ▷ Le chien nous suit, dis-lui de partir.
The dog is following us, tell him to go away.
▷ Élodie n'a pas suivi nos conseils.
Élodie didn't follow our advice.

2 ▷ Excuse-moi, je n'ai pas suivi ce que tu disais.
Excuse me, I didn't pay attention to what you were saying.

3 ▷ Je n'arrive pas à suivre en anglais.
I can't keep up in English.

1 *La traduction la plus courante de* suivre *est* ***follow*** /'fɒləʊ/.

2 (= être attentif) **pay attention** /peɪ ə'tenʃən/ (paid, paid /peɪd/)

3 (= se maintenir au niveau) **keep up** /kiːp 'ʌp/
(kept up, kept up /kept 'ʌp/)

sujet

1 ▷ J'ai trouvé le sujet du film très dur.
I found the subject of the film very hard.

2 ▷ Ils se sont disputés au sujet de l'argent que Loïc a prêté à Romaine.
They argued about the money Loïc lent to Romaine.

1 (= thème) **subject** /'sʌbdʒekt/

2 ► **au sujet de :** about /ə'baʊt/

super

1 ▷ Tu viens avec nous ? Super !
Are you coming with us? Great!

2 ▷ Le nouveau prof est super sympa.
The new teacher is really nice.

3 ▷ Le prix du super a encore augmenté.
The price of four-star petrol has gone up again.

1 (= génial) **great** /greɪt/

2 (= très) **really** /'rɪəlɪ/

3 (= essence) **four-star petrol** /fɔː stɑː 'petrəl/
En anglais américain on dit ***extra*** /'ekstrə/.

superbe

▷ Il a fait un temps superbe.
The weather was beautiful.

beautiful /'bjuːtɪfʊl/
Le mot ***superb*** *exist en anglais, mais il est moins courant que* ***beautiful***.

supérieur, supérieure

1 ▷ Les prix sont supérieurs à ceux du supermarché.
Prices are higher than those in the supermarket.

1 ► **supérieur à** (= plus grand que, en parlant d'un nombre, d'un prix) : higher /'haɪə/ than

2 ▷ Thomas se croit supérieur aux autres.
Thomas thinks he's superior to the others.

2 (en parlant d'une personne) superior /sʊ'pɪərɪəʳ/

supermarché

▷ Je vais au supermarché tous les week-ends.
I go to the supermarket every weekend.

supermarket /'su:pəˌmɑ:kɪt/

superposé

▷ Mon frère et moi dormions dans des lits superposés.
My brother and I slept in bunk beds.

► **lits superposés :** bunk beds /'bʌŋk bedz/

superstitieux, superstitieuse

▷ Benoîte est superstitieuse, elle a peur des chats noirs !
Benoîte is superstitious, she's scared of black cats!

superstitious /ˌsu:pə'stɪʃəs/ (**plus superstitieux** more superstitious, **le plus superstitieux** the most superstitious)

supplément

▷ Il y a un supplément pour les chambres individuelles.
There's an additional charge for single rooms.

(= somme à payer en plus) additional charge /əˌdɪʃənl 'tʃɑ:dʒ/ (pluriel : additional charges /'tʃɑ:dʒɪz/)

supplémentaire

1 ▷ Ajoute une assiette supplémentaire pour Cathy.
Add an extra plate for Cathy.

1 (= en plus) extra /'ekstrə/

2 ▷ Dany fait beaucoup d'heures supplémentaires.
Dany does a lot of overtime.
▷ Je vais faire des heures supplémentaires.
I'm going to do some overtime.

2 ► **heures supplémentaires :** overtime /'əʊvətaɪm/

i ***Overtime*** *est un nom indénombrable. Il ne se met pas au pluriel, et ne s'emploie pas avec l'article* ***an****. On dit par exemple* ***overtime is well paid*** (les heures supplémentaires sont bien payées).

supplier

▷ Cédric m'a supplié de lui prêter mon vélo.
Cédric begged me to lend him my bike.
▷ Ne lui dis rien, je t'en supplie !

► **supplier** quelqu'un **de** + infinitif : beg /beg/ somebody **to** + base verbale

Don't tell him anything I beg you!

*Beg prend deux g au gérondif (**begging** /'begɪŋ/), au prétérit et au participe passé (**begged** /begd/).*

supporter quelque chose ou quelqu'un

▻ Il est énervant, je ne peux pas le supporter !
He's irritating, I can't stand him!
▻ Le chat ne supporte pas le bruit de l'aspirateur.
The cat can't bear the noise of the vacuum cleaner.

▻ Elle ne supportait pas de vivre avec mon chien.
She couldn't stand living with my dog.

*Pour dire qu'on ne supporte pas quelque chose ou quelqu'un en anglais, on emploie l'expression **can't stand...** /ˌkɑːnt 'stænd/.*

*On peut aussi dire **can't bear...** /ˌkɑːnt 'bɛəʳ/.*

*Au passé, l'expression devient **couldn't stand...** /ˌkʊdnt 'stænd/ ou **couldn't bear...** /ˌkʊdnt 'bɛəʳ/.*

un supporter

▻ Les supporters de Toulouse criaient et chantaient.
The Toulouse supporters were shouting and singing.

(= personne qui encourage une équipe) a **supporter** /sə'pɔːtəʳ/

*L'accent tonique est sur la deuxième syllabe **-por-**.*

supposer

▻ Je suppose que Clarisse ne viendra pas.
I suppose Clarisse won't come.

► **supposer que... : suppose...** /sə'pəʊz/

supprimer

1 ▻ Mon nom a été supprimé de la liste.
My name has been deleted from the list.

1 (= effacer) **delete** /dɪ'liːt/

Pensez à la touche del *sur les claviers d'ordinateur.*

Notez la préposition utilisée en anglais : supprimer de = *delete **from**.*

2 ▻ L'entreprise va supprimer cent emplois.
The company is going to cut a hundred jobs.

2 (en parlant d'emplois, de subventions) **cut** /kʌt/ (cut, cut)

3 ▻ Le train de treize heures a été supprimé.
The one o'clock train has been cancelled.

3 (= annuler) **cancel** /'kænsəl/

*Il y a deux l au gérondif (**cancelling** /'kænsəlɪŋ/), au prétérit et au participe passé (**cancelled** /'kænsəld/).*

sur

1 ▻ Tes lunettes sont sur le bureau.
Your glasses are on the desk.
▻ Paul a vu une exposition sur l'Italie.
Paul saw an exhibition on Italy.

1 (pour parler de la position ou du sujet de quelque chose) **on** /ɒn/

Suite page suivante

2 ▷ Deux emplois sur trois sont des contrats à durée déterminée.
Two jobs out of three are fixed-term contracts.
▷ Capucine a eu dix-huit sur vingt.
Capucine got eighteen out of twenty.

2 (pour parler d'une proportion, d'une note) out of /'aʊt əv/

sûr, sûre

1 ▷ Je suis sûre que je te l'ai rendu.
I'm sure I gave it back to you.

1 (= convaincu) sure /ʃʊəʳ/

2 ▷ Il y aura peut-être une fête, mais ce n'est pas sûr.
Maybe there will be a party, but it's not certain.

2 (= très probable) certain /'sɜːtən/

sûrement

1 ▷ Chloé viendra sûrement demain.
Chloé will probably come tomorrow.

1 (= probablement) probably /'prɒbəblɪ/

2 ▷ Tu ne veux pas venir ? – Ah non, sûrement pas !
Do you not want to come? – No, certainly not!

2 ► **sûrement pas ! :** certainly not! /ˌsɜːtənlɪ 'nɒt/

surf

▷ Le surf peut être un sport dangereux.
Surfing can be a dangerous sport.
▷ Erwann fait du surf à Biarritz.
Erwann goes surfing in Biarritz.

(= sport) surfing /'sɜːfɪŋ/
► **faire du surf :** go surfing (went, gone/been)

surface

1 ▷ Jérôme est remonté à la surface tout essoufflé.
Jérôme came back to the surface all out of breath.

1 (= le dessus, en parlant de l'eau, d'une table, etc.) surface /'sɜːfɪs/

🔊 *Le a se prononce comme le i de big. Surface rime avec kiss.*

2 ▷ Quelle est la surface de l'appartement ?
What's the surface area of the flat?

2 (= la superficie) surface area /'sɜːfɪs ˌɛərɪə/

surfer

1 ▷ Tu viens surfer avec nous ?
Are you coming surfing with us?

1 (= faire du surf) surf /sɜːf/

2 ▷ À l'école, ils apprennent à surfer sur Internet.
At school they learn how to surf the Net.

2 ► **surfer sur Internet :** surf the Net /ˌsɜːf ðə 'net/

surgelé, surgelée

▷ Les frites surgelées ne sont pas mauvaises.
Frozen chips aren't bad.
▷ Nous ne mangeons pas beaucoup de surgelés.
We don't eat much frozen food.

► **surgelé** (adjectif = congelé) frozen /'frəʊzn/
► **des surgelés :** frozen food /ˌfrəʊzn 'fuːd/

surgir

▷ Un homme a surgi de derrière la maison.
A man appeared from behind the house.

appear /ə'pɪəʳ/
Notez la préposition utilisée en anglais : surgir de = *appear from*.

surligneur

▷ Tu peux me prêter ton surligneur jaune ?
Can you lend me your yellow highlighter?

highlighter /'haɪˌlaɪtəʳ/

surprenant, surprenante

▷ La réaction d'Alexis était assez surprenante.
Alexis's reaction was quite surprising.

surprising /sə'praɪzɪŋ/
(plus surprenant more surprising, le plus surprenant the most surprising)

surprendre

▷ Rebecca a surpris tout le monde en arrivant première.
Rebecca surprised everybody when she came first.

(= étonner) **surprise** /sə'praɪz/
Le i de ***surprise*** *se prononce comme le* ***i*** *de* ***like***.

surpris, surprise

▷ Loïc a eu l'air surpris quand je lui ai dit ça.
Loïc looked surprised when I told him that.
▷ Nous avons été surpris de sa réaction.
We were surprised at his reaction.

(= étonné) **surprised** /sə'praɪzd/
(plus surpris more surprised, le plus surpris the most surprised)
Notez la préposition utilisée en anglais : surpris de = *surprised at*.

surprise

▷ Isabelle ! Quelle bonne surprise !
Isabelle! What a pleasant surprise!

surprise /sə'praɪz/
Le i de ***surprise*** *se prononce comme le* ***i*** *de* ***like***.

▷ Ne lui dis rien, je veux lui faire une surprise.
Don't tell him anything, I want to surprise him.

► **faire une surprise à** quelqu'un : surprise somebody

sursaut

▷ Simon s'est réveillé en sursaut.
Simon woke up with a jump.

► **en sursaut :** with a jump /wɪð ə 'dʒʌmp/

sursauter

▷ Adèle m'a fait sursauter quand elle est entrée.
Adèle made me jump when she came in.

jump /dʒʌmp/

surtout

1 ▷ Sébastien aime le sport, surtout le foot.
Sébastien likes sport, especially football.

1 (= en particulier) **especially** /ɪs'peʃəlɪ/

Suite page suivante

2 ▷ Surtout ne leur dis rien !
Whatever you do, don't say anything to them!

2 (devant un ordre) **whatever you do** /wɒt'evə juː duː/

surveillant, surveillante

▷ Les surveillants de l'école sont en grève.
The school supervisors are on strike.

(à l'école) **supervisor** /'suːpəvaɪzəʳ/

surveiller

1 ▷ Je dois surveiller le travail de la stagiaire.
I have to supervise the trainee's work.

1 (= contrôler) **supervise** /'suːpəvaɪz/

2 ▷ Je dois surveiller ma petite sœur.
I have to watch my little sister.

2 (= veiller sur) **watch** /wɒtʃ/

survêtement

▷ Je porte un survêtement pour aller au yoga.
I wear a tracksuit to go to yoga.

tracksuit /'træksuːt/

Tracksuit rime avec boot.

survivant

▷ Les survivants de l'accident nous ont raconté ce qui s'était passé.
The survivors of the accident told us what happened.

survivor /sə'vaɪvəʳ/

Le i de survivor se prononce comme le i de like.

susceptible

▷ Ne sois pas si susceptible !
Don't be so touchy!

(= qui se vexe facilement) **touchy** /'tʌtʃɪ/ (**plus susceptible** touchier /'tʌtʃɪəʳ/, **le plus susceptible** the touchiest /'tʌtʃɪɪst/)

suspect

▷ La police a arrêté un suspect.
The police arrested a suspect.

(= personne que l'on soupçonne) **suspect** /'sʌspekt/

Le c et le t se prononcent en anglais.

suspendre

1 ▷ On a suspendu le mobile à un clou au-dessus du berceau.
We hung the mobile on a nail above the cot.

1 **hang** /hæŋ/ (hung, hung /hʌŋ/)

Notez la préposition utilisée en anglais : suspendre à = *hang on.*

2 ▷ Mathieu s'est suspendu à la branche par les pieds.
Mathieu hung from the branch by his feet.

2 ► **se suspendre à** quelque chose : **hang from** something

suspense

▷ Il y a beaucoup de suspense dans ce film.
There's a lot of suspense in this film.

suspense /səs'pens/

▷ C'est un film à suspense américain.
It's an American thriller.

► **film à suspense :** thriller /'θrɪləʳ/

sweat-shirt

▷ Aurélie porte un sweat-shirt à capuche.
Aurélie is wearing a sweatshirt with a hood.

sweatshirt /'swetʃɜːt/

Le ***ea*** *de* ***sweatshirt*** *se prononce comme le* ***e*** *de* ***bed****.*

syllabe

▷ La première syllabe est accentuée.
The first syllable is stressed.

syllable /'sɪləbl/

Attention à l'orthographe du mot anglais.

symbole

▷ La colombe est le symbole de la paix.
The dove is the symbol of peace.

symbol /'sɪmbəl/

Le ***y*** *de* ***symbol*** *se prononce comme le* ***i*** *de* ***pig****.*

sympa

▷ La copine de Charles est très sympa.
Charles's girlfriend is very nice.
▷ Ce café est plus sympa que l'autre.
This café is nicer than the other one.

nice /naɪs/
(plus sympa nicer /'naɪsəʳ/**,**
le plus sympa the nicest /'naɪsɪst/**)**

Attention ! Le mot anglais ***sympathetic*** *signifie* **compatissant** *!*

sympathique

▷ Je ne le trouve pas très sympathique.
I don't find him very nice.
▷ Alice est plus sympathique que son frère.
Alice is nicer than her brother.

nice /naɪs/
(plus sympathique nicer /'naɪsəʳ/**,**
le plus sympathique the nicest /'naɪsɪst/**)**

Attention ! Le mot anglais ***sympathetic*** *signifie* **compatissant** *!*

synagogue

▷ Nous avons visité une synagogue.
We visited a synagogue.

synagogue /'sɪnəgɒg/

syndicat

▷ Les syndicats réclament de meilleures conditions de travail.
Trade unions are asking for better working conditions.

(= organisation de travailleurs) **trade union** /treɪd 'juːnjən/
(pluriel : trade unions)

Le ***u*** *de* ***union*** *se prononce comme le mot* ***you****.*

synonyme

▷ « Fast » est un synonyme de « quickly ».
"Fast" is a synonym of "quickly".

synonym /ˈsɪnənɪm/

synthétique

▷ Le plastique est un matériau synthétique.
Plastic is a synthetic material.

synthetic /sɪnˈθetɪk/

système

▷ Il va y avoir une réforme du système scolaire.
There's going to be a reform of the school system.

system /ˈsɪstəm/

T

FRANÇAIS — ANGLAIS

La lettre T se prononce /tiː/ en anglais.
T se prononce exactement comme le mot tea.

ta

▷ Ta jupe est jolie ; elle est neuve ?
Your skirt is nice; is it new?

your /jʊəʳ/

tabac

1 ▷ Le tabac est la principale culture dans cette région.
Tobacco is the main crop in this region.

1 (= tabac à fumer) tobacco /təˈbækəʊ/

L'accent tonique est sur la deuxième syllabe -ba-.

2 ▷ Est-ce qu'il y a un tabac ouvert le dimanche ici ?
Is there a tobacconist open on Sundays here?

2 (= magasin) tobacconist /təˈbækənɪst/

table

1 ▷ Pose le sac sur la table.
Put the bag on the table.

▷ Est-ce que tu peux mettre la table ?
Can you lay the table?

▷ Il y a toujours un verre d'eau sur sa table de chevet.
There's always a glass of water on his bedside table.

▷ Où est-ce que tu ranges la table à repasser ?
Where do you keep the ironing board?

1 (= meuble) table /ˈteɪbl/

► **mettre la table :** lay /leɪ/ the table

► **table de chevet :** bedside table /ˌbedsaɪd ˈteɪbl/ (pluriel : bedside tables)

► **table à repasser :** ironing board /ˈaɪənɪŋ bɔːd/

2 ▷ À table tout le monde !
It's ready everybody!

▷ Ils étaient encore à table à deux heures.
They were still eating at two o'clock.

2 ► **à table ! :** it's ready! /redɪ/

► **être à table :** be eating /ˈiːtɪŋ/

Suite page suivante

▷ On s'est mis à table à midi.
We sat down to eat at twelve.

► **se mettre à table :** sit down to eat /ˌsɪt daʊn tuː ˈiːt/ (sat, sat /ˈsæt/)

3 ▷ Regarde la table des matières.
Look at the table of contents.

3 ► **table des matières :** table of contents /ˌteɪbl əv ˈkɒntents/

tableau

1 ▷ C'est son tableau le plus célèbre.
It's his most famous painting.

1 (= œuvre d'art) painting /ˈpeɪntiŋ/

2 ▷ Est-ce que tu sais comment faire un tableau sur Word ?
Do you know how to make a table in Word?

2 (= diagramme) table /ˈteɪbl/

3 ▷ Le prof d'anglais écrit très peu de choses au tableau.
The English teacher does'nt write many things on the board.

3 (= à l'école) board /bɔːd/

tablette

▷ Lionel a mangé toute la tablette de chocolat.
Lionel ate the whole chocolate bar.

(= plaque de chocolat) bar /bɑːʳ/

tablier

▷ Alex met toujours un tablier quand il fait la cuisine.
Alex always wears an apron when he does the cooking.

apron /ˈeɪprən/

Le a de apron se prononce comme le a de make.

tabouret

▷ Amélie est montée sur le tabouret pour ouvrir le placard du haut.
Amélie climbed onto the stool to open the top cupboard.

stool /stuːl/

tache

1 ▷ Il y a des taches de vin sur la nappe.
There are wine stains on the tablecloth.

1 (= saleté) stain /steɪn/

▷ Tu as fait une tache sur ton tee-shirt.
You've stained your T-shirt.

► **faire une tache sur** quelque chose **:** stain something

2 ▷ Alexandre a des taches de rousseur.
Alexandre has got freckles.

2 ► **tache de rousseur :** freckle /ˈfrekl/

tâche

▷ Nettoyer les W.-C. est une tâche désagréable.
Cleaning the toilet is an unpleasant task.

(= travail) task /tɑːsk/

tacher

▷ Attention, tu vas tacher ton pantalon.
Be careful, you're going to stain your trousers.

(= salir) stain /steɪn/

tâcher

▷ Tâche d'être à l'heure.
Try to be on time.

► **tâcher de** + infinitif : try /traɪ/ to + base verbale

*Le y de **try** devient **ie** à la troisième personne du singulier du présent de l'indicatif (**tries** /traɪz/), au prétérit et au participe passé (**tried** /traɪd/).*

tact

▷ Il faut avoir du tact pour faire ce métier.
You have to be tactful to do this job.

▷ Gwénolé n'a aucun tact.
Gwénolé is very tactless.

► **avoir du tact :** be tactful /'tæktfʊl/

► **ne pas avoir de tact :** be tactless /'tæktləs/

tag

▷ Les murs de la gare sont couverts de tags.
The walls of the station are covered in graffiti.

graffiti /grə'fi:tɪ/

*Le mot anglais **graffiti** est indénombrable. Il ne se met pas au pluriel et ne s'emploie jamais avec l'article **a**. On dit par exemple **graffiti is difficult to remove*** (les tags sont difficiles à enlever).

taie d'oreiller

▷ Les taies d'oreiller sont de la même couleur que les draps.
The pillowcases are the same colour as the sheets.

pillowcase /'pɪləʊkeɪs/

taille

1 ▷ Quentin et David sont à peu près de la même taille.
Quentin and David are about the same height.

1 (= hauteur d'une personne) height /haɪt/

***Height** rime avec **light**.*

2 ▷ Ça dépend de la taille du paquet.
It's depends on the size of the parcel.

▷ C'est un pull de taille 38.
It's a size 38 pullover.

▷ Quelle est la taille de la pièce ?
How big is the room?

2 (= format d'un objet, d'un vêtement) size /saɪz/

*Pour demander la taille de quelque chose, on emploie l'expression **how big?*** /haʊ'big/.

3 ▷ Suzanne a la taille très fine.
Suzanne has a very slim waist.

3 (= partie du corps) waist /weɪst/

taille-crayon

▷ Tu peux me prêter ton taille-crayon ?
Can you lend me your pencil sharpener?

pencil sharpener /ˈpensl ʃɑːpnəʳ/
(pluriel : pencil sharpeners)

tailler

1 ▷ Ce week-end, je taillerai la haie.
I'm going to trim the hedge this weekend.

1 (= couper) trim /trɪm/
ℹ *Il y a deux m au gérondif (trimming /ˈtrɪmɪŋ/), au prétérit et au participe passé (trimmed /trɪmd/).*

2 ▷ Ce crayon n'est pas bien taillé.
This pencil isn't very well sharpened.

2 (= aiguiser) sharpen /ˈʃɑːpən/

tailleur

1 ▷ Je suis obligée de porter un tailleur pour aller travailler.
I have to wear a suit to go to work.

1 (= costume) suit /suːt/
🔊 *Suit rime avec boot.*

2 ▷ Ils étaient assis en tailleur autour du feu.
They were sitting cross-legged around the fire.

2 ► **s'asseoir en tailleur :** sit cross-legged /sɪt krɒsˈlegd/ (sat, sat /sæt/)

se taire

1 ▷ Tais-toi, je n'arrive pas à me concentrer !
Be quiet, I can't concentrate!

1 (= ne pas parler) be quiet /ˈkwaɪət/

2 ▷ Tout le monde s'est tu quand il est entré.
Everyone stopped talking when he came in.

2 (= arrêter de parler) stop talking /stɒp ˈtɔːkɪŋ/
ℹ *Stop prend deux p au gérondif (stopping /ˈstɒpɪŋ/), au prétérit et au participe passé (stopped /stɒpt/).*

talent

▷ Cette chanteuse a beaucoup de talent.
This singer is very talented.

► **avoir du talent :** be talented /ˈtæləntɪd/

talon

▷ Ces chaussures me font mal aux talons.
These shoes hurt my heels.

▷ Les talons aiguilles sont à la mode.
Stiletto heels are fashionable.

▷ Je ne peux pas porter de talons hauts à cause de mon dos.
I can't wear high heels because of my back.

(= partie du pied, d'une chaussure) heel /hiːl/
► **talons aiguilles :** stiletto heels /stɪˌletəʊ ˈhiːlz/
► **talons hauts :** high heels /haɪ ˈhiːlz/

tambour

▷ Marc a rapporté un tambour du Pérou.
Marc brought back a drum from Peru.

(= instrument) **drum** /drʌm/

tampon

1 ▷ Il y a un tampon avec la date en haut de la page.
There's a stamp with the date at the top of the page.

2 ▷ Je dois acheter des tampons hygiéniques.
I have to buy some tampons.

1 (qu'on imprime sur du papier) **stamp** /stæmp/

2 ► **tampon hygiénique :** tampon /'tæmpɒn/

tandis que

1 ▷ Érika est timide tandis que son mari est très sociable.
Érika is shy whereas her husband is very sociable.

2 ▷ Il prenait des notes tandis que je parlais.
He was taking notes while I was speaking.

1 (pour opposer deux choses) **whereas** /wɛər'æz/

2 (= pendant que) **while** /waɪl/

tank

▷ Les tanks de l'armée entrent dans la ville.
Army tanks are coming into the city.

tank /tæŋk/

*Le **a** est celui de **apple**.*

tant

1 ▷ Jérémie a tant mangé qu'il a été malade.
Jérémie ate so much that he was sick.

▷ Il a tant d'argent qu'il ne sait pas quoi en faire.
He's got so much money that he doesn't know what to do with it.

▷ Alice a tant de vêtements qu'elle n'a plus de place dans son armoire.
Alice has so many clothes that she hasn't got any room left in her wardrobe.

2 ▷ Tu n'as pas besoin d'être là avant deux heures. – Tant mieux !
You don't need to be there before two o'clock. – Good!

3 ▷ Il est sorti ? Tant pis, je rappellerai.
He's out? Never mind, I'll call back.

4 ▷ Elle ne veut pas venir ? Tant pis pour elle !
She doesn't want to come? Too bad for her!

1 (= tellement) **so much** /səʊ 'mʌtʃ/

► **tant de** + nom singulier **:** so much + nom

► **tant de** + nom pluriel **:** so many /səʊ 'menɪ/ + nom

2 ► **tant mieux :** good /gʊd/

3 ► **tant pis :** never mind /'nevə ˌmaɪnd/

4 ► **tant pis pour... :** too bad /tuː 'bæd/ for...

tante

▷ L'actrice principale est la tante de Noémie.
The leading actress is Noémie's aunt.

aunt /ɑːnt/

Aunt rime avec can't.

tantôt

▷ Je vais à la piscine tantôt avec Bénédicte, tantôt avec Samuel.
I sometimes go to the swimming pool with Bénédicte, and sometimes with Samuel.

► **tantôt... tantôt :** sometimes... sometimes /ˈsʌmtaɪmz/

taper

1 ▷ Il tape les autres enfants !
He hits the other children!
▷ Il tapait sur un clou avec un marteau.
He was hitting a nail with a hammer.

1 (= frapper) hit /hɪt/ (hit, hit)

► **taper sur :** hit /hɪt/

2 ▷ Quelqu'un a tapé à la porte.
Somebody knocked at the door.

2 ► **taper à la porte :** knock /nɒk/ at the door

3 ▷ J'ai appris à taper toute seule.
I taught myself to type.

3 (= écrire sur un ordinateur) type /taɪp/

tapis

▷ Soulève le tapis, je vais passer l'aspirateur.
Lift the rug, I'm going to vacuum.

rug /rʌg/

tapisser

▷ Nous avons aidé Jean-René à tapisser sa chambre.
We helped Jean-René to paper his bedroom.

(= couvrir de papier peint) paper /ˈpeɪpəʳ/

tapisserie

▷ Il y a des tapisseries magnifiques dans le château.
There are some beautiful tapestries in the castle.

(= tissu) tapestry /ˈtæpɪstrɪ/ (pluriel : tapestries /ˈtæpɪstrɪz/)

taquiner

▷ Roméo adore taquiner ses cousines.
Roméo loves teasing his cousins.

tease /tiːz/

tard

▷ Je me suis levée trop tard pour aller à la messe.
I got up too late to go to mass.
▷ Je le ferai plus tard !
I'll do it later!
▷ À plus tard !
See you later!

late /leɪt/ (**plus tard** later /ˈleɪtəʳ/, **le plus tard** the latest /ˈleɪtɪst/)

► **à plus tard :** see you later! /ˈsiː juː ˈleɪtəʳ/

tarder

▷ Il me tarde de partir en vacances.
I can't wait to go on holiday.

► **il me tarde de** + infinitif : I can't wait /ˌaɪ kɑːnt ˈweɪt/ to + base verbale

tarif

1 ▷ C'est le tarif normal pour les cours particuliers.
It's the normal rate for private lessons.

1 (= prix) **rate** /reɪt/

2 ▷ Deux billets à tarif réduit, s'il vous plaît.
Two reduced-fare tickets, please.

2 (en parlant des transports) **fare** /fɛəʳ/

3 ▷ Deux pleins tarifs pour la séance de huit heures, s'il vous plaît.
Two full-price tickets for the eight o'clock performance, please.
▷ Est-ce qu'il y a un tarif réduit pour les étudiants ?
Is there a concession for students?

3 (= prix d'un billet pour un spectacle) **price** /'praɪs/
► **plein tarif :** full-price ticket /fʊl praɪs 'tɪkɪt/
► **tarif réduit :** concession /kən'seʃən/

4 ▷ Le tarif des boissons est affiché sur la porte du café.
The price list for drinks is displayed on the café door.

4 (= liste des prix) **price list** /'praɪs ˌlɪst/ (pluriel : price lists)

tarte

▷ Cette tarte aux pommes est délicieuse.
This apple tart is delicious.

(= gâteau) **tart** /tɑːt/

tartine

▷ Je veux seulement une tartine.
I only want one piece of bread and butter.

(= pain + beurre) **piece** /piːs/ **of bread and butter** /ˌbred n 'bʌtəʳ/
(pluriel : pieces /'piːsɪz/ of bread and butter)

▷ Sabine a mangé trois tartines de confiture.
Sabine ate three pieces of bread and jam.

► **tartine de confiture :** piece of bread and jam /ˌbred n 'dʒæm/
(pluriel : pieces of bread and jam)

tas

1 ▷ Il y a un tas de livres sur la table.
There's a pile of books on the table.

1 (= pile) **pile** /paɪl/

2 ▷ Laurent a des tas d'amis.
Laurent has loads of friends.

2 ► **des tas de** (= beaucoup de) **:** loads of /'ləʊdz əv/

tasse

▷ Tu veux une tasse de thé ?
Do you want a cup of tea?

cup /kʌp/

▷ Ces tasses à café sont très jolies.
These coffee cups are very pretty.

► **tasse à café :** coffee cup /'kɒfɪ kʌp/ (pluriel : coffee cups)

▷ Ma grand-mère a de très jolies tasses à thé.
My grandmother has got some very pretty teacups.

► **tasse à thé :** teacup /'tiːkʌp/

tasser

▷ J'ai réussi à tasser tous mes vêtements dans la valise.
I managed to cram all my clothes into the suitcase.

(= entasser) **cram** /kræm/
Il y a deux m au gérondif (cramming /'kræmɪŋ/), au prétérit et au participe passé (crammed /kræmd/).

tâter

▷ Tâte les melons pour voir s'ils sont mûrs.
Feel the melons to see if they're ripe.

feel /fiːl/
(felt, felt /felt/)

tatouage

▷ Myriam a un tatouage sur l'épaule.
Myriam has a tattoo on her shoulder.

tattoo /tə'tuː/

taureau

▷ Le taureau nous a foncé dessus.
The bull charged at us.

bull /bʊl/

taux

▷ Le taux de natalité continue de baisser.
The birth rate continues to fall.

rate /reɪt/

taxe

▷ Est-ce que le prix du billet comprend la taxe d'aéroport ?
Does the price of the ticket include airport tax?

tax /tæks/
(pluriel : taxes /'tæksɪz/)

taxi

▷ On prendra un taxi de l'aéroport.
We'll take a taxi from the airport.

taxi /'tæksɪ/

te ou t'

1 ▷ Je ne t'entends pas bien.
I can't hear you very well.

1 (complément) **you** /juː/

2 ▷ Combien est-ce qu'ils t'ont payé ?
How much did they pay you?
▷ Je te l'ai déjà montré.
I've already showed it to you.

2 *En fonction du verbe employé, le complément* te *est traduit soit par* **you**, *soit par* **to you**.

3 ▷ Tu te grattes ; est-ce que tu t'es fait piquer ?
You're scratching yourself; did you get bitten?

▷ Tu t'es trompé.
You made a mistake.
▷ À quelle heure est-ce que tu te lèves ?
What time do you get up?

3 *Le pronom réfléchi* te *est parfois traduit par* **yourself** /jʊə'self/ *(notamment si l'action est vraiment effectuée sur soi).*
Quand le verbe n'est pas vraiment réfléchi, c'est-à-dire s'il n'y a pas d'action effectuée sur soi, le pronom te *n'est souvent pas traduit.*

technique

1 ▷ Tout ça est beaucoup trop technique pour moi.
All that is much too technical for me.

1 ► (adjectif = qui se rapporte aux techniques) technical /'teknɪkəl/ (**plus technique** more technical, **le plus technique** the most technical)

2 ▷ C'est une nouvelle technique de fabrication.
It's a new manufacturing technique.

2 ► **une technique** (= une méthode) **:** a technique /tek'niːk/

tee-shirt

▷ Je n'ai plus de tee-shirts propres.
I haven't got any clean T-shirts left.

T-shirt /'tiːʃɜːt/ (pluriel : T-shirts)

teindre

▷ Charlotte a teint son jean dans la machine à laver.
Charlotte dyed her jeans in the washing machine.
▷ Laurène se teint les cheveux.
Laurène dyes her hair.
▷ Tu t'es déjà teint les cheveux ?
Have you ever dyed your hair?

dye /daɪ/

*Dye rime avec **my**, **dyes** rime avec **size**, et **dyed** rime avec **side**.*

► **se teindre les cheveux :** dye one's hair /hɛəʳ/

*L'adjectif possessif fonctionne de la façon suivante en anglais : I dye **my** hair, you dye **your** hair, he dyes **his** hair, she dyes **her** hair, we dye **our** hair, they dye **their** hair.*

teint

▷ Émilie a un joli teint.
Émilie has got a nice complexion.

(= couleur de la peau) complexion /kəm'plekʃən/

Regardez aussi le mot **teindre**, *plus haut.*

teinturerie

▷ Tu devrais porter ton manteau à la teinturerie.
You should take your coat to the dry cleaner's.

dry cleaner's /draɪ 'kliːnəz/

tel, telle

▷ Il y avait un tel bruit dans le bar qu'on n'entendait pas le musicien.
There was such a noise in the bar that you couldn't hear the musician.

► **un tel** *ou* **une telle** + nom **:** such a /'sʌtʃ ə/ + nom

télé

▷ La télé ne marche pas bien.
The TV isn't working properly.
▷ Qu'est-ce qu'il y a à la télé ce soir ?
What's on TV tonight?

TV /tiː'viː/

► **à la télé :** on TV

télécarte

▷ Il faut une télécarte pour appeler d'une cabine.
You need a phone card to call from a phone box.

phone card /ˈfəʊnˌkɑːd/
(pluriel : phone cards)

télécommande

▷ Où est la télécommande de la télé ?
Where's the remote control for the TV?

remote control /rɪˌməʊt kənˈtrəʊl/

téléfilm

▷ Vous avez regardé le téléfilm hier soir ?
Did you watch the TV film last night?

TV film /tiːˈviː fɪlm/
(pluriel : TV films)

téléphérique

▷ On a pris le téléphérique pour aller jusqu'au château.
We took the cable car to go to the castle.

cable car /ˈkeɪbl kɑːʳ/
(pluriel : cable cars)

téléphone

▷ Le téléphone est débranché.
The phone is unplugged.

phone /ˈfəʊn/
On peut aussi dire ***telephone*** /ˈtelɪfəʊn/.

▷ Jean est au téléphone.
Jean is on the phone.

► **au téléphone :** on the phone

▷ Je te passerai un coup de téléphone ce soir.
I'll phone you tonight.

► **passer un coup de téléphone à** quelqu'un **:** phone somebody

▷ J'ai reçu un coup de téléphone de Marc.
I got a phone call from Marc.

► **recevoir un coup de téléphone :** get a phone call /ˈfəʊn kɔːl/ (got, got)

▷ Les téléphones portables sont très pratiques.
Mobile phones are very handy.

► **téléphone portable** *ou* **téléphone mobile :** mobile phone /ˌməʊbaɪl ˈfəʊn/
(pluriel : mobile phones)

En anglais américain, on dit ***cellular*** /ˈseljʊləʳ/ ***phone*** (pluriel : ***cellular phones***).

téléphoner

▷ Élisa m'a téléphoné pour m'inviter à sa soirée.
Élisa phoned me to invite me to her party.

► **téléphoner à** quelqu'un **:** phone /fəʊn/ somebody

télésiège

▷ Il y a la queue aux télésièges.
There's a queue at the chairlifts.

chairlift /ˈtʃɛəlɪft/

téléviseur

▷ Le téléviseur est en panne.
The television has broken down.

television /ˈtelɪˌvɪʒən/
ℹ *On peut aussi dire* ***TV*** /tiːˈviː/.

télévision

▷ Nous avons acheté une nouvelle télévision.
We bought a new television.

▷ Elle est passée à la télévision.
She was on television.

▷ Les Réno ont la télévision par câble.
The Rénos have got cable television.

▷ Avec la télévision par satellite, on peut regarder des chaînes étrangères.
With satellite television you can watch foreign channels.

television /ˈtelɪˌvɪʒən/

► **à la télévision :** on television

► **télévision par câble :** cable /ˈkeɪbl/ television

► **télévision par satellite :** satellite /ˈsætəlaɪt/ television

ℹ *Dans tous ces cas, on peut dire* ***TV*** /tiːˈviː/ *au lieu de* ***television***.

tellement

1 ▷ Il a tellement plu que la rivière a débordé.
It rained so much that the river burst its banks.

2 ▷ Il est tellement mignon !
He's so cute!

3 ▷ Raoul a tellement de travail qu'il ne sort pas le week-end.
Raoul has so much work that he doesn't go out at weekends.

4 ▷ Coralie a tellement de chaussures qu'elle ne sait pas où les mettre.
Coralie has so many shoes that she doesn't know where to put them.

5 ▷ Tu aimes le bœuf ? – Pas tellement.
Do you like beef? – Not particularly.

1 (avec un verbe) **so much** /səʊ ˈmʌtʃ/

2 (avec un adjectif ou un adverbe) **so** /səʊ/

3 ► **tellement de** + nom singulier : so much + nom

4 ► **tellement de** + nom pluriel : so many /səʊ ˈmenɪ/ + nom

5 ► **pas tellement :** not particularly /nɒt pəˈtɪkjʊləlɪ/

témoin

▷ La police a interrogé les témoins.
The police interrogated the witnesses.

(= personne qui a assisté à quelque chose) **witness** /ˈwɪtnəs/ (pluriel : witnesses /ˈwɪtnəsɪz/)

température

▷ Les températures sont basses pour la saison.
Temperatures are low for the season.

temperature /ˈtemprɪtʃəʳ/
🔊 *L'accent tonique est sur la première syllabe* ***tem-***.

Suite page suivante

▷ Thomas est au lit, il a de la température.
Thomas is in bed, he has a temperature.

► **avoir de la température :** have a temperature (had, had)

Notez bien : avoir de la température = *have a temperature.*

tempête

▷ Le bateau a été pris dans une tempête.
The boat was caught in a storm.

▷ Il y a souvent des tempêtes de neige ici.
There are often snowstorms here.

storm /stɔːm/

► **tempête de neige :** snowstorm /ˈsnəʊstɔːm/

temple

1 ▷ Il y a de magnifiques temples en Grèce.
There are beautiful temples in Greece.

2 ▷ Alain va au temple le dimanche.
Alain goes to church on Sundays.

1 (chez les Grecs, les Romains, les Égyptiens, etc.) temple /ˈtempl/

2 (= église protestante) church /tʃɜːtʃ/

temporaire

▷ Cette solution est temporaire.
This solution is temporary.

temporary /ˈtempərərɪ/

temps

1 ▷ Je n'ai pas eu le temps de faire les courses.
I didn't have time to do the shopping.

▷ Samir met beaucoup de temps à se préparer.
Samir takes a long time to get ready.

▷ Laura n'a pas beaucoup de temps libre.
Laura hasn't got much spare time.

▷ Je fume une cigarette de temps en temps.
I smoke a cigarette from time to time.

▷ Nous sommes arrivés juste à temps.
We arrived just in time.

▷ Ne m'interromps pas tout le temps !
Don't interrupt me all the time!

▷ Je ne travaille plus à temps complet depuis septembre.
I haven't been working full-time since September.

▷ Anita travaille à temps partiel.
Anita works part-time.

2 ▷ Il a fait un temps superbe.
The weather was beautiful.

1 ► **le temps** (= durée) **:** time /taɪm/

► **mettre du temps à** + infinitif **:** take time to + base verbale (took, taken)

► **temps libre :** spare time /spɛə ˈtaɪm/

► **de temps en temps :** from time to time /frəm ˌtaɪm tə ˈtaɪm/

► **à temps :** in time /ɪnˈtaɪm/

► **tout le temps :** all the time /ɔːl ðə ˈtaɪm/

► **à temps complet :** full-time /fʊl taɪm/

► **à temps partiel :** part-time /pɑːt taɪm/

2 ► **le temps** (= la météo) **:** the weather /ˈweðəʳ/

▷ Quel temps fait-il en Angleterre ?
What's the weather like in England?
▷ Quel temps faisait-il ?
What was the weather like?

> *Notez comment on demande quel temps il fait en anglais.*

tendance

▷ Cette porte a tendance à se bloquer.
This door tends to get jammed.

> ► **avoir tendance à** + infinitif : tend /tend/ to + base verbale

tendre

1 ▷ Ce steak est très tendre.
This steak is very tender.

> 1 ► (adjectif) tender /'tendəʳ/ (**plus tendre** more tender, **le plus tendre** the most tender)

2 ▷ Tu devrais tendre la corde un peu plus.
You should tighten the rope a bit more.

> 2 ► **tendre** quelque chose (= étirer) : tighten /'taɪtn/ something

3 ▷ Je lui ai tendu la main mais il m'a ignoré.
I held out my hand to him but he ignored me.

> 3 ► **tendre** quelque chose **à** quelqu'un : hold out /həʊld 'aʊt/ something to somebody (held out, held out /held 'aʊt/)

4 ▷ Ils m'ont tendu un piège.
They set a trap for me.

> 4 ► **tendre un piège à** quelqu'un : set /set/ a trap /træp/ for somebody (set, set)

tendu, tendue

1 ▷ Je suis toujours un peu tendue avant un entretien.
I'm always a bit tense before an interview.

> 1 (= stressé) tense /tens/ (**plus tendu** more tense, **le plus tendu** the most tense)

2 ▷ La corde n'est pas assez tendue.
The rope isn't taut enough.

> 2 (= étiré) taut /tɔːt/ (**plus tendu** more taut, **le plus tendu** the most taut)

tenir

1 ▷ Qu'est-ce que tu tiens à la main ?
What are you holding in your hand?

> 1 (= agripper) hold /həʊld/ (held, held /held/)

2 ▷ Ce nœud ne tiendra pas, il est trop lâche.
This knot won't hold, it's too loose.

> 2 (= être solide) hold /həʊld/ (held, held /held/)

3 ▷ Est-ce qu'on tiendra tous dans la voiture ?
Will we all fit in the car?

> 3 (= être contenu) fit /fɪt/

4 ▷ Les parents de Corentin tiennent un café.
Corentin's parents run a bar.

> 4 (= être gérant de) run /rʌn/ (ran /ræn/, run)

5 ▷ Aurélie tient beaucoup à son chat.
Aurélie is very fond of her cat.

> 5 ► **tenir à** (= aimer) : be fond of /'fɒnd əv/

6 ▷ Tiens-toi à la rampe, ça glisse.
Hold on to the banister, it's slippery.

> 6 ► **se tenir à** (= s'agripper à) : hold on to /həʊld 'ɒn tuː/ (held on to, held on to /held 'ɒn tuː/)

Suite page suivante

7 ▷ Tiens-toi droit !
Stand up straight!

7 ► **se tenir** (debout) **:** stand up /stænd 'ʌp/
(stood up, stood up /stʊd 'ʌp/)

8 ▷ Ils se tenaient par la main.
They were holding hands.

8 ► **se tenir par la main :** hold hands /həʊld 'hændz/
(held, held /held/)

tennis

1 ▷ J'aime bien regarder le tennis à la télé.
I like watching tennis on TV.
▷ Tu veux jouer au tennis avec moi ?
Do you want to play tennis with me?
2 ▷ Ces tennis sont très confortables.
These trainers are very comfortable.

1 ► **le tennis** (= sport) **:** tennis /'tenɪs/
► **jouer au tennis :** play /pleɪ/ tennis

2 ► **des tennis** (= chaussures) **:** trainers /'treɪnəz/

En anglais américain, on dit ***sneakers*** /'sniːkəʳs/.

tennisman, tenniswoman

▷ C'était un célèbre tennisman dans les années 80.
He was a famous tennis player in the 1980s.

tennis player /'tenɪs ˌpleɪəʳ/

Attention ! Les mots tennisman *et* tenniswoman *n'existent pas en anglais.*

tension

▷ Mon père prend des pilules pour sa tension.
My father takes pills for his blood pressure.
▷ Ma mère a de la tension.
My mother has high blood pressure.

(= pression du sang dans les veines)
blood pressure /'blʌd ˌpreʃəʳ/
► **avoir de la tension :** have high /haɪ/ blood pressure

tentant, tentante

▷ C'est très tentant !
It's very tempting!

tempting /'temptɪŋ/
(**plus tentant** more tempting, **le plus tentant** the most tempting)

tente

▷ C'est une tente pour trois personnes.
It's a tent for three people.

tent /tent/

tenter

1 ▷ Sylvain va tenter de battre le record.
Sylvain is going to attempt to break the record.
2 ▷ Je suis très tentée par ce chocolat !
I'm very tempted by that chocolate!

1 ► **tenter de** + infinitif **:** attempt /ə'tempt/ to + base verbale

2 (= attirer) tempt /tempt/

tenue

1 ▷ Isabelle porte une tenue différente chaque jour.
Isabelle wears a different outfit every day.

1 (= habits) **outfit** /'aʊtfɪt/

2 ▷ Je donne une note à mes élèves pour la tenue en classe.
I give my students a mark for behaviour in class.

2 (= conduite) **behaviour** /bɪ'heɪvjəʳ/

terme

▷ Je sais qu'il y a un terme pour ça, mais je ne le trouve pas.
I know there's a term for this, but I can't find it.

(= mot) **term** /tɜːm/

terminale

▷ On s'est connus en terminale.
We met on the sixthform.

(= niveau scolaire) **sixth form** /sɪksθ fɔːm/

terminer

1 ▷ Viens quand tu auras terminé ton travail.
Come when you've finished your work.

1 **finish** /'fɪnɪʃ/

2 ▷ Le film s'est terminé à minuit.
The film ended at midnight.

2 ► **se terminer : end** /end/

terminus

▷ Je descends au terminus.
I'm getting off at the terminus.

terminus /'tɜːmɪnəs/

*L'accent tonique est sur la première syllabe **ter-**.*

terrain

1 ▷ La maison est entourée d'un grand terrain.
The house is surrounded by a big plot of land.

1 (= parcelle de terre) **plot of land** /ˌplɒt əv 'lænd/ (pluriel : plots of land)

2 ▷ Il y a un terrain de camping près du village.
There's a campsite near the village.

2 ► **terrain de camping : campsite** /'kæmpsaɪt/

3 ▷ Le terrain de foot est inondé.
The football field is flooded.

3 (pour jouer au foot ou au rugby) **field** /fiːld/

4 ▷ Il y a un terrain de basket dans le gymnase.
There's a basketball court in the gym.

4 (pour jouer au basket, au volley, au hand-ball) **court** /kɔːt/

5 ▷ Nous partageons le terrain de sport avec une autre école.
We share the sports ground with another school.

5 ► **terrain de sport : sports ground** /'spɔːts graʊnd/ (pluriel : sports grounds)

terrasse

▷ On a fait un barbecue sur la terrasse.
We had a barbecue on the terrace.

terrace /'terəs/

Attention à l'orthographe.

*L'accent tonique est sur la première syllabe **ter-**.*

terre

1 ▷ La Terre tourne autour du Soleil.
The Earth goes round the Sun.

1 ► **la Terre** (= planète) **:** the Earth /ɜːθ/

2 ▷ Ici, la terre est bonne pour les cultures.
Here the soil is good for crops.

2 (= matière dont est fait le sol) soil /sɔɪl/

3 ▷ Je ne veux pas m'asseoir par terre, c'est mouillé.
I don't want to sit on the ground, it's wet.

3 ► **par terre** (à l'extérieur) **:** on the ground /'graʊnd/

4 ▷ Il y a des miettes par terre.
There are crumbs on the floor.

4 ► **par terre** (à l'intérieur) **:** on the floor /'flɔːʳ/

terrible

1 ▷ Il y a eu une tempête terrible.
There was a terrible storm.

1 (= horrible, insupportable) terrible /'terɪbl/ (**plus terrible** more terrible, **le plus terrible** the most terrible)

2 ▷ Sa dernière chanson n'est pas terrible.
His last song is nothing special.

2 ► **pas terrible** (= pas très bon) **:** nothing special /ˌnʌθɪŋ 'speʃəl/

terroriste

▷ Des terroristes ont fait sauter la mairie.
Some terrorists blew up the town hall.

terrorist /'terərɪst/

tes

▷ N'oublie pas tes chaussures de marche.
Don't forget your walking boots.

your /jʊəʳ/

test

▷ J'ai passé un test d'anglais pour évaluer mon niveau.
I took an English test to assess my level.

▷ Est-ce que tu as réussi le test ?
Did you pass the test?

test /test/

► **passer un test :** take /teɪk/ a test (took /tʊk/, taken /'teɪkən/)

► **réussir un test :** pass /pɑːs/ a test

tête

1 ▷ Cécile s'est cogné la tête.
Cécile banged her head.

▷ J'ai mal à la tête.
I've got a headache.

1 (= partie du corps) head /hed/

► **avoir mal à la tête :** have a headache /'hedeɪk/

🔊 *Headache rime avec make.*

2 ▷ Cette fille a une tête sympathique.
That girl has a nice face.

2 (= visage, expression) face /feɪs/

3 ▷ Arrête de faire la tête !
Stop sulking!

3 ► **faire la tête :** sulk /sʌlk/

4 ▷ Cédric est tête en l'air, il oublie toujours quelque chose.
Cédric is a scatterbrain, he always forgets something.

4 ► **être tête en l'air :** be a scatterbrain /ˈskætəbreɪn/

5 ▷ Le parti travailliste est en tête.
The Labour Party is in the lead.

5 ► **être en tête** (dans un classement) **:** be in the lead /ˌɪn ðə ˈliːd/

6 ▷ On est montés en tête de rame.
We got on at the front of the train.

6 ► **en tête de** (= à l'avant de) **:** at the front of /æt ðə ˈfrɒnt əv/

tétine

▷ Sa tétine a dû tomber quelque part.
His dummy must have fallen somewhere.

dummy /ˈdʌmɪ/

têtu, têtue

▷ Tu es vraiment têtu !
You're really stubborn!

stubborn /ˈstʌbən/
(**plus têtu** more stubborn,
le plus têtu the most stubborn)

texte

▷ Le comédien a lu un texte de Jean Anouilh.
The actor read a text by Jean Anouilh.

text /tekst/
ℹ *Notez la préposition utilisée en anglais :* un texte de quelqu'un = *a text* ***by*** *somebody.*

TGV

▷ Nous sommes allés à Bordeaux en TGV.
We went to Bordeaux by high-speed train.

high-speed train /ˌhaɪspiːd ˈtreɪn/
ℹ *Notez la préposition utilisée en anglais :* en TGV = ***by high-speed train.***
🔊 *Attention à la prononciation !*

thé

▷ Tu prendras une tasse de thé ?
Will you have a cup of tea?

tea /tiː/
ℹ *Notez la traduction de* **prendre** *du thé* (= boire) *:* ***have*** *some tea.*

▷ Deux thés au lait, s'il vous plaît.
Two teas with milk, please.

▷ Je préfère le thé nature.
I prefer tea without milk.

► **thé au lait :** tea with milk /wɪð ˈmɪlk/
► **thé nature :** tea without milk /wɪðˌaʊt ˈmɪlk/

théâtre

▷ Vendredi, nous allons au théâtre avec les Philibert.
On Friday we're going to the theatre with the Philiberts.

theatre /ˈθɪətəʳ/
En anglais américain, ce mot s'écrit ***theater.***

théière

▷ Rachel a rapporté une très jolie théière d'Angleterre.
Rachel brought back a very pretty teapot from England.

teapot /'tiːpɒt/

thème

▷ Le thème de ce film est intéressant.
The subject of this film is interesting.

(= sujet) **subject** /'sʌbdʒekt/

thermomètre

▷ Le thermomètre est cassé.
The thermometer is broken.

thermometer /θə'mɒmɪtəʳ/

L'accent tonique est sur la deuxième syllabe -mo-, et le th est celui de thing.

thermos®

▷ On prendra du café dans un thermos®.
We'll take some coffee in a Thermos® flask.

Thermos® flask /'θɜːməs flɑːsk/
(pluriel : Thermos® flasks)

thèse

1 ▷ Annick a fait une thèse d'histoire.
Annick did a thesis in history.

2 ▷ C'est une thèse absurde.
It's an absurd idea.

1 (= thèse de doctorat) **thesis** /θiːsɪs/

2 (= idée) **idea** /aɪ'dɪːə/

thon

▷ Ce thon grillé est excellent.
This grilled tuna is excellent.

tuna /'tjuːnə/

thym

▷ Il y a du thym et du persil dans le jardin.
There's thyme and parsley in the garden.

thyme /taɪm/

Thyme et time se prononcent de la même façon.

tic

▷ Cédric a un tic : il se frotte tout le temps le menton.
Cédric has a nervous tic: he rubs his chin all the time.

nervous tic /ˌnɜːvəs 'tɪk/
(pluriel : nervous tics)

ticket

▷ Tu peux acheter un carnet de dix tickets.
You can buy a book of ten tickets.

ticket /'tɪkɪt/

▷ Heureusement que j'ai gardé le ticket de caisse.
Fortunately I've kept the sales receipt.

► **ticket de caisse :** sales receipt /seɪlz rɪ'siːt/ (pluriel : sales receipts)

Receipt rime avec eat (le p ne se prononce pas).

tiède

1 ▷ Il y a un bon vent tiède.
There's a nice warm wind.

1 (= agréablement chaud) **warm** /wɔːm/ (**plus tiède** warmer /'wɔːməʳ/, **le plus tiède** the warmest /'wɔːmɪst/)

2 ▷ Je n'aime pas la soupe tiède.
I don't like lukewarm soup.

2 (= pas assez chaud) **lukewarm** /'luːkwɔːm/

tien, tienne

1 ▷ Mon sac à dos est léger, mais le tien est plus solide.
My backpack is light, but yours is stronger.

1 ► **le tien** *ou* **la tienne** *ou* **les tiens** *ou* **les tiennes :** yours /jʊəz/

2 ▷ À la tienne !
Cheers!

2 ► **à la tienne !** (quand on trinque) : cheers! /tʃɪəz/

tiercé

▷ Simon joue au tiercé tous les samedis.
Simon bets on the horses every Saturday.

► **jouer au tiercé :** bet /bet/ on the horses /'hɔːsɪz/ (bet, bet)

tiers

▷ Je n'ai fait qu'un tiers du travail.
I've only done a third of the work.

(= fraction) **third** /θɜːd/

▷ Les deux tiers des propriétaires ont voté pour.
Two thirds of the owners voted in favour.

► **les deux tiers de :** two thirds of /tuː 'θɜːdz əv/

tige

▷ Ces fleurs ont une longue tige.
These flowers have a long stem.

(= queue) **stem** /stem/

On peut aussi dire stalk /stɔːk/.

tigre

▷ On a vu des tigres au cirque.
We saw some tigers at the circus.

tiger /'taɪgəʳ/

timbre

▷ Combien coûte un timbre pour la Russie ?
How much is a stamp for Russia?

(pour le courrier) **stamp** /stæmp/

timide

▷ Anna rougit facilement, elle est très timide.
Anna blushes easily, she's very shy.

shy /ʃaɪ/ (**plus timide** shier /'ʃaɪəʳ/, **le plus timide** the shiest /'ʃaɪɪst/)

tire-bouchon

▷ Je n'arrive pas à ouvrir la bouteille avec ce tire-bouchon.
I can't open the bottle with this corkscrew.

corkscrew /'kɔːkskruː/

tirelire

▷ J'avais gardé des francs dans une tirelire.
I had kept some francs in a moneybox.

moneybox /'mʌnɪbɒks/
(pluriel : moneyboxes /'mʌnɪbɒksɪz/)

*Quand la tirelire est en forme de cochon, elle s'appelle **a piggybank** /'pɪgɪbæŋk/ en anglais.*

tirer

1 ▷ Il faut une voiture puissante pour tirer une caravane.
You need a powerful car to pull a caravan.

2 ▷ Tu as pensé à tirer les rideaux ?
Did you remember to draw the curtains?

3 ▷ Maintenant je vais tirer un numéro au hasard.
Now I'm going to draw a number at random.

4 ▷ Les policiers ont tiré sur les terroristes.
The policemen shot at the terrorists.

5 ▷ Natacha a tiré et elle a marqué un but.
Natacha shot and scored a goal.

1 ► **tirer** quelque chose (= l'amener vers soi, le remorquer) : pull /pʊl/ something

2 ► **tirer les rideaux :** draw /drɔː/ the curtains
(drew /druː/, drawn /drɔːn/)

3 ► **tirer un numéro :** draw /drɔː/ a number
(drew /druː/, drawn /drɔːn/)

4 ► **tirer sur** quelqu'un (avec une arme) : shoot /ʃuːt/ at somebody
(shot, shot /ʃɒt/)

5 ► **tirer** (au foot, au hand-ball, etc.) : shoot /ʃuːt/ (shot, shot /ʃɒt/)

tiroir

▷ Je t'interdis de regarder dans mes tiroirs.
I forbid you to look in my drawers.

drawer /drɔː/

*Attention, il n'y a qu'une seule syllabe : **drawer** rime avec **more** et **law**.*

tisane

▷ Tu veux une tisane avant d'aller au lit ?
Do you want some herbal tea before going to bed?

herbal tea /ˌhɜːbl 'tiː/

tissu

▷ C'est un tissu très léger.
It's a very light material.

(= étoffe) material /mə'tɪərɪəl/

titre

▷ J'ai oublié le titre du film.
I've forgotten the title of the film.

title /'taɪtl/

*Le **i** de **title** se prononce comme le **i** de **like**.*

toboggan

▷ Tu es trop grand pour aller sur ce toboggan.
You're too big to go on that slide.
▷ Ma petite sœur adore faire du toboggan.
My little sister loves playing on the slide.

slide /slaɪd/

► **faire du toboggan :** play on the slide

toi

1 ▷ Loïc est jaloux de toi.
Loïc is jealous of you.
▷ Et toi ? Qu'est-ce que tu en penses ?
What about you? What do you think?

2 ▷ Achète-toi quelque chose si tu veux.
Buy yourself something if you want.
▷ Lève-toi !
Get up!

1 *La traduction la plus courante de* **toi** *est* ***you*** /juː/.

2 *Avec certains verbes pronominaux, la traduction est* ***yourself*** /jʊə'self/ *mais* **toi** *n'est souvent pas traduit.*

toile

1 ▷ La toile est facile à laver.
Cotton is easy to wash.
▷ Ce pantalon est en toile.
These trousers are made of cotton.
▷ Caroline porte un pantalon en toile.
Caroline is wearing cotton trousers.

2 ▷ L'araignée a pris une mouche dans sa toile.
The spider has caught a fly in its web.
▷ Le grenier est plein de toiles d'araignée.
The attic is full of cobwebs.

1 (= tissu de coton) cotton /'kɒtən/

► **être en toile :** be made /'meɪd/ of cotton

► **en toile :** cotton

2 (d'une araignée) web /web/

► **toile d'araignée** (dans une maison) **:** cobweb /'kɒbweb/

toilette

1 ▷ Où sont les toilettes, s'il vous plaît ?
Where is the toilet, please?

2 ▷ Où est le rayon des produits de toilette ?
Where's the toiletries department?

3 ▷ Je fais ma toilette avant d'aller au lit.
I have a wash before going to bed.

1 ► **les toilettes** (= les W.-C.) **:** the toilet /'tɔɪlɪt/

2 ► **produits de toilette :** toiletries /'tɔɪlɪtrɪz/

3 ► **faire sa toilette :** have a wash /wɒʃ/ (had, had)

toi-même

▷ Fais-le toi-même, paresseux !
Do it yourself, you lazy thing!

yourself /jʊə'self/

toit

▷ Il manque des tuiles sur le toit.
There are some tiles missing on the roof.

roof /ruːf/

tolérant, tolérante

▷ Arrête de critiquer les gens, sois tolérant !
Stop criticizing people, be tolerant!

tolerant /'tɒlərənt/
(plus tolérant more tolerant, le plus tolérant the most tolerant)

tomate

▷ Achète des tomates bien mûres.
Buy some nice ripe tomatoes.

tomato /tə'mɑːtəʊ/
(pluriel : tomatoes)

L'accent tonique est sur la deuxième syllabe ***-ma-****.*

tombe, tombeau

▷ Nous sommes allés mettre des fleurs sur la tombe de mon grand-père.
We went to put some flowers on my grandfather's grave.

grave /greɪv/

Le ***a*** *est celui de* ***make****.*

tomber

1 ▷ Attention, tu vas tomber !
Be careful, you're going to fall!
▷ Lucille est tombée de cheval.
Lucille fell off her horse.

1 fall /fɔːl/
(fell /fel/, fallen /fɔːlən/)

Notez la préposition utilisée en anglais : tomber de *quelque chose =* fall off *something.*

2 ▷ Le chien a fait tomber mon petit frère.
The dog knocked my little brother over.

2 ► faire tomber quelqu'un (en le bousculant) **:** **knock** /nɒk/ somebody **over** /'əʊvəʳ/

3 ▷ Ne fais pas tomber le vase, il est fragile.
Don't drop the vase, it's fragile.

▷ J'ai fait tomber un verre.
I dropped a glass.

3 ► faire tomber quelque chose *ou* **laisser tomber** quelque chose (= le lâcher) **:** **drop** /drɒp/ something

Il y a deux ***p*** *au gérondif (****dropping*** /'drɒpɪŋ/*), au prétérit et au participe passé (****dropped*** /drɒpt/*).*

4 ▷ La nuit tombe, rentrons.
It's getting dark, let's go home.

4 ► la nuit tombe : it's getting dark /ɪts ˌgetɪŋ 'dɑːk/

5 ▷ Devine sur qui je suis tombée ?
Guess who I ran into?

5 ► tomber sur quelqu'un (= le rencontrer par hasard) **:** **run into** /ˌrʌn 'ɪntʊ/ somebody (ran into /ˌræn 'ɪntʊ/, run into)

6 ▷ Serge est tombé sur une photo de ses parents quand ils étaient jeunes.
Serge came across a photograph of his parents when they were young.

6 ► tomber sur quelque chose (= le trouver par hasard) **:** **come across** /'kʌm əˌkrɒs/ something (came across /'keɪm əˌkrɒs/, come across)

tombola

▷ L'école a organisé une tombola.
The school organized a tombola.

tombola /tɒm'bəʊlə/

L'accent tonique est sur la deuxième syllabe ***-bo-****.*

tome

▷ C'est un livre en plusieurs tomes.
It's a book in several volumes.

volume /'vɒljuːm/

L'accent tonique est sur la première syllabe ***vol-****.*

ton

1 ▷ Comment va ton frère ?
How is your brother?

2 ▷ Ne me parle pas sur ce ton !
Don't speak to me in that tone!

1 (adjectif possessif = à toi) **your** /jʊəʳ/

2 ► **un ton** (= une façon de parler) : **a tone** /təʊn/

Notez : sur ce ton = ***in*** *that tone.*

tondeuse

▷ Je n'arrivais pas à faire démarrer la tondeuse.
I couldn't start the lawnmower.

(pour le gazon) **lawnmower** /'lɔːnməʊəʳ/

Le ***aw*** *se prononce comme* ***or****. Le* ***ow*** *se prononce comme le* ***ow*** *de* ***show****.*

tondre

1 ▷ Notre voisin tond sa pelouse tous les dimanches.
Our neighbour mows his lawn every Sunday.

1 (= couper, en parlant de la pelouse) **mow** /məʊ/ (**mowed** /məʊd/, **mown** /məʊn/)

Mow *rime avec* ***go*** *et* ***Joe****.* ***Mowed*** *rime avec* ***road****, et* ***mown*** *avec* ***bone****.*

2 ▷ Thierry s'est fait tondre les cheveux.
Thierry had his hair cropped.

2 (en parlant des cheveux) **crop** /krɒp/

Il y a deux ***p*** *au gérondif (****cropping*** /'krɒpɪŋ/*), au prétérit et au participe passé (****cropped*** /krɒpt/*).*

tongs

▷ Je prends des tongs pour la plage.
I'm taking flip-flops for the beach.

flip-flops /'flɪpflɒps/

En anglais américain on dit ***thongs*** /θɔːŋs/.

tonne

▷ Ils ont commandé plusieurs tonnes de terre pour le jardin.
They ordered several tons of soil for the garden.

ton /tʌn/

Ton *rime avec* ***fun*** *et* ***sun****.*

Suite page suivante

▷ J'ai des tonnes de travail à faire.
I've got tons of work to do.

► **des tonnes de** (= beaucoup de) **:** tons of /ˈtʌnz əv/

tonnerre

▷ Tu as entendu le tonnerre hier soir ?
Did you hear the thunder last night?
▷ Il y a eu un coup de tonnerre énorme.
There was a huge clap of thunder.

thunder /ˈθʌndəʳ/

► **coup de tonnerre :** clap /klæp/ of thunder (pluriel : claps of thunder).

torche

▷ Ils ont allumé une torche dans la grotte.
They lit a torch in the cave.
▷ Prends la torche électrique, il fait noir dehors.
Take the torch, it's dark outside.

torch /tɔːtʃ/

► **torche électrique :** torch

*Le **ch** est celui de **church**.*

*En anglais américain on dit **flashlight*** ˈflæʃlaɪt.

torchon

▷ Ce torchon est mouillé, il m'en faut un autre.
This tea towel is wet, I need another one.

(pour la vaisselle) tea towel /ˈtiːˌtaʊəl/

tordre

1 ▷ Il est si fort qu'il peut tordre une barre de fer avec ses mains.
He's so strong he can bend an iron bar with his hands.

1 (= déformer) bend /bend/ (bent, bent /bent/)

2 ▷ Je tords les serviettes avant de les étendre.
I wring the towels before hanging them out.

2 (= essorer) wring /rɪŋ/ (wrung, wrung /rʌŋ/)

*Le **w** ne se prononce pas.*

3 ▷ Amélie s'est tordu la cheville.
Amélie twisted her ankle.
▷ Je me suis tordu la cheville.
I twisted my ankle.

3 ► **se tordre la cheville :** twist /twɪst/ one's ankle /ˈæŋkl/

*L'adjectif possessif fonctionne de la façon suivante en anglais (exemples au prétérit) : I twisted **my** ankle, you twisted **your** ankle, he twisted **his** ankle, she twisted **her** ankle.*

tordu, tordue

▷ La barre est toute tordue.
The bar is all bent.

(= déformé) bent /bent/

torrent

▷ On a bu de l'eau dans un torrent.
We drank water from a stream.

stream /striːm/

tort

▷ Reconnais que tu as tort.
Admit that you're wrong.
▷ Il a eu tort de faire ça.
He was wrong to do that.

► **avoir tort :** be wrong /'rɒŋ/

torticolis

▷ Tu vas attraper un torticolis si tu ne fais pas attention.
You're going to get a stiff neck if you're not careful.
▷ Marie a un torticolis depuis plusieurs jours.
Marie has had a stiff neck for a few days.

► **attraper un torticolis :** get a stiff neck /stɪf 'nek/ (got, got)

► **avoir un torticolis :** have a stiff neck (had, had)

tortue

▷ Nicolas a une tortue dans son jardin.
Nicolas has a tortoise in his garden.
▷ Les tortues des Galapagos sont les plus grandes du monde.
Galapagos turtles are the biggest in the world.

ℹ *La* tortue terrestre *s'appelle* ***a tortoise*** /'tɔːtəs/ *en anglais ; la* tortue marine *s'appelle* ***a turtle*** /'tɜːtl/.

tôt

▷ On devra se lever tôt lundi.
We'll have to get up early on Monday.
▷ Tôt ou tard il s'en rendra compte.
Sooner or later he will realize.

(= de bonne heure) early /'ɜːlɪ/
(plus tôt earlier /'ɜːlɪəʳ/, le plus tôt the earliest /'ɜːlɪɪst/)

► **tôt ou tard :** sooner or later /ˌsuːnərɔː'leɪtəʳ/

total, totale

1 ▷ La somme totale est de 102 euros.
The total sum is 102 euros.
2 ▷ On a calculé le total.
We calculated the total.

1 ► **total** (= global, complet) **:** total /'təʊtl/

2 ► **le total** (= le chiffre global) **:** the total

totalement

▷ C'est totalement faux.
It's totally wrong.

totally /'təʊtəlɪ/

touche

▷ Pour effacer, appuie sur cette touche.
To delete, press this key.

(d'un ordinateur, d'un piano, d'un téléphone) key /kiː/

🔊 ***Key*** *rime avec* ***see.***

toucher

1 ▷ Ne me touche pas !
Don't touch me!

1 (= être en contact avec, palper) touch /tʌtʃ/

Suite page suivante

2 ▷ La balle l'a touché au bras.
The bullet hit him in the arm.

2 (= atteindre) **hit** /hɪt/ (hit, hit)

3 ▷ Jean-Jacques a touché mille euros pour ce travail.
Jean-Jacques got one thousand euros for this work.

3 (= être payé) **get** /get/ (got, got /gɒt/)

4 ▷ Martin a été très touché de notre cadeau.
Martin was very touched by our present.

4 (= émouvoir) **touch** /tʌtʃ/

5 ▷ Ne touchez à rien !
Don't touch anything!

5 ► **toucher à** quelque chose : **touch** /tʌtʃ/ something

6 ▷ Nos maisons se touchent.
Our houses are next to each other.

6 ► **se toucher** (= être contigus) : **be next to each other** /ˈnekst tuː ˌiːtʃ ˌʌðəʳ/

toujours

1 ▷ Je vais toujours au travail à pied.
I always walk to work.
▷ Tu es toujours en retard !
You're always late.

1 (= tout le temps) **always** /ˈɔːlweɪz/

ℹ *Always se met généralement entre le sujet et le verbe, sauf avec le verbe be et les auxiliaires (have, can, will, etc.).*

2 ▷ Béa n'a toujours pas appelé.
Béa still hasn't called.
▷ Ce n'est toujours pas cuit.
It still isn't cooked.
▷ Il est quatre heures et il est toujours là.
It's four o'clock and he's still here.

2 (= encore) **still** /stɪl/

ℹ *Still se met entre le sujet et le verbe, sauf avec le verbe be et les auxiliaires.*

tour

1 ▷ La tour Eiffel est le monument le plus célèbre de Paris.
The Eiffel Tower is the most famous monument in Paris.

1 ► **une tour** (= bâtiment haut) : **tower** /ˈtaʊəʳ/

2 ▷ José habite en banlieue, dans une tour.
José lives in the suburbs, in a tower block.

2 ► **une tour** (= immeuble d'habitation) : **tower block** /ˈtaʊə ˌblɒk/ (pluriel : tower blocks)

3 ▷ Allons faire un tour dans le parc.
Let's go for a walk in the park.
▷ Jeanne et Lucas sont allés faire un tour à vélo.
Jeanne and Lucas went for a bicycle ride.

3 ► **faire un tour** (à pied) : **go for a walk** /wɔːk/ (went, gone / been)
► **faire un tour** (à vélo) : **go for a ride** /raɪd/ (went, gone / been)

4 ▷ On pourrait faire le tour du lac.
We could go round the lake.

4 ► **faire le tour de** quelque chose : **go round** /raʊnd/ something (went, gone / been)

5 ▷ C'est ton tour de faire la vaisselle.
It's your turn to do the dishes.

5 (= le tour de quelqu'un, dans une succession) **turn** /tɜːn/

6 ▷ On surveillera Noémie à tour de rôle.
We'll take it in turns to watch Noémie.

6 ► **faire** quelque chose **à tour de rôle :** take it in turns to + base verbale (took it in turns, taken it in turns)

7 ▷ On voulait seulement lui jouer un tour.
We only wanted to play a trick on him.

7 ► **jouer un tour à** quelqu'un **:** play a trick /pleɪ ə ˈtrɪk/ on somebody

tourisme

▷ Le tourisme rapporte beaucoup d'argent à notre région.
Tourism brings a lot of money to our region.

▷ Nous allons faire du tourisme à Londres.
We're going to go sightseeing in London.

tourism /ˈtʊərɪzəm/

► **faire du tourisme :** go sightseeing /ˈsaɪtsiːɪŋ/ (went, gone / been)

touriste

▷ Il y a beaucoup de touristes ici en juillet.
There are a lot of tourists here in July.

tourist /ˈtʊərɪst/

touristique

▷ Cette région est très touristique.
This region is very popular with tourists.

(= qui attire les touristes) popular with tourists /ˈpɒpjʊləʳ wɪð tʊərɪsts/

Le mot 'touristic' n'existe pas en anglais !

tournée

1 ▷ Le facteur fait sa tournée.
The postman is doing his rounds.

2 ▷ Le groupe est en tournée jusqu'en juin.
The band is on tour until June.

3 ▷ C'est ma tournée !
It's my round!

1 (du facteur, d'un livreur) rounds /raʊndz/

2 ► **être en tournée :** be on tour /ɒn ˈtʊəʳ/

3 (au bar) round /raʊnd/

tourner

1 ▷ Tu n'as pas assez tourné le volant.
You didn't turn the wheel enough.

▷ Ce manège tourne très lentement.
That merry-go-round is turning very slowly.

▷ Alex s'est tourné vers nous en riant.
Alex turned towards us laughing.

▷ Tourne-toi pendant que je me change.
Turn round while I change.

2 ▷ Ils tournent un film sur la place du village.
They're shooting a film on the village square.

1 ► **tourner** quelque chose (= le faire pivoter) **:** turn /tɜːn/ something

► **tourner** (= faire des tours) **:** turn /tɜːn/

► **se tourner :** turn /tɜːn/

(= faire volte-face) turn round /tɜːn ˈraʊnd/

2 ► **tourner un film :** shoot /ʃuːt/ a film (shot, shot /ʃɒt/)

tournesol

▷ Regarde : un champ de tournesols.
Look, a field of sunflowers.

sunflower /ˈsʌnˌflaʊəʳ/

tournevis

▷ Passe-moi un tournevis plus grand.
Pass me a bigger screwdriver.

screwdriver /ˈskruːˌdraɪvəʳ/

tournoi

▷ L'équipe de Lens a gagné le tournoi de handball.
The Lens team won the handball tournament.

tournament /ˈtɔːnəmənt/

*Prononcez bien le **n** et le **t** à la fin du mot.*

tous, toutes

1 ▷ Ils sont tous arrivés en même temps.
They all arrived at the same time.
▷ Toutes mes amies sont venues.
All my friends came.

2 ▷ Il a plu tous les jours.
It rained every day.
▷ J'arrose les plantes tous les trois jours.
I water the plants every three days.

1 (= l'ensemble des personnes) **all** /ɔːl/

2 ► **tous les** *ou* **toutes les...** (pour parler de la fréquence) : **every...** /ˈevrɪ/

Toussaint

▷ Qu'est-ce que vous faites pour la Toussaint ?
What are you doing for All Saints' Day?

► **la Toussaint : All Saints' Day** /ɔːl ˈseɪnts deɪ/

tousser

▷ Ludovic est enrhumé, il tousse.
Ludovic has a cold, he's coughing.

cough /kɒf/

Cough rime avec off.

tout, toute

1 ▷ Tu as tout mangé ?
Did you eat everything?

2 ▷ C'est tout ce que je sais.
That's all I know.
▷ Lise a bu toute la limonade.
Lise drank all the lemonade.
▷ C'est tout ?
Is that all?
▷ Il y a trente invités en tout.
There are thirty guests in all.

3 ▷ Il y a assez de nourriture pour tout le monde.
There's enough food for everybody.

4 ▷ Anne-Marie était toute contente.
Anne-Marie was very happy.

1 (= toutes les choses) **everything** /ˈevrɪθɪŋ/

2 (l'ensemble) **all** /ɔːl/

► **en tout** (= au total) : **in all** /ɪn ˈɔːl/

3 ► **tout le monde : everybody** /ˈevrɪbɒdɪ/

4 (= très) **very** /ˈverɪ/

5 ▷ Je suis tout à fait d'accord.
I quite agree.
▷ Je n'ai pas tout à fait fini.
I haven't quite finished.

5 ► **tout à fait :** quite /kwaɪt/

tout-terrain

▷ C'est la première fois que je conduis une voiture tout-terrain.
That's the first time I've driven a four-wheel drive.

► **voiture tout-terrain :** four-wheel drive /ˌfɔːwiːl ˈdraɪv/ (pluriel : four-wheel drives)

Regardez aussi le mot VTT.

toux

▷ J'aimerais me débarrasser de cette toux !
I'd like to get rid of this cough!
▷ Tu devrais prendre du sirop contre la toux.
You should take some cough syrup.

cough /kɒf/

Cough rime avec off.

► **sirop contre la toux :** cough syrup /ˈkɒf ˌsɪrəp/

toxique

▷ Ces champignons sont toxiques.
These mushrooms are toxic.

toxic /ˈtɒksɪk/
(**plus toxique** more toxic, **le plus toxique** the most toxic)

trac

1 ▷ Nous avions tous le trac avant d'entrer en scène.
We all had stage fright before going on the stage.

2 ▷ Capucine avait le trac avant son audition.
Capucine was nervous before her audition.

1 ► **avoir le trac** (au théâtre) **:** have stage fright /ˈsteɪdʒ fraɪt/ (had, had)

2 ► **avoir le trac** (avant de parler en public, avant un examen) **:** be nervous /ˈnɜːvəs/

tracasser

▷ Ce que tu m'as dit hier m'a tracassée.
What you told me yesterday worried me.

worry /ˈwʌrɪ/

Le y de worry devient ie à la troisième personne du singulier du présent de l'indicatif (worries /ˈwʌrɪz/), au prétérit et au participe passé (worried /ˈwʌrɪd/).

▷ Ne te tracasse pas pour ça.
Don't worry about that.

► **se tracasser :** worry /ˈwʌrɪ/

Notez la préposition utilisée en anglais : se tracasser pour = *worry **about**.*

trace

1 ▷ Il y a des traces de peinture sur le sol.
There are paint marks on the floor.

1 (= marque) mark /mɑːk/

Suite page suivante

2 ▷ Les policiers ont suivi les traces de pneus.
The policemen followed the tyre tracks.
3 ▷ Ces traces de pas sont celles de Quentin.
Those footprints are Quentin's.

2 (= empreinte) track /træk/

3 ► trace de pas : footprint /'fʊtprɪnt/

tracer

1 ▷ Trace d'abord un carré.
First draw a square.
2 ▷ Élodie a tracé son nom sur le sable.
Élodie wrote her name in the sand.

1 (= dessiner) draw /drɔː/ (drew /druː/, drawn /drɔːn/)

2 (= écrire) write /raɪt/ (wrote /rəʊt/, written /'rɪtn/)

tracteur

▷ Le fermier est sur son tracteur.
The farmer is on his tractor.

tractor /'træktəʳ/

tradition

▷ C'est une vieille tradition écossaise.
It's an old Scottish tradition.

tradition /trə'dɪʃən/

traditionnel, traditionnelle

▷ La dinde rôtie fait partie du repas traditionnel de Thanksgiving.
Roast turkey is part of the traditional Thanksgiving meal.

traditional /trə'dɪʃənl/

ℹ *Attention à l'orthographe du mot anglais, qui n'a qu'un seul n.*

traducteur, traductrice

▷ Son mari est traducteur.
Her husband is a translator.

translator /trænz'leɪtəʳ/

ℹ *N'oubliez pas l'article* a *ou* an *devant le nom du métier lorsqu'il suit les verbes* be *ou* become.

traduire

▷ Est-ce que tu pourrais me traduire ces deux lignes ?
Could you translate these two lines for me?

translate /trænz'leɪt/

train

1 ▷ Le train pour Limoges part du quai deux.
The train for Limoges leaves from platform two.
▷ Nous irons à Bristol en train.
We'll go to Bristol by train.
2 ▷ J'étais en train de me préparer quand Luc est arrivé.
I was getting ready when Luc arrived.
▷ Je suis en train d'écrire une lettre.
I'm writing a letter.

1 ► un train : a train /treɪn/

► en train : by train

2 *Pour dire qu'on est (ou qu'on était) en* **train de faire** *quelque chose en anglais, on emploie la forme* be + -ing.

traîner

1 ▷ Nathan traîne son cartable derrière lui.
Nathan is dragging his school bag behind him.

1 ► **traîner** quelque chose (= le tirer derrière soi) : drag /dræg/ something

*Il y a deux g au gérondif (**dragging** /'drægɪŋ/), au prétérit et au participe passé (**dragged** /drægd/).*

2 ▷ Ne traînez pas, on est en retard !
Don't dawdle, we're late!

2 ► **traîner** (= aller lentement) : dawdle /'dɔːdl/

3 ▷ Ils s'ennuient, alors ils traînent dans les rues.
They're bored, so they hang around in the streets.

3 ► **traîner** (= errer) : hang around /ˌhæŋ ə'raʊnd/ (hung around, hung around /ˌhʌŋ ə'raʊnd/)

4 ▷ Ne laisse pas traîner tes affaires.
Don't leave your things lying about.

4 ► **traîner** (= ne pas être rangé) : lie about /ˌlaɪ ə'baʊt/

*Le **ie** de **lie** devient **y** au gérondif (**lying**).*

5 ▷ Attention, tes lacets traînent par terre.
Be careful, your laces are dragging on the ground.

5 ► **traîner** (= pendre) : drag /dræg/

6 ▷ Ma petite sœur adore se traîner par terre.
My little sister loves crawling on the ground.

6 ► **se traîner** (= ramper) : crawl /krɔːl/

traire

▷ L'agriculteur trait ses vaches tous les matins.
The farmer milks his cows every morning.

milk /mɪlk/

trait

1 ▷ Ce trait est trop épais.
This line is too thick.

1 (= ligne) line /laɪn/

2 ▷ Jean-René a les traits fins.
Jean-René has delicate features.

2 ► **traits** (= visage) : features /'fiːtʃəz/

3 ▷ Aurélie a tout bu d'un trait.
Aurélie drank everything in one gulp.

3 ► **boire** quelque chose **d'un trait** : drink something in one gulp /gʌlp/ (drank, drunk)

traitement

1 ▷ Ce traitement est très efficace.
This treatment is very effective.

1 (= médicaments) treatment /'triːtmənt/

2 ▷ Qu'est-ce que tu utilises comme traitement de texte ?
Which word processor do you use?

2 ► **traitement de texte** (= logiciel) : word processor /'wɜːd ˌprəʊsesəʳ/ (pluriel : word processors)

traiter

1 ▷ Myriam traite vraiment mal ses employés.
Myriam treats her employees really badly.
▷ Le médecin a refusé de la traiter.
The doctor refused to treat her.

2 ▷ Christine m'a traité d'égoïste.
Christine called me an egoist.

1 (= se comporter avec, soigner) **treat** /triːt/

2 ► **traiter** quelqu'un **de... :** call /kɔːl/ somebody a...

trajet

▷ Le trajet m'a semblé plus court au retour.
The journey seemed shorter on the way back.

(= voyage) **journey** /'dʒɜːnɪ/

*Le **our** se prononce comme le **ir** de **bird**.*

tram

▷ On va prendre le tram, ce sera plus rapide.
We'll take the tram, it'll be quicker.

tram /træm/

*En anglais américain on dit **streetcar** /'striːtkɑːʳ/.*

trampoline

▷ Héloïse rebondit sur le trampoline.
Héloïse is bouncing on the trampoline.

trampoline /'træmpəliːn/

tramway

▷ Il y a un nouveau système de tramway à Nancy.
There's a new tram system in Nancy.

tram /træm/

*En anglais américain on dit **streetcar** /'striːtkɑːʳ/.*

tranche

▷ Six tranches de jambon, s'il vous plaît.
Six slices of ham, please.

(= rondelle) **slice** /slaɪs/

Attention à la prononciation du pluriel : /'slaisɪz/

▷ Raïssa a coupé le pain en tranches.
Raïssa sliced the bread.

► **couper** quelque chose **en tranches :** slice something

tranquille

1 ▷ C'est un quartier tranquille.
It's a quiet area.

1 (= calme) **quiet** /'kwaɪət/ (**plus tranquille** quieter /'kwaɪətəʳ/, **le plus tranquille** the quietest /'kwaɪətɪst/)

*Faites bien la différence entre **quiet** /'kwaɪət/, qui a deux syllabes, et **quite** /kwaɪt/, qui n'en a qu'une.*

▷ J'ai dit aux enfants de rester tranquilles.
I told the children to keep quiet.

► **rester tranquille :** keep quiet /ˌkiːp 'kwaɪət/ (kept, kept /kept/)

2 ▷ Laisse-moi tranquille !
Leave me alone!

2 ► **laisser** quelqu'un **tranquille :** leave somebody alone /ə'ləʊn/ (left, left)

tranquillement

▷ J'ai pu lire tranquillement toute l'après-midi.
I was able to read quietly all afternoon.

(= calmement) quietly /'kwaɪətlɪ/

transformer

1 ▷ Le nouvel éclairage a complètement transformé la place.
The new lighting has completely changed the square.

1 (= changer) change /tʃeɪndʒ/

2 ▷ Le magicien a transformé le foulard en lapin.
The magician turned the scarf into a rabbit.

▷ Le dragon s'est transformé en souris.
The dragon turned into a mouse.

2 ► **transformer** quelqu'un *ou* quelque chose **en...** (par magie) **:** turn /tɜːn/ somebody *ou* something into...
► **se transformer en :** turn into

transmettre

1 ▷ Bérénice m'a transmis la nouvelle.
Bérénice gave me the news.

1 ► **transmettre** quelque chose **à** quelqu'un (= le communiquer) **:** give /gɪv/ somebody something (gave /geɪv/, given /'gɪvn/)

2 ▷ Cette maladie se transmet facilement.
This illness is easily transmitted.

2 ► **se transmettre** (en parlant d'une maladie) **:** be transmitted /trænz'mɪtɪd/

transparent, transparente

▷ Ce chemisier est un peu trop transparent.
That blouse is a bit too transparent.

transparent /træns'pærənt/
Prononcez bien le n et le t à la fin du mot.

transpirer

▷ Il fait chaud, je transpire.
It's hot, I'm sweating.

sweat /swet/
Sweat rime avec bet et net.

transport

▷ C'est le moyen de transport le plus rapide.
It's the fastest means of transport.

transport /'trænspɔːt/

Suite page suivante

▷ L'État a promis d'améliorer les transports en commun.
The state promised to improve public transport.

► **transports en commun :** public /'pʌblɪk/ transport

*Le mot anglais **transport** est indénombrable : il ne se met pas au pluriel et ne s'emploie pas avec l'article **a**. On dit par exemple **public transport is efficient*** (les transports en commun sont efficaces).

transporter

1 ▷ Les marchandises sont transportées en train.
The goods are transported by train.

1 (= transporter des objets) transport /træns'pɔːt/

2 ▷ Emmanuel a été transporté à l'hôpital.
Emmanuel was taken to hospital.

2 (= transporter des personnes) take /teɪk/ (took /tʊk/, taken /'teɪkən/)

travail

1 ▷ J'ai trop de travail, je ne peux pas sortir.
I have got too much work, I can't go out.

1 (= tâches) work /wɜːk/

*Attention ! Au sens de travail, **work** est indénombrable : il ne se met pas au pluriel et ne s'emploie pas avec l'article **a**.*

2 ▷ Le frère de Luc a un travail intéressant.
Luc's brother has an interesting job.

2 ► **un travail :** a job /dʒɒb/

3 ▷ Il y a des travaux entre les deux villages.
There are roadworks between the two villages.

3 ► **travaux** (sur la route) **:** roadworks /'rəʊdwɜːks/

travailler

▷ Tu ne travailles pas assez.
You don't work enough.

▷ J'ai travaillé le week-end dernier.
I worked last weekend.

work /wɜːk/

*Attention à la prononciation de **worked*** /wɜːkt/.

travailleur, travailleuse

▷ C'est un garçon très travailleur.
He's a very hard-working boy.

(adjectif = consciencieux) hard-working /hɑːd'wɜːkɪŋ/ (**plus travailleur** more hard-working, **le plus travailleur** the most hard-working)

travers

1 ▷ L'eau entre à travers les fentes.
The water comes in through the cracks.

1 ► **à travers :** through /θruː/

2 ▷ Le poster est de travers.
The poster is crooked.

2 ► **de travers** (= tordu) **:** crooked /'krʊkɪd/

3 ▷ Le chien s'était couché en travers du lit.
The dog was lying across the bed.

3 ► **en travers de :** across /ə'krɒs/

traverser

1 ▷ Regarde avant de traverser la route.
Look before crossing the road.

2 ▷ On a dû traverser la forêt.
We had to go through the forest.

1 (= aller d'un côté à l'autre de) **cross** /krɒs/

2 (= passer dans) **go through** /θruː/ (went, gone / been)

traversin

▷ Les Anglais n'utilisent pas de traversins.
The English don't use bolsters.

bolster /'bɒlstəʳ/

trébucher

▷ Amélie a trébuché sur une branche.
Amélie tripped on a branch.

trip /trɪp/

ℹ *Il y a deux **p** au gérondif (**tripping** /'trɪpɪŋ/), au prétérit et au participe passé (**tripped** /trɪpt/).*

trèfle

▷ On cherche des trèfles à quatre feuilles.
We're looking for four-leaf clovers.

(= plante) **clover** /'kləʊvəʳ/

treize

▷ J'habite à Grenoble depuis treize ans.
I have lived in Grenoble for thirteen years.

▷ Leur fille a treize ans.
Their daughter is thirteen years old.

▷ Nous partirons le treize décembre.
We'll leave on the thirteenth of December.

thirteen /θɜː'tiːn/

ℹ *Quand on dit la date, on emploie **thirteenth** /'θɜːtiːnθ/.*

ℹ *Notez l'emploi de **on** et **of** en anglais quand on dit la date.*

ℹ *On écrit **13 December**.*

tremblement de terre

▷ Il y a eu un tremblement de terre au Japon.
There has been an earthquake in Japan.

earthquake /'ɜːθkweɪk/

trembler

1 ▷ Le sol tremblait.
The ground was shaking.

2 ▷ Pourquoi tu trembles ? Tu as froid ?
Why are you shivering? Are you cold?

1 (= être secoué) **shake** /ʃeɪk/ (shook /ʃʊk/, shaken /ʃeɪkən/)

2 (= frissonner) **shiver** /'ʃɪvəʳ/

trempé, trempée

▷ Nous sommes revenus trempés de la promenade.
We came back soaked from the walk.

soaked /səʊkt/

tremper

▻ Trempe ta main dans l'eau pour voir si elle est froide.
Dip your hand in the water to see if it's cold.

(= mettre dans un liquide) **dip** /dɪp/
Il y a deux p au gérondif (dipping /ˈdɪpɪŋ/*), au prétérit et au participe passé (dipped* /dɪpt/*).*

tremplin

▻ Jonathan a plongé du tremplin.
Jonathan dived from the springboard.

(de piscine, de gymnastique) **springboard** /ˈsprɪŋbɔːd/

trente

▻ Il y avait trente personnes en tout.
There were thirty people altogether.
▻ J'aurai trente ans le mois prochain.
I'll be thirty next month.
▻ La fête aura lieu le trente juillet.
The party will take place on the thirtieth of July.

thirty /ˈθɜːtɪ/
Quand on dit la date, on emploie thirtieth /ˈθɜːtɪəθ/*.*
Notez l'emploi de on et of en anglais lorsqu'on dit la date.
On écrit 30 July.

très

▻ Cet exercice est très difficile.
This exercise is very difficult.

very /ˈverɪ/

trésor

▻ Les pirates avaient caché un trésor sur l'île.
The pirates had hidden some treasure on the island.

(= richesses) **treasure** /ˈtreʒəʳ/
Le mot treasure n'est généralement pas employé avec l'article a. On dit plus couramment some treasure, comme le montre l'exemple à gauche.

tresse

▻ Natacha porte des tresses.
Natacha wears plaits.

(de cheveux) **plait** /plæt/
Plait rime avec hat.
On peut aussi dire braid /breɪd/*.*

triangle

▻ Les trois côtés du triangle sont égaux.
The three sides of the triangle are equal.

triangle /ˈtraɪæŋgl/
Le i se prononce comme le i de like.

tribunal

▻ Le tribunal a décidé qu'il était innocent.
The court decided that he was innocent.

court /kɔːt/
Court rime avec thought et sort.

tricher

▷ Paul triche, je ne joue plus !
Paul is cheating, I'm not playing any more!

cheat /tʃiːt/

tricheur, tricheuse

▷ Espèce de petit tricheur !
You little cheat!

cheat /tʃiːt/

tricot

1 ▷ Ce tricot est fait à la main.
This sweater is hand-made.

2 ▷ Ma grand-mère passe ses soirées à faire du tricot.
My grandmother spends her evenings knitting.

1 (= pull) **sweater** /ˈswetəʳ/

Sweater rime avec better.

2 ► **faire du tricot : knit** /nɪt/

Le k de knit ne se prononce pas.

Il y a deux t au gérondif (knitting /ˈnɪtɪŋ/*), au prétérit et au participe passé (knitted* /ˈnɪtɪd/*).*

tricoter

▷ Ma grand-mère m'a appris à tricoter.
My grandmother taught me how to knit.

▷ Est-ce que tu sais tricoter ?
Can you knit?

knit /nɪt/

Le k de knit ne se prononce pas.

Il y a deux t au gérondif (knitting /ˈnɪtɪŋ/*), au prétérit et au participe passé (knitted* /ˈnɪtɪd/*).*

trier

▷ J'ai trié tous mes papiers le week-end dernier.
I sorted all my papers last weekend.

sort /sɔːt/

trimestre

▷ Sami a eu de bons résultats au premier trimestre.
Sami got good results in the first term.

(= période scolaire) **term** /tɜːm/

triste

▷ Ne sois pas triste, il reviendra.
Don't be sad, he'll come back.

▷ Ça m'a rendu triste.
It made me sad.

sad /sæd/ (plus triste sadder /ˈsædəʳ/, le plus triste the saddest /ˈsædɪst/)

trois

▷ Je l'ai vu il y a trois jours.
I saw him three days ago.

▷ Lise est née le trois avril.
Lise was born on the third of April.

three /θriː/

Quand on dit la date, on emploie third /θɜːd/.

Notez l'emploi de on et of en anglais lorsqu'on dit la date.

On écrit 3 April.

troisième

1 ▷ C'est la troisième fois que je te le dis !
It's the third time I've told you!

2 ▷ On s'est connus en troisième.
We met in the fourth form.

1 third /θɜːd/

2 (= niveau scolaire) fourth form /'fɔːθ fɔːm/

trombone

1 ▷ Donne-moi un trombone pour attacher les feuilles.
Give me a paper clip to keep the sheets together.

2 ▷ Le trombone est un instrument à vent.
The trombone is a wind instrument.
▷ Jean-Marc joue du trombone.
Jean-Marc plays the trombone.

1 (= agrafe) paper clip /'peɪpə klɪp/ (pluriel : paper clips)

2 (= instrument de musique) trombone /trɒm'bəʊn/
► **jouer du trombone :** play the trombone

se tromper

▷ Tu t'es trompé, il n'habite pas ici.
You've made a mistake, he doesn't live here.

make a mistake /ˌmeɪk ə mɪs'teɪk/ (made, made /meɪd/)

trompette

▷ La trompette est un instrument à vent.
The trumpet is a wind instrument.
▷ Louis Armstrong jouait de la trompette.
Louis Armstrong played the trumpet.

trumpet /'trʌmpɪt/
► **jouer de la trompette :** play /pleɪ/ the trumpet

tronc

▷ Astrid a écrit ses initiales sur le tronc de l'arbre.
Astrid wrote her initials on the tree trunk.

(d'un arbre) trunk /trʌŋk/

trop

1 ▷ Ne mange pas trop, tu vas être malade.
Don't eat too much, you'll be sick.

2 ▷ C'est trop difficile pour moi.
It's too difficult for me.
▷ Ne conduis pas trop vite.
Don't drive too fast.

3 ▷ Il y a trop de sucre dans ce café.
There's too much sugar in this coffee.

4 ▷ Il y avait trop de gens à l'exposition.
There were too many people at the exhibition.

1 (avec un verbe) ...too much /tuː 'mʌtʃ/

2 ► **trop** + adjectif ou adverbe : too... /tuː/

3 ► **trop de** + nom singulier : too much... /tuː 'mʌtʃ/

4 ► **trop de** + nom pluriel : too many... /tuː 'menɪ/

trottinette

▷ Les trottinettes sont de nouveau à la mode.
Scooters are fashionable again.

scooter /'skuːtəʳ/

ℹ *Le mot anglais scooter signifie aussi* scooter.

trottoir

▷ Le trottoir est très étroit ici.
The pavement is very narrow here.

pavement /ˈpeɪvmənt/
Trottoir *se dit* **pavement** *en anglais britannique et* **sidewalk** /ˈsaɪdwɔːk/ *en anglais américain.*

trou

1 ▷ Il y a un trou dans ton pantalon.
There's a hole in your trousers.

2 ▷ J'ai un trou dans mon emploi du temps.
I've got a gap in my timetable.

3 ▷ J'ai un trou de mémoire.
My mind has gone blank.

1 (= déchirure, creux) **hole** /həʊl/

2 (= moment libre) **gap** /gæp/

ℹ *Pour dire qu'on a un trou de mémoire en anglais, on emploie l'expression* ***my mind has gone blank***.

troué, trouée

▷ Mon blouson est troué.
My jacket has got a hole in it.
▷ Ton pantalon est troué.
Your trousers have got a hole in them.

► **être troué :** have a hole /həʊl/ in it

ℹ *Si le sujet est pluriel, on emploie le pronom pluriel :* mes chaussettes sont trouées = ***my socks have got holes in them***.

trouille

▷ J'ai eu la trouille quand je l'ai vu arriver.
I was scared when I saw him coming.

► **avoir la trouille :** be scared /skɛəd/

ℹ Avoir la trouille *est familier, mais* ***be scared*** *ne l'est pas.*

troupeau

▷ Il y avait un troupeau de vaches dans le champ.
There was a herd of cows in the field.

ℹ *Le mot employé varie selon les animaux : on dit* ***herd*** /hɜːd/ pour les vaches *et* ***flock*** /flɒk/ pour les moutons et les chèvres.

trousse

1 ▷ Le surligneur est dans ma trousse.
The highlighter is in my pencil case.

2 ▷ Je ne trouve pas ma trousse de toilette.
I can't find my sponge bag.

1 (= étui à stylos) **pencil case** /ˈpensl̩keɪs/ (pluriel : pencil cases)

2 ► **trousse de toilette :** sponge bag /ˈspʌndʒbæg/ (pluriel : sponge bags)

trouver

1 ▷ Je ne trouve pas mes clés.
I can't find my keys.
▷ Je trouve ça bizarre.
I find that strange.
▷ Je ne trouve pas ma montre.
I can't find my watch.

2 ▷ Renata trouve que je travaille trop.
Renata thinks I work too much.
▷ Tu trouve qu'il est beau ?
Do you think he's good-looking?

3 ▷ Où se trouve la gare ?
Where is the station?

1 find /faɪnd/
(found, found /faʊnd/)

*Notez l'emploi de **can't find** quand on n'arrive pas à trouver quelque chose.*

2 ► **trouver que...** (= penser que) **:** think /θɪŋk/ that...
(thought, thought /θɔːt/)

*Le mot **that** est le plus souvent omis, comme dans les exemples à gauche.*

3 ► **se trouver** (= être situé) **:** be /biː/

truc

▷ C'est quoi, ce truc ?
What's that thing?

(= chose) thing /θɪŋ/

Truc *est familier, mais* ***thing*** *ne l'est pas.*

truite

▷ Paul-Émile a pêché deux grosses truites.
Paul-Émile caught two big trout.

trout /traʊt/ (pluriel : trout)

Trout *ne prend pas de **s** au pluriel.*

tee-shirt

▷ Camille porte un tee-shirt rose et bleu.
Camille is wearing a pink and blue T-shirt.

T-shirt /'tiːʃɜːt/
(pluriel : T-shirts)

tu

▷ Est-ce que tu as faim ?
Are you hungry?

you /juː/

tube

1 ▷ Le tube de dentifrice est presque vide.
The tube of toothpaste is almost empty.

2 ▷ Cette chanson va être un tube.
This song is going to be a hit.

1 (= cylindre) tube /tjuːb/

2 (= chanson à succès) hit /hɪt/

tuer

▷ Une guêpe ! Tue-la, vite !
A wasp! Kill it, quick!
▷ Notre voisin s'est tué en voiture.
Our neighbour was killed in a car accident.

kill /kɪl/

► **se tuer** (accidentellement) **:** be killed /kɪld/

▻ Elle a voulu se tuer.
She wanted to kill herself.

► **se tuer** (= se suicider) **:** kill oneself

tuile

▻ Plusieurs tuiles se sont envolées pendant la tempête.
Several tiles blew away during the storm.

(sur un toit) tile /taɪl/

*Le **i** est celui de **like**.*

tulipe

▻ Il y a d'immenses champs de tulipes en Hollande.
There are huge tulip fields in Holland.

tulip /'tjuːlɪp/

tumeur

▻ Leur mère a une tumeur au cerveau.
Their mother had a brain tumour.

tumour /'tjuːməʳ/

*En anglais américain, ce mot s'écrit **tumor**.*

Tunisie

▻ La Tunisie est voisine de l'Algérie.
Tunisia is a neighbour of Algeria.

▻ On a eu très chaud en Tunisie.
We were very hot in Tunisia.

▻ Le père de Saïd veut retourner en Tunisie.
Saïd's father wants to go back to Tunisia.

Tunisia /tjuː'nɪzɪə/

Ne prend jamais d'article.

► **la Tunisie :** Tunisia

► **en Tunisie** (= dans le pays) **:** in Tunisia

► **en Tunisie** (= vers le pays) **:** to Tunisia

tunisien, tunisienne

▻ Ce magasin vend des meubles tunisiens.
This shop sells Tunisian furniture.

▻ Ce sont les Tunisiens qui habitent au numéro douze.
They're the Tunisians who live at number twelve.

Tunisian /tjuː'nɪzɪən/

S'écrit toujours avec une majuscule, comme tous les adjectifs et noms de nationalité en anglais.

tunnel

▻ Le tunnel passe sous la montagne.
The tunnel goes under the mountain.

▻ Est-ce que tu as déjà pris le tunnel sous la Manche ?
Have you ever taken the Channel Tunnel?

tunnel /'tʌnl/

► **le tunnel sous la Manche :** the Channel /'tʃænl/ Tunnel

turbulent, turbulente

▻ J'ai plusieurs élèves turbulents dans ma classe.
I have several disruptive students in my class.

(en parlant d'un élève) disruptive /dɪs'rʌptɪv/ (**plus turbulent** more disruptive, **le plus turbulent** the most disruptive)

turc, turque

1 ▷ On a mangé dans un restaurant turc.
We ate in a Turkish restaurant.

1 (adjectif) **Turkish** /ˈtɜːkɪʃ/

S'écrit toujours avec une majuscule, comme tous les adjectifs de nationalité en anglais.

2 ▷ Il y a deux Turcs dans notre classe.
There are two Turks in our class.

2 (= personne) **Turk** /tɜːk/

Turquie

▷ La Turquie veut entrer dans l'Union européenne.
Turkey wants to enter the European Union.

▷ Il y a des plages magnifiques en Turquie.
There are some beautiful beaches in Turkey.

▷ Nous irons en Turquie en avion.
We'll fly to Turkey.

Turkey /ˈtɜːkɪ/

Ne prend jamais d'article.

► **la Turquie :** Turkey

► **en Turquie** (= dans le pays) **:** in Turkey

► **en Turquie** (= vers le pays) **:** to Turkey

tutoyer

▷ Tu peux me tutoyer.
You can call me "tu".

► **tutoyer** quelqu'un **:** call /kɔːl/ somebody "tu"

tuyau

▷ Le plombier est venu déboucher le tuyau.
The plumber came to unblock the pipe.

▷ Où ranges-tu le tuyau d'arrosage ?
Where do you keep the hosepipe?

(= conduite) **pipe** /paɪp/

Le i est celui de like.

► **tuyau d'arrosage :** hosepipe /ˈhaʊzpaɪp/

type

1 ▷ La vendeuse nous a montré plusieurs types d'imprimantes.
The shop assistant showed us several types of printers.

1 (= sorte) **type** /taɪp/

Le y de type se prononce comme le i de like.

2 ▷ Il y a un type qui t'attend dehors.
There's a guy waiting for you outside.

2 (= homme, au sens familier) **guy** /gaɪ/

Guy rime avec my et sky.

typique

▷ J'aimerais goûter un plat typique.
I'd like to taste a typical dish.

typical /ˈtɪpɪkəl/ (**plus typique** more typical, **le plus typique** the most typical)

Le y de typical se prononce comme le i de big.

U

FRANÇAIS — ANGLAIS

La lettre **U** se prononce **/juː/** en anglais.
U se prononce comme le mot **you**.

un, une

1 ▷ Il y a un chat dans le jardin.
There's a cat in the garden.
▷ Est-ce que tu veux une glace ?
Do you want an ice cream?
▷ C'est un film intéressant.
It's an interesting film.

2 ▷ Lucille n'a mangé qu'un chocolat.
Lucille only ate one chocolate.

1 *L'article indéfini en anglais est* **a** /ə/ *si le mot qui suit commence par une consonne (**a** cat, **a** boy, **a** silly idea), et* **an** /ən/ *si le mot qui suit commence par une voyelle (**an** ice cream, **an** apple, **an** interesting story).*

2 (= chiffre) **one** /wʌn/

uni, unie

▷ Je voudrais un tissu uni plutôt qu'un tissu imprimé.
I'd like plain material rather than printed material.

(= sans motifs) **plain** /pleɪn/

unique

▷ L'argent est son unique souci.
Money is his only worry.
▷ Aurélie est fille unique.
Aurélie is an only child.

(= seul) **only** /ˈəʊnlɪ/

► **être fils unique** *ou* **fille unique : be an only child** /əʊnlɪ ˈtʃaɪld/

uniquement

▷ J'ai fait ça uniquement pour te faire plaisir.
I only did it to please you.

(= seulement) **only** /ˈəʊnlɪ/

unité

▷ Le mile est l'unité de distance au Royaume-Uni.
The mile is the unit of distance in the United Kingdom.

(pour mesurer) **unit** /ˈjuːnɪt/
🔊 *La première syllabe se prononce comme le mot* ***you***.

univers

▷ Les astronomes étudient l'univers.
Astronomers study the universe.

universe /ˈjuːnɪvɜːs/

La première syllabe se prononce comme le mot you.

université

▷ Farid fait ses études à l'université.
Farid is studying at university.

university /juːnɪˈvɜːsɪtɪ/

La première syllabe se prononce comme le mot you.

urgence

1 ▷ Voici mon numéro de téléphone en cas d'urgence.
Here is my phone number in case of emergency.

2 ▷ Thierry a été transporté aux urgences.
Thierry was taken to casualty.

1 (= cas urgent) **emergency** /ɪˈmɜːdʒənsɪ/ (pluriel : emergencies /ɪˈmɜːdʒənsɪz/)

2 ► **les urgences** (de l'hôpital) : casualty /ˈkæʒjʊltɪ/

En anglais américain, on dit emergency room /ɪmˌɜːˈdʒənsɪˈruːm/.

urgent, urgente

▷ Tu dois rappeler Samia, c'est urgent.
You must call Samia back, it's urgent.

urgent /ˈɜːdʒənt/
(**plus urgent** more urgent,
le plus urgent the most urgent)

usé, usée

▷ Cette veste est tout usée, je vais la jeter.
This jacket is all worn, I'm going to throw it away.

(= abîmé) **worn** /wɔːn/
(**plus usé** more worn,
le plus usé the most worn)

user

▷ Tu vas user ton jean si tu fais ça.
You'll wear out your jeans if you do that.

(en parlant d'un vêtement) **wear out** /wɛər ˈaʊt/ (worn out, worn out /wɔːn ˈaʊt/)

usine

▷ Le père d'Hubert travaille à l'usine de chaussures.
Hubert's father works at the shoe factory.

factory /ˈfæktərɪ/
(pluriel : factories /ˈfæktərɪz/)

utile

▷ Merci, c'est un renseignement très utile.
Thank you, this is very useful information.

useful /ˈjuːsfʊl/ (**plus utile** more useful, **le plus utile** the most useful)

utilisateur, utilisatrice

▷ Le nombre d'utilisateurs d'Internet augmente très vite.

The number of Internet users is rising very quickly.

user /ˈjuːzəʳ/

utiliser

▷ J'utilise toujours un stylo rouge pour souligner les mots nouveaux.

I always use a red pen to underline new words.

use /juːz/

V

FRANÇAIS — ANGLAIS

La lettre V se prononce /viː/ en anglais.
V rime avec free, knee et tea.

vacances

▷ Les vacances commencent le trente juin.
The holidays start on the thirtieth of June.

▷ Jocelyne est en vacances jusqu'à jeudi.
Jocelyne is on holiday until Thursday.

▷ Vivement les grandes vacances !
I can't wait for the summer holidays!

holidays /ˈhɒlɪdeɪz/

En anglais américain on dit ***vacation*** /veɪˈkeɪʃən/.

► **en vacances : on holiday**

Attention ! On ne dit pas 'on holidays' !

En anglais américain on dit ***on vacation****.*

► **les grandes vacances : the summer holidays** /ˌsʌmə ˈhɒlɪdeɪz/

vaccin

▷ Il n'y a pas de vaccin contre cette maladie.
There is no vaccine against this illness.

▷ Le docteur m'a fait un vaccin avant mon voyage en Afrique.
The doctor vaccinated me before my trip to Africa.

vaccine /ˈvæksiːn/

► **faire un vaccin à** quelqu'un : **vaccinate** /ˈvæksɪneɪt/ **somebody**

Vaccine *rime avec* ***seen****.*

vacciner

▷ Le médecin m'a vacciné contre le tétanos.
The doctor vaccinated me against tetanus.

▷ Je vais me faire vacciner contre le tétanos.
I'm going to get vaccinated against tetanus.

vaccinate /ˈvæksɪneɪt/

► **se faire vacciner : get vaccinated** /ˈvæksɪneɪtɪd/ (got, got)

vache

▷ Nous avons attendu que les vaches traversent la route.
We waited for the cows to cross the road.

(= animal) **cow** /kaʊ/

Cow rime avec now.

vachement

▷ La copine d'Alex est vachement sympa.
Alex's girlfriend is really nice.

really /'rɪəlɪ/

Vachement est un mot familier, mais really ne l'est pas.

vague

1 ▷ Les vagues sont très hautes aujourd'hui.
The waves are very high today.

2 ▷ La météo a dit qu'il y aurait une vague de chaleur.
The weather forecast said that there would be a heatwave.

3 ▷ Ta description est trop vague.
Your description is too vague.

1 ► **une vague** (dans la mer) **:** a **wave** /weɪv/

2 ► **une vague de chaleur :** a **heatwave** /'hiːtweɪv/

3 ► **vague** (adjectif = pas précis) **:** **vague** /veɪg/ **(plus vague** vaguer /'veɪgəʳ/**, le plus vague** the vaguest /'veɪgɪst/**)**

Le a de vague est celui de make.

vaguement

▷ Elle m'en a vaguement parlé.
She vaguely mentioned it.

vaguely /'veɪglɪ/

en vain

▷ Je l'ai supplié de chanter, en vain.
I begged him to sing in vain.

► **en vain :** in vain /ɪn 'veɪn/

vainqueur

▷ Le vainqueur de la course recevra un prix.
The winner of the race will receive a prize.

(d'une course, d'un jeu, des élections) **winner** /'wɪnəʳ/

vaisseau spatial

▷ Au musée des sciences, nous avons vu un vaisseau spatial américain.
At the science museum we saw an American spaceship.

spaceship /'speɪsʃɪp/

vaisselle

1 ▷ Nous avons offert de la vaisselle à Nissim pour son mariage.
We bought Nissim some crockery for his wedding.

1 (= plats, tasses, etc.) **crockery** /'krɒkərɪ/

2 ▷ C'est ton tour de faire la vaisselle.
It's your turn to do the dishes.

2 ► **faire la vaisselle :** do the dishes /ˈdɪʃɪz/ (did, done)

ℹ *On peut aussi dire* ***do the washing-up*** /wɒʃɪŋˈʌp/ (*did, done*).

valable

▷ Cette carte est valable jusqu'à la fin du mois.
This card is valid until the end of the month.

valid /ˈvælɪd/

valeur

▷ Personne ne connaît la vraie valeur de ce tableau.
Nobody knows the real value of this painting.

value /ˈvæljuː/

🔊 *Dites* ***val*** + ***you***.

▷ Il y a un coffre-fort dans la chambre pour les objets de valeur.
There's a safe in the room for valuables.

► **objets de valeur :** valuables /ˈvæljʊəblz/

valise

▷ Cette valise est trop lourde pour moi.
This suitcase is too heavy for me.

suitcase /ˈsuːtkeɪs/

🔊 ***Suit*** *rime avec* ***boot***. ***Case*** *rime avec* ***space***.

▷ Je n'ai pas encore fait ma valise.
I haven't packed yet.

► **faire sa valise :** pack /pæk/

vallée

▷ D'ici, on voit toute la vallée.
From here you can see the whole valley.

valley /ˈvælɪ/

🔊 *Rime avec* ***Sally***.

valoir

1 ▷ Ce tableau vaut plusieurs millions d'euros.
This painting is worth several million euros.

1 (suivi d'un prix) be worth /wɜːθ/

2 ▷ Combien vaut ce foulard, s'il vous plaît ?
How much is this scarf, please?
▷ Combien ça vaut ?
How much is it?

2 *Pour demander à un commerçant* **combien coûte quelque chose**, *on dit* ***how much is...?*** /haʊ ˈmʌtʃ ɪz/ *pour un seul article et* ***how much are...?*** /haʊ ˈmʌtʃ ɑːʳ/ *pour plusieurs articles.*

3 ▷ Il vaut mieux le leur dire tout de suite.
It's better to tell them straight away.
▷ Il vaut mieux que tu en parles à Céline d'abord.
You'd better speak to Céline first.
▷ Il vaut mieux que Simon arrive plus tôt.
Simon had better arrive earlier.

3 ► **il vaut mieux** + infinitif : it's better to /ˈbetə tuː/ + infinitif

ℹ *Pour traduire* **il vaut mieux que...**, *on utilise en anglais le nom ou le pronom suivi de* ***had better***, *souvent contracté en* ***'d better*** *après un pronom.*

4 ▷ Est-ce que ça vaut le coup d'aller voir ce film ?
Is it worth going to see this film?

4 ► **valoir le coup de** + infinitif : be worth /wɜːθ/ + -ing

vampire

▷ C'est une histoire de vampires.
It's a story about vampires.

vampire /'væmpaɪəʳ/

vanille

▷ Il y a de la vanille dans ce gâteau.
There's vanilla in this cake.

▷ Deux boules de glace à la vanille, s'il vous plaît.
Two scoops of vanilla ice cream, please.

vanilla /və'nɪlə/

L'accent tonique est sur la deuxième syllabe ***-ni-****.*

► **à la vanille :** vanilla

se vanter

▷ Arrête de te vanter, ce n'était pas très difficile.
Stop boasting, it wasn't very difficult.

boast /bəʊst/

vapeur

▷ Il y a de la vapeur sur le miroir.
There's steam on the mirror.

▷ J'aime les légumes cuits à la vapeur.
I like steamed vegetables.

(= eau condensée) **steam** /stiːm/

► **cuit à la vapeur :** steamed /stiːmd/

varié, variée

▷ Les repas n'y sont pas très variés.
The meals aren't very varied there.

varied /'vɛərɪd/
(plus varié more varied**,**
le plus varié the most varied**)**

varier

▷ Les températures varient entre l'Angleterre et l'Écosse.
Temperatures vary between England and Scotland.

vary /'vɛərɪ/

ℹ *Le* ***y*** *de* ***vary*** *devient* ***ie*** *à la troisième personne du singulier du présent de l'indicatif (****varies*** /'vɛərɪz/*), au prétérit et au participe passé (****varied*** /'vɛərɪd/*).*

variété

▷ Cette variété de rose est très belle.
This variety of rose is very beautiful.

▷ Il y a un spectacle de variétés à la télé ce soir.
There's a variety show on TV tonight.

▷ C'est un chanteur de variétés très célèbre.
He's a very famous popular singer.

variety /və'raɪətɪ/

► **spectacle de variétés :** variety show /və'raɪətɪ ʃəʊ/
(pluriel : variety shows)

► **chanteur de variétés :** popular singer /ˌpɒpjʊlə 'sɪŋəʳ/
(pluriel : popular singers)

vase

1 ▷ Je vais mettre les fleurs dans un vase.
I'm going to put the flowers in a vase.

1 ► **un vase** (= pour les fleurs) **:** vase /vɑːz/ (pluriel : vases /'vɑːzɪz/)

2 ▷ Les oiseaux cherchent des vers dans la vase.
The birds are looking for worms in the mud.

2 ► **la vase** (= la boue) **:** mud /mʌd/

vaut

Regardez le mot valoir.

vautour

▷ Les vautours attendent que l'animal meure.
The vultures are waiting for the animal to die.

vulture /ˈvʌltʃəʳ/

veau

1 ▷ Le petit veau suivait sa mère partout.
The little calf followed its mother everywhere.

2 ▷ Les Britanniques mangent rarement du veau.
The British rarely eat veal.

1 (= petit de la vache) calf /kɑːf/ (pluriel : calves /kɑːvz/)

2 (= viande) veal /viːl/

vécu

Regardez le mot vivre.

vedette

1 ▷ Toutes les vedettes du cinéma français étaient là.
All the French film stars were there.

2 ▷ La vedette a dépassé le voilier.
The motorboat overtook the sailing boat.

1 (= star) star /stɑːʳ/

2 (= bateau) motorboat /ˈməʊtəbəʊt/

végétarien, végétarienne

▷ Les végétariens peuvent manger des œufs.
Vegetarians can eat eggs.

vegetarian /ˌvedʒɪˈtɛərɪən/

L'accent tonique est sur la troisième syllabe -ta-.

végétation

▷ La végétation est très dense ici.
The vegetation is very dense here.

vegetation /ˌvedʒɪˈteɪʃən/

L'accent tonique est sur la troisième syllabe -ta-.

véhicule

▷ Les véhicules sont interdits sur l'île.
Vehicles are not allowed on the island.

vehicle /ˈviːɪkl/

Le h ne se prononce pas.

veille

▷ Ils sont arrivés la veille.
They arrived the day before.
▷ Je suis arrivé juste la veille de sa naissance.
I arrived just the day before he was born.

► **la veille** *ou* **la veille de :** the day before /ðə ˌdeɪ bɪˈfɔːʳ/

veiller

▷ Hier, j'ai veillé et aujourd'hui, je suis fatigué.
Yesterday I stayed up late and today I'm tired.

(= se coucher tard) **stay up late** /'steɪ ʌp 'leɪt/

Notez la prononciation de ***stayed*** steɪd .

veine

1 ▷ L'infirmière ne trouvait pas la veine.
The nurse couldn't find the vein.

2 ▷ Tu vas à Londres ? Tu as de la veine !
You're going to London? You're lucky!

1 (= vaisseau sanguin) **vein** /veɪn/

2 ► **avoir de la veine :** be lucky /'lʌkɪ/

vélo

▷ Le nouveau vélo de Martial est génial.
Martial's new bike is great.

▷ Tu vas au travail en vélo ?
Do you cycle to work?

▷ Édouard et sa femme font du vélo le dimanche.
Édouard and his wife go cycling on Sundays.

bike /baɪk/

Bike est l'abréviation de bicycle.

► **aller en vélo** *ou* **à vélo :** cycle /'saɪkl/

► **faire du vélo :** go cycling /'saɪklɪŋ/ (went, gone/been)

velours

▷ Le velours est un tissu très doux.
Velvet is a very soft material.

▷ Ces rideaux sont en velours.
These curtains are made of velvet.

▷ Il y a des coussins en velours sur le canapé.
There are velvet cushions on the sofa.

velvet /'velvɪt/

► **être en velours :** be made /meɪd/ of velvet

► **en velours :** velvet

vendanges

▷ Les vendanges commencent en septembre.
The grape harvest starts in September.

▷ Le frère de Louis fait les vendanges chaque année.
Louis's brother goes grape-picking every year.

grape harvest /'greɪp ˌhɑːvɪst/

► **faire les vendanges** (en tant qu'employé) **:** go grape-picking /'greɪppɪkɪŋ/ (went, gone/been)

vendeur, vendeuse

▷ La vendeuse m'a aidée à trouver la bonne taille.
The shop assistant helped me to find the right size.

(dans un magasin) **shop assistant** /'ʃɒp əˌsɪstənt/ (pluriel : shop assistants)

vendre

▷ Érika veut vendre son vélo pour s'en acheter un nouveau.
Érika wants to sell her bike to buy a new one.

sell /sel/ (sold, sold /səʊld/)

▷ Quentin a vendu ses CD à Camille.
Quentin sold Camille his CDs.

► **vendre** quelque chose **à** quelqu'un **:** sell somebody something

vendredi

▷ Aujourd'hui, c'est vendredi.
Today is Friday.
▷ Nous partirons vendredi.
We'll leave on Friday.
▷ Valentin et Fouzia sont venus vendredi.
Valentin and Fouzia came on Friday.
▷ Le vendredi, Sandra va à son cours de salsa.
On Fridays Sandra goes to her salsa class.

Friday /'fraɪdeɪ/

► **vendredi** (= vendredi prochain ou vendredi dernier) **:** on Friday

► **le vendredi** (= tous les vendredis) **:** on Fridays

vénéneux, vénéneuse

▷ Roland sait reconnaître tous les champignons vénéneux.
Roland can recognise all the poisonous mushrooms.

poisonous /'pɔɪznəs/ (plus vénéneux more poisonous, le plus vénéneux the most poisonous)

*Le **oi** se prononce comme la fin du mot **boy**.*

se venger

▷ Thomas a voulu se venger de ce que lui avait fait Malik.
Thomas wanted to take revenge for what Malik had done to him.

take revenge /ˌteɪk rɪ'vendʒ/ (took /tʊk/, taken /ˌteɪkən/)

Notez la préposition utilisée en anglais : se venger **de** quelque chose = *take revenge **for** something.*

venimeux, venimeuse

▷ Il y a des serpents venimeux dans cette région.
There are poisonous snakes in this region.

(= toxique) poisonous /'pɔɪznəs/ (plus venimeux more poisonous, le plus venimeux the most poisonous)

*On peut aussi dire **venomous*** /'venəməs/.

*Le **oi** se prononce comme la fin du mot **boy**.*

venir

1 ▷ Tu viens avec moi ?
Are you coming with me?
▷ Viens m'aider, s'il te plaît.
Come and help me, please.

2 ▷ Ce car vient de Newcastle.
This coach comes from Newcastle.

1 (= aller) come /kʌm/ (came /keɪm/, come)

*Là où **venir** est suivi d'un infinitif en français, on dit en anglais **come and** + base verbale.*

2 ► **venir de** (= arriver de, provenir de) **:** come from

Suite page suivante

3 ▷ Nous avons fait venir le docteur tout de suite.
We called the doctor straight away.

3 ► **faire venir** (= appeler) **:** call /kɔːl/

4 ▷ Nathalie vient d'appeler.
Nathalie has just phoned.
▷ Je venais de manger.
I had just eaten.

4 ► **venir de** + infinitif **:** have just /dʒʌst/ + participe passé

vent

▷ Le vent souffle fort aujourd'hui.
The wind is blowing hard today.
▷ Il y a du vent.
It's windy.
▷ Est-ce qu'il y avait du vent ?
Was it windy?

wind /wɪnd/

► **il y a du vent :** it's windy /ˈwɪndɪ/

► **il y avait du vent :** it was windy

vente

▷ Il y a eu une vente de tableaux célèbres.
There was a sale of famous paintings.
▷ La maison est en vente.
The house is for sale.

sale /seɪl/

► **en vente :** for sale /fə ˈseɪl/

ventre

1 ▷ Benoît dort toujours sur le ventre.
Benoît always sleeps on his stomach.

1 (d'une personne) stomach /ˈstʌmək/

Le ch de stomach se prononce comme un k.

▷ J'ai mal au ventre.
I've got stomach ache.

► **avoir mal au ventre :** have stomach ache /ˈstʌməkeɪk/ (had, had)

Ache rime avec make.

2 ▷ Le ventre du chien est tout gonflé.
The dog's belly is all swollen.

2 (d'un animal) belly /ˈbelɪ/

ver

▷ Il y a un ver dans cette pomme.
There's a worm in this apple.

worm /wɜːm/

Le or de worm se prononce comme le ir de bird et le ur de turn.

▷ La poule cherche des vers de terre dans le sol.
The hen is looking for earthworms in the ground.

► **ver de terre :** earthworm /ˈɜːθwɜːm/

verglas

▷ La voiture a dérapé sur le verglas.
The car skidded on the black ice.

black ice /blæk ˈaɪs/

vérifier

▷ Vérifie que la porte est fermée à clé.
Check that the door is locked.

(= contrôler) **check** /tʃek/

vérité

▷ Je ne suis pas convaincu qu'il dise la vérité.
I'm not convinced he's telling the truth.

truth /truːθ/
► **dire la vérité :** tell the truth (told, told)

vernis

1 ▷ Le vernis de la table est abîmé.
The varnish on the table is damaged.

2 ▷ Mélanie porte du vernis bleu vif.
Mélanie is wearing bright blue nail varnish.

1 (sur du bois, sur un tableau) **varnish** /ˈvɑːnɪʃ/

2 (sur les ongles) : **nail varnish** /ˈneɪl ˌvɑːnɪʃ/

verre

1 ▷ Il y avait des morceaux de verre par terre.
There were pieces of glass on the ground.
▷ La porte du bureau est en verre.
The office door is made of glass.
▷ J'ai acheté des perles en verre bleu.
I bought some blue glass beads.

2 ▷ Un verre de lait, s'il vous plaît.
A glass of milk, please.
▷ Venez prendre un verre avec nous.
Come and have a drink with us.

3 ▷ Sabrina porte des verres épais.
Sabrina wears thick lenses.
▷ Je préfère les verres de contact aux lunettes.
I prefer contact lenses to glasses.

1 (= matériau) **glass** /glɑːs/
► **être en verre :** be made of glass
► **en verre :** glass

2 (= récipient pour boire) **glass** /glɑːs/ (pluriel : glasses /glɑːsɪz/)
► **prendre un verre** (= boire) **:** have a drink /drɪŋk/ (had, had)

3 (= verre de lunettes) **lens** /lenz/ (pluriel : lenses /ˈlenzɪz/)
► **verres de contact :** contact lenses /ˈkɒntækt ˌlenzɪz/

verrue

▷ Isabelle a des verrues aux mains.
Isabelle has warts on her hands.
▷ Cette verrue plantaire me fait très mal.
This verruca is very painful.

wart /wɔːt/
► **verrue plantaire :** verruca /vəˈruːkə/

vers

1 ▷ Allez vers l'église, puis tournez à gauche.
Go towards the church, then turn left.

2 ▷ Ils habitent vers Angers.
They live near Angers.

3 ▷ On sera là vers huit heures.
We will be there around eight o'clock.

1 (= en direction de) **towards** /təˈwɔːdz/

2 (= aux environs de, dans l'espace) **near** /nɪəʳ/

3 (= aux environs de, dans le temps) **around** /əˈraʊnd/

verser

1 ▷ Verse-moi de l'eau, s'il te plaît.
Pour me some water, please.

1 (= servir, transvaser) **pour** /pɔːʳ/

Notez la prononciation de ***poured*** /pɔːd/*, qui rime avec* ***lord****.*

2 ▷ Je verse tous les mois de l'argent sur un compte d'épargne.
I pay money into a savings account every month.

2 (= payer) **pay** /peɪ/
(paid, paid /peɪd/)

Notez la préposition utilisée en anglais : verser sur un compte = pay ***into*** an account.

version

▷ Chacun a raconté sa version de l'histoire.
Everybody told their version of the story.

(= interprétation) **version** /ˈvɜːʃən/

vert, verte

▷ L'herbe du jardin est très verte.
The grass in the garden is very green.
▷ Le vert ne me va pas.
Green doesn't suit me.

(= couleur) **green** /griːn/

► **le vert :** green

Notez qu'il n'y a pas d'article en anglais.

vertical, verticale

▷ Trace un trait vertical au milieu de la page.
Draw a vertical line in the middle of the page.

vertical /ˈvɜːtɪkəl/

vertige

▷ Je ne peux pas monter à l'échelle, j'ai le vertige.
I can't climb the ladder, I get dizzy.
▷ L'altitude me donne le vertige.
Altitude makes me dizzy.

► **avoir le vertige :** get dizzy /ˈdɪzɪ/ (got, got)

► **donner le vertige à** quelqu'un **:** make somebody dizzy (made, made)

veste

▷ Tu peux accrocher ta veste derrière la porte.
You can hang your jacket behind the door.

jacket /ˈdʒækɪt/

vestiaire

1 ▷ Les vestiaires sont à côté de l'entrée du gymnase.
The changing rooms are next to the entrance to the gymnasium.

1 (dans un stade, une piscine) **changing room** /ˈtʃeɪndʒɪŋ ˌrʊm/
(pluriel : changing rooms)

2 ▷ Tu peux laisser ton sac au vestiaire.
You can leave your bag in the cloakroom.

2 (au théâtre, au musée) **cloakroom** /ˈkləʊkrʊm/

vêtements

▷ Céline adore acheter des vêtements.
Céline loves buying clothes.

clothes /kləʊðz/

Le mot *clothes* n'a qu'une seule syllabe. Il se prononce comme le verbe *close* avec le *th* de *the* après le *o*.

vétérinaire

▷ Le vétérinaire a dit que ce n'était pas grave.
The vet said that it wasn't serious.

▷ Chez le vétérinaire, il y a des photos d'animaux partout.
At the vet's, there are photos of animals everywhere.

▷ Karim a emmené le chat chez le vétérinaire.
Karim took the cat to the vet's.

▷ Nicolas a toujours voulu devenir vétérinaire.
Nicolas always wanted to become a vet.

vet /vet/

► **chez le vétérinaire** (= dans son cabinet) **:** at the vet's

► **chez le vétérinaire** (= vers son cabinet) **:** to the vet's

N'oubliez pas l'article a ou an devant le nom du métier lorsqu'il suit les verbes be ou become.

veuf

▷ Notre voisin est veuf.
Our neighbour is a widower.

► **être veuf :** be a widower /'wɪdəʊəʳ/

veuve

▷ Mme Pommier est veuve.
Mrs Pommier is a widow.

► **être veuve :** be a widow /'wɪdəʊ/

vexer

▷ La remarque de Daniel a vexé Suzanne.
Daniel's remark offended Suzanne.

▷ Ne te vexe pas, c'était pour rire.
Don't take offence, I was joking.

offend /ə'fend/

► **se vexer :** take offence /teɪk ə'fens/ (took /tʊk/, taken /'teɪkən/)

viande

▷ Cette viande est très tendre.
This meat is very tender.

meat /miːt/

vibrer

▷ Le frigo vibre et fait beaucoup de bruit.
The fridge vibrates and makes a lot of noise.

vibrate /vaɪ'breɪt/

Le i est celui de like.

victime

▷ Plusieurs des victimes de l'attentat ont été interviewées.
Several victims of the terrorist attack were interviewed.

▷ Le tremblement de terre a fait beaucoup de victimes.
The earthquake claimed many victims.

victim /'vɪktɪm/

L'accent tonique est sur la première syllabe vic-.

► **faire des victimes :** claim /kleɪm/ victims

victoire

1 ▷ L'armée a fêté sa victoire en défilant dans les rues.
The army celebrated its victory by marching in the streets.

2 ▷ C'est la troisième victoire de l'équipe ce mois-ci.
It's the team's third win this month.

▷ Bordeaux a facilement remporté la victoire.
Bordeaux won easily.

1 (militaire) victory /'vɪktərɪ/ (pluriel : victories /'vɪktərɪz/)

2 (sportive) win /wɪn/

► **remporter la victoire :** win /wɪn/ (won, won /wʌn/)

vide

1 ▷ La carafe est vide, je vais la remplir.
The jug is empty, I'm going to fill it.

2 ▷ Il s'est jeté dans le vide.
He jumped.

1 (adjectif, contraire de *plein*) empty /'emptɪ/ (plus vide emptier, le plus vide the emptiest)

2 ► **se jeter dans le vide :** jump /dʒʌmp/

vidéo

▷ On a loué une vidéo.
We hired a video.

► **vidéo** *ou* **cassette vidéo :** video /'vɪdɪəʊ/

vider

1 ▷ Aide-moi à vider la poubelle.
Help me to empty the bin.

2 ▷ Je déteste vider le poisson.
I hate gutting fish.

3 ▷ La baignoire se vide très lentement.
The bath empties very slowly.

1 (= enlever le contenu de) empty /'emptɪ/

Le y de empty devient ie à la troisième personne du singulier du présent de l'indicatif (empties /'emptɪz/), au prétérit et au participe passé (emptied /'emptɪd/).

2 (= enlever les tripes de) gut /gʌt/

Gut prend deux t au gérondif (gutting /'gʌtɪŋ/), au prétérit et au participe passé (gutted /'gʌtɪd/).

3 ► **se vider :** empty /'emptɪ/

vie

▷ Tania a eu une vie difficile.
Tania has had a difficult life.

▷ Heureusement, le chien était encore en vie.
Fortunately, the dog was still alive.

life /laɪf/

► **en vie : alive** /ə'laɪv/

Le i de alive se prononce comme le i de like.

vieil

Regardez le mot **vieux**.

vieillard

▷ J'ai aidé un vieillard à traverser la rue.
I helped an old man to cross the street.

old man /əʊld 'mæn/
(pluriel : old men /əʊld 'men/)

vieille

Regardez le mot **vieux**.

vieillesse

▷ Ma grand-mère est morte de vieillesse.
My grandmother died of old age.

old age /əʊld 'eɪdʒ/

vieillir

1 ▷ Ma mère a peur de vieillir.
My mother is afraid of growing old.

1 (= devenir plus vieux) **grow old** /ˌgrəʊ 'əʊld/ (grew /gruː/, grown /ˌgrəʊn/)

2 ▷ Je trouve qu'il a beaucoup vieilli.
I think he's aged a lot.

2 (= paraître plus vieux) **age** /eɪdʒ/

Notez la prononciation de aged /eɪdʒd/.

3 ▷ Cette robe la vieillit.
This dress makes her look older.

3 ► **vieillir** quelqu'un (= le faire paraître plus vieux) : **make** somebody **look older** /'əʊldəʳ/ (made, made)

vierge

▷ Est-ce que tu aurais une cassette vierge ?
Have you got a blank tape?

(en parlant d'une cassette) **blank** /blæŋk/

vieux, vieil, vieille

▷ Lucas est plus vieux que toi.
Lucas is older than you.

▷ Je porte un vieux jean quand je fais du jardinage.
I wear an old pair of jeans when I do the gardening.

old /əʊld/
(plus vieux older /'əʊldəʳ/, le plus vieux the oldest /'əʊldɪst/)

Attention ! Un vieux = *an old man*, une vieille = *an old woman*, les vieux = *old people*.

vif, vive

1 ▷ Les chambres sont peintes de couleurs vives.
The bedrooms are painted in bright colours.

1 (= brillant) **bright** /braɪt/ (plus vif brighter /'braɪtəʳ/, le plus vif the brightest /'braɪtɪst/)

2 ▷ Hocine est un garçon très vif.
Hocine is a very lively boy.

2 (= dynamique) **lively** /'laɪvlɪ/ (plus vif livelier /'laɪvlɪəʳ/, le plus vif the liveliest /laɪvlɪɪst/)

vigne

▷ La maison est entourée de vignes.
The house is surrounded by vineyards.

(= terrain) **vineyard** /'vɪnjəd/

Le i de vineyard se prononce comme le i de big.

vilain, vilaine

1 ▷ Cet immeuble est vraiment vilain.
That building is really ugly.

1 (= laid) **ugly** /'ʌglɪ/ (plus vilain uglier /'ʌglɪəʳ/, le plus vilain the ugliest /'ʌglɪɪst/)

2 ▷ C'est vilain de mentir.
It's wrong to lie.

2 (= mal) **wrong** /rɒŋ/

3 ▷ Vilain garçon !
Naughty boy!

3 (= méchant) **naughty** /'nɔːtɪ/ (plus vilain naughtier /nɔːtɪəʳ/, le plus vilain the naughtiest /'nɔːtɪɪst/)

villa

▷ Nos amis ont une villa en Provence.
Our friends have a villa in Provence.

(= maison de vacances) **villa** /'vɪlə/

village

▷ Laure habite dans un tout petit village.
Laure lives in a very small village.

village /'vɪlɪdʒ/

Le a de village se prononce comme le i de big. Village rime avec bridge.

ville

▷ La ville la plus proche est à dix kilomètres.
The nearest town is ten kilometres away.

▷ On pourrait aller en ville cet après-midi.
We could go into town this afternoon.

▷ Marseille est une des plus grandes villes de France.
Marseille is one of the biggest French cities.

town /taʊn/

► **aller en ville :** go into town (went, gone/been)

Pour une très grande ville, on peut dire city /'sɪtɪ/ (pluriel : *cities* /'sɪtɪz/).

vin

▷ Les invités ont apporté une bouteille de vin.
The guests brought a bottle of wine.

wine /waɪn/

vinaigre

▷ Il y a trop de vinaigre dans cette vinaigrette.
There's too much vinegar in this vinaigrette.

vinegar /ˈvɪnɪɡəʳ/

vinaigrette

▷ Lise ne met pas de vinaigrette sur sa salade.
Lise doesn't put any vinaigrette on her salad.

vinaigrette /ˌvɪnɪˈɡret/

vingt

▷ Il y a vingt personnes dans l'immeuble.
There are twenty people in the building.
▷ Nadia va avoir vingt ans.
Nadia is going to be twenty years old.
▷ L'anniversaire de Julie est le vingt septembre.
Julie's birthday is on the twentieth of September.

twenty /ˈtwentɪ/

ℹ *Quand on dit la date, on utilise* ***twentieth*** /ˈtwentɪəθ/ *en anglais.*

ℹ *Notez l'emploi de* ***on*** *et* ***of*** *en anglais lorsqu'on dit la date.*

ℹ *On écrit* ***20 September****.*

vingtaine

▷ Il y avait une vingtaine de spectateurs.
There were about twenty spectators.

► **une vingtaine de... :** about twenty... /əˌbaʊt ˈtwentɪ/

violence

▷ Il y a beaucoup de violence à la télé.
There's a lot of violence on TV.

violence /ˈvaɪələns/

🔊 *Le* ***i*** *du mot anglais* ***violence*** *se prononce comme le* ***i*** *de* ***like****.*

violent, violente

▷ J'ai trouvé ce film beaucoup trop violent.
I found the film much too violent.

violent /ˈvaɪələnt/
(plus violent more violent**,**
le plus violent the most violent**)**

🔊 *Le* ***i*** *du mot anglais* ***violent*** *se prononce comme le* ***i*** *de* ***like****.*

violer

▷ Il est accusé d'avoir violé plusieurs femmes.
He's accused of having raped several women.
▷ Elle s'est fait violer dans un parc.
She was raped in a park.

(= abuser sexuellement de) **rape** /reɪp/

► **se faire violer :** be raped /reɪpt/

violet, violette

▷ Je porte rarement ce pull violet.
I hardly ever wear this purple pullover.
▷ Le violet est ma couleur préférée.
Purple is my favourite colour.

(= couleur) **purple** /ˈpɜːpl/

► **le violet :** purple

ℹ *Notez qu'il n'y a pas d'article en anglais.*

ℹ La violette (= la fleur) *se dit* ***violet*** /ˈvaɪəlɪt/ *en anglais.*

violon

▷ Les musiciens sont arrivés avec leurs violons.
The musicians arrived with their violins.

violin /ˌvaɪəˈlɪn/

Attention à l'orthographe du mot anglais.

*Le premier **i** du mot **violin** se prononce comme le **i** de **like**, et l'accent tonique est sur la dernière syllabe **-lin**.*

▷ Angèle joue très bien du violon.
Angèle plays the violin very well.

► **jouer du violon : play** /pleɪ/ **the violin**

violoncelle

▷ Le son du violoncelle est magnifique.
The sound of the cello is beautiful.

cello /ˈtʃeləʊ/

*Le **c** de **cello** se prononce comme le **ch** de **church**.*

▷ J'aimerais savoir jouer du violoncelle.
I'd like to be able to play the cello.

► **jouer du violoncelle : play** /pleɪ/ **the cello**

violoniste

▷ Les violonistes ont salué le public.
The violonists bowed to the audience.

violinist /ˌvaɪəˈlɪnɪst/

*Le premier **i** est celui de **like**.*

Attention à l'orthographe du mot anglais.

vipère

▷ Les vipères sont des serpents venimeux.
Adders are poisonous snakes.

adder /ˈædəʳ/

virage

▷ Ce virage est très dangereux.
This bend is very dangerous.

(sur une route) **bend** /bend/

virer

▷ Je voudrais virer 200 euros sur mon compte courant.
I'd like to transfer 200 euros to my current account.

(de l'argent) **transfer** /trænsˈfɜːʳ/

virgule

▷ Tu as oublié une virgule, là.
You've forgotten a comma there.

comma /ˈkɒmə/

virus

▷ Maxime a attrapé un virus.
Maxime caught a virus.

virus /ˈvaɪərəs/
(pluriel : **viruses** /ˈvaɪərəsɪz/)

*Le **i** du mot anglais **virus** se prononce comme le **i** de **like**.*

visa

▷ Il faut un visa pour aller en Chine.
You need a visa to go to China.

(sur un passeport) **visa** /ˈviːzə/

Le ***i*** *du mot anglais* ***visa*** *se prononce comme le* ***ee*** *de* ***week****.*

visage

▷ J'ai des boutons sur le visage.
I've got spots on my face.

face /feɪs/
(pluriel : faces /ˈfeɪsɪz/)

Le ***a*** *est celui de* ***make****.*

viser

▷ Prends ton temps pour viser.
Take your time to aim.
▷ Benoît m'a visé mais, heureusement, il m'a raté.
Benoît aimed at me but, fortunately, he missed me.

aim /eɪm/

► **viser** quelqu'un *ou* quelque chose : **aim at** somebody *ou* something

vision

▷ Le médecin a vérifié ma vision.
The doctor checked my sight.

(= vue) **sight** /saɪt/

Sight *rime avec* ***white****.*

visite

1 ▷ Nous rendons souvent visite à mes grands-parents.
We often visit my grandparents.

1 ► **rendre visite à** quelqu'un : **visit** /ˈvɪzɪt/ somebody

2 ▷ Nous avons fait une visite guidée du château.
We went on a guided tour of the castle.

2 ► **visite guidée** : **guided tour** /ˌgaɪdɪd ˈtʊəʳ/

Notez la traduction de faire une visite guidée *:* ***go on*** *a guided tour* (**went, gone**).

3 ▷ Nous passons une visite médicale chaque année au travail.
We have a medical every year at work.

3 ► **visite médicale** : **medical** /ˈmedɪkəl/

Notez la traduction de passer une visite médicale *:* ***have*** *a medical* (**had, had**).

visiter

▷ J'ai visité le musée Picasso samedi.
I visited the Picasso museum on Saturday.

visit /ˈvɪzɪt/

vitamine

▷ Les oranges sont pleines de vitamines.
Oranges are full of vitamins.

vitamin /ˈvɪtəmɪn/

vite

▷ Ne marche pas si vite !
Don't walk so fast!
▷ Il conduit trop vite.
He drives too fast.
▷ On va manger vite pour pouvoir partir tôt.
We're going to eat quickly so that we can leave early.
▷ Ça s'est passé trop vite.
It happened too quickly.

ℹ *Quand* vite *signifie* rapidement, *il se traduit généralement par* **fast** /fɑːst/ *s'il s'agit d'un verbe de mouvement* (walk, drive, swim, *etc.*). *Avec tous les autres verbes, on peut dire* ***fast***, *mais* ***quickly*** /ˈkwɪklɪ/ *est souvent plus courant.*
(**plus vite** faster/more quickly, **le plus vite** the fastest/the most quickly)

vitesse

1 ▷ Quelle est la vitesse maximum en ville ?
What is the maximum speed in town?

1 (= rapidité) **speed** /spiːd/

2 ▷ Le vélo de Jean-Marc a dix vitesses.
Jean-Marc's bike has ten gears.

2 (= mécanisme d'une voiture ou d'un vélo) **gear** /gɪəʳ/

Le g de ***gear*** *se prononce comme celui de* ***game*** *et* ***gas***.

▷ Change de vitesse, la côte est très raide.
Change gear, the slope is very steep.

► **changer de vitesse :** change gear

3 ▷ Isa a fait ses bagages en vitesse.
Isa packed quickly.
▷ Je me suis changé à toute vitesse avant d'aller au cinéma.
I got changed very quickly before going to the cinema.

3 ► **en vitesse :** quickly /ˈkwɪklɪ/

► **à toute vitesse :** very quickly

vitrail

▷ Il y a un beau vitrail dans l'église.
There's a beautiful stained glass window in the church.

stained glass window /steɪnd glɑːs ˈwɪndəʊ/
(pluriel : stained glass windows)

vitre

1 ▷ On a dû changer la vitre cassée.
We had to change the broken window pane.
▷ Je ne pense pas souvent à faire les vitres.
I don't often think of cleaning the windows.

1 (= verre d'une fenêtre) **window pane** /ˈwɪndəʊ ˌpeɪn/
(pluriel : window panes)
► **faire les vitres :** clean the windows /ˌkliːn ðə ˈwɪndəʊz/

2 ▷ Ouvre la vitre, il fait chaud.
Open the window, it's hot.

2 (= fenêtre d'une voiture, d'un train) **window** /ˈwɪndəʊ/

vitrine

▷ Il y a des œufs en chocolat dans la vitrine de la pâtisserie.
There are chocolate eggs in the cake shop window.

(d'une boutique) **window** /ˈwɪndəʊ/

▷ J'ai fait les vitrines avec Clémentine.
I went window-shopping with Clémentine.

► **faire les vitrines :** go window-shopping /ˈwɪndəʊ ʃɒpɪŋ/ (went, gone)

vivant, vivante

1 ▷ Il est blessé, mais encore vivant.
He's injured but still alive.

1 (= en vie) alive /əˈlaɪv/

Le ***i*** *du mot* ***alive*** *se prononce comme le* ***i*** *de* ***like****.*

2 ▷ Ce quartier est très vivant.
This area is very lively.

2 (= animé) lively /ˈlaivli/ (**plus vivant** livelier /ˈlaivliəʳ/, **le plus vivant** the liveliest /ˈleivliist/)

vivement...

▷ Vivement les vacances !
I can't wait for the holidays!

(pour exprimer son impatience) I can't wait /kɑːnt ˈweɪt/ for...

vivre

1 ▷ Notre chien a vécu longtemps.
Our dog lived for a long time.
▷ Où est-ce que tu vis ?
Where do you live?

1 (= être en vie, habiter) live /lɪv/

Ne pas confondre avec ***leave*** /liːv/ (= quitter, partir), *où le* ***i*** *est long. Le verbe* ***live*** *rime avec* ***give****.*

2 ▷ Nathalie a vécu une période difficile.
Nathalie lived through a difficult time.

2 (= faire l'expérience de) live through /ˈlɪv θruː/

vocabulaire

▷ Je dois réviser mon vocabulaire anglais.
I have to revise my English vocabulary.

vocabulary /vəʊˈkæbjʊlərɪ/

L'accent tonique est sur la deuxième syllabe ***-ca-****.*

vœu

1 ▷ Ferme les yeux et fais un vœu.
Close your eyes and make a wish.

1 ► **faire un vœu :** make a wish /meɪk ə ˈwɪʃ/ (made, made /meɪd/)

2 ▷ J'ai envoyé mes vœux à tous mes amis.
I sent New Year's greetings to all my friends.

2 ► **vœux** (pour le nouvel an) : New Year's greetings /ˌnjuː jɪəz ˈgriːtɪŋz/

voici

1 ▷ Voici la clé que tu cherchais.
Here is the key you were looking for.
▷ Voici les garçons, juste à l'heure.
Here are the boys, just on time.

1 *Pour* **désigner** *quelque chose ou quelqu'un de proche, on emploie en anglais* here is /ˈhɪərɪz/ *si le nom est singulier, et* here are /ˈhɪərɑːʳ/ *s'il est pluriel.*

2 ▷ Voici ta chambre.
This is your bedroom.
▷ Voici mes cousins, Paul et Karine.
These are my cousins, Paul and Karine.

2 *Pour* **présenter** *quelque chose ou quelqu'un, on emploie en anglais* this is /ˈðɪsɪz/ *si le nom est singulier, et* these are /ˈðiːzɑːʳ/ *s'il est pluriel.*

voie

1 ▷ Reste sur la voie de gauche.
Stay in the left-hand lane.

2 ▷ C'est dangereux de traverser les voies.
It's dangerous to cross the tracks.
▷ La voie ferrée est juste derrière chez eux.
The railway line is just behind their house.

3 ▷ N'y va pas, c'est une voie sans issue.
Don't go there, it's a dead end.

1 (= couloir d'une route) lane /leɪn/

2 (= rails) track /træk/
► **voie ferrée :** railway line /'reɪlweɪ ˌlaɪn/ (pluriel : railway lines)

3 ► **voie sans issue :** dead end /ded 'end/ (pluriel : dead ends)

voilà

1 ▷ Voilà ton livre, sur le bureau.
There's your book, on the desk.
▷ Voilà Marc et Valérie. – Où ça ?
There are Marc and Valérie. – Where?

1 *Pour* **désigner** *quelque chose ou quelqu'un d'un peu* **éloigné**, *on emploie en anglais* there is /ðɛər'ɪz/ *si le nom est singulier, et* there are /ðɛər'ɑːʳ/ *s'il est pluriel.* ***There is*** *est souvent contracté en* ***there's*** /'ðɛəz/.

2 ▷ Voilà ta clé, mets-la dans ta poche.
Here's your key, put it in your pocket.
▷ Voilà mes lunettes, tu veux les essayer ?
Here are my glasses, do you want to try them on?

2 *Pour* **désigner** *quelque chose ou quelqu'un de* **proche**, *on emploie en anglais* here is /'hɪərɪz/ *si le nom est singulier, et* here are /'hɪərɑːʳ/ *s'il est pluriel.* ***Here is*** *est souvent contracté en* ***here's*** /'hɪəz/.

3 ▷ Voilà votre chambre, au bout du couloir.
This is your bedroom, at the end of the corridor.
▷ Voilà mes frères, je crois que tu ne les connais pas.
These are my brothers, I don't think you know them.

3 *Pour* **présenter** *quelque chose ou quelqu'un, on emploie en anglais* this is /'ðɪsɪz/ *si le nom est singulier, et* these are /'ðiːzɑːʳ/ *s'il est pluriel.*

4 ▷ Et voilà ! C'est fini !
There! It's finished!

4 ► **et voilà !** (pour conclure) **:** there! /'ðɛəʳ/

voile

1 ▷ La mariée portait un voile.
The bride wore a veil.

2 ▷ L'une des voiles s'est déchirée.
One of the sails got torn.

3 ▷ Mon père adore la voile.
My father loves sailing.
▷ Ils font de la voile tous les week-ends.
They go sailing every weekend.

1 ► **un voile** (= tissu léger) **:** a veil /veɪl/

2 ► **une voile** (de bateau) **:** a sail /seɪl/

3 ► **la voile** (= la navigation) **:** sailing /'seɪlɪŋ/
► **faire de la voile :** go sailing (went, gone/been)

voilier

▷ Les Jeanneret sont allés en Corse sur leur voilier.
The Jeannerets went to Corsica on their sailing boat.

sailing boat /'seɪlɪŋ bəʊt/ (pluriel : sailing boats)

voir

1 ▷ J'ai vu la prof d'anglais en ville.
I saw the English teacher in town.
▷ Élise voit souvent Nicolas.
Élise often sees Nicolas.

1 (= apercevoir, fréquenter) **see** /siː/ (saw /sɔː/, seen /siːn/)

Saw rime avec or et more.

2 ▷ Je vais voir mes grands-parents tous les dimanches.
I go to see my grandparents every Sunday.
▷ Raoul est venu me voir hier.
Raoul came to see me yesterday.

2 ► **aller voir :** go to see (went, gone)

► **venir voir :** come to see (came, come)

3 ▷ Fais-moi voir ta nouvelle casquette.
Show me your new cap.

3 ► **faire voir** quelque chose **à** quelqu'un **:** show /ʃəʊ/ somebody something (showed /ʃəʊd/, shown /ʃəʊn/)

4 ▷ Ils se voient pendant les vacances.
They see each other during the holidays.

4 ► **se voir** (= se fréquenter) **:** see each other /iːtʃ 'ʌðəʳ/

voisin, voisine

▷ Nous avons des voisins très sympathiques.
We have very nice neighbours.

(= personne) **neighbour** /'neɪbəʳ/

Le our se prononce comme le e du mot français de.

En anglais américain ce mot s'écrit neighbor.

voiture

1 ▷ La voiture est dans le garage.
The car is in the garage.
▷ Vous êtes venus en voiture ?
Did you come by car?
▷ Éric rêve d'avoir une voiture de sport.
Éric dreams of having a sports car.

1 (= automobile) **car** /kɑːʳ/

► **en voiture :** by car

► **voiture de sport :** sports car /'spɔːts kɑːʳ/ (pluriel : sports cars)

2 ▷ Nos places sont dans la voiture quarante-deux.
Our seats are in carriage number forty-two.

2 (= wagon d'un train) **carriage** /'kærɪdʒ/

Carriage rime avec bridge.

voix

1 ▷ Samuel a une belle voix grave.
Samuel has a beautiful deep voice.
▷ Pourquoi vous parlez à voix basse ?
Why are you talking in a low voice?
▷ Il n'ose pas le dire à voix haute.
He daren't say it aloud.

1 (quand on parle) **voice** /vɔɪs/

► **à voix basse :** in a low voice /ɪn ə ləʊ 'vɔɪs/

► **à voix haute :** aloud /ə'laʊd/

2 ▷ Émilie a eu vingt voix et Jacques dix.
Émilie got twenty votes and Jacques ten.

2 (dans une élection) **vote** /vəʊt/

vol

1 ▷ Le vol pour Londres est annulé.
The flight to London is cancelled.

2 ▷ Il y a souvent des vols dans ce quartier.
There are often thefts in this area.

1 (= trajet en avion) **flight** /flaɪt/

2 (= acte criminel) **theft** /θeft/

volaille

▷ Le fermier élève de la volaille.
The farmer breeds chickens.

▷ Elle plumait une volaille dans la cour.
She was plucking a chicken in the courtyard.

► **la volaille** (= des poulets) : chickens /'tʃɪkɪnz/

► **une volaille** (= un poulet) : a chicken /'tʃɪkɪn/

volant

1 ▷ C'est un système qui bloque le volant.
It's a system that blocks the steering wheel.

2 ▷ Zut, j'ai envoyé le volant dans le jardin des voisins !
Damn, I've sent the shuttlecock into the neighbours' garden!

1 (de voiture) **steering wheel** /'stɪərɪŋ wiːl/

2 (de badminton) **shuttlecock** /'ʃʌtlkɒk/

volcan

▷ Ce volcan est toujours actif.
This volcano is still active.

volcano /vɒl'keɪnəʊ/

*Le a de **volcano** se prononce comme le a de **make**.*

voler

1 ▷ J'aime regarder les oiseaux voler.
I like to watch birds fly.

2 ▷ Apparemment, il a déjà volé deux voitures.
Apparently, he's already stolen two cars.

▷ Quelqu'un m'a volé mon sac à dos !
Somebody has stolen my backpack!

1 (= se déplacer dans l'air) **fly** /flaɪ/ (flew /fluː/, flown /fləʊn/)

2 (= dérober) **steal** /stiːl/ (stole /stəʊl/, stolen /'stəʊlən/)

► **voler** quelque chose **à** quelqu'un : steal + possessif + nom

volet

▷ Est-ce que tu as fermé les volets ?
Have you closed the shutters?

shutter /'ʃʌtəʳ/

voleur, voleuse

▷ Le voleur s'est échappé par la fenêtre.
The thief escaped through the window.

thief /θiːf/ (pluriel : thieves /θiːvz/)

volley

▷ Le volley est mon sport préféré.
Volleyball is my favourite sport.
▷ On a joué au volley tout l'après-midi.
We played volleyball all afternoon.

volleyball /ˈvɒlɪbɔːl/

► **jouer au volley : play** /pleɪ/ **volleyball**

volontairement

▷ Je l'ai fait volontairement.
I did it on purpose.

(= exprès) **on purpose** /ɒn ˈpɜːpəs/

volonté

▷ Avec un peu de volonté, tu devrais arriver à maigrir.
With a bit of willpower, you should manage to lose weight.

(= force de caractère) **willpower** /ˈwɪlpaʊəʳ/

volontiers

▷ Est-ce que tu veux rester pour dîner ?
– Volontiers.
Do you want to stay for dinner? – Yes, please.

(pour accepter une offre) **yes, please** /jes ˈpliːz/

volume

▷ Comment calculer le volume d'un cylindre ?
How do you calculate the volume of a cylinder?
▷ C'est un dictionnaire en deux volumes.
It's a dictionary in two volumes.
▷ Monte un peu le volume, je n'entends pas.
Turn the volume up a bit, I can't hear.

volume /ˈvɒljuːm/

*Attention à la prononciation du mot anglais **volume** : dites **vol** + **yoom**.*

vomir

▷ Je ne me sens pas bien, je crois que je vais vomir.
I'm not feeling well, I think I'm going to be sick.
▷ Mon frère a vomi dans l'avion.
My brother was sick on the plane.

be sick /ˈsɪk/

vos

▷ Vos arguments sont ridicules.
Your arguments are ridiculous.

your /juəʳ/

voter

▷ En France on peut voter à partir de dix-huit ans.
In France you can vote from the age of eighteen.

vote /vəʊt/

__Vote__ rime avec __coat__.

votre

▷ Je crois que c'est votre stylo.
I think this is your pen.

your /juəʳ/

le vôtre, la vôtre, les vôtres

▷ Notre maison est grande, mais la vôtre est plus jolie.
Our house is big, but yours is nicer.
▷ Est-ce que ces places sont les vôtres ?
Are these seats yours?
▷ À la vôtre !
Cheers!

yours /juəz/

► à la vôtre ! (quand on trinque) : cheers! /tʃɪəz/

vouloir

1 ▷ Tu veux un fruit ?
Do you want a piece of fruit?

1 (= désirer) want /wɒnt/

Le a de want se prononce comme le o de dog.

▷ Quentin veut être pilote d'avion.
Quentin wants to be a pilot.
▷ Christine veut que je vienne plus tôt.
Christine wants me to come earlier.

► **vouloir** + infinitif : want to + base verbale
► **vouloir que** quelqu'un + subjonctif : want somebody to + base verbale

2 ▷ Je voudrais un café, s'il vous plaît.
I would like a coffee, please.
▷ Je voudrais vous voir.
I'd like to see you.

2 (au conditionnel, pour demander quelque chose) would like /wʊd 'laɪk/

Would like est souvent contracté en 'd like.

3 ▷ Je veux bien aller avec toi, mais je dois rentrer tôt.
I don't mind going with you, but I must get home early.

3 ► **je veux bien** + infinitif (= ça ne me dérange pas) : I don't mind /aɪ dəʊnt 'maɪnd/ + -ing

4 ▷ J'espère que tu ne m'en veux pas.
I hope that you're not angry with me.
▷ Sabine m'en veut de ne pas l'avoir invitée.
Sabine is angry with me for not inviting her.

4 ► **en vouloir à** quelqu'un : be angry /'æŋgrɪ/ with somebody
► **en vouloir à** quelqu'un **de** + infinitif passé : be angry with somebody for + -ing

5 ▷ Que veut dire ce mot ?
What does this word mean?
▷ Je ne savais pas ce que ça voulait dire.
I didn't know what it meant.

5 ► **vouloir dire** (= signifier) : mean /miːn/ (meant, meant /ment/)

N'oubliez pas l'auxiliaire do dans les questions : on ne dit pas 'what means...'.

6 ▷ Je l'ai fait sans le vouloir.
I did it unintentionally.

6 ► **sans le vouloir** : unintentionally /ˌʌnɪn'tenʃnəlɪ/

vous

1 ▷ Est-ce que vous pourriez m'aider ?
Could you help me?
▷ Est-ce qu'ils vous ont donné des cadeaux ?
Did they give you presents?

1 (sujet ou complément) you /juː/

En fonction du verbe employé, le complément vous est traduit soit par you, soit par to you.

▷ Je vais vous le montrer.
I'm going to show it to you.

2 ▷ Vous vous êtes fait mal, monsieur ?
Did you hurt yourself?
▷ Servez-vous, les enfants.
Help yourselves, children.

2 *Le pronom réfléchi « vous » est parfois traduit par* **yourself** /jʊə'self/ *(s'il s'agit d'une seule personne) ou* **yourselves** /jʊə'selvz/ *(s'il s'agit de plusieurs personnes). C'est notamment le cas quand l'action est vraiment effectuée sur soi.*

ℹ *Quand le verbe n'est pas vraiment réfléchi, c'est-à-dire s'il n'y a pas d'action effectuée sur soi, le pronom réfléchi n'est souvent pas traduit.*

▷ Vous vous êtes trompé.
You made a mistake.
▷ À quelle heure vous levez-vous ?
What time do you get up?

3 ▷ Est-ce que vous vous connaissez ?
Do you know each other?

3 (= réciproque) **each other** /iːtʃ 'ʌðəʳ/

vous-même

▷ Faites-le vous-même, je n'ai pas le temps.
Do it yourself, I haven't got time.

yourself /jʊə'self/

vous-mêmes

▷ Est-ce que vous avez peint la maison vous-mêmes ?
Did you paint the house yourselves?

yourselves /jʊə'selvz/

vouvoyer

▷ Je ne sais pas si je dois le vouvoyer.
I don't know whether I should call him "vous".

► **vouvoyer** quelqu'un : call /kɔːl/ somebody **"vous"**

voyage

1 ▷ Le voyage en Espagne s'est bien passé.
The trip to Spain went well.
▷ Camille et Bob ont fait un voyage en Irlande.
Camille and Bob went on a trip to Ireland.
▷ Nos voisins partent en voyage ce soir.
Our neighbours are going on a trip tonight.
▷ Nous sommes partis en voyage de noces à Naples.
We went to Naples for our honeymoon.
▷ Je n'aime pas les voyages organisés.
I don't like package tours.
▷ J'ai été pour la première fois en Écosse en voyage scolaire.
The first time I went to Scotland was on a school trip.

1 (= séjour) **trip** /trɪp/

► **faire un voyage :** go on a trip (went, gone/been)

► **partir en voyage :** go on a trip (went, gone/been)

► **voyage de noces :** honeymoon /'hʌnɪmuːn/

► **voyage organisé :** package tour /'pækɪdʒ ˌtʊəʳ/ (pluriel : package tours)

► **voyage scolaire :** school trip /'skuːl ˌtrɪp/ (pluriel : school trips)

Suite page suivante

2 ▷ J'ai trouvé le voyage très long.
I found the journey very long.

2 (= trajet) journey /'dʒɜːnɪ/

voyager

▷ Karim a beaucoup voyagé.
Karim has travelled a lot.
▷ J'adore voyager.
I love travelling.

travel /'trævl/
Travel prend deux l au gérondif (travelling /'trævlɪŋ/), au prétérit et au participe passé (travelled /'trævld/).

voyou

▷ Il y a une bande de voyous qui traîne sur la place.
There's a gang of louts hanging around in the square.

lout /laʊt/
Lout rime avec about.

vrai, vraie

1 ▷ Ce n'est pas vrai, tu mens !
It isn't true, you're lying!
▷ C'est pas vrai, j'ai encore oublié mes clés !
I don't believe it, I've forgotten my keys again!

1 (= exact, réel) true /truː/
► **c'est pas vrai !** (quand on est agacé) : I don't believe it! /aɪ ˌdəʊnt bɪ'liːv ɪt/

2 ▷ Est-ce que ce sont de vraies perles ?
Are these real pearls?

2 (= authentique) real /rɪəl/

vraiment

▷ Anne est vraiment sympa.
Anne is really nice.
▷ Est-ce qu'il t'a vraiment dit ça ?
Did he really say that to you?

really /'rɪəlɪ/

VTT

▷ Aurélien a un VTT tout neuf.
Aurélien has a brand new mountain bike.
▷ Je fais du VTT le dimanche.
I go mountain biking on Sundays.

mountain bike /'maʊntɪn ˌbaɪk/
► **faire du VTT :** go mountain biking /'maʊntɪn ˌbaɪkɪŋ/ (went, gone/been)

vue

1 ▷ Érika a des problèmes de vue.
Érika has problems with her sight.

1 (= vision) sight /saɪt/

2 ▷ Ils ont une vue magnifique depuis leur maison.
They have a beautiful view from their house.

2 (= panorama) view /vjuː/
View rime avec you et new.

vulgaire

▻ Ne sois pas si vulgaire !
Don't be so vulgar!

vulgar /ˈvʌlgəʳ/
(**plus vulgaire** more vulgar,
le plus vulgaire the most vulgar)

W

FRANÇAIS — ANGLAIS

La lettre W se prononce /'dʌbljʊ/ en anglais, comme s'il s'écrivait *'double you'*.

wagon

▷ Nos places sont dans le dernier wagon.
Our seats are in the last carriage.

(pour les passagers) **carriage** /'kærɪdʒ/

Carriage rime avec *bridge*.

walkman®

▷ Mon walkman ne marche plus.
My Walkman doesn't work any more.

Walkman /'wɔːkmən/

W.-C.

▷ Où sont les W.-C., s'il vous plaît ?
Where is the toilet, please?

toilet /'tɔɪlət/

ℹ *Toilet est le plus souvent employé au singulier, comme dans l'exemple à gauche.*

week-end

▷ Qu'est-ce que tu as fait le week-end dernier ?
What did you do last weekend?

▷ Bon week-end !
Have a nice weekend!

weekend /'wiːkend/

ℹ *Notez l'absence de trait d'union en anglais.*

western

▷ Mon père regarde tous les westerns à la télévision.
My father watches all the westerns on TV.

western /'westən/

whisky

▷ Lambert nous a rapporté du whisky d'Écosse.
Lambert brought us some whisky back from Scotland.

whisky /'wɪskɪ/

X

FRANÇAIS — ANGLAIS

La lettre X se prononce /eks/ en anglais
X rime avec sex et necks.

X

▷ Son nom commence par un X.
His name begins with an X.

X /eks/

xénophobe

1 ▷ Ces gens ont des idées xénophobes.
These people have xenophobic ideas.

2 ▷ Ce sont des xénophobes.
They are xenophobes.

1 (adjectif) xenophobic /ˌzenəˈfəʊbik/

2 ► **un xénophobe, une xénophobe** : a xenophobe

Y

FRANÇAIS — ANGLAIS

La lettre Y se prononce /wai/ en anglais.
Y rime avec spy, fly et cry.

y

1 ▷ J'ai beaucoup aimé l'Irlande et j'aimerais y retourner.
I liked Ireland very much and I'd like to go back there.

2 ▷ N'y pense pas.
Don't think about it.
▷ On lui a dit que les fantômes n'existaient pas, mais il y croit quand même.
We told him that ghosts didn't exist, but he believes in them anyway.

1 (= là-bas) **there** /ðɛəʳ/

2 *Quand* y *remplace un nom, sa traduction en anglais dépend du verbe :*
penser à = ***think about***
y penser = ***think about it*** *(au singulier) ou* ***think about them*** *(au pluriel).*
De même :
croire à = ***believe in***
y croire = ***believe in it*** *(au singulier) ou* ***believe in them*** *(au pluriel).*

yaourt

▷ Tu veux un yaourt à la fraise ou à l'abricot ?
Do you want a strawberry or an apricot yogurt?

yogurt /ˈjɒgət/
ℹ *On peut aussi écrire* ***yoghurt****.*

yeux

Regardez le mot **œil**.

yoga

▷ Le yoga est très à la mode.
Yoga is very popular.
▷ De plus en plus de gens font du yoga.
More and more people do yoga.

yoga /ˈjəʊgə/

► **faire du yoga :** do yoga

yo-yo®

▷ Rebecca a un yo-yo® fluo.
Rebecca has a fluorescent yo-yo.

▷ Tu sais faire du yo-yo® ?
Do you know how to play with a yo-yo?

yo-yo /'jəʊjəʊ/

► **faire du yo-yo :** play with a yo-yo

Z

FRANÇAIS — ANGLAIS

La lettre **Z** se prononce **/zed/** en anglais britannique, comme en français. En anglais américain, elle se prononce **/ziː/**, qui rime avec ***tea***.

zapper

▷ Arrête de zapper, c'est très énervant !
Stop channel-hopping, it's very irritating!

channel-hop /'tʃænlhɒp/

*Il y a deux **p** au gérondif (**channel-hopping**), au prétérit et au participe passé (**channel-hopped**).*

zèbre

▷ Les lions ont attaqué le zèbre.
The lions attacked the zebra.

zebra /'zebrə/

*L'accent tonique est sur la première syllabe **ze-**.*

zéro

1 ▷ Tu as oublié un zéro à la fin.
You've forgotten a zero at the end.

2 ▷ Manchester a gagné deux à zéro.
Manchester won two nil.

3 ▷ Sanchez mène trente à zéro dans le deuxième jeu.
Sanchez is leading thirty love in the second game.

4 ▷ Mon numéro est le 01 27 45 43 22.
My number is 0127454322.

1 (dans les nombres, les températures)
zero /'zɪərəʊ/

2 (dans les scores de foot ou de rugby)
nil /nɪl/

3 (dans les scores de tennis)
love /lʌv/

4 *Quand on dit un numéro de téléphone en anglais, le zéro se dit comme la lettre **O** /əʊ/.*

zodiaque

▷ Tu es de quel signe du zodiaque ?
What sign of the zodiac are you?

► **signe du zodiaque :** sign of the zodiac /ˌsaɪn əv ðə ˈzəʊdɪæk/ (pluriel : signs of the zodiac)

zone

1 ▷ Le Royaume-Uni n'est pas dans la zone euro.
The United Kingdom isn't in the euro zone.

2 ▷ Vous préférez la zone fumeurs ou non-fumeurs ?
Do you prefer the smoking or non-smoking area?

3 ▷ Ils habitent à côté de la zone industrielle.
They live next to the industrial estate.

1 (= espace déterminé) zone /ˈzəʊn/

2 ► **zone fumeurs/non-fumeurs :** smoking/non-smoking area /ˈɛəriə/

3 ► **zone industrielle :** industrial estate /ɪnˈdʌstrɪəl ɪsˈteɪt/ (pluriel : industrial estates)

zoo

▷ Il y a un célèbre zoo tout près.
There is a well-known zoo nearby.

zoo /zuː/

Zoo rime avec too.

zut

▷ Zut, j'ai oublié mon portefeuille !
Damn, I've forgotten my wallet!

damn /dæm/

CONJUGAISON ACTIVE

LA CONJUGAISON ACTIVE

VERBES IRRÉGULIERS ANGLAIS

VERBES	PRÉTÉRIT	PARTICIPE PASSÉ
be	**was, were**	**been**
	It was summer. C'était l'été. We were in the garden. Nous étions dans le jardin.	He has been here since May. Il est là depuis mai. Have you been to India? Es-tu allé en Inde?
beat	**beat**	**beaten**
	She beat the drum. Elle a battu le tambour.	He has beaten the world record. Il a battu le record mondial.
become	**became**	**become**
	He became famous. Il est devenu célèbre.	She has become a doctor. Elle est devenue médecin.
begin	**began**	**begun**
	They began singing. Ils se sont mis à chanter.	Has the film begun? Est-ce que le film a commencé ?
bend	**bent**	**bent**
	He bent the wire. Il a plié le fil.	I have bent the pipe. J'ai tordu le tuyau.

	PRÉTÉRIT	PARTICIPE PASSÉ
bet	**bet**	**bet**
	She bet on the winning horse. Elle a misé sur le cheval gagnant.	Which horse have you bet on ? Sur quel cheval as-tu parié ?
bite	**bit**	**bitten**
	The dog bit him. Le chien l'a mordu.	I've been bitten by mosquitoes. Les moustiques m'ont piqué.
bleed	**bled**	**bled**
	The cut bled. La coupure a saigné.	The wound hasn't bled. La blessure n'a pas saigné.
blow	**blew**	**blown**
	He blew on his soup to cool it down. Il a soufflé sur son potage pour le refroidir.	The tree has blown down. L'arbre a été abattu par le vent.
break	**broke**	**broken**
	She broke the glass. Elle a cassé le verre.	I've broken my ankle. Je me suis cassé la cheville.
bring	**brought**	**brought**
	I brought my map with me. J'ai apporté ma carte.	Have you brought a friend? As-tu amené un ami ?
build	**built**	**built**
	I built a sandcastle. J'ai fait un château de sable.	They have built a new car park. Ils ont construit un nouveau parking.

	PRÉTÉRIT	PARTICIPE PASSÉ
burn		
	burned ou **burnt**	**burned** ou **burnt**
	He burnt the cakes. Il a brûlé les gâteaux.	I've burnt myself. Je me suis brûlé.
burst		
	burst	**burst**
	The balloon burst. Le ballon a éclaté.	The tyre has burst. Le pneu a crevé.
buy		
	bought	**bought**
	She bought me a watch. Elle m'a acheté une montre.	I have bought a new computer. J'ai acheté un nouvel ordinateur.
catch		
	caught	**caught**
	I caught the bus. J'ai attrapé le bus.	Fred has caught two big fish. Fred a attrapé deux gros poissons.
choose		
	chose	**chosen**
	He chose the red shirt. Il a choisi la chemise rouge.	I've chosen a present for my father. J'ai choisi un cadeau pour mon père.
come		
	came	**come**
	The family came from Ireland. La famille venait d'Irlande.	You've come at a bad time. Tu es venu au mauvais moment.
cost		
	cost	**cost**
	The scanner cost £50. Le scanner a coûté 50 livres.	The theme park has cost a lot of money. Le parc à thème a coûté cher.

	PRÉTÉRIT	PARTICIPE PASSÉ
creep	**crept**	**crept**
	The cat crept in. Le chat est entré tout doucement.	She had crept out of the room. Elle était sortie tout doucement de la pièce.
cut	**cut**	**cut**
	He cut the cake into four pieces. Il a coupé le gâteau en quatre parts.	I've cut my finger. Je me suis coupé le doigt.
deal	**dealt**	**dealt**
	She dealt with the bookings. Elle s'est occupée des réservations.	You haven't dealt with the real problem. Tu n'as pas traité le vrai problème.
dig	**dug**	**dug**
	I dug a big hole. J'ai creusé un grand trou.	The dog has dug a hole in the garden. Le chien a fait un trou dans le jardin.
do	**did**	**done**
	I did the ironing last night. J'ai fait le repassage hier soir.	What have you done? Qu'est-ce que tu as fait ?
draw	**drew**	**drawn**
	She drew a picture of a horse. Elle a dessiné un cheval.	Show me what you've drawn. Montre-moi ce que tu as dessiné.
dream	**dreamed** ou **dreamt**	**dreamed** ou **dreamt**
	He dreamt about aliens. Il a rêvé d'extraterrestres.	I have never dreamt about school. Je n'ai jamais rêvé de l'école.

	PRÉTÉRIT	PARTICIPE PASSÉ
drink		
	drank	**drunk**
	She drank a glass of milk. Elle a bu un verre de lait.	Have you ever drunk saki? As-tu déjà bu du saké ?
drive		
	drove	**driven**
	His aunt drove him home. Sa tante l'a ramené en voiture.	Have you ever driven a car? As-tu déjà conduit une voiture ?
eat		
	ate	**eaten**
	We ate our sandwiches in the park. Nous avons mangé nos sandwichs dans le parc.	Harry has eaten all the cake. Harry a mangé tout le gâteau.
fall		
	fell	**fallen**
	The boy fell off his bike. Le garçon est tombé de son vélo.	The photo has fallen off the shelf. La photo est tombée de l'étagère.
feed		
	fed	**fed**
	He fed the baby. Il a donné à manger au bébé.	I've fed the dog. J'ai donné à manger au chien.
feel		
	felt	**felt**
	She felt tired. Elle se sentait fatiguée.	I have never felt better. Je ne me suis jamais senti aussi bien.
fight		
	fought	**fought**
	They fought for hours. Ils se sont battus pendant des heures.	He has fought in two wars. Il a fait deux guerres.

	PRÉTÉRIT	PARTICIPE PASSÉ
find		
	found	**found**
	The police found the thief. La police a trouvé le voleur.	I've found the address. J'ai trouvé l'adresse.
fly		
	flew	**flown**
	The eagle flew away. L'aigle s'est envolé.	I've never flown on Concorde. Je n'ai jamais voyagé en Concorde.
forbid		
	forbad ou **forbade**	**forbidden**
	His father forbade the marriage. Son père a interdit le mariage.	His doctor has forbidden him sugar. Son médecin lui a interdit le sucre.
forget		
	forgot	**forgotten**
	I forgot to shut the door. J'ai oublié de fermer la porte.	I have forgotten his name. J'ai oublié son nom.
freeze		
	froze	**frozen**
	The lake froze last winter. Le lac a gelé l'hiver dernier.	The lake has frozen. Le lac a gelé.
get		
	got	**got**
	She got a kitten for her birthday. Elle a eu un chaton pour son anniversaire.	*en anglais américain* gotten He's got fatter. Il a grossi.
give		
	gave	**given**
	My aunt gave me a jacket. Ma tante m'a donné une veste.	I've given him my old car. Je lui ai donné ma vieille voiture.

	PRÉTÉRIT	PARTICIPE PASSÉ
go		
	went	**gone**
	We went to India last year. Nous sommes allés en Inde l'année dernière.	She's gone on holiday. Elle est partie en vacances.
grind		
	ground	**ground**
	He ground the spices. Il a pilé les épices.	Have you ground the coffee? As-tu moulu le café?
grow		
	grew	**grown**
	I grew up in the country. J'ai grandi à la campagne.	Your hair has grown a lot. Tes cheveux ont beaucoup poussé.
hang		
	hung	**hung**
	She hung the hammock between the trees. Elle a accroché le hamac entre les arbres.	I've hung out the washing. J'ai étendu le linge.
have		
	had	**had**
	I had a dog when I was little. J'avais un chien quand j'étais petit.	I've had a good idea. J'ai eu une bonne idée.
hear		
	heard	**heard**
	They heard a loud noise. Ils ont entendu un grand bruit.	Have you heard their new album? As-tu entendu leur dernier album ?
hide		
	hid	**hidden**
	The pirates hid the treasure. Les pirates ont caché le trésor.	I've hidden your present in the garden. J'ai caché ton cadeau dans le jardin.

	PRÉTÉRIT	PARTICIPE PASSÉ
hit	**hit**	**hit**
	She hit him on the nose. Elle l'a frappé sur le nez.	He has hit his head. Il s'est cogné la tête.
hold	**held**	**held**
	He held her tight. Il l'a serrée très fort.	They have held two meetings. Ils ont eu deux réunions.
hurt	**hurt**	**hurt**
	I hurt my leg. Je me suis fait mal à la jambe.	Have you hurt yourself? Est-ce que tu t'es fait mal ?
keep	**kept**	**kept**
	She kept the ticket as a souvenir. Elle a gardé le billet en souvenir.	I have kept all his letters. J'ai gardé toutes ses lettres.
kneel	**knelt**	**knelt**
	He knelt down to pray. Il s'est agenouillé pour prier.	He had knelt down to clean the floor. Il s'était mis à genoux pour nettoyer le sol.
know	**knew**	**known**
	I knew she was lying. Je savais qu'elle mentait.	We've known each other for a long time. On se connaît depuis longtemps.
lay	**laid**	**laid**
	She laid her head on the pillow. Elle a posé sa tête sur l'oreiller.	The hen has laid two eggs. La poule a pondu deux œufs.

VERBES	PRÉTÉRIT	PARTICIPE PASSÉ
lead	**led** The guide led them to the museum. Le guide les a conduits au musée.	**led** He has led an interesting life. Il a mené une vie intéressante.
lean	**leaned** ou **leant** I leaned out of the window. Je me suis penché par la fenêtre.	**leaned** ou **leant** She has leaned the ladder against the wall. Elle a appuyé l'échelle contre le mur.
leap	**leaped** ou **leapt** The horse leapt over the ditch. Le cheval a sauté par-dessus le fossé.	**leaped** ou **leapt** Prices have leapt up. Les prix ont fait un bond.
learn	**learned** ou **learnt** She learnt to play the piano. Elle a appris à jouer du piano.	**learned** ou **learnt** Have you learnt the poem? As-tu appris le poème ?
leave	**left** He left early. Il est parti tôt.	**left** They have left a message. Ils ont laissé un message.
lend	**lent** My sister lent me some money. Ma sœur m'a prêté de l'argent.	**lent** He has lent me his camera. Il m'a prêté son appareil-photo.
let	**let** Her parents let her go out. Ses parents l'ont laissée sortir.	**let** He has never let me drive his car. Il ne m'a jamais laissé conduire sa voiture.

VERBES	PRÉTÉRIT	PARTICIPE PASSÉ
lie	**lay** He lay down on the bed. Il s'est allongé sur le lit.	**lain** She has lain in bed all day. Elle est restée au lit toute la journée.
light	**lit** He lit his pipe. Il a allumé sa pipe.	**lit** I've lit the fire. J'ai allumé le feu.
lose	**lost** France lost the match. La France a perdu le match.	**lost** I've lost my keys. J'ai perdu mes clés.
make	**made** You make me laugh. Tu me fais rire.	**made** She has already made dinner. Elle a déjà préparé le dîner.
mean	**meant** I meant to come earlier. J'avais l'intention de venir avant.	**meant** He was meant to come yesterday. Il était censé venir hier.
meet	**met** We met yesterday. Nous nous sommes rencontrés hier.	**met** Have you met my brother? Avez-vous rencontré mon frère ?
pay	**paid** I paid by cheque. J'ai payé par chèque.	**paid** I haven't paid yet. Je n'ai pas encore payé.
put	**put** He put the radio on. Il a mis la radio.	**put** She has put her coat on. Elle a mis son manteau.

	PRÉTÉRIT	PARTICIPE PASSÉ
quit	**quit**	**quit**
	She quit her job. Elle a démissionné.	I've quit smoking. J'ai arrêté de fumer.
read [rɪːd]	**read [red]**	**read [red]**
	He read the paper every day. Il lisait le journal tous les jours.	Have you read her latest book? As-tu lu son dernier livre ?
ride	**rode**	**ridden**
	We rode in the mountains. Nous avons fait du cheval en montagne.	I have never ridden a horse. Je ne suis jamais monté à cheval.
ring	**rang**	**rung**
	I rang him last night. Je lui ai téléphoné hier soir.	Have you rung your mother? Est-ce que tu as téléphoné à ta mère ?
rise	**rose**	**risen**
	Prices rose last month. Les prix ont augmenté le mois dernier.	The sun hasn't risen yet. Le soleil ne s'est pas encore levé.
run	**ran**	**run**
	They ran down the road. Ils ont descendu la rue en courant.	He has run in five races. Il a couru dans cinq courses.
say	**said**	**said**
	Simon said he was sorry. Simon a dit qu'il était désolé.	You've said that before. Tu l'as déjà dit.
see	**saw**	**seen**
	She saw the accident. Elle a vu l'accident.	I haven't seen that film. Je n'ai pas vu ce film.

	PRÉTÉRIT	PARTICIPE PASSÉ
seek	**sought**	**sought**
	He sought shelter. Il a cherché un abri.	I've sought high and low. J'ai cherché partout.
sell	**sold**	**sold**
	They sold their house. Ils ont vendu leur maison.	He has already sold the car. Il a déjà vendu la voiture.
send	**sent**	**sent**
	She sent the letter back. Elle a renvoyé la lettre.	They have sent him a present. Ils lui ont envoyé un cadeau.
set	**set**	**set**
	She set the table. Elle a mis la table.	I've set the alarm. J'ai mis le réveil.
shake	**shook**	**shaken**
	We shook hands. Nous nous sommes serré la main.	Have you shaken the bottle? As-tu secoué la bouteille ?
shine	**shone**	**shone**
	The light shone on the statue. La lumière éclairait la statue.	The sun hasn't shone for days. Il n'a pas fait soleil depuis des jours.
shoot	**shot**	**shot**
	He shot the rabbit. Il a tiré sur le lapin.	He has been shot. On lui a tiré dessus.

	PRÉTÉRIT	PARTICIPE PASSÉ
show	**showed**	**shown**
	She showed me a photo of her parents. Elle m'a montré une photo de ses parents.	Have you shown your work to your teacher? As-tu montré ton travail au professeur ?
shrink	**shrank**	**shrunk**
	My jumper shrank in the wash. Mon pull a rétréci au lavage.	His trousers have shrunk. Son pantalon a rétréci.
shut	**shut**	**shut**
	I shut the window. J'ai fermé la fenêtre.	Have you shut the door? Est-ce que tu as fermé la porte ?
sing	**sang**	**sung**
	Everyone sang together. Tout le monde a chanté ensemble.	I have never sung in public. Je n'ai jamais chanté en public.
sink	**sank**	**sunk**
	The Titanic sank in 1912. Le Titanic a coulé en 1912.	The boat has sunk. Le bateau a coulé.
sit	**sat**	**sat**
	She sat in the armchair. Elle s'est assise dans le fauteuil.	I've just sat down. Je viens de m'asseoir.
sleep	**slept**	**slept**
	I slept like a log. J'ai dormi comme une souche.	He has slept all day. Il a dormi toute la journée.

	PRÉTÉRIT	PARTICIPE PASSÉ
slide		
	slid	**slid**
	The book slid off the table. Le livre a glissé de la table.	A tile has slid off the roof. Une tuile a glissé du toit.
smell		
	smelled ou **smelt**	**smelled** ou **smelt**
	The room smelled of coffee. La pièce sentait le café.	The dog has smelt something. Le chien a senti quelque chose.
speak		
	spoke	**spoken**
	I spoke to him last night. Je lui ai parlé hier soir.	Have you spoken to the manager? As-tu parlé au gérant ?
speed		
	sped	**speeded** ou **sped**
	She sped down the street. Elle a descendu la rue à toute vitesse.	The train has speeded up. Le train a accéléré.
spell		
	spelled ou **spelt**	**spelled** ou **spelt**
	The teacher spelt the word out. Le professeur a épelé le mot.	You've spelt my name wrong. Vous avez mal écrit mon nom.
spend		
	spent	**spent**
	He spent the night at a friend's house. Il a passé la nuit chez un ami. I spent £20 today. J'ai dépensé 20 livres aujourd'hui.	We have spent all weekend at home. Nous avons passé tout le week-end chez nous. I have spent all my money. J'ai dépensé tout mon argent.

	PRÉTÉRIT	PARTICIPE PASSÉ
spill	**spilled** ou **spilt**	**spilled** ou **spilt**
	The waiter spilt the soup. Le serveur a renversé la soupe.	I've spilt the milk. J'ai renversé le lait.
spit	**spat**	**spat**
	He spat the pill out. Il a recraché la pilule.	Have you spat your chewing gum out? As-tu recraché ton chewing-gum ?
spoil	**spoiled** ou **spoilt**	**spoiled** ou **spoilt**
	He spoiled his children. Il gâtait ses enfants.	You've spoilt my new dress. Tu as abîmé ma nouvelle robe.
spread	**spread**	**spread**
	She spread the map on the table. Elle a étendu la carte sur la table.	The rumour has spread. La rumeur s'est propagée.
spring	**sprang**	**sprung**
	She sprang to her feet. Elle s'est levée d'un bond.	Something has sprung up. Quelque chose a surgi.
stand	**stood**	**stood**
	I stood up. Je me suis levé.	He has stood the ladder against the wall. Il a mis l'échelle contre le mur.
steal	**stole**	**stolen**
	The burglar stole all her jewellery. Le cambrioleur a volé tous ses bijoux.	Somebody has stolen my bicycle. Quelqu'un a volé mon vélo.

	PRÉTÉRIT	PARTICIPE PASSÉ
stick	**stuck**	**stuck**
	He stuck the handle back on. Il a recollé la poignée.	She has stuck the photos in an album. Elle a collé les photos dans un album.
sting	**stung**	**stung**
	My eyes stung. Mes yeux me piquaient.	He was stung by a jellyfish. Une méduse l'a piqué.
stink	**stank** ou **stunk**	**stunk**
	The drains stank. Les égouts sentaient très mauvais.	It has always stunk in here. Ça a toujours senti mauvais ici.
strike	**struck**	**struck**
	The clock struck midnight. L'horloge a sonné minuit.	The tree was struck by lightning. L'arbre a été frappé par la foudre.
swear	**swore**	**sworn**
	She swore on the Bible. Elle a juré sur la Bible.	He has sworn to tell the truth. Il a juré de dire la vérité.
sweep	**swept**	**swept**
	He swept the floor. Il a balayé par terre.	Have you swept the yard? As-tu balayé la cour ?
swell	**swelled**	**swollen** ou **swelled**
	His hand swelled up. Sa main a enflé.	My ankles have swollen. Mes chevilles ont enflé.

	PRÉTÉRIT	PARTICIPE PASSÉ
swim	**swam**	**swum**
	They swam in the sea. Ils ont nagé dans la mer.	She has swum across the lake. Elle a traversé le lac à la nage.
swing	**swung**	**swung**
	The monkey swung from branch to branch. Le singe se balançait de branche en branche.	I have swung the hammock over the branch. J'ai balancé le hamac sur la branche.
take	**took**	**taken**
	I took a photo of the queen. J'ai pris la reine en photo.	Have you taken your medicine? Est-ce que tu as pris ton médicament ?
teach	**taught**	**taught**
	My father taught me to whistle. Mon père m'a appris à siffler.	He has taught me many things. Il m'a appris plein de choses.
tear	**tore**	**torn**
	I tore the letter up. J'ai déchiré la lettre.	You've torn the curtain. Tu as déchiré le rideau.
tell	**told**	**told**
	She told me the truth. Elle m'a dit la vérité.	I have already told him to come. Je lui ai déjà dit de venir.
think	**thought**	**thought**
	I thought it would be a good idea. Je pensais que ce serait une bonne idée.	I have often thought about you. J'ai souvent pensé à toi.

	PRÉTÉRIT	PARTICIPE PASSÉ
throw	**threw**	**thrown**
	He threw the ball in the air. Il a lancé le ballon en l'air.	She has thrown the leftovers away. Elle a jeté les restes.
wake	**woke**	**woken**
	I woke up early. Je me suis réveillé de bonne heure.	You've woken the baby. Tu as réveillé le bébé.
wear	**wore**	**worn**
	My grandfather always wore a hat. Mon grand-père portait toujours un chapeau.	She has always worn gloves to do the gardening. Elle a toujours porté des gants pour faire le jardinage.
weep	**wept**	**wept**
	She wept when she saw him. Elle a pleuré quand elle l'a vu.	I could have wept. J'aurais pu pleurer.
win	**won**	**won**
	Our team won the match. Notre équipe a gagné le match.	We have won the lottery. Nous avons gagné à la loterie.
wind	**wound**	**wound**
	He wound his watch up. Il a remonté sa montre.	Have you wound your watch up? As-tu remonté ta montre ?
write	**wrote**	**written**
	I wrote you a letter. Je t'ai écrit une lettre.	He has written a lot of books. Il a écrit beaucoup de livres.

anglais
français

A

ANGLAIS — FRANÇAIS

La lettre **A** se prononce **/ei/** en anglais.
A rime avec **day, stay** et **play.**

a /eɪ, ə/ *a plusieurs sens :*

> **i** **a** est l'article indéfini en anglais. Devant un mot qui commence par une voyelle, **a** devient **an**.

a *peut signifier* un *ou* une :

▷ He gave her a book. Il lui a donné un livre.

▷ She ate a pear. Elle a mangé une poire.

> **i** L'article indéfini n'est pas toujours traduit en français :

▷ He's a doctor. Il est médecin.

▷ What a nice house! Quelle jolie maison !

> **i** **a** peut servir à parler des fréquences, des prix ou des taux :

▷ He comes three times a day. Il vient trois fois par jour.

▷ They cost 10 euros a kilo. Ils coûtent 10 euros le kilo.

▷ We were going at 50 kilometres an hour. Nous roulions à 50 kilomètres à l'heure.

abandon /ə'bændən/ abandonner.

abbey /'æbɪ/ abbaye.

ability /ə'bɪlɪtɪ/ capacité.

able /'eɪbl/ capable.

► **be able to do something** pouvoir faire quelque chose.

▷ He wasn't able to come. Il n'a pas pu venir.

aboard /ə'bɔːd/ à bord *ou* à bord de.

abolish /ə'bɒlɪʃ/ abolir.

abortion /ə'bɔːʃən/ avortement.

► **have an abortion** se faire avorter.

about /ə'baʊt/ *a plusieurs sens :*

1 **about** *peut signifier* à peu près *ou* environ.

▷ There are about 12 books. Il y a à peu près 12 livres.

▷ It is about 10 o'clock. Il est environ 10 heures.

2 **about** *peut signifier* au sujet de.

▷ What is it about? De quoi s'agit-il ?

▷ He talked about his family. Il a parlé de sa famille.

3 ► **be about to do something** être sur le point de faire quelque chose.

above /ə'bʌv/ *a plusieurs sens :*

1 **above** *peut signifier* au-dessus *ou* en haut.

▷ He lives in the apartment above. Il habite l'appartement d'au-dessus.

2 **above** *peut signifier* au-dessus de *ou* plus haut que.

▷ He put his hands above his head. Il a levé les mains au-dessus de sa tête.

3 ► **above all** surtout.

abroad /ə'brɔːd/ à l'étranger.

absent-minded /ˌæbsənt'maɪndɪd/ distrait.

absolute /'æbsəluːt/ absolu.

absolutely /ˌæbsə'luːtlɪ/ absolument.

absorb /əb'sɔːb/ absorber.

abstract /'æbstrækt/ abstrait.

abuse *se prononce de deux façons et a des sens différents selon la prononciation :*

/ə'bjuːs/ (la fin se prononce comme le s de sea)

> *C'est un* NOM :

1 abuse *peut signifier* injures *ou* insultes.

2 abuse *peut signifier* mauvais traitements.

/ə'bjuːz/(la fin se prononce comme le z de zoo)

> *C'est un* VERBE :

1 ► abuse somebody *peut signifier* injurier quelqu'un *ou* insulter quelqu'un.

2 ► abuse somebody *peut signifier* maltraiter quelqu'un.

academic /ˌækə'demɪk/ universitaire *ou* scolaire.

accelerate /æk'seləreɪt/ accélérer.

accelerator /æk'seləreɪtəʳ/ accélérateur.

accept /æk'sept/ accepter.

access /'ækses/ accès.

accident /'æksɪdənt/ accident.

► by accident par hasard *ou* accidentellement.

accommodate /ə'kɒmədeɪt/ recevoir (au sens de « avoir la place pour »).

▷ The hall can accommodate 500 people. La salle peut recevoir 500 personnes.

accommodation /əˌkɒmə'deɪʃən/ logement.

> ℹ Accommodation est un mot non dénombrable : il ne peut pas se mettre au pluriel et ne prend pas l'article an.

accompany /ə'kʌmpənɪ/ accompagner.

according to /ə'kɔːdɪŋtuː/ selon.

account /ə'kaʊnt/ *a plusieurs sens :*

1 account *peut signifier* compte (bancaire).

2 ► take something into account tenir compte de quelque chose.

accountant /ə'kaʊntənt/ comptable.

accurate /'ækjʊrət/ exact.

accuse /ə'kjuːz/ accuser.

▷ She accused him of lying. Elle l'a accusé d'avoir menti.

accustomed to /ə'kʌstəmdtuː/ habitué à.

► become accustomed to something s'habituer à quelque chose.

ace /eɪs/ as.

ache /eɪk/ faire mal *ou* être douloureux.

▷ I'm aching all over. J'ai mal partout.

achieve /ə'tʃiːv/ accomplir.

achievement /ə'tʃiːvmənt/ exploit *ou* réussite.

acid /'æsɪd/ acide.

acknowledge /æk'nɒlɪdʒ/ reconnaître.

acquire /ə'kwaɪəʳ/ acquérir.

across /ə'krɒs/ *a plusieurs sens :*

1 across *peut signifier* d'un côté à l'autre de.

▷ He walked across the road. Il a traversé la rue.

2 across *peut signifier* de l'autre côté de.

▷ He lives across the street. Il habite en face *ou* Il habite de l'autre côté de la rue.

act /ækt/ *a plusieurs catégories grammaticales et plusieurs sens :*

> *Ce peut être un* NOM :

act *signifie* acte.

> *Ce peut être un* VERBE :

1 act *peut signifier* agir.

2 act *peut signifier* jouer (au théâtre ou dans un film).

action /'ækʃən/ action.

► take action agir *ou* prendre des mesures.

active /'æktɪv/ actif.

activity /æk'tɪvɪtɪ/ activité.

actor /'æktəʳ/ acteur.

actress /'æktrəs/ actrice.

actual /'æktjʊəl/ réel.

> Actual ne signifie pas « actuel ».

actually /'æktjʊəlɪ/ en fait, à vrai dire.

> Actually ne signifie pas « actuellement ».

adapt /ə'dæpt/ adapter *ou* s'adapter.

adaptor /ə'dæptə^r/ adaptateur.

add /æd/ *a plusieurs sens :*

1 ► **add something to something** ajouter quelque chose à quelque chose.

2 ► **add numbers together** *ou* **add numbers up** additionner des chiffres.

addition /ə'dɪʃən/ addition (au sens de « calcul »).

► **in addition to** en plus de.

address /ə'dres/ *a plusieurs catégories grammaticales :*

> *Ce peut être un* NOM :

address *signifie* adresse (où on habite).

> *Ce peut être un* VERBE :

► **address somebody** s'adresser à quelqu'un.

> Attention à l'orthographe du mot anglais address.

adequate /'ædɪkwət/ suffisant *ou* convenable.

adjust /ə'dʒʌst/ ajuster *ou* régler.

admire /əd'maɪə^r/ admirer.

admit /əd'mɪt/ reconnaître *ou* admettre.

adopt /ə'dɒpt/ adopter.

adore /ə'dɔː^r/ adorer.

adult /'ædʌlt/ adulte.

advance /əd'vɑːns/ *a plusieurs catégories grammaticales et plusieurs sens :*

> *Ce peut être un* NOM :

1 **advance** *peut signifier* progrès.

2 **advance** *peut signifier* avance *ou* mouvement en avant.

3 ► **in advance** à l'avance.

> *Ce peut être un* VERBE :

1 **advance** *peut signifier* progresser *ou* faire des progrès.

2 **advance** *peut signifier* avancer *ou* s'avancer.

advantage /əd'vɑːntɪdʒ/ avantage.

► **take advantage of something** profiter de quelque chose.

► **take advantage of somebody** exploiter quelqu'un.

adventure /əd'ventʃə^r/ aventure.

adventurous /əd'ventʃərəs/ aventureux.

advert /'ædvɜːt/ annonce (dans un journal) *ou* publicité (à la télévision).

advertise /'ædvətaɪz/ faire de la publicité.

advertisement /əd'vɜːtɪsmənt/ annonce (dans un journal) *ou* publicité (à la télévision).

advice /əd'vaɪs/ conseils.

► **a piece of advice** un conseil.

> i Advice est non dénombrable : il ne peut ni se mettre au pluriel, ni s'employer avec l'article an.

advise /əd'vaɪz/ conseiller.

► **advise somebody to do something** conseiller à quelqu'un de faire quelque chose.

adviser *ou* **advisor** /əd'vaɪzə^r/ conseiller (= personne qui donne des conseils).

aerial /'ɛərɪəl/ antenne (pour la télévision ou la radio).

aerobics /ɛə'rəʊbɪks/ aérobic.

aeroplane /'ɛərəpleɪn/ avion.

> Aeroplane n'est pas utilisé en anglais américain : aux États-Unis, on dit airplane /'ɛəpleɪn/.

affair /ə'fɛə^r/ *a plusieurs sens :*

1 **affair** *peut signifier* affaire.

2 ► **have an affair with somebody** avoir une aventure avec quelqu'un.

affect /ə'fekt/ *a plusieurs sens :*

1 ► **affect something** *peut signifier* avoir un effet sur quelque chose.

2 ► **affect somebody** *ou* **something** *peut signifier* concerner quelqu'un *ou* quelque chose.

3 ► **affect somebody** *peut signifier* affecter quelqu'un *ou* émouvoir quelqu'un.

affectionate /ə'fekʃənɪt/ affectueux.

afford /ə'fɔːd/ *a plusieurs sens :*

1 ► **be able to afford something** *peut signifier* avoir les moyens d'acheter quelque chose.
▷ I can't afford to buy a new car. Je n'ai pas les moyens de m'acheter une nouvelle voiture.

2 ► **be able to afford something** *peut signifier* pouvoir se permettre quelque chose.
▷ He can't afford to make a mistake. Il ne peut pas se permettre de faire une erreur.

afraid /ə'freɪd/ *a plusieurs sens :*

1 ► **be afraid** *peut signifier* avoir peur.
► **be afraid of somebody** *ou* **something** avoir peur de quelqu'un *ou* quelque chose.

2 ► **be afraid** *peut servir à exprimer un regret :*
▷ I'm afraid I can't come. Je suis désolé, mais je ne peux pas venir.

Africa /'æfrɪkə/ Afrique.

> **i** En anglais, en général, on n'utilise pas d'article défini devant les noms de pays et de continents.

after /'ɑːftəʳ/ *a plusieurs catégories grammaticales et plusieurs sens :*

> *Ce peut être une* PRÉPOSITION :

1 **after** *peut signifier* après.
▷ After breakfast they went for a walk. Après le petit déjeuner, ils sont allés se promener.

2 *en anglais américain,* **after** est utilisé pour dire l'heure :
▷ It's twenty after five. Il est cinq heures vingt.

> En anglais britannique, on dit past (twenty past five).

> *Ce peut être une* CONJONCTION :

after *signifie* après que.
▷ After he had gone, I watched television. Après qu'il fut parti, j'ai regardé la télévision.
▷ After we had finished, we went to bed. Après avoir fini, nous sommes allés nous coucher.

afternoon /ˌɑːftə'nuːn/ après-midi.

► **Good afternoon!** Bonjour !

aftershave /'ɑːftəʃeɪv/ après-rasage.

afterwards /'ɑːftəwədz/ après.

again /ə'gen/ *a plusieurs sens :*

1 **again** *peut signifier* encore *ou* de nouveau.
▷ He lost again. Il a encore perdu.
► **start again** recommencer.

2 *Dans une phrase négative,* **again** *signifie* plus.
▷ I won't do it again. Je ne le ferai plus.
▷ He never saw her again. Il ne l'a plus jamais revue.

against /ə'genst/ contre.

age /eɪdʒ/ *a plusieurs catégories grammaticales et plusieurs sens :*

> *Ce peut être un* NOM :

1 **age** *peut signifier* âge.

2 **age** *peut signifier* époque.

3 ► **ages** une éternité.
▷ I haven't seen him for ages. Je ne l'ai pas vu depuis une éternité.

> *Ce peut être un* VERBE :

age *signifie* vieillir.

agenda /ə'dʒendə/ programme *ou* ordre du jour.

> En anglais, agenda ne signifie pas « agenda ».

aggressive /ə'gresɪv/ agressif.

> En anglais, aggressive s'écrit avec deux g.

ago /ə'gəʊ/ *est utilisé dans les expressions de temps pour dire que quelque chose s'est passé il y a un certain temps :*
▷ He arrived a week ago. Il est arrivé il y a une semaine.
▷ That was a long time ago. C'était il y a longtemps.

agony /'ægənɪ/ douleur atroce.

agree /ə'griː/ *a plusieurs sens :*

1 **agree** *peut signifier* être d'accord.
▷ I agree. Je suis d'accord.
▷ I agree with him. Je suis d'accord avec lui.

2 **agree** *peut signifier* se mettre d'accord.
▷ They agreed on a date. Ils se sont mis d'accord sur une date.

3 ► **agree to do something** accepter de faire quelque chose.

4 ► **agree that...** admettre que...

agreement /ə'griːmənt/ accord.

ahead /ə'hed/ *a plusieurs sens :*

1 **ahead** *peut signifier* en avant *ou* devant.
▷ You stay here, I'll go on ahead. Reste ici, moi je pars devant.
▷ It's ahead of you. C'est devant vous.
▷ Go straight ahead. Allez tout droit.

2 ► **be ahead of somebody** avoir de l'avance sur quelqu'un.

▷ He's 5 points ahead. Il a une avance de cinq points.

3 **ahead** *peut signifier* à l'avance.

► **book ahead** réserver à l'avance.

► **be ahead of schedule** être en avance sur le planning.

aid /eɪd/ *a plusieurs catégories grammaticales :*

> *Ce peut être un* NOM :

aid *signifie* aide.

> *Ce peut être un* VERBE :

► **aid somebody** aider quelqu'un.

AIDS /eɪdz/ sida.

aim /eɪm/ *a plusieurs catégories grammaticales et plusieurs sens :*

> *Ce peut être un* NOM :

1 **aim** *peut signifier* but *ou* objectif.

2 ► **take aim at something** viser quelque chose.

> *Ce peut être un* VERBE :

1 ► **aim a gun at somebody** braquer un revolver sur quelqu'un.

2 ► **aim to do something** viser à faire quelque chose.

air /ɛəʳ/ air.

► **throw something into the air** jeter quelque chose en l'air.

► **by air** par avion.

► **air conditioning** climatisation.

► **air force** armée de l'air.

► **air hostess** hôtesse de l'air.

► **air rifle** carabine à air comprimé.

► **air steward** steward.

airfare /'ɛəfɛəʳ/ prix du billet d'avion.

airline /'ɛəlaɪn/ compagnie aérienne.

airmail /'ɛəmeɪl/ poste aérienne.

► **by airmail** par avion.

airplane /'ɛəpleɪn/ avion.

> Airplane est un mot américain : en anglais britannique on dit aeroplane.

airport /'ɛəpɔːt/ aéroport.

aisle /aɪl/ *a plusieurs sens :*

1 **aisle** *peut signifier* allée (dans une église ou un cinéma).

2 **aisle** *peut signifier* couloir (dans un avion ou un train).

alarm /ə'lɑːm/ *a plusieurs catégories grammaticales et plusieurs sens :*

> *Ce peut être un* NOM :

1 **alarm** *peut signifier* alarme *ou* alerte.

2 ► **alarm** *ou* **alarm clock** réveil.

> *Ce peut être un* VERBE :

► **alarm somebody** alarmer quelqu'un.

alcohol /'ælkəhɒl/ alcool.

alert /ə'lɜːt/ *a plusieurs catégories grammaticales :*

> *Ce peut être un* ADJECTIF :

alert *signifie* vigilant *ou* éveillé *ou* alerte.

> *Ce peut être un* NOM :

alert *signifie* alerte.

> *Ce peut être un* VERBE :

► **alert somebody** alerter quelqu'un.

alien /'eɪlɪən/ *a plusieurs sens :*

1 **alien** *peut signifier* extraterrestre.

2 **alien** *peut signifier* étranger.

alike /ə'laɪk/ *a plusieurs catégories grammaticales :*

> *Ce peut être un* ADJECTIF :

► **be alike** *ou* **look alike** se ressembler.

▷ They all look alike. Ils se ressemblent tous.

> *Ce peut être un* ADVERBE :

alike *signifie* de la même façon.

▷ They dress alike. Ils s'habillent de la même façon.

alive /ə'laɪv/ *a plusieurs sens :*

1 **alive** *peut signifier* vivant *ou* en vie.

2 ► **come alive** s'animer.

all /ɔːl/ tout.

► **all the time** tout le temps.

► **all night** toute la nuit.

▷ The dog ate all the cakes. Le chien a mangé tous les gâteaux.

▷ He drank it all. Il a tout bu.

▷ All of them came. Ils sont tous venus.

▷ She's the tallest of all. Elle est la plus grande de tous.

▷ He went all red. Il est devenu tout rouge.

▷ She's all alone. Elle est toute seule.

> i All est également utilisé dans les expressions suivantes :
> ► **two / three / four all** (dans un contexte sportif) deux / trois / quatre partout.
> ► **all over the world** dans le monde entier.

allergic /ə'lɜːdʒɪk/ allergique.

allergy /ˈælədʒɪ/ allergie.

alley /ˈælɪ/ ruelle.

alleyway /ˈælɪweɪ/ ruelle.

allocate /ˈæləkeɪt/ allouer *ou* donner.

▷ Each person was allocated a number. On a donné un numéro à chaque personne.

allow /əˈlaʊ/ *a plusieurs sens :*

1 ► allow something *peut signifier* permettre quelque chose.

► allow somebody to do something permettre à quelqu'un de faire quelque chose.

2 ► allow something *peut signifier* prévoir quelque chose (de l'argent, du temps, de la place).

3 ► allow for something tenir compte de quelque chose.

allowance /əˈlaʊəns/ *a plusieurs sens :*

1 allowance *peut signifier* indemnité *ou* allocation.

2 allowance *peut signifier* argent de poche.

3 ► make allowances for something tenir compte de quelque chose.

► make allowances for somebody se montrer indulgent envers quelqu'un.

all right /ˌɔːlˈraɪt/ *a plusieurs sens :*

1 all right *peut servir à donner son* accord :

▷ All right! D'accord !

2 all right *peut servir à demander ou à dire si quelque chose est* bon *ou si quelque chose* s'est bien passé :

▷ Is the meat all right? Ça va, la viande ?

▷ Did you get home all right? Est-ce que tu es bien rentré ?

3 all right *peut servir à demander ou à dire si quelqu'un* va bien :

▷ Are you all right? Ça va ?

▷ I'm all right. Ça va bien.

▷ Will you be all right? Est-ce que ça va aller ?

4 all right *peut servir à dire que quelque chose est* passable :

▷ It was all right. Ce n'était pas mal.

5 all right *peut servir à demander ou à dire si quelque chose est* acceptable :

▷ Is it all right if I leave early? Est-ce que ça vous dérange si je pars tôt ?

▷ That's all right with me. Ça ne me dérange pas.

6 all right *est utilisé dans les phrases suivantes :*

▷ Sorry! – That's all right! Désolé ! – Ce n'est pas grave !

▷ Thank you! – That's all right! Merci – Ce n'est rien du tout !

ally /ˈælaɪ/ allié.

almond /ˈɑːmənd/ amande.

almost /ˈɔːlməʊst/ presque.

▷ I've almost finished. J'ai presque fini.

alone /əˈləʊn/ seul.

▷ She was all alone. Elle était toute seule.

► leave something alone ne pas toucher à quelque chose.

► leave somebody alone laisser quelqu'un tranquille.

along /əˈlɒŋ/ *a plusieurs sens :*

1 along *peut signifier* le long de.

► all along the street tout le long de la rue.

▷ She ran along the beach. Elle courait le long de la plage.

2 along *peut être utilisé avec des verbes de mouvement avec une idée* d'avancement *ou* d'accompagnement :

▷ She was running along. Elle courait.

▷ I'll be along soon. J'arrive tout de suite.

▷ Do you want to come along? Tu veux venir ?

▷ Bring your friend along! Amène ton ami !

aloud /əˈlaʊd/ à haute voix *ou* à voix haute.

already /ɔːlˈredɪ/ déjà.

▷ He has already finished. Il a déjà fini.

alright /ɔːlˈraɪt/ *est une autre façon d'écrire* all right.

Alsatian /ælˈseɪʃən/ berger allemand.

also /ˈɔːlsəʊ/ aussi.

altar /ˈɒltəʳ/ autel.

alter /ˈɒltəʳ/ *a plusieurs sens :*

1 ► alter something *peut signifier* changer *ou* modifier quelque chose.

2 ► alter something *peut signifier* retoucher quelque chose (un vêtement).

alteration /ˌɒltəˈreɪʃən/ *a plusieurs sens :*

1 alteration *peut signifier* changement *ou* modification.

2 alteration *peut signifier* retouche (à un vêtement)

alternate *se prononce de deux façons et a des catégories grammaticales et des sens différents selon la prononciation :*

/ɒl'tɜːnət/ (rime avec cut)

> *C'est un* ADJECTIF :

1 alternate *peut signifier* alterné.

2 ► **on alternate days** tous les deux jours *ou* un jour sur deux.

/'ɒltɜːneɪt/(rime avec Kate)

> *C'est un* VERBE :

alternate *signifie* alterner *ou* faire alterner.

alternative /ɒl'tɜːnətɪv/ *a plusieurs catégories grammaticales et plusieurs sens :*

> *Ce peut être un* NOM :

1 alternative *peut signifier* possibilité.

▷ There are several alternatives. Il y a plusieurs possibilités.

2 alternative *peut signifier* choix.

► **have no alternative** ne pas avoir le choix.

> *Ce peut être un* ADJECTIF :

alternative *signifie* autre.

▷ There is an alternative route. Il y a un autre chemin.

although /ɔːl'ðəʊ/ bien que.

altogether /ˌɔːltə'geðəʳ/ *a plusieurs sens :*

1 altogether *peut signifier* en tout.

▷ How much is it altogether? C'est combien en tout ?

2 altogether *peut signifier* complètement *ou* tout à fait.

▷ He disappeared altogether. Il a complètement disparu.

always /'ɔːlweɪz/ toujours.

▷ She's always hungry. Elle a toujours faim.

am /æm/ *est la première personne au singulier du présent du verbe* be.

▷ I am tired. Je suis fatigué.

a.m. /eɪ'em/ du matin.

▷ It's 4 a.m. Il est quatre heures du matin.

amaze /ə'meɪz/ étonner *ou* stupéfier.

amazed /ə'meɪzd/ stupéfait.

> ℹ Amazed est aussi le prétérit et le participe passé du verbe amaze :
> ▷ You amazed me. Tu m'as étonné.

amazing /ə'meɪzɪŋ/ incroyable.

ambiguous /æm'bɪgjʊəs/ ambigu.

ambitious /æm'bɪʃəs/ ambitieux.

amend /ə'mend/ modifier.

America /ə'merɪkə/ Amérique.

> ℹ En anglais, en général, on n'utilise pas d'article défini devant les noms de pays et de continents.

American /ə'merɪkən/ Américain *ou* américain

► **American Indian** Indien d'Amérique.

> ℹ En anglais, les adjectifs de nationalité et les noms de langues s'écrivent avec une majuscule.

amid /ə'mɪd/ *ou* **amidst** /ə'mɪdst/ parmi.

ammunition /ˌæmjʊ'nɪʃən/ munitions.

among /ə'mʌŋ/ *ou* **amongst** /ə'mʌŋst/ parmi *ou* entre.

amount /ə'maʊnt/ *a plusieurs catégories grammaticales et plusieurs sens :*

> *Ce peut être un* NOM :

1 amount *peut signifier* quantité.

► **a large amount of...** beaucoup de...

2 amount *peut signifier* somme.

> *Ce peut être un* VERBE :

1 ► **amount to...** *peut signifier* s'élever à...

2 ► **amount to...** *peut signifier* revenir à... *ou* équivaloir à...

amplifier /'æmplɪfaɪəʳ/ amplificateur.

amputate /'æmpjʊteɪt/ amputer.

amuse /ə'mjuːz/ amuser.

amusement /ə'mjuːzmənt/ *a plusieurs sens :*

1 amusement *peut signifier* amusement.

2 amusement *peut signifier* distraction.

► **amusement park** parc d'attractions.

amusing /ə'mjuːzɪŋ/ amusant.

an /ən/ *a plusieurs sens :*

> ℹ an est une forme de l'article indéfini a utilisée devant les mots qui commencent par une voyelle.

1 an *signifie* un *ou* une :

▷ It's an elephant. C'est un éléphant.

▷ She ate an apple. Elle a mangé une pomme.

ℹ L'article indéfini n'est pas toujours traduit en français :

▷ He's an electrician. Il est électricien.
▷ What an awful film! Quel film affreux !

2 an peut servir à parler des fréquences, des prix ou des taux :
► three times an hour trois fois par heure.
► ten euros an hour dix euros de l'heure.
► 50 kilometres an hour 50 kilomètres à l'heure.

analyse /'ænəlaɪz/ analyser.

En anglais américain, ce mot s'écrit analyze.

analysis /ə'næləsɪs/ analyse.

analyze /'ænəlaɪz/ *est l'orthographe américaine du verbe* analyse.

ancestor /'ænsestəʳ/ ancêtre.

anchor /'æŋkəʳ/ ancre.

ancient /'eɪnʃənt/ ancien *ou* antique.

and /ænd, ənd/ *a plusieurs sens :*

1 and *peut signifier* et.
▷ They were singing and dancing. Ils chantaient et dansaient.
▷ We have a cat and a dog. Nous avons un chat et un chien.

2 and *apparaît dans les* chiffres :
► two hundred and fifty deux cent cinquante.

3 and *peut servir à introduire un* verbe à l'infinitif :
▷ Come and see me. Viens me voir.

4 and *est placé entre deux mots répétés pour signaler une* répétition *ou une* continuation :
▷ It's getting better and better. Ça va de mieux en mieux.
▷ It lasted hours and hours. Ça a duré des heures et des heures.
▷ We waited and waited. Nous avons attendu pendant des heures.

angel /'eɪndʒəl/ ange.

anger /'æŋgəʳ/ colère.

angle /'æŋgl/ angle.
► at an angle en biais.

angry /'æŋgrɪ/ *a plusieurs sens :*

1 ► be angry être en colère.
▷ He's very angry with me. Il est très en colère contre moi.
► get angry se mettre en colère.

2 angry *peut signifier* furieux (un regard furieux, une voix furieuse).

anguish /'æŋgwɪʃ/ angoisse.

ankle /'æŋkl/ cheville.

anniversary /ˌænɪ'vɜːsərɪ/ anniversaire (de mariage, d'un événement).

announce /ə'naʊns/ annoncer.

announcement /ə'naʊnsmənt/ *a plusieurs sens :*

1 announcement *peut signifier* annonce (= l'action d'annoncer).

2 announcement *peut signifier* avis *ou* faire-part.

annoy /ə'nɔɪ/ agacer *ou* contrarier.

annoyed /ə'nɔɪd/ agacé *ou* contrarié.
► be annoyed with somebody être fâché contre quelqu'un.
► be annoyed about something être contrarié par quelque chose.
► get annoyed se fâcher.

ℹ Annoyed est aussi le prétérit et le participe passé du verbe annoy :
▷ He annoyed me. Il m'a agacé.

annoyance /ə'nɔɪəns/ *a plusieurs sens :*

1 annoyance *peut signifier* mécontentement.

2 annoyance *peut signifier* ennui (= chose agaçante).

annoying /ə'nɔɪɪŋ/ agaçant.

ℹ Annoying est aussi une forme du verbe annoy :
▷ He' s annoying me. Il m'agace.

annual /'ænjʊəl/ *a plusieurs catégories grammaticales et plusieurs sens :*

> *Ce peut être un* ADJECTIF :

annual *signifie* annuel.

> *Ce peut être un* NOM :

1 annual *peut signifier* plante annuelle.

2 annual *peut signifier* album (= livre pour enfants).

anonymous /ə'nɒnɪməs/ anonyme.

another /ə'nʌðəʳ/ *signifie* un autre.

▷ They had another drink. Ils ont pris un autre verre.

► one another l'un l'autre.

▷ They looked at one another. Ils se regardaient l'un l'autre.

answer /ˈɑːnsəʳ/ *a plusieurs catégories grammaticales et plusieurs sens :*

> *Ce peut être un* NOM :

answer *signifie* réponse *ou* solution.

> *Ce peut être un* VERBE TRANSITIF :

► answer somebody *ou* something répondre à quelqu'un *ou* quelque chose.

► answer the door ouvrir la porte.

> *Ce peut être un* VERBE INTRANSITIF :

answer *signifie* répondre.

answering machine /ˈɑːnsərɪŋˌməʃiːn/ répondeur.

ant /ænt/ fourmi.

anthem /ˈænθəm/ hymne.

anticipate /ænˈtɪsɪpeɪt/ *a plusieurs sens :*

1 ► anticipate something *peut signifier* s'attendre à quelque chose.

2 ► anticipate something *peut signifier* anticiper quelque chose.

anticlockwise /ˈæntɪˈklɒkwaɪz/ dans le sens inverse des aiguilles d'une montre.

> Anticlockwise n'est pas utilisé en anglais américain : aux États-Unis, on dit counterclockwise.

antique /ænˈtiːk/ *a plusieurs catégories grammaticales :*

> *Ce peut être un* ADJECTIF :

antique *signifie* ancien (= vieux).

> *Ce peut être un* NOM :

antique *signifie* objet ancien *ou* meuble ancien.

► antique shop magasin d'antiquités.

anxious /ˈæŋkʃəs/ anxieux.

► be anxious to do something tenir à faire quelque chose.

any /ˈenɪ/ *a plusieurs sens :*

1 any *peut précéder les noms dans les phrases négatives ou dans les questions et correspond à « de » ou « du » :*

▷ I don't have any money. Je n'ai pas d'argent.

▷ There isn't any bread. Il n'y a pas de pain.

▷ Is there any milk? Est-ce qu'il y a du lait ?

▷ Has he got any children? Est-ce qu'il a des enfants ?

2 any *peut signifier* en.

▷ I don't have any. Je n'en ai pas.

▷ Is there any left? Est-ce qu'il en reste ?

3 any *peut signifier* n'importe quel *ou* n'importe lequel.

▷ You can come at any time. Tu peux passer à n'importe quelle heure.

▷ Any of those bags will do. N'importe lequel de ces sacs fera l'affaire.

4 any peut précéder un comparatif :

▷ I don't want any more. Je n'en veux plus.

▷ Do you want any more meat? Est-ce que tu veux encore de la viande ?

▷ I can't go any further. Je ne peux pas aller plus loin.

▷ She won't stay any longer. Elle ne va pas rester plus longtemps.

anybody /ˈenɪbɒdɪ/ *a plusieurs sens :*

1 *Dans les phrases négatives,* anybody *signifie* personne.

▷ I don't want to see anybody. Je ne veux voir personne.

▷ There isn't anybody here. Il n'y a personne ici.

2 *Dans les questions,* anybody *signifie* quelqu'un.

▷ Is there anybody there? Il y a quelqu'un ?

▷ Did you see anybody? Est-ce que tu as vu quelqu'un ?

3 anybody *peut signifier* n'importe qui.

anyone /ˈenɪwʌn/ *a plusieurs sens :*

1 *Dans les phrases négatives,* anyone *signifie* personne.

▷ I don't want to see anyone. Je ne veux voir personne.

▷ There isn't anyone here. Il n'y a personne ici.

2 *Dans les questions,* anyone *signifie* quelqu'un.

▷ Is there anyone there? Il y a quelqu'un ?

▷ Did you see anyone? Est-ce que tu as vu quelqu'un ?

3 anyone *peut signifier* n'importe qui.

anything /ˈenɪθɪŋ/ *a plusieurs sens :*

1 *Dans les phrases négatives,* anything *signifie* rien.

▷ I don't want anything. Je ne veux rien.

▷ There wasn't anything in the fridge. Il n'y avait rien dans le frigo.

2 *Dans les questions,* anything *signifie* quelque chose.

▷ Is there anything in the cupboard? Est-ce qu'il y a quelque chose dans le placard ?

▷ Did you see anything? Est-ce que tu as vu quelque chose ?

3 **anything** *peut signifier* n'importe quoi *ou* tout.

▷ You can have anything you like. Tu peux avoir tout ce que tu veux.

anyway /'enɪweɪ/ *a plusieurs sens :*

1 **anyway** *peut signifier* de toute façon.

2 **anyway** *peut signifier* quand même.

3 **anyway** *peut signifier* en tout cas.

anywhere /'enɪwɛəʳ/ *a plusieurs sens :*

1 *Dans les phrases négatives,* **anywhere** *signifie* nulle part.

▷ I can't find it anywhere. Je ne le trouve nulle part.

2 *Dans les questions,* **anywhere** *signifie* quelque part.

▷ Have you seen it anywhere? Tu l'as vu quelque part ?

3 **anywhere** *peut signifier* n'importe où.

▷ We can go anywhere you like. Nous pouvons aller où tu veux.

apart /ə'pɑːt/ *a plusieurs sens :*

1 **apart** *sert à décrire un écart entre deux choses ou un* éloignement :

▷ The houses are a long way apart. Les maisons sont éloignées les unes des autres.

▷ He stood with his feet apart. Il se tenait debout les jambes écartées.

2 **apart** *peut signifier* séparé.

▷ They don't like being apart. Ils n'aiment pas être séparés.

3 **apart** *peut signifier* à part.

► **apart from...** à part...

apartment /ə'pɑːtmənt/ appartement.

► **apartment block** immeuble

Attention à l'orthographe du mot anglais.

ape /eɪp/ singe.

apologies *est le pluriel de* **apology**.

apologise *ou* **apologize** /ə'pɒlədʒaɪz/ s'excuser.

apology /ə'pɒlədʒɪ/ excuses.

Apology ne signifie pas « apologie ».

apparently /ə'pærəntlɪ/ apparemment.

appeal /ə'piːl/ *a plusieurs catégories grammaticales et plusieurs sens :*

> *Ce peut être un* NOM :

1 **appeal** *peut signifier* appel (= une demande, ou un appel dans le contexte de la justice).

2 **appeal** *peut signifier* attrait.

> *Ce peut être un* VERBE :

1 ► **appeal to somebody** *peut signifier* faire appel à quelqu'un.

2 ► **appeal to somebody** *peut signifier* plaire à quelqu'un.

3 ► **appeal for something** lancer un appel à quelque chose.

4 **appeal** *peut signifier* faire appel (dans le contexte de la justice).

appear /ə'pɪəʳ/ *a plusieurs sens :*

1 **appear** *peut signifier* apparaître.

2 **appear** *peut signifier* sembler *ou* paraître.

3 ► **appear in something** jouer dans quelque chose (un film, une pièce de théâtre).

appearance /ə'pɪərəns/ *signifie* apparition *ou* apparence.

appetite /'æpɪtaɪt/ appétit.

appetizer /'æpɪtaɪzəʳ/ amuse-gueule.

applaud /ə'plɔːd/ applaudir.

applause /ə'plɔːz/ applaudissements.

apple /'æpl/ pomme.

► **apple pie** tarte aux pommes.

► **apple tree** pommier.

appliance /ə'plaɪəns/ appareil électroménager.

application /ˌæplɪ'keɪʃən/ *a plusieurs sens :*

1 **application** *peut signifier* application.

2 **application** *peut signifier* demande (d'adhésion, de passeport, etc.) *ou* candidature (à un poste).

► **application form** formulaire de demande *ou* formulaire de candidature.

3 *En informatique,* **application** *signifie* application.

apply /ə'plaɪ/ *a plusieurs catégories grammaticales et plusieurs sens :*

> *Ce peut être un* VERBE TRANSITIF :

► **apply something** appliquer quelque chose.

> *Ce peut être un* VERBE INTRANSITIF :

1 ► **apply for something** faire une demande de quelque chose.

► **apply for a job** poser sa candidature à un poste.

2 **apply** *peut signifier* s'appliquer.
▷ This rule doesn't apply here. Cette règle ne s'applique pas ici.

appointment /ə'pɔɪntmənt/ *a plusieurs sens :*

1 **appointment** *peut signifier* rendez-vous.
► **Make an appointment** prendre rendez-vous.

2 **appointment** *peut signifier* nomination (à un poste).

appreciate /ə'pri:ʃɪeɪt/ *a plusieurs sens :*

1 ► **appreciate something** *peut signifier* apprécier quelque chose.

2 ► **appreciate something** *peut signifier* être reconnaissant de quelque chose.

3 ► **appreciate something** *peut signifier* se rendre compte de quelque chose.

appreciation /əˌpri:ʃɪ'eɪʃən/ *a plusieurs sens :*

1 **appreciation** *peut signifier* appréciation.

2 **appreciation** *peut signifier* reconnaissance (au sens de « gratitude »).

apprentice /ə'prentɪs/ apprenti.

approach /ə'prəʊtʃ/ *a plusieurs catégories grammaticales et plusieurs sens :*

> *Ce peut être un* NOM :

approach *signifie* approche.

> *Ce peut être un* VERBE INTRANSITIF :

approach *signifie* s'approcher *ou* approcher.

> *Ce peut être un* VERBE TRANSITIF :

1 ► **approach somebody** *ou* **something** *peut signifier* s'approcher de quelqu'un *ou* quelque chose.

2 ► **approach something** *peut signifier* aborder quelque chose.

appropriate /ə'prəʊprɪət/ convenable.

approval /ə'pru:vəl/ approbation.

approve /ə'pru:v/ approuver.

approximate /ə'prɒksɪmət/ approximatif.

approximately /ə'prɒksɪmətlɪ/ approximativement *ou* plus ou moins.

apricot /'eɪprɪkɒt/ abricot.

April /'eɪprəl/ avril.
► **April the second** *ou* **the second of April** le deux avril.
► **April Fools' Day** le premier avril.

> ℹ En anglais, les noms de mois s'écrivent avec une majuscule.

apron /'eɪprən/ tablier.

Aquarius /ə'kwɛərɪəs/ Verseau (signe du zodiaque).

Arab /ærəb/ arabe *ou* Arabe.

Arabic /'ærəbɪk/ arabe (adjectif et langue).

> ℹ En anglais, les adjectifs de nationalité et les noms de langues s'écrivent avec une majuscule.

arch /ɑ:tʃ/ arc.

are /ɑ:ʳ/ *est une forme du présent du verbe* **be**.
▷ You are late. Tu es en retard.
▷ We are in a hurry. Nous sommes pressés.
▷ They are on the table. Ils sont sur la table.

area /'ɛərɪə/ *a plusieurs sens :*

1 **area** *peut signifier* région *ou* zone.

2 **area** *peut signifier* superficie.

3 **area** *peut signifier* domaine (d'intérêt, de connaissances).

arena /ə'ri:nə/ arène.

aren't /ɑ:nt/ *est la contraction de* **are not**.
▷ You aren't late. Tu n'es pas en retard.
▷ We aren't in a hurry. Nous ne sommes pas pressés.
▷ Aren't you tired? Tu n'es pas fatigué ?

argue /'ɑ:gju:/ *a plusieurs sens :*

1 **argue** *peut signifier* se disputer.

2 **argue** *peut signifier* discuter.

3 **argue** *peut signifier* argumenter.

argument /'ɑ:gjʊmənt/ *a plusieurs sens :*

1 **argument** *peut signifier* dispute.
► **have an argument** se disputer.

2 **argument** *peut signifier* discussion (au sens de « débat »).

3 **argument** *peut signifier* argument.

Aries /'ɛəri:z/ Bélier (signe du zodiaque).

arise /ə'raɪz/ surgir *ou* survenir.
► **arise from...** résulter de...

arisen *est le participe passé du verbe* arise.

▷ Some problems have arisen. Quelques problèmes sont survenus.

arm /ɑːm/ *a plusieurs sens :*

1 arm *peut signifier* bras.

► arm in arm bras dessus, bras dessous.

2 arm *peut signifier* manche.

3 arm *peut signifier* accoudoir.

4 ► arms *peut signifier* armes.

armchair /ˈɑːmtʃɛəʳ/ fauteuil.

armor /ˈɑːməʳ/ *est l'orthographe américaine du mot* armour.

armour /ˈɑːməʳ/ armure.

En anglais américain, ce mot s'écrit armor.

armpit /ˈɑːmpɪt/ aisselle.

army /ˈɑːmɪ/ armée.

aroma /əˈrəʊmə/ arôme.

arose /əˈrəʊz/ *est le prétérit du verbe* arise.

around /əˈraʊnd/ *a plusieurs catégories grammaticales et plusieurs sens :*

> *Ce peut être un* ADVERBE :

1 around *peut signifier* autour.

2 around *peut signifier* dans les parages.

> *Ce peut être une* PRÉPOSITION :

1 around *peut signifier* autour de.

2 around *peut signifier* environ.

arouse /əˈraʊz/ *a plusieurs sens :*

1 ► arouse something *peut signifier* éveiller quelque chose.

2 ► arouse somebody *peut signifier* exciter quelqu'un.

3 ► arouse somebody *peut signifier* réveiller quelqu'un.

arrange /əˈreɪndʒ/ *a plusieurs sens :*

1 ► arrange something *peut signifier* arranger quelque chose *ou* disposer quelque chose.

2 ► arrange something *peut signifier* organiser quelque chose *ou* fixer quelque chose.

3 ► arrange to do something s'arranger pour faire quelque chose.

arrest /əˈrest/ *a plusieurs catégories grammaticales :*

> *Ce peut être un* NOM :

arrest *signifie* arrestation.

► under arrest en état d'arrestation.

> *Ce peut être un* VERBE :

► arrest somebody arrêter quelqu'un.

arrival /əˈraɪvəl/ *a plusieurs sens :*

1 arrival *peut signifier* arrivée.

2 ► new arrival nouveau venu *ou* nouveau-né.

arrive /əˈraɪv/ arriver.

arrow /ˈærəʊ/ flèche.

art /ɑːt/ art.

► art gallery musée (d'art) *ou* galerie d'art.

artichoke /ˈɑːtɪtʃəʊk/ artichaut.

artificial /ˌɑːtɪˈfɪʃəl/ artificiel.

artist /ˈɑːtɪst/ artiste.

as /æz, əz/ *a plusieurs sens :*

1 as *peut signifier* comme.

▷ Do as you like. Fais comme tu veux.

▷ As you can see, I'm busy. Comme vous le voyez, je suis occupé.

▷ He works as a pilot. Il travaille comme pilote.

► as usual comme d'habitude.

► as if... *ou* as though... comme si...

2 as *peut signifier* puisque.

▷ As you were late, we started without you. Puisque tu étais en retard, nous avons commencé sans toi.

3 as *peut signifier* alors que *ou* au moment où.

▷ He came in as she was leaving. Il est entré alors qu'elle partait.

4 as *peut signifier* en tant que.

▷ As your friend, I must tell you the truth. En tant qu'ami, je dois te dire la vérité.

5 as *est utilisé dans les* comparaisons :

▷ He's as tall as you. Il est aussi grand que toi.

▷ It's three times as big as that. C'est trois fois plus grand que ça.

► as much as autant que.

▷ You can have as much as you want. Tu peux en avoir autant que tu veux.

6 ► as for quant à.

ash /æʃ/ *a plusieurs sens :*

1 ash *peut signifier* cendre.

2 ash *peut signifier* frêne (= arbre).

ashamed /ə'ʃeɪmd/ honteux.

► **be ashamed** avoir honte.

ashtray /'æʃtreɪ/ cendrier.

Asia /'eɪʒə/ Asie.

Asian /'eɪʒn/ *a plusieurs catégories grammaticales et plusieurs sens :*

> *Ce peut être un* NOM :

Asian *peut signifier* Asiatique.

> En anglais britannique, **Asian** *peut signifier* Indo-Pakistanais.

> *Ce peut être un* ADJECTIF :

Asian *peut signifier* asiatique.

> En anglais britannique, **Asian** *peut signifier* indo-pakistanais.

> **i** En anglais, les adjectifs de nationalité s'écrivent avec une majuscule.

aside /ə'saɪd/ à part.

ask /ɑːsk/ *a plusieurs catégories grammaticales et plusieurs sens :*

> *Ce peut être un* VERBE TRANSITIF :

1 ► **ask somebody** *peut signifier* demander à quelqu'un.

► **ask somebody something** demander quelque chose à quelqu'un.

► **ask somebody to do something** demander à quelqu'un de faire quelque chose.

2 ► **ask a question** poser une question.

3 ► **ask somebody** *peut signifier* inviter quelqu'un.

▷ She asked me to dinner. Elle m'a invité à dîner.

▷ He asked me out. Il m'a invité à sortir.

> *Ce peut être un* VERBE INTRANSITIF :

ask *signifie* demander.

► **ask after somebody** demander des nouvelles de quelqu'un.

► **ask for something** demander quelque chose.

asleep /ə'sliːp/ endormi.

► **be asleep** dormir.

► **fall asleep** s'endormir.

assassinate /ə'sæsɪneɪt/ assassiner.

assassination /əˌsæsɪ'neɪʃən/ assassinat.

assault /ə'sɔːlt/ *a plusieurs catégories grammaticales et plusieurs sens :*

> *Ce peut être un* NOM :

assault *signifie* assaut *ou* agression.

> *Ce peut être un* VERBE :

► **assault somebody** agresser quelqu'un.

assemble /ə'sembl/ *a plusieurs catégories grammaticales et plusieurs sens :*

> *Ce peut être un* VERBE TRANSITIF :

1 ► **assemble things** *peut signifier* rassembler des choses.

2 ► **assemble something** *peut signifier* assembler quelque chose *ou* monter quelque chose.

> *Ce peut être un* VERBE INTRANSITIF :

assemble *signifie* se rassembler *ou* se réunir.

assembly /ə'semblɪ/ *a plusieurs sens :*

1 **assembly** *peut signifier* assemblée.

2 **assembly** *peut signifier* assemblage *ou* montage.

► **assembly line** chaîne de montage.

assess /ə'ses/ évaluer.

assessment /ə'sesmənt/ évaluation.

asset /'æset/ *a plusieurs sens :*

1 **asset** *peut signifier* atout.

2 **assets** *peut signifier* biens *ou* actif (d'une entreprise).

assignment /ə'saɪnmənt/ *a plusieurs sens :*

1 **assignment** *peut signifier* mission.

2 **assignment** *peut signifier* devoir (à l'école).

assimilate /ə'sɪmɪleɪt/ assimiler.

assist /ə'sɪst/ aider.

assistance /ə'sɪstəns/ aide.

► **be of assistance to somebody** aider quelqu'un.

assistant /ə'sɪstənt/ *a plusieurs catégories grammaticales :*

> *Ce peut être un* NOM :

assistant *peut signifier* assistant.

► **shop assistant** vendeur.

> *Ce peut être un* ADJECTIF :

assistant *signifie* adjoint.

associate *se prononce de deux façons et a des catégories grammaticales différentes selon la prononciation :*

🔊 /ə'səʊʃɪət/ (rime avec **cut**)

> *C'est un* NOM *ou un* ADJECTIF :

associate *signifie* associé.

/ə'səʊʃɪeɪt/(rime avec Kate)

> *Ce peut être un* VERBE TRANSITIF :

► **associate something with something** associer quelque chose à quelque chose.

► **be associated with something** être associé à quelque chose.

> *Ce peut être un* VERBE INTRANSITIF :

► **associate with somebody** fréquenter quelqu'un.

assorted /ə'sɔːtɪd/ varié.

assortment /ə'sɔːtmənt/ assortiment *ou* mélange

assume /ə'sjuːm/ *a plusieurs sens :*

1 ► **assume that...** supposer que...

2 ► **assume something** *peut signifier* assumer quelque chose (une responsabilité) *ou* prendre quelque chose (le pouvoir, le contrôle).

3 ► **assume something** *peut signifier* affecter quelque chose *ou* adopter quelque chose (un air, une attitude).

assurance /ə'ʃʊərəns/ *a plusieurs sens :*

1 **assurance** *peut signifier* assurance.

2 **assurance** *peut signifier* promesse.

assure /ə'ʃʊəʳ/ assurer.

asthma /'æsmə/ asthme.

astonish /ə'stɒnɪʃ/ étonner.

astonishment /ə'stɒnɪʃmənt/ étonnement.

astound /ə'staʊnd/ stupéfier.

astray /ə'streɪ/ *est utilisé dans les expressions suivantes :*

► **go astray** s'égarer.

► **lead somebody astray** détourner quelqu'un du droit chemin.

astrologer /əs'trɒlədʒəʳ/ astrologue.

astrology /əs'trɒlədʒɪ/ astrologie.

astronaut /'æstrənɔːt/ astronaute.

astronomer /əs'trɒnəməʳ/ astronome.

astronomy /əs'trɒnəmɪ/ astronomie.

asylum /ə'saɪləm/ asile.

at /æt, ət/ *a plusieurs sens :*

1 **at** *peut indiquer une* position *ou un* lieu :

▷ He's at school. Il est à l'école.

▷ She's at work. Elle est au travail.

▷ She's at the hairdresser's. Elle est chez le coiffeur.

▷ I'm staying at my aunt's house. Je séjourne chez ma tante.

► **at home** chez soi *ou* à la maison.

2 **at** *peut indiquer un* moment :

▷ We met at 8 o'clock. Nous nous sommes retrouvés à 8 heures.

▷ He went to bed at midnight. Il s'est couché à minuit.

▷ What do you do at the weekend? Qu'est-ce que tu fait le week-end ?

► **at Christmas** à Noël.

► **at Easter** à Pâques.

3 **at** *peut indiquer la* vitesse, *le* prix *ou* l'âge :

▷ He was driving at 120 km / h. Il roulait à 120 km / h.

▷ They sell them at 2 euros a kilo. Ils les vendent à 2 euros le kilo.

▷ He was still working at 70. Il travaillait encore à 70 ans.

4 **at** *peut indiquer la* direction :

▷ He threw a stone at him. Il lui a jeté un caillou.

5 ► **nothing at all** rien du tout.

► **not at all** pas du tout.

▷ Thank you! – Not at all. Merci ! – Je vous en prie.

ate /eɪt/ *est le prétérit du verbe* eat.

▷ He ate all the cake. Il a mangé tout le gâteau.

atheist /'eɪθɪɪst/ athée.

athletics /æθ'letɪks/ athlétisme.

atom /'ætəm/ atome.

► **atom bomb** bombe atomique.

atomic /ə'tɒmɪk/ atomique.

atrocious /ə'trəʊʃəs/ atroce.

attach /ə'tætʃ/ *a plusieurs sens :*

1 ► **attach something** *peut signifier* attacher quelque chose.

2 ► **attach something** *peut signifier* joindre quelque chose (une lettre, un fichier, etc.).

3 ► **be attached to somebody** *ou* **something** être attaché à quelqu'un *ou* quelque chose (= l'aimer).

attack /ə'tæk/ *a plusieurs catégories grammaticales et plusieurs sens :*

> *Ce peut être un* NOM :

1 **attack** *peut signifier* attaque.

2 **attack** *peut signifier* crise (cardiaque, d'asthme).

> *Ce peut être un* VERBE TRANSITIF :

1 ► **attack somebody** *ou* **something** *peut signifier* attaquer quelqu'un *ou* quelque chose.

2 ► **attack something** *peut signifier* s'attaquer à quelque chose (un problème, une tâche par exemple).

> *Ce peut être un* VERBE INTRANSITIF :

attack *signifie* attaquer.

attacker /ə'tækə^r/ *a plusieurs sens :*

1 **attacker** *peut signifier* agresseur.

2 *En sport,* **attacker** *signifie* attaquant.

attain /ə'teɪn/ atteindre *ou* acquérir *ou* obtenir.

attempt /ə'tempt/ *a plusieurs catégories grammaticales et plusieurs sens :*

> *Ce peut être un* NOM :

1 **attempt** *peut signifier* tentative.

► **make an attempt to do something** essayer de faire quelque chose.

2 **attempt** *peut signifier* attentat.

► **an attempt on somebody's life** un attentat contre quelqu'un.

> *Ce peut être un* VERBE :

► **attempt to do something** essayer de faire quelque chose *ou* tenter de faire quelque chose.

attend /ə'tend/ *a plusieurs catégories grammaticales et plusieurs sens :*

> *Ce peut être un* VERBE TRANSITIF :

1 ► **attend something** *peut signifier* assister à quelque chose (une réunion, des cours, une fête).

2 ► **attend something** *peut signifier* aller à un endroit (à l'école, à l'église).

> *Ce peut être un* VERBE INTRANSITIF :

1 **attend** *signifie* être présent.

2 ► **attend to something** s'occuper de quelque chose.

En anglais, **attend** ne signifie pas « attendre ».

attendant /ə'tendənt/ *a plusieurs sens :*

1 **attendant** *peut signifier* gardien (de musée, de vestiaire, de parc).

2 **attendant** *peut signifier* pompiste.

attention /ə'tenʃən/ attention.

► **pay attention to something** faire attention à quelque chose *ou* prêter attention à quelque chose.

▷ **Pay attention!** Écoutez !

► **stand to attention** se mettre au garde-à-vous.

▷ **Attention!** Garde-à-vous !

attic /'ætɪk/ grenier.

attorney /ə'tɜːnɪ/ avocat (= juriste).

Attorney est un mot américain : en anglais britannique, on dit **lawyer**.

attract /ə'trækt/ attirer.

attraction /ə'trækʃən/ attraction *ou* attrait *ou* attirance.

attractive /ə'træktɪv/ attrayant *ou* attirant *ou* séduisant.

auction /'ɔːkʃən/ vente aux enchères.

audience /'ɔːdɪəns/ public (au cinéma, au théâtre) *ou* téléspectateurs *ou* auditeurs.

audition /ɔː'dɪʃən/ *a plusieurs sens :*

1 **audition** *peut signifier* audition.

2 **audition** *peut signifier* essai (pour un rôle dans un film).

August /'ɔːgəst/ août.

► **August the second** *ou* **the second of August** le deux août.

i En anglais, les noms de mois s'écrivent avec une majuscule.

aunt /ɑːnt/ tante.

auntie *ou* **aunty** /'ɑːntɪ/ tante.

Austria /'ɒstrɪə/ Autriche.

i En général, en anglais, on n'utilise pas d'article défini devant les noms de pays et de continents.

Austrian /'ɒstrɪən/ *a plusieurs catégories grammaticales :*

> *Ce peut être un* NOM :

Austrian *signifie* Autrichien.

> *Ce peut être un* ADJECTIF :

Austrian *signifie* autrichien.

i En anglais, les adjectifs de nationalité s'écrivent avec une majuscule.

authentic /ɔː'θentɪk/ authentique.

author /'ɔːθəʳ/ auteur.

authority /ɔː'θɒrɪtɪ/ *a plusieurs sens :*

1 authority *peut signifier* autorité.
► the authorities les autorités.
2 authority *peut signifier* autorisation.
3 ► an authority on something un expert en quelque chose.

authorise *ou* **authorize** /'ɔːθəraɪz/ autoriser.

autograph /'ɔːtəgrɑːf/ *a plusieurs catégories grammaticales :*

> *Ce peut être un* NOM :

autographe *signifie* autographe.

> *Ce peut être un* VERBE :

► autograph something signer quelque chose.

automatic /ˌɔːtə'mætɪk/ *a plusieurs catégories grammaticales et plusieurs sens :*

> *Ce peut être un* ADJECTIF :

automatic *signifie* automatique.

> *Ce peut être un* NOM :

1 automatic *peut signifier* voiture automatique.
2 automatic *peut signifier* lave-linge automatique.
3 automatic *peut signifier* automatique (= revolver).

automatically /ˌɔːtə'mætɪklɪ/ automatiquement.

autumn /'ɔːtəm/ automne.

► in the autumn *ou* in autumn en automne.

Ce mot n'est pas utilisé en anglais américain : aux États-Unis, on dit fall.

availability /əˌveɪlə'bɪlɪtɪ/ disponibilité.

available /ə'veɪləbl/ disponible.

avenge /ə'vendʒ/ venger.

average /'ævərɪdʒ/ *a plusieurs catégories grammaticales :*

> *Ce peut être un* NOM :

average *signifie* moyenne.
► on average en moyenne.

> *Ce peut être un* ADJECTIF :

average *signifie* moyen.

avocado /ˌævə'kɑːdəʊ/ avocat (= fruit).

avoid /ə'vɔɪd/ éviter.

► avoid doing something éviter de faire quelque chose.

await /ə'weɪt/ attendre.

awake /ə'weɪk/ *a plusieurs catégories grammaticales et plusieurs sens :*

> *Ce peut être un* ADJECTIF :

awake *signifie* éveillé *ou* réveillé.
▷ The noise kept me awake. Le bruit m'a empêché de dormir.
▷ He was only half awake. Il n'était qu'à moitié réveillé.

> *Ce peut être un* VERBE TRANSITIF :

1 ► awake somebody réveiller quelqu'un.
2 ► awake something éveiller quelque chose (les soupçons, l'espoir, la curiosité, par exemple).

> *Ce peut être un* VERBE INTRANSITIF :

awake *signifie* se réveiller.

award /ə'wɔːd/ *a plusieurs catégories grammaticales et plusieurs sens :*

> *Ce peut être un* NOM :

award *signifie* prix (au sens de « récompense »).
► award ceremony cérémonie de remise des prix.

> *Ce peut être un* VERBE :

1 ► award somebody something *peut signifier* décerner quelque chose à quelqu'un.
2 ► award somebody something *peut signifier* accorder quelque chose à quelqu'un (des points, un penalty, des dommages et intérêts par exemple).

aware /ə'wɛəʳ/ *a plusieurs sens :*

1 aware *peut signifier* conscient *ou* au courant.
► be aware of something être conscient de quelque chose *ou* être au courant de quelque chose.
2 aware *peut signifier* informé *ou* averti.

awareness /ə'wɛənɪs/ conscience.

away /ə'weɪ/ *a plusieurs sens :*

1 away *peut servir à indiquer les* distances *dans l'espace et dans le temps :*
▷ It's 5 kilometres away. C'est à 5 kilomètres d'ici.
▷ It's not far away. Ce n'est pas loin.
▷ London is an hour away. Londres est à une heure d'ici.
▷ The elections are a week away. Les élections auront lieu dans une semaine.
2 away *peut indiquer un* mouvement dans un sens inverse :

▷ She walked away. Elle s'est éloignée.

▷ He looked away. Il a détourné le regard.

3 away *peut signifier* absent.

▷ He'll be away next week. Il sera absent la semaine prochaine.

▷ She's away on holiday. Elle est en vacances.

► **go away** partir.

▷ He has gone away for the weekend. Il est parti pour le week-end.

▷ Go away! I don't want to see you! Va-t'en ! Je ne veux pas te voir !

4 *En sport,* away *signifie* à l'extérieur (au sens de « dans une autre ville »).

▷ They're playing away. Ils jouent à l'extérieur.

awe /ɔː/ respect mêlé de crainte.

► **be in awe of somebody** être intimidé par quelqu'un *ou* être impressionné par quelqu'un.

awesome /'ɔːsəm/ terrifiant *ou* impressionnant.

awful /'ɔːfəl/ affreux.

► **an awful lot of...** énormément de...

awfully /'ɔːflɪ/ extrêmement.

awkward /'ɔːkwəd/ *a plusieurs sens :*

1 awkward *peut signifier* maladroit.

2 awkward *peut signifier* gêné *ou* mal à l'aise.

3 awkward *peut signifier* difficile (personne, tâche, problème).

4 awkward *peut signifier* encombrant *ou* peu commode.

awoke /ə'wəʊk/ *est le prétérit du verbe* awake.

▷ When I awoke it was dark. Lorsque je me suis réveillé, il faisait nuit.

awoken /ə'wəʊkən/ *est le participe passé du verbe* awake.

▷ Once they had awoken the children, they had breakfast. Après avoir réveillé les enfants, ils ont pris leur petit déjeuner.

ax /æks/ *est l'orthographe américaine du mot* axe.

axe /æks/ *a plusieurs catégories grammaticales :*

> *Ce peut être un* NOM :

axe *signifie* hache.

> *Ce peut être un* VERBE :

► **axe something** supprimer quelque chose (des postes par exemple) *ou* abandonner quelque chose (des projets par exemple).

ANGLAIS — B — FRANÇAIS

La lettre B se prononce /biː/ en anglais.

B rime avec free, knee et tea.

baby /ˈbeɪbɪ/ bébé.

babysit /ˈbeɪbɪsɪt/ faire du baby-sitting.

bachelor /ˈbætʃələʳ/ célibataire.

back /bæk/ *a plusieurs catégories grammaticales et plusieurs sens :*

> *Ce peut être un* NOM :

1 back *peut signifier* dos (d'une personne ou d'un animal) :

► He did it behind my back. Il l'a fait derrière mon dos.

▷ I've got a bad back. J'ai des problèmes de dos.

2 back *peut signifier* arrière (d'un bâtiment ou d'une voiture) *ou* fond (d'une pièce ou d'un placard) :

▷ It's at the back of the house. C'est derrière la maison.

► back door porte de derrière.

► back seat siège arrière.

3 ► back to front devant derrière :

▷ You've got your jumper on back to front. Tu as mis ton pull à l'envers (devant derrière).

> *Ce peut être un* ADVERBE :

1 back *est employé pour exprimer l'idée de* retourner quelque part *ou* de rentrer à la maison :

▷ She went back to the shop. Elle est retournée au magasin.

▷ He won't come back. Il ne va pas revenir.

▷ I'll be back at six. Je serai de retour à six heures.

2 back *sert à exprimer l'idée de* remettre quelque chose à sa place *ou de* rendre quelque chose à quelqu'un :

▷ He put it back in the cupboard. Il l'a remis dans le placard.

▷ He gave me my CD back. Il m'a rendu mon CD.

▷ I want my money back. Je veux récupérer mon argent.

3 back peut décrire un mouvement vers l'arrière :

▷ Stand back! Reculez !

> *Ce peut être un* VERBE :

1 ► back somebody *ou* back somebody up soutenir quelqu'un.

2 ► back a project financer un projet.

backache /ˈbækeɪk/ mal de dos.

background /ˈbækgraʊnd/ *a plusieurs sens :*

1 background *peut signifier* arrière-plan :

► in the background à l'arrière-plan.

2 ► somebody's background le milieu social de quelqu'un.

backing /ˈbækɪŋ/ soutien.

backpack /ˈbækpæk/ sac à dos.

backside /ˈbæksaɪd/ derrière (= les fesses).

backstroke /ˈbækstrəʊk/ dos crawlé.

backward /ˈbækwəd/ en arrière.

backwards /ˈbækwədz/ en arrière *ou* à reculons.

► **walk backwards and forwards** marcher de long en large.

backyard /ˌbækˈjɑːd/ *a plusieurs sens :*

1 *En anglais britannique,* **backyard** *signifie* arrière-cour.

2 *En anglais américain,* **backyard** *signifie* jardin (de derrière).

bad /bæd/ *a plusieurs sens :*

1 **bad** *peut signifier* mauvais :

▷ The weather's very bad. Il fait très mauvais.

▷ It's bad for your health. C'est mauvais pour la santé.

▷ He's bad at English. Il est mauvais en anglais.

▷ She's in a bad mood. Elle est de mauvaise humeur.

2 **bad** *peut signifier* grave (en parlant d'une erreur ou d'un accident) :

▷ He has a bad cold. Il a un gros rhume.

3 **bad** *peut signifier* pourri *ou* gâté (en parlant de la nourriture) :

► **go bad** se gâter.

4 **bad** *est employé pour dire que quelque chose ou quelqu'un* va mal :

▷ Business is bad. Les affaires vont mal.

▷ How is he? – He's not too bad. Comment va-t-il ? – Il ne va pas trop mal.

5 ► **feel bad** se sentir mal.

6 ► **feel bad about doing something** s'en vouloir d'avoir fait quelque chose.

▷ I felt bad about lying to her. Je m'en voulais de lui avoir menti.

> i Le comparatif de bad est worse et le superlatif est worst.

badger /ˈbædʒəʳ/ blaireau (= animal).

badly /ˈbædlɪ/ *a plusieurs sens :*

1 **badly** *peut signifier* mal :

▷ The project was badly managed. Le projet a été mal géré.

2 **badly** *peut signifier* gravement :

▷ He was badly wounded. Il était gravement blessé.

3 **badly** *est employé pour dire qu'on* a vraiment besoin de quelque chose :

▷ I badly need a haircut. J'ai vraiment besoin de me faire couper les cheveux.

bad-tempered /ˌbædˈtempəd/

► **be bad-tempered** avoir mauvais caractère *ou* être de mauvaise humeur.

bag /bæg/ sac.

baggage /ˈbægɪdʒ/ bagages.

► **baggage reclaim** livraison de bagages (à l'aéroport).

baggy /ˈbægɪ/ ample.

bagpipes /ˈbægpaɪps/ cornemuse.

bake /beɪk/ faire cuire au four.

► **baked beans** haricots blancs à la sauce tomate.

► **baked potato** pomme de terre en robe de chambre.

baker /ˈbeɪkəʳ/ boulanger *ou* boulangère.

► **the baker's** *ou* **the baker's shop** la boulangerie.

bakery /ˈbeɪkərɪ/ boulangerie.

balance /ˈbæləns/ *a plusieurs catégories grammaticales :*

> *Ce peut être un* NOM :

balance *signifie* équilibre :

▷ He lost his balance. Il a perdu l'équilibre.

> *Ce peut être un* VERBE TRANSITIF :

► **balance something** équilibrer quelque chose.

> *Ce peut être un* VERBE INTRANSITIF :

balance *signifie* se tenir en équilibre.

> Le mot anglais balance ne signifie pas « balance ».

balcony /ˈbælkənɪ/ balcon.

bald /bɔːld/ chauve.

ball /bɔːl/ *a plusieurs sens :*

1 **ball** *peut signifier* balle *ou* ballon.

2 **ball** *peut signifier* bal.

ballerina /ˌbæləˈriːnə/ ballerine (= danseuse).

ballet /ˈbæleɪ/ ballet *ou* danse classique.

► **ballet dancer** danseur classique *ou* danseuse classique.

balloon /bəˈluːn/ ballon (qu'on gonfle et qu'on tient à la main par une ficelle).

ballpoint pen /ˌbɔlpɔɪnt'pen/ stylo à bille.

ban /bæn/ *a plusieurs catégories grammaticales :*

> *Ce peut être un* NOM :

ban *signifie* interdiction.

> *Ce peut être un* VERBE :

► ban something interdire quelque chose.

banana /bə'nɑːnə/ banane.

band /bænd/ *a plusieurs sens :*

1 band *peut signifier* bande (au sens de « ruban »).
2 band *peut signifier* groupe (de rock) *ou* orchestre (de jazz).

bandage /'bændɪdʒ/ pansement.

bang /bæŋ/ *a plusieurs catégories grammaticales et plusieurs sens :*

> *Ce peut être un* NOM :

1 bang *peut signifier* détonation (d'un fusil) *ou* claquement (d'une porte).
2 bang *peut signifier* coup violent.

> *Ce peut être une exclamation :*

bang! *signifie* pan ! *ou* boum !

> *Ce peut être un* VERBE TRANSITIF :

► bang something frapper quelque chose violemment.
▷ She banged her head. Elle s'est cogné la tête.
▷ He banged the door. Il a claqué la porte.

> *Ce peut être un* VERBE INTRANSITIF :

bang *signifie* claquer (en parlant d'une porte) *ou* détoner (en parlant d'un fusil).

banger /'bæŋəʳ/ pétard (= feu d'artifice).

bank /bæŋk/ *a plusieurs sens :*

1 bank *peut signifier* banque.
► bank account compte bancaire.
2 ► bank holiday jour férié.
3 bank *peut signifier* rive.

banker /'bæŋkəʳ/ banquier.

banknote /'bæŋknəʊt/ billet de banque.

> Le mot banknote n'est pas employé en anglais américain : aux États-Unis, on dit bill.

bankrupt /'bæŋkrʌpt/ en faillite.

baptize /bæp'taɪz/ baptiser.

bar /bɑːʳ/ *a plusieurs sens :*

1 bar *peut signifier* bar.
2 bar *peut signifier* barre *ou* barreau.
3 bar *peut signifier* tablette (de chocolat).
4 ► a bar of soap un savon.

barber /'bɑːbəʳ/ coiffeur (pour hommes).

bare /bɛəʳ/ nu.

barely /'bɛəlɪ/ à peine.

bargain /'bɑːgɪn/ *a plusieurs catégories grammaticales :*

> *Ce peut être un* NOM :

bargain *signifie* affaire (au sens de « achat avantageux »).

> *Ce peut être un* VERBE :

► bargain with somebody for something négocier quelque chose avec quelqu'un.

barge /bɑːdʒ/ péniche.

bark /bɑːk/ *a plusieurs catégories grammaticales et plusieurs sens :*

> *Ce peut être un* NOM :

1 bark *peut signifier* écorce (d'un arbre).
2 bark *peut signifier* aboiement.

> *Ce peut être un* VERBE :

bark *signifie* aboyer :
► bark at somebody aboyer après quelqu'un.

barn /bɑːn/ grange.

barrel /'bærəl/ tonneau (de vin ou de bière) *ou* baril (de pétrole).

barrier /'bærɪəʳ/ barrière.

base /beɪs/ *a plusieurs catégories grammaticales et plusieurs sens :*

> *Ce peut être un* NOM :

base *signifie* base.

> *Ce peut être un* VERBE :

► base something on something fonder quelque chose sur quelque chose.
► be based être basé
▷ The company is based in York. L'entreprise est basée à York.

baseball /'beɪsbɔːl/ baseball.

► baseball cap casquette de baseball.

basement /'beɪsmənt/ sous-sol.

basic /'beɪsɪk/ *a plusieurs catégories grammaticales :*

> *Ce peut être un* ADJECTIF *:*

basic *signifie* fondamental.

> *Ce peut être un* NOM PLURIEL *:*

► the basics l'essentiel *ou* les bases

basically /'beɪsɪklɪ/ au fond.

basil /'bæzl/ basilic.

basin /'beɪsn/ *a plusieurs sens :*

1 basin *peut signifier* cuvette.

2 basin *peut signifier* lavabo.

3 basin *peut signifier* bol.

basis /'beɪsɪs/ base.

basket /'bɑːskɪt/ corbeille *ou* panier.

Le mot anglais basket ne signifie pas « basket ».

basketball /'bɑːskɪtbɔːl/ basket(-ball).

► basketball player basketteur *ou* basketteuse.

bass /beɪs/ basse (= instrument de musique).

bat /bæt/ *a plusieurs sens :*

1 bat *peut signifier* chauve-souris.

2 bat *peut signifier* batte *ou* raquette.

bath /bɑːθ/ bain *ou* baignoire.

► have a bath prendre un bain.
► swimming baths piscine.
► bath towel serviette de bain.

bathe /beɪð/ baigner *ou* se baigner.

bathroom /'bɑːθrʊm/ *a plusieurs sens :*

1 *En anglais britannique,* bathroom *signifie* salle de bains.

2 *En anglais américain,* bathroom *signifie* salle de bains *ou* toilettes.

bathtub /'bɑːθtʌb/ baignoire.

battery /'bætərɪ/ pile (d'une radio ou d'une torche, par exemple) *ou* batterie (d'une voiture).

battle /'bætl/ bataille.

bay /beɪ/ *a plusieurs sens :*

1 bay *peut signifier* baie (= une partie de la côte).

2 bay *peut signifier* laurier :

► bay leaf feuille de laurier.

BC /bi'siː/ avant Jésus-Christ.

► in 1000 BC en 1000 avant Jésus-Christ.

be /biː/ *a plusieurs sens :*

i Le verbe be est irrégulier. Au présent, les formes sont : I am, you are, he / she / it is, we are, they are. Ces formes sont souvent abrégées : I'm, you're, he's, she's, it's, we're, they're. Au passé simple, les formes sont : I was, you were, he / she / it was, we were, they were. Le participe passé est been.

1 be *peut signifier* être :

▷ I am French. Je suis français.

▷ She is pretty. Elle est jolie.

▷ Who is that? – It's me! Qui est-ce ? – C'est moi !

▷ They are very nice. Ils sont très sympas.

▷ He will be here tonight. Il sera là ce soir.

▷ He's a doctor. Il est médecin.

2 be *s'utilise pour parler de la* santé *de quelqu'un :*

▷ How are you? Comment vas-tu ?

▷ He's not very well. Il ne va pas très bien.

▷ I'm better now. Je vais mieux maintenant.

3 be *s'utilise pour décrire des* sensations *ou des* attitudes :

▷ I'm cold / hot. J'ai froid / chaud.

▷ He's hungry / thirsty. Il a faim / soif.

▷ You're right / wrong. Tu as raison / tort.

4 be *s'utilise pour dire* quel âge on a :

▷ How old are you? Quel âge as-tu ?

▷ He is 25 years old. Il a 25 ans.

5 be *s'utilise pour parler du* temps qu'il fait *ou de la* température :

▷ It's warm. Il fait chaud.

▷ It's 20 degrees. Il fait 20 degrés.

> be *peut aussi être un* VERBE *auxiliaire :*

1 be *s'utilise dans la formation des* temps progressifs :

▷ What is he doing? Qu'est-ce qu'il fait ?

▷ He's sleeping. Il dort.

▷ He was driving too fast. Il conduisait trop vite.

2 be *s'utilise dans les* constructions passives :

▷ I want to be told. Je veux qu'on me le dise.

▷ He was killed. Il a été tué.

▷ She was loved by everyone. Tout le monde l'aimait.

3 **be** *s'utilise aussi dans des petites phrases qui formulent des* questions *et des* réponses :
▷ He's always late, isn't he? – Yes, he is. Il est toujours en retard, n'est-ce pas ? – Oui.

beach /biːtʃ/ plage.

bead /biːd/ perle (en verre ou en plastique).

beak /biːk/ bec.

beam /biːm/ *a plusieurs sens :*

1 **beam** *peut signifier* poutre.

2 **beam** *peut signifier* rayon (de lumière).

bean /biːn/ haricot.

bear /bɛəʳ/ *a plusieurs catégories grammaticales et plusieurs sens :*

> *Ce peut être un* NOM :

bear *signifie* ours.

> *Ce peut être un* VERBE TRANSITIF :

► **bear something** *peut signifier* supporter quelque chose :
▷ I can't bear the heat. Je ne supporte pas la chaleur.

► **bear something** *peut signifier* porter quelque chose.

beard /bɪəd/ barbe.

beast /biːst/ bête (= animal).

beat /biːt/ *a plusieurs catégories grammaticales et plusieurs sens :*

> *Ce peut être un* NOM :

1 **beat** *peut signifier* battement (du cœur ou de tambour).

2 **beat** *peut signifier* temps *ou* mesure (d'une musique).

> *Ce peut être un* VERBE :

beat *signifie* battre :
▷ She beat me at chess. Elle m'a battu aux échecs.
▷ The rain was beating against the window. La pluie battait contre la vitre.

beaten /ˈbiːtn/ *est le participe passé du verbe* **beat**.
▷ He has beaten the world champion. Il a battu le champion du monde.

beautiful /ˈbjuːtɪfʊl/ beau.

beautifully /ˈbjuːtɪflɪ/ magnifiquement.

beauty /ˈbjuːtɪ/ beauté.
► **beauty parlour** institut de beauté.

beaver /ˈbiːvəʳ/ castor.

became /bɪˈkeɪm/ *est le prétérit de* **become**.
▷ He became violent. Il est devenu violent.

because /bɪˈkɒz/ parce que.
► **because of** à cause de.

become /bɪˈkʌm/ devenir.

> ℹ **Become** est la base verbale, mais aussi le participe passé :
> ▷ My mother has become a nurse. Ma mère est devenue infirmière.

bed /bed/ lit.
► **bed and breakfast** chambre d'hôte.

bedroom /ˈbedrʊm/ chambre.

bedspread /ˈbedspred/ dessus-de-lit.

bedtime /ˈbedtaɪm/ l'heure d'aller se coucher.

bee /biː/ abeille.

beef /biːf/ bœuf (= viande).

beefburger /ˈbiːfˌbɜːgəʳ/ hamburger.

beehive /ˈbiːhaɪv/ ruche.

been /biːn/ *est le participe passé du verbe* **be**.

> ℹ **have been** et **has been** s'utilisent pour former le « perfect » :

▷ I've been here for three hours. Je suis ici depuis trois heures.
▷ It has been raining. Il a plu.

> ℹ **have been** et **has been** s'utilisent pour dire qu'on **est allé** quelque part :
> ▷ I have been to London. Je suis allé à Londres.
> ▷ Where have you been? Où étais-tu passé ?

beep /biːp/ signal sonore.

beer /bɪəʳ/ bière.

beetle /ˈbiːtl/ scarabée.

beetroot /ˈbiːtruːt/ betterave rouge.

before /bɪ'fɔːʳ/ *a plusieurs catégories grammaticales et plusieurs sens :*

> *Ce peut être une* PRÉPOSITION :

1 **before** *peut signifier* avant :

▷ He arrived before me. Il est arrivé avant moi.

▷ The day before yesterday. Avant-hier.

2 **before** *peut signifier* devant :

▷ He was before me in the queue. Il était devant moi dans la file d'attente.

> *Ce peut être un* ADVERBE :

1 **before** *signifie* avant :

▷ You should have told me before. Tu aurais dû me le dire avant.

▷ The week before. La semaine d'avant.

2 *On peut utiliser* **before** *pour dire qu'on a déjà fait quelque chose :*

▷ I have seen it before. Je l'ai déjà vu.

> *Ce peut être une* CONJONCTION :

before *signifie* avant de *ou* avant que :

▷ I read the newspaper before I went out. J'ai lu le journal avant de sortir.

beforehand /bɪ'fɔːhænd/ à l'avance.

beg /beg/ *a plusieurs sens :*

1 **beg** *peut signifier* mendier.

2 **beg** *peut signifier* supplier.

3 ► **I beg your pardon** pardon ? *ou* je vous demande pardon.

began /bɪ'gæn/ *est le prétérit du verbe* **begin**.

▷ It began to rain. Il a commencé à pleuvoir.

beggar /'begəʳ/ mendiant.

begin /bɪ'gɪn/ commencer.

► **begin to do something** *ou* **begin doing something** commencer à faire quelque chose.

beginner /bɪ'gɪnəʳ/ débutant.

beginning /bɪ'gɪnɪŋ/ début.

► **in the beginning** au début.

> ℹ Beginning est aussi une forme du verbe begin :
> ▷ I'm beginning to understand. Je commence à comprendre.

begun /bɪ'gʌn/ *est le participe passé du verbe* **begin**.

▷ The concert has already begun. Le concert a déjà commencé.

behalf /bɪ'hɑːf/ *est employé pour dire qu'on fait quelque chose pour quelqu'un :*

▷ I'll do it on your behalf. Je le ferai pour toi.

> En anglais américain, on dit in your behalf, in his behalf, etc.

behave /bɪ'heɪv/ se conduire *ou* se comporter.

▷ He behaved badly. Il s'est mal conduit.

▷ He behaved well *ou* he behaved himself. Il s'est bien conduit.

behaviour /bɪ'heɪvjəʳ/ conduite *ou* comportement.

> En anglais américain, ce mot s'écrit behavior.

behind /bɪ'haɪnd/ *a plusieurs sens :*

1 **behind** *peut signifier* derrière.

2 **behind** *peut signifier* en retard :

► **be behind with something** être en retard dans quelque chose.

3 ► **leave something behind** oublier quelque chose.

Belgian /'beldʒən/ belge *ou* Belge.

> ℹ En anglais, les adjectifs de nationalité commencent par une majuscule.

Belgium /'beldʒəm/ Belgique.

> ℹ En général, en anglais, on n'utilise pas d'article défini devant les noms de pays et de continents.

belief /bɪ'liːf/ croyance *ou* conviction.

believe /bɪ'liːv/ croire.

► **believe in God** croire en Dieu.

► **believe in something** croire à quelque chose.

bell /bel/ cloche *ou* clochette *ou* sonnette.

belly /'belɪ/ ventre.

► **belly button** nombril.

belong /bɪ'lɒŋ/ *a plusieurs sens :*

1 ► **belong to somebody** appartenir à quelqu'un.

▷ This belongs to me. Ceci m'appartient.

2 ► **belong to a club** être membre d'un club.

3 **belong** *peut signifier* être à sa place :

▷ Put it back where it belongs. Remets-le à sa place.

belongings /bɪˈlɒŋɪŋz/ affaires (au sens de « objets personnels »).

below /bɪˈləʊ/ *a plusieurs catégories grammaticales :*

> *Ce peut être une* PRÉPOSITION :

below *signifie* sous *ou* au-dessous de :

▷ It was below the surface. C'était sous la surface.

▷ There's a lake below the village. Il y a un lac au-dessous du village.

> *Ce peut être un* ADVERBE :

below *signifie* au-dessous *ou* en bas.

belt /belt/ ceinture.

bench /bentʃ/ banc.

bend /bend/ *a plusieurs catégories grammaticales :*

> *Ce peut être un* NOM :

bend *signifie* virage *ou* coude (dans une rivière ou un tuyau, par exemple).

> *Ce peut être un* VERBE TRANSITIF :

► bend something plier, courber *ou* tordre quelque chose.

> *Ce peut être un* VERBE INTRANSITIF :

1 bend *signifie* faire un coude (en parlant d'une rivière ou une rue).

2 ► bend down se baisser.

3 ► bend over se pencher.

beneath /bɪˈniːθ/ sous *ou* en-dessous de.

benefit /ˈbenɪfɪt/ bienfait.

bent /bent/ tordu.

> ℹ Bent est aussi le prétérit et le participe passé du verbe bend :
> ▷ You've bent it! Tu l'as tordu !

berry /ˈberɪ/ baie (= fruit).

beside /bɪˈsaɪd/ à côté de.

besides /bɪˈsaɪdz/ en plus *ou* en plus de.

best /best/ mieux *ou* meilleur.

▷ It's the best wine in the world. C'est le meilleur vin du monde.

▷ She's the best dressed woman in Paris. C'est la femme la mieux habillée de Paris.

▷ It's for the best. C'est pour le mieux.

► do one's best faire de son mieux.

► best man garçon d'honneur.

bet /bet/ *a plusieurs catégories grammaticales :*

> *Ce peut être un* NOM :

bet *signifie* pari.

> *Ce peut être un* VERBE :

bet *signifie* parier *ou* miser.

betray /bɪˈtreɪ/ trahir.

better /ˈbetəʳ/ *a plusieurs catégories grammaticales et plusieurs sens :*

> *Ce peut être le comparatif de* good :

better *signifie* meilleur :

▷ His work is better than mine. Son travail est meilleur que le mien.

► get better s'améliorer *ou* se remettre (après une maladie).

▷ It's getting better and better. Ça va de mieux en mieux.

> *Ce peut être le comparatif de* well :

1 better *signifie* mieux :

▷ She sings better than you. Elle chante mieux que toi.

2 ► had better *est une expression qui sert à donner un* conseil, *souvent contractée en* 'd better :

▷ You had better leave soon. Il vaut mieux que tu partes bientôt.

▷ I'd better speak to her. Il vaut mieux que je lui parle.

> *Ce peut être un* NOM :

► for better or for worse pour le meilleur et pour le pire.

► get the better of somebody triompher de quelqu'un.

between /bɪˈtwiːn/ entre.

► in between au milieu *ou* au milieu de.

beware /bɪˈwɛəʳ/ prendre garde *ou* faire attention.

▷ Beware of pickpockets. Attention aux pickpockets.

▷ Beware of the dog! Attention ! Chien méchant !

beyond /bɪˈjɒnd/ au-delà *ou* au-delà de.

bias /ˈbaɪəs/ parti pris.

biased /ˈbaɪəst/ partial.

► be biased against somebody *ou* something avoir un parti pris contre quelqu'un *ou* quelque chose.

bib /bɪb/ bavoir.

bicycle /ˈbaɪsɪkl/ vélo.

► ride a bicycle faire du vélo.

big /bɪg/ grand *ou* gros.

bigger /ˈbɪgəʳ/ plus grand *ou* plus gros.

► **get bigger** grandir *ou* grossir.

biggest /ˈbɪgɪst/

► **the biggest** le plus grand *ou* le plus gros.

bigheaded /ˌbɪgˈhedɪd/

► **be bigheaded** avoir la grosse tête.

bike /baɪk/ vélo *ou* moto.

bilingual /baɪˈlɪŋgwəl/ bilingue.

bill /bɪl/ *a plusieurs sens :*

1 **bill** *peut signifier* facture *ou* addition (dans un restaurant).

2 **bill** *peut signifier* projet de loi.

3 *En anglais américain,* **bill** *signifie* billet de banque.

billion /ˈbɪljən/ milliard.

bin /bɪn/ poubelle.

binoculars /bɪˈnɒkjʊləz/ jumelles (= instrument d'optique).

biology /baɪˈɒlədʒɪ/ biologie.

bird /bɜːd/ oiseau.

Biro® /ˈbaɪərəʊ/ stylo à bille.

birth /bɜːθ/ naissance.

birthday /ˈbɜːθdeɪ/ anniversaire.

biscuit /ˈbɪskɪt/ gâteau sec.

bishop /ˈbɪʃəp/ évêque.

bit /bɪt/ *a plusieurs sens :*

1 **bit** *signifie* morceau *ou* bout :

► **a bit of paper** un bout de papier.

► **come to bits** tomber en morceaux.

► **bit by bit** petit à petit.

2 ► **a bit** *peut signifier* un peu :

▷ I'm a bit tired. Je suis un peu fatigué.

▷ He's a little bit hungry. Il a un petit peu faim.

▷ Wait a bit! Attends un peu !

> ℹ **Bit** est aussi le prétérit du verbe **bite** :
> ▷ The hamster bit my finger. Le hamster m'a mordu le doigt.

bite /baɪt/ *a plusieurs catégories grammaticales :*

> *Ce peut être un* NOM :

bite *signifie* morsure (d'un chien ou d'un serpent) *ou* piqûre (d'insecte) :

► **take a bite out of something** croquer dans quelque chose.

> *Ce peut être un* VERBE :

bite *signifie* mordre (en parlant d'une personne ou d'un animal) *ou* piquer (en parlant d'un insecte) :

► **bite one's nails** se ronger les ongles.

bitten /ˈbɪtn/ *est le participe passé de* **bite.**

▷ Have you ever been bitten by a snake? T'es-tu déjà fait mordre par un serpent ?

bitter /ˈbɪtəʳ/ amer.

black /blæk/ noir.

► **black eye** œil au beurre noir.

blackberry /ˈblækbərɪ/ mûre (= fruit).

blackbird /ˈblækbɜːd/ merle.

blackboard /ˈblækbɔːd/ tableau noir.

blackcurrant /ˌblækˈkʌrənt/ cassis.

blade /bleɪd/ lame (de couteau ou de scie).

blame /bleɪm/ *a plusieurs catégories grammaticales :*

> *Ce peut être un* NOM :

blame *signifie* responsabilité :

► **take the blame for something** assumer la responsabilité de quelque chose.

> *Ce peut être un* VERBE :

► **blame something on somebody** rejeter la responsabilité de quelque chose sur quelqu'un.

► **blame somebody for doing something** reprocher à quelqu'un de faire quelque chose.

► **be to blame for something** être responsable de quelque chose.

blank /blæŋk/ *a plusieurs catégories grammaticales :*

> *Ce peut être un* ADJECTIF :

blank *signifie* blanc (au sens de « vide »)

▷ Write your name on a blank piece of paper. Écris ton nom sur une feuille blanche.

> *Ce peut être un* NOM :

► **fill in the blanks** remplir les blancs.

blanket /ˈblæŋkɪt/ couverture.

blast /blɑːst/ explosion.

blaze /bleɪz/ incendie.

bleach /bliːtʃ/ *a plusieurs catégories grammaticales et plusieurs sens :*

> *Ce peut être un* NOM :

bleach *signifie* eau de Javel *ou* décolorant.

> *Ce peut être un* VERBE :

► **bleach something** blanchir quelque chose.

► **bleach one's hair** se décolorer les cheveux.

bleached /bliːtʃt/ décoloré.

> ℹ Bleached est aussi le prétérit et le participe passé du verbe bleach :
> ▷ He bleached his hair. Il s'est décoloré les cheveux.

bled /bled/ *est le prétérit et le participe passé du verbe* **bleed**.

▷ It bled a lot. Ça a beaucoup saigné.

bleed /bliːd/ saigner.

blend /blend/ *a plusieurs catégories grammaticales :*

> *Ce peut être un* NOM :

blend *signifie* mélange.

> *Ce peut être un* VERBE :

blend *signifie* mélanger *ou* se mélanger.

bless /bles/ bénir.

► **bless you!** à tes souhaits !

blew /bluː/ *est le prétérit du verbe* **blow**.

▷ Sally blew the candles out and made a wish. Sally a soufflé les bougies et a fait un vœu.

blind /blaɪnd/ *a plusieurs catégories grammaticales :*

> *Ce peut être un* ADJECTIF :

blind *signifie* aveugle :

► **go blind** devenir aveugle.

> *Ce peut être un* NOM COLLECTIF :

► **the blind** les aveugles.

> *Ce peut être un* NOM :

blind *signifie* store *ou* volet

blink /blɪŋk/ cligner des yeux.

blister /ˈblɪstəʳ/ ampoule (sur le pied, par exemple).

block /blɒk/ *a plusieurs catégories grammaticales et plusieurs sens :*

> *Ce peut être un* NOM :

1 block *peut signifier* bloc.

2 block *peut signifier* pâté de maisons :

► **a block of flats** un immeuble.

▷ Let's walk around the block. Faisons le tour du pâté de maisons.

▷ They live three blocks from here. Ils habitent à trois rues d'ici.

> *Ce peut être un* VERBE :

► **block something** bloquer *ou* boucher quelque chose.

blood /blʌd/ sang.

► **blood test** prise de sang.

blossom /ˈblɒsəm/ fleurs (d'un arbre).

blouse /blaʊz/ chemisier.

blow /bləʊ/ *a plusieurs catégories grammaticales et plusieurs sens :*

> *Ce peut être un* NOM :

blow *signifie* coup (au sens de « choc »).

> *Ce peut être un* VERBE :

blow *signifie* souffler :

► **blow one's nose** se moucher.

► **blow bubbles** faire des bulles.

► **blow a whistle** donner un coup de sifflet.

Phrasal verbs

Le VERBE blow *peut être suivi d'une* PRÉPOSITION, *telle que* down *ou* out, *et dans ce cas, il peut avoir un sens différent. C'est ce qu'on appelle, en anglais, un* phrasal verb.

BLOW DOWN :

► blow something down faire tomber quelque chose (en parlant du vent).

▷ The tree blew down. L'arbre a été abattu par le vent.

BLOW OUT :

► blow a candle out souffler une bougie.

▷ The candle blew out. La bougie s'est éteinte.

BLOW UP :

► blow a tyre up gonfler un pneu.

► blow something up faire sauter quelque chose (un bâtiment, par exemple).

► blow up exploser (en parlant d'une bombe) *ou* sauter (en parlant de quelque chose qui est détruit par une bombe).

blow-dry /ˈbləʊdraɪ/ *a plusieurs catégories grammaticales :*

> *Ce peut être un* NOM :

blow-dry *signifie* brushing.

> *Ce peut être un* VERBE :

► **blow-dry somebody's hair** faire un brushing à quelqu'un.

blue /bluː/ bleu.

blueberry /ˈbluːbərɪ/ myrtille.

blunder /ˈblʌndəʳ/ *a plusieurs catégories grammaticales :*

> *Ce peut être un* NOM :

blunder *signifie* gaffe.

> *Ce peut être un* VERBE :

blunder *signifie* faire une gaffe.

blunt /blʌnt/ *a plusieurs sens :*

1 **blunt** *peut signifier* qui ne coupe pas bien *ou* qui n'est pas tranchant.

2 **blunt** *peut signifier* brusque (en parlant d'une personne).

blurred /blɜːd/ flou.

blush /blʌʃ/ rougir.

board /bɔːd/ *a plusieurs sens :*

1 **board** *peut signifier* planche.

2 **board** *peut signifier* tableau (au sens de « panneau » ou « tableau noir »).

3 **board** *peut signifier* plateau (pour les jeux de société) *ou* échiquier :

► **board game** jeu de société (qui se joue sur un plateau).

4 **board** *peut signifier* conseil d'administration.

5 ► **on board** à bord.

► **get on board** monter à bord.

boarding pass /ˈbɔːdɪŋpɑːs/ carte d'embarquement.

boarding school /ˈbɔːdɪŋskuːl/ pensionnat.

boast /bəʊst/ se vanter.

► **boast about something** se vanter de quelque chose.

boat /bəʊt/ bateau.

body /ˈbɒdɪ/ corps.

► **body building** culturisme.

► **body lotion** lait corporel.

bodyguard /ˈbɒdɪgɑːd/ garde du corps.

boil /bɔɪl/ bouillir *ou* faire bouillir.

boiled /bɔɪld/ bouilli.

► **boiled egg** œuf à la coque.

► **boiled potatoes** pommes vapeur.

> **Boiled** est aussi le prétérit et le participe passé du verbe **boil** :
> ▷ He boiled the water. Il a fait bouillir l'eau.

boiler /ˈbɔɪləʳ/ chaudière.

boiling /ˈbɔɪlɪŋ/ bouillant *ou* très chaud.

> **Boiling** est aussi une forme du verbe **boil** :
> ▷ The water is boiling. L'eau bout.

bold /bəʊld/ *a plusieurs sens :*

1 **bold** *peut signifier* audacieux.

2 **bold** *peut signifier* vif (en parlant d'une couleur).

bolt /bəʊlt/ *a plusieurs catégories grammaticales et plusieurs sens :*

> *Ce peut être un* NOM :

1 **bolt** *peut signifier* verrou.

2 **bolt** *peut signifier* boulon.

3 ► **a bolt of lightning** un éclair (de foudre).

> *Ce peut être un* VERBE INTRANSITIF :

bolt *signifie* s'emballer (en parlant d'un cheval).

> *Ce peut être un* VERBE TRANSITIF :

bolt *signifie* verrouiller (une porte ou une fenêtre).

bomb /bɒm/ *a plusieurs catégories grammaticales :*

> *Ce peut être un* NOM :

1 **bomb** *signifie* bombe.

> *Ce peut être un* VERBE :

2 ► **bomb something** bombarder quelque chose.

bond /bɒnd/ lien.

bone /bəʊn/ os *ou* arête.

bonfire /ˈbɒnfaɪəʳ/ feu de joie *ou* feu de jardin.

bonnet /ˈbɒnɪt/ *a plusieurs sens :*

1 *En anglais britannique,* **bonnet** *peut signifier* capot (d'une voiture).

2 **bonnet** *peut signifier* bonnet (au sens de « chapeau que portaient autrefois les femmes »).

> Au sens moderne de « chapeau en laine », le mot français **bonnet** se traduit par « woolly hat » en anglais.

bonus /ˈbəʊnəs/ prime.

boo /buː/ *a plusieurs catégories grammaticales :*

> *Ce peut être une exclamation :*

boo! *signifie* hou !

> *Ce peut être un* VERBE :

boo *signifie* huer.

> *Ce peut être un* NOM :

boo *signifie* huée.

book /bʊk/ *a plusieurs catégories grammaticales et plusieurs sens :*

> *Ce peut être un* NOM :

book *signifie* livre *ou* cahier *ou* carnet.

> *Ce peut être un* VERBE :

book *signifie* réserver.

bookcase /ˈbʊkkeɪs/ bibliothèque (= meuble où on range des livres).

booking /ˈbʊkɪŋ/ réservation.

► **make a booking** réserver.

booklet /ˈbʊklɪt/ brochure.

bookshelf /ˈbʊkʃelf/ étagère (où on range les livres).

bookshop /ˈbʊkʃɒːp/ librairie.

bookstore /ˈbʊkstɔːʳ/ librairie.

boot /buːt/ *a plusieurs sens :*

1 **boot** *peut signifier* botte *ou* bottine.

2 **boot** *peut signifier* coffre (de voiture).

> Au sens de « coffre », le mot **boot** n'est pas employé en anglais américain. Aux États-Unis, on dit **trunk**.

border /ˈbɔːdəʳ/ frontière.

bore /bɔːʳ/ ennuyer (= ne pas intéresser quelqu'un).

bored /bɔːd/

► **be bored** s'ennuyer.

> **i** **Bored** est aussi le prétérit et le participe passé du verbe **bore** :
> ▷ The film bored me. Je trouvais le film ennuyeux.

boredom /ˈbɔːdəm/ ennui (quand on ne s'intéresse à rien).

boring /ˈbɔːrɪŋ/ ennuyeux (= sans intérêt).

> **i** **Boring** est aussi une forme du verbe **bore** :
> ▷ Am I boring you with my questions? Je t'ennuie avec mes questions ?

born /bɔːn/ né.

► **be born** naître.

borrow /ˈbɒrəʊ/ emprunter.

► **borrow something from somebody** emprunter quelque chose à quelqu'un.

boss /bɒs/ *a plusieurs catégories grammaticales :*

> *Ce peut être un* NOM :

boss *signifie* patron *ou* chef.

> *Ce peut être un* VERBE :

► **boss somebody around** donner des ordres à quelqu'un.

bossy /ˈbɒsɪ/ autoritaire.

both /bəʊθ/ *a plusieurs sens :*

1 **both** *peut signifier* les deux *ou* tous les deux.

▷ Both books are mine. Les deux livres sont à moi.

▷ Both of them are tall. Ils sont grands tous les deux.

▷ Both his brother and his sister are ill. Son frère et sa sœur sont tous les deux malades.

2 **both** *s'utilise pour dire que deux choses arrivent à la fois.*

▷ He was both happy and tired. Il était content et heureux à la fois.

bother /ˈbɒðəʳ/ *a plusieurs catégories grammaticales et plusieurs sens :*

> *Ce peut être un* VERBE TRANSITIF :

1 ► **bother somebody** *peut signifier* embêter *ou* déranger quelqu'un.

▷ I'm sorry to bother you. Excusez-moi de vous déranger.

2 ► **bother somebody** *peut signifier* inquiéter quelqu'un.

▷ Didn't it bother you? Cela ne vous a pas inquiété ?

3 ► **I can't be bothered.** Je n'ai pas envie.

> *Ce peut être un* VERBE INTRANSITIF :

bother *signifie* se donner la peine.

▷ Don't bother to get up! Ne vous donnez pas la peine de vous lever !

▷ I'll do it. – No, don't bother. Je vais le faire. – Non, ce n'est pas la peine.

> *Ce peut être un* NOM :

bother *signifie* embêtement :

▷ It's no bother. Ça ne pose pas de problème.

bottle /ˈbɒtl/ bouteille.

► **bottle bank** conteneur à verre.

bottle-opener /ˈbɒtl əʊpnəʳ/ décapsuleur.

bottom /ˈbɒtəm/ *a plusieurs catégories grammaticales et plusieurs sens :*

> *Ce peut être un* NOM :

1 **bottom** *peut signifier* fond (d'une bouteille, d'un lac, d'un jardin) *ou* bas (d'une page, d'une échelle, d'un tas) *ou* pied (d'une colline) :

► **at the bottom of** au fond de *ou* en bas de *ou* au pied de.

► **be bottom of the class** être le dernier de la classe.

2 **bottom** *peut signifier* derrière (= les fesses).

> *Ce peut être un* ADJECTIF :

bottom *est employé pour décrire ce qui est* en bas *ou* en position inférieure :

▷ It's on the bottom shelf. C'est sur l'étagère du bas.

▷ He was sitting on the bottom step. Il était assis sur la première marche.

▷ Look in the bottom right-hand corner. Regarde dans le coin en bas à droite.

bought /bɔːt/ *est le prétérit et le participe passé du verbe* **buy**.

▷ James bought me a puppy. James m'a acheté un petit chien.

▷ What have you bought? Qu'as-tu acheté ?

boulder /ˈbəʊldəʳ/ rocher.

bounce /baʊns/ rebondir.

bound to /ˈbaʊnd tuː/ *est employé pour dire que quelque chose* va sûrement se passer *ou que quelqu'un* va sûrement faire quelque chose :

▷ It's bound to rain. Il va sûrement pleuvoir.

▷ He's bound to come. Il va sûrement venir.

boundary /ˈbaʊndərɪ/ frontière.

bow *se prononce de deux façons et a des sens différents selon la prononciation :*

/bəʊ/ (bow rime avec show)

> *C'est un* NOM :

1 **bow** *peut signifier* nœud (pour faire joli) :

► **bow tie** nœud papillon.

2 **bow** *peut signifier* archet.

3 **bow** *peut signifier* arc (= arme pour lancer des flèches).

/baʊ/ (bow rime avec cow et now)

> *Ce peut être un* NOM :

1 **bow** *peut signifier* révérence.

2 **bow** *peut signifier* proue (= partie avant d'un bateau).

> *Ce peut être un* VERBE :

► **bow to somebody** saluer quelqu'un d'un signe de tête.

► **bow one's head** courber la tête.

bowl /bəʊl/ *a plusieurs catégories grammaticales et plusieurs sens :*

> *Ce peut être un* NOM :

1 **bowl** *signifie* bol *ou* cuvette.

2 ► **play bowls** jouer aux boules.

> *Ce peut être un* VERBE :

bowl *signifie* lancer la balle.

box /bɒks/ *a plusieurs catégories grammaticales :*

> *Ce peut être un* NOM :

box *signifie* boîte *ou* carton.

> *Ce peut être un* VERBE :

box *signifie* faire de la boxe.

boxer /ˈbɒksəʳ/ boxeur.

boxing /ˈbɒksɪŋ/ la boxe.

► **Boxing Day** le lendemain de Noël.

boy /bɔɪ/ garçon.

boyfriend /ˈbɔɪfrend/ petit ami.

bra /brɑː/ soutien-gorge.

braces /breɪsɪz/ *a plusieurs sens :*

1 **braces** *peut signifier* appareil dentaire.

2 **braces** *peut signifier* bretelles.

Au sens de « bretelles », braces n'est pas employé en anglais américain. Aux États-Unis, on dit suspenders.

bracket /ˈbrækɪt/ parenthèse.

► **in brackets** entre parenthèses.

braid /breɪd/ natte.

brain /breɪn/ cerveau.

brainy /ˈbreɪnɪ/ intelligent.

brake /breɪk/ *a plusieurs catégories grammaticales :*

> *Ce peut être un* NOM :

brake *signifie* frein.

> *Ce peut être un* VERBE :

brake *signifie* freiner.

branch /brɑːntʃ/ *a plusieurs sens :*

1 **branch** *peut signifier* branche (d'un arbre).

2 **branch** *peut signifier* succursale (d'un magasin ou d'une société) *ou* agence (d'une banque).

brand /brænd/ marque (au sens de « nom d'un produit »).

brand-new /bræn'njuː/ tout neuf.

brandy /'brændɪ/ cognac.

brass /brɑːs/ cuivre (jaune).

► brass band fanfare (= orchestre).

brave /breɪv/ courageux.

bravery /'breɪvərɪ/ courage.

Brazil /brə'zɪl/ Brésil.

> ℹ En général, en anglais, on n'utilise pas d'article défini devant les noms de pays et de continents.

Brazilian /brə'zɪlɪən/ brésilien *ou* Brésilien.

> ℹ En anglais, les adjectifs de nationalité commencent par une majuscule.

bread /bred/ pain.

breadcrumbs /'bredkrʌmz/ chapelure.

► in breadcrumbs pané.

breadth /bretθ/ largeur.

break /breɪk/ *a plusieurs catégories grammaticales et plusieurs sens :*

> *Ce peut être un* NOM :

1 break *peut signifier* pause *ou* (à l'école) récréation :

► take a break faire une pause.

▷ They worked without a break. Ils ont travaillé sans interruption.

2 break *peut signifier* fracture.

> *Ce peut être un* VERBE TRANSITIF :

► break something casser *ou* briser *ou* rompre quelque chose.

▷ He broke his leg. Il s'est cassé la jambe.

► break something in two casser quelque chose en deux.

► break somebody's heart briser le cœur de quelqu'un.

► break a record battre un record.

► break a promise manquer à une promesse.

► break the law enfreindre la loi.

> *Ce peut être un* VERBE INTRANSITIF :

1 break *signifie* casser *ou* se casser :

► break in two se casser en deux.

2 ► break free se libérer.

Phrasal verbs

Le VERBE break *peut être suivi d'une* PRÉPOSITION, *telle que* down *ou* off, *et dans ce cas, il peut avoir un sens différent. C'est ce qu'on appelle, en anglais, un* phrasal verb.

BREAK DOWN :

► break down *peut signifier* tomber en panne.

▷ My car broke down. Ma voiture est tombée en panne.

► break down in tears fondre en larmes.

► break a door down enfoncer une porte.

BREAK INTO :

► break into a house entrer dans une maison par effraction.

BREAK OFF :

► break off se casser net.

► break something off casser *ou* rompre quelque chose.

BREAK OUT :

► break out éclater (en parlant d'une guerre ou d'un incendie).

► break out of prison s'échapper de prison.

BREAK UP :

► break something up casser quelque chose en morceaux.

► break up with somebody rompre avec quelqu'un.

▷ They broke up. Ils se sont séparés.

breakdown /'breɪkdaʊn/ *a plusieurs sens :*

1 breakdown *peut signifier* panne (en voiture) :

► have a breakdown tomber en panne.

► breakdown van dépanneuse.

2 breakdown *peut signifier* dépression nerveuse :

► have a breakdown faire une dépression nerveuse.

breakfast /'brekfəst/ petit déjeuner.

► have breakfast prendre le petit déjeuner.

breakthrough /'breɪkθruː/ découverte importante.

breast /brest/ sein *ou* poitrine.

► chicken breast blanc de poulet.

breast-stroke /'breststrəʊk/ brasse.

breath /breθ/ haleine *ou* souffle.

► out of breath essoufflé.

breathe /briːð/ respirer.

► breathe in inspirer.

► breathe out expirer.

breed /briːd/ *a plusieurs catégories grammaticales :*

> *Ce peut être un* VERBE :

1 **breed** *signifie* élever (des animaux).

> *Ce peut être un* NOM :

2 **breed** *signifie* race *ou* espèce.

breeze /briːz/ brise.

brew /bruː/ brasser (en parlant de la bière) *ou* infuser (en parlant du thé).

▷ There's a storm brewing. Il y a un orage qui se prépare.

bribe /braɪb/ *a plusieurs catégories grammaticales :*

> *Ce peut être un* NOM :

bribe *signifie* pot-de-vin (= somme d'argent que l'on donne à quelqu'un pour obtenir quelque chose de façon illégale).

> *Ce peut être un* VERBE :

► **bribe somebody** soudoyer quelqu'un (= payer quelqu'un pour qu'il fasse quelque chose d'interdit).

brick /brɪk/ brique.

bricklayer /ˈbrɪkˌleɪəʳ/ maçon.

bride /braɪd/ jeune mariée *ou* future mariée.

bridegroom /ˈbraɪdgruːm/ jeune marié *ou* futur marié.

bridesmaid /ˈbraɪdzmeɪd/ demoiselle d'honneur.

bridge /brɪdʒ/ pont.

brief /briːf/ bref.

briefcase /ˈbriːfkeɪs/ mallette (pour transporter ses papiers).

briefly /ˈbriːflɪ/ brièvement.

briefs /briːfs/ slip *ou* caleçon.

► **a pair of briefs** un slip *ou* un caleçon.

bright /braɪt/ *a plusieurs sens :*

1 **bright** *peut signifier* vif (en parlant des couleurs ou d'une lumière), brillant (en parlant d'une étoile ou des yeux), clair (en parlant d'une pièce) *ou* éclatant (en parlant du soleil).

▷ The weather's getting brighter. Le temps s'éclaircit.

▷ Let's look on the bright side. Prenons les choses du bon côté.

2 **bright** *peut signifier* intelligent.

brilliant /ˈbrɪljənt/ *a plusieurs sens :*

1 **brilliant** *peut signifier* brillant (en parlant d'une personne).

2 **brilliant** *peut signifier* éclatant.

3 ► **brilliant!** super !

bring /brɪŋ/ *signifie* amener *ou* apporter.

▷ I'll bring him to the house. Je l'amènerai à la maison.

▷ Bring it to me. Apporte-le-moi.

▷ It brings good luck. Ça porte bonheur.

Phrasal verbs

Le VERBE **bring** *peut être suivi d'une* PRÉPOSITION, *telle que* **back** *ou* **up**, *et dans ce cas, il peut avoir un sens différent. C'est ce qu'on appelle, en anglais, un* **phrasal verb**.

BRING BACK :

► **bring somebody** *ou* **something back** ramener quelqu'un *ou* rapporter quelque chose.

BRING DOWN :

► **bring prices down** faire baisser les prix.

BRING OUT :

► **bring something out** lancer quelque chose (un nouveau produit) *ou* faire paraître quelque chose (un livre) *ou* mettre quelque chose en relief.

BRING UP :

► **bring somebody up** élever quelqu'un.

► **bring something up** mentionner quelque chose.

Britain /ˈbrɪtən/ Grande-Bretagne.

British /ˈbrɪtɪʃ/ britannique.

► **the British** les Britanniques.

► **the British Isles** les îles Britanniques.

▷ He's British. Il est britannique.

ℹ En anglais, les adjectifs de nationalité commencent par une majuscule.

Briton /ˈbrɪtən/ Britannique.

Brittany /ˈbrɪtənɪ/ Bretagne.

broad /brɔːd/ large.

broadcast /ˈbrɔːdkɑːst/ *a plusieurs catégories grammaticales :*

> *Ce peut être un* NOM :

broadcast *signifie* émission.

> *Ce peut être un* VERBE :

► **broadcast something** diffuser quelque chose.

broccoli /ˈbrɒkəlɪ/ brocolis.

brochure /ˈbrəʊʃəʳ/ brochure *ou* prospectus.

broke /brəʊk/ *a plusieurs catégories grammaticales :*

> *Ce peut être le prétérit du* VERBE **break** *:*

▷ I broke a glass at Kevin's house. J'ai cassé un verre chez Kevin.

> *Ce peut être un* ADJECTIF *:*

broke *signifie* fauché.

Dans ce sens, broke est un mot familier, c'est-à-dire un mot que l'on évite d'employer quand on parle à quelqu'un qu'on ne connaît pas bien ou quand on écrit.

broken /ˈbrəʊkən/ cassé *ou* brisé.

i Broken est aussi le participe passé du verbe break :
▷ I've broken my watch. J'ai cassé ma montre.

brooch /brəʊtʃ/ broche (= bijou).

broom /brʊm/ balai.

brother /ˈbrʌðəʳ/ frère.

brother-in-law /ˈbrʌðərɪnˌlɔː/ beau-frère.

brought /brɔːt/ *est le prétérit et le participe passé du verbe* **bring**.

▷ Dad brought us some coffee. Papa nous a apporté du café.
▷ What have you brought me? Que m'as-tu apporté ?

brown /braʊn/ *a plusieurs sens :*

1 brown *peut signifier* marron *ou* brun *ou* (pour les cheveux) châtain.

2 brown *peut signifier* bronzé :
► go brown bronzer.

3 ► brown bread pain complet.
► brown paper papier d'emballage.
► brown sugar cassonade (= sucre roux).

browser /ˈbraʊzəʳ/ navigateur (pour l'internet).

bruise /bruːz/ bleu (= marque sur la peau).

brush /brʌʃ/ *a plusieurs catégories grammaticales et plusieurs sens :*

> *Ce peut être un* NOM *:*

brush *signifie* brosse *ou* pinceau *ou* balai.

> *Ce peut être un* VERBE *:*

► brush something brosser quelque chose.
► brush one's teeth se brosser les dents.
► brush one's hair se brosser les cheveux.
► brush against somebody *ou* something effleurer quelqu'un *ou* quelque chose.

Brussels /ˈbrʌslz/ Bruxelles.

► Brussels sprouts choux de Bruxelles.

bubble /ˈbʌbl/ bulle.

► bubble bath bain moussant.

bucket /ˈbʌkɪt/ seau.

buckle /ˈbʌkl/ boucle (d'une ceinture).

bud /bʌd/ bourgeon *ou* (en parlant d'une fleur) bouton.

budgerigar /ˈbʌdʒərɪgɑːʳ/ *ou* **budgie** /ˈbʌdʒɪ/ perruche.

bug /bʌg/ *a plusieurs sens :*

1 bug *peut signifier* insecte.

2 bug *peut signifier* bogue (= défaut dans un ordinateur).

3 bug *peut signifier* micro caché.

build /bɪld/ *a plusieurs catégories grammaticales :*

> *Ce peut être un* NOM *:*

build *signifie* carrure.

▷ He has an athlete's build. Il a une carrure d'athlète.

> *Ce peut être un* VERBE *:*

build *signifie* construire.

builder /ˈbɪldəʳ/ ouvrier (du bâtiment).

building /ˈbɪldɪŋ/ bâtiment *ou* immeuble.

► building site chantier de construction.

i Building est aussi une forme du verbe build :
▷ They're building a new school. Ils construisent une nouvelle école.

built /bɪlt/ *est le prétérit et le participe passé du verbe* **build**.

▷ They've built a supermarket near our house. Ils ont construit un supermarché près de chez nous.

bulb /bʌlb/ *a plusieurs sens :*

1 bulb *peut signifier* bulbe.

2 bulb *peut signifier* ampoule (électrique).

bull /bʊl/ taureau.

bulldog /'bʊldɒg/ bouledogue.

bullet /'bʊlɪt/ balle (d'une arme à feu).

bulletin /'bʊlɪtɪn/ bulletin.

► **bulletin board** tableau d'affichage *ou* (en informatique) messagerie électronique.

bully /'bʊlɪ/ *a plusieurs catégories grammaticales :*

> *Ce peut être un* NOM :

bully *signifie* tyran.

> *Ce peut être un* VERBE :

► **bully somebody** tyranniser quelqu'un.

bum /bʌm/ derrière (= les fesses).

> **Bum** est un mot familier, c'est-à-dire un mot qu'on évite d'employer quand on parle à quelqu'un qu'on ne connaît pas bien ou quand on écrit.

bump /bʌmp/ *a plusieurs catégories grammaticales et plusieurs sens :*

> *Ce peut être un* NOM :

1 **bump** *peut signifier* coup (au sens de « choc »).

2 **bump** *peut signifier* bosse.

> *Ce peut être un* VERBE :

► **bump something** heurter quelque chose.

► **bump one's head** se cogner la tête.

► **bump into a car** rentrer dans une voiture.

► **bump into somebody** se cogner contre quelqu'un *ou* rencontrer quelqu'un par hasard.

bumper /'bʌmpə^{r}/ pare-chocs.

bumpy /'bʌmpɪ/ cahoteux.

bun /bʌn/ *a plusieurs sens :*

1 **bun** *peut signifier* petit pain au lait *ou* petit gâteau.

2 **bun** *peut signifier* chignon.

bunch /bʌntʃ/ *a plusieurs sens :*

1 **bunch** *peut signifier* bouquet (de fleurs) *ou* régime (de bananes) *ou* grappe (de raisin).

2 **bunch** *peut signifier* trousseau (de clés).

3 **bunch** *peut signifier* groupe (de personnes).

> Au sens de « groupe », **bunch** est un mot familier, c'est-à-dire un mot qu'on évite d'employer quand on parle à quelqu'un qu'on ne connaît pas bien ou quand on écrit.

bundle /'bʌndl/ paquet (de vêtements) *ou* liasse (de lettres, de papiers) *ou* fagot (de bois).

bungee jumping /'bʌndʒɪ ˌdʒʌmpɪŋ/ saut à l'élastique.

bunk beds /'bʌŋkbedz/ lits superposés.

buoy /bɔɪ/ bouée.

burger /'bɜːgə^{r}/ hamburger.

burglar /'bɜːglə^{r}/ cambrioleur.

► **burglar alarm** alarme antivol

burn /bɜːn/ *a plusieurs catégories grammaticales et plusieurs sens :*

> *Ce peut être un* NOM :

burn *signifie* brûlure.

> *Ce peut être un* VERBE :

burn *signifie* brûler.

► **burn something down** incendier quelque chose.

▷ The house burnt down. La maison a brûlé complètement.

burnt /bɜːnt/ brûlé.

> **Burnt** est aussi le prétérit et le participe passé du verbe **burn** :
> ▷ My father has burnt all his old newspapers. Mon père a brûlé tous ses vieux journaux.

burst /bɜːst/ *a plusieurs catégories grammaticales et plusieurs sens :*

> *Ce peut être un* VERBE INTRANSITIF :

1 **burst** *signifie* crever (en parlant d'un ballon ou d'une bulle, par exemple) *ou* éclater.

▷ The balloon burst. Le ballon a éclaté.

2 ► **burst into** *peut signifier* faire irruption dans.

▷ Kenny burst into the room. Kenny a fait irruption dans la pièce.

3 ► **burst into tears** éclater en sanglots.

4 ► **burst into flames** prendre feu.

5 ► **burst out laughing** éclater de rire.

> *Ce peut être un* VERBE TRANSITIF :

► **burst something** crever quelque chose *ou* faire éclater quelque chose.

bury /'berɪ/ enterrer.

bus /bʌs/ bus *ou* car.

► **bus station** gare routière

► **bus stop** arrêt de bus.

bush /bʊʃ/ buisson.

business /'bɪznɪs/ *a plusieurs sens :*

1 **business** *peut signifier* affaires (= activités commerciales).

▸ **do business with somebody** faire des affaires avec quelqu'un.

▸ **business meeting** réunion d'affaires.

2 **business** *peut signifier* entreprise.

▸ **small business** petite entreprise.

3 **business** *peut signifier* affaire.

▸ **that's my business!** c'est mon affaire !

▸ **mind your own business!** mêle-toi de tes affaires !

> **Mind your own business** est une expression familière, c'est-à-dire qu'on évite de l'employer quand on parle à quelqu'un qu'on ne connaît pas bien ou quand on écrit.

businessman /ˈbɪznɪsmæn/ homme d'affaires.

businesswoman /ˈbɪznɪsˌwʊmən/ femme d'affaires.

busker /ˈbʌskəʳ/ musicien des rues.

bust /bʌst/ poitrine.

busy /ˈbɪzɪ/ *a plusieurs sens :*

1 **busy** *peut signifier* occupé (en parlant d'une personne ou du téléphone).

▸ **be busy doing something** être occupé à faire quelque chose.

2 **busy** *peut signifier* chargé (en parlant d'une journée ou d'une semaine chargée).

3 **busy** *peut signifier* animé (en parlant d'une ville ou d'une rue animée).

but /bʌt/ mais.

butcher /ˈbʊtʃəʳ/ boucher.

▸ **butcher's shop** boucherie.

butter /ˈbʌtəʳ/ beurre.

butterfly /ˈbʌtəflaɪ/ papillon.

button /ˈbʌtn/ *a plusieurs catégories grammaticales :*

> *Ce peut être un* NOM :

button *signifie* bouton (sur un vêtement).

> *Ce peut être un* VERBE :

▸ **button something** *ou* **button something up** boutonner quelque chose.

buy /baɪ/ acheter.

▸ **buy something from somebody** acheter quelque chose à quelqu'un.

by /baɪ/ *a plusieurs sens :*

1 **by** *est employé pour indiquer le* moyen *ou la* manière *de faire quelque chose :*

▷ **Can I pay by cheque?** Est-ce que je peux payer par chèque ?

▷ **He came in by the window.** Il est entré par la fenêtre.

▷ **I'll send it by post.** Je l'enverrai par la poste.

▷ **We travelled by land and by sea.** Nous avons voyagé par terre et par mer.

▷ **These clothes are made by hand.** Ces vêtements sont faits à la main.

▷ **I'm paid by the hour.** Je suis payé à l'heure.

▷ **I did that by mistake.** J'ai fait ça par erreur.

> ℹ **By + -ing** indique aussi la manière de faire quelque chose :
> ▷ **He learnt English by listening to the radio.** Il a appris l'anglais en écoutant la radio.

> ℹ **By** indique le moyen de transport que l'on utilise :
> ▸ **by bus** en bus.
> ▸ **by car** en voiture.
> ▸ **by plane** en avion.
> ▸ **by train** en train, par le train.
> ▸ **by bicycle** à vélo, en vélo.

> ℹ **By** est employé dans les constructions passives pour indiquer l'agent, c'est-à-dire la personne ou la chose qui exécute une action :
> ▷ **The window was broken by a child.** Le carreau a été cassé par un enfant.
> ▷ **He was killed by lightning.** Il a été tué par la foudre.

> ℹ **By** est employé pour parler de l'auteur d'une œuvre :
> ▷ **Who is the book by?** Qui est l'auteur du livre ?
> ▷ **This is a painting by Picasso.** C'est un tableau de Picasso.
> ▷ **I'm reading a novel by Zola.** Je lis un roman de Zola.

2 **by** *peut signifier* à côté de :

▷ **Come and sit by me.** Viens t'asseoir à côté de moi.

▷ **The house is by the church.** La maison est à côté de l'église.
▷ **We live by the sea.** Nous habitons au bord de la mer.

3 by *est employé pour dire qu'on* passe devant *quelque chose ou quelqu'un :*

▷ We drove by the town hall. On est passé devant la mairie en voiture.

▷ He walked by me. Il est passé devant moi.

4 by *peut signifier* avant.

▷ I'll be back by midnight. Je serai de retour pour minuit.

▷ The work must be finished by the end of August. Le travail doit être fini avant fin août.

5 by *est employé pour décrire les* dimensions *de quelque chose :*

▷ A room 3 metres by 4. Une pièce de trois mètres sur quatre.

6 by + *pronom réfléchi est employé pour dire que quelqu'un a fait quelque chose* tout seul :

▷ I did it all by myself. Je l'ai fait tout seul.

▷ He was by himself. Il était tout seul.

7 by *est employé dans des expressions figées :*

► **by day** le jour *ou* de jour.

► **by night** la nuit *ou* de nuit.

► **day by day** jour après jour.

► **one by one** un par un.

bye /baɪ/ au revoir !

bypass /ˈbaɪpɑːs/ rocade.

C

ANGLAIS — FRANÇAIS

La lettre **C** se prononce **/siː/** en anglais.
C rime avec **free**, **knee** et **tea**.

cab /kæb/ taxi.

cabbage /'kæbɪdʒ/ chou (= légume).

cabin /'kæbɪn/ *a plusieurs sens :*

1 **cabin** *peut signifier* cabane.

2 **cabin** *peut signifier* cabine (dans un bateau ou un avion).

cabinet /'kæbɪnɪt/ *a plusieurs sens :*

1 **cabinet** *peut signifier* meuble (de rangement).

2 *En Grande-Bretagne,* **the Cabinet** *désigne les ministres qui constituent le gouvernement.*

cable /'keɪbl/ câble.

► **cable television** télévision par câble.
► **cable car** téléphérique.

cagoule /kə'guːl/ coupe-vent.

> Le mot anglais **cagoule** ne signifie pas « cagoule ».

cake /keɪk/ gâteau.

► **cake shop** pâtisserie.

> Le mot français « cake » se dit **fruit cake** en anglais.

calculate /'kælkjʊleɪt/ calculer.

calculation /ˌkælkjʊ'leɪʃən/ calcul.

calculator /'kælkjʊleɪtə^{r}/ calculatrice.

calendar /'kæləndə^{r}/ calendrier.

calf /kɑːf/ *a plusieurs sens :*

1 **calf** *peut signifier* veau.

2 **calf** *peut signifier* mollet.

call /kɔːl/ *a plusieurs catégories grammaticales et plusieurs sens :*

> *Ce peut être un* NOM :

1 **call** *peut signifier* appel *ou* coup de téléphone.
► **call box** cabine téléphonique.

2 **call** *peut signifier* cri (d'un oiseau).

3 **call** *peut signifier* visite.

> *Ce peut être un* VERBE :

call *signifie* appeler.

▷ **What's that called?** Comment ça s'appelle ?

▷ **I'm called Marie.** Je m'appelle Marie.

▷ **Call the doctor!** Appelez le médecin !

▷ **Who's calling?** C'est de la part de qui ?

Phrasal verbs

Le verbe **call** peut être suivi d'une préposition, telle que **on** ou **off**, et dans ce cas, il peut avoir un sens différent. C'est ce qu'on appelle, en anglais, un **phrasal verb**.

CALL OFF :

► **call something off** annuler quelque chose.

CALL ON :

► **call on somebody** rendre visite à quelqu'un.

CALL OUT :

► **call out** pousser un cri.
▷ **He called out to me.** Il m'a appelé.

calm /kɑːm/ *a plusieurs catégories grammaticales et plusieurs sens :*

> *Ce peut être un* ADJECTIF :

calm *signifie* calme.

> *Ce peut être un* NOM :

calm *signifie* calme.

► **keep calm** garder son calme.

▷ Keep calm, everybody! Gardez votre calme !

> *Ce peut être un* VERBE :

1 **calm** *signifie* calmer.

2 ► **calm down** se calmer.

▷ Calm down, children! Calmez-vous, les enfants !

calves /kɑːvz/ *est le pluriel du mot* **calf**.

camcorder /'kæm,kɔːdəʳ/ caméscope.

came /keɪm/ *est le prétérit du verbe* **come**.

▷ Jerry came to see us yesterday. Jerry est venu nous voir hier.

camel /'kæməl/ chameau.

camera /'kæmərə/ appareil-photo *ou* caméra.

► **movie camera** caméra.

Le mot camera ne signifie pas toujours « caméra » ! Il signifie aussi « appareil-photo ».

camp /kæmp/ *a plusieurs catégories grammaticales :*

> *Ce peut être un* NOM :

camp *signifie* camp *ou* campement.

► **a camp site** un camping.

> *Ce peut être un* VERBE :

camp *signifie* camper.

campaign /kæm'peɪn/ campagne (électorale ou publicitaire, par exemple).

camping /'kæmpɪŋ/ camping (= activité).

► **go camping** faire du camping.

► **a camping site** un camping.

can /kæn/ *a plusieurs catégories grammaticales et plusieurs sens :*

> *Ce peut être un* VERBE :

ℹ Can est un verbe modal.
Ces verbes s'utilisent avant la forme infinitive d'autres verbes (par exemple, she can speak French).
Ils ne prennent pas de -s final à la troisième personne du singulier (he can, she can, it can).
À la différence d'autres verbes, les formes négatives et interrogatives ne se construisent pas avec do (on dit, par exemple, can you swim? et he can't drive).
Ils n'ont ni forme infinitive ni participe présent ou passé.

1 **can** *est employé pour parler de la* possibilité *ou de la* probabilité :

▷ We can rent a car. On peut louer une voiture.

▷ I can help if you want. Je peux vous aider si vous voulez.

▷ Can you come tomorrow? Pouvez-vous venir demain ?

▷ I don't think it can be repaired. Je ne crois pas que ce soit possible de le réparer.

▷ It can't be as bad as that. Ça ne peut pas être aussi mauvais que ça.

▷ He can't have forgotten. Ce n'est pas possible qu'il ait oublié.

2 **can** *est employé pour dire qu'on est* capable *de faire quelque chose :*

▷ He will do what he can. Il fera ce qu'il pourra.

▷ This car can do 200 kilometres per hour. Cette voiture peut faire du 200 kilomètres-heure.

▷ I can't get to sleep. Je n'arrive pas à dormir.

▷ She can't lift the suitcase. Elle ne peut pas soulever la valise.

3 **can** *est employé pour dire qu'on* sait faire *quelque chose :*

▷ He can read and write. Il sait lire et écrire.

▷ She can't speak French. Elle ne sait pas parler français.

▷ Can she swim? Sait-elle nager ?

4 **can** *est employé avec les* verbes de perception *pour dire qu'on* sent, *qu'on* entend *ou qu'on* voit *quelque chose :*

▷ She can see him. Elle le voit.

▷ I can't hear you. Je ne t'entends pas.

▷ Can you smell it? Tu le sens ?

▷ I can feel my heart beating. Je sens mon cœur qui bat.

5 **can** *est employé pour* formuler une demande *ou pour demander ou accorder la* permission :

▷ Can you do me a favour? Est-ce que tu peux me rendre un service ?

▷ Can we park here? Est-ce qu'on peut se garer ici ?
▷ You can go. Vous pouvez partir.
▷ You can't go out. Tu n'as pas le droit de sortir.

6 can *est employé pour faire une* proposition *ou une* suggestion :
▷ Can I help you? Je peux vous aider ?
▷ You can phone later. Vous pouvez appeler plus tard.

> *Ce peut être un* NOM :

1 can *peut signifier* boîte (de conserve).
► can-opener ouvre-boîtes.

2 can *peut signifier* bidon (d'eau ou d'essence, par exemple).

cancel /'kænsəl/ annuler.

candidate /'kændɪdət/ candidat.

candle /'kændl/ bougie.

candy /'kændɪ/ bonbons.

> Le mot candy est employé seulement en anglais américain : en anglais britannique, on dit sweets.

► candy floss barbe à papa.

> Le mot candy floss n'est pas employé en anglais américain : aux États-Unis, on dit cotton candy.

cannot /'kænɒt/ *est la forme négative du verbe* can.
▷ He cannot help you. Il ne peut pas vous aider.

canoe /kə'nuː/ canoë *ou* kayak.

canoeing /kə'nuːɪŋ/ canoë-kayak.
► go canoeing faire du canoë-kayak.

can't /kɑːnt/ *est la contraction de* cannot, *la forme négative du verbe* can.
▷ He can't help you. Il ne peut pas vous aider.

canteen /kæn'tiːn/ cantine.

canvas /'kænvəs/ toile.

cap /kæp/ *a plusieurs sens :*

1 cap *peut signifier* casquette.

2 cap *peut signifier* capsule (d'une bouteille) *ou* capuchon (d'un stylo).

capable /'keɪpəbl/ capable.
► be capable of doing something être capable de faire quelque chose.

capital /'kæpɪtl/ *a plusieurs catégories grammaticales et plusieurs sens :*

> *Ce peut être un* NOM :

1 capital *ou* capital city *signifie* capitale (d'une ville).

2 capital *ou* capital letter *signifie* majuscule.

> *Ce peut être un* ADJECTIF :

capital *signifie* majuscule.
▷ This word begins with a capital A. Ce mot commence par un A majuscule.

Capricorn /'kæprɪkɔːn/ capricorne.

capsize /kæp'saɪz/ chavirer *ou* faire chavirer (en parlant d'un bateau).

captain /'kæptɪn/ capitaine.

car /kɑː^r/ voiture.
► car-ferry ferry-boat.
► car hire location de voitures.
► car keys clés de voiture.
► car park parking.

caravan /'kærəvæn/ caravane.

card /kɑːd/ carte (= carte de vœux, carte à jouer *ou* carte de visite).
► a game of cards une partie de cartes.
► play cards jouer aux cartes.

cardboard /'kɑːdbɔːd/ carton (= papier dur et épais).
► cardboard box boîte en carton.

cardphone /'kɑːdfəʊn/ téléphone à carte.

care /kɛə^r/ *a plusieurs catégories grammaticales et plusieurs sens :*

> *Ce peut être un* NOM :

1 care *peut signifier* soin.
► take care faire attention.
► take care of somebody *ou* something s'occuper de quelqu'un *ou* quelque chose.

2 care *peut signifier* souci.

> *Ce peut être un* VERBE :

1 ► care about something s'intéresser à quelque chose *ou* se soucier de quelque chose.
▷ I don't care! Ça m'est égal !

2 ► care for somebody *ou* something *peut signifier* aimer quelqu'un *ou* quelque chose.

3 ► care for somebody *peut signifier* soigner quelqu'un *ou* s'occuper de quelqu'un.

career /kə'rɪə^r/ carrière (professionnelle).

carefree /ˈkɛəfriː/ insouciant *ou* sans-souci.

careful /ˈkɛəfʊl/ *a plusieurs sens :*

1 careful *peut signifier* soigné (en parlant d'un travail) *ou* soigneux (en parlant de quelqu'un).

2 careful *peut signifier* prudent.

► be careful faire attention.

▷ Be careful, it's slippery! Faites attention, ça glisse !

carefully /ˈkɛəfəlɪ/ attentivement *ou* soigneusement *ou* prudemment.

careless /ˈkɛələs/ négligent.

► a careless mistake une faute d'inattention.

caretaker /ˈkɛəˌteɪkəʳ/ concierge *ou* gardien *ou* gardienne.

cargo /ˈkɑːgəʊ/ cargaison.

Caribbean /ˌkærɪˈbiːən/

► the Caribbean les Antilles.

carnival /ˈkɑːnɪvəl/ *a plusieurs sens :*

1 carnival *peut signifier* carnaval.

2 *En anglais américain,* carnival *peut signifier* fête foraine.

> Attention à l'orthographe du mot anglais carnival.

carol /ˈkærəl/ chant de Noël.

carpenter /ˈkɑːpɪntəʳ/ charpentier *ou* menuisier.

carpet /ˈkɑːpɪt/ tapis *ou* moquette.

carried /ˈkærɪd/ *est le prétérit et le participe passé du verbe* carry.

carrier bag /ˈkærɪəbæg/ grand sac en plastique.

carries /ˈkærɪz/ *est la troisième personne du singulier du verbe* carry, *au présent de l'indicatif.*

carrot /ˈkærət/ carotte.

> Attention à l'orthographe du mot anglais carrot.

carry /ˈkærɪ/ porter *ou* transporter.

▷ Janet carried my suitcase for me. Janet a porté ma valise.

▷ These trucks carry cars to Italy. Ces camions transportent des voitures en Italie.

Phrasal verbs

Le verbe carry peut être suivi d'une préposition, telle que on ou out, et dans ce cas, il peut avoir un sens différent. C'est ce qu'on appelle, en anglais, un phrasal verb.

CARRY AWAY :

► carry something away emporter quelque chose.

► get carried away s'emballer.

CARRY ON :

► carry on continuer.

► carry on doing something continuer à faire quelque chose.

CARRY OUT :

► carry something out exécuter quelque chose *ou* faire quelque chose. ♦

cart /kɑːt/ charrette.

carton /ˈkɑːtən/ pot (de yaourt ou de crème) *ou* brique (de lait ou de jus de fruit) *ou* cartouche (de cigarettes).

> Le mot anglais carton ne signifie pas « carton ».

cartoon /kɑːˈtuːn/ dessin humoristique *ou* bande dessinée *ou* dessin animé.

cartridge /ˈkɑːtrɪdʒ/ cartouche.

carve /kɑːv/ sculpter (du bois ou de la pierre) *ou* découper (de la viande).

case /keɪs/ *a plusieurs sens :*

1 case *peut signifier* cas.

► in that case dans ce cas.

► in any case en tout cas.

► in case au cas où.

▷ Make lunch now, in case they come early. Prépare le déjeuner maintenant, au cas où ils arriveraient en avance.

► just in case au cas où.

2 case *peut signifier* affaire (au tribunal).

3 case *peut signifier* étui.

4 case *peut signifier* valise.

> Le mot anglais case ne signifie pas « case ».

cash /kæʃ/ *a plusieurs catégories grammaticales :*

> *Ce peut être un* NOM :

cash *signifie* argent *ou* argent liquide *ou* argent comptant.

► cash desk caisse (où on paie dans un magasin).

► cash machine distributeur de billets.

> *Ce peut être un* VERBE :

► **cash a cheque** encaisser un chèque.

cashew /kæ'ʃuː/ noix de cajou.

cashier /kæ'ʃɪəʳ/ caissier *ou* caissière.

casserole /'kæsərəʊl/ ragoût.

Le mot anglais casserole ne signifie pas « casserole ».

cassette /kæ'set/ cassette.

► **cassette deck** platine cassettes.
► **cassette player** lecteur de cassettes.
► **cassette recorder** magnétophone.

castle /'kɑːsl/ château.

casual /'kæʒjʊl/ *a plusieurs sens :*

1 casual *peut signifier* désinvolte (= insouciant).

2 casual *peut signifier* décontracté (en parlant de vêtements).

casualties /'kæʒjʊltɪz/ *est le pluriel de* casualty.

casualty /'kæʒjʊltɪ/ *a plusieurs sens :*

1 casualty *peut signifier* personne morte *ou* personne blessée (à la suite d'un accident, par exemple)

2 casualty *ou* casualty department *signifie* service des urgences.

▷ He's in casualty. Il est aux urgences.

cat /kæt/ chat.

catch /kætʃ/ *a plusieurs sens :*

1 catch *signifie* attraper.

▷ The dog tried to catch the ball. Le chien a essayé d'attraper le ballon.

▷ How many fish did you catch? Combien de poissons as-tu attrapé ?

2 ► **catch somebody's attention** attirer l'attention de quelqu'un.

3 ► **catch somebody doing something** surprendre quelqu'un en train de faire quelque chose.

4 ► **catch up with somebody** rattraper quelqu'un.

categories /'kætɪgərɪz/ *est le pluriel de* category.

category /'kætɪgərɪ/ catégorie.

caterpillar /'kætəpɪləʳ/ chenille.

cathedral /kə'θiːdrəl/ cathédrale.

cattle /'kætl/ bétail.

caught /kɔːt/ *est le prétérit et le participe passé du verbe* catch.

▷ We caught two beautiful trout. On a attrapé deux belles truites.

cauliflower /'kɒlɪflaʊəʳ/ chou-fleur.

cause /kɔːz/ *a plusieurs catégories grammaticales :*

> *Ce peut être un* NOM :

cause *signifie* cause.

> *Ce peut être un* VERBE :

► **cause something** causer *ou* provoquer quelque chose.
► **cause somebody to do something** faire faire quelque chose à quelqu'un.

caution /'kɔːʃən/ prudence *ou* précaution.

Le mot anglais caution ne signifie pas « caution ».

cautious /'kɔːʃəs/ prudent.

cave /keɪv/ grotte.

Le mot anglais cave ne signifie pas « cave ».

CD /siː'diː/ CD.

► **CD player** lecteur de CD.

cease /siːs/ cesser.

ceiling /'siːlɪŋ/ plafond.

celebrate /'selɪbreɪt/ *a plusieurs catégories grammaticales :*

> *Ce peut être un* VERBE TRANSITIF :

► **celebrate something** fêter quelque chose.

> *Ce peut être un* VERBE INTRANSITIF :

celebrate *signifie* faire la fête.

celebrities /sɪ'lebrɪtɪz/ *est le pluriel de* celebrity.

celebrity /sɪ'lebrɪtɪ/ célébrité.

celery /'selərɪ/ céleri.

cell /sel/ cellule.

cellar /'seləʳ/ cave.

cello /'tʃeləʊ/ violoncelle.

cement /sə'ment/ ciment.

cemeteries /'semɪtrɪz/ *est le pluriel de* **cemetery**.

cemetery /'semɪtrɪ/ cimetière.

cent /sent/ cent (= pièce de monnaie).

▷ It cost ten dollars and forty cents. Ça a coûté dix dollars et quarante cents.

center /'sentəʳ/ *est l'orthographe américaine du mot* **centre**.

centimetre /'sentɪˌmiːtəʳ/ centimètre.

> En anglais américain, ce mot s'écrit centimeter.

central /'sentrəl/ central.

► **central heating** chauffage central.
► **central London** le centre de Londres.

centre /'sentəʳ/ centre.

► **in the centre** au centre *ou* dans le centre.

> En anglais américain, ce mot s'écrit center.

centuries /'sentjʊrɪz/ *est le pluriel de* **century**.

century /'sentjʊrɪ/ siècle.

▷ We live in the 21st century. Nous vivons au XXIe siècle.

cereal /'sɪərɪəl/ céréale *ou* céréales.

► **breakfast cereal** céréales pour le petit déjeuner.

ceremonies /'serɪmənɪz/ *est le pluriel de* **ceremony**.

ceremony /'serɪmənɪ/ cérémonie.

certain /'sɜːtən/ certain.

► **be certain about something** *ou* **be certain of something** être certain de quelque chose.
► **make certain that...** s'assurer que...

certainly /'sɜːtənlɪ/ certainement *ou* vraiment.

certificate /sə'tɪfɪkət/ certificat.

chain /tʃeɪn/ chaîne.

chair /tʃɛəʳ/ chaise *ou* fauteuil.

chairman /'tʃɛəmən/ président (d'un comité ou d'une réunion).

chairwoman /'tʃɛəwʊmən/ présidente (d'un comité ou d'une réunion).

chalk /tʃɔːk/ craie.

challenge /'tʃæləndʒ/ *a plusieurs catégories grammaticales :*

> *Ce peut être un* NOM :

challenge *signifie* défi.

> *Ce peut être un* VERBE :

► **challenge somebody to do something** défier quelqu'un de faire quelque chose.

championship /'tʃæmpjənʃɪp/ championnat.

chance /tʃɑːns/ *a plusieurs sens :*

1 **chance** *peut signifier* hasard.
► **by chance** par hasard.

2 **chance** *peut signifier* chance (au sens de « possibilité »).
▷ He has no chance of winning. Il n'a aucune chance de gagner.

3 **chance** *peut signifier* occasion (au sens de « opportunité »).
▷ I had the chance to go to China. J'ai eu l'occasion d'aller en Chine.

4 **chance** *peut signifier* risque.
► **take chances** prendre des risques.

change /tʃeɪndʒ/ *a plusieurs catégories grammaticales et plusieurs sens :*

> *Ce peut être un* NOM :

1 **change** *peut signifier* changement.
► **for a change** pour changer.

2 **change** *peut signifier* monnaie.
▷ Keep the change! Gardez la monnaie !

> *Ce peut être un* VERBE TRANSITIF :

1 ► **change something** changer quelque chose *ou* changer de quelque chose.
▷ This event changed his life. Cet événement a changé sa vie.
▷ He changed his euros into dollars. Il a changé ses euros contre des dollars.
▷ I'm going to change my shirt. Je vais changer de chemise.
▷ We have to change trains. Il faut changer de train.
▷ I've changed my mind. J'ai changé d'avis.

2 ► **change something into something** changer *ou* transformer quelque chose en quelque chose.

▷ The witch changed him into a cat. La sorcière l'a changé en chat.

> *Ce peut être un* VERBE INTRANSITIF :

1 **change** *peut signifier* changer.

▷ You'll never change! Tu ne changeras jamais !

► **change into something** se changer en quelque chose.

▷ The prince changed into a frog. Le prince s'est changé en grenouille.

2 **change** *peut signifier* se changer (= mettre d'autres vêtements).

▷ She changed for dinner. Elle s'est changée pour le dîner.

▷ He changed into an old shirt. Il a mis une vieille chemise.

changing room /'tʃeɪndʒɪŋruːm/ vestiaire *ou* cabine d'essayage.

channel /'tʃænl/ *a plusieurs sens :*

1 **channel** *peut signifier* chaîne (de télévision) *ou* station (de radio).

2 **channel** *peut signifier* canal.

3 ► **the Channel** *ou* **the English Channel** la Manche.

► **the Channel tunnel** le tunnel sous la Manche.

chapel /'tʃæpəl/ chapelle.

chapter /'tʃæptəʳ/ chapitre.

character /'kærɪktəʳ/ *a plusieurs sens :*

1 **character** *peut signifier* caractère.

2 **character** *peut signifier* personnage.

charcoal /'tʃɑːkəʊl/ charbon de bois.

charge /tʃɑːdʒ/ *a plusieurs catégories grammaticales et plusieurs sens :*

> *Ce peut être un* NOM :

1 ► **be in charge** être responsable.

► **be in charge of something** être responsable de quelque chose *ou* s'occuper de quelque chose.

2 **charge** *peut signifier* prix (= le coût de quelque chose).

► **free of charge** gratuit.

▷ Is there a charge? Est-ce que c'est payant ?

3 **charge** *peut signifier* accusation (devant un tribunal).

> *Ce peut être un* VERBE TRANSITIF :

1 ► **charge somebody for something** faire payer quelque chose à quelqu'un.

▷ She charges 100 euros a day. Elle prend 100 euros par jour.

▷ How much do you charge? Vous prenez combien ?

2 ► **charge somebody with doing something** accuser quelqu'un de faire quelque chose.

3 **charge** *peut signifier* charger (= attaquer quelque chose en se précipitant dessus).

▷ The police charged the demonstrators. La police a chargé les manifestants.

4 ► **charge a battery** charger une batterie.

> *Ce peut être un* VERBE INTRANSITIF :

► **charge** *signifie* se précipiter.

▷ He charged into the room. Il s'est précipité dans la pièce.

charities /'tʃærɪtɪz/ *est le pluriel de* charity.

charity /'tʃærɪtɪ/ association caritative.

charm /tʃɑːm/ *a plusieurs catégories grammaticales :*

> *Ce peut être un* NOM :

charm *signifie* charme.

> *Ce peut être un* VERBE :

charm *signifie* charmer.

charming /'tʃɑːmɪŋ/ charmant.

chart /tʃɑːt/ graphique *ou* tableau (de données).

► **the charts** le hit-parade.

charter flight /'tʃɑːtəflaɪt/ vol charter.

chase /tʃeɪs/ *a plusieurs catégories grammaticales et plusieurs sens :*

> *Ce peut être un* NOM :

chase *signifie* poursuite.

> *Ce peut être un* VERBE :

1 ► **chase somebody** poursuivre quelqu'un.

2 ► **chase after somebody** courir après quelqu'un.

3 ► **chase somebody away** chasser quelqu'un.

chat /tʃæt/ *a plusieurs catégories grammaticales et plusieurs sens :*

> *Ce peut être un* NOM :

chat *signifie* conversation.

► **chat room** forum de discussion (sur Internet).

► **chat show** talk-show.

> *Ce peut être un* VERBE :

1 **chat** *signifie* bavarder.

2 ► **chat somebody up** draguer quelqu'un.

> chat up est une expression familière, c'est-à-dire une expression qu'on évite d'employer quand on parle à quelqu'un qu'on ne connaît pas bien ou quand on écrit.

chatter /ˈtʃætəʳ/ bavarder.

chatterbox /ˈtʃætəbɒks/ moulin à paroles (= quelqu'un qui parle tout le temps).

cheap /tʃiːp/ bon marché.

cheaper /ˈtʃiːpəʳ/ moins cher.

cheapest /ˈtʃiːpɪst/ le moins cher.

cheat /tʃiːt/ *a plusieurs catégories grammaticales :*

> *Ce peut être un* NOM :

cheat *signifie* tricheur.

> *Ce peut être un* VERBE :

cheat *signifie* tricher.

check /tʃek/ *a plusieurs catégories grammaticales et plusieurs sens :*

> *Ce peut être un* NOM :

1 check *peut signifier* contrôle (= examen).

2 checks *peut signifier* carreaux (= petits carrés sur un tissu).

3 *En anglais américain,* check *peut signifier* addition (dans un café ou un restaurant) *ou* chèque.

> *Ce peut être un* VERBE :

check *signifie* vérifier.

Phrasal verbs

Le verbe check peut être suivi d'une préposition, telle que in ou out, et dans ce cas, il peut avoir des sens différents. C'est ce qu'on appelle, en anglais, un phrasal verb.

CHECK IN :

► check in signer le registre (en arrivant dans un hôtel) *ou* se présenter à l'enregistrement (dans un aéroport).

CHECK ON :

► check on something vérifier quelque chose.

CHECK OUT :

► check out régler sa note (dans un hôtel).
► check something out vérifier quelque chose.

CHECK UP ON :

► check up on something vérifier quelque chose.

checkbook /ˈtʃekbʊk/ chéquier.

> Checkbook est un mot américain. En anglais britannique, on dit chequebook.

check-in /ˈtʃekɪn/ enregistrement des bagages (à l'aéroport).

check-out /ˈtʃekaʊt/ caisse (dans un supermarché).

checked /tʃekt/ à carreaux.

> Checked est aussi le prétérit et le participe passé du verbe check :
> ▷ She checked the time. Elle a vérifié l'heure.

checkup /ˈtʃekʌp/ bilan de santé.

cheek /tʃiːk/ *a plusieurs sens :*

1 cheek *peut signifier* joue.

2 cheek *peut signifier* culot.

cheeky /ˈtʃiːkɪ/ insolent *ou* culotté.

cheer /tʃɪəʳ/ *a plusieurs catégories grammaticales et plusieurs sens :*

> *Ce peut être un* NOM :

cheer *signifie* acclamation *ou* hourra.

> *Ce peut être un* VERBE INTRANSITIF :

1 cheer *signifie* pousser des hourras.
▷ They all cheered when he came in. Ils ont tous poussé des hourras quand il est entré.

2 ► cheer up reprendre courage.
▷ Cheer up, Steve! Courage, Steve !

> *Ce peut être un* VERBE TRANSITIF :

1 ► cheer somebody acclamer quelqu'un.

2 ► cheer somebody up remonter le moral à quelqu'un.

cheerful /ˈtʃɪəfʊl/ joyeux *ou* gai.

cheese /tʃiːz/ fromage.

chef /ʃef/ chef (au sens de « cuisinier »).

chemical /ˈkemɪkəl/ *a plusieurs catégories grammaticales :*

> *Ce peut être un* NOM :

chemical *signifie* produit chimique.

> *Ce peut être un* ADJECTIF :

chemical *signifie* chimique.

chemist /ˈkemɪst/ *a plusieurs sens :*

1 chemist *peut signifier* pharmacien *ou* pharmacienne.
► the chemist's la pharmacie.

> Dans ce sens du mot, chemist n'est pas employé en anglais américain : aux États-Unis, on dit pharmacist pour parler de la personne et pharmacy pour parler du magasin.

2 chemist *peut signifier* chimiste.

chemistry /'kemɪstrɪ/ chimie.

cheque /tʃek/ chèque.

> En anglais américain, ce mot s'écrit check.

chequebook /'tʃekbʊk/ chéquier.

> En anglais américain, ce mot s'écrit checkbook.

cherries /'tʃerɪz/ *est le pluriel de* cherry.

cherry /'tʃerɪ/ cerise.

► cherry tree cerisier.

chess /tʃes/ échecs (= jeu).

chessboard /'tʃesbɔːd/ échiquier.

chest /tʃest/ *a plusieurs sens :*

1 chest *peut signifier* poitrine.
2 chest *peut signifier* coffre (= caisse).
3 ► chest of drawers commode (= meuble à tiroirs).

chestnut /'tʃesnʌt/ châtaigne *ou* marron.

► chestnut tree châtaignier *ou* marronnier.

chew /tʃuː/ mâcher.

chicken /'tʃɪkɪn/ poulet.

chief /tʃiːf/ *a plusieurs catégories grammaticales :*

> *Ce peut être un* NOM :

chief *signifie* chef (le chef d'une tribu par exemple).

> *Ce peut être un* ADJECTIF :

chief *signifie* principal.

child /tʃaɪld/ enfant.

childhood /'tʃaɪldhʊd/ enfance.

childish /'tʃaɪldɪʃ/ puéril.

childminder /'tʃaɪld,maɪndəʳ/ nourrice.

children /'tʃɪldrən/ *est le pluriel du mot* child.

chili /'tʃɪlɪ/ piment.

chilled /tʃɪld/ frais (en parlant d'une boisson).

chilli /'tʃɪlɪ/ piment.

chilly /'tʃɪlɪ/ frais (en parlant du temps).

chimney /'tʃɪmnɪ/ cheminée (= tuyau sur le toit).

chin /tʃɪn/ menton.

China /'tʃaɪnə/ Chine.

> ℹ En général, en anglais, on n'utilise pas d'article défini devant les noms de pays et de continents.

china /'tʃaɪnə/ porcelaine.

Chinese /tʃaɪ'niːz/ chinois.

► the Chinese les Chinois.

> ℹ En anglais, les adjectifs de nationalité et les noms de langues commencent tous par une majuscule.

chip /tʃɪp/ *a plusieurs sens :*

1 *En anglais britannique,* chips *peut signifier* frites.
► chip shop friterie (= magasin où on achète des frites).
2 *En anglais américain,* chips *peut signifier* chips.
3 chip *peut signifier* puce électronique.

chives /tʃaɪvz/ ciboulette.

chocolate /'tʃɒklɪt/ chocolat.

choice /tʃɔɪs/ choix.

choir /'kwaɪəʳ/ chœur.

choke /tʃəʊk/ étrangler *ou* s'étrangler.

choose /tʃuːz/ choisir.

chop /tʃɒp/ *a plusieurs catégories grammaticales et plusieurs sens :*

> *Ce peut être un* NOM :

chop *signifie* côtelette.
► pork chop côtelette de porc.

> *Ce peut être un* VERBE :

1 ► chop wood couper du bois.
2 ► chop vegetables hacher des légumes.
3 ► chop down a tree abattre un arbre.

chopsticks /'tʃɒpstɪks/ baguettes chinoises.

chorus /'kɔːrəs/ refrain.

chose /tʃəʊz/ *est le prétérit du verbe* choose.

▷ I chose some nice flowers for Sarah. J'ai choisi de jolies fleurs pour Sarah.

chosen /'tʃəʊzn/ *est le participe passé du verbe* choose.

▷ Have you chosen what you want to eat? Avez-vous choisi ce que vous voulez manger ?

christen /'krɪsn/ baptiser.

christening /'krɪsnɪŋ/ baptême.

Christian /'krɪstɪən/ chrétien.

► Christian name prénom.

> ℹ En anglais, les adjectifs de religion commencent par une majuscule.

Christmas /'krɪsməs/ Noël.

► Happy Christmas! Joyeux Noël !
► Christmas Day le jour de Noël.
► Christmas Eve la veille de Noël.
► Christmas present cadeau de Noël.
► Christmas tree arbre de Noël.

chubby /'tʃʌbɪ/ potelé.

chunk /tʃʌŋk/ gros morceau.

church /tʃɜːtʃ/ église.

cider /'saɪdəʳ/ cidre.

cinnamon /'sɪnəmən/ cannelle.

circle /'sɜːkl/ cercle.

circumstance /'sɜːkəmstəns/ circonstance.

circus /'sɜːkəs/ cirque.

cities /'sɪtɪz/ *est le pluriel de* city.

citizen /'sɪtɪzn/ citoyen.

citrus fruit /'sɪtrəsfruːt/ agrumes (= citrons, oranges, etc.)

city /'sɪtɪ/ ville.

► city centre centre-ville.

civil /'sɪvl/ civil (adjectif).

► civil servant fonctionnaire.
► civil war guerre civile.

civilian /sɪ'vɪlɪən/ civil (= personne).

claim /kleɪm/ *a plusieurs catégories grammaticales et plusieurs sens :*

> *Ce peut être un* NOM :

1 claim *peut signifier* revendication *ou* réclamation *ou* demande.
2 claim *peut signifier* affirmation.

> *Ce peut être un* VERBE :

1 ► claim something revendiquer *ou* réclamer quelque chose.
2 ► claim that... prétendre que...

clap /klæp/ applaudir.

► clap one's hands taper dans les mains.

clarinet /ˌklærɪ'net/ clarinette.

class /klɑːs/ classe.

classic /'klæsɪk/ classique.

classical /'klæsɪkəl/ classique.

classify /'klæsɪfaɪ/ classer.

classroom /'klɑːsrʊm/ salle de classe.

claw /klɔː/ griffe (d'un animal) *ou* pince (d'un crabe ou d'un homard).

clay /kleɪ/ argile.

clean /kliːn/ *a plusieurs catégories grammaticales et plusieurs sens :*

> *Ce peut être un* ADJECTIF :

clean *signifie* propre (= qui n'est pas sale).
► keep something clean ne pas salir quelque chose.
► a clean sheet of paper une feuille vierge.

> *Ce peut être un* NOM :

► give something a clean nettoyer quelque chose.

> *Ce peut être un* VERBE :

1 ► clean something nettoyer quelque chose.
2 ► clean one's teeth se brosser les dents.
3 ► clean something out nettoyer quelque chose à fond (un tiroir ou un placard, par exemple).
4 ► clean up tout nettoyer.
► clean something up nettoyer quelque chose.

cleaner /'kliːnəʳ/ *a plusieurs sens :*

1 cleaner *peut signifier* personne qui fait le ménage.
2 cleaner *peut signifier* produit d'entretien.
3 ► cleaner's pressing.

i Cleaner est aussi le comparatif de l'adjectif clean :
▷ The floor is cleaner now. Le sol est plus propre maintenant.

clear /klɪəʳ/ *a plusieurs catégories grammaticales et plusieurs sens :*

> *Ce peut être un* ADJECTIF :

1 clear *peut signifier* clair (en parlant de l'eau, du temps, d'un son, des yeux) *ou* transparent (en parlant de verre ou de plastique).

2 clear *peut signifier* clair (en parlant de quelque chose qui est facile à comprendre).
► make something clear bien faire comprendre quelque chose.
► make oneself clear se faire bien comprendre.

3 clear *peut signifier* libre (en parlant d'une route) *ou* dégagé (en parlant d'une vue ou du ciel).

> *Ce peut être un* VERBE TRANSITIF :

► clear something dégager quelque chose (un chemin ou une rue, par exemple) *ou* débarrasser quelque chose (une pièce ou la table, par exemple).

> *Ce peut être un* VERBE INTRANSITIF :

► clear *signifie* se dégager (en parlant du ciel) *ou* s'éclaircir (en parlant du temps) *ou* se dissiper (en parlant du brouillard ou de la fumée).

Phrasal verbs

Le verbe clear peut être suivi d'une préposition, telle que away ou out, et dans ce cas, il peut avoir un sens différent. C'est ce qu'on appelle, en anglais, un phrasal verb.

CLEAR AWAY :
► clear away débarrasser la table.
► clear something away enlever quelque chose.

CLEAR OUT :
► clear something out vider quelque chose (un placard, par exemple) *ou* débarrasser quelque chose (une pièce, par exemple) *ou* jeter quelque chose (des affaires qu'on ne veut plus, par exemple).

CLEAR UP :
► clear up *peut signifier* tout ranger.
► clear something up *peut signifier* ranger quelque chose.
► clear something up *peut signifier* résoudre quelque chose (un mystère ou un problème).

clearly /'klɪəlɪ/ clairement *ou* manifestement.

clerk /klɑːk/ *a plusieurs sens :*

1 clerk *peut signifier* employé de bureau *ou* employée de bureau.

2 *En anglais américain,* clerk /klɜːrk/ *signifie* vendeur *ou* vendeuse.

clever /'klevəʳ/ intelligent (en parlant d'une personne) *ou* ingénieux (en parlant d'une idée).

click /klɪk/ *a plusieurs catégories grammaticales et plusieurs sens :*

> *Ce peut être un* NOM :

1 click *peut signifier* déclic *ou* petit bruit sec.

2 click *peut signifier* clic (de souris en informatique).

> *Ce peut être un* VERBE :

1 click *peut signifier* faire un déclic *ou* faire un petit bruit sec.

2 click *peut signifier* cliquer (= appuyer sur la souris d'un ordinateur).
► click on something cliquer sur quelque chose.

cliff /klɪf/ falaise.

climate /'klaɪmɪt/ climat.

climb /klaɪm/ *a plusieurs catégories grammaticales :*

> *Ce peut être un* NOM :

climb *signifie* ascension *ou* montée.

> *Ce peut être un* VERBE TRANSITIF :

► climb something monter *ou* grimper *ou* gravir quelque chose.
▷ She climbed the tree. Elle a grimpé dans l'arbre.

> *Ce peut être un* VERBE INTRANSITIF :

climb *signifie* monter *ou* grimper.
▷ He climbed into the boat. Il est monté à bord du bateau.
▷ We climbed over the wall. Nous avons escaladé le mur.

clingfilm /'klɪŋfɪlm/ film alimentaire transparent.

clip /klɪp/ *a plusieurs catégories grammaticales et plusieurs sens :*

> *Ce peut être un* NOM :

1 clip *peut signifier* barrette (pour les cheveux).

2 clip *peut signifier* clip (à la télévision).

> *Ce peut être un* VERBE :

1 ► clip two things together attacher deux choses.

2 ► clip something couper quelque chose (les ongles, par exemple).

cloak /kləʊk/ grande cape.

cloakroom /'kləʊkrʊm/ vestiaire.

clock /klɒk/ horloge *ou* pendule *ou* réveil.

clock-radio /klɒk'reɪdɪəʊ/ radio-réveil.

clockwise /'klɒkwaɪz/ dans le sens des aiguilles d'une montre.

clog /klɒg/ sabot (= chaussure en bois).

close *se prononce de deux façons et a des catégories grammaticales et des sens différents selon la prononciation :*

/kləʊs/ (la fin se prononce comme le s de sea)

> *Ce peut être un* ADJECTIF.

1 close *peut signifier* proche.

► close to proche de *ou* près de.

2 close *peut signifier* serré (en parlant d'une course ou d'une compétition, par exemple).

> *Ce peut être un* ADVERBE.

close *signifie* près.

▷ He sat close to me. Il s'est assis près de moi.

► get closer to somebody se rapprocher de quelqu'un.

► hold somebody close serrer quelqu'un dans ses bras.

/kləʊz/ (la fin se prononce comme le z de zoo)

> *Ce peut être un* NOM.

close *signifie* fin (= le moment où quelque chose se termine).

> *Ce peut être un* VERBE.

close *signifie* fermer *ou* se fermer.

▷ Close the door. Fermez la porte.

▷ The door closed behind him. La porte s'est fermée derrière lui.

▷ The shop closes at 6 o'clock. Le magasin ferme à 18 heures.

► close down fermer définitivement.

closed /kləʊzd/ fermé.

> Closed est aussi le prétérit et le participe passé du verbe close :
> ▷ The door closed behind him. La porte s'est fermée derrière lui.

closely /'kləʊslɪ/ de près (regarder, examiner) *ou* attentivement (écouter).

closer /'kləʊsəʳ/ *est le comparatif de* close.

▷ Come closer! Approche-toi !

closest /'kləʊsɪst/ *est le superlatif de* close.

▷ It's the house closest to the church. C'est la maison la plus proche de l'église.

closet /'klɒzɪt/ placard.

> Le mot closet est surtout employé aux États-Unis : en anglais britannique, on dit plutôt wardrobe.

cloth /klɒθ/ tissu *ou* chiffon *ou* torchon *ou* nappe.

clothes /kləʊðz/ vêtements.

► put one's clothes on s'habiller.

► take one's clothes off se déshabiller.

cloud /klaʊd/ nuage.

cloudy /'klaʊdɪ/ nuageux.

club /klʌb/ *a plusieurs sens :*

1 club *peut signifier* club.

2 club *peut signifier* boîte de nuit.

3 club *peut signifier* massue.

4 ► golf club club de golf.

5 club *peut signifier* trèfle (= une des quatre couleurs dans un jeu de cartes).

clue /kluː/ indice (d'un crime, par exemple) *ou* définition (dans des mots croisés).

► I haven't got a clue je n'en ai pas la moindre idée.

clumsy /'klʌmzɪ/ maladroit.

coach /kəʊtʃ/ *a plusieurs sens :*

1 coach *peut signifier* car (= autocar).

2 coach *peut signifier* entraîneur *ou* entraîneuse.

coal /kəʊl/ charbon.

coast /kəʊst/ côte (au bord de la mer).

coat /kəʊt/ *a plusieurs catégories grammaticales et plusieurs sens :*

> *Ce peut être un* NOM :

1 coat *peut signifier* manteau.

2 coat *peut signifier* pelage (d'un animal).

3 coat *peut signifier* couche (de peinture, par exemple).

> *Ce peut être un* VERBE :

► coat something with something recouvrir quelque chose de quelque chose.

coathanger /'kəʊthæŋəʳ/ cintre.

cobweb /'kɒbweb/ toile d'araignée.

cockerel /'kɒkərəl/ coq.

coconut /'kəʊkənʌt/ noix de coco.

cod /kɒd/ morue *ou* cabillaud.

code /kəʊd/ *a plusieurs sens :*

1 code *peut signifier* code.

2 code *peut signifier* indicatif (= numéro de téléphone).

coffee /ˈkɒfɪ/ café (= boisson).

coffin /ˈkɒfɪn/ cercueil.

coin /kɔɪn/ pièce de monnaie.

> Le mot anglais coin ne signifie pas « coin ».

cold /kəʊld/ *a plusieurs catégories grammaticales :*

> *Ce peut être un* ADJECTIF :

cold *signifie* froid.

▷ I'm cold. J'ai froid.

▷ It's cold today. Il fait froid aujourd'hui.

► **get cold** se refroidir (en parlant du temps) *ou* refroidir (en parlant d'un plat) *ou* commencer à avoir froid (en parlant d'une personne).

> *Ce peut être un* NOM :

cold *signifie* rhume.

► **catch a cold** s'enrhumer.

► **have a cold** être enrhumé.

coleslaw /ˈkəʊlslɔː/ salade de chou et de carottes à la mayonnaise.

collapse /kəˈlæps/ s'écrouler *ou* s'effondrer.

collar /ˈkɒləʳ/ col (d'un vêtement) *ou* collier (pour un chien).

colleague /ˈkɒliːg/ collègue.

collect /kəˈlekt/ *a plusieurs sens :*

1 ► **collect something** *peut signifier* rassembler *ou* ramasser quelque chose.

2 ► **collect something** *peut signifier* collectionner quelque chose.

3 ► **collect somebody** aller chercher *ou* passer prendre quelqu'un.

collection /kəˈlekʃən/ *a plusieurs sens :*

1 collection *peut signifier* collection.

2 collection *peut signifier* collecte.

college /ˈkɒlɪdʒ/ école d'enseignement supérieur *ou* université.

> Le mot anglais college n'a pas le même sens que collège en français.

collide /kəˈlaɪd/ entrer en collision.

colonies /ˈkɒlənɪz/ *est le pluriel de* colony.

colony /ˈkɒlənɪ/ colonie.

colour /ˈkʌləʳ/ couleur.

> En anglais américain, ce mot s'écrit color.

colourful /ˈkʌləfʊl/ coloré.

> En anglais américain, ce mot s'écrit colorful.

colourless /ˈkʌləles/ incolore.

> En anglais américain, ce mot s'écrit colorless.

column /ˈkɒləm/ colonne.

comb /kəʊm/ *a plusieurs catégories grammaticales :*

> *Ce peut être un* NOM :

comb *signifie* peigne.

> *Ce peut être un* VERBE :

► **comb one's hair** se peigner.

combat /ˈkɒmbæt/ *a plusieurs catégories grammaticales :*

> *Ce peut être un* NOM :

combat *signifie* combat.

> *Ce peut être un* VERBE :

combat *signifie* combattre.

combination /ˌkɒmbɪˈneɪʃən/ combinaison.

come /kʌm/ *a plusieurs sens :*

1 come *signifie* venir.

▷ Come here! Viens ici !

▷ He has come to repair the television. Il est venu réparer la télévision.

▷ Where do you come from? D'où venez-vous ?

▷ I come from York. Je viens de York.

▷ She came with me. Elle est venue avec moi.

2 come *est employé dans des expressions :*

► **come apart** tomber en morceaux.

► **come home** rentrer.

► **come true** se réaliser (en parlant d'un rêve).

► **come undone** se défaire.

Voir l'encadré « Phrasal verbs » page suivante.

Phrasal verbs

Le verbe **come** peut être suivi d'une préposition, telle que **down** ou **out**, et dans ce cas il peut avoir un sens différent. C'est ce qu'on appelle, en anglais, un **phrasal verb**.

COME ACROSS :

► **come across something** trouver quelque chose par hasard.

COME BACK :

► **come back** revenir.

COME DOWN :

► **come down** *peut signifier* descendre.

► **come down** *peut signifier* baisser (en parlant des prix, par exemple).

COME IN :

► **come in** entrer.

COME OFF :

► **come off** se détacher (en parlant d'un bouton ou d'une étiquette, par exemple) *ou* partir (en parlant d'une tache).

COME ON :

► **come on** *peut signifier* s'allumer (en parlant d'un appareil).

► **come on!** allez !

COME OUT :

► **come out** *peut signifier* sortir.

▷ **He came out of the house.** Il est sorti de la maison.

► **come out** *peut signifier* apparaître (en parlant du soleil ou des étoiles).

► **come out** *peut signifier* partir (en parlant d'une tache).

► **come out well** être réussi (en parlant d'une photo, par exemple).

COME ROUND :

► **come round** *peut signifier* revenir à soi.

► **come round** *peut signifier* passer (quand on passe voir quelqu'un chez lui).

▷ **I'll come round this afternoon.** Je passerai cet après-midi.

COME UP :

► **come up** *peut signifier* monter.

► **come up** *peut signifier* se lever (en parlant du soleil).

COME UP TO :

► **come up to** *peut signifier* arriver à.

▷ **The water came up to his knees.** L'eau lui arrivait aux genoux.

► **come up to** *peut signifier* s'approcher de.

▷ **He came up to me.** Il s'est approché de moi.

comedian /kə'miːdɪən/ comique (= personne qui fait rire).

Le mot anglais **comedian** ne signifie pas « comédien ».

comedy /'kɒmɪdɪ/ comédie.

comet /'kɒmɪt/ comète.

comfort /'kʌmfət/ *a plusieurs catégories grammaticales et plusieurs sens :*

> *Ce peut être un* NOM :

1 **comfort** *peut signifier* confort.

2 **comfort** *peut signifier* réconfort.

> *Ce peut être un* VERBE :

► **comfort somebody** consoler quelqu'un.

comfortable /'kʌmfətəbl/ confortable.

comic /'kɒmɪk/ *a plusieurs sens :*

1 **comic** *peut signifier* comique (= personne qui fait rire).

2 **comic** *peut signifier* bande dessinée.

► **comic strip** bande dessinée.

comma /'kɒmə/ virgule.

command /kə'mɑːnd/ *a plusieurs sens :*

1 **command** *peut signifier* ordre.

2 *En informatique,* **command** *signifie* commande.

comment /'kɒment/ *a plusieurs catégories grammaticales :*

> *Ce peut être un* NOM :

comment *signifie* commentaire *ou* remarque.

> *Ce peut être un* VERBE :

► **comment on something** faire des commentaires sur quelque chose.

commercial /kə'mɜːʃəl/ *a plusieurs catégories grammaticales :*

> *Ce peut être un* ADJECTIF :

commercial *signifie* commercial.

> *Ce peut être un* NOM :

commercial *signifie* publicité (au sens de « spot publicitaire »).

commit /kə'mɪt/ commettre (un crime).

► **commit suicide** se suicider.

committee /kə'mɪtɪ/ comité.

commodity /kə'mɒdətɪ/ produit de base.

common /'kɒmən/ commun.

► **common sense** bon sens.

communicate /kə'mju:nɪkeɪt/ communiquer.

communities /kə'mju:nɪtɪz/ *est le pluriel de* community.

community /kə'mju:nɪtɪ/ communauté.

compact /kəm'pækt/ compact.

► compact disc disque compact.

companion /kəm'pænjən/ compagnon.

companies /'kʌmpənɪz/ *est le pluriel de* company.

company /'kʌmpənɪ/ *a plusieurs sens :*

1 company *peut signifier* entreprise *ou* société.

2 company *peut signifier* compagnie.

► keep somebody company tenir compagnie à quelqu'un.

compare /kəm'pɛəʳ/ comparer.

comparison /kəm'pærɪsn/ comparaison.

compass /'kʌmpəs/ boussole.

compensate /'kɒmpənseɪt/ compenser *ou* dédommager.

compete /kəm'pi:t/ concourir *ou* faire concurrence.

► compete in a race participer à une course.

► compete for something se disputer quelque chose.

competition /ˌkɒmpɪ'tɪʃən/ compétition *ou* concours *ou* concurrence.

competitor /kəm'petɪtəʳ/ concurrent.

complain /kəm'pleɪn/ se plaindre.

complaint /kəm'pleɪnt/ plainte.

complement /'kɒmplɪmənt/ compléter.

complete /kəm'pli:t/ *a plusieurs catégories grammaticales et plusieurs sens :*

> *Ce peut être un* ADJECTIF :

complete *signifie* complet *ou* achevé.

> *Ce peut être un* VERBE :

► complete something compléter *ou* achever *ou* terminer quelque chose.

► complete a form remplir un formulaire.

completely /kəm'pli:tlɪ/ complètement.

complexion /kəm'plekʃən/ teint (= couleur de la peau du visage).

complicated /'kɒmplɪkeɪtɪd/ compliqué.

compliment /'kɒmplɪmənt/ compliment.

► pay somebody a compliment faire un compliment à quelqu'un.

component /kəm'pəʊnənt/ composant.

compound /'kɒmpaʊnd/ composé.

composer /kəm'pəʊzəʳ/ compositeur.

comprehensive /ˌkɒmprɪ'hensɪv/ complet.

comprehensive school /ˌkɒmprɪ'hensɪv sku:l/ établissement d'enseignement secondaire.

comprise /kəm'praɪz/ comprendre *ou* inclure.

compulsory /kəm'pʌlsərɪ/ obligatoire.

compute /kəm'pju:t/ calculer.

computer /kəm'pju:təʳ/ ordinateur.

► computer game jeu électronique.

► computer program programme informatique.

computing /kəm'pju:tɪŋ/ informatique.

conceal /kən'si:l/ cacher.

conceive /kən'si:v/ concevoir.

concentrate /'kɒnsəntreɪt/ concentrer *ou* se concentrer.

concern /kən'sɜ:n/ *a plusieurs catégories grammaticales et plusieurs sens :*

> *Ce peut être un* NOM :

concern *signifie* inquiétude *ou* préoccupation.

> *Ce peut être un* VERBE :

1 ► concern somebody *peut signifier* concerner quelqu'un.

▷ As far as I am concerned. En ce qui me concerne.

2 ► concern somebody *peut signifier* préoccuper quelqu'un.

concerned /kən'sɜ:nd/ inquiet *ou* préoccupé.

► be concerned about something s'inquiéter à propos de quelque chose.

> i Concerned est aussi le prétérit et le participe passé du verbe concern :
> ▷ It concerned all of us. Ça nous concernait tous.

conclude /kən'klu:d/ conclure.

concrete /'kɒnkri:t/ *a plusieurs catégories grammaticales et plusieurs sens :*

> *Ce peut être un* NOM :

concrete *signifie* béton.

> *Ce peut être un* ADJECTIF :

1 concrete *peut signifier* en béton *ou* de béton.
2 concrete *peut signifier* concret.

condition /kən'dɪʃən/ *a plusieurs sens :*

1 condition *peut signifier* condition.
▷ I'll do it on one condition. Je le ferai à une seule condition.
2 condition *peut signifier* état (au sens de « condition physique »).
▷ It's in good condition. C'est en bon état.
▷ He's out of condition. Il n'est pas en forme.

conditioner /kən'dɪʃənəʳ/ après-shampooing.

condom /'kɒndəm/ préservatif.

conduct /'kən'dʌkt/ mener *ou* diriger.

conductor /kən'dʌktəʳ/ chef d'orchestre.

cone /kəʊn/ cône.
► ice-cream cone cornet de glace.

conference /'kɒnfərəns/ colloque.

confess /kən'fes/ *a plusieurs sens :*

1 ► confess to something avouer quelque chose.
2 ► confess that... avouer que...
3 confess *peut signifier* se confesser (= avouer ses péchés à un prêtre).

confession /kən'feʃən/ aveu *ou* confession.

confide /kən'faɪd/ confier.
► confide in somebody se confier à quelqu'un.

confidence /'kɒnfɪdəns/ *a plusieurs sens :*

1 confidence *peut signifier* confiance.
► have confidence in somebody *ou* something avoir confiance en quelqu'un *ou* quelque chose.
2 confidence *peut signifier* confiance en soi *ou* assurance.
3 ► tell somebody something in confidence dire quelque chose à quelqu'un en confidence.

confident /'kɒnfɪdənt/ sûr de soi *ou* assuré.

confine /kən'faɪn/ limiter.

confirm /kən'fɜ:m/ confirmer.

conflict /'kɒnflɪkt/ conflit.

conform /kən'fɔ:m/ se conformer.

confuse /kən'fju:z/ *a plusieurs sens :*

1 ► confuse somebody embrouiller quelqu'un *ou* rendre quelqu'un perplexe.
2 ► confuse somebody *ou* something with... confondre quelqu'un *ou* quelque chose avec...

confused /kən'fju:zd/ *a plusieurs sens :*

1 confused *peut signifier* désorienté *ou* déconcerté.
▷ I'm confused. Je n'y comprends rien.
2 confused *peut signifier* confus (= pas clair ou difficile à comprendre).

> i Confused est aussi le prétérit et le participe passé du verbe confuse :
> ▷ His explanation confused me. Ses explications m'ont embrouillé les idées.

confusing /kən'fju:zɪŋ/ déroutant *ou* peu clair.

> i Confusing est aussi une forme du verbe confuse :
> ▷ You're just confusing me! Tu ne fais que m'embrouiller !

congratulate /kən'grætjʊleɪt/ féliciter.

congratulations /kənˌgrætjʊ'leɪʃənz/ félicitations.

conjuring trick /'kʌndʒərɪŋ trɪk/ tour de passe-passe.

connect /kə'nekt/ *a plusieurs sens :*

1 ► connect something to... relier *ou* brancher *ou* connecter quelque chose à...
2 ► connect somebody *ou* something with... associer quelqu'un *ou* quelque chose à...

connection /kə'nekʃən/ *a plusieurs sens :*

1 connection *peut signifier* rapport (= un lien entre deux choses).

2 connection *peut signifier* correspondance (= un train, un avion ou un car qu'on doit prendre pour continuer son voyage).

3 connection *peut signifier* raccordement *ou* branchement.

conscious /'kɒnʃəs/ conscient.

consent /kən'sent/ *a plusieurs catégories grammaticales :*

> *Ce peut être un* NOM :

consent *signifie* accord.

> *Ce peut être un* VERBE :

consent *signifie* donner son accord.

conservation /ˌkɒnsə'veɪʃən/ protection de la nature.

conservative /kən'sɜːvətɪv/ conservateur.

consider /kən'sɪdəʳ/ *a plusieurs sens :*

1 ► consider something *peut signifier* examiner quelque chose *ou* réfléchir à quelque chose.

2 ► consider something *peut signifier* prendre quelque chose en considération *ou* tenir compte de quelque chose.

3 ► consider that... considérer que...

considerate /kən'sɪdərɪt/ prévenant.

considering /kən'sɪdərɪŋ/ étant donné *ou* étant donné que.

> ℹ Considering est aussi une forme du verbe consider :
> ▷ I was considering what I should do. Je réfléchissais à ce que je devais faire.

consist /kən'sɪst/

► consist of something consister en quelque chose *ou* se composer de quelque chose.

console *se prononce de deux façons et a des catégories grammaticales et des sens différents selon la prononciation :*

🔊 /'kɒnsəʊl/ (l'accent est sur la première syllabe con-)

> *C'est un* NOM.

console *signifie* console.

► games console console de jeux.

🔊 /kən'səʊl/ (l'accent est sur la deuxième syllabe -sole)

> *C'est un* VERBE.

► console somebody consoler quelqu'un.

constant /'kɒnstənt/ constant *ou* continuel.

constantly /'kɒnstəntlɪ/ constamment.

constitute /'kɒnstɪtjuːt/ constituer.

construct /kən'strʌkt/ construire.

consume /kən'sjuːm/ consommer.

consumer /kən'sjuːməʳ/ consommateur.

► consumer goods biens de consommation.

contact /'kɒntækt/ *a plusieurs catégories grammaticales et plusieurs sens :*

> *Ce peut être un* NOM :

contact *signifie* contact.

► be in contact with somebody être en contact avec quelqu'un.

► contact lens lentille de contact.

> *Ce peut être un* VERBE :

► contact somebody contacter quelqu'un.

contain /kən'teɪn/ contenir.

container /kən'teɪnəʳ/ récipient.

contemporary /kən'tempərərɪ/ contemporain.

content *se prononce de deux façons et a des catégories grammaticales et des sens différents selon la prononciation :*

🔊 /kən'tent/ (l'accent est sur la deuxième syllabe -tent)

> *Ce peut être un* ADJECTIF :

content *signifie* satisfait.

> *Ce peut être un* VERBE :

► content oneself with something se contenter de quelque chose.

🔊 /'kɒntent/ (l'accent est sur la première syllabe con-)

> *C'est un* NOM :

content signifie contenu.

contest /'kɒntest/ concours.

contestant /kən'testənt/ concurrent.

continual /kən'tinjʊəl/ continuel.

continually /kən'tɪnjʊəlɪ/ continuellement.

continue /kən'tɪnjuː/ continuer.

► continue doing something *ou* continue to do something continuer à faire quelque chose.

continuous /kən'tɪnjʊəs/ continu.

continuously /kən'tɪnjʊəslɪ/ sans arrêt *ou* continuellement.

contract /'kɒntrækt/ contrat.

contradict /ˌkɒntrə'dɪkt/ contredire

contrary /'kɒntrərɪ/ contraire.

► contrary to contrairement à.
► on the contrary au contraire.

contrast *se prononce de deux façons et a des catégories grammaticales différentes selon la prononciation :*

/'kɒntrɑːst/ (l'accent est sur la première syllabe con-)
> *C'est un* NOM.
contrast *signifie* contraste.
► in contrast to en contraste avec.

/kən'trɑːst/ (l'accent est sur la deuxième syllabe -trast)
> *C'est un* VERBE.
► contrast with something contraster avec quelque chose.
► contrast something mettre quelque chose en contraste.

contribute /kən'trɪbjuːt/ contribuer.

control /kən'trəʊl/ *a plusieurs sens :*

> *Ce peut être un* NOM :

1 control *signifie* contrôle (au sens de « maîtrise »).
► lose control of something perdre le contrôle de quelque chose.
► bring something under control maîtriser quelque chose.
► be in control of something être à la tête de quelque chose (d'une entreprise, par exemple) *ou* être maître de quelque chose (d'un véhicule ou d'une situation, par exemple).

2 ► the controls les commandes (d'un véhicule ou d'un appareil).

> *Ce peut être un* VERBE :

1 ► control something *peut signifier* diriger quelque chose (une entreprise ou une organisation).

2 ► control something *peut signifier* contrôler quelque chose (ses émotions, une région, les prix) *ou* maîtriser quelque chose (un animal ou un incendie).

3 ► control somebody se faire obéir de quelqu'un *ou* avoir de l'autorité sur quelqu'un.

4 ► control oneself se contrôler.

convenient /kən'viːnɪənt/ pratique.

conveyor belt /kən'veɪə belt/ tapis roulant.

convict *se prononce de deux façons et a des catégories grammaticales et des sens différents selon la prononciation :*

/'kɒnvɪkt/ (l'accent est sur la première syllabe con-)
> *C'est un* NOM.
convict *signifie* prisonnier *ou* prisonnière.

/kən'vɪkt/ (l'accent est sur la deuxième syllabe -vict)
> *C'est un* VERBE.
► convict somebody of a crime reconnaître quelqu'un coupable d'un crime.

convince /kən'vɪns/ convaincre.

convincing /kən'vɪnsɪŋ/ convaincant.

> i Convincing est aussi une forme du verbe convince :
> ▷ Try convincing him! Essaie de le convaincre !

cook /kʊk/ *a plusieurs catégories grammaticales et plusieurs sens :*

> *Ce peut être un* NOM :

cook *signifie* cuisinier *ou* cuisinière (= personne qui fait la cuisine).

> *Ce peut être un* VERBE :

cook *signifie* cuire *ou* faire cuire *ou* faire la cuisine.
► cook a meal préparer un repas.

cookbook /'kʊkbʊk/ livre de cuisine.

cooker /'kʊkə^r/ cuisinière (= appareil pour faire la cuisine).

cookery /'kʊkərɪ/ cuisine (= préparation de la nourriture).

cookie /'kʊkɪ/ petit gâteau sec.

> Ce mot est surtout employé en anglais américain : en anglais britannique, on dit biscuit.

cooking /'kʊkɪŋ/ cuisine (= préparation de la nourriture).

ℹ Cooking est aussi une forme du verbe cook :
▷ He's cooking dinner. Il prépare le dîner.

cool /kuːl/ *a plusieurs catégories grammaticales et plusieurs sens :*

> *Ce peut être un* ADJECTIF :

1 cool *peut signifier* frais (au sens de « légèrement froid »).

2 cool *peut signifier* calme.
► keep cool garder son calme.

3 cool *peut signifier* froid (en parlant d'une personne qui est distante ou peu enthousiaste).

4 cool *peut signifier* cool *ou* super.

Dans ce dernier sens, cool est familier, c'est-à-dire qu'on évite de l'employer quand on parle à quelqu'un qu'on ne connaît pas bien ou quand on écrit.

> *Ce peut être un* VERBE :

1 ► cool something rafraîchir quelque chose.

2 ► cool down refroidir (en parlant d'un liquide ou de l'air, par exemple) *ou* se rafraîchir (en parlant d'une personne qui a trop chaud).

cooperate /kəʊ'ɒpəreɪt/ coopérer.

cooperation /kəʊˌɒpə'reɪʃən/ coopération.

coordinate /kəʊ'ɔːdɪneɪt/ coordonner.

cope /kəʊp/ se débrouiller.
► cope with something faire face à quelque chose *ou* s'occuper de quelque chose.

copied /'kɒpɪd/ *est le prétérit et le participe passé du verbe* copy.
▷ You copied me ! Tu as copié sur moi !

copies /'kɒpɪz/ *est le pluriel de* copy *et la troisième personne du singulier du verbe* copy*, au présent de l'indicatif.*
▷ Make two copies. Fais deux copies.
▷ She always copies me! Elle copie toujours sur moi !

copy /'kɒpɪ/ *a plusieurs catégories grammaticales et plusieurs sens :*

> *Ce peut être un* NOM :

1 copy *peut signifier* copie (= quelque chose qui a été reproduit).

2 copy *peut signifier* exemplaire (d'un livre) *ou* numéro (d'un magazine ou d'un journal).

> *Ce peut être un* VERBE :

► copy *signifie* copier.
► copy and paste copier-coller.

Le mot anglais copy ne signifie pas « copie » au sens de « travail écrit à l'école ».

coral /'kɒrəl/ corail.
► coral reef récif coralien.

cord /kɔːd/ ficelle *ou* corde *ou* cordon.

corduroy /'kɔːdərɔɪ/ velours côtelé.

core /kɔːʳ/ trognon (d'une pomme).

cork /kɔːk/ liège *ou* bouchon (d'une bouteille de vin).

corkscrew /'kɔːkskruː/ tire-bouchon.

corn /kɔːn/ *a plusieurs sens :*

1 corn *peut signifier* blé (en anglais britannique) *ou* maïs (en anglais américain).
► corn on the cob épi de maïs.

2 corn *peut signifier* cor (au pied).

corner /'kɔːnəʳ/ *a plusieurs sens :*

1 corner *peut signifier* coin.
► turn the corner tourner au coin de la rue.
▷ It's just round the corner. C'est à deux pas d'ici.

2 corner *peut signifier* virage.

3 En football, corner *signifie* corner.
► take a corner tirer un corner.

corpse /kɔːps/ cadavre.

corporate /'kɔːprət/ d'entreprise.

correct /kə'rekt/ *a plusieurs catégories grammaticales :*

> *Ce peut être un* ADJECTIF :

correct *signifie* correct *ou* exact.
▷ That's correct. C'est exact.
▷ You are quite correct. Tu as parfaitement raison.

> *Ce peut être un* VERBE :

correct *signifie* corriger.

correspond /ˌkɒrɪs'pɒnd/ correspondre.

corridor /'kɒrɪdɔːʳ/ couloir.

corrupt /kə'rʌpt/ *a plusieurs catégories grammaticales :*

> *Ce peut être un* ADJECTIF :

corrupt *signifie* corrompu.

> *Ce peut être un* VERBE :

corrupt *signifie* corrompre.

Corsica /ˈkɔːsɪkə/ Corse.

Corsican /ˈkɔːsɪkən/ corse *ou* Corse.

cosmetics /kɒzˈmetɪks/ produits de beauté.

cost /kɒst/ *a plusieurs catégories grammaticales et plusieurs sens :*

> *Ce peut être un* NOM :

cost *signifie* coût *ou* prix.

► at all costs à tout prix.

> *Ce peut être un* VERBE :

► cost *signifie* coûter.

▷ How much does it cost? Combien ça coûte ?

▷ It cost me 10 euros. Ça m'a coûté 10 euros.

costume /ˈkɒstjuːm/ costume (= ensemble qu'on met pour se déguiser, ou vêtement typique d'un pays).

cosy /ˈkəʊzɪ/ douillet *ou* intime.

▷ I feel nice and cosy. Je me sens bien au chaud.

cot /kɒt/ lit de bébé (en anglais britannique) *ou* lit de camp (en anglais américain).

cottage /ˈkɒtɪdʒ/ petite maison à la campagne.

cotton /ˈkɒtn/ *a plusieurs sens :*

1 cotton *peut signifier* coton.

▷ This is a cotton shirt. C'est une chemise en coton.

2 cotton *peut signifier* fil de coton.

3 ► cotton candy barbe à papa.

> Cotton candy est employé seulement en anglais américain : en anglais britannique, on dit candy floss.

4 ► cotton wool coton hydrophile.

> Cotton wool n'est pas employé en anglais américain : aux États-Unis, on dit absorbent cotton.

couch /kaʊtʃ/ canapé *ou* divan.

cough /kɒf/ *a plusieurs catégories grammaticales :*

> *Ce peut être un* NOM :

cough *signifie* toux.

▷ He has a bad cough. Il tousse beaucoup.

> *Ce peut être un* VERBE :

cough *signifie* tousser.

could /kʊd/ *a plusieurs sens :*

> **i** Could est ce qu'on appelle en anglais un modal auxiliary verb.
> Ces verbes s'utilisent avant la forme infinitive d'autres verbes (she could speak French).
> Ils ne prennent pas de -s final à la troisième personne du singulier (he could, she could, it could).
> À la différence d'autres verbes, les formes négatives et interrogatives ne se construisent pas avec do (could you help me? he couldn't drive).
> Ils n'ont ni forme infinitive, ni participe présent ou passé.

1 could *est employé pour parler de la* possibilité *ou de la* probabilité :

▷ It could rain tomorrow. Il va peut-être pleuvoir demain.

▷ You could be right. Tu as peut-être raison.

▷ It could be true. Cela pourrait être vrai.

2 could have *est employé avec un participe passé pour dire que quelque chose* aurait pu *arriver :*

▷ You could have told me before. Tu aurais pu me le dire avant.

▷ The accident could have been more serious. L'accident aurait pu être plus grave.

3 could *est employé pour parler de ce qu'on* pouvait faire *dans le passé :*

▷ She could be very nice. Elle pouvait être très gentille.

▷ I couldn't phone because I didn't have any change. Je ne pouvais pas appeler parce que je n'avais pas de monnaie.

4 could *est employé pour dire qu'on* savait faire *quelque chose :*

▷ He could speak Italian. Il savait parler italien.

▷ I could ride a horse. Je savais monter à cheval.

5 could *est employé avec les* verbes de perception *pour dire qu'on* sentait, *qu'on* entendait *ou qu'on* voyait *quelque chose :*

▷ I could hear him singing. Je l'entendais chanter.

▷ She could see the sea. Elle voyait la mer.

6 could *est employé pour* demander quelque chose poliment :

▷ Could I ask you something? Est-ce que je pourrais vous demander quelque chose ?

▷ Could you pass me the salt, please? Pourriez-vous me passer le sel, s'il vous plaît ?

couldn't /ˈkʊdnt/ *est la contraction de* could not, *la forme négative de* could.

▷ I couldn't see anything. Je ne voyais rien.

council /ˈkaʊnsl/ conseil municipal.

count /kaʊnt/ *a plusieurs catégories grammaticales et plusieurs sens :*

> *Ce peut être un* NOM :

1 ► **keep count** compter.

2 **count** *peut signifier* comte (= homme de la noblesse).

> *Ce peut être un* VERBE :

count *signifie* compter.

► **count on somebody** compter sur quelqu'un.

counter /ˈkaʊntəʳ/ *a plusieurs sens :*

1 **counter** *peut signifier* comptoir *ou* guichet.

2 **counter** *peut signifier* jeton.

counterclockwise /ˌkaʊntəˈklɒkˌwaɪz/ dans le sens inverse des aiguilles d'une montre.

Ce mot est employé seulement en anglais américain : en anglais britannique, on dit anticlockwise.

countries /ˈkʌntrɪz/ *est le pluriel de* country.

country /ˈkʌntrɪ/ *a plusieurs sens :*

1 **country** *peut signifier* pays.

2 **country** *peut signifier* campagne.

▷ I love walking in the country. J'adore me promener à la campagne.

countryside /ˈkʌntrɪsaɪd/

► **the countryside** la campagne.

► **in the countryside** à la campagne.

counties /ˈkaʊntɪz/ *est le pluriel de* county.

county /ˈkaʊntɪ/ comté.

couple /ˈkʌpl/ *a plusieurs sens :*

1 **couple** *peut signifier* couple.

2 ► **a couple...** deux ou trois...

▷ I've been there a couple of times. J'y suis allé deux ou trois fois.

courier /ˈkʊrɪəʳ/ *a plusieurs sens :*

1 **courier** *peut signifier* coursier.

2 **courier** *peut signifier* guide (qui accompagne des gens en vacances).

Le mot anglais courier ne signifie pas « courrier ».

course /kɔːs/ *a plusieurs sens :*

1 **course** *peut signifier* cours (d'une vie, des événements ou d'une rivière, par exemple).

► **in the course of** au cours de.

2 **course** *peut signifier* route (d'un avion ou d'un navire).

► **change course** changer de cap.

3 **course** *peut signifier* cours (= leçons).

▷ I'm doing a computing course. Je suis des cours d'informatique.

4 **course** *peut signifier* plat (= partie d'un repas).

► **first course** entrée.

► **main course** plat principal.

5 ► **of course** bien sûr.

► **of course not** bien sûr que non.

court /kɔːt/ *a plusieurs sens :*

1 **court** *peut signifier* tribunal *ou* cour.

► **take somebody to court** poursuivre quelqu'un en justice.

2 **court** *peut signifier* court de tennis *ou* terrain (de basket, par exemple).

courtyard /ˈkɔːtjɑːd/ cour (d'un immeuble, par exemple).

cousin /ˈkʌzn/ cousin *ou* cousine.

cover /ˈkʌvəʳ/ *a plusieurs catégories grammaticales et plusieurs sens :*

> *Ce peut être un* NOM :

1 **cover** *peut signifier* housse *ou* couverture.

2 **cover** *peut signifier* couvercle.

3 **cover** *peut signifier* abri.

► **be under cover** être à l'abri.

► **take cover** s'abriter.

> *Ce peut être un* VERBE :

► **cover something** couvrir quelque chose.

▷ The walls were covered with posters. Les murs étaient couverts d'affiches.

cow /kaʊ/ vache.

coward /ˈkaʊəd/ lâche (= une personne qui est lâche).

cowardly /ˈkaʊədlɪ/ lâche (adjectif).

cozy /ˈkəʊzɪ/ douillet *ou* intime.

▷ I feel nice and cozy. Je me sens bien au chaud.

crab /kræb/ crabe.

crack /kræk/ *a plusieurs catégories grammaticales et plusieurs sens :*

> *Ce peut être un* NOM :

1 **crack** *peut signifier* fissure *ou* fêlure *ou* crevasse.

2 **crack** *peut signifier* craquement *ou* claquement.

> *Ce peut être un* VERBE TRANSITIF :

1 ► crack something *peut signifier* fêler quelque chose.

2 ► crack something *peut signifier* casser quelque chose (un œuf ou une noix, par exemple).

3 ► crack a whip faire claquer un fouet.

4 ► crack a joke raconter une blague.

5 ► crack a code déchiffrer un code.

> *Ce peut être un* VERBE INTRANSITIF :

1 crack *peut signifier* se fêler *ou* se fissurer.

2 crack *peut signifier* claquer (en parlant d'un fouet, par exemple).

3 crack *ou* ► crack up *signifie* craquer (en parlant d'une personne qui s'effondre).

cracked /krækt/ fêlé *ou* craquelé *ou* crevassé.

> ℹ Cracked est aussi le prétérit et le participe passé du verbe crack :
> ▷ He cracked up when his girlfriend left him. Il a craqué quand sa petite amie l'a quitté.
> ▷ He cracked the code. Il a déchiffré le code.

cracker /ˈkrækəʳ/ *a plusieurs sens :*

1 cracker *peut signifier* cracker (= biscuit).

2 cracker *peut signifier* diablotin (= pétard).

cradle /ˈkreɪdl/ berceau.

craftsman /ˈkrɑːftsmən/ artisan.

cramp /kræmp/ crampe.

crane /kreɪn/ grue.

> En anglais, crane ne signifie pas « crâne ».

crash /kræʃ/ *a plusieurs catégories grammaticales et plusieurs sens :*

> *Ce peut être un* NOM :

1 crash *peut signifier* accident (de voiture ou d'avion, par exemple).

2 crash *peut signifier* fracas (= bruit violent).

> *Ce peut être un* VERBE :

1 crash *peut signifier* avoir un accident (en parlant d'une personne dans un véhicule) *ou* entrer en collision (en parlant de deux véhicules) *ou* s'écraser au sol (en parlant d'un avion).

► crash into something rentrer dans quelque chose (un mur ou un arbre, par exemple).

2 ► crash a car avoir un accident avec une voiture.

3 crash *peut signifier* faire faillite (en parlant d'une entreprise) *ou* s'effondrer (en parlant de la Bourse).

4 crash *peut signifier* tomber en panne (en parlant d'un ordinateur).

crate /kreɪt/ caisse (pour mettre des bouteilles) *ou* cageot (pour mettre des fruits).

crawl /krɔːl/ *a plusieurs catégories grammaticales et plusieurs sens :*

> *Ce peut être un* NOM :

crawl *signifie* crawl (= style de natation).

> *Ce peut être un* VERBE :

crawl *signifie* ramper *ou* marcher à quatre pattes.

► crawl along avancer très lentement.

crayon /ˈkreɪən/ crayon de couleur.

craze /kreɪz/ mode (passagère).

crazier /ˈkreɪzɪəʳ/ *est le comparatif de* crazy.

▷ He's even crazier than you. Il est encore plus fou que toi.

craziest /ˈkreɪzɪɪst/ *est le superlatif de* crazy.

▷ She's the craziest of them all. C'est la plus folle de tous.

crazy /ˈkreɪzɪ/ fou *ou* folle.

creak /kriːk/ grincer.

cream /kriːm/ crème.

► cream cake gâteau à la crème.

crease /kriːs/ *a plusieurs catégories grammaticales :*

> *Ce peut être un* NOM :

crease *signifie* pli *ou* faux pli.

> *Ce peut être un* VERBE :

crease *signifie* froisser *ou* se froisser (en parlant d'un tissu).

creased /kriːst/ froissé.

> ℹ Creased est aussi le prétérit et le participe passé du verbe crease :
> ▷ You've creased your shirt. Tu as froissé ta chemise.

create /kriːˈeɪt/ créer.

creation /kriːˈeɪʃən/ création.

credit /ˈkredɪt/ crédit.

► give somebody credit for doing something reconnaître que quelqu'un a fait quelque chose.

► take the credit for something s'attribuer le mérite de quelque chose.

creep /kriːp/ ramper *ou* se glisser.

► creep in entrer à pas de loup *ou* entrer tout doucement.

creepy /ˈkriːpɪ/ qui donne la chair de poule.

▷ It's really creepy! Ça donne vraiment la chair de poule !

crept /krept/ *est le prétérit et le participe passé du verbe* creep.

▷ He crept into the bedroom. Il est entré tout doucement dans la chambre.

cress /kres/ cresson.

crew /kruː/ équipage *ou* équipe.

cricket /ˈkrɪkɪt/ *a plusieurs sens :*

1 cricket *peut signifier* grillon.

2 cricket *peut signifier* cricket (= l'animal ou le sport britannique).

cried /kraɪd/ *est le prétérit et le participe passé du verbe* cry.

▷ I cried all night. J'ai pleuré toute la nuit.

cries /kraɪz/ *est le pluriel du mot* cry *et la troisième personne du singulier du verbe* cry, *au présent de l'indicatif.*

▷ We heard cries. Nous avons entendu des cris.

▷ She cries a lot. Elle pleure beaucoup.

crime /kraɪm/ crime.

> Le mot anglais crime est employé pour parler de toute faute grave punie par la loi, et n'a pas le sens précis d'assassinat ou de meurtre qu'a le mot français.

criminal /ˈkrɪmɪnl/ criminel *ou* criminelle.

cringe /krɪndʒ/ avoir un mouvement de recul (parce qu'on a peur ou parce qu'on est dégoûté par quelque chose).

crisis /ˈkraɪsɪs/ crise.

crisp /krɪsp/ *a plusieurs catégories grammaticales et plusieurs sens :*

> *Ce peut être un* ADJECTIF :

crisp *signifie* croquant *ou* croustillant *ou* craquant.

> *Ce peut être un* NOM :

► crisps *signifie* chips.

> Le mot crisps ne s'emploie pas en anglais américain : aux États-Unis, on dit chips.

criss-cross /ˈkrɪskrɒs/ entrecroiser *ou* s'entrecroiser.

criteria /kraɪˈtɪːrɪə/ critères.

critic /ˈkrɪtɪk/ critique (= personne dont le métier est de juger les livres et les spectacles).

> Attention à ne pas confondre a critic (un critique, c'est-à-dire une personne), a criticism (une critique, c'est-à-dire une remarque) et critical (c'est-à-dire critique, l'adjectif).

critical /ˈkrɪtɪkəl/ critique (adjectif).

> Attention à ne pas confondre a critic (un critique, c'est-à-dire une personne), a criticism (une critique, c'est-à-dire une remarque) et critical (c'est-à-dire critique, l'adjectif).

criticism /ˈkrɪtɪsɪzəm/ critique (= un jugement défavorable).

> Attention à ne pas confondre a critic (un critique, c'est-à-dire une personne), a criticism (une critique, c'est-à-dire une remarque) et critical (c'est-à-dire critique, l'adjectif).

criticize /ˈkrɪtɪsaɪz/ critiquer.

crook /krʊk/ escroc.

crooked /ˈkrʊkɪd/ tordu *ou* de travers.

crop /krɒp/ récolte.

cross /krɒs/ *a plusieurs catégories grammaticales et plusieurs sens :*

> *Ce peut être un* NOM :

cross *signifie* croix.

> *Ce peut être un* ADJECTIF :

cross *signifie* en colère.

► get cross with somebody se mettre en colère contre quelqu'un.

> *Ce peut être un* VERBE INTRANSITIF :

cross *signifie* se croiser (en parlant de lignes ou de chemins qui se croisent).

> *Ce peut être un* VERBE TRANSITIF :

1 ► cross something traverser quelque chose.

2 ► cross one's arms croiser les bras.

3 ► cross something out barrer *ou* rayer quelque chose (= supprimer quelque chose dans un texte).

4 ► cross over a road traverser une rue.

crossing /ˈkrɒsɪŋ/ *a plusieurs sens :*

1 crossing *peut signifier* traversée.

2 crossing *peut signifier* passage clouté.

> **i Crossing est aussi une forme du verbe cross :**
> ▷ He was crossing the road. **Il traversait la rue.**

crossroads /ˈkrɒsrəʊdz/ intersection (de deux routes).

crossword /ˈkrɒswɜːd/ mots croisés.

crouch /kraʊtʃ/ s'accroupir.

crow /krəʊ/ *a plusieurs catégories grammaticales :*

> *Ce peut être un* NOM :

crow *signifie* corbeau.

> *Ce peut être un* VERBE :

crow *signifie* chanter (en parlant du coq).

crowd /kraʊd/ foule.

crowded /ˈkraʊdɪd/ bondé *ou* plein de gens.

▷ The hall was crowded with people. Il y avait beaucoup de monde dans la salle.

▷ It's too crowded. Il y a trop de monde.

crown /kraʊn/ couronne.

cruelty /ˈkrʊəltɪ/ cruauté.

cruise /kruːz/ croisière.

crumb /krʌm/ miette.

crush /krʌʃ/ écraser.

crust /krʌst/ croûte.

cry /kraɪ/ *a plusieurs catégories grammaticales et plusieurs sens :*

> *Ce peut être un* NOM :

cry *signifie* cri.

> *Ce peut être un* VERBE :

1 cry *peut signifier* pleurer.

2 cry *ou* ► cry out *signifie* pousser un cri *ou* crier.

crystal /ˈkrɪstl/ cristal.

cubicle /ˈkjuːbɪkəl/ cabine.

cuckoo /ˈkʊkuː/ coucou.

cucumber /ˈkjuːkʌmbəʳ/ concombre.

cuddle /ˈkʌdl/ *a plusieurs catégories grammaticales et plusieurs sens :*

> *Ce peut être un* NOM :

cuddle *signifie* câlin.

► give somebody a cuddle faire un câlin à quelqu'un.

> *Ce peut être un* VERBE :

cuddle *signifie* câliner.

► cuddle each other se faire un câlin.

cuff /kʌf/ poignet (d'une manche).

culprit /ˈkʌlprɪt/ personne coupable.

cultivate /ˈkʌltɪveɪt/ cultiver.

cultural /ˈkʌltʃərəl/ culturel.

culture /ˈkʌltʃəʳ/ culture (= les connaissances qu'on a ou les traditions d'un pays).

> **Le mot anglais culture ne signifie pas « culture » au sens agricole.**

cunning /ˈkʌnɪŋ/ astucieux *ou* rusé.

cup /kʌp/ *a plusieurs sens :*

1 cup *peut signifier* tasse.

2 cup *peut signifier* coupe (= récompense au vainqueur d'une compétition).

► the cup final la finale de la coupe.

cupboard /ˈkʌbəd/ placard.

cure /kjʊəʳ/ *a plusieurs catégories grammaticales :*

> *Ce peut être un* NOM :

cure *signifie* remède.

> *Ce peut être un* VERBE :

► cure *signifie* guérir.

curious /ˈkjʊərɪəs/ curieux.

curl /kɜːl/ *a plusieurs catégories grammaticales et plusieurs sens :*

> *Ce peut être un* NOM :

curl *signifie* boucle de cheveux.

> *Ce peut être un* VERBE :

1 curl *signifie* boucler *ou* friser (en parlant des cheveux).

2 ► curl up s'enrouler *ou* se pelotonner.

curler /ˈkɜːləʳ/ bigoudi.

curly /ˈkɜːlɪ/ bouclé *ou* frisé.

currant /ˈkʌrənt/ raisin sec.

Ne pas confondre currant avec current (= courant).

currency /ˈkʌrənsɪ/ monnaie.

current /ˈkʌrənt/ *a plusieurs catégories grammaticales :*

> *Ce peut être un* NOM :

current *signifie* courant (= courant d'eau ou courant électrique).

> *Ce peut être un* ADJECTIF :

current *signifie* actuel.

► current affairs l'actualité.

Ne pas confondre current avec currant (= raisin sec).

currently /ˈkʌrəntlɪ/ actuellement.

cursor /ˈkɜːsəʳ/ curseur.

curtain /ˈkɜːtn/ rideau.

curve /kɜːv/ *a plusieurs catégories grammaticales :*

> *Ce peut être un* NOM :

curve *signifie* courbe.

> *Ce peut être un* VERBE :

curve *signifie* faire une courbe.

cushion /ˈkʊʃən/ coussin.

custard /ˈkʌstəd/ crème anglaise.

custom /ˈkʌstəm/ coutume.

ℹ Regardez aussi le mot customs plus loin.

customary /ˈkʌstəmərɪ/ habituel.

customer /ˈkʌstəməʳ/ client.

customs /ˈkʌstəmz/ douane.

► customs officer douanier.

ℹ Regardez aussi le mot custom.

cut /kʌt/ *a plusieurs sens :*

> *Ce peut être un* NOM :

1 cut *peut signifier* coupure (dans la peau) *ou* entaille (dans un morceau de bois, par exemple).

2 cut *peut signifier* réduction (de prix, par exemple).

3 cut *peut signifier* coupe (= coupe de cheveux ou coupe d'un vêtement).

> *Ce peut être un* VERBE :

1 ► cut something *peut signifier* couper quelque chose.

► cut something in half couper quelque chose en deux.

► cut one's nails se couper les ongles.

► have one's hair cut se faire couper les cheveux.

► cut and paste couper-coller.

► cut the grass tondre le gazon.

2 ► cut something *peut signifier* réduire quelque chose (les prix ou les dépenses, par exemple).

Phrasal verbs

Le verbe cut peut être suivi d'une préposition, telle que down ou out, et dans ce cas, il peut avoir des sens différents. C'est ce qu'on appelle, en anglais, un phrasal verb.

CUT DOWN :

► cut a tree down couper un arbre.

► cut down on smoking fumer moins.

► cut down on chocolate manger moins de chocolat.

CUT OFF :

► cut something off couper quelque chose *ou* amputer quelque chose.

CUT OUT :

► cut something out découper quelque chose (un article de journal, par exemple).

CUT UP :

► cut something up couper quelque chose en morceaux.

cute /kjuːt/ mignon.

cutlery /ˈkʌtlərɪ/ les couverts (= couteaux, cuillères et fourchettes).

cycle /ˈsaɪkl/ *a plusieurs catégories grammaticales et plusieurs sens :*

> *Ce peut être un* NOM :

1 cycle *peut signifier* vélo.

► cycle path *ou* cycle track piste cyclable.

2 cycle *peut signifier* cycle.

> *Ce peut être un* VERBE :

cycle *signifie* faire du vélo.

▷ I cycle to school. Je vais à l'école à vélo.

Cyprus /ˈsaɪprəs/ Chypre.

ℹ En général, en anglais, on n'utilise pas d'article défini devant les noms de pays et de continents.

Czech /tʃek/ Tchèque *ou* tchèque.

ℹ En anglais, les adjectifs de nationalité et les noms de langues commencent par une majuscule.

D

ANGLAIS — FRANÇAIS

La lettre D se prononce /diː/ en anglais.
D rime avec free, knee et tea.

dad /dæd/ papa.

daddy /'dædɪ/ papa.

daffodil /'dæfədɪl/ jonquille.

dagger /'dægəʳ/ poignard.

daily /'deɪlɪ/ *a plusieurs catégories grammaticales :*

> *Ce peut être un* ADVERBE :

daily *signifie* tous les jours.

> *Ce peut être un* ADJECTIF *et un* NOM :

daily *signifie* quotidien.

dainty /'deɪntɪ/ délicat.

dairy products /'dɛərɪ prɒdʌkts/ produits laitiers.

daisies /'deɪzɪz/ *est le pluriel de* daisy.

daisy /'deɪzɪ/ pâquerette *ou* marguerite.

dam /dæm/ barrage (sur une rivière).

damage /'dæmɪdʒ/ *a plusieurs catégories grammaticales et plusieurs sens :*

> *Ce peut être un* NOM :

damage *signifie* dégâts.

> *Ce peut être un* VERBE :

► damage something abîmer quelque chose *ou* nuire à quelque chose.

damp /dæmp/ *a plusieurs catégories grammaticales :*

> *Ce peut être un* ADJECTIF :

damp *signifie* humide *ou* moite.

> *Ce peut être un* NOM :

damp *signifie* humidité.

dance /dɑːns/ *a plusieurs catégories grammaticales et plusieurs sens :*

> *Ce peut être un* NOM :

1 dance *peut signifier* danse.

2 dance *peut signifier* bal.

> *Ce peut être un* VERBE :

dance *signifie* danser.

Attention à l'orthographe du mot anglais dance.

dancer /'dɑːnsəʳ/ danseur *ou* danseuse.

dandelion /'dændɪlaɪən/ pissenlit.

dandruff /'dændrəf/ pellicules (dans les cheveux).

Dane /deɪn/ Danois (= personne).

danger /'deɪndʒəʳ/ danger.

► be in danger être en danger.

► be out of danger être hors de danger.

dangerous /'deɪndʒərəs/ dangereux.

Danish /ˈdeɪnɪʃ/ danois.

► **the Danish** les Danois.

ℹ En anglais, les adjectifs de nationalité et les noms de langues commencent par une majuscule.

dare /dɛəʳ/ *a plusieurs catégories grammaticales et plusieurs sens :*

> *Ce peut être un* VERBE :

1 **dare** *signifie* oser.

▷ He daren't climb the tree. Il n'ose pas grimper à l'arbre.

2 ► **dare somebody to do something** mettre quelqu'un au défi de faire quelque chose.

> *Ce peut être un* NOM :

dare *signifie* défi.

daren't /dɛənt/ *est la contraction de* dare not.

▷ I daren't do it! Je n'ose pas le faire !

daring /ˈdɛərɪŋ/ audacieux *ou* osé.

dark /dɑːk/ *a plusieurs catégories grammaticales et plusieurs sens :*

> *Ce peut être un* ADJECTIF :

1 **dark** *peut signifier* sombre.

▷ It's dark. Il fait nuit.

▷ It's getting dark. Il commence à faire nuit.

2 **dark** *peut signifier* foncé (en parlant des couleurs ou de la peau).

▷ She was wearing a dark blue jumper. Elle portait un pull bleu foncé.

▷ She has dark hair. Elle a les cheveux bruns.

> *Ce peut être un* NOM :

► **the dark** l'obscurité *ou* le noir.

▷ He's afraid of the dark. Il a peur du noir.

▷ Come after dark. Viens après la tombée de la nuit.

darling /ˈdɑːlɪŋ/ chéri *ou* chérie.

dart /dɑːt/ fléchette.

► **play darts** jouer aux fléchettes.

dash /dæʃ/ *a plusieurs catégories grammaticales et plusieurs sens :*

> *Ce peut être un* NOM :

1 **dash** *peut signifier* goutte (de lait ou de vin, par exemple) *ou* pincée (de sel) *ou* touche (de peinture ou de couleur).

2 **dash** *peut signifier* tiret.

3 ► **make a dash for something** se précipiter sur quelque chose.

> *Ce peut être un* VERBE :

dash *signifie* se précipiter.

dashboard /ˈdæʃbɔːd/ tableau de bord.

data /ˈdeɪtə/ données.

database /ˈdeɪtəbeɪs/ base de données.

date /deɪt/ *a plusieurs catégories grammaticales et plusieurs sens :*

> *Ce peut être un* NOM :

1 **date** *peut signifier* date.

▷ What is today's date? Nous sommes le combien aujourd'hui ?

► **be out of date** ne plus être à jour *ou* être périmé.

► **be up to date** être à jour *ou* être moderne.

2 **date** *peut signifier* rendez-vous.

► **have a date with somebody** avoir rendez-vous avec quelqu'un.

3 **date** *peut signifier* datte (= fruit).

> *Ce peut être un* VERBE :

1 ► **date something** dater quelque chose.

2 ► **date somebody** sortir avec quelqu'un.

▷ Who is she dating? Avec qui sort-elle ?

daughter /ˈdɔːtəʳ/ fille.

daughter-in-law /ˈdɔːtərɪnlɔː/ belle-fille.

dawn /dɔːn/ l'aube.

day /deɪ/ jour *ou* journée.

► **every day** tous les jours.

► **every other day** tous les deux jours.

► **the day after** le lendemain.

► **the day before yesterday** avant-hier.

► **the day after tomorrow** après-demain.

► **in the old days** autrefois.

daydream /ˈdeɪdriːm/ rêvasser.

daylight /ˈdeɪlaɪt/ lumière du jour.

daytime /ˈdeɪtaɪm/

► **in the daytime** pendant la journée.

dazed /deɪzd/ hébété *ou* étourdi *ou* stupéfait.

dazzling /ˈdæzlɪŋ/ éblouissant.

dead /ded/ *a plusieurs catégories grammaticales et plusieurs sens :*

> *Ce peut être un* ADJECTIF :

1 **dead** *peut signifier* mort.

2 **dead** *peut signifier* à plat (en parlant d'une batterie).

> *Ce peut être un* ADVERBE :

► **dead ahead** droit devant.
► **dead on time** pile à l'heure.
► **stop dead** s'arrêter net.

deaf /def/ sourd.

deal /diːl/ *a plusieurs catégories grammaticales et plusieurs sens :*

> *Ce peut être un* NOM :

1 **deal** *signifie* marché (au sens de « accord » ou « affaire »).
▷ It's a deal! Marché conclu !
2 ► **a good deal** *ou* **a great deal** beaucoup.
▷ I learnt a great deal. J'ai beaucoup appris.

> *Ce peut être un* VERBE TRANSITIF :

1 ► **deal the cards** distribuer les cartes.
2 ► **deal drugs** revendre de la drogue.

> *Ce peut être un* VERBE INTRANSITIF :

1 ► **deal in something** faire le commerce de quelque chose.
2 ► **deal with somebody** avoir affaire à quelqu'un *ou* traiter avec quelqu'un.
3 ► **deal with something** s'occuper de quelque chose.
4 ► **deal with a subject** traiter d'un sujet *ou* parler d'un sujet.

dealt /delt/ *est le prétérit et le participe passé du verbe* **deal**.
▷ Who dealt with this problem? Qui s'est occupé de ce problème ?

dear /dɪəʳ/ cher *ou* chère.
► **oh dear!** oh là là !

death /deθ/ la mort.
► **be scared to death** être mort de peur.

debate /dɪ'beɪt/ discussion *ou* débat.

debt /det/ dette.
► **be in debt** être endetté.

decade /'dekeɪd/ décennie.

deceive /dɪ'siːv/ tromper *ou* duper.

> Deceive ne signifie pas « décevoir ».

December /dɪ'sembəʳ/ décembre.

> i En anglais, les noms de mois commencent par une majuscule.

decent /'diːsənt/ convenable *ou* décent.

decide /dɪ'saɪd/ décider *ou* se décider.
► **decide to do something** décider de faire quelque chose.

deck /dek/ pont (d'un bateau).
► **deck chair** chaise longue.

declare /dɪ'kleəʳ/ déclarer.

decline /dɪ'klaɪn/ *a plusieurs catégories grammaticales et plusieurs sens :*

> *Ce peut être un* NOM :

decline *signifie* déclin.

> *Ce peut être un* VERBE :

1 **decline** *peut signifier* refuser.
2 **decline** *peut signifier* décliner.

decorate /'dekəreɪt/ *a plusieurs catégories grammaticales :*

> *Ce peut être un* VERBE TRANSITIF :

► **decorate something** décorer quelque chose.

> *Ce peut être un* VERBE INTRANSITIF :

decorate *signifie* peindre et tapisser.

decrease *se prononce de deux façons et a des catégories grammaticales différentes selon la prononciation :*

/'dɪkriːs/ (l'accent est sur la première syllabe de-).
> *C'est un* NOM.

decrease *signifie* baisse *ou* diminution.

/diː'kriːs/ (l'accent est sur la deuxième syllabe -crease).
> *C'est un* VERBE.

1 ► **decrease something** diminuer *ou* réduire quelque chose.
2 **decrease** *signifie* baisser.

dedicate /'dedɪkeɪt/ *a plusieurs sens :*

1 ► **dedicate one's life** *ou* **one's time to something** consacrer sa vie *ou* son temps à quelque chose.
2 ► **dedicate a book to somebody** dédier un livre à quelqu'un.

deduce /dɪ'djuːs/ déduire.

deduct /dɪ'dʌkt/ déduire (une somme d'argent, par exemple) *ou* soustraire (un chiffre d'un autre).

deep /diːp/ *a plusieurs sens :*

1 **deep** *peut signifier* profond.

2 **deep** *peut signifier* grave (en parlant d'une voix grave).

deep freeze /'di:pfri:z/ congélateur.

> En anglais américain, on dit **deep freezer**.

deeply /'di:plɪ/ profondément.

deer /dɪəʳ/ cerf *ou* daim *ou* chevreuil.

> **i** **Deer** est invariable au pluriel : **one deer, two deer.**

defeat /dɪ'fi:t/ *a plusieurs catégories grammaticales :*

> *Ce peut être un* NOM :

defeat *signifie* défaite.

> *Ce peut être un* VERBE :

► **defeat somebody** vaincre *ou* battre quelqu'un.

defence /dɪ'fens/ défense (= protection contre une attaque).

> En anglais américain, ce mot s'écrit **defense**.

defend /dɪ'fend/ défendre.

► **defend oneself** se défendre.

defense /dɪ'fens/ *est l'orthographe américaine du mot* **defence**.

define /dɪ'faɪn/ définir.

definite /'defɪnɪt/ *a plusieurs sens :*

1 **definite** *peut signifier* sûr *ou* certain.

▷ **Is that definite?** C'est sûr ?

2 **definite** *peut signifier* net (en parlant d'une amélioration ou d'une augmentation, par exemple).

definitely /'defɪnɪtlɪ/ *est un mot qui exprime la certitude :*

▷ **Is he definitely coming?** Est-il certain qu'il va venir ?

▷ **She's definitely more intelligent than her brother.** Elle est plus intelligente que son frère, c'est sûr.

► **definitely not!** certainement pas !

► **definitely!** absolument !

degree /dɪ'gri:/ *a plusieurs sens :*

1 **degree** *peut signifier* degré.

2 **degree** *peut signifier* diplôme universitaire.

delay /dɪ'leɪ/ *a plusieurs catégories grammaticales :*

> *Ce peut être un* NOM :

delay *signifie* retard.

> *Ce peut être un* VERBE :

► **delay something** retarder quelque chose.

► **delay doing something** remettre quelque chose à plus tard.

delete /dɪ'li:t/ supprimer *ou* rayer.

deliberate /dɪ'lɪbərɪt/ délibéré.

▷ **It wasn't deliberate.** Ce n'était pas fait exprès.

deliberately /dɪ'lɪbərɪtlɪ/ délibérément *ou* exprès.

▷ **He did it deliberately.** Il l'a fait exprès.

delicate /'delɪkɪt/ délicat.

delicatessen /ˌdelɪkə'tesn/ épicerie fine *ou* traiteur.

delicious /dɪ'lɪʃəs/ délicieux.

delighted /dɪ'laɪtɪd/ ravi.

delightful /dɪ'laɪtfʊl/ charmant.

deliver /dɪ'lɪvəʳ/ *a plusieurs sens :*

1 ► **deliver something** distribuer quelque chose (le courrier ou le journal, par exemple) *ou* livrer quelque chose (des marchandises) *ou* remettre quelque chose (un message).

2 ► **deliver a speech** prononcer un discours.

3 ► **deliver a baby** mettre un bébé au monde.

> « Délivrer » n'est pas le sens le plus courant du mot anglais **deliver**.

deliveries /dɪ'lɪvərɪz/ *est le pluriel de* **delivery**.

delivery /dɪ'lɪvərɪ/ livraison.

demand /dɪ'mɑ:nd/ *a plusieurs catégories grammaticales et plusieurs sens :*

> *Ce peut être un* NOM :

1 **demand** *peut signifier* exigence *ou* revendication.

2 **demand** *peut signifier* demande (pour un produit par exemple).

► **be in demand** être très demandé.

> *Ce peut être un* VERBE :

► **demand something** réclamer *ou* exiger quelque chose.

► **demand to do something** exiger de faire quelque chose.

Le verbe anglais demand ne signifie pas « demander ».

democracy /dɪ'mɒkrəsɪ/ démocratie.

democratic /ˌdemə'krætɪk/ démocratique.

demolish /dɪ'mɒlɪʃ/ démolir.

demonstrate /'demənstreɪt/ *a plusieurs catégories grammaticales et plusieurs sens :*

> *Ce peut être un* VERBE TRANSITIF :

1 ► demonstrate something faire une démonstration de quelque chose.

2 ► demonstrate that... prouver que...

> *Ce peut être un* VERBE INTRANSITIF :

demonstrate *signifie* manifester (= défiler pour exprimer son opinion).

demonstration /ˌdemən'streɪʃən/ *a plusieurs sens :*

1 demonstration *peut signifier* démonstration (d'un appareil par un vendeur par exemple).

2 demonstration *peut signifier* manifestation (= défilé organisé pour exprimer son opinion).

denied /dɪ'naɪd/ *est le prétérit et le participe passé du verbe* deny.

▷ He denied everything. Il a tout nié.

denies /dɪ'naɪz/ *est la troisième personne du singulier du verbe* deny, *au présent de l'indicatif.*

▷ She denies having seen him. Elle nie l'avoir vu.

denim /'denɪm/ toile de jean.

Denmark /'denmaːk/ Danemark.

ℹ En général, en anglais, on n'utilise pas d'article défini devant les noms de pays et de continents.

dent /dent/ *a plusieurs catégories grammaticales :*

> *Ce peut être un* NOM :

dent *signifie* bosse (à une voiture, par exemple).

> *Ce peut être un* VERBE :

► dent something cabosser quelque chose.

En anglais, dent ne signifie pas « dent ».

dentist /'dentɪst/ dentiste.

Attention à l'orthographe du mot anglais dentist.

deny /dɪ'naɪ/ nier *ou* refuser.

deodorant /diː'əʊdərənt/ déodorant.

depart /dɪ'pɑːt/ partir.

department /dɪ'pɑːtmənt/ *a plusieurs sens :*

1 department *peut signifier* service (dans un bureau) *ou* département (dans une école) *ou* rayon (dans un magasin).

► department store grand magasin.

2 department *peut signifier* ministère.

departure /dɪ'pɑːtʃəʳ/ départ.

depend /dɪ'pend/ *a plusieurs sens :*

1 depend *peut signifier* dépendre.

▷ That depends. Ça dépend.

▷ It depends on what you want. Ça dépend de ce que tu veux.

2 ► depend on somebody compter sur quelqu'un *ou* se reposer sur quelqu'un.

deposit /dɪ'pɒzɪt/ *a plusieurs catégories grammaticales et plusieurs sens :*

> *Ce peut être un* NOM :

1 deposit *signifie* dépôt (= somme d'argent déposée à la banque) *ou* caution *ou* acompte.

> *Ce peut être un* VERBE :

2 ► deposit something déposer quelque chose.

depot /'depəʊ/ dépôt (au sens d'un entrepôt).

depress /dɪ'pres/ déprimer.

depressed /dɪ'prest/ déprimé.

► get depressed déprimer.

ℹ Depressed est aussi le prétérit et le participe passé du verbe depress :
▷ The film depressed me. Le film m'a déprimé.

depressing /dɪ'presɪŋ/ déprimant.

Depressing est aussi une forme du verbe depress :
▷ The rain was depressing me. La pluie me déprimait.

depression /dɪ'preʃən/ dépression.

deprive /dɪ'praɪv/ priver

► deprive somebody of something priver quelqu'un de quelque chose.

► be deprived of something être privé de quelque chose.

depth /depθ/ profondeur.

deputy /ˈdepjʊtɪ/ adjoint *ou* adjointe.

derive /dɪˈraɪv/ dériver.

descend /dɪˈsend/ descendre.

describe /dɪsˈkraɪb/ décrire.

desert *se prononce de deux façons et a des catégories grammaticales et des sens différents selon la prononciation :*

/ˈdezət/ (l'accent est sur la première syllabe de-).

> *C'est un* NOM.

desert *signifie* désert (= région très sèche).

► desert island île déserte.

/dɪˈzɜːt/ (l'accent est sur la deuxième syllabe -sert).

> *C'est un* VERBE.

1 ► desert something déserter quelque chose.

2 ► desert somebody abandonner quelqu'un.

deserted /dɪˈzɜːtɪd/ désert (= sans habitants ou sans occupants).

ℹ Deserted est aussi le prétérit et le participe passé du verbe desert :
▷ They deserted us. Ils nous ont abandonnés.

deserve /dɪˈzɜːv/ mériter.

design /dɪˈzaɪn/ *a plusieurs catégories grammaticales et plusieurs sens :*

> *Ce peut être un* NOM :

1 design *peut signifier* motif (= dessin décoratif) *ou* plan (= dessin qui représente un bâtiment ou une voiture, par exemple).

2 design *peut signifier* conception (d'un nouveau produit, par exemple) *ou* style (d'un vêtement, par exemple).

3 design *peut signifier* design.

> *Ce peut être un* VERBE :

► design something concevoir quelque chose.

designer /dɪˈzaɪnəʳ/ styliste.

► designer clothes vêtements griffés.

desire /dɪˈzaɪəʳ/ *a plusieurs catégories grammaticales :*

> *Ce peut être un* NOM :

desire *signifie* désir.

> *Ce peut être un* VERBE :

► desire something désirer quelque chose.

desk /desk/ bureau (= table pour travailler).

► information desk bureau de renseignements.

► reception desk réception (dans un hôtel ou un aéroport, par exemple).

desktop computer /ˌdesktɒpkəmˈpjuːtəʳ/ ordinateur de bureau.

despair /dɪsˈpɛəʳ/ *a plusieurs catégories grammaticales :*

> *Ce peut être un* NOM :

despair *signifie* désespoir.

> *Ce peut être un* VERBE :

despair *signifie* désespérer.

desperate /ˈdespərɪt/ désespéré.

desperately /ˈdespərɪtlɪ/ désespérément.

► desperately ill gravement malade.

desperation /ˌdespəˈreɪʃən/ désespoir.

despite /dɪsˈpaɪt/ malgré.

destiny /ˈdestɪnɪ/ destin.

destroy /dɪsˈtrɔɪ/ détruire.

detail /ˈdiːteɪl/ *a plusieurs sens :*

1 detail *peut signifier* détail.

► in detail en détail.

2 ► take somebody's details noter les coordonnées de quelqu'un.

3 ► send somebody details envoyer des renseignements à quelqu'un.

detailed /ˈdiːteɪld/ détaillé.

detect /dɪˈtekt/ détecter *ou* déceler.

detective /dɪˈtektɪv/ détective *ou* policier.

► detective story roman policier.

determined /dɪˈtɜːmɪnd/ déterminé.

► be determined to do something être bien décidé à faire quelque chose.

develop /dɪˈveləp/ *a plusieurs catégories grammaticales et plusieurs sens :*

> *Ce peut être un* VERBE TRANSITIF :

1 ► develop something *peut signifier* développer quelque chose.

2 ► **develop something** *peut signifier* aménager quelque chose (une région ou un quartier, par exemple).

3 ► **develop an illness** contracter une maladie.

> *Ce peut être un* VERBE INTRANSITIF :

develop *signifie* se développer.

development /dɪ'veləpmənt/ *a plusieurs sens :*

1 **development** *peut signifier* développement.

2 **development** *peut signifier* zone aménagée.

> Attention à l'orthographe du mot anglais **development**.

deviate /'diːvɪeɪt/ dévier.

device /dɪ'vaɪs/ appareil.

> En anglais, **device** ne signifie pas « devis ».

devil /'devl/ diable.

devious /'diːvɪəs/ rusé.

devote /dɪ'vəʊt/ consacrer.

▷ He devotes a lot of time to his dogs. Il consacre beaucoup de temps à ses chiens.

devoted /dɪ'vəʊtɪd/ dévoué.

> **Devoted** est aussi le prétérit et le participe passé du verbe **devote**.
> ▷ He devoted his weekends to sailing. Il consacrait ses week-ends à la voile.

dew /djuː/ rosée.

diagnose /'daɪəgnəʊz/ diagnostiquer.

diagnosis /ˌdaɪəg'nəʊsɪs/ diagnostic.

diagram /'daɪəgræm/ diagramme.

> Attention à l'orthographe du mot anglais **diagram**.

dial /'daɪəl/ *a plusieurs catégories grammaticales et plusieurs sens :*

> *Ce peut être un* NOM :

dial *signifie* cadran (= la face d'une montre ou d'un compteur).

> *Ce peut être un* VERBE :

► **dial a number** composer un numéro.

diamond /'daɪəmənd/ *a plusieurs sens :*

1 **diamond** *peut signifier* diamant.

▷ He gave me a diamond ring. Il m'a donné une bague de diamants.

2 **diamond** *peut signifier* carreau (= une des quatre couleurs dans un jeu de cartes).

diaper /'daɪpəʳ/ couche de bébé.

> Le mot **diaper** est américain : en anglais britannique, on dit **nappy**.

diary /'daɪərɪ/ journal intime *ou* agenda.

dice /daɪs/ dé.

> Le mot **dice** est invariable au pluriel : **two dice** deux dés.

dictate /dɪk'teɪt/ dicter.

dictation /dɪk'teɪʃən/ dictée.

dictator /dɪk'teɪtəʳ/ dictateur.

dictatorship /dɪk'teɪtəʃɪp/ dictature.

dictionary /'dɪkʃənrɪ/ dictionnaire.

> En anglais, **dictionary** s'écrit avec un seul **n**.

did /dɪd/ *est le prétérit du verbe* **do**.

▷ I did my homework yesterday. J'ai fait mes devoirs hier.

didn't /'dɪdənt/ *est la contraction de* **did not**, *la négation du prétérit du verbe* **do**.

▷ I didn't go out last weekend. Je ne suis pas sorti le week-end dernier.

die /daɪ/ mourir.

► **die of hunger** mourir de faim.

► **be dying to do something** mourir d'envie de faire quelque chose.

► **be dying out** être en voie d'extinction *ou* être en train de disparaître.

diet /'daɪət/ *a plusieurs catégories grammaticales et plusieurs sens :*

> *Ce peut être un* NOM :

diet *signifie* alimentation *ou* régime (alimentaire).

> *Ce peut être un* VERBE :

diet *signifie* faire un régime.

difference /'dɪfrəns/ différence.

▷ It makes no difference. Ça ne change rien.

different /'dɪfrənt/ différent.

► **different from** *ou* **different to** différent de.

difficult /ˈdɪfɪkəlt/ difficile.

difficulty /ˈdɪfɪkəltɪ/ difficulté.

► **have difficulty doing something** avoir du mal à faire quelque chose.

► **have no difficulty doing something** n'avoir aucun mal à faire quelque chose.

dig /dɪg/ creuser.

digest /daɪˈdʒest/ digérer.

digit /ˈdɪdʒɪt/ chiffre.

▷ 378 is a three-digit number. 378 est un numéro à trois chiffres.

digital /ˈdɪdʒɪtəl/ numérique (en parlant d'un téléviseur ou un appareil-photo, par exemple).

dilute /daɪˈluːt/ diluer.

dim /dɪm/ *a plusieurs catégories grammaticales et plusieurs sens :*

> *Ce peut être un* ADJECTIF :

dim *signifie* faible (en parlant d'une lumière) *ou* sombre (en parlant d'une pièce) *ou* vague (en parlant d'un souvenir ou d'une forme indistincte).

> *Ce peut être un* VERBE :

dim *signifie* baisser (en parlant de la lumière).

diminish /dɪˈmɪnɪʃ/ diminuer.

dimple /ˈdɪmpl/ fossette.

dining room /ˈdaɪnɪŋ ruːm/ salle à manger.

dinghy /ˈdɪŋgɪ/ petit canot *ou* dériveur.

dinner /ˈdɪnəʳ/ dîner.

▷ It's dinner time. C'est l'heure de dîner.

Attention à l'orthographe du mot anglais dinner.

dip /dɪp/ *a plusieurs catégories grammaticales et plusieurs sens :*

> *Ce peut être un* VERBE TRANSITIF :

1 ► **dip something into something** tremper *ou* plonger quelque chose dans quelque chose.

2 ► **dip one's headlights** se mettre en codes (= mettre les phares de sa voiture en codes).

> *Ce peut être un* VERBE INTRANSITIF :

dip *signifie* descendre (en parlant d'une rue ou d'un terrain) *ou* baisser (en parlant de la température ou des prix).

> *Ce peut être un* NOM :

1 dip *peut signifier* sauce froide (dans laquelle on trempe des crudités ou des chips).

2 ► **go for a dip** se baigner.

diploma /dɪˈpləʊmə/ diplôme.

direct /dɪˈrekt/ *a plusieurs catégories grammaticales et plusieurs sens :*

> *Ce peut être un* ADJECTIF :

direct *signifie* direct.

> *Ce peut être un* VERBE :

1 ► **direct somebody to something** indiquer le chemin de quelque chose à quelqu'un.

2 ► **direct something** *peut signifier* diriger quelque chose (une entreprise ou un projet, par exemple).

3 ► **direct something** *peut signifier* mettre quelque chose en scène (une pièce de théâtre, par exemple) *ou* réaliser quelque chose (un film, par exemple).

4 ► **direct somebody to do something** charger quelqu'un de faire quelque chose.

> *Ce peut être un* ADVERBE :

direct *signifie* directement.

direction /dɪˈrekʃən/ *a plusieurs sens :*

1 direction *peut signifier* direction.

2 ► **directions for use** mode d'emploi.

3 ► **ask for directions** demander son chemin.

► **give somebody directions** indiquer le chemin à quelqu'un.

directly /dɪˈrektlɪ/ directement.

director /dɪˈrektəʳ/ *a plusieurs sens :*

1 director *peut signifier* directeur *ou* directrice (d'une entreprise, par exemple).

2 director *peut signifier* metteur en scène (d'une pièce de théâtre) *ou* réalisateur *ou* réalisatrice (d'un film).

directory /dɪˈrektərɪ/ annuaire *ou* (en informatique) répertoire.

dirt /dɜːt/ saleté.

dirty /ˈdɜːtɪ/ *a plusieurs catégories grammaticales et plusieurs sens :*

> *Ce peut être un* ADJECTIF :

dirty *signifie* sale.

► **get something dirty** salir quelque chose.

> *Ce peut être un* VERBE :

► **dirty something** salir quelque chose.

disabled /dɪsˈeɪbld/ handicapé.

disadvantage /ˌdɪsəd'vɑːntɪdʒ/ désavantage *ou* inconvénient.

disagree /ˌdɪsə'griː/ ne pas être d'accord.

▷ I disagree with you. Je ne suis pas d'accord avec toi.

disagreement /ˌdɪsə'griːmənt/ désaccord.

disappear /ˌdɪsə'pɪəʳ/ disparaître.

disappearance /ˌdɪsə'pɪərəns/ disparition.

disappoint /ˌdɪsə'pɔɪnt/ décevoir.

disappointed /ˌdɪsə'pɔɪntɪd/ déçu.

> i Disappointed est aussi le prétérit et le participe passé du verbe disappoint :
> ▷ The new album disappointed her. Elle était déçue par le nouvel album.

disappointing /ˌdɪsə'pɔɪntɪŋ/ décevant.

> i Disappointing est aussi une forme du verbe disappoint :
> ▷ I don't like disappointing you. Je n'aime pas vous décevoir.

disappointment /ˌdɪsə'pɔɪntmənt/ déception.

disapprove /ˌdɪsə'pruːv/ désapprouver.

► disapprove of somebody *ou* something désapprouver quelqu'un *ou* quelque chose.

disaster /dɪ'zɑːstəʳ/ désastre *ou* catastrophe.

disastrous /dɪ'zɑːstrəs/ désastreux.

disc /dɪsk/ disque.

discount /'dɪskaʊnt/ remise (au sens de « diminution de prix »).

discover /dɪs'kʌvəʳ/ découvrir.

discovery /dɪs'kʌvərɪ/ découverte.

discuss /dɪs'kʌs/ discuter de *ou* parler de.

disease /dɪ'ziːz/ maladie.

disgraceful /dɪs'greɪsfʊl/ honteux.

disguise /dɪs'gaɪz/ *a plusieurs catégories grammaticales et plusieurs sens :*

> *Ce peut être un* NOM :

disguise *signifie* déguisement.

► be in disguise être déguisé.

> *Ce peut être un* VERBE :

1 ► disguise somebody déguiser quelqu'un.

2 ► disguise something dissimuler quelque chose.

disgust /dɪs'gʌst/ *a plusieurs catégories grammaticales :*

> *Ce peut être un* NOM :

disgust *signifie* dégoût.

> *Ce peut être un* VERBE :

disgust somebody dégoûter quelqu'un.

disgusted /dɪs'gʌstɪd/ dégoûté.

> i Disgusted est aussi le prétérit et le participe passé du verbe disgust :
> ▷ The food disgusted him. La nourriture le dégoûtait.

disgusting /dɪs'gʌstɪŋ/ dégoûtant.

> i Disgusting est aussi une forme du verbe disgust :
> ▷ It ended up disgusting me. Ça a fini par me dégoûter.

dish /dɪʃ/ plat (= une assiette ou de la nourriture).

► do the dishes faire la vaisselle.

dishcloth /'dɪʃklɒθ/ lavette *ou* torchon.

dishonest /dɪs'ɒnɪst/ malhonnête.

dishwasher /'dɪʃwɒʃəʳ/ lave-vaisselle.

disk /dɪsk/ disque.

► disk drive lecteur de disques.

dislike /dɪs'laɪk/ ne pas aimer.

dismiss /dɪs'mɪs/ *a plusieurs sens :*

1 ► dismiss somebody renvoyer quelqu'un (= le licencier).

2 ► dismiss something écarter quelque chose (une idée ou une suggestion, par exemple) *ou* rejeter quelque chose (une demande ou un projet).

disobedient /ˌdɪsə'biːdɪənt/ désobéissant.

disobey /ˌdɪsə'beɪ/ désobéir à.

disorganized /dɪs'ɔːgənaɪzd/ désorganisé.

display /dɪs'pleɪ/ *a plusieurs catégories grammaticales et plusieurs sens :*

> *Ce peut être un* NOM :

1 **display** *peut signifier* exposition *ou* étalage (de marchandises ou d'œuvres d'art, par exemple).
► **be on display** être exposé.

2 **display** *peut signifier* spectacle (de gymnastique ou de danse, par exemple).

3 **display** *peut signifier* affichage (sur un écran d'ordinateur, par exemple).

> *Ce peut être un* VERBE :

1 ► **display something** *peut signifier* exposer quelque chose *ou* afficher quelque chose.

2 ► **display something** *peut signifier* montrer quelque chose *ou* faire preuve de quelque chose.

disposable /dɪs'pəʊzəbl/ jetable.

dispose of /dɪs'pəʊz ɒv/ se débarrasser de.

Le verbe anglais **dispose of** ne signifie pas « disposer de ».

disrupt /dɪs'rʌpt/ perturber.

dissatisfied /ˌdɪs'sætɪsfaɪd/ mécontent.

dissolve /dɪ'zɒlv/ dissoudre *ou* se dissoudre.

distance /'dɪstəns/ distance.
► **from a distance** de loin.
► **in the distance** au loin.

distant /'dɪstənt/ *a plusieurs sens :*

1 **distant** *peut signifier* lointain.

2 **distant** *peut signifier* distant (= froid ou réservé).

distinct /dɪs'tɪŋkt/ *a plusieurs sens :*

1 **distinct** *peut signifier* net (au sens de « clair et évident »).

2 ► **distinct from something** distinct de *ou* différent de quelque chose.

distinguish /dɪs'tɪŋgwɪʃ/ distinguer.

distort /dɪs'tɔːt/ déformer.

distress /dɪs'tres/ *a plusieurs catégories grammaticales :*

> *Ce peut être un* NOM :

distress *signifie* détresse *ou* douleur *ou* souffrance.

> *Ce peut être un* VERBE :

► **distress somebody** faire souffrir quelqu'un.

distribute /dɪs'trɪbjuːt/ distribuer *ou* répartir.

distribution /dɪstrɪ'bjuːʃən/ distribution *ou* répartition.

district /'dɪstrɪkt/ région *ou* quartier.

distrust /dɪs'trʌst/ *a plusieurs catégories grammaticales :*

> *Ce peut être un* NOM :

distrust *signifie* méfiance.

> *Ce peut être un* VERBE :

► **distrust somebody** *ou* **something** se méfier de quelqu'un *ou* de quelque chose.

disturb /dɪs'tɜːb/ *a plusieurs sens :*

1 ► **disturb somebody** déranger *ou* troubler quelqu'un.
▷ **I'm sorry to disturb you.** Excusez-moi de vous déranger.
▷ **"Do not disturb".** « Ne pas déranger. »

2 ► **disturb something** troubler quelque chose (le sommeil ou l'eau, par exemple).

ditch /dɪtʃ/ fossé.

dive /daɪv/ *a plusieurs catégories grammaticales :*

> *Ce peut être un* NOM :

dive *signifie* plongeon *ou* plongée.

> *Ce peut être un* VERBE :

dive *signifie* plonger.

diver /'daɪvər/ plongeur.

divide /dɪ'vaɪd/ diviser *ou* se diviser.

diving /'daɪvɪŋ/ plongée.
► **go diving** faire de la plongée.
► **diving board** plongeoir.

divorce /dɪ'vɔːs/ *a plusieurs catégories grammaticales :*

> *Ce peut être un* NOM :

divorce *signifie* divorce.

> *Ce peut être un* VERBE :

► **divorce somebody** divorcer d'avec quelqu'un.

DIY /diːaɪ'waɪ/ bricolage.

Le mot **DIY** est l'abréviation de **do-it-yourself**.

dizzy /'dɪzɪ/ pris de vertige.
► **feel dizzy** avoir la tête qui tourne.
► **make somebody dizzy** donner le vertige à quelqu'un.

do /duː/ *a plusieurs sens et plusieurs catégories grammaticales :*

> *Ce peut être un* VERBE AUXILIAIRE :

1 **do** *est employé pour conjuguer les formes interrogatives et les formes négatives d'autres verbes :*

▷ Do you want an ice-cream? Est-ce que tu veux une glace ?

▷ Does he speak French? Est-ce qu'il parle français ?

▷ Did they phone you? Est-ce qu'ils t'ont appelé ?

▷ I don't like beetroot. Je n'aime pas la betterave.

▷ She doesn't understand English. Elle ne comprend pas l'anglais.

▷ We didn't finish our homework. Nous n'avons pas fini nos devoirs.

2 **do** *est employé pour remplacer un autre verbe afin de ne pas le répéter :*

▷ You drive faster than I do. Tu conduis plus vite que moi.

▷ I like swimming. / – So do I. J'aime bien nager. / – Moi aussi.

▷ Does he want to come? / – Yes, he does. Est-ce qu'il veut venir ? / – Oui.

3 **do** *est employé à la fin d'une phrase pour dire « n'est-ce pas ? ». C'est ce qu'on appelle en anglais un* **question tag** :

▷ You know him, don't you? Tu le connais, n'est-ce pas ?

▷ He didn't go, did he? Il n'y est pas allé, n'est-ce pas ?

4 **do** *est employé pour insister sur quelque chose :*

▷ I do want to come! Mais si je veux venir !

▷ He did tell you! Je t'assure qu'il te l'a dit !

> *Ce peut être un* VERBE TRANSITIF :

► **do something** faire quelque chose.

▷ What are you doing? Qu'est-ce que tu fais ?

▷ What do you do? Qu'est-ce que vous faites dans la vie ?

▷ I'm doing the housework. Je fais le ménage.

▷ I'll do some pasta. Je vais faire des pâtes.

▷ He did it again. Il l'a refait.

▷ He can't do anything about it. Il ne peut rien y faire.

▷ What can I do for you? Qu'est-ce que je peux faire pour vous ?

▷ What have you done with my gloves? Qu'as-tu fait de mes gants ?

> **i** Lorsque do est employé avec certains NOMS en anglais, en français on utilise un VERBE seul pour exprimer la même chose :

► **do one's hair** se coiffer.

► **do one's teeth** se brosser les dents.

> *Ce peut être un* VERBE INTRANSITIF :

6 **do** *peut signifier* faire.

▷ Do as I say. Fais ce que je dis.

▷ She did right. Elle a bien fait.

7 **do** *est employé pour dire comment quelqu'un va ou comment ça marche pour quelqu'un :*

▷ How are you doing? Comment ça va ?

▷ The patient is doing well. Le malade va bien.

▷ She's doing well at school. Elle a de bons résultats à l'école.

▷ Their business is doing well. Leurs affaires marchent bien.

▷ How did you do in the exam? Comment ça a marché à l'examen ?

▷ How do you do! Enchanté ! (= ce qu'on dit lorsqu'on est présenté à quelqu'un).

> Notez que how do you do n'est pas une question mais une simple formule de politesse (comme hello et good afternoon).

8 **do** *peut signifier* suffire *ou* convenir.

▷ Three bottles of wine should do. Trois bouteilles de vin devraient suffire.

▷ This room will do. Cette chambre fera l'affaire.

▷ That will do for now. Ça ira pour le moment.

Phrasal verbs

Le verbe do peut être suivi d'une préposition, telle que up ou without, et dans ce cas, il peut avoir des sens différents. C'est ce qu'on appelle, en anglais, un phrasal verb.

DO AWAY WITH :

► **do away with something** abolir quelque chose *ou* supprimer quelque chose.

DO UP :

► **do something up** *peut signifier* boutonner quelque chose *ou* fermer quelque chose.

► **do one's shoes up** lacer ses chaussures.

► **do something up** *peut signifier* refaire quelque chose (une pièce ou une maison, par exemple).

► **do up a parcel** faire un paquet.

DO WITH :

► **that has nothing to do with it** ça n'a rien à voir.

► **I had nothing to do with it** je n'y étais pour rien.

DO WITHOUT :

► **do without something** se passer de quelque chose.

doctor /ˈdɒktəʳ/ médecin *ou* docteur.

documentary /ˌdɒkjʊˈmentərɪ/ documentaire.

dodgems /ˈdɒdʒəmz/ autos tamponneuses.

does /dʌz/ *est la troisième personne du singulier du verbe* do.

▷ Does that torch work? Est-ce que cette lampe de poche fonctionne ?

doesn't /ˈdʌznt/ *est la contraction de* does not, *la négation de la troisième personne du singulier du verbe* do.

▷ Jerry doesn't like omelettes. Jerry n'aime pas les omelettes.

dog /dɒg/ chien.

do-it-yourself /ˈduːɪtjəˈself/ bricolage.

doll /dɒl/ poupée.

dolphin /ˈdɒlfɪn/ dauphin.

domain /dəʊˈmeɪn/ domaine.

► domain name nom de domaine.

domestic /dəˈmestɪk/ domestique.

► domestic flight vol intérieur.

dominate /ˈdɒmɪneɪt/ dominer.

donate /dəʊˈneɪt/ faire don de.

donation /dəʊˈneɪʃən/ don (= de l'argent ou une chose qu'on donne).

done /dʌn/ *a plusieurs sens :*

1 done *est le participe passé du verbe* do.

▷ I've done all the washing-up! J'ai fait toute la vaisselle !

2 done *peut signifier* cuit.

▷ Is it done? Est-ce que c'est cuit ?

▷ I like my steak well done. J'aime mon steak bien cuit.

3 ► that's just not done cela ne se fait pas.

4 ► done! marché conclu !

5 ► well done! bravo !

donkey /ˈdɒŋkɪ/ âne.

donor /ˈdəʊnəʳ/ donateur *ou* donneur.

don't /dəʊnt/ *est la contraction de* do not, *la négation du verbe* do.

▷ I don't speak Spanish. Je ne parle pas espagnol.

donut /ˈdəʊnʌt/ *est l'orthographe américaine du mot* doughnut.

door /dɔːʳ/ porte.

doorbell /ˈdɔːbel/ sonnette.

doormat /ˈdɔːmæt/ paillasson.

doorstep /ˈdɔːstep/ pas de la porte.

▷ He was standing on my doorstep. Il était devant ma porte.

dormitory /ˈdɔːmɪtrɪ/ dortoir.

dot /dɒt/ point (= petit signe rond).

dotted line /ˌdɒtɪd ˈlaɪn/ ligne pointillée.

double /ˈdʌbl/ *a plusieurs catégories grammaticales et plusieurs sens :*

> *Ce peut être un* ADJECTIF *ou un* NOM *:*

1 double *signifie* double.

2 ► double bass contrebasse.

> *Ce peut être un* ADVERBE *:*

double *signifie* deux fois plus.

▷ You'll pay double. Tu vas payer deux fois plus.

▷ He's double your age. Il a le double de ton âge.

► bend double se plier en deux.

> *Ce peut être un* VERBE *:*

double *signifie* doubler.

double-click /ˌdʌblˈklɪk/ double-cliquer.

doubt /daʊt/ *a plusieurs catégories grammaticales :*

> *Ce peut être un* NOM *:*

doubt *signifie* doute.

► without a doubt sans aucun doute.

> *Ce peut être un* VERBE *:*

► doubt somebody *ou* something *douter de quelqu'un ou quelque chose.*

► doubt whether... *ou* doubt if... *ou* doubt that... *douter que...*

doughnut /ˈdəʊnʌt/ beignet.

dove /dʌv/ colombe.

Dover /ˈdəʊvəʳ/ Douvres.

down /daʊn/ *a plusieurs catégories grammaticales et plusieurs sens :*

> *Ce peut être un* ADVERBE *:*

1 down *est employé pour décrire un* mouvement vers le bas :

► come down *ou* go down descendre.

► fall down tomber par terre.

► sit down s'asseoir.

► **pull the blinds down** baisser les stores.
► **down there** en bas *ou* là-bas.
► **down below** en bas *ou* en contrebas.

2 **down** *est employé pour décrire une* baisse *ou une* réduction :

▷ His temperature has gone down. Sa température a baissé.
▷ Prices are coming down. Les prix baissent.

> *Ce peut être une* PRÉPOSITION :

down *est employé pour décrire un* mouvement de haut en bas *de quelque chose ou pour décrire ce qui est dans une* position inférieure :

▷ He ran down the hill. Il a dévalé la colline en courant.
▷ She lives down the street. Elle habite plus bas dans la rue.
▷ He was walking down the road. Il descendait la rue.

> *Ce peut être un* ADJECTIF :

► **be down** avoir le cafard.

> *Ce peut être un* NOM :

down *signifie* duvet (= petites plumes).

downhill /ˈdaʊnˈhɪl/ *a plusieurs catégories grammaticales :*

> *Ce peut être un* ADJECTIF :

► **a downhill slope** une pente.

> *Ce peut être un* ADVERBE :

► **go downhill** descendre une pente (en parlant d'une personne ou d'une voiture, par exemple) *ou* descendre (en parlant d'une route).

download /ˈdaʊnˌləʊd/ télécharger.

downstairs /ˌdaʊnˈsteəz/ en bas *ou* à l'étage au-dessous.

► **go downstairs** descendre l'escalier.
► **fall downstairs** tomber dans les escaliers.

downwards /ˈdaʊnwədz/ vers le bas.

doze /dəʊz/ sommeiller.

dozen /ˈdʌzn/ douzaine.

► **half a dozen** une demi-douzaine.

Dr /ˈdɒktəʳ/ *est l'abréviation du mot* **doctor.**

draft /drɑːft/ *a plusieurs catégories grammaticales et plusieurs sens :*

> *Ce peut être un* NOM :

1 **draft** *peut signifier* brouillon (d'une lettre, par exemple) *ou* premier jet.

2 **draft** *est l'orthographe américaine du mot* **draught.**

> *Ce peut être un* VERBE :

► **draft something** faire le brouillon de quelque chose.

drafty /ˈdræftɪ/ *est l'orthographe américaine du mot* **draughty.**

drag /dræg/ traîner.

► **drag one's feet** traîner les pieds.

drain /dreɪn/ *a plusieurs catégories grammaticales et plusieurs sens :*

> *Ce peut être un* NOM :

drain *signifie* égout *ou* canalisation.

> *Ce peut être un* VERBE TRANSITIF :

► **drain something** drainer quelque chose (= l'assécher).
► **drain vegetables** égoutter des légumes.
► **drain somebody** *ou* **something** épuiser quelqu'un *ou* quelque chose.

drama /ˈdrɑːmə/ *a plusieurs sens :*

1 **drama** *peut signifier* drame.

2 **drama** *peut signifier* le théâtre (au sens de « art dramatique »).

dramatic /drəˈmætɪk/ dramatique *ou* spectaculaire.

drank /dræŋk/ *est le prétérit du verbe* **drink.**

▷ Who drank all the cider? Qui a bu tout le cidre ?

drastic /ˈdræstɪk/ drastique *ou* radical.

draught /drɑːft/ *a plusieurs sens :*

1 **draught** *peut signifier* courant d'air.

2 ► **draughts** *ou* **game of draughts** *jeu de dames.*

> Le mot **draughts** au sens de « jeu de dames » n'est pas employé en anglais américain : aux États-Unis, on dit **checkers.**

3 ► **beer on draught** *ou* **draught beer** bière à la pression.

> En anglais américain, ce mot s'écrit **draft.**

draughtboard /ˈdrɑːftbɔːd/ damier.

> Ce mot ne s'utilise pas en anglais américain : aux États-Unis, on dit **checkerboard.**

draughty /ˈdrɑːftɪ/ plein de courants d'air.

▷ It's very draughty. Il y a plein de courants d'air.

> En anglais américain, ce mot s'écrit **drafty.**

draw /drɔː/ *a plusieurs catégories grammaticales et plusieurs sens :*

> *Ce peut être un* NOM :

1 **draw** *peut signifier* match nul.

2 **draw** *peut signifier* loterie *ou* tirage au sort.

> *Ce peut être un* VERBE TRANSITIF :

1 ► **draw something** *peut signifier* dessiner quelque chose.

► **draw a picture** faire un dessin.

2 ► **draw something** *peut signifier* tirer quelque chose.

▷ He drew a ticket out of the hat. Il a tiré un billet du chapeau.

► **draw the curtains** tirer les rideaux.

3 ► **draw near** s'approcher (en parlant d'une personne, par exemple) *ou* approcher (en parlant d'une date, par exemple).

4 ► **draw somebody** *ou* **something** *peut signifier* attirer quelqu'un *ou* quelque chose (par exemple des clients, une foule ou l'attention de quelqu'un).

► **feel drawn to somebody** se sentir attiré par quelqu'un.

> *Ce peut être un* VERBE INTRANSITIF :

En sport, **draw** *signifie* faire match nul.

▷ Scotland drew with France. L'Écosse a fait match nul contre la France.

Phrasal verbs

Le verbe draw peut être suivi d'une préposition, telle que back ou up, et dans ce cas, il peut avoir des sens différents. C'est ce qu'on appelle, en anglais, un phrasal verb.

DRAW ASIDE :

► draw somebody aside prendre quelqu'un à part.

DRAW AWAY :

► draw away s'écarter *ou* s'éloigner.

DRAW BACK :

► draw back reculer.

DRAW UP :

► draw up s'arrêter (en parlant d'une voiture, par exemple).

► draw something up dresser *ou* établir quelque chose (un contrat, un projet ou une liste, par exemple).

► draw up a chair approcher une chaise.

drawer /drɔːʳ/ tiroir.

drawing /ˈdrɔːɪŋ/ dessin.

► **drawing pin** punaise.

ℹ Drawing est aussi une forme du verbe draw :
▷ She was drawing a house. Elle dessinait une maison.

drawn /drɔːn/ *est le participe passé du verbe* **draw**.

▷ I've drawn a picture for Sally. J'ai fait un dessin pour Sally.

dreadful /ˈdredfʊl/ affreux *ou* épouvantable.

dream /driːm/ *a plusieurs catégories grammaticales et plusieurs sens :*

> *Ce peut être un* NOM :

dream *signifie* rêve.

> *Ce peut être un* VERBE :

1 **dream** *signifie* rêver.

► **dream of something** rêver de quelque chose.

2 ► **dream of doing something** songer à faire quelque chose.

▷ I wouldn't dream of telling her. Jamais il ne me viendrait à l'idée de lui dire cela.

dreamt /dremt/ *est le prétérit et le participe passé du verbe* **dream**.

▷ I dreamt about you last night. J'ai rêvé de toi cette nuit.

dreary /ˈdrɪərɪ/ morne *ou* monotone *ou* ennuyeux.

drench /drentʃ/ tremper (= mouiller complètement).

► **be drenched** être trempé.

dress /dres/ *a plusieurs catégories grammaticales et plusieurs sens :*

> *Ce peut être un* NOM :

dress *signifie* robe.

> *Ce peut être un* VERBE INTRANSITIF :

dress *signifie* s'habiller.

► **dress up** mettre ses plus beaux vêtements *ou* se déguiser.

> *Ce peut être un* VERBE TRANSITIF :

1 ► **dress somebody** habiller quelqu'un.

2 ► **dress a salad** assaisonner une salade.

3 ► **dress a wound** panser une blessure.

dressing gown /ˈdresɪŋ gaʊn/ robe de chambre.

dressing table /ˈdresɪŋ teɪbl/ coiffeuse (= meuble).

drew /druː/ *est le prétérit du verbe* **draw**.

▷ Kevin drew the curtains. Kevin a tiré les rideaux.

dribble /ˈdrɪbl/ *a plusieurs sens :*

1 **dribble** *peut signifier* baver (en parlant d'un bébé, par exemple).

2 **dribble** *peut signifier* tomber goutte à goutte (en parlant d'un liquide).

3 En sport, **dribble** *signifie* dribbler.

dried /draɪd/ *a plusieurs sens :*

1 **dried** *peut signifier* séché (en parlant de fleurs séchées, par exemple) *ou* sec (en parlant de fruits secs, par exemple).

2 **dried** *peut signifier* en poudre (en parlant du lait en poudre, par exemple).

> i **Dried** est aussi le prétérit et le participe passé du verbe **dry** :
> ▷ He dried his hair. Il s'est séché les cheveux.

drier /ˈdraɪəʳ/ sèche-mains *ou* sèche-linge *ou* sèche-cheveux.

> i **Drier** est aussi le comparatif de l'adjectif **dry** :
> ▷ The air is drier here. L'air est plus sec ici.

dries /draɪz/ *est la troisième personne du singulier du verbe* **dry**, *au présent de l'indicatif.*

▷ She dries her hair with a hairdrier. Elle se sèche les cheveux avec un sèche-cheveux.

drill /drɪl/ *a plusieurs catégories grammaticales et plusieurs sens :*

> *Ce peut être un* NOM :

drill *signifie* perceuse.

> *Ce peut être un* VERBE :

► **drill something** percer quelque chose (un trou ou du bois, par exemple).
► **drill a tooth** fraiser une dent.
► **drill for oil** forer à la recherche de pétrole.

drink /drɪŋk/ *a plusieurs catégories grammaticales et plusieurs sens :*

> *Ce peut être un* NOM :

1 **drink** *peut signifier* boisson.
► **have a drink** boire un verre.

2 **drink** *peut signifier* alcool.

> *Ce peut être un* VERBE :

drink *signifie* boire.

drip /drɪp/ *a plusieurs catégories grammaticales et plusieurs sens :*

> *Ce peut être un* NOM :

1 **drip** *peut signifier* goutte.

2 **drip** *peut signifier* perfusion (dans un hôpital).
► **be on a drip** être sous perfusion.

> *Ce peut être un* VERBE :

drip *signifie* dégouliner *ou* goutter *ou* s'égoutter.

drive /draɪv/ *a plusieurs catégories grammaticales et plusieurs sens :*

> *Ce peut être un* NOM :

1 **drive** *peut signifier* promenade en voiture.
► **go for a drive** faire une promenade en voiture.

2 **drive** *peut signifier* allée (= rue privée qui mène à une maison).

3 **drive** *peut signifier* énergie *ou* dynamisme.

> *Ce peut être un* VERBE TRANSITIF :

1 ► **drive something** conduire quelque chose *ou* piloter quelque chose.

2 ► **drive somebody home** ramener quelqu'un en voiture.

3 ► **drive somebody to do something** pousser quelqu'un à faire quelque chose.

4 ► **drive somebody mad** rendre quelqu'un fou.

> *Ce peut être un* VERBE INTRANSITIF :

drive *signifie* conduire *ou* aller en voiture.
► **drive on the left** rouler à gauche.

driven /ˈdrɪvən/ *est le participe passé du verbe* **drive**.

▷ Have you ever driven in England? Avez-vous déjà conduit en Angleterre ?

driver /ˈdraɪvəʳ/ conducteur *ou* chauffeur.

driving /ˈdraɪvɪŋ/ conduite (d'un véhicule).

► **driving lesson** leçon de conduite.
► **driving licence** permis de conduire.
► **take one's driving test** passer son permis de conduire.
► **pass one's driving test** avoir son permis de conduire.

> i **Driving** est aussi une forme du verbe **drive** :
> ▷ She was driving a sports car. Elle conduisait une voiture de sport.

drizzle /ˈdrɪzl/ *a plusieurs catégories grammaticales :*

> *Ce peut être un* NOM :

drizzle *signifie* bruine.

> *Ce peut être un* VERBE :

drizzle *signifie* bruiner.

drop /drɒp/ *a plusieurs catégories grammaticales et plusieurs sens :*

> *Ce peut être un* NOM :

1 **drop** *peut signifier* goutte.
► **a drop of something** une goutte de quelque chose.

2 **drop** *peut signifier* baisse.
► **a drop in something** une baisse de quelque chose.

> *Ce peut être un* VERBE TRANSITIF :

1 ► **drop something** *peut signifier* laisser tomber quelque chose *ou* lâcher quelque chose.

2 ► **drop something** *peut signifier* renoncer à quelque chose *ou* abandonner quelque chose (une idée, un projet ou un travail, par exemple).

> *Ce peut être un* VERBE INTRANSITIF :

1 **drop** *peut signifier* tomber (en parlant d'un objet ou d'un liquide, par exemple).

2 **drop** *peut signifier* baisser (en parlant des températures ou des prix, par exemple).

drought /draʊt/ sécheresse.

drove /drəʊv/ *est le prétérit du verbe* **drive**.

▷ Mark drove me to the doctor's. Mark m'a emmené chez le médecin en voiture.

drown /draʊn/ noyer *ou* se noyer.

drowsy /'draʊzɪ/ somnolent.

drug /drʌg/ *a plusieurs catégories grammaticales et plusieurs sens :*

> *Ce peut être un* NOM :

drug *peut signifier* drogue *ou* médicament

► **take drugs** se droguer.

► **drug addict** toxicomane.

> *Ce peut être un* VERBE :

► **drug somebody** droguer quelqu'un.

drum /drʌm/ *a plusieurs sens :*

1 **drum** *peut signifier* tambour.

► **the drums** la batterie (dans un orchestre).

2 **drum** *peut signifier* bidon.

► **oil drum** bidon d'huile.

drummer /'drʌmə^r/ batteur (= personne qui fait de la batterie).

drumstick /'drʌmstɪk/ baguette de tambour.

► **chicken drumstick** pilon de poulet.

drunk /drʌŋk/ ivre.

ℹ **Drunk** est aussi le participe passé du verbe **drink** :
▷ Have you drunk all the milk? As-tu bu tout le lait ?

dry /draɪ/ *a plusieurs catégories grammaticales et plusieurs sens :*

> *Ce peut être un* ADJECTIF :

dry *signifie* sec.

► **keep something dry** tenir quelque chose au sec.

> *Ce peut être un* VERBE :

► **dry something** sécher quelque chose.

► **dry oneself** se sécher.

► **dry the dishes** essuyer la vaisselle.

dry-clean /draɪ'kliːn/ nettoyer à sec.

dry cleaner's /draɪ'kliːnəz/ pressing.

dryer /'draɪə^r/ sèche-mains *ou* sèche-linge *ou* sèche-cheveux.

duchess /'dʌtʃɪs/ duchesse.

duck /dʌk/ *a plusieurs catégories grammaticales :*

> *Ce peut être un* NOM :

duck *signifie* canard.

> *Ce peut être un* VERBE :

duck *ou* **duck down** *signifie* se baisser.

duckling /'dʌklɪŋ/ caneton.

due /djuː/ *a plusieurs sens :*

1 **due** *est employé pour dire que quelque chose est* attendu *ou que quelque chose* va arriver *bientôt :*

▷ The train is due at 10 o'clock. Le train doit arriver à 10 heures.

▷ His new CD is due out in May. Son nouveau CD doit sortir en mai.

▷ When is the baby due? Quand doit naître le bébé ?

▷ He's due back tomorrow. Il doit être de retour demain.

2 **due** *peut signifier* dû (en parlant d'une somme d'argent qui est due, par exemple).

3 ► **due to** dû à *ou* en raison de *ou* grâce à.

duet /djuː'et/ duo.

dug /dʌg/ *est le prétérit et le participe passé du verbe* **dig**.

▷ The men dug a big hole. Les hommes ont creusé un gros trou.

duke /djuːk/ duc.

dull /dʌl/ morne *ou* maussade *ou* ennuyeux.

dumb /dʌm/ *a plusieurs sens :*

1 **dumb** *peut signifier* muet (= qui ne sait pas parler).

2 **dumb** *peut signifier* stupide.

> Au sens de « stupide », dumb est familier : c'est un mot qu'on évite d'employer quand on parle à quelqu'un qu'on ne connaît pas bien ou quand on écrit.

dump /dʌmp/ *a plusieurs catégories grammaticales et plusieurs sens :*

> *Ce peut être un* NOM :

dump *signifie* décharge (= terrain où on jette les ordures).

> *Ce peut être un* VERBE :

1 ► **dump something** *peut signifier* déposer quelque chose.

2 ► **dump something** *peut signifier* jeter quelque chose (pour s'en débarrasser).

► **dump somebody** laisser tomber quelqu'un.

> Au sens de « laisser tomber », dump est familier : c'est un mot qu'on évite d'employer quand on parle à quelqu'un qu'on ne connaît pas bien ou quand on écrit.

dungarees /ˌdʌŋgəˈriːz/ salopette.

► **a pair of dungarees** une salopette.

duration /djʊːˈreɪʃən/ durée.

during /ˈdjʊərɪŋ/ pendant.

dusk /dʌsk/ crépuscule.

dust /dʌst/ *a plusieurs catégories grammaticales et plusieurs sens :*

> *Ce peut être un* NOM :

dust *signifie* poussière.

> *Ce peut être un* VERBE :

dust *signifie* épousseter.

dustbin /ˈdʌstbɪn/ poubelle.

► **dustbin man** éboueur.

> Le mot dustbin ne s'utilise pas en anglais américain : aux États-Unis, on dit trash can, et éboueur se dit garbage man.

dustman /ˈdʌstmən/ éboueur.

> Le mot dustman ne s'utilise pas en anglais américain : aux États-Unis, on dit garbage man.

dusty /ˈdʌstɪ/ poussiéreux.

Dutch /dʌtʃ/ néerlandais.

► **the Dutch** les Néerlandais.

> i En anglais, les adjectifs de nationalité et les noms de langues commencent par une majuscule.

duties /ˈdjuːtɪz/ *est le pluriel du mot* **duty**.

duty /ˈdjuːtɪ/ *a plusieurs sens :*

1 **duty** *peut signifier* devoir.

► **do one's duty** faire son devoir.

2 ► **be on duty** être de service *ou* être de garde.

► **be off duty** ne pas être de service *ou* ne pas être de garde.

3 **duty** *peut signifier* taxe.

4 **duties** *peut signifier* fonctions (= les responsabilités ou les activités de son travail).

duty-free /ˌdjuːtɪˈfriː/ hors taxes.

► **duty-free shop** boutique hors taxes.

duvet /ˈduːveɪ/ couette (pour dormir).

> Le mot duvet ne s'emploie pas en anglais américain : aux États-Unis, on dit comforter.

> Le mot anglais duvet ne signifie pas « duvet ».

dwarf /dwɔːf/ nain.

dye /daɪ/ *a plusieurs catégories grammaticales :*

> *Ce peut être un* NOM :

dye *signifie* teinture *ou* teinte.

> *Ce peut être un* VERBE :

► **dye something** teindre quelque chose.

► **dye one's hair** se teindre les cheveux.

dying /ˈdaɪɪŋ/ *est la forme en -ing du verbe* **die**.

▷ **I'm dying to see you.** Je meurs d'envie de te voir.

dynamic /daɪˈnæmɪk/ dynamique.

ANGLAIS — E — FRANÇAIS

La lettre **E** se prononce **/iː/** en anglais.
E rime avec **free, knee** et **tea.**

each /iːtʃ/ *a plusieurs catégories grammaticales et plusieurs sens :*

> *Ce peut être un* ADJECTIF :

each *signifie* chaque.

▷ Each day was different. Chaque jour était différent.

> *Ce peut être un* PRONOM :

1 **each** *signifie* chacun.

▷ I gave an apple to each of the boys. J'ai donné une pomme à chacun des garçons.

2 ► **each other** l'un l'autre *ou* les uns les autres.

▷ They love each other. Ils s'aiment.

eager /ˈiːgəʳ/ enthousiaste.

► **be eager to do something** avoir très envie de faire quelque chose.

eagle /ˈiːgl/ aigle.

ear /ɪəʳ/ oreille.

earache /ˈɪəreɪk/ mal à l'oreille *ou* mal aux oreilles.

► **have earache** avoir mal à l'oreille *ou* avoir mal aux oreilles.

earlier /ˈɜːlɪəʳ/ *est le comparatif du mot* **early**.

▷ They arrived earlier in the evening. Ils sont arrivés plus tôt dans la soirée.

▷ Take an earlier train. Prenez un train plus tôt.

▷ It's one of his earlier films. C'est un de ses premiers films.

earliest /ˈɜːlɪɪst/ *est le superlatif du mot* **early**.

▷ The earliest I can come is Monday. Je ne peux pas venir avant lundi.

► **at the earliest** au plus tôt.

early /ˈɜːlɪ/ *a plusieurs sens :*

1 **early** *peut signifier* tôt *ou* de bonne heure.

▷ Come early in the morning. Viens tôt le matin.

▷ It's too early. Il est trop tôt.

▷ I'm getting up early tomorrow. Je me lève de bonne heure demain.

2 **early** *est employé dans les expressions de temps pour dire* « en début de » *ou* « au début de » :

▷ It was in the early afternoon. C'était en début d'après-midi.

▷ Plant these flowers early in the year. Plantez ces fleurs au début de l'année.

3 **early** *peut signifier* en avance.

▷ You're early! Tu es en avance !

▷ I was two hours early. J'étais deux heures en avance.

earn /ɜːn/ gagner (gagner de l'argent ou gagner sa vie).

earphone /ˈɪəfəʊn/ écouteur.

earring /ˈɪərɪŋ/ boucle d'oreille.

earth /ɜːθ/ terre (la planète et le sol).

earthquake /ˈɜːθkweɪk/ tremblement de terre.

ease /iːz/ *a plusieurs catégories grammaticales et plusieurs sens :*

> *Ce peut être un* NOM :

1 **ease** *signifie* facilité.

2 ► **be at ease** être à l'aise.

> *Ce peut être un* VERBE TRANSITIF :

► **ease something** soulager quelque chose (la douleur, par exemple).

▷ These tablets will ease the pain. Ces comprimés soulageront la douleur.

> *Ce peut être un* VERBE INTRANSITIF :

ease *signifie* diminuer (en parlant de la douleur ou d'une pression, par exemple).

▷ The pressure has eased. La pression a diminué.

easier /ˈiːzɪəʳ/ *est le comparatif de* **easy**.

▷ It's easier now. C'est plus facile maintenant.

easiest /ˈiːzɪɪst/ *est le superlatif de* **easy**.

▷ This is the easiest question. C'est la question la plus facile.

easily /ˈiːzili/ *a plusieurs sens :*

1 **easily** *peut signifier* facilement.

2 **easily** *peut signifier* de loin.

▷ It's easily his best film. C'est de loin son meilleur film.

3 **easily** *s'utilise pour dire que quelque chose est* très probable :

▷ He could easily change his mind. Il pourrait bien changer d'avis.

east /iːst/ est.

▷ It's in the east of the country. C'est dans l'Est du pays.

▷ The east wind. Le vent d'est.

▷ Go east. Allez vers l'est.

▷ It's east of the city. C'est à l'est de la ville.

Easter /ˈiːstəʳ/ Pâques.

► **Easter egg** œuf de Pâques.

eastern /ˈiːstən/ de l'Est.

easy /ˈiːzɪ/ facile.

eat /iːt/ manger.

eaten /ˈiːtən/ *est le participe passé du verbe* **eat**.

▷ Have you ever eaten snails? As-tu déjà mangé des escargots ?

EC /ˌiːˈsiː/ *est l'abréviation de* **European Community**.

eccentric /ekˈsentrik/ excentrique.

echo /ˈekəʊ/ *a plusieurs catégories grammaticales :*

> *Ce peut être un* NOM :

echo *signifie* écho.

> *Ce peut être un* VERBE :

echo *signifie* retentir *ou* résonner.

economic /ˌiːkəˈnɒmɪk/ économique (= qui a un rapport avec l'économie d'un pays).

economical /ˌiːkəˈnɒmɪkəl/ économique (= qui permet de faire des économies) *ou* économe (en parlant d'une personne).

economics /ˌiːkəˈnɒmɪks/ sciences économiques.

economize /ɪˈkɒnəmaɪz/ économiser.

economy /ɪˈkɒnəmɪ/ économie (d'un pays).

edge /edʒ/ *a plusieurs catégories grammaticales et plusieurs sens :*

> *Ce peut être un* NOM :

1 **edge** *signifie* bord (d'une table, d'une assiette, d'une rivière, d'une rue, etc).

2 ► **be on edge** être énervé.

> *Ce peut être un* VERBE INTRANSITIF :

edge *s'utilise pour décrire un mouvement lent ou furtif :*

▷ He edged forward. Il a avancé petit à petit.

▷ She edged up to him. Elle s'est approchée de lui tout doucement.

edible /ˈedɪbl/ comestible.

Edinburgh /ˈedɪnbərə/ Édimbourg.

edit /ˈedɪt/ *a plusieurs sens :*

1 ► **edit something** *peut signifier* réviser quelque chose (un texte qui va être publié, par exemple).

2 ► **edit something** *peut signifier* éditer quelque chose (un fichier informatique, par exemple).

educate /ˈedjʊkeɪt/ instruire.

▷ He was educated in England. Il a fait ses études en Angleterre.

education /ˌedjʊˈkeɪʃən/ éducation *ou* enseignement *ou* instruction.

eel /iːl/ anguille.

effect /ɪ'fekt/ effet.

► **have an effect on somebody** *ou* **something** avoir un effet sur quelqu'un *ou* quelque chose.

► **have no effect** ne produire aucun effet.

► **take effect** agir (en parlant d'un médicament, par exemple) *ou* prendre effet (en parlant d'une loi, par exemple).

effective /ɪ'fektɪv/ efficace.

efficient /ɪ'fɪʃənt/ efficace.

effort /'efət/ effort.

► **make an effort to do something** faire un effort pour faire quelque chose.

e.g. /ˌiː'dʒiː/ par exemple.

egg /eg/ œuf.

► **egg yolk** jaune d'œuf.

eggcup /'egkʌp/ coquetier.

eggplant /'egplɑːnt/ aubergine.

> Le mot eggplant est employé seulement en anglais américain : en anglais britannique, on dit aubergine.

Eiffel Tower /ˌaɪfəl'taʊəʳ/

► **the Eiffel Tower** la tour Eiffel.

eight /eɪt/ huit.

▷ He's eight. Il a huit ans.

▷ There are eight of us. Nous sommes huit.

▷ We arrived at eight. Nous sommes arrivés à huit heures.

eighteen /'eɪ'tiːn/ dix-huit.

▷ He's eighteen. Il a dix-huit ans.

▷ There are eighteen of us. Nous sommes dix-huit.

eighteenth /'eɪ'tiːnθ/ dix-huitième.

▷ The eighteenth of July *ou* July the eighteenth. Le dix-huit juillet.

eighth /eɪtθ/ huitième.

▷ The eighth of July *ou* July the eighth. Le huit juillet.

eighties /'eɪtɪz/

► **The eighties** les années quatre-vingt.

▷ She's in her eighties. Elle a plus de quatre-vingts ans.

eightieth /'eɪtɪəθ/ quatre-vingtième.

eighty /'eɪtɪ/ quatre-vingts.

▷ He is eighty. Il a quatre-vingts ans.

▷ Eighty-one. Quatre-vingt-un.

either /'aɪðəʳ/ *a plusieurs sens :*

1 **either** *peut signifier* l'un ou l'autre.

▷ You can take either of them. Tu peux prendre l'un ou l'autre.

2 **either** *peut signifier* n'importe lequel.

▷ You can use either of these towels. Tu peux utiliser n'importe laquelle de ces serviettes.

3 **either** *peut signifier* chaque *ou* les deux.

▷ There were shops on either side of the house. Il y avait des magasins de chaque côté de la maison.

4 **either** *est employé après une négation et a le sens de « non plus ».*

▷ She can't play tennis and she can't swim either. Elle ne sait pas jouer au tennis et elle ne sait pas nager non plus.

5 ► **either... or...** ou..., ou... ; soit..., soit...

▷ She's either English or Scottish. Elle est ou anglaise, ou écossaise.

▷ These vegetables can be either boiled or fried. Ces légumes peuvent être soit bouillis, soit frits.

elaborate *se prononce de deux façons différentes et a des catégories grammaticales et des sens différents selon la prononciation.*

/ɪ'læbərɪt/ (la fin se prononce comme le mot it)

> *C'est un* ADJECTIF :

elaborate *signifie* complexe *ou* compliqué.

/ɪ'læbəreɪt/ (la fin se prononce comme le mot eight)

> *C'est un* VERBE INTRANSITIF :

► **elaborate on something** donner des détails sur quelque chose.

elastic /ɪ'læstɪk/ élastique.

► **an elastic band** un élastique.

elbow /'elbəʊ/ coude.

elder /'eldəʳ/ aîné (de deux personnes).

▷ She's my elder sister. C'est ma sœur aînée.

eldest /'eldɪst/ aîné (de plusieurs personnes).

▷ She's my eldest sister. C'est l'aînée de mes sœurs.

elect /ɪ'lekt/ élire.

electric /ɪ'lektrɪk/ électrique.

electrician /ɪlek'trɪʃən/ électricien.

electricity /ɪlek'trɪsətɪ/ électricité.

electronic /ɪlek'trɒnɪk/ électronique.

elementary /ˌelɪ'mentərɪ/ élémentaire.

elevator /'elɪveɪtə'/ ascenseur.

> Elevator est un mot américain : en anglais britannique, on dit lift.

eleven /ɪ'levn/ onze.

▷ She is eleven. Elle a onze ans.

▷ There are eleven of us. Nous sommes onze.

▷ We arrived at eleven. Nous sommes arrivés à onze heures.

eleventh /ɪ'levnθ/ onzième.

eliminate /ɪ'lɪmɪneɪt/ éliminer.

else /els/ *a plusieurs sens :*

1 else *est employé avec des mots comme* anything, something *ou* nothing *et a le sens de « d'autre » ou « autre ».*

▷ Is there anybody else there? Y a-t-il quelqu'un d'autre ?

▷ Would you like anything else? Est-ce que vous voulez autre chose ?

▷ Nobody else was there. Personne d'autre n'était là.

▷ He wants nothing else. Il ne veut rien d'autre.

▷ This belongs to somebody else. Ceci appartient à quelqu'un d'autre.

▷ I want something else. Je veux autre chose.

▷ Everybody else has gone. Tous les autres sont partis.

▷ They are somewhere else. Ils sont ailleurs.

2 else *est employé avec des mots interrogatifs :*

▷ What else? Quoi d'autre ?

▷ Who else? Qui d'autre ?

▷ Where else? À quel autre endroit ?

3 ► or else sinon.

▷ Hurry up or else you'll be late. Dépêche-toi, sinon tu vas être en retard.

elsewhere /ˌels'wɛə'/ ailleurs.

e-mail /'iːmeɪl/ *a plusieurs catégories grammaticales :*

> *Ce peut être un* NOM *:*

e-mail *signifie* e-mail (= courrier électronique).

> *Ce peut être un* VERBE *:*

► e-mail somebody envoyer un e-mail à quelqu'un.

► e-mail something to somebody envoyer quelque chose à quelqu'un par e-mail.

embarrass /ɪm'bærəs/ gêner *ou* embarrasser.

embarrassed /ɪm'bærəst/ gêné *ou* embarrassé.

► feel embarrassed se sentir gêné.

► be embarrassed about doing something trouver gênant de faire quelque chose.

> ℹ Embarrassed est aussi le prétérit et le participe passé du verbe embarrass :
> ▷ The children embarrassed him. Les enfants l'ont gêné.

embarrassing /ɪm'bærəsɪŋ/ gênant.

> ℹ Embarrassing est aussi une forme du verbe embarrass :
> ▷ She likes embarrassing him. Elle aime bien l'embarrasser.

embarrassment /ɪm'bærəsmənt/ embarras *ou* gêne.

► be an embarrassment être gênant.

embassy /'embəsɪ/ ambassade.

embrace /ɪm'breɪs/ étreindre *ou* s'étreindre.

embroidery /ɪm'brɔɪdərɪ/ broderie.

emerald /'emərəld/ émeraude.

emerge /ɪ'mɜːdʒ/ émerger *ou* apparaître.

emergency /ɪ'mɜːdʒənsɪ/ urgence.

► in case of emergency *ou* in an emergency en cas d'urgence.

► state of emergency état d'urgence.

► emergency exit sortie de secours.

► emergency ward *ou* emergency room salle des urgences.

emotion /ɪ'məʊʃən/ émotion *ou* sentiment.

emotional /ɪ'məʊʃənl/ *a plusieurs sens :*

1 emotional *peut signifier* émotif.

▷ Flora is very emotional. Flora est très émotive.

2 emotional *peut signifier* ému.

▷ I was very emotional. J'étais très émue.

3 **emotional** *peut signifier* émouvant *ou* plein d'émotion.

▷ It was an emotional story. C'était une histoire émouvante.

4 **emotional** *peut signifier* émotionnel.

emperor /'empərəʳ/ empereur.

emphasis /'emfəsɪs/ accent (= le fait d'insister sur quelque chose).

► **lay** *ou* **put emphasis on something** insister sur quelque chose *ou* mettre l'accent sur quelque chose.

emphasize /'emfəsaɪz/ insister sur.

▷ She emphasized the importance of arriving early. Elle a insisté sur l'importance d'arriver tôt.

employ /em'plɔɪ/ employer.

employee /ˌemplɔɪ'iː/ salarié.

employer /em'plɔɪəʳ/ employeur.

employment /em'plɔɪmənt/ emploi.

empress /'emprəs/ impératrice.

empty /'emptɪ/ *a plusieurs catégories grammaticales et plusieurs sens :*

> *Ce peut être un* ADJECTIF :

empty *signifie* vide.

> *Ce peut être un* VERBE TRANSITIF :

► **empty something** vider quelque chose.

> *Ce peut être un* VERBE INTRANSITIF :

empty *signifie* se vider.

enable /ɪ'neɪbl/ permettre.

► **enable someone to do something** permettre à quelqu'un de faire quelque chose.

enclose /en'kləʊz/ *a plusieurs sens :*

1 ► **enclose something** *peut signifier* joindre quelque chose (à une lettre).

▷ I enclose a cheque for £10. Je joins un chèque de 10 livres.

2 ► **enclose something** *peut signifier* entourer quelque chose.

▷ The garden is enclosed by a fence. Le jardin est entouré d'une clôture.

encounter /en'kaʊntəʳ/ *a plusieurs catégories grammaticales :*

> *Ce peut être un* NOM :

encounter *signifie* rencontre.

> *Ce peut être un* VERBE :

► **encounter somebody** *ou* **something** rencontrer quelqu'un *ou* quelque chose.

encourage /en'kʌrɪdʒ/ encourager.

► **encourage somebody to do something** encourager quelqu'un à faire quelque chose.

end /end/ *a plusieurs catégories grammaticales et plusieurs sens :*

> *Ce peut être un* NOM :

1 **end** *peut signifier* fin (= le moment où quelque chose se termine).

► **come to an end** finir *ou* se terminer.

► **put an end to something** mettre fin à quelque chose.

► **in the end** finalement *ou* en fin de compte.

2 **end** *peut signifier* bout (= l'extrémité de quelque chose).

► **from end to end** d'un bout à l'autre.

> *Ce peut être un* VERBE INTRANSITIF :

1 **end** *signifie* finir *ou* se terminer.

2 ► **end up doing something** finir par faire quelque chose.

> *Ce peut être un* VERBE TRANSITIF :

► **end something** mettre fin à quelque chose *ou* terminer quelque chose.

endanger /en'deɪndʒəʳ/ mettre en danger.

► **endangered species** espèce en voie de disparition.

ending /'endɪŋ/ fin (d'une histoire ou d'un film, par exemple).

endless /'endlɪs/ sans fin.

enemies /'enəmɪz/ *est le pluriel de* enemy.

enemy /'enəmɪ/ ennemi.

energetic /ˌenə'dʒetɪk/ énergique *ou* énergétique *ou* plein d'énergie.

energy /'enədʒɪ/ énergie.

enforce /en'fɔːs/ faire respecter *ou* mettre en application.

engaged /en'geɪdʒd/ *a plusieurs sens :*

1 **engaged** *peut signifier* occupé (en parlant du téléphone ou des toilettes).

2 **engaged** *peut signifier* fiancé.

► **get engaged** se fiancer.

engagement /en'geɪdʒmənt/ *a plusieurs sens :*

1 engagement *peut signifier* fiançailles.
► engagement ring bague de fiançailles.
2 engagement *peut signifier* rendez-vous.

engine /'endʒɪn/ *a plusieurs sens :*

1 engine *peut signifier* moteur.
2 engine *peut signifier* locomotive.

> Le mot anglais engine ne signifie pas « engin ».

engineer /ˌendʒɪ'nɪəʳ/ ingénieur *ou* technicien *ou* mécanicien.

England /'ɪŋglənd/ Angleterre.

> i En général, en anglais, on n'emploie pas d'article défini devant les noms de pays et de continents.

English /'ɪŋglɪʃ/ anglais.

► the English les Anglais.
► the English Channel la Manche.

> i En anglais, les adjectifs de nationalité et les noms de langues commencent par une majuscule.

Englishman /'ɪŋglɪʃmən/ Anglais.

Englishwoman /'ɪŋglɪʃwʊmən/ Anglaise.

enjoy /ɪn'dʒɔɪ/ *a plusieurs sens :*

1 ► enjoy something aimer quelque chose *ou* apprécier quelque chose *ou* prendre plaisir à quelque chose.
2 ► enjoy doing something aimer faire quelque chose *ou* trouver du plaisir à faire quelque chose.
3 ► enjoy oneself s'amuser *ou* prendre du bon temps.

enjoyable /en'dʒɔɪəbl/ agréable.

enjoyment /en'dʒɔɪmənt/ plaisir.

enlarge /en'lɑːdʒ/ agrandir.

enormous /ɪ'nɔːməs/ énorme.

enough /ɪ'nʌf/ assez *ou* assez de.

▷ He has enough money. Il a assez d'argent.
▷ I don't have enough clothes. Je n'ai pas assez de vêtements.
▷ Are you warm enough? As-tu assez chaud ?
▷ I've had enough to eat. J'en ai assez mangé.
▷ I've had enough! J'en ai assez !
▷ I've had enough of this book. J'en ai assez de ce livre.

enquire /en'kwaɪəʳ/ demander.

► enquire about something se renseigner sur quelque chose.

ensure /en'ʃɔːʳ/ assurer.

► ensure that something is done faire en sorte que quelque chose soit fait.

enter /'entəʳ/ *a plusieurs catégories grammaticales et plusieurs sens :*

> *Ce peut être un* VERBE INTRANSITIF :

1 enter *signifie* entrer.
2 ► enter for something s'inscrire pour quelque chose (une épreuve sportive, par exemple) *ou* s'inscrire à quelque chose (un examen, par exemple).

> *Ce peut être un* VERBE TRANSITIF :

1 ► enter something *peut signifier* entrer dans quelque chose (une pièce, un bâtiment).
2 ► enter something *peut signifier* s'inscrire pour quelque chose (une épreuve sportive, par exemple) *ou* s'inscrire à quelque chose (un examen, par exemple).
3 ► enter something *peut signifier* inscrire quelque chose (dans un cahier) *ou* (en informatique) saisir quelque chose.
4 ► enter somebody for something inscrire quelqu'un à quelque chose.

entertain /ˌentə'teɪn/ *a plusieurs sens :*

1 entertain somebody *peut signifier* amuser quelqu'un *ou* divertir quelqu'un.
2 entertain somebody *peut signifier* recevoir quelqu'un (= l'accueillir chez soi).

entertainer /ˌentə'teɪnəʳ/ artiste (= une personne dont le métier est de jouer la comédie, de chanter ou de jouer de la musique).

entertainment /ˌentə'teɪnmənt/ divertissement *ou* spectacle.

enthusiasm /en'θuːzɪæzəm/ enthousiasme.

enthusiastic /enˌθuːzɪ'æstɪk/ enthousiaste.

entire /en'taɪəʳ/ entier.

entirely /en'taɪəlɪ/ entièrement.

entrance /'entrəns/ entrée.

entries /'entrɪz/ *est le pluriel de* entry.

entry /'entrɪ/ *a plusieurs sens :*

1 **entry** *peut signifier* entrée.
▷ "No entry." « Défense d'entrer. »

2 **entry** *peut signifier* participation *ou* inscription (dans un concours).
► **entry form** feuille d'inscription.

envelope /'envələʊp/ enveloppe.

environment /en'vaɪərənmənt/ *a plusieurs sens :*

1 **environment** *peut signifier* milieu (social ou culturel).

2 ► **the environment** l'environnement.

envy /'envɪ/ *a plusieurs catégories grammaticales :*

> *Ce peut être un* NOM :

envy *signifie* envie *ou* jalousie.

> *Ce peut être un* VERBE :

► **envy somebody** envier quelqu'un.

epidemic /ˌepɪ'demɪk/ épidémie.

equal /'iːkwəl/ *a plusieurs catégories grammaticales :*

> *Ce peut être un* ADJECTIF :

equal *signifie* égal.
► **be equal to something** être égal à quelque chose.

> *Ce peut être un* NOM :

► **treat somebody as an equal** traiter quelqu'un d'égal à égal.

> *Ce peut être un* VERBE :

► **equal something** égaler quelque chose.

equality /ɪ'kwɒlɪtɪ/ égalité.

equally /'iːkwəlɪ/ *a plusieurs sens :*

1 **equally** *peut signifier* en parts égales.
▷ We shared the cake out equally. Nous avons découpé le gâteau en parts égales.

2 **equally** *peut signifier* de la même manière.
▷ You should treat your children equally. Vous devriez traiter vos enfants de la même manière.

3 **equally** + adjectif *signifie* aussi + adjectif.
▷ It was equally expensive. C'était aussi cher.

equator /ɪ'kweɪtəʳ/ équateur.

equip /ɪ'kwɪp/ équiper.
▷ They were equipped with special boots. Ils étaient équipés de bottes spéciales.

equipment /ɪ'kwɪpmənt/ équipement *ou* matériel.

era /'ɪərə/ époque.

erase /ɪ'reɪz/ gommer *ou* effacer.

eraser /ɪ'reɪzəʳ/ gomme (à effacer).

error /'erəʳ/ erreur.

escalator /'eskəleɪtəʳ/ escalier roulant.

escape /es'keɪp/ *a plusieurs catégories grammaticales :*

> *Ce peut être un* NOM :

escape *signifie* fuite (d'une personne qui s'enfuit).

> *Ce peut être un* VERBE INTRANSITIF :

escape *signifie* s'échapper *ou* s'évader.
► **escape from somebody** échapper à quelqu'un.
► **escape from a place** s'échapper d'un endroit.

> *Ce peut être un* VERBE TRANSITIF :

► **escape something** échapper à quelque chose.

especially /es'peʃəlɪ/ *a plusieurs sens :*

1 **especially** *peut signifier* surtout.
▷ I love animals, especially dogs. J'aime les animaux, surtout les chiens.

2 **especially** *peut signifier* spécialement.
▷ I came especially to see you. Je suis venue spécialement pour te voir.

essay /'eseɪ/ dissertation.

essential /ɪ'senʃəl/ *a plusieurs catégories grammaticales :*

> *Ce peut être un* ADJECTIF :

essential *signifie* essentiel.
► **it is essential that...** il est indispensable que...

> *Ce peut être un* NOM :

► **the essentials** l'essentiel.

establish /ɪs'tæblɪʃ/ établir.

establishment /ɪs'tæblɪʃmənt/ établissement.

estate /es'teɪt/ *a plusieurs sens :*

1 **estate** *peut signifier* propriété *ou* domaine.

2 **estate** *est employé dans des expressions :*
► **housing estate** lotissement *ou* cité.
► **industrial estate** zone industrielle.
► **estate agency** agence immobilière.
► **estate agent** agent immobilier.
► **estate car** break (= voiture).

estimate *se prononce de deux façons et a des catégories grammaticales et des sens différents selon la prononciation :*

/ˈestɪmɪt/ (la fin se prononce comme le mot it) :

> *C'est un* NOM.

estimate *signifie* estimation.

/ˈestɪmeɪt/ (la fin se prononce comme le mot eight) :

> *C'est un* VERBE.

► estimate something estimer *ou* évaluer quelque chose.

► estimate that... estimer que...

eternal /ɪˈtɜːnl/ éternel.

eternity /ɪˈtɜːnɪtɪ/ éternité.

ethical /ˈeθɪkəl/ moralement défendable.

ethnic /ˈeθnɪk/ ethnique.

EU /iːˈjuː/ *est l'abréviation de* European Union.

European /ˌjʊərəˈpiːən/ européen.

► the European Community la Communauté européenne.

► the European Parliament le Parlement européen.

► the European Union l'Union européenne.

i En anglais, les adjectifs de nationalité commencent tous par une majuscule.

evacuate /ɪˈvækjʊeɪt/ évacuer.

evaluate /ɪˈvæljʊeɪt/ évaluer.

evaporate /ɪˈvæpəreɪt/ s'évaporer.

eve /iːv/ veille (= le jour qui précède celui dont on parle).

► Christmas Eve la veille de Noël.

► New Year's Eve la Saint-Sylvestre.

even /ˈiːvən/ *a plusieurs catégories grammaticales et plusieurs sens :*

> *Ce peut être un* ADJECTIF :

1 even *peut signifier* égal (en parlant de la température, d'une quantité, d'un rythme ou du tempérament de quelqu'un).

► be even être à égalité (dans une épreuve sportive, par exemple).

2 even *peut signifier* plat (en parlant du sol ou de la terre, par exemple).

3 even *peut signifier* régulier (en parlant des dents, par exemple).

4 ► an even number un numéro pair.

> *Ce peut être un* ADVERBE :

1 even *est employé pour* insister *sur quelque chose ou pour* montrer la surprise :

▷ You didn't even try. Tu n'as même pas essayé.

▷ Even in the holidays. Même pendant les vacances.

▷ Don't tell anyone, not even your brother. Ne dis rien à personne, pas même à ton frère.

▷ I can't even swim. Je ne sais même pas nager.

► even if... même si...

► even so quand même.

► even though... même si...

2 ► even + comparatif *signifie* encore.

▷ That's even better. C'est encore mieux.

▷ He did it even more easily. Il l'a fait encore plus facilement.

▷ It cost even less money. Ça a coûté encore moins.

> *Ce peut être un* VERBE :

► even something out *ou* even something up égaliser quelque chose.

evening /ˈiːvnɪŋ/ soir *ou* soirée.

▷ They came in the evening. Ils sont venus le soir.

▷ It happened at six o'clock in the evening. C'est arrivé à six heures du soir.

▷ Good evening! Bonsoir !

► evening class cours du soir.

event /ɪˈvent/ *a plusieurs sens :*

1 event *peut signifier* événement.

2 event *peut signifier* épreuve sportive.

3 event est employé dans des expressions :

► in the event of... en cas de...

► in any event en tout cas.

eventful /ɪˈventfʊl/ mouvementé.

eventual /ɪˈventʃʊəl/ ultime *ou* final.

Eventual ne signifie pas « éventuel ».

eventually /ɪˈventʃʊəlɪ/ finalement.

En anglais, eventually ne signifie pas « éventuellement ».

ever /ˈevəʳ/ *a plusieurs sens :*

1 ever *peut signifier* jamais :

▷ Nothing ever happens here. Il ne se passe jamais rien ici.

▷ She's more beautiful than ever. Elle est plus belle que jamais.

▷ It's the best meal I have ever eaten. C'est le meilleur repas que j'aie jamais fait.

▷ If you ever see him... Si jamais tu le vois...

2 ever *peut signifier* déjà :

▷ Have you ever been to Japan? Est-ce que tu es déjà allé au Japon ?

3 ever *peut signifier* toujours :

▷ He's the same as ever. C'est toujours le même.

▷ She is as happy as ever. Elle est toujours aussi heureuse.

4 ► ever since depuis *ou* depuis que.

▷ Ever since the war. Depuis la guerre.

▷ Ever since I have lived here. Depuis que j'habite ici.

▷ He has been careful ever since. Depuis ce moment-là, il fait attention.

5 ► ever so *est employé pour* insister *sur quelque chose :*

▷ He is ever so nice. Il est gentil comme tout.

▷ I'm ever so sorry. Je suis vraiment désolé.

▷ Thank you ever so much. Merci mille fois.

every /ˈevrɪ/ chaque *ou* tous les.

▷ Every child had an apple. Chaque enfant avait une pomme.

▷ Every shop in the town was closed. Tous les magasins de la ville étaient fermés.

▷ Every time I see him. Chaque fois que je le vois.

► every day tous les jours.

► every other day tous les deux jours.

► every now and then de temps en temps.

everybody /ˈevrɪbɒdɪ/ tout le monde.

everyday /ˈevrɪdeɪ/ de tous les jours *ou* quotidien.

everyone /ˈevrɪwʌn/ tout le monde.

everything /ˈevrɪθɪŋ/ tout.

everywhere /ˈevrɪwɛəʳ/ partout.

evidence /ˈevɪdəns/ preuve *ou* témoignage.

► give evidence témoigner.

evil /ˈiːvl/ *a plusieurs catégories grammaticales :*

> *Ce peut être un* NOM :

evil *signifie* le mal.

> *Ce peut être un* ADJECTIF :

evil *signifie* méchant.

evolve /ɪˈvɒlv/ évoluer.

ewe /juː/ brebis.

exact /egˈzækt/ exact *ou* précis.

exactly /egˈzæktlɪ/ exactement.

exaggerate /egˈzædʒəreɪt/ exagérer.

> Attention à l'orthographe du mot anglais exaggerate.

exaggeration /egˌzædʒəˈreɪʃən/ exagération.

exam /egˈzæm/ examen.

► take an exam passer un examen.

► pass an exam réussir un examen.

> ℹ Exam est l'abréviation du mot examination.

examination /egˌzæmɪˈneɪʃən/ examen.

examine /egˈzæmɪn/ examiner.

example /egˈzɑːmpl/ exemple.

► for example par exemple.

exceed /ekˈsiːd/ dépasser *ou* excéder.

excellent /ˈeksələnt/ excellent.

except /ekˈsept/ sauf.

▷ Everyone was happy except her. Tout le monde était content sauf elle.

► except if... sauf si...

► except that... sauf que...

► except for... à part *ou* à l'exception de...

excess /ekˈses/ excès.

excessive /ekˈsesɪv/ excessif.

exchange /eksˈtʃeɪndʒ/ *a plusieurs catégories grammaticales et plusieurs sens :*

> *Ce peut être un* NOM :

exchange *signifie* échange.

► in exchange for en échange de.

► exchange rate taux de change.

> *Ce peut être un* VERBE :

► exchange something échanger quelque chose.

► exchange one thing for another échanger une chose contre une autre.

excited /ekˈsaɪtɪd/ excité.

excitement /ekˈsaɪtmənt/ excitation.

exciting /ekˈsaɪtɪŋ/ excitant *ou* passionnant.

exclaim /eks'kleɪm/ s'écrier *ou* s'exclamer.

exclamation /ˌekskləˈmeɪʃən/ exclamation.

► **exclamation mark** *ou* **exclamation point** point d'exclamation.

Exclamation point n'est employé qu'en anglais américain.

exclude /eks'klu:d/ exclure.

exclusive /eks'klu:sɪv/ exclusif.

excuse *se prononce de deux façons et a des catégories grammaticales et des sens différents selon la prononciation :*

/eks'kju:s/ (la fin se prononce comme le s de sea)

> *C'est un* NOM :

excuse *signifie* excuse.

/eks'kju:z/ (la fin se prononce comme le z de zoo)

> *C'est un* VERBE :

1 ► **excuse somebody** excuser quelqu'un.

► **excuse somebody for doing something** excuser quelqu'un d'avoir fait quelque chose.

► **excuse me** excusez-moi *ou* pardon.

2 ► **excuse somebody from something** dispenser quelqu'un de quelque chose.

executive /eg'zekjʊtɪv/ cadre (qui a des responsabilités dans une entreprise).

exercise /'eksəsaɪz/ *a plusieurs catégories grammaticales :*

> *Ce peut être un* NOM :

exercise *signifie* exercice.

► **exercise book** cahier d'exercices *ou* livre d'exercices.

> *Ce peut être un* VERBE INTRANSITIF :

exercise *signifie* faire de l'exercice.

> *Ce peut être un* VERBE TRANSITIF :

► **exercise something** exercer quelque chose.

exhale /eks'heɪl/ expirer.

exhaust /eg'zɔ:st/ *a plusieurs catégories grammaticales et plusieurs sens :*

> *Ce peut être un* VERBE :

► **exhaust somebody** *ou* **something** épuiser quelqu'un *ou* quelque chose.

> *Ce peut être un* NOM :

► **exhaust pipe** pot d'échappement.

► **exhaust fumes** gaz d'échappement.

exhausted /eg'zɔ:stɪd/ épuisé.

Exhausted est aussi le prétérit et le participe passé du verbe exhaust :
▷ The climb exhausted me. L'ascension m'a épuisé.

exhausting /eg'zɔ:stɪŋ/ épuisant.

Exhausting est aussi une forme du verbe exhaust :
▷ The work was exhausting her. Le travail l'épuisait.

exhaustion /eg'zɔ:stʃən/ épuisement.

exhibit /eg'zɪbɪt/ *a plusieurs catégories grammaticales et plusieurs sens :*

> *Ce peut être un* NOM :

1 **exhibit** *peut signifier* pièce exposée (dans un musée, par exemple).

2 *En anglais américain,* **exhibit** *signifie* exposition (d'œuvres d'art).

> *Ce peut être un* VERBE :

1 ► **exhibit something** *peut signifier* exposer quelque chose.

2 ► **exhibit something** *peut signifier* montrer quelque chose.

exhibition /ˌeksɪ'bɪʃən/ exposition (d'œuvres d'art).

► **make an exhibition of oneself** se donner en spectacle.

exist /eg'zɪst/ exister.

existence /eg'zɪstəns/ existence.

► **come into existence** naître *ou* voir le jour.

exit /'eksɪt/ *a plusieurs catégories grammaticales :*

> *Ce peut être un* NOM :

exit *signifie* sortie.

► **emergency exit** sortie de secours.

> *Ce peut être un* VERBE :

exit *signifie* sortir.

expand /ek'spænd/ *a plusieurs catégories grammaticales et plusieurs sens :*

> *Ce peut être un* VERBE TRANSITIF :

► **expand something** développer quelque chose (les activités commerciales, par exemple) *ou* étendre quelque chose (son influence, par exemple).

> *Ce peut être un* VERBE INTRANSITIF :

1 **expand** *peut signifier* se développer *ou* s'étendre.

2 **expand** *peut signifier* se dilater (en parlant d'un gaz, d'un liquide ou d'un métal).

expect /ek'spekt/ *a plusieurs sens :*

1 ► **expect something** *peut signifier* s'attendre à quelque chose *ou* attendre quelque chose.
▷ We must expect the worst. Nous devons nous attendre au pire.
▷ I'm expecting a parcel. J'attends un colis.
▷ She's expecting a baby. Elle attend un bébé.

2 ► **expect somebody to do something** s'attendre à ce que quelqu'un fasse quelque chose.
▷ Don't expect me to help you. Ne t'attends pas à ce que je t'aide.

3 ► **expect that...** supposer que...
▷ I expect they'll be late. Je suppose qu'ils seront en retard.
▷ I expect so. Je suppose que oui.

expectation /ˌekspek'teɪʃən/ attente *ou* espérance.

expel /ek'spel/ expulser *ou* renvoyer.

expense /ek'spens/ dépense *ou* frais.
► **at somebody's expense** aux frais de quelqu'un *ou* aux dépens de quelqu'un.
► **at the expense of something** au détriment de quelque chose.

expensive /ek'spensɪv/ cher.

experience /ek'spɪərɪəns/ *a plusieurs catégories grammaticales et plusieurs sens :*

> *Ce peut être un* NOM :

experience *signifie* expérience (= ce qu'on a vécu).
▷ In my experience. D'après mon expérience.

> *Ce peut être un* VERBE :

1 ► **experience something** *peut signifier* connaître quelque chose *ou* subir quelque chose (des difficultés, des malheurs ou une perte, par exemple).

2 ► **experience something** *peut signifier* éprouver quelque chose *ou* ressentir quelque chose.

experiment /eks'perɪmənt/ *a plusieurs catégories grammaticales :*

> *Ce peut être un* NOM :

experiment *signifie* expérience (au sens de « essai scientifique »).

> *Ce peut être un* VERBE :

experiment *signifie* faire une expérience.

expert /'ekspɜːt/ expert.
► **be an expert at something** *ou* **at doing something** être expert en quelque chose *ou* à faire quelque chose.

explain /ek'spleɪn/ expliquer.

explanation /ˌeksplə'neɪʃən/ explication

explode /ek'spləʊd/ *a plusieurs catégories grammaticales :*

> *Ce peut être un* VERBE INTRANSITIF :

explode *signifie* exploser.

> *Ce peut être un* VERBE TRANSITIF :

► **explode something** faire exploser quelque chose.

exploit *a plusieurs catégories grammaticales :*

> *Ce peut être un* NOM, *et se prononce* /'eksplɔɪt/ :

exploit *signifie* exploit.

> *Ce peut être un* VERBE, *et se prononce* /eks'plɔɪt/ :

► **exploit somebody** *ou* **something** exploiter quelqu'un *ou* quelque chose.

explore /ek'splɔːʳ/ explorer.

explorer /ek'splɔːrəʳ/ explorateur.

export *a plusieurs catégories grammaticales :*

> *Ce peut être un* NOM, *et se prononce* /'ekspɔːt/ :

export *signifie* exportation.

> *Ce peut être un* VERBE, *et se prononce* /ek'spɔːt/ :

► **export something** exporter quelque chose.

expose /ek'spəʊz/ *a plusieurs sens :*

1 ► **expose something** *peut signifier* découvrir *ou* exposer quelque chose (à la pluie ou au soleil, par exemple).

2 ► **expose something** *peut signifier* révéler quelque chose (un scandale ou un mensonge, par exemple).

3 ► **expose somebody** démasquer quelqu'un.

express /ek'spres/ *a plusieurs catégories grammaticales :*

> *Ce peut être un* VERBE :

► **express something** exprimer quelque chose.

> *Ce peut être un* ADJECTIF :

► **express train** train express.

expressway /ek'spresweɪ/ voie express.

Le mot **expressway** est américain : en anglais britannique, on dit **motorway**.

extend /ek'stend/ *a plusieurs catégories grammaticales et plusieurs sens :*

> *Ce peut être un* VERBE TRANSITIF :

1 ► **extend something** *peut signifier* agrandir quelque chose (une maison, par exemple).

2 ► **extend something** *peut signifier* étendre quelque chose (un commerce, des pouvoirs ou des limites, par exemple).

3 ► **extend something** *peut signifier* prolonger quelque chose (dans le temps).

> *Ce peut être un* VERBE INTRANSITIF :

1 **extend** *peut signifier* s'étendre.

2 **extend** *peut signifier* se prolonger.

extension /ek'stenʃən/ *a plusieurs sens :*

1 **extension** *peut signifier* poste (= une ligne téléphonique).

2 **extension** *peut signifier* extension (= le développement de quelque chose).

3 **extension** *peut signifier* prolongation (d'un délai, par exemple) *ou* prolongement.

4 **extension** *peut signifier* rallonge.

5 ► **have an extension built on a house** faire agrandir une maison.

exterior /ek'stɪərɪə^r/ extérieur.

external /ek'stɜːnl/ extérieur *ou* externe.

extinct /ek'stɪŋkt/ disparu (en parlant d'espèces animales qui ont disparu).

► **become extinct** disparaître (en parlant d'espèces animales qui disparaissent).

extinguisher /ek'stɪŋgwɪʃə^r/

► **fire extinguisher** extincteur.

extra /'ekstrə/ *a plusieurs catégories grammaticales et plusieurs sens :*

> *Ce peut être un* ADJECTIF :

1 **extra** *signifie* supplémentaire.

2 *En sport,* **extra time** *signifie* prolongations.

> *Ce peut être un* ADVERBE :

1 ► **pay extra** payer un supplément.

► **charge extra** faire payer un supplément.

2 **extra** *peut précéder certains adjectifs ou noms et sert d'intensif :*

► **extra large** très grand *ou* très gros.

► **take extra care** faire très attention.

> *Ce peut être un* NOM :

extra *signifie* supplément.

extract /ek'strækt/ extraire.

extraordinary /ek'strɔːdnrɪ/ extraordinaire.

extravagant /ek'strævəgənt/ *a plusieurs sens :*

1 **extravagant** *peut signifier* dépensier.

▷ She has extravagant tastes. Elle a des goûts de luxe.

▷ It was an extravagant gift. C'était un cadeau somptueux.

2 **extravagant** *peut signifier* extravagant (en parlant du comportement de quelqu'un ou de sa tenue).

extreme /ek'striːm/ extrême.

extremely /ek'striːmlɪ/ extrêmement.

eye /aɪ/ *a plusieurs catégories grammaticales et plusieurs sens :*

> *Ce peut être un* NOM :

eye *signifie* œil.

► **catch somebody's eye** attirer l'attention de quelqu'un.

► **keep an eye on somebody** *ou* **something** surveiller quelqu'un *ou* quelque chose.

► **keep one's eyes open** ouvrir l'œil.

► **keep one's eyes open for something** essayer de repérer quelque chose.

> *Ce peut être un* VERBE :

► **eye somebody** *ou* **something** regarder quelqu'un *ou* quelque chose.

eyebrow /'aɪbraʊ/ sourcil.

eyedrops /'aɪdrɒps/ gouttes pour les yeux.

eyelash /'aɪlæʃ/ cil.

eyelid /'aɪlɪd/ paupière.

eyeshadow /'aɪʃædəʊ/ fard à paupières.

eyesight /'aɪsaɪt/ vue (= la manière de voir).

► **have good eyesight** avoir de bons yeux.

F

ANGLAIS — FRANÇAIS

La lettre F se prononce /ef/ en anglais comme en français.

fabric /ˈfæbrɪk/ tissu.

fabulous /ˈfæbjʊləs/ fabuleux.

face /feɪs/ *a plusieurs catégories grammaticales et plusieurs sens :*

> *Ce peut être un* NOM :

1 **face** *peut signifier* visage.

► **pull a face** faire une grimace.

► **face to face** face à face.

2 **face** *peut signifier* face (d'une montagne).

> *Ce peut être un* VERBE :

1 ► **face somebody** *ou* **something** *peut signifier* faire face à quelqu'un *ou* quelque chose.

▷ He was facing me. Il me faisait face.

2 ► **face something** *peut signifier* donner sur quelque chose.

▷ The house faces the sea. La maison donne sur la mer.

3 ► **face up to something** faire face à quelque chose.

face-lift /ˈfeɪslɪft/ lifting.

► **have a face-lift** se faire faire un lifting.

facilities /fəˈsɪlətɪz/ *est employé pour parler des installations dans un lieu public.*

▷ The school has very good facilities. L'école est bien équipée.

► **sports facilities** installations sportives.

Le mot anglais facilities ne signifie pas « facilités ».

fact /fækt/ fait (au sens de « réalité »).

► **the fact is...** le fait est...

► **in fact** en fait.

factor /ˈfæktəʳ/ facteur (au sens de « élément »).

factories /fæktərɪz/ *est le pluriel de* **factory**.

factory /ˈfæktərɪ/ usine.

fade /feɪd/ *a plusieurs sens :*

1 **fade** *peut signifier* se décolorer (en parlant d'un tissu ou d'un vêtement) *ou* passer (en parlant d'une couleur).

2 **fade** *peut signifier* baisser (en parlant de la lumière) *ou* s'affaiblir (en parlant d'un son).

Le mot anglais fade ne signifie pas « fade ».

fail /feɪl/ *a plusieurs catégories grammaticales et plusieurs sens :*

> *Ce peut être un* VERBE INTRANSITIF :

1 **fail** *peut signifier* ne pas réussir *ou* échouer.

2 **fail** *peut signifier* tomber en panne (en parlant d'un moteur) *ou* lâcher (en parlant des freins).

> *Ce peut être un* VERBE TRANSITIF :

1 ► **fail an exam** échouer à un examen.

2 ► **fail to do something** ne pas faire quelque chose *ou* manquer de faire quelque chose.

failure /ˈfeɪljəʳ/ échec.

faint /feɪnt/ *a plusieurs catégories grammaticales et plusieurs sens :*

> *Ce peut être un* ADJECTIF :

1 **faint** *peut signifier* léger (en parlant d'une odeur, par exemple) *ou* faible (en parlant d'une voix ou de la lumière).

2 ► **feel faint** se sentir mal.

> *Ce peut être un* VERBE :

faint *signifie* s'évanouir.

fair /fɛəʳ/ *a plusieurs catégories grammaticales et plusieurs sens :*

> *Ce peut être un* NOM :

1 **fair** *peut signifier* foire.

► **book fair** foire du livre.

2 **fair** *peut signifier* fête foraine.

Au sens de 'fête foraine', le mot fair n'est pas employé en anglais américain. Aux États-Unis, on dit carnival.

> *Ce peut être un* ADJECTIF :

1 **fair** *peut signifier* juste *ou* équitable.

▷ It's not fair! Ce n'est pas juste !

2 **fair** *peut signifier* passable *ou* assez bon.

3 **fair** *peut signifier* considérable (en parlant de quantités ou de dimensions).

▷ He earns a fair amount. Il gagne pas mal d'argent.

4 **fair** *peut signifier* blond (en parlant des cheveux) *ou* clair (en parlant du teint).

▷ She has fair hair. Elle est blonde.

5 **fair** *peut signifier* beau (en parlant du temps).

▷ The weather was fair. Il a fait beau.

> *Ce peut être un* ADVERBE :

► **play fair** jouer franc jeu.

fairies /ˈfɛərɪz/ *est le pluriel de* **fairy**.

fairly /ˈfɛəlɪ/ *a plusieurs sens :*

1 **fairly** *peut signifier* assez.

▷ He did fairly well in the exam. Il a assez bien réussi l'examen.

2 **fairly** *peut signifier* équitablement.

▷ They treated us fairly. Ils nous ont traités équitablement.

fairy /ˈfɛərɪ/ fée.

► **fairy story** *ou* **fairy tale** conte de fées.

Ne pas confondre fairy et ferry.

faith /feɪθ/ foi.

faithful /ˈfeɪθfʊl/ fidèle.

fake /feɪk/ faux (au sens de « pas authentique »).

fall /fɔːl/ *a plusieurs catégories grammaticales et plusieurs sens :*

> *Ce peut être un* NOM :

1 **fall** *signifie* chute.

2 *En anglais américain,* **fall** *signifie* automne.

En anglais britannique, 'automne' se dit autumn.

> *Ce peut être un* VERBE :

1 **fall** *peut signifier* tomber.

▷ She fell into the river. Elle est tombée dans la rivière.

▷ He fell on the floor. Il est tombé par terre.

▷ The cat fell out of the tree. Le chat est tombé de l'arbre.

▷ The vase fell off the table. Le vase est tombé de la table.

2 **fall** *peut signifier* baisser (en parlant des prix ou de la température).

▷ Prices have fallen. Les prix ont baissé.

3 **fall** *est employé dans les expressions suivantes :*

► **fall asleep** s'endormir.

► **fall ill** tomber malade.

► **fall in love** tomber amoureux.

Phrasal verbs

Le verbe fall peut être suivi d'une préposition, telle que down ou out, et dans ce cas il peut avoir un sens différent. C'est ce qu'on appelle, en anglais, un phrasal verb.

FALL APART :

► **fall apart** se désintégrer.

FALL DOWN :

► **fall down** tomber *ou* tomber par terre.

FALL OUT :

► **fall out** *peut signifier* tomber (en parlant des cheveux ou des dents).

► **fall out** *peut signifier* se brouiller (= se fâcher).

FALL OVER :

► **fall over** tomber par terre.

fallen /ˈfɔːlən/ *est le participe passé du verbe* **fall**.

▷ My kite has fallen in the lake. Mon cerf-volant est tombé dans le lac.

false /fɔːls/ faux.

► **false teeth** dentier.

fame /feɪm/ célébrité (= la gloire).

familiar /fə'mɪljəʳ/ familier.

▷ It's familiar. Ça me dit quelque chose.

▷ His face is familiar. Son visage me dit quelque chose.

families /'fæmɪlɪz/ *est le pluriel de* **family**.

family /'fæmɪlɪ/ famille.

famous /'feɪməs/ célèbre.

fan /fæn/ *a plusieurs sens :*

1 **fan** *peut signifier* éventail *ou* ventilateur.

2 **fan** *peut signifier* fan *ou* supporter.

fancy /'fænsɪ/ *a plusieurs catégories grammaticales et plusieurs sens :*

> *Ce peut être un* ADJECTIF :

1 **fancy** *peut signifier* sophistiqué *ou* tape-à-l'œil.

2 **fancy** *peut signifier* chic *ou* de luxe.

3 ► **fancy dress** déguisement.

▷ They were in fancy dress. Ils étaient déguisés.

> *Ce peut être un* VERBE :

► **fancy something** avoir envie de quelque chose.

► **fancy doing something** avoir envie de faire quelque chose.

► **fancy somebody** être attiré par quelqu'un.

fantastic /fæn'tæstɪk/ fantastique.

far /fɑːʳ/ *a plusieurs catégories grammaticales et plusieurs sens :*

> *Ce peut être un* ADVERBE :

1 **far** *peut signifier* loin.

▷ Is it far? Est-ce que c'est loin ?

▷ He doesn't live far away. Il n'habite pas loin.

▷ Far away in the distance. Au loin.

2 ► **how far?** *est employé pour demander la distance.*

▷ How far is York from here? York se trouve à quelle distance d'ici ?

3 **far** *est employé dans les expressions suivantes :*

► **as far as** jusqu'à.

▷ We went as far as the town. Nous sommes allés jusqu'à la ville.

► **as far as I know** pour autant que je sache.

► **as far as I'm concerned** en ce qui me concerne.

► **by far** de loin.

► **far too...** beaucoup trop...

▷ It's far too expensive. C'est beaucoup trop cher.

► **so far** jusqu'ici *ou* jusqu'à maintenant.

> *Ce peut être un* ADJECTIF :

1 *En politique,* **far** *signifie* extrême.

► **the far right** l'extrême droite.

2 ► **the Far East** l'Extrême-Orient.

3 **far** *est employé pour décrire la* position éloignée *de quelque chose :*

▷ It's on the far side of the room. C'est de l'autre côté de la pièce.

▷ Take the door on the far right. Prenez la porte la plus à droite.

fare /fɛəʳ/ prix (d'un billet ou d'une course en taxi).

farm /fɑːm/ ferme (= exploitation agricole).

farmer /'fɑːməʳ/ agriculteur *ou* fermier.

farmhouse /'fɑːmhaʊs/ maison de ferme.

farming /'fɑːmɪŋ/ agriculture.

farmyard /'fɑːmjɑːd/ cour de ferme.

farther /'fɑːðəʳ/ *est le comparatif du mot* **far**.

▷ How much farther is it? C'est encore loin ?

▷ I can't walk any farther. Je ne peux pas aller plus loin.

farthest /'fɑːðɪst/ *est le superlatif du mot* **far**.

▷ The house farthest from the river. La maison la plus éloignée de la rivière.

▷ Who walked the farthest? Qui est allé le plus loin ?

fascinate /'fæsɪneɪt/ fasciner.

fascinating /'fæsɪneɪtɪŋ/ fascinant.

fashion /'fæʃən/ mode.

► **be in fashion** être à la mode.

► **go out of fashion** se démoder.

► **fashion show** défilé de mode.

fashionable /'fæʃnəbl/ à la mode.

fast /fɑːst/ *a plusieurs catégories grammaticales et plusieurs sens :*

> *Ce peut être un* ADJECTIF :

1 **fast** *peut signifier* rapide.

2 **fast** *peut signifier* en avance (en parlant d'une montre ou d'une horloge).

▷ My watch is ten minutes fast. Ma montre avance de dix minutes.

> *Ce peut être un* ADVERBE :

1 fast *peut signifier* vite.

▷ She can run very fast. Elle court très vite.

2 ► how fast? *est employé pour demander la* vitesse.

▷ How fast was he driving? À quelle vitesse roulait-il ?

3 ► be fast asleep dormir profondément.

> *Ce peut être un* NOM :

fast *signifie* jeûne (= période pendant laquelle on ne mange rien).

> *Ce peut être un* VERBE :

fast *signifie* jeûner.

fasten /'fɑːsn/ fermer (un sac ou une veste) *ou* attacher (une ceinture).

faster /'fɑːstə/ *est le comparatif du mot* fast.

▷ He can run faster than me. Il court plus vite que moi.

fastest /'fɑːstɪst/ *est le superlatif du mot* fast.

▷ It's the fastest car in the world. C'est la voiture la plus rapide du monde.

fat /fæt/ *a plusieurs catégories grammaticales :*

> *Ce peut être un* NOM :

fat *signifie* graisse *ou* gras *ou* matière grasse.

> *Ce peut être un* ADJECTIF :

fat *signifie* gros *ou* gras.

► get fat *ou* grow fat *grossir.*

fatal /'feɪtl/ mortel *ou* fatal.

fate /feɪt/ destin *ou* sort.

father /'fɑːðəʳ/ père.

► Father Christmas le père Noël.

► Father's Day la fête des Pères.

father-in-law /'fɑːðərɪnlɔː/ beau-père.

fattening /'fætnɪŋ/ qui fait grossir.

▷ Cream is fattening. La crème fait grossir.

fatter /'fætə/ *est le comparatif du mot* fat.

▷ You're fatter than me. Tu es plus gros que moi.

► get fatter grossir.

fattest /'fætɪst/ *est le superlatif du mot* fat.

▷ That's the fattest dog I've ever seen. C'est le plus gros chien que j'aie jamais vu.

faucet /'fɔːsɪt/ robinet.

> Faucet est un mot américain : en anglais britannique, on dit tap.

fault /fɔːlt/ défaut *ou* faute.

▷ It's not his fault. Ce n'est pas de sa faute.

favor /'feɪvəʳ/ *est l'orthographe américaine du mot* favour.

favour /'feɪvəʳ/ *a plusieurs catégories grammaticales et plusieurs sens :*

> *Ce peut être un* NOM :

1 favour *peut signifier* service *ou* faveur.

► do somebody a favour rendre service à quelqu'un.

2 ► be in favour of something être en faveur de quelque chose.

> *Ce peut être un* VERBE :

1 ► favour somebody *ou* something *peut signifier* préférer quelque chose *ou* quelqu'un.

2 ► favour somebody *ou* something *peut signifier* favoriser quelque chose *ou* quelqu'un.

favorite /'feɪvərɪt/ *est l'orthographe américaine du mot* favourite.

favourite /'feɪvərɪt/ préféré *ou* favori.

fax /fæks/ *a plusieurs catégories grammaticales :*

> *Ce peut être un* NOM :

fax *signifie* fax.

> *Ce peut être un* VERBE :

► fax something faxer quelque chose.

fear /fɪəʳ/ *a plusieurs catégories grammaticales :*

> *Ce peut être un* NOM :

fear *signifie* peur.

> *Ce peut être un* VERBE :

► fear something craindre quelque chose *ou* avoir peur de quelque chose.

feast /fiːst/ festin.

feat /fiːt/ exploit.

feather /'feðəʳ/ plume.

feature /'fiːtʃəʳ/ *a plusieurs sens :*

1 feature *peut signifier* trait (d'une personne ou d'un visage).

2 feature *peut signifier* particularité (d'un paysage ou d'un appareil).

3 ► **feature film** long métrage.

February /ˈfebrʊərɪ/ février.

▷ I was born on February the first *ou* I was born on the first of February. Je suis né le premier février.

> ℹ En anglais, les noms de mois commencent tous par une majuscule.

fed /fed/ *est le prétérit et le participe passé du verbe* **feed**.

▷ Have you fed the dog? As-tu donné à manger au chien ?

fed up /fedˈʌp/

► **be fed up** en avoir marre.

► **be fed up with somebody** *ou* **something** en avoir marre de quelqu'un *ou* quelque chose.

> Fed up est une expression familière, c'est-à-dire une expression qu'on évite d'employer quand on parle à quelqu'un qu'on ne connaît pas ou quand on écrit.

fee /fiː/ frais (de scolarité) *ou* honoraires (d'un médecin ou d'un avocat).

feeble /ˈfiːbl/ faible.

feed /fiːd/ *a plusieurs catégories grammaticales et plusieurs sens :*

> *Ce peut être un* VERBE TRANSITIF :

feed somebody *signifie* nourrir quelqu'un.

► **feed an animal** donner à manger à un animal.

▷ Don't forget to feed the cat. N'oublie pas de donner à manger au chat.

> *Ce peut être un* VERBE INTRANSITIF :

feed *signifie* se nourrir *ou* manger.

feel /fiːl/ *a plusieurs catégories grammaticales et plusieurs sens :*

> *Ce peut être un* VERBE TRANSITIF :

1 ► **feel something** *peut signifier* toucher quelque chose.

2 ► **feel something** *peut signifier* sentir quelque chose *ou* ressentir quelque chose.

3 ► **feel that...** penser que...

> *Ce peut être un* VERBE INTRANSITIF :

1 **feel** *peut signifier* se sentir.

▷ How do you feel today? Comment te sens-tu aujourd'hui ?

▷ I feel better. Je me sens mieux.

2 **feel** *peut décrire une* sensation physique, *une* émotion *ou une* impression :

▷ I feel hot. J'ai chaud.

▷ I feel ill. Je me sens malade.

▷ I feel hungry. J'ai faim.

▷ My hands feel cold. J'ai froid aux mains.

▷ He feels sad. Il est triste.

▷ Do you feel angry? Est-ce que tu es en colère ?

▷ It feels hard. C'est dur au toucher.

▷ It feels strange. Ça fait drôle.

3 ► **feel like something** avoir envie de quelque chose.

▷ I feel like a drink of water. J'ai envie de boire un verre d'eau.

feeling /ˈfiːlɪŋ/ sentiment *ou* sensation.

> ℹ Feeling est aussi une forme du verbe feel :
> ▷ I was feeling ill. Je me sentais malade.

feet /fiːt/ *est le pluriel du mot* **foot**.

fell /fel/ *est le prétérit du verbe* **fall**.

▷ I fell over in front of the church. Je suis tombé devant l'église.

felt /felt/ feutre (= tissu).

► **felt-tip pen** feutre (= stylo).

> ℹ *Felt est aussi le prétérit et le participe passé du verbe feel :*
> ▷ I felt ill. Je me suis senti malade.

female /ˈfiːmeɪl/ femelle.

feminine /ˈfemɪnɪn/ féminin.

fence /fens/ clôture (= palissade).

fencing /ˈfensɪŋ/ escrime.

fern /fɜːn/ fougère.

ferry /ˈferɪ/ ferry-boat *ou* bac (= bateau)

> Ne pas confondre ferry avec fairy.

fertilizer /ˈfɜːtɪlaɪzəʳ/ engrais.

festival /ˈfestɪvəl/ fête religieuse *ou* festival.

fetch /fetʃ/ aller chercher.

fête /feɪt/ kermesse.

fever /ˈfiːvəʳ/ fièvre.

few /fjuː/ *a plusieurs sens :*

1 **few** *peut signifier* peu *ou* peu de.

▷ Few people came. Peu de gens sont venus.

▷ There are very few books here. Il y a très peu de livres ici.

2 ► **a few** quelques *ou* quelques-uns.

▷ A few people came. Quelques personnes sont venues.

▷ I have read a few of these books. J'ai lu quelques-uns de ces livres.

► **quite a few** pas mal de.

▷ There were quite a few mistakes. Il y avait pas mal d'erreurs.

> Ne pas confondre few (peu ou peu de) et a few (quelques ou quelques-uns).

> ℹ Few est employé devant les noms dénombrables (few people, few books). Devant les noms indénombrables (= les mots qui ne peuvent ni se mettre au pluriel, ni s'employer avec l'article a), il faut employer little ou a little (little money, a little milk).

fewer /ˈfjuːəʳ/ moins *ou* moins de.

▷ Fewer people came this year. Moins de gens sont venus cette année.

> ℹ Fewer est le comparatif de few.

fictional /ˈfɪkʃənl/ fictif.

fidget /ˈfɪdʒɪt/ gigoter *ou* remuer.

field /fiːld/ *a plusieurs sens :*

1 **field** *peut signifier* champ (à la campagne).

2 **field** *peut signifier* terrain (de sport).

► **field hockey** hockey sur gazon.

► **rugby field** terrain de rugby.

3 **field** *peut signifier* domaine (= d'activité ou de compétence).

fierce /fɪəs/ féroce *ou* violent.

fifteen /fɪfˈtiːn/ quinze.

▷ She is fifteen. Elle a quinze ans.

▷ There are fifteen of us. Nous sommes quinze.

fifteenth /fɪfˈtiːnθ/ quinzième.

▷ Come on the fifteenth of June *ou* come on June the fifteenth. Viens le quinze juin.

fifth /fɪfθ/ cinquième.

▷ It's the fifth of June *ou* It's June the fifth. Nous sommes le cinq juin.

fifties /ˈfɪftɪz/

► **the fifties** les années cinquante.

▷ He's in his fifties. Il a entre cinquante et soixante ans.

fiftieth /ˈfɪftɪɪθ/ cinquantième.

fifty /ˈfɪftɪ/ cinquante.

▷ He is fifty. Il a cinquante ans.

▷ There are fifty of us. Nous sommes cinquante.

fig /fɪg/ figue.

fight /faɪt/ *a plusieurs catégories grammaticales et plusieurs sens :*

> *Ce peut être un* NOM :

fight *signifie* bagarre *ou* combat *ou* lutte *ou* dispute

► **have a fight with somebody** se battre avec quelqu'un.

> *Ce peut être un* VERBE INTRANSITIF :

fight *signifie* se battre *ou* lutter *ou* se disputer.

> *Ce peut être un* VERBE TRANSITIF :

1 ► **fight somebody** se battre contre quelqu'un.

2 ► **fight something** lutter contre quelque chose *ou* combattre quelque chose.

fighting /ˈfaɪtɪŋ/ bagarres *ou* combat.

> ℹ Fighting est aussi une forme du verbe fight :
> ▷ They are always fighting. Ils se battent tout le temps.

figure /ˈfɪgəʳ/ *a plusieurs catégories grammaticales et plusieurs sens :*

> *Ce peut être un* NOM :

1 **figure** *peut signifier* chiffre.

2 **figure** *peut signifier* ligne (du corps) *ou* silhouette

3 **figure** *peut signifier* figure (au sens de « diagramme »).

4 **figure** *peut signifier* personnage.

> *Ce peut être un* VERBE :

► **figure something out** comprendre quelque chose *ou* calculer quelque chose.

▷ I can't figure it out. Je n'y comprends rien.

file /faɪl/ *a plusieurs catégories grammaticales et plusieurs sens :*

> *Ce peut être un* NOM :

1 **file** *peut signifier* dossier.

2 **file** *peut signifier* fichier (informatique).

3 **file** *peut signifier* lime (= outil).

4 ► **in single file** en file indienne.

> *Ce peut être un* VERBE :

1 ► **file something** *peut signifier* classer quelque chose (des papiers, par exemple).

2 ► **file something** *peut signifier* limer quelque chose.

► **file one's nails** se limer les ongles.

filename /ˈfaɪlneɪm/ nom de fichier.

fill /fɪl/ *a plusieurs catégories grammaticales et plusieurs sens :*

> *Ce peut être un* VERBE TRANSITIF :

1 ► **fill something** *peut signifier* remplir quelque chose.

▷ He filled the bottle with water. Il a rempli la bouteille d'eau.

2 ► **fill a hole** boucher un trou.

3 ► **fill a tooth** plomber une dent.

> *Ce peut être un* VERBE INTRANSITIF :

fill *signifie* se remplir.

▷ The hole filled with water. Le trou s'est rempli d'eau.

Phrasal verbs

Le verbe fill peut être suivi d'une préposition, telle que in ou up, et dans ce cas, il peut avoir des sens différents. C'est ce qu'on appelle, en anglais, un phrasal verb.

FILL IN :

► fill in a form remplir un formulaire.

► fill in a hole boucher un trou.

FILL OUT :

► fill out a form remplir un formulaire.

FILL UP :

► fill up se remplir.

► fill up with petrol faire le plein d'essence.

► fill something up remplir quelque chose.

filling /ˈfɪlɪŋ/ *a plusieurs catégories grammaticales et plusieurs sens :*

> *Ce peut être un* NOM :

1 **filling** *peut signifier* plombage (d'une dent).

2 **filling** *peut signifier* garniture (d'une tarte ou d'un sandwich).

> *Ce peut être un* ADJECTIF :

filling *signifie* substantiel (en parlant d'un plat).

ℹ Filling est aussi une forme du verbe fill :
▷ He was filling the bucket with water. Il remplissait le seau d'eau.

filling station /ˈfɪlɪŋˌsteɪʃən/ station-service.

film /fɪlm/ *a plusieurs catégories grammaticales et plusieurs sens :*

> *Ce peut être un* NOM :

1 **film** *peut signifier* film.

► **film star** vedette de cinéma.

Film n'est pas souvent employé en anglais américain dans ce sens. Aux États-Unis, on dit movie.

2 **film** *peut signifier* pellicule (pour la photographie ou le cinéma).

> *Ce peut être un* VERBE :

► **film something** filmer quelque chose.

filter /ˈfɪltəʳ/ *a plusieurs catégories grammaticales :*

> *Ce peut être un* NOM :

filter *signifie* filtre.

> *Ce peut être un* VERBE :

filter *signifie* filtrer.

filthy /ˈfɪlθɪ/ crasseux *ou* dégoûtant.

fin /fɪn/ nageoire *ou* aileron.

Le mot anglais fin ne signifie pas « fin ».

final /ˈfaɪnl/ *a plusieurs catégories grammaticales et plusieurs sens :*

> *Ce peut être un* ADJECTIF :

1 **final** *peut signifier* dernier.

2 **final** *peut signifier* définitif.

> *Ce peut être un* NOM :

En sport, ► **the final** *ou* **the finals** *signifie* la finale.

finally /ˈfaɪnəlɪ/ enfin.

finance /ˈfaɪnæns/ *a plusieurs catégories grammaticales :*

> *Ce peut être un* NOM :

finance *signifie* finance.

> *Ce peut être un* VERBE :

► **finance something** financer quelque chose.

financial /faɪˈnænʃəl/ financier.

find /faɪnd/ *a plusieurs sens :*

1 ► **find somebody** *ou* **something** trouver quelque chose *ou* quelqu'un.

2 ► **find that...** constater que...

3 ► **find somebody guilty** déclarer quelqu'un coupable.

4 ► **find something out** découvrir quelque chose *ou* apprendre quelque chose.

► **find out about somebody** *ou* **something** se renseigner sur quelqu'un *ou* quelque chose.

fine /faɪn/ *a plusieurs catégories grammaticales et plusieurs sens :*

> *Ce peut être un* ADJECTIF :

1 **fine** *peut signifier* excellent *ou* beau.
2 **fine** *peut signifier* fin *ou* délicat.
3 **fine** *est employé pour dire qu'on va bien :*
▷ How are you? – Fine thanks. Comment ça va ? – Bien, merci.
▷ He's fine. Il va bien.
4 **fine** *est employé pour donner son accord :*
▷ Fine! *ou* That's fine! D'accord !

> *Ce peut être un* ADVERBE :

fine *signifie* bien.
▷ I'm doing fine. Je vais bien.

> *Ce peut être un* NOM :

fine *signifie* amende (à payer).

> *Ce peut être un* VERBE :

► **fine somebody** condamner quelqu'un à une amende.
▷ I was fined £100. J'ai eu une amende de 100 livres.

finger /'fɪŋgəʳ/ doigt.

fingernail /'fɪŋgəneɪl/ ongle (du doigt).

fingerprint /'fɪŋgəprɪnt/ empreinte digitale.

finish /'fɪnɪʃ/ *a plusieurs catégories grammaticales et plusieurs sens :*

> *Ce peut être un* NOM :

1 **finish** *peut signifier* fin.
2 **finish** *peut signifier* finition.
3 *En sport,* **the finish** *signifie* l'arrivée.

> *Ce peut être un* VERBE TRANSITIF :

► **finish something** finir quelque chose.

> *Ce peut être un* VERBE INTRANSITIF :

finish *signifie* se terminer *ou* prendre fin.

fir /fɜːʳ/ sapin.

fire /faɪəʳ/ *a plusieurs catégories grammaticales et plusieurs sens :*

> *Ce peut être un* NOM :

1 **fire** *peut signifier* feu *ou* incendie.
► **set fire to something** mettre le feu à quelque chose.
► **catch fire** prendre feu.
► **fire alarm** alarme à incendie.
► **fire brigade** *ou*
► **fire department** sapeurs-pompiers.

> **Fire department** n'est employé qu'en anglais américain.

► **fire engine** voiture de pompiers.
2 *En anglais britannique,* **fire** *peut signifier* radiateur.

> *Ce peut être un* VERBE INTRANSITIF :

fire *signifie* tirer (avec une arme à feu).
► **fire at somebody** tirer sur quelqu'un.

> *Ce peut être un* VERBE TRANSITIF :

1 ► **fire something** tirer quelque chose (un coup de fusil ou une balle).
2 ► **fire somebody** licencier quelqu'un.

fireman /'faɪəmən/ pompier.

fireplace /'faɪəpleɪs/ cheminée (= l'endroit où on fait du feu).

fireworks /'faɪəwɜːks/ feux d'artifice.
► **fireworks display** feu d'artifice.

firm /fɜːm/ *a plusieurs catégories grammaticales et plusieurs sens :*

> *Ce peut être un* NOM :

firm *signifie* entreprise.

> *Ce peut être un* ADJECTIF :

firm *signifie* ferme *ou* solide *ou* stable.

first /fɜːst/ *a plusieurs catégories grammaticales et plusieurs sens :*

> *Ce peut être un* ADJECTIF :

first *signifie* premier.
▷ It's the first of May. Nous sommes le premier mai.
▷ The first six days were hard. Les six premiers jours ont été durs.
▷ They live on the first floor. Ils habitent au premier étage (en anglais britannique) *ou* au rez-de-chaussée (en anglais américain).
► **first aid** premiers secours.
► **first class** première classe.
► **first gear** première vitesse.
► **first name** prénom.

> *Ce peut être un* ADVERBE :

first *signifie* d'abord *ou* premièrement *ou* au début.
► **first of all** tout d'abord.
► **come first** arriver en premier.

> *Ce peut être un* NOM :

► **the first** le premier *ou* la première.

firstly /'fɜːstlɪ/ premièrement.

fish /fɪʃ/ *a plusieurs catégories grammaticales :*

> *Ce peut être un* NOM :

fish *signifie* poisson.

► fish tank aquarium.

ℹ Fish est un nom invariable : one fish, two fish.

> *Ce peut être un* VERBE :

fish *signifie* pêcher.

fisherman /ˈfɪʃəmən/ pêcheur.

fishing /ˈfɪʃɪŋ/ pêche (aux poissons).

► go fishing aller à la pêche.

► fishing boat bateau de pêche.

► fishing rod canne à pêche.

ℹ Fishing est aussi une forme du verbe fish :
▷ He was fishing. Il pêchait.

fishmonger /ˈfɪʃˌmʌŋgəʳ/ poissonnier.

► the fishmonger's *ou* the fishmonger's shop la poissonnerie.

fist /fɪst/ poing.

fit /fɪt/ *a plusieurs catégories grammaticales et plusieurs sens :*

> *Ce peut être un* ADJECTIF :

1 fit *peut signifier* en forme *ou* en bonne santé.

2 ► be fit to do something être capable de faire quelque chose.

3 ► be fit to drink être potable (en parlant de l'eau).

> *Ce peut être un* NOM :

1 fit *peut signifier* crise (d'épilepsie) *ou* accès (de colère).

2 fit *est employé pour parler de* la coupe d'un vêtement :

▷ It's a good fit. C'est la bonne taille.

> *Ce peut être un* VERBE TRANSITIF :

1 ► fit somebody *peut signifier* être à la taille de quelqu'un (en parlant des vêtements).

▷ The dress doesn't fit her. La robe n'est pas à sa taille.

2 ► fit something into something *peut signifier* faire entrer quelque chose dans quelque chose *ou* faire tenir quelque chose dans quelque chose.

3 ► fit something *peut signifier* installer quelque chose *ou* fixer quelque chose.

> *Ce peut être un* VERBE INTRANSITIF :

fit *est employé pour dire si quelque chose est* à la bonne taille *ou si quelque chose* tient dans un espace :

▷ I like the dress but it doesn't fit. J'aime bien la robe mais elle n'est pas à ma taille.

▷ It's too big to fit in the box. C'est trop grand pour tenir dans la boîte.

▷ Will we all fit in? Y aura-t-il assez de place pour nous tous ?

five /faɪv/ cinq.

▷ He is five. Il a cinq ans.

▷ There are five of us. Nous sommes cinq.

▷ It's five o'clock. Il est cinq heures.

fix /fɪks/ *a plusieurs sens :*

1 ► fix something *peut signifier* fixer quelque chose.

▷ Let's fix a date now. Fixons une date maintenant.

2 ► fix something *peut signifier* réparer quelque chose.

▷ Dad tried to fix the TV. Papa a essayé de réparer la télé.

3 ► fix something *peut signifier* préparer quelque chose.

▷ I fixed an omelette. J'ai préparé une omelette.

fizzy /ˈfɪzɪ/ pétillant.

flag /flæg/ drapeau.

flame /fleɪm/ flamme.

► burst into flames s'enflammer.

flan /flæn/ tarte.

Le mot anglais flan ne signifie pas « flan ».

flannel /ˈflænl/ gant de toilette.

flap /flæp/ *a plusieurs catégories grammaticales et plusieurs sens :*

> *Ce peut être un* NOM :

flap *signifie* rabat.

> *Ce peut être un* VERBE :

▷ The bird flapped its wings. L'oiseau battait des ailes.

flash /flæʃ/ *a plusieurs catégories grammaticales et plusieurs sens :*

> *Ce peut être un* NOM :

1 flash *peut signifier* éclat (de lumière).

► a flash of lightning un éclair.

2 flash *peut signifier* flash (en photographie).

3 *En anglais américain,* **flash** *peut signifier* torche électrique.

> *Ce peut être un* VERBE INTRANSITIF :

1 **flash** *signifie* clignoter.

2 ► **flash by** *ou* **flash past** passer comme un éclair.

> *Ce peut être un* VERBE TRANSITIF :

► **flash one's headlights** faire un appel de phares.

flashlight /'flæʃlaɪt/ torche électrique.

flat /flæt/ *a plusieurs catégories grammaticales et plusieurs sens :*

> *Ce peut être un* NOM :

En anglais britannique, **flat** *signifie* appartement.

Aux États-Unis, on dit **apartment**.

> *Ce peut être un* ADJECTIF :

1 **flat** *peut signifier* plat.

2 **flat** *peut signifier* crevé *ou* dégonflé (en parlant d'un pneu).

3 **flat** *peut signifier* à plat (en parlant d'une batterie).

4 **flat** *peut signifier* éventé (en parlant d'une boisson gazeuse).

flatten /'flætn/ aplanir *ou* aplatir.

flavour /'fleɪvəʳ/ *a plusieurs catégories grammaticales :*

> *Ce peut être un* NOM :

flavour *signifie* goût *ou* parfum (de quelque chose qu'on mange).

▷ It's got no flavour. Ça n'a pas de goût.

> *Ce peut être un* VERBE :

► **flavour something** parfumer quelque chose *ou* assaisonner quelque chose.

En anglais américain, ce mot s'écrit **flavor**.

flavoured /'fleɪvəd/ parfumé.

▷ These are pineapple-flavoured sweets. Ce sont des bonbons parfumés à l'ananas.

En anglais américain, ce mot s'écrit **flavored**.

flaw /flɔː/ défaut.

flea /fliː/ puce.

fled /fled/ *est le prétérit et le participe passé du verbe* **flee**.

▷ The children fled. Les enfants se sont enfuis.

flee /fliː/ s'enfuir *ou* fuir.

fleece /fliːs/ *a plusieurs sens :*

1 **fleece** *peut signifier* toison (d'un mouton).

2 **fleece** *peut signifier* polaire (= vêtement) *ou* laine polaire.

Flemish /'flemɪʃ/ flamand.

i En anglais, les adjectifs de nationalité et les noms de langues commencent par une majuscule.

flesh /fleʃ/ chair.

flew /fluː/ *est le prétérit du verbe* **fly**.

▷ We flew to Glasgow. Nous sommes allés à Glasgow en avion.

flick /flɪk/ *a plusieurs sens :*

1 ► **flick something** *peut signifier* donner un petit coup à quelque chose.

2 ► **flick through something** feuilleter quelque chose.

flies /flaɪz/ braguette.

▷ Your flies are undone. Ta braguette est ouverte.

i **Flies** est aussi la troisième personne du singulier du verbe **fly**, et le pluriel du nom **fly** :
▷ David flies to London every week. David se rend à Londres en avion chaque semaine.
▷ There were a lot of flies in the kitchen. Il y avait beaucoup de mouches dans la cuisine.

flight /flaɪt/ *a plusieurs sens :*

1 **flight** *peut signifier* vol (d'un avion).
► **flight attendant** steward *ou* hôtesse de l'air.

2 ► **a flight of stairs** un escalier.

fling /flɪŋ/ lancer *ou* jeter.

flip /flɪp/ *a plusieurs sens :*

1 ► **flip something** *peut signifier* donner un petit coup à quelque chose.

2 ► **flip a coin** tirer à pile ou face.

3 ► **flip through something** feuilleter quelque chose.

flip-flops /'flɪpflɒp/ tongs (= chaussures).

flipper /ˈflɪpəʳ/ nageoire (d'un animal marin) *ou* palme (d'un nageur).

> Le mot anglais flipper ne signifie pas « flipper ».

flirt /flɜːt/ flirter.

float /fləʊt/ flotter *ou* faire flotter.

flock /flɒk/

► a flock of sheep un troupeau de moutons.
► a flock of birds un vol d'oiseaux.

flood /flʌd/ *a plusieurs catégories grammaticales et plusieurs sens :*

> *Ce peut être un* NOM :

1 flood *peut signifier* inondation.

2 flood *peut signifier* déluge (de plaintes ou de lettres, par exemple).

> *Ce peut être un* VERBE TRANSITIF :

► flood something inonder quelque chose.

> *Ce peut être un* VERBE INTRANSITIF :

flood *signifie* déborder (en parlant d'une rivière) *ou* être inondé.

floodlight /ˈflʌdlaɪt/ projecteur (pour illuminer).

floor /flɔːʳ/ *a plusieurs sens :*

1 floor *peut signifier* sol *ou* plancher.
► sit on the floor s'asseoir par terre.
► dance floor piste de danse.

2 floor *peut signifier* étage (dans une maison ou un immeuble).
▷ On the third floor. Au troisième étage (en anglais britannique) *ou* au deuxième étage (en anglais américain).

floppy /ˈflɒpɪ/ tombantes (en parlant des oreilles d'un chien).

► floppy disk disquette.
► floppy hat grand chapeau aux bords tombants.

florist /ˈflɒrɪst/ fleuriste.

► florist's shop *ou* florist's fleuriste.

floss /flɒs/ fil dentaire.

flour /ˈflaʊəʳ/ farine.

flourish /ˈflʌrɪʃ/ prospérer.

flow /fləʊ/ *a plusieurs catégories grammaticales :*

> *Ce peut être un* NOM :

flow *signifie* circulation (de sang, d'électricité ou d'eau).

> *Ce peut être un* VERBE :

flow *signifie* couler *ou* circuler.

flower /ˈflaʊəʳ/ fleur.

► flower bed parterre.

flowerpot /ˈflaʊəpɒt/ pot de fleurs.

flown /fləʊn/ *est le participe passé du verbe* fly.

▷ The bird has flown away. L'oiseau s'est envolé.

flu /fluː/ grippe.

► have flu avoir la grippe.

fluent /ˈfluːənt/ *est employé pour dire qu'on parle une langue couramment :*

▷ He's fluent in English *ou* He speaks fluent English. Il parle couramment l'anglais.

fluently /ˈfluːəntlɪ/ couramment (au sens de « parler couramment une langue étrangère »).

fluffy /ˈflʌfɪ/ duveteux.

► fluffy toy peluche (= jouet).

fluid /ˈfluːɪd/ fluide.

flung /flʌŋ/ *est le prétérit et le participe passé du verbe* fling.

▷ He flung his coat on the ground. Il a jeté son manteau par terre.

flush /flʌʃ/ *a plusieurs catégories grammaticales et plusieurs sens :*

> *Ce peut être un* VERBE TRANSITIF :

► flush the toilet tirer la chasse d'eau.

> *Ce peut être un* VERBE INTRANSITIF :

flush *signifie* rougir.

fly /flaɪ/ *a plusieurs catégories grammaticales et plusieurs sens :*

> *Ce peut être un* NOM :

1 fly *peut signifier* mouche.

2 fly *peut signifier* braguette.
▷ Your fly is undone. Ta braguette est ouverte.

> *Ce peut être un* VERBE INTRANSITIF :

1 fly *peut signifier* voler (en parlant d'un oiseau, d'un insecte ou d'un avion).
► fly away s'envoler.

2 fly *peut signifier* prendre l'avion *ou* voyager en avion.

> *Ce peut être un* VERBE TRANSITIF :

► fly a plane piloter un avion.

► fly a kite faire voler un cerf-volant.

foal /fəʊl/ poulain.

foam /fəʊm/ mousse (= bulles) *ou* écume.

focus /ˈfəʊkəs/ *a plusieurs catégories grammaticales et plusieurs sens :*

> *Ce peut être un* VERBE TRANSITIF :

► focus something mettre quelque chose au point (un appareil-photo).

> *Ce peut être un* VERBE INTRANSITIF :

focus *signifie* faire la mise au point (avec un appareil-photo).

► focus on something fixer son regard sur quelque chose *ou* se concentrer sur quelque chose.

> *Ce peut être un* NOM :

1 *En photographie,* ► in focus *signifie* net.

2 *En photographie,* ► out of focus *signifie* flou.

fog /fɒg/ brouillard.

foggy /ˈfɒgɪ/ brumeux.

▷ It's foggy. Il y a du brouillard.

foil /fɔɪl/ papier aluminium.

fold /fəʊld/ *a plusieurs catégories grammaticales :*

> *Ce peut être un* NOM :

fold *signifie* pli.

> *Ce peut être un* VERBE TRANSITIF :

► fold something plier quelque chose.

► fold one's arms croiser les bras.

folder /ˈfəʊldəʳ/ *a plusieurs sens :*

1 folder *peut signifier* chemise (en carton) *ou* classeur.

2 *En informatique,* folder *signifie* répertoire.

folk /fəʊk/ *a plusieurs catégories grammaticales :*

> *Ce peut être un* ADJECTIF :

folk *signifie* folklorique *ou* folk.

> *Ce peut être un* NOM :

folk *signifie* gens.

► old folk les personnes âgées.

follow /ˈfɒləʊ/ suivre.

fond /fɒnd/ affectueux *ou* tendre.

► be fond of somebody *ou* something aimer quelque chose *ou* quelqu'un.

food /fuːd/ nourriture.

fool /fuːl/ *a plusieurs catégories grammaticales et plusieurs sens :*

> *Ce peut être un* NOM :

fool *signifie* imbécile.

> *Ce peut être un* VERBE TRANSITIF :

► fool somebody duper quelqu'un.

> *Ce peut être un* VERBE INTRANSITIF :

► fool about *ou* fool around faire l'imbécile.

foolish /ˈfuːlɪʃ/ bête *ou* stupide.

foot /fʊt/ *a plusieurs sens :*

1 foot *peut signifier* pied.

► go on foot aller à pied.

2 foot est une unité de mesure équivalente à 30,48 cm.

football /ˈfʊtbɔːl/ football *ou* ballon de football.

► American football football américain.

footpath /ˈfʊtpɑːθ/ sentier.

footstep /ˈfʊtstep/ pas (= bruit d'un pas).

▷ I can hear footsteps. J'entends des pas.

for /fɔːʳ/ *a plusieurs sens :*

1 for *peut signifier* pour.

▷ This is for you. C'est pour toi.

▷ He bought it for me. Il l'a acheté pour moi.

2 for *est employé dans les expressions suivantes :*

► for sale à vendre.

► what for? pourquoi ?

► it's time for... c'est l'heure de...

► go for a swim aller nager.

▷ What is this for? À quoi ça sert ?

3 for peut indiquer le prix de quelque chose :

▷ I paid 5 euros for it. Je l'ai payé 5 euros.

▷ He sold it for 10 euros. Il l'a vendu 10 euros.

4 for *peut indiquer une* distance :

▷ They walked for 2 km. Ils ont fait une marche de 2 km.

5 for *peut indiquer une* durée :

▷ He'll be away for three days. Il sera absent trois jours.

▷ She worked there for five months. Elle y a travaillé pendant cinq mois.

▷ She has worked here for five months. Elle travaille ici depuis cinq mois.

▷ I have lived here for ten years. J'habite ici depuis dix ans.

> ℹ Notez l'emploi du present perfect (she has worked, I have lived) lorsque for introduit une durée qui n'est pas encore terminée.

> Ne pas confondre for et since : for sert à indiquer une durée (for ten years, for two weeks) et since introduit un point de départ, une date ou une heure précise (since 2001, since 2 o'clock).

forbad /fə'bæd/ *ou* **forbade** /fə'beɪd/ *est le prétérit du verbe* forbid.

▷ His father forbade him to go. Son père lui a interdit de partir.

forbid /fə'bɪd/ interdire.

► forbid somebody to do something interdire à quelqu'un de faire quelque chose.

forbidden /fə'bɪdn/ interdit.

> ℹ Forbidden est aussi le participe passé du verbe forbid :
> ▷ His father has forbidden him to go out. Son père lui a interdit de sortir.

force /fɔːs/ *a plusieurs catégories grammaticales et plusieurs sens :*

> *Ce peut être un* NOM :

force *signifie* force.

► by force de force.

> *Ce peut être un* VERBE :

► force somebody to do something forcer quelqu'un à faire quelque chose.

forecast /'fɔːkɑːst/ *a plusieurs catégories grammaticales :*

> *Ce peut être un* NOM :

forecast *signifie* prévisions.

► weather forecast bulletin météorologique.

> *Ce peut être un* VERBE :

► forecast something prévoir quelque chose.

forehead /'fɒrɪd/ front (= partie du corps).

foreign /'fɒrən/ étranger *ou* de l'étranger *ou* à l'étranger.

foreigner /'fɒrənə^r/ étranger (= personne étrangère).

forename /'fɔːneɪm/ prénom.

forest /'fɒrɪst/ forêt.

forever /fər'evə^r/ toujours *ou* pour toujours.

forgave /fə'geɪv/ *est le prétérit du verbe* forgive.

▷ He never forgave me. Il ne m'a jamais pardonné.

forge /fɔːdʒ/ contrefaire *ou* faire un faux de.

forgery /'fɔːdʒərɪ/ faux (= copie qu'on fait passer pour vraie).

forget /fə'get/ oublier.

► forget to do something oublier de faire quelque chose.

► forget about something oublier quelque chose.

forgive /fə'gɪv/ pardonner.

► forgive somebody for doing something pardonner à quelqu'un d'avoir fait quelque chose.

forgiven /fə'gɪvn/ *est le participe passé du verbe* forgive.

▷ Has he forgiven you? Est-ce qu'il t'a pardonné ?

forgot /fə'gɒt/ *est le prétérit du verbe* forget.

▷ I forgot to buy milk. J'ai oublié d'acheter du lait.

forgotten /fə'gɒtn/ *est le participe passé du verbe* forget.

▷ I'm sorry, I've forgotten your name. Je suis désolé, j'ai oublié votre nom.

fork /fɔːk/ fourchette *ou* fourche.

form /fɔːm/ *a plusieurs catégories grammaticales et plusieurs sens :*

> *Ce peut être un* NOM :

1 form *peut signifier* forme.

2 form *peut signifier* formulaire.

3 *En anglais britannique,* form *peut signifier* classe (= niveau scolaire).

► the sixth form classes de première et de terminale.

> En anglais américain, pour dire *classe* au sens de « niveau scolaire », on dit grade.

> *Ce peut être un* VERBE TRANSITIF :

► form something former quelque chose (au sens de « constituer »).

> *Ce peut être un* VERBE INTRANSITIF :

form *signifie* se former *ou* prendre forme.

formal /ˈfɔːməl/ officiel *ou* solennel *ou* cérémonieux.

former /ˈfɔːməʳ/ *a plusieurs sens :*

1 **former** *signifie* ancien (au sens de « ex- »).

2 ► **the former** le premier (de deux choses dont on vient de parler).

formerly /ˈfɔːməlɪ/ autrefois.

formula /ˈfɔːmjʊlə/ formule.

forties /ˈfɔːtɪz/

► **the forties** les années quarante.

▷ He's in his forties. Il a entre quarante et cinquante ans.

fortieth /ˈfɔːtɪɪθ/ quarantième.

fortnight /ˈfɔːtnaɪt/ quinzaine (de jours).

▷ In a fortnight. Dans quinze jours.

> Fortnight n'est pas employé en anglais américain : aux États-Unis, on dit two weeks.

fortunate /ˈfɔːtʃənɪt/ heureux (= chanceux).

► **be fortunate** avoir de la chance.

fortunately /ˈfɔːtʃənɪtlɪ/ heureusement.

fortune /ˈfɔːtʃən/ *a plusieurs sens :*

1 **fortune** *peut signifier* chance (= sort favorable).

2 **fortune** *peut signifier* fortune.

► **make a fortune** faire fortune.

forty /ˈfɔːtɪ/ quarante.

▷ He is forty. Il a quarante ans.

▷ There were forty of them. Ils étaient quarante.

forward /ˈfɔːwəd/ *a plusieurs catégories grammaticales :*

> *Ce peut être un* ADVERBE :

forward *signifie* en avant.

► **go forward** avancer.

> *Ce peut être un* VERBE :

► **forward a letter** faire suivre une lettre.

forwards /ˈfɔːwədz/ en avant.

► **go backwards and forwards** aller et venir.

fought /fɔːt/ *est le prétérit et le participe passé du verbe* **fight**.

▷ They fought for over an hour. Ils se sont battus pendant plus d'une heure.

foul /faʊl/ *a plusieurs catégories grammaticales et plusieurs sens :*

> *Ce peut être un* NOM :

En sport, **foul** *signifie* faute.

> *Ce peut être un* ADJECTIF :

foul *signifie* immonde *ou* infect *ou* grossier.

found /faʊnd/ fonder.

▷ My grandfather founded this company. Mon grand-père a fondé cette entreprise.

> ℹ *Found est aussi le prétérit et le participe passé du verbe* **find** :
> ▷ Have you found your wallet? As-tu trouvé ton portefeuille ?

foundation /faʊnˈdeɪʃən/ *a plusieurs sens :*

1 **foundation** *peut signifier* fondation *ou* fondement.

2 **foundation** *peut signifier* fond de teint.

fountain /ˈfaʊntɪn/ fontaine.

► **fountain pen** stylo à plume.

four /fɔːʳ/ quatre.

▷ He is four. Il a quatre ans.

▷ There are four of us. Nous sommes quatre.

▷ It's four o'clock. Il est quatre heures.

fourteen /ˈfɔːˈtiːn/ quatorze.

▷ She is fourteen. Elle a quatorze ans.

▷ There are fourteen of us. Nous sommes quatorze.

fourteenth /ˈfɔːˈtiːnθ/ quatorzième.

▷ The fourteenth of July *ou* July the fourteenth. Le quatorze juillet.

fourth /fɔːθ/ quatrième.

▷ The fourth of July *ou* July the fourth. Le quatre juillet.

fox /fɒks/ renard.

frame /freɪm/ *a plusieurs catégories grammaticales et plusieurs sens :*

> *Ce peut être un* NOM :

frame *peut signifier* cadre (d'une photo, d'un tableau, d'un vélo) *ou* monture (d'une paire de lunettes).

> *Ce peut être un* VERBE :

► **frame something** encadrer quelque chose.

framework /ˈfreɪmwɜːk/ cadre.

frank /fræŋk/ franc (= sincère).

freckle /ˈfrekl/ tache de rousseur.

free /friː/ *a plusieurs catégories grammaticales et plusieurs sens :*

> *Ce peut être un* ADJECTIF :

1 free *peut signifier* libre.

► set somebody free libérer quelqu'un.

2 free *peut signifier* gratuit.

> *Ce peut être un* ADVERBE :

1 free *peut signifier* gratuitement.

2 free *peut signifier* librement.

> *Ce peut être un* VERBE :

► free somebody libérer quelqu'un.

freedom /ˈfriːdəm/ liberté.

freeway /ˈfriːweɪ/ autoroute.

Freeway est un mot américain : en anglais britannique, on dit motorway.

freeze /friːz/ *a plusieurs catégories grammaticales et plusieurs sens :*

> *Ce peut être un* VERBE TRANSITIF :

► freeze something geler quelque chose *ou* congeler quelque chose.

> *Ce peut être un* VERBE INTRANSITIF :

1 freeze *peut signifier* geler *ou* se congeler.

2 freeze *peut signifier* se figer (= être immobilisé).

freezer /ˈfriːzəʳ/ congélateur.

freezing /ˈfriːzɪŋ/ gelé *ou* glacial.

French /frentʃ/ français.

► the French les Français.

► French fries frites.

ℹ En anglais, les adjectifs de nationalité et les noms de langues s'écrivent avec une majuscule.

Frenchman /ˈfrentʃmən/ Français.

Frenchwoman /ˈfrentʃwʊmən/ Française.

frequently /ˈfriːkwəntlɪ/ fréquemment.

fresh /freʃ/ *a plusieurs sens :*

1 fresh *peut signifier* frais (en parlant de pain, de fruits, etc.)

► fresh air air frais.

2 fresh *peut signifier* nouveau.

▷ A fresh coat of paint. Une nouvelle couche de peinture.

► make a fresh start prendre un nouveau départ.

3 ► fresh water eau douce.

freshly /ˈfreʃlɪ/ fraîchement.

Friday /ˈfraɪdɪ/ vendredi.

▷ On Friday. Vendredi.

▷ On Friday morning. Vendredi matin.

▷ On Fridays. Le vendredi.

ℹ En anglais, les noms de jours de la semaine commencent par une majuscule.

fridge /frɪdʒ/ réfrigérateur.

fried /fraɪd/ frit.

► fried egg œuf au plat.

ℹ Fried est aussi le prétérit et le participe passé du verbe fry :
▷ He fried the fish. Il a fait frire le poisson.

friend /frend/ ami.

► make friends with somebody sympathiser avec quelqu'un.

friendly /ˈfrendlɪ/ amical *ou* gentil *ou* affectueux.

friendship /ˈfrendʃɪp/ amitié.

fries /fraɪz/ frites.

ℹ *fries est aussi la troisième personne du singulier du verbe fry :*
▷ Dad always fries fish in olive oil papa fait toujours frire le poisson dans l'huile d'olive.

fright /fraɪt/ peur.

frighten /ˈfraɪtn/ faire peur à.

frightened /ˈfraɪtnd/ effrayé.

► be frightened of somebody *ou* something avoir peur de quelqu'un *ou* quelque chose.

ℹ Frightened est aussi le prétérit et le participe passé du verbe frighten :
▷ The noise frightened me. Le bruit m'a fait peur.

frightening /ˈfraɪtnɪŋ/ effrayant.

ℹ Frightening est aussi une forme du verbe frighten :
▷ Be quiet! You're frightening the cat! Tais-toi ! Tu fais peur au chat !

fringe /frɪndʒ/ frange.

frog /frɒg/ grenouille.

► **have a frog in one's throat** avoir un chat dans la gorge.

from /frɒm/ *a plusieurs sens :*

1 **from** *peut indiquer* l'origine *de quelqu'un ou de quelque chose :*

▷ Where are you from? D'où venez-vous ?

▷ I'm from London. Je viens de Londres.

▷ A train from Paris. Un train en provenance de Paris.

▷ The road from York to London. La route qui va de York à Londres.

▷ A present from my mother. Un cadeau de ma mère.

▷ She took a glass from the cupboard. Elle a pris un verre dans le placard.

2 **from** *peut indiquer une* distance *ou une* position :

▷ It is 20 km from Dublin. C'est à 20 km de Dublin.

▷ You can see the island from here. On voit l'île d'ici.

3 **from** *peut indiquer le moment où quelque chose* commence :

▷ From 9 am to 11 am. De 9 heures à 11 heures.

▷ From May to September. Du mois de mai au mois de septembre.

▷ From today. À partir d'aujourd'hui.

4 **from** *peut indiquer le fait* d'enlever *quelque chose :*

▷ He stole it from me. Il me l'a volé.

▷ 4 from 10 leaves 6. 10 moins 4 égalent 6.

5 **from** *peut indiquer la* matière *dont quelque chose est fait :*

▷ It's made from wood. C'est en bois.

front /frʌnt/ *a plusieurs catégories grammaticales et plusieurs sens :*

> *Ce peut être un* NOM :

1 **the front** *peut signifier* l'avant (d'une voiture ou d'un train, par exemple) *ou* le devant (d'un vêtement ou d'une maison, par exemple).

▷ He was sitting in the front of the car. Il était assis à l'avant de la voiture.

▷ The front of the house was damaged in the storm. Le devant de la maison a été endommagé pendant l'orage.

► **in front** devant.

► **in front of** devant.

▷ She was walking in front. Elle marchait devant.

▷ He was very rude in front of the teacher. Il a été très grossier devant le professeur.

2 **the front** *peut signifier* le premier rang (dans une salle de classe, par exemple).

▷ He was sitting at the front of the class. Il était assis au premier rang de la classe.

> *Ce peut être un* ADJECTIF :

1 **front** *peut signifier* de devant.

▷ The dog is in the front garden. Le chien est dans le jardin de devant.

► **front door** porte d'entrée.

2 **front** *peut signifier* premier.

▷ Let's sit in the front row. Asseyons-nous au premier rang.

frontier /ˈfrʌntɪəʳ/ frontière.

frost /frɒst/ gel *ou* gelée.

frosty /ˈfrɒstɪ/

▷ It's frosty today. Il gèle aujourd'hui.

frown /fraʊn/ *a plusieurs catégories grammaticales :*

> *Ce peut être un* NOM :

frown *signifie* froncement de sourcils.

> *Ce peut être un* VERBE :

frown *signifie* froncer les sourcils.

froze /frəʊz/ *est le prétérit du verbe* **freeze**.

▷ The lake froze last winter. Le lac a gelé l'hiver dernier.

frozen /ˈfrəʊzən/ *a plusieurs sens :*

1 **frozen** *peut signifier* gelé.

2 **frozen** *peut signifier* congelé *ou* surgelé.

> ℹ **Frozen** est aussi le participe passé du verbe **freeze** :
> ▷ I've frozen the vegetables. J'ai congelé les légumes.

fruit /fruːt/ fruit.

► **fruit cake** cake.

► **fruit juice** jus de fruit.

frustrated /frʌsˈtreɪtɪd/ frustré.

fry /fraɪ/ frire *ou* faire frire.

frying pan /ˈfraɪɪŋpæn/ poêle à frire.

fudge /fʌdʒ/ caramel mou.

fuel /fjʊəl/ combustible *ou* carburant.

fulfil /fʊlˈfɪl/ *a plusieurs sens :*

1 ► **fulfil something** *peut signifier* réaliser quelque chose (un projet ou une ambition).

2 ► **fulfil something** *peut signifier* remplir quelque chose (son devoir ou son rôle).

3 ► **fulfil somebody** combler quelqu'un (= le satisfaire).

full /fʊl/ *a plusieurs sens :*

1 **full** *peut signifier* plein *ou* complet.

▷ The box was full of books. Le carton était plein de livres.

▷ The hotel is full *ou* the hotel is full up. L'hôtel est complet.

▷ I'm full *ou* I'm full up. J'ai assez mangé.

2 **full** *peut signifier* chargé (en parlant d'une journée ou d'un emploi du temps).

3 **full** *est employé dans les expressions suivantes :*

▷ Write your name in full. Écrivez votre nom en entier.

► **full moon** pleine lune.

► **full name** nom et prénom.

► **at full speed** à toute vitesse.

► **full stop** point (= ponctuation).

> Full stop n'est pas employé en anglais américain : aux États-Unis, on dit period.

full-time /fʊl'taɪm/ à plein temps.

► **a full-time job** un travail à plein temps.

fumes /fjuːmz/ émanations *ou* fumées *ou* gaz d'échappement.

fun /fʌn/ amusement *ou* plaisir.

► **have fun** s'amuser.

▷ We had great fun. Nous nous sommes bien amusés.

▷ She's good fun. On s'amuse bien avec elle.

▷ Dancing is fun. C'est amusant de danser.

► **make fun of somebody** se moquer de quelqu'un.

function /'fʌŋkʃən/ *a plusieurs catégories grammaticales :*

> *Ce peut être un* NOM :

function *signifie* fonction.

> *Ce peut être un* VERBE :

function *signifie* fonctionner.

fund /fʌnd/ *a plusieurs catégories grammaticales :*

> *Ce peut être un* NOM :

fund *signifie* fonds (= somme d'argent).

> *Ce peut être un* VERBE :

► **fund something** financer quelque chose.

funeral /'fjuːnərəl/ enterrement *ou* funérailles.

funfair /'fʌnfɛəʳ/ fête foraine.

> Funfair n'est pas employé en anglais américain : aux États-Unis, on dit carnival.

funnier /'fʌnɪəʳ/ *est le comparatif de* **funny**.

▷ This programme is funnier than before. Cette émission est plus drôle qu'avant.

funniest /'fʌnɪɪst/ *est le superlatif de* **funny**.

▷ He's the funniest boy in the class. C'est le garçon le plus drôle de la classe.

funny /'fʌnɪ/ drôle.

fur /fɜːʳ/ pelage *ou* fourrure.

► **fur coat** manteau de fourrure.

furious /'fjʊərɪəs/ *a plusieurs sens :*

1 **furious** *peut signifier* furieux.

► **be furious with somebody** être furieux contre quelqu'un.

2 **furious** *peut signifier* violent (en parlant d'une dispute) *ou* acharné (en parlant d'une lutte).

furniture /'fɜːnɪtʃəʳ/ meubles.

► **a piece of furniture** un meuble.

> i Furniture est un nom indénombrable : il ne se met pas au pluriel et ne s'emploie pas avec l'article a.

> Furniture ne signifie pas « fourniture ».

further /'fɜːðəʳ/ *est le comparatif du mot* **far** *et a plusieurs catégories grammaticales :*

> *Ce peut être un* ADVERBE :

further *signifie* plus loin.

▷ How much further is it? C'est encore loin ?

▷ I can't walk any further. Je ne peux pas aller plus loin.

> *Ce peut être un* ADJECTIF :

further *signifie* nouveau *ou* supplémentaire.

► **until further notice** jusqu'à nouvel ordre.

furthermore /ˌfɜːðə'mɔːʳ/ de plus.

furthest /'fɜːðɪst/ *est le superlatif du mot* **far**.

▷ It's the house furthest from the river. C'est la maison la plus éloignée de la rivière.

▷ Who walked the furthest? Qui est allé le plus loin ?

fury /'fjʊərɪ/ fureur.

fuse /fjuːz/ *a plusieurs sens :*

1 **fuse** *peut signifier* fusible.
► **fuse box** boîte à fusibles.

2 **fuse** *peut signifier* détonateur *ou* amorce.

fuss /fʌs/ agitation *ou* histoires.

► **make a fuss** faire des histoires.
► **make a fuss about something** protester à propos de quelque chose *ou* faire tout un plat de quelque chose.
► **make a fuss of somebody** être aux petits soins pour quelqu'un.

fussy /ˈfʌsɪ/ tatillon.

▷ He's a fussy eater. Il est difficile sur la nourriture.

future /ˈfjuːtʃəʳ/ *a plusieurs catégories grammaticales :*

> *Ce peut être un* NOM *:*

future *signifie* avenir *ou* futur
► **in the future** à l'avenir *ou* au futur.

> *Ce peut être un* ADJECTIF *:*

future *signifie* futur.

G

ANGLAIS — FRANÇAIS

La lettre G se prononce /dʒiː/ en anglais.
G rime avec free, knee et tea.

gain /geɪn/ *a plusieurs catégories grammaticales et plusieurs sens :*

> *Ce peut être un* NOM :

1 **gain** *peut signifier* gain.

2 **gain** *peut signifier* augmentation.

> *Ce peut être un* VERBE TRANSITIF :

1 ► **gain something** *peut signifier* gagner quelque chose (au sens de « obtenir »).

2 ► **gain weight** prendre du poids.
► **gain speed** prendre de la vitesse.

galaxies /'gæləksɪz/ *est le pluriel de* galaxy.

galaxy /'gæləksɪ/ galaxie.

gale /geɪl/ grand vent.

galleries /'gælərɪz/ *est le pluriel de* gallery.

gallery /'gælərɪ/ galerie.
► **art gallery** musée d'art *ou* galerie.

gallon /'gælən/ *est une unité de mesure équivalente à environ 4,5 litres au Royaume-Uni et à environ 3,8 litres aux États-Unis.*

gallop /'gæləp/ *a plusieurs catégories grammaticales :*

> *Ce peut être un* NOM :

gallop *signifie* galop.

> *Ce peut être un* VERBE :

gallop *signifie* galoper.

gamble /'gæmbl/ jouer (au sens de « risquer de l'argent aux jeux de hasard »).

gambler /'gæmbləʳ/ joueur (qui risque de l'argent aux jeux de hasard).

game /geɪm/ *a plusieurs sens :*

1 **game** *peut signifier* jeu.
► **video game** jeu vidéo.

2 **game** *peut signifier* partie (de tennis, d'échecs, de cartes, par exemple) *ou* match (de football, de rugby, de cricket, par exemple).

3 **game** *peut signifier* gibier.
► **game park** *ou* **game reserve** réserve naturelle.

> ℹ Au sens de « gibier », game est non dénombrable : il ne peut pas se mettre au pluriel, ni s'employer avec l'article a.

gang /gæŋ/ bande (d'amis) *ou* gang.

gap /gæp/ *a plusieurs sens :*

1 **gap** *peut signifier* trou (dans un mur, par exemple) *ou* espace (entre deux choses).

2 **gap** *peut signifier* blanc (dans un formulaire).
▷ Fill in the gaps. Remplissez les blancs.

3 **gap** *peut signifier* intervalle (de temps).

garbage /'gɑːbɪdʒ/ *a plusieurs sens :*

1 **garbage** *peut signifier* ordures.
► **garbage can** poubelle.

> Dans ce sens, garbage est surtout employé en anglais américain : en anglais britannique, on dit plutôt rubbish.

2 **garbage** *est employé pour dire que quelque chose est idiot ou très mauvais.*

▷ That's just garbage. Ce ne sont que des bêtises.
▷ The film was garbage. Le film était nul.

garden /'gɑːdn/ jardin.

gardener /'gɑːdnəʳ/ jardinier.

gardening /'gɑːdnɪŋ/ jardinage.

garlic /'gɑːlɪk/ ail.

gas /gæs/ *a plusieurs sens :*

1 gas *peut signifier* gaz.

2 *En anglais américain,* gas *peut signifier* essence (au sens de « carburant »).

> En anglais britannique, pour dire « essence », on dit petrol.

► gas station station-service.

gash /gæʃ/ *a plusieurs catégories grammaticales :*

> *Ce peut être un* NOM :

gash *signifie* entaille.

> *Ce peut être un* VERBE :

► gash something entailler quelque chose.

gasmask /'gæsmæsk/ masque à gaz.

gasoline /'gæsəliːn/ essence (= carburant).

> Gasoline est un mot américain : en anglais britannique on dit petrol.

gasp /gɑːsp/ haleter *ou* avoir le souffle coupé (par la surprise ou par l'épouvante).

gate /geɪt/ porte (d'un jardin, d'une ville, d'une prison ou dans un aéroport) *ou* portail *ou* barrière (d'un champ ou d'un passage à niveau).

gather /'gæðəʳ/ *a plusieurs catégories grammaticales et plusieurs sens :*

> *Ce peut être un* VERBE TRANSITIF :

1 ► gather something *peut signifier* cueillir quelque chose (des fleurs, par exemple) *ou* ramasser quelque chose (du bois ou des champignons, par exemple).

2 ► gather something *peut signifier* recueillir quelque chose (des données ou des preuves, par exemple).

3 ► gather people together rassembler des gens.

4 ► gather one's strength rassembler ses forces.

5 ► gather speed prendre de la vitesse.

6 ► gather that... déduire que... *ou* comprendre que...

> *Ce peut être un* VERBE INTRANSITIF :

gather *ou* ► gather together se rassembler.

gave /geɪv/ *est le prétérit du verbe* give.

▷ I gave him the book. Je lui ai donné le livre.
▷ He gave her a watch for her birthday. Il lui a offert une montre pour son anniversaire.

gay /geɪ/ homosexuel.

gaze /geɪz/ *a plusieurs catégories grammaticales :*

> *Ce peut être un* NOM :

gaze *signifie* regard.

> *Ce peut être un* VERBE :

► gaze at somebody *ou* something regarder quelqu'un *ou* quelque chose.

gear /gɪəʳ/ *a plusieurs sens :*

1 gear *peut signifier* matériel *ou* équipement.
► fishing gear matériel de pêche.

2 gear *peut signifier* vitesse (d'une voiture ou d'un vélo).
► first gear première vitesse.
► change gear changer de vitesse.

geese /giːs/ *est le pluriel de* goose.

► a flock of geese un troupeau d'oies.

gem /dʒem/ pierre précieuse.

Gemini /'dʒemɪnaɪ/ Gémeaux.

gender /'dʒendəʳ/ *a plusieurs sens :*

1 gender *peut signifier* sexe (au sens de « distinction entre mâle et femelle »).

2 *En grammaire,* gender *signifie* genre.

general /'dʒenərəl/ *a plusieurs catégories grammaticales :*

> *Ce peut être un* ADJECTIF :

general *signifie* général.
► general knowledge culture générale.
► the general public le grand public.
► in general en général.

> *Ce peut être un* NOM :

general *signifie* général (= officier dans l'armée).

generally /'dʒenərəlɪ/ généralement.

generate /'dʒenəreɪt/ produire (l'électricité ou la chaleur) *ou* générer.

generation /ˌdʒenəˈreɪʃən/ *a plusieurs sens :*

1 **generation** *peut signifier* génération.
► **the generation gap** le conflit des générations.

2 **generation** *peut signifier* production (d'électricité ou de chaleur).

generosity /ˌdʒenəˈrɒsɪtɪ/ générosité.

generous /ˈdʒenərəs/ généreux.

genetic /dʒɪˈnetɪk/ génétique.

Geneva /dʒɪˈniːvə/ Genève.

genius /ˈdʒiːnɪəs/ génie.

gentle /ˈdʒentl/ doux *ou* léger.

gentleman /ˈdʒentlmən/ *a plusieurs sens :*

1 **gentleman** *peut signifier* monsieur.
▷ A gentleman wants to speak to you. Un monsieur veut te parler.

2 **gentleman** *peut signifier* gentleman.

gently /ˈdʒentlɪ/ doucement.

gents /dʒents/ toilettes pour homme.

> Gents n'est pas employé en anglais américain : aux États-Unis, on dit mens' room.

genuine /ˈdʒenjʊɪn/ *a plusieurs sens :*

1 **genuine** *peut signifier* authentique *ou* véritable.

2 **genuine** *peut signifier* sincère *ou* franc.

geography /dʒɪˈɒgrəfɪ/ géographie.

germ /dʒɜːm/ microbe.

German /ˈdʒɜːmən/ Allemand *ou* allemand.

> i En anglais, les adjectifs de nationalité et les noms de langues commencent par une majuscule.

Germany /ˈdʒɜːmənɪ/ Allemagne.

> i En général, en anglais, on n'emploie pas d'article défini devant les noms de pays et de continents.

gesture /ˈdʒestʃəʳ/ *a plusieurs catégories grammaticales :*

> *Ce peut être un* NOM :

gesture *signifie* geste.

> *Ce peut être un* VERBE :

► **gesture to somebody** faire un signe à quelqu'un.

get /get/ *a plusieurs catégories grammaticales et plusieurs sens. Pour les expressions* **have got** *et* **got to**, *regardez le mot* **got**.

> *Ce peut être un* VERBE TRANSITIF :

1 ► **get something** *peut signifier* avoir quelque chose *ou* recevoir quelque chose *ou* obtenir quelque chose.
▷ I got a letter from George. J'ai eu une lettre de George.
▷ What did you get for you birthday? Qu'est-ce que tu as eu pour ton anniversaire ?
▷ He got his father's permission. Il a obtenu la permission de son père.
► **get a job** trouver du travail.

2 ► **get something** *peut signifier* acheter quelque chose.
▷ He got a new car. Il a acheté une nouvelle voiture.
▷ She got me a pen. Elle m'a acheté un stylo.

3 ► **get something** *peut signifier* aller chercher quelque chose.
▷ I'll go and get some bread. Je vais chercher du pain.
▷ Can you get my glasses? Est-ce que tu peux aller chercher mes lunettes ?

4 ► **get something** *peut signifier* prendre quelque chose (un moyen de transport).
▷ He got the bus. Il a pris le bus.

5 ► **get something** *peut signifier* attraper quelque chose (une maladie).
▷ She'll get a cold. Elle va attraper un rhume.

6 ► **get somebody** *peut signifier* attraper quelqu'un.
▷ The police got the thief. La police a attrapé le voleur.

7 ► **get something** *peut signifier* comprendre quelque chose.
▷ I didn't get what you said. Je n'ai pas compris ce que tu as dit.

8 ► **get somebody to do something** faire faire quelque chose à quelqu'un.
▷ He got her to clean the windows. Il l'a fait nettoyer les vitres.

9 ► **get something done** faire faire quelque chose.
▷ She got the car repaired. Elle a fait réparer la voiture.
▷ I got my hair cut. Je me suis fait couper les cheveux.

Phrasal verbs

Le verbe get peut être suivi d'une préposition, telle que down ou out, et dans ce cas il peut avoir un sens différent. C'est ce qu'on appelle, en anglais, un phrasal verb.

GET AWAY :

► get away *peut signifier* s'échapper.

► get away from somebody échapper à quelqu'un.

GET BACK :

► get back revenir *ou* rentrer chez soi.

► get back to work reprendre le travail.

► get something back récupérer quelque chose.

► get one's money back se faire rembourser.

GET DOWN :

► get down descendre.

► get something down descendre quelque chose.

GET IN :

► get in entrer *ou* arriver.

GET INTO :

► get into something entrer dans quelque chose *ou* monter dans quelque chose.

GET OFF :

► get off something descendre de quelque chose.

▷ He got off his bike. Il est descendu de son vélo.

► get something off enlever quelque chose.

▷ Go and get the mud off your shoes. Va enlever la boue de tes chaussures.

GET ON :

► get on *peut signifier* monter (dans un bus ou un train).

► get on *peut signifier* avancer *ou* progresser.

▷ How are you getting on? Comment ça va ?

► get on *peut signifier* s'entendre.

▷ They get on very well. Ils s'entendent très bien.

GET OUT :

► get out *peut signifier* sortir.

► get out of a car descendre d'une voiture.

► get out *peut signifier* s'échapper.

► get out of something *peut signifier* échapper à quelque chose.

► get something out *peut signifier* sortir quelque chose.

▷ She got her pen out. Elle a sorti son stylo.

► get something out *peut signifier* enlever quelque chose (une tache, par exemple).

▷ I can't get this stain out. Je n'arrive pas à enlever cette tache.

GET OVER :

► get over something *peut signifier* traverser quelque chose (une rue, une rivière, par exemple).

► get over something *peut signifier* surmonter quelque chose (un obstacle, des difficultés).

► get over something *peut signifier* se remettre de quelque chose (une maladie, un choc).

GET UP :

► get up se lever.

▷ What time do you get up? À quelle heure tu te lèves ?

> *Ce peut être un* VERBE INTRANSITIF :

1 ► **get somewhere** aller quelque part *ou* arriver quelque part.

▷ Can you get there by train? Est-ce qu'on peut y aller en train ?

▷ He got to the office early. Il est arrivé de bonne heure au bureau.

► **get home** rentrer.

▷ What time did you get home? À quelle heure es-tu rentré ?

2 get *peut être suivi d'un adjectif et exprimer l'idée de « devenir » :*

▷ She got rich. Elle est devenue riche.

▷ He's getting fat. Il grossit.

▷ I'm getting cold. Je commence à avoir froid.

3 get *peut être suivi d'un participe passé et avoir un sens passif ou réfléchi :*

▷ The window got broken. La fenêtre a été brisée.

▷ He got dressed. Il s'est habillé.

▷ They got married. Ils se sont mariés.

gherkin /ˈgɜːkɪn/ cornichon.

ghost /gəʊst/ fantôme.

► **ghost story** histoire de fantômes.

giant /ˈdʒaɪənt/ *a plusieurs catégories grammaticales :*

> *Ce peut être un* NOM :

giant *signifie* géant.

> *Ce peut être un* ADJECTIF :

giant *signifie* gigantesque.

gift /gɪft/ *a plusieurs sens :*

1 gift *peut signifier* cadeau.

► **gift shop** boutique de cadeaux.

► **gift token** *ou* **gift voucher** *chèque-cadeau.*

2 gift *peut signifier* don.

▷ She has a gift for drawing. Elle a un don pour le dessin.

gigantic /dʒaɪˈgæntɪk/ gigantesque.

giggle /ˈgɪgl/ *a plusieurs catégories grammaticales :*

> *Ce peut être un* NOM :

giggle *signifie* petit rire.

► **have a fit of the giggles** *ou* **get the giggles** avoir le fou rire.

> *Ce peut être un* VERBE :

giggle *signifie* rire sottement *ou* glousser.

ginger /ˈdʒɪndʒəʳ/ *a plusieurs catégories grammaticales et plusieurs sens :*

> *Ce peut être un* NOM :

ginger *signifie* gingembre.

> *Ce peut être un* ADJECTIF :

1 **ginger** *peut signifier* roux (en parlant des cheveux de quelqu'un).

2 **ginger** *peut signifier* au gingembre.

gingerbread /ˈdʒɪndʒəbred/ pain d'épices.

gipsies /ˈdʒɪpsɪz/ *est le pluriel de* **gipsy**.

gipsy /ˈdʒɪpsɪ/ bohémien (= gitan, Tsigane).

giraffe /dʒɪˈrɑːf/ girafe.

girl /gɜːl/ fille.

► **girl guide** (en anglais britannique) *ou*
► **girl scout** (en anglais américain) éclaireuse.

girlfriend /ˈgɜːlfrend/ amie *ou* petite amie.

give /gɪv/ donner.

► **give something to somebody** *ou*
► **give somebody something** donner quelque chose à quelqu'un *ou* offrir quelque chose à quelqu'un.

▷ Give it to me! Donne-le-moi !

▷ He gave her a drink. Il lui a donné à boire.

▷ They gave him a watch for his birthday. Ils lui ont offert une montre pour son anniversaire.

Phrasal verbs

Le verbe give peut être suivi d'une préposition, telle que back ou up, et dans ce cas il peut avoir un sens différent. C'est ce qu'on appelle, en anglais, un phrasal verb.

GIVE AWAY :

► give something away *peut signifier* donner quelque chose.

► give something away *peut signifier* révéler quelque chose (un secret par exemple).

GIVE BACK :

► give something back rendre quelque chose.

GIVE IN :

► give in abandonner (dans un jeu, par exemple).

► give something in rendre quelque chose *ou* remettre quelque chose.

GIVE UP :

► give up abandonner (dans un jeu, par exemple).

► give something up renoncer à quelque chose.

► give up smoking arrêter de fumer.

given /ˈgɪvən/ *est le participe passé du verbe* **give**.

▷ He has given me a ticket. Il m'a donné un billet.

glad /glæd/ content.

▷ He was glad about the results. Il était content des résultats.

▷ I'm glad that he came. Je suis content qu'il soit venu.

▷ I would be glad to help. Je me ferais un plaisir de vous aider.

glamor /ˈglæməʳ/ *est l'orthographe américaine du mot* **glamour**.

glamorous /ˈglæmərəs/ glamour (adjectif) *ou* chic *ou* prestigieux.

glamour /ˈglæməʳ/ glamour (nom).

En anglais, glamour n'est jamais un adjectif.

glance /glɑːns/ *a plusieurs catégories grammaticales :*

> *Ce peut être un* NOM :

glance *signifie* regard *ou* coup d'œil.

> *Ce peut être un* VERBE :

► **glance at somebody** *ou* **something** jeter un coup d'œil à quelqu'un *ou* quelque chose.

glare /gleəʳ/ *a plusieurs catégories grammaticales et plusieurs sens :*

> *Ce peut être un* VERBE :

► **glare at somebody** lancer un regard furieux à quelqu'un.

> *Ce peut être un* NOM :

1 **glare** *peut signifier* regard furieux.

2 **glare** *peut signifier* lumière éblouissante.

glass /glɑːs/ *a plusieurs catégories grammaticales :*

> *Ce peut être un* NOM :

glass *signifie* verre (la matière et le récipient).

► **a glass of wine** un verre de vin.
► **a wine glass** un verre à vin.

> *Ce peut être un* ADJECTIF :

glass *signifie* en verre *ou* vitré.

glasses /glɑːsɪz/ lunettes.

► **a pair of glasses** une paire de lunettes.

Glasses est aussi le pluriel du mot glass.

gleam /gliːm/ *a plusieurs catégories grammaticales :*

> *Ce peut être un* NOM :

gleam *signifie* lueur *ou* reflet.

> *Ce peut être un* VERBE :

gleam *signifie* luire *ou* reluire.

glide /glaɪd/ planer.

glider /ˈglaɪdəʳ/ planeur.

glimmer /ˈglɪməʳ/ *a plusieurs catégories grammaticales :*

> *Ce peut être un* NOM :

glimmer *signifie* lueur.

> *Ce peut être un* VERBE :

glimmer *signifie* luire.

glimpse /glɪmps/ *a plusieurs catégories grammaticales :*

> *Ce peut être un* NOM :

glimpse *signifie* aperçu.

> *Ce peut être un* VERBE :

► glimpse something *signifie* entrevoir quelque chose.

glisten /ˈglɪsn/ briller.

glitter /ˈglɪtəʳ/ *a plusieurs catégories grammaticales :*

> *Ce peut être un* NOM :

1 glitter *peut signifier* paillettes (= poudre brillante).

2 glitter *peut signifier* scintillement.

> *Ce peut être un* VERBE :

glitter *signifie* scintiller.

global /ˈgləʊbl/ mondial *ou* global.

► global warming réchauffement de la planète.

gloomy /ˈgluːmɪ/ sombre *ou* morose *ou* morne.

glorious /ˈglɔːrɪəs/ magnifique *ou* merveilleux *ou* glorieux.

glory /ˈglɔːrɪ/ gloire.

glossy /ˈglɒsɪ/ *a plusieurs sens :*

1 glossy *peut signifier* luisant *ou* brillant.

2 glossy *peut signifier* sur papier brillant (en parlant de photos ou des pages d'un livre).

glove /glʌv/ gant.

glow /gləʊ/ *a plusieurs catégories grammaticales et plusieurs sens :*

> *Ce peut être un* NOM :

glow *signifie* rougeoiement (d'un feu, du ciel au coucher du soleil) *ou* lueur (d'une lampe ou d'une bougie) *ou* éclat (du teint de quelqu'un).

> *Ce peut être un* VERBE :

glow *signifie* rougeoyer (en parlant d'un feu ou du ciel) *ou* luire (en parlant d'une lampe ou d'une bougie) *ou* briller (en parlant des yeux).

glue /gluː/ *a plusieurs catégories grammaticales :*

> *Ce peut être un* NOM :

glue *signifie* colle.

> *Ce peut être un* VERBE :

► glue something to something coller quelque chose à quelque chose.

▷ He glued the vase back together. Il a recollé le vase.

glum /glʌm/ triste.

gnaw /nɔː/ ronger.

go /gəʊ/ *a plusieurs catégories grammaticales et plusieurs sens :*

> ℹ Le prétérit de go est went et le participe passé est gone.

> *Ce peut être un* VERBE :

1 go *peut signifier* aller.

▷ Where is he going? Où va-t-il ?

▷ He's going to Rome. Il va à Rome.

▷ She has gone for a walk. Elle est allée se promener.

> ℹ Lorsqu'on parle d'activités sportives ou de passe-temps, il est fréquent d'employer go suivi d'un VERBE *en* -ing (go dancing, go jogging, go sailing).

▷ They went swimming. Ils sont allés se baigner.

2 go *peut signifier* partir.

▷ I have to go. Il faut que je parte.

▷ They have gone on holiday. Ils sont partis en vacances.

▷ The bus has gone. Le bus est parti.

3 go *peut signifier* marcher (en parlant d'une machine, par exemple).

▷ It doesn't go. Ça ne marche pas.

▷ The car won't go. La voiture ne veut pas démarrer.

4 go *est employé pour dire que quelque chose se passe bien :*

▷ The party went well. La soirée s'est bien passée.

▷ How is it going? Comment ça va ?

5 go *peut signifier* devenir.

▷ She went mad. Elle est devenue folle.

▷ He went pale. Il est devenu pâle.

6 go *peut signifier* passer (en parlant du temps).

▷ Time goes quickly. Le temps passe vite.

Phrasal verbs

Le verbe go peut être suivi d'une préposition, telle que down ou out, et dans ce cas, il peut avoir des sens différents. C'est ce qu'on appelle, en anglais, un phrasal verb.

GO AWAY :

► go away partir.

GO BACK :

► go back retourner *ou* rentrer.
► go back to work reprendre le travail.

GO DOWN :

► go down *peut signifier* descendre.
▷ He went down the stairs. Il a descendu l'escalier.
► go down *peut signifier* se coucher (en parlant du soleil).
► go down *peut signifier* baisser (en parlant des prix, de la température, etc.).
► go down *peut signifier* se dégonfler (en parlant d'un pneu ou d'un ballon).

GO IN :

► go in entrer.

GO OFF :

► go off *peut signifier* partir.
► go off *peut signifier* sonner (en parlant d'un réveil).
► go off *peut signifier* se gâter (en parlant de nourriture).

GO ON :

► go on *peut signifier* continuer.
► go on doing something continuer à faire quelque chose.
► go on *peut signifier* se passer.
▷ What's going on? Qu'est-ce qui se passe ?

GO OUT :

► go out *peut signifier* sortir.
▷ He went out of the room. Il est sorti de la pièce.
▷ They went out for a meal. Ils sont allés au restaurant.
► go out *peut signifier* s'éteindre (en parlant d'un feu ou d'une lumière).
▷ The fire has gone out. Le feu est éteint.

GO UP :

► go up *peut signifier* monter.
▷ He went up the stairs. Il a monté l'escalier.
► go up *peut signifier* augmenter.
▷ Prices have gone up. Les prix ont augmenté.

7 go est employé avec let dans les expressions suivantes :

► let go lâcher prise.
► let go of somebody *ou* something lâcher quelqu'un *ou* quelque chose.

8 ► be going to *suivi de la base verbale est employé pour dire ce qu'on a* l'intention de faire :

▷ I am going to buy a new dress. Je vais acheter une nouvelle robe.
▷ He's going to go on holiday. Il va partir en vacances.
▷ What are you going to do? Qu'est-ce que tu vas faire ?

> *Ce peut être un* NOM :

1 go *peut signifier* tour (de jouer).

▷ It's my go. C'est mon tour.

2 ► have a go essayer.

goal /gəʊl/ but.

Le mot anglais goal ne signifie pas « gardien de but » (= goalkeeper).

goalpost /'gəʊlpəʊst/ poteau de but.

goalkeeper /'gəʊlki:pəʳ/ gardien de but.

goat /gəʊt/ chèvre.

goblet /'gɒblɪt/ coupe en métal *ou* verre à pied.

Le mot anglais goblet ne signifie pas « gobelet ».

goblin /'gɒblɪn/ lutin.

god /gɒd/ dieu.

► thank God! Dieu merci !

goddaughter /'gɒddɔ:təʳ/ filleule.

godfather /'gɒdfɑ:ðəʳ/ parrain.

godmother /'gɒdmʌðəʳ/ marraine.

godson /'gɒdsʌn/ filleul.

goes /gəʊz/ *a plusieurs sens :*

1 goes *est la troisième personne du singulier du verbe* go.

▷ She goes to work by bus. Elle va au travail en bus.

2 goes *est le pluriel du nom* go.

▷ I had two goes. J'ai essayé deux fois.

goggles /'gɒglz/ lunettes protectrices *ou* lunettes de plongée.

going /'gəʊɪŋ/ *est le participe présent et le gérondif du verbe* go.

▷ Where are you going? Où vas-tu ?
▷ She likes going out. Elle aime bien sortir.
► be going to *suivi de la base verbale est employé pour dire ce qu'on a* l'intention de faire :
▷ I am going to buy a new bike. Je vais acheter un nouveau vélo.

▷ What are you going to do? Qu'est-ce que tu vas faire ?

gold /gəʊld/ *a plusieurs catégories grammaticales :*

> *Ce peut être un* NOM :

gold *signifie* or (le métal).

> *Ce peut être un* ADJECTIF :

gold *signifie* en or *ou* d'or.

golden /ˈgəʊldən/ doré *ou* en or.

goldfish /ˈgəʊldfɪʃ/ poisson rouge.

► goldfish bowl bocal (à poissons).

golf /gɒlf/ golf.

► golf course terrain de golf.

gone /gɒn/ *est le participe passé du verbe* go.

▷ They have gone. Ils sont partis.
▷ The cake's all gone. Il n'y a plus de gâteau.

good /gʊd/ *a plusieurs catégories grammaticales et plusieurs sens :*

> *Ce peut être un* ADJECTIF :

1 good *peut signifier* bon.
▷ He's good at history. Il est bon en histoire.
▷ It's good for you. C'est bon pour la santé.
▷ We had a good time. On s'est bien amusés.
▷ The weather was good. Il a fait beau.

2 good *est employé dans des salutations :*
► good morning bonjour (le matin).
► good afternoon bonjour (l'après-midi).
► good evening bonsoir.

3 good *peut signifier* sage *ou* gentil.
▷ Be good! Sois sage !
▷ That was very good of him. C'était très gentil de sa part.

> *Ce peut être un* NOM :

1 good *peut signifier* bien.
► do somebody good faire du bien à quelqu'un.

2 good est employé pour parler de l'utilité de faire quelque chose :
▷ It's no good. Cela ne sert à rien.
▷ It's no good crying. Cela ne sert à rien de pleurer.

goodbye /gʊdˈbaɪ/ au revoir.

good-looking /gʊdˈlʊkɪŋ/ beau.

goodness /ˈgʊdnɪs/ *est employé dans des exclamations :*

▷ My goodness! Mon Dieu !
▷ Thank goodness! Dieu merci !

goodnight /gʊdˈnaɪt/ bonne nuit.

goods /gʊdz/ marchandises.

goose /guːs/ oie.

► goose bumps *ou* goose flesh *ou* goose pimples chair de poule.

gorgeous /ˈgɔːdʒəs/ superbe.

gorilla /gəˈrɪlə/ gorille.

gory /ˈgɔːrɪ/ sanglant.

gossip /ˈgɒsɪp/ *a plusieurs catégories grammaticales :*

> *Ce peut être un* NOM :

1 gossip *peut signifier* commérages *ou* potins.
► have a gossip papoter.

2 gossip *peut signifier* commère.

> *Ce peut être un* VERBE :

gossip *signifie* papoter *ou* faire des commérages.

got /gɒt/ *a plusieurs sens :*

1 got *est le prétérit et le participe passé du verbe* get.
▷ I got a camera for my birthday. J'ai eu un appareil photo pour mon anniversaire.

2 got *est souvent employé avec le verbe* have *au sens de* « avoir, posséder ». Have *est souvent contracté en* 've *dans ce cas.*
▷ I've got (= I have got) a headache. J'ai mal à la tête.
▷ Have you got any brothers and sisters? Est-ce que tu as des frères et sœurs ?
▷ She's got (= she has got) two dogs. Elle a deux chiens.

3 ► got to *exprime le* devoir *ou l'*obligation.
▷ I've got to go. Je dois partir.
▷ You've got to tell the truth. Il faut que tu dises la vérité.

gotten /ˈgɒtn/ *est le participe passé du verbe* get *en anglais américain.*

govern /ˈgʌvən/ gouverner.

government /ˈgʌvənmənt/ gouvernement.

GP /dʒiːˈpiː/ médecin généraliste.

grab /græb/ saisir.

► grab hold of somebody *ou* something saisir quelqu'un *ou* quelque chose.
► grab something from somebody arracher quelque chose à quelqu'un.

graceful /ˈgreɪsfʊl/ gracieux.

grade /greɪd/ *a plusieurs catégories grammaticales et plusieurs sens :*

> *Ce peut être un* NOM :

1 **grade** *peut signifier* qualité (d'un produit).

2 **grade** *peut signifier* échelon (dans une hiérarchie).

3 **grade** *peut signifier* note (pour un travail scolaire).

4 *En anglais américain,* **grade** *peut signifier* classe (au sens de « année scolaire »).

> *Ce peut être un* VERBE :

1 **grade something** *peut signifier* classer quelque chose.

2 **grade something** *peut signifier* noter quelque chose (au sens de « mettre une note aux devoirs »).

gradual /ˈgrædjʊəl/ progressif.

gradually /ˈgrædjʊəlɪ/ progressivement.

graduate *a plusieurs catégories grammaticales et plusieurs sens :*

> *Ce peut être un* NOM *qui se prononce* /ˈgrædjʊət/ :

graduate *signifie* diplômé.

> *Ce peut être un* VERBE *qui se prononce* /ˈgrædjʊeɪt/ :

graduate *signifie* obtenir son diplôme.

grain /greɪn/ *a plusieurs sens :*

1 **grain** *peut signifier* grain (de sel, de sable, de sucre, etc.).

2 **grain** *peut signifier* céréales.

Au sens de « céréales », grain est non dénombrable : il ne peut ni se mettre au pluriel, ni s'employer avec l'article a.

gram /græm/ gramme.

grammar /ˈgræməʳ/ grammaire.

► **grammar school** (au Royaume-Uni) lycée *ou* (aux États-Unis) école primaire.

En Grande-Bretagne, les grammar schools sont des sortes de lycées avec examen d'entrée. Ce type d'établissement n'est pas très courant, et la plupart des élèves font leurs études dans les comprehensive schools.

grand /grænd/ grandiose *ou* majestueux.

► **grand piano** piano à queue.

► **grand total** total général.

Le mot anglais grand ne signifie pas « grand ».

grandchild /ˈgræntʃaɪld/ petit-fils *ou* petite-fille.

grandchildren /ˈgræntʃɪldrən/ petits-enfants.

granddad /ˈgrændæd/ papy.

granddaughter /ˈgrændɔːtəʳ/ petite-fille.

grandfather /ˈgrænfɑːðəʳ/ grand-père.

grandma /ˈgrænmɑː/ mamie.

grandmother /ˈgrænmʌðəʳ/ grand-mère.

grandpa /ˈgrænpɑː/ papy.

grandparents /ˈgrændpɛərənts/ grands-parents.

grandson /ˈgrænsʌn/ petit-fils.

granny /ˈgrænɪ/ mamie.

grant /grɑːnt/ *a plusieurs catégories grammaticales et plusieurs sens :*

> *Ce peut être un* NOM :

grant *signifie* subvention *ou* bourse (pour faire des études).

> *Ce peut être un* VERBE :

► **grant somebody something** accorder quelque chose à quelqu'un.

grape /greɪp/ grain de raisin.

► **a bunch of grapes** une grappe de raisins.

▷ She bought some grapes. Elle a acheté du raisin.

grapefruit /ˈgreɪpfruːt/ pamplemousse.

graph /grɑːf/ graphique (= dessin).

graphics /ˈgræfɪks/ images *ou* illustrations.

grasp /grɑːsp/ saisir.

grass /grɑːs/ herbe.

grasshopper /ˈgrɑːshɒpəʳ/ sauterelle.

grate /greɪt/ *a plusieurs catégories grammaticales et plusieurs sens :*

> *Ce peut être un* NOM :

grate *signifie* foyer (d'une cheminée).

> *Ce peut être un* VERBE TRANSITIF :

► **grate something** râper quelque chose (du fromage ou des carottes, par exemple).

grateful /'greɪtfʊl/ reconnaissant.

grater /'greɪtəʳ/ râpe (à fromage).

grave /greɪv/ *a plusieurs catégories grammaticales et plusieurs sens :*

> *Ce peut être un* NOM :

grave *signifie* tombe.

> *Ce peut être un* ADJECTIF :

grave *signifie* grave (au sens de « sérieux »).

gravel /'grævəl/ gravier.

gravestone /'greɪvstəʊn/ pierre tombale.

graveyard /'greɪvjɑːd/ cimetière.

gravity /'grævɪtɪ/ gravité.

gravy /'greɪvɪ/ sauce (au jus de viande).

gray /greɪ/ gris.

> Gray est l'orthographe américaine : en anglais britannique, ce mot s'écrit grey.

graze /greɪz/ *a plusieurs catégories grammaticales et plusieurs sens :*

> *Ce peut être un* VERBE INTRANSITIF :

graze *signifie* brouter.

> *Ce peut être un* VERBE TRANSITIF :

► **graze something** érafler quelque chose.

▷ He grazed his knee. Il s'est écorché le genou.

grease /griːs/ graisse.

greasy /'griːsɪ/ gras (= enduit ou sali de graisse) *ou* graisseux.

great /greɪt/ *a plusieurs sens :*

1 **great** *peut signifier* grand.

► **a great many people** un grand nombre de gens.

▷ They live in a great big house. Ils habitent une maison énorme.

2 **great** *peut signifier* super *ou* génial.

▷ I feel great. Je me sens en pleine forme.

▷ They had a great time. Ils se sont beaucoup amusés.

> Ne pas confondre great avec greet.

Great Britain /greɪt'brɪtn/ Grande-Bretagne.

great-grandchild /greɪt'græntʃaɪld/ arrière-petit-fils *ou* arrière-petite-fille.

► **great-grandchildren** arrière-petits-enfants.

great-grandfather /greɪt'grænfɑːðə/ arrière-grand-père.

great-grandmother /greɪt'grænmʌðəʳ/ arrière-grand-mère.

Greece /griːs/ Grèce.

greed /griːd/ gourmandise *ou* avidité.

greedy /'griːdɪ/ gourmand *ou* avide (d'argent, de pouvoir).

Greek /griːk/ Grec *ou* grec.

> i En anglais, les adjectifs de nationalité et les noms de langues commencent par une majuscule.

green /griːn/ vert.

greengrocer /griːngrəʊsəʳ/ marchand de fruits et légumes.

► **greengrocer's** *ou* **greengrocer's shop** magasin de fruits et légumes.

greenhouse /'griːnhaʊs/ serre (pour les plantes).

greet /griːt/ saluer *ou* accueillir.

> Ne pas confondre greet avec great.

greeting /'griːtɪŋ/ salutation *ou* accueil.

► **greetings card** carte de vœux.

> i Greeting est aussi une forme du verbe greet :
> ▷ She was greeting the guests. Elle accueillait les invités.

grew /gruː/ *est le prétérit du verbe* **grow**.

▷ He grew some tomatoes. Il a fait pousser des tomates.

grey /greɪ/ gris.

> En anglais américain, ce mot s'écrit gray.

grid /grɪd/ grille.

grief /griːf/ chagrin.

grieve /griːv/ être en deuil.

► **grieve for somebody** pleurer quelqu'un.

grill /grɪl/ *a plusieurs catégories grammaticales :*

> *Ce peut être un* NOM :

grill *signifie* gril.

> *Ce peut être un* VERBE :

► **grill something** griller quelque chose *ou* faire griller quelque chose.

grin /grɪn/ *a plusieurs catégories grammaticales :*

> *Ce peut être un* NOM :

grin *signifie* large sourire.

> *Ce peut être un* VERBE :

grin *signifie* avoir un large sourire.

grind /graɪnd/ moudre *ou* piler.

grip /grɪp/ *a plusieurs catégories grammaticales et plusieurs sens :*

> *Ce peut être un* NOM :

1 **grip** *peut signifier* prise (= action de saisir ou de tenir saisi).

▷ He lost his grip. Il a lâché prise.

2 **grip** *peut signifier* poignée (= partie d'un objet qui sert à le tenir).

> *Ce peut être un* VERBE :

► **grip something** saisir quelque chose *ou* tenir quelque chose serré.

groan /grəʊn/ *a plusieurs catégories grammaticales :*

> *Ce peut être un* NOM :

groan *peut signifier* gémissement.

> *Ce peut être un* VERBE :

groan *peut signifier* gémir.

grocer /ˈgrəʊsə^{r}/ épicier.

► **grocer's** épicerie.

groceries /ˈgrəʊsərɪz/ provisions.

grocery /ˈgrəʊsərɪ/ épicerie.

groin /grɔɪn/ aine.

> En anglais, **groin** ne signifie pas « groin ».

groom /gruːm/ *a plusieurs catégories grammaticales et plusieurs sens :*

> *Ce peut être un* NOM :

1 **groom** *peut signifier* palefrenier (= personne qui s'occupe des chevaux).

2 **groom** *peut signifier* futur marié *ou* jeune marié.

> *Ce peut être un* VERBE :

► **groom a horse** brosser un cheval.

groove /gruːv/ rainure *ou* sillon.

grope /grəʊp/ tâtonner.

► **grope around for something** chercher quelque chose à tâtons.

gross /grəʊs/ brut (par opposition à « net »).

ground /graʊnd/ *a plusieurs sens :*

1 **ground** *peut signifier* terre *ou* sol.

▷ He was sitting on the ground. Il était assis par terre.

► **the ground floor** le rez-de-chaussée.

2 **ground** *peut signifier* terrain.

► **a sports ground** un terrain de sport.

3 **grounds** *peut signifier* parc (autour d'un château ou d'un groupe de bâtiments).

4 **grounds** *peut signifier* motifs *ou* raisons.

> **i** Ground est aussi le prétérit et le participe passé du verbe **grind** :
> ▷ He ground the coffee. Il a moulu le café.

group /gruːp/ groupe.

grow /grəʊ/ *a plusieurs catégories grammaticales et plusieurs sens :*

> *Ce peut être un* VERBE INTRANSITIF :

1 **grow** *peut signifier* pousser (en parlant des plantes, des cheveux, des ongles) *ou* grandir (en parlant des gens ou des animaux).

2 **grow** *peut signifier* augmenter.

3 **grow** *peut signifier* devenir.

► **grow sad** devenir triste.

► **grow old** vieillir.

4 ► **grow up** *signifie* grandir *ou* devenir adulte.

▷ When I grow up I want to be a teacher. Quand je serai grand je veux être professeur.

▷ Grow up! Ne fais pas l'enfant !

> *Ce peut être un* VERBE TRANSITIF :

1 **grow something** *peut signifier* cultiver quelque chose *ou* faire pousser quelque chose.

2 **grow something** *peut signifier* laisser pousser quelque chose (les cheveux, la barbe, les ongles).

growl /graʊl/ *a plusieurs catégories grammaticales :*

> *Ce peut être un* NOM :

growl *signifie* grognement (d'un chien).

> *Ce peut être un* VERBE :

growl *signifie* grogner (en parlant d'un chien).

grown /grəʊn/ adulte.

► a grown man un adulte.

> **i** Grown est aussi le participe passé du verbe grow :
> ▷ She has grown a lot. Elle a beaucoup grandi.

grown-up /ˌgrəʊn'ʌp/ adulte.

growth /grəʊθ/ croissance.

grudge /grʌdʒ/ rancune.

► bear a grudge against somebody en vouloir à quelqu'un.

grumble /'grʌmbl/ ronchonner.

grumpy /'grʌmpɪ/ grognon.

grunt /grʌnt/ grogner (en parlant d'un cochon).

guarantee /ˌgærən'tiː/ *a plusieurs catégories grammaticales :*

> *Ce peut être un* NOM :

guarantee *signifie* garantie.

> *Ce peut être un* VERBE :

► guarantee something garantir quelque chose.

guard /gɑːd/ *a plusieurs catégories grammaticales et plusieurs sens :*

> *Ce peut être un* NOM :

1 guard *peut signifier* gardien *ou* garde.

2 ► be on guard être de garde.

3 ► catch somebody off guard prendre quelqu'un au dépourvu.

> *Ce peut être un* VERBE :

guard *signifie* garder *ou* surveiller.

guardian /'gɑːdɪən/ *a plusieurs sens :*

1 guardian *peut signifier* gardien.

2 guardian *peut signifier* tuteur (qui s'occupe d'un enfant).

guerrilla /gə'rɪlə/ guérillero.

guess /ges/ *a plusieurs catégories grammaticales et plusieurs sens :*

> *Ce peut être un* NOM :

guess *signifie* supposition.

► make a guess *ou* have a guess deviner.

> *Ce peut être un* VERBE TRANSITIF :

1 ► guess something deviner quelque chose.

2 ► guess that... supposer que...

▷ I guess so. Je suppose.

> *Ce peut être un* VERBE INTRANSITIF :

guess *signifie* deviner.

guest /gest/ *a plusieurs sens :*

1 guest *peut signifier* invité.

► guest room chambre d'amis.

2 guest *peut signifier* client (dans un hôtel).

guesthouse /'gesthaʊs/ pension de famille

guide /gaɪd/ *a plusieurs catégories grammaticales et plusieurs sens :*

> *Ce peut être un* NOM :

1 guide *peut signifier* guide (une personne ou un livre).

► guide dog chien d'aveugle.

2 guide *peut signifier* éclaireuse.

> *Ce peut être un* VERBE :

► guide somebody guider quelqu'un.

guidebook /'gaɪdbʊk/ guide (= livre).

guidelines /'gaɪdlaɪnz/ directives *ou* conseils.

guilt /gɪlt/ culpabilité.

guilty /'gɪltɪ/ coupable.

guinea-pig /'gɪnɪpɪg/ cochon d'Inde *ou* cobaye.

guitar /gɪ'tɑːʳ/ guitare.

► play the guitar jouer de la guitare.

gulf /gʌlf/ *a plusieurs sens :*

1 gulf *peut signifier* golfe.

2 gulf *peut signifier* gouffre.

gull /gʌl/ mouette.

gum /gʌm/ *a plusieurs sens :*

1 gum *peut signifier* gencive.

2 gum *peut signifier* colle.

3 gum *peut signifier* chewing-gum.

gun /gʌn/ revolver *ou* fusil *ou* pistolet.

gunfire /gʌnfaɪəʳ/ coups de feu.

gunshot /'gʌnʃɒt/ coup de feu.

gurgle /'gɜːgl/ gargouiller *ou* gazouiller.

gush /gʌʃ/ jaillir.

gust /gʌst/ rafale.

gut /gʌt/ *a plusieurs sens :*

1 gut *signifie* intestin.

2 guts *signifie* cran (au sens de « courage »).
▷ She's got guts. Elle a du cran.

gutter /'gʌtəʳ/ gouttière *ou* caniveau.

guy /gaɪ/ type (= homme).
▷ He's a nice guy. C'est un type sympa.

gym /dʒɪm/ gymnase.

gymnasium /dʒɪm'neɪzɪəm/ gymnase.

gynaecologist /ˌgaɪnə'kɒlədʒɪst/ gynécologue.

gypsies /'dʒɪpsɪz/ *est le pluriel de* gypsy.

gypsy /'dʒɪpsɪ/ bohémien (= gitan, Tsigane).

ANGLAIS

H

FRANÇAIS

La lettre **H** se prononce **/eɪtʃ/** en anglais.
C'est comme le **a** de **make** suivi du **ch** de **match**.

habit /ˈhæbɪt/ habitude.

► **have a habit of doing something** avoir l'habitude de faire quelque chose.

hacker /ˈhækəʳ/ pirate informatique.

had /hæd/ *est le prétérit et le participe passé du verbe* **have**.

▷ They had three dogs. Ils avaient trois chiens.

▷ He has had a lot of trouble. Il a eu beaucoup d'ennuis.

▷ She had eaten everything. Elle avait tout mangé.

► **had better** *est employé pour dire qu'il* vaut mieux *faire quelque chose :*

▷ I had better leave. Il vaut mieux que je parte.

hadn't /ˈhædnt/ *est la contraction de* **had not**.

▷ He hadn't seen me. Il ne m'avait pas vu.

haggle /ˈhægl/ marchander.

hail /heɪl/ *a plusieurs catégories grammaticales :*

> *Ce peut être un* NOM :

1 **hail** *signifie* grêle.

> *Ce peut être un* VERBE INTRANSITIF :

2 **hail** *signifie* grêler.

▷ It's hailing. Il grêle.

hair /hɛəʳ/ *a plusieurs sens :*

1 **hair** *peut signifier* cheveux.

▷ She brushed her hair. Elle s'est brossé les cheveux.

▷ Her hair is black. Elle a les cheveux noirs.

► **do one's hair** se coiffer.

► **hair gel** gel coiffant.

ℹ **Hair** au sens de « cheveux » est non dénombrable : il ne peut ni se mettre au pluriel, ni s'employer avec l'article **a**.

2 **hair** *peut signifier* cheveu.

▷ He has a few grey hairs. Il a quelques cheveux blancs.

ℹ **Hair** au sens de « cheveu » est dénombrable : il peut se mettre au pluriel et on peut dire **a hair** (un cheveu).

3 **hair** *peut signifier* poils (sur le corps d'un être humain ou d'un animal).

▷ There's cat hair all over the armchair. Il y a des poils de chat partout sur le fauteuil.

ℹ **Hair** au sens de « poils » est non dénombrable : il ne peut ni se mettre au pluriel, ni s'employer avec l'article **a**.

4 **hair** *peut signifier* poil.

▷ The leaf is covered in tiny hairs. La feuille est couverte de tout petits poils.

ℹ **Hair** au sens de « poil » est dénombrable : il peut se mettre au pluriel et on peut dire **a hair** (un poil).

hairband /ˈhɛəbænd/ bandeau.

hairbrush /ˈhɛəbrʌʃ/ brosse à cheveux.

haircut /ˈhɛəkʌt/ coupe de cheveux.

▷ I need a haircut. Il faut que je me fasse couper les cheveux.

hairdresser /'hɛədresəʳ/ coiffeur.

► **hairdresser's** salon de coiffure.

hair-dryer /'hɛədraɪə/ sèche-cheveux.

hairgrip /'hɛəgrɪp/ pince à cheveux.

hairpin /hɛəpɪn/ épingle à cheveux.

hairstyle /'hɛəstaɪl/ coupe de cheveux *ou* coiffure.

hairy /'hɛərɪ/ poilu.

half /hɑːf/ *a plusieurs catégories grammaticales et plusieurs sens :*

> *Ce peut être un* NOM :

1 **half** *peut signifier* moitié.

▷ She ate half of the apple. Elle a mangé la moitié de la pomme.

2 ► **in half** en deux.

▷ It broke in half. Il s'est cassé en deux.

3 **half** *peut signifier* demi.

► **two and a half** deux et demi.

4 *En sport,* **half** *signifie* mi-temps.

> *Ce peut être un* ADJECTIF :

half *signifie* demi.

► **half a dozen** une demi-douzaine.

► **half an hour** une demi-heure.

> *Ce peut être un* ADVERBE :

1 **half** *peut signifier* à moitié.

▷ She was half asleep. Elle était à moitié endormie.

2 **half** est employé pour dire l'heure :

► **half past ten** dix heures et demie.

half-time /hɑːf'taɪm/ mi-temps (dans un match de football, par exemple).

halfway /hɑːf'weɪ/ à mi-chemin.

▷ They left halfway through the film. Ils sont partis au milieu du film.

hall /hɔːl/ *a plusieurs sens :*

1 **hall** *peut signifier* entrée (dans une maison).

2 **hall** *peut signifier* grande salle.

hallo /hə'ləʊ/ bonjour.

hallway /'hɔːlweɪ/ entrée (dans une maison).

halt /hɔːlt/ *a plusieurs catégories grammaticales :*

> *Ce peut être un* NOM :

halt *signifie* arrêt.

► **come to a halt** s'arrêter.

> *Ce peut être un* VERBE :

halt *signifie* s'arrêter.

halve /hɑːv/ couper en deux *ou* réduire de moitié.

halves /hɑːvz/ *est le pluriel de* **half**.

► **go halves with somebody** partager avec quelqu'un.

ham /hæm/ jambon.

hammer /'hæməʳ/ marteau.

hand /hænd/ *a plusieurs catégories grammaticales et plusieurs sens :*

> *Ce peut être un* NOM :

1 **hand** *peut signifier* main.

▷ They were holding hands. Ils se tenaient la main.

▷ They shook hands. Ils se sont serré la main.

► **by hand** à la main.

2 **hand** *peut signifier* coup de main.

▷ Can you give me a hand? Tu peux me donner un coup de main ?

3 **hand** *peut signifier* aiguille (d'une montre ou d'une horloge).

4 *Dans les jeux de cartes,* **hand** *signifie* jeu (= les cartes qu'on tient à la main).

> *Ce peut être un* VERBE :

► **hand something to somebody** donner quelque chose à quelqu'un.

Phrasal verbs

Le verbe **hand** peut être suivi d'une préposition, telle que **in** ou **out**, et dans ce cas, il peut avoir des sens différents. C'est ce qu'on appelle, en anglais, un **phrasal verb**.

HAND IN :

► **hand something in** remettre quelque chose.

HAND OUT :

► **hand something out** distribuer quelque chose.

HAND OVER :

► **hand something over** remettre quelque chose (un objet) *ou* transmettre quelque chose (pouvoirs ou responsabilité).

handbag /'hændbæg/ sac à main.

handbook /'hænd,bʊk/ manuel (= livre).

handbrake /'hænd,breɪk/ frein à main.

handcuff /'hændkʌf/ *a plusieurs catégories grammaticales :*

> *Ce peut être un* NOM :

handcuff *signifie* menotte.

> *Ce peut être un* VERBE :

► **handcuff somebody** passer les menottes à quelqu'un.

handful /'hændfʊl/ poignée (= quantité de quelque chose qu'on peut tenir dans la main).

handkerchief /'hæŋkətʃɪf/ mouchoir.

handle /'hændl/ *a plusieurs catégories grammaticales et plusieurs sens :*

> *Ce peut être un* NOM :

handle *signifie* poignée (d'une porte, d'un tiroir, d'une valise) *ou* manche (d'un couteau, d'un balai) *ou* anse (d'un panier, d'une tasse).

> *Ce peut être un* VERBE :

1 ► **handle something** *peut signifier* toucher à quelque chose *ou* manipuler quelque chose.

2 ► **handle something** *peut signifier* s'occuper de quelque chose *ou* traiter quelque chose.

handlebars /'hændlbɑːz/ guidon.

handmade /,hænd'meɪd/ fait à la main.

handsome /'hænsəm/ beau.

handwriting /'hændraɪtɪŋ/ écriture.

handy /'hændɪ/ pratique.

hang /hæŋ/ *a plusieurs catégories grammaticales et plusieurs sens :*

> *Ce peut être un* VERBE TRANSITIF :

1 ► **hang something** accrocher quelque chose *ou* suspendre quelque chose.

2 ► **hang somebody** pendre quelqu'un.

> *Ce peut être un* VERBE INTRANSITIF :

1 **hang** *peut signifier* pendre *ou* être accroché.

2 **hang** *peut signifier* être pendu (en parlant d'un criminel).

Phrasal verbs

Le verbe **hang** peut être suivi d'une préposition, telle que **about** ou **up**, et dans ce cas, il peut avoir des sens différents. C'est ce qu'on appelle, en anglais, un **phrasal verb**.

HANG ABOUT, HANG AROUND :

► **hang about** *ou* **hang around** traîner (au sens de « s'attarder »).

HANG ON :

► **hang on** *peut signifier* attendre.

► **hang on to something** s'agripper à quelque chose.

HANG OUT :

► **hang the washing out** étendre le linge.

HANG UP :

► **hang up** raccrocher (au téléphone).

► **hang something up** accrocher quelque chose.

hanger /'hæŋəʳ/ cintre.

hang-gliding /'hæŋglaɪdɪŋ/ deltaplane®.

► **go hang-gliding** faire du deltaplane®.

hangover /'hæŋəʊvə/ gueule de bois.

hankie /'hæŋkɪ/ mouchoir.

happen /'hæpən/ arriver *ou* se passer.

▷ What happened? Qu'est-ce qui s'est passé ?

happier /'hæpɪəʳ/ *est le comparatif de* **happy**.

▷ I'm happier now. Je suis plus heureux maintenant.

happiest /'hæpɪɪst/ *est le superlatif de* **happy**.

▷ He's the happiest person I know. C'est la personne la plus heureuse que je connaisse.

happily /'hæpɪlɪ/ *a plusieurs sens :*

1 **happily** *peut signifier* d'un air heureux.

▷ They lived happily ever after. Ils vécurent heureux.

2 **happily** *peut signifier* volontiers *ou* de bon cœur.

3 **happily** *peut signifier* heureusement.

happiness /'hæpɪnɪs/ bonheur.

happy /'hæpɪ/ heureux.

► **Happy birthday!** Bon anniversaire !

► **Happy Christmas!** Joyeux Noël !

► **Happy Easter!** Joyeuses Pâques !

► **Happy New Year!** Bonne année !

harbour /'hɑːbəʳ/ port (pour les bateaux).

> En anglais américain, ce mot s'écrit harbor.

hard /hɑːd/ dur.

- be hard on somebody être dur avec quelqu'un.
- work hard travailler dur.
- find it hard to do something avoir du mal à faire quelque chose.
- hit hard frapper fort.
- think hard bien réfléchir.
- listen hard écouter attentivement.
- try hard faire un gros effort.
- rain hard pleuvoir fort.

harden /'hɑːdn/ durcir.

hardly /'hɑːdlɪ/ à peine.

▷ I can hardly see. Je vois à peine.
- hardly anyone presque personne.
- hardly anything presque rien.
- hardly ever presque jamais.

hardware /'hɑːdwɛəʳ/ *a plusieurs sens :*

1 hardware *peut signifier* articles de quincaillerie.
- hardware shop *ou* hardware store *quincaillerie.*

2 *En informatique,* hardware *signifie* matériel.

hare /hɛəʳ/ lièvre.

harm /hɑːm/ *a plusieurs catégories grammaticales et plusieurs sens :*

> *Ce peut être un* NOM :

harm *signifie* mal.
- do somebody harm faire du mal à quelqu'un.

> *Ce peut être un* VERBE :

1 ► harm somebody faire du mal à quelqu'un.

2 ► harm something endommager quelque chose.

harmful /'hɑːmfʊl/ nocif *ou* nuisible.

harmless /'hɑːmlɪs/ inoffensif.

harmony /'hɑːmənɪ/ harmonie.

harsh /hɑːʃ/ *a plusieurs sens :*

1 harsh *peut signifier* dur *ou* sévère (en parlant d'une personne, de la manière de traiter quelqu'un).

2 harsh *peut signifier* rude (en parlant de l'hiver, du climat).

3 harsh *peut signifier* cru (en parlant d'une lumière).

harvest /'hɑːvɪst/ *a plusieurs catégories grammaticales :*

> *Ce peut être un* NOM :

harvest *signifie* récolte *ou* moisson *ou* vendange.

> *Ce peut être un* VERBE :

- harvest something récolter quelque chose *ou* moissonner quelque chose *ou* vendanger quelque chose.

has /hæz/ *est la troisième personne du singulier du présent du verbe* have.

▷ She has many friends. Elle a beaucoup d'amis.

▷ He has cleaned all the windows. Il a lavé toutes les fenêtres.

hasn't /'hæznt/ *est la contraction de* has not.

▷ He hasn't finished yet. Il n'a pas encore fini.

▷ It hasn't stopped raining. Il n'a pas arrêté de pleuvoir.

haste /heɪst/ hâte.

hat /hæt/ chapeau.

hate /heɪt/ *a plusieurs catégories grammaticales :*

> *Ce peut être un* NOM :

hate *signifie* haine.

> *Ce peut être un* VERBE :

hate *signifie* détester *ou* haïr.
- hate doing something détester faire quelque chose.

hatred /'heɪtrɪd/ haine.

haunt /hɔːnt/ hanter.

have /hæv/ *a plusieurs catégories grammaticales et plusieurs sens :*

> *Ce peut être un* VERBE AUXILIAIRE :

1 have *est employé pour former les* temps composés :

▷ I have seen that film. J'ai vu ce film.

▷ She has changed. Elle a changé.

▷ We have arrived. Nous sommes arrivés.

▷ They have gone out. Ils sont sortis.

2 have *est employé dans de petites fins de phrases interrogatives et dans les réponses à celles-ci. C'est ce qu'on appelle, en anglais, les* tags :

▷ He has got a new car, hasn't he? Il a une nouvelle voiture, n'est-ce pas ?

▷ Yes, he has. Oui.

3 ► **have to** *indique l'obligation ou le devoir* :

▷ I have to leave. Je dois partir *ou* Il faut que je parte.

▷ He has to wear glasses. Il doit porter des lunettes.

▷ You don't have to do it. Tu n'es pas obligé de le faire.

▷ She doesn't have to work. Elle n'a pas besoin de travailler.

> *Ce peut être un* VERBE TRANSITIF :

1 ► **have something** avoir quelque chose.

▷ She has three brothers. Elle a trois frères.

▷ I don't have any time. Je n'ai pas le temps.

▷ Do you have any money? Est-ce que tu as de l'argent ?

> En anglais britannique, on dit aussi **have got** : She has got three brothers, I haven't got any time, Have you got any money?

2 **have** se traduit parfois par un autre verbe en français :

► **have a sandwich** manger un sandwich.

► **have a coffee** boire un café.

► **have a cigarette** fumer une cigarette.

► **have a shower** prendre une douche.

► **have a swim** nager.

► **have a party** organiser une fête.

► **have an interview** passer un entretien.

▷ I had a good evening. J'ai passé une bonne soirée.

▷ Did you have a nice holiday? Est-ce que tu as passé de bonnes vacances ?

3 ► **have something done** faire faire quelque chose.

▷ I had my car repaired. J'ai fait réparer ma voiture.

▷ She had her hair cut. Elle s'est fait couper les cheveux.

haven't /ˈhævnt/ *est la contraction de* **have not**.

▷ I haven't got any time. Je n'ai pas de temps.

▷ We haven't finished yet. Nous n'avons pas encore fini.

▷ They haven't had anything to eat. Ils n'ont rien mangé.

hawk /hɔːk/ faucon.

hay /heɪ/ foin.

► **hay fever** rhume des foins.

hazard /ˈhæzəd/ risque.

hazardous /ˈhæzədəs/ dangereux.

haze /heɪz/ brume légère.

hazel /ˈheɪzl/ noisette (= la couleur).

hazelnut /ˈheɪzlnʌt/ noisette (= le fruit).

he /hiː/ il (pronom personnel masculin).

▷ He's a teacher. Il est professeur.

> En anglais, le pronom personnel **he** est employé pour les personnes et les animaux familiers. Pour les objets et les animaux non familiers, on emploie le pronom neutre **it**.

head /hed/ *a plusieurs catégories grammaticales et plusieurs sens* :

> *Ce peut être un* NOM :

1 **head** *peut signifier* tête.

► **from head to foot** de la tête aux pieds.

2 **head** *peut signifier* chef (de famille, d'une entreprise).

3 **head** *peut signifier* directeur d'école *ou* directrice d'école.

4 **heads** *signifie* face (d'une pièce de monnaie).

▷ Heads or tails? Pile ou face ?

> *Ce peut être un* VERBE :

► **head for something** se diriger vers quelque chose.

headache /ˈhedeɪk/ mal de tête.

► **have a headache** avoir mal à la tête.

headband /ˈhedbænd/ bandeau.

headlamp /ˈhedlæmp/ phare (d'un véhicule).

headlight /ˈhedlaɪt/ phare (d'un véhicule).

headline /ˈhedlaɪn/ gros titre (d'un journal).

headmaster /ˈhedmɑːstəʳ/ directeur d'école.

headmistress /ˈhedmɪstrɪs/ directrice d'école.

headphones /ˈhedfəʊnz/ casque (= écouteurs).

headquarters /ˈhedkwɔːtəz/ siège (d'une entreprise, d'un organisme) *ou* quartier général (des forces armées).

headteacher /hedˈtiːtʃəʳ/ directeur d'école.

heal /hiːl/ *a plusieurs catégories grammaticales* :

> *Ce peut être un* VERBE INTRANSITIF :

heal *signifie* se cicatriser.

> *Ce peut être un* VERBE TRANSITIF :

► **heal somebody** guérir quelqu'un.

health /helθ/ santé.

healthy /ˈhelθɪ/ en bonne santé *ou* sain *ou* bon pour la santé.

heap /hiːp/ *a plusieurs catégories grammaticales :*

> *Ce peut être un* NOM :

heap *signifie* tas.

► **heaps of** des tas de.

> *Ce peut être un* VERBE :

► **heap something up** empiler quelque chose.

hear /hɪəʳ/ entendre.

▷ Can you hear me? Est-ce que tu m'entends ?

▷ I can't hear. Je n'entends rien.

► **hear about** *ou* **hear of** entendre parler de.

▷ Have you heard about it? Est-ce que tu en as entendu parler ?

► **hear from** avoir des nouvelles de.

▷ I haven't heard from him. Je n'ai pas eu de ses nouvelles.

heard /hɜːd/ *est le prétérit et le participe passé du verbe* **hear**.

▷ I heard someone singing. J'ai entendu quelqu'un chanter.

▷ Have you heard of him? Est-ce que tu as entendu parler de lui ?

heart /hɑːt/ cœur.

► **heart attack** crise cardiaque.

► **by heart** par cœur.

heartbeat /ˈhɑːtbiːt/ battement du cœur.

heartbroken /ˈhɑːtbrəʊkn/

► **be heartbroken** avoir le cœur brisé *ou* avoir un gros chagrin.

heat /hiːt/ *a plusieurs catégories grammaticales :*

> *Ce peut être un* NOM :

heat *signifie* chaleur.

> *Ce peut être un* VERBE :

heat *ou* ► **heat up** *signifie* chauffer *ou* faire chauffer.

heater /ˈhiːtəʳ/ radiateur.

heating /ˈhiːtɪŋ/ chauffage.

> ℹ Heating est aussi une forme du verbe heat :
> ▷ He was heating up some soup. Il réchauffait de la soupe.

heatwave /ˈhiːtweɪv/ vague de chaleur.

heaven /ˈhevn/ paradis.

heavier /ˈhevɪəʳ/ *est le comparatif de* **heavy**.

▷ My bag is heavier than yours. Mon sac est plus lourd que le tien.

heaviest /ˈhevɪɪst/ *est le superlatif de* **heavy**.

▷ This is the heaviest box. C'est la boîte la plus lourde.

heavy /ˈhevɪ/ *a plusieurs sens :*

1 **heavy** *peut signifier* lourd.

▷ How heavy is it? Combien ça pèse ?

2 **heavy** *sert d'intensif :*

► **heavy traffic** circulation dense.

► **heavy rain** pluie battante.

► **heavy fighting** combat intense.

► **heavy smoker** gros fumeur.

► **heavy cold** gros rhume.

hectic /ˈhektɪk/ mouvementé (en parlant d'une journée) *ou* chargé (en parlant d'un programme).

he'd /hiːd/ *est la contraction de* **he had** *et de* **he would**.

▷ He'd (= he had) finished his work. Il avait fini son travail.

▷ He'd (= he would) like to leave. Il aimerait partir.

hedge /hedʒ/ haie.

hedgehog /ˈhedʒˌhɒg/ hérisson.

heel /hiːl/ talon.

► **high heels** talons hauts.

height /haɪt/ hauteur (d'un bâtiment, d'une montagne) *ou* taille (d'une personne) *ou* altitude.

heir /ɛəʳ/ héritier.

held /held/ *est le prétérit et le participe passé du verbe* **hold**.

▷ I held it in my hand. Je le tenais dans la main.

helicopter /ˈhelɪkɒptəʳ/ hélicoptère.

he'll /hiːl/ *est la contraction de* **he will**.

▷ He'll be here soon. Il va bientôt arriver.

hell /hel/ enfer.

hello /həˈləʊ/ bonjour *ou* allô.

helmet /ˈhelmɪt/ casque (pour protéger la tête).

help /help/ *a plusieurs catégories grammaticales et plusieurs sens :*

> *Ce peut être un* NOM :

help *signifie* aide *ou* secours.

▷ Help! Au secours !

> *Ce peut être un* VERBE :

1 ► **help somebody** aider quelqu'un.

► **help somebody do something** aider quelqu'un à faire quelque chose.

2 ► **help oneself** se servir.

3 **help** *est précédé de* can't *ou* couldn't *dans certaines expressions :*

▷ It can't be helped. Tant pis.

▷ I can't help it. Je n'y peux rien *ou* C'est plus fort que moi.

▷ He can't help being clumsy. Ce n'est pas de sa faute s'il est maladroit.

▷ I couldn't help laughing. Je n'ai pas pu m'empêcher de rire.

helper /ˈhelpəʳ/ aide (= personne qui aide).

helpful /ˈhelpfʊl/ *a plusieurs sens :*

1 **helpful** *peut signifier* serviable.

2 **helpful** *peut signifier* utile (en parlant d'un conseil, un livre par exemple).

helping /ˈhelpɪŋ/ portion *ou* part (d'un plat, de gâteau, par exemple).

► **have a second helping of something** reprendre de quelque chose.

> ℹ Helping est aussi une forme du verbe help :
> ▷ He was helping me. Il m'aidait.

hem /hem/ ourlet.

hen /hen/ poule.

her /hɜːʳ/ *a plusieurs sens :*

1 **her** *est le pronom personnel de la troisième personne du singulier féminin, complément d'objet direct ou indirect :*

▷ I can see her. Je la vois.

▷ He loves her. Il l'aime.

▷ I sent her a letter. Je lui ai envoyé une lettre.

▷ They spoke to her. Ils lui ont parlé.

▷ This is for her. Ceci est pour elle.

2 **her** *est la forme féminine de la troisième personne du singulier de l'adjectif possessif :*

▷ Her brother is a doctor. Son frère est médecin.

▷ Her mother lives in Italy. Sa mère habite en Italie.

▷ Her books are on the table. Ses livres sont sur la table.

▷ She washed her hair. Elle s'est lavé les cheveux.

herb /hɜːb/ herbe (qu'on utilise en cuisine).

herd /hɜːd/ troupeau.

here /hɪəʳ/ *a plusieurs sens :*

1 **here** *peut signifier* ici.

▷ She lives here. Elle habite ici.

▷ Come here. Viens ici.

▷ She's not here. Elle n'est pas là.

▷ I'm here. Je suis là.

► **here and there** ça et là.

2 **here** sert à désigner ou à présenter quelqu'un ou quelque chose et correspond à « voici » ou « voilà » :

▷ Here is your key. Voici votre clé.

▷ Here are the tickets. Voici les billets.

▷ Here I am! Me voilà !

> En anglais, faites bien la différence entre here (ici, voici) et there (là, voilà).

hero /ˈhɪərəʊ/ héros.

heroin /ˈherəʊɪn/ héroïne (= drogue).

> Ne pas confondre heroin avec heroine.

heroine /ˈherəʊɪn/ héroïne (= femme héroïque).

> Ne pas confondre heroine avec heroin.

herring /ˈherɪŋ/ hareng.

hers /hɜːz/ *est le pronom possessif de la troisième personne du singulier féminin, et correspond à « le sien » ou « à elle ».*

▷ Which book is hers? Lequel de ces livres est le sien ?

▷ This one is his and that one is hers. Celui-ci est à lui et celui-là est à elle.

▷ His car is old, hers is new. Sa voiture à lui est vieille, la sienne est neuve.

▷ I am a friend of hers. Je suis un ami à elle.

herself /hɜːˈself/ *a plusieurs sens :*

1 **herself** *est le pronom personnel de la troisième personne du singulier féminin, complément d'un verbe réfléchi :*

▷ She enjoyed herself. Elle s'est amusée.

▷ She cut herself. Elle s'est coupée.

2 **herself** *peut signifier* elle-même.

▷ She did it herself. Elle l'a fait elle-même.

3 **herself** *peut suivre une préposition et correspond à « elle » :*

▷ She's pleased with herself. Elle est contente d'elle.

4 ► **by herself** toute seule.

he's /hiːz/ *est la contraction de* **he is** *ou* **he has**.

▷ He's (= he is) very tall. Il est très grand.

▷ He's (= he has) forgotten. Il a oublié.

hesitate /ˈhezɪteɪt/ hésiter.

hi /haɪ/ salut.

hiccup /ˈhɪkʊp/ hoquet.

► **have hiccups** avoir le hoquet.

hid /hɪd/ *est le prétérit du verbe* **hide**.

▷ He hid behind the curtain. Il s'est caché derrière le rideau.

hidden /ˈhɪdn/ *est le participe passé du verbe* **hide**.

▷ They've hidden the money. Ils ont caché l'argent.

hide /haɪd/ *a plusieurs catégories grammaticales et plusieurs sens :*

> *Ce peut être un* VERBE TRANSITIF :

► **hide something** cacher quelque chose.

► **hide something from somebody** cacher quelque chose à quelqu'un.

> *Ce peut être un* VERBE INTRANSITIF :

hide *signifie* se cacher.

▷ Where are they hiding? Où se cachent-ils ?

> *Ce peut être un* NOM :

1 **hide** *peut signifier* peau (d'un animal).

2 **hide** *peut signifier* cachette (pour observer les oiseaux ou les animaux).

hide-and-seek /ˌhaɪdnˈsiːk/ cache-cache.

high /haɪ/ *a plusieurs sens :*

1 **high** *peut signifier* haut.

▷ How high is it? Cela fait combien de haut ?

▷ The tree is 4 metres high. L'arbre fait 4 mètres de haut.

► **high jump** saut en hauteur.

► **high school** lycée.

► **high street** rue principale.

2 **high** *peut signifier* élevé (en parlant des prix, d'un chiffre, etc.).

3 **high** *peut signifier* aigu (en parlant d'une voix, d'un son).

high-class /haɪˈklɑːs/ de luxe *ou* de première qualité *ou* de premier ordre.

higher /ˈhaɪəʳ/ *est le comparatif de* **high**.

▷ Throw the ball higher. Lance la balle plus haut.

► **higher education** enseignement supérieur.

highest /ˈhaɪɪst/ *est le superlatif de* **high**.

▷ What's the highest mountain in France? Quelle est la montagne la plus haute de France ?

highlight /ˈhaɪlaɪt/ *a plusieurs catégories grammaticales et plusieurs sens :*

> *Ce peut être un* NOM :

1 **highlight** *peut signifier* point fort *ou* moment fort (d'un événement, de l'année).

2 **highlights** *peut signifier* reflets *ou* mèches (dans les cheveux).

> *Ce peut être un* VERBE :

1 ► **highlight something** *peut signifier* souligner quelque chose (au sens de « mettre l'accent sur »).

2 ► **highlight something** *peut signifier* surligner quelque chose.

high-tech /haɪˈtek/ de haute technologie *ou* de pointe.

highway /ˈhaɪweɪ/ *a plusieurs sens :*

1 En anglais américain, **highway** *signifie* autoroute.

2 En anglais britannique, **highway** *signifie* voie publique.

hijack /ˈhaɪdʒæk/ détourner (un avion).

hijacker /ˈhaɪdʒækəʳ/ pirate de l'air.

hike /haɪk/ *a plusieurs catégories grammaticales :*

> *Ce peut être un* NOM :

hike *signifie* randonnée.

> *Ce peut être un* VERBE :

hike *signifie* faire une randonnée *ou* des randonnées.

hiker /'haɪkəʳ/ randonneur.

hiking /'haɪkɪŋ/ randonnée.

► **go hiking** faire une randonnée *ou* faire des randonnées.

hilarious /hɪ'lɛərɪəs/ hilarant.

hill /hɪl/ colline *ou* côte (au sens de « pente »).

him /hɪm/ *est le pronom personnel de la troisième personne du singulier masculin, complément d'objet direct ou indirect :*

▻ I can see him. Je le vois.
▻ She loves him. Elle l'aime.
▻ I sent him a letter. Je lui ai envoyé une lettre.
▻ They spoke to him. Ils lui ont parlé.
▻ This is for him. Ceci est pour lui.

himself /hɪm'self/ *a plusieurs sens :*

1 **himself** *est le pronom personnel de la troisième personne du singulier masculin, complément d'un verbe réfléchi :*

▻ He enjoyed himself. Il s'est amusé.
▻ He cut himself. Il s'est coupé.

2 **himself** *peut signifier* lui-même.

▻ He did it himself. Il l'a fait lui-même.

3 **himself** *peut suivre une préposition et correspond à « lui » :*

▻ He's pleased with himself. Il est content de lui.

4 ► **by himself** tout seul.

hint /hɪnt/ *a plusieurs catégories grammaticales et plusieurs sens :*

> *Ce peut être un* NOM :

1 **hint** *peut signifier* allusion.

► **drop a hint** faire une allusion.

2 **hint** *peut signifier* conseil.

▻ They gave me a few hints. Ils m'ont donné quelques conseils.

3 ► **a hint of something** un soupçon de quelque chose *ou* une touche de quelque chose.

> *Ce peut être un* VERBE :

1 ► **hint that...** insinuer que...

2 ► **hint at something** faire allusion à quelque chose.

hip /hɪp/ hanche.

hire /'haɪəʳ/ *a plusieurs catégories grammaticales et plusieurs sens :*

> *Ce peut être un* NOM :

hire *signifie* location.

► **for hire** à louer.

> *Ce peut être un* VERBE :

1 ► **hire something** louer quelque chose.

2 ► **hire somebody** embaucher quelqu'un.

his /hɪz/ *est la forme masculine de la troisième personne du singulier de l'adjectif possessif et du pronom possessif.*

▻ His brother is a doctor. Son frère est médecin.
▻ His mother lives in Italy. Sa mère habite en Italie.
▻ His books are on the table. Ses livres sont sur la table.
▻ He washed his hair. Il s'est lavé les cheveux.
▻ Which book is his? Lequel de ces livres est le sien ?
▻ Her car is old, his is new. Sa voiture à elle est vieille, la sienne est neuve.
▻ I am a friend of his. Je suis un ami à lui.

hiss /hɪs/ *a plusieurs catégories grammaticales :*

> *Ce peut être un* NOM :

hiss *signifie* sifflement.

> *Ce peut être un* VERBE :

hiss *signifie* siffler.

historical /hɪ'stɒrɪkəl/ historique.

history /'hɪstərɪ/ histoire (au sens de « événements du passé »).

hit /hɪt/ *a plusieurs catégories grammaticales et plusieurs sens :*

> *Ce peut être un* NOM :

1 **hit** *peut signifier* coup.

2 **hit** *peut signifier* succès (une chanson ou un film, par exemple).

> *Ce peut être un* VERBE :

hit *signifie* frapper *ou* heurter *ou* atteindre.

▻ She hits her brother all the time. Elle frappe son frère tout le temps.
▻ The car hit a tree. La voiture a heurté un arbre.
▻ I've hit my head. Je me suis cogné la tête.
▻ He hit the target. Il a atteint la cible.

> ℹ **Hit** est la base verbale, mais aussi le prétérit et le participe passé, comme le montrent ces exemples.

hitch-hike /'hɪtʃhaɪk/ faire de l'auto-stop.

hitch-hiker /'hɪtʃhaɪkəʳ/ auto-stoppeur.

hi-tech /'haɪ'tek/ de haute technologie *ou* de pointe.

HIV /ˌeɪtʃaɪ'viː/ VIH.

► **HIV-positive** séropositif.

hive /haɪv/ ruche.

hoarse /hɔːs/ enroué.

hobbies /'hɒbɪz/ *est le pluriel de* **hobby**.

hobby /'hɒbɪ/ passe-temps.

hold /həʊld/ *a plusieurs catégories grammaticales et plusieurs sens :*

> *Ce peut être un* NOM :

1 **hold** *peut signifier* prise (l'action ou le fait de tenir quelque chose).

► **catch hold of something** attraper quelque chose.

2 ► **get hold of something** se procurer quelque chose.

3 ► **get hold of somebody** joindre quelqu'un *ou* trouver quelqu'un.

4 **hold** *peut signifier* cale (d'un navire) *ou* soute (d'un avion).

> *Ce peut être un* VERBE TRANSITIF :

1 ► **hold something** *peut signifier* tenir quelque chose.

► **hold something in place** maintenir quelque chose en place.

► **hold one's breath** retenir son souffle.

▷ They were holding hands. Ils se tenaient par la main.

2 ► **hold something** *peut signifier* contenir quelque chose (en parlant d'un tiroir, d'un placard, d'une valise, par exemple).

3 ► **hold something** *peut signifier* organiser quelque chose (une réunion, une fête, une exposition, des élections).

4 ► **hold somebody** *peut signifier* tenir quelqu'un dans ses bras.

5 ► **hold somebody** *peut signifier* détenir quelqu'un (en parlant de la police).

> *Ce peut être un* VERBE INTRANSITIF :

1 **hold** *peut signifier* tenir.

2 *Au téléphone,* **hold** *signifie* ne pas quitter.

► **can you hold, please?** ne quittez pas.

Phrasal verbs

Le verbe **hold** peut être suivi d'une préposition, telle que **on** ou **up**, et dans ce cas, il peut avoir des sens différents. C'est ce qu'on appelle, en anglais, un **phrasal verb**.

HOLD ON :

► **hold on** *peut signifier* attendre *ou* (au téléphone) ne pas quitter.

► **hold on** *peut signifier* tenir.

▷ Hold on tight! Tiens-toi bien !

HOLD ON TO :

► **hold on to something** s'accrocher à quelque chose.

HOLD OUT :

► **hold something out** tendre quelque chose.

HOLD UP :

► **hold something up** *peut signifier* lever quelque chose (pour qu'on puisse le voir).

► **hold somebody** *ou* **something up** *peut signifier* retarder quelqu'un *ou* quelque chose.

holdup /'həʊldʌp/ *a plusieurs sens :*

1 **holdup** *peut signifier* attaque à main armée.

2 **holdup** *peut signifier* retard.

hole /həʊl/ trou.

holiday /'hɒlɪdeɪ/ *a plusieurs sens :*

1 **holiday** *peut signifier* vacances.

► **on holiday** en vacances.

2 **holiday** *peut signifier* jour férié.

hollow /'hɒləʊ/ creux.

holly /'hɒlɪ/ houx.

Ne pas confondre **holly** avec **holy**.

holy /'həʊlɪ/ saint *ou* sacré.

Ne pas confondre **holy** avec **holly**.

home /həʊm/ *a plusieurs catégories grammaticales et plusieurs sens :*

> *Ce peut être un* NOM :

1 **home** *peut signifier* maison.

► **at home** chez soi *ou* à la maison.

▷ I'll be at home. Je serai chez moi.

▷ Make yourself at home! Faites comme chez vous !

2 **home** *peut signifier* pays natal *ou* ville natale.

3 ► **home address** adresse du domicile.

► **home page** page d'accueil.

► **home town** ville natale.

> *Ce peut être un* ADVERBE :

home *signifie* chez soi *ou* à la maison.

▷ We went home. Nous sommes rentrés chez nous.

homeless /'həʊmlɪs/ sans abri.

► the homeless les sans-abri.

home-made /həʊm'meɪd/ fait maison.

homesick /'həʊmsɪk/

► be homesick avoir le mal du pays.

homework /'həʊmwɜːk/ devoirs (pour l'école).

honest /'ɒnɪst/ honnête.

honestly /'ɒnɪstlɪ/ honnêtement.

honesty /'ɒnɪstɪ/ honnêteté.

honey /'hʌnɪ/ miel.

honeymoon /'hʌnɪˌmuːn/ lune de miel.

honor /'ɒnəʳ/ *est l'orthographe américaine de* honour.

honour /'ɒnəʳ/ *a plusieurs catégories grammaticales :*

> *Ce peut être un* NOM :

honour *signifie* honneur.

► in honour of... en l'honneur de...

> *Ce peut être un* VERBE :

honour *signifie* honorer.

En anglais américain, ce mot s'écrit honor.

hood /hʊd/ capuchon (d'un vêtement).

hoof /huːf/ sabot (d'un cheval, d'une vache, etc.).

hook /hʊk/ *a plusieurs catégories grammaticales et plusieurs sens :*

> *Ce peut être un* NOM :

hook *signifie* crochet *ou* hameçon.

> *Ce peut être un* VERBE :

hook something accrocher quelque chose.

hooray! /huː'reɪ/ hourra !

hoot /huːt/ *a plusieurs sens :*

1 hoot *peut signifier* hululer (en parlant d'une chouette ou d'un hibou).

2 hoot *peut signifier* klaxonner.

hooter /'huːtəʳ/ klaxon®.

hoover /'huːvəʳ/ *a plusieurs catégories grammaticales :*

> *Ce peut être un* NOM :

Hoover® *signifie* aspirateur.

> *Ce peut être un* VERBE :

► hoover a room passer l'aspirateur dans une pièce.

Hoover® n'est pas employé en anglais américain : aux États-Unis, on dit vacuum cleaner pour le nom et vacuum pour le verbe.

hooves /huːvz/ *est le pluriel de* hoof.

hop /hɒp/ sauter *ou* sauter à cloche-pied.

hope /həʊp/ *a plusieurs catégories grammaticales :*

> *Ce peut être un* NOM :

hope *signifie* espoir.

> *Ce peut être un* VERBE :

hope *signifie* espérer.

▷ I hope so. J'espère que oui.

▷ I hope not. J'espère que non.

hopeful /'həʊpfʊl/ plein d'espoir *ou* prometteur.

hopefully /'həʊpfəlɪ/ *a plusieurs sens :*

1 hopefully *peut signifier* avec espoir.

2 hopefully *peut signifier* avec un peu de chance.

hopeless /'həʊplɪs/ *a plusieurs sens :*

1 hopeless *peut signifier* désespéré.

2 hopeless *peut signifier* nul (au sens de « mauvais »).

horn /hɔːn/ *a plusieurs sens :*

1 horn *peut signifier* corne (d'un animal).

2 horn *peut signifier* cor (= instrument de musique).

3 horn *peut signifier* klaxon®.

horrid /'hɒrɪd/ horrible.

horror /'hɒrəʳ/ horreur.

► horror film film d'épouvante.

horse /hɔːs/ cheval.

► ride a horse monter à cheval.

► horse-riding équitation.

horseshoe /'hɔːsʃuː/ fer à cheval.

hose /həʊz/ tuyau d'arrosage *ou* tuyau d'incendie.

hosepipe /ˈhəʊzpaɪp/ tuyau d'arrosage *ou* tuyau d'incendie.

hospital /ˈhɒspɪtl/ hôpital.

► in hospital à l'hôpital.

host /həʊst/ *a plusieurs sens :*

1 host *peut signifier* hôte.
2 host *peut signifier* animateur (d'une émission).

hostage /ˈhɒstɪdʒ/ otage.

► take somebody hostage prendre quelqu'un en otage.

hostel /ˈhɒstəl/ foyer (= établissement d'accueil).

► youth hostel auberge de jeunesse.

hostess /ˈhəʊstɪs/ hôtesse.

hot /hɒt/ *a plusieurs sens :*

1 hot *peut signifier* chaud.
▷ It's hot today. Il fait chaud aujourd'hui.
▷ I'm hot. J'ai chaud.
2 hot *peut signifier* épicé.

hot-air balloon /hɒtˈɛəbəluːn/ montgolfière.

hotel /həʊˈtel/ hôtel.

hot-water bottle /hɒtˈwɔːtə bɒtl/ bouillotte.

hour /ˈaʊəʳ/ heure.

► half an hour une demi-heure.
► 100 km an hour *ou* per hour 100 km à l'heure.

house /haʊs/ maison.

housewife /ˈhaʊsˌwaɪf/ femme au foyer.

housewives /ˈhaʊsˌwaɪvz/ *est le pluriel de* housewife.

housework /ˈhaʊswɜːk/ ménage (= travaux ménagers).

hover /ˈhɒvəʳ/ planer.

hovercraft /ˈhɒvəkrɑːft/ aéroglisseur.

how /haʊ/ *a plusieurs sens :*

1 how *peut signifier* comment.
▷ How are you? Comment vas-tu ?
▷ How did he do it? Comment l'a-t-il fait ?
▷ I don't know how he did it. Je ne sais pas comment il l'a fait.
2 how *est employé avant un adjectif ou un adverbe pour poser des questions sur les* quantités *et les* degrés :
▷ How big is the garden? De quelle taille est le jardin ?
▷ How tall is he? Combien mesure-t-il ?
▷ How long will it take? Combien de temps faudra-t-il ?
▷ How old is he? Quel âge a-t-il ?
▷ How much does it cost? Combien ça coûte ?
▷ How many people came? Combien de personnes sont venues ?
3 how *est employé dans les* exclamations :
▷ How nice! C'est bien !
▷ How terrible! C'est affreux !
4 ► how about *est employé pour faire une* suggestion :
▷ How about going for a walk? Et si on allait se promener ?
▷ How about a drink? Et si on prenait un verre ?

however /haʊˈevəʳ/ *a plusieurs sens :*

1 however *peut signifier* cependant.
2 however *peut être suivi d'un adjectif :*
▷ However hard I try, I can't do it. J'ai beau essayer, je n'y arrive pas.
▷ However difficult it is, you mustn't give up. Aussi difficile que ce soit, tu ne dois pas abandonner.
▷ However many people there are, we will stay. Quel que soit le nombre de personnes présentes, nous resterons.

howl /haʊl/ hurler.

hug /hʌg/ *a plusieurs catégories grammaticales :*

> *Ce peut être un* NOM :

hug *signifie* étreinte.
► give somebody a hug serrer quelqu'un dans ses bras.

> *Ce peut être un* VERBE :

► hug somebody serrer quelqu'un dans ses bras.

huge /hjuːdʒ/ énorme.

hum /hʌm/ bourdonner *ou* fredonner *ou* chantonner.

human /ˈhjuːmən/ humain.

► human being être humain.

humble /ˈhʌmbl/ humble *ou* modeste.

humor /'hjuːmə^{r}/ *est l'orthographe américaine de* **humour**.

humorous /'hjuːmərəs/ humoristique *ou* plein d'humour.

humour /'hjuːmə^{r}/ *a plusieurs catégories grammaticales et plusieurs sens :*

> *Ce peut être un* NOM :

humour *signifie* humour.

> *Ce peut être un* VERBE :

► **humour somebody** faire plaisir à quelqu'un.

En anglais américain, ce mot s'écrit **humor**.

hump /hʌmp/ bosse.

hundred /'hʌndrəd/ cent.

► **a hundred per cent** cent pour cent.
► **hundreds of...** des centaines de...

hundredth /'hʌndrədθ/ centième.

hung /hʌŋ/ *est le prétérit et le participe passé du verbe* **hang**.

▷ I hung the picture on the wall. J'ai accroché le tableau au mur.
▷ He has hung the washing out. Il a étendu le linge.

Hungarian /hʌŋ'gɛərɪən/ Hongrois *ou* hongrois.

ℹ En anglais, les adjectifs de nationalité et les noms de langues commencent par une majuscule.

Hungary /'hʌŋgərɪ/ Hongrie.

ℹ En général, en anglais, on n'emploie pas d'article défini devant les noms de pays et de continents.

hunger /'hʌŋgə^{r}/ faim.

hungry /'hʌŋgrɪ/ *a plusieurs sens :*

1 ► **be hungry** avoir faim.
2 ► **be hungry for something** être avide de quelque chose.

hunt /hʌnt/ chasser.

► **hunt for something** chercher quelque chose.

hunter /'hʌntə^{r}/ chasseur.

hunting /'hʌntɪŋ/ chasse.

► **go hunting** partir à la chasse.

ℹ **Hunting** est aussi une forme du verbe **hunt** :
▷ They were hunting for a photo. Ils cherchaient une photo.

hurl /hɜːl/ jeter *ou* lancer.

hurricane /'hʌrɪkən/ ouragan.

hurried /'hʌrɪd/ précipité *ou* fait à la hâte.

ℹ **Hurried** est aussi le prétérit et le participe passé du verbe **hurry** :
▷ She hurried to the shop. Elle s'est dépêchée d'aller au magasin.

hurries /'hʌrɪz/ *est la troisième personne du singulier du verbe* **hurry** *au présent de l'indicatif.*

▷ She never hurries. Elle ne se dépêche jamais.

hurry /'hʌrɪ/ *a plusieurs catégories grammaticales :*

> *Ce peut être un* NOM :

hurry *signifie* hâte.

► **be in a hurry** être pressé.
► **do something in a hurry** faire quelque chose à toute vitesse.

> *Ce peut être un* VERBE :

hurry *signifie* se dépêcher.

▷ Hurry up! Dépêche-toi !
▷ She hurried home. Elle s'est dépêchée de rentrer.

hurt /hɜːt/ *a plusieurs catégories grammaticales et plusieurs sens :*

> *Ce peut être un* VERBE TRANSITIF :

► **hurt somebody** blesser quelqu'un *ou* faire mal à quelqu'un.

▷ I've hurt myself. Je me suis fait mal.
▷ She hurt her arm. Elle s'est fait mal au bras.
▷ You're hurting me! Tu me fais mal !

ℹ **Hurt** est la base verbale, mais aussi le prétérit et le participe passé, comme le montrent les deux premiers exemples.

> *Ce peut être un* VERBE INTRANSITIF :

hurt *signifie* faire mal.

▷ My leg hurts. Ma jambe me fait mal.

> *Ce peut être un* ADJECTIF :

hurt *signifie* blessé.

husband /'hʌzbənd/ mari.

hut /hʌt/ cabane *ou* hutte.

I

ANGLAIS — FRANÇAIS

La lettre **I** se prononce /aɪ/ en anglais.
I rime avec **my, fly** et **sky.**

I /aɪ/ je.

▷ I am happy. Je suis content.
▷ I live in Rome. J'habite à Rome.
▷ I didn't do it! Ce n'est pas moi qui l'ai fait !

ℹ Le mot I s'écrit toujours avec une majuscule.

ice /aɪs/ *a plusieurs catégories grammaticales et plusieurs sens :*

> *Ce peut être un* NOM :

1 ice *signifie* glace *ou* verglas *ou* glaçons.
► ice cream glace (= crème glacée).
► ice cube glaçon.
► ice hockey hockey sur glace.
► ice rink patinoire.

> *Ce peut être un* VERBE :

1 ► ice a cake glacer un gâteau.
2 ► ice up *ou* ice over givrer *ou* geler.

icebox /ˈaɪsbɒks/ *a plusieurs sens :*

1 *En anglais britannique,* icebox *peut signifier* freezer.
2 *En anglais américain,* icebox *peut signifier* réfrigérateur.
3 icebox *peut signifier* glacière.

ice-skate /ˈaɪsskeɪt/ faire du patin à glace.

ice-skating /ˈaɪsskeɪtɪŋ/ patinage sur glace.

► go ice-skating faire du patin à glace.

icicle /ˈaɪsɪkl/ glaçon naturel.

icing /ˈaɪsɪŋ/ glaçage (sur un gâteau).

ℹ Icing est aussi une forme du verbe ice :
▷ The river was icing over. La rivière était en train de geler.

icon /ˈaɪkɒn/ icône.

icy /ˈaɪsɪ/ glacial *ou* verglacé.

ID /aɪˈdiː/ pièce d'identité.

► ID card carte d'identité.

ℹ ID est l'abréviation du mot identity.

I'd /aɪd/ *est la contraction de* I had *ou* I would.

▷ I'd (= I had) already eaten. J'avais déjà mangé.
▷ I'd (= I would) go if I were you. J'irais si j'étais à ta place.

idea /aɪˈdɪə/ idée.

▷ I have no idea. Je n'ai aucune idée.

ideal /aɪˈdɪəl/ idéal.

identical /aɪˈdentɪkəl/ identique.

► identical twins vrais jumeaux.

identity /aɪˈdentɪtɪ/ identité.

► identity card carte d'identité.

idle /ˈaɪdl/ paresseux.

if /ɪf/ si.

▷ I'll go if you want. J'irai si tu veux.

▷ If I won the lottery, I would buy a big house. Si je gagnais à la loterie, j'achèterais une grande maison.

▷ If he had known, he would have told you. S'il l'avait su, il te l'aurait dit.

▷ If only I had known! Si seulement j'avais su !

▷ I wonder if he's there. Je me demande s'il est là.

► if I were you... à ta place... *ou* si j'étais toi...

► as if comme si.

► even if même si.

► if only... si seulement...

ignore /ɪg'nɔːʳ/ *a plusieurs sens :*

1 ► ignore somebody ignorer quelqu'un (au sens de « faire semblant de ne pas voir »).

2 ► ignore something ne pas tenir compte de quelque chose (un conseil, des faits).

> Ignore ne signifie pas « ignorer » au sens de « ne pas savoir » (je l'ignore = I don't know).

I'll /aɪl/ *est la contraction de* I will *ou* I shall.

▷ I'll be at home. Je serai chez moi.

ill /ɪl/ *a plusieurs sens :*

1 ill *peut signifier* malade.

▷ He is very ill. Il est très malade.

▷ It made her ill. Cela l'a rendue malade.

▷ I feel ill. Je ne me sens pas bien.

2 ill *peut signifier* mal *ou* mauvais.

► ill-at-ease mal à l'aise.

► ill health mauvaise santé.

illness /'ɪlnəs/ maladie.

I'm /aɪm/ *est la contraction de* I am.

▷ I'm very angry. Je suis très en colère.

imaginative /ɪ'mædʒɪnətɪv/ plein d'imagination.

imagine /ɪ'mædʒɪn/ imaginer.

imitate /'ɪmɪteɪt/ imiter.

immediate /ɪ'miːdɪət/ immédiat.

immediately /ɪ'miːdɪətlɪ/ immédiatement.

immigrant /'ɪmɪgrənt/ immigrant *ou* immigré.

immigrate /'ɪmɪgreɪt/ immigrer.

immortal /ɪ'mɔːtl/ immortel.

immune /ɪ'mjuːn/ immunisé.

► immune system système immunitaire.

impatient /ɪm'peɪʃənt/ impatient.

► get impatient s'impatienter.

imperfect /ɪm'pɜːfɪkt/ imparfait.

impersonal /ɪm'pɜːsnl/ impersonnel.

implicate /'ɪmplɪkeɪt/ impliquer.

imply /ɪm'plaɪ/

► imply that... laisser entendre que... *ou* insinuer que...

impolite /ˌɪmpə'laɪt/ impoli.

import *a plusieurs catégories grammaticales :*

> *Ce peut être un* NOM, *qui se prononce* /'ɪmpɔːt/ :

import *signifie* importation.

> *Ce peut être un* VERBE, *qui se prononce* /ɪm'pɔːt/ :

► import something importer quelque chose.

importer /ɪm'pɔːtəʳ/ importateur.

impose /ɪm'pəʊz/ *a plusieurs catégories grammaticales :*

> *Ce peut être un* VERBE TRANSITIF :

► impose something on somebody imposer quelque chose à quelqu'un.

> *Ce peut être un* VERBE INTRANSITIF :

► impose on somebody abuser de la gentillesse de quelqu'un.

impractical /ɪm'præktɪkəl/ peu pratique.

impress /ɪm'pres/ impressionner.

► be impressed by something être impressionné par quelque chose.

impression /ɪm'preʃən/ *a plusieurs sens :*

1 impression *peut signifier* impression.

► make a good impression on somebody faire bonne impression à quelqu'un.

2 impression *peut signifier* imitation.

► do an impression of somebody imiter quelqu'un.

impressive /ɪm'presɪv/ impressionnant.

improve /ɪm'pruːv/ *a plusieurs catégories grammaticales et plusieurs sens :*

> *Ce peut être un* VERBE TRANSITIF :

► improve something améliorer quelque chose.

> *Ce peut être un* VERBE INTRANSITIF :

1 improve *peut signifier* s'améliorer.

2 improve *peut signifier* faire des progrès (en parlant d'un élève ou d'un malade).

improvement /ɪm'pruːvmənt/ amélioration.

▷ That's a great improvement. C'est beaucoup mieux.

impulse /'ɪmpʌls/ impulsion.

in /ɪn/ *a plusieurs sens :*

1 in *peut correspondre à* dans

▷ Put your toys in a box. Mets tes jouets dans une boîte.

▷ She'll be here in two weeks. Elle sera là dans deux semaines.

2 in *peut correspondre à* en

▷ Mark is in England. Mark est en Angleterre.

▷ The work will be finished in May. Le travail sera terminé en mai.

▷ We go skiing in the winter. On fait du ski en hiver.

▷ This dictionary was published in 2002. Ce dictionnaire a été publié en 2002.

▷ They were in shorts. Ils étaient en short.

▷ Say it in English. Dis-le en anglais.

▷ He did it in two hours. Il l'a fait en deux heures.

3 in *peut correspondre à* à

▷ They live in Canada. Ils habitent au Canada.

▷ We have friends in London. Nous avons des amis à Londres.

▷ David is in hospital. David est à l'hôpital.

4 *Notez aussi les emplois suivants de* in *: la préposition est différente en français :*

▷ He spoke in a loud voice. Il parlait d'une voix forte.

▷ Write in pencil. Écris au crayon.

▷ It's the biggest dog in the world. C'est le plus grand chien du monde.

5 *Quand il suit un verbe,* in *a souvent le sens de* « à l'intérieur » *ou* « dedans » :

▷ They all rushed in. Ils se sont tous précipités à l'intérieur.

▷ Come in! Entrez !

6 in *est aussi employé pour dire que quelqu'un est* à la maison :

▷ Is Mary in? Est-ce que Mary est là ?

▷ He's always in at the weekend. Il est toujours chez lui les week-ends.

inability /ˌɪnə'bɪlɪtɪ/ incapacité.

inaccurate /ɪn'ækjʊrɪt/ inexact *ou* imprécis.

inadequate /ɪn'ædɪkwɪt/ insuffisant.

inappropriate /ˌɪnə'prəʊprɪɪt/ inopportun *ou* impropre *ou* peu approprié.

incentive /ɪn'sentɪv/ motivation *ou* incitation.

inch /ɪntʃ/ pouce (= unité de mesure correspondant à 2,54 cm).

inclined /ɪn'klaɪnd/ *a plusieurs sens :*

1 ► be inclined to do something *peut signifier* avoir tendance à faire quelque chose.

2 ► be inclined to do something *peut signifier* avoir envie de faire quelque chose.

3 inclined *peut signifier* incliné.

include /ɪn'kluːd/ inclure *ou* comprendre (au sens de « comporter »).

▷ Service is not included. Le service n'est pas compris.

including /ɪn'kluːdɪŋ/ y compris.

> ℹ Including est aussi une forme du verbe include :
> ▷ I'm not including the tickets. Je n'inclus pas les billets.

inclusive /ɪn'kluːsɪv/ inclus *ou* tout compris.

income /'ɪnkʌm/ revenu.

► income tax impôt sur le revenu.

inconsiderate /ˌɪnkən'sɪdərɪt/ pas très gentil.

▷ He's very inconsiderate to his mother. Il n'est pas très gentil avec sa mère.

inconvenient /ˌɪnkən'viːnɪənt/ inopportun.

increase *a plusieurs catégories grammaticales :*

> *Ce peut être un* NOM*, qui se prononce* /'ɪnkriːs/ :

increase *signifie* augmentation.

► be on the increase augmenter.

> *Ce peut être un* VERBE*, qui se prononce* /ɪn'kriːs/ :

increase *signifie* augmenter.

increasingly /ɪn'kriːsɪŋlɪ/ de plus en plus.

incredible /ɪn'kredəbl/ incroyable.

incredibly /ɪn'kredəblɪ/ incroyablement.

indeed /ɪn'diːd/ *a plusieurs sens :*

1 indeed *peut signifier* en effet *ou* effectivement.

▷ The hotel was indeed excellent. L'hôtel était en effet excellent.

2 indeed *peut signifier* bien sûr.

▷ Are you coming? – Yes, indeed! Est-ce que tu viens ? – Bien sûr !

3 indeed *peut signifier* vraiment.

▷ He is very clever indeed. Il est vraiment intelligent.

▷ Thank you very much indeed. Merci mille fois.

indefinite /ɪn'defɪnɪt/ indéfini.

indefinitely /ɪn'defɪnɪtlɪ/ indéfiniment.

independence /ˌɪndɪ'pendəns/ indépendance.

► Independence Day fête de l'Indépendance américaine (le 4 juillet).

> Notez la différence d'orthographe entre l'anglais et le français.

independent /ˌɪndɪ'pendənt/ indépendant.

> Notez la différence d'orthographe entre l'anglais et le français.

India /'ɪndɪə/ Inde.

> En général, en anglais, on ne met pas d'article défini devant les noms de pays et de continents.

Indian /'ɪndɪən/ Indien *ou* indien.

> En anglais, les adjectifs de nationalité s'écrivent avec une majuscule.

indicate /'ɪndɪkeɪt/ *a plusieurs catégories grammaticales :*

> *Ce peut être un* VERBE TRANSITIF :

► indicate something indiquer quelque chose.

> *Ce peut être un* VERBE INTRANSITIF :

indicate *signifie* mettre son clignotant.

> Au sens de « mettre son clignotant », indicate n'est pas employé en anglais américain : aux États-Unis, on dit signal.

indicator /'ɪndɪkeɪtəʳ/ *a plusieurs sens :*

1 indicator *peut signifier* indicateur.

2 indicator *peut signifier* clignotant.

> Au sens de « clignotant », indicator n'est pas employé en anglais américain : aux États-Unis, on dit signal light.

indirectly /ˌɪndɪ'rektlɪ/ indirectement.

individual /ˌɪndɪ'vɪdjʊəl/ *a plusieurs catégories grammaticales et plusieurs sens :*

> *Ce peut être un* NOM :

individual *signifie* individu.

> *Ce peut être un* ADJECTIF :

1 individual *peut signifier* individuel.

2 individual *peut signifier* personnel.

indoor /'ɪndɔːʳ/ *a plusieurs sens :*

1 indoor *peut signifier* d'intérieur.

2 indoor *peut signifier* couvert (en parlant d'une piscine ou d'un court de tennis).

► indoor sport sport en salle.

indoors /ɪn'dɔːz/ à l'intérieur.

industrial /ɪn'dʌstrɪəl/ industriel.

industry /'ɪndəstrɪ/ industrie.

inefficient /ˌɪnɪ'fɪʃənt/ inefficace.

inequality /ˌɪnɪ'kwɒlɪtɪ/ inégalité.

inexperienced /ˌɪnɪks'pɪərɪənst/ inexpérimenté.

infant /'ɪnfənt/ nouveau-né *ou* nourrisson *ou* enfant en bas âge.

infect /ɪn'fekt/ infecter.

infectious /ɪn'fekʃəs/ infectieux *ou* contagieux

inferior /ɪn'fɪərɪəʳ/ *a plusieurs catégories grammaticales et plusieurs sens :*

> *Ce peut être un* NOM :

inferior *signifie* inférieur *ou* subalterne.

> *Ce peut être un* ADJECTIF :

inferior *signifie* inférieur *ou* de qualité inférieure.

infinite /'ɪnfɪnɪt/ infini.

infinitely /'ɪnfɪnɪtlɪ/ infiniment.

infirmary /ɪn'fɜːmərɪ/ hôpital.

inflatable /ɪn'fleɪtɪbl/ gonflable.

inflate /ɪn'fleɪt/ gonfler.

influence /ˈɪnflʊəns/ *a plusieurs catégories grammaticales :*

> *Ce peut être un* NOM :

influence *signifie* influence.

> *Ce peut être un* VERBE :

influence *signifie* influencer.

inform /ɪnˈfɔːm/ informer.

► **keep somebody informed** tenir quelqu'un au courant.

informal /ɪnˈfɔːməl/ *a plusieurs sens :*

1 **informal** *peut signifier* simple *ou* sans cérémonie *ou* décontracté.

2 **informal** *peut signifier* familier (en parlant d'une expression ou d'un mot).

information /ˌɪnfəˈmeɪʃən/ renseignements *ou* informations.

► **a piece of information** un renseignement *ou* une information.

▷ I need some information. J'ai besoin d'information.

ℹ Information est non dénombrable : il ne peut pas se mettre au pluriel, ni s'employer avec l'article an.

infrared /ˈɪnfrəˈred/ infrarouge.

infuriating /ɪnˈfjʊərɪeɪtɪŋ/ exaspérant.

inhabit /ɪnˈhæbɪt/ habiter *ou* habiter dans.

inhabitant /ɪnˈhæbɪtənt/ habitant.

inhale /ɪnˈheɪl/ *a plusieurs catégories grammaticales et plusieurs sens :*

> *Ce peut être un* VERBE TRANSITIF :

► **inhale something** inhaler quelque chose.

> *Ce peut être un* VERBE INTRANSITIF :

1 **inhale** *peut signifier* inspirer (au sens de « respirer »).

2 **inhale** *peut signifier* avaler la fumée (en parlant d'un fumeur).

inhaler /ɪnˈheɪləʳ/ inhalateur.

inherit /ɪnˈherɪt/ hériter *ou* hériter de.

inheritance /ɪnˈherɪtəns/ héritage.

initial /ɪˈnɪʃəl/ *a plusieurs catégories grammaticales :*

> *Ce peut être un* NOM :

initials *signifie* initiales.

> *Ce peut être un* ADJECTIF :

initial *signifie* initial.

> *Ce peut être un* VERBE :

► **initial something** mettre ses initiales sur quelque chose.

initially /ɪˈnɪʃəlɪ/ au début.

injection /ɪnˈdʒekʃən/ injection *ou* piqûre.

injure /ˈɪndʒəʳ/ blesser.

injuries /ˈɪndʒərɪz/ *est le pluriel de* **injury**.

injury /ˈɪndʒərɪ/ blessure.

ink /ɪŋk/ encre.

inn /ɪn/ auberge.

inner /ˈɪnəʳ/ *a plusieurs sens :*

1 **inner** *peut signifier* intérieur.

2 **inner** *peut signifier* intime *(en parlant de sentiments ou de pensées intimes).*

innovative /ˈɪnəˌveɪtɪv/ novateur.

inquire /ɪnˈkwaɪəʳ/ demander.

► **inquire about something** se renseigner sur quelque chose.

inquiries /ɪŋˈkwaɪərɪz/ *est le pluriel de* **inquiry**.

inquiry /ɪŋˈkwaɪərɪ/ *a plusieurs sens :*

1 **inquiry** *peut signifier* demande de renseignements.

► **make inquiries** demander des renseignements.

2 **inquiry** *peut signifier* enquête (sur un meurtre, par exemple).

inquisitive /ɪnˈkwɪzɪtɪv/ curieux (= qui cherche à savoir).

insane /ɪnˈseɪn/ fou.

insanity /ɪnˈsænɪtɪ/ folie.

insect /ˈɪnsekt/ insecte.

insecure /ˌɪnsɪˈkjʊəʳ/ mal dans sa peau.

insensitive /ɪnˈsensɪtɪv/ insensible.

insert /ɪnˈsɜːt/ insérer.

inside /ɪn'saɪd/ *a plusieurs catégories grammaticales et plusieurs sens :*

> *Ce peut être une* PRÉPOSITION :

1 **inside** *peut signifier* à l'intérieur de *ou* dans.
▷ It's inside the box. C'est à l'intérieur de la boîte.

2 **inside** *peut signifier* en moins de.
▷ The work was finished inside a year. On a fini le travail en moins d'un an.

> *Ce peut être un* ADVERBE :

inside *signifie* à l'intérieur *ou* dedans.
▷ She's inside. Elle est à l'intérieur.
▷ Look inside! Regarde dedans !
▷ Come inside! Entrez !

> *Ce peut être un* ADJECTIF :

inside *signifie* intérieur.

> *Ce peut être un* NOM :

inside *signifie* intérieur.
► **on the inside** à l'intérieur.
▷ Your socks are inside out. Tes chaussettes sont à l'envers.
▷ She turned the bag inside out. Elle a retourné le sac.
▷ I know him inside out. Je le connais à fond.

insight /'ɪnsaɪt/ aperçu.

insignificant /ˌɪnsɪg'nɪfɪkənt/ insignifiant.

insincere /ˌɪnsɪn'sɪəʳ/
► **be insincere** manquer de sincérité.

insist /ɪn'sɪst/ insister.
► **insist on doing something** insister pour faire quelque chose.

inspect /ɪn'spekt/ inspecter *ou* examiner.

inspector /ɪn'spektəʳ/ inspecteur.

inspire /ɪn'spaɪəʳ/ inspirer.
► **inspire somebody to do something** donner envie à quelqu'un de faire quelque chose.

install /ɪn'stɔːl/ installer.

instalment /ɪn'stɔːlmənt/ *a plusieurs sens :*

1 **instalment** *peut signifier* acompte *ou* versement.
► **pay in instalments** payer en plusieurs versements.

2 **instalment** *peut signifier* épisode (d'un feuilleton).

> En anglais américain, ce mot s'écrit installment.

instance /'ɪnstəns/ cas *ou* exemple.
► **for instance** par exemple.

instant /'ɪnstənt/ *a plusieurs catégories grammaticales et plusieurs sens :*

> *Ce peut être un* ADJECTIF :

instant *signifie* instantané *ou* immédiat.
► **instant coffee** café soluble.

> *Ce peut être un* NOM :

instant *signifie* instant.
▷ Come here this instant! Viens ici tout de suite !

instantly /'ɪnstəntlɪ/ immédiatement.

instead /ɪn'sted/ *a le sens de « au lieu de cela » :*
▷ I didn't go home, I went to the park instead. Au lieu de rentrer, je suis allé au parc.
▷ If you don't want wine, have some water instead. Si vous ne voulez pas boire de vin, prenez plutôt de l'eau.
► **instead of** au lieu de *ou* à la place de.
▷ She stayed at home instead of going to the office. Elle est restée à la maison au lieu d'aller au bureau.
▷ He came at 9 instead of 10. Il est arrivé à 9 heures au lieu de 10 heures.
▷ John came instead of Peter. John est venu à la place de Peter.

institute /'ɪnstɪtjuːt/ institut.

instruct /ɪn'strʌkt/ *a plusieurs sens :*

1 ► **instruct somebody** instruire quelqu'un.

2 ► **instruct somebody to do something** charger quelqu'un de faire quelque chose.

instructor /ɪn'strʌktəʳ/ moniteur (d'auto-école, de ski).

insult *a plusieurs catégories grammaticales :*

> *Ce peut être un* NOM, *qui se prononce* /'ɪnsʌlt/ :

insult *signifie* insulte.

> *Ce peut être un* VERBE, *qui se prononce* /ɪn'sʌlt/ :

► **insult somebody** insulter quelqu'un.

insurance /ɪn'ʃʊərəns/ assurance (contre le vol, l'incendie, etc.).

integrate /'ɪntɪgreɪt/ intégrer *ou* s'intégrer.

intend /ɪn'tend/ *a plusieurs sens :*

1 ► **intend to do something** *ou* **intend doing something** avoir l'intention de faire quelque chose.

2 ► **be intended for...** être destiné à...
► **be intended to do something** être destiné à faire quelque chose.

intensive /ɪn'tensɪv/ intensif.

► **intensive care unit** unité de soins intensifs.

interact /ˌɪntər'ækt/ agir l'un sur l'autre *ou* dialoguer.

interactive /ˌɪntər'æktɪv/ interactif.

intercom /'ɪntəkɒm/ interphone.

intercourse /'ɪntəkɔːs/ rapports sexuels.

interest /'ɪntərest/ *a plusieurs catégories grammaticales et plusieurs sens :*

> *Ce peut être un* NOM :

interest *signifie* intérêt.

► **lose interest in something** se désintéresser de quelque chose.

> *Ce peut être un* VERBE :

► **interest somebody** intéresser quelqu'un.

► **be interested in...** s'intéresser à...

▷ He's not interested. Cela ne l'intéresse pas.

interesting /'ɪntərestɪŋ/ intéressant.

interfere /ˌɪntə'fɪəʳ/ *a plusieurs sens :*

1 ► **interfere in something** se mêler de quelque chose.

2 ► **interfere with something** gêner quelque chose (les projets de quelqu'un) *ou* déranger quelque chose (la routine, le sommeil de quelqu'un.)

interference /ˌɪntə'fɪərəns/ *a plusieurs sens :*

1 interference *peut signifier* ingérence.

2 interference *peut signifier* parasites (à la radio).

interior /ɪn'tɪərɪəʳ/ intérieur.

intermediate /ˌɪntə'miːdɪət/ *a plusieurs sens :*

1 intermediate *peut signifier* intermédiaire.

2 intermediate *peut signifier* moyen *ou* de niveau moyen.

internal /ɪn'tɜːnl/ interne.

Internet /'ɪntəˌnet/ Internet.

► **Internet café** cybercafé.

► **Internet user** internaute.

interpreter /ɪn'tɜːprɪtəʳ/ interprète.

interrupt /ˌɪntə'rʌpt/ interrompre.

interval /'ɪntəvəl/ *a plusieurs sens :*

1 interval *peut signifier* intervalle.

2 interval *peut signifier* entracte.

interview /'ɪntəvjuː/ *a plusieurs catégories grammaticales :*

> *Ce peut être un* NOM :

interview *signifie* entretien *ou* entrevue *ou* interview.

> *Ce peut être un* VERBE :

► **interview somebody** faire passer un entretien à quelqu'un *ou* interviewer quelqu'un.

intimate /'ɪntɪmɪt/ intime.

into /'ɪntʊ/ *a plusieurs sens :*

1 into *indique un* changement de position ou d'endroit :

▷ He came into the kitchen. Il est entré dans la cuisine.

▷ She went into town. Elle est allée en ville.

▷ I got into the car. Je suis monté dans la voiture.

▷ He poured the milk into the bowl. Il a versé le lait dans le bol.

2 into *indique un* changement d'état :

▷ He translated it into Spanish. Il l'a traduit en espagnol.

▷ She changed dollars into euros. Elle a changé des dollars en euros.

▷ Cut it into triangles. Coupez-le en triangles.

3 ► **be into something** être fan de quelque chose.

intricate /'ɪntrɪkɪt/ complexe (adjectif).

intrigue /ɪn'triːg/ *a plusieurs catégories grammaticales :*

> *Ce peut être un* NOM :

intrigue *signifie* intrigue.

> *Ce peut être un* VERBE :

► **intrigue somebody** intriguer quelqu'un.

introduce /ˌɪntrə'djuːs/ *a plusieurs sens :*

1 ► **introduce somebody** présenter quelqu'un.

▷ She introduced him to her father. Elle l'a présenté à son père.

2 ► **introduce somebody to something** initier quelqu'un à quelque chose.

3 ► **introduce something** introduire quelque chose.

> Introduce ne signifie pas toujours « introduire ».

introduction /ˌɪntrəˈdʌkʃən/ *a plusieurs sens :*

1 introduction *peut signifier* introduction.

2 introduction *peut signifier* présentation (d'une personne à une autre).

invade /ɪnˈveɪd/ envahir.

invalid *se prononce de deux façons et a des sens différents selon la prononciation :*

/ˈɪnvəlɪd/ (l'accent est sur la première syllabe in-)

> *C'est un* NOM :

invalid *signifie* invalide *ou* malade.

/ɪnˈvælɪd/ (l'accent est sur la deuxième syllabe -va-)

> *C'est un* ADJECTIF :

invalid *signifie* non valide.

invaluable /ɪnˈvæljʊəbl/ précieux.

invent /ɪnˈvent/ inventer.

inventor /ɪnˈventəʳ/ inventeur.

invert /ɪnˈvɜːt/ inverser *ou* intervertir.

inverted commas /ɪnˌvɜːtɪd ˈkɒməz/ guillemets.

invest /ɪnˈvest/ investir.

investigate /ɪnˈvestɪgeɪt/ enquêter sur.

investigation /ɪnˌvestɪˈgeɪʃən/ enquête (policière).

investment /ɪnˈvestmənt/ investissement.

invite /ɪnˈvaɪt/ inviter.

► invite somebody to dinner inviter quelqu'un à dîner.

invoice /ˈɪnvɔɪs/ facture.

involve /ɪnˈvɒlv/ *a plusieurs sens :*

1 ► involve something impliquer quelque chose *ou* nécessiter quelque chose.

▷ There's a lot of work involved. Cela implique beaucoup de travail.

2 ► get involved in something *peut signifier* s'engager dans quelque chose.

3 ► get involved in something *peut signifier* se laisser entraîner dans quelque chose.

inwards /ˈɪnwədz/ vers l'intérieur.

Ireland /ˈaɪələnd/ Irlande.

ℹ En général, en anglais, on ne met pas d'article défini devant les noms de pays et de continents.

Irish /ˈaɪərɪʃ/ irlandais *ou* Irlandais.

► The Irish les Irlandais.

ℹ En anglais, les adjectifs de nationalité et les noms de langues s'écrivent avec une majuscule.

iron /ˈaɪən/ *a plusieurs catégories grammaticales et plusieurs sens :*

> *Ce peut être un* NOM :

1 iron *peut signifier* fer (le métal).

2 iron *peut signifier* fer à repasser.

> *Ce peut être un* ADJECTIF :

iron *signifie* en fer *ou* de fer.

> *Ce peut être un* VERBE :

iron *signifie* repasser (des vêtements, etc.).

ironing /ˈaɪənɪŋ/ repassage.

► do the ironing repasser.

► ironing board planche à repasser.

ℹ Ironing est aussi une forme du verbe iron :
▷ He was ironing his shirt. Il repassait sa chemise.

irony /ˈaɪərənɪ/ ironie.

irregular /ɪˈregjʊləʳ/ irrégulier.

irritate /ˈɪrɪteɪt/ irriter *ou* énerver.

irritating /ˈɪrɪteɪtɪŋ/ irritant.

ℹ Irritating est aussi une forme du verbe irritate :
▷ You're irritating me. Tu m'énerves.

is /ɪz/ *est la troisième personne du singulier du présent du verbe* be.

▷ He is French. Il est français.

▷ She is pretty. Elle est jolie.

▷ It is very important. C'est très important.

island /ˈaɪlənd/ île.

isle /aɪl/ île.

isn't /ˈɪznt/ *est la contraction de* is not.

▷ He isn't here. Il n'est pas là.

▷ She isn't very happy. Elle n'est pas très contente.

▷ It isn't fair. Ce n'est pas juste.

isolated /'aɪsəʊleɪtɪd/ isolé (au sens de « éloigné »).

Israeli /ɪz'reɪlɪ/ Israélien *ou* israélien.

> **i** En anglais, les adjectifs de nationalité commencent par une majuscule.

issue /'ɪʃuː/ *a plusieurs catégories grammaticales et plusieurs sens :*

> *Ce peut être un* NOM :

1 issue *peut signifier* question *ou* problème.
► **an important issue** une question importante *ou* un problème important.

2 issue *peut signifier* numéro (d'un journal ou d'un magazine).

> Le mot anglais issue ne signifie pas « issue ».

> *Ce peut être un* VERBE :

1 ► **issue something** *peut signifier* publier quelque chose *ou* émettre quelque chose.

2 ► **issue a statement** faire une déclaration.

it /ɪt/ *a plusieurs sens :*

1 it *est le pronom personnel représentant les objets et les animaux non familiers :*
▷ I've lost my bag. Have you seen it? J'ai perdu mon sac. Tu l'as vu ?
▷ Give it to me! Donne-le-moi !
▷ He got off the horse and gave it a drink. Il est descendu du cheval et lui a donné à boire.
▷ Here's the bowl. Put the milk in it. Voici le bol. Mets le lait dedans.

2 it *sert de sujet aux tournures impersonnelles et de pronom démonstratif :*
▷ It's raining. Il pleut.
▷ It's three o'clock. Il est trois heures.
▷ It's Sunday. C'est dimanche.
▷ It isn't fair. Ce n'est pas juste.
▷ Who is it? Qui c'est ?
▷ It's me! C'est moi !

Italian /ɪ'tæljən/ italien *ou* Italien.

> **i** En anglais, les adjectifs de nationalité et les noms de langues s'écrivent avec une majuscule.

italics /ɪ'tælɪks/
► **in italics** en italique.

Italy /'ɪtəlɪ/ Italie.

> **i** En général, en anglais, on ne met pas d'article défini devant les noms de pays et de continents.

itch /ɪtʃ/ *a plusieurs catégories grammaticales et plusieurs sens :*

> *Ce peut être un* NOM :

itch *signifie* démangeaison.

> *Ce peut être un* VERBE :

1 itch *signifie* avoir des démangeaisons.
▷ My back itches. Mon dos me démange.

2 ► **be itching to do something** mourir d'envie de faire quelque chose.

it'd /'ɪtd/ *est la contraction de* it had *ou* it would.
▷ It'd (= it had) gone. C'était parti.
▷ It'd (= it would) be a good idea. Ce serait une bonne idée.

item /'aɪtəm/ article (= objet).
► **an item of clothing** un vêtement.

itinerary /aɪ'tɪnərərɪ/ itinéraire.

it'll /'ɪtl/ *est la contraction de* it will.
▷ It'll be too late. Ce sera trop tard.

its /ɪts/ *est l'adjectif possessif qui s'applique à une chose ou à un animal. Il correspond à* son, sa, ses *en français.*
▷ Its lid has fallen off. Son couvercle est tombé.
▷ Its ears are very long. Ses oreilles sont très longues.
▷ The dog has hurt its paw. Le chien s'est blessé la patte.

> **i** En anglais, on emploie l'adjectif possessif (my, her, his, its, etc.) et non pas l'article défini (the) avant une partie du corps quand c'est le complément d'objet.

> Ne pas confondre its (= son, sa, ses) et it's (contraction de it is ou de it has).

it's /ɪts/ *est la contraction de* it is *ou* it has.
▷ It's (= it is) not fair. Ce n'est pas juste.
▷ It's (= it has) changed. Ça a changé.

> Ne pas confondre it's (contraction de it is ou de it has) et its (son, sa, ses).

itself /ɪt'self/ *a plusieurs sens :*

1 itself *est le pronom personnel complément d'un verbe réfléchi qu'on emploie pour un objet ou un animal :*
▷ The cat was washing itself. Le chat se lavait.

2 **itself** *peut suivre une préposition :*

▷ The team is proud of itself. L'équipe est fière d'elle.

▷ The door closed by itself. La porte s'est fermée toute seule.

I've /aɪv/ *est la contraction de* **I have**.

▷ I've forgotten his name. J'ai oublié son nom.

ivory /ˈaɪvərɪ/ ivoire.

ivy /ˈaɪvɪ/ lierre.

J

ANGLAIS — FRANÇAIS

La lettre J se prononce /dʒei/ en anglais.
J rime avec day, stay et play.

jack /dʒæk/ *a plusieurs sens :*

1 jack *peut signifier* cric (= pour réparer les pneus).

2 jack *peut signifier* valet (= carte à jouer).

jacket /ˈdʒækɪt/ veste *ou* blouson.

► jacket potato pomme de terre en robe des champs.

jackpot /ˈdʒækpɒt/ gros lot.

jail /dʒeɪl/ *a plusieurs catégories grammaticales :*

> *Ce peut être un* NOM :

jail *signifie* prison.

> *Ce peut être un* VERBE :

► jail somebody mettre quelqu'un en prison.

jam /dʒæm/ *a plusieurs catégories grammaticales et plusieurs sens :*

> *Ce peut être un* NOM :

1 jam *peut signifier* confiture.

► jam jar pot à confiture.

2 jam *peut signifier* embouteillage.

> *Ce peut être un* VERBE TRANSITIF :

1 ► jam something *peut signifier* bloquer quelque chose *ou* coincer quelque chose.

2 ► jam something *peut signifier* encombrer quelque chose.

3 ► jam something into something entasser quelque chose dans quelque chose *ou* fourrer quelque chose dans quelque chose.

> *Ce peut être un* VERBE INTRANSITIF :

jam *signifie* se coincer *ou* se bloquer.

January /ˈdʒænjʊərɪ/ janvier.

ℹ En anglais, les noms de mois commencent toujours par une majuscule.

Japan /dʒəˈpæn/ Japon.

ℹ En général, en anglais, on ne met pas d'article défini devant les noms de pays et de continents.

Japanese /ˌdʒæpəˈniːz/ japonais *ou* Japonais.

► the Japanese les Japonais.

ℹ En anglais, les adjectifs de nationalité et les noms de langues s'écrivent avec une majuscule.

jar /dʒɑːʳ/ bocal *ou* pot.

javelin /ˈdʒævlɪn/ javelot.

jaw /dʒɔː/ mâchoire.

jealous /ˈdʒeləs/ jaloux.

jealousy /ˈdʒeləsɪ/ jalousie.

jeans /dʒiːnz/ jean.

► a pair of jeans un jean.

jelly /ˈdʒelɪ/ gelée.

jellyfish /ˈdʒelɪfɪʃ/ méduse.

jetlag /ˈdʒetlæg/ fatigue due au décalage horaire.

Jew /dʒuː/ Juif.

jewel /ˈdʒuːəl/ bijou.

jeweller /ˈdʒuːələʳ/ bijoutier.

► jeweller's *ou*
► jeweller's shop bijouterie.

En anglais américain, ce mot s'écrit avec un seul l : jeweler.

jewellery /ˈdʒuːəlrɪ/ bijoux.

► a piece of jewellery un bijou.

Jewellery est non dénombrable : il ne peut pas se mettre au pluriel, ni s'employer avec l'article a.

En anglais américain, ce mot s'écrit jewelry.

Jewish /ˈdʒuːɪʃ/ juif.

En anglais, les adjectifs de religion s'écrivent avec une majuscule.

jigsaw /ˈdʒɪɡˌsɔː/ puzzle.

job /dʒɒb/ emploi *ou* travail.

▷ He hasn't got a job. Il est sans emploi.
▷ That's not my job. Ce n'est pas mon travail.
▷ He made a good job of it. Il a fait du bon travail.

jobless /ˈdʒɒbləs/ sans emploi.

jog /dʒɒɡ/ *a plusieurs catégories grammaticales et plusieurs sens :*

> *Ce peut être un* NOM :

► go for a jog aller faire un jogging.

> *Ce peut être un* VERBE TRANSITIF :

► jog somebody's memory rafraîchir la mémoire de quelqu'un.

> *Ce peut être un* VERBE INTRANSITIF :

jog *signifie* faire du jogging.

jogging /ˈdʒɒɡɪŋ/ jogging (= activité).

► go jogging faire du jogging.
► jogging suit jogging (= survêtement).

join /dʒɔɪn/ *a plusieurs catégories grammaticales et plusieurs sens :*

> *Ce peut être un* VERBE TRANSITIF :

1 ► join two things *ou* join two things together joindre deux choses *ou* relier deux choses.

2 ► join somebody rejoindre quelqu'un.

▷ Would you like to join us for dinner? Voulez-vous venir dîner avec nous ?

3 ► join something *peut signifier* adhérer à quelque chose (un club, un parti politique) *ou* devenir membre de quelque chose (un organisme, une équipe).

► join the army s'engager dans l'armée.

> *Ce peut être un* VERBE INTRANSITIF :

1 join *peut signifier* se rejoindre.

2 join *peut signifier* adhérer *ou* devenir membre.

3 ► join in participer.

> *Ce peut être un* NOM :

join *signifie* raccord.

joint /dʒɔɪnt/ *a plusieurs catégories grammaticales :*

> *Ce peut être un* NOM :

1 joint *peut signifier* articulation (entre deux os).

2 joint *peut signifier* rôti (= morceau de viande).

> *Ce peut être un* ADJECTIF :

joint *signifie* commun *ou* collectif.

joke /dʒəʊk/ *a plusieurs catégories grammaticales :*

> *Ce peut être un* NOM :

joke *signifie* plaisanterie *ou* blague.

> *Ce peut être un* VERBE :

joke *signifie* plaisanter.

jolly /ˈdʒɒlɪ/ jovial.

Jordan /ˈdʒɔːdn/ Jordanie.

En général, en anglais, on n'emploie pas d'article défini devant les noms de pays et de continents.

journal /ˈdʒɜːnl/ *a plusieurs sens :*

1 journal *peut signifier* revue (= périodique).

2 journal *peut signifier* journal intime.

journalist /ˈdʒɜːnəlɪst/ journaliste.

journey /ˈdʒɜːnɪ/ voyage *ou* trajet.

► go on a journey partir en voyage.

Journey ne signifie pas « journée ».

joy /dʒɔɪ/ joie.

joystick /ˈdʒɔɪstɪk/ manette (de jeu vidéo).

judge /dʒʌdʒ/ *a plusieurs catégories grammaticales :*

> *Ce peut être un* NOM :

judge *signifie* juge.

> *Ce peut être un* VERBE :

judge *signifie* juger.

judgement, judgment /ˈdʒʌdʒmənt/ jugement.

jug /dʒʌg/ pot *ou* pichet *ou* carafe.

juggle /ˈdʒʌgl/ jongler.

juice /dʒuːs/ jus.

► **fruit juice** jus de fruits.

juicy /ˈdʒuːsɪ/ juteux.

July /dʒuːˈlaɪ/ juillet.

ℹ En anglais, les noms de mois s'écrivent toujours avec une majuscule.

jumble /ˈdʒʌmbl/ *a plusieurs catégories grammaticales et plusieurs sens :*

> *Ce peut être un* NOM :

1 **jumble** *signifie* fouillis.

2 *En Grande-Bretagne,* ► **jumble sale** *signifie* vente de charité.

> *Ce peut être un* VERBE :

3 ► **jumble things** *ou* **jumble things up** mélanger des choses.

jump /dʒʌmp/ *a plusieurs catégories grammaticales et plusieurs sens :*

> *Ce peut être un* NOM :

1 **jump** *peut signifier* saut *ou* bond.

2 **jump** *peut signifier* obstacle (dans une course).

> *Ce peut être un* VERBE INTRANSITIF :

jump *signifie* sauter *ou* sursauter.

▷ The noise made me jump. Le bruit m'a fait peur.

> *Ce peut être un* VERBE TRANSITIF :

► **jump something** sauter quelque chose.

jumper /ˈdʒʌmpəʳ/ *a plusieurs sens :*

1 *En anglais britannique,* **jumper** *signifie* pullover.

2 *En anglais américain,* **jumper** *signifie* robe chasuble.

June /dʒuːn/ juin.

ℹ En anglais, les noms de mois s'écrivent toujours avec une majuscule.

junior /ˈdʒuːnɪəʳ/ *a plusieurs catégories grammaticales et plusieurs sens :*

> *Ce peut être un* ADJECTIF :

1 **junior** *peut signifier* jeune.

2 **junior** *peut signifier* subalterne.

3 *En sport,* **junior** *signifie* junior.

> *Ce peut être un* NOM :

1 **junior** *peut signifier* cadet.

2 *En sport,* **junior** *signifie* junior.

3 *En anglais britannique,* **junior** *signifie* élève du primaire.

4 *En anglais américain,* **a junior** *est un élève ou un étudiant d'avant-dernière année.*

junk /dʒʌŋk/ *a plusieurs sens :*

1 **junk** *peut signifier* bric-à-brac.

► **junk shop** brocante.

2 **junk** *peut signifier* choses sans valeur.

3 ► **junk food** *signifie* aliments industriels *ou* aliments peu nutritifs.

just /dʒʌst/ *a plusieurs catégories grammaticales et plusieurs sens :*

> *Ce peut être un* ADVERBE :

1 **just** *peut avoir le sens de* « tout à fait » *ou* « exactement » :

▷ It's just what I wanted. C'est exactement ce que je voulais.

▷ You're just in time. Tu arrives juste à temps.

▷ It's just as big as mine. C'est tout aussi grand que le mien.

2 **just** *peut avoir le sens de* « un petit peu » *ou* « juste » :

▷ It was just before Easter. C'était juste avant Pâques.

▷ It's just after the church. C'est juste après l'église.

▷ It cost just over 10 euros. Cela coûtait un peu plus de 10 euros.

3 **just** *peut avoir le sens de* « simplement » :

▷ I just want to see him. Je veux simplement le voir.

▷ It's just a rumour. Ce n'est qu'une rumeur.

4 **just** *peut avoir le sens de* « à peine » :

▷ I could only just hear him. Je l'entendais à peine.

▷ He only just caught the train. Il a eu son train de justesse.

5 **just** *peut avoir le sens de* « maintenant » *ou* « à l'instant » :

▷ He arrived just as I was leaving. Il est arrivé au moment où je partais.

▷ She was just about to go. Elle était sur le point de partir.

6 ► **have just...** *est employé pour parler de ce qu'on* vient de faire.

▷ She has just left. Elle vient de partir.

▷ I had just gone to bed. Je venais de me coucher.

> *Ce peut être un* ADJECTIF :

just *signifie* juste *ou* équitable.

justify /ˈdʒʌstɪfaɪ/ justifier.

K

ANGLAIS — FRANÇAIS

La lettre **K** se prononce /kei/ en anglais.
K rime avec **day**, **stay** et **play**.

kangaroo /ˌkæŋgəˈruː/ kangourou.

keen /kiːn/ *a plusieurs sens :*

1 **keen** *peut signifier* enthousiaste.

► **be keen on something** être passionné de quelque chose.

► **be keen to do something** tenir à faire quelque chose.

2 **keen** *peut signifier* vif (en parlant d'un désir, d'un intérêt, etc.).

keep /kiːp/ *a plusieurs catégories grammaticales et plusieurs sens :*

> *Ce peut être un* VERBE TRANSITIF :

1 ► **keep something** *peut signifier* garder quelque chose.

▷ You can keep the pen. Tu peux garder le stylo.

▷ You must keep it in a cold place. Il faut le garder au froid.

2 ► **keep somebody** *peut signifier* retenir quelqu'un.

► **keep somebody waiting** faire attendre quelqu'un.

► **keep somebody from doing something** empêcher quelqu'un de faire quelque chose.

3 ► **keep something from somebody** cacher quelque chose à quelqu'un.

4 ► **keep somebody** *peut signifier* subvenir aux besoins de quelqu'un.

5 ► **keep something** *peut signifier* tenir quelque chose (un journal, un magasin, une promesse).

6 ► **keep animals** élever des animaux.

> *Ce peut être un* VERBE INTRANSITIF :

1 ► **keep doing something** continuer de faire quelque chose.

▷ She kept working. Elle a continué de travailler.

▷ He keeps asking me questions. Il n'arrête pas de me poser des questions.

2 **keep** *peut signifier* se conserver.

▷ Eat it now, it doesn't keep. Mangez-le tout de suite, ça ne se conserve pas.

3 **keep** peut être suivi d'un adjectif :

► **keep warm** se tenir au chaud.

► **keep quiet** se taire.

► **keep calm** rester calme.

Phrasal verbs

Le verbe keep peut être suivi d'une préposition, telle que on ou up, et dans ce cas, il peut avoir des sens différents. C'est ce qu'on appelle, en anglais, un phrasal verb.

KEEP ON :

► **keep on** continuer.

► **keep on doing something** continuer à faire quelque chose.

KEEP OUT :

▷ Keep out! Défense d'entrer !

KEEP UP :

► **keep up with somebody** aller aussi vite que quelqu'un *ou* se maintenir au niveau de quelqu'un.

▷ I can't keep up with you. Je ne peux pas te suivre.

keep-fit /kiːpˈfɪt/ gymnastique d'entretien.

kennel /ˈkenl/ niche (d'un chien).

► **kennels** chenil.

kept /kept/ *est le prétérit et le participe passé du verbe* **keep**.

▷ I kept a seat for you. Je t'ai gardé une place.

▷ He has kept the letter. Il a gardé la lettre.

kerb /kɜːb/ bord du trottoir.

> En anglais américain, ce mot s'écrit curb.

kettle /ˈketl/ bouilloire.

key /kiː/ *a plusieurs sens :*

1 **key** *peut signifier* clé.

► **key ring** porte-clés.

2 **key** *peut signifier* touche (d'un clavier).

keyboard /ˈkiːbɔːd/ clavier.

keyhole /ˈkiːhəʊl/ trou de serrure.

keypad /ˈkiːpæd/ pavé numérique.

kick /kɪk/ *a plusieurs catégories grammaticales :*

> *Ce peut être un* NOM :

kick *signifie* coup de pied.

> *Ce peut être un* VERBE :

► **kick somebody** donner un coup de pied à quelqu'un.

► **kick a ball** taper dans un ballon.

▷ She kicked the ball over the fence. Elle a envoyé le ballon au-dessus de la clôture.

kid /kɪd/ *a plusieurs catégories grammaticales et plusieurs sens :*

> *Ce peut être un* NOM :

1 **kid** *peut signifier* enfant.

2 **kid** *peut signifier* chevreau.

> *Ce peut être un* VERBE :

kid *signifie* plaisanter.

▷ I was only kidding! J'ai dit ça pour plaisanter !

kidnap /ˈkɪdnæp/ kidnapper.

kidney /ˈkɪdnɪ/ rein *ou* rognon.

kill /kɪl/ tuer.

killer /ˈkɪləʳ/ assassin *ou* tueur.

kind /kaɪnd/ *a plusieurs catégories grammaticales :*

> *Ce peut être un* NOM :

kind *signifie* genre *ou* type *ou* sorte.

▷ What kind of car is it? Qu'est-ce que c'est comme voiture ?

> *Ce peut être un* ADJECTIF :

kind *signifie* gentil *ou* aimable.

► **be kind to somebody** être gentil avec quelqu'un.

kindergarten /ˈkɪndəˌgɑːtn/ jardin d'enfants.

kindness /ˈkaɪndnɪs/ gentillesse.

king /kɪŋ/ roi.

kingdom /ˈkɪŋdəm/ royaume.

kiosk /ˈkiːɒsk/ *a plusieurs sens :*

1 **kiosk** *peut signifier* kiosque.

2 **kiosk** *peut signifier* cabine téléphonique.

> Au sens de « cabine téléphonique », kiosk n'est pas employé en anglais américain : aux États-Unis, on dit booth.

kiss /kɪs/ *a plusieurs catégories grammaticales :*

> *Ce peut être un* NOM :

kiss *signifie* baiser.

> *Ce peut être un* VERBE TRANSITIF :

► **kiss somebody** embrasser quelqu'un.

> *Ce peut être un* VERBE INTRANSITIF :

kiss *signifie* s'embrasser.

kit /kɪt/ *a plusieurs sens :*

1 **kit** *peut signifier* trousse.

2 **kit** *peut signifier* affaires (pour jouer au sport).

► **football kit** affaires de football.

3 **kit** *peut signifier* kit.

kitchen /ˈkɪtʃɪn/ cuisine (= la pièce où l'on fait la cuisine).

kite /kaɪt/ cerf-volant.

kitten /ˈkɪtn/ chaton.

knee /niː/ genou.

kneel /niːl/ s'agenouiller *ou* être agenouillé.

► **kneel down** s'agenouiller.

knelt /nelt/ *est le prétérit et le participe passé du verbe* **kneel**.

▷ He knelt down. Il s'est agenouillé.

knew /njuː/ *est le prétérit du verbe* **know**.

▷ He knew what he wanted. Il savait ce qu'il voulait.

knickers /'nɪkəz/ *a plusieurs sens :*

1 *En anglais britannique,* knickers *signifie* petite culotte.

► **a pair of knickers** une culotte.

2 *En anglais américain,* knickers *signifie* pantalon de golf.

knife /naɪf/ couteau.

knight /naɪt/ *a plusieurs sens :*

1 knight *peut signifier* chevalier.

2 *Aux échecs,* knight *signifie* cavalier.

knit /nɪt/ tricoter.

knives /naɪvz/ *est le pluriel du mot* knife.

► **knives and forks** couteaux et fourchettes.

knob /nɒb/ bouton (d'un tiroir, d'une porte, d'un appareil).

knock /nɒk/ *a plusieurs catégories grammaticales :*

> *Ce peut être un* NOM :

knock *signifie* coup (= action de frapper).

> *Ce peut être un* VERBE TRANSITIF :

► **knock something** frapper quelque chose.

▷ He knocked the lamp off the table. Il a fait tomber la lampe de la table.

▷ She knocked her head on the shelf. Elle s'est cogné la tête contre l'étagère.

> *Ce peut être un* VERBE INTRANSITIF :

knock *signifie* frapper.

► **knock at the door** *ou* **knock on the door** frapper à la porte.

Phrasal verbs

Le verbe knock peut être suivi d'une préposition, telle que down ou out, et dans ce cas, il peut avoir des sens différents. C'est ce qu'on appelle, en anglais, un phrasal verb.

KNOCK DOWN :

► knock somebody down renverser quelqu'un.

► knock a building down démolir un bâtiment.

KNOCK OUT :

► knock somebody out *peut signifier* assommer quelqu'un *ou* mettre quelqu'un KO.

► knock somebody out *peut signifier* éliminer quelqu'un (d'une compétition).

KNOCK OVER :

► knock somebody *ou* something over renverser quelqu'un *ou* quelque chose.

knot /nɒt/ nœud.

► **tie a knot** faire un nœud.

know /nəʊ/ *a plusieurs catégories grammaticales :*

> *Ce peut être un* VERBE TRANSITIF :

► **know something** savoir quelque chose *ou* connaître quelque chose.

► **know somebody** connaître quelqu'un.

▷ He knows how to drive. Il sait conduire.

▷ I don't know what to do. Je ne sais pas quoi faire.

▷ I'll let you know next week. Je te le dirai la semaine prochaine.

> *Ce peut être un* VERBE INTRANSITIF :

know *signifie* savoir.

► **know about something** être au courant de quelque chose *ou* s'y connaître en quelque chose.

▷ She doesn't know about the meeting. Elle n'est pas au courant de la réunion.

▷ She knows about computers. Elle s'y connaît en informatique.

know-how /'nəʊhaʊ/ savoir-faire.

knowledge /'nɒlɪdʒ/ connaissance *ou* connaissances.

ℹ Knowledge est non dénombrable : il ne peut pas se mettre au pluriel, ni s'employer avec l'article a.

known /nəʊn/ *est le participe passé du verbe* know.

▷ I have known him for a long time. Je le connais depuis longtemps.

▷ If I had known you were coming... Si j'avais su que tu venais...

knuckle /'nʌkl/ articulation du doigt.

Korea /kə'rɪə/ Corée.

ℹ En général, en anglais, on n'emploie pas d'article défini devant les noms de pays et de continents.

Korean /kə'rɪən/ Coréen *ou* coréen.

L

ANGLAIS — FRANÇAIS

La lettre L se prononce /el/ en anglais comme en français.

lab /læb/ laboratoire.

ℹ Lab est l'abréviation du mot laboratory.

label /'leɪbl/ *a plusieurs catégories grammaticales :*

> *Ce peut être un* NOM :

label *signifie* étiquette.

> *Ce peut être un* VERBE :

► label something étiqueter quelque chose.

labor /'leɪbəʳ/ *est l'orthographe américaine du mot* labour.

laboratory /lə'bɒrətərɪ/ laboratoire.

labour /'leɪbəʳ/ *a plusieurs catégories grammaticales et plusieurs sens :*

> *Ce peut être un* NOM :

labour *signifie* travail *ou* main-d'œuvre.

► the Labour party le parti travailliste.

> *Ce peut être un* VERBE :

labour *signifie* travailler dur.

lace /leɪs/ *a plusieurs catégories grammaticales et plusieurs sens :*

> *Ce peut être un* NOM :

1 lace *peut signifier* dentelle.

2 lace *peut signifier* lacet (de chaussure).

> *Ce peut être un* VERBE :

► lace something lacer quelque chose.

lack /læk/ *a plusieurs catégories grammaticales et plusieurs sens :*

> *Ce peut être un* NOM :

lack *signifie* manque.

> *Ce peut être un* VERBE TRANSITIF :

► lack something manquer de quelque chose.

> *Ce peut être un* VERBE INTRANSITIF :

1 ► be lacking manquer *ou* faire défaut.

2 ► be lacking in something manquer de quelque chose.

lad /læd/ garçon.

ladder /'lædəʳ/ échelle.

ladies /'leɪdɪz/ *est le pluriel de* lady.

► ladies (en anglais britannique) *ou* ladies' room (en anglais américain) toilettes pour dames.

lady /'leɪdɪ/ dame.

ladybird /'leɪdɪbɜːd/ coccinelle (en anglais britannique).

ladybug /'leɪdɪbʌg/ coccinelle (en anglais américain).

lager /'lɑːgəʳ/ bière blonde.

laid /leɪd/ *est le prétérit et le participe passé du verbe* lay.

▷ She laid the blanket on the ground. Elle a étalé la couverture par terre.

▷ He has laid the table. Il a mis la table.

lain /leɪn/ *est le participe passé du verbe* lie.

▷ The dog had lain there for hours. Le chien était resté couché là pendant des heures.

lake /leɪk/ lac.

lamb /læm/ agneau.

lame /leɪm/ boiteux.

▷ He's lame. Il boite.

lamp /læmp/ lampe.

lamppost /ˈlæmppəʊst/ réverbère.

lampshade /ˈlæmpʃeɪd/ abat-jour.

land /lænd/ *a plusieurs catégories grammaticales et plusieurs sens :*

> *Ce peut être un* NOM :

1 land *peut signifier* terre.

► **on dry land** sur la terre ferme.

▷ He travelled by land. Il a voyagé par voie de terre.

2 land *peut signifier* terres *ou* terrain.

► **a piece of land** un terrain.

3 land *peut signifier* pays.

► **a foreign land** un pays étranger.

> *Ce peut être un* VERBE INTRANSITIF :

1 land *peut signifier* atterrir.

2 land *peut signifier* retomber.

► **land on something** retomber sur quelque chose *ou* tomber sur quelque chose.

▷ The cat landed on its feet. Le chat est retombé sur ses pattes.

> *Ce peut être un* VERBE TRANSITIF :

► **land a plane** poser un avion.

landing /ˈlændɪŋ/ *a plusieurs sens :*

1 landing *peut signifier* palier.

2 landing *peut signifier* atterrissage.

3 landing *peut signifier* débarquement.

> ℹ **Landing est aussi une forme du verbe land :**
> ▷ The plane was landing. **L'avion atterrissait.**

landlady /ˈlænd,leɪdɪ/ propriétaire (au sens de « femme qui loue à des locataires un appartement ou une maison »).

landlord /ˈlænd,lɔːd/ propriétaire (au sens de « homme qui loue à des locataires un appartement ou une maison »).

landmark /ˈlændmɑːk/ point de repère.

landowner /ˈlændəʊnəʳ/ propriétaire terrien.

landscape /ˈlænd,skeɪp/ paysage.

lane /leɪn/ *a plusieurs sens :*

1 lane *peut signifier* petite route *ou* ruelle.

2 lane *peut signifier* voie (= partie d'une route).

► **the left-hand lane** la voie de gauche.

language /ˈlæŋgwɪdʒ/ langue *ou* langage.

lap /læp/ *a plusieurs sens :*

1 lap *peut signifier* genoux.

▷ He sat on her lap. Il s'est assis sur ses genoux.

2 *En sport,* lap *signifie* tour de piste *ou* longueur (dans une piscine).

lapel /ləˈpel/ revers (de veston).

laptop /ˈlæptɒp/ ordinateur portable.

lard /lɑːd/ saindoux.

> **En anglais, lard ne signifie pas « lard ».**

larder /ˈlɑːdəʳ/ garde-manger.

large /lɑːdʒ/ grand *ou* important.

> **En anglais, large ne signifie pas « large ».**

largely /ˈlɑːdʒlɪ/ en grande partie.

> **Largely ne signifie pas « largement ».**

last /lɑːst/ *a plusieurs catégories grammaticales et plusieurs sens :*

> *Ce peut être un* ADJECTIF :

last *signifie* dernier.

► **at the last minute** à la dernière minute.

► **last week** la semaine dernière.

► **last night** hier soir.

► **last name** nom de famille.

> *Ce peut être un* ADVERBE :

1 last *peut signifier* la dernière fois.

▷ When did you last see him? Quand est-ce que tu l'as vu pour la dernière fois ?

2 last *peut signifier* en dernier.

▷ He came last. Il est arrivé en dernier.

> *Ce peut être un* NOM :

► **the last** le dernier.

► **the last but one** l'avant-dernier.

► **the week before last** il y a deux semaines.
► **the night before last** avant-hier soir.
► **at last!** enfin !

> *Ce peut être un* VERBE :

last *signifie* durer.
▷ How long did the concert last? Le concert a duré combien de temps ?

lastly /ˈlɑːstlɪ/ enfin *ou* finalement.

late /leɪt/ *a plusieurs sens :*

1 **late** *peut signifier* en retard.
▷ I'm sorry I'm late. Je suis désolé d'être en retard.
▷ She was 10 minutes late. Elle avait 10 minutes de retard.

2 **late** *peut signifier* tard.
▷ It's getting late. Il se fait tard.
► **late at night** tard dans la soirée.
► **too late** trop tard.

3 **late** *sert à décrire ce qui se passe vers la fin d'une période :*
► **in late July** *ou* **late in July** fin juillet.
► **in the late afternoon** *ou* **late in the afternoon** en fin d'après-midi.

lately /ˈleɪtlɪ/ dernièrement *ou* ces derniers temps.

later /ˈleɪtəʳ/ *a plusieurs catégories grammaticales :*

> *Ce peut être un* ADVERBE :

later *signifie* plus tard.
▷ See you later! À plus tard !
► **later on** plus tard.
► **sooner or later** tôt ou tard.

> *Ce peut être un* ADJECTIF :

later *signifie* ultérieur.

latest /ˈleɪtɪst/ *a plusieurs catégories grammaticales :*

> *Ce peut être un* ADJECTIF :

latest *signifie* dernier.
► **the latest technology** le dernier cri de la technologie.

> *Ce peut être un* NOM :

► **at the latest** au plus tard.

Latin America /ˈlætɪn əˈmerɪkə/ Amérique latine.

> ℹ En général, en anglais, on n'emploie pas d'article défini devant les noms de pays et de continents.

Latin-American /ˈlætɪn əˈmerɪkən/ Latino-Américain *ou* latino-américain.

> ℹ En anglais, les adjectifs de nationalité commencent par une majuscule.

latter /ˈlætəʳ/ dernier *ou* deuxième (de deux choses dont on parle).
► **the former..., the latter...** le premier..., le dernier...

laugh /lɑːf/ *a plusieurs catégories grammaticales :*

> *Ce peut être un* NOM :

laugh *signifie* rire.

> *Ce peut être un* VERBE :

laugh *signifie* rire.
► **laugh at something** *ou* **laugh about something** rire de quelque chose.
► **laugh at somebody** rire de quelqu'un *ou* se moquer de quelqu'un.

laughter /ˈlɑːftəʳ/ rires.

launch /lɔːntʃ/ *a plusieurs catégories grammaticales et plusieurs sens :*

> *Ce peut être un* NOM :

1 **launch** *peut signifier* lancement (d'un produit, d'un bateau, d'un vaisseau spatial).
► **launch pad** rampe de lancement.

2 **launch** *peut signifier* bateau à moteur.

> *Ce peut être un* VERBE :

► **launch something** lancer quelque chose (un produit, un bateau, un vaisseau spatial).

launderette /ˌlɔːndəˈret/ laverie automatique.

Laundromat® /ˈlɔːndrəmæt/ laverie automatique.

laundry /ˈlɔːndrɪ/ *a plusieurs sens :*

1 **laundry** *peut signifier* linge.
► **laundry basket** panier à linge.
► **do the laundry** faire la lessive.

2 **laundry** *peut signifier* blanchisserie.

lavatory /ˈlævətrɪ/ toilettes.

lavender /ˈlævɪndəʳ/ lavande.

law /lɔː/ *a plusieurs sens :*

1 **law** *peut signifier* loi.
▷ It's against the law. C'est contraire à la loi.

2 **law** *peut signifier* droit (= système légal).
▷ He's studying law. Il fait des études de droit.

lawn /lɔːn/ pelouse.

lawnmower /ˈlɔːnməʊəʳ/ tondeuse à gazon.

lawyer /ˈlɔːjəʳ/ avocat *ou* juriste.

lay /leɪ/ *a plusieurs sens :*

1 ► lay something somewhere poser quelque chose quelque part.

▷ He laid the book on the table. Il a posé le livre sur la table.

2 ► lay an egg pondre un œuf.

► lay the table mettre la table.

► lay a trap tendre un piège.

Phrasal verbs

Le verbe lay peut être suivi d'une préposition, telle que down ou out, et dans ce cas, il peut avoir des sens différents. C'est ce qu'on appelle, en anglais, un phrasal verb.

LAY DOWN :

► lay something down *peut signifier* poser quelque chose.

► lay something down *peut signifier* établir quelque chose (des règles ou des conditions, par exemple).

LAY OFF :

► lay somebody off licencier quelqu'un.

LAY OUT :

► lay something out *peut signifier* disposer quelque chose.

► lay something out *peut signifier* étaler quelque chose.

► lay something out *peut signifier* concevoir quelque chose.

ℹ Lay est aussi le prétérit du verbe intransitif lie :

▷ She lay on the floor. Elle s'est allongée par terre.

layer /ˈleɪəʳ/ couche (de peinture, de poussière, etc.).

layout /ˈleɪaʊt/ agencement *ou* disposition *ou* mise en page.

lazier /ˈleɪzɪəʳ/ *est le comparatif de* lazy.

▷ He's even lazier than you. Il est encore plus paresseux que toi.

laziest /ˈleɪzɪɪst/ *est le superlatif de* lazy.

▷ He's the laziest boy I know. C'est le garçon le plus paresseux que je connaisse.

lazy /ˈleɪzɪ/ paresseux.

lead *se prononce de deux façons et a des sens différents selon la prononciation :*

/led/ (le ea se prononce comme le e de bed)

> *Ce peut être un* NOM :

1 lead *peut signifier* plomb.

2 lead *peut signifier* mine (d'un crayon).

> *Ce peut être un* ADJECTIF :

lead *signifie* en plomb.

/liːd/ (le ea se prononce comme le ee de week)

> *Ce peut être un* NOM :

1 lead *peut signifier* avance (dans une course).

► be in the lead mener *ou* être en tête.

▷ He has a 2-metre lead. Il a 2 mètres d'avance.

2 lead *peut signifier* laisse (pour tenir un chien).

3 lead *peut signifier* piste (dans une enquête).

4 lead *peut signifier* rôle principal (dans un film ou dans une pièce de théâtre).

► lead singer chanteur principal.

5 lead *peut signifier* fil (électrique).

> *Ce peut être un* VERBE TRANSITIF :

1 ► lead somebody *peut signifier* conduire quelqu'un *ou* guider quelqu'un.

2 ► lead something *peut signifier* être à la tête de quelque chose (un défilé, un groupe, le gouvernement).

3 ► lead something *peut signifier* mener (sa vie ou une enquête).

▷ He led an interesting life. Il a mené une vie intéressante.

4 ► lead somebody to do something amener quelqu'un à faire quelque chose.

5 ► lead the way montrer le chemin.

> *Ce peut être un* VERBE INTRANSITIF :

1 lead *peut signifier* mener (dans un match) *ou* être en tête (dans une course).

2 lead *peut signifier* aller devant *ou* montrer le chemin.

3 ► lead somewhere mener quelque part.

▷ This road leads to my house. Cette route mène à ma maison.

4 ► lead to something aboutir à quelque chose.

leader /ˈliːdəʳ/ chef *ou* dirigeant *ou* leader *ou* premier (dans une course)

lead-free /ledˈfriː/ sans plomb.

leading /ˈliːdɪŋ/ *a plusieurs sens :*

1 leading *peut signifier* principal *ou* important.

▷ It is one of Europe's leading industries. C'est une des principales industries européennes.

2 leading *peut signifier* en tête de course *ou* en tête de classement.

ℹ Leading est aussi une forme du verbe lead :
▷ He was leading the way. Il montrait le chemin.

leaf /liːf/ feuille.

leaflet /ˈliːflət/ prospectus.

league /liːg/ *a plusieurs sens :*

1 league *peut signifier* ligue.

2 *En sport,* league *signifie* championnat.

leak /liːk/ *a plusieurs catégories grammaticales :*

> *Ce peut être un* NOM :

leak *signifie* fuite (= écoulement d'eau, de gaz, etc.).

> *Ce peut être un* VERBE INTRANSITIF :

leak *signifie* fuir (= laisser échapper de l'eau) *ou* prendre l'eau.

lean /liːn/ *a plusieurs catégories grammaticales et plusieurs sens :*

> *Ce peut être un* ADJECTIF :

lean *signifie* mince *ou* maigre.

> *Ce peut être un* VERBE INTRANSITIF :

1 lean *peut signifier* pencher (en parlant d'un mur, d'un bâtiment, d'un véhicule).

► lean forward se pencher en avant.

► lean back se pencher en arrière.

2 ► lean against something s'appuyer contre quelque chose *ou* s'adosser à quelque chose.

► lean on something s'appuyer sur quelque chose.

> *Ce peut être un* VERBE TRANSITIF :

► lean something against something appuyer quelque chose contre quelque chose.

leant /lent/ *est le prétérit et le participe passé du verbe* lean.

▷ He leant forward. Il s'est penché en avant.

▷ She had leant her bike against the wall. Elle avait appuyé son vélo contre le mur.

leap /liːp/ *a plusieurs catégories grammaticales et plusieurs sens :*

> *Ce peut être un* NOM :

1 leap *signifie* bond (= saut).

2 ► leap year année bissextile.

> *Ce peut être un* VERBE :

leap *signifie* bondir *ou* sauter *ou* faire un bond.

leapfrog /ˈliːpˌfrɒg/ saute-mouton.

leapt /lept/ *est le prétérit et le participe passé du verbe* leap.

▷ The dog leapt into my arms. Le chien a sauté dans mes bras.

learn /lɜːn/ apprendre.

► learn how to do something apprendre à faire quelque chose.

learner /ˈlɜːnəʳ/ personne qui apprend.

► learner driver apprenti conducteur.

learnt /lɜːnt/ *est le prétérit et le participe passé du verbe* learn.

▷ What have you learnt today? Qu'avez-vous appris aujourd'hui ?

lease /liːs/ *a plusieurs catégories grammaticales :*

> *Ce peut être un* NOM :

lease *signifie* bail.

> *Ce peut être un* VERBE :

► lease something louer quelque chose.

leash /liːʃ/ laisse (pour tenir un chien).

least /liːst/ le moins *ou* le moins de.

▷ She had the least money. Elle avait le moins d'argent.

▷ He ate the least. C'est lui qui a mangé le moins.

▷ It was the least expensive. C'était le moins cher.

▷ I don't have the least idea. Je n'en ai pas la moindre idée.

► at least au moins.

► not in the least pas du tout.

leather /ˈleðəʳ/ cuir.

leave /liːv/ *a plusieurs catégories grammaticales et plusieurs sens :*

> *Ce peut être un* VERBE TRANSITIF :

1 ► leave somebody *ou* something *peut signifier* laisser quelqu'un *ou* quelque chose.

▷ He left a message for you. Il t'a laissé un message.

▷ Leave him alone! Laisse-le tranquille !

2 ► leave somebody *ou* something *peut signifier* quitter quelqu'un *ou* quelque chose.

▷ She left home. Elle a quitté la maison.

3 ► leave something *peut signifier* oublier quelque chose.

▷ I left my handbag on the bus. J'ai oublié mon sac dans le bus.

> *Ce peut être un* VERBE INTRANSITIF :

leave *signifie* partir.

> *Ce peut être un* NOM :

leave *signifie* congé.

Phrasal verbs

Le verbe leave peut être suivi d'une préposition, telle que behind ou out, et dans ce cas, il peut avoir des sens différents. C'est ce qu'on appelle, en anglais, un phrasal verb.

LEAVE BEHIND :

► leave something behind laisser quelque chose (à la maison) *ou* oublier quelque chose.

LEAVE ON :

► leave something on *peut signifier* garder quelque chose (= ne pas enlever un vêtement).

► leave something on *peut signifier* laisser quelque chose allumé (une lampe) *ou* laisser quelque chose ouvert (un robinet, le chauffage).

LEAVE OUT :

► leave something out oublier quelque chose *ou* omettre quelque chose.

► leave somebody out oublier quelqu'un *ou* tenir quelqu'un à l'écart.

leaves /liːvz/ *a plusieurs sens :*

1 leaves *peut être le pluriel du nom* leaf.

▷ The leaves fell off the tree. Les feuilles sont tombées de l'arbre.

2 leaves *peut être la troisième personne du singulier du présent du verbe* leave.

▷ He leaves at 6 o'clock in the morning. Il part à 6 heures du matin.

Lebanese /ˌlebəˈnɪːz/ libanais.

Lebanon /ˈlebənən/ Liban.

ℹ En général, en anglais, on n'emploie pas d'article défini devant les noms de pays et de continents.

lecture /ˈlektʃəʳ/ *a plusieurs catégories grammaticales et plusieurs sens :*

> *Ce peut être un* NOM :

1 lecture *peut signifier* conférence (où quelqu'un parle d'un sujet en public).

2 *À l'université,* lecture *signifie* cours magistral.

> *Ce peut être un* VERBE INTRANSITIF :

lecture *signifie* faire une conférence *ou* faire un cours magistral.

> *Ce peut être un* VERBE TRANSITIF :

► lecture somebody réprimander quelqu'un.

En anglais, lecture ne signifie pas « lecture ».

led /led/ *est le prétérit et le participe passé du verbe* lead.

▷ He led me upstairs. Il m'a mené en haut.

▷ He has led them to safety. Il les a menés en lieu sûr.

leek /liːk/ poireau.

left /left/ *a plusieurs catégories grammaticales et plusieurs sens :*

> *Ce peut être un* NOM :

left *signifie* gauche.

► on the left *ou* to the left à gauche.

> *Ce peut être un* ADVERBE :

left *signifie* à gauche.

▷ Turn left here. Tournez à gauche ici.

> *Ce peut être un* ADJECTIF :

1 left *signifie* gauche.

▷ My left leg hurts. J'ai mal à la jambe gauche.

2 ► be left rester.

▷ How much is left? Il en reste combien ?

▷ There are two pieces of cake left. Il reste deux morceaux de gâteau.

▷ I don't have any money left. Il ne me reste plus d'argent.

ℹ Left est aussi le prétérit et le participe passé du verbe leave :

▷ She left me a message. Elle m'a laissé un message.

▷ She has left home. Elle a quitté la maison.

left-hand /leftˈhænd/ de gauche.

▷ It's on the left-hand page. C'est sur la page de gauche.

▷ On the left-hand side. À gauche.

left-handed /leftˈhændɪd/ gaucher.

left-luggage office /leftˈlʌgɪdʒˌɒfɪs/ consigne (où on peut déposer les bagages).

On ne dit pas left-luggage office en anglais américain : aux États-Unis, on dit checkroom.

leftovers /ˈleftəʊvəz/ restes (d'un repas).

leg /leg/ *a plusieurs sens :*

1 leg *peut signifier* jambe *ou* patte (d'un animal) *ou* pied (d'un meuble)

► pull somebody's leg faire marcher quelqu'un.

2 leg *peut signifier* gigot (d'agneau) *ou* cuisse (de poulet, de grenouille).

legal /ˈliːgəl/ légal *ou* juridique.

legend /ˈledʒənd/ légende (= conte).

legendary /ˈledʒəndərɪ/ légendaire.

leggings /ˈlegɪŋz/ caleçon (long).

legible /ˈledʒəbl/ lisible.

legislate /ˈledʒɪsleɪt/ légiférer.

legislation /ˌledʒɪsˈleɪʃn/ législation *ou* loi.

► a piece of legislation une loi.

legitimate /lɪˈdʒɪtɪmɪt/ légitime.

leisure /ˈleʒəʳ/ loisir *ou* temps libre.

► leisure centre centre de loisirs.

lemon /ˈlemən/ citron.

lemonade /ˌleməˈneɪd/ citronnade *ou* limonade.

lend /lend/ prêter.

length /leŋθ/ *a plusieurs sens :*

1 length *peut signifier* longueur.

▷ What length is it? C'est de quelle longueur ?

▷ It's 5 metres in length. Ça fait 5 mètres de long.

2 length *peut signifier* durée.

3 length *peut signifier* morceau (de corde, de bois, de tissu).

4 ► go to great lengths to do something se donner beaucoup de mal pour faire quelque chose.

lengthen /ˈleŋθən/ *a plusieurs catégories grammaticales :*

> *Ce peut être un* VERBE TRANSITIF :

► lengthen something rallonger quelque chose.

> *Ce peut être un* VERBE INTRANSITIF :

lengthen *signifie* s'allonger *ou* rallonger.

lenient /ˈliːnɪənt/ indulgent.

lens /lenz/ lentille (d'un téléscope ou lentille de contact) *ou* verre (de lunettes) *ou* objectif (d'un appareil-photo).

Lent /lent/ carême.

lent /lent/ *est le prétérit et le participe passé du verbe* lend.

▷ He lent me some money. Il m'a prêté de l'argent.

▷ She has lent him a book. Elle lui a prêté un livre.

lentil /ˈlentl/ lentille (= légume sec).

Leo /ˈliːəʊ/ Lion (= signe du zodiaque).

less /les/ moins *ou* moins de.

▷ He has less money than me. Il a moins d'argent que moi.

▷ There is less and less time. Il y a de moins en moins de temps.

▷ He has even less than me. Il en a encore moins que moi.

▷ The less you work, the less you earn. Moins tu travailles, moins tu gagnes.

lessen /ˈlesn/ diminuer.

lesson /ˈlesn/ leçon.

let /let/ *a plusieurs sens :*

1 ► let somebody do something laisser quelqu'un faire quelque chose.

▷ He won't let me go out. Il ne me laissera pas sortir.

► let somebody know something dire quelque chose à quelqu'un.

▷ I'll let you know next week. Je te le dirai la semaine prochaine.

2 ► let go lâcher prise.

► let go of somebody *ou* something lâcher quelqu'un *ou* quelque chose.

3 ► let's et let me *sont employés avec d'autres verbes pour former l'impératif :*

▷ Let's go! Allons-y !

▷ Let's not talk about it. N'en parlons pas.

▷ Let me see that. Faites voir.

4 ► let something louer quelque chose.

Phrasal verbs

Le verbe let peut être suivi d'une préposition, telle que down ou out, et dans ce cas, il peut avoir des sens différents. C'est ce qu'on appelle, en anglais, un phrasal verb.

LET DOWN :

► let somebody down décevoir quelqu'un.

LET IN :

► let somebody in laisser entrer quelqu'un.

LET OFF :

► let something off faire exploser quelque chose.

► let somebody off ne pas punir quelqu'un.

► let somebody off something dispenser quelqu'un de quelque chose.

LET OUT :

► let somebody out laisser sortir quelqu'un *ou* relâcher quelqu'un.

► let out a scream laisser échapper un cri.

LET PAST :

► let somebody past laisser passer quelqu'un.

lethal /ˈliːθəl/ mortel.

let's /lets/ *est employé avec d'autres verbes pour former l'impératif.*

▷ Let's go! Allons-y !

letter /'letəʳ/ lettre.

letterbox /'letəbɒks/ boîte aux lettres.

lettuce /'letɪs/ laitue.

level /'levl/ *a plusieurs catégories grammaticales et plusieurs sens :*

> *Ce peut être un* NOM :

level *signifie* niveau.

► level crossing passage à niveau.

> *Ce peut être un* ADJECTIF :

1 level *peut signifier* plat.
2 level *peut signifier* à la même hauteur.
3 level *peut signifier* à égalité.

lever /'li:vəʳ/ levier *ou* manette.

liar /'laɪəʳ/ menteur.

liberate /'lɪbəreɪt/ libérer.

liberty /'lɪbətɪ/ liberté.

Libra /'li:brə/ Balance (= signe du zodiaque).

librarian /laɪ'breərɪən/ bibliothécaire.

library /'laɪbrərɪ/ bibliothèque.

Library ne signifie pas « librairie ».

licence /'laɪsəns/ *a plusieurs sens :*

1 licence *peut signifier* permis.
► driving licence permis de conduire.
2 licence *peut signifier* licence (pour exercer un commerce).

En anglais américain, ce mot s'écrit license.

license /'laɪsəns/ *a plusieurs catégories grammaticales :*

> *Ce peut être un* VERBE :

► be licensed avoir un permis.

> *Ce peut être un* NOM :

license est l'orthographe américaine du mot licence.

lick /lɪk/ lécher.

licorice /'lɪkərɪs/ réglisse.

lid /lɪd/ couvercle.

lie /laɪ/ *a plusieurs catégories grammaticales et plusieurs sens :*

> *Ce peut être un* NOM :

1 lie *signifie* mensonge.
► tell lies dire des mensonges.

> *Ce peut être un* VERBE INTRANSITIF :

1 lie *peut signifier* mentir.
2 lie *ou* ► lie down *peut signifier* s'allonger.
▷ He lay down on the bed. Il s'est allongé sur le lit.
3 ► be lying *ou* be lying down être allongé.
▷ She was lying on the floor. Elle était allongée par terre.
4 lie *peut signifier* être *ou* se trouver.
▷ Her books were lying on the floor. Ses livres étaient par terre.
▷ The town lies in a valley. La ville se trouve dans une vallée.

i Lorsque lie signifie mentir, le prétérit et le participe passé du verbe est lied (you lied to me, you have lied to me).
Dans les autres sens du verbe, le prétérit est lay (I lay down to sleep) et le participe passé est lain (he had lain down).

Il ne faut pas confondre les verbes lie et lay. Lay est le prétérit du verbe intransitif lie, mais aussi un verbe transitif à part (I lay down je me suis allongé ; lay the book down pose le livre ; I laid the book down j'ai posé le livre).

life /laɪf/ vie.

► life jacket gilet de sauvetage.

lifebelt /'laɪfbelt/ bouée de sauvetage.

lifeboat /'laɪfbəʊt/ canot de sauvetage.

lifeguard /'laɪfgɑ:d/ maître nageur-sauveteur.

lifestyle /'laɪfstaɪl/ style de vie.

lifetime /'laɪftaɪm/ vie.

lift /lɪft/ *a plusieurs catégories grammaticales et plusieurs sens :*

> *Ce peut être un* NOM :

1 lift *peut signifier* ascenseur.

Dans ce sens, lift n'est pas employé en anglais américain : aux États-Unis, on dit elevator.

2 ► **give somebody a lift** emmener quelqu'un en voiture *ou* prendre quelqu'un en voiture.

> *Ce peut être un* VERBE TRANSITIF :

► **lift something** *ou* **lift something up** lever quelque chose *ou* soulever quelque chose.

► **lift somebody** *ou* **lift somebody up** soulever quelqu'un.

lift-off /ˈlɪftɒf/ décollage (d'un vaisseau spatial).

light /laɪt/ *a plusieurs catégories grammaticales et plusieurs sens :*

> *Ce peut être un* NOM :

1 **light** *peut signifier* lumière.

▷ There isn't much light. Il n'y a pas beaucoup de lumière.

▷ He turned the light on. Il a allumé la lumière.

► **light bulb** ampoule.

► **light switch** interrupteur.

2 **light** *peut signifier* feu (d'un véhicule, d'un vélo) *ou* phare (d'une voiture).

3 **light** *peut signifier* feu (de signalisation).

▷ The lights are red. Le feu est rouge.

▷ I went through a red light. J'ai grillé un feu rouge.

4 **light** *peut signifier* feu (pour allumer une cigarette).

▷ Have you got a light? Est-ce que vous avez du feu ?

► **set light to something** mettre le feu à quelque chose.

5 **light** est employé dans les expressions suivantes :

► **come to light** être dévoilé *ou* être découvert.

► **see something in a different light** voir quelque chose sous un jour différent.

> *Ce peut être un* ADJECTIF :

1 **light** *peut signifier* clair (= qui n'est pas sombre ou qui n'est pas foncé).

▷ It's a very light room. C'est une pièce très claire.

▷ Her eyes are light blue. Ses yeux sont bleu clair.

▷ It's getting light. Il commence à faire jour.

2 **light** *peut signifier* léger.

▷ These cases are quite light. Ces valises sont assez légères.

> *Ce peut être un* VERBE :

1 ► **light something** *peut signifier* allumer quelque chose (une cigarette, un feu, une bougie).

2 ► **light something** *peut signifier* éclairer quelque chose.

lighter /ˈlaɪtəʳ/ briquet.

> ℹ Lighter est aussi le comparatif de l'adjectif light :
> ▷ The cases are lighter now. Les valises sont plus légères maintenant.

lighthouse /ˈlaɪthaʊs/ phare.

lighting /ˈlaɪtɪŋ/ éclairage.

> ℹ Lighting est aussi une forme du verbe light :
> ▷ Just as he was lighting his cigarette... Au moment où il allumait sa cigarette...

lightning /ˈlaɪtnɪŋ/ éclair (pendant un orage).

► **a flash of lightning** un éclair.

> ℹ Lightning est non dénombrable : il ne peut pas se mettre au pluriel, ni s'employer avec l'article a.

like /laɪk/ *a plusieurs catégories grammaticales et plusieurs sens :*

> *Ce peut être une* PRÉPOSITION :

1 **like** *peut signifier* comme.

▷ Your dress is like mine. Ta robe est comme la mienne.

► **look like somebody** *ou* **something** ressembler à quelqu'un *ou* quelque chose.

2 **like** *est employé pour demander une* description *de quelqu'un ou de quelque chose :*

▷ What is she like? Elle est comment ?

▷ What's the weather like? Quel temps fait-il ?

> *Ce peut être un* VERBE :

1 ► **like somebody** *ou* **something** aimer quelqu'un *ou* quelque chose.

▷ I don't like him. Je ne l'aime pas.

▷ I like oysters. J'aime les huîtres.

▷ She likes dancing. Elle aime danser.

▷ He likes to get up early. Il aime bien se lever tôt.

2 **like** *peut signifier* vouloir.

▷ You can do what you like. Tu peux faire ce que tu veux.

3 ► **would like** *exprime la* volonté *ou le* souhait :

▷ I'd like a cup of tea. Je voudrais une tasse de thé.

▷ I'd like to go. Je voudrais partir.

▷ I'd like you to come with me. Je voudrais que tu viennes avec moi.

▷ Would you like something to eat? Voulez-vous manger quelque chose ?

likelihood /ˈlaɪklɪhʊd/ probabilité.

likely /ˈlaɪklɪ/ *a plusieurs catégories grammaticales et plusieurs sens :*

> *Ce peut être un* ADJECTIF :

likely *signifie* probable.

▷ That's not very likely. C'est peu probable.

▷ She's likely to fail. Elle risque d'échouer.

▷ He's likely to win. Il a de fortes chances de gagner.

> *Ce peut être un* ADVERBE :

likely *signifie* probablement.

► very likely *ou* most likely très probablement.

likewise /ˈlaɪkwaɪz/ de la même façon.

lilac /ˈlaɪlək/ lilas.

lilies /ˈlɪlɪz/ *est le pluriel de* lily.

lily /ˈlɪlɪ/ lys.

limb /lɪm/ membre (= bras, jambe, etc.).

lime /laɪm/ *a plusieurs sens :*

1 lime *peut signifier* citron vert.

2 lime *peut signifier* tilleul (l'arbre).

limestone /ˈlaɪmstəʊn/ calcaire.

limit /ˈlɪmɪt/ *a plusieurs catégories grammaticales :*

> *Ce peut être un* NOM :

limit *signifie* limite.

> *Ce peut être un* VERBE :

► limit something limiter quelque chose.

limp /lɪmp/ *a plusieurs catégories grammaticales :*

> *Ce peut être un* ADJECTIF :

limp *signifie* mou.

> *Ce peut être un* NOM :

► have a limp boiter.

> *Ce peut être un* VERBE :

limp *signifie* boiter.

line /laɪn/ *a plusieurs catégories grammaticales et plusieurs sens :*

> *Ce peut être un* NOM :

1 line *peut signifier* ligne.

2 line *peut signifier* rangée *ou* file.

3 line *peut signifier* file d'attente *ou* queue.

► wait in line faire la queue.

4 line *peut signifier* ride.

5 line *peut signifier* corde.

► washing line corde à linge.

> *Ce peut être un* VERBE :

1 ► line something *peut signifier* doubler quelque chose (des vêtements) *ou* tapisser quelque chose (un tiroir, une boîte).

2 ► be lined with something être bordé de quelque chose.

▷ The avenue was lined with trees. L'avenue était bordée d'arbres.

3 ► line up faire la queue.

linen /ˈlɪnɪn/ lin (le tissu) *ou* linge.

liner /ˈlaɪnəʳ/ paquebot.

linger /ˈlɪŋgəʳ/ *a plusieurs sens :*

1 linger *peut signifier* s'attarder.

2 linger *peut signifier* persister (en parlant d'une odeur, d'une douleur) *ou* subsister (en parlant d'un doute, d'un souvenir).

link /lɪŋk/ *a plusieurs catégories grammaticales et plusieurs sens :*

> *Ce peut être un* NOM :

1 link *peut signifier* lien (au sens de « rapport »).

2 link *peut signifier* maillon.

> *Ce peut être un* VERBE :

► link something lier quelque chose *ou* relier quelque chose.

lip /lɪp/ lèvre.

lip-read /ˈlɪpriːd/ lire sur les lèvres.

lipstick /ˈlɪpstɪk/ rouge à lèvres.

liquid /ˈlɪkwɪd/ liquide.

liquor /ˈlɪkəʳ/ alcool.

liquorice /ˈlɪkərɪs/ réglisse.

lisp /lɪsp/ *a plusieurs catégories grammaticales :*

> *Ce peut être un* NOM :

lisp *signifie* zézaiement.

► have a lisp zézayer.

> *Ce peut être un* VERBE :

lisp *signifie* zézayer.

list /lɪst/ *a plusieurs catégories grammaticales :*

> *Ce peut être un* NOM :

list *signifie* liste.

> *Ce peut être un* VERBE :

► list something faire la liste de quelque chose *ou* énumérer quelque chose.

listen /ˈlɪsn/ écouter.

► **listen to somebody** *ou* **something** écouter quelqu'un *ou* quelque chose.

listener /ˈlɪsnəʳ/ auditeur.

lit /lɪt/ *est le prétérit et le participe passé du verbe* **light**.

▷ He lit his cigarette. Il a allumé sa cigarette.
▷ I have lit the fire. J'ai allumé le feu.

liter /ˈliːtəʳ/ *est l'orthographe américaine du mot* **litre**.

literal /ˈlɪtərəl/ littéral.

literally /ˈlɪtərəlɪ/ littéralement.

literature /ˈlɪtərɪtʃəʳ/ littérature.

litre /ˈliːtəʳ/ litre.

> En anglais américain, ce mot s'écrit liter.

litter /ˈlɪtəʳ/ *a plusieurs catégories grammaticales et plusieurs sens :*

> *Ce peut être un* NOM :

1 **litter** *peut signifier* détritus *ou* ordures *ou* vieux papiers.
► **litter bin** poubelle.

> Litter n'est pas employé en anglais américain : aux États-Unis, on dit trash.

2 **litter** *peut signifier* portée (de petits animaux).
3 **litter** *peut signifier* litière (pour chats).

> *Ce peut être un* VERBE :

► **be littered with something** être jonché de quelque chose.

little /ˈlɪtl/ *a plusieurs sens :*

1 **little** *peut signifier* petit.
▷ It's a little dog. C'est un petit chien.
2 **little** *peut signifier* peu de.
▷ There is little hope. Il y a peu d'espoir.
▷ He has very little money. Il a très peu d'argent.
3 **little** *peut signifier* peu *ou* pas beaucoup *ou* pas grand-chose.
▷ He ate little. Il a peu mangé.
4 ► **a little** un peu *ou* un peu de.
▷ He has a little money left. Il lui reste un peu d'argent.
▷ It's a little better. C'est un peu mieux.

> i Little est employé devant les noms indénombrables (little money, a little milk). Devant les noms dénombrables, il faut employer few (few people, few books).

live *se prononce de deux façons et a des sens différents selon la prononciation :*

/lɪv/ (le i se prononce comme dans le mot big)

> *Ce peut être un* VERBE INTRANSITIF :

1 **live** *peut signifier* vivre.
2 **live** *peut signifier* habiter.
▷ Where do you live? Où habitez-vous ?

> *Ce peut être un* VERBE TRANSITIF :

► **live something** vivre quelque chose.
► **live a quiet life** mener une vie tranquille.

/laɪv/ (le i se prononce comme dans le mot like)

> *Ce peut être un* ADJECTIF :

1 **live** *peut signifier* vivant (= en vie).
2 **live** *peut signifier* en direct (en parlant d'une émission ou d'un concert).
3 **live** *peut signifier* sous tension.

lively /ˈlaɪvlɪ/ plein de vie *ou* vivant *ou* animé.

liven /ˈlaɪvn/

► **liven something up** animer quelque chose.

liver /ˈlɪvəʳ/ foie.

lives *se prononce de deux façons et a des catégories grammaticales différentes selon la prononciation :*

/lɪvz/ (le i se prononce comme dans le mot ill)

> **lives** *est la troisième personne du singulier du présent du verbe* **live**.

▷ She lives in Rome. Elle habite à Rome.

/laɪvz/ (le i se prononce comme dans le mot fire)

> **lives** *est le pluriel du nom* **life**.

▷ A cat has nine lives. Un chat a neuf vies.

living /ˈlɪvɪŋ/ *a plusieurs catégories grammaticales :*

> *Ce peut être un* ADJECTIF :

living *signifie* vivant.

> *Ce peut être un* NOM :

► **earn a living** *ou* **make a living** gagner sa vie.
► **living room** salon *ou* salle de séjour.

> i Living est aussi une forme du verbe live :
> ▷ I was living in Athens at the time. J'habitais Athènes à cette époque.

lizard /ˈlɪzəd/ lézard.

load /ləʊd/ *a plusieurs catégories grammaticales et plusieurs sens :*

> *Ce peut être un* NOM :

1 **load** *peut signifier* chargement *ou* charge.

2 ► a load of... *ou* loads of... un tas de... *ou* des tas de...

▷ He had loads of presents. Il a eu des tas de cadeaux.

> Dans ce sens, load est un mot familier, c'est-à-dire un mot qu'on évite d'employer quand on parle à quelqu'un qu'on ne connaît pas bien ou quand on écrit.

> *Ce peut être un* VERBE :

► load something with... charger quelque chose de...

loaf /ləʊf/ pain.

► a loaf of bread un pain.

loan /ləʊn/ *a plusieurs catégories grammaticales :*

> *Ce peut être un* NOM :

loan *signifie* prêt *ou* emprunt.

> *Ce peut être un* VERBE :

► loan something to somebody prêter quelque chose à quelqu'un.

loaves /ləʊvz/ *est le pluriel du mot* loaf.

▷ I bought two loaves of bread. J'ai acheté deux pains.

lobby /ˈlɒbɪ/ *a plusieurs sens :*

1 lobby *peut signifier* hall *ou* vestibule.

2 lobby *peut signifier* lobby *ou* groupe de pression.

lobster /ˈlɒbstəʳ/ homard *ou* langouste.

local /ˈləʊkəl/ *a plusieurs catégories grammaticales et plusieurs sens :*

> *Ce peut être un* ADJECTIF :

1 local *peut signifier* local.

2 local *peut signifier* du quartier.

► the local shops les magasins du quartier.

> *Ce peut être un* NOM :

local *peut signifier* personne du coin.

► the locals les gens du coin.

locate /ləʊˈkeɪt/ *a plusieurs sens :*

1 ► locate something *peut signifier* retrouver quelque chose.

2 ► locate something *peut signifier* situer quelque chose *ou* localiser quelque chose.

► be located être situé.

location /ləʊˈkeɪʃən/ emplacement.

> En anglais, location ne signifie pas « location ».

lock /lɒk/ *a plusieurs catégories grammaticales et plusieurs sens :*

> *Ce peut être un* NOM :

1 lock *peut signifier* serrure.

2 lock *peut signifier* antivol.

3 lock *peut signifier* écluse.

4 lock *peut signifier* mèche (de cheveux).

> *Ce peut être un* VERBE TRANSITIF :

► lock something fermer quelque chose à clé.

Phrasal verbs

Le verbe lock peut être suivi d'une préposition, telle que in ou up, et dans ce cas, il peut avoir des sens différents. C'est ce qu'on appelle, en anglais, un phrasal verb.

LOCK IN :

► lock somebody in enfermer quelqu'un.

LOCK OUT :

► lock somebody out *peut signifier* mettre quelqu'un à la porte.

► lock somebody out *peut signifier* enfermer quelqu'un dehors.

▷ I've locked myself out. Je me suis enfermé dehors.

LOCK UP :

► lock somebody up mettre quelqu'un sous les verrous *ou* interner quelqu'un.

► lock something up mettre quelque chose sous clé (des objets de valeur) *ou* fermer quelque chose à clé (une maison, un appartement).

locker /ˈlɒkəʳ/ casier (qui ferme à clé).

lodger /ˈlɒdʒəʳ/ locataire.

loft /lɒft/ grenier.

log /lɒg/ *a plusieurs catégories grammaticales et plusieurs sens :*

> *Ce peut être un* NOM :

1 log *peut signifier* bûche.

2 log *peut signifier* journal de bord.

> *Ce peut être un* VERBE :

1 *En informatique,* ► log in *ou* log on *signifie* se connecter.

2 *En informatique,* ► log off *ou* log out *signifie* se déconnecter.

logic /ˈlɒdʒɪk/ logique (nom).

▷ I don't understand your logic. Je ne comprends pas ta logique.

logical /ˈlɒdʒɪkəl/ logique (adjectif).

▷ It's logical! C'est logique !

lollipop /ˈlɒlɪpɒp/ sucette.

lolly /ˈlɒlɪ/ sucette glacée.

London /ˈlʌndən/ Londres.

Londoner /ˈlʌndənəʳ/ personne qui habite Londres.

lone /ləʊn/ isolé *ou* solitaire.

loneliness /ˈləʊnlɪnɪs/ solitude.

lonely /ˈləʊnlɪ/ isolé *ou* solitaire.

► be lonely *ou* feel lonely *se sentir seul.*

long /lɒŋ/ *a plusieurs catégories grammaticales et plusieurs sens :*

> *Ce peut être un* ADJECTIF :

long *signifie* long.

▷ The rope is 4 metres long. La corde fait 4 mètres de long.

▷ It's a long way. C'est loin.

► a long time longtemps.

▷ She has been a teacher for a long time. Elle est professeur depuis longtemps.

▷ She took a long time to decide. Elle a mis du temps pour se décider.

> *Ce peut être un* ADVERBE :

1 long *signifie* longtemps.

▷ He didn't stay long. Il n'est pas resté longtemps.

▷ I won't be long. Je n'en ai pas pour longtemps.

► long ago il y a longtemps.

► how long? *sert à poser des questions sur la durée de quelque chose.*

▷ How long has he been here? Depuis combien de temps est-il ici ?

▷ How long will it take? Combien de temps faudra-t-il ?

2 ► as long as à condition que.

▷ You can borrow it as long as you give it back. Tu peux l'emprunter à condition que tu me le rendes.

> *Ce peut être un* VERBE :

► long for something avoir très envie de quelque chose *ou* rêver de quelque chose.

► long to do something avoir très envie de faire quelque chose *ou* rêver de faire quelque chose.

longer /ˈlɒŋgəʳ/ *est le comparatif de* long.

► get longer *ou* grow longer s'allonger (en parlant d'une queue, des jours, etc.) *ou* pousser (en parlant des cheveux, de plantes, etc.).

► no longer ne... plus.

▷ She no longer lives here. Elle n'habite plus ici.

▷ I can't wait any longer. Je ne peux pas attendre plus longtemps.

loo /luː/ toilettes.

> Le mot loo n'est pas employé aux États-Unis : en anglais américain, on dit bathroom.

look /lʊk/ *a plusieurs catégories grammaticales et plusieurs sens :*

> *Ce peut être un* NOM :

1 look *peut signifier* regard.

► take a look at something *ou* have a look at something regarder quelque chose *ou* jeter un coup d'œil à quelque chose.

► have a look for something chercher quelque chose.

2 look *peut signifier* air (= aspect).

▷ She has a sad look about her. Elle a l'air triste.

3 look *peut signifier* look *ou* style.

> *Ce peut être un* VERBE :

1 look *peut signifier* regarder.

▷ Look what he's done! Regarde ce qu'il a fait !

2 look *peut signifier* chercher.

▷ I looked everywhere. J'ai cherché partout.

Phrasal verbs

Le verbe look peut être suivi d'une préposition, telle que for ou up, et dans ce cas, il peut avoir des sens différents. C'est ce qu'on appelle, en anglais, un phrasal verb.

LOOK AFTER :

► look after somebody *ou* something s'occuper de quelqu'un *ou* quelque chose.

LOOK AT :

► look at somebody *ou* something *peut signifier* regarder quelqu'un *ou* quelque chose.

► look at somebody *ou* something *peut signifier* examiner quelqu'un *ou* quelque chose.

LOOK FOR :

► look for somebody *ou* something chercher quelqu'un *ou* quelque chose.

LOOK FORWARD TO :

► look forward to something attendre quelque chose avec impatience.

► look forward to doing something attendre de faire quelque chose avec impatience.

LOOK ROUND :

► look round *peut signifier* regarder autour de soi.

► look round *peut signifier* se retourner (pour voir).

► look round something faire le tour de quelque chose *ou* visiter quelque chose.

LOOK UP :

► look up *peut signifier* lever les yeux *ou* regarder en haut.

► look up *peut signifier* améliorer *ou* reprendre.

► look something up chercher quelque chose (dans un dictionnaire, par exemple).

3 look *peut signifier* avoir l'air.

▷ You look tired. Tu as l'air fatigué.
▷ He looks well. Il a bonne mine.

4 ► **look like** ressembler à.
▷ She looks like her mother. Elle ressemble à sa mère.

loop /luːp/ boucle.

loose /luːs/ *a plusieurs sens :*

1 loose *peut signifier* desserré *ou* branlant.
► **come loose** se desserrer *ou* être branlant *ou* se défaire.

2 loose *peut signifier* ample *ou* large (en parlant d'un vêtement).

3 loose *peut signifier* en liberté (en parlant des animaux).

4 loose *peut signifier* en vrac (en parlant de produits alimentaires).

loosen /'luːsn/
► **loosen something** desserrer quelque chose *ou* relâcher quelque chose.

loot /luːt/ *a plusieurs catégories grammaticales :*

> *Ce peut être un* NOM :
loot *signifie* butin.

> *Ce peut être un* VERBE :
► **loot something** piller quelque chose.

lopsided /'lɒp'saɪdɪd/ de travers.

lord /lɔːd/ *a plusieurs sens :*

1 lord *peut signifier* seigneur.
► **the Lord** le Seigneur.
► **the Lord's prayer** le Notre-Père.

2 lord *peut signifier* lord.

lorries /'lɒrɪz/ *est le pluriel de* lorry.

lorry /'lɒrɪ/ camion.
► **lorry driver** camionneur.

> Le mot lorry n'est pas employé aux États-Unis : en anglais américain, on dit truck.

lose /luːz/ perdre.

loser /'luːzəʳ/ perdant.

loss /lɒs/ perte.

lost /lɒst/ perdu.
► **get lost** se perdre.
▷ I got lost. Je me suis perdu.
▷ The letter got lost in the post. La lettre a été égarée par la Poste.
► **lost property office** (en anglais britannique) *ou* **lost and found office** (en anglais américain) bureau des objets trouvés.

> ℹ Lost est aussi le prétérit et le participe passé du verbe lose :
> ▷ He lost his backpack. Il a perdu son sac à dos.

lot /lɒt/ *a plusieurs sens :*

1 ► **a lot** beaucoup.
▷ He cried a lot. Il a beaucoup pleuré.
▷ I feel a lot better. Je me sens beaucoup mieux.

2 ► **a lot of** beaucoup de.
▷ She has a lot of money. Elle a beaucoup d'argent.
▷ There are quite a lot of people. Il y a beaucoup de gens.

3 ► **lots** beaucoup.
▷ There's lots to do. Il y a beaucoup à faire.

4 ► **lots of** beaucoup de *ou* plein de.
▷ There are lots of cars. Il y a beaucoup de voitures.
▷ We have lots of time. Nous avons beaucoup de temps.

5 lot *peut signifier* lot (à une vente aux enchères).

lottery /'lɒtərɪ/ loterie.
► **lottery ticket** billet de loterie.

loud /laʊd/ *a plusieurs catégories grammaticales et plusieurs sens :*

> *Ce peut être un* ADJECTIF :

1 loud *peut signifier* fort (en parlant d'une voix, une musique, la radio, etc.) *ou* bruyant *ou* grand (en parlant d'un bruit, un cri).

2 loud *peut signifier* voyant (en parlant des couleurs, de vêtements).

> *Ce peut être un* ADVERBE :
loud *signifie* fort.
▷ They were talking very loud. Ils parlaient très fort.
▷ He said it out loud. Il l'a dit tout haut.

louder /'laʊdəʳ/ *est le comparatif de* loud.
▷ Can you talk a bit louder please? Pouvez-vous parler plus fort, s'il vous plaît ?

loudest /'laʊdɪst/ *est le superlatif de* loud.
▷ Sally song the loudest. C'est Sally qui a chanté le plus fort.

loudly /'laʊdlɪ/ fort *ou* d'une voix forte *ou* bruyamment.

loudspeaker /ˌlaʊd'spiːkəʳ/ enceinte (de chaîne hi-fi).

lounge /laʊndʒ/ salon (dans une maison) *ou* salle d'embarquement.

love /lʌv/ *a plusieurs catégories grammaticales et plusieurs sens :*

> *Ce peut être un* NOM :

1 love *peut signifier* amour.
► **be in love** être amoureux.
► **fall in love** tomber amoureux.
▷ She's in love with him. Elle est amoureuse de lui.
► **love affair** liaison amoureuse.
► **love letter** lettre d'amour.

2 love *sert de formule de fin dans une lettre et correspond à* « bises » *ou* « affectueusement ».

3 *En tennis,* love *signifie* zéro.

> *Ce peut être un* VERBE :

1 ► **love somebody** aimer quelqu'un.
▷ They love each other. Ils s'aiment.

2 ► **love something** aimer beaucoup quelque chose *ou* adorer quelque chose.
► **love doing something** adorer faire quelque chose.

lovely /'lʌvlɪ/ beau *ou* ravissant *ou* merveilleux *ou* excellent.
▷ They had a lovely time. Ils se sont bien amusés.

lover /'lʌvəʳ/ *a plusieurs sens :*

1 lover *peut signifier* amant.

2 lover *peut signifier* amateur (= personne qui aime beaucoup quelque chose).
▷ He's an animal lover. Il aime les animaux.

low /ləʊ/ *a plusieurs catégories grammaticales et plusieurs sens :*

> *Ce peut être un* ADJECTIF :

1 low *peut signifier* bas (= peu élevé, pas fort).

2 low *peut signifier* déprimé.
▷ I'm feeling low. Je suis déprimé.

> *Ce peut être un* ADVERBE :

low *signifie* bas.
► **turn something down low** baisser quelque chose (les lumières, la musique).

low-cut /ləʊ'kʌt/ décolleté.

lower /'ləʊəʳ/ *a plusieurs catégories grammaticales :*

> *Ce peut être un* ADJECTIF :

lower *signifie* inférieur.

> *Ce peut être un* VERBE :

► **lower something** baisser quelque chose.

> ℹ Lower est aussi le comparatif de l'adjectif et de l'adverbe low :
> ▷ Put the picture lower down. Mets le tableau plus bas.

lowest /'ləʊɪst/ *est le superlatif de* low.
▷ The lowest temperatures. Les températures les plus basses.

low-fat /ləʊ'fæt/ allégé (en parlant des aliments).

luck /lʌk/ chance (au sens de « sort favorable »).
► **good luck** chance.
▷ Good luck! Bonne chance !
► **bad luck** malchance.
▷ Bad luck! Pas de chance !

luckier /'lʌkɪəʳ/ *est le comparatif de* lucky.
▷ You're luckier than me. Tu as plus de chance que moi.

luckiest /'lʌkɪɪst/ *est le superlatif de* lucky.
▷ She was the luckiest girl. C'est elle qui a eu le plus de chance.

luckily /'lʌkɪlɪ/ heureusement.

lucky /'lʌkɪ/
► **be lucky** avoir de la chance.
► **lucky charm** porte-bonheur.

luggage /'lʌgɪdʒ/ bagages.

> ℹ Luggage est indénombrable : il ne peut pas se mettre au pluriel, ni s'employer avec l'article a.

lukewarm /lu:kwɔ:m/ tiède.

lullaby /'lʌləbaɪ/ berceuse (= chanson).

lump /lʌmp/ *a plusieurs sens :*

1 lump *peut signifier* morceau.

2 lump *peut signifier* grumeau.

3 lump *peut signifier* grosseur (sous la peau).

lunatic /'lu:nətɪk/ fou.

> En anglais, lunatic ne signifie pas « lunatique ».

lunch /lʌntʃ/ déjeuner (= le repas).

► **have lunch** déjeuner (= manger).

lunchtime /ˈlʌntʃtaɪm/ l'heure du déjeuner.

lung /lʌŋ/ poumon.

luxurious /lʌgˈzjʊərɪəs/ luxueux.

luxury /ˈlʌkʃərɪ/ luxe.

lying /ˈlaɪɪŋ/ *est une forme du verbe* **lie** *et a plusieurs sens :*

1 ► **be lying** *ou* **be lying down** être allongé.

▷ She was lying on the floor. Elle était allongée par terre.

2 ► **be lying** *peut signifier* mentir.

▷ You're lying. Tu mens.

lyrics /ˈlɪrɪks/ paroles (d'une chanson).

M

ANGLAIS — FRANÇAIS

La lettre M se prononce /em/ en anglais comme en français.

machine /məˈʃiːn/ machine.

► **machine gun** mitrailleuse.

machinery /məˈʃiːnərɪ/ machines.

► **a piece of machinery** une machine.

> ℹ Machinery est non dénombrable : il ne peut pas se mettre au pluriel, ni s'employer avec l'article a.

mad /mæd/ *a plusieurs sens :*

1 mad *peut signifier* fou.

► **go mad** devenir fou.

► **drive somebody mad** rendre quelqu'un fou.

► **mad cow disease** maladie de la vache folle.

► **be mad about somebody** *ou* **something** être fou de quelqu'un *ou* quelque chose.

2 mad *peut signifier* furieux.

► **be mad at somebody** être furieux contre quelqu'un.

made /meɪd/ *est le prétérit et le participe passé du verbe* make.

▷ I made a cake yesterday. J'ai fait un gâteau hier.

▷ She has made three mistakes. Elle a fait trois erreurs.

made-up /meɪdˈʌp/ *a plusieurs sens :*

1 made-up *peut signifier* inventé.

2 made-up *peut signifier* maquillé.

madness /ˈmædnɪs/ folie.

maggot /ˈmægət/ asticot.

magic /ˈmædʒɪk/ *a plusieurs catégories grammaticales :*

> *Ce peut être un* NOM :

magic *signifie* magie.

> *Ce peut être un* ADJECTIF :

magic *signifie* magique.

magical /ˈmædʒɪkəl/ magique.

magician /məˈdʒɪʃən/ magicien.

magnet /ˈmægnɪt/ aimant.

magnetic /mægˈnetɪk/ magnétique.

magnificent /mægˈnɪfɪsənt/ magnifique.

magnify /ˈmægnɪfaɪ/ grossir (une image) *ou* amplifier (un son).

magnifying glass /ˈmægnɪfaɪɪŋ glɑːs/ loupe.

magpie /ˈmægpaɪ/ pie.

maid /meɪd/ femme de chambre.

mail /meɪl/ *a plusieurs catégories grammaticales et plusieurs sens :*

> *Ce peut être un* NOM :

1 **mail** *peut signifier* poste (= système de distribution de courrier).

► **by mail** par la poste.

2 **mail** *peut signifier* courrier *ou* courrier électronique.

> *Ce peut être un* VERBE :

1 ► **mail something** envoyer quelque chose (par la poste ou par courrier électronique).

2 ► **mail somebody** envoyer un e-mail à quelqu'un.

mailbox /'meɪlbɒks/ boîte aux lettres.

mailman /'meɪlmæn/ facteur.

Mailman est un mot américain : en anglais britannique, on dit postman.

main /meɪn/ principal.

► **main course** plat principal.
► **main road** grande route.
► **main street** rue principale.

mainly /'meɪnlɪ/ surtout.

maintain /meɪn'teɪn/ *a plusieurs sens :*

1 ► **maintain something** *peut signifier* maintenir quelque chose.

2 ► **maintain something** *peut signifier* entretenir quelque chose.

3 ► **maintain that...** maintenir que...

maintenance /'meɪntɪnəns/ entretien (= le fait d'entretenir quelque chose)

maize /meɪz/ maïs.

Maize désigne le maïs en anglais britannique. En anglais américain on dit corn.

major /'meɪdʒəʳ/ *a plusieurs catégories grammaticales et plusieurs sens :*

> *Ce peut être un* ADJECTIF :

1 **major** *peut signifier* majeur.

2 **major** *peut signifier* principal.

> *Ce peut être un* NOM :

major *signifie* commandant.

majority /mə'dʒɒrɪtɪ/ majorité.

make /meɪk/ *a plusieurs catégories grammaticales et plusieurs sens :*

> *Ce peut être un* NOM :

make *signifie* marque.

▷ What make is that car? De quelle marque est cette voiture ?

> *Ce peut être un* VERBE :

1 ► **make something** *peut signifier* faire quelque chose.

▷ I've made the bed. J'ai fait le lit.
▷ He made a mistake. Il a fait une erreur.
▷ Don't make so much noise. Ne faites pas autant de bruit.

2 **make** *peut être suivi d'un adjectif :*

► **make somebody happy** rendre quelqu'un heureux.
► **make somebody jealous** rendre quelqu'un jaloux.
► **make somebody hungry** donner faim à quelqu'un.
► **make something worse** aggraver quelque chose.

3 ► **make money** gagner de l'argent.

▷ He makes 300 euros a week. Il gagne 300 euros par semaine.

4 ► **make somebody do something** faire faire quelque chose à quelqu'un *ou* obliger quelqu'un à faire quelque chose.

▷ She made me forget my problems. Elle m'a fait oublier mes problèmes.
▷ It made me laugh. Ça m'a fait rire.
▷ They made me do it. Ils m'ont obligé à le faire.

5 **make** *est employé dans les expressions suivantes :*

► **make do** se débrouiller.
► **make do with something** se contenter de quelque chose.
► **make it** venir *ou* arriver à temps *ou* réussir.

▷ She can't make it. Elle ne peut pas venir.
▷ He made it in time. Il est arrivé à temps.
▷ She's made it! Elle a réussi !

Phrasal verbs

Le verbe make peut être suivi d'une préposition, telle que for ou up, et dans ce cas, il peut avoir des sens différents. C'est ce qu'on appelle, en anglais, un phrasal verb.

MAKE FOR :

► **make for something** se diriger vers quelque chose.

MAKE UP :

► **make up** *peut signifier* se réconcilier.
► **make up** *peut signifier* se maquiller.
► **make something up** inventer quelque chose.
► **be made up of...** être composé de...

MAKE UP FOR :

► **make up for something** compenser quelque chose.

make-up /ˈmeɪkʌp/ maquillage.

male /meɪl/ mâle.

malicious /məˈlɪʃəs/ méchant *ou* malveillant.

> En anglais, malicious ne signifie pas « malicieux ».

mall /mæl/ centre commercial.

> Ce mot est employé surtout en anglais américain : en anglais britannique, on dit shopping centre.

mammal /ˈmæməl/ mammifère.

man /mæn/ homme.

manage /ˈmænɪdʒ/ *a plusieurs catégories grammaticales et plusieurs sens :*

> *Ce peut être un* VERBE TRANSITIF :

1 ► manage something gérer quelque chose.

2 ► manage to do something arriver à faire quelque chose.

> *Ce peut être un* VERBE INTRANSITIF :

manage *signifie* se débrouiller.

management /ˈmænɪdʒmənt/ *a plusieurs sens :*

1 management *peut signifier* gestion.

2 management *peut signifier* direction (= l'ensemble des directeurs).

manager /ˈmænɪdʒəʳ/ directeur *ou* gérant *ou* manager.

managing director /ˌmænɪdʒɪŋ daɪˈrektəʳ/ directeur général *ou* P.-D.G.

> Ce mot n'est pas employé en anglais américain : aux États-Unis, on dit chief executive officer.

mane /meɪn/ crinière.

maneuver /məˈnuːvəʳ/ *est l'orthographe américaine du mot* manoeuvre.

mango /ˈmæŋgəʊ/ mangue.

manicure /ˈmænɪˌkjʊəʳ/ *a plusieurs catégories grammaticales :*

> *Ce peut être un* NOM :

manicure *signifie* manucure.

> *Ce peut être un* VERBE :

► manicure one's nails se faire les ongles.

> Attention à l'orthographe du mot anglais manicure.

manipulate /məˈnɪpjʊleɪt/ manipuler.

mankind /mænˈkaɪnd/ l'humanité.

man-made /mænˈmeɪd/ synthétique *ou* artificiel.

manner /ˈmænəʳ/ manière.

► in this manner de cette manière.

► good manners bonnes manières.

► bad manners mauvaises manières.

manoeuvre /məˈnuːvəʳ/ *a plusieurs catégories grammaticales :*

> *Ce peut être un* NOM :

manoeuvre *signifie* manœuvre.

> *Ce peut être un* VERBE :

manoeuvre *signifie* manœuvrer.

> En anglais américain, ce mot s'écrit maneuver.

manor /ˈmænəʳ/ manoir.

mansion /ˈmænʃən/ hôtel particulier *ou* manoir.

manslaughter /ˈmænslɔːtəʳ/ homicide.

mantelpiece /ˈmæntlpiːs/

▷ It's on the mantelpiece. C'est sur la cheminée.

manual /ˈmænjʊəl/ manuel.

manufacture /ˌmænjʊˈfæktʃəʳ/ fabriquer.

manufacturer /ˌmænjʊˈfæktʃərəʳ/ fabricant.

manure /məˈnjʊəʳ/ fumier.

many /ˈmenɪ/ beaucoup *ou* beaucoup de.

▷ There aren't many flowers. Il n'y a pas beaucoup de fleurs.

▷ Do you have many customers? Est-ce que vous avez beaucoup de clients ?

► how many combien.

▷ How many plates are there? Il y a combien d'assiettes ?

► **too many** trop.

▷ There are too many. Il y en a trop.

> **i** Many s'emploie avec des noms dénombrables au pluriel (many people, many things). Avec les noms non dénombrables, on emploie much (much time, much money).

map /mæp/ carte *ou* plan (d'une ville, d'un pays, etc.).

marble /ˈmɑːbl/ *a plusieurs sens :*

1 marble *peut signifier* marbre.

2 marble *peut signifier* bille (pour jouer aux billes).

March /mɑːtʃ/ mars.

> En anglais, les noms de mois commencent par une majuscule.

march /mɑːtʃ/ *a plusieurs catégories grammaticales et plusieurs sens :*

> *Ce peut être un* NOM :

march *signifie* marche (de soldats ou pour manifester).

> *Ce peut être un* VERBE :

1 march *peut signifier* marcher au pas.

2 march *peut signifier* manifester.

mare /mɛəʳ/ jument.

> En anglais, mare ne signifie pas « mare ».

margin /ˈmɑːdʒɪn/ marge.

mark /mɑːk/ *a plusieurs catégories grammaticales et plusieurs sens :*

> *Ce peut être un* NOM :

1 mark *peut signifier* marque (= signe).

2 mark *peut signifier* tache.

3 mark *peut signifier* note (pour un devoir, un examen).

> *Ce peut être un* VERBE :

1 ► **mark something** *peut signifier* marquer quelque chose.

2 ► **mark something** *peut signifier* tacher quelque chose.

3 ► **mark something** *peut signifier* corriger quelque chose (un examen, par exemple).

market /ˈmɑːkɪt/ *a plusieurs catégories grammaticales :*

> *Ce peut être un* NOM :

market *signifie* marché.

> *Ce peut être un* VERBE :

► **market something** commercialiser quelque chose.

marmalade /ˈmɑːməleɪd/ confiture d'agrumes.

► **orange marmalade** confiture d'oranges.

marquee /mɑːˈkiː/ grande tente.

marriage /ˈmærɪdʒ/ mariage.

> **i** Attention à l'orthographe du mot anglais marriage.

married /ˈmærɪd/ marié.

► **get married** se marier.

> **i** Married est aussi le prétérit et le participe passé du verbe marry :
> ▷ She married a millionaire. Elle a épousé un millionnaire.

marrow /ˈmærəʊ/ *a plusieurs sens :*

1 marrow *peut signifier* moelle.

2 marrow *peut signifier* courge.

marry /ˈmærɪ/ *a plusieurs catégories grammaticales et plusieurs sens :*

> *Ce peut être un* VERBE TRANSITIF :

1 ► **marry somebody** *peut signifier* épouser quelqu'un.

2 ► **marry somebody** *peut signifier* marier quelqu'un.

> *Ce peut être un* VERBE INTRANSITIF :

marry *signifie* se marier.

marsh /mɑːʃ/ marais.

martial /ˈmɑːʃəl/ martial *ou* militaire.

► **martial arts** les arts martiaux.

marvel /ˈmɑːvəl/ merveille.

marvellous /ˈmɑːvələs/ merveilleux.

> En anglais américain, ce mot s'écrit marvelous.

marzipan /ˈmɑːzɪˌpæn/ pâte d'amandes.

masculine /ˈmæskjʊlɪn/ masculin.

mash /mæʃ/ réduire en purée.

► **mashed potatoes** purée de pommes de terre.

mask /mɑːsk/ *a plusieurs catégories grammaticales :*

> *Ce peut être un* NOM :

mask *signifie* masque.

> *Ce peut être un* VERBE :

► **mask something** masquer quelque chose.

mass /mæs/ *a plusieurs sens :*

1 **mass** *peut signifier* masse.

► **masses of...** des masses de...

2 **mass** *peut signifier* messe.

massacre /ˈmæsəkəʳ/ *a plusieurs catégories grammaticales :*

> *Ce peut être un* NOM :

massacre *signifie* massacre.

> *Ce peut être un* VERBE :

► **massacre somebody** massacrer quelqu'un.

massage /ˈmæsɑːʒ/ *a plusieurs catégories grammaticales :*

> *Ce peut être un* NOM :

massage *signifie* massage.

> *Ce peut être un* VERBE :

► **massage something** masser quelque chose.

massive /ˈmæsɪv/ énorme.

mast /mɑːst/ mât *ou* pylône.

master /ˈmɑːstəʳ/ *a plusieurs catégories grammaticales et plusieurs sens :*

> *Ce peut être un* NOM :

1 **master** *signifie* maître.

2 ► **master's degree** maîtrise (= diplôme).

> *Ce peut être un* VERBE :

1 ► **master something** *peut signifier* maîtriser quelque chose.

2 ► **master something** *peut signifier* surmonter quelque chose.

masterpiece /ˈmɑːstəpiːs/ chef-d'œuvre.

mat /mæt/ *a plusieurs sens :*

1 **mat** *peut signifier* tapis *ou* paillasson.

2 **mat** *peut signifier* dessous-de-plat *ou* set de table.

match /mætʃ/ *a plusieurs catégories grammaticales et plusieurs sens :*

> *Ce peut être un* NOM :

1 **match** *peut signifier* match.

2 **match** *peut signifier* allumette.

> *Ce peut être un* VERBE TRANSITIF :

1 ► **match something** être assorti à quelque chose *ou* aller bien avec quelque chose.

2 ► **match somebody** égaler quelqu'un.

> *Ce peut être un* VERBE INTRANSITIF :

match *signifie* être assortis *ou* aller bien ensemble.

matchbox /ˈmætʃbɒks/ boîte d'allumettes.

matching /ˈmætʃɪŋ/ assorti.

matchstick /ˈmætʃstɪk/ allumette.

material /məˈtɪərɪəl/ *a plusieurs catégories grammaticales et plusieurs sens :*

> *Ce peut être un* NOM :

1 **material** *peut signifier* matière *ou* matériau.

2 **material** *peut signifier* tissu.

3 **material** *peut signifier* documentation.

> *Ce peut être un* ADJECTIF :

material *signifie* matériel.

materialistic /məˌtɪərɪəˈlɪstɪk/ matérialiste.

math /mæθ/ maths (en anglais américain).

mathematics /ˌmæθəˈmætɪks/ mathématiques.

maths /mæθs/ maths.

> En anglais américain, on dit **math**.

matter /ˈmætəʳ/ *a plusieurs catégories grammaticales et plusieurs sens :*

> *Ce peut être un* NOM :

1 **matter** *peut signifier* matière (= substance).

2 **matter** *peut signifier* affaire *ou* question.

▷ It's a matter of life and death. C'est une question de vie ou de mort.

3 ► **the matter** *peut signifier* le problème.

▷ There's something the matter. Il y a un problème.

▷ What's the matter? Qu'est-ce qu'il y a ?

▷ What's the matter with her? Qu'est-ce qu'elle a ?

▷ What's the matter with his leg? Qu'est-ce qu'il a à la jambe ?

4 ► **no matter** peu importe.

▷ No matter what he does. Quoi qu'il fasse.

> *Ce peut être un* VERBE :

matter *signifie* avoir de l'importance.

▷ It doesn't matter. Ça n'a pas d'importance *ou* Ça ne fait rien.

▷ It doesn't matter what you do. Peu importe ce que tu fais.

mattress /ˈmætrɪs/ matelas.

mature /məˈtjʊəʳ/ *a plusieurs catégories grammaticales :*

> *Ce peut être un* ADJECTIF :

mature *signifie* mûr.

> *Ce peut être un* VERBE :

mature *signifie* mûrir.

May /meɪ/ mai.

ℹ En anglais, les noms de mois commencent par une majuscule.

ℹ Regardez aussi le mot suivant, may.

may /meɪ/ *a plusieurs sens :*

ℹ May est un verbe modal.
Ces verbes s'emploient avant la forme infinitive d'autres verbes (par exemple, you may go now).
Ils ne prennent pas de -s final à la troisième personne du singulier (he may, she may, it may).
À la différence d'autres verbes, les formes négatives et interrogatives ne se construisent pas avec do (on dit par exemple may I go? et he may not come).
Ils n'ont pas de forme infinitive ni de participe présent ou passé.

1 **may** *sert à exprimer la* possibilité :

▷ He may come. Il va peut-être venir.

▷ It may rain. Il va peut-être pleuvoir.

▷ I may have left it in the bus. Je l'ai peut-être oublié dans le bus.

2 **may** *sert à donner ou à demander la* permission :

▷ May I come in? Je peux entrer ?

▷ You may leave. Vous pouvez partir.

▷ May I help you? Est-ce que je peux vous aider ? *ou* (dans un magasin) Vous désirez ?

ℹ Regardez aussi le mot précédent, May.

maybe /ˈmeɪbiː/ peut-être.

mayor /mɛəʳ/ maire.

maze /meɪz/ labyrinthe.

me /miː/ me *ou* moi.

▷ Can you see me? Est-ce que tu me vois ?

▷ He gave me some money. Il m'a donné de l'argent.

▷ Look at me! Regarde-moi !

meadow /ˈmedəʊ/ pré.

meal /miːl / repas.

mealtime /ˈmiːltaɪm/ heure du repas.

mean /miːn/ *a plusieurs catégories grammaticales et plusieurs sens :*

> *Ce peut être un* VERBE :

1 ► **mean something** vouloir dire quelque chose *ou* signifier quelque chose.

▷ What does this mean? Qu'est-ce que ça veut dire ?

2 ► **mean to do something** avoir l'intention de faire quelque chose.

▷ I didn't mean to do it. Je ne l'ai pas fait exprès.

3 **mean** *sert à dire qu'on est sérieux à propos de quelque chose :*

▷ Do you really mean it? Tu es sérieux ?

▷ I mean it. Je suis sérieux.

> *Ce peut être un* ADJECTIF :

mean *signifie* mesquin *ou* avare *ou* méchant.

meaning /ˈmiːnɪŋ/ sens *ou* signification.

means /miːnz/ moyen (= procédé qui permet de parvenir à ce qu'on veut) *ou* moyens (= de l'argent).

► **a means of doing something** un moyen de faire quelque chose.

ℹ *Means est aussi une forme du verbe* mean *:*
▷ This means that we will be late. Ça veut dire qu'on sera en retard.

meant /ment/ *est le prétérit et le participe passé du verbe* mean.

▷ I meant to tell you. J'avais l'intention de te le dire.

► **be meant for somebody** *ou* **something** être destiné à quelqu'un *ou* quelque chose.

► **be meant to do something** être censé faire quelque chose.

meantime /ˈmiːntaɪm/

► **in the meantime** pendant ce temps *ou* en attendant.

meanwhile /ˈmiːnwaɪl/ pendant ce temps *ou* en attendant.

measles /ˈmiːzlz/ rougeole.

measure /'meʒəʳ/ *a plusieurs catégories grammaticales :*

> *Ce peut être un* NOM :

measure *signifie* mesure.

> *Ce peut être un* VERBE :

measure *signifie* mesurer.

measurements /'meʒəmənts/ mesures.

meat /miːt/ viande.

mechanic /mɪ'kænɪk/ mécanicien.

mechanical /mɪ'kænɪkəl/ mécanique *ou* machinal.

mechanism /'mekənɪzəm/ mécanisme.

medal /'medl/ médaille.

meddle /'medl/ *a plusieurs sens :*

1 ► **meddle in something** se mêler de quelque chose.

2 ► **meddle with something** toucher à quelque chose.

media /'miːdɪə/

► **the media** les médias.

medical /'medɪkəl/ *a plusieurs catégories grammaticales :*

> *Ce peut être un* ADJECTIF :

medical *signifie* médical.

> *Ce peut être un* NOM :

medical *signifie* examen médical.

medicine /'medsn/ *a plusieurs sens :*

1 **medicine** *peut signifier* médecine.

2 **medicine** *peut signifier* médicament.

► **medicine cabinet** armoire à pharmacie.

> ℹ Attention à l'orthographe du mot anglais **medicine**.

meditate /'medɪteɪt/ méditer.

Mediterranean /ˌmedɪtə'reɪnɪən/ méditerranéen.

► **the Mediterranean** la Méditerranée.

medium /'miːdɪəm/ *a plusieurs catégories grammaticales et plusieurs sens :*

> *Ce peut être un* NOM :

1 **medium** *peut signifier* moyen.

2 **medium** *peut signifier* médium.

> *Ce peut être un* ADJECTIF :

medium *signifie* moyen.

medium-sized /ˌmiːdɪəm'saɪzd/ de taille moyenne.

meet /miːt/ *a plusieurs catégories grammaticales et plusieurs sens :*

> *Ce peut être un* VERBE TRANSITIF :

1 ► **meet somebody** *peut signifier* rencontrer quelqu'un *ou* retrouver quelqu'un.

▷ I met him last year. Je l'ai rencontré l'année dernière.

▷ I'll meet you at the cinema. Je te retrouverai au cinéma.

2 **meet** *est employé lorsqu'on fait les* présentations :

▷ Fred, I'd like you to meet Mrs Jones. Fred, je vous présente Mme Jones.

▷ Pleased to meet you! Enchanté !

3 ► **meet somebody** *peut signifier* aller chercher quelqu'un *ou* venir chercher quelqu'un.

▷ He met me at the station. Il est venu me chercher à la gare.

4 ► **meet something** *peut signifier* répondre à quelque chose *ou* satisfaire quelque chose (une demande, des besoins).

5 ► **meet something** *peut signifier* payer *ou* régler (les factures, par exemple), *ou* **prendre en charge** (les frais).

> *Ce peut être un* VERBE INTRANSITIF :

1 **meet** *peut signifier* se rencontrer *ou* se retrouver.

2 **meet** *peut signifier* se croiser (en parlant de rues, de lignes).

meeting /'miːtɪŋ/ réunion *ou* rencontre *ou* rendez-vous.

> ℹ **Meeting** est aussi une forme du verbe **meet** :
> ▷ We're meeting at the cinema. On se retrouve au cinéma.

megabyte /'megəˌbaɪt/ méga-octet.

melt /melt/ fondre *ou* faire fondre.

member /'membəʳ/ membre.

► **member of parliament** député.

memento /mə'mentəʊ/ souvenir (= objet).

memorial /mɪ'mɔːrɪəl/ monument.

memory /'memərɪ/ mémoire *ou* souvenir.

men /men/ *est le pluriel du mot* man.

► men's room toilettes pour hommes.

menace /ˈmenɪs/ *a plusieurs catégories grammaticales :*

> *Ce peut être un* NOM :

menace *signifie* menace.

> *Ce peut être un* VERBE :

menace *signifie* menacer.

mend /mend/ réparer *ou* raccommoder.

mention /ˈmenʃən/ *a plusieurs catégories grammaticales :*

> *Ce peut être un* NOM :

mention *signifie* mention (= le fait de mentionner quelque chose).

> *Ce peut être un* VERBE :

► mention something mentionner quelque chose.

▷ Don't mention it! Je vous en prie !

mercy /ˈmɜːsɪ/ pitié.

► have mercy on somebody avoir pitié de quelqu'un.

► be at somebody's mercy être à la merci de quelqu'un.

merely /ˈmɪəlɪ/ simplement.

merge /mɜːdʒ/ fusionner.

merger /ˈmɜːdʒəʳ/ fusion (de deux sociétés).

merit /ˈmerɪt/ *a plusieurs catégories grammaticales :*

> *Ce peut être un* NOM :

merit *signifie* mérite.

> *Ce peut être un* VERBE :

► merit something mériter quelque chose.

mermaid /ˈmɜːmeɪd/ sirène (= être imaginaire).

merry /ˈmerɪ/ joyeux.

▷ Merry Christmas! Joyeux Noël !

merry-go-round /ˈmerɪgəʊˌraʊnd/ manège.

mess /mes/ *a plusieurs catégories grammaticales et plusieurs sens :*

> *Ce peut être un* NOM :

1 mess *peut signifier* désordre *ou* fouillis.

▷ The kitchen was in a mess. La cuisine était en désordre.

▷ She made a mess in the kitchen. Elle a mis du désordre dans la cuisine.

▷ He looked a mess. Il était dans un bel état.

2 mess *peut signifier* gâchis.

▷ I've made a mess of things. J'ai tout gâché.

> *Ce peut être un* VERBE :

1 ► mess about *ou* mess around faire l'imbécile *ou* perdre son temps.

2 ► mess something up salir quelque chose *ou* mettre quelque chose en désordre *ou* gâcher quelque chose.

messenger /ˈmesɪndʒəʳ/ messager.

messy /ˈmesɪ/ désordonné *ou* sale.

met /met/ *est le prétérit et le participe passé du verbe* meet.

▷ I met him yesterday. Je l'ai rencontré hier.

▷ Have you met my brother? Est-ce que tu as rencontré mon frère ?

metal /ˈmetl/ *a plusieurs catégories grammaticales :*

> *Ce peut être un* NOM :

metal *signifie* métal.

> *Ce peut être un* ADJECTIF :

metal *signifie* en métal.

meter /ˈmiːtəʳ/ *a plusieurs sens :*

1 meter *peut signifier* compteur.

► parking meter parcmètre.

2 Meter *est aussi l'orthographe américaine du mot* metre.

method /ˈmeθəd/ méthode.

metre /ˈmiːtəʳ/ mètre.

En anglais américain, ce mot s'écrit meter.

Mexico /ˈmeksɪkəʊ/ Mexique.

► Mexico City Mexico.

ℹ En général, en anglais, on n'emploie pas d'article défini devant les noms de pays et de continents.

miaow /miːˈaʊ/ *a plusieurs catégories grammaticales :*

> *Ce peut être un* NOM :

miaow *signifie* miaou.

> *Ce peut être un* VERBE :

miaow *signifie* miauler.

mice /maɪs/ *est le pluriel du mot* mouse.

▷ Our cat catches mice. Notre chat attrape des souris.

microchip /'maɪkrəʊˌtʃɪp/ puce électronique.

microwave /'maɪkrəʊˌweɪv/ *a plusieurs catégories grammaticales et plusieurs sens :*

> *Ce peut être un* NOM :

microwave *signifie* four à micro-ondes.

> *Ce peut être un* VERBE :

► microwave something faire cuire quelque chose au micro-ondes.

mid /mɪd/ *est un préfixe qui signifie* « au milieu de » :

► mid-morning au milieu de la matinée.

► in mid-July à la mi-juillet.

midday /ˌmɪd'deɪ/ midi.

► at midday à midi.

middle /'mɪdl/ *a plusieurs catégories grammaticales et plusieurs sens :*

> *Ce peut être un* NOM :

middle *signifie* milieu (= centre).

> *Ce peut être un* ADJECTIF :

1 middle *signifie* du milieu.

2 ► the Middle Ages le Moyen Âge.

► the middle classes les classes moyennes.

► the Middle East le Moyen-Orient.

► middle name deuxième prénom.

middle-aged /ˌmɪdl'eɪdʒd/ d'un certain âge.

middle-class /ˌmɪdl'klɑːs/ bourgeois.

midnight /'mɪdnaɪt/ minuit.

► at midnight à minuit.

midst /mɪdst/

► in the midst of au milieu de *ou* parmi.

midsummer /'mɪdˌsʌməʳ/ cœur de l'été.

midweek /ˌmɪd'wiːk/ en milieu de semaine.

midwife /'mɪdwaɪf/ sage-femme.

might /maɪt/ *a plusieurs catégories grammaticales et plusieurs sens :*

> *Ce peut être un* VERBE :

> ℹ Might est un verbe modal.
> Ces verbes s'emploient avant la forme infinitive d'autres verbes (par exemple, you might be right).
> Ils ne prennent pas de -s final à la troisième personne du singulier (he might, she might, it might).
> À la différence d'autres verbes, les formes négatives et interrogatives ne se construisent pas avec do (on dit par exemple might I help? et he might not come).
> Ils n'ont pas de forme infinitive ni de participe présent ou passé.

1 might *sert à exprimer la* possibilité :

▷ He might be right. Il a peut-être raison.

▷ She might have forgotten. Elle a peut-être oublié.

▷ I might go to Greece. J'irai peut-être en Grèce.

2 might *sert à faire des* suggestions :

▷ It might be better to tell him. Il vaut peut-être mieux le lui dire.

▷ You might try phoning her. Vous pourriez toujours essayer de l'appeler.

> *Ce peut être un* NOM :

might *signifie* force.

► with all one's might de toutes ses forces.

mighty /'maɪtɪ/ puissant.

migrate /maɪ'greɪt/ migrer.

mike /maɪk/ micro.

mild /maɪld/ doux *ou* léger.

mile /maɪl/ *est une unité de mesure qui correspond à 1 609 mètres.*

military /'mɪlɪtərɪ/ militaire (adjectif).

milk /mɪlk/ *a plusieurs catégories grammaticales :*

> *Ce peut être un* NOM :

milk *signifie* lait.

► milk chocolate chocolat au lait.

> *Ce peut être un* VERBE :

► milk a cow traire une vache.

milkman /'mɪlkmən/ laitier.

milky /'mɪlkɪ/ *a plusieurs sens :*

1 milky *peut signifier* laiteux.

2 **milky** *peut signifier* avec beaucoup de lait (un café, par exemple).

3 ► **the Milky Way** la Voie lactée.

mill /mɪl/ moulin.

millennium /mɪ'lenɪəm/ millénaire.

> ℹ Attention à l'orthographe du mot anglais millennium.

million /'mɪljən/ million.

► **millions of...** des millions de...

mimic /'mɪmɪk/ *a plusieurs catégories grammaticales :*

> *Ce peut être un* NOM :

mimic *signifie* imitateur.

> *Ce peut être un* VERBE :

► **mimic somebody** imiter quelqu'un.

> Le mot anglais mimic ne signifie pas « mimique ».

mince /mɪns/ *a plusieurs catégories grammaticales :*

> *Ce peut être un* NOM :

mince *signifie* viande hachée.

> Dans ce sens, le mot mince n'est pas employé en anglais américain : aux États-Unis, on dit ground meat ou mincemeat.

> *Ce peut être un* VERBE :

► **mince something** hacher quelque chose.

> Le mot anglais mince ne signifie pas « mince ».

mincemeat /'mɪnsmiːt/ *a plusieurs sens :*

1 *En anglais britannique,* **mincemeat** *est un hachis de fruits secs, de pommes et d'épices employé en pâtisserie.*

2 *En anglais américain,* **mincemeat** *signifie* viande hachée.

mind /maɪnd/ *a plusieurs catégories grammaticales et plusieurs sens :*

> *Ce peut être un* NOM :

1 **mind** *peut signifier* esprit (= pensée).

► **state of mind** état d'esprit.

► **come to mind** venir à l'esprit.

► **have something on one's mind** avoir l'esprit préoccupé.

► **make up one's mind** se décider.

► **read somebody's mind** lire dans les pensées de quelqu'un.

2 ► **change one's mind** changer d'avis.

> *Ce peut être un* VERBE :

1 **mind** *est employé pour dire si quelque chose vous* dérange *ou pour* demander poliment *quelque chose :*

▷ I don't mind getting up early. Ça ne me dérange pas de me lever tôt.

▷ I don't mind what we do. Peu m'importe ce qu'on fait.

▷ I don't mind. Ça m'est égal.

▷ Do you mind if I smoke? Ça vous ennuie si je fume ?

▷ Would you mind opening the window? Est-ce que ça vous ennuierait d'ouvrir la fenêtre ?

▷ Never mind! Ne t'en fais pas ! *ou* Ça ne fait rien !

2 **mind** *est employé à l'impératif pour dire de* faire attention *à quelque chose :*

▷ Mind your head! Attention à la tête !

▷ Mind your language! Surveille ton langage !

mine /maɪn/ *a plusieurs catégories grammaticales :*

> *Ce peut être un* PRONOM :

mine *est le pronom possessif de la première personne du singulier, et correspond à* « le mien », « la mienne » *ou* « les miens », « les miennes » :

▷ Which book is mine? Lequel de ces livres est le mien ?

▷ His car is old, mine is new. Sa voiture est vieille, la mienne est neuve.

▷ He's a friend of mine. C'est un ami à moi.

> *Ce peut être un* NOM :

mine *signifie* mine.

► **gold mine** mine d'or.

minefield /'maɪnfiːld/ champ de mines.

miner /'maɪnəʳ/ mineur (= ouvrier qui travaille dans une mine).

mineral /'mɪnərəl/ minéral.

► **mineral water** eau minérale.

miniskirt /'mɪnɪˌskɜːt/ minijupe.

minister /'mɪnɪstəʳ/ *a plusieurs sens :*

1 **minister** *peut signifier* ministre.

2 **minister** *peut signifier* pasteur.

ministry /'mɪnɪstrɪ/ ministère.

mink /mɪŋk/ vison.

minor /'maɪnəʳ/ mineur.

minorities /maɪ'nɒrɪtɪz/ *est le pluriel de* minority.

minority /maɪˈnɒrɪtɪ/ minorité.

mint /mɪnt/ menthe *ou* bonbon à la menthe.

minus /ˈmaɪnəs/ moins (en mathématiques et concernant les températures).

▷ 10 minus 2 equals 8. 10 moins 2 égalent 8.

minute *se prononce de deux façons et a des sens différents selon la prononciation :*

/ˈmɪnɪt/ (l'accent est sur la première syllabe min-, et minute rime avec sit).

> *C'est un* NOM :

minute *signifie* minute.

► minute hand grande aiguille (d'une horloge, d'une montre).

/maɪˈnjuːt/ (l'accent est sur la deuxième syllabe -ute, et minute rime avec boot).

> *C'est un* ADJECTIF :

minute *signifie* minuscule.

mirror /ˈmɪrəʳ/ miroir.

misbehave /ˈmɪsbɪˈheɪv/ se conduire mal.

miscarriage /mɪsˈkærɪdʒ/ fausse couche.

mischief /ˈmɪstʃɪf/ malice.

mischievous /ˈmɪstʃɪvəs/ malicieux *ou* espiègle.

miser /ˈmaɪzəʳ/ avare (= personne avare).

miserable /ˈmɪzərəbl/ malheureux *ou* misérable.

misery /ˈmɪzərɪ/ souffrance *ou* tristesse *ou* misère.

misfortune /mɪsˈfɔːtʃən/ malheur *ou* malchance.

mishap /ˈmɪshæp/ mésaventure.

misjudge /ˈmɪsˈdʒʌdʒ/ *a plusieurs sens :*

1 ► misjudge something mal évaluer quelque chose.

2 ► misjudge somebody se méprendre sur quelqu'un.

mislaid /mɪsˈleɪd/ *est le prétérit et le participe passé du verbe* mislay.

▷ She mislaid her keys. Elle a égaré ses clés.

mislay /ˌmɪsˈleɪ/ égarer.

mislead /ˌmɪsˈliːd/ induire en erreur.

misleading /ˌmɪsˈliːdɪŋ/ trompeur.

> **i** Misleading **est aussi une forme du verbe** mislead **:**
> ▷ He was misleading me. **Il m'induisait en erreur.**

misled /ˌmɪsˈlɛd/ *est le prétérit et le participe passé du verbe* mislead.

▷ He misled me. Il m'a induit en erreur.

misprint /ˈmɪsprɪnt/ faute d'impression.

miss /mɪs/ *a plusieurs catégories grammaticales et plusieurs sens :*

> *Ce peut être un* VERBE TRANSITIF :

1 ► miss something *peut signifier* manquer quelque chose *ou* rater quelque chose.

▷ I missed my train. J'ai raté mon train.

2 miss *est employé pour dire que quelqu'un ou un endroit vous* manque :

▷ I miss you. Tu me manques.

▷ She misses London. Londres lui manque.

3 ► miss something out omettre quelque chose.

> *Ce peut être un* VERBE INTRANSITIF :

miss *signifie* rater.

> *Ce peut être un* NOM :

Miss *signifie* Mademoiselle.

missing /ˈmɪsɪŋ/ *a plusieurs sens :*

1 ► be missing *peut signifier* avoir disparu.

▷ It's gone missing. Il a disparu.

2 ► be missing *peut signifier* manquer.

▷ There's nothing missing. Il n'y a rien qui manque.

3 missing *peut signifier* porté disparu.

> **i** Missing **est aussi une forme du verbe** miss **:**
> ▷ I'm missing her. **Elle me manque.**

mist /mɪst/ brume.

mistake /mɪsˈteɪk/ *a plusieurs catégories grammaticales et plusieurs sens :*

> *Ce peut être un* NOM :

mistake *signifie* erreur.

► by mistake par erreur.

► make a mistake faire une erreur *ou* se tromper.

> *Ce peut être un* VERBE :

1 ► **mistake something** mal comprendre quelque chose *ou* se méprendre sur quelque chose.

2 ► **mistake something for...** prendre quelque chose pour...

mistaken /mɪs'teɪkən/ *a plusieurs sens :*

1 ► **be mistaken about something** se tromper à propos de quelque chose.

2 **mistaken** *peut signifier* erroné.

> ℹ Mistaken est aussi le participe passé du verbe mistake :
> ▷ He must have mistaken you for somebody else. Il a dû te prendre pour quelqu'un d'autre.

mister /'mɪstəʳ/ monsieur.

mistletoe /'mɪsltəʊ/ gui.

mistook /mɪs'tʊk/ *est le prétérit du verbe* **mistake**.

▷ I mistook you for somebody else. Je vous ai pris pour quelqu'un d'autre.

mistreat /ˌmɪs'triːt/ maltraiter.

mistress /'mɪstrɪs/ maîtresse.

misty /'mɪstɪ/ brumeux.

misunderstand /'mɪsʌndə'stænd/ mal comprendre.

misunderstanding /'mɪsʌndə'stændɪŋ/ malentendu.

misunderstood /'mɪsʌndə'stʊd/ *est le prétérit et le participe passé du verbe* **misunderstand**.

▷ I misunderstood the instructions. J'ai mal compris les instructions.

mix /mɪks/ *a plusieurs catégories grammaticales et plusieurs sens :*

> *Ce peut être un* NOM :

mix *signifie* mélange.

> *Ce peut être un* VERBE TRANSITIF :

mix something mélanger quelque chose.

mixed /mɪkst/ mixte *ou* mélangé.

> ℹ Mixed est aussi le prétérit et le participe passé du verbe mix :
> ▷ He mixed the colours. Il a mélangé les couleurs.

mixture /'mɪkstʃəʳ/ mélange.

mix-up /'mɪksʌp/ confusion.

moan /məʊn/ *a plusieurs catégories grammaticales et plusieurs sens :*

> *Ce peut être un* NOM :

moan *signifie* gémissement.

> *Ce peut être un* VERBE :

moan *signifie* gémir *ou* se plaindre.

moat /məʊt/ douves.

mobile /'məʊbaɪl/ *a plusieurs catégories grammaticales et plusieurs sens :*

> *Ce peut être un* ADJECTIF :

mobile *signifie* mobile.

► **mobile phone** téléphone portable.

> *Ce peut être un* NOM :

1 **mobile** *peut signifier* téléphone portable.

2 **mobile** *peut signifier* mobile.

mock /mɒk/ *a plusieurs catégories grammaticales :*

> *Ce peut être un* VERBE :

► **mock somebody** *ou* **something** se moquer de quelqu'un *ou* quelque chose.

> *Ce peut être un* ADJECTIF :

mock *signifie* faux *ou* simulé.

► **mock exam** examen blanc.

model /'mɒdl/ *a plusieurs catégories grammaticales et plusieurs sens :*

> *Ce peut être un* NOM :

1 **model** *peut signifier* modèle.

2 **model** *peut signifier* mannequin.

3 **model** *peut signifier* modèle réduit.

> *Ce peut être un* ADJECTIF :

model *signifie* modèle (époux, enfant, conduite modèle).

> *Ce peut être un* VERBE TRANSITIF :

► **model something on...** modeler quelque chose sur...

moderate *se prononce de deux façons différentes et a plusieurs sens selon la prononciation :*

/'mɒdərət/ (rime avec cut).

> *C'est un* ADJECTIF :

moderate *signifie* modéré.

/'mɒdəreɪt/ (rime avec late).

> *C'est un* VERBE :

moderate *signifie* modérer.

moderation /ˌmɒdə'reɪʃən/

► **in moderation** avec modération.

modern /'mɒdən/ moderne.

► **modern languages** les langues vivantes.

modernize /'mɒdənaɪz/ moderniser.

modest /'mɒdɪst/ modeste.

modesty /'mɒdɪstɪ/ modestie.

modified /'mɒdɪfaɪd/ *est une forme du verbe* modify.

modifies /'mɒdɪfaɪz/ *est une forme du verbe* modify.

modify /'mɒdɪfaɪ/ modifier.

moist /mɔɪst/ *a plusieurs sens :*

1 moist *peut signifier* humide.

2 moist *peut signifier* moelleux (en parlant d'un gâteau).

moisture /'mɔɪstʃə'/ humidité.

moisturizer /'mɔɪstʃəraɪzə'/ lait hydratant *ou* crème hydratante.

mold /məʊld/ *est l'orthographe américaine du mot* mould.

moldy /'məʊldɪ/ *est l'orthographe américaine du mot* mouldy.

mole /məʊl/ *a plusieurs sens :*

1 mole *peut signifier* grain de beauté.

2 mole *peut signifier* taupe.

molehill /'məʊlhɪl/ taupinière.

molt /məʊlt/ *est l'orthographe américaine du verbe* moult.

mom /mɒm/ maman.

> Le mot mom est américain : en anglais britannique, on dit mum.

moment /'məʊmənt/ moment *ou* instant.

► at the moment en ce moment.
► at any moment d'un moment à l'autre.
▷ Wait a moment! Attendez un instant !
▷ Just a moment! Un instant !

momentary /'məʊməntərɪ/ momentané *ou* passager.

momentous /məʊ'mentəs/ très important.

mommy /'mɒmɪ/ maman.

> Le mot mommy est américain : en anglais britannique, on dit mummy.

monastery /'mɒnəstərɪ/ monastère.

Monday /'mʌndɪ/ lundi.

▷ I saw him on Monday. Je l'ai vu lundi.
▷ Let's meet on Monday morning. Retrouvons-nous lundi matin.
▷ I play football on Mondays. Je joue au football le lundi.

> **i** En anglais, les noms des jours de la semaine commencent par une majuscule.

money /'mʌnɪ/ argent (pièces de monnaie, billets de banque).

► make money gagner de l'argent.
► money belt banane (= ceinture-porte-feuille).

moneybox /'mʌnɪbɒks/ tirelire.

mongrel /'mʌŋgrəl/ chien bâtard.

monitor /'mɒnɪtə'/ *a plusieurs catégories grammaticales et plusieurs sens :*

> *Ce peut être un* NOM :

monitor *signifie* moniteur (= appareil avec écran).

> *Ce peut être un* VERBE :

1 ► monitor something contrôler quelque chose.

2 ► monitor somebody suivre quelqu'un de près (pour le surveiller).

monk /mʌŋk/ moine.

monkey /'mʌŋkɪ/ singe.

monopoly /mə'nɒpəlɪ/ monopole.

monotonous /mə'nɒtənəs/ monotone.

monster /'mɒnstə'/ monstre.

month /mʌnθ/ mois.

monthly /'mʌnθlɪ/ *a plusieurs catégories grammaticales :*

> *Ce peut être un* NOM *et un* ADJECTIF :

monthly *signifie* mensuel.

> *Ce peut être un* ADVERBE :

monthly *signifie* mensuellement *ou* tous les mois.

moo /muː/ meugler.

▷ Moo! Meuh !

mood /mu:d/ humeur.

▷ She's in a bad mood *ou* She's in a mood. Elle est de mauvaise humeur.

▷ I'm in a good mood. Je suis de bonne humeur.

▷ Are you in the mood for a dance? Est-ce que tu as envie de danser ?

moody /ˈmu:dɪ/ *a plusieurs sens :*

1 moody *peut signifier* de mauvaise humeur.

2 moody *peut signifier* lunatique.

moon /mu:n/ lune.

moonlight /ˈmu:nlaɪt/ clair de lune.

moor /mʊəʳ/ *a plusieurs catégories grammaticales :*

> *Ce peut être un* NOM :

moor *signifie* lande.

> *Ce peut être un* VERBE TRANSITIF :

► **moor a boat** amarrer un bateau.

moose /mu:s/ orignal *ou* élan (= animal).

mop /mɒp/ *a plusieurs catégories grammaticales et plusieurs sens :*

> *Ce peut être un* NOM :

mop *signifie* balai à franges.

> *Ce peut être un* VERBE :

1 ► **mop the floor** laver le sol.

2 ► **mop one's brow** s'éponger le front.

3 ► **mop something up** éponger quelque chose.

moped /ˈməʊped/ vélomoteur.

moral /ˈmɒrəl/ *a plusieurs catégories grammaticales et plusieurs sens :*

> *Ce peut être un* ADJECTIF :

moral *signifie* moral.

> *Ce peut être un* NOM :

1 moral *signifie* morale (d'une histoire).

2 ► **morals** moralité.

more /mɔ:ʳ/ *a plusieurs catégories grammaticales et plusieurs sens :*

> *Ce peut être un* ADVERBE :

more *signifie* plus.

▷ It's more difficult. C'est plus difficile.

▷ I'll come more often. Je viendrai plus souvent.

▷ It's even more expensive. C'est encore plus cher.

▷ It gets more and more dangerous. Ça devient de plus en plus dangereux.

▷ She works more than he does. Elle travaille plus que lui.

► **more or less** plus ou moins.

► **not... any more** ne... plus.

▷ I don't want any more. Je n'en veux plus.

► **once more** encore une fois *ou* une fois de plus.

> *Ce peut être un* ADJECTIF :

1 more *peut signifier* plus de *ou* davantage de.

▷ There are a lot more cars. Il y a beaucoup plus de voitures.

▷ He has more money than you do. Il a plus d'argent que toi.

▷ There's no more bread. Il n'y a plus de pain.

2 more *peut signifier* encore de.

▷ I bought some more books. J'ai acheté encore quelques livres.

▷ I'd like some more tea. Je voudrais encore du thé.

> *Ce peut être un* PRONOM :

more *signifie* plus.

▷ I need a bit more. Il m'en faut un peu plus.

▷ I haven't got any more. Je n'en ai plus.

moreover /mɔ:ˈrəʊvəʳ/ de plus.

morning /ˈmɔ:nɪŋ/ matin *ou* matinée.

► **in the morning** le matin.

► **at six o'clock in the morning** à six heures du matin.

▷ Good morning! Bonjour !

Moroccan /məˈrɒkən/ Marocain *ou* marocain.

> ℹ En anglais, les adjectifs de nationalité commencent par une majuscule.

Morocco /məˈrɒkəʊ/ Maroc.

> ℹ En général, en anglais, on n'emploie pas d'article défini devant les noms de pays et de continents.

mortal /ˈmɔ:tl/ mortel.

mosaic /məʊˈzeɪɪk/ mosaïque.

Moslem /ˈmɒzləm/ musulman.

mosque /mɒsk/ mosquée.

mosquito /mɒsˈki:təʊ/ moustique.

moss /mɒs/ mousse (= plante).

most /məʊst/ *a plusieurs catégories grammaticales et plusieurs sens :*

> *Ce peut être un* ADVERBE :

1 ► **the most...** le plus...
▷ It's the most beautiful city in the world. C'est la plus belle ville du monde.

2 **most** *peut signifier* très.
▷ He's most unhappy. Il est très malheureux.

> *Ce peut être un* ADJECTIF :

1 ► **the most** le plus de.
▷ She has the most money. C'est elle qui a le plus d'argent.

2 **most** *peut signifier* la plupart de.
▷ Most people have a car. La plupart des gens ont une voiture.

> *Ce peut être un* PRONOM :

1 ► **the most** le plus.
▷ He has the most. C'est lui qui en a le plus.

2 **most** *peut signifier* la plupart.
▷ Most of them are English. La plupart d'entre eux sont des Anglais.

3 ► **make the most of something** profiter au maximum de quelque chose *ou* tirer le meilleur parti de quelque chose.

mostly /'məʊstlɪ/ surtout *ou* pour la plupart *ou* en général.

moth /mɒθ/ papillon de nuit *ou* mite.

mother /'mʌðəʳ/ mère.
► **Mother's Day** fête des mères.

mother-in-law /'mʌðərɪnlɔː/ belle-mère.

motion /'məʊʃən/ *a plusieurs catégories grammaticales et plusieurs sens :*

> *Ce peut être un* NOM :

1 **motion** *peut signifier* mouvement.
► **set something in motion** mettre quelque chose en marche.

2 **motion** *peut signifier* motion.

> *Ce peut être un* VERBE :

► **motion to somebody** faire signe à quelqu'un.

motivate /'məʊtɪveɪt/ motiver.

motive /'məʊtɪv/ motif *ou* mobile (au sens de « raison d'agir »).

motor /'məʊtəʳ/ moteur.
► **motor racing** course automobile.

motorbike /'məʊtəbaɪk/ moto.

motorboat /'məʊtəbəʊt/ bateau à moteur.

motorcycle /'məʊtəsaɪkl/ moto.

motorcyclist /'məʊtəsaɪklɪst/ motard.

motorist /'məʊtərɪst/ automobiliste.

motorway /'məʊtəweɪ/ autoroute.

> **Motorway est un mot britannique : aux États-Unis, on dit freeway.**

motto /'mɒtəʊ/ devise.

mould /məʊld/ *a plusieurs catégories grammaticales et plusieurs sens :*

> *Ce peut être un* NOM :

1 **mould** *peut signifier* moule (pour faire des moulages).

2 **mould** *peut signifier* moisissure.

> *Ce peut être un* VERBE :

► **mould something** mouler quelque chose.

> **En anglais américain, ce mot s'écrit mold.**

mouldy /'məʊldɪ/ moisi.
► **go mouldy** moisir.

> **En anglais américain, ce mot s'écrit moldy.**

mound /maʊnd/ petite colline *ou* tas *ou* monceau.

mount /maʊnt/ *a plusieurs catégories grammaticales et plusieurs sens :*

> *Ce peut être un* NOM :

1 **mount** *peut signifier* mont (= montagne).

2 **mount** *peut signifier* monture (= cheval).

> *Ce peut être un* VERBE TRANSITIF :

1 ► **mount something** *peut signifier* monter quelque chose (une campagne, une opération, par exemple).

2 ► **mount something** *peut signifier* monter sur quelque chose.

mountain /'maʊntɪn/ montagne.
► **mountain bike** VTT (= vélo tout terrain).
► **go mountain biking** faire du VTT.

mourn /mɔːn/ être en deuil.

mourning /'mɔːnɪŋ/ deuil.

mouse /maʊs/ souris.

► mouse mat *ou* mouse pad tapis de souris.

mousetrap /ˈmaʊstræp/ souricière.

mousse /muːs/ mousse (= dessert).

mouth /maʊθ/ *a plusieurs sens :*

1 mouth *peut signifier* bouche.

2 mouth *peut signifier* entrée (d'une grotte) *ou* embouchure (d'une rivière).

mouthful /ˈmaʊθfʊl/ bouchée *ou* gorgée.

mouthwash /ˈmaʊθwɒʃ/ bain de bouche.

move /muːv/ *a plusieurs catégories grammaticales et plusieurs sens :*

> *Ce peut être un* NOM :

1 move *peut signifier* mouvement.

2 move *peut signifier* déménagement.

3 move *peut signifier* coup *ou* tour (dans les jeux).
▷ It's your move. C'est à toi de jouer.

> *Ce peut être un* VERBE TRANSITIF :

1 ► move something *peut signifier* déplacer quelque chose *ou* bouger quelque chose.

2 ► move somebody *peut signifier* émouvoir quelqu'un.

3 ► move house déménager.

> *Ce peut être un* VERBE INTRANSITIF :

1 move *peut signifier* bouger.

2 move *peut signifier* déménager.

3 move *peut signifier* agir.

4 move *peut signifier* jouer (dans un jeu d'échecs, etc.).

Phrasal verbs

Le verbe move peut être suivi d'une préposition, telle que away ou in, et dans ce cas, il peut avoir des sens différents. C'est ce qu'on appelle, en anglais, un phrasal verb.

MOVE AWAY :

► move away *peut signifier* partir.
► move away *peut signifier* déménager.
► move somebody *ou* something away *éloigner quelqu'un ou* quelque chose.

MOVE IN :

► move in emménager.

MOVE OUT :

► move out déménager.

movement /ˈmuːvmənt/ mouvement.

movie /ˈmuːvɪ/ film.

► movie star vedette de cinéma.

moving /ˈmuːvɪŋ/ *a plusieurs sens :*

1 moving *peut signifier* émouvant.

2 moving *peut signifier* en marche (en parlant d'un véhicule).

ℹ Moving est aussi une forme du verbe move :
▷ They are moving house. Ils déménagent.

mow /məʊ/ tondre (le gazon).

mower /ˈməʊəʳ/ tondeuse à gazon.

mown /məʊn/ *est le participe passé du verbe* mow.

► I have just mown the lawn je viens de tondre le gazon.

MP /emˈpiː/ député.

ℹ MP est l'abréviation de member of parliament.

Mr /ˈmɪstəʳ/ M. *ou* Monsieur.

► Mr Brown M. Brown.

Mrs /ˈmɪsɪz/ Mme *ou* Madame.

► Mrs Brown Mme Brown.

Ms /məz/ Mme *ou* Mlle.

much /mʌtʃ/ beaucoup *ou* beaucoup de.

▷ He doesn't talk much. Il ne parle pas beaucoup.
▷ Thank you very much. Merci beaucoup.
▷ It's much bigger. C'est beaucoup plus grand.
▷ I haven't got much time. Je n'ai pas beaucoup de temps.
► how much combien *ou* combien de.
▷ How much is it? C'est combien ?
▷ How much money have you got? Tu as combien d'argent ?
► too much trop *ou* trop de.
▷ He smokes too much. Il fume trop.
▷ There's too much milk in my coffee. Il y a trop de lait dans mon café.

mud /mʌd/ boue.

muddy /ˈmʌdɪ/ couvert de boue.

mug /mʌg/ *a plusieurs catégories grammaticales :*

> *Ce peut être un* NOM :

mug *signifie* grande tasse.

> *Ce peut être un* VERBE :

► mug somebody agresser quelqu'un.

multiply /ˈmʌltɪplaɪ/ multiplier *ou* se multiplier.

mum /mʌm/ maman.

> Mum n'est pas employé en anglais américain : aux États-Unis on dit mom.

mumble /ˈmʌmbl/ marmonner.

mummy /ˈmʌmɪ/ *a plusieurs sens :*

1 mummy *peut signifier* maman.
2 mummy *peut signifier* momie.

> Au sens de « maman », mummy n'est pas employé en anglais américain : aux États-Unis, on dit mommy.

munch /mʌntʃ/ croquer.

mural /ˈmjʊərəl/ peinture murale.

murder /ˈmɜːdəʳ/ *a plusieurs catégories grammaticales :*

> *Ce peut être un* NOM :

murder *signifie* meurtre *ou* assassinat.

> *Ce peut être un* VERBE :

► murder somebody assassiner quelqu'un.

murderer /ˈmɜːdərəʳ/ meurtrier *ou* assassin.

murmur /ˈmɜːməʳ/ *a plusieurs catégories grammaticales et plusieurs sens :*

> *Ce peut être un* NOM :

murmur *signifie* murmure.

> *Ce peut être un* VERBE :

murmur *signifie* murmurer.

muscular /ˈmʌskjʊləʳ/ *a plusieurs sens :*

1 muscular *peut signifier* musclé.
2 muscular *peut signifier* musculaire.

museum /mjuːˈzɪəm/ musée.

mushroom /ˈmʌʃrʊm/ champignon.

music /ˈmjuːzɪk/ musique.

musical /ˈmjuːzɪkəl/ *a plusieurs catégories grammaticales :*

> *Ce peut être un* NOM :

musical *signifie* comédie musicale.

> *Ce peut être un* ADJECTIF :

musical *signifie* musical.

musician /mjuːˈzɪʃən/ musicien.

Muslim /ˈmʊzlɪm/ musulman.

mussel /ˈmʌsl/ moule (= coquillage).

must /mʌst/ *a plusieurs sens :*

> i Must est un verbe modal.
> Ces verbes s'emploient avant la forme infinitive d'autres verbes (par exemple, I must go).
> Ils ne prennent pas de -s final à la troisième personne du singulier (he must, she must, it must).
> À la différence d'autres verbes, les formes négatives et interrogatives ne se construisent pas avec do (on dit par exemple must you go? et you mustn't tell him).
> Ils n'ont pas de forme infinitive ni de participe présent ou passé.

1 must *sert à exprimer* l'obligation :

▷ I must go. Il faut que je m'en aille *ou* Je dois partir.

▷ You must tell me the truth. Il faut que tu me dises la vérité.

2 ► must not *ou* mustn't *sert à exprimer* l'interdiction :

▷ You mustn't tell anybody. Il ne faut le dire à personne.

3 must *sert dans les* invitations *et les* suggestions :

▷ You must come to dinner. Venez dîner.

▷ You must be careful. Faites attention.

4 must *sert à exprimer une* supposition *ou une* forte probabilité :

▷ She must be right. Elle doit avoir raison.

▷ I must have left it at home. J'ai dû l'oublier à la maison.

mustard /ˈmʌstəd/ moutarde.

mustn't /ˈmʌsnt/ *est la contraction de* must not *et sert à exprimer* l'interdiction.

▷ You mustn't go. Il ne faut pas que tu partes.

mute /mjuːt/ muet.

mutter /ˈmʌtəʳ/ marmonner.

mutual /ˈmjuːtjʊəl/ *a plusieurs sens :*

1 mutual *peut signifier* mutuel *ou* réciproque.
2 mutual *peut signifier* commun (des amis, des intérêts communs, par exemple).

muzzle /ˈmʌzl/ *a plusieurs catégories grammaticales et plusieurs sens :*

> *Ce peut être un* NOM :

1 muzzle *peut signifier* museau.
2 muzzle *peut signifier* muselière.

> *Ce peut être un* VERBE :

► **muzzle something** museler quelque chose.

my /maɪ/ *est la première personne du singulier de l'adjectif possessif, et correspond à* « mon, ma, mes ».

▷ My brother is a doctor. Mon frère est médecin.

▷ My mother lives in Italy. Ma mère habite en Italie.

▷ My books are on the table. Mes livres sont sur la table.

▷ I washed my hair. Je me suis lavé les cheveux.

myself /maɪ'self/ *a plusieurs sens :*

1 myself *est le pronom personnel de la première personne du singulier, complément d'un verbe réfléchi :*

▷ I enjoyed myself. Je me suis bien amusé.

▷ I cut myself. Je me suis coupé.

2 myself *peut signifier* moi-même.

▷ I did it myself. Je l'ai fait moi-même.

3 myself *peut suivre une préposition et correspond à* « moi » :

▷ I'm pleased with myself. Je suis content de moi.

▷ I was all by myself. J'étais tout seul.

mysteries /'mɪstərɪz/ *est le pluriel de* mystery.

mysterious /mɪs'tɪərɪəs/ mystérieux.

mystery /'mɪstərɪ/ mystère.

myth /mɪθ/ mythe.

N

ANGLAIS — FRANÇAIS

La lettre N se prononce /en/ en anglais
comme en français.

nail /neɪl/ *a plusieurs catégories grammaticales et plusieurs sens :*

> *Ce peut être un* NOM :

1 **nail** *peut signifier* ongle.
► **nail file** lime à ongles.
► **nail polish** vernis à ongles.
► **nail varnish** vernis à ongles.

2 **nail** *peut signifier* clou.

> *Ce peut être un* VERBE :

► **nail something** clouer quelque chose.

naked /'neɪkɪd/ nu.

name /neɪm/ *a plusieurs catégories grammaticales et plusieurs sens :*

> *Ce peut être un* NOM :

1 **name** *peut signifier* nom.
▷ What's your name? Comment vous appelez-vous ?
► **call somebody names** traiter quelqu'un de tous les noms.

2 **name** *peut signifier* réputation.
▷ They've got a very good name. Ils ont une très bonne réputation.

> *Ce peut être un* VERBE :

name *signifier* nommer.

nanny /'nænɪ/ nurse *ou* nourrice.

nap /næp/ sieste.
► **have a nap** faire une sieste.

napkin /'næpkɪn/ serviette.

nappies /'næpɪz/ *est le pluriel de* **nappy**.

nappy /'næpɪ/ couche (pour bébés).

Ce mot n'est pas employé en anglais américain : aux États-Unis, on dit **diaper**.

narrow /'nærəʊ/ étroit.

nasty /'nɑːstɪ/ *a plusieurs sens :*

1 **nasty** *peut signifier* méchant.
► **be nasty to somebody** être méchant avec quelqu'un.

2 **nasty** *peut signifier* mauvais (odeur, goût, surprise) *ou* désagréable (expérience, sentiment).

3 **nasty** *peut signifier* grave (accident) *ou* vilain (blessure).

nationalities /ˌnæʃə'nælɪtɪz/ *est le pluriel de* **nationality**.

nationality /ˌnæʃə'nælɪtɪ/ nationalité.

native /'neɪtɪv/ *a plusieurs catégories grammaticales et plusieurs sens :*

> *Ce peut être un* ADJECTIF :

1 **native** *peut signifier* natal (pays, région).

2 **native** *peut signifier* maternel (langue).

3 **native** *peut signifier* indigène (plante, animal).

> *Ce peut être un* NOM :

native *signifie* autochtone *ou* indigène.

natural /'nætʃrəl/ naturel.

naturally /'nætʃrəlɪ/ naturellement.

naughty /'nɔːtɪ/ méchant *ou* vilain.

nausea /ˈnɔːsɪə/ nausée.

nauseating /ˈnɔːsɪeɪtɪŋ/ écœurant.

nauseous /ˈnɔːsɪəs/

► **feel nauseous** avoir mal au cœur *ou* avoir envie de vomir.

navel /ˈneɪvəl/ nombril.

navy /ˈneɪvɪ/ *a plusieurs catégories grammaticales :*

> *Ce peut être un* NOM :

► **the navy** la marine.

> *Ce peut être un* ADJECTIF :

► **navy blue** bleu marine

near /nɪəʳ/ *a plusieurs catégories grammaticales et plusieurs sens :*

> *Ce peut être un* ADVERBE :

near *signifie* tout près.

▷ They live very near. Ils habitent tout près.

> *Ce peut être une* PRÉPOSITION :

near *signifie* près de.

▷ Is it near here? C'est près d'ici ?

▷ Don't come near me! Ne vous approchez pas de moi !

> *Ce peut être un* ADJECTIF :

near *signifie* proche.

► **in the near future** dans un avenir proche.

nearby /ˌnɪəˈbaɪ/ tout près.

nearly /ˈnɪəlɪ/ presque.

▷ It's nearly finished. C'est presque fini.

▷ She nearly fell. Elle a failli tomber.

neat /niːt/ *a plusieurs sens :*

1 neat *peut signifier* bien rangé *ou* soigné.

2 neat *peut signifier* habile *ou* ingénieux (plan, solution).

3 neat *peut signifier* sans eau *ou* pur (alcool).

necessarily /ˈnesɪsərɪlɪ/ nécessairement.

► **not necessarily** pas forcément.

necessary /ˈnesɪsərɪ/ nécessaire.

neck /nek/ *a plusieurs sens :*

1 neck *peut signifier* cou.

2 neck *peut signifier* encolure.

3 neck *peut signifier* goulot *ou* col.

necklace /ˈneklɪs/ collier.

necktie /ˈnektaɪ/ cravate.

need /niːd/ *a plusieurs catégories grammaticales et plusieurs sens :*

> *Ce peut être un* VERBE :

1 ► **need something** avoir besoin de quelque chose.

▷ He needs help. Il a besoin d'aide.

▷ She doesn't need any money. Elle n'a pas besoin d'argent.

▷ Do you need anything? Tu as besoin de quelque chose ?

▷ That's just what I need. C'est exactement ce qu'il me faut.

▷ My car needs cleaning *ou* my car needs to be cleaned. Ma voiture a besoin d'être nettoyée.

2 ► **need to...** être obligé de...

▷ You don't need to wait. Tu n'es pas obligé d'attendre.

▷ He didn't need to go. Il n'était pas obligé d'y aller.

3 ► **needn't** *exprime le* manque d'obligation :

▷ You needn't wait. Ce n'est pas la peine d'attendre.

▷ He needn't have gone. Ce n'était pas la peine qu'il y aille.

> *Ce peut être un* NOM :

need *signifie* besoin.

▷ There's no need to wait. Ce n'est pas la peine d'attendre.

needle /ˈniːdl/ aiguille.

► **knitting needle** aiguille à tricoter.

needless /ˈniːdlɪs/ inutile.

needn't /ˈniːdnt/ *regardez* **need**.

negative /ˈnegətɪv/ négatif.

neglect /nɪˈglekt/ *a plusieurs catégories grammaticales et plusieurs sens :*

> *Ce peut être un* VERBE :

1 ► **neglect somebody** ne pas s'occuper de quelqu'un.

2 ► **neglect something** ne pas entretenir quelque chose *ou* négliger quelque chose.

> *Ce peut être un* NOM :

neglect *signifie* manque d'entretien *ou* manque de soin.

negotiate /nɪˈgəʊʃɪeɪt/ négocier.

ℹ Attention à l'orthographe du mot anglais negotiate.

negotiation /nɪˌgəʊʃɪ'eɪʃən/ négociation.

> ℹ Attention à l'orthographe du mot anglais negotiation.

neigh /neɪ/ *a plusieurs catégories grammaticales :*

> *Ce peut être un* NOM :

neigh *signifie* hennissement.

> *Ce peut être un* VERBE :

neigh *signifie* hennir.

neighbour /'neɪbəʳ/ voisin.

> En anglais américain, ce mot s'écrit neighbor.

neighbourhood /'neɪbəhʊd/ quartier *ou* voisinage.

> En anglais américain, ce mot s'écrit neighborhood.

neither /'naɪðəʳ/ *a plusieurs catégories grammaticales :*

> *Ce peut être un* ADVERBE :

► neither... nor... ni... ni...

▷ She can neither sing nor dance. Elle ne sait ni chanter, ni danser.

> *Ce peut être une* CONJONCTION :

neither *signifie* non plus.

▷ I don't want it and neither does he. Je ne le veux pas et lui non plus.

> *Ce peut être un* ADJECTIF :

neither *signifie* aucun des deux.

▷ Neither child is ready. Aucun des deux enfants n'est prêt.

> *Ce peut être un* PRONOM :

neither *signifie* ni l'un ni l'autre.

▷ Neither of them is ready. Ni l'un ni l'autre n'est prêt.

nephew /'nefju:/ neveu.

nerve /nɜ:v/ *a plusieurs sens :*

1 nerve *peut signifier* nerf (dans le corps).

▷ It's getting on my nerves. Ça me tape sur les nerfs.

2 nerve *peut signifier* courage *ou* sang-froid.

▷ She lost her nerve. Le courage lui a manqué.

3 nerve *peut signifier* culot.

▷ What a nerve! Quel culot !

nervous /'nɜ:vəs/ nerveux.

► feel nervous être nerveux *ou* avoir le trac.

► be nervous about something appréhender quelque chose.

► nervous breakdown dépression nerveuse.

nest /nest/ nid.

net /net/ *a plusieurs catégories grammaticales et plusieurs sens :*

> *Ce peut être un* NOM :

1 net *peut signifier* filet.

2 ► the Net le Net (= Internet).

> *Ce peut être un* ADJECTIF :

net *signifie* net (prix, salaire).

Netherlands /'neðələndz/

► the Netherlands les Pays-Bas.

nettle /'netl/ ortie.

network /'netwɜ:k/ réseau.

neurotic /njʊ'rɒtɪk/ névrosé.

neutral /'nju:trəl/ neutre.

never /'nevəʳ/ ne... jamais.

▷ He never drinks wine. Il ne boit jamais de vin.

▷ I've never been to China. Je ne suis jamais allé en Chine.

▷ I never want to see you again! Je ne veux plus jamais te revoir !

nevertheless /ˌnevəðə'les/ néanmoins.

new /nju:/ nouveau *ou* neuf.

▷ He's got a new car. Il a une nouvelle voiture *ou* il a une voiture neuve.

▷ It's as good as new. C'est comme neuf.

newborn /'nju:bɔ:n/ nouveau-né.

newcomer /'nju:kʌməʳ/ nouveau venu.

news /nju:z/ *a plusieurs sens :*

1 news *peut signifier* nouvelles.

► a piece of news une nouvelle.

▷ That's good news! C'est une bonne nouvelle !

2 news *peut signifier* informations.

► a news item une information.

▷ He's watching the news. Il regarde les informations.

newsagent /'nju:z,eidʒənt/ marchand de journaux.

> Newsagent n'est pas employé en anglais américain : aux États-Unis, on dit newsdealer.

newsdealer /'nju:zdi:lər/ marchand de journaux.

> Newsdealer est un mot américain : en anglais britannique, on dit newsagent.

newsgroup /'nju:zgru:p/ forum de discussion (sur Internet).

newsletter /'nju:zletər/ bulletin.

newspaper /'nju:z,peɪpər/ journal (= publication qui donne les informations).

► daily newspaper quotidien.

New Year /'nju:'jɪər/ nouvel an.

► Happy New Year! Bonne année !
► New Year's Day jour de l'an.
► New Year's Eve la Saint-Sylvestre.

New Zealand /nju:'zi:lənd/ Nouvelle-Zélande.

> i En anglais, on n'emploie pas d'article défini devant les noms de pays et de continents.

New Zealander /nju:'zi:ləndər/ Néo-Zélandais (= personne).

next /nekst/ *a plusieurs catégories grammaticales et plusieurs sens :*

> *Ce peut être un* ADJECTIF :

1 next *peut signifier* prochain.
▷ I'll take the next train. Je prendrai le prochain train.
▷ He's next on the list. Il est le prochain sur la liste.
► next Sunday dimanche prochain.
► next week la semaine prochaine.
► the next day le lendemain.
► the day after next le surlendemain.

2 next *peut signifier* suivant.
▷ It's on the next page. C'est sur la page suivante.

3 next *peut signifier* d'à côté.
▷ He's in the next room. Il est dans la chambre d'à côté.

> *Ce peut être un* ADVERBE :

1 next *peut signifier* ensuite.
▷ What happened next? Qu'est-ce qui s'est passé ensuite ?

2 next *peut signifier* la prochaine fois.
▷ Tell him when you next see him. Dis-le-lui quand tu le verras la prochaine fois.

3 next est employé avec les superlatifs :
▷ He's the next tallest after me. Il est le plus grand après moi.

4 ► next to à côté de.
▷ Come and sit next to me. Viens t'asseoir à côté de moi.

next door /'neks'dɔ:r/ *a plusieurs catégories grammaticales :*

> *Ce peut être un* ADVERBE :

next door *signifie* à côté.
▷ She lives next door. Elle habite à côté.
▷ They live next door to each other. Ils sont voisins.

> *Ce peut être un* ADJECTIF :

next-door *signifie* d'à côté.
► next-door neighbour voisin d'à côté.

nibble /'nɪbl/ grignoter *ou* mordiller.

nice /naɪs/ *a plusieurs sens :*

1 nice *peut signifier* bon *ou* beau *ou* agréable.
▷ That smells nice. Ça sent bon.
▷ The weather's nice. Il fait beau.
▷ You look nice. Tu es très élégant.
▷ It would be nice to go for a walk. Ce serait bien d'aller se promener.
▷ Nice to meet you! Enchanté !
▷ Have a nice day! Bonne journée !

2 nice *peut signifier* sympathique *ou* gentil.
▷ She's very nice. Elle est très sympathique.
▷ He was very nice to me. Il était très gentil avec moi.
▷ It's nice of you to help us. C'est gentil de ta part de nous aider.

nice-looking /naɪs'lʊkɪŋ/ beau.

nicely /'naɪslɪ/ *a plusieurs sens :*

1 nicely *peut signifier* bien.
▷ She always dresses nicely. Elle est toujours bien habillée.

2 nicely *peut signifier* poliment.

nickel /'nɪkl/ *a plusieurs sens :*

1 nickel *peut signifier* nickel.

2 *Au Canada et aux États-Unis,* nickel *signifie* pièce de cinq cents.

nickname /'nɪkneɪm/ surnom *ou* diminutif.

niece /ni:s/ nièce.

night /naɪt/ nuit *ou* soir.

- ► **all night** toute la nuit.
- ► **at night** la nuit.
- ► **last night** la nuit dernière *ou* hier soir.
- ▷ I couldn't sleep last night. Je n'ai pas pu dormir la nuit dernière.
- ▷ I went out last night. Je suis sorti hier soir.
- ► **have a late night** se coucher tard.

night-time /ˈnaɪttaɪm/ nuit.

nightclub /ˈnaɪtklʌb/ boîte de nuit.

nightie /ˈnaɪtɪ/ chemise de nuit.

nightingale /ˈnaɪtɪŋgeɪl/ rossignol.

nightmare /ˈnaɪtmɛəʳ/ cauchemar.

nil /nɪl/ zéro.

nimble /ˈnɪmbl/ agile.

nine /naɪn/ neuf.

- ▷ He is nine. Il a neuf ans.
- ▷ There are nine of us. Nous sommes neuf.
- ▷ It's nine o'clock. Il est neuf heures.

nineteen /naɪnˈtiːn/ dix-neuf.

- ▷ She's nineteen. Elle a dix-neuf ans.
- ▷ There are nineteen of us. Nous sommes dix-neuf.

nineteenth /naɪnˈtiːnθ/ dix-neuvième.

- ► **the nineteenth of May** *ou* **May the nineteenth** le dix-neuf mai.

nineties /ˈnaɪntɪz/

- ▷ She's in her nineties. Elle a au moins 90 ans.
- ▷ The record came out in the nineties. Le disque est sorti dans les années 90.

ninetieth /ˈnaɪntɪɪθ/ quatre-vingt-dixième.

ninety /ˈnaɪntɪ/ quatre-vingt-dix.

- ▷ He's ninety. Il a quatre-vingt-dix ans.

ninth /naɪnθ/ neuvième.

- ► **the ninth of June** *ou* **June the ninth** le neuf juin.

nip /nɪp/ *a plusieurs catégories grammaticales et plusieurs sens :*

> *Ce peut être un* NOM :

1 **nip** *peut signifier* pinçon.

2 **nip** *peut signifier* morsure.

> *Ce peut être un* VERBE :

1 ► **nip somebody** *peut signifier* pincer quelqu'un.

2 ► **nip somebody** *peut signifier* mordre quelqu'un.

nipple /ˈnɪpl/ mamelon.

nitrogen /ˈnaɪtrədʒən/ azote.

no /nəʊ/ *a plusieurs sens :*

1 **no** *peut signifier* non.

- ▷ No thanks! Non merci !

2 **no** *peut signifier* pas de *ou* aucun.

- ▷ We have no bread. Nous n'avons pas de pain.
- ▷ There is no hope. Il n'y a aucun espoir.

3 **no** *est employé avec un gérondif pour dire que quelque chose est* interdit :

- ▷ No smoking. Défense de fumer.
- ▷ No parking. Stationnement interdit.

4 **no** *est employé avec les* comparatifs :

- ▷ He's no more intelligent than you. Il n'est pas plus intelligent que toi.
- ▷ She's no better. Elle ne va pas mieux.

5 ► **no one** personne.

- ▷ No one saw me. Personne ne m'a vu.

nobody /ˈnəʊbədɪ/ personne.

- ▷ Nobody phoned. Personne n'a appelé.
- ▷ Nobody wants it. Personne ne le veut.

nod /nɒd/ *a plusieurs catégories grammaticales et plusieurs sens :*

> *Ce peut être un* VERBE TRANSITIF :

- ► **nod one's head** faire un signe de la tête.

> *Ce peut être un* VERBE INTRANSITIF :

1 **nod** *signifie* faire un signe de la tête.

2 ► **nod to somebody** saluer quelqu'un d'un signe de tête.

noise /nɔɪz/ bruit.

- ► **make a noise** faire du bruit.

noisier /ˈnɔɪzɪəʳ/ *est le comparatif de* **noisy**.

- ▷ It's much noisier. C'est beaucoup plus bruyant.

noisiest /ˈnɔɪzɪɪst/ *est le superlatif de* **noisy**.

- ▷ This is the noisiest machine. C'est la machine la plus bruyante.

noisy /ˈnɔɪzɪ/ bruyant.

none /nʌn/ *a plusieurs sens :*

1 *Avec un nom pluriel,* **none** *signifie* aucun.

▷ None of the boys came. Aucun des garçons n'est venu.
▷ None of them came. Aucun d'entre eux n'est venu.

2 **none** *est employé avec les noms indénombrables :*
▷ None of the money is mine. Pas un centime de cet argent n'est à moi.
▷ There's none left. Il n'en reste plus.
▷ None of it was true. Il n'y avait rien de vrai.

nonetheless /ˌnʌnðəˈles/ néanmoins.

nonsense /ˈnɒnsəns/ absurdités.
▷ That's nonsense! C'est absurde !
▷ He's talking nonsense. Il dit n'importe quoi.

nonstop /ˌnɒnˈstɒp/ *a plusieurs catégories grammaticales et plusieurs sens :*

> *Ce peut être un* ADJECTIF :

1 **nonstop** *peut signifier* direct *ou* sans escale (en parlant d'un vol).
2 **nonstop** *peut signifier* continu *ou* continuel.

> *Ce peut être un* ADVERBE :

nonstop *signifie* sans arrêt.

noodles /ˈnuːdlz/ nouilles.

noon /nuːn/ midi.
► **at noon** à midi.

no one /ˈnəʊ wʌn/ personne.
▷ No one phoned. Personne n'a appelé.
▷ No one wants it. Personne ne le veut.

nor /nɔːʳ/ *a plusieurs sens :*
1 ► **neither... nor...** ni... ni...
▷ He has neither the time nor the money. Il n'a ni le temps, ni l'argent.
2 **nor** *peut signifier* non plus.
▷ She doesn't want and nor do I. Elle ne le veut pas et moi non plus.

norm /nɔːm/ norme

normal /ˈnɔːməl/ normal
► **return to normal** revenir à la normale.

normally /ˈnɔːməlɪ/ normalement *ou* d'habitude.

north /nɔːθ/ nord.
► **the north wind** le vent du nord.
► **north of...** au nord de...
► **go north** aller vers le nord.
► **North America** l'Amérique du Nord.
► **the North Pole** le pôle Nord.
► **the North Sea** la mer du Nord.

northern /ˈnɔːðən/ du nord.
► **Northern Ireland** l'Irlande du Nord.

Norway /ˈnɔːweɪ/ Norvège.

> **i** En règle générale, en anglais, on n'emploie pas d'article défini devant les noms de pays et de continents.

Norwegian /nɔːˈwiːdʒən/ Norvégien *ou* norvégien.

> **i** En anglais, les adjectifs de nationalité et les noms de langues s'écrivent avec une majuscule.

nose /nəʊz/ nez.

nosebleed /ˈnəʊzbliːd/ saignement de nez.
► **have a nosebleed** saigner du nez.

nosey /ˈnəʊzɪ/ curieux *ou* fouineur.

nostalgia /nɒsˈtældʒɪə/ nostalgie.

nostalgic /nɒsˈtældʒɪk/ nostalgique.

nostril /ˈnɒstrəl/ narine.

nosy /ˈnəʊzɪ/ curieux *ou* fouineur.

not /nɒt/ *est employé pour former le négatif* en anglais :

> **i** Quand not s'emploie avec les verbes auxiliaires, on le trouve souvent sous sa forme contractée attaché au verbe : is not devient isn't, are not devient aren't, was not devient wasn't, do not devient don't, did not devient didn't, could not devient couldn't, etc.

▷ I'm not coming. Je ne viens pas.
▷ It's not mine *ou* it isn't mine. Ce n'est pas à moi.
▷ I hope not. J'espère que non.
▷ Are you hungry? / – Not at all. Est-ce que tu as faim ? / – Pas du tout.
▷ Thank you very much / – Not at all. Merci beaucoup. / – Je vous en prie.
► **not always** pas toujours.
► **not any more** plus *ou* plus maintenant.

note /nəʊt/ *a plusieurs catégories grammaticales et plusieurs sens :*

> *Ce peut être un* NOM :

1 **note** *peut signifier* note.
► **make a note of something** prendre quelque chose en note.

2 **note** *peut signifier* mot (= petite lettre).

3 **note** *peut signifier* billet (de banque).

> *Ce peut être un* VERBE :

1 ► **note something** *ou* **note something down** noter quelque chose.

2 ► **note that...** constater que...

notebook /'nəʊtbʊk/ cahier *ou* calepin *ou* bloc-notes.

notepad /'nəʊtpæd/ bloc-notes.

notepaper /'nəʊtpeɪpəʳ/ papier à lettres.

nothing /'nʌθɪŋ/ rien.

▷ Nothing happened. Il ne s'est rien passé.

▷ I've got nothing to do. Je n'ai rien à faire.

▷ We can do nothing about it. On n'y peut rien.

▷ I got it for nothing. Je l'ai eu pour rien.

notice /'nəʊtɪs/ *a plusieurs catégories grammaticales et plusieurs sens :*

> *Ce peut être un* NOM :

1 **notice** *peut signifier* affiche *ou* pancarte.

► **notice board** pancarte *ou* panneau d'affichage.

2 ► **take notice of somebody** *ou* **something** prêter attention à quelqu'un *ou* quelque chose.

▷ Don't take any notice. Ne fais pas attention.

3 **notice** *peut signifier* préavis.

► **at short notice** dans un bref délai.

4 ► **hand in one's notice** donner sa démission.

> *Ce peut être un* VERBE :

► **notice somebody** *ou* **something** remarquer quelqu'un *ou* quelque chose.

notorious /nəʊ'tɔːrɪəs/ tristement célèbre.

nought /nɔːt/ zéro.

nourish /'nʌrɪʃ/ nourrir.

ℹ Attention à l'orthographe du mot anglais **nourish**.

nourishing /'nʌrɪʃɪŋ/ nourrissant.

ℹ Attention à l'orthographe du mot anglais **nourishing**.

novel /'nɒvəl/ *a plusieurs catégories grammaticales :*

> *Ce peut être un* NOM :

novel *signifie* roman.

► **detective novel** roman policier.

> *Ce peut être un* ADJECTIF :

novel *signifie* original.

novelist /'nɒvəlɪst/ romancier.

novelties /'nɒvəltɪz/ *est le pluriel de* **novelty**.

novelty /'nɒvəltɪ/ nouveauté *ou* gadget.

November /nəʊ'vembəʳ/ novembre.

► **November the first** *ou* **the first of November** le premier novembre.

ℹ En anglais, les noms de mois commencent par une majuscule.

now /naʊ/ maintenant.

▷ What are you doing now? Qu'est-ce que tu fais maintenant ?

▷ I'll do it now. Je le ferai tout de suite.

► **from now on** dès maintenant.

► **up until now** jusqu'à présent.

► **every now and then** *ou* **now and again** de temps en temps.

nowadays /'naʊədeɪz/ de nos jours *ou* ces jours-ci.

nowhere /'nəʊweəʳ/ nulle part.

▷ She has nowhere to go. Elle n'a nulle part où aller.

▷ There's nowhere to sit. Il n'y a pas d'endroit pour s'asseoir.

nuclear /'njuːklɪəʳ/ nucléaire.

► **nuclear power** l'énergie nucléaire.

► **nuclear weapons** les armes nucléaires.

nude /njuːd/ nu.

nudge /nʌdʒ/ donner un coup de coude à.

nugget /'nʌgɪt/ pépite.

nuisance /'njuːsns/ *a plusieurs sens :*

► **be a nuisance** être agaçant *ou* être ennuyeux.

▷ It's a nuisance that she can't come. C'est ennuyeux qu'elle ne puisse pas venir.

▷ What a nuisance! Que c'est agaçant !

Le mot anglais **nuisance** ne signifie pas « nuisances ».

numb /nʌm/ engourdi.

► **go numb** s'engourdir.

► **be numb with cold** être transi de froid.

number /ˈnʌmbə^{r}/ nombre *ou* chiffre *ou* numéro.

► **a number of...** un certain nombre de...

► **get the wrong number** se tromper de numéro.

► **number plate** plaque d'immatriculation.

> **Number plate** n'est pas employé en anglais américain : aux États-Unis, on dit **license plate**.

numerous /ˈnjuːmərəs/ nombreux.

nun /nʌn/ religieuse.

nurse /nɜːs/ *a plusieurs catégories grammaticales et plusieurs sens :*

> *Ce peut être un* NOM :

nurse *signifie* infirmier *ou* infirmière.

> *Ce peut être un* VERBE :

► **nurse somebody** soigner quelqu'un.

nurseries /ˈnɜːsərɪz/ *est le pluriel de* **nursery**.

nursery /ˈnɜːsərɪ/ garderie *ou* crèche.

► **nursery rhyme** comptine.

► **nursery school** école maternelle.

nut /nʌt/ *a plusieurs sens :*

1 **nut** *peut signifier* noix *ou* noisette *ou* amande *ou* cacahuète.

2 **nut** *peut signifier* écrou.

nutcrackers /ˈnʌtkrækəz/ casse-noisettes.

nutmeg /ˈnʌtmeg/ noix de muscade.

ANGLAIS

O

FRANÇAIS

La lettre **O** se prononce **/əʊ/** en anglais.
O rime avec **go, Joe** et **no.**

oak /əʊk/ chêne.

oar /ɔːʳ/ rame *ou* aviron.

oats /əʊts/ avoine.

obedient /əˈbiːdɪənt/ obéissant.

obey /əˈbeɪ/ obéir *ou* obéir à.

object *se prononce de deux façons différentes et a des sens différents selon la prononciation :*

/ˈɒbdʒekt/ (l'accent tonique est sur la première syllabe ob-)

> *C'est un* NOM :

1 **object** *peut signifier* objet.

2 **object** *peut signifier* but *ou* objectif.

/əbˈdʒekt/ (l'accent tonique est sur la deuxième syllabe -ject)

> *C'est un* VERBE :

object *signifie* soulever des objections.

► **object to something** faire objection à quelque chose *ou* s'opposer à quelque chose.

obligatory /ɒˈblɪgətərɪ/ obligatoire.

oblige /əˈblaɪdʒ/ obliger.

► **be obliged to do something** être obligé de faire quelque chose.

oblong /ˈɒblɒŋ/ *a plusieurs catégories grammaticales :*

> *Ce peut être un* NOM :

oblong *signifie* rectangle.

> *Ce peut être un* ADJECTIF :

oblong *signifie* rectangulaire.

obnoxious /əbˈnɒkʃəs/ odieux.

oboe /ˈəʊbəʊ/ hautbois.

obscure /əbˈskjʊəʳ/ *a plusieurs catégories grammaticales :*

> *Ce peut être un* ADJECTIF :

obscure *signifie* obscur.

> *Ce peut être un* VERBE :

► **obscure something** cacher quelque chose.

observant /əbˈzɜːvənt/ observateur.

observatory /əbˈzɜːvətrɪ/ observatoire.

observe /əbˈzɜːv/ *a plusieurs sens :*

1 ► **observe somebody** *ou* **something** *peut signifier* observer quelqu'un *ou* quelque chose.

2 ► **observe something** *peut signifier* respecter quelque chose (des règles, des coutumes, par exemple).

observer /əbˈzɜːvəʳ/ observateur.

obsess /əbˈses/ obséder.

► **be obsessed with somebody** *ou* **something** être obsédé par quelqu'un *ou* quelque chose.

obstinate /ˈɒbstɪnɪt/ obstiné.

obstruct /əb'strʌkt/ *a plusieurs sens :*

1 ► **obstruct something** *peut signifier* obstruer quelque chose *ou* boucher quelque chose.

2 ► **obstruct somebody** *ou* **something** *peut signifier* gêner quelqu'un *ou* entraver quelque chose.

obtain /əb'teɪn/ obtenir.

obvious /'ɒbvɪəs/ évident.

obviously /'ɒbvɪəslɪ/ *a plusieurs sens :*

1 **obviously** *peut signifier* évidemment *ou* bien sûr.

2 **obviously** *peut signifier* visiblement (triste, heureux, fâché, etc.).

occasion /ə'keɪʒən/ *a plusieurs sens :*

1 **occasion** *peut signifier* occasion.
► **on several occasions** à plusieurs reprises.

2 **occasion** *peut signifier* événement.
► **a big occasion** un grand événement.

occasional /ə'keɪʒənl/ intermittent (des averses, de la pluie, par exemple).

> ℹ Attention à l'orthographe du mot anglais occasional.

occasionally /ə'keɪʒnəlɪ/ parfois *ou* de temps en temps.

> ℹ Attention à l'orthographe du mot anglais occasionally.

occupation /ˌɒkjʊ'peɪʃən/ *a plusieurs sens :*

1 **occupation** *peut signifier* profession *ou* métier.

2 **occupation** *peut signifier* occupation.

occupied /'ɒkjʊpaɪd/ *a plusieurs sens :*

1 **occupied** *peut signifier* habité.

2 **occupied** *peut signifier* occupé.

> ℹ Occupied est aussi le prétérit et le participe passé du verbe occupy :
> ▷ The enemy occupied this town during the war. L'ennemi a occupé cette ville pendant la guerre.

occupy /'ɒkjʊpaɪ/ occuper.
► **occupy oneself** s'occuper.

occur /ə'kɜːʳ/ *a plusieurs sens :*

1 **occur** *peut signifier* se produire *ou* arriver.

2 ► **occur to somebody** venir à l'esprit de quelqu'un.

o'clock /ə'klɒk/ *est employé pour dire l'heure :*

▷ It's three o'clock. Il est trois heures.

▷ It's three o'clock in the morning. Il est trois heures du matin.

October /ɒk'təʊbəʳ/ octobre.

> ℹ En anglais, les noms de mois commencent par une majuscule.

octopus /'ɒktəpəs/ pieuvre *ou* poulpe.

odd /ɒd/ *a plusieurs sens :*

1 **odd** *peut signifier* bizarre *ou* étrange.

2 **odd** *peut signifier* impair (en parlant d'un nombre).

3 **odd** *peut signifier* dépareillé (en parlant d'une chaussette, d'un gant, par exemple).
► **the odd one out** l'exception.

odds /ɒdz/ *a plusieurs sens :*

1 ► **the odds** *peut signifier* la cote (dans les paris).

2 ► **the odds** *peut signifier* les chances.
▷ The odds are against him. Il n'a pratiquement aucune chance.

odour /'əʊdəʳ/ odeur.

> En anglais américain, ce mot s'écrit odor.

of /ɒv, əv/ *a plusieurs sens :*

1 **of** *peut signifier* de.
► **the capital of France** la capitale de la France.
► **a cup of tea** une tasse de thé.
► **a friend of mine** un de mes amis.
► **a kilo of apples** un kilo de pommes.

2 **of** *sert à dire en quelle* matière *quelque chose est fait :*
► **a ring of gold** une bague en or.
► **a dress made of wool** une robe en laine.

3 **of** *peut être suivi d'un pronom personnel complément d'objet* (of it, of them, of us) *et peut correspondre au pronom personnel* « en » *:*

▷ I am sure of it. J'en suis sûr.

▷ There's a lot of it. Il y en a beaucoup.

▷ There are five of them. Ils sont cinq *ou* Il y en a cinq.

4 **of** *est employé dans les* dates *:*
► **the fourth of June** le quatre juin.

5 *En anglais américain,* of *est employé lorsqu'on dit l'*heure :

▷ It's a quarter of seven. Il est sept heures moins le quart.

> En anglais britannique, on dit a quarter to seven.

off /ɒf/ *a plusieurs catégories grammaticales et plusieurs sens :*

> *Ce peut être une* PRÉPOSITION :

1 off *peut signifier* de.

▷ They jumped off the wall. Ils ont sauté du mur.

▷ She fell off her bicycle. Elle est tombée de son vélo.

▷ He got off the bus. Il est descendu du bus.

2 off *peut signifier* absent de.

▷ He's off school. Il est absent de l'école.

▷ She's off work. Elle n'est pas au travail.

> *Ce peut être un* ADVERBE :

1 off *est employé pour dire que quelque chose est à une* certaine distance *dans l'espace ou dans le temps :*

▷ The town is 5 kilometres off. La ville est à 5 kilomètres.

▷ It isn't far off. Ce n'est pas loin.

▷ It's two days off. C'est dans deux jours.

2 ► be off *signifie* partir *ou* s'en aller.

▷ I'm off. Je m'en vais.

3 off *est employé pour parler de* jours de congé :

▷ I'm taking a day off. Je prends un jour de congé.

4 off *est employé pour dire qu'on* enlève *quelque chose :*

▷ She took her coat off. Elle a enlevé son manteau.

5 off *est employé pour parler de* réductions :

▷ There's 20 % off. Il y a 20 % de remise.

> *Ce peut être un* ADJECTIF :

1 off *peut signifier* éteint (en parlant d'une lumière, de la télévision, etc.) *ou* coupé (en parlant d'un moteur, de l'électricité).

▷ The lights are off. Les lumières sont éteintes.

2 off *peut signifier* en congé *ou* absent.

▷ I'm off until Tuesday. Je suis en congé jusqu'à mardi.

3 off *peut signifier* avarié *ou* tourné.

▷ This milk is off. Ce lait a tourné.

offence /ə'fens/ *a plusieurs sens :*

1 offence *peut signifier* délit.

► commit an offence commettre un délit.

2 ► take offence s'offenser.

▷ He took offence at what I said. Il a mal pris ce que j'ai dit.

> En anglais américain, ce mot s'écrit offense.

offend /ə'fend/ offenser.

► be offended s'offenser.

offender /ə'fendəʳ/ délinquant *ou* coupable.

offense /ə'fens/ *est l'orthographe américaine du mot* offence.

offensive /ə'fensɪv/ *a plusieurs catégories grammaticales et plusieurs sens :*

> *Ce peut être un* ADJECTIF :

1 offensive *peut signifier* choquant *ou* désobligeant.

2 offensive *peut signifier* offensif.

> *Ce peut être un* NOM :

offensive *signifie* offensive.

offer /'ɒfəʳ/ *a plusieurs catégories grammaticales et plusieurs sens :*

> *Ce peut être un* NOM :

1 offer *peut signifier* offre.

2 ► on offer en promotion.

> *Ce peut être un* VERBE :

► offer somebody something *ou* offer something to somebody proposer quelque chose à quelqu'un.

► offer to do something proposer de faire quelque chose.

office /'ɒfɪs/ bureau.

officer /'ɒfɪsəʳ/ officier.

► police officer policier.

official /ə'fɪʃəl/ *a plusieurs catégories grammaticales :*

> *Ce peut être un* ADJECTIF :

official *signifie* officiel.

> *Ce peut être un* NOM :

official *signifie* fonctionnaire.

offside /ɒf'saɪd/ hors-jeu.

often /'ɒfən/ souvent.

▷ I often go to the park. Je vais souvent au parc.

▷ How often do you see her? Tu la vois tous les combien ?

► every so often de temps en temps.

oil /ɔɪl/ *a plusieurs catégories grammaticales et plusieurs sens :*

> *Ce peut être un* NOM :

1 **oil** *peut signifier* huile.

2 **oil** *peut signifier* pétrole.
► **oil well** puits de pétrole.

3 **oil** *peut signifier* mazout.

> *Ce peut être un* VERBE :

► **oil something** lubrifier quelque chose.

ointment /'ɔɪntmənt/ pommade.

OK /'əʊ'keɪ/ *a plusieurs sens :*

▷ Are you OK? Ça va ?
▷ I'm OK. Ça va.
▷ Is everything OK? Tout va bien ?
▷ That's OK by me! D'accord !
▷ OK! D'accord !

okay /'əʊ'keɪ/ *est une autre façon d'écrire le mot anglais* **OK**.

old /əʊld/ *a plusieurs sens :*

1 **old** *peut signifier* vieux.
▷ He's an old man. C'est un vieil homme.
▷ It's an old car. C'est une vieille voiture.
► **get old** *ou* **get older** vieillir.
► **old age** vieillesse.
► **old age pensioner** retraité.
► **old people's home** maison de retraite.

2 **old** *peut signifier* ancien.
▷ That is our old house. C'est notre ancienne maison.
► **in the old days** autrefois.

3 **old** *sert à dire* quel âge on a :
▷ How old are you? Quel âge as-tu ?
▷ I'm nineteen years old. J'ai dix-neuf ans.

older /'əʊldəʳ/ *est le comparatif du mot* **old**.

▷ She's older than me. Elle est plus âgée que moi.
► **get older** vieillir.

oldest /'əʊldɪst/ *est le superlatif du mot* **old**.

▷ It's the oldest church in America. C'est l'église la plus ancienne d'Amérique.

old-fashioned /'əʊld'fæʃnd/ démodé.

olive /'ɒlɪv/ olive.

► **olive oil** huile d'olive.

Olympic /əʊ'lɪmpɪk/ olympique.

► **the Olympic Games** les jeux Olympiques.

on /ɒn/ *a plusieurs catégories grammaticales et plusieurs sens :*

> *Ce peut être une* PRÉPOSITION :

1 **on** *indique la* position *et peut signifier* « sur » :
▷ The book is on the table. Le livre est sur la table.
▷ She was sitting on a chair. Elle était assise sur une chaise.
► **on the wall** au mur *ou* sur le mur.
► **on the ceiling** au plafond.
► **on the left** à gauche.
► **on the other side of the road** de l'autre côté de la rue.

2 **on** *peut indiquer un* moyen de transport :
▷ They came on the bus. Ils sont venus en bus.
▷ She went to London on the train. Elle est allée à Londres par le train.
▷ I went on foot. Je suis allée à pied.

3 **on** *peut indiquer un* jour :
▷ I'm leaving on Monday. Je pars lundi.
▷ He phones me on Mondays. Il m'appelle le lundi.
▷ My birthday is on 17 May. Mon anniversaire est le 17 mai.

4 **on** *peut indiquer un* moyen de communication :
► **on television** à la télévision.
► **on the radio** à la radio.
► **on the telephone** au téléphone.

5 **on** *peut indiquer un* sujet :
► **a book on astrology** un livre sur l'astrologie.

6 **on** *peut indiquer ce qu'on* consomme :
▷ He's on drugs. Il se drogue.
▷ She's on a diet. Elle suit un régime.

7 **on** *peut indiquer le fait d'être* membre *de quelque chose :*
▷ She's on the team. Elle fait partie de l'équipe.
▷ Who is on the committee? Qui sont les membres du comité ?

8 **on** *peut indiquer un* instrument de musique :
► **play something on the piano** jouer quelque chose au piano.

> *Ce peut être un* ADVERBE :

1 **on** *peut être employé avec des verbes tels que* put *ou* have *pour dire* mettre *ou* porter :
▷ Put the lid on. Mets le couvercle.
▷ She had a skirt on. Elle portait une jupe.

2 **on** *peut indiquer la* continuation :
▷ They walked on. Ils ont continué.
▷ She kept on reading. Elle a continué à lire.

3 **on** *est employé dans les expressions de temps :*
► **from now on** désormais.
► **from then on** à partir de ce moment-là.

> *Ce peut être un* ADJECTIF :

1 **on** *peut signifier* en marche *ou* allumé.
▷ The radio was on. La radio était allumée.

2 **on** *peut indiquer ce qui passe au cinéma ou à la télévision :*
▷ What's on at the cinema? Qu'est-ce qui se joue au cinéma ?

once /wʌns/ *a plusieurs sens :*

1 **once** *peut signifier* une fois.
► **once a day** une fois par jour.
► **once again** encore une fois.
► **once or twice** une ou deux fois.

2 **once** *peut signifier* autrefois.

3 **once** *est employé dans les expressions suivantes :*
► **at once** immédiatement.
► **all at once** tout à coup.
► **once upon a time there was...** il était une fois...

one /wʌn/ *a plusieurs sens :*

1 **one** *peut signifier* un.
▷ He is one year old. Il a un an.
▷ It's one o'clock. Il est une heure.
▷ One of my friends is getting married. Un de mes amis va se marier.
▷ Those cakes look nice – can I have one? Ces gâteaux ont l'air bons – est-ce que je peux en prendre un ?
▷ Which one do you want? Lequel voulez-vous ?
▷ I want that one. Je veux celui-là.
► **one another** l'un l'autre.
▷ They love one another. Ils s'aiment.

2 **one** *peut signifier* seul *ou* unique.
▷ She's the one person that knows. C'est la seule à le savoir.
▷ It's my one ambition. C'est mon unique ambition.

3 **one** *peut signifier* on.
▷ One never knows. On ne sait jamais.

one's /wʌnz/ *est l'adjectif possessif du pronom* **one**.
► **keep one's promise** tenir sa promesse.

oneself /wʌn'self/ *a plusieurs sens :*

1 **oneself** *est le pronom personnel de la troisième personne du singulier, complément d'un verbe réfléchi :*
► **enjoy oneself** s'amuser.
► **cut oneself** se couper.

2 **oneself** *peut signifier* soi-même.
► **do something oneself** faire quelque chose soi-même.

3 **oneself** *peut suivre une préposition et correspond à* « soi » :
► **pleased with oneself** content de soi.
► **by oneself** tout seul.

one-way street /ˌwɒnweɪ'striːt/ rue à sens unique.

ongoing /'ɒngəʊɪŋ/ en cours.

onion /'ʌnjən/ oignon.

on-line /ɒn'laɪn/ en ligne.
► **go on-line** se connecter.

only /'əʊnlɪ/ *a plusieurs catégories grammaticales et plusieurs sens :*

> *Ce peut être un* ADJECTIF :

only *signifie* seul *ou* unique.
▷ It's the only pen I have. C'est le seul stylo que j'aie.
▷ She's the only one I love. C'est la seule que j'aime.
▷ He's an only child. C'est un enfant unique.

> *Ce peut être un* ADVERBE :

1 **only** *peut correspondre à* ne... que.
▷ He only eats fish. Il ne mange que du poisson.
▷ It's only five o'clock. Il n'est que cinq heures.

2 ► **not only** non seulement.
▷ Not only is he rich, he's handsome too. Non seulement il est riche, mais en plus il est beau.

3 ► **only just** *est employé dans les expressions suivantes :*
▷ He has only just left. Il vient tout juste de partir.
▷ I only just caught the bus. J'ai eu le bus, mais de justesse.

> *Ce peut être une* CONJONCTION :

only *signifie* seulement.
▷ She wants to come, only she's ill. Elle veut venir, seulement elle est malade.
► **if only** si seulement.
▷ If only I were rich. Si seulement j'étais riche.

onto /'ɒntʊ/ sur.
▷ He jumped onto the bed. Il a sauté sur le lit.
▷ She threw it onto the pile. Elle l'a jeté sur le tas.

onwards /'ɒnwədz/ *a plusieurs sens :*

1 **onwards** *peut décrire une* progression *ou une* continuation :
► **continue onwards** continuer *ou* avancer.
► **move onwards** aller de l'avant.

2 **onwards** *est employé dans les expressions de temps :*

► **from now onwards** désormais.

► **from today onwards** à partir d'aujourd'hui.

open /'əʊpən/ *a plusieurs catégories grammaticales et plusieurs sens :*

> *Ce peut être un* ADJECTIF :

1 **open** *peut signifier* ouvert.

▷ Are the shops open? Est-ce que les magasins sont ouverts ?

2 **open** *peut signifier* découvert (en parlant d'une voiture, par exemple).

3 ► **in the open air** en plein air *ou* au grand air.

> *Ce peut être un* NOM :

► **out in the open** dehors *ou* en plein air *ou* au grand air.

> *Ce peut être un* VERBE TRANSITIF :

1 ► **open something** *peut signifier* ouvrir quelque chose.

2 ► **open something** *peut signifier* inaugurer quelque chose.

> *Ce peut être un* VERBE INTRANSITIF :

open *signifie* ouvrir *ou* s'ouvrir.

opening /'əʊpnɪŋ/ *a plusieurs sens :*

1 **opening** *peut signifier* ouverture.

► **opening hours** heures d'ouverture.

2 **opening** *peut signifier* inauguration.

3 **opening** *peut signifier* débouché *ou* occasion.

4 **opening** *peut signifier* trou.

> ℹ Opening est aussi une forme du verbe open :
> ▷ She was opening the window. Elle ouvrait la fenêtre.

openly /'əʊpənlɪ/ ouvertement.

openness /'əʊpnnɪs/ franchise.

opera /'ɒpərə/ opéra.

► **opera house** opéra.

► **opera singer** chanteur d'opéra *ou* chanteuse d'opéra.

operate /'ɒpəreɪt/ *a plusieurs catégories grammaticales et plusieurs sens :*

> *Ce peut être un* VERBE INTRANSITIF :

1 **operate** *peut signifier* opérer.

► **operate on somebody** opérer quelqu'un.

2 **operate** *peut signifier* fonctionner.

> *Ce peut être un* VERBE TRANSITIF :

► **operate something** faire fonctionner quelque chose.

operation /ˌɒpə'reɪʃən/ *a plusieurs sens :*

1 **operation** *peut signifier* opération.

► **have an operation** se faire opérer.

2 **operation** *peut signifier* fonctionnement.

► **be in operation** fonctionner.

operator /'ɒpəreɪtəʳ/ opérateur *ou* standardiste.

opinion /ə'pɪnjən/ opinion *ou* avis.

► **in my opinion** à mon avis.

► **opinion poll** sondage d'opinion.

opponent /ə'pəʊnənt/ adversaire.

opportunity /ˌɒpə'tjuːnɪtɪ/ occasion *ou* chance.

► **have the opportunity to do something** avoir l'occasion de faire quelque chose.

oppose /ə'pəʊz/ s'opposer à.

opposite /'ɒpəzɪt/ *a plusieurs catégories grammaticales et plusieurs sens :*

> *Ce peut être un* ADJECTIF :

1 **opposite** *peut signifier* opposé.

► **in the opposite direction** dans la direction opposée.

2 **opposite** *peut signifier* d'en face.

► **the building opposite** l'immeuble d'en face.

> *Ce peut être un* ADVERBE :

opposite *signifie* en face.

▷ They live opposite. Ils habitent en face.

> *Ce peut être une* PRÉPOSITION :

opposite *signifie* en face de.

▷ He was sitting opposite me. Il était assis en face de moi.

> *Ce peut être un* NOM :

opposite *signifie* contraire.

optician /ɒp'tɪʃən/ opticien *ou* oculiste.

optimist /'ɒptɪmɪst/ optimiste (= personne optimiste).

optimistic /ˌɒptɪ'mɪstɪk/ optimiste (adjectif).

option /'ɒpʃən/ option *ou* choix.

▷ We have no option. Nous n'avons pas le choix.

optional /'ɒpʃənəl/ facultatif.

or /ɔːʳ/ *a plusieurs sens :*

1 **or** *peut signifier* ou.

▷ Do you want tea or coffee? Tu veux du thé ou du café ?

2 or *peut signifier* ni.

▷ She can't read or write. Elle ne sait ni lire, ni écrire.

3 or *peut signifier* sinon.

▷ Be careful or you'll cut yourself. Fais attention, sinon tu vas te couper.

orange /'ɒrɪndʒ/ orange.

► orange juice jus d'orange.

orchard /'ɔːtʃəd/ verger.

orchestra /'ɔːkɪstrə/ orchestre (classique).

orchid /'ɔːkɪd/ orchidée.

ordeal /ɔː'diːl/ épreuve (au sens de « souffrance »).

order /'ɔːdəʳ/ *a plusieurs catégories grammaticales et plusieurs sens :*

> *Ce peut être un* NOM :

1 order *peut signifier* ordre.

► give somebody an order donner un ordre à quelqu'un.

► keep order maintenir l'ordre *ou* maintenir la discipline.

▷ The names were in alphabetical order. Les noms étaient dans l'ordre alphabétique.

▷ The pages were out of order. Les pages n'étaient pas dans le bon ordre.

▷ The machine is out of order. La machine est en panne.

2 order *peut signifier* commande.

► order form bulletin de commande.

3 ► in order to pour.

▷ She came in order to talk to him. Elle est venue pour lui parler.

> *Ce peut être un* VERBE :

1 ► order somebody to do something ordonner à quelqu'un de faire quelque chose.

2 ► order something commander quelque chose.

ordinary /'ɔːdnrɪ/ ordinaire.

► be out of the ordinary sortir de l'ordinaire.

ore /ɔːʳ/ minerai.

oregano /ˌɒrɪ'gɑːnəʊ/ origan.

organ /'ɔːgən/ *a plusieurs sens :*

1 organ *peut signifier* organe.

2 organ *peut signifier* orgue.

organic /ɔː'gænɪk/ *a plusieurs sens :*

1 organic *peut signifier* organique.

2 organic *peut signifier* biologique (en parlant de produits, d'une ferme, etc.).

organisation *ou* **organization** /ˌɔːgənaɪ'zeɪʃən/ organisation.

organise *ou* **organize** /'ɔːgənaɪz/ organiser.

► get organised s'organiser.

organiser *ou* **organizer** /'ɔːgənaɪzəʳ/ *a plusieurs sens :*

1 organiser *peut signifier* organisateur (= personne).

2 organiser *peut signifier* organiseur (électronique).

origin /'ɒrɪdʒɪn/ origine.

originally /ə'rɪdʒənəlɪ/ à l'origine.

originate /ə'rɪdʒɪneɪt/ *a plusieurs sens :*

1 ► originate from *peut signifier* être originaire de.

2 ► originate from *peut signifier* provenir de.

ornament /'ɔːnəmənt/ bibelot *ou* objet décoratif.

> **i** Attention à l'orthographe du mot anglais ornament.

ornamental /ˌɔːnə'mentl/ décoratif.

orphan /'ɔːfən/ orphelin.

ostrich /'ɒstrɪtʃ/ autruche.

other /'ʌðəʳ/ *a plusieurs sens :*

1 other *peut signifier* autre.

▷ The other one is mine. L'autre est à moi.

▷ The other children left. Les autres enfants sont partis.

▷ He was here the other day. Il était là l'autre jour.

▷ Where are the others? Où sont les autres ?

2 ► other than that à part ça.

▷ There's no one here other than Fred. Il n'y a personne à part Fred.

otherwise /'ʌðəwaɪz/ *a plusieurs sens :*

1 otherwise *peut signifier* autrement.

▷ She couldn't do otherwise. Elle ne pouvait pas faire autrement.

2 **otherwise** *peut signifier* sinon.

▷ Leave now, otherwise you'll be late. Pars maintenant, sinon tu vas être en retard.

otter /ˈɒtəʳ/ loutre.

ouch! /aʊtʃ/ aïe !

ought /ɔːt/ *a plusieurs sens :*

> ℹ Ought est ce qu'on appelle en anglais un modal verb (verbe modal). Il précède la forme infinitive (avec to) d'autres verbes (you ought to go now). Il ne prend pas de s à la troisième personne du singulier (he ought to, she ought to, it ought to). Il n'a ni forme infinitive, ni participe présent, ni participe passé.

1 **ought** *peut indiquer* l'obligation :

▷ I ought to write to her. Je devrais lui écrire.

▷ You ought to have phoned him. Tu aurais dû lui téléphoner.

2 **ought** *peut indiquer la* probabilité :

▷ He ought to pass his exams. Il devrait réussir ses examens.

▷ They ought to arrive soon. Ils devraient bientôt arriver.

our /ˈaʊəʳ/ notre *ou* nos.

▷ Our brother is a doctor. Notre frère est médecin.

▷ Our books are on the table. Nos livres sont sur la table.

▷ We washed our hands. Nous nous sommes lavé les mains.

ours /ˈaʊəz/ le nôtre *ou* la nôtre *ou* les nôtres.

▷ Which books are ours? Lesquels de ces livres sont les nôtres ?

▷ Their car is old, ours is new. Leur voiture est vieille, la nôtre est neuve.

▷ He is a friend of ours. C'est un ami à nous.

ourselves /ˌaʊəˈselvz/ *a plusieurs sens :*

1 **ourselves** *est le pronom personnel de la première personne du pluriel, complément d'un verbe réfléchi :*

▷ We enjoyed ourselves. Nous nous sommes amusés.

2 **ourselves** *peut signifier* nous-mêmes.

▷ We did it ourselves. Nous l'avons fait nous-mêmes.

3 **ourselves** *peut suivre une préposition et correspond à* « nous » :

▷ We are pleased with ourselves. Nous sommes contents de nous.

▷ We were by ourselves. Nous étions seuls.

out /aʊt/ *a plusieurs catégories grammaticales et plusieurs sens :*

> *Ce peut être un* ADVERBE :

1 **out** *peut signifier* dehors.

▷ It's cold out. Il fait froid dehors.

2 **out** *peut signifier* sorti.

▷ Mary's out. Mary est sortie.

3 **out** *peut signifier* éteint.

▷ The lights were out. Les lumières étaient éteintes.

4 ► **be out** *peut signifier* être en fleur (en parlant d'arbres ou de buissons) *ou* briller (en parlant du soleil).

> *Ce peut être une* PRÉPOSITION :

1 ► **out of** *peut indiquer un* mouvement en dehors *d'un endroit :*

▷ He walked out of the house. Il est sorti de la maison.

▷ She ran out of the shop. Elle est sortie du magasin en courant.

2 ► **out of** *peut indiquer la* provenance *de quelque chose :*

▷ He took the knife out of the drawer. Il a pris le couteau dans le tiroir.

▷ She tore the page out of the book. Elle a arraché la page du livre.

3 ► **out of** *peut indiquer la* matière *dont quelque chose est fait :*

▷ It is made out of wood. C'est en bois.

4 ► **be out of something** *peut signifier* n'avoir plus de quelque chose.

▷ We're out of sugar. Nous n'avons plus de sucre.

5 ► **out of** *peut signifier* à l'abri de.

▷ They were out of the wind. Ils étaient à l'abri du vent.

6 ► **out of** *est employé pour indiquer des* proportions :

► **one person out of ten** une personne sur dix.

outcome /ˈaʊtkʌm/ issue *ou* résultat.

outdated /aʊtˈdeɪtɪd/ démodé.

outdoor /ˈaʊtdɔːʳ/ en plein air *ou* de plein air.

outdoors /aʊtˈdɔːz/ dehors.

► **go outdoors** sortir.

► **sleep outdoors** dormir à la belle étoile.

outer /ˈaʊtəʳ/ extérieur.

► **outer space** l'espace.

outfit /ˈaʊtfɪt/ tenue.

outing /ˈaʊtɪŋ/ sortie (= petit voyage).

outlaw /'aʊtlɔː/ hors-la-loi.

outline /'aʊtlaɪn/ *a plusieurs sens :*

1 outline *peut signifier* silhouette (= contour).

2 outline *peut signifier* grandes lignes (d'un plan, d'un projet).

outrageous /aʊt'reɪdʒəs/ *a plusieurs sens :*

1 outrageous *peut signifier* scandaleux.

2 outrageous *peut signifier* extravagant.

outside /'aʊt'saɪd/ *a plusieurs catégories grammaticales et plusieurs sens :*

> *Ce peut être un* NOM :

outside *signifie* extérieur.

> *Ce peut être un* ADJECTIF :

outside *signifie* extérieur *ou* externe.

> *Ce peut être une* PRÉPOSITION :

outside *signifie* à l'extérieur de *ou* en dehors de.

> *Ce peut être un* ADVERBE :

outside *signifie* dehors.

► look outside regarder dehors.

► go outside sortir.

outskirts /'aʊtskɜːts/ périphérie (d'une ville).

outwards /'aʊtwədz/ vers l'extérieur.

oval /'əʊvəl/ ovale.

> ℹ Attention à l'orthographe du mot anglais oval.

oven /'ʌvn/ four.

over /'əʊvəʳ/ *a plusieurs catégories grammaticales et plusieurs sens :*

> *Ce peut être une* PRÉPOSITION :

1 over *peut signifier* au-dessus de.

▷ There's a painting over the shelf. Il y a un tableau au-dessus de l'étagère.

2 over *peut signifier* par-dessus.

▷ She wore a jacket over her dress. Elle portait une veste par-dessus sa robe.

▷ The ball went over the wall. La balle est passée par-dessus le mur.

3 over *peut indiquer le fait de* traverser *quelque chose ou de se trouver* de l'autre côté *de quelque chose.*

► cross over the road traverser la rue.

▷ They live over the road. Ils habitent en face.

4 over *peut signifier* plus de.

▷ It costs over 20 euros. Ça coûte plus de 20 euros.

▷ This book is for children over 8. Ce livre est destiné aux enfants de plus de 8 ans.

5 over *peut signifier* pendant.

▷ I'll do it over the weekend. Je le ferai pendant le week-end.

> *Ce peut être un* ADVERBE :

► over here par ici.

► over there là-bas.

> *Ce peut être un* ADJECTIF :

over *signifie* fini *ou* terminé.

▷ The party's over. La fête est finie.

▷ I'm glad it's all over. Je suis content que ça soit fini.

overall /'əʊvərɔːl/ *a plusieurs catégories grammaticales :*

> *Ce peut être un* ADJECTIF :

overall *signifie* d'ensemble (idée, vue).

> *Ce peut être un* ADVERBE :

overall *signifie* dans l'ensemble.

overalls /'əʊvərɔːlz/ bleu de travail *ou* combinaison.

► a pair of overalls un bleu de travail *ou* une combinaison.

overcame /əʊvə'keɪm/ *est le prétérit du verbe* overcome.

▷ She overcame the difficulties. Elle a surmonté les difficultés.

overcoat /'əʊvəkəʊt/ manteau.

overcome /ˌəʊvə'kʌm/ *a plusieurs sens :*

1 ► overcome something surmonter quelque chose (une difficulté, un obstacle, etc.).

2 ► be overcome être accablé.

► be overcome with grief succomber à la douleur.

overcrowded /əʊvə'kraʊdɪd/ surpeuplé *ou* bondé.

overexcited /əʊvərɪk'saɪtɪd/ surexcité.

overflow /ˌəʊvə'fləʊ/ déborder.

overlap /'əʊvəlæp/ se chevaucher.

overload /ˌəʊvə'ləʊd/ surcharger.

overlook /ˌəʊvə'lʊk/ *a plusieurs sens :*

1 ► overlook something *peut signifier* donner sur quelque chose.

2 ► overlook something *peut signifier* oublier quelque chose.

overseas /'əʊvə'siːz/ *a plusieurs catégories grammaticales :*

> *Ce peut être un* ADJECTIF :

overseas *signifie* étranger.

> *Ce peut être un* ADVERBE :

overseas *signifie* à l'étranger.

oversleep /əʊvə'sliːp/ se réveiller trop tard.

overslept /əʊvə'slept/ *est le prétérit et le participe passé du verbe* **oversleep**.

▷ I overslept this morning. Je me suis réveillé trop tard ce matin.

overtake /ˌəʊvə'teɪk/ dépasser *ou* doubler.

overtaken /ˌəʊvə'teɪkən/ *est le participe passé du verbe* **overtake**.

▷ They've overtaken us! Ils nous ont dépassés !

overtime /'əʊvətaɪm/ *a plusieurs sens :*

1 **overtime** *peut signifier* heures supplémentaires.

2 *En sport,* **overtime** *signifie* prolongations.

overtook /ˌəʊvə'tʊk/ *est le prétérit du verbe* **overtake**.

▷ They overtook us on the motorway. Ils nous ont dépassés sur l'autoroute.

overwhelm /ˌəʊvə'welm/ *a plusieurs sens :*

1 **overwhelm somebody** *peut signifier* accabler quelqu'un.

2 **overwhelm somebody** *peut signifier* écraser quelqu'un (un ennemi, un adversaire).

owe /əʊ/ devoir.

► **owe something to somebody** *ou*
► **owe somebody something** devoir quelque chose à quelqu'un.

owl /aʊl/ chouette *ou* hibou.

own /əʊn/ *a plusieurs catégories grammaticales :*

> *Ce peut être un* ADJECTIF *ou un* PRONOM :

own *signifie* propre (au sens de « personnel »).

▷ She has her own car. Elle a sa propre voiture.

▷ I saw it with my own eyes. Je l'ai vu de mes propres yeux.

▷ He's got his own. Il a le sien.

► **be on one's own** être tout seul.

► **get one's own back** prendre sa revanche.

> *Ce peut être un* VERBE :

► **own something** posséder quelque chose.

owner /'əʊnəʳ/ propriétaire.

oxygen /'ɒksɪdʒən/ oxygène.

oyster /'ɔɪstəʳ/ huître.

ozone layer /'əʊzəʊn ˌleɪəʳ/ couche d'ozone.

P

ANGLAIS — FRANÇAIS

La lettre **P** se prononce /piː/ en anglais.
P rime avec **free**, **knee** et **tea**.

pace /peɪs/ *a plusieurs catégories grammaticales et plusieurs sens :*

> *Ce peut être un* NOM :

1 **pace** *peut signifier* pas.
▷ He took two paces forward. Il a fait deux pas en avant.

2 **pace** *peut signifier* rythme *ou* allure.
► **do something at one's own pace** faire quelque chose à son propre rythme.

> *Ce peut être un* VERBE :

► **pace up and down** faire les cent pas.

Pacific /pəˈsɪfɪk/ Pacifique.

pack /pæk/ *a plusieurs catégories grammaticales et plusieurs sens :*

> *Ce peut être un* NOM :

1 **pack** *peut signifier* paquet.

2 **pack** *peut signifier* meute *ou* bande (de loups).

3 **pack** *peut signifier* jeu (de cartes).

> *Ce peut être un* VERBE TRANSITIF :

► **pack something** *peut signifier* emballer quelque chose.
► **pack one's bags** *ou* **pack one's things** faire ses bagages.

> *Ce peut être un* VERBE INTRANSITIF :

pack *signifie* faire ses bagages.

package /ˈpækɪdʒ/ *a plusieurs sens :*

1 **package** *peut signifier* paquet.

2 **package** *peut signifier* ensemble (de mesures).
► **package tour** voyage organisé.

packed /pækt/ bondé.

ℹ **Packed** est aussi le prétérit et le participe passé du verbe **pack** :
▷ I packed my bags. J'ai fait mes bagages.
▷ Have you packed? As-tu fait tes bagages ?

packet /ˈpækɪt/ paquet.

pad /pæd/ bloc-notes.

padded /ˈpædɪd/ rembourré.

paddle /ˈpædl/ *a plusieurs catégories grammaticales et plusieurs sens :*

> *Ce peut être un* NOM :

paddle *signifie* pagaie.

> *Ce peut être un* VERBE :

1 **paddle** *peut signifier* barboter.

2 **paddle** *peut signifier* pagayer.

padlock /ˈpædlɒk/ *a plusieurs catégories grammaticales :*

> *Ce peut être un* NOM :

padlock *signifie* cadenas.

> *Ce peut être un* VERBE :

► **padlock something** cadenasser quelque chose.

page /peɪdʒ/ *a plusieurs catégories grammaticales :*

> *Ce peut être un* NOM :

page *signifie* page.

> *Ce peut être un* VERBE :

► **page somebody** faire appeler quelqu'un (dans un aéroport, par exemple).

paid /peɪd/ *est le prétérit et le participe passé du verbe* pay.

▷ I paid with my credit card. J'ai payé avec ma carte de crédit.
▷ Have you paid? As-tu payé ?

pain /peɪn/ douleur.

► be in pain souffrir.

painful /ˈpeɪnfʊl/ douloureux *ou* pénible.

painkiller /ˈpeɪn,kɪləʳ/ analgésique.

paint /peɪnt/ *a plusieurs catégories grammaticales :*

> *Ce peut être un* NOM :

paint *signifie* peinture (= la matière).

> *Ce peut être un* VERBE :

paint *signifie* peindre.

paintbrush /ˈpeɪntbrʌʃ/ pinceau.

painter /ˈpeɪntəʳ/ peintre.

painting /ˈpeɪntɪŋ/ *a plusieurs sens :*

1 painting *peut signifier* la peinture (= l'activité).
2 painting *peut signifier* tableau (= œuvre d'art).

Painting est aussi une forme du verbe paint : ▷ She was painting the wall. Elle peignait le mur.

pair /pɛəʳ/ paire.

► a pair of scissors une paire de ciseaux.
► a pair of trousers un pantalon.
► in pairs à deux *ou* par deux.

pajamas /pəˈdʒɑːməz/ pyjama.

► a pair of pajamas un pyjama.

Pajamas est l'orthographe américaine de pyjamas.

Pakistani /,pɑːkɪsˈtɑːnɪ/ Pakistanais *ou* pakistanais.

En anglais, les adjectifs de nationalité commencent par une majuscule.

pal /pæl/ copain.

Pal est un mot familier, c'est-à-dire un mot qu'on évite d'employer quand on parle à quelqu'un qu'on ne connaît pas bien ou quand on écrit.

palace /ˈpælɪs/ palais (= château).

palate /ˈpælɪt/ palais (dans la bouche).

pale /peɪl/ pâle.

► go pale pâlir.

Palestinian /,pæləsˈtɪnɪən/ Palestinien *ou* palestinien.

En anglais, les adjectifs de nationalité commencent par une majuscule.

palm /pɑːm/ *a plusieurs sens :*

1 palm *peut signifier* paume.
2 palm *peut signifier* palmier.

palmtop /ˈpɑːmtɒp/ ordinateur de poche.

pamphlet /ˈpæmflɪt/ brochure.

pan /pæn/ *a plusieurs sens :*

1 pan *peut signifier* casserole.
2 *En anglais américain,* pan *peut signifier* moule à gâteau.

pancake /ˈpænkeɪk/ crêpe.

pane /peɪn/ vitre *ou* carreau.

panel /ˈpænəl/ *a plusieurs sens :*

1 panel *peut signifier* panneau (de bois).
2 panel *peut signifier* invités (dans une émission).
3 panel *peut signifier* jury.

panic /ˈpænɪk/ *a plusieurs catégories grammaticales :*

> *Ce peut être un* NOM :

panic *signifie* panique.

> *Ce peut être un* VERBE :

panic *signifie* paniquer.

pant /pænt/ haleter.

panties /ˈpæntɪz/ slip *ou* culotte.

► a pair of panties un slip *ou* une culotte.

pantomime /ˈpæntəmaɪm/ spectacle de Noël pour enfants.

pants /pænts/ *a plusieurs sens :*

1 *En anglais britannique,* pants *signifie* slip *ou* culotte.
► a pair of pants un slip.
2 *En anglais américain,* pants *signifie* pantalon.
► a pair of pants un pantalon.

pantyhose /ˈpæntɪhəʊz/ collant (= vêtement).

paper /ˈpeɪpəʳ/ *a plusieurs sens :*

1 paper *peut signifier* papier.
► a piece of paper un morceau de papier.
► paper bag sac en papier.
2 paper *peut signifier* journal (au sens de « quotidien »).
► read the paper lire le journal.

paperback /ˈpeɪpəbæk/ livre de poche.

paperclip /ˈpeɪpəklɪp/ trombone (pour attacher les papiers).

parade /pəˈreɪd/ défilé.

paradise /ˈpærədaɪs/ paradis.

> ℹ Attention à l'orthographe du mot anglais paradise.

paragliding /ˈpærəˌglaɪdɪŋ/ parapente.
► go paragliding faire du parapente.

paragraph /ˈpærəgrɑːf/ paragraphe.

> ℹ Attention à l'orthographe du mot anglais paragraph.

parallel /ˈpærəlel/ parallèle.

> ℹ Attention à l'orthographe du mot anglais parallel.

paralyse *ou* **paralyze** /ˈpærəlaɪz/ paralyser.

paranoid /ˈpærənɔɪd/ paranoïaque.

parcel /ˈpɑːsəl/ colis.

pardon /ˈpɑːdən/ *a plusieurs catégories grammaticales et plusieurs sens :*

> *Ce peut être un* NOM :

pardon *signifie* pardon.

> *Ce peut être un* VERBE :

► pardon somebody pardonner quelqu'un.
▷ Pardon me! Excusez-moi !

park /pɑːk/ *a plusieurs catégories grammaticales :*

> *Ce peut être un* NOM :

park *signifie* parc.

> *Ce peut être un* VERBE INTRANSITIF :

park *signifie* stationner.

> *Ce peut être un* VERBE TRANSITIF :

► park a car garer une voiture.

parking /ˈpɑːkɪŋ/ stationnement.
▷ 'No parking'. « Défense de stationner. »
► parking meter parcmètre.
► parking space place pour se garer.
► parking ticket contravention *ou* P.-V.

> ℹ Parking est aussi une forme du verbe park :
> ▷ He was parking the car. Il garait la voiture.

> Le mot anglais parking ne signifie pas « parking ».

parliament /ˈpɑːləmənt/ parlement.

parrot /ˈpærət/ perroquet.

parsley /ˈpɑːslɪ/ persil.

part /pɑːt/ *a plusieurs catégories grammaticales et plusieurs sens :*

> *Ce peut être un* NOM :

1 part *peut signifier* partie.
► be part of something faire partie de quelque chose.
2 part *peut signifier* pièce (d'une machine, d'une voiture).
► spare part pièce détachée.
3 part *peut signifier* rôle (dans une pièce de théâtre, dans une affaire).
► take part in something participer à quelque chose.
4 part *peut signifier* épisode (d'une émission).
5 *En anglais américain,* part *peut signifier* raie (dans les cheveux).

> En anglais britannique « raie dans les cheveux » se dit parting.

> *Ce peut être un* VERBE :

part *signifie* se quitter *ou* se séparer.

participate /pɑːˈtɪsɪpeɪt/ participer.
► participate in something participer à quelque chose.

particle /ˈpɑːtɪkl/ particule.

particular /pəˈtɪkjʊləʳ/ *a plusieurs catégories grammaticales et plusieurs sens :*

> *Ce peut être un* ADJECTIF :

1 particular *peut signifier* particulier.
► in particular en particulier.
2 particular *peut signifier* exigeant.

> *Ce peut être un* NOM :

► particulars détails *ou* renseignements *ou* coordonnées (d'une personne).

particularly /pə'tɪkjʊləlɪ/ particulièrement.

parties /'pɑːtɪz/ *est le pluriel de* party.

parting /'pɑːtɪŋ/ raie (dans les cheveux).

> Au sens de « raie dans les cheveux », le mot parting n'est pas employé en anglais américain. Aux États-Unis, « raie » se dit part.

> Parting est aussi une forme du verbe part :
> ▷ Just as they were parting... Au moment où ils se quittaient...

partly /'pɑːtlɪ/ en partie.

partner /'pɑːtnəʳ/ partenaire *ou* associé *ou* compagnon.

> Attention à l'orthographe du mot anglais partner.

partridge /'pɑːtrɪdʒ/ perdrix *ou* perdreau.

part-time /'pɑː't'taɪm/ à temps partiel.

party /'pɑːtɪ/ *a plusieurs sens :*

1 party *peut signifier* fête *ou* soirée.
► birthday party fête d'anniversaire.

2 party *peut signifier* parti (politique).

3 party *peut signifier* groupe (de voyageurs).

pass /pɑːs/ *a plusieurs catégories grammaticales et plusieurs sens :*

> *Ce peut être un* NOM :

1 pass *peut signifier* laissez-passer.

2 pass *peut signifier* carte d'abonnement.

3 pass *peut signifier* col (de montagne).

4 pass *peut signifier* mention passable (à un examen).

5 *En sport,* pass *signifie* passe.

> *Ce peut être un* VERBE INTRANSITIF :

1 pass *peut signifier* passer.
▷ She let me pass. Elle m'a laissé passer.
▷ The time passed quickly. Le temps est passé vite.

2 pass *peut signifier* doubler *ou* dépasser.

3 pass *peut signifier* être reçu (à un examen).

> *Ce peut être un* VERBE TRANSITIF :

1 ► pass something *peut signifier* passer quelque chose.
► pass something to somebody passer quelque chose à quelqu'un.
▷ Pass the salt, please. Passez-moi le sel, s'il vous plaît.

2 ► pass something *ou* somebody *peut signifier* passer devant quelque chose *ou* quelqu'un.

3 ► pass somebody *peut signifier* doubler quelqu'un.

4 ► pass somebody *peut signifier* croiser quelqu'un.

5 ► pass an exam réussir un examen.

> Attention ! Pass an exam ne signifie pas « passer un examen ».

6 ► pass a candidate recevoir un candidat *ou* admettre un candidat.

7 ► pass a law adopter une loi.

Phrasal verbs

Le verbe pass peut être suivi d'une préposition, telle que by ou out, et dans ce cas, il peut avoir des sens différents. C'est ce qu'on appelle, en anglais, un phrasal verb.

PASS BY :
► pass by passer devant.

PASS ON :
► pass something on faire passer quelque chose.
► pass a message on transmettre un message.

PASS OUT :
► pass out perdre connaissance.

PASS ROUND :
► pass something round faire passer quelque chose.

passage /'pæsɪdʒ/ *a plusieurs sens :*

1 passage *peut signifier* passage.

2 passage *peut signifier* couloir.

passenger /'pæsndʒəʳ/ passager.

passer-by /'pɑːsə'baɪ/ passant (= piéton).

passionate /'pæʃənɪt/ passionné.

> Attention à l'orthographe du mot passionate.

passive /'pæsɪv/ passif.

passport /'pɑːspɔːt/ passeport.

> Attention à l'orthographe du mot anglais passport.

password /'pɑːswɜːd/ mot de passe.

past /pɑːst/ *a plusieurs catégories grammaticales et plusieurs sens :*

> *Ce peut être un* NOM :

► the past le passé.

► in the past dans le passé *ou* autrefois.

> *Ce peut être un* ADJECTIF :

past *signifie* dernier.

► the past few days ces derniers jours.

> *Ce peut être une* PRÉPOSITION :

1 past *peut signifier* devant.

▷ He walked past the house. Il est passé devant la maison.

2 past *peut signifier* au-delà de *ou* après.

▷ Our house is just past the church. Notre maison se trouve juste après l'église.

3 *En anglais britannique,* past *est employé dans les expressions de temps :*

▷ It is half past four. Il est quatre heures et demie.

▷ It is five past ten. Il est dix heures cinq.

En anglais américain, on dit after : it's half after four, it's five after ten.

pasta /'pæstə/ pâtes.

paste /peɪst/ *a plusieurs catégories grammaticales et plusieurs sens :*

> *Ce peut être un* NOM :

1 paste *peut signifier* pâte (= substance pâteuse).

2 paste *peut signifier* pâté.

3 paste *peut signifier* colle.

> *Ce peut être un* VERBE :

► paste something coller quelque chose.

pastime /'pɑːstaɪm/ passe-temps.

pastries /'peɪstrɪz/ *est le pluriel de* pastry (au sens de « pâtisserie »).

pastry /'peɪstrɪ/ *a plusieurs sens :*

1 pastry *peut signifier* pâte (à tarte).

2 pastry *peut signifier* pâtisserie (= gâteau).

pat /pæt/ *a plusieurs catégories grammaticales et plusieurs sens :*

> *Ce peut être un* NOM :

pat *signifie* petite tape *ou* caresse.

▷ I gave the dog a pat. J'ai caressé le chien.

> *Ce peut être un* VERBE :

1 ► pat something tapoter quelque chose.

2 ► pat an animal caresser un animal.

patch /pætʃ/ *a plusieurs catégories grammaticales et plusieurs sens :*

> *Ce peut être un* NOM :

1 patch *peut signifier* pièce (de tissu).

2 patch *peut signifier* bandeau (sur l'œil).

3 patch *peut signifier* tache (de couleur).

4 patch *peut signifier* parcelle (de terre) *ou* carré (de légumes).

> *Ce peut être un* VERBE :

► patch something rapiécer quelque chose.

path /pɑːθ/ sentier *ou* chemin.

pathetic /pə'θetɪk/ pitoyable.

patrol /pə'trəʊl/ *a plusieurs catégories grammaticales :*

> *Ce peut être un* NOM :

patrol *signifie* patrouille.

► patrol car voiture de police.

> *Ce peut être un* VERBE :

patrol *signifie* patrouiller.

pattern /'pætən/ motif (au sens de « dessin »).

pause /pɔːz/ *a plusieurs catégories grammaticales et plusieurs sens :*

> *Ce peut être un* NOM :

pause *signifie* pause.

> *Ce peut être un* VERBE :

1 pause *peut signifier* marquer une pause.

2 pause *peut signifier* s'arrêter.

pavement /'peɪvmənt/ trottoir.

Ce mot n'est pas employé en anglais américain : aux États-Unis, on dit sidewalk.

paw /pɔː/ patte.

pawn /pɔːn/ *a plusieurs catégories grammaticales :*

> *Ce peut être un* NOM :

pawn *signifie* pion.

> *Ce peut être un* VERBE :

► pawn something mettre quelque chose en gage.

pay /peɪ/ *a plusieurs catégories grammaticales et plusieurs sens :*

> *Ce peut être un* NOM :

pay *signifie* salaire *ou* paie.

> *Ce peut être un* VERBE TRANSITIF :

1 ► pay somebody payer quelqu'un.

▷ He paid 20 euros for that shirt. Il a payé cette chemise 20 euros.

2 ► pay attention to somebody *ou* something prêter attention à quelqu'un *ou* quelque chose.

3 ► pay somebody a visit rendre visite à quelqu'un.

> *Ce peut être un* VERBE INTRANSITIF :

pay *signifie* payer.

Phrasal verbs

Le verbe pay peut être suivi d'une préposition, telle que back ou off, et dans ce cas, il peut avoir des sens différents. C'est ce qu'on appelle, en anglais, un phrasal verb.

PAY BACK :

► pay somebody back rembourser quelqu'un.

PAY OFF :

► pay something off rembourser quelque chose.

payment /'peɪmənt/ paiement.

pay phone /'peɪfəʊn/ téléphone public.

PC /piː'siː/ *a plusieurs sens :*

1 PC *peut signifier* PC (au sens d'ordinateur).

i PC est l'abréviation de personal computer.

2 PC *peut signifier* politiquement correct.

i PC est l'abréviation de politically correct.

pea /piː/ petit pois.

peace /piːs/ *a plusieurs sens :*

1 peace *peut signifier* paix.

► at peace en paix.

2 peace *peut signifier* calme *ou* tranquillité.

▷ I want some peace and quiet. J'ai besoin d'un peu de calme.

peaceful /'piːsfʊl/ paisible *ou* calme *ou* pacifique.

peach /piːtʃ/ pêche (= fruit).

peacock /'piːkɒk/ paon.

peak /piːk/ *a plusieurs sens :*

1 peak *peut signifier* sommet

2 peak *peut signifier* visière (d'une casquette).

peanut /'piːnʌt/ cacahuète.

pear /pɛəʳ/ poire.

Ne pas confondre pear avec peer.

pearl /pɜːl/ perle.

pebble /'pebl/ galet.

pecan /pɪ'kæn/ noix de pécan.

peck /pek/ *a plusieurs catégories grammaticales et plusieurs sens :*

> *Ce peut être un* NOM :

1 peck *peut signifier* coup de bec.

2 peck *peut signifier* bise.

> *Ce peut être un* VERBE TRANSITIF :

► peck something donner un coup de bec à quelque chose.

peculiar /pɪ'kjuːlɪəʳ/ bizarre.

pedal /'pedl/ *a plusieurs catégories grammaticales :*

> *Ce peut être un* NOM :

pedal *signifie* pédale.

> *Ce peut être un* VERBE :

pedal *signifie* pédaler.

pedestrian /pɪ'destrɪən/ piéton.

► pedestrian crossing passage clouté.

pee /piː/ faire pipi.

Pee est un mot familier, c'est-à-dire un mot qu'on évite d'employer quand on parle à quelqu'un qu'on ne connaît pas bien ou quand on écrit.

peel /piːl/ *a plusieurs catégories grammaticales et plusieurs sens :*

> *Ce peut être un* NOM :

peel *signifie* épluchure *ou* écorce.

> *Ce peut être un* VERBE TRANSITIF :

► peel something éplucher quelque chose *ou* peler quelque chose.

> *Ce peut être un* VERBE INTRANSITIF :

1 peel *peut signifier* s'écailler.

2 peel *peut signifier* peler.

peep /piːp/ *a plusieurs catégories grammaticales :*

> *Ce peut être un* NOM :

peep *signifie* coup d'œil.

> *Ce peut être un* VERBE :

peep *signifie* jeter un coup d'œil furtif.

peer /pɪəʳ/ *a plusieurs catégories grammaticales :*

> *Ce peut être un* NOM :

peer *signifie* pair (= personne).

> *Ce peut être un* VERBE :

► peer at somebody *ou* something scruter quelqu'un *ou* quelque chose.

Ne pas confondre peer avec pear.

peg /peg/ *a plusieurs sens :*

1 peg *peut signifier* patère (pour accrocher un vêtement).

2 peg *peut signifier* piquet (pour une tente).

3 *En anglais britannique,* peg *peut signifier* pince à linge.

En anglais américain, pour dire « pince à linge », on dit clothes-pin.

pen /pen/ *a plusieurs sens :*

1 pen *peut signifier* stylo.
► pen friend *ou* pen pal correspondant.

2 pen *peut signifier* enclos (pour animaux).

penalty /'penəltɪ/ *a plusieurs sens :*

1 penalty *peut signifier* peine *ou* pénalité.

2 *En sport,* penalty *signifie* penalty (en football) *ou* pénalité (en rugby).

pence /pens/ *est le pluriel de* penny
▷ It cost ten pence. Cela a coûté dix pence.

pencil /'pensl/ crayon.
► pencil case trousse (d'écolier).
► pencil sharpener taille-crayon.

pendant /'pendənt/ pendentif.

penguin /'peŋgwɪn/ manchot (= animal).

penknife /'pennaɪf/ canif.

pennies /'penɪz/ *est le pluriel de* penny.

penny /'penɪ/ penny (pièce de monnaie).

Le pluriel de penny est pence quand on parle d'une somme spécifique (20 pence, 50 pence). Quand on parle des pièces en tant qu'objets, le pluriel est pennies (a handful of pennies, a bag of pennies).

pension /'penʃən/ pension *ou* retraite.

En anglais, pension ne signifie « pension » ni dans le sens d'hôtel ni dans celui d'école.

pensioner /'penʃənəʳ/ retraité.

Pensioner ne signifie pas « pensionnaire ».

people /'piːpl/ *a plusieurs sens :*

1 people *peut signifier* gens *ou* personnes.
► old people les personnes âgées.
► young people les jeunes.
▷ They are nice people. Ce sont des gens sympathiques.
▷ There were a lot of people. Il y avait beaucoup de monde.

2 people *peut signifier* peuple (d'un pays).

pepper /'pepəʳ/ *a plusieurs sens :*

1 pepper *peut signifier* poivre.

2 pepper *peut signifier* poivron.

peppermint /'pepəmɪnt/ *a plusieurs sens :*

1 peppermint *peut signifier* pastille de menthe.

2 peppermint *peut signifier* menthe poivrée.

per /pɜːʳ/ *sert à indiquer un* prix *ou un* taux :
▷ It costs 10 euros per person. Ça coûte 10 euros par personne.
▷ I earn 5 euros per hour. Je gagne 5 euros de l'heure.
▷ We were doing 70 kilometres per hour. On faisait du 70 kilomètres-heure.

per cent /pə'sent/ pour cent.

percentage /pə'sentɪdʒ/ pourcentage.

perceive /pə'sɪːv/ percevoir.

perfect *se prononce de deux façons et a des sens différents selon la prononciation :*

/'pɜːfekt/ (l'accent est sur la première syllabe per-)
C'est un ADJECTIF.
perfect *signifie* parfait.

/pə'fekt/ (l'accent est sur la deuxième syllabe -fect)
C'est un VERBE.
► perfect something perfectionner quelque chose.

perfectly /'pɜːfektlɪ/ parfaitement.

perform /pə'fɔːm/ *a plusieurs catégories grammaticales et plusieurs sens :*

> *Ce peut être un* VERBE TRANSITIF :

1 ► perform something *peut signifier* exécuter quelque chose *ou* accomplir quelque chose (une tâche, un devoir).

2 ► perform something *peut signifier* interpréter quelque chose (une pièce de théâtre, un ballet, etc.).

> *Ce peut être un* VERBE INTRANSITIF :

perform *signifie* jouer (en parlant d'un musicien, d'un comédien, d'une équipe) *ou* chanter *ou* danser.

performance /pəˈfɔːməns/ *a plusieurs sens :*

1 performance *peut signifier* représentation (au sens de « spectacle »).

2 performance *peut signifier* interprétation (d'un rôle, d'un morceau).

3 performance *peut signifier* performance.

performer /pəˈfɔːməʳ/ artiste (= comédien, musicien, etc.).

perfume /ˈpɜːfjuːm/ parfum.

perhaps /pəˈhæps/ peut-être.

period /ˈpɪərɪəd/ *a plusieurs sens :*

1 period *peut signifier* période.

2 *À l'école,* period *peut signifier* heure de cours.

3 period *peut signifier* règles (au sens de « menstruation »).

4 *En anglais américain,* period *peut signifier* point (= ponctuation).

> En anglais britannique, pour dire « point », on dit full stop.

perm /pɜːm/ *a plusieurs catégories grammaticales :*

> *Ce peut être un* NOM :

perm *signifie* permanente (= coiffure).

> *Ce peut être un* VERBE :

► perm somebody's hair faire une permanente à quelqu'un.

► have one's hair permed se faire faire une permanente.

permit *se prononce de deux façons et a des sens différents selon la prononciation :*

/ˈpɜːmɪt/ (l'accent est sur la première syllabe per-)

> *C'est un* NOM :

permit *signifie* permis.

/pəˈmɪt/ (l'accent est sur la deuxième syllabe -mit)

> *C'est un* VERBE :

permit *signifie* permettre.

person /ˈpɜːsn/ personne.

personal /ˈpɜːsnl/ personnel (= privé).

► personal computer ordinateur personnel.

► personal stereo baladeur.

> Attention à l'orthographe du mot personal.

personality /ˌpɜːsəˈnælɪtɪ/ personnalité.

> Attention à l'orthographe du mot personality.

personnel /ˌpɜːsəˈnel/ personnel (= employés).

persuade /pəˈsweɪd/ persuader.

pessimist /ˈpesɪmɪst/ pessimiste (= personne pessimiste).

pessimistic /ˌpesɪˈmɪstɪk/ pessimiste (adjectif).

pest /pest/ *a plusieurs sens :*

1 pest *peut signifier* insecte nuisible *ou* animal nuisible.

2 pest *peut signifier* personne agaçante.

pester /ˈpestəʳ/ harceler.

pet /pet/ *a plusieurs sens :*

1 pet *peut signifier* animal de compagnie.

► pet rabbit lapin (qu'on garde comme animal de compagnie).

2 pet *peut signifier* chouchou (du professeur).

petal /ˈpetl/ pétale.

petrol /ˈpetrəl/ essence.

► petrol station station-service.

> Ce mot n'est pas employé en anglais américain : aux États-Unis, on dit gas.

> Petrol ne signifie pas « pétrole ».

petty /ˈpetɪ/ *a plusieurs sens :*

1 petty *peut signifier* mesquin.

2 petty *peut signifier* sans importance *ou* insignifiant.

pharmacist /ˈfɑːməsɪst/ pharmacien.

pharmacy /ˈfɑːməsɪ/ pharmacie.

pheasant /ˈfeznt/ faisan.

phenomena /fɪˈnɒmɪnə/ *est le pluriel du mot* phenomenon.

phenomenon /fɪˈnɒmɪnən/ phénomène.

phew! /fjuː/ ouf !

philosopher /fɪˈlɒsəfəʳ/ philosophe (= personne).

philosophical /ˌfɪlə'sɒfɪkəl/ *a plusieurs sens :*

1 **philosophical** *peut signifier* philosophique.

2 **philosophical** *peut signifier* philosophe (adjectif).

philosophy /fɪ'lɒsəfɪ/ philosophie.

phone /fəʊn/ *a plusieurs catégories grammaticales :*

> *Ce peut être un* NOM :

phone *signifie* téléphone.

▷ He's on the phone. Il est au téléphone.

► **phone bill** facture de téléphone.

► **phone book** annuaire.

► **phone booth** cabine téléphonique.

► **phone call** appel téléphonique.

► **phone number** numéro de téléphone.

> *Ce peut être un* VERBE TRANSITIF :

► **phone somebody** téléphoner à quelqu'un.

► **phone somebody back** rappeler quelqu'un.

phonecard /'fəʊnkɑːd/ carte de téléphone.

photocopy /'fəʊtəʊˌkɒpɪ/ *a plusieurs catégories grammaticales :*

> *Ce peut être un* NOM :

photocopy *signifie* photocopie.

> *Ce peut être un* VERBE :

► **photocopy something** photocopier quelque chose.

photograph /'fəʊtəgræf/ *a plusieurs catégories grammaticales :*

> *Ce peut être un* NOM :

photograph *signifie* photo (image).

► **take a photograph** prendre une photo.

> *Ce peut être un* VERBE :

► **photograph somebody** *ou* **something** photographier quelqu'un *ou* quelque chose.

Ne pas confondre **photograph** (= photo, image), **photographer** (= photographe) et **photography** (= photographie au sens d'activité).

photographer /fə'tɒgrəfə^r/ photographe.

Ne pas confondre **photograph** (= photo, image), **photographer** (= photographe) et **photography** (= photographie au sens d'activité).

photography /fə'tɒgrəfɪ/ photographie (= activité).

Ne pas confondre **photograph** (= photo, image), **photographer** (= photographe) et **photography** (= photographie au sens d'activité).

phrasebook /'freɪzbʊk/ guide de conversation.

physical /'fɪzɪkəl/ physique (adjectif).

physics /'fɪzɪks/ physique (= science).

pick /pɪk/ *a plusieurs catégories grammaticales et plusieurs sens :*

> *Ce peut être un* NOM :

1 **pick** *peut signifier* pioche *ou* pic (= outil).

2 ▷ Take your pick! Choisissez !

> *Ce peut être un* VERBE TRANSITIF :

1 ► **pick somebody** *ou* **something** *peut signifier* choisir quelqu'un *ou* quelque chose.

2 ► **pick something** *peut signifier* cueillir quelque chose.

3 ► **pick something off the ground** ramasser quelque chose par terre.

4 ► **pick a fight** chercher la bagarre.

Phrasal verbs

Le verbe **pick** peut être suivi d'une préposition, telle que **out** ou **up**, et dans ce cas, il peut avoir des sens différents. C'est ce qu'on appelle, en anglais, un **phrasal verb**.

PICK OUT :

► **pick somebody** *ou* **something out** *peut signifier* choisir quelqu'un *ou* quelque chose.

► **pick somebody** *ou* **something out** *peut signifier* repérer quelqu'un *ou* quelque chose.

PICK UP :

► **pick something up** *peut signifier* ramasser quelque chose *ou* prendre quelque chose.

► **pick somebody up** *peut signifier* relever quelqu'un *ou* prendre quelqu'un dans ses bras.

► **pick somebody up** *peut signifier* chercher quelqu'un (en voiture).

► **pick something up** *peut signifier* apprendre quelque chose (une langue, une information).

5 ► **pick one's nose** se mettre les doigts dans le nez.

6 ► **pick somebody's pocket** faire les poches à quelqu'un.

picnic /'pɪknɪk/ *a plusieurs catégories grammaticales :*

> *Ce peut être un* NOM :

picnic *signifie* pique-nique.

> *Ce peut être un* VERBE :

picnic *signifie* pique-niquer.

picture /ˈpɪktʃəʳ/ *a plusieurs catégories grammaticales :*

> *Ce peut être un* NOM :

picture *signifie* image *ou* tableau (au sens de « peinture ») *ou* dessin *ou* photo.

> *Ce peut être un* VERBE :

► **picture something** s'imaginer quelque chose.

pie /paɪ/ tourte *ou* tarte.

piece /piːs/ *a plusieurs sens :*

1 piece *peut signifier* morceau.
- ► **a piece of paper** un morceau de papier.
- ► **a piece of string** un bout de ficelle.
- ► **in pieces** en morceaux.
- ► **fall to pieces** tomber en morceaux.
- ► **take something to pieces** démonter quelque chose.

2 piece *est souvent employé avec les noms indénombrables et n'a pas d'équivalent en français :*
- ► **a piece of advice** un conseil.
- ► **a piece of furniture** un meuble.
- ► **a piece of fruit** un fruit.

3 piece *peut signifier* pièce (= un objet, une partie de quelque chose, une pièce de monnaie).

pier /pɪəʳ/ jetée (en bord de mer).

pierce /pɪəs/ percer *ou* transpercer.

pierced /pɪəst/ percé *ou* transpercé.

► **have pierced ears** avoir les oreilles percées.

> ℹ Pierced est aussi le prétérit et le participe passé du verbe pierce :
> ▷ The bullet pierced his arm. La balle lui a transpercé le bras.

pig /pɪg/ cochon.

piggy bank /ˈpɪgɪbæŋk/ tirelire (en forme de petit cochon).

piglet /ˈpɪglɪt/ porcelet.

pigsty /ˈpɪgstaɪ/ porcherie.

pigtail /ˈpɪgteɪl/ natte (= tresse).

pile /paɪl/ *a plusieurs catégories grammaticales et plusieurs sens :*

> *Ce peut être un* NOM :

pile *signifie* tas *ou* pile.

► **piles of...** des tas de...

> *Ce peut être un* VERBE TRANSITIF :

► **pile something up** empiler quelque chose *ou* entasser quelque chose.

> *Ce peut être un* VERBE INTRANSITIF :

► **pile up** s'entasser *ou* s'accumuler.

pilgrim /ˈpɪlgrɪm/ pèlerin.

pill /pɪl/ pilule.

pillar /ˈpɪləʳ/ pilier.

pillow /ˈpɪləʊ/ oreiller.

pillowcase /ˈpɪləʊkeɪs/ taie d'oreiller.

pilot /ˈpaɪlət/ pilote.

> ℹ Attention à l'orthographe du mot anglais pilot.

pin /pɪn/ *a plusieurs catégories grammaticales et plusieurs sens :*

> *Ce peut être un* NOM :

1 pin *peut signifier* épingle.

2 pin *peut signifier* punaise (pour accrocher quelque chose).

3 ► **have pins and needles** avoir des fourmis.

4 ► **PIN number** code confidentiel.

> ℹ PIN est l'abréviation de personal identification number.

> *Ce peut être un* VERBE :

1 ► **pin something to something** *peut signifier* épingler quelque chose à quelque chose.

2 ► **pin something to the wall** fixer quelque chose au mur avec une punaise.

3 ► **pin two things together** attacher deux choses avec une épingle.

pinch /pɪntʃ/ *a plusieurs catégories grammaticales et plusieurs sens :*

> *Ce peut être un* NOM :

pinch *signifie* pincée.

► **a pinch of salt** une pincée de sel.

> *Ce peut être un* VERBE :

1 ► **pinch somebody** *peut signifier* pincer quelqu'un.

2 ► **pinch something** voler quelque chose.

> Au sens de « voler », pinch est un mot familier, c'est-à-dire un mot qu'on évite d'employer quand on parle à quelqu'un qu'on ne connaît pas bien ou quand on écrit.

pine /paɪn/ pin.

► pine cone pomme de pin.

pineapple /'paɪn,æpl/ ananas.

pink /pɪŋk/ rose (= couleur).

pint /paɪnt/ pinte (unité de mesure qui correspond à peu près à un demi-litre).

pioneer /,paɪə'nɪəʳ/ pionnier.

pip /pɪp/ pépin.

pipe /paɪp/ tuyau *ou* pipe.

Pisces /'paɪsiːz/ Poissons (= signe du zodiaque).

pistachio /pɪs'tæːʃɪəʊ/ pistache.

pistol /'pɪstl/ pistolet.

pit /pɪt/ *a plusieurs sens :*

1 pit *peut signifier* fosse.

2 pit *peut signifier* mine (de charbon, par exemple).

3 pit *peut signifier* trou.

4 pit *peut signifier* creux (de l'estomac).

5 *En anglais américain,* pit *peut signifier* noyau (d'un fruit).

pity /'pɪtɪ/ *a plusieurs catégories grammaticales et plusieurs sens :*

> *Ce peut être un* NOM :

1 pity *peut signifier* pitié.

► take pity on somebody avoir pitié de quelqu'un.

2 pity *peut signifier* dommage (= chose regrettable).

▷ What a pity! Quel dommage !

> *Ce peut être un* VERBE :

► pity somebody plaindre quelqu'un.

place /pleɪs/ *a plusieurs catégories grammaticales et plusieurs sens :*

> *Ce peut être un* NOM :

1 place *peut signifier* endroit *ou* lieu.

2 place *peut signifier* place.

► in your place... à ta place...

► take somebody's place prendre la place de quelqu'un.

► be in place être à sa place *ou* être en place.

► be out of place ne pas être à sa place *ou* être déplacé.

3 ► at somebody's place chez quelqu'un.

▷ Come round to my place. Viens chez moi.

4 ► take place avoir lieu.

5 ► in the first place d'abord.

> *Ce peut être un* VERBE :

► place something placer quelque chose *ou* mettre quelque chose.

plague /pleɪg/ peste *ou* fléau.

plain /pleɪn/ *a plusieurs catégories grammaticales et plusieurs sens :*

> *Ce peut être un* NOM :

plain *signifie* plaine.

> *Ce peut être un* ADJECTIF :

1 plain *peut signifier* clair *ou* évident.

2 plain *peut signifier* simple (en parlant de nourriture).

3 plain *peut signifier* uni (en parlant d'un tissu, d'une couleur).

4 ► plain chocolate chocolat noir.

plait /plæt/ *a plusieurs catégories grammaticales :*

> *Ce peut être un* NOM :

plait *signifie* tresse (de cheveux).

> *Ce peut être un* VERBE :

► plait something tresser quelque chose.

► plait one's hair se faire des tresses.

plan /plæn/ *a plusieurs catégories grammaticales et plusieurs sens :*

> *Ce peut être un* NOM :

plan *signifie* plan *ou* projet.

> *Ce peut être un* VERBE :

1 ► plan something *peut signifier* planifier quelque chose *ou* préparer quelque chose à l'avance *ou* organiser quelque chose.

2 ► plan something *peut signifier* projeter quelque chose.

► plan to do something projeter de faire quelque chose *ou* avoir l'intention de faire quelque chose.

plane /pleɪn/ *a plusieurs sens :*

1 plane *peut signifier* avion.

2 plane *peut signifier* rabot.

3 plane *peut signifier* platane.

planet /'plænɪt/ planète.

plank /plæŋk/ planche (de bois).

plant /plɑːnt/ *a plusieurs catégories grammaticales et plusieurs sens :*

> *Ce peut être un* NOM :

1 plant *peut signifier* plante.

2 plant *peut signifier* usine.

> *Ce peut être un* VERBE :

► plant something planter quelque chose.

plaster /ˈplɑːstəʳ/ *a plusieurs sens :*

1 plaster *peut signifier* plâtre.

2 plaster *peut signifier* pansement adhésif.

plastic /ˈplæstɪk/ *a plusieurs catégories grammaticales :*

> *Ce peut être un* NOM :

plastic *signifie* plastique.

> *Ce peut être un* ADJECTIF :

plastic *signifie* en plastique.

► plastic bag sac en plastique.

► plastic surgery chirurgie esthétique.

plate /pleɪt/ *a plusieurs sens :*

1 plate *peut signifier* assiette.

2 plate *peut signifier* plaque (au mur).

► number plate plaque d'immatriculation.

platform /ˈplætfɔːm/ *a plusieurs sens :*

1 platform *peut signifier* plateforme *ou* estrade *ou* tribune.

2 platform *peut signifier* quai (de gare).

3 ► platform shoes chaussures à semelles compensées.

platinum /ˈplætɪnəm/ platine (= métal).

play /pleɪ/ *a plusieurs catégories grammaticales et plusieurs sens :*

> *Ce peut être un* NOM :

1 play *peut signifier* pièce de théâtre.

2 play *peut signifier* le jeu.

> *Ce peut être un* VERBE TRANSITIF :

1 ► play something *peut signifier* jouer à quelque chose (un sport, un jeu de société, par exemple).

2 ► play something *peut signifier* jouer de quelque chose (un instrument de musique).

3 ► play something *peut signifier* jouer quelque chose (une carte, un pion, un rôle dans une pièce de théâtre).

4 ► play something *peut signifier* passer quelque chose (un disque, un CD, par exemple).

> *Ce peut être un* VERBE INTRANSITIF :

play *signifie* jouer.

player /ˈpleɪəʳ/ joueur (= personne).

playful /ˈpleɪfʊl/ joueur (adjectif).

playground /ˈpleɪgraʊnd/ cour de recréation.

playschool /ˈpleɪskuːl/ garderie.

playtime /ˈpleɪtaɪm/ récréation.

pleasant /ˈpleznt/ agréable.

please /pliːz/ *a plusieurs catégories grammaticales :*

> *Ce peut être un* ADVERBE :

please *signifie* s'il vous plaît *ou* s'il te plaît.

> *Ce peut être un* VERBE TRANSITIF :

► please somebody faire plaisir à quelqu'un.

> *Ce peut être un* VERBE INTRANSITIF :

please *signifie* plaire.

► do as you please fais comme tu veux.

pleased /pliːzd/ content.

► be pleased with... être content de...

> ℹ Pleased est aussi le prétérit et le participe passé du verbe please :
> ▷ It pleased him. Ça lui a fait plaisir.

pleasure /ˈpleʒəʳ/ plaisir.

► It's a pleasure! *ou*

► My pleasure! Je vous en prie !

pleat /pliːt/ *a plusieurs catégories grammaticales :*

> *Ce peut être un* NOM :

pleat *signifie* pli (dans un vêtement).

> *Ce peut être un* VERBE :

► pleat something plisser quelque chose.

plenty /ˈplentɪ/ abondance.

► plenty of... beaucoup de.

▷ We have plenty of time. Nous avons beaucoup de temps *ou* Nous avons largement le temps.

plimsoll /ˈplɪmsəl/ tennis (= chaussure).

> Ce mot n'est pas employé en anglais américain : aux États-Unis, on dit tennis shoe.

plot /plɒt/ *a plusieurs catégories grammaticales et plusieurs sens :*

> *Ce peut être un* NOM :

1 plot *peut signifier* complot.

2 plot *peut signifier* intrigue (d'une histoire).

3 plot *peut signifier* terrain.

> *Ce peut être un* VERBE TRANSITIF :

1 ► plot something *peut signifier* comploter quelque chose.

2 ► plot something *peut signifier* déterminer quelque chose (une route, une trajectoire, par exemple).

> *Ce peut être un* VERBE INTRANSITIF :

plot *signifie* comploter.

plough /plaʊ/ *a plusieurs catégories grammaticales :*

> *Ce peut être un* NOM :

plough *signifie* charrue.

> *Ce peut être un* VERBE :

► plough the fields labourer les champs.

En anglais américain, ce mot s'écrit plow.

plow /plaʊ/ *est l'orthographe américaine du mot* plough.

pluck /plʌk/ *a plusieurs sens :*

1 ► pluck something *peut signifier* cueillir quelque chose.

2 ► pluck something *peut signifier* pincer quelque chose (les cordes d'un instrument).

3 ► pluck a chicken plumer une volaille.

4 ► pluck one's eyebrows s'épiler les sourcils.

5 ► pluck up the courage to do something trouver le courage de faire quelque chose.

plug /plʌg/ *a plusieurs catégories grammaticales et plusieurs sens :*

> *Ce peut être un* NOM :

1 plug *peut signifier* prise de courant.

2 plug *peut signifier* bonde (de lavabo, de baignoire).

> *Ce peut être un* VERBE :

► plug something in brancher quelque chose (un appareil électrique).

plum /plʌm/ prune.

plumber /'plʌməʳ/ plombier.

plump /plʌmp/ potelé.

plural /'plʊərəl/ pluriel.

pm /piːem/ de l'après-midi.

▷ It's 4 pm. Il est 4 heures de l'après-midi *ou* Il est 16 heures.

i pm est l'abréviation de post meridiem, qui signifie « après-midi » en latin.

poach /pəʊtʃ/ *a plusieurs sens :*

1 ► poach something *peut signifier* pocher quelque chose.

► poached egg œuf poché.

2 ► poach something *peut signifier* braconner quelque chose.

poacher /'pəʊtʃəʳ/ braconnier.

pocket /'pɒkɪt/ poche.

► pocket money argent de poche.

poem /'pəʊɪm/ poème.

poet /'pəʊɪt/ poète.

poetry /'pəʊɪtrɪ/ poésie (= poésie en général).

point /pɔɪnt/ *a plusieurs catégories grammaticales et plusieurs sens :*

> *Ce peut être un* NOM :

1 point *peut signifier* point.

► point of view point de vue.

2 point *peut signifier* virgule (décimale).

▷ Five point three. Cinq virgule trois.

3 point *peut signifier* pointe (d'un couteau, d'une aiguille, d'un crayon, etc.).

4 point *peut signifier* moment.

► at this point à ce moment-là.

5 point *peut signifier* objet *ou* but.

▷ What was the point of his call? Quelle était la raison de son appel ?

▷ What's the point of going? À quoi bon y aller ?

▷ There's no point waiting. Ça ne sert à rien d'attendre.

> *Ce peut être un* VERBE TRANSITIF :

1 ► point something at somebody braquer quelque chose sur quelqu'un *ou* pointer quelque chose sur quelqu'un.

2 ► point something out *peut signifier* indiquer quelque chose.

3 ► point something out *peut signifier* signaler quelque chose.

4 ► point out that... faire remarquer que...

> *Ce peut être un* VERBE INTRANSITIF :

point *signifie* montrer du doigt.

► point at something montrer quelque chose du doigt.

pointless /'pɔɪntlɪs/ inutile.

poison /'pɔɪzn/ *a plusieurs catégories grammaticales et plusieurs sens :*

> *Ce peut être un* NOM :

poison *signifie* poison.

> *Ce peut être un* VERBE :

1 ► poison somebody empoisonner quelqu'un.

2 ► **poison something** contaminer quelque chose.

poisonous /'pɔɪznəs/ venimeux *ou* vénéneux *ou* toxique.

poke /pəʊk/ *a plusieurs sens :*

1 ► **poke somebody** *peut signifier* pousser quelqu'un.

▷ He poked me in the eye. Il m'a donné un coup dans l'œil.

2 ► **poke something** *peut signifier* donner un coup dans quelque chose.

3 ► **poke something into something** enfoncer quelque chose dans quelque chose.

4 ► **poke the fire** tisonner le feu.

poker /'pəʊkəʳ/ *a plusieurs sens :*

1 **poker** *peut signifier* tisonnier.

2 **poker** *peut signifier* poker.

Poland /'pəʊlənd/ Pologne.

> ℹ En général, en anglais, on n'emploie pas d'article défini devant les noms de pays et de continents.

polar /'pəʊləʳ/ polaire.

► **polar bear** ours polaire.

Pole /pəʊl/ Polonais.

> ℹ Regardez aussi le mot suivant, pole.

pole /pəʊl/ *a plusieurs sens :*

1 **pole** *peut signifier* pôle.

2 **pole** *peut signifier* poteau.

3 *En ski,* **pole** *signifie* bâton.

> ℹ Regardez aussi le mot précédent, Pole.

police /pə'liːs/ police.

► **police officer** policier.

► **police station** commissariat de police.

policeman /pə'liːsmən/ agent de police.

policewoman /pə'liːsˌwʊmən/ femme agent de police.

policies /'pɒlɪsɪz/ *est le pluriel de* policy.

policy /'pɒlɪsɪ/ *a plusieurs sens :*

1 **policy** *peut signifier* politique (au sens de « stratégie »).

2 **policy** *peut signifier* police (d'assurance).

Polish /'pəʊlɪʃ/ *a plusieurs catégories grammaticales et plusieurs sens :*

> *Ce peut être un* NOM :

1 **Polish** *peut signifier* polonais (la langue).

2 ► **the Polish** les Polonais.

> *Ce peut être un* ADJECTIF :

Polish *signifie* polonais.

> ℹ En anglais, les adjectifs de nationalité et les noms de langues s'écrivent avec une majuscule.

> ℹ Regardez aussi le mot suivant, polish.

polish /'pɒlɪʃ/ *a plusieurs catégories grammaticales et plusieurs sens :*

> *Ce peut être un* NOM :

1 **polish** *peut signifier* cirage (produit pour les chaussures) *ou* cire (produit pour le bois).

2 ► **give something a polish** cirer quelque chose *ou* astiquer quelque chose *ou* faire briller quelque chose.

> *Ce peut être un* VERBE :

► **polish something** cirer quelque chose *ou* astiquer quelque chose *ou* faire briller quelque chose.

> ℹ Regardez aussi le mot précédent, Polish.

polite /pə'laɪt/ poli.

political /pə'lɪtɪkəl/ politique.

politician /ˌpɒlɪ'tɪʃən/ homme politique *ou* femme politique.

politics /'pɒlɪtɪks/ la politique.

poll /pəʊl/ *a plusieurs sens :*

1 **poll** *peut signifier* vote *ou* scrutin.

2 **poll** *peut signifier* sondage.

► **opinion poll** sondage d'opinion.

pollute /pə'luːt/ polluer.

polo-neck /'pəʊləʊ nek/ col roulé.

polythene bag /ˌpɒlɪθiːn 'bæg/ sac en plastique.

pond /pɒnd/ mare *ou* bassin.

ponies /'pəʊnɪz/ *est le pluriel de* pony.

pony /'pəʊnɪ/ poney.

► **pony trekking** randonnée à cheval.

ponytail /'pəʊnɪteɪl/ queue de cheval.

poodle /'puːdl/ caniche.

pool /puːl/ *a plusieurs sens :*

1 **pool** *peut signifier* mare *ou* flaque.

2 **pool** *peut signifier* piscine.

> On dit aussi **swimming pool**.

3 **pool** *peut signifier* billard américain.

poor /pɔːʳ/ *a plusieurs catégories grammaticales et plusieurs sens :*

> *Ce peut être un* ADJECTIF :

1 **poor** *peut signifier* pauvre.

2 **poor** *peut signifier* mauvais *ou* médiocre.

> *Ce peut être un* NOM :

► **the poor** les pauvres.

pop /pɒp/ *a plusieurs catégories grammaticales et plusieurs sens :*

> *Ce peut être un* NOM :

1 **pop** *peut signifier* musique pop.

2 **pop** *peut signifier* boisson gazeuse.

3 **pop** *peut signifier* pan ! (= bruit sec).

> *Ce peut être un* VERBE TRANSITIF :

► **pop something** crever quelque chose (un ballon, par exemple).

> *Ce peut être un* VERBE INTRANSITIF :

1 **pop** *peut signifier* éclater (en parlant d'un ballon, par exemple) *ou* sauter (en parlant d'un bouchon).

2 ► **pop in and see somebody** faire une petite visite chez quelqu'un.

► **pop into town** faire un saut en ville.

> Dans ce sens, **pop** est familier : c'est un mot qu'on évite d'employer quand on parle à quelqu'un qu'on ne connaît pas bien ou quand on écrit.

pope /pəʊp/ pape

poppies /'pɒpɪz/ *est le pluriel de* **poppy**.

poppy /'pɒpɪ/ pavot *ou* coquelicot.

popular /'pɒpjʊləʳ/ populaire.

pork /pɔːk/ porc.

► **pork pie** pâté en croûte.

port /pɔːt/ *a plusieurs sens :*

1 **port** *peut signifier* port.

2 **port** *peut signifier* porto.

porter /'pɔːtəʳ/ *a plusieurs sens :*

1 **porter** *peut signifier* porteur.

2 *En anglais britannique,* **porter** *peut signifier* portier.

> En anglais américain, pour dire « portier », on dit **doorman**.

Portuguese /ˌpɔːtjʊ'giːz/ Portugais *ou* portugais.

> En anglais, les adjectifs de nationalité et les noms de langues commencent par une majuscule.

posh /pɒʃ/ *a plusieurs sens :*

1 **posh** *peut signifier* chic.

2 **posh** *peut signifier* snob *ou* huppé.

> **Posh** est un mot familier, c'est-à-dire un mot qu'on évite d'employer quand on parle à quelqu'un qu'on ne connaît pas bien ou quand on écrit.

position /pə'zɪʃən/ *a plusieurs catégories grammaticales et plusieurs sens :*

> *Ce peut être un* NOM :

1 **position** *peut signifier* position.

2 **position** *peut signifier* poste *ou* emploi.

> *Ce peut être un* VERBE :

1 ► **position something** *peut signifier* placer quelque chose *ou* mettre quelque chose en position.

2 ► **position something** *peut signifier* positionner quelque chose.

positive /'pɒzɪtɪv/ *a plusieurs sens :*

1 **positive** *peut signifier* positif.

2 **positive** *peut signifier* réel (en parlant d'un changement, d'une amélioration, d'un avantage, etc.).

3 **positive** *peut signifier* certain *ou* sûr.

possess /pə'zes/ posséder.

possible /'pɒsəbl/ possible.

► **as soon as possible** dès que possible.

possibly /'pɒsəblɪ/ peut-être.

post /pəʊst/ *a plusieurs catégories grammaticales et plusieurs sens :*

> *Ce peut être un* NOM :

1 ► **post** *peut signifier* poste.
► **send something by post** envoyer quelque chose par la poste.
► **post office** poste (= bureau de poste).

2 **post** *peut signifier* courrier.
▷ Has the post come? Est-ce que le courrier est arrivé ?

3 **post** *peut signifier* poste (au sens d'un emploi).

4 **post** *peut signifier* poteau.

> *Ce peut être un* VERBE :

► **post something** poster quelque chose.

postbox /ˈpəʊstbɒks/ boîte aux lettres.

Ce mot n'est pas employé en anglais américain. Aux États-Unis, on dit mailbox.

postcard /ˈpəʊstkɑːd/ carte postale.

postcode /ˈpəʊstkəʊd/ code postal.

Ce mot n'est pas employé en anglais américain. Aux États-Unis, on dit zipcode.

poster /ˈpəʊstəʳ/ affiche.

postman /ˈpəʊstmən/ facteur (= personne qui distribue le courrier).

postpone /pəʊstˈpəʊn/ reporter *ou* remettre.

pot /pɒt/ *a plusieurs sens :*

1 **pot** *peut signifier* pot (de peinture, de confiture, pour plantes).

2 **pot** *peut signifier* marmite *ou* casserole.

3 **pot** *peut signifier* théière *ou* cafetière.

potato /pəˈteɪtəʊ/ pomme de terre.
► **potato peeler** épluche-légumes.

potatoes /pəˈteɪtəʊz/ *est le pluriel de* potato.

pottery /ˈpɒtərɪ/ poterie (= art, atelier) *ou* poteries (= objets).
► **a piece of pottery** une poterie.

pound /paʊnd/ *a plusieurs sens :*

1 **pound** *peut signifier* livre sterling.
▷ Steve gave me a pound. Steve ma donné une livre.

2 **pound** *peut signifier* livre (= unité de mesure qui correspond à 453,6 grammes).
▷ I'd like a pound of sausages, please. Je voudrais une livre de saucisses, s'il vous plaît.

pour /pɔːʳ/ *a plusieurs catégories grammaticales et plusieurs sens :*

> *Ce peut être un* VERBE TRANSITIF :

► **pour something** verser quelque chose (en parlant d'un liquide).

> *Ce peut être un* VERBE INTRANSITIF :

1 **pour** *peut signifier* couler à flots.

2 ► **it's pouring** il pleut des cordes.

Phrasal verbs

Le verbe pour peut être suivi d'une préposition, telle que away ou in, et dans ce cas, il peut avoir des sens différents. C'est ce qu'on appelle, en anglais, un phrasal verb.

POUR AWAY :
► **pour something away** vider quelque chose (en parlant d'un liquide).

POUR IN :
► **pour in** affluer (en parlant des gens, du courrier, etc.).

POUR OUT :
► **pour something out** *peut signifier* verser quelque chose *ou* servir quelque chose.
► **pour something out** *peut signifier* vider quelque chose (en parlant d'un liquide).

pout /paʊt/ faire la moue.

poverty /ˈpɒvətɪ/ pauvreté.

powder /ˈpaʊdəʳ/ poudre.

power /ˈpaʊəʳ/ *a plusieurs sens :*

1 **power** *peut signifier* pouvoir *ou* puissance *ou* force.
► **be in power** être au pouvoir.
► **come to power** accéder au pouvoir.

2 **power** *peut signifier* énergie *ou* électricité *ou* courant.
► **power cut** coupure de courant.
► **power station** centrale électrique.

powerboat /ˈpaʊəbəʊt/ hors-bord.

powerful /ˈpaʊəfʊl/ puissant *ou* fort.

practical /ˈpræktɪkəl/ *a plusieurs catégories grammaticales et plusieurs sens :*

> *Ce peut être un* ADJECTIF :

1 **practical** *peut signifier* pratique.

2 **practical** *peut signifier* réalisable (en parlant d'une idée, d'un projet).

3 ► **practical joke** farce (= tour qu'on joue à quelqu'un).

> *Ce peut être un* NOM :

practical *signifie* épreuve pratique.

practically /'præktɪklɪ/ pratiquement.

practice /'præktɪs/ *a plusieurs sens :*

1 *En sport,* practice *peut signifier* entraînement.
2 *En musique,* practice *peut signifier* répétition.
3 practice *peut signifier* pratique.
► theory and practice la théorie et la pratique.
► put something into practice mettre quelque chose en pratique.
4 practice *peut signifier* cabinet (d'un médecin, d'avocats).

practise /'præktɪs/ *a plusieurs catégories grammaticales et plusieurs sens :*

> *Ce peut être un* VERBE TRANSITIF :

1 ► practise something *peut signifier* s'entraîner à quelque chose.
2 ► practise something *peut signifier* pratiquer quelque chose (une religion, une habitude, par exemple).
3 ► practise something *peut signifier* exercer quelque chose (la médecine, la profession d'avocat, par exemple).

> *Ce peut être un* VERBE INTRANSITIF :

1 practise *peut signifier* s'entraîner *ou* s'exercer.
2 practise *peut signifier* exercer (en parlant d'un médecin ou un avocat).

En anglais américain, ce verbe s'écrit practice.

praise /preɪz/ *a plusieurs catégories grammaticales :*

> *Ce peut être un* NOM :

praise *signifie* éloges *ou* louanges.

> *Ce peut être un* VERBE :

► praise somebody *ou* something louer quelqu'un *ou* quelque chose.

pram /præm/ landau.

Ce mot n'est pas employé en anglais américain : aux États-Unis, pour dire « landau », on dit baby carriage.

prank /præŋk/ farce (= tour qu'on joue à quelqu'un).

prawn /prɔːn/ crevette rose.

pray /preɪ/ prier.

prayer /prɛəʳ/ prière.

preach /priːtʃ/ prêcher.

precede /prɪ'siːd/ précéder.

precious /'preʃəs/ précieux.

precise /prɪ'saɪs/ précis *ou* exact.

Precise n'est jamais un verbe en anglais !

precisely /prɪ'saɪslɪ/ précisément *ou* exactement.

predict /prɪ'dɪkt/ prédire.

predictable /prɪ'dɪktəbl/ prévisible.

prefer /prɪ'fɜːʳ/ préférer.

▷ I prefer swimming to skiing. Je préfère la natation au ski.

preferably /'prefərəblɪ/ de préférence.

pregnancy /'pregnənsɪ/ grossesse.

pregnant /'pregnənt/ enceinte.

prejudice /'predʒʊdɪs/ préjugé *ou* préjugés.

prejudiced /'predʒʊdɪst/ plein de préjugés.

► be prejudiced against somebody avoir des préjugés contre quelqu'un.

premature /'prematʃʊəʳ/ prématuré.

preparation /,prepə'reɪʃən/ préparation.

► preparations préparatifs.
► make preparations for... faire les préparatifs de...

prepare /prɪ'pɛəʳ/ *a plusieurs catégories grammaticales :*

> *Ce peut être un* VERBE TRANSITIF :

► prepare something préparer quelque chose.

> *Ce peut être un* VERBE INTRANSITIF :

► prepare for something se préparer pour quelque chose *ou* se préparer à quelque chose.
► prepare to do something se préparer à faire quelque chose.

prepared /prɪ'pɛəd/ *a plusieurs sens :*

1 prepared *peut signifier* préparé à l'avance.
2 prepared *peut signifier* prêt.
► be prepared to do something être prêt à faire quelque chose.

> ℹ Prepared est aussi le prétérit et le participe passé du verbe prepare :
> ▷ Dad prepared the meal. Papa a préparé le repas.

prescription /prɪs'krɪpʃən/ ordonnance.

present *se prononce de deux façons et a des sens différents selon la prononciation :*

/preznt/ (l'accent est sur la première syllabe pre-)

> *Ce peut être un* NOM :

1 ► the present le présent.

► at present actuellement *ou* en ce moment.

2 present *peut signifier* cadeau.

> *Ce peut être un* ADJECTIF :

1 present *peut signifier* actuel.

2 present *peut signifier* présent (= pas absent).

► be present at something assister à quelque chose.

/prɪ'zent/ (l'accent est sur la deuxième syllabe -sent)

> *C'est un* VERBE :

► present something présenter quelque chose.

presenter /prɪ'zentəʳ/ présentateur.

preservation /ˌprezə'veɪʃən/ sauvegarde *ou* conservation *ou* maintien.

preserve /prɪ'zɜːv/ conserver *ou* maintenir.

press /pres/ *a plusieurs catégories grammaticales et plusieurs sens :*

> *Ce peut être un* NOM :

press *signifie* presse.

> *Ce peut être un* VERBE TRANSITIF :

► press something appuyer sur quelque chose.

▷ Press the red button. Appuyez sur le bouton rouge.

press-up /'presʌp/ traction (= exercice au sol).

pressure /'preʃəʳ/ pression.

► put pressure on somebody faire pression sur quelqu'un.

pretend /prɪ'tend/ faire semblant.

► pretend to do something faire semblant de faire quelque chose.

prettier /'prɪtɪəʳ/ *est le comparatif de* pretty.

▷ She's prettier than her sister. Elle est plus jolie que sa sœur.

prettiest /'prɪtɪɪst/ *est le superlatif de* pretty.

▷ This is the prettiest ring. C'est la plus jolie bague.

pretty /'prɪtɪ/ *a plusieurs catégories grammaticales :*

> *Ce peut être un* ADJECTIF :

pretty *signifie* joli.

> *Ce peut être un* ADVERBE :

pretty *signifie* assez.

▷ It's pretty cold today. Il fait assez froid aujourd'hui.

prevent /prɪ'vent/ empêcher.

► prevent somebody from doing something empêcher quelqu'un de faire quelque chose.

previous /'priːvɪəs/ précédent.

previously /'priːvɪəslɪ/ auparavant.

prey /preɪ/ proie.

► bird of prey oiseau de proie.

price /praɪs/ prix (au sens de « coût »).

priceless /'praɪsləs/ d'une valeur inestimable.

prick /prɪk/ *a plusieurs catégories grammaticales :*

> *Ce peut être un* NOM :

prick *signifie* piqûre.

> *Ce peut être un* VERBE :

► prick somebody *ou* something piquer quelqu'un *ou* quelque chose.

pride /praɪd/ fierté.

priest /priːst/ prêtre.

primary /'praɪmərɪ/ primaire.

► primary school école primaire.

prime /praɪm/ *a plusieurs catégories grammaticales et plusieurs sens :*

> *Ce peut être un* ADJECTIF :

prime *signifie* premier.

► prime minister Premier ministre.

> *Ce peut être un* NOM :

► be in one's prime être dans la fleur de l'âge.

primitive /'prɪmɪtɪv/ primitif.

primrose /ˈprɪmrəʊz/ primevère.

prince /prɪns/ prince.

► **Prince Charles** le prince Charles.

princess /prɪnˈses/ princesse.

► **Princess Anne** la princesse Anne.

principal /ˈprɪnsɪpəl/ *a plusieurs catégories grammaticales :*

> *Ce peut être un* ADJECTIF :

principal *signifie* principal.

> *Ce peut être un* NOM :

principal *signifie* directeur (d'école).

principle /ˈprɪnsəpl/ principe.

print /prɪnt/ *a plusieurs catégories grammaticales et plusieurs sens :*

> *Ce peut être un* NOM :

1 **print** *peut signifier* empreinte.

2 **print** *peut signifier* caractères (imprimés).

3 **print** *peut signifier* imprimé (= tissu).

4 **print** *peut signifier* photo.

> *Ce peut être un* VERBE :

► **print something** imprimer quelque chose.

printer /ˈprɪntəʳ/ *a plusieurs sens :*

1 **printer** *peut signifier* imprimante.

2 **printer** *peut signifier* imprimeur.

printout /ˈprɪntaʊt/ sortie papier.

► **do a printout of something** imprimer quelque chose.

prior /ˈpraɪəʳ/ préalable.

priority /praɪˈɒrɪtɪ/ priorité.

prison /ˈprɪzn/ prison.

► **prison sentence** peine de prison.

prisoner /ˈprɪznəʳ/ prisonnier.

privacy /ˈprɪvəsɪ/ vie privée *ou* intimité.

private /ˈpraɪvɪt/ privé *ou* personnel.

► **in private** en privé.

privilege /ˈprɪvɪlɪdʒ/ *a plusieurs catégories grammaticales :*

> *Ce peut être un* NOM :

privilege *signifie* privilège.

> *Ce peut être un* VERBE :

► **privilege somebody** *ou* **something** privilégier quelqu'un *ou* quelque chose.

prize /praɪz/ prix (au sens de « récompense »).

prize-giving /ˈpraɪzˌgɪvɪŋ/ distribution des prix.

prizewinner /ˈpraɪzˌwɪnəʳ/ lauréat *ou* gagnant.

probability /ˌprɒbəˈbɪlɪtɪ/ probabilité.

probably /ˈprɒbəblɪ/ probablement.

problem /ˈprɒbləm/ problème.

proceed /prəˈsiːd/ avancer *ou* poursuivre.

▷ **We can now proceed with the experiment.** Nous pouvons maintenant poursuivre l'expérience.

process /ˈprəʊses/ *a plusieurs catégories grammaticales et plusieurs sens :*

> *Ce peut être un* NOM :

1 **process** *peut signifier* processus.

► **be in the process of doing something** être en train de faire quelque chose.

2 **process** *peut signifier* procédé.

> *Ce peut être un* VERBE :

► **process something** traiter quelque chose (des données, des matières premières).

produce *se prononce de deux façons et a des sens différents selon la prononciation :*

/ˈprɒdjuːs/ (l'accent est sur la première syllabe **pro-**)

> *C'est un* NOM :

produce *signifie* produits.

/prəˈdjuːs/ (l'accent est sur la deuxième syllabe **-duce**)

> *C'est un* VERBE :

► **produce something** produire quelque chose.

producer /prəˈdjuːsəʳ/ producteur (de marchandises, de films) *ou* metteur en scène.

product /ˈprɒdʌkt/ produit.

professional /prəˈfeʃənl/ professionnel.

ℹ Attention à l'orthographe du mot anglais **professional**.

professor /prəˈfesəʳ/ professeur (d'université).

profile /'prəʊfaɪl/ profil.

ℹ Attention à l'orthographe du mot anglais profile.

profit /'prɒfɪt/ *a plusieurs catégories grammaticales :*

> *Ce peut être un* NOM :

profit *signifie* profit *ou* bénéfice.

► make a profit faire un bénéfice.

> *Ce peut être un* VERBE :

► profit from something tirer profit de quelque chose.

profitable /'prɒfɪtəbl/ rentable *ou* fructueux *ou* profitable.

profound /prə'faʊnd/ profond.

program /'prəʊgræm/ *a plusieurs catégories grammaticales :*

> *Ce peut être un* NOM :

En informatique, program *signifie* programme.

> *Ce peut être un* VERBE :

En informatique, ► program something *signifie* programmer quelque chose.

ℹ Program est aussi l'orthographe américaine du mot programme.

programme /'prəʊgræm/ *a plusieurs catégories grammaticales et plusieurs sens :*

> *Ce peut être un* NOM :

1 programme *peut signifier* programme (= emploi du temps, guide).

2 programme *peut signifier* émission (à la télévision, à la radio).

> *Ce peut être un* VERBE :

► programme something programmer quelque chose.

En anglais américain, ce mot s'écrit program.

progress *se prononce de deux façons et a des sens différents selon la prononciation :*

/'prəʊgres/ (l'accent est sur la première syllabe pro-)

> *C'est un* NOM :

progress *signifie* progrès.

► in progress en cours.

► make progress faire des progrès *ou* progresser.

/prə'gres/ (l'accent est sur la deuxième syllabe -gress)

> *C'est un* VERBE :

progress *signifie* faire des progrès *ou* progresser *ou* avancer.

prohibit /prə'hɪbɪt/ interdire.

► smoking is prohibited il est interdit de fumer.

project *se prononce de deux façons et a des sens différents selon la prononciation :*

/'prɒdʒekt/ (l'accent est sur la première syllabe pro-)

> *C'est un* NOM :

1 project *peut signifier* projet *ou* plan.

2 project *peut signifier* dossier (d'écolier ou d'étudiant).

/prə'dʒekt/ (l'accent est sur la deuxième syllabe -ject)

> *C'est un* VERBE :

► project something projeter quelque chose.

projector /prə'dʒektə^r/ projecteur.

promise /'prɒmɪs/ *a plusieurs catégories grammaticales :*

> *Ce peut être un* NOM :

promise *signifie* promesse.

► keep one's promise tenir sa promesse.

> *Ce peut être un* VERBE :

promise *signifie* promettre.

► promise to do something promettre de faire quelque chose.

promote /prə'məʊt/ promouvoir.

prompt /prɒmpt/ *a plusieurs catégories grammaticales et plusieurs sens :*

> *Ce peut être un* ADJECTIF :

prompt *signifie* rapide *ou* ponctuel.

> *Ce peut être un* VERBE :

► prompt somebody to do something inciter quelqu'un à faire quelque chose.

pronounce /prə'naʊns/ prononcer.

pronunciation /prə,nʌnsɪ'eɪʃən/ prononciation.

ℹ Attention à l'orthographe du mot anglais pronunciation.

proof /pru:f/ preuve.

prop /prɒp/ *a plusieurs catégories grammaticales et plusieurs sens :*

> *Ce peut être un* NOM :

1 **prop** *peut signifier* support *ou* étai.

2 *Au théâtre,* **prop** *peut signifier* accessoire.

> *Ce peut être un* VERBE :

1 ► **prop something against something** appuyer quelque chose contre quelque chose.

2 ► **prop something up** étayer quelque chose *ou* soutenir quelque chose.

propeller /prəˈpeləʳ/ hélice (d'un avion, d'un bateau).

proper /ˈprɒpəʳ/ correct *ou* bon *ou* convenable.

properly /ˈprɒpəlɪ/ correctement *ou* convenablement.

property /ˈprɒpətɪ/ *a plusieurs sens :*

1 **property** *peut signifier* biens.
► **personal property** biens personnels.

2 **property** *peut signifier* biens immobiliers.

3 **property** *peut signifier* propriété.

proposal /prəˈpəʊzl/ *a plusieurs sens :*

1 **proposal** *peut signifier* proposition.

2 **proposal** *peut signifier* demande en mariage.

propose /prəˈpəʊz/ *a plusieurs catégories grammaticales et plusieurs sens :*

> *Ce peut être un* VERBE TRANSITIF :

► **propose something** proposer quelque chose.

> *Ce peut être un* VERBE INTRANSITIF :

propose *signifie* faire une demande en mariage.
► **propose to somebody** demander quelqu'un en mariage.

prosecute /ˈprɒsɪkjuːt/ poursuivre en justice.

prospect /ˈprɒspekt/ *a plusieurs sens :*

1 **prospect** *peut signifier* espoir *ou* chance.

2 **prospect** *peut signifier* perspective.
► **prospects** perspectives d'avenir.

protect /prəˈtekt/ protéger.

protest *se prononce de deux façons et a des sens différents selon la prononciation :*

/ˈprəʊtest/ (l'accent est sur la première syllabe pro-)

> *Ce peut être un* NOM :

1 **protest** *peut signifier* protestation.

2 **protest** *peut signifier* manifestation (= marche).

/prəˈtest/ (l'accent est sur la deuxième syllabe -test)

> *Ce peut être un* VERBE :

protest *signifie* protester.

protester /prəˈtestəʳ/ manifestant.

proud /praʊd/ fier.

prove /pruːv/ prouver.

provide /prəˈvaɪd/ fournir.
► **provide somebody with something** fournir quelque chose à quelqu'un.
► **provide for somebody** subvenir aux besoins de quelqu'un.

provided /prəˈvaɪdɪd/ à condition que.
► **We'll have a picnic provided it doesn't rain.** On va faire un pique-nique à condition qu'il ne pleuve pas.

> i **Provided** est aussi le prétérit et le participe passé du verbe **provide** :
> ▷ **Who provided the champagne?** Qui a fourni le champagne ?

providing /prəˈvaɪdɪŋ/ à condition que.
► **We'll have a picnic providing it doesn't rain.** On va faire un pique-nique à condition qu'il ne pleuve pas.

> i **Providing** est aussi le participe présent du verbe **provide** :
> ▷ **Who is providing the cake?** Qui fournit le gâteau ?

provoke /prəˈvəʊk/ provoquer.

prowl /praʊl/ rôder.

prune /pruːn/ *a plusieurs catégories grammaticales :*

> *Ce peut être un* NOM :

prune *signifie* pruneau

> En anglais, **prune** ne signifie pas « prune ».

> *Ce peut être un* VERBE :

► **prune something** tailler quelque chose (un arbre, un buisson).

psychiatrist /saɪˈkaɪətrɪst/ psychiatre.

psychologist /saɪˈkɒlədʒɪst/ psychologue.

public /ˈpʌblɪk/ *a plusieurs catégories grammaticales et plusieurs sens :*

> *Ce peut être un* NOM :

public *signifie* public.

► the general public le grand public.

> *Ce peut être un* ADJECTIF :

1 public *peut signifier* public.

► public transport transports en commun.

2 public *peut signifier* municipal.

► the public library la bibliothèque municipale.

3 *En anglais britannique,* public school *signifie* école privée. *En anglais américain,* public school *signifie* école publique.

publicity /pʌbˈlɪsɪtɪ/ publicité.

publish /ˈpʌblɪʃ/ publier.

publisher /ˈpʌblɪʃəʳ/ éditeur.

publishing /ˈpʌblɪʃɪŋ/ l'édition.

pudding /ˈpʊdɪŋ/ dessert.

▷ What's for pudding? Qu'est-ce qu'il y a comme dessert ?

► Chrismas pudding pudding de Noël.

puddle /ˈpʌdl/ flaque (d'eau).

pull /pʊl/ *a plusieurs catégories grammaticales et plusieurs sens :*

> *Ce peut être un* NOM :

► give something a pull tirer sur quelque chose.

> *Ce peut être un* VERBE TRANSITIF :

1 ► pull something *peut signifier* tirer quelque chose.

2 ► pull something *peut signifier* se déchirer quelque chose (un muscle, un ligament, par exemple).

3 ► pull the trigger appuyer sur la gâchette.

> *Ce peut être un* VERBE INTRANSITIF :

pull *signifie* tirer.

Voir l'encadré « Phrasal verbs » colonne suivante.

pullover /ˈpʊlˌəʊvəʳ/ pull.

pulse /pʌls/ pouls.

pump /pʌmp/ *a plusieurs catégories grammaticales et plusieurs sens :*

> *Ce peut être un* NOM :

1 pump *peut signifier* pompe.

2 ► pumps *peut signifier* escarpins *ou* chaussures de tennis.

Phrasal verbs

Le verbe pull peut être suivi d'une préposition, telle que down ou up, et dans ce cas, il peut avoir des sens différents. C'est ce qu'on appelle, en anglais, un phrasal verb.

PULL APART :

► pull something apart démonter quelque chose *ou* mettre quelque chose en pièces.

PULL DOWN :

► pull something down *peut signifier* démolir quelque chose.

► pull something down *peut signifier* baisser quelque chose (un store, des rideaux, un pantalon, etc.).

PULL OFF :

► pull something off *peut signifier* enlever quelque chose (des gants, un manteau, etc.).

► pull something off *peut signifier* réussir quelque chose.

PULL OUT :

► pull something out *peut signifier* arracher quelque chose.

► pull something out *peut signifier* sortir quelque chose.

PULL UP :

► pull something up remonter quelque chose (des chaussettes ou un pantalon, par exemple).

> *Ce peut être un* VERBE :

1 ► pump something pomper quelque chose.

2 ► pump something up gonfler quelque chose.

pumpkin /ˈpʌmpkɪn/ citrouille.

punch /pʌntʃ/ *a plusieurs catégories grammaticales et plusieurs sens :*

> *Ce peut être un* NOM :

1 punch *peut signifier* coup de poing.

2 punch *peut signifier* punch (= boisson).

3 punch *peut signifier* poinçonneuse.

> *Ce peut être un* VERBE :

1 ► punch somebody donner un coup de poing à quelqu'un.

2 ► punch something poinçonner quelque chose.

punctual /ˈpʌŋktjʊəl/ ponctuel.

punctuation /ˌpʌŋktjʊˈeɪʃən/ ponctuation.

► punctuation mark signe de ponctuation.

puncture /ˈpʌŋktʃəʳ/ *a plusieurs catégories grammaticales :*

> *Ce peut être un* NOM :

puncture *signifie* crevaison.

▷ He's got a puncture. Il a un pneu crevé.

> *Ce peut être un* VERBE :

► **puncture something** crever quelque chose.

punish /'pʌnɪʃ/ punir.

punishment /'pʌnɪʃmənt/ punition.

pupil /'pjuːpl/ *a plusieurs sens :*

1 **pupil** *peut signifier* pupille (de l'œil).

2 **pupil** *peut signifier* élève.

puppet /'pʌpɪt/ marionnette.

puppies /'pʌpɪz/ *est le pluriel de* **puppy**.

puppy /'pʌpɪ/ chiot.

purchase /'pɜːtʃɪs/ *a plusieurs catégories grammaticales :*

> *Ce peut être un* NOM :

purchase *signifie* achat.

> *Ce peut être un* VERBE :

► **purchase something** acheter quelque chose.

pure /pjʊəʳ/ pur.

purer /pjʊərəʳ/ *est le comparatif de* **pure**.

▷ **It's much purer.** C'est beaucoup plus pur.

purest /pjʊərɪst/ *est le superlatif de* **pure**.

▷ **This is the purest water.** C'est l'eau la plus pure.

purple /'pɜːpl/ violet.

purpose /'pɜːpəs/ but.

► **do something on purpose** faire quelque chose exprès.

purr /pɜːʳ/ *a plusieurs catégories grammaticales :*

> *Ce peut être un* NOM :

purr *signifie* ronronnement.

> *Ce peut être un* VERBE :

purr *signifie* ronronner.

purse /pɜːs/ *a plusieurs sens :*

1 *En anglais britannique,* **purse** *signifie* porte-monnaie.

En anglais américain, pour dire « porte-monnaie », on dit **coin purse**.

2 *En anglais américain,* **purse** *signifie* sac à main.

En anglais britannique, pour dire « sac à main », on dit **handbag**.

pursue /pə'sjuː/ poursuivre.

push /pʊʃ/ *a plusieurs catégories grammaticales et plusieurs sens :*

> *Ce peut être un* NOM :

push *signifie* poussée.

► **give somebody a push** pousser quelqu'un.

> *Ce peut être un* VERBE :

1 ► **push somebody** *ou* **something** pousser quelqu'un *ou* quelque chose.

► **push somebody out of the way** écarter quelqu'un.

2 ► **push a button** appuyer sur un bouton.

Phrasal verbs

Le verbe **push** peut être suivi d'une préposition, telle que **away** ou **over**, et dans ce cas, il peut avoir des sens différents. C'est ce qu'on appelle, en anglais, un **phrasal verb**.

PUSH AWAY :

► **push somebody** *ou* **something away** repousser quelqu'un *ou* quelque chose.

PUSH OVER :

► **push something over** *signifie* renverser quelque chose.

► **push somebody over** *signifie* faire tomber quelqu'un.

pushchair /'pʊʃtʃɛəʳ/ poussette.

Ce mot n'est pas employé en anglais américain : aux États-Unis, on dit **stroller**.

put /pʊt/ *a plusieurs sens :*

1 **put** *peut signifier* mettre.

▷ **He put the knife in the drawer.** Il a mis le couteau dans le tiroir.

▷ **I'll put the bottle on the table.** Je vais mettre la bouteille sur la table.

▷ **She put an advertisement in the paper.** Elle a mis une annonce dans le journal.

▷ **They put him in prison.** On l'a mis en prison.

2 ► **put something** *peut signifier* dire quelque chose.

▷ **I don't know how to put it.** Je ne sais pas comment le dire.

3 ► **put something to somebody** présenter quelque chose à quelqu'un.

Voir l'encadré « Phrasal verbs » page suivante.

Phrasal verbs

Le verbe put peut être suivi d'une préposition, telle que off ou on, et dans ce cas, il peut avoir des sens différents. C'est ce qu'on appelle, en anglais, un phrasal verb.

PUT AWAY :

► put something away ranger quelque chose.

PUT BACK :

► put something back *peut signifier* remettre quelque chose à sa place.

► put something back *peut signifier* retarder quelque chose (une montre, une horloge).

PUT DOWN :

► put something down *peut signifier* poser quelque chose.

► put something down *peut signifier* noter quelque chose.

PUT OFF :

► put something off *peut signifier* remettre quelque chose à plus tard *ou* repousser quelque chose.

► put something off *peut signifier* éteindre quelque chose (la télévision, la radio, etc.).

► put somebody off *peut signifier* dissuader quelqu'un.

► put somebody off *peut signifier* dégoûter quelqu'un.

► put somebody off *peut signifier* déconcerter quelqu'un.

PUT ON :

► put something on *peut signifier* mettre quelque chose (des vêtements, des lunettes par exemple).

► put something on *peut signifier* allumer quelque chose (la télévision, la radio, etc.).

► put on weight prendre du poids.

PUT OUT :

► put something out *peut signifier* sortir quelque chose *ou* mettre quelque chose dehors.

► put something out *peut signifier* éteindre quelque chose (un feu, une cigarette).

► put somebody out déranger quelqu'un.

PUT UP :

► put something up *peut signifier* ériger quelque chose *ou* dresser quelque chose (une tente, une barrière).

► put something up *peut signifier* afficher quelque chose *ou* accrocher quelque chose (au mur, au tableau).

► put one's hand up lever la main.

► put something up *peut signifier* augmenter quelque chose (les prix, le loyer, etc.).

► put somebody up héberger quelqu'un *ou* loger quelqu'un.

PUT UP WITH :

► put up with somebody *ou* something supporter quelqu'un *ou* quelque chose.

puzzle /ˈpʌzl/ *a plusieurs catégories grammaticales et plusieurs sens :*

> *Ce peut être un* NOM :

1 puzzle *peut signifier* casse-tête *ou* devinette.

► crossword puzzle mots croisés.

► jigsaw puzzle puzzle.

2 puzzle *peut signifier* énigme *ou* mystère.

> *Ce peut être un* VERBE :

► puzzle somebody rendre quelqu'un perplexe.

puzzled /ˈpʌzld/ perplexe.

► be puzzled être perplexe.

ℹ Puzzled est aussi le prétérit et le participe passé du verbe puzzle :
▷ It puzzled me. Ça m'a laissé perplexe.

pyjamas /pɪˈdʒɑːməz/ pyjama.

► a pair of pyjamas un pyjama.

En anglais américain, ce mot s'écrit pajamas.

Q

ANGLAIS — FRANÇAIS

La lettre Q se prononce /kjuː/ en anglais.
Q rime avec stew, few et you.

quack /kwæk/ *a plusieurs catégories grammaticales :*

> *Ce peut être un* NOM :

quack *signifie* coin-coin.

> *Ce peut être un* VERBE :

quack *signifie* faire coin-coin.

qualification /ˌkwɒlɪfɪˈkeɪʃən/ *a plusieurs sens :*

1 qualification *peut signifier* diplôme.

2 qualification *peut signifier* compétence.

qualified /ˈkwɒlɪfaɪd/ qualifié *ou* diplômé.

ℹ Qualified est aussi le prétérit et le participe passé du verbe qualify :
▷ He qualified as a lawyer. Il a obtenu son diplôme d'avocat.

qualify /ˈkwɒlɪfaɪ/ *a plusieurs sens :*

1 qualify *peut signifier* obtenir son diplôme.
► qualify as a doctor obtenir son diplôme de médecin.

2 qualify *peut signifier* remplir les conditions requises.

3 *En sport,* qualify *signifie* se qualifier.

qualities /ˈkwɒlɪtɪz/ *est le pluriel de* quality.

quality /ˈkwɒlɪtɪ/ qualité.

quantities /ˈkwɒntɪtɪz/ *est le pluriel de* quantity.

quantity /ˈkwɒntɪtɪ/ quantité.

quarrel /ˈkwɒrəl/ *a plusieurs catégories grammaticales :*

> *Ce peut être un* NOM :

quarrel *signifie* querelle.

> *Ce peut être un* VERBE :

quarrel *signifie* se disputer.

ℹ Attention à l'orthographe du mot anglais quarrel.

quarries /ˈkwɒrɪz/ *est le pluriel de* quarry.

quarry /ˈkwɒrɪ/ carrière (= mine).

quarter /ˈkwɔːtəʳ/ *a plusieurs sens :*

1 quarter *peut signifier* quart.
► a quarter of an hour un quart d'heure.
► a quarter past two (en anglais britannique) *ou*
► a quarter after two (en anglais américain) deux heures et quart.
► quarter final quart de finale.

2 quarter *peut signifier* quartier.

3 *En anglais américain,* quarter *peut signifier* pièce de 25 cents.

quay /kiː/ quai.

queen /kwiːn/ reine.
► Queen Elizabeth la reine Élisabeth.

queer /kwɪəʳ/ bizarre.

queries /ˈkwɪərɪz/ *est le pluriel de* query.

query /'kwɪərɪ/ *a plusieurs catégories grammaticales :*

> *Ce peut être un* NOM :

query *signifie* question *ou* requête.

> *Ce peut être un* VERBE :

► query something mettre quelque chose en doute.

question /'kwestʃən/ *a plusieurs catégories grammaticales et plusieurs sens :*

> *Ce peut être un* NOM :

question *signifie* question.

► ask somebody a question poser une question à quelqu'un.

► question mark point d'interrogation.

> *Ce peut être un* VERBE :

1 ► question somebody interroger quelqu'un.

2 ► question something remettre quelque chose en question.

queue /kjuː/ *a plusieurs catégories grammaticales :*

> *Ce peut être un* NOM :

queue *signifie* queue *ou* file d'attente.

> *Ce peut être un* VERBE :

queue *signifie* faire la queue.

> Queue n'est pas employé en anglais américain : aux États-Unis, « une queue » se dit a line et « faire la queue » se dit wait in line.

quick /kwɪk/ *a plusieurs catégories grammaticales et plusieurs sens :*

> *Ce peut être un* ADJECTIF :

1 quick *peut signifier* rapide.

2 quick *peut signifier* vif (au sens de « intelligent »).

> *Ce peut être un* ADVERBE :

quick *signifie* vite.

▷ Come quick! Venez vite !

quickly /'kwɪklɪ/ vite *ou* rapidement.

quiet /'kwaɪət/ *a plusieurs catégories grammaticales et plusieurs sens :*

> *Ce peut être un* ADJECTIF :

1 quiet *peut signifier* tranquille *ou* calme.

► a quiet voice une voix basse.

2 quiet *peut signifier* silencieux.

▷ Be quiet! Silence !

▷ They kept quiet. Ils ont gardé le silence.

▷ He went quiet. Il s'est tu.

3 ► keep something quiet garder quelque chose secret.

> *Ce peut être un* NOM :

1 quiet *peut signifier* silence.

2 quiet *peut signifier* calme.

quieter /'kwaɪətəʳ/ *est le comparatif de* quiet.

▷ It's quieter now that they're gone. C'est plus calme maintenant qu'ils sont partis.

quietest /'kwaɪətɪst/ *est le superlatif de* quiet.

▷ This is one of the quietest streets in town. C'est une des rues les plus tranquilles de la ville.

quietly /'kwaɪətlɪ/ doucement *ou* sans bruit.

quilt /kwɪlt/ édredon *ou* couette.

quit /kwɪt/ *a plusieurs catégories grammaticales et plusieurs sens :*

> *Ce peut être un* VERBE TRANSITIF :

1 ► quit something quitter quelque chose.

2 ► quit doing something arrêter de faire quelque chose.

> *Ce peut être un* VERBE INTRANSITIF :

1 quit *peut signifier* abandonner.

2 quit *peut signifier* démissionner.

quite /kwaɪt/ *a plusieurs sens :*

1 quite *peut signifier* tout à fait.

▷ You're quite right. Vous avez tout à fait raison.

► not quite pas tout à fait.

2 quite *peut signifier* assez.

▷ I waited quite a long time. J'ai attendu assez longtemps.

▷ This coffee is quite strong. Ce café est assez fort.

quiz /kwɪz/ *a plusieurs sens :*

1 quiz *peut signifier* quiz.

2 *En anglais américain,* quiz *peut signifier* interrogation (à l'école).

> *En anglais britannique,* on dit test.

quotation /kwəʊ'teɪʃən/ citation.

► quotation marks guillemets.

quote /kwəʊt/ *a plusieurs catégories grammaticales et plusieurs sens :*

> *Ce peut être un* VERBE :

► quote somebody *ou* something citer quelqu'un *ou* quelque chose.

> *Ce peut être un* NOM :

quote *signifie* citation.

▷ Do you know any quotes from Shakespeare? Connais-tu des citations de Shakespeare ?

ANGLAIS — R — FRANÇAIS

La lettre **R** se prononce **/ɑːʳ/** en anglais.
R rime avec **star, bar** et **far.**

rabbit /ˈræbɪt/ lapin.

race /reɪs/ *a plusieurs catégories grammaticales et plusieurs sens :*

> *Ce peut être un* NOM :

1 **race** *peut signifier* course (= compétition).

2 **race** *peut signifier* race.

> *Ce peut être un* VERBE TRANSITIF :

► **race somebody** faire la course avec quelqu'un.

> *Ce peut être un* VERBE INTRANSITIF :

1 **race** *peut signifier* courir (dans une compétition).
► **race each other** faire la course.

2 ► **race in** entrer à toute allure.
► **race out** sortir à toute allure.

racecourse /ˈreɪskɔːs/ champ de courses.

racehorse /ˈreɪshɔːs/ cheval de course.

racetrack /ˈreɪstræk/ champ de courses.

racing /ˈreɪsɪŋ/ les courses (= compétition).
► **racing car** voiture de course.
► **racing driver** coureur automobile.

ℹ **Racing est aussi le participe présent du verbe race :**
▷ They were racing each other. **Ils faisaient la course.**

racism /ˈreɪsɪzəm/ racisme.

racist /ˈreɪsɪst/ raciste.

rack /ræk/ *a plusieurs sens :*

1 **rack** *peut signifier* casier (pour bouteilles).

2 **rack** *peut signifier* porte-bagages.

3 **rack** *peut signifier* égouttoir.

racket /ˈrækɪt/ *a plusieurs sens :*

1 **racket** *peut signifier* raquette.

2 **racket** *peut signifier* vacarme.

3 **racket** *peut signifier* trafic (de drogue, etc.).

radiator /ˈreɪdɪeɪtəʳ/ radiateur.

radio /ˈreɪdɪəʊ/ radio.
► **on the radio** à la radio.
► **radio alarm** radio-réveil.
► **radio station** station de radio.

radish /ˈrædɪʃ/ radis.

raffle /ˈræfl/ tombola.

raft /rɑːft/ radeau.

rag /ræg/ chiffon.

rage /reɪdʒ/
► **in a rage** furieux.

raid /reɪd/ *a plusieurs sens :*

1 **raid** *peut signifier* descente de police.

2 **raid** *peut signifier* hold-up.

rail /reɪl/ *a plusieurs sens :*

1 **rail** *peut signifier* rail.
► **by rail** en train.

2 rail *peut signifier* rampe *ou* bastingage *ou* garde-fou.

railing /'reɪlɪŋ/ *a plusieurs sens :*

1 railing *peut signifier* garde-fou.

2 railing *peut signifier* grille.

railroad /'reɪlrəʊd/ chemin de fer.

> Railroad est un mot américain : en anglais britannique on dit railway.

railway /'reɪlweɪ/ chemin de fer.

► railway station gare.

> Railway n'est pas employé en anglais américain : aux États-Unis, on dit railroad.

rain /reɪn/ *a plusieurs catégories grammaticales :*

> *Ce peut être un* NOM :

rain *signifie* pluie.

> *Ce peut être un* VERBE :

rain *signifie* pleuvoir.

► it's raining il pleut.

rainbow /'reɪnbəʊ/ arc-en-ciel.

raincoat /'reɪnkəʊt/ imperméable.

raindrop /'reɪndrɒp/ goutte de pluie.

rainforest /'reɪnfɒrɪst/ forêt tropicale.

rainy /'reɪnɪ/ pluvieux.

raise /reɪz/ *a plusieurs catégories grammaticales et plusieurs sens :*

> *Ce peut être un* VERBE :

1 ► raise something *peut signifier* lever quelque chose (le bras, la jambe, un objet).

2 ► raise something *peut signifier* augmenter quelque chose (les prix, les salaires, le volume).

► raise one's voice parler plus fort

3 ► raise something *peut signifier* élever quelque chose (une famille, des animaux).

4 ► raise something *peut signifier* soulever quelque chose (des problèmes, des questions).

5 ► raise money se procurer de l'argent *ou* collecter des fonds.

> *Ce peut être un* NOM :

En anglais américain, raise *signifie* augmentation de salaire.

> En anglais britannique « augmentation de salaire » se dit rise.

raisin /'reɪzən/ raisin sec.

> Le mot anglais raisin ne signifie pas raisin.

rake /reɪk/ râteau.

rally /'rælɪ/ rassemblement (= manifestation) *ou* rallye.

ran /ræn/ *est le prétérit du verbe* run.

▷ She ran to catch the bus. Elle a couru pour attraper le bus.

random /'rændəm/ aléatoire.

► at random au hasard.

rang /ræŋ/ *est le prétérit du verbe* ring.

▷ He rang the doorbell. Il a sonné à la porte.

range /reɪndʒ/ *a plusieurs catégories grammaticales et plusieurs sens :*

> *Ce peut être un* NOM :

1 range *peut signifier* gamme (de produits, de sujets, de couleurs) *ou* éventail (de prix, d'activités).

► a wide range of... un grand choix de...

2 range *peut signifier* portée (d'un téléscope, d'un missile).

► be out of range être hors de portée.

3 range *peut signifier* chaîne (de montagnes).

> *Ce peut être un* VERBE :

► range from... to... varier de... à...

ranger /'reɪndʒəʳ/ garde forestier.

rank /ræŋk/ rang *ou* grade (de militaire, de policier).

ransom /'rænsəm/ rançon.

rape /reɪp/ *a plusieurs catégories grammaticales et plusieurs sens :*

> *Ce peut être un* NOM :

1 rape *peut signifier* viol.

2 rape *peut signifier* colza.

> *Ce peut être un* VERBE :

► rape somebody violer quelqu'un.

rare /rɛəʳ/ *a plusieurs sens :*

1 rare *peut signifier* rare.

2 rare *peut signifier* saignant (en parlant de la cuisson d'une viande).

rarely /'rɛəlɪ/ rarement.

rash /ræʃ/ *a plusieurs catégories grammaticales :*

> *Ce peut être un* NOM :

rash *signifie* boutons (sur la peau).

> *Ce peut être un* ADJECTIF :

rash *signifie* imprudent.

raspberry /'rɑːzbərɪ/ framboise.

rate /reɪt/ *a plusieurs sens :*

1 rate *peut signifier* taux.

2 rate *peut signifier* vitesse.
► at this rate à ce train-là.
► at any rate en tout cas.

3 rate *peut signifier* tarif.

rather /'rɑːðəʳ/ *a plusieurs sens :*

1 rather *peut signifier* plutôt.
▷ It's rather expensive. C'est plutôt cher.

2 ► rather than plutôt que.
▷ He left rather than wait. Il est parti plutôt que d'attendre.

3 ► would rather *est employé pour parler des* préférences :
▷ I would rather go to the cinema. Je préférerais aller au cinéma.
▷ Would you rather stay here? Est-ce que tu préférerais rester là ?

ℹ Would rather se contracte souvent en -'d rather : I'd rather wait, he'd rather you came, etc.

ratio /'reɪʃɪəʊ/ proportion *ou* rapport.

rattle /'rætl/ *a plusieurs catégories grammaticales et plusieurs sens :*

> *Ce peut être un* NOM :

1 rattle *peut signifier* cliquetis *ou* bruit de ferraille.

2 rattle *peut signifier* hochet.

> *Ce peut être un* VERBE INTRANSITIF :

1 rattle *peut signifier* cliqueter *ou* faire un bruit de ferraille.

2 rattle *peut signifier* s'entrechoquer.

> *Ce peut être un* VERBE TRANSITIF :

► rattle something agiter quelque chose.

rattlesnake /'rætlsneɪk/ serpent à sonnette.

raven /'reɪvn/ corbeau.

raw /rɔː/ cru (= pas cuit) *ou* brut (= pas traité).

ray /reɪ/ rayon.

razor /'reɪzəʳ/ rasoir.

reach /riːtʃ/ *a plusieurs catégories grammaticales et plusieurs sens :*

> *Ce peut être un* NOM :

► within reach à portée.
► out of reach hors de portée.

> *Ce peut être un* VERBE TRANSITIF :

1 ► reach something *peut signifier* atteindre quelque chose.

2 ► reach something *peut signifier* parvenir à quelque chose (un accord, une décision).

> *Ce peut être un* VERBE INTRANSITIF :

► reach out tendre le bras.
► reach for something tendre le bras pour prendre quelque chose.

react /riː'ækt/ réagir.

reaction /riː'ækʃən/ réaction.

read /riːd/ *a plusieurs catégories grammaticales et plusieurs sens :*

> *Ce peut être un* VERBE INTRANSITIF :

read *signifie* lire.

> *Ce peut être un* VERBE TRANSITIF :

1 ► read something *peut signifier* lire quelque chose.
► read something out lire quelque chose à haute voix.
► read somebody's palm lire les lignes de la main à quelqu'un.

2 ► read something *peut signifier* indiquer quelque chose (en parlant d'un thermomètre, par exemple).

ℹ read est aussi le prétérit et le participe passé du verbe read. Dans ce cas il se prononce /red/ :
▷ Danny read a book about planes. Danny a lu un livre sur les avions.

▷ Have you read the paper this morning? As-tu lu le journal ce matin ?

reader /'riːdəʳ/ lecteur.

reading /'riːdɪŋ/ lecture.

ℹ Reading est aussi une forme du verbe read :
▷ She was reading a comic. Elle lisait une BD.

ready /'redɪ/ prêt.

► be ready to do something être prêt à faire quelque chose.
► get ready se préparer.
▷ Ready, steady, go! À vos marques, prêts, partez !

ready-made /'redɪmeɪd/ tout fait.

real /rɪəl/ vrai *ou* véritable *ou* réel.

realise /ˈrɪəlaɪz/ *est une autre façon d'écrire* realize.

reality /rɪˈælɪtɪ/ réalité.

realize /ˈrɪəlaɪz/ *a plusieurs sens :*

1 ► realize something *peut signifier* se rendre compte de quelque chose.

2 ► realize something *peut signifier* réaliser quelque chose (une ambition, un rêve).

really /ˈrɪəlɪ/ vraiment.

realm /relm/ royaume.

rear /rɪəʳ/ *a plusieurs catégories grammaticales et plusieurs sens :*

> *Ce peut être un* NOM :

rear *signifie* arrière.

► at the rear à l'arrière.

> *Ce peut être un* ADJECTIF :

rear *signifie* de derrière *ou* arrière.

> *Ce peut être un* VERBE TRANSITIF :

► rear something élever quelque chose (une famille, des animaux).

> *Ce peut être un* VERBE INTRANSITIF :

rear *signifie* se cabrer (en parlant d'un cheval).

reason /ˈriːzn/ *a plusieurs catégories grammaticales :*

> *Ce peut être un* NOM :

reason *signifie* raison.

> *Ce peut être un* VERBE :

reason *signifie* raisonner.

reasonable /ˈriːznəbl/ raisonnable.

reasonably /ˈriːznəblɪ/ *a plusieurs sens :*

1 reasonably *peut signifier* assez.

2 reasonably *peut signifier* raisonnablement.

reassure /ˌriːəˈʃʊəʳ/ rassurer.

rebel *se prononce de deux façons et a des catégories grammaticales différentes selon la prononciation :*

🔊/ˈrebl/ (l'accent est sur la première syllabe re-)

> *C'est un* NOM :

rebel *signifie* rebelle.

🔊/rɪˈbel/ (l'accent est sur la deuxième syllabe -bel)

> *C'est un* VERBE :

rebel *signifie* se rebeller.

reboot /ˌriːˈbuːt/ redémarrer (un ordinateur).

recall /rɪˈkɔːl/ *a plusieurs sens :*

1 ► recall something *peut signifier* se souvenir de quelque chose.

► recall that... se rappeler que...

2 ► recall something *peut signifier* rappeler quelque chose.

receipt /rɪˈsiːt/ reçu *ou* ticket de caisse.

receive /rɪˈsiːv/ recevoir.

receiver /rɪˈsiːvəʳ/ combiné (de téléphone).

recent /ˈriːsənt/ récent.

recently /ˈriːsəntlɪ/ récemment.

reception /rɪˈsepʃən/ réception *ou* accueil.

► reception desk réception (dans un hôtel).

recipe /ˈresɪpɪ/ recette (de cuisine).

reckon /ˈrekən/ *a plusieurs sens :*

1 ► reckon something calculer quelque chose.

2 ► reckon that... estimer que... *ou* penser que...

recognition /ˌrekəgˈnɪʃən/ reconnaissance.

recognize /ˈrekəgnaɪz/ reconnaître.

recommend /ˌrekəˈmend/ recommander.

record *se prononce de deux façons et a des sens différents selon la prononciation :*

🔊/ˈrekɔːd/ (l'accent est sur la première syllabe re-)

> *C'est un* NOM :

1 record *peut signifier* disque (= enregistrement).

► record player tourne-disque.

2 record *peut signifier* rapport *ou* dossier.

► criminal record casier judiciaire.

3 record *peut signifier* record.

► break a record battre un record.

🔊/rɪˈkɔːd/ (l'accent est sur la deuxième syllabe -cord)

> *C'est un* VERBE :

1 ► record something *peut signifier* enregistrer quelque chose.

2 ► record something *peut signifier* noter quelque chose.

recorder /rɪ'kɔːdəʳ/ *a plusieurs sens :*

1 recorder *peut signifier* flûte à bec.

2 ► cassette recorder magnétophone à cassettes.

► video recorder magnétoscope.

recording /rɪ'kɔːdɪŋ/ enregistrement.

> ℹ Recording est aussi une forme du verbe record :
> ▷ I'm recording a film. J'enregistre un film.

recover /rɪ'kʌvəʳ/ *a plusieurs catégories grammaticales et plusieurs sens :*

> *Ce peut être un* VERBE INTRANSITIF :

recover *signifie* se remettre *ou* se rétablir.

> *Ce peut être un* VERBE TRANSITIF :

1 ► recover something retrouver quelque chose.

2 ► recover one's strength reprendre des forces.

recovery /rɪ'kʌvərɪ/ *a plusieurs sens :*

1 recovery *peut signifier* guérison *ou* rétablissement.

2 recovery *peut signifier* récupération.

recruit /rɪ'kruːt/ *a plusieurs catégories grammaticales :*

> *Ce peut être un* NOM :

recruit *signifie* recrue.

> *Ce peut être un* VERBE :

► recruit somebody recruter quelqu'un.

recycle /ˌriː'saɪkl/ recycler.

recycling /ˌriː'saɪklɪŋ/ recyclage.

> ℹ Recycling est aussi une forme du verbe recycle :
> ▷ We're recycling a lot of glass. Nous recyclons beaucoup de verre.

red /red/ *a plusieurs sens :*

1 red *peut signifier* rouge.

► go red *ou* turn red rougir.

► the Red Cross la Croix-Rouge.

2 red *peut signifier* roux (en parlant de cheveux).

reduce /rɪ'djuːs/ réduire.

reduction /rɪ'dʌkʃən/ réduction.

redundant /rɪ'dʌndənt/

► be made redundant être licencié.

refer /rɪ'fɜːʳ/ *a plusieurs sens :*

1 ► refer to something *peut signifier* faire référence à quelque chose.

2 ► refer to something *peut signifier* se référer à quelque chose.

referee /ˌrefə'riː/ arbitre.

reference /'refrəns/ référence *ou* allusion.

refine /rɪ'faɪn/ *a plusieurs sens :*

1 ► refine something *peut signifier* raffiner quelque chose.

2 ► refine something *peut signifier* peaufiner quelque chose.

reflect /rɪ'flekt/ *a plusieurs catégories grammaticales :*

> *Ce peut être un* VERBE TRANSITIF :

► reflect something refléter quelque chose.

> *Ce peut être un* VERBE INTRANSITIF :

reflect *signifie* réfléchir.

reflection /rɪ'flekʃən/ reflet *ou* réflexion.

reform /rɪ'fɔːm/ *a plusieurs catégories grammaticales et plusieurs sens :*

> *Ce peut être un* NOM :

reform *signifie* réforme.

> *Ce peut être un* VERBE :

1 ► reform something réformer quelque chose.

2 ► reform somebody changer quelqu'un.

refresh /rɪ'freʃ/ rafraîchir *ou* revigorer.

refreshing /rɪ'freʃɪŋ/ rafraîchissant.

refreshments /rɪ'freʃmənts/ rafraîchissements.

refrigerator /rɪ'frɪdʒəreɪtəʳ/ réfrigérateur.

refugee /ˌrefjʊ'dʒiː/ réfugié.

refund *se prononce de deux façons et a des catégories grammaticales différentes selon la prononciation :*

🔊 /'riːfʌnd/ (l'accent est sur la première syllabe re-)

> *C'est un* NOM :

refund *signifie* remboursement.

/rɪˈfʌnd/ (l'accent est sur la deuxième syllabe -fund)

> *C'est un* VERBE :

► **refund something** rembourser quelque chose.

refusal /rɪˈfjuːzəl/ refus.

refuse *se prononce de deux façons et a des sens différents selon la prononciation :*

/ˈrefjuːs/ (l'accent est sur la première syllabe re-, et le s est celui de sea).

> *C'est un* NOM :

refuse *signifie* ordures *ou* déchets.

/rɪˈfjuːz/ (l'accent est sur la deuxième syllabe -fuse, et le s se prononce comme un z).

> *C'est un* VERBE :

refuse *signifie* refuser.

► **refuse to do something** refuser de faire quelque chose.

regal /ˈriːgəl/ royal.

> En anglais, regal ne signifie pas « régal ».

regard /rɪˈgɑːd/ *a plusieurs catégories grammaticales et plusieurs sens :*

> *Ce peut être un* NOM :

1 regard *peut signifier* estime *ou* respect.

2 ► **with regards** meilleurs souvenirs (à la fin d'une lettre, par exemple).

> *Ce peut être un* VERBE :

► **regard somebody** *ou* **something as...** considérer quelqu'un *ou* quelque chose comme...

register /ˈredʒɪstəʳ/ *a plusieurs catégories grammaticales et plusieurs sens :*

> *Ce peut être un* NOM :

register *peut signifier* registre.

> *Ce peut être un* VERBE TRANSITIF :

1 ► **register something** *peut signifier* déclarer quelque chose (une naissance, un mariage, un décès).

2 ► **register something** *peut signifier* indiquer quelque chose (en parlant d'un appareil).

3 ► **register something** *peut signifier* remarquer quelque chose.

> *Ce peut être un* VERBE :

1 register *peut signifier* s'inscrire (pour des cours, pour voter).

2 register *peut signifier* signer le registre (dans un hôtel).

regret /rɪˈgret/ *a plusieurs catégories grammaticales :*

> *Ce peut être un* NOM :

regret *signifie* regret.

> *Ce peut être un* VERBE :

► **regret something** regretter quelque chose.

regular /ˈregjələʳ/ *a plusieurs sens :*

1 regular *peut signifier* régulier.

2 regular *peut signifier* habituel.

► **a regular customer** un habitué (dans un magasin).

3 *En anglais américain,* regular *peut signifier* normal (en parlant de la taille d'un produit).

regularly /ˈregjələlɪ/ régulièrement.

regulate /ˈregjəleɪt/ régler.

regulations /ˌregjəˈleɪʃənz/ règlements.

rehearsal /rɪˈhɜːsəl/ répétition (pour une pièce de théâtre).

rehearse /rɪˈhɜːs/ répéter (pour une pièce de théâtre).

rein /reɪn/ rêne.

reindeer /ˈreɪndɪəʳ/ renne.

reinforce /ˌriːɪnˈfɔːs/ renforcer.

reject /rɪˈdʒekt/ rejeter *ou* refuser.

rejection /rɪˈdʒekʃən/ rejet.

rejoice /rɪˈdʒɔɪs/ se réjouir.

related /rɪˈleɪtɪd/ *a plusieurs sens :*

1 related *peut signifier* apparenté.

▷ He's related to Tom. Il est parent de Tom.

2 related *peut signifier* lié.

relation /rɪˈleɪʃən/ *a plusieurs sens :*

1 relation *peut signifier* parent (au sens de « personne de la famille »).

▷ All my relations were there. Toute ma famille était là.

2 relation *peut signifier* rapport (= lien).

3 ► **relations** *peut signifier* relations.

relationship /rɪˈleɪʃənʃɪp/ *a plusieurs sens :*

1 relationship *peut signifier* liens de parenté.

2 relationship *peut signifier* rapport (= lien).

3 **relationship** *peut signifier* relations.

relative /'relətɪv/ *a plusieurs catégories grammaticales :*

> *Ce peut être un* NOM :

relative *signifie* parent (au sens de « personne de la famille »).

> *Ce peut être un* ADJECTIF :

relative *signifie* relatif.

relax /rɪ'læks/ *a plusieurs catégories grammaticales :*

> *Ce peut être un* VERBE TRANSITIF :

► **relax somebody** détendre quelqu'un.

> *Ce peut être un* VERBE INTRANSITIF :

relax *signifie* se détendre.

relaxed /rɪ'lækst/ détendu.

> ℹ Relaxed est aussi le prétérit et le participe passé du verbe relax :
> ▷ I relaxed in the bath. Je me suis détendu dans le bain.

relaxing /rɪ'læksɪŋ/ reposant *ou* relaxant.

> ℹ Relaxing est aussi une forme du verbe relax :
> ▷ She was relaxing in the bath. Elle se détendait dans le bain.

release /rɪ'liːs/ *a plusieurs catégories grammaticales et plusieurs sens :*

> *Ce peut être un* NOM :

1 **release** *peut signifier* libération.

2 **release** *peut signifier* sortie (d'un film, d'un disque).

► **a new release** un nouveau film *ou* un nouvel album.

> *Ce peut être un* VERBE :

1 ► **release somebody** *peut signifier* libérer quelqu'un.

2 ► **release something** *peut signifier* lâcher quelque chose.

3 ► **release something** *peut signifier* sortir quelque chose (un film, un album).

relevant /'reləvənt/ pertinent.

reliable /rɪ'laɪəbl/ fiable.

relied /rɪ'laɪd/ *est le prétérit et le participe passé du verbe* rely.

▷ I relied on my father. Je comptais sur mon père.

relief /rɪ'liːf/ *a plusieurs sens :*

1 **relief** *peut signifier* soulagement.

2 **relief** *peut signifier* aide *ou* secours.

relies /rɪ'laɪz/ *est la troisième personne du singulier du verbe* rely.

▷ She relies on her sister. Elle compte sur sa sœur.

relieve /rɪ'liːv/ *a plusieurs sens :*

1 ► **relieve somebody** *ou* **something** *peut signifier* soulager quelqu'un *ou* quelque chose.

2 ► **relieve somebody** *peut signifier* relayer quelqu'un.

3 ► **relieve somebody** *peut signifier* secourir quelqu'un.

relieved /rɪ'liːvd/ soulagé.

> ℹ Relieved est aussi le prétérit et le participe passé du verbe relieve :
> ▷ The medicine relieved the pain. Le médicament a soulagé la douleur.

reluctant /rɪ'lʌktənt/ réticent *ou* peu enthousiaste.

reluctantly /rɪ'lʌktəntlɪ/ à contrecœur.

rely /rɪ'laɪ/ *a plusieurs sens :*

1 ► **rely on somebody** *peut signifier* compter sur quelqu'un.

2 ► **rely on somebody** *peut signifier* dépendre de quelqu'un (pour vivre).

remain /rɪ'meɪn/ rester.

remainder /rɪ'meɪndə^r/ reste.

remark /rɪ'mɑːk/ *a plusieurs catégories grammaticales :*

> *Ce peut être un* NOM :

remark *signifie* remarque *ou* observation.

> *Ce peut être un* VERBE :

► **remark that...** remarquer que... *ou* faire remarquer que...

remarkable /rɪ'mɑːkəbl/ remarquable.

remedy /'remədɪ/ remède.

remember /rɪ'membə^r/ *a plusieurs catégories grammaticales :*

> *Ce peut être un* VERBE TRANSITIF :

► **remember something** se souvenir de quelque chose.

> *Ce peut être un* VERBE INTRANSITIF :

remember *signifie* se souvenir *ou* se rappeler.

remind /rɪ'maɪnd/ rappeler.

► **remind somebody to do something** rappeler à quelqu'un de faire quelque chose.

remorse /rɪ'mɔːs/ remords.

remote /rɪ'məʊt/ *a plusieurs sens :*

1 **remote** *peut signifier* éloigné *ou* lointain *ou* isolé.

2 **remote** *peut signifier* distant (= froid ou réservé).

3 **remote** *peut signifier* vague (en parlant de chances, de possibilités, de ressemblance).

4 ► **remote control** télécommande.

remove /rɪ'muːv/ *a plusieurs sens :*

1 ► **remove something** *peut signifier* enlever quelque chose.

2 ► **remove something** *peut signifier* supprimer quelque chose.

3 ► **remove something** *peut signifier* écarter quelque chose.

renew /rɪ'njuː/ renouveler.

renovate /'renəʊveɪt/ rénover *ou* restaurer.

renowned /rɪ'naʊnd/ renommé.

rent /rent/ *a plusieurs catégories grammaticales :*

> *Ce peut être un* NOM :

rent *signifie* loyer.

> *Ce peut être un* VERBE :

► **rent something** *ou* **rent something out** louer quelque chose.

En anglais, **rent** ne signifie pas « rente ».

repair /rɪ'pɛəʳ/ *a plusieurs catégories grammaticales :*

> *Ce peut être un* NOM :

repair *signifie* réparation.

> *Ce peut être un* VERBE :

► **repair something** réparer quelque chose.

repay /riː'peɪ/ rembourser.

repeat /rɪ'piːt/ répéter.

repeatedly /rɪ'piːtɪdlɪ/ à plusieurs reprises.

replace /rɪ'pleɪs/ *a plusieurs sens :*

1 ► **replace something** *peut signifier* remettre quelque chose à sa place.

2 ► **replace somebody** *ou* **something** *peut signifier* remplacer quelqu'un *ou* quelque chose.

replied /rɪ'plaɪd/ *est le prétérit et le participe passé du verbe* **reply**.

▷ **They haven't replied yet.** Ils n'ont pas encore répondu.

replies /rɪ'plaɪz/ *est le pluriel du nom* **reply**, *et la troisième personne du singulier au présent du verbe* **reply**.

▷ **We got three replies.** Nous avons eu trois réponses.

▷ **She always replies in French.** Elle répond toujours en français.

reply /rɪ'plaɪ/ *a plusieurs catégories grammaticales :*

> *Ce peut être un* NOM :

reply *signifie* réponse.

> *Ce peut être un* VERBE :

reply *signifie* répondre.

report /rɪ'pɔːt/ *a plusieurs catégories grammaticales et plusieurs sens :*

> *Ce peut être un* NOM :

1 **report** *peut signifier* rapport *ou* compte rendu.

2 **report** *peut signifier* reportage.

3 *En anglais britannique,* **report** *peut signifier* bulletin scolaire.

En anglais américain, pour dire « bulletin scolaire », on dit **report card**.

> *Ce peut être un* VERBE TRANSITIF :

1 ► **report something** *peut signifier* rapporter quelque chose (= rendre compte de quelque chose).

2 ► **report something** *peut signifier* signaler quelque chose (un accident, un crime, un suspect).

3 ► **report somebody** dénoncer quelqu'un.

> *Ce peut être un* VERBE INTRANSITIF :

1 **report** *peut signifier* faire un rapport.

2 ► **report to somebody** *peut signifier* être sous les ordres de quelqu'un.

3 ► **report to somebody** *peut signifier* se présenter à quelqu'un.

reporter /rɪ'pɔːtəʳ/ journaliste *ou* reporter.

represent /ˌreprɪ'zent/ représenter.

representative /ˌreprɪ'zentətɪv/ *a plusieurs catégories grammaticales :*

> *Ce peut être un* NOM :

representative *signifie* représentant.

> *Ce peut être un* ADJECTIF :

representative *signifie* représentatif.

reproach /rɪ'prəʊtʃ/ *a plusieurs catégories grammaticales :*

> *Ce peut être un* NOM :

reproach *signifie* reproche.

> *Ce peut être un* VERBE :

► **reproach somebody** faire des reproches à quelqu'un.

reproduce /ˌriːprə'djuːs/ *a plusieurs catégories grammaticales :*

> *Ce peut être un* VERBE TRANSITIF :

► **reproduce something** reproduire quelque chose.

> *Ce peut être un* VERBE INTRANSITIF :

reproduce *signifie* se reproduire.

republic /rɪ'pʌblɪk/ république.

repulsive /rɪ'pʌlsɪv/ repoussant.

request /rɪ'kwest/ *a plusieurs catégories grammaticales :*

> *Ce peut être un* NOM :

request *signifie* demande.

> *Ce peut être un* VERBE :

► **request something** demander quelque chose.

► **request somebody to do something** demander à quelqu'un de faire quelque chose.

require /rɪ'kwaɪəʳ/ *a plusieurs sens :*

1 ► **require something** *peut signifier* avoir besoin de quelque chose.

2 ► **require something** *peut signifier* exiger quelque chose.

requirement /rɪ'kwaɪəmənt/ besoin.

rescue /'reskjuː/ *a plusieurs catégories grammaticales et plusieurs sens :*

> *Ce peut être un* NOM :

1 **rescue** *peut signifier* secours.

2 **rescue** *peut signifier* sauvetage.

> *Ce peut être un* VERBE :

► **rescue somebody** sauver quelqu'un *ou* secourir quelqu'un.

research /rɪ'sɜːtʃ/ *a plusieurs catégories grammaticales :*

> *Ce peut être un* NOM :

research *signifie* recherche *ou* recherches.

> *Ce peut être un* VERBE :

► **research something** faire des recherches sur quelque chose.

resemble /rɪ'zembl/ ressembler à.

ℹ Attention à l'orthographe du mot anglais **resemble**.

reservation /ˌrezə'veɪʃən/ *a plusieurs sens :*

1 **reservation** *peut signifier* réservation.

► **make a reservation** réserver.

2 **reservation** *peut signifier* réserve (= territoire protégé).

3 ► **reservations** *peut signifier* réserves (= doutes).

reserve /rɪ'zɜːv/ *a plusieurs catégories grammaticales et plusieurs sens :*

> *Ce peut être un* VERBE :

► **reserve something** réserver quelque chose.

> *Ce peut être un* NOM :

1 **reserve** *peut signifier* réserve.

2 *En sport,* **reserve** *signifie* remplaçant.

residence /'rezɪdəns/ résidence.

► **residence permit** carte de séjour.

resident /'rezɪdənt/ résident.

resign /rɪ'zaɪn/ *a plusieurs sens :*

1 **resign** *signifie* démissionner.

2 ► **resign oneself to something** se résigner à quelque chose.

resignation /ˌrezɪg'neɪʃən/ *a plusieurs sens :*

1 **resignation** *peut signifier* démission.

2 **resignation** *peut signifier* résignation.

resist /rɪ'zɪst/ résister à.

resolve /rɪ'zɒlv/ résoudre.

resort /rɪ'zɔːt/ *a plusieurs catégories grammaticales et plusieurs sens :*

> *Ce peut être un* NOM :

1 **resort** *peut signifier* recours.

► **as a last resort** en dernier recours.

2 **resort** *peut signifier* station balnéaire.

► **ski resort** station de ski.

> *Ce peut être un* VERBE :

► **resort to something** avoir recours à quelque chose.

resource /rɪ'sɔːs/ ressource.

ℹ Attention à l'orthographe du mot anglais **resource**.

respect /rɪ'spekt/ *a plusieurs catégories grammaticales et plusieurs sens :*

> *Ce peut être un* NOM :

1 respect *peut signifier* respect.

2 ► in many respects à bien des égards.
► in some respects à certains égards.

> *Ce peut être un* VERBE :

► respect somebody *ou* something respecter quelqu'un *ou* quelque chose.

respectful /rɪ'spektfʊl/ respectueux.

respond /rɪ'spɒnd/ répondre.

response /rɪ'spɒns/ réponse.

responsibility /rɪˌspɒnsə'bɪlɪtɪ/ responsabilité.

> ℹ Attention à l'orthographe du mot anglais responsibility.

responsible /rɪ'spɒnsəbl/ responsable.

> ℹ Attention à l'orthographe du mot anglais responsible.

rest /rest/ *a plusieurs catégories grammaticales et plusieurs sens :*

> *Ce peut être un* NOM :

1 rest *peut signifier* repos.
► have a rest se reposer.

2 rest *peut signifier* reste.
► the rest of the story le reste de l'histoire.
► the rest of the people les autres personnes.

> *Ce peut être un* VERBE INTRANSITIF :

1 rest *peut signifier* se reposer.

2 ► rest against something s'appuyer contre quelque chose *ou* être appuyé contre quelque chose.

> *Ce peut être un* VERBE :

► rest something against something appuyer quelque chose contre quelque chose.

restless /'restlɪs/ agité.

restore /rɪ'stɔːʳ/ rendre *ou* rétablir *ou* restaurer.

restrain /rɪ'streɪn/ retenir.

restrict /rɪ'strɪkt/ restreindre *ou* limiter.

result /rɪ'zʌlt/ *a plusieurs catégories grammaticales :*

> *Ce peut être un* NOM :

result *signifie* résultat.

> *Ce peut être un* VERBE :

result *signifie* résulter.
► result in something aboutir à quelque chose *ou* entraîner quelque chose.

resume /rɪ'zjuːm/ reprendre.

> En anglais, resume ne signifie pas « résumer ».

retain /rɪ'teɪn/ conserver.

retire /rɪ'taɪəʳ/ prendre sa retraite *ou* se retirer.

retired /rɪ'taɪəd/ retraité *ou* à la retraite.

> ℹ Retired est aussi le prétérit et le participe passé du verbe retire :
> ▷ He retired last year. Il a pris sa retraite l'année dernière.

retirement /rɪ'taɪəmənt/ retraite (après la fin de l'activité professionnelle).

retreat /rɪ'triːt/ *a plusieurs catégories grammaticales :*

> *Ce peut être un* NOM :

retreat *signifie* retraite (d'une armée).

> *Ce peut être un* VERBE :

retreat *signifie* battre en retraite.

return /rɪ'tɜːn/ *a plusieurs catégories grammaticales et plusieurs sens :*

> *Ce peut être un* VERBE INTRANSITIF :

return *signifie* revenir *ou* retourner.

> *Ce peut être un* VERBE TRANSITIF :

1 ► return something *peut signifier* rendre quelque chose *ou* rapporter quelque chose.

2 ► return something *peut signifier* renvoyer quelque chose.

> *Ce peut être un* NOM :

1 return *peut signifier* retour.

2 return *peut signifier* renvoi.

3 return *peut signifier* billet aller-retour.

reunion /rɪ'juːnjən/ réunion (de famille).

reveal /rɪ'viːl/ révéler.

revenge /rɪ'vendʒ/ vengeance.

reverse /rɪ'vɜːs/ *a plusieurs catégories grammaticales et plusieurs sens :*

> *Ce peut être un* NOM :

1 ► **the reverse** le contraire.

2 **reverse** *peut signifier* marche arrière.
▷ He put the car in reverse. Il s'est mis en marche arrière.

> *Ce peut être un* ADJECTIF :

reverse *signifie* inverse.
► **in reverse order** dans l'ordre inverse.

> *Ce peut être un* VERBE :

1 ► **reverse something** *peut signifier* renverser quelque chose.

2 ► **reverse a car** faire marche arrière.

review /rɪ'vjuː/ *a plusieurs catégories grammaticales et plusieurs sens :*

> *Ce peut être un* NOM :

1 **review** *peut signifier* examen (d'une situation) *ou* révision (de salaire, de prix, etc.).

2 **review** *peut signifier* critique (d'un film, d'une pièce de théâtre, d'un livre).

> *Ce peut être un* VERBE :

1 ► **review something** *peut signifier* passer quelque chose en revue.

2 ► **review something** *peut signifier* critiquer quelque chose.

revise /rɪ'vaɪz/ réviser.

revive /rɪ'vaɪv/ *a plusieurs sens :*

1 ► **revive somebody** réanimer quelqu'un.

2 ► **revive something** raviver quelque chose *ou* relancer quelque chose.

revolt /rɪ'vəʊlt/ *a plusieurs catégories grammaticales :*

> *Ce peut être un* NOM :

revolt *signifie* révolte.

> *Ce peut être un* VERBE INTRANSITIF :

revolt *signifie* se révolter.

> *Ce peut être un* VERBE TRANSITIF :

► **revolt somebody** révolter quelqu'un.

revolting /rɪ'vəʊltɪŋ/ révoltant *ou* dégoûtant.

revolve /rɪ'vɒlv/ tourner.

reward /rɪ'wɔːd/ *a plusieurs catégories grammaticales :*

> *Ce peut être un* NOM :

reward *signifie* récompense.

> *Ce peut être un* VERBE :

► **reward somebody** récompenser quelqu'un.

rewind /ˌriː'waɪnd/ rembobiner.

rhyme /raɪm/ *a plusieurs catégories grammaticales et plusieurs sens :*

> *Ce peut être un* NOM :

rhyme *signifie* rime *ou* poème.

> *Ce peut être un* VERBE :

rhyme *signifie* rimer.

rhythm /'rɪðəm/ rythme.

> ℹ Attention à l'orthographe du mot anglais **rhythm**.

rib /rɪb/ côte (= os).

ribbon /'rɪbən/ ruban.

rice /raɪs/ riz.

rich /rɪtʃ/ riche.
► **the rich** les riches.
► **riches** la richesse.

rickety /'rɪkɪtɪ/ branlant *ou* bancal.

rid /rɪd/
► **get rid of something** se débarrasser de quelque chose.

ridden /'rɪdn/ *est le participe passé du verbe* **ride**.
▷ Have you ever ridden a horse? Est-ce que tu es déjà monté à cheval ?

riddle /'rɪdl/ devinette *ou* énigme.

ride /raɪd/ *a plusieurs catégories grammaticales et plusieurs sens :*

> *Ce peut être un* NOM :

ride *signifie* promenade *ou* tour.
► **go for a ride** faire une promenade à cheval *ou* faire un tour à vélo *ou* faire un tour en voiture.

> *Ce peut être un* VERBE TRANSITIF :

► **ride a horse** monter à cheval.
► **ride a bike** faire du vélo.

> *Ce peut être un* VERBE INTRANSITIF :

1 **ride** *peut signifier* monter à cheval *ou* faire du cheval.

2 **ride** *peut signifier* aller à cheval *ou* aller à vélo *ou* aller en moto.
► **ride on the bus** prendre le bus.

rider /'raɪdəʳ/ cavalier *ou* jockey.

ridiculous /rɪ'dɪkjʊləs/ ridicule.

riding /'raɪdɪŋ/ équitation.

► **riding school** centre équestre.

ℹ Riding est aussi le participe présent du verbe ride :
▷ She was riding a bike. Elle était à vélo.

rifle /'raɪfl/ fusil.

right /raɪt/ *a plusieurs catégories grammaticales et plusieurs sens :*

> *Ce peut être un* ADJECTIF :

1 right *peut signifier* bien (au sens de « convenable »).
▷ It isn't right to lie. Ce n'est pas bien de mentir.

2 right *peut signifier* juste *ou* exact *ou* bon.
▷ What's the right time? Quelle est l'heure exacte ?
▷ Is it the right size? Est-ce que c'est la bonne taille ?

3 ► **be right** *peut signifier* avoir raison.
▷ You're right. Tu as raison.
▷ He was right to leave. Il a eu raison de partir.

4 ► **put something right** corriger quelque chose *ou* redresser quelque chose.

5 right *peut signifier* qui convient.
▷ They are not the right shoes for walking. Ce ne sont pas des chaussures qui conviennent pour la randonnée.
► **do something the right way** faire quelque chose comme il faut.

6 right *peut signifier* droit (= le contraire de gauche).
► **on the right hand** à droite.
► **right angle** angle droit.

> *Ce peut être un* ADVERBE :

1 right *peut signifier* droit (= en ligne droite) *ou* directement.
▷ It's right in front of you. C'est droit devant toi.
▷ He went right home. Il est rentré directement.
► **right away** tout de suite.
► **right now** tout de suite.
► **right in the middle** en plein milieu.
► **right at the end** tout au bout.

2 right *peut signifier* bien *ou* juste.
▷ He guessed right. Il a deviné juste.

3 right *peut signifier* à droite.
▷ Turn right at the end of the street. Tournez à droite au bout de la rue.

> *Ce peut être un* NOM :

1 right *peut signifier* bien.
► **right and wrong** le bien et le mal.

2 right *peut signifier* droit (à quelque chose ou de faire quelque chose).
► **human rights** les droits de l'homme.
► **right of way** droit de passage.

3 right *peut signifier* droite.
► **on the right** à droite.

right-hand /'raɪthænd/ de droite.

► **the right-hand side** le côté droit.

right-handed /raɪt'hændəd/ droitier.

rim /rɪm/ bord (d'un récipient, d'un cratère).

ring /rɪŋ/ *a plusieurs catégories grammaticales et plusieurs sens :*

> *Ce peut être un* NOM :

1 ring *peut signifier* bague.
► **wedding ring** alliance.

2 ring *peut signifier* anneau *ou* cercle.

3 ring *peut signifier* réseau (d'espions, de criminels).

4 ring *peut signifier* piste (de cirque).

5 *En boxe,* ring *signifie* ring.

6 ring *peut signifier* coup de fil.
► **give somebody a ring** passer un coup de fil à quelqu'un.

> *Ce peut être un* VERBE TRANSITIF :

1 ► **ring somebody** *ou* **ring somebody up** téléphoner à quelqu'un.

2 ► **ring something** faire sonner quelque chose.
▷ He rang the doorbell. Il a sonné à la porte.

> *Ce peut être un* VERBE INTRANSITIF :

1 ring *peut signifier* téléphoner.

2 ring *peut signifier* sonner.

rink /rɪŋk/ patinoire ou piste (de patinage).

rinse /rɪns/ rincer.

ℹ Attention à l'orthographe du mot anglais rinse.

riot /'raɪət/ *a plusieurs catégories grammaticales :*

> *Ce peut être un* NOM :

riot *signifie* émeute.

> *Ce peut être un* VERBE :

riot *signifie* faire une émeute.

rip /rɪp/ *a plusieurs catégories grammaticales :*

> *Ce peut être un* NOM :

rip *signifie* déchirure.

> *Ce peut être un* VERBE TRANSITIF :

► **rip something** déchirer quelque chose.

> *Ce peut être un* VERBE INTRANSITIF :

rip *signifie* se déchirer.

ripe /raɪp/ mûr.

ripen /ˈraɪpən/ mûrir.

rise /raɪz/ *a plusieurs catégories grammaticales et plusieurs sens :*

> *Ce peut être un* NOM :

1 **rise** *peut signifier* augmentation *ou* hausse.

2 *En anglais britannique,* **rise** *peut signifier* augmentation de salaire.

En anglais américain, pour dire « augmentation de salaire », on dit raise.

3 ► **give rise to something** donner lieu à quelque chose.

> *Ce peut être un* VERBE :

1 **rise** *peut signifier* monter *ou* s'élever.

2 **rise** *peut signifier* augmenter.

3 **rise** *peut signifier* se lever.

risen /ˈrɪzn/ *est le participe passé du verbe* **rise**.

▷ Prices have risen recently. Les prix ont augmenté récemment.

risk /rɪsk/ *a plusieurs catégories grammaticales :*

> *Ce peut être un* NOM :

risk *signifie* risque.

► **at risk** en danger.

> *Ce peut être un* VERBE :

► **risk something** risquer quelque chose.

risky /ˈrɪskɪ/ risqué.

ritual /ˈrɪtjʊəl/ rituel.

river /ˈrɪvəʳ/ rivière *ou* fleuve.

riverbank /ˈrɪvəbæŋk/ berge *ou* rive.

Riviera /ˌrɪvɪˈɛərə/

► **the French Riviera** la Côte d'Azur.

road /rəʊd/ route.

► **road sign** panneau de signalisation.

roadworks /ˈrəʊdwɜːk/ travaux (d'entretien des routes).

roam /rəʊm/ errer.

roar /rɔːʳ/ *a plusieurs catégories grammaticales et plusieurs sens :*

> *Ce peut être un* NOM :

roar *signifie* rugissement *ou* vrombissement.

> *Ce peut être un* VERBE :

roar *signifie* rugir *ou* vrombir.

roast /rəʊst/ *a plusieurs catégories grammaticales :*

> *Ce peut être un* NOM *ou un* ADJECTIF :

roast *signifie* rôti.

> *Ce peut être un* VERBE :

► **roast something** rôtir quelque chose *ou* faire rôtir quelque chose.

rob /rɒb/ *a plusieurs sens :*

1 ► **rob somebody** voler quelqu'un.

2 ► **rob something** dévaliser quelque chose (une banque, un magasin).

robber /ˈrɒbəʳ/ voleur.

robbery /ˈrɒbərɪ/ vol (= délit).

robe /rəʊb/ *a plusieurs sens :*

1 **robe** *peut signifier* robe (de magistrat ou d'universitaire).

2 *En anglais américain,* **robe** *peut signifier* peignoir.

En anglais britannique, « peignoir » se dit dressing gown.

rock /rɒk/ *a plusieurs catégories grammaticales et plusieurs sens :*

> *Ce peut être un* NOM :

1 **rock** *peut signifier* rocher *ou* roche.

► **rock-climbing** escalade.

2 *En musique,* **rock** *signifie* rock.

> *Ce peut être un* VERBE TRANSITIF :

1 ► **rock somebody** bercer quelqu'un.

2 ► **rock something** *peut signifier* balancer quelque chose.

3 ► **rock something** *peut signifier* secouer quelque chose *ou* ébranler quelque chose.

> *Ce peut être un* VERBE INTRANSITIF :

1 **rock** *peut signifier* se balancer.

2 **rock** *peut signifier* chanceler.

rocket /ˈrɒkɪt/ fusée.

rod /rɒd/ tige (de métal) *ou* baguette (en bois) *ou* canne à pêche.

rode /rəʊd/ *est le prétérit du verbe* ride.

▷ He rode to school on his bike. Il est allé à l'école à vélo.

rodent /'rəʊdənt/ rongeur.

roll /rəʊl/ *a plusieurs catégories grammaticales et plusieurs sens :*

> *Ce peut être un* NOM :

1 roll *peut signifier* rouleau (de papier peint, de tissu).

2 roll *peut signifier* petit pain.

3 roll *peut signifier* roulement (de tonnerre, de tambour).

> *Ce peut être un* VERBE INTRANSITIF :

roll *signifie* rouler.

> *Ce peut être un* VERBE TRANSITIF :

► roll something rouler quelque chose *ou* faire rouler quelque chose.

Phrasal verbs

Le verbe roll peut être suivi d'une préposition, telle que over ou up, et dans ce cas, il peut avoir des sens différents. C'est ce qu'on appelle, en anglais, un phrasal verb.

ROLL OVER :

► roll over se retourner.

ROLL UP :

► roll something up rouler quelque chose.
► roll up one's sleeves retrousser ses manches.

roller /'rəʊləʳ/ *a plusieurs sens :*

1 roller *peut signifier* rouleau (compresseur ou à peinture).

2 roller *peut signifier* bigoudi.

En anglais, roller ne signifie pas « roller ».

rollerblades® /'rəʊləbleɪdz/ rollers (= patins en ligne).

rollerblading /'rəʊləˌbleɪdɪŋ/ roller (= activité).

► go rollerblading faire du roller.

rollercoaster /'rəʊləˌkəʊstəʳ/ montagnes russes.

roller skates /'rəʊləˌskeɪts/ patins à roulettes.

roller-skating /'rəʊləˌskeɪtɪŋ/ patin à roulettes (= activité).

► go roller-skating faire du patin à roulettes.

romance /rəʊ'mæns/ *a plusieurs sens :*

1 romance *peut signifier* histoire d'amour.

2 romance *peut signifier* charme (d'un mode de vie, d'un endroit).

romantic /rəʊ'mæntɪk/ romantique.

roof /ruːf/ toit.

room /ruːm/ *a plusieurs sens :*

1 room *peut signifier* pièce (dans une maison, dans un appartement) *ou* chambre.

2 room *peut signifier* place (= espace).

► make room for somebody *ou* something faire de la place pour quelqu'un *ou* quelque chose.

root /ruːt/ racine.

rope /rəʊp/ corde.

rosary /'rəʊzərɪ/ chapelet.

rose /rəʊz/ rose (= plante et couleur).

ℹ Rose est aussi le prétérit du verbe rise :
▷ The temperature rose. La température a augmenté.

rosemary /'rəʊzmərɪ/ romarin.

rosy /'rəʊzɪ/ rose (= de couleur rose).

rot /rɒt/ *a plusieurs catégories grammaticales :*

> *Ce peut être un* NOM :

rot *signifie* pourriture.

> *Ce peut être un* VERBE :

rot *signifie* pourrir.

rotate /rəʊ'teɪt/ tourner *ou* faire tourner.

rotten /'rɒtn/ pourri.

rough /rʌf/ *a plusieurs sens :*

1 rough *peut signifier* rêche *ou* rugueux.

2 rough *peut signifier* agité (en parlant de la mer).

3 rough *peut signifier* rude (en parlant de manières, d'une personne).

4 rough *peut signifier* dur (en parlant de la vie).

5 rough *peut signifier* approximatif.

► a rough sketch une ébauche.

roughly /'rʌflɪ/ *a plusieurs sens :*

1 roughly *peut signifier* grossièrement.

2 roughly *peut signifier* brutalement.

3 roughly *peut signifier* à peu près.

round /raʊnd/ *a plusieurs catégories grammaticales et plusieurs sens :*

> *Ce peut être un* ADJECTIF :

round *signifie* rond.

> *Ce peut être un* ADVERBE :

1 ► **all round** tout autour.
▷ There were trees all round. Il y avait des arbres tout autour.

2 ► **go round** faire le tour *ou* tourner.

3 ► **go round and round** tourner.

4 ► **round about** à peu près *ou* environ.

5 ► **ask somebody round** inviter quelqu'un chez soi.
▷ Come round and see us. Passe nous voir.

> *Ce peut être une* PRÉPOSITION :

1 **round** *signifie* autour de.
▷ They were sitting round the table. Ils étaient assis autour de la table.

2 ► **go round something** a plusieurs sens :
▷ He had to go round the table. Il a dû contourner la table.
▷ We went round the museum. Nous avons fait le tour du musée.
▷ They went round the corner. Ils ont tourné le coin de la rue.

Round est employé en tant qu'adverbe et préposition en anglais britannique seulement : en anglais américain, on dit around.

> *Ce peut être un* NOM :

round *signifie* partie (de golf, de cartes, d'une compétition) *ou* round (en boxe) *ou* tournée (de boissons).

► **a round of applause** une salve d'applaudissements.

roundabout /'raʊndəbaʊt/ *a plusieurs sens :*

1 **roundabout** *peut signifier* manège (= attraction).

2 **roundabout** *peut signifier* rond-point.

Roundabout n'est pas employé en anglais américain : aux États-Unis, « manège » se dit carousel et « rond-point » se dit traffic circle.

route /ruːt/ itinéraire.

routine /ruː'tiːn/ *a plusieurs catégories grammaticales :*

> *Ce peut être un* NOM :

routine *signifie* routine.

> *Ce peut être un* VERBE :

routine *signifie* de routine.

row *se prononce de deux façons et a des catégories grammaticales et des sens différents selon la prononciation :*

/rəʊ/ (row rime avec go et also)

> *Ce peut être un* NOM :

row *peut signifier* rang *ou* rangée.
▷ They were sitting in a row. Ils étaient assis en rang.

► **three times in a row** trois fois de suite.

> *Ce peut être un* VERBE :

row *signifie* ramer.
▷ He rowed the boat across the river. Il a traversé la rivière à la rame.

/raʊ/ (row rime avec how et now)

> *C'est un* NOM :

row *signifie* dispute *ou* querelle.

► **have a row** se disputer.

rowing /'rəʊɪŋ/ canotage *ou* aviron (= activité).

► **go rowing** faire du canotage *ou* faire de l'aviron.

► **rowing boat** bateau à rames.

i Rowing est aussi une forme du verbe row :
▷ He was rowing the boat across the bay. Il traversait la baie à la rame.

royal /'rɔɪəl/ royal.

► **royal blue** bleu roi.

rub /rʌb/ *a plusieurs catégories grammaticales :*

> *Ce peut être un* VERBE TRANSITIF :

► **rub something** frotter quelque chose.
▷ He rubbed his eyes. Il s'est frotté les yeux.

> *Ce peut être un* VERBE INTRANSITIF :

rub *signifie* frotter.

Phrasal verbs

Le verbe rub peut être suivi d'une préposition, telle que in ou out, et dans ce cas, il peut avoir des sens différents. C'est ce qu'on appelle, en anglais, un phrasal verb.

RUB IN :

► **rub something in** faire pénétrer quelque chose (en frottant).

RUB OUT :

► **rub something out** effacer quelque chose.

rubber /'rʌbəʳ/ *a plusieurs catégories grammaticales et plusieurs sens :*

> *Ce peut être un* NOM :

1 **rubber** *peut signifier* caoutchouc.

2 *En anglais britannique,* **rubber** *peut signifier* gomme.

> *Ce peut être un* ADJECTIF :

rubber *signifie* en caoutchouc *ou* de caoutchouc.

► a rubber band un élastique.

rubbish /ˈrʌbɪʃ/ *a plusieurs sens :*

1 rubbish *peut signifier* détritus *ou* ordures.

► rubbish bin poubelle.

> Rubbish n'est pas employé en anglais américain : aux États-Unis, « ordures » se dit garbage ou trash.

2 rubbish *peut être employé pour dire que quelque chose est très mauvais ou très bête.*

▷ The film was rubbish. Le film était nul.

▷ You're talking rubbish. Tu dis des bêtises.

> Dans ce dernier sens, rubbish est un mot familier, c'est-à-dire un mot qu'on évite d'employer quand on parle à quelqu'un qu'on ne connaît pas bien ou quand on écrit.

rubies /ˈruːbɪz/ *est le pluriel de* ruby.

ruby /ˈruːbɪ/ rubis.

rucksack /ˈrʌksæk/ sac à dos.

rudder /ˈrʌdəʳ/ gouvernail.

rude /ruːd/ impoli *ou* grossier.

rug /rʌg/ *a plusieurs sens :*

1 rug *peut signifier* petit tapis.

2 rug *peut signifier* couverture.

ruin /ˈruːɪn/ *a plusieurs catégories grammaticales et plusieurs sens :*

> *Ce peut être un* NOM :

ruin *signifie* ruine.

> *Ce peut être un* VERBE :

1 ► ruin somebody *ou* something *peut signifier* ruiner quelqu'un *ou* quelque chose.

2 ► ruin something *peut signifier* abîmer quelque chose.

rule /ruːl/ *a plusieurs catégories grammaticales et plusieurs sens :*

> *Ce peut être un* NOM :

rule *signifie* règle *ou* règlement.

► as a rule en règle générale.

> *Ce peut être un* VERBE TRANSITIF :

► rule a country gouverner un pays.

> *Ce peut être un* VERBE INTRANSITIF :

rule *signifie* régner.

ruler /ˈruːləʳ/ *a plusieurs sens :*

1 ruler *peut signifier* souverain *ou* chef d'État.

2 ruler *peut signifier* règle (= instrument servant à mesurer).

rum /rʌm/ rhum.

rumble /ˈrʌmbl/ *a plusieurs catégories grammaticales et plusieurs sens :*

> *Ce peut être un* NOM :

rumble *signifie* grondement (de tonnerre) *ou* gargouillement (de l'estomac).

> *Ce peut être un* VERBE :

rumble *signifie* gronder (en parlant du tonnerre) *ou* gargouiller (en parlant de l'estomac).

rumour /ˈruːməʳ/ rumeur.

> En anglais américain, ce mot s'écrit rumor.

run /rʌn/ *a plusieurs catégories grammaticales et plusieurs sens :*

> *Ce peut être un* VERBE INTRANSITIF :

1 run *peut signifier* courir.

▷ He ran down the road. Il a descendu la rue en courant.

2 run *peut signifier* passer.

▷ The road runs past the church. La rue passe devant l'église.

3 run *peut signifier* couler.

▷ My nose is running. J'ai le nez qui coule.

4 run *peut signifier* marcher (en parlant d'une machine ou d'une usine) *ou* tourner (en parlant d'un moteur).

▷ The car runs on gas. La voiture marche au gaz.

5 run *peut signifier* être candidat.

▷ He's running for president. Il est candidat à la présidence.

6 run *peut signifier* assurer le service (en parlant des transports en commun).

▷ The train is running late. Le train est en retard.

> *Ce peut être un* VERBE TRANSITIF :

1 ► run something *peut signifier* courir quelque chose (une course, une distance, un risque).

2 ► run something *peut signifier* diriger quelque chose (une entreprise) *ou* tenir quelque chose (un magasin ou un hôtel).

3 ► run something *peut signifier* faire marcher quelque chose.

4 ► run something *peut signifier* faire couler quelque chose (un bain, de l'eau).

> *Ce peut être un* NOM :

1 run *signifie* course (à pied).

► go for a run aller courir.

2 ► in the long run à long terme.

Phrasal verbs

Le verbe run peut être suivi d'une préposition, telle que away ou over, et dans ce cas, il peut avoir des sens différents. C'est ce qu'on appelle, en anglais, un phrasal verb.

RUN AWAY :

► run away s'enfuir *ou* se sauver.

RUN OUT :

► run out *peut signifier* expirer (en parlant d'un contrat, d'un passeport, etc.).

► run out *peut signifier* être épuisé (en parlant de provisions, d'aliments, etc.).

▷ Time is running out. Il ne reste plus beaucoup de temps.

RUN OUT OF :

► run out of something être à court de quelque chose *ou* être à bout de quelque chose.

▷ We've run out of petrol. Nous sommes en panne d'essence.

RUN OVER :

► run somebody *ou* something over écraser quelqu'un *ou* quelque chose (en voiture).

rung /rʌŋ/ barreau (d'une échelle).

ℹ Rung est aussi le participe passé du verbe ring :
▷ He has rung three times this morning. Il a appelé trois fois ce matin.

runner /ˈrʌnəʳ/ coureur.

runner beans /ˈrʌnəbiːnz/ haricots verts.

runner-up /ˈrʌnərˈʌp/ second (= personne qui arrive en seconde place dans une course).

running /ˈrʌnɪŋ/ *a plusieurs catégories grammaticales et plusieurs sens :*

> *Ce peut être un* NOM :

1 running *peut signifier* course (à pied).
► running shoes chaussures de course.

2 running *peut signifier* direction *ou* gestion (d'une entreprise).

> *Ce peut être un* ADJECTIF :

1 ► running water de l'eau courante.

2 running *peut signifier* de suite.
► three days running trois jours de suite.

ℹ Running est aussi une forme du verbe run :
▷ She was running towards me. Elle courait vers moi.

runway /ˈrʌnweɪ/ piste (dans un aéroport).

rush /rʌʃ/ *a plusieurs catégories grammaticales et plusieurs sens :*

> *Ce peut être un* NOM :

rush *signifie* précipitation.
► the gold rush la ruée vers l'or.
► be in a rush être pressé.
► rush hour heures de pointe.

> *Ce peut être un* VERBE INTRANSITIF :

rush *signifie* se précipiter.
▷ He rushed out. Il est sorti précipitamment.

> *Ce peut être un* VERBE TRANSITIF :

► rush something faire quelque chose à la hâte *ou* expédier quelque chose.
► rush somebody to hospital transporter quelqu'un d'urgence à l'hôpital.

Russia /ˈrʌʃə/ Russie.

ℹ En général, en anglais, on n'emploie pas d'article défini devant les noms de pays et de continents.

Russian /ˈrʌʃən/ russe *ou* Russe.

ℹ En anglais, les adjectifs de nationalité et les noms de langues commencent par une majuscule.

rust /rʌst/ rouille.

rusty /ˈrʌstɪ/ rouillé.

S

ANGLAIS — FRANÇAIS

La lettre **S** se prononce /es/ en anglais, comme en français.

sack /sæk/ *a plusieurs catégories grammaticales et plusieurs sens :*

> *Ce peut être un* NOM :

1 **sack** *signifie* sac (à pommes de terre, à charbon).

2 ► **give someone the sack** licencier quelqu'un.

> *Ce peut être un* VERBE :

► **sack somebody** licencier quelqu'un.

sacred /ˈseɪkrɪd/ sacré.

sad /sæd/ triste.

saddle /ˈsædl/ selle.

sadly /ˈsædlɪ/ malheureusement *ou* tristement.

sadness /ˈsædnɪs/ tristesse.

safe /seɪf/ *a plusieurs catégories grammaticales et plusieurs sens :*

> *Ce peut être un* ADJECTIF :

1 **safe** *peut signifier* sûr *ou* sans danger.

▷ He put the money in a safe place. Il a mis l'argent en lieu sûr.

2 **safe** *peut signifier* en sécurité *ou* hors de danger.

► **safe and sound** sain et sauf.

> *Ce peut être un* NOM :

safe *signifie* coffre-fort.

safety /ˈseɪftɪ/ sécurité.

► **safety belt** ceinture de sécurité.

► **safety pin** épingle à nourrice.

Sagittarius /ˌsædʒɪˈtɛərɪəs/ Sagittaire.

said /sed/ *est le prétérit et le participe passé du verbe* say.

▷ I said that I wanted to go. J'ai dit que je voulais partir.

▷ He has said yes. Il a dit oui.

sail /seɪl/ *a plusieurs catégories grammaticales et plusieurs sens :*

> *Ce peut être un* NOM :

sail *peut signifier* voile (d'un bateau).

► **set sail** prendre la mer.

► **go for a sail** faire un tour en bateau.

> *Ce peut être un* VERBE TRANSITIF :

► **sail a boat** piloter un bateau.

> *Ce peut être un* VERBE INTRANSITIF :

1 **sail** *peut signifier* faire de la voile.

2 **sail** *peut signifier* aller en bateau.

▷ She sailed round the world. Elle a fait le tour du monde en bateau.

sailboard /ˈseɪlbɔːd/ planche à voile.

sailboat /ˈseɪlbəʊt/ voilier.

> **Sailboat est un mot américain : en anglais britannique on dit sailing boat.**

sailing /ˈseɪlɪŋ/ la voile (activité).

► **go sailing** faire de la voile.

► **sailing boat** voilier.

> **Sailing boat n'est pas employé en anglais américain : aux États-Unis, on dit sailboat.**

ℹ Sailing est aussi une forme du verbe sail :
▷ We're sailing to Casablanca. Nous allons à Casablanca en bateau.

sailor /ˈseɪləʳ/ marin.

sake /seɪk/
► for the sake of... pour...
▷ Do it for my sake. Fais-le pour moi.

salad /ˈsæləd/ salade.
► salad dressing vinaigrette.

salary /ˈsælərɪ/ salaire.

sale /seɪl/ *a plusieurs sens :*
1 sale *peut signifier* vente.
► for sale à vendre.
2 sale *peut signifier* soldes.

salesman /ˈseɪlzmən/ vendeur *ou* représentant (de commerce).

saleswoman /ˈseɪlzwʊmən/ vendeuse *ou* représentante (de commerce).

saliva /səˈlaɪvə/ salive.

salmon /ˈsæmən/ saumon.

salt /sɒlt/ sel.
► salt water eau salée.

salty /ˈsɒltɪ/ salé.

salute /səˈluːt/ *a plusieurs catégories grammaticales :*
> *Ce peut être un* NOM :
salute *signifie* salut (militaire).
> *Ce peut être un* VERBE :
salute *signifie* saluer.

same /seɪm/ même.
▷ They are the same size. Ils sont de la même taille.
▷ Your bag is the same as mine. Ton sac est le même que le mien.
► at the same time en même temps.
► all the same quand même.
▷ It's all the same to me. Ça m'est égal.

sample /ˈsɑːmpl/ *a plusieurs catégories grammaticales :*
> *Ce peut être un* NOM :
sample *signifie* échantillon.
> *Ce peut être un* VERBE :
► sample something goûter quelque chose.

sand /sænd/ *a plusieurs catégories grammaticales :*
> *Ce peut être un* NOM :
sand *signifie* sable.
► sand castle château de sable.
> *Ce peut être un* VERBE :
► sand something poncer quelque chose.

sandal /ˈsændl/ sandale.

sandpaper /ˈsændˌpeɪpəʳ/ papier de verre.

sandpit /ˈsændpɪt/ bac à sable.

sandy /ˈsændɪ/ *a plusieurs sens :*
1 sandy *peut signifier* de sable *ou* sableux.
2 sandy *peut signifier* couleur sable.

sane /seɪn/ sain d'esprit.

sang /sæŋ/ *est le prétérit du verbe* sing.
▷ He sang an old song. Il a chanté une vieille chanson.

sanitary /ˈsænɪtərɪ/ sanitaire *ou* hygiénique.
► sanitary towel *ou* sanitary napkin serviette hygiénique.

Sanitary napkin n'est employé qu'en anglais américain.

sanity /ˈsænɪtɪ/ santé mentale.

sank /sæŋk/ *est le prétérit du verbe* sink.
▷ The boat sank. Le bateau a coulé.

Santa Claus /ˌsæntəˈklɔːz/ le père Noël.

sapphire /ˈsæfaɪəʳ/ saphir.

sat /sæt/ *est le prétérit et le participe passé du verbe* sit.
▷ She sat down. Elle s'est assise.

satchel /ˈsætʃəl/ cartable.

satellite /ˈsætəlaɪt/ satellite.
► satellite dish antenne parabolique.
► satellite television télévision par satellite.

satisfactory /ˌsætɪsˈfæktərɪ/ satisfaisant.

satisfied /ˈsætɪsfaɪd/ satisfait.

ℹ Satisfied est aussi le prétérit et le participe passé du verbe satisfy :
▷ That satisfied my curiosity. Cela a satisfait ma curiosité.

satisfy /'sætɪsfaɪ/ satisfaire.

satisfying /'sætɪsfaɪɪŋ/ satisfaisant.

Saturday /'sætədɪ/ samedi.

► on Saturday samedi.
► on Saturday morning samedi matin.
► on Saturdays le samedi.

ℹ En anglais, les noms de jours de la semaine commencent toujours par une majuscule.

saucepan /'sɔːspən/ casserole.

saucer /'sɔːsə^r/ soucoupe.

Saudi Arabia /'saʊdɪ ə'reɪbɪə/ Arabie Saoudite.

ℹ En général, en anglais, on n'emploie pas d'article défini devant les noms de pays et de continents.

sausage /'sɒsɪdʒ/ saucisse *ou* saucisson.

save /seɪv/ *a plusieurs catégories grammaticales et plusieurs sens :*

> *Ce peut être un* VERBE TRANSITIF :

1 ► save somebody *ou* something *peut signifier* sauver quelqu'un *ou* quelque chose.

2 ► save something *peut signifier* garder quelque chose (des aliments, une place).

3 ► save money mettre de l'argent de côté *ou* économiser de l'argent.

4 ► save time gagner du temps.

5 *En informatique,* ► save a file *signifie* sauvegarder un fichier *ou* enregistrer un fichier.

6 *En football,* ► save a goal *signifie* arrêter un tir.

> *Ce peut être un* VERBE INTRANSITIF :

► save up mettre de l'argent de côté.

▷ We're saving up to buy a car. Nous mettons de l'argent de côté pour acheter une voiture.

savings /'seɪvɪŋz/ économies.

savoury /'seɪvərɪ/ salé (par opposition à sucré).

En anglais américain, ce mot s'écrit savory.

saw /sɔː/ *a plusieurs catégories grammaticales :*

> *Ce peut être un* NOM :

saw *signifie* scie.

> *Ce peut être un* VERBE :

► saw something scier quelque chose.

ℹ Saw est aussi le prétérit du verbe see :
▷ I saw him yesterday. Je l'ai vu hier.

sawn /sɔːn/ *est le participe passé du verbe* saw.

▷ Dad has sawn the plank in two. Papa a scié la planche en deux.

say /seɪ/ dire.

▷ What did you say? Qu'est-ce que tu as dit ?
▷ I said I was hungry. J'ai dit que j'avais faim.
► let's say... supposons que...

saying /'seɪɪŋ/ dicton.

ℹ Saying est aussi une forme du verbe say :
▷ What is he saying? Qu'est-ce qu'il dit ?

scab /skæb/ croûte (d'une blessure).

scaffolding /'skæfəldɪŋ/ échafaudage.

scale /skeɪl/ *a plusieurs sens :*

1 scale *peut signifier* échelle (= dimension, gradation).

► on a large scale à grande échelle.

2 *En musique,* scale *signifie* gamme.

3 scale *peut signifier* écaille (de poisson).

4 ► scales *peut signifier* balance (pour se peser).

scallop /'skɒləp/ coquille Saint-Jacques.

scalp /skælp/ cuir chevelu.

scan /skæn/ *a plusieurs catégories grammaticales et plusieurs sens :*

> *Ce peut être un* NOM :

scan *peut signifier* échographie *ou* scanographie.

> *Ce peut être un* VERBE :

1 ► scan something *peut signifier* parcourir quelque chose (au sens de « regarder rapidement »).

2 ► scan something *peut signifier* scruter quelque chose.

3 ► scan something *peut signifier* balayer quelque chose (au radar).

4 *En informatique,* ► scan something *signifie* scanner quelque chose.

scandal /'skændl/ scandale.

scandalous /'skændələs/ scandaleux.

scanner /'skænəʳ/ scanner (= appareil) *ou* lecteur optique.

scar /skɑːʳ/ cicatrice.

scarce /skɛəs/ rare.

scarcely /'skɛəslɪ/ à peine.

scare /skɛəʳ/ *a plusieurs catégories grammaticales et plusieurs sens :*

> *Ce peut être un* NOM :

scare *signifie* alerte.

► bomb scare alerte à la bombe.

> *Ce peut être un* VERBE :

1 ► scare somebody faire peur à quelqu'un *ou* effrayer quelqu'un.

2 ► scare somebody away *ou* scare somebody off faire fuir quelqu'un.

scarecrow /'skɛəkrəʊ/ épouvantail.

scared /skɛəd/ effrayé.

► be scared avoir peur.

▷ He's scared of spiders. Il a peur des araignées.

ℹ Scared est aussi le prétérit et le participe passé du verbe scare :
▷ You scared me! Tu m'as fait peur !

scarf /skɑːf/ écharpe *ou* foulard.

scarlet /'skɑːlɪt/ écarlate.

scarves /skɑːvz/ *est le pluriel de* scarf.

scary /'skɛərɪ/ effrayant.

scatter /'skætəʳ/ *a plusieurs catégories grammaticales :*

> *Ce peut être un* VERBE TRANSITIF :

► scatter something éparpiller quelque chose.

> *Ce peut être un* VERBE INTRANSITIF :

scatter *signifie* se disperser (en parlant d'une foule, des animaux).

scene /siːn/ *a plusieurs sens :*

1 scene *peut signifier* scène (dans une pièce de théâtre, un film).

► behind the scenes dans les coulisses.

2 scene *peut signifier* spectacle *ou* vue.

3 ► the scene of the crime le lieu du crime.

scenery /'siːnərɪ/ *a plusieurs sens :*

1 scenery *peut signifier* paysage.

2 *Au théâtre,* scenery *signifie* décor.

scent /sent/ parfum *ou* odeur.

schedule /'ʃedjuːl/ *a plusieurs catégories grammaticales et plusieurs sens :*

> *Ce peut être un* NOM :

1 schedule *peut signifier* programme (de travail).

► be behind schedule être en retard.

2 schedule *peut signifier* horaire.

> *Ce peut être un* VERBE :

schedule something prévoir quelque chose.

scheme /skiːm/ plan *ou* projet.

► colour scheme combinaison de couleurs.

school /skuːl/ *a plusieurs sens :*

1 school *peut signifier* école *ou* lycée *ou* collège.

2 school *peut signifier* faculté (à l'université).

3 *En anglais américain,* school *peut signifier* université.

schoolbook /'skuːlbʊk/ livre de classe.

schoolchildren /'skuːltʃɪldrən/ élèves *ou* écoliers.

schoolteacher /'skuːlˌtiːtʃəʳ/ professeur.

scientific /ˌsaɪən'tɪfɪk/ scientifique (adjectif).

scientist /'saɪəntɪst/ scientifique (= personne).

scissors /'sɪzəʳz/ ciseaux.

scold /skəʊld/ réprimander.

scoop /skuːp/ *a plusieurs catégories grammaticales et plusieurs sens :*

> *Ce peut être un* NOM :

1 scoop *peut signifier* mesure (= récipient) *ou* pelle.

2 scoop *peut signifier* cuiller à glace.

3 scoop *peut signifier* boule (de glace).

4 scoop *peut signifier* scoop.

> *Ce peut être un* VERBE :

► scoop something out vider quelque chose *ou* évider quelque chose.

scooter /'skuːtəʳ/scooter *ou* trottinette.

scope /skəʊp/ *a plusieurs sens :*

1 **scope** *est employé pour indiquer l'étendue ou la portée de quelque chose.*

▷ The scope of the disaster. L'étendue du désastre.

▷ It's within the scope of the agreement. C'est prévu dans l'accord.

2 **scope** *est employé pour parler des possibilités qu'offre une situation.*

▷ There's plenty of scope for improvement. Des améliorations sont tout à fait possibles.

▷ I'd like a job with more scope. Je voudrais un travail offrant davantage de possibilités.

score /skɔːʳ/ *a plusieurs catégories grammaticales et plusieurs sens :*

> *Ce peut être un* NOM :

1 *En sport,* score *signifie* score.

2 score *peut signifier* note (pour un travail, à un test).

3 score *peut signifier* partition (musicale) *ou* musique (de film).

> *Ce peut être un* VERBE TRANSITIF :

► score something marquer quelque chose (des points, un but).

> *Ce peut être un* VERBE INTRANSITIF :

score *signifie* marquer un point *ou* marquer un but.

scoreboard /ˈskɔːbɔːd/ tableau d'affichage (des scores).

scorn /skɔːn/ *a plusieurs catégories grammaticales et plusieurs sens :*

> *Ce peut être un* NOM :

scorn *signifie* mépris.

> *Ce peut être un* VERBE :

scorn *signifie* mépriser.

scornful /ˈskɔːnfʊl/ méprisant.

Scorpio /ˈskɔːpɪəʊ/ Scorpion (= signe du zodiaque).

Scot /skɒt/ Écossais.

Scotland /ˈskɒtlənd/ Écosse.

ℹ En général, en anglais, on n'emploie pas d'article défini devant les noms de pays et de continents.

Scots /skɒts/ écossais.

ℹ En anglais, les adjectifs de nationalité et les noms de langues commencent par une majuscule.

Scottish /ˈskɒtɪʃ/ écossais.

ℹ En anglais, les adjectifs de nationalité commencent par une majuscule.

scout /skaʊt/ éclaireur *ou* scout.

scowl /skaʊl/ *a plusieurs catégories grammaticales :*

> *Ce peut être un* NOM :

scowl *signifie* air renfrogné.

> *Ce peut être un* VERBE :

► scowl at somebody jeter un regard noir à quelqu'un.

scrambled eggs /ˌskræmbld ˈegz/ œufs brouillés.

scrap /skræp/ *a plusieurs catégories grammaticales et plusieurs sens :*

> *Ce peut être un* NOM :

1 scrap *peut signifier* bout (de papier, de tissu) *ou* bribe (de conversation, d'information).

► scraps restes (d'un repas).

2 scrap *peut signifier* ferraille.

► scrap dealer ferrailleur.

> *Ce peut être un* VERBE :

► scrap something se débarrasser de quelque chose.

scrapbook /ˈskræpbʊk/ album (de coupures de journaux, etc.).

scrape /skreɪp/ érafler *ou* égratigner *ou* gratter.

scratch /skrætʃ/ *a plusieurs catégories grammaticales et plusieurs sens :*

> *Ce peut être un* NOM :

1 scratch *signifie* égratignure *ou* éraflure *ou* rayure.

2 ► start from scratch partir de zéro.

> *Ce peut être un* VERBE TRANSITIF :

scratch *signifie* griffer *ou* égratigner *ou* érafler *ou* rayer *ou* gratter.

▷ She scratched her head. Elle s'est gratté la tête.

> *Ce peut être un* VERBE INTRANSITIF :

scratch *signifie* gratter.

scream /skriːm/ *a plusieurs catégories grammaticales :*

> *Ce peut être un* NOM :

scream *signifie* cri perçant *ou* hurlement.

> *Ce peut être un* VERBE :

scream *signifie* crier *ou* hurler.

► scream with laughter rire aux éclats.

screen /skriːn/ *a plusieurs catégories grammaticales et plusieurs sens :*

> *Ce peut être un* NOM :

1 screen *peut signifier* écran.

2 screen *peut signifier* paravent.

> *Ce peut être un* VERBE :

1 ► screen somebody *ou* something *peut signifier* masquer quelqu'un *ou* quelque chose.

2 ► screen somebody *ou* something *peut signifier* protéger quelqu'un *ou* quelque chose.

3 ► screen a film projeter un film.

screensaver /'skriːn,seivəʳ/ économiseur d'écran.

screw /skruú/ *a plusieurs catégories grammaticales et plusieurs sens :*

> *Ce peut être un* NOM :

screw *signifie* vis.

> *Ce peut être un* VERBE TRANSITIF :

1 ► screw something to something visser quelque chose sur quelque chose *ou* à quelque chose.

2 ► screw something up froisser quelque chose *ou* chiffonner quelque chose.

screwdriver /'skruː,draɪvəʳ/ tournevis.

scribble /'skrɪbl/ gribouiller *ou* griffonner.

script /skrɪpt/ scénario (d'un film, d'une pièce de théâtre).

scroll /skrəʊl/ *a plusieurs catégories grammaticales :*

> *Ce peut être un* NOM :

scroll *signifie* rouleau (de parchemin).

> *Ce peut être un* VERBE :

En informatique, ► scroll something *signifie* faire défiler quelque chose.

scrub /skrʌb/ laver à la brosse *ou* frotter *ou* récurer.

scrubbing brush /'skrʌbɪŋbrʌʃ/ brosse à récurer.

scruffy /'skrʌfɪ/ débraillé.

scrum /skrʌm/ mêlée (en rugby).

scruple /'skruːpl/ scrupule.

scuba-diving /'skuːbə'daɪvɪŋ/ plongée sous-marine.

► go scuba-diving faire de la plongée sous-marine.

sculpt /skʌlpt/ sculpter.

sculptor /'skʌlptəʳ/ sculpteur.

sea /siː/ mer.

▷ They live in a house by the sea. Ils habitent une maison au bord de la mer.

▷ They travelled by sea. Ils ont voyagé par mer.

► sea front front de mer.

► sea shell coquillage.

seafood /'siːfuːd/ fruits de mer.

seagull /'siːgʌl/ mouette.

seal /siːl/ *a plusieurs catégories grammaticales et plusieurs sens :*

> *Ce peut être un* NOM :

1 seal *peut signifier* phoque.

2 seal *peut signifier* sceau *ou* cachet.

> *Ce peut être un* VERBE :

1 ► seal something *peut signifier* fermer quelque chose *ou* coller quelque chose (une enveloppe par exemple).

2 ► seal something *peut signifier* sceller quelque chose *ou* cacheter quelque chose.

3 ► seal something *peut signifier* fermer quelque chose hermétiquement.

4 ► seal something *peut signifier* boucher quelque chose.

seam /siːm/ couture (au sens de « bords cousus »).

search /sɜːtʃ/ *a plusieurs catégories grammaticales et plusieurs sens :*

> *Ce peut être un* NOM :

1 search *peut signifier* fouille.

2 search *peut signifier* recherche *ou* recherches.

► search engine moteur de recherche.

► search party équipe de secours.

> *Ce peut être un* VERBE TRANSITIF :

1 ► search somebody *ou* something *peut signifier* fouiller quelqu'un *ou* quelque chose.

2 ► search something *peut signifier* examiner quelque chose attentivement (un plan, une page).

3 ► search something *peut signifier* rechercher dans quelque chose (un fichier informatique).

> *Ce peut être un* VERBE INTRANSITIF :

search *signifie* chercher.

► **search for something** chercher quelque chose *ou* (en informatique) rechercher quelque chose.

searchlight /'sɜ:tʃlaɪt/ projecteur (= spot).

seashore /'si:ʃɔ:r/ rivage *ou* plage.

seasick /'si:sɪk/

► **be seasick** *ou* **feel seasick** avoir le mal de mer.

seaside /'si:saɪd/ bord de la mer.

► **at the seaside** *ou* **by the seaside** au bord de la mer.

season /'si:zn/ *a plusieurs catégories grammaticales :*

> *Ce peut être un* NOM :

season *signifie* saison.

► **in season** de saison.

► **out of season** hors saison *ou* hors de saison.

► **season ticket** carte d'abonnement.

> *Ce peut être un* VERBE :

► **season something** assaisonner quelque chose.

seasoning /'si:znɪŋ/ assaisonnement.

seat /si:t/ *a plusieurs catégories grammaticales et plusieurs sens :*

> *Ce peut être un* NOM :

1 **seat** *peut signifier* siège *ou* fauteuil.

► **seat belt** ceinture de sécurité.

2 **seat** *peut signifier* place (assise).

> *Ce peut être un* VERBE :

► **seat somebody** faire asseoir quelqu'un *ou* placer quelqu'un.

seaweed /'si:wi:d/ algues.

second /'sekənd/ *a plusieurs catégories grammaticales et plusieurs sens :*

> *Ce peut être un* NOM :

1 **second** *peut signifier* seconde.

▷ Wait a second! Une seconde !

2 **second** *peut signifier* deuxième *ou* second.

► **the second of May** *ou* **May the second** le deux mai.

3 ► **seconds** *peut signifier* articles de second choix.

4 ► **have seconds** *peut signifier* en reprendre (à un repas).

> *Ce peut être un* ADJECTIF *ou un* ADVERBE :

second *signifie* deuxième *ou* second.

▷ She came second. Elle est arrivée deuxième.

secondary /'sekəndərɪ/ secondaire.

second-class /'sekənd'klɑ:s/ *a plusieurs sens :*

1 ► **second-class ticket** billet de seconde classe.

2 ► **second-class mail** courrier à tarif réduit.

3 **second-class** *peut signifier* de qualité inférieure.

secondhand /'sekənd'hænd/ d'occasion *ou* de seconde main.

► **secondhand shop** magasin d'occasion.

secondly /'sekəndlɪ/ deuxièmement.

secretary /'sekrətrɪ/ secrétaire.

secretive /'si:krətɪv/ secret (adjectif) *ou* mystérieux.

► **be secretive about something** faire mystère de quelque chose.

section /'sekʃən/ section *ou* partie *ou* tronçon (d'un tuyau, d'une rue, d'une rivière) *ou* passage (dans un livre).

sector /'sektər/ secteur.

secure /sɪ'kjʊər/ *a plusieurs catégories grammaticales et plusieurs sens :*

> *Ce peut être un* ADJECTIF :

1 **secure** *peut signifier* sûr *ou* en sécurité.

2 **secure** *peut signifier* sécurisant.

3 **secure** *peut signifier* solide *ou* stable.

> *Ce peut être un* VERBE :

1 ► **secure something** *peut signifier* bien attacher quelque chose *ou* bien fermer quelque chose.

2 ► **secure something** *peut signifier* protéger quelque chose.

3 ► **secure something** *peut signifier* obtenir quelque chose.

security /sɪ'kjʊərɪtɪ/ sécurité.

seduce /sɪ'dju:s/ séduire.

see /siː/ *a plusieurs catégories grammaticales et plusieurs sens :*

> *Ce peut être un* VERBE TRANSITIF :

1 ► **see somebody** *ou* **something** *peut signifier* voir quelqu'un *ou* quelque chose.
▷ Can you see him? Tu le vois ?
▷ I can't see her. Je ne la vois pas.
▷ She came to see me. Elle est venue me voir.
▷ See you! Salut !
▷ See you soon! À bientôt !
▷ See you later! À tout à l'heure !
▷ See you on Sunday! À dimanche !

2 ► **see somebody to the door** raccompagner quelqu'un jusqu'à la porte.
▷ He saw me to the station. Il m'a accompagné à la gare.

3 ► **see that...** *peut signifier* s'assurer que...

> *Ce peut être un* VERBE INTRANSITIF :

see *signifie* voir.
▷ I can't see. Je n'y vois rien.
▷ I'll go and see. Je vais voir.

Phrasal verbs

Le verbe see peut être suivi d'une préposition, telle que off ou to, et dans ce cas, il peut avoir des sens différents. C'est ce qu'on appelle, en anglais, un phrasal verb.

SEE OFF :
► **see somebody off** accompagner quelqu'un (pour dire au revoir).

SEE OUT :
► **see somebody out** raccompagner quelqu'un jusqu'à la porte.

SEE TO :
► **see to something** s'occuper de quelque chose.

seed /siːd/ graine *ou* pépin.

seek /siːk/ chercher.

seem /siːm/ sembler.
▷ She seems tired. Elle a l'air fatiguée.
▷ It seems he has left. Il semble qu'il soit parti.
▷ It seems to me that she's right. Il me semble qu'elle a raison.

seen /siːn/ *est le participe passé du verbe* see.
▷ Have you seen John? As-tu vu John ?

seesaw /ˈsiːsɔː/ bascule (pour enfants).

see-through /ˈsiːθruː/ transparent.

seize /siːz/ saisir.

seldom /ˈseldəm/ rarement.

select /sɪˈlekt/ sélectionner *ou* choisir.

selection /sɪˈlekʃən/ sélection *ou* choix.

self-confidence /selfˈkɒnfɪdəns/ confiance en soi.

self-confident /selfˈkɒnfɪdənt/ sûr de soi.

self-control /selfkənˈtrəʊl/ sang-froid *ou* maîtrise de soi.

self-defence /ˌselfdɪˈfens/ autodéfense.

selfish /ˈselfɪʃ/ égoïste.

selfishness /ˈselfɪʃnɪs/ égoïsme.

self-service /selfˈsɜːvɪs/ libre-service.

sell /sel/ vendre.
▷ I'm going to sell him my car. Je vais lui vendre ma voiture.
▷ He sold it for 30 euros. Il l'a vendu 30 euros.

sell-by date /ˈselbaɪˌdeɪt/ date limite de vente.

Sellotape® /ˈseləteɪp/ ruban adhésif.

Ce mot n'est pas employé en anglais américain : aux États-Unis, pour dire « ruban adhésif », on dit Scotch® tape.

semicolon /ˌsemɪˈkəʊlən/ point-virgule.

semifinal /ˌsemɪˈfaɪnl/ demi-finale.

senator /ˈsenɪtəʳ/ sénateur.

send /send/ envoyer.
▷ I sent him a letter. Je lui ai envoyé une lettre.
▷ Send him my love. Embrasse-le de ma part.
► **send somebody to sleep** endormir quelqu'un.

Phrasal verbs

Le verbe send peut être suivi d'une préposition, telle que back ou for, et dans ce cas, il peut avoir des sens différents. C'est ce qu'on appelle, en anglais, un phrasal verb.

SEND BACK :

► send something back renvoyer quelque chose.

SEND FOR :

► send for somebody appeler quelqu'un *ou* faire appeler quelqu'un (la police ou un médecin, par exemple).

► send for something commander quelque chose par correspondance.

SEND IN :

► send something in envoyer quelque chose (un rapport, une lettre de candidature, etc.).

SEND OFF :

► send something off expédier quelque chose *ou* envoyer quelque chose.

► *En sport,* send somebody off *signifie* expulser quelqu'un.

sender /'sendəʳ/ expéditeur.

senior /'siːnɪəʳ/ *a plusieurs catégories grammaticales et plusieurs sens :*

> *Ce peut être un* ADJECTIF :

1 senior *peut signifier* de grade supérieur *ou* haut placé.

2 senior *peut signifier* plus âgé.

► senior citizen personne du troisième âge.

> *Ce peut être un* NOM :

1 senior *peut signifier* aîné.

2 *En anglais britannique,* senior *peut signifier* élève dans les grandes classes.

3 *En anglais américain,* senior *peut signifier* élève de terminale *ou* étudiant de licence.

sensational /sen'seɪʃənl/ sensationnel.

ℹ Attention à l'orthographe du mot anglais sensational.

sense /sens/ *a plusieurs catégories grammaticales et plusieurs sens :*

> *Ce peut être un* NOM :

1 sense *peut signifier* sens.

► sense of direction sens de l'orientation.

► sense of humour sens de l'humour.

► sense of smell odorat.

▷ The words don't make sense. Les mots n'ont pas de sens.

▷ What he did doesn't make sense. Ce qu'il a fait n'est pas logique.

2 sense *peut signifier* sentiment.

3 sense *peut signifier* bon sens.

> *Ce peut être un* VERBE :

► sense something sentir quelque chose *ou* pressentir quelque chose.

sensible /'sensəbl/ *a plusieurs sens :*

1 sensible *peut signifier* raisonnable *ou* sensé.

2 sensible *peut signifier* pratique.

En anglais, sensible ne signifie pas « sensible ».

sensitive /'sensɪtɪv/ *a plusieurs sens :*

1 sensitive *peut signifier* sensible.

2 sensitive *peut signifier* susceptible (= qui se vexe facilement).

sent /sent/ *est le prétérit et le participe passé du verbe* send.

▷ She sent him a present. Elle lui a envoyé un cadeau.

▷ Mark has sent postcards to all his friends. Mark a envoyé des cartes postales à tous ses amis.

sentence /'sentəns/ *a plusieurs catégories grammaticales et plusieurs sens :*

> *Ce peut être un* NOM :

1 sentence *peut signifier* phrase.

2 sentence *peut signifier* condamnation.

► a prison sentence une peine de prison.

> *Ce peut être un* VERBE :

► sentence somebody to... condamner quelqu'un à...

▷ He was sentenced to death. Il a été condamné à la peine de mort.

sentry /'sentrɪ/ sentinelle.

separate *se prononce de deux façons et a des sens différents selon la prononciation :*

/'seprət/ (la fin ressemble au -ut de shut)

> *Ce peut être un* ADJECTIF :

separate *signifie* séparé *ou* différent.

/'sepəreɪt/ (la fin rime avec late)

> *Ce peut être un* VERBE TRANSITIF :

separate *signifie* séparer

> *Ce peut être un* VERBE INTRANSITIF :

separate *signifie* se séparer.

separately /'seprətlɪ/ séparément.

September /sep'tembəʳ/ septembre.

ℹ En anglais, les noms de mois commencent par une majuscule.

sequin /'siːkwɪn/ paillette.

serene /sə'ri:n/ serein.

sergeant /'sɑ:dʒənt/ sergent *ou* brigadier (= policier).

serial /'sɪərɪəl/ feuilleton.

series /'sɪərɪz/ série.

serious /'sɪərɪəs/ sérieux *ou* grave.

seriously /'sɪərɪəslɪ/ sérieusement *ou* gravement.

► take something seriously prendre quelque chose au sérieux.

servant /'sɜ:vənt/ domestique.

serve /sɜ:v/ *a plusieurs catégories grammaticales et plusieurs sens :*

> *Ce peut être un* VERBE :

1 serve *signifie* servir.

2 ► it serves you right c'est bien fait pour toi.

> *Ce peut être un* NOM :

En tennis, serve *signifie* service.

server /'sɜ:vəʳ/ serveur (= ordinateur)

service /'sɜ:vɪs/ *a plusieurs sens :*

1 service *peut signfier* service.

▷ Service is included. Le service est compris.

► service station station-service.

2 *En informatique,* ► service provider signifie fournisseur d'accès.

3 service *peut signifier* révision (d'une voiture).

4 service *peut signifer* office (religieux).

serving /'sɜ:vɪŋ/ portion.

► serving dish plat de service.

► serving spoon grande cuillère (pour servir).

> **i** Serving est aussi une forme du verbe serve :
> ▷ He was serving the guests. Il servait les invités.

session /'seʃən/ séance.

set /set/ *a plusieurs catégories grammaticales et plusieurs sens :*

> *Ce peut être un* NOM :

1 set *peut signifier* jeu (de clés, d'outils, etc.) *ou* série (de casseroles par exemple).

2 set *peut signifier* bande *ou* groupe (de personnes).

3 set *peut signifier* poste de télévision.

4 set *peut signifier* plateau (d'un tournage) *ou* décor (de théâtre).

5 *En tennis,* set *signifie* set.

> *Ce peut être un* ADJECTIF :

1 set *peut signifier* fixe *ou* figé.

2 set *peut signifier* prêt.

▷ We're all set! On est prêts !

> *Ce peut être un* VERBE TRANSITIF :

1 ► set something *peut signifier* poser quelque chose.

▷ She set the vase on the table. Elle a posé le vase sur la table.

2 ► set something *peut signifier* régler quelque chose (une horloge, un mécanisme).

▷ Have you set the alarm? As-tu mis le réveil ?

Phrasal verbs

Le verbe set peut être suivi d'une préposition, telle que about ou up, et dans ce cas, il peut avoir des sens différents. C'est ce qu'on appelle, en anglais, un phrasal verb.

SET ABOUT :

► set about something se mettre à quelque chose.

SET ASIDE :

► set something aside mettre quelque chose de côté.

SET DOWN :

► set something down *peut signifier* poser quelque chose.

► set something down *peut signifier* noter quelque chose.

SET OFF :

► set off se mettre en route.

► set something off *peut signifier* faire exploser quelque chose (une bombe) *ou* faire partir quelque chose (des feux d'artifice).

► set something off *peut signifier* déclencher quelque chose.

► set something off *peut signifier* mettre quelque chose en valeur.

SET OUT :

► set out partir.

► set out to do something tenter de faire quelque chose.

► set something out *peut signifier* disposer quelque chose.

► set something out *peut signifier* exposer quelque chose.

SET UP :

► set something up *peut signifier* mettre quelque chose en place.

► set something up *peut signifier* créer quelque chose *ou* fonder quelque chose.

► set something up *peut signifier* organiser quelque chose.

3 ► **set something** *peut signifier* fixer quelque chose (une date, un délai, une limite).

▷ I want to have a party but I haven't set a date yet. Je veux faire une fête mais je n'ai pas encore fixé la date.

4 ► **set something** *peut signifier* donner quelque chose (une tâche, des devoirs, un exemple).

▷ The teacher set us some homework. Le prof nous a donné des devoirs.

5 ► **be set somewhere** se passer quelque part (en parlant d'une histoire, d'un film).

▷ The film is set in Paris. Le film se passe à Paris.

6 **Set** *est employé dans les expressions suivantes :*

► **set something in motion** mettre quelque chose en marche.

► **set something on fire** mettre le feu à quelque chose.

► **set the table** mettre la table.

► **set a record** établir un record.

► **set a trap** tendre un piège.

> *Ce peut être un* VERBE INTRANSITIF :

1 **set** *peut signifier* se coucher (en parlant du soleil).

2 **set** *peut signifier* se ressouder (en parlant d'une fracture).

3 **set** *peut signifier* prendre (en parlant de gelée ou de ciment).

settee /se'tiː/ canapé (= meuble).

setting /'setɪŋ/ *a plusieurs sens :*

1 **setting** *peut signifier* cadre (au sens de « décor »).

2 **setting** *peut signifier* réglage (d'un mécanisme).

ℹ **Setting** est aussi une forme du verbe **set** :
▷ The sun was setting. Le soleil se couchait.

settle /'setl/ *a plusieurs catégories grammaticales et plusieurs sens :*

> *Ce peut être un* VERBE TRANSITIF :

► **settle something** *peut signifier* régler quelque chose (une question, une querelle, une facture).

> *Ce peut être un* VERBE INTRANSITIF :

1 **settle** *peut signifier* s'installer (dans une nouvelle résidence, dans un fauteuil).

2 **settle** *peut signifier* se déposer (en parlant de poussière).

3 **settle** *peut signifier* se poser (en parlant d'un insecte, d'un oiseau).

Phrasal verbs

Le verbe **settle** peut être suivi d'une préposition, telle que **down** ou **on**, et dans ce cas, il peut avoir des sens différents. C'est ce qu'on appelle, en anglais, un **phrasal verb**.

SETTLE DOWN :

► **settle down** *peut signifier* s'installer.

► **settle down** *peut signifier* se calmer.

SETTLE ON :

► **settle on something** se décider pour quelque chose.

► **settle up** régler la note.

settlement /'setlmənt/ *a plusieurs sens :*

1 **settlement** *peut signifier* accord.

2 **settlement** *peut signifier* colonie.

seven /'sevn/ sept.

▷ He is seven. Il a sept ans.

▷ There are seven of us. Nous sommes sept.

▷ It's seven o'clock. Il est sept heures.

seventeen /ˌsevn'tiːn/ dix-sept.

▷ She is seventeen. Elle a dix-sept ans.

▷ There are seventeen of us. Nous sommes dix-sept.

seventeenth /ˌsevn'tiːnθ/ dix-septième.

► **the seventeenth of May** *ou* **May the seventeenth** *le dix-sept mai.*

seventh /'sevnθ/ septième.

► **the seventh of May** *ou* **May the seventh** le sept mai.

seventies /'sevntɪz/

▷ He's in his seventies. Il a plus de soixante-dix ans.

► **the seventies** les années soixante-dix.

seventieth /'sevntɪɪθ/ soixante-dixième.

seventy /'sevntɪ/ soixante-dix.

▷ He's seventy. Il a soixante-dix ans.

▷ There are seventy of them. Ils sont soixante-dix.

sever /'sevəʳ/ couper *ou* rompre.

several /'sevrəl/ plusieurs.

severe /sɪ'vɪəʳ/ sévère *ou* grave *ou* sérieux *ou* intense.

sew /səʊ/ coudre.

sewage /'sjuːɪdʒ/ eaux usées.

sewer /'sjʊəʳ/ égout.

sewing /'səʊɪŋ/ couture (= l'activité de la couture).

► sewing machine machine à coudre.

ℹ Sewing est aussi une forme du verbe sew :
▷ She was sewing a button on the shirt. Elle cousait un bouton sur la chemise.

sewn /səʊn/ *est le participe passé du verbe* sew.

▷ I've sewn a patch on my jeans. J'ai cousu une pièce à mon jean.

sex /seks/ sexe.

► have sex with somebody avoir des rapports sexuels avec quelqu'un.

► sex education éducation sexuelle.

sh! /ʃ/ chut !

shabby /'ʃæbɪ/ miteux.

shade /ʃeɪd/ *a plusieurs catégories grammaticales et plusieurs sens :*

> *Ce peut être un* NOM :

1 shade *peut signifier* ombre.

▷ She was sitting in the shade. Elle était assise à l'ombre.

2 shade *peut signifier* abat-jour.

3 shade *peut signifier* ton (d'une couleur).

> *Ce peut être un* VERBE :

► shade one's eyes s'abriter les yeux de la main.

shadow /'ʃædəʊ/ ombre.

shady /'ʃeɪdɪ/ ombragé.

shaggy /'ʃægɪ/ hirsute (= qui a beaucoup de poils longs).

shake /ʃeɪk/ *a plusieurs catégories grammaticales et plusieurs sens :*

> *Ce peut être un* NOM :

1 ► give something a shake secouer quelque chose.

2 shake *peut signifier* milk-shake.

> *Ce peut être un* VERBE TRANSITIF :

1 shake *peut signifier* secouer *ou* agiter.

▷ He shook his head. Il a secoué la tête.

▷ Shake the bottle well before serving. Bien agiter la bouteille avant de servir.

2 ► shake somebody's hand serrer la main à quelqu'un.

► shake hands se serrer la main.

> *Ce peut être un* VERBE INTRANSITIF :

shake *signifie* trembler.

shaken /'ʃeɪkən/ *est le participe passé du verbe* shake.

▷ Have you shaken the bottle? As-tu secoué la bouteille ?

shaky /'ʃeɪkɪ/ tremblant.

shall /ʃæl/ *a plusieurs sens :*

1 shall + base verbale *s'emploie pour former le futur à la première personne :*

▷ I shall phone you tomorrow. Je t'appellerai demain.

▷ We shall be there at 6 o'clock. Nous serons là à 6 heures.

2 shall I? *et* shall we? *s'emploient pour formuler des* suggestions :

▷ Shall I close the window? Veux-tu que je ferme la fenêtre ?

▷ Shall we go out tonight? On sort ce soir ?

shallot /ʃə'lɒt/ échalote.

shallow /'ʃæləʊ/ peu profond *ou* superficiel.

▷ It's quite shallow. Ce n'est pas très profond.

shame /ʃeɪm/ *a plusieurs sens :*

1 shame *peut signifier* honte.

► put somebody to shame faire honte à quelqu'un.

2 shame *peut signifier* dommage.

▷ What a shame! Quel dommage !

shampoo /ʃæm'puː/ *a plusieurs catégories grammaticales :*

> *Ce peut être un* NOM :

shampoo *signifie* shampooing.

> *Ce peut être un* VERBE :

► shampoo something shampouiner quelque chose.

shan't /ʃɑːnt/ *est la contraction de* shall not.

▷ I shan't tell you. Je ne te le dirai pas.

shape /ʃeɪp/ *a plusieurs catégories grammaticales :*

> *Ce peut être un* NOM :

shape *signifie* forme.

► take shape prendre forme.

► be out of shape être déformé (en parlant d'un vêtement ou d'un objet) *ou* ne pas être en forme (en parlant d'une personne).

> *Ce peut être un* VERBE :

shape something façonner quelque chose *ou* former quelque chose.

share /ʃɛəʳ/ *a plusieurs catégories grammaticales et plusieurs sens :*

> *Ce peut être un* NOM :

1 **share** *peut signifier* part.

2 ► **shares** *peut signifier* actions (en bourse).

> *Ce peut être un* VERBE :

share *signifie* partager.

shark /ʃɑːk/ requin.

sharp /ʃɑːp/ *a plusieurs catégories grammaticales et plusieurs sens :*

> *Ce peut être un* ADJECTIF :

1 **sharp** *peut signifier* bien aiguisé *ou* tranchant *ou* bien taillé *ou* pointu.

2 **sharp** *peut signifier* net (en parlant d'un contraste, d'une silhouette, d'une différence).

3 **sharp** *peut signifier* vif (en parlant de l'esprit, de l'intelligence, d'une personne, d'une douleur).

4 **sharp** *peut signifier* brusque (en parlant d'un changement, d'une baisse, d'une augmentation).

5 **sharp** *peut signifier* âcre *ou* âpre.

> *Ce peut être un* ADVERBE :

1 ► **at 5 o'clock sharp** à 5 heures pile.

2 *En musique,* **sharp** *signifie* trop haut (au sens de chanter, jouer trop haut).

sharpen /ˈʃɑːpən/ aiguiser (un couteau, un outil) *ou* tailler (un crayon).

shatter /ˈʃætəʳ/ *a plusieurs catégories grammaticales et plusieurs sens :*

> *Ce peut être un* VERBE TRANSITIF :

1 ► **shatter something** *peut signifier* fracasser quelque chose.

2 ► **shatter something** *peut signifier* briser quelque chose (la foi, l'espoir, les rêves, etc.).

> *Ce peut être un* VERBE INTRANSITIF :

shatter *signifie* se fracasser *ou* voler en éclats.

shave /ʃeɪv/ *a plusieurs catégories grammaticales :*

> *Ce peut être un* NOM :

► **have a shave** se raser.

> *Ce peut être un* VERBE :

shave *signifie* raser *ou* se raser.

shaver /ˈʃeɪvəʳ/ rasoir électrique.

shaving cream /ˈʃeɪvɪŋkriːm/ crème à raser.

shaving foam /ˈʃeɪvɪŋfəʊm/ mousse à raser.

shawl /ʃɔːl/ châle.

she /ʃiː/ elle.

▷ She's a teacher. Elle est professeur.

En anglais, le pronom personnel she est employé pour les personnes et les animaux familiers. Pour les objets et les animaux non familiers, on emploie le pronom neutre it.

shed /ʃed/ cabane *ou* remise *ou* hangar.

she'd /ʃiːd/ *est la contraction de* **she had** *ou* **she would**.

▷ She'd (= she had) finished. Elle avait fini.

▷ She'd (= she would) like to come. Elle aimerait venir.

sheep /ʃiːp/ mouton.

sheepdog /ˈʃiːpdɒg/ chien de berger.

sheepskin /ˈʃiːpskɪn/ peau de mouton.

sheer /ʃɪəʳ/ *a plusieurs sens :*

1 **sheer** *peut signifier* pur (en parlant de panique, de bonheur, de terreur, de stupidité, etc.).

2 **sheer** *peut signifier* abrupt *ou* à pic (en parlant d'une pente).

sheet /ʃiːt/ *a plusieurs sens :*

1 **sheet** *peut signifier* drap.

2 **sheet** *peut signifier* feuille (de papier).

3 **sheet** *peut signifier* plaque (de métal, de glace, de verre).

shelf /ʃelf/ étagère *ou* rayon.

▷ David put up a shelf in his bedroom. David a monté une étagère dans sa chambre.

shell /ʃel/ *a plusieurs catégories grammaticales et plusieurs sens :*

> *Ce peut être un* NOM :

1 **shell** *peut signifier* coquille *ou* carapace.

2 **shell** *peut signifier* coquillage.

3 **shell** *peut signifier* obus.

> *Ce peut être un* VERBE :

1 ► **shell something** *peut signifier* bombarder quelque chose.

2 ► **shell something** *peut signifier* décortiquer quelque chose.

she'll /ʃiːl/ *est la contraction de* **she will**.

▷ She'll finish tomorrow. Elle finira demain.

shellfish /ˈʃelfɪʃ/ crustacé *ou* coquillage.

▷ I don't like shellfish. Je n'aime pas les fruits de mer.

shelter /'ʃeltəʳ/ *a plusieurs catégories grammaticales et plusieurs sens :*

> *Ce peut être un* NOM :

shelter *signifie* abri.

> *Ce peut être un* VERBE TRANSITIF :

► shelter somebody abriter quelqu'un *ou* donner asile à quelqu'un.

> *Ce peut être un* VERBE INTRANSITIF :

shelter *signifie* s'abriter *ou* se mettre à l'abri.

sheltered /'ʃeltəd/ abrité *ou* protégé.

ℹ Sheltered est aussi le prétérit et le participe passé du verbe shelter :
▷ She sheltered from the wind. Elle s'est mise à l'abri du vent.

shelves /ʃelvz/ *est le pluriel de* shelf.

shepherd /'ʃepəd/ berger.

she's /ʃiːz/ *est la contraction de* she is *et* she has.

▷ She's (= she is) unhappy. Elle est malheureuse.

▷ She's (= she has) finished. Elle a fini.

shield /ʃiːld/ écran *ou* bouclier.

shift /ʃɪft/ *a plusieurs catégories grammaticales et plusieurs sens :*

> *Ce peut être un* NOM :

1 shift *peut signifier* changement.

2 shift *peut signifier* poste (= période de travail ou équipe de travailleurs).

> *Ce peut être un* VERBE TRANSITIF :

► shift something déplacer quelque chose.

> *Ce peut être un* VERBE INTRANSITIF :

shift *signifie* se déplacer.

shin /ʃɪn/ tibia.

shine /ʃaɪn/ *a plusieurs catégories grammaticales et plusieurs sens :*

> *Ce peut être un* NOM :

shine *signifie* éclat.

> *Ce peut être un* VERBE TRANSITIF :

1 ► shine something faire briller quelque chose.

2 ► shine a light on something braquer une lampe sur quelque chose.

> *Ce peut être un* VERBE INTRANSITIF :

shine *signifie* briller.

► shine on something éclairer quelque chose *ou* illuminer quelque chose.

shiny /'ʃaɪnɪ/ brillant.

ship /ʃɪp/ bateau *ou* navire.

shipwreck /'ʃɪprek/ naufrage *ou* épave.

shipwrecked /'ʃɪprekt/

► be shipwrecked faire naufrage.

shirt /ʃɜːt/ chemise.

shiver /'ʃɪvəʳ/ *a plusieurs catégories grammaticales :*

> *Ce peut être un* NOM :

shiver *signifie* frisson.

> *Ce peut être un* VERBE :

shiver *signifie* frissonner.

shock /ʃɒk/ *a plusieurs catégories grammaticales et plusieurs sens :*

> *Ce peut être un* NOM :

1 shock *peut signifier* choc.

► be in shock être en état de choc.

► get a shock avoir un choc.

2 shock *peut signifier* décharge électrique.

> *Ce peut être un* VERBE :

► shock somebody choquer quelqu'un.

shocked /ʃɒkt/ choqué.

ℹ Shocked est aussi le prétérit et le participe passé du verbe shock :
▷ It shocked me. Ça m'a choqué.

shocking /'ʃɒkɪŋ/ scandaleux *ou* épouvantable.

ℹ Shocking est aussi une forme du verbe shock :
▷ He likes shocking people. Il aime bien choquer les gens.

shoe /ʃuː/ chaussure.

shoelace /'ʃuːleɪs/ lacet.

shone /ʃɒn/ *est le prétérit et le participe passé du verbe* shine.

▷ Her eyes shone. Ses yeux brillaient.

shook /ʃʊk/ *est le prétérit du verbe* shake.

▷ The ground shook. La terre a tremblé.

▷ They shook hands. Ils se sont serré la main.

shoot /ʃuːt/ *a plusieurs catégories grammaticales et plusieurs sens :*

> *Ce peut être un* NOM :

shoot *signifie* pousse (= jeune plante).

> *Ce peut être un* VERBE TRANSITIF :

1 ► shoot somebody tirer sur quelqu'un.

▷ He was shot in the leg. Il a reçu une balle dans la jambe.

2 ► shoot a film tourner un film.

> *Ce peut être un* VERBE INTRANSITIF :

1 shoot *peut signifier* tirer (au fusil).

► shoot at somebody *ou* something tirer sur quelqu'un *ou* quelque chose.

2 shoot est employé pour décrire un mouvement rapide :

▷ He shot past. Il est passé en flèche.

3 *Au cinéma,* shoot *signifie* tourner.

4 *En football,* shoot *signifie* tirer *ou* shooter.

Phrasal verbs

Le verbe shoot peut être suivi d'une préposition, telle que down ou up, et dans ce cas, il peut avoir des sens différents. C'est ce qu'on appelle, en anglais, un phrasal verb.

SHOOT DOWN :

► shoot somebody down abattre quelqu'un.

SHOOT UP :

► shoot up *peut signifier* pousser vite.

► shoot up *peut signifier* monter en flèche.

shop /ʃɒp/ *a plusieurs catégories grammaticales :*

> *Ce peut être un* NOM :

shop *signifie* magasin *ou* boutique.

► shop assistant vendeur.

► shop window vitrine.

> *Ce peut être un* VERBE :

shop *signifie* faire ses courses.

► go shopping aller faire les courses *ou* les magasins.

shopkeeper /ˈʃɒpˌkiːpəʳ/ commerçant.

shoplifting /ˈʃɒpˌlɪftɪŋ/ vol à l'étalage.

shopping /ˈʃɒpɪŋ/ achats *ou* courses.

► shopping bag sac à provisions.

► shopping centre centre commercial.

ℹ Shopping est aussi une forme du verbe shop :
▷ He loves shopping. Il adore faire les magasins.

shore /ʃɔːʳ/ rivage *ou* rive *ou* plage.

► on shore à terre.

short /ʃɔːt/ *a plusieurs catégories grammaticales et plusieurs sens :*

> *Ce peut être un* ADJECTIF :

1 short *peut signifier* court.

► a short cut un raccourci.

2 short *peut signifier* bref.

► in short... bref...

3 short *peut signifier* petit.

4 ► be short of something manquer de quelque chose.

5 ► be short for something être le diminutif de quelque chose *ou* être l'abréviation de quelque chose.

> *Ce peut être un* ADVERBE :

1 ► cut something short écourter quelque chose *ou* couper court à quelque chose.

► run short of something se trouver à court de quelque chose.

2 ► stop short s'arrêter net.

shorts /ʃɔːts/ short.

► a pair of shorts un short.

shortage /ˈʃɔːtɪdʒ/ manque.

shortbread /ˈʃɔːtbred/ sablé (= biscuit).

shorten /ˈʃɔːtn/ raccourcir.

shortly /ˈʃɔːtlɪ/ bientôt.

short-sighted /ʃɔːtˈsaɪtɪd/ myope.

shot /ʃɒt/ *a plusieurs sens :*

1 shot *peut signifier* coup de feu.

2 shot *peut signifier* tir (en football ou hockey) *ou* coup (en tennis ou golf).

3 shot *peut signifier* photo *ou* plan (dans un film).

4 shot *peut signifier* piqûre.

ℹ Shot est aussi le prétérit et le participe passé du verbe shoot :
▷ He shot the bird. Il a tué l'oiseau d'une balle.
▷ I've been shot. On m'a tiré dessus.

shotgun /ˈʃɒtɡʌn/ fusil de chasse.

should /ʃʊd/ *a plusieurs sens :*

ℹ Should est ce qu'on appelle, en anglais, un modal verb (verbe modal). Il précède la forme infinitive de base d'autres verbes (you should go now) ; il ne prend pas de s final à la troisième personne du singulier (he should, she should, it should) ; à la différence d'autres verbes, les formes négatives et interrogatives ne se construisent pas avec do (should I go? you should not) ; il n'a ni forme infinitive, ni participe présent, ni participe passé.

1 should *sert à exprimer une* obligation *ou un* devoir :

▷ You should go and see him. Tu devrais aller le voir.

▷ We should leave. Nous devrions partir.

▷ You shouldn't smoke. Tu ne devrais pas fumer.

2 **should** *sert à demander un* conseil :

▷ Should I write to her? Est-ce que je dois lui écrire ?

▷ What should I do? Qu'est-ce que je dois faire ?

3 **should** *sert à indiquer la* probabilité :

▷ She should finish today. Elle devrait terminer aujourd'hui.

4 **should have** *sert à exprimer un* regret *ou un* reproche :

▷ I should have told him. J'aurais dû lui dire.

▷ You should have helped him. Tu aurais dû l'aider.

5 **should** *sert à former le* conditionnel :

▷ I should love to come. J'aimerais bien venir.

▷ If they invited me, I should go. S'ils m'invitaient, j'irais.

shoulder /ˈʃəʊldəʳ/ épaule.

► **shoulder bag** sac à bandoulière.

► **shoulder blade** omoplate.

► **shoulder strap** bretelle *ou* bandoulière.

shouldn't /ˈʃʊdnt/ *est la contraction de* **should not**.

▷ I shouldn't tell you. Je ne devrais pas te le dire.

▷ You shouldn't have gone. Tu n'aurais pas dû y aller.

shout /ʃaʊt/ *a plusieurs catégories grammaticales :*

> *Ce peut être un* NOM :

shout *signifie* cri.

> *Ce peut être un* VERBE :

shout *signifie* crier.

► **shout at somebody** crier contre quelqu'un.

shove /ʃʌv/ pousser.

shovel /ˈʃʌvl/ pelle.

show /ʃəʊ/ *a plusieurs catégories grammaticales et plusieurs sens :*

> *Ce peut être un* NOM :

1 **show** *peut signifier* spectacle (pièce de théâtre, concert, etc.).

2 **show** *peut signifier* séance (de cinéma).

3 **show** *peut signifier* exposition *ou* foire *ou* salon.

► **on show** exposé.

> *Ce peut être un* VERBE TRANSITIF :

1 ► **show something** *peut signifier* montrer quelque chose *ou* exposer quelque chose.

2 ► **show something** *peut signifier* faire preuve de quelque chose (d'un talent, d'une qualité).

3 ► **show something** *peut signifier* indiquer quelque chose (en parlant d'une horloge, d'un cadran).

4 ► **show somebody to their seat** placer quelqu'un (dans un restaurant, dans un théâtre, etc.).

► **show somebody into a room** faire entrer quelqu'un dans une pièce.

► **show somebody to the door** reconduire quelqu'un à la porte.

> *Ce peut être un* VERBE INTRANSITIF :

show *signifie* être visible *ou* se voir.

▷ Does the stain show? Est-ce que la tache se voit ?

Phrasal verbs

Le verbe show peut être suivi d'une préposition, telle que off ou up, et dans ce cas, il peut avoir des sens différents. C'est ce qu'on appelle, en anglais, un phrasal verb.

SHOW OFF :

► show off faire l'intéressant *ou* frimer.

► show something off faire étalage de quelque chose.

SHOW UP :

► show up *peut signifier* être visible.

▷ It showed up on the screen. C'était visible à l'écran.

► show up *peut signifier* venir.

▷ He didn't show up. Il n'est pas venu.

► show somebody up faire honte à quelqu'un.

shower /ˈʃaʊəʳ/ *a plusieurs catégories grammaticales et plusieurs sens :*

> *Ce peut être un* NOM :

1 **shower** *peut signifier* douche.

► **have a shower** prendre une douche.

2 **shower** *peut signifier* averse.

> *Ce peut être un* VERBE TRANSITIF :

► **shower somebody with something** couvrir quelqu'un de quelque chose (de cadeaux, de louanges).

> *Ce peut être un* VERBE INTRANSITIF :

shower *signifie* se doucher.

shown /ʃəʊn/ *est le participe passé du verbe* **show**.

▷ Has he shown you his photos? Est-ce qu'il t'a montré ses photos ?

shrank /ʃræŋk/ *est le prétérit du verbe* **shrink**.

▷ My trousers shrank in the wash. Mon pantalon a rétréci au lavage.

shred /ʃred/ *a plusieurs catégories grammaticales et plusieurs sens :*

> *Ce peut être un* NOM :

1 **shred** *peut signifier* lambeau (de tissu, de papier).

2 **shred** *peut signifier* parcelle (de vérité, de preuve).

> *Ce peut être un* VERBE :

1 ► **shred something** *peut signifier* déchiqueter quelque chose.

2 ► **shred something** *peut signifier* râper quelque chose.

shrewd /ʃruːd/ astucieux *ou* perspicace.

shriek /ʃriːk/ *a plusieurs catégories grammaticales :*

> *Ce peut être un* NOM :

shriek *signifie* hurlement.

> *Ce peut être un* VERBE :

shriek *signifie* hurler.

shrimp /ʃrɪmp/ crevette.

shrine /ʃraɪn/ lieu saint.

shrink /ʃrɪŋk/ rétrécir *ou* rapetisser *ou* diminuer.

► **shrink away from somebody** *ou* **something** reculer devant quelqu'un *ou* quelque chose.

shrub /ʃrʌb/ arbuste.

shrug /ʃrʌg/

► **shrug one's shoulders** hausser les épaules.

shrunk /ʃrʌŋk/ *est le participe passé du verbe* **shrink**.

▷ My jumper has shrunk. Mon pull a rétréci.

shudder /'ʃʌdəʳ/ *a plusieurs catégories grammaticales et plusieurs sens :*

> *Ce peut être un* NOM :

1 **shudder** *peut signifier* frisson *ou* frémissement.

2 **shudder** *peut signifier* vibration.

> *Ce peut être un* VERBE :

shudder *signifie* frissonner *ou* frémir *ou* vibrer.

shuffle /'ʃʌfl/ *a plusieurs sens :*

1 ► **shuffle the cards** battre les cartes.

2 ► **shuffle one's feet** traîner les pieds.

shush! /'ʃʊʃ/ chut !

shut /ʃʌt/ *a plusieurs catégories grammaticales et plusieurs sens :*

> *Ce peut être un* ADJECTIF :

shut *signifie* fermé.

> *Ce peut être un* VERBE :

shut *signifie* fermer.

Phrasal verbs

Le verbe shut peut être suivi d'une préposition, telle que away ou up, et dans ce cas, il peut avoir des sens différents. C'est ce qu'on appelle, en anglais, un phrasal verb.

SHUT AWAY :

► shut somebody away enfermer quelqu'un.

► shut something away mettre quelque chose sous clé.

SHUT DOWN :

► shut down fermer définitivement.

SHUT UP :

► shut up se taire.

▷ Shut up! Tais-toi !

► shut somebody up faire taire quelqu'un.

shutters /'ʃʌtəz/ volets.

shuttle /'ʃʌtl/ navette.

shy /ʃaɪ/ timide.

sick /sɪk/ *a plusieurs sens :*

1 **sick** *peut signifier* malade.

► **be sick** être malade.

2 *En anglais britannique,* ► **be sick** *peut signifier* vomir.

► **feel sick** avoir mal au cœur *ou* avoir envie de vomir.

En anglais américain, « vomir » se dit vomit et « avoir mal au cœur » se dit feel nauseous.

3 ► **be sick of somebody** *ou* **something** en avoir assez de quelqu'un *ou* quelque chose.

4 **sick** *peut signifier* malsain *ou* de mauvais goût.

sickness /'sɪknɪs/ maladie.

side /saɪd/ *a plusieurs catégories grammaticales et plusieurs sens :*

> *Ce peut être un* NOM :

1 **side** *peut signifier* côté.

► **at my side** *ou* **by my side** à mes côtés.

► **side by side** côte à côte.

► **on the other side** de l'autre côté.

2 **side** *peut signifier* face (d'un disque).

3 **side** *peut signifier* bord (d'une route, d'une rivière).

4 **side** *peut signifier* équipe (sportive) *ou* camp.

▷ He's on our side. Il est dans notre camp.

► **take sides** prendre position.

> *Ce peut être un* ADJECTIF :

1 ► **side effect** effet secondaire.

2 ► **side street** petite rue *ou* rue transversale.

sideboard /'saɪdbɔːd/ buffet.

sidewalk /'saɪdwɔːk/ trottoir.

> **Sidewalk** est un mot américain : en anglais britannique on dit **pavement**.

sideways /'saɪdweɪz/ de côté.

sieve /sɪv/ *a plusieurs catégories grammaticales :*

> *Ce peut être un* NOM :

sieve *signifie* tamis *ou* passoire.

> *Ce peut être un* VERBE :

► **sieve something** tamiser quelque chose *ou* passer quelque chose.

sigh /saɪ/ *a plusieurs catégories grammaticales :*

> *Ce peut être un* NOM :

sigh *signifie* soupir.

> *Ce peut être un* VERBE :

sigh *signifie* soupirer *ou* pousser un soupir.

sight /saɪt/ *a plusieurs sens :*

1 **sight** *peut signifier* vue.

► **at first sight** à première vue.

► **out of sight** hors de vue.

► **catch sight of somebody** *ou* **something** apercevoir quelqu'un *ou* quelque chose.

► **lose sight of somebody** *ou* **something** perdre quelqu'un *ou* quelque chose de vue.

2 **sight** *peut signifier* spectacle.

▷ It was a horrible sight. C'était un spectacle horrible.

3 ► **see the sights** visiter les attractions touristiques.

sightseeing /'saɪtsiːɪŋ/ tourisme.

► **go sightseeing** faire du tourisme.

sign /saɪn/ *a plusieurs catégories grammaticales et plusieurs sens :*

> *Ce peut être un* NOM :

1 **sign** *peut signifier* signe.

2 **sign** *peut signifier* panneau *ou* enseigne.

> *Ce peut être un* VERBE :

1 **sign** *signifie* signer.

2 ► **sign up** s'inscrire (pour des cours) *ou* s'engager (dans l'armée).

signal /'sɪgnl/ *a plusieurs catégories grammaticales et plusieurs sens :*

> *Ce peut être un* NOM :

signal *signifie* signal.

> *Ce peut être un* VERBE TRANSITIF :

► **signal something** indiquer quelque chose.

> *Ce peut être un* VERBE INTRANSITIF :

► **signal to somebody** faire signe à quelqu'un.

significant /sɪg'nɪfɪkənt/ important *ou* significatif *ou* considérable.

signpost /'saɪnpəʊst/ poteau indicateur.

silence /'saɪləns/ *a plusieurs catégories grammaticales :*

> *Ce peut être un* NOM :

silence *signifie* silence.

> *Ce peut être un* VERBE :

► **silence somebody** faire taire quelqu'un *ou* réduire quelqu'un au silence.

silent /'saɪlənt/ silencieux *ou* muet (en parlant d'un film muet).

silicon chip /ˌsɪlɪkən 'tʃɪp/ puce électronique.

silk /sɪlk/ soie.

silky /'sɪlkɪ/ soyeux.

silly /'sɪlɪ/ stupide *ou* bête.

silver /'sɪlvəʳ/ *a plusieurs catégories grammaticales et plusieurs sens :*

> *Ce peut être un* NOM :

silver *signifie* argent (= métal) *ou* argenterie.

> *Ce peut être un* ADJECTIF :

silver *signifie* argenté *ou* en argent *ou* d'argent.

similar /'sɪmɪləʳ/ semblable.

similarity /ˌsɪmɪ'lærɪtɪ/ ressemblance.

simplicity /sɪm'plɪsɪtɪ/ simplicité.

simplify /'sɪmplɪfaɪ/ simplifier.

simply /'sɪmplɪ/ simplement.

sin /sɪn/ *a plusieurs catégories grammaticales :*

> *Ce peut être un* NOM :

sin *signifie* péché.

> *Ce peut être un* VERBE :

sin *signifie* pécher (= commettre un péché).

since /sɪns/ *a plusieurs sens :*

1 **since** *peut signifier* depuis *ou* depuis que.

▷ I have been here since 9 o'clock. Je suis là depuis 9 heures.

▷ He hasn't seen her since yesterday. Il ne l'a pas vue depuis hier.

▷ I've lived here since I was born. J'habite ici depuis ma naissance.

▷ I haven't seen him since we met in Paris. Je ne l'ai pas vu depuis que nous nous sommes rencontrés à Paris.

2 **since** *peut signifier* puisque.

▷ Since they're late, we'll start without them. Puisqu'ils sont en retard, on commencera sans eux.

sing /sɪŋ/ chanter.

singe /sɪndʒ/ brûler légèrement.

singer /ˈsɪŋəʳ/ chanteur.

single /ˈsɪŋgl/ *a plusieurs catégories grammaticales et plusieurs sens :*

> *Ce peut être un* ADJECTIF :

1 **single** *peut signifier* seul.

▷ There's not a single biscuit left. Il ne reste pas un seul biscuit.

2 **single** *peut signifier* célibataire.

► **single parent** père célibataire *ou* mère célibataire.

3 **single** *peut signifier* pour une personne (en parlant d'une chambre, d'un lit, d'un drap).

> *Ce peut être un* NOM :

1 **single** *peut signifier* single (= CD avec un seule chanson).

2 **single** *peut signifier* aller simple.

singlet /ˈsɪŋglɪt/ débardeur.

singular /ˈsɪŋgjʊləʳ/ singulier.

sinister /ˈsɪnɪstəʳ/ sinistre.

sink /sɪŋk/ *a plusieurs catégories grammaticales et plusieurs sens :*

> *Ce peut être un* NOM :

sink *signifie* évier *ou* lavabo.

> *Ce peut être un* VERBE :

1 **sink** *peut signifier* couler.

2 **sink** *peut signifier* s'affaisser (en parlant d'un terrain) *ou* baisser (en parlant de la température, d'un niveau, des prix, etc.).

3 ► **sink into something** sombrer dans quelque chose.

sip /sɪp/ *a plusieurs catégories grammaticales :*

> *Ce peut être un* NOM :

sip *signifie* petite gorgée.

> *Ce peut être un* VERBE :

► **sip something** boire quelque chose à petites gorgées.

sir /sɜːʳ/ monsieur.

siren /ˈsaɪərən/ sirène.

sister /ˈsɪstəʳ/ sœur.

sister-in-law /ˈsɪstərɪnlɔː/ belle-sœur.

sit /sɪt/ *a plusieurs catégories grammaticales et plusieurs sens :*

> *Ce peut être un* VERBE INTRANSITIF :

1 **sit** *peut signifier* s'asseoir.

▷ They were sitting on the floor. Ils étaient assis par terre.

▷ Sit still! Tiens-toi tranquille !

2 **sit** *peut signifier* siéger (en parlant d'un comité, d'une assemblée).

> *Ce peut être un* VERBE TRANSITIF :

En anglais britannique, ► **sit an exam** *signifie* passer un examen.

Phrasal verbs

Le verbe **sit** peut être suivi d'une préposition, telle que **down** ou **up**, et dans ce cas, il peut avoir des sens différents. C'est ce qu'on appelle, en anglais, un **phrasal verb**.

SIT DOWN :

► **sit down** s'asseoir.

► **be sitting down** être assis.

SIT UP :

► **sit up** *peut signifier* se redresser.

► **sit up** *peut signifier* veiller *ou* se coucher tard.

site /saɪt/ site *ou* emplacement *ou* chantier.

sitting room /ˈsɪtɪŋruːm/ salon (dans une maison ou un appartement).

six /sɪks/ six.

▷ She's six. Elle a six ans.

▷ It's six o'clock. Il est six heures.

▷ There are six of us. Nous sommes six.

sixteen /ˈsɪksˈtiːn/ seize.

▷ He's sixteen. Il a seize ans.

▷ There are sixteen of us. Nous sommes seize.

sixteenth /ˈsɪksˈtiːnθ/ seizième.

► **the sixteenth of June** *ou* **June the sixteenth** le seize juin.

sixth /sɪksθ/ sixième.

► **the sixth of June** *ou* **June the sixth** le six juin.

sixties /sɪkstɪz/

▷ She's in her sixties. Elle a plus de soixante ans.

► **the sixties** les années soixante.

sixtieth /sɪkstɪɪθ/ soixantième.

sixty /sɪkstɪ/ soixante.

▷ She's sixty. Elle a soixante ans.

▷ There are sixty of us. Nous sommes soixante.

size /saɪz/ taille *ou* dimensions *ou* étendue.

skate /skeɪt/ *a plusieurs catégories grammaticales et plusieurs sens :*

> *Ce peut être un* NOM :

skate *signifie* patin.

> *Ce peut être un* VERBE :

skate *signifie* patiner *ou* faire du patin à glace *ou* faire du patin à roulettes.

skating /skeɪtɪŋ/ patinage.

► **go skating** faire du patin à glace *ou* faire du patin à roulettes.

► **skating rink** patinoire.

ℹ Skating est aussi une forme du verbe skate :
▷ They were skating on the lake. Ils patinaient sur le lac.

skeleton /skelɪtn/ squelette.

sketch /sketʃ/ *a plusieurs catégories grammaticales et plusieurs sens :*

> *Ce peut être un* NOM :

1 sketch *peut signifier* croquis *ou* esquisse.

2 sketch *peut signifier* sketch.

> *Ce peut être un* VERBE :

► **sketch something** faire un croquis de quelque chose.

skewer /skjʊəʳ/ brochette.

ski /skiː/ *a plusieurs catégories grammaticales :*

> *Ce peut être un* NOM :

ski *signifie* ski.

> *Ce peut être un* VERBE :

ski *signifie* faire du ski *ou* skier.

skid /skɪd/ déraper.

skiing /skiːɪŋ/ ski (= l'activité).

► **go skiing** faire du ski.

ℹ Skiing est aussi une forme du verbe ski :
▷ Have you ever been skiing? Avez-vous déjà fait du ski ?

skilful /skɪlfʊl/ habile *ou* adroit.

En anglais américain, ce mot s'écrit skillful.

skill /skɪl/ *a plusieurs sens :*

1 skill *peut signifier* habileté *ou* adresse.

2 skill *peut signifier* technique.

skilled /skɪld/ qualifié *ou* habile *ou* adroit.

skillful /skɪlfʊl/ *est l'orthographe américaine du mot* skilful.

skimmed milk /skɪmd'mɪlk/ lait écrémé.

skin /skɪn/ peau.

skinny /skɪnɪ/ maigre.

skip /skɪp/ *a plusieurs catégories grammaticales et plusieurs sens :*

> *Ce peut être un* VERBE INTRANSITIF :

1 skip *peut signifier* sautiller.

2 skip *peut signifier* sauter à la corde.

> *Ce peut être un* VERBE TRANSITIF :

► **skip something** sauter quelque chose (= l'omettre).

skirt /skɜːt/ jupe.

skull /skʌl/ crâne.

sky /skaɪ/ ciel.

skydiving /skaɪdaɪvɪŋ/ parachutisme (en chute libre).

► **go skydiving** faire du parachutisme.

skyscraper /skaɪskreɪpəʳ/ gratte-ciel.

slam /slæm/ claquer (en parlant d'une porte).

slang /slæŋ/ argot.

slap /slæp/ *a plusieurs catégories grammaticales :*

> *Ce peut être un* NOM :

slap *signifie* claque *ou* gifle.

> *Ce peut être un* VERBE :

► **slap somebody** gifler quelqu'un.

slash /slæʃ/ *a plusieurs catégories grammaticales et plusieurs sens :*

> *Ce peut être un* NOM :

1 **slash** *peut signifier* entaille.

2 **slash** *peut signifier* barre oblique.

> *Ce peut être un* VERBE :

► **slash something** entailler quelque chose.

slate /sleɪt/ ardoise.

slaughter /'slɔːtəʳ/ *a plusieurs catégories grammaticales et plusieurs sens :*

> *Ce peut être un* NOM :

1 **slaughter** *peut signifier* massacre.

2 **slaughter** *peut signifier* abattage (d'animal de boucherie).

> *Ce peut être un* VERBE :

1 ► **slaughter somebody** massacrer quelqu'un.

2 ► **slaughter an animal** abattre un animal.

slave /sleɪv/ esclave.

slavery /'sleɪvərɪ/ esclavage.

sled /sled/ traîneau *ou* luge.

sledge /sledʒ/ traîneau *ou* luge.

sleep /sliːp/ *a plusieurs catégories grammaticales et plusieurs sens :*

> *Ce peut être un* NOM :

sleep *signifie* sommeil.

► **go to sleep** s'endormir.

> *Ce peut être un* VERBE :

sleep *signifie* dormir.

► **sleep with somebody** coucher avec quelqu'un.

► **sleep in** faire la grasse matinée.

sleeping bag /'sliːpɪŋbæg/ sac de couchage.

sleeping pill /'sliːpɪŋpɪl/ somnifère.

sleepwalk /'sliːpwɔːk/ être somnambule.

sleepy /'sliːpɪ/ endormi.

► **feel sleepy** avoir sommeil.

sleet /sliːt/ neige fondue.

sleeve /sliːv/ manche (de vêtement).

sleigh /sleɪ/ traîneau.

slender /'slendəʳ/ mince.

slept /slept/ *est le prétérit et le participe passé du verbe* **sleep**.

▷ I slept well. J'ai bien dormi.

▷ He has slept in. Il a fait la grasse matinée.

slice /slaɪs/ *a plusieurs catégories grammaticales et plusieurs sens :*

> *Ce peut être un* NOM :

1 **slice** *peut signifier* tranche.

2 **slice** *peut signifier* partie *ou* part.

> *Ce peut être un* VERBE :

► **slice something** couper quelque chose en tranches.

slid /slɪd/ *est le prétérit et le participe passé du verbe* **slide**.

▷ He slid down the bannisters. Il est descendu en glissant sur la rampe.

slide /slaɪd/ *a plusieurs catégories grammaticales et plusieurs sens :*

> *Ce peut être un* NOM :

1 **slide** *peut signifier* toboggan.

2 **slide** *peut signifier* diapositive.

3 **slide** *peut signifier* barrette.

> *Ce peut être un* VERBE :

slide *signifie* glisser

slight /slaɪt/ léger.

slightest /slaɪtɪst/

▷ I don't have the slightest idea. Je n'en ai pas la moindre idée.

▷ I don't mind in the slightest. Ça ne me dérange pas du tout.

slightly /'slaɪtlɪ/ légèrement.

slim /slɪm/ *a plusieurs catégories grammaticales et plusieurs sens :*

> *Ce peut être un* ADJECTIF :

1 **slim** *peut signifier* mince.

2 **slim** *peut signifier* faible (en parlant de chances, de possibilités).

> *Ce peut être un* VERBE :

slim *signifie* maigrir *ou* faire un régime.

sling /slɪŋ/ *a plusieurs sens :*

1 **sling** *peut signifier* fronde.

2 **sling** *peut signifier* écharpe (pour un bras cassé).

slip /slɪp/ *a plusieurs catégories grammaticales et plusieurs sens :*

> *Ce peut être un* NOM :

1 **slip** *peut signifier* erreur.

2 **slip** *peut signifier* combinaison (= vêtement).

Le mot anglais slip ne signifie pas slip.

> *Ce peut être un* VERBE :

1 **slip** *signifie* glisser.

2 ► **slip something on** enfiler quelque chose.

► **slip something off** enlever quelque chose.

3 ► **slip out** sortir discrètement.

slipper /'slɪpəʳ/ pantoufle *ou* chausson.

slippery /'slɪpərɪ/ glissant.

slobber /'slɒbəʳ/ baver.

slope /sləʊp/ *a plusieurs catégories grammaticales et plusieurs sens :*

> *Ce peut être un* NOM :

slope *signifie* pente *ou* côte *ou* piste (de ski).

> *Ce peut être un* VERBE :

slope *signifie* être en pente *ou* pencher.

slot /slɒt/ *a plusieurs sens :*

1 **slot** *peut signifier* fente.

► **slot machine** machine à sous *ou* distributeur automatique.

2 **slot** *peut signifier* rainure.

3 **slot** *peut signifier* créneau (= plage, tranche horaire).

slow /sləʊ/ *a plusieurs catégories grammaticales et plusieurs sens :*

> *Ce peut être un* ADJECTIF :

1 **slow** *peut signifier* lent.

2 ► **be slow** *peut signifier* retarder (en parlant d'une montre).

> *Ce peut être un* ADVERBE :

slow *signifie* lentement.

> *Ce peut être un* VERBE :

► **slow down** ralentir.

slowly /'sləʊlɪ/ lentement.

slug /slʌg/ limace.

slum /slʌm/ quartier pauvre.

sly /slaɪ/ rusé *ou* sournois.

smack /smæk/ *a plusieurs catégories grammaticales :*

> *Ce peut être un* NOM :

smack *signifie* tape *ou* gifle *ou* claque.

> *Ce peut être un* VERBE :

► **smack somebody** donner une tape à quelqu'un *ou* donner une claque à quelqu'un *ou* gifler quelqu'un.

small /smɔːl/ petit.

smaller /'smɔːləʳ/ *est le comparatif de* **small**.

▷ Their house is smaller than ours. Leur maison est plus petite que la nôtre.

► **get smaller** diminuer (en parlant d'une quantité) *ou* rapetisser (en parlant d'un objet).

smallest /'smɔːlɪst/ *est le superlatif de* **small**.

▷ Give me the smallest piece. Donne-moi le plus petit morceau.

smart /smɑːt/ *a plusieurs sens :*

1 **smart** *peut signifier* chic *ou* élégant *ou* à la mode.

2 **smart** *peut signifier* intelligent.

smash /smæʃ/ *a plusieurs catégories grammaticales et plusieurs sens :*

> *Ce peut être un* VERBE TRANSITIF :

► **smash something** casser quelque chose *ou* fracasser quelque chose.

> *Ce peut être un* VERBE INTRANSITIF :

smash *signifie* se briser.

smell /smel/ *a plusieurs catégories grammaticales et plusieurs sens :*

> *Ce peut être un* NOM :

smell *signifie* odeur.

> *Ce peut être un* VERBE TRANSITIF :

► **smell something** sentir quelque chose.

> *Ce peut être un* VERBE INTRANSITIF :

1 **smell** *peut signifier* sentir.

▷ It smells of chocolate. Ça sent le chocolat.

2 **smell** *peut signifier* sentir mauvais *ou* puer.

smelly /'smelɪ/

► **be smelly** sentir mauvais.

smelt /smelt/ *est le prétérit et le participe passé du verbe* **smell**.

▷ It smelt of roses. Ça sentait la rose.

smile /smaɪl/ *a plusieurs catégories grammaticales :*

> *Ce peut être un* NOM :

smile *signifie* sourire.

> *Ce peut être un* VERBE :

smile *signifie* sourire.

► **smile at somebody** sourire à quelqu'un.

smoke /sməʊk/ *a plusieurs catégories grammaticales :*

> *Ce peut être un* NOM :

smoke *signifie* fumée.

> *Ce peut être un* VERBE :

smoke *signifie* fumer.

smoking /ˈsməʊkɪŋ/

▷ Smoking is bad for you. Fumer est mauvais pour la santé.
▷ 'No smoking'. « Défense de fumer ».

ℹ Smoking est aussi une forme du verbe smoke :
▷ He was smoking a cigar. Il fumait un cigare.

Le mot anglais smoking ne signifie pas « smoking ».

smooth /smuːð/ *a plusieurs sens :*

1 smooth *peut signifier* lisse *ou* onctueux *ou* moelleux.
2 smooth *peut signifier* régulier (en parlant d'un mouvement, de la respiration).
3 smooth *peut signifier* sans problème (en parlant d'un vol, d'une opération).

smother /ˈsmʌðəʳ/ étouffer.

smuggle /ˈsmʌgl/ passer en fraude *ou* passer en contrebande.

smuggler /ˈsmʌgləʳ/ contrebandier.

snack /snæk/ casse-croûte.

snail /sneɪl/ escargot.

snake /sneɪk/ serpent.

snap /snæp/ *a plusieurs catégories grammaticales et plusieurs sens :*

> *Ce peut être un* NOM :

1 snap *peut signifier* claquement (des doigts) *ou* craquement (de brindilles).
2 snap *peut signifier* photo.

> *Ce peut être un* VERBE TRANSITIF :

1 ► snap something casser quelque chose net.
2 ► snap one's fingers faire claquer ses doigts.

> *Ce peut être un* VERBE INTRANSITIF :

1 snap *signifie* se casser net.
2 ► snap at somebody *peut signifier* essayer de mordre quelqu'un (en parlant d'un chien).
3 ► snap at somebody *peut signifier* parler à quelqu'un d'un ton brusque.

snapshot /ˈsnæpʃɒt/ photo.

snarl /snɑːl/ gronder (en parlant d'un animal).

snatch /snætʃ/ saisir

sneak /sniːk/ est employé pour parler de mouvements furtifs :

► sneak in entrer furtivement.
► sneak out sortir furtivement.
► sneak away s'éclipser.

sneakers /ˈsniːkəz/ baskets *ou* tennis (= chaussures).

sneeze /sniːz/ *a plusieurs catégories grammaticales :*

> *Ce peut être un* NOM :

sneeze *signifie* éternuement.

> *Ce peut être un* VERBE :

sneeze *signifie* éternuer.

sniff /snɪf/ renifler.

snigger /ˈsnɪgəʳ/ ricaner.

snip /snɪp/ couper (avec des ciseaux).

sniper /ˈsnaɪpəʳ/ tireur isolé.

snobbish /ˈsnɒbɪʃ/ snob (adjectif).

snooze /snuːz/ *a plusieurs catégories grammaticales :*

> *Ce peut être un* NOM :

snooze *signifie* petit somme.

> *Ce peut être un* VERBE :

snooze *signifie* faire un petit somme.

snore /snɔːʳ/ *a plusieurs catégories grammaticales :*

> *Ce peut être un* NOM :

snore *signifie* ronflement.

> *Ce peut être un* VERBE :

snore *signifie* ronfler.

snorkel /ˈsnɔːkl/ *a plusieurs catégories grammaticales :*

> *Ce peut être un* NOM :

snorkel *signifie* tuba (de nageur).

> *Ce peut être un* VERBE :

snorkel *signifie* faire de la plongée avec un masque et un tuba.

snout /snaʊt/ museau *ou* groin.

snow /snəʊ/ *a plusieurs catégories grammaticales :*

> *Ce peut être un* NOM :

snow *signifie* neige.

> *Ce peut être un* VERBE :

snow *signifie* neiger.

▷ It's snowing. Il neige.

snowball /ˈsnəʊbɔːl/ boule de neige.

snowflake /ˈsnəʊfleɪk/ flocon de neige.

snowman /ˈsnəʊmæn/ bonhomme de neige.

so /səʊ/ *a plusieurs sens :*

1 **so** *peut signifier* si *ou* tellement.
▷ It's so easy! C'est si facile !
▷ I'm so happy! Je suis tellement heureux !
▷ She was running so fast that I couldn't catch her up. Elle courait si vite que je n'arrivais pas à la rattraper.

2 ► **so much** *ou* **so many** tant de *ou* autant.
▷ He has so much money! Il a tant d'argent !
▷ I have never seen so many people. Je n'ai jamais vu autant de monde.

3 **so** *peut signifier* alors *ou* donc.
▷ So where have you been? Alors, tu étais où ?
▷ He was tired so he went to bed. Il était fatigué, alors il est allé se coucher.
▷ So what? Et alors ?

4 **so** *peut signifier* aussi.
▷ So do I. Moi aussi.
▷ He speaks English and so does she. Il parle anglais et elle aussi.

5 ► **so that** pour que.
▷ She gave it to me so that I could read it. Elle me l'a donné pour que je le lise.

6 **so** *peut servir à remplacer une phrase ou un mot :*
▷ I think so. Je crois que oui.
▷ I don't think so. Je crois que non.
▷ I told you so. Je te l'avais bien dit.

soak /səʊk/ *a plusieurs sens :*

1 ► **soak something** faire tremper quelque chose.

2 ► **soak in** pénétrer (en parlant d'un liquide).

3 ► **soak something up** absorber quelque chose.

soaked /səʊkt/ trempé.

► **be soaked through** être trempé.

> ℹ Soaked est aussi le prétérit et le participe passé du verbe soak :
> ▷ She soaked the bread in some milk. Elle a trempé le pain dans du lait.

soaking /ˈsəʊkɪŋ/ trempé.

► **be soaking wet** être trempé.

> ℹ Soaking est aussi le participe présent du verbe soak :
> ▷ He was soaking his shirt. Il faisait tremper sa chemise.

soap /səʊp/ savon.

► **soap opera** feuilleton.

soar /sɔːʳ/ *a plusieurs sens :*

1 **soar** *peut signifier* s'élever dans les airs *ou* voler.

2 **soar** *peut signifier* monter en flèche.

sob /sɒb/ *a plusieurs catégories grammaticales :*

> *Ce peut être un* NOM :

sob *signifie* sanglot.

> *Ce peut être un* VERBE :

sob *signifie* sangloter.

sober /ˈsəʊbəʳ/ *a plusieurs sens :*

1 **sober** *peut signifier* pas ivre.

2 **sober** *peut signifier* sérieux.

3 **sober** *peut signifier* sobre.

so-called /səʊkɔːld/ soi-disant.

soccer /ˈsɒkəʳ/ football.

social /ˈsəʊʃəl/ social.

► **social security** aide sociale.

► **social worker** assistant social *ou* assistante sociale.

society /səˈsaɪətɪ/ société *ou* association *ou* club.

sock /sɒk/ chaussette.

sofa /ˈsəʊfə/ canapé.

► **sofa bed** canapé-lit.

soft /sɒft/ *a plusieurs sens :*

1 **soft** *peut signifier* mou.

2 **soft** *peut signifier* doux (en parlant d'un tissu, de la peau, d'une lumière, d'une musique).

3 **soft** *peut signifier* indulgent.

soften /ˈsɒfn/ ramollir ou adoucir ou assouplir.

softly /ˈsɒftlɪ/ doucement *ou* légèrement.

software /ˈsɒftˌweəʳ/ logiciels.

► **a piece of software** un logiciel.

soggy /ˈsɒgɪ/ trempé *ou* détrempé.

soil /sɔɪl/ *a plusieurs catégories grammaticales :*

> *Ce peut être un* NOM :

soil *signifie* terre *ou* sol.

> *Ce peut être un* VERBE :

► **soil something** salir quelque chose.

sold /səʊld/ *est le prétérit et le participe passé du verbe* sell.

▷ I sold my car last week. J'ai vendu ma voiture la semaine dernière.

▷ He has sold his house. Il a vendu sa maison.

soldier /ˈsəʊldʒəʳ/ soldat.

sole /səʊl/ *a plusieurs catégories grammaticales et plusieurs sens :*

> *Ce peut être un* NOM :

1 **sole** *peut signifier* semelle.

2 **sole** *peut signifier* plante (du pied).

3 **sole** *peut signifier* sole (= poisson).

> *Ce peut être un* ADJECTIF :

1 **sole** *peut signifier* seul *ou* unique.

2 **sole** *peut signifier* exclusif.

solemn /ˈsɒləm/ solennel.

solicitor /səˈlɪsɪtəʳ/ avocat *ou* notaire.

solid /ˈsɒlɪd/ *a plusieurs sens :*

1 **solid** *peut signifier* solide.

2 **solid** *peut signifier* massif (en parlant d'or, de marbre, etc.).

solitary /ˈsɒlɪtərɪ/ solitaire.

solve /sɒlv/ résoudre.

some /sʌm/ *a plusieurs sens :*

1 **some** *peut signifier* du *ou* de la *ou* des.

▷ Would you like some tea? Voulez-vous du thé ?

▷ There is some cream left. Il reste de la crème.

▷ There is some water in the jug. Il y a de l'eau dans la carafe.

▷ He bought some cakes. Il a acheté des gâteaux.

2 **some** *peut signifier* certains *ou* certaines.

▷ Some children like it. Certains enfants l'aiment.

▷ Some flowers don't smell. Certaines fleurs n'ont pas d'odeur.

▷ Some of my friends are married. Certains de mes amis sont mariés.

3 **some** *peut signifier* quelques-uns *ou* quelques-unes.

▷ He still has some. Il en a encore quelques-uns.

4 **some** *peut signifier* en.

▷ Can I have some? Est-ce que je peux en prendre ?

5 **some** *peut signifier* une partie *ou* un peu.

▷ Put some of the milk in a jug. Versez une partie du lait dans un pot.

▷ You can have some of this bread. Tu peux prendre un peu de ce pain.

somebody /ˈsʌmbədɪ/ quelqu'un.

► **somebody else** quelqu'un d'autre.

somehow /ˈsʌmhaʊ/ d'une manière ou d'une autre.

someone /ˈsʌmwʌn/ quelqu'un.

► **someone else** quelqu'un d'autre.

someplace /ˈsʌmpleɪs/ quelque part.

► **someplace else** ailleurs.

> **Someplace est un mot américain : en anglais britannique on dit somewhere.**

something /ˈsʌmθɪŋ/ quelque chose.

► **something else** quelque chose d'autre.

sometimes /ˈsʌmtaɪmz/ quelquefois *ou* parfois.

somewhat /ˈsʌmwɒt/ quelque peu.

somewhere /ˈsʌmwəɛʳ/ quelque part.

► **somewhere else** ailleurs.

son /sʌn/ fils.

son-in-law /ˈsʌnɪnlɔː/ gendre *ou* beau-fils.

song /sɒŋ/ chanson.

soon /suːn/ *a plusieurs sens :*

1 **soon** *peut signifier* bientôt.

▷ See you soon! À bientôt !

2 **soon** *peut signifier* tôt.

▷ He left too soon. Il est parti trop tôt.

► **as soon as** dès que.

▷ I'll come as soon as I can. Je viens dès que je peux.

sooner /ˈsuːnəʳ/ *a plusieurs sens :*

1 **sooner** *peut signifier* plus tôt.

▷ The sooner the better! Le plus tôt sera le mieux !

► sooner or later tôt ou tard.

2 sooner *est employé pour parler de* préférences :

▷ I'd sooner leave now. Je préférerais partir maintenant.

soot /sʊt/ suie.

soothe /suːð/ calmer.

soothing /'suːðɪŋ/ apaisant.

sophisticated /sə'fɪstɪkeɪtɪd/ sophistiqué *ou* raffiné.

sore /sɔːʳ/ *a plusieurs catégories grammaticales :*

> *Ce peut être un* ADJECTIF :

sore *signifie* douloureux.

> *Ce peut être un* NOM :

sore *signifie* plaie.

sorrow /'sɒrəʊ/ peine *ou* chagrin.

sorry /'sɒrɪ/ *est employé pour exprimer le* regret *ou* l'excuse.

▷ I'm sorry. Je suis désolé.

▷ I'm sorry about the noise. Excusez-moi pour le bruit.

▷ I'm sorry to disturb you. Excusez-moi de vous déranger.

▷ She was sorry you didn't come. Elle regrettait que tu ne sois pas venu.

► feel sorry for somebody plaindre quelqu'un.

sort /sɔːt/ *a plusieurs catégories grammaticales et plusieurs sens :*

> *Ce peut être un* NOM :

sort *signifie* sorte *ou* genre.

▷ There are all sorts of people here. Il y a des gens de toutes sortes ici.

> *Ce peut être un* VERBE :

1 ► sort something trier quelque chose.

2 ► sort something out *peut signifier* mettre de l'ordre dans quelque chose.

3 ► sort something out *peut signifier* régler quelque chose (un problème, des difficultés).

sought /sɔːt/ *est le prétérit et le participe passé du verbe* seek.

▷ They sought to harm us. Ils cherchaient à nous faire du mal.

soul /səʊl/ *a plusieurs sens :*

1 soul *peut signifier* âme.

2 soul *peut signifier* musique soul.

sound /saʊnd/ *a plusieurs catégories grammaticales et plusieurs sens :*

> *Ce peut être un* NOM :

sound *signifie* son *ou* bruit.

> *Ce peut être un* VERBE :

1 sound *peut signifier* sembler.

▷ That sounds interesting. Ça semble intéressant.

2 sound *peut signifier* sonner *ou* retentir.

> *Ce peut être un* ADJECTIF :

sound *signifie* sain *ou* solide *ou* sensé.

> *Ce peut être un* ADVERBE :

► be sound asleep dormir à poings fermés.

soundproof /'saʊndpruːf/ sonorisé.

soundtrack /'saʊndtræk/ bande-son.

soup /suːp/ soupe *ou* potage.

sour /'saʊəʳ/ aigre.

south /saʊθ/ sud.

► the south wind le vent du sud.
► south of... au sud de...
► go south aller vers le sud.
► South Africa l'Afrique du Sud.
► South America l'Amérique du Sud.
► the South Pole le pôle Sud.

southern /'sʌðən/ du sud *ou* sud.

souvenir /ˌsuːvə'nɪəʳ/ souvenir (= objet qu'on rapporte d'un voyage).

space /speɪs/ *a plusieurs sens :*

1 space *peut signifier* espace.

2 space *peut signifier* place (pour mettre quelque chose).

▷ It takes up a lot of space. Ça prend beaucoup de place.

spaceship /'speɪsʃɪp/ vaisseau spatial.

spacious /'speɪʃəs/ spacieux.

spade /speɪd/ *a plusieurs sens :*

1 spade *peut signifier* bêche *ou* pelle.

2 spade *peut signifier* pique (= couleur d'une carte à jouer).

Spain /speɪn/ Espagne.

> ℹ En général, en anglais, on n'emploie pas d'article défini devant les noms de pays et de continents.

Spaniard /'spænjəd/ Espagnol.

spaniel /'spænjəl/ épagneul.

Spanish /'spænɪʃ/ espagnol *ou* Espagnol.

> i En anglais, les adjectifs de nationalité et les noms de langues s'écrivent avec une majuscule.

spare /spɛəʳ/ *a plusieurs catégories grammaticales et plusieurs sens :*

> *Ce peut être un* ADJECTIF :

1 spare *peut signifier* de rechange *ou* de réserve.
► spare part pièce de rechange.
► spare room chambre d'amis.
► spare tyre roue de secours.

2 spare *peut signifier* disponible *ou* libre.
► spare time temps libre.

> *Ce peut être un* NOM :

spare *signifie* pièce de rechange.

> *Ce peut être un* VERBE :

1 ▷ Can you spare me some money? Est-ce que tu aurais de l'argent à me passer ?
▷ I can't spare the time. Je n'ai pas le temps.
▷ I have an hour to spare. J'ai une heure de libre.

2 ► spare somebody épargner quelqu'un.

spark /spɑːk/ étincelle.

sparkle /'spɑːkl/ *a plusieurs catégories grammaticales :*

> *Ce peut être un* NOM :

sparkle *signifie* scintillement *ou* étincelle.

> *Ce peut être un* VERBE :

sparkle *signifie* scintiller *ou* étinceler.

sparkling /'spɑːklɪŋ/ pétillant *ou* gazeux.

> i Sparkling est aussi une forme du verbe sparkle :
> ▷ The diamond was sparkling in the sun. Le diamant scintillait au soleil.

sparrow /'spærəʊ/ moineau.

spat /spæt/ *est le prétérit et le participe passé du verbe* spit.

▷ He spat it out. Il l'a recraché.

speak /spiːk/ parler.

▷ He's not speaking to her. Il ne lui parle pas.
▷ Who's speaking? Qui est à l'appareil ?

speaker /'spiːkəʳ/ *a plusieurs sens :*

1 speaker *peut signifier* personne qui parle.
► English speaker personne qui parle anglais.

2 speaker *peut signifier* orateur.

3 speaker *peut signifier* enceinte (de chaîne hi-fi).

spear /spɪəʳ/ lance.

special /'speʃəl/ *a plusieurs sens :*

1 special *peut signifier* spécial.
► nothing special rien de spécial.
► special effects effets spéciaux.

2 special *peut signifier* particulier (en parlant d'une attention, d'un effort, d'un intérêt).

> Attention ! Special ne signifie pas spécial au sens de « bizarre, étrange ».

specially /'speʃəlɪ/ spécialement *ou* particulièrement.

species /'spiːʃiːz/ espèce (animale ou végétale).

specific /spə'sɪfɪk/ précis *ou* spécifique.

speck /spek/ *a plusieurs sens :*

1 speck *peut signifier* petite tache.

2 speck *peut signifier* grain (de poussière).

speckled /'spekld/ tacheté.

spectacle /'spektəkl/ *a plusieurs sens :*

1 spectacle *signifie* spectacle.

2 *En anglais britannique,* ► spectacles *signifie* lunettes.

spectacular /spek'tækjʊləʳ/ spectaculaire.

spectator /spek'teɪtəʳ/ spectateur.

sped /sped/ *est le prétérit et le participe passé du verbe* speed.

▷ He sped down the street. Il a descendu la rue à toute vitesse.

speech /spiːtʃ/ *a plusieurs sens :*

1 speech *peut signifier* discours.
▷ He made a speech. Il a fait un discours.

2 speech *peut signifier* parole (= faculté de parler).

3 speech *peut signifier* façon de parler.

speed /spiːd/ *a plusieurs catégories grammaticales et plusieurs sens :*

> *Ce peut être un* NOM :

speed *signifie* vitesse *ou* rapidité.
► speed limit limitation de vitesse.

▷ He broke the speed limit. Il a fait un excès de vitesse.

> *Ce peut être un* VERBE :

1 ► speed along aller à toute vitesse.
▷ He sped past. Il est passé à toute vitesse.

2 speed *peut signifier* conduire trop vite.

3 ► speed up accélérer.

speedboat /ˈspiːdbəʊt/ hors-bord.

speedometer /spɪˈdɒmɪtəʳ/ compteur de vitesse.

spell /spel/ *a plusieurs catégories grammaticales et plusieurs sens :*

> *Ce peut être un* NOM :

1 spell *peut signifier* sortilège *ou* formule magique.
► cast a spell on somebody jeter un sort à quelqu'un.

2 spell *peut signifier* période de temps.

> *Ce peut être un* VERBE :

► spell something écrire quelque chose *ou* épeler quelque chose.
▷ How do you spell it? Comment ça s'écrit ?

spelling /ˈspelɪŋ/ orthographe.

spelt /spelt/ *est le prétérit et le participe passé du verbe* spell.
▷ You spelt it wrong. Tu l'as mal écrit.

spend /spend/ *a plusieurs sens :*

1 ► spend money dépenser de l'argent.

2 ► spend time passer du temps.
▷ She spent all day gardening. Elle a passé toute la journée à faire du jardinage.

spent /spent/ *est le prétérit et le participe passé du verbe* spend.
▷ I spent the night at a friend's house. J'ai passé la nuit chez un ami.
▷ He has spent all his money. Il a dépensé tout son argent.

spice /spaɪs/ épice.

spicy /ˈspaɪsɪ/ épicé.

spider /ˈspaɪdəʳ/ araignée.

spike /spaɪk/ pointe.

spill /spɪl/ *a plusieurs catégories grammaticales et plusieurs sens :*

> *Ce peut être un* VERBE TRANSITIF :

► spill something renverser quelque chose.

> *Ce peut être un* VERBE INTRANSITIF :

spill *signifie* se répandre.

spilt /spɪlt/ *est le prétérit et le participe passé du verbe* spill.
▷ I spilt the milk. J'ai renversé le lait.

spin /spɪn/ *a plusieurs catégories grammaticales et plusieurs sens :*

> *Ce peut être un* VERBE TRANSITIF :

1 ► spin something *peut signifier* faire tourner quelque chose.

2 ► spin something *peut signifier* essorer quelque chose à la machine.

3 ► spin something *peut signifier* filer quelque chose (la laine, un tissu).

> *Ce peut être un* VERBE INTRANSITIF :

spin *signifie* tourner *ou* tournoyer.
▷ My head is spinning. J'ai la tête qui tourne.

spinach /ˈspɪnɪtʃ/ épinards.

spine /spaɪn/ *a plusieurs sens :*

1 spine *peut signifier* colonne vertébrale.

2 spine *peut signifier* dos (d'un livre).

3 spine *peut signifier* épine.

spiral /ˈspaɪərəl/ *a plusieurs catégories grammaticales :*

> *Ce peut être un* NOM :

spiral *signifie* spirale.

> *Ce peut être un* ADJECTIF :

spiral *signifie* en spirale.
► spiral staircase escalier en colimaçon.

> *Ce peut être un* VERBE :

spiral *signifie* monter en spirale.

spire /ˈspaɪəʳ/ flèche (d'une église).

spirit /ˈspɪrɪt/ *a plusieurs sens :*

1 spirit *peut signifier* esprit.

2 spirit *peut signifier* courage *ou* énergie.
► be in good spirits avoir le moral.

3 ► spirits *peut signifier* spiritueux (= boissons alcoolisés).

spit /spɪt/ *a plusieurs catégories grammaticales et plusieurs sens :*

> *Ce peut être un* NOM :

1 spit *peut signifier* crachat *ou* salive.

2 spit *peut signifier* broche (pour cuire la viande).

> *Ce peut être un* VERBE :

1 spit *signifie* cracher.

2 ► spit something out recracher quelque chose.

spite /spaɪt/ rancune *ou* méchanceté.

► **in spite of...** malgré...

spiteful /'spaɪtfʊl/ malveillant.

splash /splæʃ/ *a plusieurs catégories grammaticales et plusieurs sens :*

> *Ce peut être un* NOM :

splash *peut signifier* éclaboussure.

► **splash!** plouf !

> *Ce peut être un* VERBE TRANSITIF :

splash *signifie* éclabousser.

splendid /'splendɪd/ splendide *ou* merveilleux.

splinter /'splɪntəʳ/ éclat (de verre, de bois) *ou* écharde.

split /splɪt/ *a plusieurs catégories grammaticales et plusieurs sens :*

> *Ce peut être un* NOM :

1 **split** *peut signifier* fente *ou* déchirure.

2 **split** *peut signifier* division *ou* scission (dans un parti politique, par exemple).

3 ► **do the splits** faire le grand écart.

> *Ce peut être un* VERBE TRANSITIF :

1 ► **split something** *peut signifier* fendre quelque chose *ou* déchirer quelque chose.

2 ► **split something** *peut signifier* diviser quelque chose.

3 ► **split something** *peut signifier* partager quelque chose.

> *Ce peut être un* VERBE INTRANSITIF :

1 **split** *peut signifier* se fendre *ou* se déchirer.

2 **split** *peut signifier* se diviser.

3 ► **split up** se séparer.

spoil /spɔɪl/ *a plusieurs sens :*

1 ► **spoil something** *peut signifier* abîmer quelque chose.

2 ► **spoil something** *peut signifier* gâcher quelque chose *ou* gâter quelque chose.

3 ► **spoil somebody** gâter quelqu'un.

spoilt /spɔɪlt/ gâté.

► **a spoilt child** un enfant gâté.

ℹ **Spoilt** est aussi le prétérit et le participe passé du verbe **spoil** :
▷ I spoilt my dress. J'ai abîmé ma robe.

spoke /spəʊk/ rayon (d'une roue).

ℹ **Spoke** est aussi le participe passé du verbe **speak** :
▷ I spoke to him yesterday. Je lui ai parlé hier.

spoken /'spəʊkən/ *est le participe passé du verbe* **speak**.

▷ Have you spoken to him? Est-ce que tu lui as parlé ?

spokesman /'spəʊksmən/ porte-parole (homme).

spokesperson /'spəʊks,pɜːsən/ porte-parole.

spokeswoman /'spəʊks,wʊmən/ porte-parole (femme).

sponge /spʌndʒ/ *a plusieurs catégories grammaticales et plusieurs sens :*

> *Ce peut être un* NOM :

1 **sponge** *peut signifier* éponge.

2 **sponge** *peut signifier* gâteau de Savoie.

> *Ce peut être un* VERBE :

► **sponge something** éponger quelque chose.

sponsor /'spɒnsəʳ/ *a plusieurs catégories grammaticales :*

> *Ce peut être un* NOM :

sponsor *signifie* sponsor *ou* parrain.

> *Ce peut être un* VERBE :

► **sponsor something** sponsoriser quelque chose *ou* parrainer quelque chose.

spontaneous /spɒn'teɪnɪəs/ spontané.

spooky /'spuːkɪ/ sinistre.

spoon /spuːn/ cuillère.

spoonful /'spuːnfʊl/ cuillerée.

sport /spɔːt/ sport.

► **sports car** voiture de sport.

► **sports ground** terrain de sport.

sportsman /'spɔːtsmən/ sportif (= athlète).

sportswear /'spɔːtsweəʳ/ vêtements de sport.

sportswoman /'spɔːtswʊmən/ sportive (= athlète).

spot /spɒt/ *a plusieurs catégories grammaticales et plusieurs sens :*

> *Ce peut être un* NOM :

1 spot *peut signifier* tache.

2 spot *peut signifier* pois (sur un tissu) *ou* point (sur un dé).

3 spot *peut signifier* goutte.

4 spot *peut signifier* bouton (sur la peau).

5 spot *peut signifier* endroit.

► on the spot sur place.

► do something on the spot faire quelque chose sur-le-champ.

> *Ce peut être un* VERBE :

► spot something apercevoir quelque chose.

spotless /'spɒtlɪs/ très propre.

spotlight /'spɒtlaɪt/ projecteur *ou* spot.

spouse /spaʊz/ époux *ou* épouse.

spout /spaʊt/ bec (d'une théière, d'un pot).

sprain /spreɪn/ *a plusieurs catégories grammaticales :*

> *Ce peut être un* NOM :

sprain *signifie* entorse.

> *Ce peut être un* VERBE :

► sprain one's ankle se faire une entorse à la cheville *ou* se fouler la cheville.

sprang /spræŋ/ *est le prétérit du verbe* spring.

▷ He sprang to his feet. Il s'est levé d'un bond.

spray /spreɪ/ *a plusieurs catégories grammaticales et plusieurs sens :*

> *Ce peut être un* NOM :

1 spray *signifie* bombe aérosol *ou* vaporisateur *ou* pulvérisateur.

> *Ce peut être un* VERBE :

2 ► spray something vaporiser quelque chose *ou* pulvériser quelque chose.

spread /spred/ *a plusieurs catégories grammaticales et plusieurs sens :*

> *Ce peut être un* NOM :

1 spread *peut signifier* propagation *ou* diffusion.

2 spread *peut signifier* pâte à tartiner.

> *Ce peut être un* VERBE TRANSITIF :

1 ► spread something *ou* spread something out *peut signifier* étendre quelque chose *ou* étaler quelque chose (une carte, une couverture).

2 ► spread something *ou* spread something out *peut signifier* écarter quelque chose (les doigts, les bras, les jambes).

3 ► spread something *peut signifier* étaler quelque chose.

4 ► spread something *peut signifier* répandre quelque chose *ou* propager quelque chose.

> *Ce peut être un* VERBE INTRANSITIF :

1 spread *peut signifier* s'étendre *ou* s'étaler.

2 spread *peut signifier* se répandre *ou* se propager.

spring /sprɪŋ/ *a plusieurs catégories grammaticales et plusieurs sens :*

> *Ce peut être un* NOM :

1 spring *peut signifier* printemps.

► in spring au printemps.

2 spring *peut signifier* bond.

3 spring *peut signifier* ressort.

4 spring *peut signifier* source (d'eau).

> *Ce peut être un* VERBE :

1 spring *signifie* bondir.

► spring to one's feet se lever d'un bond.

2 ► spring from... venir de...

3 ► spring up surgir.

springboard /'sprɪŋbɔːd/ tremplin.

spring-cleaning /sprɪŋ'kliːnɪŋ/ grand nettoyage de printemps.

springtime /'sprɪŋtaɪm/ printemps.

sprinkle /'sprɪŋkl/ asperger *ou* saupoudrer.

sprouts /spraʊts/ choux de Bruxelles.

sprung /sprʌŋ/ *est le participe passé du verbe* spring.

spun /spʌn/ *est le prétérit et le participe passé du verbe* spin.

▷ The dancer spun round. Le danceur tournoyait.

spur /spɜːʳ/ éperon.

► on the spur of the moment sous l'impulsion du moment.

spy /spaɪ/ *a plusieurs catégories grammaticales :*

> *Ce peut être un* NOM :

spy *signifie* espion.

> *Ce peut être un* VERBE :

spy *signifie* espionner *ou* faire de l'espionnage.

squad /skwɒd/ escouade *ou* équipe.

squadron /ˈskwɒdrən/ escadron *ou* escadrille.

squander /ˈskwɒndəʳ/ gaspiller.

square /skwɛəʳ/ *a plusieurs catégories grammaticales et plusieurs sens :*

> *Ce peut être un* NOM :

1 square *peut signifier* carré.

2 square *peut signifier* place (dans une ville ou un village).

> *Ce peut être un* ADJECTIF :

square *signifie* carré.

► 5 square metres 5 mètres carrés.

squash /skwɒʃ/ *a plusieurs catégories grammaticales et plusieurs sens :*

> *Ce peut être un* NOM :

1 squash *peut signifier* squash.

2 *En anglais britannique,* ► orange squash *signifie* orangeade.

3 *En anglais américain,* squash *peut signifier* courge.

> *Ce peut être un* VERBE :

► squash something écraser quelque chose.

squat /skwɒt/ *a plusieurs catégories grammaticales et plusieurs sens :*

> *Ce peut être un* VERBE :

1 squat *peut signifier* s'accroupir.

2 squat *peut signifier* squatter.

> *Ce peut être un* NOM :

squat *signifie* squat.

squeak /skwiːk/ *a plusieurs catégories grammaticales et plusieurs sens :*

> *Ce peut être un* NOM :

1 squeak *peut signifier* glapissement *ou* couinement.

2 squeak *peut signifier* grincement.

> *Ce peut être un* VERBE :

1 squeak *peut signifier* couiner.

2 squeak *peut signifier* grincer.

squeeze /skwiːz/ *a plusieurs sens :*

1 ► squeeze something presser quelque chose *ou* serrer quelque chose.

2 ► squeeze something out of... exprimer quelque chose de...

3 ► squeeze something into... entasser quelque chose dans...

squid /skwɪd/ calamar.

squint /skwɪnt/ loucher *ou* plisser les yeux.

squirrel /ˈskwɪrəl/ écureuil.

St *est l'abréviation de* Saint *et de* Street.

stab /stæb/ poignarder.

stable /ˈsteɪbl/ *a plusieurs catégories grammaticales :*

> *Ce peut être un* NOM :

stable *signifie* écurie.

> *Ce peut être un* ADJECTIF :

stable *signifie* stable.

stack /stæk/ *a plusieurs catégories grammaticales :*

> *Ce peut être un* NOM :

stack *signifie* tas.

> *Ce peut être un* VERBE :

► stack something *ou* ► stack something up entasser quelque chose.

stadium /ˈsteɪdɪəm/ stade.

staff /stɑːf/ personnel (= employés).

stag /stæg/ cerf.

stage /steɪdʒ/ *a plusieurs sens :*

1 stage *peut signifier* scène (d'un théâtre).

► on stage sur scène.

2 stage *peut signifier* estrade.

3 stage *peut signifier* étape *ou* phase *ou* stade.

► at this stage à ce stade.

Le mot anglais stage ne signifie pas « stage ».

stagger /ˈstægəʳ/ *a plusieurs catégories grammaticales et plusieurs sens :*

> *Ce peut être un* VERBE INTRANSITIF :

stagger *signifie* chanceler *ou* tituber.

> *Ce peut être un* VERBE TRANSITIF :

► stagger somebody stupéfier quelqu'un.

stain /steɪn/ *a plusieurs catégories grammaticales :*

> *Ce peut être un* NOM :

stain *signifie* tache.

> *Ce peut être un* VERBE :

► stain something tacher quelque chose.

stained-glass window /ˌsteɪndglɑːs ˈwɪndəʊ/ vitrail.

stainless steel /ˌsteɪnləs ˈstiːl/ acier inoxydable.

stair /stɛəʳ/ marche (d'un escalier).

► stairs escalier.

staircase /'stɛəkeɪs/ escalier.

stake /steɪk/ *a plusieurs sens :*

1 stake *peut signifier* pieu *ou* poteau.

2 stake *peut signifier* enjeu.

► be at stake être en jeu.

stale /steɪl/ rassis *ou* pas frais.

stall /stɔːl/ étal (au marché).

stalk /stɔːk/ tige (d'une fleur) *ou* queue (d'un fruit).

stamina /'stæmɪnə/ endurance.

stammer /'stæmə^r/ *a plusieurs catégories grammaticales :*

> *Ce peut être un* NOM :

stammer *signifie* bégaiement.

► have a stammer bégayer.

> *Ce peut être un* VERBE :

stammer *signifie* bégayer.

stamp /stæmp/ *a plusieurs catégories grammaticales et plusieurs sens :*

> *Ce peut être un* NOM :

1 stamp *peut signifier* timbre.

2 stamp *peut signifier* tampon.

> *Ce peut être un* VERBE :

1 ► stamp one's foot taper du pied.

2 ► stamp something tamponner quelque chose.

3 ► stamp an envelope affranchir une enveloppe.

stand /stænd/ *a plusieurs catégories grammaticales et plusieurs sens :*

> *Ce peut être un* NOM :

1 stand *peut signifier* position (au sens de « point de vue »).

► take a stand prendre position.

2 stand *peut signifier* stand.

3 stand *peut signifier* kiosque (à journaux).

4 stand *peut signifier* guéridon *ou* pied de lampe.

5 stand *peut signifier* tribune (sur un terrain de sport).

> *Ce peut être un* VERBE INTRANSITIF :

1 stand *peut signifier* se lever.

▷ He stood when she came in. Il s'est levé quand elle est entrée.

2 stand *peut signifier* être debout *ou* se tenir debout.

▷ He was standing at the bar. Il se tenait debout au bar.

3 stand *peut signifier* se trouver *ou* être.

▷ The house stood at the end of the street. La maison se trouvait au bout de la rue.

> *Ce peut être un* VERBE TRANSITIF :

1 ► stand something *peut signifier* mettre quelque chose.

▷ Stand the ladder against the wall. Mets l'échelle contre le mur.

2 ► stand something *peut signifier* supporter quelque chose.

▷ I can't stand spinach. Je ne supporte pas les épinards.

▷ She can't stand waiting. Elle ne supporte pas d'attendre.

Phrasal verbs

Le verbe stand peut être suivi d'une préposition, telle que back ou up, et dans ce cas, il peut avoir des sens différents. C'est ce qu'on appelle, en anglais, un phrasal verb.

STAND BACK :

► stand back reculer.

STAND FOR :

► stand for something *peut signifier* représenter quelque chose (au sens de « signifer »).

▷ What do those letters stand for? Que représentent ces lettres ?

► stand for something *peut signifier* supporter quelque chose *ou* tolérer quelque chose.

▷ I won't stand for such behaviour. Je ne tolérerai pas un tel comportement.

STAND IN FOR :

► stand in for somebody remplacer quelqu'un.

STAND OUT :

► stand out ressortir (au sens de « être visible »).

▷ It really stands out on the page. Ça ressort bien sur la page.

STAND UP :

stand up se lever.

► be standing up être debout *ou* se tenir debout.

► stand something up mettre quelque chose debout.

STAND UP FOR :

► stand up for somebody défendre quelqu'un.

standard /'stændəd/ *a plusieurs catégories grammaticales et plusieurs sens :*

> *Ce peut être un* NOM :

1 standard *peut signifier* norme *ou* critère.

2 standard *peut signifier* niveau.

► standard of living niveau de vie.

3 ► standards *peut signifier* valeurs (= principes moraux).

> *Ce peut être un* ADJECTIF :

standard *peut signifier* normal *ou* standard.

standstill /ˈstændstɪl/

► come to a standstill s'arrêter *ou* s'immobiliser.

stank /stæŋk/ *est le prétérit du verbe* stink.

▷ It really stank in the shed. Ça sentait vraiment mauvais dans la cabane.

staple /ˈsteɪpl/ *a plusieurs catégories grammaticales :*

> *Ce peut être un* NOM :

staple *signifie* agrafe.

> *Ce peut être un* VERBE :

► staple something agrafer quelque chose.

stapler /ˈsteɪpləʳ/ agrafeuse.

star /stɑːʳ/ *a plusieurs catégories grammaticales et plusieurs sens :*

> *Ce peut être un* NOM :

1 star *peut signifier* étoile.

2 star *peut signifier* vedette (= célébrité).

> *Ce peut être un* VERBE :

star *signifie* être la vedette.

stare /stɛəʳ/ *a plusieurs catégories grammaticales :*

> *Ce peut être un* NOM :

stare *signifie* regard fixe.

> *Ce peut être un* VERBE :

► stare at somebody *ou* something regarder quelqu'un *ou* quelque chose fixement.

starfish /ˈstɑːfɪʃ/ étoile de mer.

stark naked /stɑːk ˈneɪkɪd/ complètement nu.

starring /ˈstɑːrɪŋ/ *est un mot qu'on emploie pour parler de la vedette d'un film :*

▷ We went to see a film starring Tom Cruise. Nous sommes allés voir un film avec Tom Cruise dans le rôle principal.

start /stɑːt/ *a plusieurs catégories grammaticales et plusieurs sens :*

> *Ce peut être un* NOM :

1 start *peut signifier* début.

2 start *peut signifier* départ (d'une course).

3 start *peut signifier* sursaut.

> *Ce peut être un* VERBE TRANSITIF :

1 ► start something *peut signifier* commencer quelque chose.

► start doing something *ou* start to do something commencer à faire quelque chose.

2 ► start something *peut signifier* mettre quelque chose en marche.

3 ► start something *peut signifier* entamer quelque chose (une bouteille, un paquet, etc.).

4 ► start something *peut signifier* déclencher quelque chose.

> *Ce peut être un* VERBE INTRANSITIF :

1 start *peut signifier* commencer.

▷ He started again. Il a recommencé.

2 start *peut signifier* partir.

3 start *peut signifier* démarrer.

4 start *peut signifier* sursauter.

starter /ˈstɑːtəʳ/ *a plusieurs sens :*

1 *En anglais britannique,* starter *peut signifier* hors-d'œuvre.

2 starter *peut signifier* démarreur.

3 starter *peut signifier* starter.

startle /ˈstɑːtl/ faire sursauter.

starve /stɑːv/ *a plusieurs catégories grammaticales et plusieurs sens :*

> *Ce peut être un* VERBE TRANSITIF :

► starve somebody affamer quelqu'un.

> *Ce peut être un* VERBE :

starve *signifie* être affamé.

► starve to death mourir de faim.

state /steɪt/ *a plusieurs catégories grammaticales et plusieurs sens :*

> *Ce peut être un* NOM :

state *signifie* État.

► the States les États-Unis.

> *Ce peut être un* VERBE :

► state something préciser quelque chose.

► state that... déclarer que...

statement /ˈsteɪtmənt/ *a plusieurs sens :*

1 statement *peut signifier* déclaration.

2 statement *peut signifier* relevé de compte bancaire.

station /ˈsteɪʃən/ *a plusieurs sens :*

1 station *peut signifier* gare.

► bus station gare routière.

2 station *peut signifier* station (de radio) *ou* chaîne (de télévision).

3 station *peut signifier* commissariat (de police).

stationary /ˈsteɪʃənərɪ/ immobile.

Ne confondez pas stationary avec stationery.

stationer's /ˈsteɪʃənəz/ papeterie (= magasin).

stationery /ˈsteɪʃənərɪ/ papeterie (= articles en papier) *ou* fournitures de bureau.

> Ne confondez pas stationery avec stationary.

statistics /stəˈtɪstɪks/ statistiques.

status /ˈsteɪtəs/ statut *ou* prestige.

stay /steɪ/ *a plusieurs catégories grammaticales et plusieurs sens :*

> *Ce peut être un* NOM :

stay *signifie* séjour.

> *Ce peut être un* VERBE :

1 stay *peut signifier* rester.

2 ► stay with somebody loger chez quelqu'un.

▷ I'm staying at a hotel. Je loge à l'hôtel.

3 stay *peut signifier* passer quelques jours.

▷ She came to stay for a week. Elle est venue passer une semaine.

Phrasal verbs

Le verbe stay peut être suivi d'une préposition, telle que in ou up, et dans ce cas, il peut avoir des sens différents. C'est ce qu'on appelle, en anglais, un phrasal verb.

► stay in rester à la maison *ou* ne pas sortir.

► stay out ne pas rentrer.

► stay up veiller *ou* se coucher tard.

steady /ˈstedɪ/ *a plusieurs catégories grammaticales et plusieurs sens :*

> *Ce peut être un* ADJECTIF :

1 steady *peut signifier* régulier.

▷ He has a steady income. Il a des revenus réguliers.

2 steady *peut signifier* stable (en parlant d'un meuble, des prix, d'une situation).

> *Ce peut être un* VERBE :

1 ► steady something stabiliser quelque chose *ou* maintenir quelque chose.

2 ► steady somebody calmer quelqu'un.

steal /stiːl/ voler (= prendre).

stealthy /ˈstelθɪ/ furtif.

steam /stiːm/ vapeur.

steel /stiːl/ acier.

steep /stiːp/ *a plusieurs sens :*

1 steep *peut signifier* raide *ou* abrupt (en parlant d'une falaise, d'une pente, d'un escalier, etc.).

2 steep *peut signifier* fort (en parlant d'une augmentation ou d'une baisse).

steeple /ˈstiːpl/ clocher.

steer /stɪəʳ/ piloter *ou* conduire *ou* diriger.

steering wheel /ˈstɪərɪŋwiːl/ volant (d'une voiture).

stem /stem/ tige (d'une plante) *ou* queue (d'un fruit).

stencil /ˈstensl/ pochoir.

step /step/ *a plusieurs catégories grammaticales et plusieurs sens :*

> *Ce peut être un* NOM :

1 step *peut signifier* pas (= enjambée).

2 step *peut signifier* marche (d'escalier).

3 step *peut signifier* étape.

► step by step petit à petit.

4 step *peut signifier* mesure.

► take steps prendre des mesures.

> *Ce peut être un* VERBE :

► step in something marcher dans quelque chose.

► step on something marcher sur quelque chose.

► step back faire un pas en arrière.

► step forward faire un pas en avant.

stepbrother /ˈstepˌbrʌðəʳ/ demi-frère.

stepdaughter /ˈstepˌdɔːtəʳ/ belle-fille (fille du conjoint).

stepfather /ˈstepˌfɑːðəʳ/ beau-père (= mari de la mère).

stepladder /ˈstepˌlædəʳ/ escabeau.

stepmother /ˈstepˌmʌðəʳ/ belle-mère (= femme du père).

stepsister /ˈstepˌsɪstəʳ/ demi-sœur.

stepson /ˈstepsʌn/ beau-fils (fils du conjoint).

stereo /ˈstɪərɪəʊ/ *a plusieurs sens :*

1 stereo *peut signifier* stéréo.

2 stereo *peut signifier* chaîne stéréo.

stern /stɜːn/ *a plusieurs catégories grammaticales :*

> *Ce peut être un* NOM :

stern *signifie* arrière (d'un bateau).

> *Ce peut être un* ADJECTIF :

stern *signifie* sévère.

stew /stjuː/ ragoût.

stick /stɪk/ *a plusieurs catégories grammaticales et plusieurs sens :*

> *Ce peut être un* NOM :

stick *signifie* bâton *ou* canne.

> *Ce peut être un* VERBE TRANSITIF :

1 ► stick something *peut signifier* coller quelque chose.

▷ I'm going to stick these photos in an album. Je vais coller ces photos dans un album.

► stick something back on recoller quelque chose.

2 ► stick something *peut signifier* planter quelque chose.

▷ He stuck a knife in the wall. Il a planté un couteau dans le mur.

3 ► stick something *peut signifier* mettre quelque chose.

▷ Stick your clothes in this cupboard. Mets tes vêtements dans ce placard.

> *Ce peut être un* VERBE INTRANSITIF :

1 stick *peut signifier* coller *ou* se coller.

2 stick *peut signifier* se coincer.

Phrasal verbs

Le verbe stick peut être suivi d'une préposition, telle que out ou up, et dans ce cas, il peut avoir des sens différents. C'est ce qu'on appelle, en anglais, un phrasal verb.

STICK OUT :

► stick one's tongue out tirer la langue.

► stick one's hand out tendre la main.

STICK UP :

► stick something up afficher quelque chose.

► stick up one's hand lever la main.

STICK UP FOR :

► stick up for somebody défendre quelqu'un.

sticker /ˈstɪkəʳ/ autocollant.

sticky /ˈstɪkɪ/ collant *ou* gluant *ou* adhésif.

stiff /stɪf/ raide.

► be bored stiff s'ennuyer à mourir.

► be scared stiff être mort de trouille.

stiffen /ˈstɪfn/ *a plusieurs catégories grammaticales et plusieurs sens :*

> *Ce peut être un* VERBE TRANSITIF :

► stiffen something raidir quelque chose.

> *Ce peut être un* VERBE :

stiffen *signifie* se raidir *ou* se durcir.

stifle /ˈstaɪfl/ étouffer.

still /stɪl/ *a plusieurs catégories grammaticales et plusieurs sens :*

> *Ce peut être un* ADVERBE :

still *signifie* encore *ou* toujours (indiquant la continuation).

▷ I still haven't finished. Je n'ai pas encore fini.

▷ He's still sleeping. Il dort toujours.

▷ We still have time. Nous avons encore le temps.

> *Ce peut être un* ADJECTIF :

1 still *peut signifier* immobile.

► keep still ne pas bouger.

2 still *peut signifier* calme.

3 still *peut signifier* non gazeux *ou* plat (en parlant d'eau minérale).

stilts /stɪlts/ échasses.

stimulate /ˈstɪmjʊleɪt/ stimuler.

sting /stɪŋ/ *a plusieurs catégories grammaticales et plusieurs sens :*

> *Ce peut être un* NOM :

1 sting *peut signifier* piqûre.

2 sting *peut signifier* dard (d'un insecte).

> *Ce peut être un* VERBE :

sting *signifie* piquer

stinging nettle /ˈstɪŋɪŋ ˌnetl/ ortie.

stink /stɪŋk/ *a plusieurs catégories grammaticales :*

> *Ce peut être un* NOM :

stink *signifie* mauvaise odeur.

> *Ce peut être un* VERBE :

stink *signifie* sentir très mauvais.

stir /stɜːʳ/ *a plusieurs catégories grammaticales et plusieurs sens :*

> *Ce peut être un* VERBE TRANSITIF :

► stir something remuer quelque chose.

> *Ce peut être un* VERBE INTRANSITIF :

stir *signifie* bouger.

stirrup /ˈstɪrəp/ étrier.

stitch /stɪtʃ/ *a plusieurs catégories grammaticales et plusieurs sens :*

> *Ce peut être un* NOM :

1 stitch *peut signifier* point (en couture) *ou* maille (en tricot) *ou* point de suture.

2 stitch *peut signifier* point de côté.

> *Ce peut être un* VERBE :

► **stitch something** coudre quelque chose.

stock /stɒk/ *a plusieurs catégories grammaticales et plusieurs sens :*

> *Ce peut être un* NOM :

1 **stock** *peut signifier* réserve *ou* stock.

► **in stock** en stock.

► **out of stock** épuisé.

2 **stock** *peut signifier* valeurs (financières).

► **stocks and shares** titres.

► **the stock exchange** *ou* **the stock market** *la Bourse.*

3 **stock** *peut signifier* bouillon.

> *Ce peut être un* VERBE :

1 ► **stock something** avoir quelque chose *ou* vendre quelque chose (en parlant d'un commerçant).

▷ Do you stock sleeping bags? Avez-vous des sacs de couchage ?

2 ► **stock up with something** s'approvisionner en quelque chose.

stockings /ˈstɒkɪŋz/ bas (= collants).

stole /stəʊl/ *est le prétérit du verbe* **steal**.

▷ He stole my bicycle. Il m'a volé mon vélo.

stolen /ˈstəʊlən/ *est le participe passé du verbe* **steal**.

▷ Someone has stolen his wallet. On lui a volé son portefeuille.

stomach /ˈstʌmək/ estomac *ou* ventre.

► **have stomach ache** avoir mal au ventre.

stone /stəʊn/ *a plusieurs sens :*

1 **stone** *peut signifier* pierre.

► **a stone wall** un mur en pierre.

2 **stone** *peut signifier* caillou.

3 **stone** *peut signifier* noyau (d'un fruit).

4 *En anglais britannique,* **stone** *est une unité de mesure qui correspond à* 6,35 kg.

▷ I weigh six stone. Je pèse 38 kilos.

stood /stʊd/ *est le prétérit et le participe passé du verbe* **stand**.

▷ She stood up. Elle s'est levée.

▷ He has always stood up for me. Il m'a toujours défendu.

stool /stuːl/ tabouret.

stoop /stuːp/ *a plusieurs sens :*

1 **stoop** *peut signifier* avoir le dos voûté.

2 **stoop** *peut signifier* se pencher *ou* s'abaisser.

stop /stɒp/ *a plusieurs catégories grammaticales et plusieurs sens :*

> *Ce peut être un* NOM :

stop *signifie* arrêt.

► **come to a stop** s'arrêter.

► **put a stop to something** mettre fin à quelque chose.

> *Ce peut être un* VERBE TRANSITIF :

1 ► **stop something** *peut signifier* arrêter quelque chose.

2 ► **stop something** *peut signifier* mettre fin à quelque chose.

3 ► **stop somebody doing something** empêcher quelqu'un de faire quelque chose.

> *Ce peut être un* VERBE INTRANSITIF :

stop *signifie* s'arrêter *ou* cesser *ou* se terminer.

stopwatch /ˈstɒpwɒtʃ/ chronomètre.

store /stɔːʳ/ *a plusieurs catégories grammaticales et plusieurs sens :*

> *Ce peut être un* NOM :

1 **store** *peut signifier* magasin.

2 **store** *peut signifier* provision (= stock).

3 **store** *peut signifier* réserve (= entrepôt).

> *Ce peut être un* VERBE :

► **store something** stocker quelque chose.

En anglais, **store** ne signifie pas « store ».

storey /ˈstɔːrɪ/ étage.

En anglais américain, ce mot s'écrit **story**.

stork /stɔːk/ cigogne.

storm /stɔːm/ orage *ou* tempête.

stormy /ˈstɔːmɪ/ orageux.

story /ˈstɔːrɪ/ *a plusieurs sens :*

1 **story** *peut signifier* histoire (au sens de « récit »).

2 **story** *peut signifier* article (de presse).

3 *En anglais américain,* **story** *peut signifier* étage.

Au sens d'étage, ce mot s'écrit **storey** en anglais britannique.

stove /stəʊv/ cuisinière (= appareil de cuisine) *ou* poêle (= appareil de chauffage).

straight /streɪt/ *a plusieurs catégories grammaticales et plusieurs sens :*

> *Ce peut être un* ADJECTIF :

1 straight *peut signifier* droit (= sans courbure) *ou* raide (en parlant des cheveux).

2 straight *peut signifier* franc *ou* honnête.

> *Ce peut être un* ADVERBE :

1 straight *peut signifier* droit (marcher, se tenir, pousser droit).
▷ Sit up straight! Redresse-toi !

2 straight *peut signifier* directement.
▷ Go straight home. Rentre directement chez toi.

3 straight peut être suivi d'une préposition :
► straight ahead tout droit.
► straight away tout de suite.
► straight off tout de suite.
► straight on tout droit.
► straight out sans hésiter *ou* franchement.

straighten /ˈstreɪtn/ redresser *ou* ajuster.

straightforward /ˌstreɪtˈfɔːwəd/ *a plusieurs sens :*

1 straightforward *peut signifier* simple.

2 straightforward *peut signifier* franc *ou* honnête.

strain /streɪn/ *a plusieurs catégories grammaticales et plusieurs sens :*

> *Ce peut être un* NOM :

1 strain *peut signifier* tension *ou* stress.

2 strain *peut signifier* effort physique.

3 strain *peut signifier* foulure.

> *Ce peut être un* VERBE :

1 ► strain something *peut signifier* froisser quelque chose (un muscle) *ou* fouler quelque chose.
► strain one's eyes s'abîmer les yeux.

2 ► strain something *peut signifier* mettre quelque chose à rude épreuve.

3 ► strain something *peut signifier* passer quelque chose (un liquide) *ou* égoutter quelque chose.

strainer /ˈstreɪnəʳ/ passoire.

strange /streɪndʒ/ *a plusieurs sens :*

1 strange *peut signifier* étrange *ou* bizarre.

2 strange *peut signifier* inconnu *ou* qu'on ne connaît pas.
▷ It's not easy to make friends in a strange town. Ce n'est pas facile de se faire des amis dans une ville qu'on ne connaît pas.

stranger /ˈstreɪndʒəʳ/ étranger *ou* inconnu.

strangest /ˈstreɪndʒɪst/ *est le superlatif de* strange.
▷ That's the strangest dog I've ever seen. C'est le chien le plus bizarre que j'aie jamais vu.

strangle /ˈstræŋgl/ étrangler.

strap /stræp/ *a plusieurs sens :*

1 strap *peut signifier* lanière *ou* sangle *ou* courroie.

2 strap *peut signifier* bandoulière (de sac) *ou* bretelle (d'un vêtement).

3 strap *peut signifier* bracelet (de montre).

strategies /ˈstrætɪdʒɪz/ *est le pluriel de* strategy.

strategy /ˈstrætɪdʒɪ/ stratégie.

straw /strɔː/ paille.

strawberries /ˈstrɔːbərɪz/ *est le pluriel de* strawberry.

strawberry /ˈstrɔːbərɪ/ fraise.

stray /streɪ/ *a plusieurs catégories grammaticales et plusieurs sens :*

> *Ce peut être un* ADJECTIF :

1 stray *peut signifier* errant (en parlant d'un animal).

2 stray *peut signifier* perdu (en parlant d'une balle).

> *Ce peut être un* VERBE :

stray *signifie* s'égarer *ou* errer.

streak /striːk/ *a plusieurs catégories grammaticales et plusieurs sens :*

> *Ce peut être un* NOM :

1 streak *peut signifier* raie *ou* bande.

2 streak *peut signifier* côté (quand on parle de la personnalité de quelqu'un).
▷ He's got a nasty streak. Il a un côté méchant.

> *Ce peut être un* VERBE :

1 ► streak something strier quelque chose.

2 ► have one's hair streaked se faire faire des mèches.

stream /striːm/ *a plusieurs catégories grammaticales et plusieurs sens :*

> *Ce peut être un* NOM :

1 stream *peut signifier* ruisseau.

2 stream *peut signifier* flot (d'eau, de lumière).

> *Ce peut être un* VERBE :

1 stream *peut signifier* ruisseler.

2 ► stream in entrer à flots.

► stream out sortir à flots.

street /striːt/ rue.

streetlamp /ˈstriːtlæmp/ lampadaire (de rue).

streetlight /ˈstriːtlaɪt/ lampadaire (de rue).

strength /streŋθ/ force *ou* solidité.

strengthen /ˈstreŋθən/ renforcer *ou* fortifier.

stress /stres/ *a plusieurs catégories grammaticales et plusieurs sens :*

> *Ce peut être un* NOM :

1 stress *peut signifier* stress.

► be under stress être stressé.

2 stress *peut signifier* insistance.

► lay stress on something insister sur quelque chose.

> *Ce peut être un* VERBE :

► stress something insister sur quelque chose.

stressful /ˈstresfʊl/ stressant.

stretch /stretʃ/ *a plusieurs catégories grammaticales et plusieurs sens :*

> *Ce peut être un* NOM :

1 stretch *peut signifier* période.

2 stretch *peut signifier* étendue (de terre, d'eau) *ou* partie (d'une rue, d'une rivière).

> *Ce peut être un* VERBE TRANSITIF :

1 ► stretch something *peut signifier* tendre quelque chose *ou* étirer quelque chose.

2 ► stretch something *peut signifier* allonger quelque chose (le bras, la jambe).

> *Ce peut être un* VERBE INTRANSITIF :

1 stretch *peut signifier* s'étirer.

2 stretch *peut signifier* s'étendre.

3 stretch *peut signifier* s'allonger *ou* s'élargir.

stretcher /ˈstretʃəʳ/ brancard.

stride /straɪd/ *a plusieurs catégories grammaticales :*

> *Ce peut être un* NOM :

stride *signifie* grand pas *ou* enjambée.

> *Ce peut être un* VERBE :

► stride along avancer à grands pas.

strike /straɪk/ *a plusieurs catégories grammaticales et plusieurs sens :*

> *Ce peut être un* NOM :

1 strike *peut signifier* grève.

► go on strike se mettre en grève.

2 strike *peut signifier* attaque.

> *Ce peut être un* VERBE TRANSITIF :

1 ► strike somebody *ou* something *peut signifier* frapper quelqu'un *ou* quelque chose.

► be struck by something être frappé par quelque chose.

2 ► strike a match frotter une allumette.

3 ► strike somebody *peut signifier* venir à l'esprit de quelqu'un.

▷ It strikes me as odd. Ça me semble bizarre.

> *Ce peut être un* VERBE INTRANSITIF :

1 strike *peut signifier* frapper *ou* attaquer.

2 strike *peut signifier* sonner (en parlant d'une horloge).

string /strɪŋ/ *a plusieurs sens :*

1 string *peut signifier* ficelle.

► a piece of string un bout de ficelle.

2 string *peut signifier* corde (d'une raquette, d'un instrument de musique).

3 string *peut signifier* rang (de perles).

4 string *peut signifier* série *ou* suite.

strip /strɪp/ *a plusieurs catégories grammaticales et plusieurs sens :*

> *Ce peut être un* NOM :

strip *signifie* bande (de tissu, de papier, de cuir).

> *Ce peut être un* VERBE TRANSITIF :

1 strip somebody *peut signifier* déshabiller quelqu'un.

2 ► strip somebody of something dépouiller quelqu'un de quelque chose.

3 ► strip something *peut signifier* vider quelque chose (une maison, une pièce).

3 ► strip something *peut signifier* enlever quelque chose (du papier peint, de la peinture).

> *Ce peut être un* VERBE INTRANSITIF :

strip *signifie* se déshabiller.

stripe /straɪp/ rayure.

striped /straɪpt/ à rayures.

strode /strəʊd/ *est le prétérit du verbe* stride.

▷ They strode along. Ils avançaient à grands pas.

stroke /strəʊk/ *a plusieurs catégories grammaticales et plusieurs sens :*

> *Ce peut être un* NOM :

1 stroke *peut signifier* trait (de crayon, de stylo).
2 stroke *peut signifier* attaque (cérébrale).
▷ He had a stroke. Il a eu une attaque.
3 ► a stroke of luck un coup de chance.

> *Ce peut être un* VERBE :

► stroke somebody *ou* something caresser quelqu'un *ou* quelque chose.

stroll /strəʊl/ *a plusieurs catégories grammaticales :*

> *Ce peut être un* NOM :

stroll *signifie* petite promenade.

> *Ce peut être un* VERBE :

stroll *signifie* se promener.

stroller /'strəʊlər/ poussette.

> Stroller est un mot américain : en anglais britannique, on dit pushchair.

strong /strɒŋ/ fort *ou* solide *ou* robuste.

strongbox /'strɒŋbɒks/ coffre-fort.

stronger /strɒŋgər/ *est le comparatif de* strong.
▷ I'm stronger than you. Je suis plus fort que toi.

strongest /strɒŋgɪst/ *est le superlatif de* strong.
▷ He's the strongest boy in the class. C'est le garçon le plus fort de la classe.

strongly /'strɒŋlɪ/ fortement.

strongroom /'strɒŋrʊm/ chambre forte.

struck /strʌk/ *est le prétérit et le participe passé du verbe* strike.
▷ He struck his fist on the table. Il a frappé du poing sur la table.

struggle /'strʌgl/ *a plusieurs catégories grammaticales et plusieurs sens :*

> *Ce peut être un* NOM :

struggle *signifie* lutte *ou* bagarre.

> *Ce peut être un* VERBE :

1 struggle *peut signifier* lutter.
2 ► struggle to do something se démener pour faire quelque chose.
3 struggle *peut signifier* se débattre *ou* se battre.

stub /stʌb/ *a plusieurs catégories grammaticales et plusieurs sens :*

> *Ce peut être un* NOM :

1 stub *peut signifier* mégot.
2 stub *peut signifier* talon (de chèque, de ticket).

> *Ce peut être un* VERBE :

1 ► stub one's toe se cogner le doigt de pied.
2 ► stub a cigarette out écraser une cigarette.

stubble /'stʌbl/ *a plusieurs sens :*

1 stubble *peut signifier* barbe de plusieurs jours.
2 stubble *peut signifier* chaume (dans les champs).

stubborn /'stʌbən/ têtu *ou* obstiné.

stuck /stʌk/ coincé *ou* bloqué.

> **i** Stuck est aussi le prétérit et le participe passé du verbe stick :
> ▷ I stuck my hand in my pocket. J'ai mis la main dans ma poche.

student /'stju:dənt/ étudiant *ou* étudiante.

studied /'stʌdɪd/ *est le prétérit et le participe passé du verbe* study :
▷ He studied law. Il a fait des études de droit.

studies /'stʌdɪz/ *a plusieurs sens :*

1 studies *est le pluriel de* study.
▷ Several studies have been made of this animal. Plusieurs études de cet animal ont été faites.
2 studies *est la troisième personne du singulier du verbe* study, *au présent.*
▷ She studies English at university. Elle étudie l'anglais à la fac.

studio /'stju:dɪəʊ/ atelier (d'artiste) *ou* studio.

study /'stʌdɪ/ *a plusieurs catégories grammaticales et plusieurs sens :*

> *Ce peut être un* NOM :

1 study *peut signifier* étude.
2 study *peut signifier* bureau (= pièce dans une maison).

> *Ce peut être un* VERBE :

study *signifie* étudier *ou* faire des études.

stuff /stʌf/ *a plusieurs catégories grammaticales et plusieurs sens :*

> *Ce peut être un* NOM :

1 stuff *peut signifier* trucs *ou* affaires.
▷ Bring all your stuff. Apporte toutes tes affaires.
2 stuff *peut signifier* truc *ou* substance.
▷ What's that stuff on your trousers? C'est quoi ce truc sur ton pantalon ?

> *Ce peut être un* VERBE :

1 ► **stuff something** rembourrer *ou* farcir quelque chose.

2 ► **stuff something with...** remplir quelque chose de...

3 ► **stuff something into...** fourrer quelque chose dans...

stuffy /ˈstʌfɪ/ mal aéré.

stumble /ˈstʌmbl/ trébucher.

stun /stʌn/ étourdir *ou* abasourdir.

stung /stʌŋ/ *est le participe passé du verbe* **sting**.

▷ I've been stung by a bee. Une abeille m'a piqué.

stunning /ˈstʌnɪŋ/ superbe *ou* formidable *ou* stupéfiant.

stunt /stʌnt/ *a plusieurs sens :*

1 **stunt** *peut signifier* cascade (dans un film).

2 **stunt** *peut signifier* coup publicitaire.

stuntman /ˈstʌntmæn/ cascadeur.

stupid /ˈstjuːpɪd/ stupide *ou* bête.

sturdy /ˈstɜːdɪ/ solide *ou* robuste.

stutter /ˈstʌtəʳ/ *a plusieurs catégories grammaticales :*

> *Ce peut être un* NOM :

stutter *signifie* bégaiement.

► **have a stutter** bégayer.

> *Ce peut être un* VERBE :

stutter *signifie* bégayer.

style /staɪl/ *a plusieurs sens :*

1 **style** *peut signifier* style.

2 **style** *peut signifier* modèle *ou* genre.

3 **style** *peut signifier* classe *ou* élégance.

stylish /ˈstaɪlɪʃ/ chic.

subject *se prononce de deux façons différentes et a des sens différents selon la prononciation :*

/ˈsʌbdʒekt/ (l'accent est sur la première syllabe sub-)

> *Ce peut être un* NOM :

1 **subject** *peut signifier* sujet.

2 **subject** *peut signifier* matière (à l'école ou à l'université).

> *Ce peut être un* ADJECTIF :

► **be subject to something** être sujet à quelque chose *ou* être soumis à quelque chose.

/səbˈdʒekt/ (l'accent est sur la deuxième syllabe -ject)

> *C'est un* VERBE :

► **subject somebody to something** faire subir quelque chose à quelqu'un.

submarine /ˌsʌbməˈriːn/ sous-marin.

submit /səbˈmɪt/ soumettre *ou* se soumettre.

subscribe /səbˈskraɪb/ s'abonner *ou* être abonné.

subscription /səbˈskrɪpʃən/ abonnement.

subsequent /ˈsʌbsɪkwənt/ ultérieur.

subsidy /ˈsʌbsɪdɪ/ subvention.

substantial /səbˈstænʃəl/ important *ou* solide *ou* substantiel.

substitute /ˈsʌbstɪtjuːt/ *a plusieurs catégories grammaticales et plusieurs sens :*

> *Ce peut être un* NOM :

1 **substitute** *peut signifier* remplaçant.

2 **substitute** *peut signifier* produit de substitution.

> *Ce peut être un* VERBE :

► **substitute something for something** substituer quelque chose à quelque chose.

subtitles /ˈsʌbˌtaɪtlz/ sous-titres.

subtle /ˈsʌtl/ subtil.

subtract /səbˈtrækt/ soustraire.

suburb /ˈsʌbɜːb/ banlieue.

suburban /səˈbɜːbən/ de banlieue.

subway /ˈsʌbweɪ/ *a plusieurs sens :*

1 **subway** *peut signifier* passage souterrain.

2 **subway** *peut signifier* métro.

succeed /səkˈsiːd/ réussir.

► **succeed in doing something** réussir à faire quelque chose.

success /səkˈses/ succès.

successful /sək'sesfʊl/ couronné de succès *ou* à succès *ou* qui a du succès.

► be successful in something *ou* at something réussir quelque chose.

successfully /sək'sesfəlɪ/ avec succès.

such /sʌtʃ/ *a plusieurs sens :*

1 such *peut signifier* tel.

▷ Such a book is hard to find. Un tel livre est dur à trouver.

▷ Such cases are rare. De tels cas sont rares.

► such as tel que.

2 such *peut signifier* si *ou* tellement.

▷ It has been such a long time. Ça fait si longtemps.

▷ I was in such pain. Je souffrais tellement.

▷ He's such a nice man. Il est tellement gentil.

3 such *peut signifier* aussi.

▷ I haven't read such a good book in years. Je n'ai pas lu un aussi bon livre depuis des années.

suck /sʌk/ sucer *ou* aspirer.

sudden /'sʌdn/ soudain (adjectif).

► all of a sudden tout à coup.

suddenly /'sʌdnlɪ/ tout à coup *ou* soudainement.

sue /suː/ poursuivre en justice.

suede /sweɪd/ daim (= cuir).

suffer /'sʌfəʳ/ *a plusieurs catégories grammaticales et plusieurs sens :*

> *Ce peut être un* VERBE TRANSITIF :

1 ► suffer something *peut signifier* souffrir de quelque chose.

2 ► suffer something *peut signifier* subir quelque chose.

> *Ce peut être un* VERBE :

suffer *signifie* souffrir.

► suffer from something souffrir de quelque chose.

suffering /'sʌfərɪŋ/ souffrance.

> **i** Suffering **est aussi une forme du verbe** suffer **:**
> ▷ He's suffering. **Il souffre.**

sufficient /sə'fɪʃənt/ suffisant.

suffocate /'sʌfəkeɪt/ étouffer.

sugar /'ʃʊgəʳ/ sucre.

suggest /sə'dʒest/ suggérer.

suicide /'sʊɪsaɪd/ suicide.

► commit suicide se suicider.

suit /suːt/ *a plusieurs catégories grammaticales et plusieurs sens :*

> *Ce peut être un* NOM :

suit *signifie* costume *ou* tailleur.

> *Ce peut être un* VERBE :

1 ► suit somebody *peut signifier* aller à quelqu'un.

▷ That colour doesn't suit you. Cette couleur ne te va pas.

2 ► suit somebody *peut signifier* convenir à quelqu'un.

▷ Does tomorrow suit you? Est-ce que demain te convient ?

suitable /'suːtəbl/ convenable.

▷ It's not suitable. Ça ne convient pas.

suitcase /'suːtkeɪs/ valise.

suite /swiːt/ *a plusieurs sens :*

1 suite *peut signifier* suite (dans un hôtel).

2 suite *peut signifier* meubles de salon.

sulk /sʌlk/ bouder.

sum /sʌm/ *a plusieurs catégories grammaticales et plusieurs sens :*

> *Ce peut être un* NOM :

1 sum *peut signifier* somme.

2 sum *peut signifier* calcul.

> *Ce peut être un* VERBE :

► sum something up résumer quelque chose.

summarize /'sʌməraɪz/ résumer.

summary /'sʌmərɪ/ résumé.

summer /'sʌməʳ/ été.

► summer holidays grandes vacances.

summertime /'sʌmətaɪm/ été.

summit /'sʌmɪt/ sommet.

summon /'sʌmən/ appeler *ou* convoquer.

sun /sʌn/ soleil.

► sun cream *ou* sun lotion crème solaire.

sunbathe /'sʌnbeɪð/ se faire bronzer.

sunblock /'sʌnblɒk/ écran total.

sunburn /'sʌnbɜːn/ coup de soleil.

sunburned /'sʌnbɜːnd/ brûlé par le soleil.
► get sunburned prendre un coup de soleil.

Sunday /'sʌndɪ/ dimanche.
► on Sunday dimanche.
► on Sunday morning dimanche matin.
► on Sundays le dimanche.

> i En anglais, les noms des jours de la semaine commencent toujours par une majuscule.

sundial /'sʌndaɪəl/ cadran solaire.

sunflower /'sʌn,flaʊə^r/ tournesol.

sung /sʌŋ/ *est le participe passé du verbe* sing.
▷ I have never sung in English. Je n'ai jamais chanté en anglais.

sunglasses /'sʌn,glɑːsɪz/ lunettes de soleil.

sunk /sʌŋk/ *est le participe passé du verbe* sink.
▷ The boat has sunk. Le bateau a coulé.

sunlight /'sʌnlaɪt/ lumière du soleil.

sunny /'sʌnɪ/ ensoleillé.

sunrise /'sʌnraɪz/ lever de soleil.

sunroof /'sʌnruːf/ toit ouvrant.

sunscreen /'sʌnskriːn/ écran solaire.

sunset /'sʌnset/ coucher de soleil.

sunshine /'sʌnʃaɪn/ lumière du soleil.
► in the sunshine au soleil.

sunstroke /'sʌnstrəʊk/ insolation.

suntan /'sʌntæn/ bronzage.
► suntan cream *ou* suntan lotion crème solaire.

superb /suː'pɜːb/ superbe.

superior /sʊ'pɪərɪə^r/ supérieur.

supermarket /'suːpə,mɑːkɪt/ supermarché.

supernatural /,suːpə'nætʃərəl/ surnaturel.

supervisor /'suːpəvaɪzə^r/ surveillant.

supper /'sʌpə^r/ dîner.

supple /'sʌpl/ souple.

supply /sə'plaɪ/ *a plusieurs catégories grammaticales et plusieurs sens :*

> *Ce peut être un* NOM :

1 supply *peut signifier* provision *ou* réserve.
► supplies provisions *ou* vivres.
2 ► supply and demand l'offre et la demande.

> *Ce peut être un* VERBE :

► supply somebody with something fournir quelqu'un en quelque chose.

support /sə'pɔːt/ *a plusieurs catégories grammaticales et plusieurs sens :*

> *Ce peut être un* NOM :

1 support *peut signifier* appui *ou* soutien.
2 support *peut signifier* support.

> *Ce peut être un* VERBE :

1 ► support somebody *ou* something *peut signifier* soutenir quelqu'un *ou* quelque chose.
2 ► support somebody *ou* something *peut signifier* être pour quelqu'un *ou* quelque chose.
► support a team être supporter d'une équipe.
3 ► support somebody *peut signifier* subvenir aux besoins de quelqu'un.

> En anglais, le verbe support ne signifie pas « supporter ».

suppose /sə'pəʊz/ supposer.
▷ I suppose so. Je suppose que oui.
▷ I suppose not. Je suppose que non.

supposed /sə'pəʊzd/ présumé *ou* prétendu.
► be supposed to do something être censé faire quelque chose.

> i Supposed est aussi le prétérit et le participe passé du verbe suppose :
> ▷ I supposed it was true. J'ai supposé que c'était vrai.

suppress /sə'pres/ réprimer *ou* supprimer.

sure /ʃʊə^r/ sûr.
▷ I'm sure he'll come. Je suis sûr qu'il viendra.
▷ I'm not sure when he's coming. Je ne sais pas trop quand il viendra.
▷ He's very sure of himself. Il est très sûr de lui.

► make sure that... s'assurer que... *ou* vérifier que...

► for sure sans aucun doute.

surely /'ʃʊəlɪ/ sûrement.

surf /sɜːf/ surfer.

surface /'sɜːfɪs/ *a plusieurs catégories grammaticales et plusieurs sens :*

> *Ce peut être un* NOM :

surface *signifie* surface.

► on the surface à première vue.

> *Ce peut être un* VERBE :

surface *peut signifier* remonter à la surface.

surfboard /'sɜːfbɔːd/ planche de surf.

surfer /'sɜːfəʳ/ *a plusieurs sens :*

1 surfer *peut signifier* surfeur.

2 surfer *peut signifier* internaute.

surfing /'sɜːfɪŋ/ surf.

► go surfing faire du surf.

surgeon /'sɜːdʒən/ chirurgien.

surgery /'sɜːdʒərɪ/ *a plusieurs sens :*

1 surgery *peut signifier* chirurgie.

2 *En anglais britannique,* surgery *peut signifier* cabinet (médical ou dentaire).

surgical /'sɜːdʒɪkəl/ chirurgical.

surname /'sɜːneɪm/ nom de famille.

surprise /sə'praɪz/ *a plusieurs catégories grammaticales :*

> *Ce peut être un* NOM :

surprise *signifie* surprise.

> *Ce peut être un* VERBE :

► surprise somebody surprendre quelqu'un.

surprised /sə'praɪzd/ surpris.

> ℹ Surprised est aussi le prétérit et le participe passé du verbe surprise :
> ▷ It really surprised me. Ça m'a vraiment surpris.

surprising /sə'praɪzɪŋ/ surprenant.

> ℹ Surprising est aussi une forme du verbe surprise :
> ▷ He likes surprising people. Il aime bien surprendre les gens.

surrender /sə'rendəʳ/ *a plusieurs catégories grammaticales et plusieurs sens :*

> *Ce peut être un* NOM :

surrender *signifie* reddition *ou* capitulation.

> *Ce peut être un* VERBE :

surrender *signifie* se rendre (au sens de « capituler »).

surround /sə'raʊnd/ entourer.

surroundings /sə'raʊndɪŋz/ environs *ou* cadre.

survey *se prononce de deux façons et a des catégories grammaticales et des sens différents selon la prononciation :*

🔊 /'sɜːveɪ/ (l'accent est sur la première syllabe sur-)

> *C'est un* NOM :

1 survey *peut signifier* étude *ou* sondage.

2 survey *peut signifier* levé (du terrain) *ou* expertise (d'une maison).

🔊 /sə'veɪ/ (l'accent est sur la deuxième syllabe -vey)

> *C'est un* VERBE :

1 ► survey something *peut signifier* passer quelque chose en revue *ou* contempler quelque chose.

2 ► survey something *peut signifier* faire une étude de quelque chose.

3 ► survey something *peut signifier* expertiser quelque chose.

survival /sə'vaɪvəl/ survie.

survive /sə'vaɪv/ survivre *ou* survivre à.

survivor /sə'vaɪvəʳ/ survivant.

suspect *se prononce de deux façons et a des sens différents selon la prononciation :*

🔊 /'sʌspekt/ (l'accent est sur la première syllabe sus-)

> *Ce peut être un* NOM *ou un* ADJECTIF :

suspect *signifie* suspect.

🔊 /səs'pekt/ (l'accent est sur la deuxième syllabe -pect)

> *C'est un* VERBE :

1 ► suspect somebody *ou* something *peut signifier* soupçonner quelqu'un *ou* quelque chose.

2 ► suspect something *peut signifier* se douter de quelque chose.

suspend /səs'pend/ suspendre.

suspicion /səsˈpɪʃən/ soupçon.

suspicious /səsˈpɪʃəs/ *a plusieurs sens :*

1 suspicious *peut signifier* méfiant.

► be suspicious of somebody *ou* something se méfier de quelqu'un *ou* quelque chose.

2 suspicious *peut signifier* suspect.

swallow /ˈswɒləʊ/ *a plusieurs catégories grammaticales :*

> *Ce peut être un* NOM :

swallow *signifie* hirondelle.

> *Ce peut être un* VERBE :

swallow *signifie* avaler.

swam /swæm/ *est le prétérit du verbe* swim.

▷ She swam across the river. Elle a traversé la rivière à la nage.

swamp /swɒmp/ marais *ou* marécage.

swan /swɒn/ cygne.

swap /swɒp/ échanger.

sway /sweɪ/ se balancer *ou* osciller.

swear /swɛəʳ/ jurer.

swearword /ˈswɛəwɜːd/ gros mot.

sweat /swet/ *a plusieurs catégories grammaticales :*

> *Ce peut être un* NOM :

sweat *signifie* sueur.

> *Ce peut être un* VERBE :

sweat *signifie* suer.

sweater /ˈswetəʳ/ pullover.

sweatsuit /ˈswetsuːt/ survêtement.

> Sweatsuit est un mot américain : en anglais britannique, on dit tracksuit.

sweaty /ˈswetɪ/ moite *ou* en sueur.

Swede /swiːd/ Suédois (= personne).

Sweden /ˈswiːdən/ Suède.

> i En général, en anglais, on n'emploie pas d'article défini devant les noms de pays et de continents.

Swedish /ˈswiːdɪʃ/ suédois.

> i En anglais, les adjectifs de nationalité et les noms de langues commencent par une majuscule.

sweep /swiːp/ balayer.

► sweep a chimney ramoner une cheminée.

sweet /swiːt/ *a plusieurs catégories grammaticales et plusieurs sens :*

> *Ce peut être un* NOM :

1 sweet *peut signifier* bonbon *en anglais britannique.*

2 sweet *peut signifier* dessert *en anglais britannique.*

> Aux États-Unis, « bonbon » se dit candy et « dessert » se dit dessert.

> *Ce peut être un* ADJECTIF :

1 sweet *peut signifier* sucré *ou* doux.

► have a sweet tooth aimer les sucreries.

2 sweet *peut signifier* gentil *ou* mignon.

sweetcorn /ˈswiːtkɔːn/ maïs.

sweeten /ˈswiːtn/ sucrer.

sweetener /ˈswiːtnəʳ/ édulcorant.

swell /swel/ enfler *ou* se gonfler.

swelling /ˈswelɪŋ/ enflure.

swept /swept/ *est le prétérit et le participe passé du verbe* sweep.

▷ He swept the floor. Il a balayé par terre.

swift /swɪft/ rapide.

swim /swɪm/ *a plusieurs catégories grammaticales et plusieurs sens :*

> *Ce peut être un* NOM :

► go for a swim aller se baigner *ou* aller à la piscine.

> *Ce peut être un* VERBE :

swim *signifie* nager.

swimming /ˈswɪmɪŋ/ natation.

► go swimming aller se baigner *ou* aller à la piscine.

► swimming costume maillot de bain.

► swimming pool piscine.

► swimming trunks maillot de bain (pour homme).

> i Swimming est aussi une forme du verbe swim :
> ▷ She was swimming in the lake. Elle nageait dans le lac.

swimsuit /ˈswɪmsuːt/ maillot de bain.

swindle /ˈswɪndl/ *a plusieurs catégories grammaticales :*

> *Ce peut être un* NOM :

swindle *signifie* escroquerie.

> *Ce peut être un* VERBE :

► **swindle somebody** escroquer quelqu'un.

swing /swɪŋ/ *a plusieurs catégories grammaticales et plusieurs sens :*

> *Ce peut être un* NOM :

1 **swing** *peut signifier* balançoire.

2 **swing** *peut signifier* balancement *ou* oscillation.

3 **swing** *peut signifier* revirement (dans l'opinion).

> *Ce peut être un* VERBE INTRANSITIF :

1 **swing** *peut signifier* se balancer *ou* osciller.

2 **swing** *peut signifier* virer.

▷ He swung round. Il s'est retourné.

> *Ce peut être un* VERBE TRANSITIF :

► **swing something** balancer quelque chose.

Swiss /swɪs/ suisse *ou* Suisse.

► **the Swiss** les Suisses.

En anglais, les adjectifs de nationalité commencent par une majuscule.

switch /swɪtʃ/ *a plusieurs catégories grammaticales et plusieurs sens :*

> *Ce peut être un* NOM :

1 **switch** *peut signifier* interrupteur.

2 **switch** *peut signifier* changement *ou* revirement.

> *Ce peut être un* VERBE :

► **switch something** échanger quelque chose.

► **switch something round** changer quelque chose de place.

Phrasal verbs

Le verbe switch peut être suivi d'une préposition, telle que on ou over, et dans ce cas, il peut avoir des sens différents. C'est ce qu'on appelle, en anglais, un phrasal verb.

► switch something off éteindre quelque chose.

► switch something on allumer quelque chose.

► switch over changer de chaîne.

switchboard /ˈswɪtʃbɔːd/ standard (téléphonique).

Switzerland /ˈswɪtsələnd/ Suisse.

ℹ En général, en anglais, on n'emploie pas d'article défini devant les noms de pays et de continents.

swollen /ˈswəʊlən/ enflé *ou* gonflé.

ℹ Swollen est aussi le prétérit et le participe passé du verbe swell :

▷ Her face has swollen up. Son visage a gonflé.

swop /swɒp/ échanger.

sword /sɔːd/ épée.

swordfish /ˈsɔːdfɪʃ/ espadon.

swore /swɔːʳ/ *est le prétérit du verbe* **swear**.

▷ He swore never to do it again. Il a juré de ne plus jamais recommencer.

sworn /swɔːn/ *est le participe passé du verbe* **swear**.

▷ I could have sworn it was you. J'aurais juré que c'était toi.

swum /swʌm/ *est le participe passé du verbe* **swim**.

▷ He has swum across the Channel twice. Il a traversé deux fois la Manche à la nage.

swung /swʌŋ/ *est le prétérit et le participe passé du verbe* **swing**.

▷ He swung round when I spoke. Il s'est retourné quand j'ai parlé.

symbol /ˈsɪmbəl/ symbole.

symmetrical /sɪˈmetrɪkəl/ symétrique.

ℹ Attention à l'orthographe du mot anglais symmetrical.

symmetry /ˈsɪmɪtrɪ/ symétrie.

ℹ Attention à l'orthographe du mot anglais symmetry.

sympathetic /ˌsɪmpəˈθetɪk/ compatissant.

► **sympathetic to...** favorable à...

En anglais, sympathetic ne signifie pas « sympathique ».

sympathise *ou* **sympathize** /ˈsɪmpəθaɪz/ compatir.

En anglais, sympathise ne signifie pas « sympathiser ».

sympathy /ˈsɪmpəθɪ/ compassion *ou* solidarité.

> En anglais, sympathy *ne signifie pas* « sympathie ».

symphony /ˈsɪmfənɪ/ symphonie.

syringe /sɪˈrɪndʒ/ seringue.

syrup /ˈsɪrəp/ sirop.

system /ˈsɪstəm/ *a plusieurs sens :*

1 system *peut signifier* système.

2 system *peut signifier* réseau.

3 system *peut signifier* organisme (= le corps).

T

ANGLAIS — FRANÇAIS

La lettre T se prononce /tiː/ en anglais.
T se prononce exactement comme le mot tea.

table /'teɪbl/ table.

► lay the table mettre la table.
► table tennis ping-pong.

tablecloth /'teɪblklɒθ/ nappe.

tablemat /'teɪblmæt/ dessous-de-plat.

tablespoon /'teɪblspuːn/ grande cuillère.

tablet /'tæblɪt/ comprimé.

tackle /'tækl/ *a plusieurs catégories grammaticales et plusieurs sens :*

> *Ce peut être un* NOM :

1 tackle *peut signifier* équipement *ou* matériel.
► fishing tackle matériel de pêche.

2 tackle *peut signifier* tacle (en football) *ou* plaquage (en rugby).

> *Ce peut être un* VERBE :

1 ► tackle somebody *peut signifier* tacler quelqu'un *ou* plaquer quelqu'un.

2 ► tackle somebody *peut signifier* saisir quelqu'un à bras-le-corps.

3 ► tackle something s'attaquer à quelque chose.

tadpole /'tædpəʊl/ têtard.

tail /teɪl/ queue (d'animal, d'avion).

► heads or tails pile ou face.

tailor /'teɪləʳ/ tailleur (= personne qui fait des vêtements).

take /teɪk/ *a plusieurs sens :*

1 ► take somebody *ou* something *peut signifier* prendre quelqu'un *ou* quelque chose.

▷ She took him by the hand. Elle l'a pris par la main.

▷ He took the book from the shelf. Il a pris le livre sur l'étagère.

▷ He's taking French lessons. Il prend des cours de français.

▷ I always take the bus. Je prends toujours le bus.

▷ Is this seat taken? Est-ce que cette place est prise ?

2 ► take somebody *peut signifier* emmener quelqu'un.

▷ He took me to the cinema. Il m'a emmené au cinéma.

3 ► take something *peut signifier* porter quelque chose *ou* emporter quelque chose *ou* apporter quelque chose.

▷ Don't forget to take an umbrella. N'oublie pas d'emporter un parapluie.

▷ She took him some flowers. Elle lui a apporté des fleurs.

4 ► take an exam passer un examen.

5 ► take something *peut signifier* supporter quelque chose.

▷ She can't take being criticized. Elle ne supporte pas qu'on la critique.

6 ► take something *peut signifier* demander quelque chose (*au sens de* « nécessiter »).

▷ It takes a lot of courage. Ça demande beaucoup de courage.

7 take *est employé pour parler de* la taille des vêtements *et correspond à* « faire » :

▷ I take a size 38. Je fais du 38.

Phrasal verbs

Le verbe take peut être suivi d'une préposition, telle que away ou out, et dans ce cas, il peut avoir des sens différents. C'est ce qu'on appelle, en anglais, un phrasal verb.

TAKE AFTER :

► take after somebody ressembler à quelqu'un.

TAKE AWAY :

► take something away *peut signifier* emporter quelque chose.

► take something away *peut signifier* soustraire quelque chose (en mathématiques).

► take something away from somebody enlever quelque chose à quelqu'un.

► take somebody away emmener quelqu'un.

TAKE BACK :

► take something back rendre quelque chose *ou* rapporter quelque chose.

► take somebody back *peut signifier* reprendre quelqu'un.

► take somebody back *peut signifier* raccompagner quelqu'un.

TAKE DOWN :

► take something down *peut signifier* descendre quelque chose *ou* baisser quelque chose.

► take something down *peut signifier* démonter quelque chose.

► take something down *peut signifier* noter quelque chose.

TAKE IN :

► take something in *peut signifier* comprendre quelque chose.

► take somebody in *peut signifier* tromper quelqu'un.

► take somebody in *peut signifier* recueillir quelqu'un.

TAKE OFF :

► take off décoller (en parlant d'un avion).

► take something off enlever quelque chose.

TAKE OUT :

► take somebody out sortir quelqu'un *ou* emmener quelqu'un.

▷ He took me out to dinner. Il m'a emmené dîner.

► take something out sortir quelque chose *ou* prendre quelque chose.

▷ She took the knife out of the drawer. Elle a pris le couteau dans le tiroir.

TAKE OVER :

► take over something prendre le contrôle de quelque chose.

TAKE UP :

► take up something *peut signifier* se mettre à quelque chose (un passe-temps).

► take up something *peut signifier* prendre quelque chose *ou* occuper quelque chose (du temps, de l'argent, de l'espace).

takeaway /ˈteɪkəweɪ/ *a plusieurs sens :*

1 takeaway *peut signifier* magasin de plats à emporter.

2 takeaway *peut signifier* repas à emporter.

> Takeaway n'est pas employé en anglais américain : aux États-Unis, on dit takeout.

taken /ˈteɪkən/ *est le participe passé du verbe* take.

▷ I have taken the last cake. J'ai pris le dernier gâteau.

takeoff /ˈteɪkɒf/ décollage.

takeout /ˈteɪkaʊt/ *a plusieurs sens :*

1 takeout *peut signifier* magasin de plats à emporter.

2 takeout *peut signifier* repas à emporter.

> Takeout est un mot américain : en anglais britannique, on dit takeaway.

takeover /ˈteɪkəʊvəʳ/ rachat (d'une entreprise).

talcum powder /ˈtælkəm,paʊdəʳ/ talc.

tale /teɪl/ histoire (au sens de « récit »).

talented /ˈtæləntɪd/ doué.

talk /tɔːk/ *a plusieurs catégories grammaticales et plusieurs sens :*

> *Ce peut être un* NOM :

1 talk *signifie* conversation *ou* discussion *ou* exposé.

2 ► talks négociations *ou* discussions.

> *Ce peut être un* VERBE :

1 talk *signifie* parler.

► talk to somebody about something parler à quelqu'un de quelque chose.

▷ He was talking to himself. Il se parlait à lui-même.

2 ► talk somebody into doing something persuader quelqu'un de faire quelque chose.

► talk somebody out of doing something dissuader quelqu'un de faire quelque chose.

talkative /ˈtɔːkətɪv/ bavard.

tall /tɔːl/ haut *ou* grand.

▷ How tall is he? Combien mesure-t-il ?

▷ He's six feet tall. Il mesure un mètre quatre-vingts.

tame /teɪm/ *a plusieurs catégories grammaticales :*

> *Ce peut être un* ADJECTIF :

tame *signifie* apprivoisé.

> *Ce peut être un* VERBE :

► tame an animal apprivoiser un animal.

tan /tæn/ *a plusieurs catégories grammaticales :*

> *Ce peut être un* NOM :

tan *signifie* bronzage.

> *Ce peut être un* VERBE :

tan *signifie* bronzer.

> *Ce peut être un* ADJECTIF :

tan *signifie* brun clair.

tangerine /ˌtændʒəˈriːn/ mandarine.

tangle /ˈtæŋgl/ *a plusieurs catégories grammaticales et plusieurs sens :*

> *Ce peut être un* NOM :

tangle *peut signifier* enchevêtrement.

► get into a tangle s'emmêler.

> *Ce peut être un* VERBE :

► tangle something up emmêler quelque chose.

► get tangled up s'emmêler.

tank /tæŋk/ *a plusieurs sens :*

1 tank *peut signifier* réservoir (= récipient).

► fish tank aquarium.

2 tank *peut signifier* char d'assaut.

tanned /tænd/ bronzé.

Tanned **est aussi le prétérit et le participe passé du verbe** tan **:**

▷ He tanned easily. Il bronzait facilement.

tantrum /ˈtæntrəm/ crise de colère.

► have a tantrum piquer une colère.

tap /tæp/ *a plusieurs catégories grammaticales et plusieurs sens :*

> *Ce peut être un* NOM :

1 tap *peut signifier* robinet.

► tap water eau du robinet.

Tap **n'est pas employé en anglais américain : aux États-Unis, pour dire « robinet », on dit** faucet.

2 tap *peut signifier* petite tape *ou* petit coup.

> *Ce peut être un* VERBE :

► tap something taper quelque chose *ou* tapoter quelque chose.

▷ He was tapping his feet. Il tapait du pied.

tap-dancing /ˈtæpdaːnsɪŋ/ claquettes.

tape /teɪp/ *a plusieurs catégories grammaticales et plusieurs sens :*

> *Ce peut être un* NOM :

1 tape *peut signifier* cassette (audio ou vidéo).

► tape deck platine cassette.

► tape recorder magnétophone.

2 tape *peut signifier* bande magnétique.

3 tape *peut signifier* ruban (en tissu ou adhésif).

► tape measure mètre à ruban.

> *Ce peut être un* VERBE :

1 ► tape something *peut signifier* enregistrer quelque chose.

2 ► tape something *peut signifier* scotcher quelque chose.

tapestry /ˈtæpɪstrɪ/ tapisserie.

tar /tɑːʳ/ goudron.

target /ˈtɑːgɪt/ *a plusieurs catégories grammaticales et plusieurs sens :*

> *Ce peut être un* NOM :

target *signifie* cible *ou* objectif.

> *Ce peut être un* VERBE :

► target something viser quelque chose *ou* cibler quelque chose.

tarragon /ˈtærəgən/ estragon.

tart /tɑːt/ *a plusieurs catégories grammaticales :*

> *Ce peut être un* NOM :

tart *signifie* tarte.

> *Ce peut être un* ADJECTIF :

tart *signifie* acide.

task /tɑːsk/ tâche.

taste /teɪst/ *a plusieurs catégories grammaticales et plusieurs sens :*

> *Ce peut être un* NOM :

taste *signifie* goût.

> *Ce peut être un* VERBE TRANSITIF :

1 ► taste something *peut signifier* sentir le goût de quelque chose.

2 ► taste something *peut signifier* goûter quelque chose *ou* goûter à quelque chose.

> *Ce peut être un* VERBE INTRANSITIF :

1 ► taste of something avoir un goût de quelque chose.

2 ▷ It tastes nice. C'est bon.

▷ It tastes horrible. C'est infect.

tasteless /'teɪstləs/ *a plusieurs sens :*

1 **tasteless** *peut signifier* de mauvais goût.

2 **tasteless** *peut signifier* fade.

tasty /'teɪstɪ/ savoureux.

tattoo /tə'tuː/ tatouage.

taught /tɔːt/ *est le prétérit et le participe passé du verbe* teach.

▷ Mr. Thomas taught English at our school. M. Thomas a enseigné l'anglais dans notre collège.

Taurus /'tɔːrəs/ Taureau (= signe du zodiaque).

tax /tæks/ *a plusieurs catégories grammaticales et plusieurs sens :*

> *Ce peut être un* NOM :

tax *signifie* taxe *ou* impôt.

> *Ce peut être un* VERBE :

1 ► tax something *peut signifier* taxer quelque chose.

2 ► tax somebody *ou* something *peut signifier* imposer quelqu'un (= obliger quelqu'un à payer des impôts) *ou* imposer quelque chose (= créer un impôt sur quelque chose).

taxi /'tæksɪ/ taxi.

► taxi driver chauffeur de taxi.

► taxi rank station de taxis.

tea /tiː/ thé.

► tea bag sachet de thé.

► tea towel torchon (pour la vaisselle).

teach /tiːtʃ/ enseigner.

► teach somebody how to do something apprendre à quelqu'un à faire quelque chose.

► teach somebody something apprendre quelque chose à quelqu'un.

teacher /'tiːtʃə^{r}/ professeur *ou* enseignant.

teacup /'tiːkʌp/ tasse à thé.

team /tiːm/ équipe.

teapot /'tiːpɒt/ théière.

tear *se prononce de deux façons et a des sens différents selon la prononciation :*

/tɪə^{r}/ (tear rime avec beer et here)

> *C'est un* NOM :

tear *signifie* larme.

► burst into tears fondre en larmes.

/tɛə^{r}/ (tear rime avec hair et there)

> *Ce peut être un* NOM :

tear *signifie* déchirure.

> *Ce peut être un* VERBE TRANSITIF :

1 ► tear something déchirer quelque chose.

2 ► tear something from somebody arracher quelque chose à quelqu'un.

> *Ce peut être un* VERBE INTRANSITIF :

tear *signifie* se déchirer.

Phrasal verbs

Le verbe tear peut être suivi d'une préposition, telle que out ou up, et dans ce cas, il peut avoir des sens différents. C'est ce qu'on appelle, en anglais, un phrasal verb.

TEAR DOWN :

► tear something down arracher quelque chose (une affiche, par exemple) *ou* démolir quelque chose.

TEAR OUT :

► tear something out arracher quelque chose.

TEAR UP :

► tear something up déchirer quelque chose.

teardrop /'tɪədrɒp/ larme.

tease /tiːz/ taquiner.

teaspoon /'tiːspuːn/ petite cuillère.

technical /'teknɪkəl/ technique (adjectif).

technician /tek'nɪʃən/ technicien.

technique /tek'niːk/ technique (nom).

technological /ˌteknə'lɒdʒɪkəl/ technologique.

technology /tek'nɒlədʒɪ/ technologie.

teddy /'tedɪ/ nounours *ou* ours en peluche.

ℹ On dit aussi teddy bear.

tedious /'tiːdɪəs/ ennuyeux.

teenager /'tiːnˌeɪdʒə^{r}/ adolescent.

teens /tiːnz/ adolescence.

▷ He's in his teens. Il est adolescent.

teeth /tiːθ/ *est le pluriel du mot* tooth.

► clean one's teeth se laver les dents.

telephone /ˈtelɪfəʊn/ *a plusieurs catégories grammaticales :*

> *Ce peut être un* NOM :

telephone *signifie* téléphone.

► **telephone book** annuaire.

► **telephone booth** *ou* **telephone box** cabine téléphonique.

► **telephone directory** annuaire.

► **telephone number** numéro de téléphone.

> *Ce peut être un* VERBE :

► **telephone somebody** téléphoner à quelqu'un.

tell /tel/ *a plusieurs sens :*

1 ► **tell somebody something** dire quelque chose à quelqu'un.

► **tell somebody to do something** dire à quelqu'un de faire quelque chose.

▷ You must tell the truth. Il faut que tu dises la vérité.

▷ Tell me what happened. Dis-moi ce qui s'est passé.

▷ He told me to come. Il m'a dit de venir.

▷ He told me not to come. Il m'a dit de ne pas venir.

▷ She told us that she didn't want to go. Elle nous a dit qu'elle ne voulait pas y aller.

2 ► **tell somebody a story** raconter une histoire à quelqu'un.

3 ► **tell somebody about something** parler à quelqu'un de quelque chose *ou* raconter quelque chose à quelqu'un.

▷ He told me about his new job. Il m'a parlé de son nouveau poste.

4 ► **can tell** *ou* (au passé) **could tell** *est employé pour parler de choses qui sont évidentes ou visibles.*

▷ You can tell she's clever. On voit qu'elle est intelligente.

▷ I could tell he was lying. Je voyais bien qu'il mentait.

5 ► **tell apart** distinguer.

▷ I can't tell them apart. Je ne peux pas les distinguer l'un de l'autre.

6 ► **tell somebody off** gronder quelqu'un.

telly /ˈtelɪ/ télé.

> Telly est un mot familier, c'est-à-dire un mot qu'on évite d'employer quand on parle à quelqu'un qu'on ne connaît pas bien ou quand on écrit.

temper /ˈtempəʳ/ humeur.

► **be in a temper** être en colère.

► **lose one's temper** se mettre en colère.

temperature /ˈtemprɪtʃəʳ/ température.

► **have a temperature** avoir de la température *ou* avoir de la fièvre.

temple /ˈtempl/ *a plusieurs sens :*

1 **temple** *peut signifier* temple.

2 **temple** *peut signifier* tempe (= partie de la tête).

temporary /ˈtempərərɪ/ temporaire *ou* provisoire.

tempt /tempt/ tenter.

tempting /ˈtemptɪŋ/ tentant.

ten /ten/ dix.

▷ She's ten. Elle a dix ans.

▷ It's ten o'clock. Il est dix heures.

▷ There are ten of us. Nous sommes dix.

tenant /ˈtenənt/ locataire.

tend /tend/

► **tend to do something** avoir tendance à faire quelque chose.

tendency /ˈtendənsɪ/ tendance.

tender /ˈtendəʳ/ *a plusieurs sens :*

1 **tender** *peut signifier* tendre.

2 **tender** *peut signifier* sensible.

tennis /ˈtenɪs/ tennis (= jeu).

► **tennis ball** balle de tennis.

► **tennis court** court de tennis.

► **tennis racket** raquette de tennis.

► **tennis player** joueur de tennis.

tense /tens/ *a plusieurs catégories grammaticales et plusieurs sens :*

> *Ce peut être un* NOM :

tense *signifie* temps (de verbe).

► **the present tense** le présent.

> *Ce peut être un* ADJECTIF :

tense *signifie* tendu.

tent /tent/ tente.

tenth /tenθ/ dixième.

► **the tenth of May** *ou* **May the tenth** le dix mai.

term /tɜːm/ *a plusieurs sens :*

1 **term** *peut signifier* trimestre.

2 **term** *peut signifier* terme (= mot).

3 ► **in the long term** à long terme.

► in the short term à court terme.

4 ► terms *peut signifier* conditions *ou* termes (d'un accord, d'un contrat).

5 ► come to terms with something accepter quelque chose.

terminal /'tɜːmɪnl/ *a plusieurs catégories grammaticales et plusieurs sens :*

> *Ce peut être un* NOM :

1 terminal *peut signifier* aérogare.

2 terminal *peut signifier* terminus.

3 *En informatique,* terminal *signifie* terminal.

> *Ce peut être un* ADJECTIF :

terminal *peut signifier* en phase terminale (en parlant d'une maladie).

terrace /'terəs/ *a plusieurs sens :*

1 terrace *peut signifier* terrasse.

2 *En anglais britannique,* terrace *peut signifier* rangée de maisons.

terrible /'terəbl/ terrible *ou* affreux *ou* épouvantable.

terrific /tə'rɪfɪk/ *a plusieurs sens :*

1 terrific *peut signifier* énorme (taille, quantité, plaisir) *ou* épouvantable (douleur, chaleur, bruit).

2 terrific *peut signifier* super *ou* formidable.

terrified /'terɪfaɪd/ terrifié.

► be terrified of somebody *ou* something avoir très peur de quelqu'un *ou* quelque chose.

terrifying /'terɪfaɪɪŋ/ terrifiant.

territories /'terɪtərɪz/ est le pluriel de territory.

territory /'terɪtərɪ/ territoire.

terror /'terəʳ/ terreur.

terrorist /'terərɪst/ terroriste.

test /test/ *a plusieurs catégories grammaticales et plusieurs sens :*

> *Ce peut être un* NOM :

1 test *peut signifier* interrogation écrite *ou* interrogation orale.

► driving test examen du permis de conduire.

2 test *peut signifier* test.

3 test *peut signifier* essai (d'un produit, d'une voiture).

4 test *peut signifier* examen (des yeux) *ou* analyse (du sang, des urines).

5 test *peut signifier* épreuve (de force, de résistance, de caractère).

► put somebody to the test mettre quelqu'un à l'épreuve.

> *Ce peut être un* VERBE :

1 ► test somebody *ou* something *peut signifier* tester quelqu'un *ou* quelque chose.

2 ► test something *peut signifier* faire un examen de quelque chose *ou* faire une analyse de quelque chose.

3 ► test somebody *peut signifier* mettre quelqu'un à l'épreuve.

testify /'testɪfaɪ/ témoigner.

testimony /'testɪmənɪ/ témoignage.

text /tekst/ texte.

textbook /'tekstbʊk/ manuel scolaire.

Thames /temz/ Tamise.

than /ðæn/ *sert à faire des* comparaisons.

▷ He has more than me. Il a plus que moi.

▷ She is taller than her mother. Elle est plus grande que sa mère.

▷ There are more than 20. Il y en a plus de 20.

▷ It weighs less than one kilogramme. Ça pèse moins d'un kilogramme.

thank /θæŋk/ remercier.

▷ Thank you. Merci.

▷ No thank you. Non merci.

▷ Thank you very much. Merci beaucoup.

▷ Thank you for coming. Merci d'être venu.

thankful /'θæŋkfʊl/ reconnaissant.

thanks /θæŋks/ remerciements.

▷ Thanks! Merci !

▷ Thanks a lot! Merci beaucoup !

► thanks to... grâce à...

that /ðæt/ *a plusieurs catégories grammaticales et plusieurs fonctions :*

> That *peut être un* ADJECTIF *ou un* PRONOM DÉMONSTRATIF, *et sert à désigner quelque chose ou quelqu'un :*

▷ What's that noise? Qu'est-ce que c'est que ce bruit ?

▷ Who's that man? Qui est cet homme ?

▷ That woman is my aunt. Cette femme est ma tante.

▷ I want that book, not this one. Je veux ce livre-là, pas celui-ci.

▷ Give me that one. Donnez-moi celui-là.

▷ Who's that? Qui c'est ?
▷ What's that? Qu'est-ce que c'est ?
▷ That depends. Ça dépend.

ℹ Comparez this (employé pour désigner quelque chose de relativement proche) et that (employé pour désigner quelque chose de relativement éloigné).

> That *peut être un* PRONOM RELATIF *correspondant au français* **qui** *ou* **que**.

▷ The woman that spoke to me. La dame qui m'a parlé.
▷ The book that I read. Le livre que j'ai lu.

> That *peut être un* PRONOM RELATIF *correspondant au français* **lequel** *ou* **laquelle** *ou* **lesquels** *ou* **lesquelles**.

▷ The pen that she is writing with. Le stylo avec lequel elle écrit.
▷ The woman that I danced with. La femme avec laquelle j'ai dansé.
▷ The children that I spoke to. Les enfants auxquels j'ai parlé.

> That *peut être une* CONJONCTION *correspondant au français* **que**.

▷ I told him that I would be late. Je lui avais dit que je serais en retard.
▷ He said that he liked it. Il a dit qu'il l'aimait bien.

> That *peut être un* ADVERBE *correspondant au français* **si** *ou* **aussi**.

▷ It's not that bad. Ce n'est pas si mal que ça.

thaw /θɔː/ fondre *ou* dégeler *ou* décongeler.

the /ðiː, ðə/ le *ou* la *ou* les.

theatre /ˈθɪətəʳ/ théâtre.

En anglais américain, ce mot s'écrit theater.

theft /θeft/ vol (= délit).

their /ðɛəʳ/ leur *ou* leurs.

▷ Their brother is a doctor. Leur frère est médecin.
▷ Their children are all married. Leurs enfants sont tous mariés.
▷ They washed their hands. Ils se sont lavé les mains.

theirs /ðɛəz/ le leur *ou* la leur *ou* les leurs.

▷ Our garden is big, theirs is small. Notre jardin est grand, le leur est petit.
▷ Our car is smaller than theirs. Notre voiture est plus petite que la leur.

them /ðem/ *est le pronom personnel de la troisième personne du pluriel, complément d'objet direct ou indirect :*

▷ I can see them. Je les vois.
▷ I sent them a letter. Je leur ai envoyé une lettre.
▷ She gave it to them. Elle le leur a donné.
▷ It's for them. Ceci est pour eux.

themselves /ðəmˈselvz/ *a plusieurs sens :*

1 themselves *est le pronom personnel de la troisième personne du pluriel, complément d'un verbe réfléchi :*

▷ They enjoyed themselves. Ils se sont amusés.
▷ They cut themselves. Il se sont coupés.

2 themselves *peut signifier* eux-mêmes *ou* elles-mêmes.

▷ They did it themselves. Ils l'ont fait eux-mêmes.

then /ðen/ *a plusieurs sens :*

1 then *peut signifier* à cette époque-là.

▷ We lived in London then. Nous habitions à Londres à cette époque-là.

2 then *peut signifier* puis *ou* ensuite.

▷ She came in then sat down. Elle est entrée, puis elle s'est assise.
▷ And then he went home. Et ensuite, il est rentré.

3 then *peut signifier* alors (au sens de « dans ce cas »).

▷ Well then, we'll have to try again. Eh bien alors, il faut réessayer.

theories /ˈθɪərɪz/ est le pluriel de theory.

theory /ˈθɪərɪ/ théorie.

therapy /ˈθerəpɪ/ thérapie.

there /ðɛəʳ/ *a plusieurs sens :*

1 there *peut signifier* là.

▷ Put it there. Mets-le là.
▷ It's over there. C'est là-bas.
▷ I've been there twice. J'y suis allé deux fois.

2 ► there is... *ou* there are... *peut signifier* il y a...

▷ There is some bread on the table. Il y a du pain sur la table.
▷ There are some apples in the kitchen. Il y a des pommes dans la cuisine.
▷ There will be a storm tonight. Il va y avoir un orage ce soir.

3 ► there is... *ou* there are... *peut signifier* voilà...

▷ There is my uncle! Voilà mon oncle !
▷ There are my books. Voilà mes livres.

thereby /ðɛəˈbaɪ/ ainsi.

therefore /ˈðɛəfɔːʳ/ donc *ou* par conséquent.

there's /ðɛəz/ *est la contraction de* there is.

▷ There's a lot to do. Il y a beaucoup à faire.

▷ There's Mary. Voilà Mary.

these /ðiːz/ *sert à désigner plusieurs choses ou plusieurs personnes :*

> These *peut être un* ADJECTIF DÉMONSTRATIF :

▷ These books are mine. Ces livres sont à moi.

▷ Whose are these shoes? À qui sont ces chaussures ?

▷ I prefer these photos. Je préfère ces photos-ci.

> These *peut être un* PRONOM DÉMONSTRATIF :

▷ What are these? Qu'est-ce que c'est ?

▷ These are my books. Voici mes livres.

▷ Do you want these or those? Est-ce que tu veux ceux-ci ou ceux-là ?

> i Comparez these (employé pour désigner quelque chose de relativement proche) et those (employé pour désigner quelque chose de relativement éloigné).

thesis /ˈθiːsɪs/ thèse.

they /ðeɪ/ ils *ou* elles.

▷ They have two children. Ils ont deux enfants.

▷ The girls were hungry, so they ate some cakes. Les filles avaient faim, donc elles ont mangé des gâteaux.

▷ We bought some wine, but they didn't. Nous avons acheté du vin, mais pas eux.

they'd /ðeɪd/ *est la contraction de* they had *ou* they would.

▷ They'd (= they had) finished already. Ils avaient déjà fini.

▷ If they wanted to, they'd (= they would) come. S'ils voulaient, ils viendraient.

they'll /ðeɪl/ *est la contraction de* they will.

▷ They'll be here tonight. Ils seront là ce soir.

they're /ðɛəʳ/ *est la contraction de* they are.

▷ They're not ready. Ils ne sont pas prêts.

they've /ðeɪv/ *est la contraction de* they have.

▷ They've forgotten. Ils ont oublié.

thick /θɪk/ épais.

▷ It is 2 cm thick. Il fait 2 cm d'épaisseur.

thicken /ˈθɪkən/ épaissir *ou* s'épaissir.

thickness /ˈθɪknəs/ épaisseur.

thief /θiːf/ voleur.

thieves /θiːvz/ *est le pluriel de* thief.

thigh /θaɪ/ cuisse.

thin /θɪn/ *a plusieurs sens :*

1 thin *peut signifier* maigre *ou* mince.

2 thin *peut signifier* léger (en parlant d'un tissu, d'un vêtement).

3 thin *peut signifier* peu épais.

thing /θɪŋ/ *a plusieurs sens :*

1 thing *peut signifier* chose.

▷ I've got things to do. J'ai des choses à faire.

2 things *peut signifier* affaires.

▷ Put your things in the cupboard. Mets tes affaires dans le placard.

think /θɪŋk/ *a plusieurs sens :*

1 think *peut signifier* penser.

▷ What are you thinking about? À quoi penses-tu ?

▷ I was thinking of you. Je pensais à toi.

▷ What do you think of his new record? Que penses-tu de son nouveau disque ?

2 think *peut signifier* réfléchir.

▷ Let me think. Laisse-moi réfléchir.

3 think *peut signifier* croire.

► think that... croire que...

▷ I think I'll go to bed. Je crois que je vais aller me coucher.

▷ I don't think he'll come. Je ne crois pas qu'il viendra.

▷ I think so. Je crois que oui.

▷ I don't think so. Je crois que non.

4 think *peut signifier* imaginer.

▷ Think what we could do! Imagine ce qu'on pourrait faire !

thinner /ˈθɪnəʳ/ *est le comparatif de* thin.

▷ He's thinner now. Il est plus mince maintenant.

► get thinner maigrir.

thinnest /ˈθɪnɪst/ *est le superlatif de* thin.

▷ That's the thinnest cat I've ever seen. C'est le chat le plus maigre que j'aie jamais vu.

third /θɜːd/ troisième.

► the third of November *ou* November the third le trois novembre.

► the Third World le tiers-monde.

thirst /θɜːst/ soif.

thirsty /ˈθɜːstɪ/ assoiffé.

▷ I'm thirsty. J'ai soif.

thirteen /θɜːˈtiːn/ treize.

▷ She's thirteen. Elle a treize ans.

▷ There are thirteen of us. Nous sommes treize.

thirteenth /'θɜːtiːnθ/ treizième.

► the thirteenth of June *ou* June the thirteenth le treize juin.

thirties /'θɜːtɪz/

▷ It was built in the thirties. Cela a été construit dans les années 30.

▷ She's in her thirties. Elle a entre trente et quarante ans.

thirtieth /'θɜːtɪɪθ/ trentième.

► the thirtieth of June *ou* June the thirtieth le trente juin.

thirty /'θɜːtɪ/ trente.

▷ He's thirty. Il a trente ans.

▷ There are thirty of us. Nous sommes trente.

this /ðɪs/ *sert à* désigner *quelque chose ou quelqu'un :*

> *Ce peut être un* ADJECTIF DÉMONSTRATIF :

▷ This book is mine. Ce livre est à moi.

▷ I'm staying in this hotel. Je loge dans cet hôtel.

▷ Whose is this car? Elle est à qui, cette voiture ?

▷ I prefer this photo. Je préfère cette photo-ci.

▷ I like this one. J'aime celui-ci.

> *Ce peut être un* PRONOM DÉMONSTRATIF :

▷ What is this? Qu'est-ce que c'est ?

▷ Whose is this? À qui appartient ceci ?

► this is *sert à présenter quelqu'un ou à désigner quelqu'un ou quelque chose :*

▷ This is my father. Je vous présente mon père *ou* C'est mon père (sur une photo, par exemple).

▷ This is the kitchen. Voici la cuisine.

ℹ Comparez this (employé pour désigner quelque chose de relativement proche) et that (employé pour désigner quelque chose de relativement éloigné).

thistle /'θɪsl/ chardon.

thorn /θɔːn/ épine.

thorough /'θʌrə/ *a plusieurs sens :*

1 thorough *peut signifier* méthodique (en parlant d'une personne).

2 thorough *peut signifier* approfondi (en parlant de connaissances, de travail, de recherches).

3 thorough *peut signifier* complet.

thoroughly /'θʌrəlɪ/ à fond *ou* complètement *ou* tout à fait.

those /ðəʊz/ *sert à* désigner *plusieurs choses ou plusieurs personnes :*

> *Ce peut être un* ADJECTIF DÉMONSTRATIF :

▷ Those cakes are delicious. Ces gâteaux sont délicieux.

▷ Those people are very nice. Ces gens sont très sympas.

▷ I'll take those shoes instead of these. Je prendrai ces chaussures-là au lieu de celles-ci.

> *Ce peut être un* PRONOM DÉMONSTRATIF :

▷ What are those? Qu'est-ce que c'est ?

▷ Those are mine. Ce sont les miens.

▷ I prefer these to those. Je préfère ceux-ci à ceux-là.

▷ Which shoes do you want? / – I want those. Quelles chaussures voulez-vous ? / – Je veux celles-là.

ℹ Comparez these (employé pour désigner quelque chose de relativement proche) et those (employé pour désigner quelque chose de relativement éloigné).

though /ðəʊ/ *a plusieurs sens :*

1 though *peut signifier* bien que *ou* quoique.

▷ Though I like him, he sometimes annoys me. Quoique je l'aime bien, il m'énerve parfois.

2 though *peut signifier* pourtant *ou* cependant.

▷ It's not cold though. Il ne fait pas froid pourtant.

thought /θɔːt/ pensée *ou* réflexion *ou* idée.

ℹ Thought est aussi le prétérit et le participe passé du verbe think :
▷ I thought he had left. Je croyais qu'il était parti.
▷ Have you thought about it? Est-ce que tu y as pensé ?

thoughtful /'θɔːtfʊl/ *a plusieurs sens :*

1 thoughtful *peut signifier* pensif.

2 thoughtful *peut signifier* prévenant *ou* attentionné.

thoughtless /'θɔːtlɪs/ pas très gentil.

thousand /'θaʊzənd/ mille.

► thousands of... des milliers de...

thousandth /'θaʊzəntθ/ millième.

thread /θred/ fil.

threat /θret/ menace.

threaten /ˈθretn/ menacer.

three /θriː/ trois.

▷ He's three. Il a trois ans.
▷ There are three of us. Nous sommes trois.
▷ It's three o'clock. Il est trois heures.

three-dimensional /ˌθriːdaɪˈmenʃənl/ à trois dimensions.

three-quarters /ˌθriːˈkwɔːtəz/ trois quarts.

► three-quarters of an hour trois quarts d'heure.

threshold /ˈθreʃhəʊld/ seuil.

threw /θruː/ *est le prétérit du verbe* throw.

▷ He threw the ball to me. Il m'a lancé le ballon.

thrill /θrɪl/ plaisir intense.

► get a thrill out of doing something se procurer des sensations fortes en faisant quelque chose.

thrilled /θrɪld/ ravi.

thrilling /ˈθrɪlɪŋ/ excitant.

throat /θrəʊt/ gorge.

throne /θrəʊn/ trône.

through /θruː/ *a plusieurs catégories grammaticales et plusieurs sens :*

> *Ce peut être une* PRÉPOSITION :

1 through *peut signifier* à travers.
▷ You can see through the curtain. On voit à travers le rideau.
▷ The nail went through his shoe. Le clou est passé à travers sa chaussure.
▷ She drove through the forest. Elle a traversé la forêt en voiture.

2 through *peut signifier* par.
▷ He came in through the door. Il est entré par la porte.
▷ He looked through the window. Il regardait par la fenêtre.

3 through *peut signifier* pendant.
▷ She slept through the whole film. Elle a dormi pendant tout le film.

> *Ce peut être un* ADVERBE :

1 ► let somebody through laisser passer quelqu'un.

2 ► be wet through *ou* be soaked through être trempé.

throw /θrəʊ/ *a plusieurs catégories grammaticales et plusieurs sens :*

> *Ce peut être un* VERBE :

1 ► throw something jeter quelque chose *ou* lancer quelque chose.
▷ He threw the ball to her. Il lui a lancé le ballon.
▷ They were throwing stones at the cat. Ils jetaient des cailloux au chat.

2 ► throw somebody *peut signifier* désarçonner quelqu'un (un jockey, un cavalier).

3 ► throw somebody *peut signifier* déconcerter quelqu'un.

Phrasal verbs

Le verbe throw peut être suivi d'une préposition, telle que away ou up, et dans ce cas, il peut avoir des sens différents. C'est ce qu'on appelle, en anglais, un phrasal verb.

THROW AWAY :

► throw something away *peut signifier* jeter quelque chose (= mettre à la poubelle).
► throw something away *peut signifier* gaspiller quelque chose.

THROW OUT :

► throw something out jeter quelque chose (= mettre à la poubelle).
► throw somebody out mettre quelqu'un à la porte.

THROW UP :

► throw up vomir.
► throw something up lancer quelque chose en l'air.

> *Ce peut être un* NOM :

throw *signifie* jet *ou* lancement.

thrown /θrəʊn/ *est le participe passé du verbe* throw.

▷ I have thrown my old clothes away. J'ai jeté mes vieux vêtements.

thud /θʌd/ bruit sourd.

thug /θʌg/ voyou.

thumb /θʌm/ pouce.

thump /θʌmp/ *a plusieurs catégories grammaticales et plusieurs sens :*

> *Ce peut être un* NOM :

1 thump *peut signifier* grand coup *ou* coup de poing.

2 thump *peut signifier* bruit sourd.

> *Ce peut être un* VERBE :

► thump somebody donner un coup de poing à quelqu'un.

thunder /ˈθʌndəʳ/ tonnerre.

thunderstorm /ˈθʌndəstɔːm/ orage.

Thursday /ˈθɜːzdɪ/ jeudi.

► on Thursday jeudi.
► on Thursday morning jeudi matin.
► on Thursdays le jeudi.

> i En anglais, les noms de jours commencent par une majuscule.

thus /ðʌs/ par conséquent *ou* ainsi.

tick /tɪk/ *a plusieurs catégories grammaticales et plusieurs sens :*

> *Ce peut être un* NOM :

1 tick *peut signifier* tic-tac (d'une horloge).
2 ► put a tick against something cocher quelque chose.
3 tick *peut signifier* tique (= insecte).

> *Ce peut être un* VERBE TRANSITIF :

► tick something cocher quelque chose.

> *Ce peut être un* VERBE INTRANSITIF :

tick *signifie* faire tic-tac.

ticket /ˈtɪkɪt/ *a plusieurs sens :*

1 ticket *peut signifier* billet *ou* ticket.
► ticket office billetterie.
2 ticket *peut signifier* étiquette.
3 ticket *peut signifier* P.-V. (= procès-verbal).

tickle /ˈtɪkl/ chatouiller.

tide /taɪd/ marée.

tidy /ˈtaɪdɪ/ *a plusieurs catégories grammaticales et plusieurs sens :*

> *Ce peut être un* ADJECTIF :

1 tidy *peut signifier* en ordre *ou* bien rangé.
2 tidy *peut signifier* soigné *ou* ordonné (en parlant d'une personne).

> *Ce peut être un* VERBE :

► tidy something *ou* tidy something up ranger quelque chose.

tie /taɪ/ *a plusieurs catégories grammaticales et plusieurs sens :*

> *Ce peut être un* NOM :

1 tie *peut signifier* cravate.
2 tie *peut signifier* lien.
3 tie *peut signifier* attache.
4 *En sport,* tie *signifie* égalité de points.

> *Ce peut être un* VERBE TRANSITIF :

1 ► tie something *ou* tie something up *peut signifier* attacher quelque chose.
2 ► tie something *peut signifier* nouer quelque chose.
▷ He tied a knot in his handkerchief. Il a fait un nœud à son mouchoir.
3 ► be tied to something être lié *ou* attaché à quelque chose.

> *Ce peut être un* VERBE INTRANSITIF :

tie *signifie* faire match nul *ou* être ex æquo.

tiger /ˈtaɪgəʳ/ tigre.

tight /taɪt/ *a plusieurs catégories grammaticales et plusieurs sens :*

> *Ce peut être un* ADJECTIF :

1 tight *peut signifier* serré.
▷ These trousers are much too tight. Ce pantalon est beaucoup trop serré.
2 tight *peut signifier* tendu (en parlant d'une corde, d'une ficelle).
3 tight *peut signifier* strict (en parlant de sécurité, d'un contrôle).

> *Ce peut être un* ADVERBE :

tight *signifie* fermement (tenir, attacher) *ou* très fort (serrer).
▷ Hold on tight! Accroche-toi !

tighten /ˈtaɪtn/ *a plusieurs sens :*

1 ► tighten something *peut signifier* resserrer quelque chose.
2 ► tighten something *peut signifier* tendre quelque chose (une corde).
3 ► tighten something *peut signifier* renforcer quelque chose (la sécurité, un contrôle).

tightly /ˈtaɪtlɪ/ fermement *ou* bien fort.

tights /taɪts/ collant.

► a pair of tights un collant.

tile /taɪl/ tuile *ou* carreau (sur le sol, un mur, par exemple).

till /tɪl/ *a plusieurs catégories grammaticales :*

> *Ce peut être un* NOM :

till *peut signifier* caisse (dans un magasin).

> *Ce peut être un* ADVERBE :

1 till *signifie* jusqu'à *ou* jusqu'à ce que.
▷ He'll be here till Sunday. Il sera là jusqu'à dimanche.
▷ Wait till I get back. Attends que je revienne.
2 *Dans les tournures négatives,* till *signifie* avant *ou* avant que.
▷ It won't be ready till tomorrow. Ca ne sera pas prêt avant demain.
▷ Don't go till I get back. Ne pars pas avant mon retour.

time /taɪm/ *a plusieurs catégories grammaticales et plusieurs sens :*

> *Ce peut être un* NOM :

1 time *peut signifier* temps.
▷ I haven't got time to do it. Je n'ai pas le temps de le faire.
▷ It took a long time to prepare it. Ça a été long à préparer.
▷ He took his time. Il a pris son temps.
▷ She works full time. Elle travaille à plein temps.
▷ It's about time he left. Il est grand temps qu'il parte.
► all the time tout le temps.
► a long time longtemps.
► at the same time en même temps.
► from time to time de temps en temps.
► most of the time la plupart du temps.
► in next to no time en un rien de temps.

2 time *peut signifier* heure.
▷ What time is it? Quelle heure est-il ?
▷ It's time for bed. C'est l'heure d'aller se coucher.
► on time à l'heure.

3 time *peut signifier* époque.
► at that time à cette époque.
► in medieval times à l'époque médiévale.

4 time *peut signifier* moment.
► at times par moments.

5 time *peut signifier* fois.
► the first time la première fois.
► the last time la dernière fois.
► the next time la prochaine fois.
► four times a year quatre fois par an.

6 ► have a good time s'amuser.

> *Ce peut être un* VERBE :

► time somebody *ou* something chronométrer quelqu'un *ou* quelque chose.

timer /ˈtaɪməʳ/ minuteur.

timetable /ˈtaɪmteɪbl/ horaire (de bus, de trains) *ou* emploi du temps.

tin /tɪn/ *a plusieurs sens :*

1 tin *peut signifier* étain.
2 tin *peut signifier* boîte (en métal).
3 *En anglais britannique,* tin *peut signifier* boîte de conserve.
► tin opener ouvre-boîte.

> En anglais américain, « boîte » se dit can et « ouvre-boîte » se dit can opener.

tinfoil /ˈtɪnfɔɪl/ papier aluminium.

tinsel /ˈtɪnsəl/ guirlandes de Noël.

tiny /ˈtaɪnɪ/ tout petit *ou* minuscule.

tip /tɪp/ *a plusieurs catégories grammaticales et plusieurs sens :*

> *Ce peut être un* NOM :

1 tip *peut signifier* bout *ou* pointe.
2 tip *peut signifier* pourboire.
3 tip *peut signifier* conseil.
4 *En anglais britannique,* tip *peut signifier* décharge (d'ordures).

> En anglais américain, « décharge à ordures » se dit dump.

> *Ce peut être un* VERBE TRANSITIF :

1 ► tip something up pencher quelque chose.
2 ► tip something over renverser quelque chose.
3 ► tip something into something verser quelque chose dans quelque chose.
4 ► tip somebody donner un pourboire à quelqu'un.

> *Ce peut être un* VERBE INTRANSITIF :

1 tip *peut signifier* pencher *ou* s'incliner.
2 ► tip over se renverser.

tiptoe /ˈtɪptəʊ/ *a plusieurs catégories grammaticales :*

> *Ce peut être un* NOM :

► on tiptoe sur la pointe des pieds.

> *Ce peut être un* VERBE :

tiptoe *signifie* marcher sur la pointe des pieds.

tire /ˈtaɪəʳ/ *a plusieurs catégories grammaticales :*

> *Ce peut être un* NOM :

En anglais américain, tire *signifie* pneu.

> En anglais britannique, ce mot s'écrit tyre.

> *Ce peut être un* VERBE TRANSITIF :

► tire somebody *ou* tire somebody out fatiguer quelqu'un.

> *Ce peut être un* VERBE INTRANSITIF :

tire *signifie* se fatiguer.

tired /ˈtaɪəd/ fatigué.
► get tired se fatiguer.
► be tired of something en avoir assez de quelque chose.

ℹ Tired est aussi le prétérit et le participe passé du verbe tire :
▷ The journey tired me out. Le voyage m'a fatigué.

tiring /'taɪərɪŋ/ fatiguant.

ℹ Tiring est aussi une forme du verbe tire :
▷ You're tiring me out. Tu me fatigues.

tissue /'tɪʃuː/ *a plusieurs sens :*

1 tissue *peut signifier* tissu (dans le corps).

2 tissue *peut signifier* mouchoir en papier.

3 ► tissue paper papier de soie.

title /'taɪtl/ titre.

to /tuː, tə/ *a plusieurs sens :*

1 to *indique le* lieu où on va :
▷ She has gone to school. Elle est allée à l'école.
▷ We're going to Paris. Nous allons à Paris.
▷ They drove to Spain. Ils sont allés en Espagne en voiture.
▷ Let's go to the cinema. Allons au cinéma.
▷ He has gone to the doctor. Il est allé chez le médecin.

2 to *peut signifier* vers.
▷ She turned to me. Elle s'est tournée vers moi.

3 to *peut signifier* jusqu'à.
▷ He counted to ten. Il a compté jusqu'à dix.
► from... to... de... à...

4 to *sert à introduire un complément d'objet indirect :*
▷ He sent a letter to his mother. Il a envoyé une lettre à sa mère.
▷ I gave it to him. Je le lui ai donné.

5 to *indique l'appartenance :*
▷ It belongs to me. Ça m'appartient.
▷ Where is the key to the safe? Où est la clé du coffre ?

6 to *est employé pour dire l'heure :*
▷ It's twenty to five. Il est cinq heures moins vingt.
▷ It's quarter to ten. Il est dix heures moins le quart.

7 to *indique le but d'une action :*
▷ He did it to impress his friends. Il l'a fait pour impressionner ses amis.

8 to *précède un verbe à l'infinitif :*
▷ I want to help you. Je veux t'aider.
▷ He began to cry. Il s'est mis à pleurer.
▷ It's easy to do. C'est facile à faire.
▷ She told me to leave. Elle m'a dit de partir.

toad /təʊd/ crapaud.

toadstool /'təʊdstuːl/ champignon vénéneux.

toast /təʊst/ *a plusieurs sens :*

1 toast *peut signifier* pain grillé.
► a piece of toast un pain grillé.

2 toast *peut signifier* toast.
► drink a toast to somebody porter un toast à quelqu'un.

toaster /'təʊstə^r/ grille-pain.

tobacco /tə'bækəʊ/ tabac.

tobacconist's /tə'bækənɪsts/ bureau de tabac.

toboggan /tə'bɒgən/ luge.

today /tə'deɪ/ aujourd'hui.

toddler /'tɒdlə^r/ tout petit enfant.

toe /təʊ/ orteil *ou* doigt de pied.

toenail /'təʊneɪl/ ongle du pied.

toffee /'tɒfɪ/ caramel.

together /tə'geðə^r/ ensemble *ou* en même temps.

toilet /'tɔɪlɪt/ toilettes.
► toilet bag trousse de toilette.
► toilet paper papier hygiénique.
► toilet roll rouleau de papier hygiénique.

toiletries /'tɔɪlɪtrɪz/ articles de toilette.

told /təʊld/ *est le prétérit et le participe passé du verbe* tell.
▷ I told him the truth. Je lui ai dit la vérité.
▷ He has told me to wait. Il m'a dit d'attendre.

tolerate /'tɒləreɪt/ tolérer.

tomato /tə'mɑːtəʊ/ tomate.

tomb /tuːm/ tombe.

tomboy /'tɒmbɔɪ/ garçon manqué.

tombstone /'tuːmstəʊn/ pierre tombale.

tomorrow /tə'mɒrəʊ/ demain.

ton /tʌn/ tonne.

tone /təʊn/ *a plusieurs catégories grammaticales et plusieurs sens :*

> *Ce peut être un* NOM :

1 tone *peut signifier* ton.

2 tone *peut signifier* tonalité.

> *Ce peut être un* VERBE :

1 ► tone something down modérer quelque chose.

2 ► tone something up tonifier quelque chose.

tongue /tʌŋ/ langue (= organe).

► stick one's tongue out tirer la langue.

tonight /tə'naɪt/ ce soir *ou* cette nuit.

tonsillitis /ˌtɒnsɪ'laɪtɪs/ angine.

tonsils /'tɒnslz/ amygdales.

too /tuː/ *a plusieurs sens :*

1 too *peut signifier* trop.

▷ It's too difficult. C'est trop difficile.

► too much trop *ou* trop de.

▷ I've eaten too much. J'ai trop mangé.

▷ He drank too much wine. Il a bu trop de vin.

► too many trop *ou* trop de.

▷ You've given me too many. Tu m'en as donné trop.

▷ There are too many people. Il y a trop de gens.

2 too *peut signifier* aussi.

▷ I want some too. J'en veux aussi.

took /tʊk/ *est le prétérit du verbe* take.

▷ It took three days. Ça a pris trois jours.

▷ Jim took the children to school. Jim a emmené les enfants à l'école.

tool /tuːl/ outil.

tooth /tuːθ/ dent.

toothache /'tuːθeɪk/ mal de dents.

▷ I've got toothache. J'ai mal aux dents.

toothbrush /'tuːθbrʌʃ/ brosse à dents.

toothpaste /'tuːθpeɪst/ dentifrice.

toothpick /'tuːθpɪk/ cure-dent.

top /tɒp/ *a plusieurs catégories grammaticales et plusieurs sens :*

> *Ce peut être un* NOM :

1 top *peut signifier* haut (d'un tas, de l'escalier, d'une échelle, etc.) *ou* sommet (d'une montagne, d'une colline) *ou* tête (de liste).

► at the top of en haut de *ou* au sommet de *ou* en tête de.

► on top dessus.

► on top of sur.

▷ It's on top of the cupboard. C'est sur le placard.

2 top *peut signifier* dessus (d'une boîte, d'une table).

▷ The top of the box is damaged. Le dessus de la boîte est abîmé.

3 top *peut signifier* couvercle *ou* bouchon *ou* capuchon.

▷ Can you take the top off this milk bottle for me? Tu peux m'enlever le bouchon de cette bouteille de lait ?

4 top *peut signifier* haut (= vêtement).

▷ Gemma was wearing a blue top. Gemma portait un haut bleu.

> *Ce peut être un* ADJECTIF :

1 top *peut signifier* du haut (étagère, tiroir, bouton) *ou* dernier (étage, marche).

▷ Your socks are in the top drawer. Tes chaussettes sont dans le tiroir du haut.

▷ They live on the top floor. Il habitent au dernier étage.

2 top *peut signifier* grand (sportif, artiste, etc.).

▷ He's a top rugby player. C'est un grand joueur de rugby.

topic /'tɒpɪk/ sujet.

topping /'tɒpɪŋ/ garniture.

tore /tɔː[r]/ *est le prétérit du verbe* tear.

▷ She tore her dress. Elle a déchiré sa robe.

torn /tɔːn/ *est le participe passé du verbe* tear.

▷ I have torn the letter up. J'ai déchiré la lettre.

tortoise /'tɔːtəs/ tortue.

torture /'tɔːtʃə[r]/ *a plusieurs catégories grammaticales :*

> *Ce peut être un* NOM :

torture *signifie* torture.

> *Ce peut être un* VERBE :

► torture somebody torturer quelqu'un.

Tories /'tɔːrɪz/ est le pluriel de Tory.

Tory /ˈtɔːrɪ/ conservateur (en politique en Grande-Bretagne).

toss /tɒs/ *a plusieurs catégories grammaticales et plusieurs sens :*

> *Ce peut être un* VERBE TRANSITIF :

1 ► toss something *peut signifier* jeter quelque chose.

2 ► toss a pancake faire sauter une crêpe.
► toss a salad remuer une salade.

3 ► toss a coin jouer à pile ou face.

> *Ce peut être un* VERBE INTRANSITIF :

► toss and turn se tourner et se retourner (en dormant).

total /ˈtəʊtl/ total.

totally /ˈtəʊtəlɪ/ complètement *ou* totalement.

touch /tʌtʃ/ *a plusieurs catégories grammaticales et plusieurs sens :*

> *Ce peut être un* NOM :

1 touch *peut signifier* contact.
► be in touch with somebody être en contact avec quelqu'un.
► get in touch with somebody prendre contact avec quelqu'un.
► keep in touch with somebody rester en contact avec quelqu'un.
► lose touch with somebody perdre le contact avec quelqu'un.

2 touch *peut signifier* touche.
► the finishing touch la touche finale.
► a touch of... une touche de...

> *Ce peut être un* VERBE TRANSITIF :

► touch somebody *ou* something toucher quelqu'un *ou* quelque chose.

> *Ce peut être un* VERBE INTRANSITIF :

touch *signifie* se toucher.

tough /tʌf/ *a plusieurs sens :*

1 tough *peut signifier* solide.
▷ These toys are very tough. Ces jouets sont très solides.

2 tough *peut signifier* coriace.
▷ My steak is really tough! Mon steak est vraiment coriace !

3 tough *peut signifier* difficile.
▷ This is a tough question. C'est une question difficile.

4 tough *peut signifier* strict *ou* sévère.
▷ They've taken tough measures to combat terrorism. Ils ont pris des mesures sévères pour combattre le terrorisme.

tour /ˈtʊəʳ/ *a plusieurs catégories grammaticales et plusieurs sens :*

> *Ce peut être un* NOM :

1 tour *peut signifier* voyage *ou* visite.
▷ We went on a tour of the museum. Nous avons visité le musée.
► tour guide guide.

2 tour *peut signifier* tournée (de musiciens, de comédiens).

> *Ce peut être un* VERBE :

► tour something visiter quelque chose.

tourist /ˈtʊərɪst/ touriste.
► tourist office office de tourisme.

tournament /ˈtʊənəmənt/ tournoi.

tow /təʊ/ remorquer.

towards /təˈwɔːdz/ vers *ou* envers.

towel /ˈtaʊəl/ serviette (de toilette) *ou* torchon (pour la vaisselle).

tower /ˈtaʊəʳ/ tour (= construction, immeuble).

town /taʊn/ ville.
► town centre centre-ville.
► town hall mairie.

toy /tɔɪ/ jouet.

toyshop /ˈtɔɪʃɒp/ magasin de jouets.

trace /treɪs/ *a plusieurs catégories grammaticales et plusieurs sens :*

> *Ce peut être un* NOM :

trace *signifie* trace.

> *Ce peut être un* VERBE :

1 ► trace somebody *ou* something *peut signifier* retrouver quelqu'un *ou* quelque chose.

2 ► trace something *peut signifier* tracer quelque chose.

3 ► trace something *peut signifier* décalquer quelque chose.

tracing paper /ˈtreɪsɪŋ ˌpeɪpəʳ/ papier calque.

track /træk/ *a plusieurs catégories grammaticales et plusieurs sens :*

> *Ce peut être un* NOM :

1 track *peut signifier* trace (d'un animal ou d'une personne).

2 track *peut signifier* sentier *ou* piste.

3 track *peut signifier* voie ferrée.

4 track *peut signifier* morceau (sur un CD, un disque).

5 track est employé dans les expressions suivantes :

► keep track of something rester au courant de quelque chose.

► keep track of somebody rester en contact avec quelqu'un.

► lose track of something ne plus être au courant de quelque chose.

► lose track of time perdre la notion du temps.

► lose track of somebody perdre quelqu'un de vue.

> *Ce peut être un* VERBE :

► track somebody *ou* something suivre la trace de quelqu'un *ou* quelque chose.

tracksuit /ˈtræksuːt/ survêtement.

Tracksuit n'est pas employé en anglais américain : aux États-Unis, on dit sweatsuit.

tractor /ˈtræktəʳ/ tracteur.

trade /treɪd/ *a plusieurs catégories grammaticales et plusieurs sens :*

> *Ce peut être un* NOM :

1 trade *peut signifier* commerce.

2 trade *peut signifier* métier.

► trade union syndicat.

> *Ce peut être un* VERBE TRANSITIF :

► trade something for something échanger quelque chose contre quelque chose.

> *Ce peut être un* VERBE INTRANSITIF :

1 trade *peut signifier* faire du commerce.

2 trade *peut signifier* échanger.

trademark /ˈtreɪdmɑːk/ marque de fabrique.

trader /ˈtreɪdəʳ/ commerçant.

tradesman /ˈtreɪdzmən/ commerçant.

traditional /trəˈdɪʃənl/ traditionnel.

ℹ Attention à l'orthographe du mot anglais traditional.

traffic /ˈtræfɪk/ *a plusieurs sens :*

1 traffic *peut signifier* circulation (sur les routes).

► traffic jam embouteillage.

► traffic lights feux *ou* feu de signalisation.

2 traffic *peut signifier* trafic (= commerce illégal).

ℹ Attention à l'orthographe du mot anglais traffic.

tragedies /ˈtrædʒɪdɪz/ *est le pluriel de* tragedy.

tragedy /ˈtrædʒɪdɪ/ tragédie.

tragic /ˈtrædʒɪk/ tragique.

trail /treɪl/ *a plusieurs sens :*

1 trail *peut signifier* trace *ou* piste (d'une personne, d'un animal).

2 trail *peut signifier* traînée (de sang, de fumée).

3 trail *peut signifier* sentier *ou* chemin.

trailer /ˈtreɪləʳ/ *a plusieurs sens :*

1 trailer *peut signifier* remorque.

2 trailer *peut signifier* caravane.

3 trailer *peut signifier* bande-annonce.

train /treɪn/ *a plusieurs catégories grammaticales et plusieurs sens :*

> *Ce peut être un* NOM :

1 train *peut signifier* train.

2 train *peut signifier* traîne (d'une robe).

> *Ce peut être un* VERBE TRANSITIF :

► train somebody former quelqu'un *ou* entraîner quelqu'un.

> *Ce peut être un* VERBE INTRANSITIF :

train *signifie* suivre une formation *ou* s'entraîner.

trainee /treɪˈniː/ stagiaire ou apprenti.

trainer /ˈtreɪnəʳ/ entraîneur.

trainers /ˈtreɪnəz/ tennis (= chaussures) *ou* baskets.

Trainers n'est pas employé en anglais américain : aux États-Unis, on dit running shoes.

traitor /ˈtreɪtəʳ/ traître.

tramp /træmp/ clochard.

trample /ˈtræmpl/ piétiner.

transfer *se prononce de deux façons différentes et a des sens différents selon la prononciation :*

/ˈtrɑːnsfɜːʳ/

> *C'est un* NOM :

1 transfer *peut signifier* transfert.

2 transfer *peut signifier* virement (d'argent).

3 transfer *peut signifier* décalcomanie.

/trɑːns'fɜːʳ/

> *C'est un* VERBE :

1 ► transfer somebody *ou* something transférer quelqu'un *ou* quelque chose.

2 ► transfer money virer de l'argent.

transform /træns'fɔːm/ transformer.

translate /trænz'leɪt/ traduire.

translation /trænz'leɪʃən/ traduction.

translator /trænz'leɪtəʳ/ traducteur *ou* traductrice.

transmit /trænz'mɪt/ transmettre.

transmitter /trænz'mɪtəʳ/ émetteur.

transplant *se prononce de deux façons et a des catégories grammaticales différentes selon la prononciation :*

/'trænsplɑːnt/ (l'accent est sur la première syllabe trans-)

> *C'est un* NOM :

transplant *signifie* transplantation.

/træns'plɑːnt/ (l'accent est sur la deuxième syllabe -plant)

> *C'est un* VERBE :

► transplant something transplanter quelque chose.

transport *se prononce de deux façons et a des catégories grammaticales différentes selon la prononciation :*

/'trænspɔːt/ (l'accent est sur la première syllabe trans-)

> *C'est un* NOM :

transport *signifie* transport.

/træns'pɔːt/ (l'accent est sur la deuxième syllabe -port)

> *C'est un* VERBE :

► transport somebody *ou* something transporter quelqu'un *ou* quelque chose.

trap /træp/ *a plusieurs catégories grammaticales et plusieurs sens :*

> *Ce peut être un* NOM :

trap *signifie* piège.

► set a trap for somebody tendre un piège à quelqu'un.

> *Ce peut être un* VERBE :

1 ► trap somebody *ou* something *peut signifier* piéger quelqu'un *ou* quelque chose.

2 ► trap somebody *ou* something *peut signifier* coincer quelqu'un *ou* quelque chose.

trash /træʃ/ *a plusieurs sens :*

1 *En anglais américain,* trash *peut signifier* ordures.

► trash can poubelle.

> En anglais britannique, « ordures » se dit rubbish et « poubelle » se dit rubbish bin.

2 trash *est employé pour parler de quelque chose qui est très mauvais ou inutile :*

▷ This book is trash. Ce livre est nul.

> Dans ce dernier sens, trash est un mot familier, c'est-à-dire un mot qu'on évite d'employer quand on parle à quelqu'un qu'on ne connaît pas bien ou quand on écrit.

travel /'trævl/ *a plusieurs catégories grammaticales et plusieurs sens :*

> *Ce peut être un* NOM :

travel *signifie* les voyages.

► travel agency agence de voyages.

► travel agent agent de voyages.

> *Ce peut être un* VERBE INTRANSITIF :

1 travel *peut signifier* voyager.

2 travel *peut signifier* aller *ou* se déplacer.

traveller /'trævləʳ/ voyageur.

> En anglais américain, ce mot s'écrit traveler.

► traveller's cheque chèque de voyage.

tray /treɪ/ plateau (pour servir).

tread /tred/ marcher.

► tread on something marcher sur quelque chose.

treasure /'treʒəʳ/ trésor.

► treasure hunt chasse au trésor.

treat /triːt/ *a plusieurs catégories grammaticales et plusieurs sens :*

> *Ce peut être un* NOM :

treat *peut signifier* cadeau.

► give somebody a treat faire plaisir à quelqu'un.

> *Ce peut être un* VERBE :

1 ► treat somebody *ou* something traiter quelqu'un *ou* quelque chose.

▷ They treated us very well. Ils nous ont très bien traités.

2 ► treat somebody to something offrir quelque chose à quelqu'un.
▷ I'll treat you to an ice cream. Je t'offre une glace.

treatment /ˈtriːtmənt/ traitement.

treaties /ˈtriːtɪz/ est le pluriel de treaty.

treaty /ˈtriːtɪ/ traité.

tree /triː/ arbre.
► tree trunk tronc d'arbre.

tremble /ˈtrembl/ trembler.

tremendous /trəˈmendəs/ énorme *ou* terrible *ou* formidable.

trend /trend/ tendance *ou* mode.
► set a trend lancer une mode.

trendy /ˈtrendɪ/ branché *ou* à la mode.

trial /ˈtraɪəl/ *a plusieurs sens :*
1 trial *peut signifier* procès (judiciaire).
2 trial *peut signifier* essai (d'un produit, d'un employé).
3 trial *peut signifier* épreuve (= moment pénible).

tribe /traɪb/ tribu.

tribute /ˈtrɪbjuːt/ hommage.
► pay tribute to somebody rendre hommage à quelqu'un.

trick /trɪk/ *a plusieurs catégories grammaticales et plusieurs sens :*
> *Ce peut être un* NOM :
1 trick *peut signifier* tour (pour tromper quelqu'un, ou tour de passe-passe).
► play a trick on somebody jouer un tour à quelqu'un.
► trick question question-piège.
2 trick *peut signifier* truc *ou* astuce (pour faire quelque chose de difficile).
> *Ce peut être un* VERBE :
► trick somebody duper quelqu'un *ou* rouler quelqu'un.

trickle /ˈtrɪkl/ *a plusieurs catégories grammaticales :*
> *Ce peut être un* NOM :
trickle *signifie* filet (de sang, d'eau).
> *Ce peut être un* VERBE :
trickle *peut signifier* tomber goutte à goutte *ou* dégouliner.

trigger /ˈtrɪgəʳ/ *a plusieurs catégories grammaticales :*
> *Ce peut être un* NOM :
trigger *signifie* détente (d'une arme à feu).
► pull the trigger appuyer sur la détente.
> *Ce peut être un* VERBE :
► trigger something *ou* ► trigger something off déclencher quelque chose.

trim /trɪm/ *a plusieurs catégories grammaticales et plusieurs sens :*
> *Ce peut être un* NOM :
trim *signifie* coupe d'entretien (des cheveux).
> *Ce peut être un* VERBE :
1 ► trim something *peut signifier* couper quelque chose *ou* tailler quelque chose.
2 ► trim something *peut signifier* décorer quelque chose.

trip /trɪp/ *a plusieurs catégories grammaticales et plusieurs sens :*
> *Ce peut être un* NOM :
trip *signifie* voyage *ou* excursion.
> *Ce peut être un* VERBE INTRANSITIF :
trip *signifie* trébucher.
> *Ce peut être un* VERBE TRANSITIF :
► trip somebody faire trébucher quelqu'un *ou* faire un croche-pied à quelqu'un.

triumph /ˈtraɪʌmf/ *a plusieurs catégories grammaticales :*
> *Ce peut être un* NOM :
triumph *signifie* triomphe.
> *Ce peut être un* VERBE :
triumph *signifie* triompher.

trivial /ˈtrɪvɪəl/ insignifiant.

trod /trɒd/ *est le prétérit du verbe* tread.
▷ He trod on my toes. Il m'a marché sur les pieds.

trodden /ˈtrɒdn/ *est le participe passé du verbe* tread.
▷ You've trodden in something. Tu as marché dans quelque chose.

trolley /ˈtrɒlɪ/ chariot.

troops /truːps/ troupes.

trophies /ˈtrəʊfɪz/ est le pluriel de trophy.

trophy /ˈtrəʊfɪ/ trophée.

trot /trɒt/ *a plusieurs catégories grammaticales :*

> *Ce peut être un* NOM :

trot *signifie* trot.

> *Ce peut être un* VERBE :

trot *signifie* trotter.

trouble /ˈtrʌbl/ *a plusieurs catégories grammaticales et plusieurs sens :*

> *Ce peut être un* NOM :

1 trouble *peut signifier* ennuis.
► be in trouble avoir des ennuis.
► get into trouble s'attirer des ennuis.
► make trouble causer des ennuis.

2 trouble *peut signifier* mal *ou* peine.
► take the trouble to do something se donner la peine de faire quelque chose.
► have trouble doing something avoir du mal à faire quelque chose.

3 trouble *peut signifier* problème.
► the trouble is... le problème, c'est que...

> *Ce peut être un* VERBE :

1 ► trouble somebody *peut signifier* inquiéter quelqu'un *ou* troubler quelqu'un.

2 ► trouble somebody *peut signifier* déranger quelqu'un.
▷ I'm sorry to trouble you. Désolé de vous déranger.

trousers /ˈtraʊzəz/ pantalon.
► a pair of trousers un pantalon.

> Trousers est peu employé en anglais américain : aux États-Unis, on dit pants.

trout /traʊt/ truite.

truant /ˈtrʊənt/
► play truant faire l'école buissonnière.

truck /trʌk/ camion.
► truck driver camionneur.

true /truː/ vrai *ou* véritable.
► come true se réaliser (en parlant d'un rêve).

trumpet /ˈtrʌmpɪt/ trompette.

trunk /trʌŋk/ *a plusieurs sens :*

1 trunk *peut signifier* tronc (d'arbre, de personne).

2 trunk *peut signifier* trompe (d'éléphant).

3 trunk *peut signifier* malle.

4 *En anglais américain,* trunk *peut signifier* coffre (de voiture).

> En anglais britannique, « coffre de voiture » se dit boot.

5 ► trunks *peut signifier* maillot de bain (d'homme).

trust /trʌst/ *a plusieurs catégories grammaticales et plusieurs sens :*

> *Ce peut être un* NOM :

trust *signifie* confiance (en quelqu'un).

> *Ce peut être un* VERBE :

1 ► trust somebody avoir confiance en quelqu'un *ou* se fier à quelqu'un.

2 ► trust somebody with something confier quelque chose à quelqu'un.

trustworthy /ˈtrʌstˌwɜːðɪ/ fiable.

truth /truːθ/ vérité.
► tell the truth dire la vérité.

tried /traɪd/ est le prétérit et le participe passé de try.
▷ I tried to phone. J'ai essayé d'appeler.
▷ You haven't tried these chocolates. Vous n'avez pas essayé ces chocolats.

tries /traɪz/ a plusieurs sens :

1 tries est le pluriel de try.
▷ He had three tries. Il a fait trois essais.

2 tries est la troisième personne du singulier du présent du verbe try.
▷ She always tries to phone at the weekend. Elle essaie toujours d'appeler pendant le week-end.

try /traɪ/ *a plusieurs catégories grammaticales et plusieurs sens :*

> *Ce peut être un* NOM :

try *signifie* essai *ou* tentative.

> *Ce peut être un* VERBE :

1 ► try something *peut signifier* essayer quelque chose.
► try to do something essayer de faire quelque chose.
▷ Try and come tonight. Essaie de venir ce soir.

2 ► try something *peut signifier* goûter quelque chose.

3 ► try something *peut signifier* mettre quelque chose à l'épreuve *ou* tester quelque chose.

4 ► try something on essayer quelque chose (un vêtement, des chaussures).

5 ► try somebody juger quelqu'un (dans un tribunal).

tub /tʌb/ *a plusieurs sens :*

1 tub *peut signifier* bac (d'eau, de fleurs) *ou* pot (de crème, de glace).

2 tub *peut signifier* baignoire.

tube /tjuːb/ *a plusieurs sens :*

1 tube *peut signifier* tube.

2 *En anglais britannique,* ► the tube *signifie* le métro.

En anglais américain on dit the subway.

Tuesday /ˈtjuːzdɪ/ mardi.

► on Tuesday mardi.
► on Tuesday morning mardi matin.
► on Tuesdays le mardi.

i En anglais, les noms de jours de la semaine commencent par une majuscule.

tummy /ˈtʌmɪ/ ventre.

tumour /ˈtjuːməʳ/ tumeur.

tuna /ˈtjuːnə/ thon.

tune /tjuːn/ *a plusieurs catégories grammaticales et plusieurs sens :*

> *Ce peut être un* NOM :

1 tune *peut signifier* air (d'une chanson).

2 ► be in tune être accordé (en parlant d'un instrument) *ou* chanter juste.

► be out of tune être désaccordé *ou* chanter faux.

> *Ce peut être un* VERBE :

1 ► tune an instrument accorder un instrument.

2 ► tune a radio régler une radio.

Turkey /ˈtɜːkɪ/ Turquie.

i En général, en anglais, on n'emploie pas d'article défini devant les noms de pays et de continents.

turkey /ˈtɜːkɪ/ dinde.

Turkish /ˈtɜːkɪʃ/ turc.

► the Turkish les Turcs.

i En anglais, les adjectifs de nationalité et les noms de langues commencent par une majuscule.

turn /tɜːn/ *a plusieurs catégories grammaticales et plusieurs sens :*

> *Ce peut être un* NOM :

1 turn *peut signifier* tour (dans un jeu, dans une queue).

► take it in turns to do something faire quelque chose à tour de rôle.

2 turn *peut signifier* virage *ou* tournant.

Phrasal verbs

Le verbe turn peut être suivi d'une préposition, telle que back ou up, et dans ce cas, il peut avoir des sens différents. C'est ce qu'on appelle, en anglais, un phrasal verb.

TURN AROUND

► turn around se retourner.
► turn something around tourner quelque chose *ou* retourner quelque chose.

TURN AWAY :

► turn away se détourner.
► turn somebody away refuser l'entrée à quelqu'un.

TURN BACK :

► turn back rebrousser chemin.

TURN DOWN :

► turn something down *peut signifier* refuser quelque chose.
► turn something down *peut signifier* baisser quelque chose (la musique, le volume).

TURN OFF :

► turn something off éteindre quelque chose (la lumière, la radio, la télé, etc.) *ou* fermer quelque chose (un robinet) *ou* couper quelque chose (l'électricité).

TURN ON :

► turn something on allumer quelque chose (la lumière, la radio, la télé, etc.) *ou* ouvrir quelque chose (un robinet) *ou* mettre quelque chose en marche (un moteur, une machine).

TURN OUT :

► turn something out *peut signifier* éteindre quelque chose (la lumière).

TURN OVER :

► turn over *peut signifier* se retourner (une personne couchée, une voiture).
► turn over *peut signifier* tourner la page.
► turn over *peut signifier* changer de chaîne.
► turn something over tourner quelque chose *ou* retourner quelque chose.

TURN ROUND :

► turn round se retourner.
► turn something round tourner quelque chose *ou* retourner quelque chose.

TURN UP :

► turn up arriver.
► turn something up monter quelque chose (le volume) *ou* mettre quelque chose plus fort (la radio, la musique, la télé).

> *Ce peut être un* VERBE TRANSITIF :

1 ► **turn something** *peut signifier* tourner quelque chose *ou* retourner quelque chose.

2 ► **turn something into...** changer quelque chose en...

> *Ce peut être un* VERBE INTRANSITIF :

1 **turn** *peut signifier* tourner *ou* se tourner *ou* se retourner.

2 **turn** *peut signifier* devenir.

▷ She turned pale. Elle est devenue pâle.

▷ He turned red. Il a rougi.

3 ► **turn into...** se transformer en... *ou* se changer en...

turnip /ˈtɜːnɪp/ navet.

turtle /ˈtɜːtl/ tortue (marine).

tutor /ˈtjuːtəʳ/ professeur particulier.

tuxedo /tʌkˈsiːdəʊ/ smoking.

TV /ˌtiːˈviː/ télé.

tweezers /ˈtwiːzəz/ pince à épiler.

twelfth /twelfθ/ douzième.

► **the twelfth of December** *ou* **December the twelfth** *le douze décembre.*

twelve /twelv/ douze.

▷ He's twelve. Il a douze ans.

▷ It's twelve o'clock. Il est midi *ou* il est minuit.

▷ There are twelve of us. Nous sommes douze.

twenties /ˈtwentɪz/

▷ It happened in the twenties. Ça s'est passé dans les années 20.

▷ He's in his twenties. Il a entre vingt et trente ans.

twentieth /ˈtwentɪɪθ/ vingtième.

► **the twentieth of July** *ou* **July the twentieth** *le vingt juillet.*

twenty /ˈtwentɪ/ vingt.

▷ She's twenty. Elle a vingt ans.

▷ There are twenty of us. Nous sommes vingt.

▷ It's open twenty-four hours a day. C'est ouvert vingt-quatre heures sur vingt-quatre.

twice /twaɪs/ deux fois.

twig /twɪg/ brindille.

twilight /ˈtwaɪlaɪt/ crépuscule.

twin /twɪn/ jumeau.

twinkle /ˈtwɪŋkl/ scintiller *ou* pétiller.

twirl /twɜːl/ tournoyer.

twist /twɪst/ *a plusieurs catégories grammaticales et plusieurs sens :*

> *Ce peut être un* NOM :

1 **twist** *peut signifier* tournant (dans une rue).

2 **twist** *peut signifier* tournure (des événements) *ou* tour (dans une histoire).

> *Ce peut être un* VERBE TRANSITIF :

1 ► **twist something** *peut signifier* tordre quelque chose.

2 ► **twist something** *peut signifier* enrouler quelque chose *ou* entortiller quelque chose.

3 ► **twist something** *peut signifier* tourner quelque chose (une poignée, un couvercle, un capuchon).

4 ► **twist something** *peut signifier* déformer quelque chose.

> *Ce peut être un* VERBE :

1 **twist** *peut signifier* serpenter

2 **twist** *peut signifier* s'entortiller.

twitch /twɪtʃ/ *a plusieurs catégories grammaticales :*

> *Ce peut être un* NOM :

twitch *signifie* tic.

> *Ce peut être un* VERBE :

twitch *signifie* se contracter (en parlant des muscles, des yeux, etc.).

two /tuː/ deux.

▷ She's two. Elle a deux ans.

▷ It's two o'clock. Il est deux heures.

▷ There are two of us. Nous sommes deux.

type /taɪp/ *a plusieurs catégories grammaticales et plusieurs sens :*

> *Ce peut être un* NOM :

type *signifie* genre *ou* sorte *ou* type.

> *Ce peut être un* VERBE :

type *signifie* taper à la machine.

typewriter /ˈtaɪpraɪtəʳ/ machine à écrire.

typical /ˈtɪpɪkəl/ typique.

tyre /ˈtaɪəʳ/ pneu.

En anglais américain, ce mot s'écrit **tire**.

U

ANGLAIS — FRANÇAIS

La lettre **U** se prononce **/juː/** en anglais.
U se prononce exactement comme le mot **you**.

UFO /juːe'fəʊ/ ovni.

> ℹ UFO est l'abréviation de unidentified flying object.

uglier /'ʌglɪəʳ/ *est le comparatif de* ugly.

▷ It's even uglier now. C'est encore plus laid maintenant.

ugliest /'ʌglɪɪst/ *est le superlatif de* ugly.

▷ That's the ugliest dog I've ever seen. C'est le chien le plus laid que j'aie jamais vu.

ugly /'ʌglɪ/ laid *ou* vilain.

UK /juː'kei/ Royaume-Uni.

> ℹ UK est l'abréviation de United Kingdom.

ultimate /'ʌltɪmɪt/ *a plusieurs sens :*

1 ultimate *peut signifier* final.

2 ultimate *peut signifier* suprême.

umbrella /ʌm'brelə/ parapluie *ou* parasol.

umpire /'ʌmpaɪəʳ/ arbitre.

UN /juː'en/ O.N.U.

> ℹ UN est l'abréviaion de United Nations.

unable /ʌn'eɪbl/

► be unable to do something ne pas pouvoir faire quelque chose *ou* être incapable de faire quelque chose.

unanimous /juː'nænɪməs/ unanime.

unavoidable /ˌʌnə'vɔɪdəbl/ inévitable.

unbearable /ʌn'bɛərəbl/ insupportable.

unbeatable /ʌn'biːtəbl/ imbattable.

unbelievable /ˌʌnbɪ'liːvəbl/ incroyable.

unbreakable /ʌn'breɪkəbl/ incassable.

uncertain /ʌn'sɜːtn/ incertain.

uncle /'ʌŋkl/ oncle.

uncomfortable /ʌn'kʌmfətəbl/ *a plusieurs sens :*

1 uncomfortable *peut signifier* inconfortable.

2 uncomfortable *peut signifier* mal à l'aise.

► be uncomfortable être mal à l'aise.

uncommon /ʌn'kɒmən/ peu commun.

unconscious /ʌn'kɒnʃəs/ *a plusieurs sens :*

1 unconscious *peut signifier* sans connaissance.

► fall unconscious perdre connaissance.

2 unconscious *peut signifier* inconscient.

► be unconscious of something ne pas être conscient de quelque chose.

uncontrollable /'ʌnkən'trəʊləbl/ incontrôlable.

uncover /ʌn'kʌvəʳ/ découvrir.

under /'ʌndə^{r}/ *a plusieurs catégories grammaticales et plusieurs sens :*

> *Ce peut être une* PRÉPOSITION :

1 under *peut signifier* sous.

▷ The cat's under the table. Le chat est sous la table.

▷ It's under there. C'est là-dessous.

2 under *peut signifier* moins de.

► children under 12 les enfants de moins de 12 ans.

3 under *peut signifier* selon.

► under English law selon la législation anglaise.

> *Ce peut être un* ADVERBE :

1 under *peut signifier* en dessous.

2 under *peut signifier* moins.

▷ 10 euros and under. 10 euros et moins.

underage /ˌʌndər'eɪdʒ/ mineur (= qui n'a pas encore 18 ans).

underclothes /'ʌndəkləʊðz/ sous-vêtements.

undergo /ˌʌndə'gəʊ/ subir.

undergone /ˌʌndə'gɒn/ *est le participe passé du verbe* undergo.

▷ This school has undergone several changes. Cette école a subi plusieurs transformations.

undergraduate /ˌʌndə'grædjʊɪt/ étudiant (qui prépare la licence).

underground /'ʌndəgraʊnd/ *a plusieurs catégories grammaticales et plusieurs sens :*

> *Ce peut être un* NOM :

1 *En anglais britannique,* underground *peut signifier* métro.

En anglais américain, on dit subway.

2 ► the underground *peut signifier* la résistance.

> *Ce peut être un* ADJECTIF :

1 underground *peut signifier* souterrain.

2 underground *peut signifier* clandestin.

undergrowth /'ʌndəgrəʊθ/ broussailles.

underline /ˌʌndə'laɪn/ souligner.

underneath /ˌʌndə'ni:θ/ *a plusieurs catégories grammaticales :*

> *Ce peut être une* PRÉPOSITION :

underneath *signifie* sous *ou* au-dessous de.

▷ They were sitting underneath the tree. Ils étaient assis sous l'arbre.

> *Ce peut être un* ADVERBE :

underneath *signifie* en dessous.

underpants /'ʌndəpænts/ slip.

► a pair of underpants un slip.

undershirt /'ʌndəʃɜ:t/ maillot de corps.

Undershirt est un mot américain : en anglais britannique on dit vest.

understand /ˌʌndə'stænd/ comprendre.

▷ I don't understand. Je ne comprends pas.

understanding /ˌʌndə'stændɪŋ/ *a plusieurs catégories grammaticales et plusieurs sens :*

> *Ce peut être un* NOM :

1 understanding *peut signifier* compréhension.

2 understanding *peut signifier* accord.

> *Ce peut être un* ADJECTIF :

understanding *signifie* compréhensif.

understood /ˌʌndə'stʊd/ *est le prétérit et le participe passé du verbe* understand.

▷ I understood what you said. J'ai compris ce que tu m'as dit.

▷ He can't make himself understood. Il n'arrive pas à se faire comprendre.

undertake /ˌʌndə'teɪk/ entreprendre.

underwater /'ʌndə'wɔ:tə^{r}/ *a plusieurs catégories grammaticales :*

> *Ce peut être un* ADJECTIF :

underwater *signifie* sous-marin.

> *Ce peut être un* ADVERBE :

underwater *signifie* sous l'eau.

underwear /'ʌndəweə^{r}/ sous-vêtements.

underwent /ˌʌndə'went/ est le prétérit du verbe undergo.

▷ The school underwent many changes. L'école a subi de nombreuses transformations.

undo /'ʌn'du:/ défaire.

undone /'ʌn'dʌn/ défait.

► come undone se défaire.

undress /ʌn'dres/ déshabiller *ou* se déshabiller.

► **get undressed** se déshabiller.

uneasy /ʌn'i:zɪ/ mal à l'aise *ou* gêné.

unemployed /'ʌnɪm'plɔɪd/ *a plusieurs catégories grammaticales :*

> *Ce peut être un* ADJECTIF :

unemployed *signifie* sans emploi *ou* au chômage.

> *Ce peut être un* NOM :

► **the unemployed** les chômeurs.

unemployment /'ʌnɪm'plɔɪmənt/ chômage.

uneven /'ʌn'i:vən/ inégal *ou* accidenté.

unexpected /'ʌnɪks'pektɪd/ inattendu.

unexpectedly /'ʌnɪks'pektɪdlɪ/ de façon inattendue.

unfair /'ʌn'fɛəʳ/ injuste.

unfaithful /'ʌn'feɪθfʊl/ infidèle.

unfamiliar /'ʌnfə'mɪljəʳ/ inconnu.

unfashionable /'ʌn'fæʃnəbl/ démodé.

unfasten /'ʌn'fɑ:sn/ défaire.

unfinished /'ʌn'fɪnɪʃt/ inachevé.

unfit /'ʌn'fɪt/ *a plusieurs sens :*

1 **unfit** *peut signifier* en mauvaise condition physique.

2 **unfit** *peut signifier* inapte.

unfold /ʌn'fəʊld/

► **unfold something** déplier quelque chose.

unforgettable /'ʌnfə'getəbl/ inoubliable.

unfortunate /ʌn'fɔ:tʃənət/ malheureux *ou* malchanceux.

unfortunately /ʌn'fɔ:tʃənətlɪ/ malheureusement.

unfriendly /'ʌn'frendlɪ/ hostile *ou* inamical.

ungrateful /ʌn'greɪtfʊl/ ingrat.

unhappier /ʌn'hæpɪəʳ/ *est le comparatif de* **unhappy**.

▷ Does she seem unhappier to you? Est-ce qu'elle te semble plus malheureuse ?

unhappiest /ʌn'hæpɪɪst/ *est le superlatif de* **unhappy**.

▷ It was the unhappiest time of my life. C'était la période la plus malheureuse de ma vie.

unhappy /ʌn'hæpɪ/ malheureux *ou* triste.

unhealthy /ʌn'helθɪ/ *a plusieurs sens :*

1 **unhealthy** *peut signifier* en mauvaise santé.

2 **unhealthy** *peut signifier* malsain.

unhygienic /'ʌnhaɪ'dʒi:nɪk/ peu hygiénique.

unidentified /'ʌnaɪ'dentɪfaɪd/ non identifié.

► **unidentified flying object** objet volant non identifié.

uniform /'ju:nɪfɔ:m/ uniforme.

unimportant /'ʌnɪm'pɔ:tənt/ sans importance.

union /'ju:njən/ *a plusieurs sens :*

1 **union** *peut signifier* union.

2 **union** *peut signifier* syndicat.

3 ► **the Union Jack** le drapeau du Royaume-Uni.

unit /'ju:nɪt/ *a plusieurs sens :*

1 **unit** *peut signifier* unité.

2 **unit** *peut signifier* élément.

3 **unit** *peut signifier* service (des urgences, des soins intensifs).

unite /ju:'naɪt/ unir *ou* s'unir.

united /ju:'naɪtɪd/ uni.

► **the United Kingdom** le Royaume-Uni.
► **the United Nations** les Nations Unies.
► **the United States** les États-Unis.

> ℹ United est aussi le prétérit et le participe passé du verbe unite :
> ▷ The treaty united the two countries. Le traité a uni les deux pays.

universal /ju:nɪ'vɜ:səl/ universel.

universe /'ju:nɪvɜ:s/ univers.

university /ju:nɪ'vɜ:sɪtɪ/ université.

unkind /ʌn'kaɪnd/ méchant *ou* pas gentil.

unknown /ʌn'nəʊn/ inconnu.

unlawful /ʌn'lɔːfʊl/ illégal.

unleaded /ʌn'ledɪd/ sans plomb.

unless /ən'les/ à moins que.

▷ We'll go for a picnic unless it rains. Nous irons faire un pique-nique, à moins qu'il ne pleuve.

▷ He won't go unless you do. Il n'ira que si tu y vas aussi.

unlike /ʌn'laɪk/ *a plusieurs sens :*

1 unlike *signifie* contrairement à.

▷ Unlike you, I don't like oysters. Contrairement à toi, je n'aime pas les huîtres.

2 ► be unlike somebody *ou* something ne pas ressembler à quelqu'un *ou* quelque chose.

unlikely /ʌn'laɪklɪ/ improbable.

unload /ʌn'ləʊd/ décharger.

unlock /ʌn'lɒk/ ouvrir (une porte qui est fermée à clé).

unlucky /ʌn'lʌkɪ/ *a plusieurs sens :*

1 unlucky *peut signifier* malchanceux.

2 unlucky *peut signifier* qui porte malheur.

unnatural /ʌn'nætʃrəl/ *a plusieurs sens :*

1 unnatural *peut signifier* peu naturel.

2 unnatural *peut signifier* anormal.

unnecessary /ʌn'nesɪsərɪ/ inutile.

unofficial /ˌʌnə'fɪʃəl/ non officiel.

unpack /ʌn'pæk/ *a plusieurs catégories grammaticales :*

> *Ce peut être un* VERBE TRANSITIF :

► unpack something défaire quelque chose (une valise) *ou* déballer quelque chose (des vêtements).

> *Ce peut être un* VERBE INTRANSITIF :

unpack *signifie* défaire ses bagages.

unpleasant /ʌn'pleznt/ désagréable.

unplug /ʌn'plʌg/ débrancher.

unpopular /ʌn'pɒpjʊlə^r/ impopulaire.

unpredictable /ˌʌnprɪ'dɪktəbl/ imprévisible.

unreal /ʌn'rɪəl/ irréel.

unrealistic /ˌʌnrɪə'lɪstɪk/ irréaliste.

unreasonable /ʌn'riːznəbl/ déraisonnable.

unreliable /ˌʌnrɪ'laɪəbl/ peu fiable.

unroll /ˌʌn'rəʊl/ dérouler.

unsafe /ˌʌn'seɪf/ dangereux.

unsteady /ˌʌn'stedɪ/ *a plusieurs sens :*

1 unsteady *peut signifier* instable (en parlant d'une table, d'une échelle, d'une structure).

2 unsteady *peut signifier* tremblant (en parlant d'une main) *ou* chancelant (en parlant des jambes).

unsuccessful /ˌʌnsək'sesfʊl/ infructueux.

► be unsuccessful ne pas réussir.

unsuitable /ˌʌn'suːtəbl/ inapproprié *ou* inconvenant.

unsure /ˌʌn'ʃʊə^r/ peu sûr.

► be unsure of... *ou* be unsure about... ne pas être sûr de...

untidy /ʌn'taɪdɪ/ *a plusieurs sens :*

1 untidy *peut signifier* en désordre (en parlant d'une pièce, d'un bureau, de cheveux) *ou* négligé (en parlant d'une personne).

2 untidy *peut signifier* désordonné.

untie /ʌn'taɪ/ dénouer *ou* détacher.

until /ən'tɪl/ *a plusieurs sens :*

1 until *peut signifier* jusqu'à *ou* jusqu'à ce que.

▷ Wait until tomorrow. Attends jusqu'à demain.

▷ Don't move until I get back. Ne bouge pas jusqu'à mon retour.

▷ I didn't know until now. Jusqu'à présent je ne le savais pas.

▷ I stayed until he had gone to sleep. Je suis resté jusqu'à ce qu'il soit endormi.

2 *Dans les tournures négatives,* until *signifie* avant *ou* avant que.

▷ It won't be ready until tomorrow. Ca ne sera pas prêt avant demain.

▷ Don't go until I get back. Ne pars pas avant mon retour.

▷ She won't go until he has gone to sleep. Elle ne partira pas avant qu'il s'endorme.

untrue /ʌn'truː/ faux.

unusual /ʌn'juːʒʊəl/ peu commun *ou* inhabituel.

unusually /ʌn'juːʒʊəlɪ/ exceptionnellement.

unwell /ʌn'wel/ souffrant.

▷ I feel unwell. Je ne me sens pas bien.

unwrap /ʌn'ræp/ ouvrir (un paquet, un cadeau).

up /ʌp/ *a plusieurs catégories grammaticales et plusieurs sens :*

> *Ce peut être une* PRÉPOSITION :

1 up *peut servir à indiquer une* position en haut *de quelque chose ou* le fait de monter *quelque chose :*

▷ The cat is up the tree. Le chat est dans l'arbre.

▷ He is up the ladder. Il est sur l'échelle.

▷ She climbed up the stairs. Elle a monté l'escalier.

2 up *peut servir à décrire ce qui est* plus loin *dans l'espace :*

▷ The shops are up the road. Les magasins sont plus loin dans la rue.

> *Ce peut être un* ADVERBE :

1 up *peut indiquer un* mouvement vers le haut *ou une* position en haut :

▷ They live up in the mountains. Ils habitent dans les montagnes.

▷ She threw the ball up in the air. Elle a jeté le ballon en l'air.

▷ It's up there. C'est là-haut.

▷ Hands up! Haut les mains !

2 up *peut indiquer une* augmentation :

▷ She put the volume up. Elle a augmenté le volume.

▷ Prices have gone up. Les prix ont augmenté.

3 ► up to *peut signifier* jusqu'à.

▷ Up to now I didn't want to. Je n'ai pas voulu jusqu'à maintenant.

▷ The water came up to here. L'eau est montée jusqu'ici.

4 ► be up to doing something être capable de faire quelque chose.

▷ Is he up to it? En est-il capable ?

5 ► be up to something *peut signifier* mijoter *ou* fabriquer quelque chose (au sens de « faire »).

▷ What's he up to? Qu'est-ce qu'il fabrique ?

6 ► up to *peut indiquer qui doit faire quelque chose:*

▷ It's up to him to decide. C'est à lui de décider.

▷ It' not up to me to decide. Ce n'est pas à moi de décider.

▷ It's up to you. À vous de voir.

> *Ce peut être un* ADJECTIF :

► be up être levé *ou* être debout.

▷ She was up early. Elle s'était levée tôt.

upbringing /'ʌpbrɪŋɪŋ/ éducation (au sens de « façon d'être élevé »).

update /ʌp'deɪt/ mettre à jour.

uphill /ʌp'hɪl/ *a plusieurs catégories grammaticales :*

> *Ce peut être un* ADJECTIF :

uphill *signifie* qui monte.

> *Ce peut être un* ADVERBE :

► go uphill monter.

upon /ə'pɒn/ sur.

upper /'ʌpəʳ/ supérieur.

upper-class /ʌpə'klɑːs/ de la haute société.

upright /'ʌpraɪt/ droit (= vertical).

upset /ʌp'set/ *a plusieurs catégories grammaticales et plusieurs sens :*

> *Ce peut être un* VERBE :

1 ► upset somebody *signifie* faire de la peine à quelqu'un *ou* vexer quelqu'un.

2 ► upset something *signifie* bouleverser quelque chose *ou* renverser quelque chose.

> *Ce peut être un* ADJECTIF :

1 upset *signifie* peiné *ou* vexé.

2 ► have an upset stomach avoir l'estomac dérangé.

upside down /ʌpsaɪd'daʊn/ à l'envers.

upstairs /ʌp'stɛəz/ *a plusieurs catégories grammaticales :*

> *Ce peut être un* ADVERBE :

upstairs *signifie* en haut.

► go upstairs monter.

> *Ce peut être un* ADJECTIF :

upstairs *signifie* du dessus *ou* d'en haut.

▷ The upstairs neighbours are French. Les voisins du dessus sont français.

up-to-date /ˌʌptə'deɪt/ *a plusieurs sens :*

1 up-to-date *peut signifier* moderne.

2 up-to-date *peut signifier* à jour.

3 up-to-date *peut signifier* au courant.

► keep up-to-date with something se tenir au courant de quelque chose.

upward /'ʌpwəd/ vers le haut.

upwards /'ʌpwədz/ vers le haut.

urban /ɜːbən/ urbain.

urge /ɜːdʒ/ *a plusieurs catégories grammaticales :*

> *Ce peut être un* NOM :

urge *signifie* forte envie.

► have an urge to do something avoir une forte envie de faire quelque chose.

> *Ce peut être un* VERBE :

► urge somebody to do something pousser quelqu'un à faire quelque chose.

US /juːˈes/ *est l'abréviation de* United States.

USA /juːesˈeɪ/ *est l'abréviation de* United States of America.

us /ʌs/ nous (complément d'objet).

▷ He saw us. Il nous a vus.

▷ She gave it to us. Elle nous l'a donné.

use *se prononce de deux façons et a des catégories grammaticales et des sens différents selon la prononciation :*

/juːs/ (le s se prononce comme le s de sea)

> *C'est un* NOM :

1 use *peut signifier* utilisation *ou* emploi.

► make use of something utiliser quelque chose.

2 use *peut signifier* usage.

3 use *peut signifier* utilité.

▷ It's no use. Ça ne sert à rien.

/juːz/ (le s se prononce comme le z de zoo)

> *C'est un* VERBE :

1 ► use something se servir de quelque chose *ou* utiliser quelque chose *ou* employer quelque chose.

2 ► use something up épuiser quelque chose *ou* finir quelque chose.

▷ He used up all the money. Il a tout dépensé.

used /juːzd/ d'occasion.

► used cars des voitures d'occasion.

> **i** Used **est aussi le prétérit et le participe passé du verbe** use **:**
>
> ▷ He used a new method. **Il a utilisé une nouvelle méthode.**
>
> ▷ I have used up all the milk. **J'ai fini tout le lait.**

used to /juːsttuː/ *a plusieurs sens :*

1 used to *exprime l'habitude qu'on a de faire quelque chose.*

► be used to doing something avoir l'habitude de faire quelque chose.

▷ I'm used to getting up early. J'ai l'habitude de me lever tôt.

► be used to somebody *ou* something être habitué à quelqu'un *ou* quelque chose.

► get used to something s'habituer à quelque chose.

▷ You'll get used to it. Tu t'y habitueras.

2 used to *suivi de la base verbale sert à parler des* habitudes *dans le passé ou de* quelque chose qui a duré *dans le passé. Il correspond souvent à l'imparfait en français.*

▷ I used to live in Paris. J'habitais à Paris.

▷ She used to get up very late. Avant, elle se levait très tard.

▷ We used to go swimming every day. Nous allions nager tous les jours.

useful /juːsfʊl/ utile.

useless /juːslɪs/ *a plusieurs sens :*

1 useless *peut signifier* inutile.

2 useless *peut signifier* nul.

user /juːzəʳ/ utilisateur *ou* usager.

user-friendly /juːzəˈfrendlɪ/ facile à utiliser.

usual /juːʒʊəl/ habituel.

► as usual comme d'habitude.

usually /juːʒʊəlɪ/ d'habitude.

utter /ˈʌtəʳ/ *a plusieurs catégories grammaticales :*

> *Ce peut être un* ADJECTIF :

utter *signifie* complet.

> *Ce peut être un* VERBE :

► utter something dire quelque chose.

utterly /ˈʌtəlɪ/ complètement.

U-turn /juːtɜːn/ demi-tour.

V

ANGLAIS — FRANÇAIS

La lettre V se prononce /viː/ en anglais
V rime avec free, knee et tea.

vacant /ˈveɪkənt/ *a plusieurs sens :*

1 vacant *peut signifier* libre (en parlant d'une chambre d'hôtel, d'une table, d'une place, de toilettes).

2 vacant *peut signifier* vacant (en parlant d'un poste).

3 vacant *peut signifier* absent (en parlant d'un air, d'un regard).

vacation /vəˈkeɪʃən/ vacances.

► on vacation en vacances.

Vacation est un mot américain : en anglais britannique on dit holiday.

vaccinate /ˈvæksɪneɪt/ vacciner.

vacuum /ˈvækjʊm/ *a plusieurs catégories grammaticales et plusieurs sens :*

> *Ce peut être un* NOM :

1 vacuum *peut signifier* vide.

2 vacuum *peut signifier* aspirateur.

On dit aussi vacuum cleaner.

> *Ce peut être un* VERBE :

vacuum *signifie* passer l'aspirateur.

vain /veɪn/ *a plusieurs sens :*

1 vain *peut signifier* vain.

► in vain en vain *ou* pour rien.

2 vain *peut signifier* vaniteux.

Valentine /ˈvæləntaɪn/

► Valentine card carte de la Saint-Valentin.

► Valentine's Day la Saint-Valentin.

valid /ˈvælɪd/ valide *ou* valable.

valley /ˈvælɪ/ vallée.

valuable /ˈvæljʊəbl/ *a plusieurs sens :*

1 valuable *peut signifier* précieux (conseil, temps, information).

2 valuable *peut signifier* de valeur.

valuables /ˈvæljʊəblz/ objets de valeur.

value /ˈvæljuː/ *a plusieurs catégories grammaticales et plusieurs sens :*

> *Ce peut être un* NOM :

value *signifie* valeur.

> *Ce peut être un* VERBE :

► value something apprécier quelque chose.

van /væn/ camionnette.

vandal /ˈvændəl/ vandale.

vandalism /ˈvændəlɪzəm/ vandalisme.

vanilla /vəˈnɪlə/ vanille.

► vanilla ice-cream glace à la vanille.

vanish /ˈvænɪʃ/ disparaître.

varieties /vəˈraɪətɪz/ *est le pluriel de* variety.

variety /və'raɪətɪ/ variété.

varied /'vɛərɪd/ varié.

> Varied est aussi le prétérit et le participe passé du verbe vary :
> ▷ It varied a lot. Ça variait énormément.

varies /'vɛərɪz/ *est la troisième personne du singulier du verbe* vary *au présent.*

▷ It varies enormously. Ça varie énormément.

various /'vɛərɪəs/ divers.

varnish /'vɑːnɪʃ/ *a plusieurs catégories grammaticales :*

> *Ce peut être un* NOM :

varnish *signifie* vernis.

> *Ce peut être un* VERBE :

► varnish something vernir quelque chose.

vary /'vɛərɪ/ varier.

vase /vɑːz/ vase (pour les fleurs).

vast /vɑːst/ énorme.

VAT /viːeɪ'tiː/ T.V.A.

> VAT est l'abréviation de value added tax.

veal /viːl/ veau.

vegetable /'vedʒtəbl/ *a plusieurs catégories grammaticales et plusieurs sens :*

> *Ce peut être un* NOM :

vegetable *signifie* légume.

> *Ce peut être un* ADJECTIF :

1 vegetable *peut signifier* végétal.

2 vegetable *peut signifier* de légumes *ou* aux légumes.

► vegetable garden jardin potager.

vegetarian /ˌvedʒɪ'tɛərɪən/ végétarien.

vehicle /'viːɪkl/ véhicule.

veil /veɪl/ *a plusieurs catégories grammaticales :*

> *Ce peut être un* NOM :

veil *signifie* voile (= morceau de tissu qui couvre le visage ou la tête).

> *Ce peut être un* VERBE :

► veil something voiler quelque chose.

velvet /'velvɪt/ velours.

vending machine /'vendɪŋ ˌməʃiːn/ distributeur automatique.

venom /'venəm/ venin.

venue /'venjuː/ lieu.

verge /vɜːdʒ/ *a plusieurs sens :*

1 verge *peut signifier* bord.

► be on the verge of doing something être sur le point de faire quelque chose.

► on the verge of tears au bord des larmes.

2 verge *peut signifier* accotement.

> En anglais, verge ne signifie pas « verge ».

versatile /'vɜːsətaɪl/ aux talents variés *ou* polyvalent.

> En anglais, versatile ne signifie pas « versatile ».

versus /'vɜːsəs/ contre (une équipe contre une autre, par exemple) *ou* par opposition à.

very /'verɪ/ *a plusieurs catégories grammaticales et plusieurs sens :*

> *Ce peut être un* ADVERBE :

very *signifie* très.

▷ She's very pretty. Elle est très jolie.

▷ I'm not very hungry. Je n'ai pas très faim.

► very much beaucoup.

▷ I like it very much. Je l'aime beaucoup.

▷ Thank you very much. Merci beaucoup.

▷ He didn't eat very much. Il n'a pas mangé grand-chose.

> *Ce peut être un* ADJECTIF :

very *est employé pour insister sur quelque chose :*

▷ It's the very thing I need. C'est exactement ce qu'il me faut.

▷ It's at the very end of the garden. C'est tout au bout du jardin.

vessel /'vesl/ *a plusieurs sens :*

1 vessel *peut signifier* navire.

2 vessel *peut signifier* récipient.

vest /vest/ *a plusieurs sens :*

1 *En anglais britannique,* vest *signifie* maillot de corps.

> En anglais américain on dit undershirt.

2 *En anglais américain*, vest *signifie* gilet.

> En anglais britannique on dit waistcoat.

vet /vet/ vétérinaire.

veteran /'vetərən/ vétéran *ou* ancien combattant.

via /'vaɪə/ en passant par.

▷ We went via London. Nous sommes passés par Londres.

vibrate /vaɪ'breɪt/ vibrer.

vicar /'vɪkəʳ/ pasteur.

vice /vaɪs/ *a plusieurs sens :*

1 vice *peut signifier* vice.

2 vice *peut signifier* étau.

vicious /'vɪʃəs/ brutal *ou* méchant.

victories /'vɪktərɪz/ *est le pluriel de* victory.

victory /'vɪktərɪ/ victoire.

video /'vɪdɪəʊ/ *a plusieurs catégories grammaticales et plusieurs sens :*

> *Ce peut être un* NOM :

1 video *peut signifier* vidéo.
► video camera caméra vidéo.
► video game jeu vidéo.
► video player magnétoscope.
► video recorder magnétoscope.
► video shop vidéoclub.

2 video *peut signifier* magnétoscope.

3 video *peut signifier* cassette vidéo.

> *Ce peut être un* VERBE :

1 ► video something *peut signifier* enregistrer quelque chose (sur magnétoscope).

2 ► video something *peut signifier* filmer quelque chose en vidéo.

view /vjuː/ *a plusieurs catégories grammaticales et plusieurs sens :*

> *Ce peut être un* NOM :

1 view *peut signifier* vue.

2 view *peut signifier* opinion.
► in my view à mon avis.

> *Ce peut être un* VERBE :

► view something as... considérer quelque chose comme...

viewer /'vjuːəʳ/ téléspectateur.

viewpoint /'vjuːpɔɪnt/ point de vue.

vigorous /'vɪgərəs/ vigoureux *ou* énergique.

villain /'vɪlən/ méchant (dans un film, un livre) *ou* traître (dans une pièce de théâtre) *ou* bandit.

vine /vaɪn/ vigne *ou* plante grimpante.

vinegar /'vɪnɪgəʳ/ vinaigre.

vineyard /'vɪnjəd/ vignoble.

violate /'vaɪəleɪt/ violer.

virgin /'vɜːdʒɪn/ vierge.

Virgo /'vɜːgəʊ/ Vierge (signe du zodiaque).

virtual /'vɜːtjʊəl/ quasi.

▷ It was a virtual failure. C'était un quasi-échec.

virtually /'vɜːtjʊəlɪ/ pratiquement.

virtual reality /'vɜːtjʊəl riː'ælɪtɪ/ réalité virtuelle.

virtue /'vɜːtjuː/ vertu.

vision /'vɪʒən/ vue (= la faculté de la vue) *ou* vision.

visit /'vɪzɪt/ *a plusieurs catégories grammaticales et plusieurs sens :*

> *Ce peut être un* NOM :

visit *signifie* visite.
► pay somebody a visit rendre visite à quelqu'un.

> *Ce peut être un* VERBE :

1 ► visit somebody rendre visite à quelqu'un.

2 ► visit something visiter quelque chose.

visitor /'vɪzɪtəʳ/ invité *ou* visiteur.

visor /'vaɪzəʳ/ visière.

visual /'vɪzjʊəl/ visuel.

vital /'vaɪtl/ *a plusieurs sens :*

1 vital *peut signifier* essentiel *ou* vital.

2 vital *peut signifier* plein de vie *ou* plein de vitalité.

vitality /vaɪ'tælɪtɪ/ vitalité.

vitamin /'vɪtəmɪn/ vitamine.

vivacious /vɪ'veɪʃəs/ plein de vivacité.

vivid /'vɪvɪd/ vif (en parlant de couleurs, de son imagination) *ou* vivant (en parlant d'une description) *ou* net (en parlant d'un souvenir).

vocabulary /vəʊ'kæbjʊlərɪ/ vocabulaire.

voice /vɔɪs/ voix.

► voice mail messagerie vocale.

volcano /vɒl'keɪnəʊ/ volcan.

voluntary /'vɒləntərɪ/ volontaire (adjectif) *ou* bénévole (adjectif).

volunteer /ˌvɒlən'tɪəʳ/ *a plusieurs catégories grammaticales et plusieurs sens :*

> *Ce peut être un* NOM :

volunteer *signifie* volontaire *ou* bénévole.

> *Ce peut être un* VERBE :

► volunteer for something se proposer pour quelque chose.

vomit /'vɒmɪt/ vomir.

vote /vəʊt/ *a plusieurs catégories grammaticales et plusieurs sens :*

> *Ce peut être un* NOM :

vote *peut signifier* vote *ou* voix (d'un électeur).

> *Ce peut être un* VERBE :

vote *signifie* voter.

voter /'vəʊtəʳ/ électeur.

voucher /'vaʊtʃəʳ/ bon (= papier qui donne droit à quelque chose).

vow /vaʊ/ *a plusieurs catégories grammaticales :*

> *Ce peut être un* NOM :

vow *signifie* vœu *ou* serment.

> *Ce peut être un* VERBE :

► vow to do something jurer de faire quelque chose.

vowel /'vaʊəl/ voyelle.

vulgar /'vʌlgəʳ/ vulgaire.

vulture /'vʌltʃəʳ/ vautour.

W

ANGLAIS — FRANÇAIS

La lettre W se prononce /'dʌbljʊ/ en anglais, comme s'il s'écrivait 'double you'.

wad /wɒd/ tampon (de tissu, de papier) *ou* liasse (de billets de banque).

waddle /'wɒdl/ se dandiner.

wag /wæg/ remuer (la queue).

wage /weɪdʒ/ salaire.

wagon /'wægən/ *a plusieurs sens :*

1 wagon *peut signifier* chariot (tiré par des chevaux).

2 *En anglais britannique,* wagon *peut signifier* wagon (de marchandises).

> En anglais américain, pour dire « wagon de marchandise », on dit car.

wail /weɪl/ *a plusieurs catégories grammaticales et plusieurs sens :*

> *Ce peut être un* NOM :

wail *signifie* gémissement *ou* hurlement (d'une sirène).

> *Ce peut être un* VERBE :

wail *signifie* gémir *ou* hurler (en parlant d'une sirène).

waist /weɪst/ taille (= partie du corps ou partie d'un vêtement).

waistcoat /'weɪstkəʊt/ gilet.

> Ce mot n'est pas employé en anglais américain : aux États-Unis, on dit vest.

wait /weɪt/ *a plusieurs catégories grammaticales et plusieurs sens :*

> *Ce peut être un* NOM :

wait *signifie* attente.

> *Ce peut être un* VERBE :

1 wait *peut signifier* attendre.

► wait for somebody *ou* something attendre quelqu'un *ou* quelque chose.

► keep somebody waiting faire attendre quelqu'un.

▷ I can't wait to see you! Je suis impatiente de te voir !

▷ Wait a minute! Un instant !

2 wait *peut signifier* servir (dans un restaurant ou café).

waiter /'weɪtəʳ/ serveur.

waiting /'weɪtɪŋ/ attente.

► waiting list liste d'attente.

► waiting room salle d'attente.

> Waiting est aussi une forme du verbe wait :
> ▷ I'm waiting for you. Je t'attends.

waitress /'weɪtrɪs/ serveuse.

wake /weɪk/ *a plusieurs catégories grammaticales :*

> *Ce peut être un* VERBE TRANSITIF :

► wake somebody *ou* wake somebody up réveiller quelqu'un.

> *Ce peut être un* VERBE INTRANSITIF :

► wake up se réveiller.

Wales /weɪlz/ pays de Galles.

> ℹ En général, en anglais, on n'emploie pas d'article défini devant les noms de pays et de continents.

walk /wɔːk/ *a plusieurs catégories grammaticales et plusieurs sens :*

> *Ce peut être un* NOM :

walk *signifie* promenade *ou* randonnée.

► go for a walk aller se promener.
► take the dog for a walk promener le chien.

> *Ce peut être un* VERBE INTRANSITIF :

walk *peut signifier* marcher *ou* aller à pied *ou* se promener.

► walk up and down marcher de long en large.
▷ Let's walk to the station. Allons à la gare à pied.

> *Ce peut être un* VERBE TRANSITIF :

1 ► walk something *peut signifier* faire quelque chose à pied.
▷ He walked ten kilometres. Il a fait dix kilomètres à pied.
2 ► walk the dog promener le chien.
3 ► walk somebody home raccompagner quelqu'un.

walker /ˈwɔːkəʳ/ marcheur *ou* promeneur.

walkie-talkie /ˈwɔːkɪˈtɔːkɪ/ talkie-walkie.

walking /ˈwɔːkɪŋ/ marche à pied.

► walking boots chaussures de marche.
► walking stick canne.

> ℹ Walking est aussi une forme du verbe walk :
> ▷ I was walking in the park. Je me promenais dans le parc.

Walkman® /ˈwɔːkmən/ baladeur.

wall /wɔːl/ *a plusieurs sens :*

1 wall *peut signifier* mur.
2 wall *peut signifier* paroi (d'une grotte, de l'estomac).

wallet /ˈwɒlɪt/ portefeuille.

wallow /ˈwɒləʊ/ se vautrer.

wallpaper /ˈwɔːlpeɪpəʳ/ papier peint.

walnut /ˈwɔːlnʌt/ *a plusieurs sens :*

1 walnut *peut signifier* noix.
2 walnut *peut signifier* noyer (= arbre, bois).

waltz /wɔːls/ *a plusieurs catégories grammaticales :*

> *Ce peut être un* NOM :

waltz *signifie* valse.

> *Ce peut être un* VERBE :

waltz *signifie* valser.

wand /wɒnd/ baguette magique.

wander /ˈwɒndəʳ/ errer *ou* flâner.

want /wɒnt/ *a plusieurs catégories grammaticales et plusieurs sens :*

> *Ce peut être un* VERBE :

► want something vouloir quelque chose *ou* avoir envie de quelque chose.
► want to do something vouloir faire quelque chose *ou* avoir envie de faire quelque chose.
▷ I want you to wait for me. Je veux que tu m'attendes.

> *Ce peut être un* NOM :

1 want *peut signifier* manque.
2 want *peut signifier* besoin.

wanted /ˈwɒntɪd/ recherché (en parlant d'un criminel).

▷ He's wanted by the police. Il est recherché par la police.

> ℹ Wanted est aussi le prétérit et le participe passé du verbe want :
> ▷ I wanted to go. J'avais envie de partir.

war /wɔːʳ/ guerre.

ward /wɔːd/ salle (d'hôpital).

warden /ˈwɔːdn/ gardien.

wardrobe /ˈwɔːdrəʊb/ armoire.

warehouse /ˈwɛəhaʊs/ entrepôt.

warm /wɔːm/ *a plusieurs catégories grammaticales et plusieurs sens :*

> *Ce peut être un* ADJECTIF :

1 warm *peut signifier* chaud.
► keep something warm tenir quelque chose au chaud.
▷ It's nice and warm today. Il fait bon aujourd'hui.
2 warm *peut signifier* chaleureux.
▷ They gave us a warm welcome. Ils nous ont réservé un accueil chaleureux.

> *Ce peut être un* VERBE :

1 ► warm something up réchauffer quelque chose *ou* faire chauffer quelque chose.

2 ► warm up se réchauffer *ou* chauffer *ou* s'échauffer.

warmth /wɔːmθ/ chaleur.

warn /wɔːn/ avertir *ou* prévenir.

► warn somebody not to do something déconseiller à quelqu'un de faire quelque chose.

warning /'wɔːnɪŋ/ avertissement.

> ℹ Warning est aussi une forme du verbe warn :
> ▷ I'm warning you! Je te préviens !

warrior /'wɒrɪəʳ/ guerrier.

wart /wɔːt/ verrue.

wary /'wɛərɪ/ prudent.

► be wary of somebody *ou* something se méfier de quelqu'un *ou* quelque chose.

was /wɒz/ *est le prétérit du verbe* be.

▷ I was happy. J'étais heureuse.
▷ He was in a bad mood. Il était de mauvaise humeur.
▷ She was a teacher. Elle était professeur.
▷ It was a good idea. C'était une bonne idée.

wash /wɒʃ/ *a plusieurs catégories grammaticales et plusieurs sens :*

> *Ce peut être un* NOM :

► have a wash se laver.
► give something a wash laver quelque chose.

> *Ce peut être un* VERBE TRANSITIF :

► wash something laver quelque chose.
▷ She washed her hands. Elle s'est lavé les mains.
▷ He's washing the dishes. Il fait la vaisselle.

> **Phrasal verbs**
>
> Le verbe wash peut être suivi d'une préposition, telle que away ou up, et dans ce cas, il peut avoir des sens différents. C'est ce qu'on appelle, en anglais, un phrasal verb.
>
> WASH AWAY :
>
> ► wash something away emporter quelque chose (en parlant des vagues, d'une inondation).
>
> WASH UP :
>
> ► *En anglais britannique,* wash up *signifie* faire la vaisselle.
>
> ► *En anglais américain,* wash up *signifie* se laver.

> *Ce peut être un* VERBE INTRANSITIF :

wash *signifie* se laver.

washbasin /'wɒʃbeɪsn/ lavabo.

washing /'wɒʃɪŋ/ lessive *ou* linge.

► do the washing faire la lessive.
► hang out the washing étendre le linge.
► washing line corde à linge.
► washing machine machine à laver (le linge).
► washing powder lessive (= poudre).

> ℹ Washing est aussi le prétérit et le participe passé du verbe wash :
> ▷ I was washing my hair. Je me lavais les cheveux.

washing-up /ˌwɒʃɪŋ'ʌp/

► do the washing-up faire la vaisselle.
► washing-up liquid liquide vaisselle.

> Washing-up n'est pas employé en anglais américain. Aux États-Unis, pour dire « faire la vaisselle », on dit wash the dishes, et pour dire « liquide vaisselle », on dit dish soap.

wasn't /'wɒznt/ *est la contraction de* was not.

▷ I wasn't there. Je n'étais pas là.
▷ He wasn't angry. Il n'était pas fâché.
▷ She wasn't at home. Elle n'était pas chez elle.
▷ It wasn't fair. Ce n'était pas juste.

wasp /wɒsp/ guêpe.

waste /weɪst/ *a plusieurs catégories grammaticales et plusieurs sens :*

> *Ce peut être un* NOM :

1 waste *peut signifier* gaspillage.
▷ It's a waste of time. C'est une perte de temps.

2 waste *peut signifier* déchets.

> *Ce peut être un* VERBE :

► waste something gaspiller quelque chose.
▷ You're wasting time. Tu perds du temps.

wastebasket /'weɪstbɑːskɪt/ corbeille à papier.

wasteful /'weɪstfʊl/ gaspilleur *ou* peu économique.

wastepaper basket /ˌweɪst'peɪpə ˌbɑːskɪt/ corbeille à papier.

watch /wɒtʃ/ *a plusieurs catégories grammaticales et plusieurs sens :*

> *Ce peut être un* NOM :

1 watch *peut signifier* montre.
► watch strap bracelet de montre.

2 ► keep watch monter la garde.
► keep watch on somebody *ou* something surveiller quelqu'un *ou* quelque chose.

> *Ce peut être un* VERBE TRANSITIF :

1 ► watch somebody *ou* something *peut signifier* regarder quelqu'un *ou* quelque chose.

2 ► watch somebody *ou* something *peut signifier* surveiller quelqu'un *ou* quelque chose.

3 ► watch something *peut signifier* faire attention à quelque chose.

> *Ce peut être un* VERBE INTRANSITIF :

watch *signifie* regarder.
► Watch out! Attention !

watchdog /ˈwɒtʃdɒg/ chien de garde.

watchman /ˈwɒtʃmən/ gardien.

water /ˈwɔːtəʳ/ *a plusieurs catégories grammaticales :*

> *Ce peut être un* NOM :

water *signifie* eau.

> *Ce peut être un* VERBE TRANSITIF :

► water something arroser quelque chose.

> *Ce peut être un* VERBE INTRANSITIF :

▷ My mouth was watering. J'en avais l'eau à la bouche.
▷ The onions are making my eyes water. Les oignons me font pleurer.

watercolour /ˈwɔːtəˌkʌləʳ/ aquarelle.

En anglais américain, ce mot s'écrit watercolor.

watercress /ˈwɔːtəkres/ cresson.

waterfall /ˈwɔːtəfɔːl/ chute d'eau *ou* cascade.

watering can /ˈwɔːtərɪŋkæn/ arrosoir.

watermelon /ˈwɔːtəmelən/ pastèque.

waterproof /ˈwɔːtəpruːf/ imperméable *ou* étanche.

water-skiing /ˈwɔːtəˌskiːɪŋ/ ski nautique.
► go water-skiing faire du ski nautique.

wave /weɪv/ *a plusieurs catégories grammaticales et plusieurs sens :*

> *Ce peut être un* NOM :

1 wave *peut signifier* vague.

2 wave *peut signifier* onde.

3 wave *peut signifier* geste de la main.
▷ He gave us a wave. Il nous a fait signe de la main.

> *Ce peut être un* VERBE INTRANSITIF :

wave *peut signifier* faire signe de la main.
► wave at somebody *ou*
► wave to somebody saluer quelqu'un de la main *ou* faire signe à quelqu'un.

> *Ce peut être un* VERBE TRANSITIF :

► wave something agiter quelque chose.

wavy /ˈweɪvɪ/ ondulé.

wax /wæks/ cire.

way /weɪ/ *a plusieurs sens :*

1 way *peut signifier* façon *ou* manière.
▷ I'll do it my way. Je le ferai à ma façon.
► in the same way de la même façon.
► in a way d'une certaine façon.
► this way comme ceci.
► that way comme cela.
► do something the right way bien faire quelque chose.
► do something the wrong way mal faire quelque chose.

2 way *peut signifier* moyen.
► find a way of doing something trouver un moyen de faire quelque chose.
▷ There's no way of knowing. Il n'y a pas moyen de savoir.

3 way *peut signifier* chemin.
► ask the way demander son chemin.
► lose one's way se perdre.
► on the way en route.
▷ I'm on my way. J'arrive.
► the way in l'entrée.
► the way out la sortie.
► be in the way gêner le passage.
► get out the way s'écarter.
► keep out of somebody's way éviter quelqu'un.

4 way *peut signifier* direction *ou* sens.
▷ Which way did she go? Elle est partie dans quelle direction ?
▷ She went that way. Elle est partie par là.
▷ The station is this way. La gare est par ici.
► the right way up dans le bon sens.
► the wrong way up dans le mauvais sens.
▷ You've got your shirt on the wrong way round. Tu as mis ta chemise à l'envers.

5 way *peut servir à parler des* distances :

▷ It's a long way. C'est loin.

▷ It's only a little way. C'est tout près.

▷ He went all the way on foot. Il a fait tout le trajet à pied.

6 way *est employé dans les expressions suivantes :*

► in some ways à certains égards.

► in many ways à bien des égards.

► by the way à propos *ou* au fait.

► get one's own way arriver à ses fins.

► give way céder.

► go out of one's way to do something se donner du mal pour faire quelque chose.

► make way faire de la place *ou* ouvrir la voie.

► No way! Pas question !

► way of life mode de vie.

we /wiː/ nous.

weak /wiːk/ *a plusieurs sens :*

1 weak *peut signifier* faible.

2 weak *peut signifier* léger (en parlant d'un café, d'un thé).

3 weak *peut signifier* fragile.

weaken /ˈwiːkən/ affaiblir *ou* fragiliser.

weakness /ˈwiːknəs/ *a plusieurs sens :*

1 weakness *peut signifier* faiblesse *ou* fragilité.

2 weakness *peut signifier* point faible.

wealth /welθ/ richesse.

► a wealth of... énormément de...

wealthier /ˈwelθɪəʳ/ *est le comparatif de* wealthy.

▷ He's wealthier than me. Il est plus riche que moi.

wealthiest /ˈwelθɪɪst/ *est le superlatif de* wealthy.

▷ They're the wealthiest people in this town. Ce sont les gens les plus riches de cette ville.

wealthy /ˈwelθɪ/ riche.

weapon /ˈwepən/ arme.

wear /weəʳ/ *a plusieurs catégories grammaticales et plusieurs sens :*

> *Ce peut être un* NOM :

1 wear *peut signifier* vêtements.

► beach wear vêtements pour la plage.

2 wear *peut signifier* usure.

► wear and tear usure.

> *Ce peut être un* VERBE TRANSITIF :

1 ► wear something *peut signifier* porter quelque chose (des vêtements, des bijoux).

► wear make-up se maquiller.

2 ► wear something *peut signifier* user quelque chose.

> *Ce peut être un* VERBE INTRANSITIF :

wear *peut signifier* s'user.

Phrasal verbs

Le verbe wear peut être suivi d'une préposition, telle que off ou out, et dans ce cas, il peut avoir des sens différents. C'est ce qu'on appelle, en anglais, un phrasal verb.

WEAR OFF :

► wear off s'effacer *ou* disparaître (en parlant d'une douleur) *ou* passer (en parlant des sentiments).

WEAR OUT :

► wear out s'user.

► wear something out user quelque chose.

► wear somebody out épuiser quelqu'un.

weary /ˈwɪərɪ/ fatigué.

weather /ˈweðəʳ/ temps (= météo).

▷ What's the weather like? Quel temps fait-il ?

▷ The weather's nice. Il fait beau.

► weather forecast prévisions météorologiques.

weave /wiːv/ tisser.

web /web/ toile (d'araignée).

► the Web le Web *ou* la Toile (= Internet).

website /ˈwebsaɪt/ site web.

we'd /wiːd/ *est la contraction de* we had *ou* we would.

▷ We'd (= we had) forgotten. Nous avions oublié.

▷ If we left now, we'd (= we would) arrive on time. Si nous partions tout de suite, nous serions à l'heure.

wedding /ˈwedɪŋ/ mariage.

► wedding anniversary anniversaire de mariage.

► wedding dress robe de mariée.

► wedding ring alliance.

Wednesday /ˈwenzdeɪ/ mercredi.

► on Wednesday mercredi.

► on Wednesday morning mercredi matin.

► on Wednesdays le mercredi.

> ℹ En anglais, les noms de jours de la semaine commencent par une majuscule.

weed /wiːd/ mauvaise herbe.

week /wiːk/ semaine.

weekday /'wiːkdeɪ/ jour de semaine.

weekend /'wiːk'end/ week-end.

► **at the weekend** le week-end.

weep /wiːp/ pleurer.

weigh /weɪ/ peser.

weight /weɪt/ poids.

► **put on weight** prendre du poids.
► **weight lifting** haltérophilie.

weird /wɪəd/ bizarre.

welcome /'welkəm/ *a plusieurs catégories grammaticales et plusieurs sens :*

> *Ce peut être un* NOM :

welcome *signifie* accueil.

> *Ce peut être un* ADJECTIF :

1 **welcome** *peut signifier* bienvenu.

2 **welcome** peut servir à inviter quelqu'un à faire quelque chose :

▷ You're welcome to borrow it. N'hésitez pas à l'emprunter.

3 **welcome** est employé en réponse aux remerciements :

▷ You're welcome! Je vous en prie !

> *Ce peut être une exclamation :*

welcome *signifie* bienvenue.

▷ Welcome to our house! Bienvenue chez nous !

> *Ce peut être un* VERBE :

1 ► **welcome somebody** accueillir quelqu'un *ou* souhaiter la bienvenue à quelqu'un.

2 ► **welcome something** se réjouir de quelque chose.

welcoming /'welkəmɪŋ/ accueillant.

welfare /'welfɛəʳ/ *a plusieurs sens :*

1 **welfare** *peut signifier* bien-être.

2 **welfare** *peut signifier* assistance sociale *ou* aide sociale.

well /wel/ *a plusieurs catégories grammaticales et plusieurs sens :*

> *Ce peut être un* ADJECTIF *ou un* ADVERBE :

1 **well** *signifie* bien.

▷ How are you? / – Very well, thank you. Comment allez-vous ? / – Très bien, merci.

▷ I don't feel very well. Je ne me sens pas bien.

▷ Everything went well. Tout s'est bien passé.

▷ Well done! Bravo !

2 ► **as well** aussi.

▷ I want some chocolate as well. Je veux du chocolat aussi.

► **as well as** en plus de *ou* aussi bien que.

> *Ce peut être un* NOM :

well *signifie* puits.

we'll /wiːl/ *est la contraction de* **we will** *ou* **we shall.**

▷ We'll be there soon. Nous serons bientôt arrivés.

well-behaved /ˌwelbɪ'heɪvd/ sage (= obéissant).

well-dressed /wel'drest/ bien habillé.

wellingtons /'welɪŋtənz/ bottes de caoutchouc.

> ℹ On dit aussi **wellington boots**.

well-known /wel'nəʊn/ célèbre.

well-made /wel'meɪd/ bien fait.

well-off /wel'ɒf/ riche.

well-paid /wel'peɪd/ bien payé.

Welsh /welʃ/ gallois.

► **the Welsh** les Gallois.

> ℹ En anglais, les adjectifs correspondant à des noms de nations et les noms de langues s'écrivent avec une majuscule.

went /went/ *est le prétérit du verbe* **go**.

▷ I went for a walk. Je suis allé me promener.

▷ She went to London. Elle est allée à Londres.

wept /wept/ *est le prétérit et le participe passé du verbe* **weep**.

▷ He wept when I told him. Il a pleuré quand je le lui ai dit.

were /wɜːʳ/ *est le prétérit du verbe* **be**.

▷ We were late. Nous étions en retard.

▷ You were very patient. Vous étiez très patient.

▷ They were angry. Ils étaient en colère.

we're /wɪəʳ/ *est la contraction de* **we are**.

▷ We're very happy to be here. Nous sommes très contents d'être là.

weren't /wɜːnt/ *est la contraction de* **were not**.

▷ You weren't supposed to be there. Tu n'étais pas censé être là.

▷ We weren't very happy. Nous n'étions pas très contents.

▷ They weren't there. Ils n'étaient pas là.

west /west/ ouest.

► **the west wind** le vent de l'ouest.

► **west of...** à l'ouest de...

► **go west** aller vers l'ouest.

► **the West** l'Occident.

► **the West Indies** les Antilles.

► **West Indian** antillais *ou* Antillais.

western /ˈwestən/ *a plusieurs catégories grammaticales et plusieurs sens :*

> *Ce peut être un* ADJECTIF :

western *signifie* de l'ouest *ou* occidental.

> *Ce peut être un* NOM :

western *signifie* western.

Westerner /ˈwestənəʳ/ Occidental.

wet /wet/ *a plusieurs catégories grammaticales et plusieurs sens :*

> *Ce peut être un* ADJECTIF :

1 **wet** *peut signifier* mouillé.

► **be wet through** être trempé.

► **get wet** se mouiller.

2 **wet** *peut signifier* frais (en parlant d'encre, de peinture).

3 **wet** *peut signifier* pluvieux.

> *Ce peut être un* VERBE :

► **wet something** mouiller quelque chose.

wetsuit /ˈwetsuːt/ combinaison de plongée.

we've /wiːv/ *est la contraction de* **we have**.

▷ We've finished. Nous avons fini.

whale /weɪl/ baleine.

what /wɒt/ *a plusieurs sens :*

1 **what** *peut signifier* quel.

▷ What is your name? Quel est votre nom ?

▷ What time is it? Quelle heure est-il ?

▷ What lovely flowers! Quelles jolies fleurs !

▷ What is her phone number? Quel est son numéro de téléphone ?

2 **what** *peut signifier* qu'est-ce qui *ou* qu'est-ce que *ou* quoi.

▷ What happened? Qu'est-ce qui s'est passé ?

▷ What are you doing? Qu'est-ce que tu fais ?

▷ What are you talking about? De quoi parlez-vous ?

▷ What is that button for? À quoi sert ce bouton ?

3 **what** *peut signifier* ce qui *ou* ce que.

▷ Tell me what happened. Dis-moi ce qui s'est passé.

▷ I wonder what he wants. Je me demande ce qu'il veut.

▷ What is surprising is that he came. Ce qui est étonnant est qu'il soit venu.

▷ I saw what you did. J'ai vu ce que tu as fait.

4 **what** *est employé dans les expressions suivantes :*

▷ What about the others? Et les autres ?

▷ What about going to the cinema? Et si on allait au cinéma ?

▷ What if he doesn't come? Et s'il ne vient pas ?

▷ What for? Pourquoi ?

whatever /wɒtˈevəʳ/ *a plusieurs sens :*

1 **whatever** *peut signifier* quel que soit.

► **whatever the weather** quel que soit le temps.

► **whatever colour** quelle que soit la couleur.

2 **whatever** *peut signifier* tout ce que.

▷ I'll give you whatever you want. Je te donnerai tout ce que tu veux.

3 **whatever** *peut signifier* quoi que.

▷ Whatever happens, we'll go. Quoi qu'il arrive, nous irons.

▷ Whatever he says, he's wrong. Quoi qu'il dise, il a tort.

wheat /wiːt/ blé.

wheel /wiːl/ *a plusieurs sens :*

1 **wheel** *peut signifier* roue.

2 **wheel** *peut signifier* volant.

wheelbarrow /ˈwiːlbærəʊ/ brouette.

wheelchair /ˈwiːltʃɛəʳ/ chaise roulante.

when /wen/ *a plusieurs sens :*

1 **when** *peut signifier* quand.

▷ When are we going? Quand est-ce que nous partons ?

▷ Phone me when you arrive. Appelle-moi quand tu arrives.

▷ When I was young, I wanted to be a doctor. Quand j'étais petit, je voulais être médecin.

▷ When I have finished, I will go home. Quand j'aurai fini, je rentrerai.

2 when *peut signifier* où (= au moment où).

▷ The day when he arrived. Le jour où il est arrivé.

whenever /wen'evəʳ/ *a plusieurs sens :*

1 whenever *peut signifier* quand.

▷ Come whenever you want. Viens quand tu veux.

2 whenever *peut signifier* chaque fois que.

▷ Whenever I phone, he's out. Chaque fois que j'appelle, il est absent.

3 whenever *peut signifier* n'importe quand.

where /wɛəʳ/ où.

▷ Where is he? Où est-il ?

▷ Where are you from? D'où venez-vous ?

▷ I can't see where it is. Je ne vois pas où c'est.

whereas /wɛər'æz/ alors que *ou* tandis que.

wherever /wɛər'evəʳ/ *a plusieurs sens :*

1 wherever *peut signifier* où *ou* où que.

▷ Put it wherever you want. Mets-le où tu veux.

▷ Wherever I go, he follows. Où que j'aille, il me suit.

2 wherever *peut signifier* n'importe où.

whether /'weðəʳ/ *a plusieurs sens :*

1 whether *peut signifier* si.

▷ I don't know whether it's true. Je ne sais pas si c'est vrai.

2 whether *peut signifier* que.

▷ Whether you like it or not, I'm going. Que ça te plaise ou non, j'y vais.

which /wɪtʃ/ *a plusieurs sens :*

1 which *peut signifier* quel.

▷ Which bag is yours? Quel sac est à toi ?

▷ I don't know which house is theirs. Je ne sais pas quelle maison est la leur.

2 which *peut signifier* lequel.

▷ Which one do you want? Lequel veux-tu ?

▷ Which of these girls is your sister? Laquelle de ces filles est ta sœur ?

3 which *peut signifier* qui *ou* que.

▷ The bag which is on the floor is mine. Le sac qui est par terre est le mien.

▷ The record which I bought is very good. Le disque que j'ai acheté est très bon.

4 which *peut signifier* ce qui *ou* ce que.

▷ She said she was English, which isn't true. Elle a dit qu'elle était anglaise, ce qui n'est pas vrai.

▷ He said he was a doctor, which I don't believe. Il a dit qu'il était médecin, ce que je ne crois pas.

whichever /wɪtʃ'evəʳ/ *a plusieurs sens :*

1 whichever *peut signifier* quel que soit.

▷ Whichever country you visit, it will be interesting. Quel que soit le pays que tu visites, ce sera intéressant.

2 whichever *peut signifier* celui qui *ou* celui que.

▷ You can keep whichever one you prefer. Tu peux garder celui que tu préfères.

while /waɪl/ *a plusieurs catégories grammaticales et plusieurs sens :*

> *Ce peut être une* CONJONCTION :

1 while *peut signifier* pendant que.

▷ She slept while I worked. Elle dormait pendant que je travaillais.

2 while *peut signifier* en.

▷ I fell asleep while I was reading. Je me suis endormi en lisant.

3 while *peut signifier* tant que.

▷ You can help me while you are here. Tu peux m'aider tant que tu es là.

4 while *peut signifier* tandis que *ou* alors que.

▷ He's good at maths, while she's good at languages. Il est bon en maths, tandis qu'elle est bonne en langues.

> *Ce peut être un* NOM :

► a while un moment *ou* quelque temps.

▷ Can you wait a while? Est-ce que tu peux attendre un moment ?

▷ It'll take a while. Ca va prendre quelque temps.

whimper /'wɪmpəʳ/ gémir.

whine /wɪn/ gémir.

whip /wɪp/ *a plusieurs catégories grammaticales :*

> *Ce peut être un* NOM :

whip *signifie* fouet.

> *Ce peut être un* VERBE :

► whip somebody *ou* something fouetter quelqu'un *ou* quelque chose.

whipped cream /wɪpt'kriːm/ crème fouettée.

whisk /wɪsk/ *a plusieurs catégories grammaticales :*

> *Ce peut être un* NOM :

whisk *signifie* fouet *ou* batteur à œufs.

> *Ce peut être un* VERBE :

► whisk something battre quelque chose au fouet (de la crème par exemple).

whisker /ˈwɪskəʳ/ moustache (d'un animal).

whisper /ˈwɪspəʳ/ *a plusieurs catégories grammaticales :*

> *Ce peut être un* NOM :

whisper *signifie* chuchotement.

> *Ce peut être un* VERBE :

whisper *signifie* chuchoter.

whistle /ˈwɪsl/ *a plusieurs catégories grammaticales et plusieurs sens :*

> *Ce peut être un* NOM :

1 whistle *peut signifier* sifflement *ou* coup de sifflet.

2 whistle *peut signifier* sifflet.

> *Ce peut être un* VERBE :

whistle *signifie* siffler.

white /waɪt/ blanc.

who /huː/ qui.

▷ Who is it? Qui est-ce ?

▷ The man who she is talking to. L'homme à qui elle parle.

whole /həʊl/ *a plusieurs catégories grammaticales et plusieurs sens :*

> *Ce peut être un* ADJECTIF :

whole *peut signifier* tout *ou* entier.

▷ I read the whole book. J'ai lu tout le livre.

▷ They stayed three whole weeks. Ils sont restés trois semaines entières.

▷ Do you want a whole orange, or just half? Tu veux une orange entière, ou juste une moitié ?

> *Ce peut être un* NOM :

1 ► the whole of... tout...

▷ The whole of Paris is talking about it. Tout Paris en parle.

2 ► on the whole dans l'ensemble.

wholemeal /ˈhəʊlmiːl/ complet (en parlant de farine ou de pain).

whom /huːm/ qui.

whose /huːz/ *a plusieurs sens :*

1 whose *peut signifier* à qui *ou* de qui.

▷ Whose car is this? À qui est cette voiture ?

▷ Whose daughter is she? C'est la fille de qui ?

2 whose *peut signifier* dont.

▷ The man whose daughter he married. L'homme dont il a épousé la fille.

why /waɪ/ pourquoi.

▷ Why did you leave? Pourquoi es-tu parti ?

▷ Don't tell me why she came. Ne me dis pas pourquoi elle est venue.

▷ That's the reason why he left. C'est la raison pour laquelle il est parti.

wicked /ˈwɪkɪd/ méchant.

wide /waɪd/ *a plusieurs catégories grammaticales et plusieurs sens :*

> *Ce peut être un* ADJECTIF :

1 wide *peut signifier* large.

▷ How wide is the river? De quelle largeur est la rivière ?

▷ It's 20 metres wide. Ça fait 20 mètres de large.

2 wide *peut signifier* grand (en parlant d'un écart, d'une différence).

> *Ce peut être un* ADVERBE :

► wide awake complètement réveillé.

► wide open grand ouvert.

widen /ˈwaɪdn/ élargir.

widespread /ˈwaɪdspred/ répandu.

widow /ˈwɪdəʊ/ veuve.

widower /ˈwɪdəʊəʳ/ veuf.

width /wɪdθ/ largeur.

wife /waɪf/ femme.

wild /waɪld/ *a plusieurs catégories grammaticales :*

> *Ce peut être un* ADJECTIF :

wild *signifie* sauvage.

► wild flowers fleurs sauvages.

> *Ce peut être un* NOM :

► in the wild dans la nature *ou* à l'état sauvage.

wildlife /ˈwaɪldlaɪf/ faune et flore.

will /wɪl/ *a plusieurs catégories grammaticales et plusieurs sens :*

> *Ce peut être un* VERBE :

ℹ Will est ce qu'on appelle en anglais un modal verb (= verbe modal). Il précède la forme infinitive de base d'autres verbes (he will come). Il ne prend pas de s final à la troisième personne du singulier (he will, she will, it will). À la différence d'autres verbes, les formes négatives et interrogatives ne se construisent pas avec do (will I go? you will not ou you won't). Il n'a ni forme infinitive, ni participe présent, ni participe passé.

1 will *sert à exprimer le* futur :
▷ I'll (= I will) phone you tomorrow. Je t'appellerai demain.
▷ Will he come to the party? Est-ce qu'il va venir à la fête ?
▷ We won't (= will not) arrive on time. Nous n'arriverons pas à l'heure.
▷ When will he have finished? Quand est-ce qu'il aura fini ?

2 will *peut décrire une* habitude, *un* état de fait *ou une* volonté :
▷ He will keep calling me. Il n'arrête pas de m'appeler.
▷ The car won't start. La voiture ne veut pas démarrer.
▷ He won't let me help him. Il ne veut pas que je l'aide.
▷ It won't stop raining. Il n'arrête pas de pleuvoir.

3 will *peut servir à formuler des* propositions, *des* requêtes *ou des* ordres :
▷ Will you have some more coffee? Voulez-vous encore du café ?
▷ Will you help me? Veux-tu m'aider ?
▷ Will you be quiet! Veux-tu bien te taire !

> *Ce peut être un* NOM :

1 will *peut signifier* volonté.
▷ I did it against my will. Je l'ai fait contre mon gré.

2 will *peut signifier* testament.
▷ Has he made a will? Est-ce qu'il a fait un testament ?

willing /'wɪlɪŋ/
► be willing to do something être prêt à faire quelque chose.

willingly /'wɪlɪŋlɪ/ volontiers.

willow /'wɪləʊ/ saule.

willpower /'wɪlpaʊə'/ volonté.

wilt /wɪlt/ se faner.

win /wɪn/ *a plusieurs catégories grammaticales :*

> *Ce peut être un* NOM :

win *signifie* victoire.

> *Ce peut être un* VERBE :

win *signifie* gagner.

wind *se prononce de deux façons et a des sens différents selon la prononciation :*

🔊 /wɪnd/ (le i est celui de big)

> *C'est un* NOM :

wind *signifie* vent.
▷ The wind was blowing. Le vent soufflait.

🔊 /waɪnd/ (le i est celui de like)

> *Ce peut être un* VERBE TRANSITIF :

1 ► wind something *peut signifier* enrouler quelque chose.
2 ► wind something up *peut signifier* remonter quelque chose (une montre, une horloge).
3 ► wind the window down baisser la vitre.
4 ► wind the window up remonter la vitre.

> *Ce peut être un* VERBE INTRANSITIF :

wind *signifie* serpenter.

windmill /'wɪndmɪl/ moulin à vent.

window /'wɪndəʊ/ fenêtre *ou* vitre (de voiture, de train) *ou* vitrine (de café, de magasin).

windscreen /'wɪndskriːn/ pare-brise.
► windscreen wiper essuie-glace.

Windscreen n'est pas employé en anglais américain : aux États-Unis, on dit windshield.

windshield /'wɪndʃiːld/ pare-brise.
► windshield wiper essuie-glace.

Windshield n'est pas employé en anglais britannique : en Grande-Bretagne, on dit windscreen.

windsurfing /'wɪndsɜːfɪŋ/ planche à voile.
► go windsurfing faire de la planche à voile.

windy /'wɪndɪ/ venteux.
▷ It's windy today. Il y a du vent aujourd'hui.

wine /waɪn/ vin.

wing /wɪŋ/ aile.

► the wings les coulisses (dans un théâtre).

wink /wɪŋk/ *a plusieurs catégories grammaticales :*

> *Ce peut être un* NOM :

wink *signifie* clin d'œil.

> *Ce peut être un* VERBE :

► wink at somebody faire un clin d'œil à quelqu'un.

winner /'wɪnəʳ/ vainqueur *ou* gagnant.

winter /'wɪntəʳ/ hiver.

► in the winter *ou*
► in winter en hiver.

wipe /waɪp/ *a plusieurs catégories grammaticales et plusieurs sens :*

> *Ce peut être un* NOM :

► give something a wipe essuyer quelque chose.

> *Ce peut être un* VERBE :

1 ► wipe something *peut signifier* essuyer quelque chose.
► wipe one's nose se moucher.

2 ► wipe something *peut signifier* effacer quelque chose (une cassette, une disquette).

3 ► wipe something out anéantir quelque chose.

wire /'waɪəʳ/ fil (= câble).

wisdom /'wɪzdəm/ sagesse.

► wisdom tooth dent de sagesse.

wise /waɪz/ sage.

wish /wɪʃ/ *a plusieurs catégories grammaticales et plusieurs sens :*

> *Ce peut être un* NOM :

wish *signifie* souhait *ou* désir *ou* vœu.
► best wishes meilleurs vœux.

> *Ce peut être un* VERBE TRANSITIF :

1 ► wish to do something souhaiter faire quelque chose *ou* désirer faire quelque chose.
▷ I wish we could stay here! Si seulement nous pouvions rester là !
▷ I wish she hadn't come. Je regrette qu'elle soit venue.

2 ► wish somebody something souhaiter quelque chose à quelqu'un.

> *Ce peut être un* VERBE INTRANSITIF :

wish *signifie* faire un vœu.
► wish for something souhaiter quelque chose.

wit /wɪt/ esprit (au sens d'humour).

witch /wɪtʃ/ sorcière.

with /wɪð/ *a plusieurs sens :*

1 with *peut signifier* avec.
▷ She came with me. Elle est venue avec moi.
▷ He had an argument with his parents. Il s'est disputé avec ses parents.

2 with *peut signifier* chez.
▷ He lives with his aunt. Il habite chez sa tante.

3 with *peut servir à dire qu'on a quelque chose sur soi :*
▷ I don't have any money with me. Je n'ai pas d'argent sur moi.

4 with *est employé dans les descriptions :*
▷ The girl with the blue eyes. La fille aux yeux bleus.

5 with *peut servir à dire* « à cause de » :
▷ She was shaking with fear. Elle tremblait de peur.

withdraw /wɪθ'drɔː/ retirer *ou* se retirer.

withdrawal /wɪθ'drɔːəl/ retrait.

withdrawn /wɪθ'drɔːn/ *est le participe passé du verbe* withdraw.

▷ I've withdrawn £300 from my bank account. J'ai retiré 300 livres de mon compte en banque.

within /wɪð'ɪn/ à l'intérieur de *ou* dans.

▷ You must use it within twenty-four hours. Il faut l'utiliser dans les vingt-quatre heures.
▷ It's within walking distance. On peut y aller à pied.

without /wɪð'aʊt/ sans.

witness /'wɪtnɪs/ *a plusieurs catégories grammaticales :*

> *Ce peut être un* NOM :

witness *signifie* témoin.

> *Ce peut être un* VERBE :

► witness something être témoin de quelque chose.

witty /'wɪtɪ/ plein d'humour.

wives /waɪvz/ *est le pluriel du mot* wife.

wizard /'wɪzəd/ magicien.

wobble /'wɒbl/ trembler *ou* branler *ou* vaciller.

woke /wəʊk/ *est le prétérit du verbe* **wake**.

▷ She woke up early. Elle s'est réveillée tôt.

woken /'wəʊkn/ *est le participe passé du verbe* **wake**.

▷ He has woken up. Il s'est réveillé.

wolf /wʊlf/ loup.

wolves /wʊlvz/ *est le pluriel de* **wolf**.

woman /'wʊmən/ femme.

womb /wu:m/ utérus.

women /'wɪmɪn/ *est le pluriel de* **woman**.

won /wʌn/ *est le prétérit et le participe passé du verbe* **win**.

▷ He won the game. Il a gagné la partie.
▷ I have won a prize. J'ai gagné un prix.

wonder /'wʌndəʳ/ *a plusieurs catégories grammaticales et plusieurs sens :*

> *Ce peut être un* NOM :

1 wonder *peut signifier* émerveillement *ou* étonnement.
2 wonder *peut signifier* merveille.

> *Ce peut être un* VERBE :

wonder *signifie* se demander.
▷ I wonder if Susan will be there. Je me demande si Susan sera là.

wonderful /'wʌndəfʊl/ merveilleux.

won't /wəʊnt/ *est la contraction de* **will not**.

▷ I won't go tomorrow. Je n'irai pas demain.
▷ The engine won't start. Le moteur ne veut pas démarrer.

wood /wʊd/ bois.

wooden /'wʊdn/ en bois *ou* de bois.

woodpecker /'wʊdpekəʳ/ pic (= oiseau).

wool /wʊl/ laine.

woollen /'wʊlən/ en laine.

En anglais américain, ce mot s'écrit woolen.

word /wɜ:d/ mot *ou* parole.

► have a word with somebody parler à quelqu'un.
▷ He gave me his word. Il m'a donné sa parole.

word processor /'wɜ:d,prəʊsesəʳ/ traitement de texte.

wore /wɔ:ʳ/ *est le prétérit du verbe* **wear**.

▷ He wore a pink jacket. Il portait une veste rose.

work /wɜ:k/ *a plusieurs catégories grammaticales et plusieurs sens :*

> *Ce peut être un* NOM :

1 work *peut signifier* travail.
► go to work aller au travail.
► start work se mettre au travail.
► at work au travail.
► out of work au chômage.
2 work *peut signifier* œuvre *ou* ouvrage.
► a work of art une œuvre d'art.

> *Ce peut être un* VERBE INTRANSITIF :

1 work *peut signifier* travailler.
2 work *peut signifier* marcher (= fonctionner ou réussir).

> *Ce peut être un* VERBE TRANSITIF :

1 ► work something actionner quelque chose *ou* faire marcher quelque chose.
2 ► work something out trouver quelque chose (une solution, une réponse) *ou* résoudre quelque chose (un problème).

worker /'wɜ:kəʳ/ travailleur.

working /'wɜ:kɪŋ/ *a plusieurs sens :*

working *peut signifier* de travail (vêtements, heures, journée) *ou* actif (population, vie).
► the working class la classe ouvrière.

ℹ Working est aussi une forme du verbe work :
▷ James is working hard. James travaille dur.
▷ My watch isn't working. Ma montre ne marche pas.

workman /'wɜ:kmən/ ouvrier.

worksheet /'wɜ:kʃi:t/ feuille d'exercices.

workshop /'wɜ:kʃɒp/ atelier.

workstation /'wɜ:k,steɪʃən/ poste de travail.

world /wɜ:ld/ monde.

► all over the world dans le monde entier.
► the World Cup la Coupe du monde.
► world record record du monde.
► World War I la Première Guerre mondiale.
► World War II la Deuxième Guerre mondiale.

► the World Wide Web le Web *ou* la Toile (= Internet).

worldwide /wɜːld'waɪd/ *a plusieurs catégories grammaticales :*

> *Ce peut être un* ADJECTIF :

worldwide *signifie* mondial.

> *Ce peut être un* ADVERBE :

worldwide *signifie* dans le monde entier *ou* globalement.

worm /wɜːm/ ver.

worn /wɔːn/ usé.

> ℹ Worn est aussi le participe passé du verbe wear :
> ▷ Have you ever worn a ring? As-tu déjà porté une bague ?

worn-out /wɔːn'aʊt/ complètement usé *ou* épuisé.

worried /'wʌrɪd/ inquiet.

► be worried about somebody *ou* something s'inquiéter pour quelqu'un *ou* s'inquiéter de quelque chose.

> ℹ Worried est aussi le prétérit et le participe passé du verbe worry :
> ▷ The delay worried him. Le retard l'inquiétait.

worries /'wʌrɪz/ *a plusieurs sens :*

1 worries *est le pluriel de* worry.

▷ They have a lot of worries. Ils ont beaucoup de soucis.

2 worries *est la troisième personne du singulier du verbe* worry *au présent.*

▷ She worries all the time. Elle s'inquiète tout le temps.

worry /'wʌrɪ/ *a plusieurs catégories grammaticales :*

> *Ce peut être un* NOM :

worry *signifie* souci.

> *Ce peut être un* VERBE INTRANSITIF :

worry *signifie* se faire du souci *ou* s'inquiéter.

> *Ce peut être un* VERBE TRANSITIF :

► worry somebody inquiéter quelqu'un.

worse /wɜːs/ *a plusieurs sens :*

1 worse *peut signifier* pire.

▷ It's worse than before. C'est pire qu'avant.

► get worse empirer.

2 worse *peut signifier* plus mal.

▷ I feel worse today. Je me sens plus mal aujourd'hui.

▷ She plays worse than I do. Elle joue plus mal que moi.

> ℹ Worse est le comparatif de bad.

worsen /'wɜːsn/ empirer.

worship /'wɜːʃɪp/ adorer (au sens religieux).

worst /wɜːst/ *a plusieurs sens :*

1 worst *peut signifier* le pire *ou* le plus mauvais.

▷ It's the worst book I've ever read. C'est le plus mauvais livre que j'aie jamais lu.

▷ It's the worst possible place to hide it. C'est le pire endroit pour le cacher.

► at worst au pire.

2 worst *peut signifier* le plus mal.

▷ They all play badly, but he plays worst of all. Ils jouent tous mal, mais c'est lui qui joue le plus mal de tous.

> ℹ Worst est le superlatif de bad.

worth /wɜːθ/ *a plusieurs catégories grammaticales et plusieurs sens :*

> *Ce peut être un* NOM :

worth *signifie* valeur.

▷ She bought £20 worth of flowers. Elle a acheté pour 20 livres de fleurs.

> *Ce peut être un* ADJECTIF :

1 ► be worth something valoir quelque chose.

▷ How much is it worth? Ça vaut combien ?

2 ► be worth doing valoir la peine.

▷ It's worth it. Ça vaut la peine.

▷ It's worth a visit. Ça vaut la visite.

worthless /'wɜːθlɪs/ sans valeur.

worthwhile /wɜːθ'waɪl/

► be worthwhile valoir la peine.

would /wʊd/ *a plusieurs sens :*

> ℹ Would est ce qu'on appelle en anglais un modal verb (= verbe modal). Il précède la forme infinitive de base d'autres verbes (you would leave). Il ne prend pas de s final à la troisième personne du singulier (he would, she would, it would). À la différence d'autres verbes, les formes négatives et interrogatives ne se construisent pas avec do (would you like? you would not ou you wouldn't). Il n'a ni forme infinitive, ni participe présent, ni participe passé.

1 **would** *sert à former le* conditionnel :

▷ I would help you if you asked. Je t'aiderais si tu me le demandais.

▷ He wouldn't be happy here. Il ne serait pas heureux ici.

▷ It would be better to write. Ce serait mieux d'écrire.

2 **would** *remplace* will *dans le discours indirect :*

▷ He said he would come. Il a dit qu'il viendrait.

3 **would** *peut servir à formuler des* propositions *et des* requêtes :

▷ Would you like something to drink? Voulez-vous quelque chose à boire ?

▷ Would you open the window, please? Voulez-vous ouvrir la fenêtre, s'il vous plaît ?

4 **would** *peut décrire une* habitude *dans le passé et correspond à l'imparfait en français :*

▷ He would always get up early. Il se levait toujours de bonne heure.

5 **would** *peut exprimer la* volonté *de faire quelque chose :*

▷ He wouldn't help me. Il ne voulait pas m'aider.

▷ The window wouldn't open. La fenêtre ne voulait pas s'ouvrir.

wouldn't /'wʊdnt/ *est la contraction de* **would not**.

▷ I wouldn't go if I were you. Je n'irais pas à ta place.

wound *se prononce de deux façons et a des sens différents selon la prononciation :*

/wu:nd/ (le ou se prononce comme le oo de food et soon)

> *Ce peut être un* NOM :

wound *signifie* blessure.

> *Ce peut être un* VERBE :

► **wound somebody** blesser quelqu'un.

/waʊnd/ (le ou se prononce comme le ow de down et town)

> *C'est un* VERBE :

wound *est le prétérit et le participe passé du verbe* **wind**.

▷ I wound up the clock. J'ai remonté l'horloge.

wove /wəʊv/ *est le prétérit du verbe* **weave**.

▷ They wove lovely fabrics. Ils ont tissé de très beaux tissus.

woven /'wəʊvən/ *est le participe passé du verbe* **weave**.

▷ He has woven a rug. Il a tissé un tapis.

wow! /waʊ/ oh là là !

wrap /ræp/ *a plusieurs sens :*

1 ► **wrap something** *ou* **wrap something up** envelopper quelque chose *ou* emballer quelque chose.

2 ► **wrap something round something** enrouler quelque chose autour de quelque chose.

wrapper /'ræpəʳ/ papier (de bonbon, de confiserie).

wrapping paper /'ræpɪŋ ˌpeɪpəʳ/ papier d'emballage *ou* papier cadeau.

wreck /rek/ *a plusieurs catégories grammaticales et plusieurs sens :*

> *Ce peut être un* NOM :

wreck *signifie* épave *ou* naufrage.

> *Ce peut être un* VERBE :

1 ► **wreck something** *peut signifier* détruire quelque chose *ou* ruiner quelque chose.

2 ► **wreck something** *peut signifier* provoquer le naufrage de quelque chose.

wrestle /'resl/ *a plusieurs sens :*

1 ► **wrestle with somebody** *ou* **something** lutter contre quelqu'un *ou* quelque chose.

2 *En sport,* **wrestle** *signifie* catcher.

wrestler /'resləʳ/ lutteur *ou* catcheur.

wrestling /'reslɪŋ/ catch.

> ℹ Wrestling est aussi une forme du verbe wrestle :
> ▷ He was wrestling with the burglar. Il luttait contre le cambrioleur.

wretched /'retʃɪd/ misérable.

wriggle /'rɪgl/ se tortiller *ou* s'agiter *ou* gigoter.

wrinkle /'rɪŋkl/ ride *ou* pli.

wrist /rɪst/ poignet.

write /raɪt/ *a plusieurs catégories grammaticales et plusieurs sens :*

> *Ce peut être un* VERBE INTRANSITIF :

write *signifie* écrire.

► **write to somebody** écrire à quelqu'un.

► **write back** répondre (par écrit).

> *Ce peut être un* VERBE TRANSITIF :

1 ► **write something** écrire quelque chose.

► **write something down** noter quelque chose.

2 *En anglais américain,* **write somebody** *signifie* écrire à quelqu'un.

writer /ˈraɪtəʳ/ écrivain *ou* auteur.

writhe /raɪð/ se tordre.

writing /ˈraɪtɪŋ/ écriture.

► **writing paper** papier à lettres.

> ℹ Writing est aussi une forme du verbe write :
> ▷ Jerry is writing a letter. Jerry écrit une lettre.
> ▷ Who are you writing to? À qui écris-tu ?

written /ˈrɪtn/ *est le participe passé du verbe* **write**.

▷ I have written her a letter. Je lui ai écrit une lettre.

wrong /rɒŋ/ *a plusieurs catégories grammaticales et plusieurs sens :*

> *Ce peut être un* ADJECTIF :

1 ► **be wrong** *peut signifier* avoir tort *ou* se tromper.

▷ You were wrong to tell him. Tu avais tort de lui dire.

▷ You're wrong about him. Tu te trompes sur son compte.

2 **wrong** *peut signifier* faux *ou* mauvais.

▷ He got on the wrong train. Il est monté dans le mauvais train.

▷ It was the wrong key. Ce n'était pas la bonne clé.

▷ He went the wrong way. Il s'est trompé de chemin.

▷ I got the answer wrong. Je n'ai pas donné la bonne réponse.

3 **wrong** *est employé pour parler de ce qui ne va pas.*

▷ There's something wrong. Il y a quelque chose qui ne va pas.

▷ What's wrong? Qu'est-ce qui ne va pas ?

▷ What's wrong with you? Qu'est-ce que tu as ?

4 **wrong** *peut signifier* mal.

▷ It's wrong to steal. C'est mal de voler.

▷ I haven't done anything wrong. Je n'ai rien fait de mal.

> *Ce peut être un* ADVERBE :

► **go wrong** faire une erreur (dans ses calculs) *ou* mal tourner (en parlant d'une situation, de projets) *ou* ne plus fonctionner (en parlant d'une machine).

> *Ce peut être un* NOM :

wrong *signifie* mal.

► **right and wrong** le bien et le mal.

wrongly /ˈrɒŋlɪ/ mal (répondre, deviner, traduire, écrire mal) *ou* à tort (emprisonner, accuser à tort).

wrote /rəʊt/ *est le prétérit du verbe* **write**.

▷ He wrote to his uncle. Il a écrit à son oncle.

X

ANGLAIS — FRANÇAIS

La lettre X se prononce /eks/ en anglais.
X rime avec sex et necks.

Xmas /ˈkrɪsməs/ Noël.

X-ray /ˈeksˌreɪ/ *a plusieurs catégories grammaticales et plusieurs sens :*

> *Ce peut être un* NOM :

1 X-ray *peut signifier* radiographie.

2 X-ray *peut signifier* rayon X.

> *Ce peut être un* VERBE :

► X-ray something radiographier quelque chose.

Y

ANGLAIS — FRANÇAIS

La lettre Y se prononce /wai/ en anglais.
Y rime avec spy, fly et cry.

yacht /jɒt/ yacht *ou* voilier.

yard /jɑːd/ *a plusieurs sens :*

1 yard *peut signifier* cour (de ferme, d'école).

2 yard *est une unité de mesure qui correspond à 91,44 cm.*

3 *En anglais américain,* yard *peut signifier* jardin.

yawn /jɔːn/ *a plusieurs catégories grammaticales :*

> *Ce peut être un* NOM :

yawn *signifie* bâillement.

> *Ce peut être un* VERBE :

yawn *signifie* bâiller.

year /jɪəʳ/ an *ou* année.

▷ He's nine years old. Il a neuf ans.
► next year l'an prochain *ou* l'année prochaine.
► last year l'an dernier *ou* l'année dernière.
► this year cette année.
► every year tous les ans *ou* chaque année.

yearly /ˈjɪəlɪ/ *a plusieurs catégories grammaticales :*

> *Ce peut être un* ADJECTIF :

yearly *signifie* annuel.

> *Ce peut être un* ADVERBE :

yearly *signifie* annuellement *ou* chaque année.

yeast /jiːst/ levure.

yell /jel/ *a plusieurs catégories grammaticales :*

> *Ce peut être un* NOM :

yell *signifie* hurlement.

> *Ce peut être un* VERBE :

yell *signifie* hurler.

yellow /ˈjeləʊ/ jaune.

yes /jes/ oui.

yesterday /ˈjestədeɪ/ hier.

► the day before yesterday avant-hier.

yet /jet/ *a plusieurs catégories grammaticales et plusieurs sens :*

> *Ce peut être un* ADVERBE :

1 yet *peut signifier* encore.

▷ I haven't finished yet. Je n'ai pas encore fini.
► not yet pas encore.
► yet again encore une fois.
► yet another encore un.

2 yet *peut signifier* déjà.

▷ Have you had dinner yet? Est-ce que tu as déjà dîné ?

3 yet *peut signifier* jusqu'ici.

▷ It's the best yet. Jusqu'ici, c'est le mieux.

> *Ce peut être une* CONJONCTION :

yet *signifie* pourtant.

▷ He was tired, and yet he still came. Il était fatigué, et pourtant il est venu.

yoghurt *ou* **yogurt** /ˈjəʊgət/ yaourt.

yolk /jəʊk/ jaune d'œuf.

yoo-hoo! /ˈjuːhuː/ ohé !

you /juː/ *a plusieurs sens :*

1 **you** *est le pronom personnel de la deuxième personne, sujet (=* tu *et* vous*) et complément (=* te *et* vous*) :*

▷ You are my best friend. Tu es mon meilleur ami.

▷ Could you tell me where the bank is? Pouvez-vous me dire où est la banque ?

▷ You have all got it wrong. Vous vous êtes tous trompés.

▷ I gave it to you. Je te l'ai donné.

▷ After you. Après vous.

> **i** En anglais, you sert pour le singulier et pour le pluriel, et on ne fait pas la différence entre le « tu » familier et le « vous » de politesse.

2 **you** *peut servir à parler des gens en général et correspond à* « on » *:*

▷ You never know. On ne sait jamais.

you'd /juːd/ *est la contraction de* **you had** ou *de* **you would**.

▷ You'd (= you had) already left when I phoned. Tu étais déjà parti quand j'ai téléphoné.

▷ If you went to Paris, you'd (= you would) probably visit the Louvre. Si tu allais à Paris, tu visiterais certainement le Louvre.

you'll /juːl/ *est la contraction de* **you will**.

▷ You'll be late. Tu seras en retard.

young /jʌŋ/ jeune (adjectif).

► **young people** les jeunes.

younger /ˈjʌŋgəʳ/ *est le comparatif de* **young**.

▷ He's younger than me. Il est plus jeune que moi.

youngest /ˈjʌŋgɪst/ *est le superlatif de* **young**.

▷ He's the youngest. C'est lui le plus jeune.

youngster /ˈjʌŋstəʳ/ enfant.

your /jʊəʳ/ ton *ou* ta *ou* tes *ou* votre *ou* vos.

▷ Your brother is younger than mine. Ton / votre frère est plus jeune que le mien.

▷ Your books are on the table. Tes / vos livres sont sur la table.

▷ Your car is ready. Ta / votre voiture est prête.

▷ Are you going to wash your hair? Tu vas te laver les cheveux ? / Vous allez vous laver les cheveux ?

you're /jʊəʳ/ *est la contraction de* **you are**.

▷ You're late. Tu es en retard.

yours /jʊəz/ le tien *ou* la tienne *ou* les tiens *ou* les tiennes *ou* le vôtre *ou* la vôtre *ou* les vôtres.

▷ Which book is yours? Lequel de ces livres est le tien / le vôtre ?

▷ My car is old, yours is new. Ma voiture est vieille, la tienne / la vôtre est neuve.

▷ Are these books yours? Est-ce que ces livres sont les vôtres / les tiens ?

yourself /jʊəˈself/ *a plusieurs sens :*

1 **yourself** *est le pronom personnel de la deuxième personne du singulier, complément d'un verbe réfléchi :*

▷ Did you enjoy yourself? Est-ce que tu t'es amusé ? / Est-ce que vous vous êtes amusé ?

▷ You've cut yourself. Tu t'es coupé. / Vous vous êtes coupé.

2 **yourself** *peut signifier* toi-même *ou* vous-même.

▷ You did it yourself. Tu l'as fait toi-même. / Vous l'avez fait vous-même.

3 **yourself** *peut suivre une préposition :*

▷ You look pleased with yourself. Tu sembles content de toi. / Vous semblez content de vous.

yourselves /jʊəˈselvz/ *a plusieurs sens :*

1 **yourselves** *est le pronom personnel de la deuxième personne du pluriel, complément d'un verbe réfléchi :*

▷ Did you enjoy yourselves? Est-ce que vous vous êtes amusés ?

2 **yourselves** *peut signifier* vous-mêmes.

▷ You did it yourselves. Vous l'avez fait vous-mêmes.

3 **yourselves** *peut suivre une préposition :*

▷ You look pleased with yourselves. Vous semblez contents de vous.

youth /juːθ/ *a plusieurs sens :*

1 **youth** *peut signifier* jeunesse.

2 **youth** *peut signifier* jeune (= une personne jeune).

► **youth club** centre de jeunes.

► **youth hostel** auberge de jeunesse.

you've /juːv/ *est la contraction de* **you have**.

▷ You've told me already. Tu me l'as déjà dit.

yuck! /jʌk/ beurk !

yum! /jʌm/ miam !

yummy! /ˈjʌmɪ/ miam !

ANGLAIS

Z

FRANÇAIS

La lettre Z se prononce /zed/ en anglais britannique, comme en français. En anglais américain, elle se prononce /ziː/, qui rime avec tea.

zebra /'zebrə/ zèbre.

► **zebra crossing** passage pour piétons.

> Zebra crossing n'est pas employé en anglais américain : aux États-Unis, on dit pedestrian crossing.

zigzag /'zɪgzæg/ *a plusieurs catégories grammaticales :*

> *Ce peut être un* NOM *:*

zigzag *signifie* zigzag.

> *Ce peut être un* VERBE *:*

zigzag *signifie* zigzaguer.

zip /zɪp/ *a plusieurs catégories grammaticales :*

> *Ce peut être un* NOM *:*

zip *signifie* fermeture éclair®.

> Zip n'est pas employé en anglais américain : aux États-Unis, on dit zipper.

> *Ce peut être un* VERBE *:*

► **zip something up** fermer quelque chose avec une fermeture éclair®.

zip code /'zɪpkəʊd/ code postal.

> Zip code est un mot américain : en anglais britannique on dit postcode.

zipper /'zɪpəʳ/ fermeture éclair®.

> Zipper est un mot américain : en anglais britannique on dit zip.

zodiac /'zəʊdɪæk/ zodiaque.

TABLE DES MATIÈRES

Sur les rabats

Achevé d'imprimer en août 2003
sur les presses de Maury Imprimeur S.A.
45330 Malesherbes - France
N° d'impression : 103129